LA POÉSIE CONTEMPORAINE DE LANGUE FRANÇAISE DEPUIS 1945

L'édition de cet ouvrage a été rendue possible grâce au concours de l'Agence de Coopération Culturelle et Technique au titre de son programme d'encouragement à la création littéraire.

68-70, rue du Cherche-Midi, Paris VIe

Imprimé en Belgique.

LA POÉSIE CONTEMPORAINE DE LANGUE FRANÇAISE

DEPUIS 1945

Études critiques

par

Serge BRINDEAU

(FRANCE BELGIQUE LUXEMBOURG SUISSE PROCHE-ORIENT)

Jacques RANCOURT

(QUÉBEC)

Jean DÉJEUX

(MAGHREB)

Edouard J. MAUNICK

(AFRIQUE NOIRE)

Marc ROMBAUT

(ANTILLES OCÉAN INDIEN)

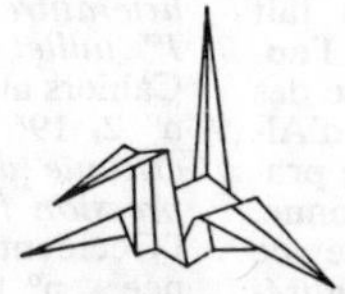

ÉDITIONS SAINT-GERMAIN-DES-PRÉS

Serge BRINDEAU. Né au Mans en 1925, licencié ès lettres (Philosophie), et licencié de Psychologie, diplômé d'Etudes supérieures (mémoire sur Pascal), certifié de Philosophie, Serge Brindeau enseigne cette discipline au Lycée Albert-Schweitzer du Raincy.

Dès 1955, il a donné des études sur le roman et la poésie dans *La Revue Socialiste, Iô, Les Cahiers du Sud, Marginales* ; plus récemment, dans *Le Pont de l'Epée, Tomis* (Roumanie), *L'Ecole*.

Il a prononcé de nombreuses conférences sur l'œuvre d'Albert Camus.

Il a publié des essais sur la poésie, chez différents éditeurs — *Affinités : Reverdy, Cadou, Marissel* (Millas-Martin, 1962) ; *Poésie pour vivre*, en collaboration avec Jean Breton (La Table Ronde, 1964). Ou en revue : *Surréalisme et Hermétisme* (« Le Pont de l'Epée », n° 24, 1965) ; *Patrice Cauda*, étude thématique (id., n° 35-36, 1967) ; *Anthologie de la nouvelle poésie française* (« Poésie 1 », n° 8, 1969) ; *Petit dictionnaire des poètes 1945-1970* (« Le Magazine littéraire », n° 47, décembre 1970).

Son œuvre de poète comprend une dizaine de recueils. Citons *Feuilles de l'almanach* (Monteiro, 1953) ; *L'Ordre des mots* (Millas-Martin, 1954) ; *Mentions marginales* (Les Hommes sans Epaules, 1954) ; *L'Amour de moi* (Terre de Feu, 1955) ; *Soleils en biais* et *Où va le jour ?* (Chambelland, 1962 et 1968) ; *Poèmes pour quelque temps* (Millas-Martin, 1968). Ajoutons un *Livre Unique* réalisé avec Henri Goetz, un manuscrit orné par Antonio Guansé, une pièce de théâtre poétique, mise en scène par André Morin : *Un arbre pour chacun* (1969).

Jean DÉJEUX. Né à Albi en 1921, professeur à Alger, Jean Déjeux a fait partie du Groupe de Recherche sur l'approche sociologique et psychanalytique des œuvres de culture, sous la direction d'Albert Memmi, dans le cadre de l'Ecole pratique des Hautes Etudes de la Sorbonne. Il a collaboré aux publications de ce Groupe : *Anthologie des écrivains maghrébins d'expression française* (Présence Africaine, 1964) ; *Anthologie des écrivains français du Maghreb* (Présence Africaine, 1969) ; *Bibliographie de la littérature nord-africaine d'expression française, 1945-1962* (Paris/La Haye, Mouton, École pratique des Hautes Études, Sorbonne, 1965).

On doit à Jean Déjeux des ouvrages comme *la Poésie algérienne de 1830 à nos jours — approches socio-historiques* (Mouton, Sorbonne, 1963) ; *la Littérature maghrébine d'expression française* (Alger, Centre culturel français, 1970 ; rééd. en cours au C.E.L.E.F., Université de Sherbrooke, Québec). Il a publié aussi en revue : *Regards sur la littérature maghrébine d'expression française* (« Les Cahiers nord-africains », n° 61, 1957) ; *Essai de bibliographie algérienne, 1er janvier 1954-30 juin 1962* (id., n° 92, 1962) ; *Bibliographie de la littérature algérienne d'expression française, 1er juillet 1962-30 juin 1967* (Alger, « Les Cahiers algériens de littérature comparée », n° 2, 1967) ; *Bibliographie méthodique et critique de la littérature algérienne d'expression française, 1945-1970* (« Revue de l'Occident musulman et de la Méditerranée », n° 10, 2e semestre 1971).

Edouard J. MAUNICK. Né à Flack (île Maurice) en 1931, conférencier en Europe et en Amérique, collaborateur régulier de l'O.R.T.F. (émissions sur la poésie), Edouard J. Maunick a rédigé les chapitres « Le Monde noir » et « La Poésie des Antilles et de l'Océan Indien » dans *Une histoire vivante de la littérature d'aujourd'hui*, par Pierre de Boisdeffre (Librairie Académique Perrin, 1968).

Il a publié des séries de poèmes dans les revues *Présence Africaine, Poetry, Poésie I.*

On lui doit plusieurs recueils : *Ces oiseaux du sang* (île Maurice, Regent Press, 1954) ; *les Manèges de la mer* (Présence Africaine, 1964) ; *Mascaret ou le Livre de la mer et de la mort* (Présence Africaine, 1966) ; *Fusillez-moi* (Présence Africaine, 1970).

Jacques RANCOURT. Né au Québec, à Lac-Mégantic — où il devait enseigner le latin et le français —, en 1946. Etudes supérieures à l'Université Laval, licence ès lettres (1971).

Jacques Rancourt poursuit ses études à Paris, où il participe à des recherches sur la poésie contemporaine. En 1972, il rédige un mémoire de maîtrise en lettres modernes, à Paris X-Nanterre, sur le « thème du quotidien » dans la nouvelle poésie française, sous la direction de Michel Décaudin.

Il a entrepris un doctorat sur la poésie noire de langue française à travers le monde, de 1960 à 1972. Il prépare une anthologie de la nouvelle poésie du Québec et un recueil de poèmes. Son but est de mettre sur pied des cours de poésie française comparée ; ceux-ci comporteraient, pour chaque pays déterminé, une étude des relations entre la langue, la thématique, l'esthétique et les schèmes culturels fondamentaux des pays ou de la région.

Marc ROMBAUT. Né à Gand en 1939, ayant séjourné cinq ans en Guinée, Marc Rombaut donne des cours de littérature et de civilisation négro-africaines à Bruxelles. Il est journaliste à la Radio-Télévision Belge.

Il a publié un essai : *La Nouvelle Poésie négro-africaine d'expression française* (Bruxelles, Les Cahiers du C.E.D.A.F., n° 5, 1972).

Recueils de poèmes : *Ambiguïtés* (L'Information poétique, 1964) ; *Failles* (id., 1966) ; *Le Festin* (Chambelland, 1968) ; *La Jetée et autres solitudes* (Chambelland, 1969) ; *Le Regard sauvage* (Librairie Saint-Germain-des-Prés, 1972).

PRÉFACE

Où se cache la poésie nouvelle ?

Une fois sur dix, on peut la découvrir dans un livre distribué par un grand éditeur. Mais le plus souvent, seules quelques mains fidèles, à l'intérieur d'un cercle d'initiés, se referment sur « la plaquette » imprimée à Chicoutimi, Rodez, Fort-Lamy, Malines, Port-au-Prince… selon le désir exigeant d'un auteur. La poésie des inconnus justifie des revues qui meurent leur encre à peine séchée : en ont fait hier l'expérience Reverdy, Michaux, Char, Jacob ! Elle est dans des tracts (bâclés ou somptueux), des affiches éphémères, des opuscules ronéotés, des boîtes à poèmes[1]*, des livres-objets, des livres-gestes, des manuscrits à la machine ou à la main qui disparaissent mystérieusement sans que nul s'en soucie. Ce qu'on ne vend pas ne vaut rien (croient les naïfs), se donne sans problème, se déchire ou se jette. Et tel document de poésie est devenu réellement introuvable quand le chercheur a enfin l'idée de s'en emparer afin de situer, d'expliciter le cheminement, les jointures d'une œuvre qui a progressé entre-temps et même, d'une façon plus générale, le mouvement de la sensibilité, de la pensée. Que de poésie, c'est-à-dire, au-delà du livre — vers le Livre ou vers l'origine —, que de plongées en soi, à la recherche de l'être perdu, gâchées par ce regrettable phénomène ! Et que de difficultés, deux ou trois lustres après, pour simplement réunir l'essentiel des documents d'une génération ou en pouvoir noter les dates exactes ! Au point qu'on se demande parfois dans quelles conditions nos spécialistes de la mise en cartes du passé ont pu établir leurs précisions « irréfutables ».*

Avec la Poésie contemporaine de langue française depuis 1945, *il s'agit d'un travail sur le vécu, le récent, en dépit des risques.*

---

1. Le Québécois Roger SOUBLIÈRE, pour sa part, se contente d'enfermer ses poèmes dans des boîtes de *corned-beef*.

Nous avons voulu briser les conduites de mépris (les générations se boudant, postées sur des rives différentes) et remédier à l'absence presque systématique d'information.

Mais l'étude de la poésie contemporaine ne fleurit guère dans les écoles ! En France, la poésie vivante est présente dans de rares classes ou facultés privilégiées, grâce à quelques enseignants autant poètes que professeurs ! Espérons un peu de changement puisqu'une récente circulaire[2] *recommande aux maîtres du Primaire de « donner accès à la poésie contemporaine » et cite, « à titre d'exemple », Apollinaire, Eluard, Supervielle.*

On mesure, par ces trois noms glorieux restitués à leurs dates, la solitude *de nos poètes...*

Ce panorama révèle les Apollinaire d'aujourd'hui, les Eluard d'aujourd'hui, les nouveaux Supervielle qui vivent au milieu de vous. Il veut aider à rattraper un retard qui, dans l'enseignement, atteint encore assez souvent un demi-siècle ! Il est anormal que des étudiants, par le petit bout de la lorgnette, découvrent le surréalisme à l'occasion des combats de rues ...ou de la liberté de parole donnée aux murs, en mai-juin 1968 ! Peut-on de nos jours sans décalage penser l'amour en ignorant les vers des Orphées qui en ce moment l'exaltent, de Georges Desportes à Jean Sénac, de Paulin Joachim à Claude de Burine ? Chaque génération, à côté de ses savants, de ses penseurs, de ses techniciens... a besoin des poètes qui l'expriment le mieux, instinct et raison conjugués. Eh bien, les voici ! Que les lecteurs qui les méritent, s'enrichissent de leur apport en les découvrant dans ce livre. Que ces larges ou brèves citations les conduisent à la lecture approfondie des œuvres dont ils se sentiront les plus proches complices. Pour nous, tout, dans ces pages, devait partir de la poésie et conduire à la poésie elle-même.

Avouons-le : bien connaître les poètes d'une époque ne s'improvise pas ! Avant de rédiger la moitié de ce panorama, qui lui a demandé quelques années d'effort, et d'en assumer la direction, il aura fallu que Serge Brindeau vive *la poésie de sa génération, spontanément, lecteur des poètes pour rien, pour le plaisir — quel titre magnifique ! — les rencontrant dans les cafés, les récitals de banlieue, de province, attentif aux rayons des libraires, aux catalogues des grands et petits éditeurs, aux surprises du* service de presse, *rédigeant des notes sur les recueils, participant à l'animation des revues, pour y voir clair et — s'il se peut — pour éclairer... sans savoir que ce livre lui serait demandé, un beau matin de janvier 1969 !*

Il aura fallu aussi que Serge Brindeau trouve autour de lui les

2. Circulaire ministérielle n° 72-474 (*Bulletin Officiel de l'Education Nationale*, n° 46, 7 décembre 1972).

compétences qui lui manquaient, il l'avoue le premier, du côté de la poésie d'expression française. Non, en vérité, il n'avait pas tout lu dans ce domaine, et il a beaucoup appris des quatre critiques réunis avec lui dans la préparation d'une somme que personne n'avait jamais tentée avant eux. Edouard J. Maunick lui expliquant — avec quelle conviction solaire — les valeurs négro-africaines ; Marc Rombaut, ses rencontres avec René Depestre, au 1er Festival Panafricain de Culture, en 1969, à Alger ; Jacques Rancourt lui révélant posément, dans la sympathie profonde de l'échange, l'authenticité, la vérité du « parler québécois » ; Jean Déjeux définissant devant lui l'apport de notre langue à la poésie maghrébine — poésie qui exprime si fortement l'aspiration à un monde plus juste, en contribuant à son essor... Puisse cette collaboration inciter au développement des études de poésie française comparée !

★

Le double écueil à éviter — il existe depuis Gutenberg —, c'était, d'une part, le terrorisme formaliste, l'intellectualisme à outrance, la Rhétorique se dégustant elle-même et allant jusqu'à se moquer de la communication ; d'autre part, le populisme de pacotille, la rimaillerie décorative, la chanson.

Le choix établi par nos critiques[3], ne cherchant pas (et pour cause !) à s'appuyer sur des points de repère académiques, a été libre et souverain. Ce ne fut pas facile sans doute. Etre le premier souvent à lire, avant d'élire, pose des responsabilités. Ce choix pourra être, par moments, controversé (mais seront-ils nombreux, ceux qui, dans la rigueur, pourront faire les comparaisons nécessaires ?). N'oublions pas que pour un Malcolm de Chazal, un Yves Bonnefoy, un Tchicaya U Tam'Si, un Adrian Miatlev, un Jean Grosjean, un Pierre della Faille, un Gaston Miron — dont l'œuvre, harmonieusement construite, importante, a été déjà louée — ils ont osé désigner, découvrir, inventer *en quelque sorte, des inconnus — ou peu connus encore — qui par là même accéderont à la notoriété : Yves Martin, Salah Stétié, Suzanne Paradis, Thérèse Plantier, Cheik A. Ndao, Jacques Izoard, Robert Champigny, Daniel Biga, James Sacré, Eugène Dervain, Mohammed Khair-Eddine, Jean-Pierre Faye... Ils ont toujours mesuré le risque de la critique à l'écoute personnelle d'une œuvre, à la réverbération intime d'un univers poétique.*

Qu'on ne s'y trompe pas ! Toute grande poésie laisse apparaître en filigrane les mythologies, les obsessions, les révoltes, les manques

---

3. On notera qu'à l'intérieur des chapitres du livre I, chaque auteur a été situé, de préférence, en fonction de la chronologie de son œuvre.

d'une société, d'une époque, d'une civilisation. C'est en homme de son temps que le poète se porte toujours à l'avant-garde de l'imaginaire. Continuer d'ignorer les poètes du présent — il en a été dénombré près de cinq cents, pour trente et une nations — nous eût paru une sorte de trahison envers la culture vivante.

★

Mais cette poésie nouvelle, en quoi consiste-t-elle ? Qu'apporte-t-elle de si contagieux, de si bouleversant ? Nous voyons qu'elle a souvent la tête philosophique et métaphysique en Europe — ce qui n'exclut ni la sensibilité, ni l'onirisme — ; qu'elle serait plus près du « corpoème » cher à Sénac ou à Khair-Eddine, au Maghreb ; plus viscérale, concrète, charnellement rythmée — mais douée aussi d'une « âme » — chez les Négro-Africains ; plus transparente — mais sensuelle — au Proche-Orient ; plus terrienne et têtue au Québec, plus aventureuse dans ses images, plus ramassée et plus marchante... Une fois encore, les tendances s'enchevêtrent. On retrouve les balancements, les contradictions enrichissantes, les grands courants de toujours, de l'automatisme au dépassement du vocabulaire, de l'orphique au dionysiaque. Avec une tendance à creuser la condition humaine de plus en plus profondément, serait-ce par le biais du jeu. Notons aussi, sauf en Afrique, la rareté de la jubilation — ce « grand rire nègre » dont parle Aimé Césaire. En Europe, l'humour a la préférence. Le Langage, plus libéré que jamais, permet davantage d'exploits. Il veut dire la totalité, arracher le secret de l'origine, immobiliser la mort, récupérer — à l'usage du quotidien — la chance de l'imaginaire, le secours des forces oniriques.

L'analyse thématique et esthétique entreprise par les auteurs, qui permettra une approche des poètes moins morose que celle d'un dictionnaire, n'épuise pas — ils le savent, et de loin — les œuvres retenues et examinées. Aucun carcan n'emprisonnera jamais un poète — ni les thèmes qu'il a chantés hier, ni les appréciations portées sur son œuvre ; nous donnons ici au mot de poète *la pluralité de ses dimensions, hormis celle de scribe de la mode ou d'un parti.*

★

Pourquoi avons-nous choisi l'aire de l'expression française, dans son ampleur géographique ? Pourquoi ne l'avons-nous pas reléguée, en queue de convoi, *comme il est d'usage, depuis toujours, dans ce genre d'ouvrage ? Parce qu'il devenait urgent — en prenant nos distances à l'égard du mythe de Paris, unique détecteur de talent — de mettre tour à tour les montres de la poésie française à l'heure de ses différentes horloges parlantes. La centralisation devrait avoir fait son temps. Les particularismes des nations, ou des régions, ou des villages, donnent au texte poétique un prisme de saveurs, d'odeurs, un humus socio-linguistique dont nous avons grand besoin pour* vivre mieux, *entre nos différences et notre fondamentale identité. Au milieu des hommes, nous assumons la poésie de notre vie par l'entremise d'une langue (notre seul accès à l'universel) que trois dizaines de nations ont conservée ou, peu ou prou, adoptée. Et si la plus intime, si la meilleure patrie — au-dessus des pollutions les plus menaçantes — était la Langue ?*

Ainsi dans le monde vont rêvant les poètes, se souvenant qui d'Albi, du Mans ou de Lac-Mégantic, qui de Gand, de Flacq... Au bout du chemin : la terre de naissance. Là se tient la demeure de la langue. La maison de l'être — toujours ouverte.

LES ÉDITEURS

POÉSIES, POÉSIE

Pourquoi 1945 ? Il serait risqué de faire correspondre trop étroitement la vie de la poésie aux événements de l'histoire. Loin de nous la prétention de marquer une quelconque discontinuité dans l'évolution de la poésie de langue française. Mais il fallait choisir une date.

En fait, cette date s'est imposée. 1945 : une époque basculait. Après le « temps du mépris », l'aurore, annoncée, prophétisée par-delà les ténèbres, était à inventer.

Moment décisif pour la poésie !

Des poètes — et quels poètes ! — avaient commencé leur œuvre avant 1945. Nous ne les avons certes pas oubliés[1]*. Mais le souci d'aller au plus urgent nous a paru le mieux répondre à l'appel de la poésie vivante.*

La poésie n'a pas de frontières dans le temps. Elle ne devrait pas en avoir dans l'espace. Les lecteurs de Belgique, de Suisse, du Luxembourg le comprendront : si nous n'établissons aucune ligne de démarcation entre leurs poètes et ceux de l'hexagone, cela n'implique de notre part aucune velléité annexionniste. Même la formule « poésie belge d'expression française » paraît à Albert Ayguesparse d'une « terminologie surannée ». Il ne veut parler quant à lui que de « poésie française de Belgique ». Pour la Suisse romande (ou, comme on dit aussi, française), elle a pu évoquer — c'est le Vaudois Philippe Jaccottet qui parle[2] *— « un ensemble de jardins fermés où veillait un esprit sombre, sévère », des « lieux protégés, silencieux, avec le charme de tous les jardins — mais où il arrive qu'on étouffe ». Il est vrai aussi que, malgré sa « perméabilité à plusieurs cultures » — allemande, française, italienne aussi, et même anglaise — la Suisse n'a pas offert les mêmes « possibilités de communication et d'accueil » que la France.*

1. Cf. notre Postface (p. 857 sqq.), ainsi que *Les Rassembleurs* (pp. 848-852) par Edouard J. MAUNICK.
2. Philippe JACCOTTET, *l'Entretien des Muses* (Gallimard, 1968), pp. 83-84.

Une « fatalité de solitude » a pu paraître marquer les œuvres des meilleurs poètes suisses. Mais — Jaccottet le remarque aussi — les choses ont changé depuis la guerre. Le projet d'une poésie nationale helvétique ne paraît pas avoir survécu au XIXe *siècle. Aussi ne nous ferons-nous pas scrupule de parler d'une poésie française de Suisse.*

Cependant, personne ne niera que la poésie d'Afrique noire, la poésie que nous avons appelée « des Antilles et de l'océan Indien » — elle comprend bien sûr la poésie malgache —, ainsi que la poésie du Maghreb, celles du Liban et du Proche-Orient, celle aussi du Québec, présentent des caractères spécifiques assez originaux pour justifier des chapitres distincts. Les études de Jean Déjeux, spécialiste de la littérature maghrébine d'expression française, de Marc Rombaut (poète belge ayant vécu cinq ans en Guinée), du poète de l'île Maurice Edouard J. Maunick, de Jacques Rancourt, jeune poète et critique du Québec, ne laisseront aucun doute à ce sujet.

Notre ambition est de faire lire davantage les poètes qui, n'ayant pas publié de livres avant 1945, sont généralement le plus méconnus. Nous aurons eu la passion de faire partager nos découvertes essentielles !

Ce livre n'entend être ni un palmarès — encore que nous ne cachions pas nos préférences, subjectives par définition — ni un dictionnaire, malgré le soin que nous avons voulu apporter à l'établissement des bibliographies. Les thèmes qui s'y affirment ne répondent à aucune préoccupation théorique a priori. Le plaisir de lire et de relire nous en a simplement à la longue commandé l'organisation. Il va de soi que tout dogmatisme et tout fixisme sont exclus de nos soucis. Un poète ne se laisse pas enfermer dans une définition. Personne ne lui contestera le droit de rêver, de voler d'une thématique à l'autre. De se métamorphoser, de se remettre en question autant qu'il remet en question l'univers, de changer. *C'est dire que tel poète, provisoirement « rangé » dans un chapitre bien défini, n'y sera sans doute plus à sa place dans quelques années. Et tant mieux. L'histoire, dit-on, n'est jamais définitivement écrite. L'histoire de la poésie, non plus.*

Une même langue exprime ici les sentiments les plus divers. Nul n'est tenu de les éprouver tous ! Nous souhaitons cependant que la vocation universelle de la langue française aide à découvrir l'unité de ces voix multiples.

S.B.

LIVRE I

FRANCE — BELGIQUE LUXEMBOURG — SUISSE

par Serge BRINDEAU

CHAPITRE I

POÉSIE DE COMBAT

Un nouveau débat sur la poésie dite engagée pourrait paraître quelque peu académique. Il faut essayer, plutôt, de se replacer dans le courant heurté de l'histoire et de la vie.

C'est poétiquement que l'homme habite sur cette terre. Sans doute : poètes et philosophes s'accorderont aujourd'hui à le reconnaître. Mais il faut aussi rappeler, plus humblement, plus près du sol, que le poète est un homme qui habite la terre — une terre où les rêves se nourrissent de boue et de sang.

Le monde émergeait à peine de l'enfer, les survivants énuméraient, pleuraient encore des milliers de victimes ajoutées aux millions de morts de la guerre totale (sur terre, sur mer et dans les airs), des camps de concentration, des fours crématoires. Après l'énorme explosion de joie de toutes les capitales, de toutes les villes et de tous les villages libérés, alors que la Charte des Nations unies avait été signée depuis quarante jours seulement à San Francisco pour tenter d'épargner à jamais aux hommes le retour de la barbarie, une autre explosion, la plus tragique à travers les siècles, ouvrit une ère nouvelle de notre histoire : Hiroshima.

La liberté continuait cependant de dégager ses chemins. Un mois après Hiroshima, le Viêt-minh annonçait l'indépendance du Viêt-nam. Mais en novembre 1946, Haiphong est « endommagée », comme dit pudiquement un dictionnaire, « par un bombardement de la flotte française » — et c'est le déclenchement d'une guerre qui, poursuivie par d'autres, aura duré plus d'un quart de siècle. La répression allait bientôt s'abattre sur les insurgés de Madagascar comme elle avait frappé en mai 45 la Kabylie des Babors et la région de Sétif. Les peuples colonisés ou « protégés » prenaient de plus en plus conscience, dans leur aspiration à l'indépendance, de leur personnalité et de leur force. L'immense espoir socialiste, que devait pouvoir soutenir en 1949 la proclamation par Mao Tsé-Toung de la République populaire chinoise, allait avoir à lutter contre la coalition mondiale des intérêts, et aussi, hélas ! contre ses illusions, à surmonter les déconvenues, les erreurs et les fautes.

Il y avait eu, luttant à la mesure de ses moyens contre le nazisme, une poésie de la Résistance. Le mot Liberté, comme jailli d'un couplet de la *Marseillaise,* avait éclairé un grand poème parachuté sur la France en pleine occupation[1].

Honneur (selon le mot de Jean Paulhan) ou *Déshonneur des poètes* (selon la formule de Benjamin Péret) ? On n'aura sans doute guère le cœur d'en débattre ! Cette poésie de la Résistance — inégale, certes, dans sa forme et dans ses chances de survie — fut avant tout l'expression (qui le nierait ?) d'une profonde nécessité.

Or, on sait que la lutte pour la libération ne se termine pas en 1945. « De la Résistance à la Révolution. » C'était la devise du *Combat* d'Albert Camus. Ce pourrait être aussi la devise des poètes.

---

1. Le poème d'ELUARD est universellement connu. On rappellera aussi les titres de Pierre EMMANUEL : *Combats avec tes défenseurs* (1942) et, en souvenir du « Chant du départ », *La Liberté guide nos pas* (1945).

I

LA LIBÉRATION
POÉSIE ET RÉVOLUTION

ÉPIPHANIES
Henri PICHETTE

Henri Pichette [1bis] s'est engagé à vingt ans en 1944. Il a suivi la 1re Armée en Alsace, poussé jusqu'au Danube comme correspondant de guerre. Révolté, éprouvant un grand besoin d'oxygène, il écrit à cette époque les *Apoèmes :* « Reste la poésie, c'est-à-dire l'exposition de l'homme et toutes ses situations vitales *et puisque la poésie actuelle n'est que le jeu de macaques officiels ou de retardataires essoufflés, le fin du fin de la fumisterie, la courte échelle à la politique, la course aux louanges, etc... je serai apoète* ». En vers (cent quatre-vingt-dix octosyllabes, quatre-vingt-onze hexasyllabes, autant d'alexandrins, d'affilée et sans rime) ou en prose (une prose de présentation tassée mais animée d'un mouvement très nerveux), Henri Pichette, dans un beau désordre de pensées juvéniles, mêle l'épopée, la satire, le lyrisme.

1bis. Né à Châteauroux en 1924. *Xylophonie contre la grande presse et son petit public,* en collaboration avec Antonin ARTAUD (Paris, HC., 1946). *Apoèmes* (Fontaine, 1947). *Le Point vélique* (Mercure de France, 1950). *Les Revendications* [comprenant *Apoèmes, les Armes de Justice, Evolution de la Révolution*] (Mercure de France, 1958). *Tombeau de Gérard Philipe* (Gallimard, 1961). *Odes à chacun* (Gallimard, 1961). *Dents de lait dents de loup* (Gallimard, 1962).
Théâtre — *Les Epiphanies* (K éd., 1948 ; Poésie/Gallimard, 1969). *Nucléa* (L'Arche, 1952).

Manifestement, il se souvient des *Chants de Maldoror* et d'*Une Saison en enfer,* mais sa violence semble commandée par un besoin de tendresse : « J'écris avec des mots qui boxent, car je n'ai pas de santé »... Les *Apoèmes* — grand fleuve sombre charriant, avec des épaves, une mousse d'étoiles — exaltent une sorte de cynisme libertaire : « L'anarchie, étant de toutes les positions la plus facile, la plus scandaleuse, je l'adoptai ». Mais qu'on ne s'y trompe pas : en dénonçant les tabous, en levant les interdits, le poète réclame « des miracles » et c'est bien le miracle de la poésie finalement qu'il cherche à imposer, sans y parvenir encore tout à fait.

Le miracle, ce sera les *Epiphanies.* Le 3 décembre 1947, la pièce est créée au Théâtre des Noctambules. On peut certes relever ici et là des influences dans les procédés de création verbale, mais quel poème ! Car c'est bien de poésie qu'il faut parler. Tant pis pour ceux qui se font une idée restrictive de ce que doit être le théâtre ! *Les Epiphanies,* c'est d'abord un poète (et c'était Gérard Philipe), c'est une jeune femme amoureuse (Maria Casarès), c'est aussi Monsieur Diable, truculent et sadique. C'est la guerre et l'amour — l'amour vainqueur, de la première à la dernière, à la « suprême pulsation du monde »[2]. Dans ces dialogues sans histoire, mais sur fond d'histoire, la poésie se trouve toujours en situation de dire quelque chose d'essentiel. Un souffle, une jeunesse. Le chef-d'œuvre d'Henri Pichette.

En 1952 la critique ne se montre pas très favorable à *Nucléa,* une des belles entreprises pourtant du T.N.P. de Jean Vilar. Qu'il y ait dans *Nucléa* du Victor Hugo, du Corneille, du Verlaine (les mauvaises langues ajoutent : du Maurice Rostand et du Paul Géraldy), peut-être. Quand Pichette évoque la mort, à l'aube, d'un soldat et dit : « C'est peut-être son plus beau jour », on pense inévitablement à Paul Eluard : « Et le jour se leva pour lui ». Mais comment oublier le dialogue d'amour sur la passerelle, au-dessus de cet échafaudage de tubes — décor soudain transfiguré par quelques pétales métalliques de Calder —, où la guerre a pu se livrer à son habituel jeu de poursuite ? Des journalistes ont cru voir dans *Nucléa* un mélange de naïveté, d'infantilisme et de générosité. La générosité déplaît.

Par la suite, la poésie (?) militante d'Henri Pichette devient malheureusement, très souvent, bavarde, conventionnelle, chevillée, ennuyeuse. Il est vrai que Pichette revendique hautement le droit à l'« imitation », au « lieu commun », à la « redite ».

---

2. Texte de la réédition. Une étude des variantes montrerait avec quel soin Henri Pichette a mis au point l'écriture, la notation du mouvement, des éclairages, donnant plus de force encore et d'éclat à son grand rêve, partout contrarié, d'Amour, de Liberté, de Poésie totale.

(...) Résistance au Grand Capital plein de ses sommes,
Qui blinde ses châteaux tels que des coffres-forts,
Tire son principal de la moisson des morts
Et croit pouvoir nous marchander. Aucune chance
Aux tripoteurs et gros bonnets de la finance
Ne doit être laissée, et pas de commission !
Réagissons en bloc contre la Réaction ! (...)

(*Les Revendications*)

Evolution de la Révolution, dans *les Revendications,* est avant tout une protestation morale contre l'intervention de l'armée soviétique à Budapest en 1956. Pichette, en ce long poème de plus de cinquante pages, fait vibrer la corde d'airain. Il a des accents qui évoquent Petöfi, Victor Hugo, Maïakovsky. Cela tient du reportage et du pamphlet, et c'est aussi une grande épopée populaire. Ah ! ce n'est pas de la poésie pure, pas du tout. Il s'agit de bien autre chose :

La mise au monde de l'humanité
Est poésie,
Et jamais poésie ne fut tranquillité.

Mais quand il n'est plus soulevé par une émotion puissante, quand il fait sa page et qu'il se met à rimer ses bons sentiments, ne craignant pas d'écrire « sur l'ardoise de France », de dessiner Dieu « sur le vitrail de France » et donc de dédier à Charles Péguy une ode « sur la rime de France », Pichette retombe dans une banalité dogmatique qui ne sert ni la poésie ni le socialisme.

Camarade,

Toi, victime des perroquets au parlement,
On ne soldera pas ton âme en permanence.
Tes intérêts, tes droits, ils sont inversement
Proportionnels à ceux de la haute finance (...)

(Odes à chacun)

Pourquoi les poètes révolutionnaires se montrent-ils parfois si conservateurs ?

SUR UN BEAU VELOURS ROUGE

Charles DOBZYNSKI

Ecoutez l'ancienne chanson
que reprenait Apollinaire,
une romance rationnelle
de Descartes jusqu'à Thorez ;
l'art de prédire est enfin né,
mais la prédiction des poètes
seuls les peuples la réalisent.

(Chronique du temps qui vient)

On était en pleine « poésie nationale ». Donnant l'exemple, Paul Eluard avait réussi à insérer dans un alexandrin le « cerveau d'amour » de Joseph Staline. Guillevic s'apprêtait à trousser des sonnets édifiants. Charles Dobzynski [2bis] pouvait se croire à bonne école. Politiquement, il était dans la ligne : cinq ou six ans plus tôt, en 1946, Maurice Thorez, vice-président du Conseil, avait prononcé l'éloge de Descartes dans le grand amphithéâtre de la Sorbonne. Dobzynski jouait sur un beau velours rouge. Mais cet académisme militant n'a pas survécu aux autres formes du culte stalinien.

Charles Dobzynski a-t-il eu l'ambition d'être le Sully-Prudhomme (comme Aragon le Victor Hugo) du Parti Communiste ? Certains passages du recueil *Au clair de l'amour* pourraient le donner à penser :

(...) *C'est en luttant avec les hommes côte à côte*
Pour le pain pour la liberté
Qu'on apprend à mûrir la forme la plus haute
De l'amour : la fraternité (...)

Notre idéal vois-tu transforme en énergie
Le combustible de nos cœurs (...)

2bis. Né à Varsovie en 1929. *La Question décisive* (Seghers, 1950). *Notre amour est pour demain* (Seghers, 1951). *Dans les jardins de Mitchourine* (Seghers, 1951). *Pouvoir de la raison* (Bruxelles, A l'Hippogriffe, 1951). *Amour de la patrie* (Seghers, 1953). *Une tempête d'espoir* (Art Vulc, 1953). *Chronique du temps qui vient* (Henneuse, 1954). *Au clair de l'amour* (Seghers, 1955). *Epreuve de force* (Éd. Nouvelle Critique, 1958). *Cantate aux inconnus* (Oswald, 1960). *D'une voix commune* (Seghers, 1962). *L'Opéra de l'espace* (Gallimard, 1963).

On sent trop la rhétorique, la déclaration d'amour en forme de discours à la tribune du Congrès, l'emphase versifiante, l'étalage des bons sentiments. Cela ne va pas sans invention dans l'assemblage des mots, l'utilisation de la rime, la composition. Mais l'attention risque toujours de faiblir tant on est abasourdi par l'accumulation des effets. L'imagerie n'est pas toujours très cohérente :

Je t'ai vue transformer la mer par la chimie
De tes gestes chantant au diapason de l'eau

Dans le même poème, la femme aimée entre nue dans la mer pour, quelques vers plus loin, habiller l'éternité — à l'étonnement de la Méditerranée, paraît-il. Mais l'amour et l'élément marin inspirent aussi à Charles Dobzinski de beaux vers :

(...) *Viens te jeter dans mes bras petite vague dévorée de vent*
Rose rouillée de la marée, dentelle détrempée du temps
Viens te perdre sur moi, je suis ton littoral humain
Et tu retrouveras dans mon image ton chemin
Ta force d'animal humide et tendre, ta jeunesse
D'arbuste et de pollen (...)

Dans *D'une voix commune,* Dobzynski subit encore l'influence d'Aragon. Celle de Paul Eluard aussi : « Car à partir de toi je deviens clair à tous » (mais pour avoir le droit de le dire, il faudrait avoir été, profondément, obscur). Peut-être, plus discrète, celle d'André Breton : « Je chanterai l'amour unique ».

Mais l'obsession de la guerre s'y exprime avec sincérité.

Mon amour ma seconde enfance
Je te parle dans les embruns de l'insomnie
Je déterre des cris
Pour les écarter de ta voix
Je déterre des ombres
Pour les écarter de ta vie (...)

Depuis la guerre, depuis Auschwitz, le cœur du poète « ne fut jamais tout à fait déminé ». De la terre souillée, Charles Dobzynski sait faire naître une poésie personnelle et forte :

Tant de beauté mise au charnier
Ne peut trouver aucun miroir à sa mesure
Dans nos mémoires
O noir engrais pour les boutures de la neige (...)

On est moins convaincu par *l'Opéra de l'espace*, inspiré au poète par les premiers exploits des Soviétiques dans l'exploration du cosmos. Le monotone déroulement des décasyllabes traduit fort mal la vitesse qui libère la fusée « de l'étreinte terrestre ».

A la vitesse où le corps se libère
du magnétisme suffocant, du choc
de la terre et du ciel sur l'épiderme,
tous les courants de l'ombre se déchaînent,
des vents tapis se transforment en trombes,
le cœur se tient dans l'œil de la tempête,
fauve affolé le sang sort de son lit.
Tout brûle en vous, des cratères s'éveillent (...)

Ailleurs, quelle valeur accorder au « lent éboulement de sable noir » de la planète Mars ? Cette « sablière du songe » semble projeter bien haut le sable assez pauvrement onirique qui endormait les enfants.

DU CÔTÉ D'ARAGON

Gérard PRÉVOT

Une plume, « sans la moindre raison apparente, s'est mise à tracer des signes dans l'ombre ». Gérard Prévot[3] ne prétend pas révéler des vérités qui dépasseraient notre condition. Mais, sans chercher à déboucher sur la pleine lumière de l'être, il sait prendre — et faire prendre — plaisir au poème, en homme qui chante ou qui nomme la vie, l'amour, sans illusions, et qui connaît le sens humain de l'ombre, des ombres que nous sommes.

Les souvenirs comme des fruits d'automne vont jaunir
Et nos ombres en tremblant se perdre dans les étages

Le vin léger du jour nous communique sa chaleur

(Europe maigre)

---

3. Né à Binche (Belgique) en 1921. *Récital* (Ecran du Monde, 1951). *Architecture contemporaine* (REL, 1953). *Danger de mort* (Seghers, 1954). *Ordre du jour* (Seghers, 1955). *Elégies dans un square décapité* (G. Thone, 1958). *Europe maigre* (Gallimard, 1960). *Prose pour un apatride* (Grasset, 1971). *L'Impromptu de Coye* (Bruxelles, Jacques Antoine, 1972).

Gérard Prévot se dit l'habitant d'un « monde ordinaire » où il peut être merveilleux d'aimer. Mais

Sur une musique de chambre
Un seul coup de clairon suffit
Pour que s'émeuvent les défis
Et pour que l'amour se démembre
Laissant les amants déconfits

(Europe maigre)

Dans son désir de rester proche de ceux qui souffrent et qui luttent, Gérard Prévot se laisse facilement aller à l'anecdote à la Coppée (l'histoire du pianiste de province qui joue « pour gagner sa vie », et dont le père pleure « au premier rang ») ; il donne de l'importance à des truismes (« c'est malheur de vivre / Dans un monde où le crime est partout au pouvoir ») ; il admire les facilités de développement d'un Louis Aragon, et cherche à s'en inspirer ; il n'évite pas le ronronnement du vers, les rimes attendues, les coupes démodées (« S'il croit à l'horizon terrible des volets »).

Le chant de Gérard Prévot ressemble à d'autres chants. En cela, il déçoit un peu. Comment se fait-il que des poètes qui politiquement se situent du côté des partis révolutionnaires se montrent à peine réformistes à l'égard de la versification — se contentant d'approuver et d'appliquer quelques réformes déjà faites ? Gérard Prévot n'est pas le seul à présenter cette apparente contradiction.

Par chance, un recueil plus récent, *Prose pour un apatride,* apporte la preuve que Gérard Prévot a su se libérer, sans renier ses convictions, des formes trop étroites du réalisme socialiste.

Nicole CARTIER-BRESSON

Révélée par Paul Eluard au temps de *l'Eternelle Revue*, Nicole Cartier-Bresson[4] a recueilli dans *le Double Départ* les poèmes qu'elle avait écrits pendant la guerre. En de longues suites de vers non rimés mais régulièrement mesurés — l'alexandrin triomphe au prix de quelques chevilles —, s'enchevêtrent un peu confusément les thèmes de l'amour, de la séparation, de la guerre, de la grande nature offerte et oubliée, de l'espoir et de la peur, du combat clandestin.

4. Née à Paris en 1924. *Le Double Départ* (Seuil, 1945). *Demain nous couronne* (Seghers, 1953). *L'Escalier des saisons* (Ed. des Cahiers du Sud, 1961).

Malheureusement, si *Demain nous couronne* est d'une forme plus libérée que le premier recueil, la pensée y porte souvent sa date :

Aujourd'hui
En U.R.S.S.
Avant le matin les travailleurs réfléchissent
A leur sort, à la forme que prendra aujourd'hui
Le monde qu'ils bâtissent (...)

Pour Nicole Cartier-Bresson, le combat ne s'est pas achevé avec la Libération. La poésie, pour elle, est restée liée à la vie militante.
Sa devise :

Imaginons
Le monde réel.

Et le monde réel, comme Jean Tortel l'a remarqué, « commence dans les profondeurs du sommeil et de l'amour ».

LA PAROLE AUX OUVRIERS DU MONDE
Hubert JUIN

« J'attends l'aube », notait Hubert Juin[5]. Mais il aura fallu s'armer de patience pour suivre l'auteur du *Voyage de l'arbre* et des *Chants profonds* dans le déversement de ses versets. Il était question, deux fois au moins, de la méditation d'un poème qui ne veut pas venir... et les vagues n'en continuaient pas moins de déferler, comme si la lente élaboration mallarméenne cherchait à rivaliser avec Claudel ou Saint-John Perse. Voici Thésée, Andromaque, le Dragon, Neptune, Patrice Lumumba, Fidel Castro. Passons... Une autre vague nous apporte, dans un grand fracas verbal, « les armes étonnantes de la vie », les « monstres de la nuit », les « tyrans odieux », les « armes de

5. Né à Athus (Belgique) en 1926. *Le Livre des déserts* (Paris, Falaize, 1957). *Quatre Poèmes* (Oswald, 1958). *Le Voyage de l'arbre* (Oswald, 1960). *La Pierre aveugle* (Oswald, 1961). *Les Terrasses de jade* (Sources, 1961). *Chants profonds* (Tunis, S.N.E.D. — Oswald, 1962). *Poèmes choisis* (Bruxelles, l'Audiothèque, 1962). *L'Animalier* (Ed. Universitaires, 1966). *Un Soleil rouge* (Ed. Universitaires, 1967). *Poèmes du temps passant* (Extrait des Cahiers de l'Académie luxembourgeoise, 1971). *Dessins de la mise à nu* (Losfeld, 1971). *L'Automne à Lacaud* (A. de Rache, 1972). *Le Cinquième Poème* (Editeurs Français Réunis, 1972).

la nuit », les « maîtres du jour », la « soif de justice », la « Justice conquérante », le « profil sanglant du maître ». De toute évidence, Hubert Juin a cherché à communiquer sa foi politique avec des mots qui parlent aux « ouvriers du monde » tout en gardant la nostalgie d'un langage de haute lignée. « Tu vois comme il est important, comme il est nécessaire d'apprendre la parole au peuple » ! En conséquence de quoi... « Voyez le lieu » et demandez parole au Styx ! C'est peut-être au fond ce qui touchera le plus dans cette période de l'œuvre d'Hubert Juin, ce souci de faire se rejoindre Fidel Castro et Mallarmé. Sans poésie, où irait la Révolution ? Et sans Révolution, pourquoi, pour qui surtout, la poésie ?

Il y a, dans un livre comme *l'Animalier*, une tout autre exigence d'équilibre et de mesure, un souci de perfection, de classicisme. On retrouve le cortège des mots, le processionnal des êtres et des choses. Hubert Juin a le sens du cosmique et il sait entendre aussi les leçons de l'histoire. Il fait entrer dans son poème les astres et les oiseaux, la fougère et l'étoile, la biche, l'eau pure, « le grand cirque des nuages », Altamira, Grenade, les cathédrales, la lumière et le « silence sous les arbres ». Il fait allusion à Calderon ; il évoque les grands conquérants, en particulier Christophe Colomb. Mais s'il nomme aussi, par deux fois, Saint-Just, c'est avec un art très sûr de la composition, du rappel des thèmes — et cela n'enlève rien à la sincérité du sentiment révolutionnaire. Au contraire ! Hubert Juin donne ici l'exemple d'une volonté capable de contenir les diverses poussées vitales et d'en constituer un tout cohérent.

L'Animalier évoque une grande tapisserie, sur laquelle on peut reconnaître le monde et retrouver les hauts moments d'une grande aventure. Mais pour belle qu'elle soit cette tapisserie n'en est pas moins fidèle. C'est l'artiste qui la crée. Le poète invente les animaux qui vont y figurer. Mais ils viennent « de ces contrées où est la vie ». Le poète « emprunte » ses thèmes « aux hautes-lisses des murailles ». Ainsi la tapisserie offre-t-elle à celui qui la regarde une composition vivante à partir de ce qu'il a pu déjà découvrir dans le monde. Comme l'histoire, la tapisserie est en train de se faire. Le lissier noue les fils en notre présence. Ne serons-nous que les témoins de ce travail ?

AVEC LES VICTIMES

Oliven STEN

Ayant perdu trente millions de membres de ma famille des suites d'une méchante piqûre d'insecte, je me mis en devoir de leur assurer une sépulture honorable en un lieu qui rendît aisés le dépôt de gerbes et les commémorations (...)

Tel est le point de départ de *l'Enterreur*. Oliven Sten[6] est poursuivi par le souvenir des *Temps blindés*. Comme le héros de *l'Enterreur,* qui pratique avec beaucoup d'humour (noir) l'art d'inhumer, il n'avait que treize ans au moment de la Libération. Comme lui, il a « fait maintes excursions » dans « la Vallée des Larmes ». Comme lui, il dénonce la folie de la guerre, des déportations, des chasses à l'homme. En prose ou en vers, il est du côté des victimes, contre les tueurs. Il faut être parfaitement clair sur ce point : « le fascisme ne passera pas », même si une telle conclusion risque de paraître, poétiquement, assez courte. Oliven Sten ne s'arrête pas à ces détails d'écriture. Il crie ce qu'il a à dire, il n'accepte pas de gommer ce qui lui tient à cœur. Sincère et prolixe, ne reculant devant aucune tentation verbale, il exprime sa révolte et son amour de l'humanité dans un langage chaud, coloré, dynamique. Des longueurs, certes il y en a ; des facilités aussi. Mais c'est parfois émouvant de simplicité, de vérité.

Suzanne ARLET

Suzanne Arlet[7] aime les « artisans ingénus » de la « vieille Pologne », son pays d'origine. Elle-même s'exprime avec naturel, qu'elle dise sa compassion pour la souffrance humaine, sa piété à l'égard de ceux, et de celles, qui sont morts pour la Liberté, son amour des êtres et des choses, son émotion devant les œuvres des peintres ou des sculpteurs. Ainsi nous apparaît-elle, fragile et généreuse, rêvant dans l'ombre de Saint-Julien-le-Pauvre ou descendant du quartier de Saint-Paul vers l'île Saint-Louis, portée par ses poèmes.

---

6. Né à Berlin en 1931. Vit en France depuis 1936. *Les Pitres bleus* (Paris, J.A.R.). *Le Passant démesuré*, avec des poèmes de C-P. MATRICON (Oswald, 1954). *Chronique des temps blindés* (Seghers, 1953). *Les Andabates* (Oswald, 1958). *Circulaire à mon amoureuse* (Henneuse, 1962). *Le Sentiment latéral* (Oswald, 1962). *Comment se dénaturer* (Action poétique, 1962). *L'Enterreur et autres poèmes* (Oswald/Poche, 1966).

7. Née en Pologne. *Source* (Caractères, 1954). *Les silences chantent aussi* (Caractères, 1956). *Terre à jamais* (Caractères, 1957). *Voisinages* (Millas-Martin, 1958). *Le Don suprême* (Ariane, 1964). *Grand âge, nous voici* (Ed. de la Revue Moderne, 1964). *Le Visage* (Paris, Le Pavillon, Roger Maria éd., 1970).

II

PAIX AU VIET-NAM ! PAIX EN ALGÉRIE !

Georges DANHIEL

(...) *Loï j'avais vu dans tes yeux un reflet de métal*
comme un scintillement de poignard quand tu disais
Viet-Nam. Et tu pensais à Tran à Tinh à ce village
et aussi à mon pays cette France que tu n'as pas
connue
Et que tu aimes avec violence et désespoir Loï
celle qu'on te refusait de chercher
ailleurs que dans les manuels d'histoire du Lycée
d'Hanoï
Et tu disais Révolution Quatre-vingt-neuf La Commune de Paris
comme d'autres chantent dans les rizières au lever du soleil (...)

Le recueil dont ces vers sont extraits n'est sans doute pas le plus célèbre de la prestigieuse collection des Cahiers Pierre Seghers. Le deuxième auteur à être publié dans cette collection n'était autre que Paul Eluard, avec *Corps mémorable*. Mais le premier [7bis] était bien Georges Danhiel[8], et ce choix dit assez clairement quel engagement Pierre Seghers entendait confirmer comme éditeur de poètes et comme militant. Georges Danhiel s'était battu dans le maquis du Vercors. Il était resté en Indochine, avec le Corps expéditionnaire, de 1945 (après la campagne d'Allemagne) à 1947.

« Dôc-Lap » veut dire « indépendance, liberté ».

7bis. Et le dernier fut Vahé GODEL, avec *Homme parmi les hommes*, n° 522, en 1958, de la collection.
8. *Dôc-Lap* (Seghers, 1948).

DU' HŨU QUỲNH

Né à Hanoï de parents français et vietnamiens, Du' Hũu Quỳnh[8 bis] vit pour des raisons professionnelles aux Etats-Unis. C'est de là, en des poèmes écrits entre 1967 et 1970, qu'il évoque son pays natal[8 ter] Poésie engagée ? Sans doute ! Comment ne le serait-elle pas !

(...) *Mon âme magnifie ma terre natale*

Or tout est révolte et rien n'a de prix
Comme un vaisseau démâté est mon corps
et terrible ma vie souterraine
terrible le bruit des armes incessantes (...)

Mais avant tout, ce chant « de guerre » (« et de gloire ») est bien un « chant d'amour ».

(...) *Cette femme qui a peur ressemble à celle qui m'a porté !*
C'est elle qui m'a porté le soir dans le chant des filaos
Elle m'a montré dans les rizières tristes
le retour du buffle noir
Elle a dessiné sur mes yeux les plis de la mer
et dans ma paume vogue une jonque brune
Un arbre geint Opaque est la nuit de cormoran
Ma mère est triste
Oh je ne suis pas habilité pour
parler de la mort (...)

(Chant d'amour de gloire et de guerre)

8bis. Né à Hanoï en 1938. *Chant d'amour de gloire et de guerre* (Paris, Maspéro, coll. « Voix », 1971).

8ter. On pourra consulter *Chants pour le Vietnam* (Paris, Editeurs Français Réunis, 1967). Cette anthologie réunit 80 poèmes de 28 pays. Citons, parmi les aînés : les poètes français Claudine CHONEZ, Pierre GAMARRA, Jean MARCENAC, Armand MONJO ; et, outre Jacques GAUCHERON, dans la génération d'après 1945 : Armand GATTI et Madeleine RIFFAUD, à qui l'on doit des œuvres liées à la lutte révolutionnaire. Voir aussi la revue *Europe*, spécial « Vietnam en guerre », octobre 1966 ; et l'anthologie de *la Poésie vietnamienne* (Editeurs Français Réunis, 1970).

Jean PERRET

Auteur de poèmes politiques, consacrés notamment à la guerre d'Algérie, Jean Perret[9] prouve après Eluard que la poésie de circonstance peut — parfois — rejoindre la poésie éternelle. Ainsi dans ce poème, que nous reproduisons dans sa deuxième version (dans la première, la femme commentait davantage, insistant d'une façon conventionnelle sur les préjugés dus à son éducation) :

EN FORME D'ANNEAU FUTUR

Toi, l'homme
Moi, la femme

Toi, l'homme dont la peau est basanée
Séchée comme une figue
Toi, dont le visage porte le signe de ta race
Comme un nez de Bourbon

Moi, la femme dont la peau est blanche
Et douce et fragile comme une soierie lyonnaise

Moi, qui fus bien élevée
Par des religieuses blanches
Moi, dont le père fut un soldat victorieux
Sur la terre où tu vis de racines

Moi, dont la mère est un ange de douceur
Et de piété

Moi, je me suis blottie, nue, dans tes bras
Je me suis ouverte en deux
Comme une coque assoiffée
Aux Sables-d'Olonne

Toi, l'homme
Moi, la femme

(Nommer la peur)

---

9. Né à Vimoutiers (Orne) en 1924. *Le Temps du blasphème* (H.C., 1962). *Le Temps du blasphème* (Action poétique, 1962) : ces deux recueils ne contiennent qu'un petit nombre de poèmes communs. *Nommer la peur,* avec des poèmes de Gabriel COUSIN (Oswald, 1967).

LE POÈME EST UN ACTE

Henri DELUY

Henri Deluy[10] a eu le souci de la clarté, par goût poétique autant que par conviction de militant. Il lui plaisait de parler du temps, des blés, de la vigne ; il n'oubliait pas, dans son paysage naturel, le rôle des travailleurs :

C'est alors qu'il faut ouvrir l'œil
Sulfater au plus vite.
Une poussée de chaleur après la pluie,
Et les feuilles risquent de se tordre (...)

(*Nécessité vertu*)

Il ne faisait pas mystère de ses opinions. La guerre d'Algérie le renforça dans cette volonté de faire de la parole un acte. Tant pis si le poème y perd ! « Y en a assez de la guerre » ! Paix en Algérie ! Même si « cette ombre blanche des mélèzes, l'autre soir, un instant fut tout pour (lui) », il lui faut revenir à « l'Algérie torturée sur le printemps des dunes ». Oui, tant pis si le poème en souffre :

Je fais mal au poème

Et je continue

(*For intérieur*)

On ne peut guère reprocher à un jeune poète d'avoir, en vivant le drame algérien, mis la poésie entre parenthèses. Mais ses poèmes d'amour, dans la deuxième partie de *For intérieur* ou dans *l'Amour privé*, nous retiennent davantage par leur pureté, leur transparence (souvenir fragile de Paul Eluard).

---

10. Né à Marseille en 1931. *Images* (Revue Moderne, 1949). *Titr'animal 12* (H.C., 1951). *Pour la Mour* (H.C., 1953). *Passages* (Tour de Feu, 1953). *Belle à tout faire* (Action Poétique, 1956). *L'Avenir dès aujourd'hui* (H.C., 1957). *Nécessité vertu* (Action Poétique, 1958). *For intérieur* (Action Poétique, 1961). *L'Amour privé* (Action Poétique, 1963).

Dans l'abandon où je me donne
Tu surgis des neiges plates et des sols gelés
Tu surgis des groupes d'oiseaux dépareillés

Des fleurs qui montent sur la table
Des plantes oubliées
Des journaux pliés

Dans le délaissement où je me donne
Tu surgis en moi

Et je rêve d'être ton paysage rêvé

(L'Amour privé)

Quelques années plus tard, mettant en pratique sa réflexion théorique sur l'évolution de la poésie et le développement des sciences humaines, Henri Deluy veut donner une autre ampleur à son inspiration, brassant des images abondantes sans se soucier excessivement de leur cohérence, cherchant même — semble-t-il — à grever ses longues phrases de la plus lourde charge possible de non-sens compatible avec l'affirmation réitérée des sentiments révolutionnaires. Curieux épisode de la lutte des classes :

(...) *Courir Frémir Partir Dormir Qui perd son sang ou non dans cet étroit calcul Plus haut dans ce qui monte de la nuit Je reconnais quelque part ailleurs le rôle sous les battements d'une lèvre de poupée Mais surtout entre les bras d'une petite fille qui pourrait bien être celle que j'ai vue plonger dans le bénitier un soir de grève ou de manifestations c'est clair ou non Puisqu'aussi bien le cercueil ausculte son couvercle Finit d'encercler la maison où se tient la réunion de cellule Achève quelques termites isolés dans leurs extrêmes et tente devant l'autel entre les piliers de l'isoloir Parmi les cercles battus et sur le sol frappé de mille talons de porter un dernier coup aux batteries mises en place pour la fête* (...)

(Action Poétique, n° 41-42, 1969)

Il faudra relire ces textes, où l'auteur voudrait porter le langage, en plusieurs directions, au maximum de ses possibilités. On consultera aussi, pour suivre l'évolution du poète et de ses amis, l'importante collection de la revue *Action poétique*.

ACTION POÉTIQUE

Cette revue[11] a été créée à Marseille en mars-avril 1950 sous l'impulsion de Gérald Neveu puis de Jean Malrieu. Ce fut d'abord un petit groupe de poètes liés par la camaraderie et l'amitié. Les publications se limitaient à des bulletins ronéotés, à des tracts. Puis le groupe s'est étoffé. Henri Deluy, Joseph Guglielmi ont rejoint Neveu, Malrieu, Jean Todrani. Entre 1955 et 1957, *Action poétique* a publié trois numéros imprimés. C'est en 1958 qu'a été lancée la nouvelle série, celle qui devait assurer au groupe — d'ailleurs très mouvant — sa plus grande audience.

La revue se proposait de grouper « des poètes et écrivains de différentes tendances, artistiques, philosophiques ou politiques », animés par « un commun amour de l'homme, une même confiance dans sa destinée ».

Différentes tendances ? Il est vrai que la revue acceptait, venant de l'extérieur, la contradiction et recommandait à l'intérieur l'autocritique. Mais il n'était pas possible de se méprendre sur l'orientation générale de la pensée. Quand chaque numéro de la revue rappelle que « la poésie doit avoir pour but la vérité pratique », il faut penser à l'interprétation éluardienne de la formule de Lautréamont. En effet, si la pensée de Lautréamont, dans le contexte des *Poésies,* demeure énigmatique, celle d'Eluard est parfaitement claire. Le soleil d'*Action poétique* ne prive personne de ses rayons. Mais enfin, il se lève à l'est. Il importe cependant de noter que, si nombre de ses collaborateurs sont des militants, la revue garde son autonomie — elle n'est pas un organe du Parti Communiste.

Charles Dobzynski, embrassant la situation « des rives de la Baltique à celles de la Mer Noire », écrivait sans l'ombre d'une hésitation : « les poètes apparaissent là-bas comme les avant-coureurs de l'aurore. Leurs chants sont les révélateurs foudroyants de la conscience des peuples ». Il restait permis de préférer les poèmes d'Evtouchenko ou ceux du poète polonais Jerzy Ficowski à telle dénonciation colorée du bloc occidental : « Salut à toi, coq gaulois. Secoue l'abîme atlantique de tes plumes »... *Action poétique* aura du

11. *Action poétique* (Marseille puis, à partir du n° 27, Paris).
a) 1950-1953. Bulletins ronéotés.
b) 1953-1954. Trois bulletins imprimés (n° 1, déc. 1953 ; n° 3, déc. 1954).
c) 1955-1957. Revue imprimée. Trois numéros (1955, 1956, 1957).
d) Depuis 1958. Revue imprimée (nouvelle série). La livraison du 3e trimestre 1972 porte le n° 51-52.

moins eu le mérite de nous aider à franchir les frontières. Des numéros ont été consacrés aux poètes portugais, italiens, russes, polonais. *Action poétique* a révélé aux lecteurs français le grand poète tchèque Vladimir Holan. En ce qui concerne la poésie française elle-même, elle a reconnu la place de la langue occitane en publiant, dans le texte original accompagné d'une traduction, des poèmes de Serge Bec.

La revue a lutté contre le sectarisme. Elle n'a jamais exigé d'un jeune poète qu'il écrivît une poésie politique, sociale ; et elle a reconnu la fréquente platitude de l'art engagé. Mais, arguant que le printemps aussi a pu inspirer de bien mauvais poèmes, l'équipe d'*Action poétique* a longtemps tenu ferme qu'il devait y avoir place pour une poésie exprimant la réalité de notre société et participant en même temps à sa transformation.

A *Action poétique*, le débat est toujours resté ouvert. L'amitié, les affinités régionales (dans une région où les jeunes écrivains avaient l'exemple des *Cahiers du Sud*) renforçaient l'hostilité aux directives étroites. La voix des aînés fut écoutée. Jean Tortel a pu poser, dès le n° 8 (décembre 1959), d'utiles questions aux jeunes poètes pressés par l'enthousiasme de leur âge de fournir les réponses. En particulier, il a formulé ce problème qui fait apparaître la contradiction où se débattaient ses amis : comment sortir de la solitude avec cette arme du langage que le poète « est seul à connaître et à manier » ? Le groupe n'a cessé de s'interroger. Il est vrai que tous ses membres n'ont pas réagi avec la même vigueur contre l'esprit d'orthodoxie. Aussi les débats furent-ils parfois très animés. En juin 1964 (n° 24), ne pouvant plus contenir sa « vieille colère », Jean Todrani, dans une Tribune libre, dénonce une mystification que le livre de Roger Garaudy, *Un réalisme sans rivage*, n'a sans doute pas suffi à ruiner et réclame que les permanents du stalinisme et du jdanovisme « disparaissent, qu'ils rentrent dans le rang, qu'ils retournent à l'école et se fassent oublier ».

Le réalisme socialiste se porte alors de plus en plus mal. Après Jean Malrieu, Jean Todrani, André Liberati, Joseph Guglielmi, Gabriel Cousin quittent pour des raisons diverses le comité de rédaction. Guglielmi, Todrani fonderont en 1967 la revue *Manteia* qui sera un peu à Marseille ce que *Tel Quel* est à Paris.

Franck Venaille qui à son retour de la guerre d'Algérie avait créé la revue ronéotée *Chorus* — « la revue politique qui donne le plus de place à la poésie » — et Paul-Louis Rossi entrent au comité, ainsi que Jacques Roubaud et Bernard Vargaftig. Une double volonté se manifeste : d'être plus exigeant quant à la qualité des textes et moins sclérosé quant aux critères de sélection. On s'intéresse à la poésie beatnick, à celle de Ginsberg en particulier. Franck Venaille fait appel, en poésie, à des poètes aux coudées franches. Paul-Louis Rossi aime le jazz, le surréalisme. Il est évident que, dans cette période de réflexion sur l'orientation de la revue, on prend beaucoup de champ par rapport aux positions sur lesquelles se tiennent encore nombre d'intellectuels communistes. La crise est désormais ouverte au sein de l'équipe. Paul-Louis Rossi, Jacques Roubaud, Vargaftig, tout en restant fidèles à la ligne générale, souhaiteront un approfondissement de la réflexion philosophique. Franck Venaille ne peut plus supporter l'atmosphère d'*Action poétique,* qu'il quitte en 1969, après avoir lancé la nouvelle série de *Chorus,* où il accueille les poètes de la réalité quotidienne et les peintres pop'art.

En 1969, Henri Deluy organise une « table ronde » au sujet de *Tel Quel*. Il reconnaît qu'en 1960, au moment de la guerre d'Algérie, cette nouvelle revue lui avait paru réactionnaire, et il s'efforce de corriger sa « pseudo-analyse » de l'époque. Il est loin d'être convaincu par toutes les positions de l'équipe de *Tel Quel,* mais l'intérêt suscité par ces positions chez les communistes eux-mêmes l'invite à réexaminer le problème.

Action poétique réduit, peut-être momentanément, la place des poèmes, pour se consacrer à des débats de doctrine et tenter avec la collaboration, notamment, d'Elisabeth Roudinesco, de sortir du « flou idéologique ». Le développement des sciences humaines — psychanalyse, économie politique, linguistique — et la prise de conscience des conséquences de ce développement accélèrent le mouvement qui caractérisait la revue depuis les premières années : un éloignement progressif de la poésie étroitement militante.

Action poétique et la guerre d'Algérie

Le n° 12 d'*Action poétique* (décembre 1960) était consacré à la guerre d'Algérie. C'est un numéro très ouvert, puisqu'il va de Guillevic à Lanza del Vasto et de Charles Dobzynski à Pierre della Faille, réunissant les partisans du combat révolutionnaire et les apôtres de l'objection de conscience.

Oliven Sten écrivait :

> (...) *Maîtres, voici longtemps déjà vous nous avez appris*
> *que la terre tourne et que la chlorophylle*
> *rend notre mort utile aux végétaux* (...)
> *Ici rien n'a changé sinon les chiens kabyles*
> *qui aboyaient mais ne mordaient pas*
> *Ils mordent sans aboyer*
> *leurs maîtres sont à la guerre*
> *eux se roulent sous nos convois.*

Maîtres la poésie n'est pas faite pour les chiens
vous nous avez appris en classe le matin
que la haine n'est plus que le bras mort des fleuves
et sur ce tableau noir la craie donne l'onglée
et je n'endure pas cette guerre sans fin
et je me sens honteux comme un mauvais élève.

Il ne faudra pas oublier, pour comprendre certaines orientations, qu'un poète comme Franck Venaille[12] avait vingt et un ans quand les circonstances le contraignirent de noter ceci :

(...) *il arrive au moins trente paras blessés avec celui-ci qui se tient le ventre c'est sûrement le commando qui est harcelé et nos G.M.C. tournent déjà dans la cour de qui ai-je l'air avec ce P.M. dont je ne voulais pas me servir et la nuit sous les couvertures j'ai froid et j'ai chaud je rêve de ton corps mais pas loin de moi les prisonniers hurlent à cause de la magnéto qu'est-ce que cela veut dire de vivre sans toi à se rabâcher toujours les mêmes choses ma tête dans tes cheveux je m'en moquais bien de l'Algérie avec ses boîtes de rations et le premier qui ramène la vérole du B.M.C. dit le capitaine*

à part cela ils étaient quatre pour tenir la fille pendant que l'autre la violait est-ce que tu as toujours les mêmes yeux et la rue de Seine et les quais les gourbis qui flambent là-bas ce poulet déjà raide qui n'entre pas dans ma poche j'ai faim j'ai soif de toi de jour en jour plus envie de toi rien que de toi comme au parc avec ta robe mais ce sang qui reste collé au treillis six mois sans toucher à une femme ce sera toi ou rien que ton ombre que tes lèvres qui me tiennent éveillé pendant le quart la sentinelle de la deux a vu des lumières rien que toi rien que cet amour plus violent plus âpre que la nuit qui nous entoure.

12. Cf. Chapitre XIV, III.

Andrée BARRET

Militante d'*Action poétique*, Andrée Barret[13] a voulu faire du « cœur à cœur » comme on fait du porte à porte. Elle a dit la pauvreté des vieux quartiers, la misère des travailleurs algériens. Elle y a mis le sentiment qu'il fallait. Elle a parlé d'« aurore boréale », à propos des remerciements d'un camarade après une victoire aux élections (« Vous avez bien servi l'histoire »). Mais ce réalisme socialiste, certes laborieux, ne la comblait pas et n'apaisait pas non plus certaine boulimie de slogans : « Je n'arrive pas », avouait-elle, à « placer » la guerre d'Algérie « comme un refrain à tous les coins de mon poème ».

Andrée Barret a-t-elle trouvé depuis, dans la revue *Promesse* (nouveau style), la chance de son épanouissement ?

François BOURGEAT

François Bourgeat[14] rêvait d'une poésie capable de dire le bonheur à hauteur d'homme — et de femme, à hauteur d'enfant.

pour rire un jour j'ai fait pleuvoir
sur les jaillissements verticaux de la poésie haute
les pommes de pin du bonheur
et la poésie haute a éclaté de rire

bon dieu se dit-elle j'ai comme une envie
De m'horizontaliser (...)

Mais c'est au moment où

la poésie
allait se mettre à danser dans la rue

qu'a éclaté la guerre

(Le Pont de l'Epée, n° 22)

Dans l'Algérie des ratissages, il restait à penser que « c'est dimanche au-delà de la mer »... Mais quelle eau pourrait faire disparaître la tache dont on fut maculé ?

---

13. Née à Saint-Dié en 1933. *Pour la joie d'aimer* (Paris, Ed. de la Revue Moderne, 1958). *Le Cœur partisan* (Henneuse, 1959). *L'Effort* (Action poétique, 1962). *Jugement par le feu* (Action poétique, 1965).
14. *La peur et la mémoire* (Chambelland, 1964).

Jean-Paul BESSET

Ce sentiment de culpabilité se découvrirait chez d'autres jeunes poètes dénonçant un combat qui ne pouvait être le leur. Ainsi chez Jean-Paul Besset[15] :

(...) *Les clous du remords percent aux murs*
chaulés des casbas (...)

(Les Amours difficiles)

Gérard BAYO

Ecoutons encore la voix d'un poète qui demande pardon — à ses frères, pour ses frères — d'une violence opposée à sa foi. Gérard Bayo[16] parle :

Minuit. On partage l'eau dans les maisons. Vous qui étiez résignés, pardon de vous avoir faits inconsolables. Par le pain et le vin. Par celui en attente aux frontières de l'exil. Par le contenu de vos musettes et par celui qui demande à mourir. Par cette eau partagée et le visage recouvert, pardon de vous avoir faits inconsolables, ô tous les villages rudes où personne n'était venu ni ne viendra plus.

(Ibah Doulen)

Guy BELLAY

Guy Bellay[17] a donné à ses poèmes sur la guerre d'Algérie une dimension humaine et cosmique à la fois qui fait d'eux bien autre chose que de simples textes de circonstance.

---

15. *Les Amours difficiles* (Oswald, 1968).
16. Sur Gérard BAYO, cf. Chapitre VI.
17. Né à Josselin (Morbihan) en 1932. *Bain public* (Oswald, 1960). *Bain public II* (Oswald, 1968).

Le paysan s'est redressé. Ce ne sont pas les siens qui montent vers lui.
Le soleil bas le cloue par la boucle d'une ceinture.
Il est l'insecte épinglé sur la tapisserie, l'homme encadré par deux policiers.
Comme se plient les fermiers dispersés pendant le jour, à la même hauteur de hanches,
il ramasse sa veste.
On ne peut pas changer ses habitudes ainsi pour une guerre inventant la mort à mille kilomètres,
quand sa misère est ici.

Paul-Louis ROSSI

Paul-Louis Rossi[18] aime le jazz et la poésie de Garcia Lorca. Couleurs éclatantes. Joie et bonheur pour tous parmi les fleurs et les objets familiers ! En attendant, il faut lutter.

ah donnez-nous des plaisirs aigres
comme l'odeur des œillets sauvages…

Le manifeste des 121

Devant une guerre comme la guerre d'Algérie, écrire des poèmes — quelque intérêt qu'on porte à la poésie — ne suffit pas.

Nous nous faisons un devoir de rappeler l'importance de certaines prises de position publiques. Ainsi du *Manifeste des 121*[19]. Ce texte diffusé sous le manteau a réussi à provoquer, en dépit de la rage policière, de salutaires réflexions. Dénonçant l'oppression colonialiste, la mainmise d'une caste militaire sur cette chasse gardée que constituaient pour elle les opérations de nettoyage en Algérie, condamnant l'utilisation déshonorante de la torture, approuvant pleinement la volonté de libération des peuples opprimés, éclairant les motivations profondes de l'insoumission d'un certain nombre de soldats du contingent, des intellectuels, philosophes (Simone de Beauvoir, Jean-Paul Sartre, Maurice Blanchot, Jean-François Revel), écrivains (Adamov, Marguerite Duras, Claude Lanzmann, Maurice Pons, Alain

18. Né à Nantes en 1934. *Liturgie pour la nuit* (Millas-Martin, 1958). *Fontessa* (Chambelland, 1961). *Silence et plainte* (Chambelland, 1962). *Quand Anna murmurait* (Chambelland, 1963).
Pour l'évolution de Paul-Louis ROSSI, voir sa collaboration à la revue *Change* (nº 8, 1971).

19. Le texte intégral du *Manifeste des 121* a été diffusé par *Vérité-Liberté*, « Cahiers d'information sur la guerre d'Algérie » (nº 4, septembre-octobre 1960).

Robbe-Grillet, Nathalie Sarraute, Claude Simon, Vercors), artistes (Pierre Boulez, Marc Saint-Saens, Robert Lapoujade, Edouard Pignon, André Masson), acteurs (Alain Cuny, Simone Signoret), personnalités (Dominique Eluard, François Maspéro, Jérôme Lindon, Eric Losfeld, Florence Malraux, Denise René), cinéastes (Alain Resnais), historiens, psychologues, sociologues, linguistes (André Mandouze, Michel Leiris, Georges Mounin, René Zazzo, Pierre Vidal-Naquet), critiques (Maurice Nadeau, Jean Pouillon, Jean Schuster), poètes (André Breton, André Frénaud, Pierre de Massot, Pieyre de Mandiargues et Claude Roy, sans doute ! mais aussi, dans la génération de l'après-guerre : Jean-Louis Bédouin, Robert Benayoun, Vincent Bounoure, Guy Cabanel, Louis-René des Forêts, Edouard Glissant, Edouard Jaguer, Alain Joubert, Henri Kréa, Gérard Legrand, Jehan Mayoux, José Pierre, Jean-Claude Silbermann) firent connaître une *Déclaration sur le droit à l'insoumission dans la guerre d'Algérie* :

(...) « Nous respectons et jugeons justifié le refus de prendre les armes contre le peuple algérien. Nous respectons et jugeons justifiée la conduite des Français qui estiment de leur devoir d'apporter aide et protection aux Algériens opprimés au nom du peuple français. La cause du peuple algérien, qui contribue de façon décisive à ruiner le système colonial, est la cause de tous les hommes libres. »

De très nombreuses signatures s'ajoutèrent à celles des 121.

Poètes français contre la guerre

Il convient de réserver une place à part aux recueils collectifs inspirés par les guerres.

Gilles Fournel a présenté un assez large choix de poèmes intitulé *les Poètes français contre la guerre*[20]. Il l'a fait dans un esprit humaniste, généreux mais un peu flou, voulant dénoncer l'absurdité et l'injustice de toutes les guerres. On retrouvera dans ce recueil les noms de Jean Bouhier, de Louis Guillaume, de Paul Chaulot, de Jean l'Anselme (« Y a pas plus con qu'un adjudant »), de Marcel Béalu (« Un vacarme d'oiseaux A triomphé de l'ombre C'est la paix du matin Et c'est la paix du monde »), de Jean Rousselot, de Pierre Seghers, pensant l'un et l'autre à leurs amis, les poètes de Budapest ; les noms aussi, parmi les plus jeunes, de Charles Le Quintrec, de Claude Vaillant, de Pierre Garnier, d'André Marissel, de Jean Breton, de Marc Alyn, d'André Laude.

20. Millas-Martin, éd., 1957.

Poèmes à la craie

Tu n'aimais rien plus que ces chiens qui hurlaient la nuit et c'était infernal cet écho douloureux de la peur et de l'insomnie dans l'auréole noire de la lune qui saupoudrait les palmiers — tu vivais mille jours en une seule minute parce que les couleurs et les cris d'oiseaux te rendaient fou et tu t'es couché tout un jour sur les dalles roses des ruines de Sainte Salsa face à la mer en oubliant l'instant et le futur parce que tu te sentais plus grand que la mesure de ce temps trop avare —
et ton corps s'intégrait à la pierre pour une éternité
et tu faisais la guerre et tu faisais la guerre
et tu l'avais oublié
tu collectionnais des visages qui étaient de pierre et en avaient la beauté sévère
les jardins naissaient du milieu des rivières et les portes du ciel se dressaient au feu du soir
souviens-t'en c'était à Mascara (...)

Ce poème a été présenté en 1956 dans *les Lettres françaises* sous le pseudonyme de Jean-Jacques de Fos, à la demande de Louis Aragon, qui a vu dans ce « cri de l'ombre africaine » le plus net témoignage du drame d'une génération. Nous savons aujourd'hui que ce poème, « Nuit de garde », était de Jean-Jacques Lévêque.

Chargé de se battre en Algérie à l'âge où les amoureux voudraient « déposer sur chaque mur le duo de (leurs) ombres », Jean-Jacques Levêque[21] a eu l'idée, contre une guerre si contraire à toutes ses aspirations, de réunir des *Poèmes écrits à la craie*[22]. Il

21. Né à Vailly-sur-Aisne en 1931. *Une cage partie à la recherche d'un oiseau* (Millas-Martin, 1953). *Images pour le monde ici* (Paris, Nuits blanches, 1954). *L'Herbe sage* (Rougerie, 1956). *Nuit de garde* (Henneuse, 1958). *D'où je viens* (PAB, 1958). *Douves* (PAB, 1959). *Préparatifs pour un matin* (PAB, 1961). *Les Portes de l'été* (PAB, 1961). *Le Temps réfléchi* (PAB, 1964). *L'Espace d'un doute* (PAB, 1967).

Jean-Jacques LÉVÊQUE a animé la revue *Sens plastique* (Pierrefitte, Seine). Trente numéros de mars 1959 à juillet 1961. Le N° XIX (septembre 1960) était consacré à une *Enquête sur la nouvelle poésie*, conduite par J.-L. DEPIERRIS.

22. *Poèmes écrits à la craie* (Les Sables solaires, J.-J. Lévêque éd., s.l.n.d. [Oran, 1957], édition réalisée sur du matériel militaire).

pensait aux dessins des enfants, aux graffiti des voyous, à ceux des combattants de la liberté. Il rappelait que Fernand Léger, après Cézanne, « rêvait de couvrir les murs de couleurs », mais il voyait moins dans le mur le support d'une œuvre durable que l'occasion d'exprimer violemment ce qu'un homme peut avoir envie de crier à la foule. André Marissel se demandait si le poème mural, une fois séparé de son mur, ne perdrait pas de son « pouvoir magique ». Jean-Jacques Lévêque n'en affirmait pas moins que « le mur c'est le livre de la masse ». Douze ans plus tard, la Sorbonne et la Faculté de Nanterre devaient lui donner raison.

III

L'IMAGINATION AU POUVOIR !

MAI 1968

Le mouvement de mai 1968 n'a pu se transformer en révolution. Mais il a, du moins, exprimé puissamment une révolte et des aspirations que bien des poètes auraient voulu faire éclater depuis longtemps. S'il a pris parfois un aspect nihiliste, c'est peut-être en partie parce qu'on a voulu trop longtemps contenir les voix fraternelles qui, de toute part, cherchaient à se faire entendre.

Provos-poèmes

Jean-Pierre Waguet[23], en lançant la revue orléanaise, ronéotée, *Epoque 66,* avait voulu donner à de jeunes poètes une possibilité d'expression.

Militant de la culture populaire, il a, en publiant dans la revue son *Approche de la nuit,* montré par l'exemple que des moyens artisanaux de reproduction (de création) et de diffusion pouvaient rendre au poème une allure plus vivante. Ici et là barrant la page, s'inscrivant en surimpression, une ligne d'apparence manuscrite, l'esquisse d'un arbre, d'un oiseau, l'ébauche d'un calligramme rendent présente la main d'un homme qui écrit ses poèmes en rêvant peut-être d'écrire sur les murs, ou sur le sable, ou sur le ciel. Emu par la révolte des jeunes qui avait éclaté à Amsterdam et qui devait avoir un si profond retentissement, Jean-Pierre Waguet donna dans *Epoque 67* des *provos-poèmes* devenus *Poèmes pour un 1er mai* : « Camarade un poème / c'est beaucoup plus qu'une gauloise »...

---

23. Né à Beauvais en 1925. *Au nom du chèvrefeuille* (H.C., s.d.) *Approche de la nuit* (Editions Populaires Orléanaises de Culture, 1965). *Poèmes pour un 1er mai* (E.P.O.C., 1967).

Epoque 66 : nº 1, octobre 1965 ; nº 2, janvier 1966 ; nº 3, avril 1966. *Epoque 67 :* numéros d'octobre 1966, janvier 1967, avril 1967, juillet 1967.

La poésie dans la rue

Dans un numéro spécial sur les *journées de mai* (1968), *France-soir magazine* imagine la France elle-même poussant le cri (?) de Paul Valéry : « Beau ciel, vrai ciel, regarde-moi qui change ». Qu'aurait pensé de ce rapprochement le poète du *Cimetière marin* ? Dans cette période de barricades on citait plus volontiers, chez les étudiants, Bakounine, Marx, Mao Tsé-Toung, Marcuse, Che Guevara ; et s'il est vrai que la poésie n'était pas absente de cette grande fête sauvage en rouge et noir, c'était bien plutôt une poésie issue du dadaïsme et du surréalisme. On pouvait lire sur les murs des Facultés la recette du cocktail-Molotov, les proclamations des Comités d'Action, mais aussi des formules lapidaires que n'auraient sans doute désavouées ni Tzara (dans la période des manifestes), ni Breton : « Ici on spontane », « Le rêve est réalité », « L'imagination au pouvoir », « La vie est ailleurs », « J'ai quelque chose à dire mais je ne sais pas quoi », « Ouvrez les fenêtres de votre cœur », « Jeunes femmes rouges toujours plus belles »[24], etc. C'était le rêve, enfin réalisé, qu'avaient exprimé trente-trois ans plus tôt Camille Bryen et Raoul Michelet : « Nous réclamons des actes poétiques publics, nous réclamons l'actuation de la poésie. L'activité poétique doit participer à l'existence de la cité comme ferment anarchique et bouleversant, profondément amoral et en état d'insurrection permanente »[25].

Mai 68. Dans les amphithéâtres grouillants et bariolés s'improvisaient des débats permanents sur l'anarchie, la sexualité, la société de consommation, etc. Au hasard des allées et venues on ne s'étonnait pas de surprendre un jeune homme jouant une valse de Chopin sur un piano qu'on avait dû introduire là par la même liberté (il était « interdit d'interdire »), qui avait permis de faire pénétrer des armes, des barils d'essence, des haut-parleurs.

Ailleurs, à l'intérieur ou dans la rue, se réunissaient des poètes. André Martel, le « papapafol » du paralloïdre, avait quitté sa retraite de « vingt-chênes » pour venir chanter aux jeunes, dans un langage pour eux tout beau tout nouveau, *Badingo* (la chanson de Gorgomar) et, « en français », *les Robots* :

---

24. Cf. *Les murs ont la parole — mai 68* (Tchou, 1968).
25. Camille BRYEN et Raoul MICHELET, *l'Actuation poétique* (René Debresse, 1935).

Hm ! Rhh ! Hm ! Rhh !
Ils étouffent la colombe
Ils piétinent les poussins
Et tant pis pour ceux qui tombent
En fuyant sur les chemins (...)

Les robots, les robots
C'est pas beau, c'est pas beau
Les robots, c'est pas beau
Hhmm ! Rrhh ! Rhmm ! Rrhh ![26]

Cela se passait le dimanche 9 juin 1968 dans l'Amphithéâtre Richelieu, plein à craquer, sous l'égide du... CRAC (Comité Révolutionnaire d'Action Culturelle).

Le 21 mai, avec l'approbation d'Henri Michaux, un certain nombre d'écrivains, de poètes, occupaient, à l'Hôtel de Massa, les locaux de la Société des Gens de Lettres et fondaient une Union des Ecrivains, marquant ainsi leur volonté de contester « l'ordre littéraire établi » et de « contribuer à l'édification d'une société nouvelle de type socialiste ». Au Bureau Provisoire, à côté de Guillevic, de Nathalie Sarraute, prenaient place, notamment, Michel Butor, Henri Deluy, Jean-Pierre Faye, Maurice Roche, Jacques Roubaud, Franck Venaille, Jean Duvignaud, Alain Jouffroy. Jean-Paul Sartre et Simone de Beauvoir ne se tenaient pas loin.

Jean-Pierre Faye, Claude Ollier, Maurice Roche griffonnèrent des propos de circonstance (« fumée glauque culture lacrymogène ») sur des feuilles de format demi-raisin déjà noircies par Bernard Dufour et Bruno Roy de dessins vengeurs (flics affligés, à la place du sein ou du sexe, d'un pis de vache). Ils ont réuni le tout dans un carton rouge et noir sur lequel on a peint le plus salement possible, et entre guillemets, la mention « SORBONNE »[27].

S'inspirant peut-être du penchant de la société de consommation pour le superflu, Michel Deguy faisait distribuer au Quartier Latin ce gadget « révolutionnaire » : un « numéro à faire » de sa *Revue de Poésie*[28] entièrement constitué de feuilles blanches, à l'exception d'une adresse au lecteur, l'invitant à renvoyer ces pages à l'éditeur après les avoir couvertes d'« idées, slogans, propositions, cris, refus, rêves, schémas, symboles, etc. »

Michel Butor[29] fit preuve d'application dans la contestation,

---

26. André MARTEL, *Les Robots ou Ils écrasent la fourmi, Le Badingo ou la petite Chanson de Gorgomar* (disque 45 T., H.C., s.d., [1969]).
27. *« Sorbonne » (Insolations*, n° 2, Fata Morgana, 1968).
28. *Revue de Poésie* (Paris, mai 1968).
29. In *Union des Ecrivains* 1 (Paris, 1969).

soignant son imagerie, cherchant à donner au poème une dimension qui dépassât la circonstance :

Haine honte houle
De larmes
Chacune de vos grenades
A fait exploser une aurore boréale humide
Un sombre arc-en-ciel acide
Déployé sur la dévastation des champs du savoir
Où nos dents enfoncées dans les sillons rouverts
Donneront naissance aux géants généreux
Nos enfants qui nous épelleront la lumière
Et la douceur de l'aventure
En se chantant dans la tendresse neuve nos brutaux combats primitifs.

Depuis un an, Françoise Thieck[30] cherchait à créer dans ses poèmes — pelouses où l'on aurait le droit de marcher parmi les escargots, les ibis, les hortensias bleus — des zones de liberté pour les rêveurs, les amoureux. Protestant contre les routines avec une persuasive fraîcheur et une véritable jeunesse d'imagination, elle participa à l'occupation de l'Hôtel de Massa — ce qu'elle rapporte dans un poème daté du 3 juin 1968 :

Dans cette nuit de disparus
et en voie de disparition
A Massa en voie de disparition
les fleurs d'acacias sur le sol
volent par poignées de main (...)

(Fragments)

Le premier commando d'occupation de l'Hôtel de Massa, siège de la Société des Gens de Lettres, comprenait, sur onze personnes, quatre poètes du groupe d'*Action poétique* : Henry Deluy, Franck Venaille, Jacques Roubaud, Paul-Louis Rossi[31].

A l'affût de toutes les nouvelles, Jean Cayrol, estimant qu'il avait passé l'âge des combats, accumulait des impressions qui allaient réveiller un paysage intérieur déjà marqué par l'oppression et la violence, mais tout frissonnant encore du souffle d'une liberté reconquise sur le

30. *Fragments* (Librairie Saint-Germain-des-Prés, 1970).
31. Voir *Action poétique*, n° 37.

nihilisme. *Poésie Journal*[32] était en gestation. Jean Cayrol allait mêler l'histoire à sa propre destinée, l'actualité au passé, le quotidien à l'intemporel — *écrire* enfin.

Il faut citer *A toi l'angoisse à moi la rage* de Claude Dejacques[33]. Ces courts poèmes, qui rappellent les graffiti de mai, accompagnent de remarquables « relevés photographiques » des fresques improvisées de Nanterre qu'un nettoyage, d'ailleurs inévitable, fit disparaître.

A force de cracher
Les murs sont en fleur

Et c'était vrai ! Grâce au livre du moins, les fleurs nous restent, étrangement vivantes. Il eût été dommage de perdre la trace de cet art mural spontané, aussi révélateur pour nous que le fut la prise de possession des murs par les peintres lors de la révolution mexicaine du début de ce siècle.

Denise Miège[34], en des poèmes parus en recueil le printemps d'avant, s'était insurgée contre la célèbre affirmation hégélienne selon laquelle « chaque conscience poursuit la mort de l'autre » ; mais, tout en protestant que « l'amour n'est pas simple rapport de forces », elle avouait que « l'amour prenait un goût tiède à l'usage ». Les blocs de béton de la ville (une de ces villes qui ressemblent à Sarcelles) ne répondaient pas à la vie désirée — la vie qu'on imaginait « comme une ville ressemblante ». Mais il était encore permis d'évoquer des vacances « au niveau de la mer », de rêver d'une ville heureuse, et de partir en quête de nouvelles raisons de vivre. On comprend que Denise Miège ait été si émue par le mouvement de mai. Les collages de citations qui terminent son livre *Sous les pavés la plage* prennent dans ce contexte une riche signification :

« *Le respect se perd. La plus belle sculpture est le pavé de grès. Tout est à faire. Le dépavage des rues est l'amorce de la destruction de l'urbanisme. Les tétines de caoutchouc rendent la société carnivore. La société de consommation doit périr de mort violente. Dessous les pavés, la plage... Le rêve est vrai. Tous les rêves sont vrais. Construisons des aventures. Tout est possible. Nos facultés sont infinies. La révolution est en marche. Ceci n'est qu'un début. Vive la rage !* »

---

32. Jean CAYROL, *Poésie Journal* (Seuil, 1969).
33. Claude DEJACQUES, *A toi l'angoisse à moi la rage* (Paris, Nalis, 1968).
34. Née à Issy-les-Moulineaux. *Gestuaire* (Action poétique, 1964). *Au niveau de la mer* (Millas-Martin, 1967). *Sous les pavés la plage* (Librairie Saint-Germain-des-Prés, 1969). Denise Miège a animé avec Gilbert DUPREZ la revue *J'Aime* (Colombes, Seine). N° 1 : 1952. N° 5 : septembre-octobre 1953.

Bruno Durocher a recueilli[35] une quarantaine de poèmes écrits en mai 1968 par des étudiants et des travailleurs anonymes. On avait mieux à faire alors que de parachever des textes d'anthologie. On notait au plus vite ce qu'il fallait exiger, obtenir.

Je persiste à penser
Que la place d'un poète en ce moment
Est dans la rue
Que vous devez prendre d'assaut
Les tours d'ivoire Les raser
Proclamer
L'état d'urgence
Quand je me laisse aller
A pleurnicher sur ma misère
Si cette misère n'est pas aussi la tienne
Lecteur
Frappe-moi si fort
Qu'il n'y ait plus
De poésie absente.

Au Quartier Latin, Michel Dansel[36] récupérait tous les tracts qui pouvaient lui tomber sous la main. Henry Demay[37] esquissait une épopée :

(...) *Les dieux moribonds — aux abois —*
sous leurs casques d'acier brandissent leurs matraques
et les jeunes géants soulèvent les pavés
aux creux de leurs mains nues
Entends-tu — quelque chose craque
dans l'édifice bétonné par les morales et les lois (...)

Chez Renault, Jean-Pierre Graziani[38] pratiquait dans la lutte de classes une poésie sauvage.

---

35. *Poèmes de la révolution mai 68* (Caractères).
36. Sur Michel DANSEL, cf. Chap. XI, II.
37. *Les Bourgeons du futur* (Ed. Saint-Germain-des-Prés, 1968). *L'Embellie* (C.I.P.A.F., 1971).
38. Né à Hyères en 1945. *Cris. Poèmes ouvriers* (Supplément au n° 10 du *Métallo rouge* — publication maoïste, 1970). *Cris,* n° 2. *Poèmes* (G.C.R., *mars 1972*). *Poèmes* (G.C.R. 18, 1972).
Jean-Pierre GRAZIANI anime la revue ronéotée G.C.R. (Groupe Culturel Renault).

(...) *J'avais des yeux à perdre haleine*
A cracher au-dehors
Des images de feu
Pour dégoupiller mes mots
Et les balancer
Sur la gueule des cons.

Ces *Poèmes ouvriers*, d'une grande violence de ton, n'appellent généralement pas de commentaire « littéraire ».

Il faut entendre pourtant cette voix qui, du fond « d'une certaine usine », découvre un autre monde.

Je voudrais dessiner
La forme de ton corps
Je voudrais dessiner
L'image de l'Amour
Du fin fond de mes yeux
Où la chaleur de la Passion
Etendra les couleurs à l'infini
Sur le lit de nos nuits
Où la Nature jongle
Avec nos songes nus.

IV

VERS UNE NOUVELLE POÉSIE ENGAGÉE ?

Gérard PRÉMEL

Gérard Prémel[39] a donné entre dix-huit et vingt ans dans un militantisme sans mystère : « demandez lisez diffusez L'HUMANITÉ »...

Le poids des jours à vivre lui inspire des poèmes désenchantés. Il rêve d'une fraternité de troquet, fait prendre à sa chanson un « mauvais pli », embarque la poésie pour des îles prestigieuses où l'on boit de la mauvaise « bière en boîte », compose des sonnets à la diable, à « vau-l'eau », où le vocabulaire s'encanaille et s'amuse un peu. Cette forme de spleen — « tout est perdu » — conduit à d'assez curieuses attitudes verbales.

(...) la caligule envoie ses tronches
et mène à renaudre la hue
tandisque morgne et paltoponche
grêlent la morte et l'endreluent
mieux vaut mal boutre que boutu (...)

(Chanson du mauvais pli)

Dans *Nous n'irons plus au ciel,* Gérard Prémel tente de concilier son engagement de militant, qui tient à répéter les thèses du combat pour le communisme, avec une vision si aiguë des sociétés contemporaines qu'il s'en dégage une sorte de fantastique où les droits de l'individu, aimant, rêvant, viennent enchevêtrer leurs propres exigences.

Cette exubérance rend difficile la citation (à citer un passage isolé, on détruit l'impression de complexité, le mouvement) ; et pourtant, comment ne pas tenter l'expérience?

---

39. Né à Paris en 1932. *Joie, colère et vérité* (Seghers, 1953). *Chanson du mauvais pli* (Chambelland, 1969). *Nous n'irons plus au ciel* (Oswald, 1969).
A animé la « revue de poésie militante » *Luttes*. Treize numéros : 1950-1953.

(...) Tu as vu il y a des couteaux sur la route
impossible d'avancer aujourd'hui
il y avait du vent ce matin chez le boulanger
le pain sera mauvais
Tu as remarqué comme les fruits sont amers cette année
Ce sera bientôt notre tour de monter la garde (...)

URGENT CRIER

André BENEDETTO

Urgent crier. Le titre du premier livre d'André Benedetto[40] est significatif de sa volonté de pratiquer une poésie de choc. C'est en poète de la Révolution à faire qu'il a choisi comme mode d'expression le théâtre, mais cette forme de théâtre est, elle-même, révolutionnaire. On pourra lire *Rosa Lux* comme un poème qui serait en même temps une sorte d'oratorio socialiste. Deux thèmes s'y entrecroisent dans un mouvement peu commun : le thème de Rosa Lux — Rose et Lumière fut Rosa Luxembourg, née à Zamosc, fusillée et noyée à Berlin, fondatrice du mouvement Spartacus —, le thème de la peste apportée à Marseille en 1720 par un navire venant de Syrie. Ayant lancé « les chiennes de l'imagination sur la Peste de Marseille », le narrateur ne cesse de débusquer Rosa Lux, tenue dans son temps pour une véritable pestiférée, mais « que Lénine nomma la représentante du marxisme le plus authentique » et qui est « l'une des plus pures figures de la Révolution». Le schéma historique, parfaitement lisible, sert de fil conducteur. Mais la beauté du poème tient au dynamisme de la composition, à la violence qui précipite les mots les uns contre les autres, à la dureté du trait, à l'enthousiasme de l'inspiration, à la force mythique atteinte par cette « espèce d'hommage » non conformiste, à la mesure de l'idéal incarné par Rosa Luxembourg. Confiance à André Benedetto !

Quant aux poèmes recueillis dans *les Poubelles du vent,* ils expriment l'aversion d'André Benedetto à l'égard des adoucissements apportés à la théorie et à la pratique révolutionnaires. « Il y a beaucoup d'herbes folles sur la tombe de Karl Marx »... André Benedetto

40. *Urgent crier* (Robert Morel, 1966 ; rééd. Oswald, 1972). *Les Poubelles du vent* (Oswald, 1971).
Pour le théâtre, en particulier : *Rosa Lux* (Oswald, 1970).

renvoie dos à dos l'U.R.S.S. et les U.S.A. Il caricature Fidel Castro — « Fidel décroche son téléphone en peau d'iguane » — et présente Pablo Neruda comme un « vieux cœlacanthe » pour mieux célébrer l'action du « Che » — « un christ appelé guevara ». En France, une révolution culturelle ne serait pas pour lui déplaire. Au Festival d'Avignon, il n'a « pas vu le peuple », il n'a « vu que des flics ». Continuellement scandalisé, révolté, il a envie de tout détruire. Plus gauchiste qu'homme de gauche, plus attiré par les happenings que par les meetings, il s'affirme aussi plus casseur que constructeur — mais ce casseur est un poète qui entretient en lui comme une fureur sacrée. « Salut les beatnicks salut les casseurs salut saint vladimir maïakovski poète ».

Poète, oui, André Benedetto l'est beaucoup plus que politique. Il n'est pas un théoricien, car il a bien du mal lui-même à « s'insérer dans le temps ». Quand il lance ses invectives, avec un goût inquiétant de la violence verbale et de la grossièreté systématique, il n'oublie pas le cri des mouettes.

Régions et langues verrouillées

Proches de l'esprit de mai 1968, qu'ils ont pu devancer, se situeraient de jeunes poètes révoltés contre ce qu'ils considèrent comme un impérialisme du français, même quand il leur arrive d'écrire dans notre langue. Certes, avant les « événements », la tradition des bardes et des troubadours avait déjà su rappeler ses lettres de noblesse ! Parlée par plus d'un million d'hommes, la langue bretonne cherchait à reconquérir une dignité littéraire ; Mistral avait ouvert à la poésie provençale une voie solaire. René Nelli exprimait en occitan aussi bien qu'en français son sentiment de la « splendeur du monde » et son amour de « la vraie lumière », avec un art élaboré des « raccourcis analogiques ». Le Roussillonnais Joseph Sébastian Pons chantait en catalan sa nostalgie, sa cantilène. Mais l'inspiration a changé, elle est devenue violemment militante autour de poètes comme Jean Larzac ou Yves Rouquette[40bis]. Marie Rouanet appelle ces poètes occitans qui méprisent les Mistral, les Roumanille, les Aubanel, des « poètes de la décolonisation »[41]. En Bretagne, où la nouvelle génération refuse

40bis. Jean LARZAC, *l'Etranger du dedans et autres poèmes politiques*, éd. bilingue (Oswald, 1972).
Yves ROUQUETTE, *Rouergue, si*, éd. bilingue (Oswald, 1972).

41. *Occitanie 1970. Les Poètes de la décolonisation.* Anthologie bilingue (Oswald, 1971). Voir aussi René NELLI, *la Poésie occitane*, édition bilingue (Seghers, 1972).

absolument tout ce qui pourrait rappeler le folklore Botrel, Gwenc'hlan Le Scouëzec, préfaçant Keineg, nous presse de reconnaître un « pays porté disparu sur les catalogues de l'océan »[42].

Paol KEINEG

Paol Keineg[43], militant de l'Union Démocratique Bretonne pour une Bretagne autonome et socialiste, n'accepterait sans doute pas d'être considéré comme un poète français. Alors : poète breton d'expression française — et parfois breton bretonnant comme dans *Barzhonegoù- trakt (Poèmes-tracts)* ? En un temps où des poètes de partout dans le monde proclament leur attachement à notre langue, nous éprouvons quelque difficulté à nous représenter Rennes ou Brest (ou Limoges ou Avignon) comme des villes étrangères. Mais Paol Keineg, comme Breton, se sent solidaire de tous les peuples colonisés, opprimés.

(...) *Bretons saisonniers à Jersey... Bretons fermiers d'Aquitaine... Bretons canalisés... pressurés... Bretons ouvriers à Paris... Bretons manufacturés... moulés... stéréotypés... mirés calibrés désinfectés enveloppés encaissés et expédiés... petits Bretons semblables et interchangeables... Bretons inadaptés exploités humiliés écrasés aspirés asphyxiés oubliés... Bretons colonisés... Bretons sous-développés...* (...)

(Le Poème du pays qui a faim)

Il dédie un poème à ses « camarades d'E.T.A. (Euzkadi ta Azkatasuna), victimes de la répression franquiste et espagnole » :

(...) *je n'ai plus peur d'aimer*
je n'ai plus peur de serrer les poings
je fais les éloges de l'homme récalcitrant
et je vous parle
hommes pétris de pétrels
de coopératives de production
d'usines en autogestion
de Bretagne socialiste à venir

(Hommes liges des talus en transes)

---

42. Voir aussi : Yann-Ber PIRIOU, *Défense de cracher par terre et de parler breton*, anthologie bilingue (Oswald, 1971).

43. Paol QUEINNEC, alias Paol KEINEG. Né à Quimerc'h (Finistère) en 1944. *Le Poème du pays qui a faim* (Traces, 1966, 1968). *Hommes liges des talus en transes*, suivi de *Vent de Harlem* (Oswald, 1969 ; réédition augmentée de *Le Poème du pays qui a faim*, 1971, 1972). *Chroniques et croquis des villages verrouillés*, suivi de *Territoire de l'aube. Poèmes-tracts. Quelques poèmes d'amour* (Oswald, 1971).

Il salue le combat des Noirs d'Amérique :

(...) *le vent de Harlem nous parle de liberté*
la voix de Harlem nous parvient en gammes
puissantes jusqu'au carcan de notre sinistre cul-de-sac jusqu'à nos îles sans eau le beffroi de nos moulins à vent nos eaux giflées de brumes
nous lions connaissance avec Harlem
qui nous parle de souffrance et de liberté
et Harlem nous atteint comme un coup de poing (...)

(Vent de Harlem)

Sans ignorer les problèmes du sous-développement relatif de la Bretagne et d'autres régions de France, on peut trouver contestable l'assimilation de la Bretagne ou de la Provence à la situation qui fut celle de l'Algérie et encore plus peut-être la conception stratégique qui semble faire passer la construction du socialisme par l'émiettement régionaliste et linguistique. Mais à ce poète qui se réclame à la fois de Césaire et de René Guy Cadou, on ne saurait refuser un sentiment poétique assez fort de la personnalité bretonne.

(...) *J'accepte ce pays parfumé de ronces,*
où ricochent des vents de lumière jusqu'aux
falaises de la nuit forées d'oiseaux rêches,
où les églises s'offrent dans un désert de
brumes honnêtes,
où les femmes entrent à l'église, prudentes,
étouffées,
— et les hommes, les garçons, raides, rasés,
ruminent la rumeur du dehors,
une vieille coule goutte à goutte dans la
fontaine de ses mains soudées —.
Je revendique ce pays
humide et brillant comme l'ardoise,
je revendique le silence et la mutilation, la
cécité, le délire et la désolation.

Au loin les terres lavées nous accompagneront
d'un goût d'abeilles et de lait.

(Chroniques et croquis des villages verrouillés)

Paol Keineg, auteur aussi pour le théâtre du *Printemps des bonnets rouges*, pièce qui « s'inscrit naturellement dans le combat pour la libération de l'homme breton », cite volontiers à ses côtés deux poètes celtes « importants » : Kristian Keginer et Paol Yann Kermarc'heg.

Pour les terres ouvertes

Oui, les provinces bougent. Et il était normal que parmi celles-ci l'Alsace, pour des raisons historiques et linguistiques évidentes, tînt à affirmer à la fois la permanence de sa culture et la vitalité de son inspiration.

LE CONSEIL DES ÉCRIVAINS D'ALSACE

Des poètes, naturellement porteurs de nouvelles espérances, ont créé à Strasbourg, en avril 1971, un « organisme régional », selon eux « sans précédent en France » — auquel ils entendent donner une valeur d'exemple : le *Conseil des Ecrivains d'Alsace*. Sa première tâche : « combattre le sabotage culturel sur le plan régional ». En août 1972, une nouvelle déclaration de ce Conseil souligne « la nécessité d'un changement de la condition et des fonctions de l'écrivain dans la société » et affirme la résolution de « remettre en cause les principes d'une culture traditionnellement coupée du peuple »[44]. C'est en partant en effet de la vie des régions que pourra progresser une authentique culture nationale (et sans doute européenne, voire mondiale).

Les fondateurs du Conseil des Ecrivains d'Alsace[45] reconnaissent entre eux, selon Jean-Paul Klée, une « coloration baroque et rhénane ». Parmi les poètes du renouveau alsacien, citons surtout :

— Sylvie Reff[46], qui compose et chante aussi en alsacien, et qui se laisse fasciner par l'Ill à la « rive lente » :

---

44. Consulter : *La Nouvelle Poésie d'Alsace* (Poésie 1, n° 26, juillet-août 1972).
45. *La Nouvelle Poésie alsacienne* (*Les Nouvelles à la main*, Bruxelles, Fagne, n° 181, 1971-1972). Voir aussi revue *Dire* (*Affiches-Alsace*, n° 16, automne-hiver 1971).
46. Née à Bischwiller (Bas-Rhin) en 1946. *Terre ouverte* (Saint-Germain-des-Prés, Chambelland, 1971). *Soleil et cendres* (Chambelland, 1972).

(...) grises de nuit les baves
froides aux années lancinantes
de l'Ill endorment de leurs iris gourds
les coqs tremblants de nos sangs.

Poète de la « terre ouverte », elle célèbre, dans une sorte d'exaltation panthéiste, l'osmose amoureuse, l'accord entre l'être élu et le paysage désiré ;

— Guy Heitz[47], à l'onirisme qui s'exprime en fables-flashes d'un fantastique singulier ;
— Denise Grappe[48], résidant au Luxembourg, dont la préférence va aux poèmes en prose — visions de gouffres intérieurs, symbolique érotique, préciosités cruelles ;
— Roland Reutenauer[49], à qui Michel Deguy reconnaît « beaucoup de sûreté, de traits dessinés d'un coup » ;
— Jean-Claude Walter[50], qui garde dans une atmosphère surréalisante une nostalgie du Rhin romantique, non sans faire scintiller à travers les brumes familières, les feux variables de la tendresse et de l'humour ;
— Conrad Winter[51] qui, à la fois sollicité par des thèmes philosophiques et attiré par l'opaque présence minérale, a pu encore exprimer avec une pudique gravité sa méditation sur l'histoire et la mort.

le crématoire ne sera jamais désarmé
le crématoire est indifférent à la paix comme à la guerre. il s'adresse à la chose humaine. il pense pour le plus rare des objets et son plus bas mépris. le crématoire s'ouvre avec la ferveur des hauteurs mortelles. il bée comme un vertueux crocodile élu pour le meurtre singulier l'assassinat spirituel. il attend la plus étrange des récompenses. et nous ne ferons plus l'éloge du feu sinon par les cendres

(*L'Ordre liquide*)

47. Né à Strasbourg en 1932. *Les Petites Vies* (Tour de Feu, 1952). *Brèves Nouvelles-Nées* (Rougerie, 1971).
48. Née à Strasbourg en 1926. *Durée arrachée* (Ed. de la Grisière, 1969). *Bois de mémoire* (Saint-Germain-des-Prés, 1971). *Crue* suivi de *Poème pour X* (id., 1972).
49. Né à Wingen-sur-Moder en 1943. *Blessures* (Oswald, 1967). *Repères/Grille* (Saint-Germain-des-Prés, 1972).
50. Né à Thannenkirch (Haut-Rhin) en 1940. *Le Sismographe appliqué* (Flammarion, 1966). *Poèmes des bords du Rhin* (Rougerie, 1972).
51. Né en 1931 à Strasbourg. *Pour l'homme sans condition* (Oswald, 1969). *Le Cerveau imaginaire* (Oswald, 1970). *L'Ordre liquide* (Saint-Germain-des-Prés, 1971).

— Jean-Paul Klée[52] qui, dans la poussée quasi érotique d'images aux couleurs vives, s'exprime avec une spontanéité rappelant par instants la frappe rimbaldienne, avec une allure générale proche du pop'art, — et semble rechercher, difficilement, une fusion mystique avec le monde en devenir. Ce poète d'Alsace n'oublie pas le passé.

CRUCIFIXION ALSACIENNE

le christ n'est pas mort au printemps dans le sud
mais en décembre sous la forêt des Vosges
le dernier jour de l'année
si gris si morne interminablement

les coudes accrochés par des courroies
aux branches mortes d'un vertigineux sapin noir
la tête couronnée d'aiguilles rousses la face au nord
une éponge de gui entre les dents
et l'écriteau avec en alsacien allemand français
jean-henri de natzwiller le roi des alsacos
et encore DMC-coton-à-broder-mulhouse-
le corps gelé collé à la résine rouge du tronc épluché
vivant
le corps nu sexe raidi comme tout pendu qui
s'honore
les pieds cloués de glaçons bleus
et le côté troué d'un V2
d'un bec de cigogne ou d'une flèche barbelée de
cathédrale-de-strasbourg
des paysans attardés la bouche tordue
lui jettent dans la figure des crapauds crevés
et des « besch-denn-dü-e-hergott, nun-de-dié ! »
barbares et violets
et les corbeaux guettent leur morceau
autour du bastberg brocken rhénan
vis-à-vis du struthof.
Père ne leur pardonnez pas
car ils savaient ce qu'ils faisaient !
(Mademoiselle, des cheveux-d'anges s.v.p.
ils sont scalpés de quand ?)

(*L'Eté l'éternité*)

52. Né à Strasbourg en 1943. *L'Eté l'éternité* (Chambelland, 1970).

Mais ce sentiment de pitié à l'égard de l'Alsace crucifiée, qui ne méconnaît nullement, par ailleurs, l'apport de la civilisation germanique, ne fait que renforcer, au bord du Rhin fleuve d'union, l'amour de la paix et l'exaltation du bonheur à gagner.

JURA SUISSE ET LANGUE FRANÇAISE

Alexandre VOISARD

(...) *Ils sont venus, les avides bergers,*
Les jaunes marchands de paille et de privilèges,
Les songe-creux à la langue cousue de grelots,
Par-delà les vallées livrées au sommeil.
Ils sont venus par les années et par les sourires
Avec leurs taureaux traînant dans la poussière
Une queue de venin, une bourse sans semence.
Ils sont venus avec leurs chèvres
Branlant dans la boue une mamelle gelée.
Ils sont venus avec leur table de sagesse
Et leur poterne et leurs lois comme des menaces
Sur nos toits, sur nos enfants, sur nos poèmes.
Ils sont venus avec leur cadence et leur salive
Baver dans nos livres et dans nos siècles (...)

(Liberté à l'aube)

Le Suisse Alexandre Voisard[53] unit son amour de la poésie à son combat politique pour la création d'un canton suisse du Jura où serait regroupée — à l'intérieur de la Confédération — la population francophone englobée depuis 1815 dans le canton germanophone de Berne.

53. Né à Porrentruy, Jura suisse, en 1930. *Ecrit sur un mur*.(Ed. du Provincial, 1954). *Vert Paradis* (Id., 1955). *Chronique du guet* (Mercure de France, 1961). *Feu pour feu* (Ed. de la Prévôté, 1965). *Liberté à l'aube* (Ed. des Malvoisins, 1967). *Les Deux Versants de la solitude* (Cahiers de la Renaissance Vaudoise, 1968).

Alexandre Voisard, l'aîné Jean Cuttat et d'autres poètes — Roland Béguelin[54] en particulier — soutiennent le mouvement séparatiste du Jura bernois dont ils approuvent certaines démonstrations publiques.

Voisard, poète et tribun, a participé à des fêtes populaires où il a pu, comme le dit Maurice Chappaz, clamer « avec dix milie poitrines son *Ode au pays qui ne veut pas mourir* ». Une façon de saluer « la révolution en marche sous les sapins, avec les sapins » (M. Chappaz).

---

54. Roland BÉGUELIN anime l'hebdomadaire *le Jura libre*. On lui doit aussi *le Jura des Jurassiens*, textes suivis d'une anthologie poétique (Lausanne, Cahiers de la Renaissance vaudoise, 1963).
De son côté, Jean CUTTAT a dirigé, à Porrentruy, la revue *Sur parole* (supplément littéraire du *Jura libre*). N° 1 : printemps 1970. Le n° 5 (hiver 1971) se présente comme une anthologie de *5 jeunes poètes jurassiens*.

CHAPITRE II

SURRÉALISME SANS LIMITES

Le surréalisme, dont Maurice Nadeau, le premier, a voulu pourtant dresser le bilan[1], n'était pas mort. Il avait trop marqué la sensibilité contemporaine pour disparaître même sous la poussée d'une guerre mondiale. L'esprit de liberté appelait à prolonger les combats de la Résistance en une lutte révolutionnaire pour l'achèvement de la Libération.

Réfugié aux Etats-Unis, André Breton y avait poursuivi ses activités surréalistes, notamment comme animateur de la revue *VVV* — triple signe d'une victoire qui ne pouvait évidemment se limiter à un succès militaire[2]. Il y avait fait entendre aussi à la radio, comme speaker, « la voix de l'Amérique ». Rentré en France, il devait vite se rendre compte que ses craintes allaient être bien plus fortement confirmées que ses espoirs.

Comment André Breton se serait-il senti à l'aise entre, d'une part un art « non-figuratif » qui certes ne prétendait rien avoir de révolutionnaire politiquement, et d'autre part un « réalisme socialiste » qui, à ses yeux, trahissait la poésie et la Révolution ? La poésie de résistance, célébrée par Jean Paulhan comme « l'honneur des poètes », était dénoncée par Benjamin Péret comme leur « déshonneur ». André Breton s'irritait qu'on fît tant d'éloges du *Crève-Cœur* d'Aragon, dont il contestait la valeur poétique. Il se plaignait que ceux qu'il appelait les staliniens fissent obstacle, des postes qu'ils occupaient dans l'édition et dans la presse, au développement des entreprises surréalistes.

---

1. Maurice NADEAU, *Histoire du surréalisme* (Seuil, 1945).
2. *VVV* (New-York) : 1942-1944.

Le 11 avril 1947, dans une conférence prononcée à la Sorbonne, Tristan Tzara déclarait : « Certaines acquisitions du surréalisme resteront valables, mais celui-ci n'agira plus effectivement sur la démarche progressive des idées, car on conçoit mal comment il pourrait se débarrasser de son désespoir inhérent[3] ». Quelle condamnation ! Ainsi, le surréalisme avait eu son heure, avait fait son temps — disons en termes plus orthodoxes qu'il avait rempli sa mission historique. Reflet d'une structure sociale vouée à disparaître du fait de ses propres contradictions, le surréalisme ne pouvait survivre à cette société que, par sa force corrosive, il avait contribué à détruire. Il fallait donc, selon Tristan Tzara, laisser derrière soi le surréalisme, sans renoncer pour autant à toutes ses méthodes, pour « parler le langage de l'espérance ».

Ces déclarations allaient être reproduites en 1948 dans une revue intitulée, non sans ambiguïté, *le Surréalisme révolutionnaire*[4]. La revue paraissait sous le patronage d'un « Bureau International du Surréalisme Révolutionnaire » qui avait ses correspondants à Milan et à Copenhague mais aussi (ce qu'il n'est pas sans intérêt de souligner) à Budapest, à Prague et à Varsovie. Noël Arnaud ne parvenait à défendre le surréalisme contre le philosophe Henri Lefebvre, alors marxiste de la plus rigide obédience, qu'en dissociant le mouvement de la personne d'un André Breton qu'on disait assez hautainement « descendu au plus bas ».

Est-il besoin de préciser que le poète — à qui on aurait sans doute voulu jouer le tour de l'excommunicateur excommunié — ne laissa pas sans réplique de telles assertions ? Considérant, comme André Parinaud n'eut aucune peine à le lui faire confirmer, que le surréalisme n'avait nullement « épuisé sa nécessité historique », André Breton devait dénoncer le « surréalisme révolutionnaire » de Noël Arnaud comme une « entreprise de falsification » et une « imposture »[5].

Il faut bien avouer pourtant qu'après la tentative de *Néon*[6], une publication comme *Médium*[7] — simple feuille d'informations surréalistes, déjà sympathique par la seule affirmation colorée de sa présence, avant de devenir une revue plus substantielle — eut quelque chose de déroutant et de décevant malgré la vivacité du ton et la jeunesse de certains collaborateurs. A la fondation, en 1952, Jean Schuster[8], directeur de *Médium*, était âgé de vingt-trois ans. C'était

3. Tristan TZARA, *Le Surréalisme et l'après-guerre* (Nagel, 1947).
4. *Le Surréalisme révolutionnaire*. N° 1 (et unique) : mars-avril 1948.
5. André BRETON, *Entretiens* (Gallimard, 1952).
6. *Néon*, Premier numéro : 1948. N° 5 : s.d. [avril-mai 1949].
7. *Médium*. Première série : 1952-1953. Deuxième série : 1953-1955.
8. Né à Paris en 1929. *Archives 57/68. Batailles pour le surréalisme* (Losfeld, 1969).

aussi l'âge de Jean-Louis Bédouin, qui collaborait également au *Libertaire*. Gérard Legrand avait vingt-cinq ans, Robert Benayoun en avait vingt-six. Et il était beau de voir ces noms d'inconnus accompagner ceux de Benjamin Péret et d'André Breton. Mais au service de quoi cette nouvelle vigueur ? Si quelques injures, dans le meilleur style de la maison, à l'égard du général Weygand ou de Paul Claudel, n'étaient peut-être pas pour déplaire, on était plus inquiet de l'aspect proprement médiumnique de la revue.

Le goût marqué d'André Breton pour l'ésotérisme faisait porter une attention privilégiée aux travaux de René Alleau et de René Guénon, ainsi qu'à tout ce qui pouvait se publier sur la pensée zen. Tout le supra-rationnel devenait réel. La revue devait finir par appeler Raymond Abellio à tirer au clair les rapports de la métapsychique comme science transcendantale avec la phénoménologie. Etait-ce là la « revue de combat » annoncée par André Breton ? La tradition des jeux surréalistes, le caractère aventureux des recherches, les dessins pour psychanalystes débutants, ne compensaient pas l'absence de poèmes.

En 1956, *le Surréalisme, même*[9] offrait aux peintres et aux poètes surréalistes, une chance assez somptueuse. Guy Cabanel, Alain Joubert, Jean-Claude Silbermann rejoignaient Jean-Louis Bédouin.

Plus tard, après l'épisode de *Bief*[10], *la Brèche*[11] se présentait comme une revue d'« action surréaliste ». Certaines fumées se dissipaient. Si l'on marquait la plus grande attention à l'égard de Malcolm de Chazal, on dénonçait les interventions frauduleuses de Louis Pauwels et de l'équipe de *Planète*. On restait dans la meilleure tradition — le mot s'impose — du surréalisme. Vincent Bounoure[12] demandait à ses lecteurs quelle relation ils établissaient entre les représentations imaginaires accompagnant l'acte d'amour et la création poétique. Joyce Mansour évoquait un défilé de pénis artificiels. Gérard Legrand nous entretenait de sa recherche de l'Absolu, et réclamait par ailleurs aux étudiants communistes la réhabilitation de Léon Trotsky. Adrien Dax — au nom du groupe — rappelait que le surréalisme « ne peut que prendre parti dans la lutte sociale au côté de tous les opprimés ».

Quant aux expériences poétiques, on les voyait parfois, dans *la Brèche*, obéir à un protocole assez connu des familiers.

Jean-Claude Silbermann[13] démarquait les « modes d'emploi » :

---

9. *Le Surréalisme, même* : 1956-1959 (cinq numéros).
10. *Bief* : 1958-1960 (douze numéros).
11. *La Brèche* : 1961-1965 (huit numéros).
12. Né à Strasbourg en 1928. *Préface à un traité des matrices* (Le Surréalisme, même, 1958). *Envers l'ombre* (Ed. Surréalistes, 1963). *Talismans* (Ed. Surréalistes, 1967).
13. Né à Boulogne-Billancourt en 1935. *Au puits de l'Hermite* (Pauvert, 1959). *Le Ravisseur* (Le Terrain vague, 1964). *Comme les dompteurs ont les yeux clairs*, livre-objet (Ed. Martin-Malbaret, 1968).

L'action combinée de l'instant et de l'éternité rend LA MORT *absolument inoffensive pour l'homme et les animaux à sang chaud.* LA MORT NE TACHE PAS.
Comment l'utiliser : *Faites sauter la capsule de l'instinct de conservation, tenez* LA MORT *verticalement, la valve en haut et mourez en appuyant sur le bouchon.*

Pierre Dhainaut[14] groupait selon des affinités charmantes à découvrir les noms des rues de Paris — « de la rue des Ciseaux à l'impasse de la Baleine (...) de la rue des Nuits à la porte des Lilas par toute la rue de la Lingerie », pour finir place Blanche, non loin de la demeure d'André Breton lui-même.

Plus inattendue peut-être cette *Tentative de description d'un phénomène nommé assomption*, par Pierre-Yves Lemaître :

A seize heures je me suis assise à l'ombre d'un sale cyprès
A dix-huit heures Gérard s'est mis à glisser entre mes cuisses
A dix-huit heures quinze j'ai bloqué Gérard entre mes genoux
A dix-huit heures trente j'ai coupé le cordon de Gérard
A dix-huit heures cinquante j'ai ordonné de se taire à Gérard
Et puis je l'ai mangé Gérard
Et puis j'en ai assez
Je m'appelle Géraldine je suis née à Gérardmer et j'ai treize ans
Je me trouve en ce moment à Gérard sur Gérard
A mes pieds coule le fleuve Gérard
Je suis totalement nue
Il est dix-neuf heures
Le soleil se déchire à l'horizon
Je ressemble à un bâton de craie taché de rouge (...)

La revue *Strophes*[15] aura beau vouloir l'enterrer en grande pompe (André Breton ayant eu le tort de ne pas écrire dans *les Lettres françaises)*, le surréalisme ne voulait pas mourir. Et d'ailleurs, au sens large, on ne saurait lui refuser l'immortalité. Mais comme doctrine

---

14. Né à Lille en 1935. *Mon sommeil est un verger d'embruns* (Ussel, Peralta, 1961) *Secrète lumineuse* (La Salamandre, 1963). *L'Impérissable* (H.C., 1963). *Blasons* (H.C., 1969). *Le Poème commencé* (Mercure de France, 1969). *Lettres d'amour* (Millas-Martin, 1972).
Animateur de la revue *Fragment* (Liechtenstein). N° 1 : 1971. N° 3 : été 1972.
15. *Strophes* (La Garenne-Colombes). N° 2 : *Hommage à Tzara* (1964). La couverture du n° 3 se présente — avec plus de noir que d'humour — comme un faire-part annonçant (en 1964) le « décès du surréalisme et de son chef André Breton après une longue agonie ».
(*Strophes*, revue animée en particulier par Philippe FERRAND et Jean FRÉMON : n° 1, 4e trimestre 1963 ; n° 9 et dernier, janvier 1967).

d'un groupe déterminé, comme centre de création et d'action collectives, le surréalisme ne pouvait que marquer le pas devant l'évolution de l'histoire... et devant le fait, historique aussi, de son propre retentissement. André Breton le savait : « Dans les conditions de sourde obstruction que certains ont réalisées contre lui, le surréalisme, au cours de ces six dernières années, n'a guère pu affirmer la continuité de son message qu'à travers des œuvres individuelles. Il est bien évident, par ailleurs, qu'après une trentaine d'années d'existence et en raison même de l'influence par ondes plus ou moins nettes qu'il a exercée, il ne saurait être étroitement limité à ceux qui ont à cœur d'en constituer la présente armature. Il ne manque pas aujourd'hui de se produire d'œuvres qui, sans être surréalistes à la lettre, le sont plus ou moins profondément par l'esprit »[16].

Restait cependant, au niveau de la création individuelle, à faire se rejoindre le désir de « changer de vie » et la volonté de « changer le monde ». Et sur ce point, André Breton ne pouvait que former des vœux.

16. André BRETON, *Entretiens,* p. 207.

Malcolm de CHAZAL

Il n'est pas aisé d'entrer en communication avec la poésie de Malcolm de Chazal[17]. Cette poésie, qu'on ne songerait pas à qualifier d'insulaire, tant y est manifeste l'aspiration à vaincre les obstacles naturels, reste tout de même l'œuvre d'un homme isolé.

Vivant dans l'île Maurice, d'où il ne fait parvenir au reste du monde que d'assez confidentiels messages, Malcolm de Chazal, malgré les distances, a pu être distingué par Aimé Patri et Jean Paulhan, qui firent correctement rééditer ce *Sens plastique* que le poète avait d'abord lancé comme une bouteille à la mer. André Breton, toujours en vigie, a su, « au périscope de ce temps, dont nous sommes à toute minute obligés d'essuyer les verres »[18], saisir au moment juste de son meilleur éclat sur notre hémisphère le passage d'un poète obscur à la plupart et pourtant de première grandeur.

André Breton savait qu'il est impossible à l'homme de s'établir « à demeure » en ce point sublime vers lequel il n'a pourtant cessé d'orienter sa démarche[19]. Aussi n'est-il pas étonnant que, sur la réussite de l'expérience de Malcolm de Chazal, il paraisse un peu plus réservé dans ses *Entretiens* de 1952 qu'au moment où il écrivait, sous l'empire de l'enthousiasme, *la Lampe dans l'horloge*. Le texte de 1952 remarque seulement : « Malcolm de Chazal, aujourd'hui, voit dans la volupté le lien d'interférence de la naissance et de la mort, le point idéal d'où ces deux phénomènes confondants supportent d'être appréhendés. Il se pourrait »[20]. Il se pourrait ! Autant dire qu'il ne se peut pas, hélas !

Reste à lire Malcolm de Chazal comme un des révélateurs de notre être profond. En faisant glisser dans l'obscurité les clartés que nous croyions avoir sur les choses, il fait encore surgir des évidences capables de nous toucher durablement.

---

17. La révélation de la poésie de Malcolm de CHAZAL a été si importante qu'il nous a semblé impossible de ne pas la signaler dans ce chapitre consacré au surréalisme. Toutefois, nous n'avons pas voulu priver l'île Maurice de ce très grand poète, sur lequel on trouvera une étude et une bibliographie complète au Livre V, pp. 839-841.
18. André BRETON, *la Lampe dans l'horloge* (Robert Marin, 1948). Texte repris dans *la Clé des champs* (Ed. du Sagittaire, 1953).
19. André BRETON, *l'Amour fou* (Gallimard), p. 172. Sur cette question, voir Ferdinand ALQUIÉ, *Philosophie du surréalisme* (Flammarion, 1956), p. 145.
20. André BRETON, *Entretiens*, p. 267.

UNE LEÇON DE MORALE

Jean MALRIEU

Le premier recueil de Jean Malrieu[21], *Préface à l'amour*, peut être rattaché au surréalisme par l'éthique qui l'inspire (« Les salauds n'entrent pas ici »), par la célébration de l'amour porté au plus haut point d'incandescence, par l'interpénétration des images et leur nécessité inattendue (« Le bois de mon lit ouvre ses fougères/Quand je te serre dans mes bras »). Mais si le lyrisme de Jean Malrieu s'apparente à celui d'André Breton, son goût de la clarté, de la communication immédiate par le poème, est tout éluardien. L'influence d'Eluard fait même parfois pencher Jean Malrieu vers un certain moralisme. Une fois tombée la fièvre des grands poèmes du désir amoureux, cette tendance se précisera très nettement.

« Une leçon de morale » se dégage de *Vesper*. L'espoir n'est jamais perdu (« Tant qu'on vit on vit d'espoir » enseignait déjà la *Préface à l'amour*), le travail est un devoir strict et « un homme est toujours sauvé par sa vie ». Mais, par bonheur, cette leçon de morale est d'abord une leçon de choses. Nous apprenons « la loi du givre, de la rosée, de la froidure» ; nous redécouvrons de sensibles évidences : « la taupe aveugle et la chenille lente » ; l'étable retrouve sa chaleur ; un mot qui allait s'éteindre et que ranime la vie aimante ouvre une fenêtre dans le fruit. Alors « les choses simples sont heureuses ». Le regard s'emplit d'or. L'amande est jeune fille. Cette transformation du monde sous le regard, et par le langage, a quelque chose de magique ; elle est au pouvoir de ceux qui savent aimer. Cependant le poète aujourd'hui ne se fait pas d'illusions. Il croit « aux fantômes de la vie quotidienne ». Il les imagine, il les voit — mais par intermittences ; il n'est pas dupe : « Ils ont parfois des chaînes de pluie aux mains et des masques d'eau sur la figure, ces rouliers des routes qui ne boivent que de l'air pur ». Il ne faudrait pas séparer la « morale » de Jean Malrieu de sa poésie même. Aimer, travailler, nommer, c'est notre vie ardente — la vie, toujours plus grande que notre vie, qui nous pousse vers

---

21. Né à Montauban en 1915. *Préface à l'amour* (Cahiers du Sud, 1953). *Vesper* (La Fenêtre Ardente, 1962). *Le Nom secret,* suivi de *la Vallée des Rois* (Oswald, 1968). *Nous ne voulons pas être heureux* (Encres vives, 1969). *Le Château cathare* (G. Puel, Le Bouquet, 1970). *Préface à l'amour*, suivi de *Hectares de soleil* (Oswald, 1971). *Les Jours brûlés* (Club du Poème, 1971). *Le Château cathare,* éd. augmentée (Seghers, 1972).
Consulter : Pierre DHAINAUT, *Jean Malrieu* (Subervie, 1971).
Jean MALRIEU anime la revue *SUD* (Marseille). N° 1 : mai 1970. N° 8 : 3e trimestre 1972.

l'aube en dépit des blessures. « Nous ne sommes pas de ceux qui meurent »...

Avec *le Nom secret*, un certain moralisme se transforme en sagesse, cette sagesse qui — dit-on — vient avec l'âge et qui serait horrible si elle n'était que résignation. La sagesse de Jean Malrieu est celle d'un homme qui, suffisamment tôt, s'habitue à la mort en poète qui déjà connaît l'ombre de la vie, et le poids du silence, mais qui continue sa route, heureux d'y reconnaître l'heure à des « roseaux froissés ».

LA POÉSIE AVEC LA VIE

Alain JOUFFROY

Le surréalisme, tel que l'a vécu Alain Jouffroy[22], ce fut d'abord la rencontre d'André Breton, en des circonstances bien propres à précipiter le déclenchement d'une vocation poétique. Quelle illustration de la thèse du « *hasard objectif* » !

Encore chaperonné par ses parents qui l'ont conduit au Grand-Hôtel d'Angleterre à Huelgoat, où il va passer ses vacances en ce mois d'août 1946, un jeune homme entend parler, à une table voisine, de Lautréamont, de Novalis. Après le repas, il demande au directeur de l'hôtel le nom de cet homme dont la conversation l'a troublé à ce point. « — Un écrivain de Paris, pas très connu... Breton. — André ? — Oui. Pourquoi, vous connaissez ? » S'il connaissait ! Alain Jouffroy avait lu *Nadja*, plusieurs fois.

Il aimait une jeune fille de Nancy qu'il n'avait pas encore rencontrée. Bouleversé et comme révélé à lui-même par la rencontre qu'il venait de faire à Huelgoat, il osa déclarer son amour à sa correspondante nancéenne.

---

22. Né à Paris en 1928. *Attulima* (La Balance, 1954). *Les Quatre Saisons d'une âme* (Ed. du Dragon, 1955). *A toi* (Gallimard, 1958). *Déclaration d'indépendance* (San Francisco, City Lights Books, 1961). *Tire à l'arc* (Milan, galerie Schwartz, 1962). *L'Epée dans l'eau* (Schwartz, 1962). *L'Antichambre de la nature* (O. Lazar-Vernet, 1966). *Aube à l'antipode* (Le Soleil Noir, 1966). *Trajectoire* (Gallimard, 1968). *Libertés* (Turin, L'Atelier, 1969). *Liberté des libertés* (Le Soleil Noir, 1971). *Le Parfait Criminel* (Fata Morgana, 1971). *Le Congrès* (Les Mains libres - Jean Petithory, 1972). *Cartes postales prophétiques* (Milan, L'Uomo e l'Arte, 1972). *Mondino Te King* (id., 1972).
A créé avec Bernard NOËL et Serge SAUTREAU la revue *Mise en page* (Paris). N° 1 : juin 1972.
Essais — *La Fin des alternances* (Gallimard, 1970). *L'Incurable Retard des mots* (Pauvert, 1972).

Alain Jouffroy ne veut pas séparer la poésie de la vie, bien au contraire : seule la poésie la plus libérée donne pour lui sens à la vie, à tel point que c'est l'amitié d'André Breton qui lui a permis de triompher de « tout ce qu'il y avait à l'origine de plus suicidaire dans (s)on comportement comme dans (s)a pensée ». Alain Jouffroy lui-même juge assez importants certains faits de sa vie intime pour les relater dans *la Fin des alternances*. Mais il faut ajouter que ce texte — rédigé pour le numéro d'hommage de la *N.R.F.* à André Breton[23] et repris dans le remarquable ouvrage critique qui porte ce titre — dépasse de beaucoup la simple anecdote biographique. Par son atmosphère et même par un certain cérémonial de l'expression, *la Fin des alternances* n'est pas sans rappeler certaines pages des *Vases communicants* et de *Nadja*.

Les premiers poèmes d'Alain Jouffroy, ceux qu'il a recueillis vingt ans plus tard dans *Aube à l'antipode,* portent nettement la marque surréaliste : « L'aurore met le couvert du jour sur les tables de nuit et descend l'escalier du *Night Hotel* pour préparer le lait des voyageurs ». *A toi* témoigne encore, et par un art d'imaginer aisément reconnaissable, de la force et de la profondeur du courant :

L'essentiel est de suivre avec attention
La douceur du soleil
Notre sagesse est de ne pas attendre
Et d'ouvrir la porte aux survenants
Quels qu'ils soient
Et de les écouter.

Les poèmes dédiés à Manina — la première épouse du poète, illustratrice des *Quatre Saisons d'une âme* — seraient dignes de figurer dans une anthologie des poèmes d'amour.

Triomphante et muette,
tu recueilles la rosée inquiète,
la neige invisible du jour.
Tournée — encore — vers le large,
si tu changes de geste
aussitôt la porte pivote en moi,
aussitôt la lumière
fait bouger ma voix.
Horizon nu et vivant, cœur à l'horizon,
ta mesure définit ma fenêtre et ma flamme (...)

---

23. *André BRETON* — 1896-1966 — *et le mouvement surréaliste* (La Nouvelle Revue Française, nº 172, 1er avril 1967).

Une grande violence érotique traverse les poèmes de *Tire à l'arc*. *Trajectoire* affirme, toujours dans la poussée surréaliste, que « Tout se tient » — le rêve et la réalité, l'individuel et le collectif, l'amour et la politique, le passé, le présent, le futur, on pourrait dire : la prose et la poésie. *Trajectoire* participe du poème, du journal, de l'essai. L'imagination, la pensée d'Alain Jouffroy se mêlent à la pensée, à l'imagination de Marx, de Hölderlin, de Trotsky, d'Octavio Paz, de Mao Tsé-Toung.

Alain Jouffroy : « un échappé de plus des prisons hermétiques », dit Jean Pérol.

C'est un fait que l'organisation de la cité (le quadrillage des villes par les urbanistes !) ne favorise pas aujourd'hui la compréhension entre les êtres. Alain Jouffroy s'interroge sur ce fait dans un long poème intitulé *le Point commun*. « Le lieu où l'on pourrait *s'entendre* n'est pas circonscrit ». Le poème devient alors interrogation sur les conditions qui permettraient au moins de *s'écouter*. Alain Jouffroy, qui se veut aussi proche d'Aragon que de Breton et qui cherche à réconcilier les grands aînés surréalistes au-delà des ruptures passées et même de la mort, se propose pour fin de « changer toutes (les) divergences en points de convergence ».

(...) je comprends Breton je comprends Crevel
leur lutte menée désespérément pour se faire entendre :
sortir de ce puits où l'on tombe quand on contraint les poètes
au silence

je comprends aussi tous les autres, ceux dont de toutes manières
chacun ne pourrait se faire accepter

— et qui nous accepteront un jour délirants eux-mêmes (nous
entendront seuls dans la clarté, nous verront seuls dans le noir)

mais qu'est-ce, cela : comprendre ? — si cela ne passe pas de
l'autre côté, où l'on écoute ? (...)

(Liberté des libertés)

Considérant comme exemplaires à bien des égards les poètes de la *beat generation*, attentif d'autre part à des recherches comme celles de Jean-Pierre Faye, Alain Jouffroy ne cesse de remettre en question son écriture, la littérature elle-même. Et telle est bien la vérité du surréalisme : la révolution permanente.

L'ÉVIDENCE ONIRIQUE

Guy CABANEL

Sucez la nuit cernée de haches
et de chiffons fleuris.

Ou bien :

Ton sang expira-t-il
des sueurs mandchoues ?
(*Odeurs d'amour*)

Le caractère insolite de tels rapprochements (et il en faut beaucoup pour paraître insolite aujourd'hui) situe Guy Cabanel[24] dans la lignée surréaliste.

Autour des thèmes qui le sollicitent, il provoque l'image, avec une telle force de persuasion qu'on oublie ce que cette méthode pourrait avoir de systématique. Ainsi, dans la faune des songes éveillés, voici le « crabe dans la nuit qui grince », le « reptile des peurs » voisinant avec des « crotales truculents » et « le requin » qui se présente « au bal des murènes » comme « le plus bel oiseau des mers »... On serait tenté d'énumérer, de classifier. Mais ce serait détruire la vie du poème :

Un lézard bleu
se tord dans le feu,
suspendu aux aisselles
mordille votre peau.
(*Odeurs d'amours*)

Certains dépaysements verbaux renforcent encore l'évidence onirique de ces étranges visions :

Zritaned Kellechzir Chong
dans son bain de poulpes,
la cuisse lisse comme un lac,
coupe ces yeux qui moulent tes seins de scotch,
la peau souple comme un choc.

---

24. Né à Béziers en 1926. *A l'animal noir* (H.C., 1958). *Maliduse* (H.C., 1961). *Guy Cabanel exalte ses animaux noirs* (H.C., 1967). *Odeurs d'amours* (Losfeld, 1969). *Les Fêtes sévères* (Fata Morgana, 1969).

ou encore :

On y lèche des gueules de loup,
fourrure en mousse de mustang,
patibulaire en son acier,
madame Zbrojovka n'est jamais nue.

(Les Fêtes sévères)

Une certaine unité de préoccupation, d'obsession, se révèle dans ces textes où Guy Cabanel semble chercher à marier l'eau et le feu. Troublé par ce qui caresse et déchire, il tente de surmonter la contradiction des images, l'ambivalence des sentiments, s'efforçant de retenir ce qui s'enfuit, refusant d'acquiescer au repos. Sa poésie s'inspire en cela profondément de la pensée d'André Breton, sans en parodier la démarche.

Surréaliste, Guy Cabanel l'est bien par sa pratique de l'image et sa manière de passer parmi les choses. Mais il ne s'astreint pas aux facilités de l'écriture automatique. Tout ce qui vient est repris, dominé. Cabanel aime les poèmes nets, l'économie de moyens, l'éclat d'une parole tourmentée, fascinante :

L'ODEUR DE SA MINCEUR

Votre long corps étiré dans la lumière, sur
vos jambes, ce reflet, rayon de la lune,
caresse d'oiseau.

Votre sourire joue avec le soleil, vos mains
avec le feu.

Dormez dans les dunes, la nuit partage le ciel.

Près de la mer où flotte un naufragé
sur les pentes, naufrageurs.

Parlez, votre voix, brune comme un chant
de rameurs, perle chaude, roule
autour des fleurs des champs.

Au grand vent qui tourmente les berges,
vos mains pour calmer le feu.

Dans un souffle vous voici : êtes-vous, chatte,
la brise qui gratte mes joues ?

Sur votre face, les secrets, dans vos
cheveux, le goût d'aimer : aimez-vous
le fleuve qui coule pour vous ?
(Odeurs d'amours)

Gérard LEGRAND

Les trouvailles ne manquent pas chez Gérard Legrand[25]. Qu'on ouvre à n'importe quelle page *Marche du lierre,* on découvrira « un soir clair comme un citron pressé » ou « une Arabie de nummulites ». L'image ne va pas sans une certaine préciosité, parfois subtile — « Il y a des *grains* de beauté / Sur la peau de cette planète » —, parfois un peu légère — le « concours de beauté des orages » et le « strip-tease du soleil couchant ».

Gérard Legrand s'exprime, quand il en a le désir, très simplement, très justement (« Il me souvient des dimanches nébuleux où ma vie se refusait à prendre forme »). On le sent homme tout à fait, très proche de chacun de nous par son amour de la vie, sa confiance malgré les ruines, par ses regrets que n'efface pas le retour du printemps. Cela ne l'empêche pas de faire allusion à Empédocle et à Pythagore et de nous révéler (ce que nous aurions déjà dû voir) que le soleil est « faiseur d'ombre ». Il y a en lui de l'homme ordinaire et du Voyant.

Parfois il abuse de certaines facilités « surréalistes » d'écriture : « les perce-neige du destin », « le sorbet de la lune », « la contrebasse du soleil ». Mais il parle de tout, des trains et de la Haute Tour, du lion de Némée et de « l'an 4000 d'une autre ère », et il nous entraîne. Sans perdre mémoire, sans oublier notre origine, nous allons de l'avant ; nous rêvons, toujours fidèles. Marche du lierre !

---

25. Né à Paris en 1927. *Des pierres de mouvance* (Editions surréalistes, 1953). *Marche du lierre* (Losfeld, 1969).

J'écris afin qu'un soir plus heureux de capucines et de
bougainvillées
Que ne fut chaque soir de bonheur dans ma vie
Un jeune homme prêt à s'attrister
En voyant disparaître derrière les montagnes les minarets
Le soleil beau comme un genou blessé
Gravisse d'un élan la colline d'en face
Ne songe qu'à traquer la lame d'or unique
Où chantera le pacte de la terre et du ciel
J'écris afin qu'un soir un seul jeune homme relève la tête
En me lisant en comprenant que cette vie existe
Chaque fois que la Chimère dépouille son heaume empanaché
de tous les vents contraires
Et boit à la source même des fleuves interdits
Afin qu'un soir sur une terrasse au-dessus de la mer
Des yeux lavés par un vent tiède et sombre
Voient l'espace comme un semis de violettes qui ne mourront
jamais (...)

(Marche du lierre)

La poésie de Gérard Legrand charrie quelques épaves ; mais il faut se laisser porter par ce courant. Il y a là une force, un mouvement, un enthousiasme — oserons-nous dire : une inspiration ? Une respiration en tout cas. Il faut dire à voix haute ces poèmes et ne pas manquer de souffle...

L'OBSESSION SEXUELLE
Joyce MANSOUR

« Une étrange demoiselle » : ainsi s'est définie Joyce Mansour[26]. Dès ses premiers recueils, elle exprime sans retenue, sinon sans *tenue,* une obsession sexuelle assez retentissante. Son imagination,

26. Née en 1928 à Bowden, Grande-Bretagne, un 25 juillet. « Mon père attendit le médecin à minuit dans un cimetière de campagne, frileusement vêtu, pour un bal costumé, en Monsieur Loyal. » A vécu en Egypte jusqu'en 1955. *Cris* (Seghers, 1953). *Déchirures* (Ed. de Minuit, 1955). *Rapaces* (Seghers, 1960). *Carré blanc* (Le Soleil Noir, 1965). *Les Damnations* (Paris, éd. Visat, 1966). *Phallus et momies* (La Louvière, Belgique, Daily-Bul, 1969).
PROSE : *Jules César,* récit (Seghers, 1956). *Les Gisants satisfaits,* récits (Pauvert, 1958). *Le Bleu des fonds,* pièce en un acte (Le Soleil Noir, 1968). *Ça,* récits (Le Soleil Noir, 1970). *Histoires nocives*, comprenant *Jules César* et un récit inédit (Gallimard, 1973).

où l'érotisme est lié à l'angoisse de la mort et à la révolte métaphysique, prend facilement un tour agressif. L'auteur ne semble pouvoir dominer son ennui, son dégoût, qu'en s'entourant d'images cruelles, bizarres, insupportables.

Non seulement, ce qui somme toute est assez naturel, « il y a du sperme sur le pistil de la rose », mais encore l'hiver présente, d'une façon plus inattendue, un « sexe doublé d'otarie ». A la faveur d'une sorte de clair-obscur dans la représentation du corps et de ses fonctions — la vigueur de l'image contrastant avec une certaine confusion organique —, ce qui concerne la vie sexuelle se trouve rapproché de nécessités physiologiques moins fréquemment célébrées par les poètes. En voici un exemple, du côté masculin :

> (...) *Le premier poète urinait son amour*
> *Son sexe en deuil chantait bruyamment*
> *Les chansons gutturales*
> *Des montagnes* (...)

Et du côté féminin :

> (...) *L'œil humide aux sourires fortifiants*
> *Qui fécondait ma matrice avare*
> *De son urine.*

Un tel univers pourrait paraître fort monotone s'il n'était rythmé par le battement nerveux de la phrase, enrichi de cris et d'éclairs, s'il ne recelait enfin une haute conception de l'amour.

> *Vous ne connaissez pas mon visage de nuit*
> *Mes yeux tels des chevaux fous d'espace*
> *Ma bouche bariolée de sang inconnu*
> *Ma peau*
> *Mes doigts poteaux indicateurs perlés de plaisir*
> *Guideront vos cils vers mes oreilles mes omoplates*
> *Vers la campagne ouverte de ma chair*
> *Les gradins de mes côtes se resserrent à l'idée*
> *Que votre voix pourrait remplir ma gorge*
> *Que vos yeux pourraient sourire*
> *Vous ne connaissez pas la pâleur de mes épaules*
> *La nuit*
> *Quand les flammes hallucinantes des cauchemars réclament*
> *le silence*
> *Et que les murs mous de la réalité s'étreignent*
> *Vous ne savez pas que les parfums de mes journées meurent*

sur ma langue
Quand viennent les malins aux couteaux flottants
Que seul reste mon amour hautain
Quand je m'enfonce dans la boue de la nuit

(Rapaces)

Dans ses récits en prose, Joyce Mansour atteint une troublante force d'expression. « Le Jardin des Délires de ce siècle, au volet de droite d'un bleu-nuit toujours plus dévorant » : c'est ainsi qu'André Breton évoquait *les Gisants satisfaits*. Après *Jules César, les Gisants* rappellent le climat de l'*Histoire d'O*. La folie sadique y trouve son aliment dans la complicité d'une victime tout offerte. Mais, avec Joyce Mansour, la nature entre dans ce vertige ; et le récit, rattaché aux origines sans que soit perdu le contact avec le monde actuel, s'élargit aux dimensions du mythe.

LA VÉRITÉ TOUTE NOIRE

Jean-Pierre DUPREY

Un jeune homme de seize ou dix-sept ans, élève au Lycée de Rouen, écrit ceci — où l'on eût pu voir un lieu commun (le poète qui se désespère, comme Michel-Ange, de ne pouvoir atteindre son idéal), une attitude aussi, s'il n'était malheureusement devenu si facile d'y percevoir un appel répété[27] :

AMÈRE

Au point du jour pisse un brouillard bleu

Il épile un soleil
Et se taille un croûton de jour

Il veut s'asseoir dans un fauteuil
Mais se suicide avant

Désespéré de n'avoir pas ce qu'il n'a pas
le poète
le poète

---

27. Revue *En marge*, dirigée par Jacques RIMM et Jean MONGE, n° 3 (1948).

Il mêle son sanglot au chewing-gum
Et s'ébat devant les grains de sang
Qui habitent son plastron

Il voulut voler les amours perdues
Et les fumer comme des mégots sans goût

(*La Forêt sacrilège*
et autres textes)

Jean-Pierre Duprey[28] a tout juste dix-neuf ans quand il fait parvenir à André Breton le manuscrit de *Derrière son double*.

Un des textes met en scène — une scène qui s'étend à la terre, au ciel, à la mer et au vide — l'homme au bonnet, qui a dormi « longtemps dans la boîte de feu sans ouverture », Monsieur H, qui vient « de chez Personne », le corps A et le corps B « roulés ensemble jusqu'aux profondes profondeurs », animés par « la joie du gouffre », l'Esprit-de-dedans, l'Esprit II, la Couleur-de-Cendre, l'Habitant du Mur, etc.

Dans un autre texte l'essentiel se passe « dans un champ d'orties qui est au fond de la mer ». On surprend des dialogues « en dehors du temps ». D'indéfinissables personnages se réincarnent « dans l'âme de leurs ombres ».

L'obscurité, comme dans *la Forêt sacrilège*, « pièce » posthume, est aussi dense que possible ; elle tend vers l'absolu, mais un absolu qui serait comme la plénitude du rien — la vérité toute noire, la nuit parfaitement blanche. La hantise de la mort commande les images, régit, si l'on peut dire, le dérèglement du discours — tragiquement, puisque Personne : c'est chacun de nous.

André Breton, rempli d'admiration pour « un tel texte », mais pensant peut-être aux risques de certaines aventures de l'esprit, écrit à l'auteur : « Vous êtes certainement un grand poète, doublé de quelqu'un d'autre qui m'intrigue ».

Par la suite, Jean-Pierre Duprey s'éloigne de la poésie pour se consacrer à la sculpture. Mais en 1959 il revient à l'écriture pour une série de poèmes qui constitueront son testament. A chaque page Jean-Pierre Duprey, tourmenté par son propre fantôme, recule davantage devant une existence à laquelle il ne parvient pas à se faire, où il traîne son ombre sans savoir se situer, se retrouver, obsédé par le trou de la nuit, le vide, l'éternité, les funérailles. Les poèmes de *la Fin et la*

28. Né à Rouen en 1930. Mort à Paris en 1959. *Derrière son double* (Le Soleil Noir, 1950). *Derrière son double* suivi de *Spectreuses* (Le Soleil Noir, 1964). *La Fin et la manière* (Le Soleil Noir, 1965). *La Forêt sacrilège et autres textes* (Le Soleil Noir, 1970).

manière ont acquis la fermeté, l'unité de ton qui manquaient à *Derrière son double* et à *Spectreuses*. Ils ont quelque chose de la tenue de ces beaux drapés noirs qui ne tombent que trop bien. Mais en même temps que le poème s'organise, comme une toile où l'araignée se trouverait prise à son propre piège, le poète se sépare de plus en plus de lui-même, jusqu'à l'ultime rupture.

Donnez-moi de quoi changer les pierres,
De quoi me faire des yeux
Avec autre chose que ma chair
Et des os avec la couleur de l'air ;
Et changez l'air dont j'étouffe
En un soupir qui le respire
Et me porte ma valise
De porte en porte ;
Qu'à ce soupir je pense : sourire
Derrière une autre porte (...)

(La Fin et la manière)

Avant de se donner la mort, Jean-Pierre Duprey envoie à André Breton ses derniers poèmes. Il avait déjà rejoint Jacques Rigaut dans l'*Anthologie de l'humour noir*[29].

VERTIGE, DESTRUCTION
Thérèse PLANTIER

A la fois très méfiante à l'égard de l'art, tenu pour un véhicule de la pensée bourgeoise, et tourmentée par un besoin d'expression, Thérèse Plantier[30] a trouvé dans le surréalisme — assez tard, avoue-t-elle — la solution la plus heureuse, la plus chaude, de son propre conflit, la poésie surréaliste étant pour elle ce qui reste du grand espoir révolutionnaire de 1917. En 1964, Thérèse Plantier a répondu avec délectation à l'enquête de *la Brèche* sur les représentations érotiques — André Breton l'a complimentée de sa réponse. Il avait d'ailleurs

29. André BRETON, *Anthologie de l'humour noir* (Ed. du Sagittaire, 1940 ; 2e édition, augmentée, Sagittaire, 1950 ; 3e édition, Pauvert, 1966 ; réédition Le Livre de Poche, 1970).
30. Née à Nîmes en 1911. *Chemins d'eau* (Chambelland, 1963). *Mémoires inférieurs* (La Corde, 1966). *C'est moi Diégo* (Ed. Saint-Germain-des-Prés, 1971).

décelé en elle « une violente volonté de vertige ». Thérèse Plantier a participé aux réunions de la « promenade de Vénus », s'est rendue à Saint-Cirq-Lapopie (avant de se brouiller, avec le poète, qu'elle n'a cessé d'admirer mais dont l'entourage lui déplaisait). « Je ne m'exprime qu'en surréaliste — dit-elle —, le temps n'est pas venu où l'on puisse s'exprimer autrement. »

La poésie de Thérèse Plantier ne met pas à l'aise. Elle donne une impression de force assez peu ordinaire, et en même temps on craint à chaque instant, malgré une sorte de logique poétique implacable, une rupture d'équilibre, comme si la maîtrise de soi n'était obtenue qu'au bord du gouffre.

L'angoisse, liée à la déchirure du temps, se traduit en visions de cauchemar. L'obsession de la mort multiplie les images de la déchéance physique — suppuration et pourrissement. Un sentiment de culpabilité pousse à la honte et à la provocation. L'agressivité se retourne contre soi et conduit aussi à une certaine misanthropie. Tout, même le silence, est obstacle. La conscience, craignant de ne pouvoir résister aux forces hostiles, se brise et cherche à se détruire. Le poète refuse l'évidence, appelle rectangle le carré, disloque par moments le langage dans le pressentiment des cataclysmes, et rêve de projeter en l'air les éclats de son propre corps.

Ce rêve de destruction ne chasse pas la lumière, mais cherche à humilier la mort. Quelques incandescences résistent au vertige : la liberté, l'amour physique, l'écriture.

Un casque un masque
décorent ma fête explorée dans les placards
où je ne trouve pas de puits
pour plonger à ta recherche aigue-marine
alors je pars à la conquête du feu
sous tes paupières loggias d'univers
Tes soupirs sont des ordres
tes murmures crient
dans les angles des pièces
où se consume leur cadavre,
ton corps éolienne abattue par le vent
a défoncé le toit de la maison
où nous cherchons nos objets quotidiens
sous un enchevêtrement de poutres
à demi-calcinées,
sitôt que nous entrons tout s'est écroulé,
les bombardements au ralenti
précèdent nos visites.
Que de pansements de détritus !

Nous ne nettoierons jamais assez
les recoins du désastre
pour y installer ces lits sans remords
où tu t'es couchée
traînée
perdue.

(*Chemins d'eau*)

Il ne faut pas craindre de traverser la nuit pour entreprendre de suivre les *Chemins d'eau* de Thérèse Plantier, ni de se laisser prendre par les remous... Il faut être mieux équipé encore contre le péril d'engloutissement et de dislocation pour oser descendre dans ses *Mémoires inférieurs* :

(...) *Je n'aperçois plus mon corps sous ses affûtiaux*
ni à travers la glace sans tain la plaine-piscine
où irradient quelques tubulures et rosaces
comme si en mille couleurs s'était brisé le ciel
chacune illuminant de moi un fragment vétuste
recollé à l'autre à partir de mon nom lu
à partir de ce cœur en caoutchouc d'étoiles
où le sang fusionne avec un alphabet inutile.

(*Mémoires inférieurs*)

Cette poésie n'est pas de tout repos. On craint d'y retrouver, bien que déformé, défiguré, son propre visage. Mais il faut lui reconnaître au sein même de l'abîme un extraordinaire pouvoir de fascination :

Il s'agit d'écarter de moi ce parfum où s'écaille le crépuscule en pleurs, ces fillettes qui neigent. Aussitôt ondoie le poème aux poignets flexibles. Anonyme parmi les lilas d'Espagne et les dernières giroflées, il n'attend pour s'étendre mort que d'avoir dansé jusqu'au fond de l'extrême impasse où luit la nuit en tessons.

(*Mémoires inférieurs*)

Avec *C'est moi Diégo*, Thérèse Plantier impose avec une autorité plus hyperbolique encore ses choix ou ses obsessions, elle projette sur les vocables les plus rares comme sur les objets les plus nus de la vie pratique sa fantaisie éclatée, ses phantasmes.

L'ÉCHEC CONFIRMÉ
Roger-Arnould RIVIÈRE

Roger-Arnould Rivière[31] n'avait pas trente ans quand il s'est donné la mort. Quelques années plus tôt, il avait publié à deux cents exemplaires *Masques pour une ordalie*. Faut-il reprocher aux poètes et critiques qui reçurent ce livre de ne pas en avoir aussitôt reconnu la beauté ? Marc Alyn écrit, en 1964, que « de la mort d'un poète nous sommes toujours un peu responsables, ne serait-ce que de l'avoir ignoré lorsqu'il vivait encore ». On comprend ces scrupules rétrospectifs, mais il faut dire que ceux qui aiment la poésie n'ont pas tout le temps dont il faudrait disposer pour lire — en poètes — tous les recueils au fur et à mesure de leur parution. Les livres ne sont pas écrits seulement pour qu'on vienne à eux, mais pour qu'on y revienne. Maintenant du moins, sachons reconnaître la place de Roger-Arnould Rivière parmi les poètes de notre temps.

A propos de *Masques pour une ordalie,* André Breton a pu écrire : « Du premier au dernier ces poèmes sont admirables ». Qu'on en juge :

Crâne de plomb lascif
lit-cage de mes années
sous tes linges croupis
ta mariole de vie
s'insurge ventre dru

J'ai soif de coucheries
sur les remblais de sel
où des scorpions odieux
se pourlèchent les moelles

Passions à l'étuvée
laits de gonfles fortuites
tes orgues et tes guis
crèvent sur l'ongle blanc

de cimes à peine taillées
replètes à mi-poursuite
entre l'épure et le large.

(*Poésies complètes*)

31. Né à Tarare en 1930, mort à Lyon en 1959. *Masques pour une ordalie* (Millas-Martin, 1953). *Poésies complètes* (Chambelland, 1963).

Chez R.-A. Rivière, pas de mots inutiles. Nous sommes au cœur de l'énigme. D'étranges images expriment la déchirure. Entre la nostalgie d'une plénitude et le pressentiment de la destruction, un homme interroge avec anxiété un monde déjà brisé, indéchiffrable. Tenaillé par le désir de possession, il ne peut échapper à l'angoisse qui l'obsède. L'ardeur du corps — très simplement exprimée : « une émotion naît dans le sexe » — soutient l'impossible désir de se réconcilier avec tout. Le triomphe même de l'amour, dans sa victoire charnelle, apparaît comme la confirmation d'un échec. Des moments de grâce semblent apporter une accalmie — « La nappe tendre des soleils est au creux de ta voix » — mais « un filet de vie » ne permettait pas à Roger-Arnould Rivière de reconquérir l'unité perdue : « Je t'ai dédié la fêlure de mon âme/mais je ne connais plus la lumière ».

Aidé par un ami du poète, Raymond Busquet, l'éditeur des *Poésies complètes,* Guy Chambelland, a reproduit les poèmes que R.-A. Rivière avait retranchés de son recueil, et il a fait suivre *Masques pour une ordalie* des derniers et des premiers poèmes de l'auteur.

29 août 1946 : « Déchirant appel de l'oiseau sur la nue ». Septembre 1959 : « j'ai vécu pour savoir et je n'ai pas su vivre ». Entre ces deux termes, une âme qui « s'en va goutte à goutte » — et une œuvre par laquelle, malgré tout, Roger-Arnould Rivière, tragiquement, se survit.

BROCANTEUR DE MOTS

Henri Simon FAURE

Henri Simon Faure[32] prolonge l'aventure surréaliste. Même goût de l'insolite — jusque dans le format, la présentation des œuvres.

---

32. Né à Saint-Etienne en 1923. *D'orgiaque gratuité* (La Tour de Feu, 1950). *L'Illicite Amour* (La Tour de Feu, 1951). *Plusieurs fables sans être de mon quartier* (Signes du Temps, 1951). *Quelques villes étrangères fréquentées par voyages* (Presse à bras, 1952). *De l'employé de bureau type* (Onan, 1954). *Au mouton pourrissant dans les ruines d'Oppède* (Le Cadran Lunaire, 1955). *Tous arcanes majeurs déployés* (La Main Violette, 1960). *Oiseau en proie à mes flammes* (La Main Violette, 1961). *Provisions initiales en matière de* (Du Corps de garde, 1962). *Sous couleur de certaines circonstances* (La Main Violette, 1962). *Secondes mesures prises à l'encontre* (Du Corps de garde, 1963). *Tombeau de Marine Valentin* (La Main Violette, 1963). *La Quadrature troisièmement* (Du Corps de garde, 1964). *Affaire de cœur à droite* (Les

Même mépris des tabous. Révolte. Sacrilège et profanation. Erotisme. Même plaisir à faire s'entrechoquer les mots. Même vocabulaire à l'occasion : *tous arcanes majeurs déployés.*

André Breton n'est pas loin. On ne sera pas surpris de rencontrer Henri Simon Faure, lui aussi, dans les ruines du château de Lacoste, saluant à son tour — « des glands semés dessus une fosse » — la mémoire du divin marquis.

Solitaire malgré la légère effervescence poétique qu'il a provoquée autour de lui dans sa province, publiant lui-même certaines de ses œuvres, à une centaine d'exemplaires, « sous le signe d'Onan », il semble refermer sur lui toutes les portes afin de mieux se préparer à l'échange des profonds messages.

On lui a reproché une écriture baroque qui, sous des titres somptueux, charrie trop de termes recherchés pour leur clinquant. Mais quand il rejette les fausses richesses, ce « brocanteur de mots » sait aussi être simple et vrai.

Au mouton pourrissant dans les ruines d'Oppède mérite assurément d'être cité.

(...) *devant ce cadavre qui ressemble aux sages*
plus près de nous
à l'homme en croix
soudain tout se désorganise
avec des hoquets de regrets vains

les orbites vides s'approfondissent
et l'oreille gauche dressée vers la voûte
attend la réponse à l'appel lancé
la réponse qui tarde tant à venir
qui ne viendra
j'en suis sûr
jamais
et jamais non plus le mouton ne sortira
de l'ornière où trop folle sa tête
l'entraîna

Poètes de la Tour, 1965). *Je brocanteur de mots* (Les Poètes de la Tour, 1965). *Mézigue ou le Métèque du Panassa* (Chambelland, 1966). *Almanach 5 de l'ardeur augmentée* (Chambelland, 1967). *5/4 d'arc-en-ciel mon unité de temps* (Du Corps de garde, 1969). *Flottage sur une civilisation d'eau tiède* (Plein Chant, 1971). *Lauriers nobles au front d'orphelin(s) de muraille* (Vers les Bouvents, 1972). *Enleveur de bordes aux yeux machurés à quoi broges-tu ?* (id., 1972). *Que x 4 en catastrophe des sens* (Edmond Thomas éd., 1972). *Age ingrat pour mémoire* (id., 1972).

Henri Simon FAURE a animé la revue *Le Cadran Lunaire* : treize fascicules de janvier-mars 1955 à janvier-mars 1958. Il édite la revue *Le Bougre* (Saint-Etienne). N° 1 en 1968. N° 9, en 1972.

où il a chu tout d'un coup au matin
où il coula et où seulement reste
sa toison sur la surface ridée
comme une étrange mousse savonneuse
dans laquelle je me lave les mains

Plus dépouillé encore apparaît le *Tombeau de Marine Valentin,* que le poète a écrit pour sa mère, tuée par un automobiliste. Mais on ne pourrait tout citer, et il convient de ne pas faire de coupures dans un tel texte. Il faut seulement souhaiter que les plus belles pages de Henri Simon Faure puissent enfin sortir du ghetto où les maintiennent de trop faibles tirages.

LE GRAND SERMENT SOLAIRE

Claude DUMONT

Claude Dumont[33] a dû aimer *les Chants de Maldoror*. Dans ses *Deux grandes odes* — titre claudélien qui n'aurait pas déplu à André Breton — il cite volontiers les pierres précieuses, les roches qui concentrent de l'énergie — le jaspe, le porphyre, le basalte ; et s'il n'aime pas la vie qui rampe, il célèbre les taureaux, les pumas, les guépards, non sans garder quelque tendresse à l'oiseau-lyre. Il voudrait embrasser le monde, des pôles aux tropiques, à travers marennes et toundras, voyageant dans le temps aussi aisément qu'il franchit les espaces en laissant les mots éclater sur la page. L'homme et la femme se tiennent au centre de ce paysage vigoureux et mouvant, évident, incertain. En apparence les voies sont hasardeuses. Mais tout va s'ordonner autour de cette aventure du langage, qui témoigne d'un fécond enthousiasme et renoue heureusement avec le grand « serment solaire » des poètes.

---

33. Né à Tilloy (Somme) en 1938. *Le Poème initial* (Regain, 1959). *Seize poèmes apaisés* (Profils poétiques des pays latins, 1961). *Poèmes de Tilloy végétal* (Chambelland, 1962). *Deux grandes odes* (Chambelland, 1962). *Les Morelles noires* suivi de *Circulation libre* (Chambelland, 1963).

Lorsque les mouvements sans drame auront fui
les faims frappées de calme sur le venin
s'enrouleront dans la fleur du glaïeul

Et couchées sur les pierres
en beauté de sifflement d'une badine
les utopies règneront sur le sol déployé
comme autant de cygnes blancs sur la mer
où je m'allonge dans le tremblement
de l'éclair au ras de l'horizon

Fille des violettes
fille de la révolte
apaisée seulement par l'assaut des lys purs
aux saisons de l'homme chargé des lieux qu'il a drapés
éteins le parfum du vieux malheur

Tchitrée tchitrée ô tchitrée
passereau des tropiques
belle raison de quelques soirées d'hiver

(Deux grandes odes)

Louis ALDEBERT

Les êtres — les lieux — qu'il préfère, Louis Aldebert [33bis] les reçoit en rêve, après les avoir magnifiquement vêtus. Même la solitude qui l'étreint parfois fourmille d'images renforçant le goût de vivre. Ce chatoiement onirique est tout à fait dans le respect d'une écriture surréaliste qui éclaire de joyaux aussi bien un salut à Budapest 56 qu'au condamné à mort Caryl Chessman, ou un éloge d'Ingmar Bergman.

Malgré quelques génitifs encombrants, ce poète réussit souvent à nous atteindre en particulier par un sentiment très personnel du temps (« Je fonds dans l'œuf pulvérisé de l'instant »).

Un certain penchant à l'ésotérisme n'empêche de s'exprimer très spontanément ni la fantaisie onirique ni l'angoissante nostalgie de l'île Saint-Louis — « colonie d'algues acides aux bords des toits » —, des réverbères, du « rémouleur qui n'est jamais venu ».

33bis. Né à La Malène (Lozère) en 1934. *L'Envers élucidé* (Saint-Germain-des-Prés, 1970).

(...) *Les soirs d'automne tombent comme des douleurs de lianes blessées*
j'ai vu venir à moi dans les miroirs oubliés aux soupentes
des sourires perdus et des amours jaunis comme les tranches de vieux livres
je souris à la terre comme un orphelin sourit à toutes les femmes
je chute libre à l'intérieur
au nadir dispersé
les pierres vont éclore aux jardins du vertige
toute rouille émane de moi avec le temps

les feuilles ne tombent jamais qu'une fois de la même façon
cette goutte de temps va-t-elle exploser sur ma nuque (...)

(L'Envers élucidé)

DANS LA LIGNÉE SURRÉALISTE

Il est impossible d'analyser l'œuvre de tous les poètes qui se situent de plein droit dans la lignée surréaliste. Parmi ceux qui, pour reprendre une expression d'André Breton dans le premier *Manifeste,* « ont fait acte de surréalisme absolu », citons encore :

— Ghérasim Luca[34], qui anima le groupe surréaliste roumain, puis séjourna en Israël avant de venir résider à Paris, et dont les chaînes d'associations verbales ne sont pas sans analogie avec les fantaisies étymologiques de Jean-Pierre Brisset et la technique surréaliste du jeu de mots chez Marcel Duchamp ou Robert Desnos ;

34. Né à Bucarest en 1913. *Quantitativement aimée* (Bucarest, Ed. de l'Oubli, 1944). *Le Vampire passif* (Paris, Ed. de l'Oubli, 1945). *Les Orgies des quanta* (Idem, 1946). *Amphitrite* (Paris, Ed. de L'Infra-Noir, 1947). *Le Secret du vide et du plein* (Ed. de L'Infra-Noir, 1947). *Héros-limite* (Paris, Le Soleil Noir, 1953 et 1970). *Ce château pressenti* (Paris, Méconnaissance, 1958). *La Clef* (Paris, 1960). *L'Extrême-Occidentale* (Lausanne, Ed. Mayer, 1961). *Le Sorcier noir* (Paris, 1962). *Sept slogans ontophoniques* (Paris, Ed. Brunidor, 1964). *Poésie élémentaire* (Ed. Brunidor, 1966). *Apostroph' Apocalypse* (Milan, Ed. Upiglio, 1967). *Sisyphe géomètre* (Paris, Ed. Givaudan, 1967). *Droit de regard sur les idées* (Ed. Brunidor, 1967). *Dé-Monologue* (Brunidor, 1969). *La Fin du monde* (Paris, Ed. Petithory, 1969). *Passionnément*, disque (Paris, Givaudan, 1970). *Entre tiens ! Et où ?*, ill. Philippe COLLAGE (Stockholm, éd. Sonet, 1971).
Avec TROST, *Le Même du même* (Infra-Noir, 1947).
Les éditions de l'Infra-Noir (Bucarest) ont publié en 1947 des textes surréalistes directement écrits en français par Virgil TEODORESCU, Gherasim LUCA, TROST, Paul PAUN.

Sur cet aspect de la poésie francophone, cf. Constantin CRIŞAN « Sous le sceau du style géopsychique : poètes roumains de langue française », in *Présence francophone* (Sherbrooke, Canada, n° 4, 1972).

— Radovan Ivsic[35], venu, lui, de Zagreb, traducteur en langue croate d'André Breton et de Benjamin Péret ;

— Claude Tarnaud[36], fondateur à la Libération, avec Yves Bonnefoy, de *la Révolution la Nuit* ;

— Edouard Jaguer[37], qui est allé de *la Main à plume* à *Brèche* en passant par *le Surréalisme révolutionnaire* (pléonasme aussi redoutable que « démocratie populaire ») et qui dirige la revue *Phases*[38] où il enseigne que « la politique est, ou devrait être, un poème qui s'écrit avec des hommes au lieu de mots » et que « l'art est la continuation de la révolution politique par d'autres moyens » ;

— Michel Zimbacca[39], auteur avec Benjamin Péret et Jean-Louis Bédouin, d'un film sur les arts primitifs : *l'Invention du monde* ;

— Jean-Louis Bédouin[40], qui souhaite toujours, dans sa présentation des poètes surréalistes, « repassionner la vie » ;

— Robert Benayoun[41], fondateur de la revue *l'Age du cinéma,* collaborateur de *Médium* ;

— Fernando Arrabal[42] plus connu pour son théâtre, qu'il pourrait nommer, à la manière d'Artaud, « théâtre de la cruauté », mais qui ne laisse pas s'exprimer avec moins de force dans ses poèmes d'un onirisme agressif, sa hantise, quelque peu exhibitionniste, de la persécution, une sorte de terreur panique devant un monde intensément sexualisé ;

---

35. Né à Zagreb en 1921. *Mavena* (Ed. Surréalistes, 1960 ; rééd. Paris, Maintenant, 1972). *Airia* (Pauvert, 1960). *Le Puits dans la tour* (Ed. Surréalistes, 1967). *Le Roi Gordogane* (Ed. Surréalistes, 1968).

36. Né à Maisons-Laffitte en 1922. *L'Alphabet spationnel ou les Sept phases erosglyphiques*, en collaboration avec Henriette de CHAMPREL (Genève, 1952). *The Whiteclad Gambler ou les Ecrits et gestes de H. de Salignac* (Genève, 1952). *La Forme réfléchie* (Le Soleil Noir, 1954). *La Rose et la cétoine la Nacre et le noir* (Méconnaissance, 1959). *L'Aventure de la Marie-Jeanne ou le Journal indien* (1968).

37. Né à Paris en 1924.
La Poutre creuse (Fronts communs, 1950). *La Nuit est faite pour ouvrir les portes* (Gênes, Ed. Schenone, 1957). *Le Mur derrière le mur* (Rome, Ed. de l'Esperienza moderna, 1958). *Sonora* (Paris, Ed. Michel Cassé, 1963). *Dejiste Stàvky - la Prévôté en exil* (Prague, S.F.M., 1968).

38. *Phases.* Première série : onze numéros de 1964 à 1967. Deuxième série : trois numéros de 1969 à 1971.
Ont fait également partie de l'activité « Phases », les revues : *Edda* (Bruxelles, 1958-1965) ; *Il Gesto* (Milan, 1955-1960) ; *Boa* (Buenos Aires, 1958-1960).

39. Né à Paris en 1924. Syrien. *L'Invenzione del Mondo*, avec B. PÉRET et J.-L. BÉDOUIN (Milan, Schwarz, 1959).

40. Né à Neuilly-sur-Seine en 1929.
Etudes sur *André Breton* (Seghers, 1950), *Benjamin Péret* (Seghers, 1961), *Victor Segalen* (Seghers, 1963). *Les Masques* (Presses Universitaires de France, 1961). *Vingt ans de surréalisme* (Denoël, 1961). *La Poésie surréaliste,* anthologie (Seghers, 1964, 1970). *Libre espace*, poèmes (Seghers, 1967).

41. Né à Port-Lyautey (Maroc) en 1926. *Bouillon d'onze heures,* avec Benjamin PÉRET (1952). *Anthologie du Non-sens* (1957). *La Science met bas* (1959). *Erotique du surréalisme* (Pauvert, 1965).

42. Né à Melilla (Maroc espagnol) en 1932. *La Pierre de la folie* (Julliard, 1963 ; rééd. Bourgois, 1970).

— Marianne van Hirtum[43], peintre et poète, qui a participé à l'occupation de l'Odéon en mai 1968.

Ce n'est sans doute pas la dernière vague. Nous nommerons au moins :

— Jean-Jacques Lebel[44], organisateur de l'exposition surréaliste de Milan, fondateur de *Front unique,* animateur de happenings, complice du *Living Theater*, un des révélateurs, en France, de la poésie de la Beat generation ;

— Claude Pélieu[45], qui, vivant aux Etats-Unis, a vu dans les *cut-up* de William Burroughs un moyen de provoquer cette « réalité supérieure » que recherchait André Breton : on découpe les pages d'un texte ou les bandes magnétiques pour faire apparaître, en réarrangeant les morceaux, de nouvelles images. Celles de Claude Pélieu semblent arrachées aux journaux les plus voyants, aux mitraillages publicitaires, et complétées par un automatisme psychique en rapport.

Le Mec-à-Collages et Mister Cut font leur entrée... a priori n'existe pas... la hyène fasciste s'égare avec conviction... je —, *dislocation du réel,* je *égaré dans l'espace Laine & Coton... nadabribes... thèmes... le rêve noir vous absorbe... ici, là, procuration... tous les gestes liés aux puissances émotives... le bruit-lieu romantique.*

Orage Onirique, expression ludique, a-t-on dit... Scripteuse-Spectreuse de J.-P. Duprey... (il ne fallait pas négliger les témoins)... contrôle sur le « papier », Texas-Dissection... Ce que nous devons aux surréalistes ? (évident)... ce que beaucoup doivent aux conditions-costumes rafales-bananes... les médiums en jeu se ressemblent — l'encre et le sang me sortent par la tête... Infra-Surface... dieu nombre impair... où sommes-nous ? (combien de fois faudra-t-il vous le répéter ? — quelqu'un murmure vibration... *qui ? vibrant dans un mur gris* (...) *(Le Journal blanc du hasard)*

---

43. Née à Bricniot, près de Namur, en 1935. *Poèmes pour les petits pauvres* (Seghers, 1953). *Les Insolites* (Gallimard, 1956).

44. Né en 1936. *Choses* (H.C., 1953). *Show me yours...* (New York, Sodom Press, 1960). *Extasy and revolution* (San Francisco Earthquake press, 1965). *Woodstock, paradise/penetentiary* (New York, Peace Eye Bookstore, 1969).
Entre autres textes ou essais divers : *Tancrède par lui-même* (Milan, Schwarz, 1959). *Le Happening* (Denoël, 1963). *Lettre ouverte au regardeur* (H.C., 1964). *La Poésie de la Beat generation* : présentation avec Alain JOUFFROY et traduction de l'américain (Denoël, 1965). *Entretiens avec le Living Theatre* (Belfond, 1968).
Jean-Jacques LEBEL a créé et animé les revues ou journaux *Front Unique* (1956-1959), *Mandala* (1967), *Le Pavé* (1968) et *L'Internationale Hallucinex* (1970).

45. Né à Pontoise en 1934. Vit aux Etats-Unis depuis 1963. En français : *Ce que dit la bouche d'ombre dans le bronze-étoile d'une tête* suivi de *Dernière minute électrifiée* (Le Soleil Noir, 1969). *Le Journal blanc du hasard* (Bourgois, 1969). *Embruns d'exil traduits du silence* (Bourgois, 1971). *Infra Noir* (Le Soleil Noir, 1972).
Voir *l'Herne*, n° 8 (1967).

(Il faut malheureusement noter que le parti pris psychédélique de l'auteur conduit à un certain appauvrissement de l'imagination, à des stéréotypes — invectives scatologiques, érotisme sans désir, insurrections verbales à court terme. Ce surréalisme au L.S.D. aurait aimé pourtant changer la vie. Avec Burroughs, Ginsberg, Ferlinghetti, Snyder, Sanders, Abbie Hoffman, Kaufman, etc., Claude Pélieu voudrait encore, « contre l'ordre mortel », dresser « le monde réel de la poésie » ; mais il avoue qu'il n'a plus « tellement envie d'écrire » et qu'il ressent « un manque fondamental de tout ».)

Citons encore (ne disons pas *enfin*) :

— Jean-Claude Barbé[46], qui a collaboré à *la Brèche* ;

— François-René Simon[47], qui a donné des poèmes à *l'Archibras,* l'un et l'autre semblant résolus à apporter la preuve que le surréalisme ne peut pas vieillir ;

— Annie Le Brun[48], toujours à la recherche des « lois d'une combustion nouvelle »

— MES CERNES N'ONT PAS FINI DE S'AGRANDIR :
C'EST AVEC LES YEUX QUE JE DEVORE
LE NOIR DU MONDE —

et qui a composé un bouquet de citations surréalistes destinées selon Jean Schuster à s'accomplir, comme les fleurs, en se niant, à « circuler dans l'air mental » ;

— Serge Sautreau et André Velter[49] qui, approfondissant encore l'expérience tentée — et prestigieusement réussie — par André Breton et Philippe Soupault dans *les Champs magnétiques,* écrivent en collaboration des livres où s'expriment à la fois, d'une façon très homogène, une puissance créative peu commune et une réelle vigueur critique. A toutes les formes d'oppression, à toutes les mystifications, les auteurs opposent l'énergie de leur refus, la poussée lyrique, la ferveur libertaire de leur imagination. Même le langage de la poésie se trouve contesté. A Eluard même il est arrivé d'utiliser des mots, comme le mot « salut », qui restent imprégnés d'une idéologie pourtant rejetée. Alors les auteurs, poursuivant l'œuvre d'Eluard, récrivent le poème.

---

46. Né à Auch en 1944. *Myriam Praline.*
47. Né à Chaumont en 1945. *Pari mutuel* (Fata Morgana, 1970).
48. Née à Rennes en 1942. *Sur le champ* (Ed. Surréalistes, 1967). *Les mots font l'amour,* citations surréalistes (Losfeld, 1970). *Les pâles et fiévreux après-midi des villes* (Paris, Maintenant, 1972). *La Traversée des Alpes,* en collaboration avec Radovan IVSIC, ill. Fabio de SANCTIS (Paris-Rome, éd. Maintenant, 1972).
49. Serge SAUTREAU et André VELTER. *Aisha* (Gallimard, 1966). *Du prisme noir au livre tourné court, ainsi que l'Ode inachevée à Jean Jeannerot* (Fata Morgana, 1971).

Il n'y a pas de salut sur la terre
Tant que l'on peut pardonner aux bourreaux

devient :

Il n'y a pas de parcours pour les hommes
Tant qu'on fait naître en l'homme le bourreau.

Car, chez Serge Sautreau et André Velter, l'activité critique ne se sépare pas de l'activité créatrice du poète.

Une source un râle
La poésie mais où est-elle en ce vacarme

Dans la rue
Sous les paupières
Sur les toits

Elle affûte ses radars
Assemble les débordements
Ecoute

Dans la mêlée du chant elle emplit les narines
Une sacrée découpeuse de ciel au déballez-moi ça des soutanes
Les brisures en avant dans le sens de la
Splendeur corrosive
Elle va son horizon allez la poésie
Ne se mesure qu'à la violence

(*Aisha*)

On comprend l'enthousiasme (s'il est permis d'employer ce mot) d'Alain Jouffroy, qui considère *Aisha* « comme l'un des rares événements de la poésie écrite en langue française depuis 1945 ». Mais faut-il être si limitatif dans ses admirations ? N'y a-t-il pas là une injustice à l'égard d'autres œuvres importantes, voire une méconnaissance, ou une ignorance de celles-ci ? Il est vrai qu'il fallait contrebalancer certains ostracismes. En ce sens, l'appropriation surréaliste du génie poétique aide à faire prendre la mesure de diverses formes de terrorisme littéraire.

POTENTIEL D'ÉGAREMENT OU VOLONTÉ DE SUBVERSION ?

Où en est le surréalisme en 1970 ? Dans le numéro 19/20 de la revue *Opus*[50], Alain Jouffroy, qui a « consacré une partie de sa vie » (il a un peu plus de quarante ans) « à la défense des poètes et des peintres surréalistes », met en évidence la portée internationale du mouvement qu'André Breton anima de 1924 à 1966. La *subversion des images*, pour parler comme Paul Nougé, garde toute sa force, de Mexico (Octavio Paz) à Belgrade (Dusan Matic) en passant par Haïti (Magloire Saint-Aude), Bruxelles (Louis Scutenaire), Paris (André Pieyre de Mandiargues). Mais il faut bien avouer que voici déjà venu le temps, pour le surréalisme, des rétrospectives. C'est l'impression qu'ont pu donner à quelques-uns les entretiens, certes mémorables, de Cerisy-la-Salle, en 1966[51]. Et pourtant, comme on comprend Ferdinand Alquié quand il affirme que « le surréalisme n'appartient pas au passé » !

« L'absence physique de Breton » (Jean Schuster) a été très durement ressentie : « il unissait en lui des pouvoirs et des facultés dont aucun de nous ne dispose en totalité ». Cependant, sous l'impulsion de Jean Schuster, les amis d'André Breton ont eu à cœur de mener à bien la réalisation de *l'Archibras*[52], dernier grand effort collectif auquel le poète ait pu donner sa marque. Le groupe a voulu faire de l'Archibras « un lieu exceptionnel de rencontre des esprits les plus libres et les plus modernes — surréalistes ou non »[53]. Par ses peintres et ses poètes, par son intérêt pour l'ésotérisme (allusions à Fulcanelli, étude sur les emblèmes de la rue de Monbel à Paris, évocation d'un bas-relief alchimique rue de la Juiverie à Nantes), par ses références aux grands ancêtres (Charles Fourier, Sacher Masoch), par son orientation politique — un antistalinisme prolongé, flamboyant — et aussi par son goût de l'invective, la revue est restée fidèle à l'état d'esprit surréaliste. Mais elle a cessé de paraître. De profonds remous se sont produits au sein du mouvement à la fin de 1968 et au début de 1969. Jean Schuster a écrit dans *le Monde* : « Le n° 7 de *l'Archibras* daté de mars 1969 mais achevé de rédiger en janvier, est la

50. *Opus international*. Revue bimestrielle. N°s 19-20 : octobre 1970. (N° 1 : avril 1967 n° 39 : janvier 1973).
51. *Le Surréalisme*, entretiens dirigés par Ferdinand ALQUIÉ (Mouton, 1968).
52. *L'Archibras* : 1967-1969 (sept numéros).
53. Jean SCHUSTER, *Archives*, p. 135.

dernière manifestation du surréalisme, en tant que mouvement organisé, en France ».

Le groupe surréaliste s'est-il sabordé ? La déclaration suivante, signée de vingt-sept noms, parmi lesquels on remarque ceux de Jean-Louis Bédouin et de Toyen, pourrait le laisser penser : « A la suite de la décision prise par un certain nombre d'entre eux de ne plus participer aux activités collectives du mouvement, les surréalistes — pour des raisons qui n'étaient pas nécessairement identiques — ont été amenés à suspendre l'ensemble de ces activités à partir du 8 février 1969 »[54]. Philippe Audouin, Claude Courtot, Gérard Legrand, José Pierre, J.-C. Silbermann, par leur tract du 13 février 1969[55], semblent prendre une position de retrait. Mais, si Jean Schuster a « dû renoncer à participer à l'activité surréaliste, telle qu'elle persistait à se poursuivre, à Paris, selon des modalités formelles inchangées ou presque depuis près d'un demi-siècle », il s'est refusé à analyser trop tôt une crise qui n'était « aucunement dénouée »[56]. Le groupe qu'il anime avec Gérard Legrand, José Pierre[57], continue de s'exprimer dans la publication *Coupure*[58]. Le groupe se plaît à rappeler mai 68 : « il semblait que le surréalisme se découvrait un écho immédiat dans les universités, dans la rue et dans une vie quotidienne qui brusquement prenait un sens » ; on pouvait alors croire révolu le temps des poèmes, des films, des tableaux. L'échec de mai, les lendemains du printemps de Prague ont malheureusement dû faire reconnaître que « *la révolution de l'esprit,* telle que les surréalistes l'entendaient, était loin d'être accomplie ». C'est pourquoi les membres de *Coupure,* au risque d'être qualifiés de gauchistes, entendent maintenir la « présence essentielle de l'esprit surréaliste ». Le surréalisme s'interroge sur sa signification présente. Les divergences au sein du mouvement ont éclaté au cours de l'hiver 1968-1969. Mais, pour Jean Schuster, Gérard Legrand, José Pierre, le projet surréaliste reste clair : il s'agit bien d'étendre au maximum « la volonté de subversion à laquelle le surréalisme n'a pas eu de plus haute ambition que de s'identifier ».

« Le surréalisme n'est pas mort », réaffirment les signataires d'un tract-affiche de *Rupture*[59] ; « la poésie, la toute-puissance du désir, l'amour et l'idée de liberté » sont toujours tenus pour les « sources d'énergie fondamentales ». Ce qu'on apprécie avant tout dans la

---

54. *Sas,* déclaration de 27 surréalistes, 23 mars 1969.
55. *Aux grands oublieurs salut.*
56. Jean SCHUSTER, *Archives,* p. 189.
57. *Le Testament d'Horus* (Losfeld, 1971).
58. *Coupure.* N° 1 : octobre 1969. N° 7 : 1972.
59. *En contrechamp, la main à propulseur.* Manifestation du groupe surréaliste Rupture. Décembre 1970.

création individuelle ou collective, c'est son « potentiel d'égarement ». Mais le groupe surréaliste Rupture reconnaît qu'il ne se présente comme « groupe » qu'à défaut de pouvoir se manifester, actuellement, comme « mouvement ». En outre, il est permis, selon les surréalistes mêmes, de s'interroger sur l'avenir de la poésie surréaliste, disons : de la poésie qui laisse des traces écrites. « Nous nous préoccupons aujourd'hui bien plus de la poursuite des expériences que des œuvres ». Ces expériences viseraient de plus en plus à faire éprouver la relation entre la poésie et les « arts primitifs », « l'art brut ». La déclaration de Rupture se termine sur une interrogation. « Dans le sens de l'objectivation de tels rapports, la pratique aujourd'hui de méthodes surréalistes, telles celles entre autres de l'écriture automatique, du collage, ou relevant par exemple de la conception surréaliste de l'objet, vous semble-t-elle encore susceptible d'ouvrir de nouvelles perspectives ? »

Edouard Jaguer, dénonçant dans sa revue *Phases*[60] certaines tendances « liquidatrices », estime que ce n'est vraiment pas le moment, dans une période de renoncement et d'ennui, de démissionner, de cesser de rechercher « la revanche de l'imaginaire sur les aspects les plus accablants du quotidien ».

« Où est le surréalisme aujourd'hui ? » demande Edouard Jaguer, qui affirme : « De la *qualité* des réponses à cette question, dépend pour beaucoup le sort de toute démarche créatrice, en ce qu'elle a d'authentiquement révolutionnaire ».

Analysant dans le premier numéro de la revue *Gradiva*[61] les raisons de la « dispersion de février 69 », Vincent Bounoure explique que l'éclatement du groupe parisien n'est dû ni à des « dissensions internes » ni à des « affaires de personnes » mais à « la disproportion entre une présence publique abusivement soutenue au-delà de toute vérité et une activité relativement lacunaire paralysée par l'exhibitionnisme collectif ». L'évacuation de la notion de groupe constituerait un « retour aux sources » et permettrait de retrouver, par-delà le « monolithisme rigide » et l'« irresponsabilité personnelle », le véritable lien qui unit les surréalistes et qui est le sens du mouvement. « Mouvement de la pensée », précise Vincent Bounoure, « mouvement qui n'a de forme que les signes successifs du fonctionnement de la pensée en quoi il consiste exclusivement » (ce que la définition du Premier *Manifeste* d'André Breton pourrait rappeler).

Quant à Edouard Jaguer, il confirme dans le deuxième numéro de *Gradiva* qu'« aucune des nombreuses voies que le surréalisme a

---

60. *Phases*, 2e série, no 1 (mai 1969).
61. *Gradiva* (Bruxelles). No 1 : mai 1971 ; no 2 : novembre 1971 ; no 3 : s.d. [1972].

aidé à découvrir ou à *projeter* » ne lui semble « fermée, bloquée, ni même embroussaillée ». Pour que ces voies continuent d'exister et de rayonner, affirme Edouard Jaguer, il suffit « que l'on veuille bien continuer à y *avancer* ».

« Gradiva », mot qui veut dire « Celle qui avance », précisait André Breton.

L'ÉCRITURE SISMOGRAPHE

En 1971, un groupe de jeunes poètes, de vingt à vingt-trois ans, lance un *Manifeste électrique*[62] dont le titre, ainsi que l'ambition de dépasser les limites de l'aventure poétique individuelle ne sont pas sans rappeler *les Champs magnétiques* d'André Breton et Philippe Soupault. Mais, comme le remarque Alain Jouffroy (qui tend à s'affirmer comme l'André Breton de la nouvelle génération surréaliste) : « Des *Champs magnétiques* de 1919 au *Manifeste électrique* de 1971, via Burroughs et Pélieu, il y a (...) le passage occulté de la théorie du langage et de l'inconscient à l'expérience des propriétés physico-mentales de la matière verbale. *Les Champs magnétiques* s'inscrivent dans la perspective scientifique du début du siècle, tandis que le livre animé par Michel Bulteau et Matthieu Messagier fait apparaître la matière brute à quoi doit s'appliquer la science »[63]. A l'écriture automatique de débit accéléré (André Breton avait dressé un tableau des différentes vitesses d'écriture : v, $v' = \frac{v}{3}$, $v'' > v$, $v < v''' < v''$) s'ajoute la technique du cut-up, les intersections et télescopages multipliés faisant constamment courir à cette poésie le risque d'une complète illisibilité — ce qui, selon Alain Jouffroy, donnerait au *Manifeste électrique* une valeur toute particulière. Il ne nous paraît pas d'autre part contestable que l'influence de *Tel Quel* ait apporté aux auteurs des moyens efficaces de déclencher le parasitage de toute pensée.

---

62. *Manifeste électrique aux paupières de jupes,* par Gyl Bert-Ram-Soutrenom F.M., Zéno Bianu, Michel Bulteau, Jean-Pierre Cretin, Jacques Ferry, Jean-Jacques Faussot, Patrick Geoffrois, Benoît Holliger, Thierry Lamarre, Bertrand Lorquin, Jean-Claude Machek, Matthieu Messagier, Gilles Mézière, Jean-Jacques N'Guyen That, Alain Prique, Mick Tréan (Le Soleil Noir, 1971).

63. Alain JOUFFROY, *l'Incurable Retard des mots,* in *Les Lettres françaises,* 17 novembre 1971.

(...) Lactifères' (par exemple le jour-âge),
Se rendent l'écorce soignée dans /
L'Antique durée lyrique véritable / ment
De nouvelle chef-lieu s'appelle
Celui qui tient une cantine /
A deux anses officinales en------
Plusieurs strophes la cathédrale le
Textile (...)

(Manifeste électrique)

Mais un surréaliste peut-il se réclamer de *Tel Quel* ? On cite plus volontiers Picabia, Tzara, Breton, Mandiargues, Henri Michaux que Denis Roche ou Marcelin Pleynet... Chez les auteurs du *Manifeste électrique,* toujours selon Alain Jouffroy, l'écriture est « un sismographe », elle « ne se referme jamais peureusement sur elle-même » et « demeure *convulsive* ».

Une telle « grêle d'anti-pensée » ne nuirait pas aux futures récoltes de l'esprit. On voit déjà la qualité des commentaires qu'elle inspire à Alain Jouffroy. Espérons avec lui que les attaques réitérées contre les derniers remparts du langage, en entraînant une modification de nos structures mentales, puissent contribuer à faire apparaître, au moins plus clairement dans son projet, le monde que les surréalistes ont toujours *rêvé* de construire[64].

64. Voir aussi textes de Michel BULTEAU, Matthieu MESSAGIER... ainsi que de W. BURROUGHS, GINSBERG, KAUFMAN, PELIEU, dans *Parvis à l'écho des cils* (Pauvert, 1972).

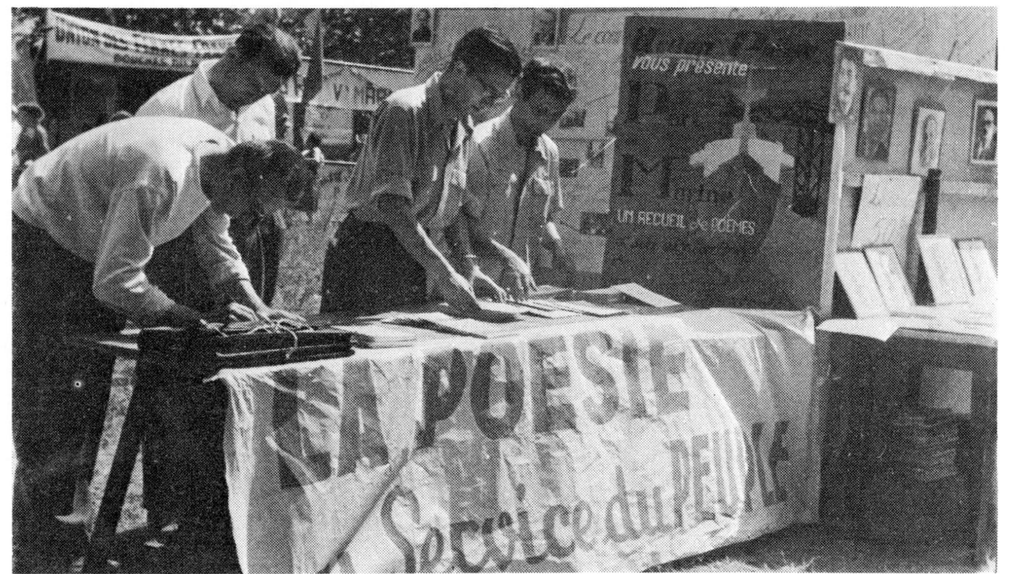

1955. A Gémenos, près de Marseille, à l'occasion de la « Fête de la Marseillaise », journal démocratique méridional, le stand d'*Action poétique*. De gauche à droite : **ANDRÉ REMACLE, GÉRALD NEVEU, JOSEPH GUGLIELMI** et **HENRI DELUY.**

HENRI DELUY

ANDRÉE BARRET

CHARLES DOBZYNSKI

OLIVEN STEN

B. LAVILLE et **D. MIÈGE**

GÉRARD PRÉVOT

GÉRARD PRÉMEL
(par lui-même)

HENRI PICHETTE

HUBERT JUIN

ALEXANDRE VOISARD

JEAN-PAUL KLÉE

ANDRÉ BENEDETTO

PAOL KEINEG

L'équipe de la revue *Sud* à Somplessac. De gauche à droite : **JEAN-LUC SARRÉ, YVES BROUSSARD, JEAN MALRIEU, PIERRE MALRIEU.**

JOYCE MANSOUR

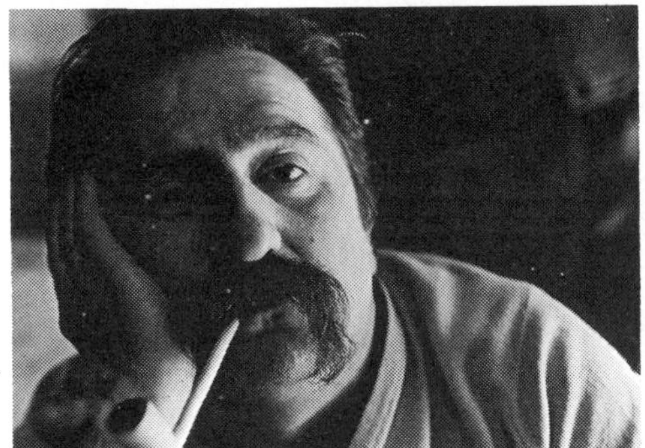

HENRI SIMON FAURE

ALAIN JOUFFROY

THÉRÈSE PLANTIER

Dernière photo d'identité de **ROGER-ARNOULD RIVIÈRE** (1959).

GÉRARD LEGRAND

LOUIS ALDEBERT

MATTHIEU MESSAGIER

CLAUDE PÉLIEU

MICHEL BULTEAU

Le jeune poète R.G. SOULIER présente son poème-automobile, *La Boîte à l'Être*, à Pierre EMMANUEL (Nice, Festival du Livre, 23 mai 1972).

JEAN-JACQUES LÉVÊQUE

CHAPITRE III

POÉSIE ONIRIQUE ET FANTASTIQUE

Voici la nuit, les rêves, les chimères.

Onirique ou fantastique, parfois imposé par la nécessité, souvent suscité par préférence intime, renouant par-delà le surréalisme avec les féeries anciennes et les fantasmagories, un autre monde se présente, délivré de certaines attaches logiques, utilitaires, conventionnelles ; de nouveaux liens se tissent entre le réel et l'imaginaire. Là encore de hautes significations paraissent attendues.

Celui qui connaît le sens de ses rêves
N'a plus rien à apprendre de la réalité
Son royaume réside au-delà des galaxies
A cet endroit précis
D'où part le regard.

Ainsi s'exprime Marcel Béalu[1], l'auteur des *Mémoires de l'ombre*, de *l'Expérience de la nuit*...

Mais que cherchent les poètes à travers les ténèbres ou le clair-obscur de leurs songes ?

---

1. Marcel BÉALU, fondateur, a dirigé (avec René ROUGERIE) la revue *Réalités secrètes*. Premier numéro : octobre 1955. Dernier numéro (41-42) : mars 1971. Se proposant d'illustrer les « réalités, souvent secrètes, sources de poésie », l'éditeur ROUGERIE dirige maintenant la revue *Poésie présente* (Limoges). N° I : mai 1971. N° VII : décembre 1972.

LES COULEURS DE LA NUIT

Angèle VANNIER

La cécité dont elle est affligée depuis l'âge de vingt-deux ans fournit à Angèle Vannier[2] le thème le plus profond de son œuvre poétique.

De la nuit qui s'est établie en elle, surgissent les couleurs autrefois si présentes, couleurs vivantes quand la mémoire parle, croisant les sensations et les rêves.

Entre la pluie et le soleil
L'aveugle touche l'arc-en-ciel
L'aime le respire et l'écoute
Sans s'étonner que sur sa route
Un bras ami des yeux du cœur
Ait envoyé les sept couleurs.

Je dis Violet quand les statues
Rêvent de Pâques revenues
L'Indigo sur ma langue passe
Quand je la passe à l'eau de grâce
Où la boule miraculeuse
Fut plongée par quelle laveuse.
Je dis Bleu quand les hirondelles
Reconnues au bruit de leurs ailes
Rentrent au nid de ma tourelle (...)

Je dis Rouge quand ton amour
Se met à traverser ma nuit (...)

(*L'Arbre à feu*)

Quelle laveuse ? On ne passe plus le linge au bleu. Mais ce qui va disparaître pour tous, cette boule de bleu qu'on plongeait dans l'eau pour rendre à la blancheur du linge son éclat, se dilue dans l'eau du poème, ravive encore pour nous les couleurs de l'enfance.

« J'ai entendu Angèle Vannier chanter », écrivait Paul Eluard dans la préface de *l'Arbre à feu.* « Son regard était dans sa voix et les

2. Née à Saint-Servan-sur-mer en 1917. *Les Songes de la lumière et de la brume* (Paris, Ed. Savel, 1947). *L'Arbre à feu* (Paramé, Ed. du Goéland, 1950). *Avec la permission de Dieu* (Seghers, 1953). *A hauteur d'ange* (La Maison du Poète, 1955). *Choix de poèmes* comprenant les inédits de *l'Amoureuse Alchimie* (Seghers, 1961). *Le Sang des nuits* (Seghers, 1966). *Théâtre blanc* (Rougerie, 1970). *Le Rouge Cloître* (Rougerie, 1972).

images qu'elle m'offrait effaçaient la nuit (...) Des mots plus frais que l'aube m'ont promis la chaleur et que tout peut fleurir, même ce que je n'ai pas vu, tout ce que j'ai imaginé. Des mots chargés de jour éclairent la raison d'être d'un monde dont je ne connais réellement qu'une infime partie. Lumière par le cœur, lumière de sympathie, immense et efficace. »

Angèle Vannier, mise en situation d'atteindre plus facilement que nous « le fond de la nuit », a vu briller des étoiles dont ses poèmes rendent la clarté, la douceur ; mais la simplicité du ton, le peu d'apprêt de ces poèmes parfois proches de la chanson, la tendresse et la générosité qui s'y expriment, ne peuvent faire oublier le poids des ténèbres ni « cet épais regret des beaux soleils stridents Qui pénétraient nos terres de vacances ».

Ecoutons bien cette voix :

Je partage avec les miroirs
Les fontaines et les rivières
Le droit d'épouser la lumière
Avant que ne tombe le soir.

(L'Arbre à feu)

Le miroir de l'aveugle pourra-t-il refléter longtemps cette idée de lumière ?

Aveugle chaque jour, j'entre dans mon miroir
Comme un pas dans la nuit comme un mort dans la tombe

(A hauteur d'ange)

La pensée de la mort se fera plus obsédante :

J'avance dans la nuit en tournant sur moi-même.

(A hauteur d'ange)

Mais Angèle Vannier ne cessera de se laisser guider par l'amour de la vie, le sentiment du sacré — même quand le doute viendra troubler ce qui reste de jour.

André Guimbretière, commentant *le Sang des Nuits,* a noté la gravité de cette démarche : « Dans les précédents ouvrages on avait assisté à une intégration, parfois douloureuse mais toujours réussie, des souvenirs visuels conservés depuis l'enfance ; aujourd'hui c'est l'adhésion aux puissances de la nuit, éprouvée jusque dans ses conséquences extrêmes, qui fait l'objet du chant ».

Vient un moment en effet où les souvenirs ne soutiennent plus suffisamment l'aventure spirituelle.

La calvitie gagnait mes souvenirs d'enfance
que je tenais crispés
parmi le camphre et l'alcool des fuseaux brisés
sous des étages de silence et de silence (...)

Alors mes yeux fondirent dans ma bouche
Je pris la nuit comme un bateau la mer
Ma langue osa tramer des routes dans le songe (...)

(Le Sang des nuits)

Angèle Vannier va s'enfoncer plus profondément dans la nuit onirique. Ne doutons pas cependant qu'elle y demeure fidèle aux signes qui marquèrent pour elle le début du chemin.

UN PEU DE SABLE OUBLIÉ
Marcel HENNART

Quel air délétère dissout l'apparence du ciel et de la terre, et des arbres et de la chair ? Les écorces, les âmes, sont dépouillées de leur habit doux à nos doigts, suave à notre cœur. Etres nus, transparents et vains, sans barrière à notre regard, le monde meurt, dans sa fuite immobile.

Un peu de sable oublié grince contre nos ongles, un rayon se déchire aux arêtes de ses cristaux. Et je viens à vous du pays du froid et de l'absence, car voici la tueuse Nuit qui tombe et pourrit les landes polaires du Songe.

(Miroir multiple)

Il entre un élément de fantastique dans la poésie, d'apparence calme et sage, de Marcel Hennart[3]. Les arbres, qu'on y rencontre la nuit, prennent des formes inquiétantes, car ils ont quelque chose à nous dire sur nous-mêmes.

---

3. Né à Dieppe en 1918. *Les Etangs morts* (Bruxelles, Le Nénuphar, 1948). *Mais je vous dis que je vis* (TdF, 1949). *Les Aubes blessées* (Basse-Yutz, Vodaine, 1950). *Le Chant du double* (TdF, 1950). *Un peu de terre aux lèvres* (Points et contrepoints, 1951). *Miroir multiple* (Malines, C.E.L.F., 1955). *Le Silence d'un nom* (C.E.L.F., 1960). *La Voix de l'herbe* (A. Silvaire, 1961). *Dimensions de l'eau* (Subervie, 1965). *Poèmes choisis* (Bruxelles, L'Audiothèque, 1965). *Pierre de la nuit* (Bruxelles, PAF, 1967). *Mer intérieure* (Chambelland, 1970).

Un corps déserté s'accroche aux arêtes de nuit et se fait arbre et se fait ombre. Il est rocher qui surplombe, il va crouler. Il n'a plus de voix pour se nommer.
Il se cherche un souffle et son souffle est le vent, qui n'est pas lui.
Un corps déserté se déchire aux crocs du temps. Son ombre jaillit en source. Les mains se tendent. Elles sont sèches et lourdes. Le poids d'un rêve habite l'ombre. Un caillou brille, une pensée.
Un peu de poussière tombe, comme une pluie, comme un rayon.
Les mains sont chaudes. Les mains ont peur. Un corps déserté reste pendu au bleu, spectre en lambeaux qui se dissout.
Un caillou. Toute l'aube.

(Miroir multiple)

Marcel Hennart aime les phrases courtes, de construction nette ; une certaine symétrie dans la distribution des paragraphes — heureuse transposition de la strophe classique — renforce la crédibilité de ses poèmes en prose. On s'y trouve, étrangement, en pays de connaissance.

LES ÉTAPES D'UN ATTERRISSAGE

Romain WEINGARTEN

Romain Weingarten[4] présente les trois époques de son œuvre poétique comme « les étapes successives d'un atterrissage ». Autant dire que les premiers poèmes risquent fort de passer au-dessus de nos têtes. Ceux de la deuxième période aussi, d'ailleurs.

Le Théâtre de la chrysalide laisse reconnaître quelques questions — sur la situation de l'homme dans le monde, le sens de la vie, le rôle des signes — et un certain nombre de thèmes obsessionnels liés notamment à la naissance, au mystère de l'origine, à la peur, au sentiment de la faute.

Et d'abord apparaît le visage de la mère,
qui veut reprendre ma naissance.
Vous croyiez en avoir fini avec ce cordon que l'on coupe,
avoir coupé cette corde.
Mais depuis le temps que dure ce hurlement
qui n'a compris que la caverne du sexe nous réclame ?

---

4. Né à Paris en 1926. *Le Théâtre de la chrysalide* (Aubier, 1951). *Fomalhaut* (Falaize, 1956). *Au péril des fleurs*, ill. Alain La Bourdonnaye (Paris, chez l'artiste, 1960). *Poèmes* (Bourgois, 1968).

La libération des fantasmes, liée à un sens vigoureux de l'écriture (on a parfois pensé à Antonin Artaud) provoque chez Romain Weingarten la mise en scène d'une curieuse mythologie personnelle. Mais il faut avouer que le ton prophétique de l'auteur a quelque chose de déconcertant, compte tenu du peu d'enseignement qu'on a l'impression de pouvoir en tirer :

Quant à l'œuf ce n'est pas une femme, et ce n'est pas un homme non plus,
c'est un mâle qui agit contre l'homme en aspirant, comme le sexe de la femelle ;
c'est-à-dire que l'œuf est une vieille femme, l'œuf est le sexe d'une vieille femme
et c'est pourquoi
le jaune de l'œuf est noir

On a envie d'ajouter, comme ferait Molière : et c'est aussi pourquoi votre fille est muette. Romain Weingarten écrit d'ailleurs quelques lignes plus loin :

Avec l'épée commence la révolte contre l'œuf.
L'épée est un premier pas vers la muette.

Il faut dire que cette épée n'est pas banale. Elle apparaît dans la lumière de l'œuf, elle est la sœur et la fiancée du poète.

Quelques années plus tard, Romain Weingarten évoquait encore volontiers le serpent, qu'il qualifiait précédemment de pédéraste et qui pouvait régner sur les mers selon « l'antique sagesse » ; le poète parvenait à ôter « le venin de la terre » ; il s'interrogeait sur l'« ancien Royaume », il rapportait la parole cachée de l'épée immaculée.

Aujourd'hui, il arrive plus souvent à Romain Weingarten de laisser son épée au vestiaire :

Au matin dans la chambre
le soleil entre à merveille
la petite fille s'éveille
tantôt pluie tantôt soleil :
C'est la vie.
La petite fille chante dans le jardin
les nuages courent dans le ciel
Ma fortune est faite, immense, quand ?
C'est le matin, au petit déjeuner.

Ne soyons pas injustes. Romain Weingarten, malgré une propension au baroque, sait exprimer avec force le malaise d'un onirisme tendant vers le cauchemar.

(...) *Une porte claque dans la maison aveugle,*
il court, il court autour de la maison,
comme il court !
Cette fois il a mis ses grandes bottes, depuis longtemps il me cherchait

j'ai vite reconnu la maison aveugle
cette fois, il va m'attraper, c'est sûr.
Vous qui cheminez lentement sur l'herbe, vers cette maison où je
[*suis seul*]
figures transparentes,
ne l'entendez-vous pas ?
Dépêchez-vous. Bientôt il sera trop tard.

(*Le Théâtre de la chrysalide*)

L'OBSCURITÉ CHANGE DE SIGNE

Jean JOUBERT

Entourés de nuit, les premiers poèmes de Jean Joubert[5] font rêver d'anciennes lampes où viendraient encore se jeter et mourir les phalènes. Par désir de magie amoureuse et nostalgie d'enfance, le poète se fie à la protection du sommeil :

(...) *Dors à l'ombre de mes cheveux,*
Me disait-elle ;
Dors dans le bois de déraison,
Les yeux ouverts comme un enfant
Et que ton sommeil soit de terre
Sans étoile pour t'y blesser.
Dors à l'ombre de mes cheveux,
Me disait-elle ;
Dors étonné comme un enfant (...)

(*Les Lignes de la main*)

---

5. Né à Chalette-sur-Loing (Loiret) en 1928. *Les Lignes de la main* (Seghers, 1955). *Poèmes d'absence* (Gallimard, 1959). *Campagnes secrètes* (Cahiers de la Licorne, 1963). *Oniriques* (Montpellier, LEO, 1965). *Neuf poèmes immobiles* (LEO, 1968). *Corps désarmé à la merci des arbres* (Chambelland, 1969). *Opus 7* (Montpellier, H.C., 1971). *La Souterraine* (Club du Poème, 1971). *Pierres levées dans les jardins du zen* ([Montpellier] Atelier graphique, 1971).

Jean JOUBERT a animé — au côté de Henk BREUKER, directeur, de F.J. TEMPLE et de Jean-Paul GUIBBERT — la revue *Les Cahiers de la Licorne* (Montpellier). Vingt-sept numéros de 1956 à 1966.

Comme pour permettre au charme d'opérer plus facilement, le vers ne s'écarte qu'avec prudence des formes entendues. C'est un appel au rêve, une invitation à l'image, une avance discrète vers un monde autre. Il faut inventer, trouver son rythme propre, dans la tradition cependant de ceux qui découvrirent. Ce n'est pas par effraction qu'on franchit les portes du domaine enchanté. Il faut se préparer au voyage, apprendre avec patience son métier de rêveur. Qui voudra s'aventurer dans l'œuvre de Jean Joubert — œuvre qui ne cherche à s'entourer d'aucune barrière de dissuasion mais qui n'offre qu'en apparence certaines facilités d'accès — fera bien de prendre les sentiers où la lumière elle-même chemine dans le temps. Commencer par *les Lignes de la main,* c'est se donner la chance de mieux trouver le passage qui conduit d'un monde à l'autre.

Rue de l'Isle du Four des Flammes
Escalier au fond de la cour,
Troisième étage, couloir de droite,
Septième porte avant la nuit (...)

Il y faut une certaine innocence. Mais si l'on sait attendre que quelque chose se dessine dans les rêves, que se précise aussi l'épreuve du réel, on parvient à se déplacer, sans avoir à chaque instant l'impression de passer les frontières, dans un univers propice à toutes les métamorphoses. On peut se sentir pris de vertige à la seule pensée de la chute inévitable dans l'obscurité de la mort, éprouver la vie, l'amour même, comme un exil, redouter les jeux cruels de l'instinct, la morsure du temps ; mais la pratique des songes atténue la distance entre la conscience et le monde, la poésie prépare l'alliance des contraires. Sujet-objet, masculin-féminin se fondent dans les paysages oniriques dont Jean Joubert ne voudra jamais trop s'éloigner.

Dans le roman, le soldat (si peu soldat) qui arrive dans une ville inconnue de la Forêt-Noire (sous la neige, elle devient *Forêt blanche*[6]) imagine au-delà des collines « un petit fleuve, des vallées, des villages, tout un monde secret à découvrir ». Un monde secret — réel ou irréel, on ne sait trop — attend aussi le lecteur au seuil de l'œuvre de Jean Joubert.

Le monde secret, le poète le découvre peu à peu, dans ses rêves, au cœur de la forêt, au centre de la ville, en pleine garrigue.

6. *La Forêt blanche* (Grasset, 1969).

D'où vient ce cri de source dans la nuit
et le bruit d'aube au bleu de l'olivier
comme un oiseau qui rêve d'épervier
froissant de l'aile une feuille ennemie ? (...)

(*Campagnes secrètes*)

Comme on prend peur en entendant craquer les meubles, le poète interprète, inquiet, les défauts du silence ; ils donnent au vide une présence à laquelle il est bien difficile de consentir, et qui obsède l'esprit. Alors que l'âme aspire à des vergers, des fontaines, le moindre signe révèle l'hostilité des choses :

(...) *Dans la terreur nous partageons le poids des nuits,*
gardant près de nos mains d'inutiles couteaux
et nos chiens vont lécher les doigts de l'ennemi.

Ainsi passe le temps qui sape nos maisons
dans le silence et le remords. Il se fait tard.
Et chaque nuit défait nos chances de moisson.

(*Campagnes secrètes*)

Pourtant la blessure de l'homme ne lui fait pas oublier « la tendresse du jour » et la beauté des plantes, et la mort même s'annonce dans un éclat de lumière.

Quand un poète veille, amoureux de la nuit qui le traque, l'obscurité change de signe.

Oiseau noir, oiseau du temps,
ton ombre est un oiseau blanc
dont l'aile épouse ton aile.

Et la fugue que vous faites
de vos grâces accordées
creuse un espace glacé

où dérive un autre oiseau,
transparent, à votre image,
qui ne cesse de chanter
dans les forêts de mon sang.

(*Oniriques*)

L'amour réconcilie le jour et la nuit dans une région difficile à définir, à décrire, où le temps vécu se mêle au rêve d'une paisible éternité.

Et nous vivrons sous le silence de la neige,
corps à corps, bouche à bouche, suspendus
dans le cristal d'invisibles feuillages.
Et les jours glisseront, les astres, les soleils,
jour après jour, nuit après nuit, et les années
s'amasseront en robes sombres à nos pieds (...)

(Neuf poèmes immobiles)

Mais qu'on ne croie pas que Jean Joubert perde contact avec les conditions d'existence que connaissent des millions d'êtres ! Son surréel, à la ville comme à la campagne, est enté sur le réel.

L'évocation de New York paraît criante de vérité. Matériaux contemporains : béton, acier, polystyrène. Impression de démesure et d'uniformité ; l'individu, multiplié à l'infini, craint de perdre son originalité, son intériorité. Dans les buildings aux parois de verre, l'homme soumis au mitraillage des néons, à la radiographie permanente des projecteurs, va-t-il devenir entièrement transparent à lui-même et aux autres ? Il est émouvant de voir le couple chercher à préserver, dans cette folie de lumière, une intimité de plus en plus menacée :

(...) Tu es vêtue de nylon rose sur ta peau,
tu es couchée sur le lit qui est comme un plateau.
Des projecteurs s'allument dans la nuit
découvrant mes mains posées contre tes hanches
découvrant ton corps de nylon nu
sous mes mains que je retire
sous mes mains
que je cache derrière mon dos tandis que tu caches ton visage,
que nous tentons mollement d'échapper à cette lueur de carnage,
de gagner l'ombre étroite d'un pan d'acier
où le rayon de feu commence à te fouiller.

(Corps désarmé à la merci des arbres)

Emouvant aussi de voir une chevelure prendre « racine et source dans le verre ». Des songes venus de loin transfigurent la ville. Où qu'il se trouve, Jean Joubert poursuit son aventure onirique. Il change le monde en même temps que le monde intervient dans ses rêves. Si prévisible que soit l'issue, il aura eu raison de faire confiance aux lignes de sa main.

LE FEU ET LA PEUR
Yvonne CAROUTCH

Elle n'était pas le premier poète à évoquer des soleils noirs, ni à sentir que des soleils (ou des oiseaux) sont ivres, mais comment lui eût-on fait grief de ces réminiscences ? Yvonne Caroutch[7] n'avait pas vingt ans et sa voix portait déjà si bien que Luc Bérimont pouvait voir en elle l'un des deux avènements de l'année littéraire (1954), l'autre se nommant Françoise Sagan.

S'annonçait une poésie de la peur — « la peur qui entre en toi, comme un couteau dans ta poitrine », « la peur stridente / qui sape les aubes furtives », « la peur végétale / qui monte de la terre » et qui l'étouffe —, une poésie du silence et de la nuit :

(...) *Nous devinons la nuit*
qui monte en nous
lentement
comme un fleuve (...)

(*Soifs*)

Yvonne Caroutch a tenu ses promesses. Elle ressent profondément la blessure du temps :

(...) *A chaque pulsation des ténèbres*
du temps s'écoule du temps seulement
comme d'une entaille mal fermée
chaque heure perdue est un serpent lové dans la pluie tiède (...)

(*Paysages provisoires*)

Cette angoisse s'exprime en de fortes images, qu'on ne peut plus oublier :

Ecoute couler le temps
le martèlement des jours à venir
le silence déjà de possibles adieux

De loin je t'imagine entouré de ces papiers noirs
qui volent autour des incendies.

(*Paysages provisoires*)

---

7. Née en 1937 à Paris. *Soifs* (Nouvelles Ed. Debresse, 1954). *Les Veilleurs endormis* (N.E. Debresse, 1955). *L'Oiseleur du vide* (Structure, 1957). *Paysages provisoires* (Venise et New York, Mica, 1965). *Lieux probables* (La Fenêtre Ardente, 1968). *La Voie du cœur de verre* (Librairie Saint-Germain-des-Prés, 1972).

La vitalité d'Yvonne Caroutch oppose aux « rêves de perdition », à la « montée vers les gouffres », les impulsions de l'éros :

Le plaisir t'assaille par vaguelettes innombrables,
libère en toi des essaims de fougères.

(Lieux probables)

Mais c'est un monde fantastique qui s'éveille autour d'elle, un monde peuplé de spectres, de fantômes, d'oiseaux de proie, de fleurs venimeuses. Malgré les breuvages enchantés, la luxure sera qualifiée de frigide, et même la verdure restera noire.

La fièvre gagne les éléments. Le réel et le surréel, marqués de la même passion, posent la même énigme, insoluble. Les allégories ne seront « jamais décryptées ». Nous n'en aurons jamais fini avec les démons contradictoires qui nous habitent :

L'occulte rencontre étincelle
dans le soir brisé comme un palais de verre
Le silence mâche des herbes
Cruel éblouissement ne dure
— bête diaphane qui s'obscurcit
Son ombre doucement s'empoisonne
C'est l'heure où les chevaux ruissellent
sous la neige grise des phalènes
Un lieu probable nous attend
au-delà du galop des eaux
Nous ne tuerons jamais
la chimère glacée dans sa pelisse de flammes courtes

(La Voie du cœur de verre)

VEILLER AUX MALÉFICES

Alain MERCIER

La nuit, dans l'espoir ou la crainte de l'aube, est le domaine d'Alain Mercier[8]. Elle est peuplée de puissances maléfiques, comme on le voit dans ce poème où la qualité de la forme n'est pas sans rapport avec l'inspiration traditionnelle :

---

8. Né à Compiègne en 1936. *Ligne de cœur* (Seghers, 1953). *Vol* (Caractères, 1954). *Paupières du jour* (Monteiro, 1954). *Errances* (Janus, 1959). *Itinéraire* (Chambelland, 1964). *Formulaire* (Chambelland, 1969).
Les Sources ésotériques et occultes de la poésie symboliste (Nizet, 1969).

MON VAMPIRE

C'est celle même qui de jour en jour m'habite,
Ronge ma vie et boit le sang clair de mes heures,
Comme un très sombre et très funèbre rite,
Elle revient, la nuit surtout, nourrir mes peurs.

Gourmande et jeune et qui m'endort,
Sans que jamais s'assouvisse son cœur ;
Tout près de moi s'étend la présence d'un corps
Qui me dévore en berçant ma torpeur.

Qu'elle ait changé de masque bien souvent,
Sa lèvre est plus humide et plus vermeille encore,
Pour étancher sa soif, qu'elle ne fut avant,
Brûlante et savourant le douloureux accord.

Mes forces vont sans cesse animer son courage
Quand elle me quitte à l'aube, pour courir
Par les rues, dans la foule, où, se laissant mourir,
Elle abandonne un temps le candide carnage.

(Itinéraire)

Le jour ne paraît guère plus souriant chez ce poète hanté par les « mauvais sorts » et les « mauvais présages ». S'il n'est pas insensible à l'agrément d'une auberge claire, si la plage le fascine, il remarque surtout les aspects sordides de la vie, il s'effraie du mutisme ou de la dureté de la nature. L'imaginaire l'aide à supporter ce monde dont il redoute la cruauté, tout en paraissant parfois s'y complaire. Il perpétue une certaine mythologie romantique : il voudrait repeupler de nixes et de sorciers le château ruiné de Heidelberg ! Il a le goût — baudelairien — du bizarre. Goût qui, dans le monde actuel, le porte aussi, non sans une pointe d'humour, vers les bandes dessinées, la science-fiction, l'érotisme plus ou moins sophistiqué des magazines.

(...) *Sa sœur Jézabel — corsaire de l'espace*
en tenue de gala
dévore à belles dents les plus beaux des captifs
pris sur les équipages
d'hommes d'un autre monde
— reine de sa planète
comme Barbarella
elle échappe à ces monstres
que le ciel lui envoie

pour l'éprouver un peu ou menacer son règne...

Scarlett-Dream — femme-enfant aux taches de rousseur
moulée d'un collant voyageur
s'est-elle enfin vengée de Zarda la cruelle ?
Elle non plus ne vieillit pas
sachant l'art d'échapper aux rayons de la mort (...)

(Formulaire)

Mais Alain Mercier, s'il joue avec son propre désespoir, se laisse aussi guider par des lueurs à la plupart d'entre nous invisibles. Alors il n'éloigne pas l'idée de pouvoir « dormir un jour sur le sable des dieux ».

DE L'ONIRISME AUX COMBATS

Annie SALAGER

Annie Salager[9] aime s'égarer dans les « herbes du sommeil ». Même si les songes, avec leurs plongées dans les « eaux noires », rendent plus grimaçantes les figures de l'angoisse, elle ne redoute pas de s'aventurer dans les zones les plus obscures de l'être, là où il faut bien descendre pour découvrir, sur l'homme, certaines vérités.

J'ai plongé mon bras dans la nuit :
des mots s'enchevêtraient aux chairs
parmi d'imaginaires lianes

(Histoire pour le jour)

Nocturnes ou diurnes les rêves font pénétrer d'étranges paysages, plus ou moins labyrinthiques (« des corridors sans fin »). On passe sous des arches, des pans de montagne s'effondrent « dans un fracas d'eau », on court vers la plaine, on dépasse le stade des invertébrés, des coquillages, des quelques « formations primaires de carbone » qui nagent « dans les poches noires des angles », pour se retrouver parmi la faune des boas, lézards, alligators. Mais de cet onirisme cosmique, il semble qu'Annie Salager veuille d'autre part se défier. Du moins refuse-t-elle de se laisser aveugler par une inspiration débordante

---

9. Née à Paris. *La Nuit introuvable* (Henneuse, 1961). *Présent de sable* (Chambelland, 1964). *Histoire pour le jour* (Seghers, 1968). *Dix profils sur la toile*, l'été (Paris, Henneuse, 1971). *La Femme-buisson* (Saint-Germain-des-Prés, 1973).

(« toujours l'imagination déborde ! »), car elle a « la passion du vivre » et elle entend bien participer au « combat des hommes ». C'est pourquoi elle célèbre « le soleil fluvial d'Amérique latine », qu'elle dit « semblable aux poèmes d'amour de Neruda ». C'est pourquoi elle nomme le Che, dénonce à son tour la guerre d'Extrême-Orient, décrit le travail de « l'ouvrier attaché au marteau-piqueur » pour le compte de la « Mondial Machin Society ». Il ferait bon, cependant, repartir vers la mer.

Raymond MARQUÈS

La poésie — dit Raymond Marquès[10] —, « c'est souvent la recherche du monstrueux dans ce qu'il y a de plus sanglant, au milieu d'une grande douceur de teinte comme l'ocre ou le bleu turquoise ». L'auteur de ce propos n'a aucun goût pour la violence réelle. La guerre d'Algérie, à laquelle il a été contraint de participer comme bidasse, ne l'a pas captivé. Sans haine et sans amour, indifférent, il aurait surtout désiré fuir. Mais dans ses rêves, Raymond Marquès court au sabbat de l'imagination. Il se donne une fête où l'humour noir, les représentations érotiques, l'horreur et le sang cherchent à produire une sorte d'orgasme.

PÈLERIN DES MONDES

Herri Gwilherm KÉROURÉDAN

Comme les grands marcheurs, passagers de la terre, « pérégrins des hautes paraboles », qui tentèrent d'éclairer les routes de l'espace, Herri Gwilherm Kérourédan[11] rêve d'explorer les mondes en mouvement ; il scrute l'horizon, étudie le grain de la pierre, rêve dans les chemins creux, médite sur le cours des astres. Il le fait en homme qui aime la vie simple, mais qui, pour mieux la comprendre, la goûter, a besoin de la rattacher au mystère des origines et des fins dernières,

10. *Le Testament* (Caractères, 1957). *De guerre las* (L'Information Poétique, 1963). *Le Rêve fracassé* (La Salamandre, 1964). *L'Ocre Sang* (Tour de Feu, 1966). *La Ronde virelaie* (Nicolas-Imbert, 1971). *Les Sentiers battus*, poèmes 1967-1971 (Méry-sur-Oise, RmqS, 1972). *Les Compagnons de la pivoine* (RmqS, 1972). *Miss* (RmqS, 1972). *Les Nouveaux Sentiers battus* (RmqS, 1972).

11. Né en pays bigouden (Basse-Bretagne) en 1932. *Solstices* (H.C., 1958). *Chemins* (Paris-Hambourg, Cahiers franco-allemands, Deutsch französische Hefte, 1967). *Zodiaque* (Librairie Saint-Germain-des-Prés, 1970). *Polaire* suivi de *Balancier d'automne* (Fagne, 1971). *Dans l'éphémère s'élance l'oiseau* (Saint-Germain-des-Prés, 1972).

ému si une jeune fille s'avance « sous le crépuscule horizontal », inquiet d'un retour possible aux « périodes glaciaires » ou d'une époque où le « soleil sera froid ». D'une maison battue d'orages d'où « le regard couvre la mer », il mesure l'éphémère de ses souffrances et de ses amours, il se situe par rapport au mouvement des astres, au retour régulier des soirs et des aurores, au naufrage lointain des mondes. Inquiet de son propre destin, sollicité par les éléments et les signes, il ne se laisse enfermer dans aucune des demeures dont il rêve.

une fois encor contre la flamme trébuche
endors ton geste jusqu'au matin
jusqu'à gratter aux portes et tendre
un œil de rêve un œil de glace un œil criblé

aucune considération pour les fantômes
ceux qui n'ont ni repaire ni gîte
ni le moindre signe à exposer
ceux frappant du doigt contre les vantaux des terres
enfin il passe s'éloigne se perd sans plus
fallait-il tant craindre son retour
et le hululement de sa peine
lorsque devant nos lampes nous veillons un peu

et toi silhouette tu t'exiles
tu t'effaces tu t'emportes dans les vieux arbres

(Zodiaque)

C'ÉTAIT PRÈS DES REMPARTS

Roger KOWALSKI

On aimerait lire Roger Kowalski[12] à l'approche de l'hiver, dans la demeure simple d'un village.

Entre ces brefs poèmes en prose, d'une forme châtiée qui les retire doucement du monde des préoccupations immédiates et leur confère une durée plus lente, on regarderait bouger le feu.

On remonterait dans la mémoire vers l'enfance éclairée. On

12. Né à Lyon en 1934. *Le Silenciaire* (Chambelland, 1961). *La Pierre milliaire* (Les Cahiers de la Licorne, 1961). *Augurales* (LEO, 1964). *Le Ban* (Chambelland, 1964). *Les Hautes Erres* (Seghers, 1966). *Sommeils* (Grasset, 1968).

passerait la veillée à regarder les ombres. Les poutres protégeraient l'intimité d'un silence ponctué par le crépitement des étincelles. Le poème éveillerait tendrement, secrètement, les choses périssables.

Ariel évoqué avec la voix d'Ariel, l'air se pleuplerait de formes et de songes. On hésiterait entre la veille et le sommeil, la réalité des ombres et l'apparence des choses. La solitude retrouverait la beauté d'un visage. Elle se détacherait d'elle-même comme pour mieux se comprendre et s'aimer.

Des animaux craintifs, la biche et le faon, passeraient près de là. L'eau fraîche et sombre, la rosée, la mare tremblante, le soleil et le gel, la mousse, le vent d'octobre, tout s'ordonnerait à la convenance du désir, mais on aurait un peu peur aussi, parfois. La flamme conduirait à la cendre et l'on se laisserait prendre aux couleurs changeantes de la vitre. De quel monde nous parleraient les oiseaux — l'hirondelle, l'engoulevent, la grive, la hulotte, le grand-duc ?

Dans le miroir saigne la chouette et brûle un signe de sel ; c'était près des remparts d'une ville impériale où nous fûmes, jadis ; une maison très noire sous la pluie, un vent de feu derrière les rideaux. C'est dans le miroir qu'agonise la petite nuit et que marchent les oiseaux agiles du sommeil ; ils portent plumage d'iris et bec de verre ; le jeu parfois leur arrache un gémissement trop tendre pour n'être pas amoureux. Furieuse syntaxe à notre gantelet, faucons de silex.

(Le Ban)

Quelque cruauté se mêle ici et là aux images du rêve ou de la rêverie. Cet univers n'est pas si paisible qu'on aurait pu le pressentir. Il arrive que le poème soit « dominé par un vent de crainte ». Mais c'est de notre destinée qu'il s'agit dans ces ténèbres où des arbres grandissent, où la neige et le silence viennent recouvrir ce qui pouvait encore demeurer de nous-mêmes.

(...) *Vint un jour où le port fut définitivement ensablé ; on traça des rues, édifia des maisons et ce n'est pas le moindre attrait de notre ville que ces vaisseaux fichés dans les squares ou bien entre des thermes. Aucune lumière ne s'allume plus le soir aux hublots.*

(Sommeils)

Nous savons, avec le poète, que « les feux nous environnent », que dans la nuit scintillent des étoiles, des poèmes, des lueurs vivantes. Mais que faut-il attendre de leurs présages ?

Nul ici parmi les feux du serpent ; nul ni rien ; la porte est close.

— Nulle retraite ; je ne sais nulle pierre creuse où vous cacher, vieux profil ;

peut-être convient-il à grands cris de fuir,

que l'oubli tisse en nous l'étrangère moire, qu'il veloute votre sein d'une aimable poussière,

et s'il se peut, qu'une arme y rougeoie.

(Poésie I, n° 17)

LA FOUDRE ET LA NEIGE
Jacques IZOARD

Les sources de feu brûlent le feu contraire. Même après *la Psychanalyse du feu,* voilà un titre qui appelle la lecture ! On ne sera pas déçu. Bachelard, sans doute, eût aimé ce livre de Jacques Izoard[13].

Mes mains vont user la lumière
jusqu'à la fin du jour

N'est-ce pas une belle parole de rêveur patient, obscure aux esprits clairs (trop facilement libérés de leurs ombres), et claire à ceux que tourmentent encore le « temps qui passe », la progression des ténèbres ?

La nuit ronge le jour, mais elle prépare aussi le jour. L'ombre est « issue de la lumière » et la cendre « défait les flammes ». Trop pâle peut-être, une lampe voudrait écarter les fantômes que rassemble le soir. La lumière disparaîtra-t-elle « dans le silence » ? Le corps garde sa puissance irradiante que révolte et désir opposent à la mort. Du jour éparpillé la langue a recueilli les « grains de feu » — « les lèvres sont des braises » — et de tous ces « fagots de paroles » une étincelle jaillira. Des « paroles de foudre » éclateront dans un « ciel bleu de

---

13. Né à Liège en 1936. *Ce manteau de pauvreté* (Liège, Ed. de l'Essai, 1962). *Les sources de feu brûlent le feu contraire* (Bruxelles, Fagne, 1964). *Aveuglément, Orphée* (Fagne, 1967). *Des lierres des neiges des chats* (Fagne, 1968). *Un chemin de sel pur* suivi de *Aveuglément, Orphée* (Chambelland, 1969). *Le Papier, l'aveugle* (Liège, L'Essai, 1970). *Voix, vêtements, saccages* (Grasset, 1971). *Des laitiers, des scélérats* (Ed. Saint-Germain-des-Prés, 1971). *Six poèmes* (Liège, Tête de Houille, 1972).
Directeur de la revue *L'Essai* (Liège), fondée par Roger GADEYNE. N° 1 : 1959. Dernier numéro : mai 1972.
Editeur des Cahiers de poésie *Odradek*. N° 1 : mai 1972.

neige ». On sait, dans l'altitude, que la neige est bleue... On verra luire aussi bien l'âme dans un charbon glacé, on entendra dans les mots « bouger le sang », on découpera dans la pourpre du langage « l'incendie noir », ou « l'incendie blanc ».

La poésie s'apparente ici aux arts du feu. Elle fixe l'ombre et la lumière, elle anime la terre et l'eau. Elle demeure quand nous passons. Elle donne aux apparences une forme pleine, aux illusions leur densité. Par l'obstination prométhéenne des créateurs d'images, elle détourne les éléments de leur vocation nocturne. Mais l'œuvre est bien de l'homme. Elle portera, sous le soleil de midi comme au petit jour, le poids d'ombre sans lequel elle n'aurait pu naître.

De sa chambre où semblent s'être un peu romantiquement donné rendez-vous les oiseaux de malheur, où les corneilles « battent désespérément des ailes », où les hirondelles agonisent, le poète évoque aussi « les baisers blancs des mouettes » et les « abeilles vêtues d'or ». Il s'entoure d'« animaux aux couleurs vives », d'oiseaux « flamboyant de rage ». Il peuple sa nuit de dieux et de totems. Il adore et il blasphème. Sorcier, guerrier, grand praticien des chirurgies aztèques, il s'acharne à se détruire et s'exhorte à renaître. Ses yeux sont des éperviers. Ses mains font surgir des « oiseaux de pierre peinte ». Il s'enferme chez lui pour mieux partir au combat. Il se laisse emporter par « l'aile des rapaces ». Il triomphe de la mort et se tue. Apaisé, il découvre dans l'inerte « l'âme d'un oiseau possible ».

La poésie des *Sources de feu* est toute d'ambiguïté et de contradictions. Le jour s'y obscurcit et la nuit s'illumine. La sensualité paraît parfois bien cérébrale et sensuelle la cérébralité... Féconde solitude ! Cette poésie joue savamment des thèmes essentiels. Mais cette science du poème en mouvement ne fait que renforcer la vigueur spontanée de ce qu'on peut encore appeler l'inspiration.

Un contre-feu qui attise le feu, un feu de source à la source du feu. Les poèmes qui suivent se présentent peut-être un peu plus simplement, comme si le « feu du cœur » et le « délire des sens » cherchaient à se souvenir avant tout de la « sobriété des neiges », de la neige qui brûle aussi et qui éclaire. Jacques Izoard, familiarisé avec les obsessions de la vie éveillée, aime la nuit de sa chambre, les visions du demi-sommeil, la fantasmagorie des songes. Le soleil intérieur éclaire tout ce qui cherche à vivre :

Reste en moi pour toujours
pur soleil sombre et chaud
doux glacier d'oiseaux sauvages,
et que ma vie soit la tienne
enfin ressuscitée

(*Un chemin de sel pur*)

UN ÉMERVEILLEMENT NOIR DE VIVRE

Marie-Françoise PRAGER

« Un courant de subconscience qui charrie comme un émerveillement noir de vivre »... C'est ainsi que Guy Chambelland présentait, en 1966, dans sa revue *Le Pont de l'Epée,* les poèmes d'une inconnue (déjà reconnue, il est vrai, par Gaston Bachelard, Jean Rousselot, Roland Barthes) : Marie-Françoise Prager[14].

Le noir domine, en effet. Un assez long poème est intitulé *De Noir en noir extrêmement* :

> (...) *Fermez les yeux, lézards !*
> *Par les crêpes majeurs*
> *des spasmes du soleil*
> *l'orbe noir irrite une treille,*
> *traverse le vertige de mille soleils*
> *âcres de noir à un noir non pareil.*
> *C'est dans l'orbe d'une telle mémoire*
> *que s'abîme ébloui le mortel.*
>
> *Ce soir, bêtes, chantez le vert privé de l'eau* (...)
>
> *(Narcose)*

Les autres couleurs ne semblent là que pour renforcer l'atroce vision, souligner — célébrer en même temps — l'absence de ce qui pouvait plaire. Marie-Françoise Prager évoque avec beaucoup de force, de nostalgie aussi, « la si lourde perte de tout ce qui est blanc ».

> (...) *Intime je me vole*
> *un blanc intérieur*
> *et ce « ma sœur, ma sœur »*
> *pour la vertu du lys*
> *me résume en l'inceste*
> *du blanc et de ma peur.*

---

14. Née de parents français à Amsterdam. Vit en Italie. *Narcose* (Chambelland, 1966). *Rien ne se perd* (Chambelland, 1970).

Mes neiges sont distraites
sans terre d'arrivée
et sur l'écume blême,
un même de moi-même
je glisse dans mon cygne,
mon col est dans mon col.

D'une si pure escorte,
concrétion du songe
ma forme est mon mensonge
et dans ce jeu de cartes
je suis la dame blanche
qui à tout prix revient (...)

(*Narcose*)

Maintenant, à la blancheur du cygne s'opposent les signes noirs d'une écriture anxieuse, où se réfléchissent encore les lueurs de la vie et du beau ciel nocturne. Le poète, prisonnier de la solitude (peut-être de la maladie), refait « du noir dans le noir », écrit — admirable, simple et certainement sincère image — « bleu de nuit dans le noir ».

Dans cet univers du rêve éveillé, des songes, des visions du demi-sommeil, de l'insomnie, un écho du monde autrefois connu vient se mêler aux « faits divers » de la vie onirique, comme dans un coquillage bruit encore — semble-t-il — la rumeur de la mer.

Le moi se cherche encore dans le « puits du rêve », à travers les miroirs indistincts de la nuit, se perd dans le labyrinthe, erre dans les tombeaux, reconstitue, image par image, sa future momie, reste à l'écoute de lui-même, au creux de tout.

Pour faire durer le corps je voyage dans les régions sourdes.
Il y a l'alcôve au parfum de plumage, gradué de la vie à la mort, des coquillages de rappel couchés sur un fond de marne, les plantes douteuses.
C'est là que je retrouve le corps en son sommeil imperméable.

(*Narcose*)

Narcose, de Marie-Françoise Prager : un grand livre au titre noir pour traverser la nuit.

Renée RIESE HUBERT

Renée Riese Hubert[15] s'exprime volontiers en lignes inégales, mais, même quand elle écrit en vers, on sent qu'elle se plaît à la prose. C'est de la prose disposée autrement. Il est difficile de chanter moins. Toujours est-il qu'en prose ou en vers, il se passe dans ces poèmes des choses un peu inhabituelles qui rejoignent en plein jour les rêves de la nuit, les contes et légendes, les songes — désirs et peurs — de l'enfance. La part de l'insolite est très variable, quelquefois discrète au point qu'on a peine à la déceler, quelquefois proche de l'onirisme fantastique. Rien ici de la vitrine du bijoutier dont Max Jacob malgré lui n'arrivait pas à se détourner. Des montres assez ordinaires d'apparence, mais qui du moins ne marquent jamais tout à fait la même heure.

Autres œuvres à citer :

Jane KIEFFER, *Jean des Brumes* (Seghers, 1966).
Lina LACHGAR, *Etats* (Librairie Saint-Germain-des-Prés, 1969).
Raymond LICHET, *Alphabet* (Millas-Martin, 1962).
Pierre PUTTEMANS, *Off limits* (Bibliothèque Phantomas, 1970).

15. Née à Wiesbaden (Allemagne) en 1916. *La Cité borgne* (Seghers, 1953). *Asymptotes* (Debresse, 1954). *Le Berceau d'Eve* (Ed. de Minuit, 1957). *Plumes et pinceaux* (Dervy, 1960). *Chants funèbres* suivis de *Pastorales* et *Marines* (Subervie, 1964). *Enchaînement* (Subervie, 1968). *Natures mortes* (Oswald, 1972).

CHAPITRE IV

POÉSIE ÉSOTÉRIQUE

Alchimie du verbe ! André Breton insistait, dans le *Second Manifeste,* pour qu'on prît ces mots « au pied de la lettre ». Et il se réclamait à la fois, plus encore que de Rimbaud, de Lautréamont et de Nicolas Flamel. L'architecte de Saint-Jacques la Boucherie — à qui l'on doït donc la célèbre Tour que l'auteur du *Revolver à cheveux blancs* et de *l'Amour fou* devait comparer à un tournesol et définir comme « le grand monument du monde à l'irrévélé » — n'avait-il pas, en découvrant le manuscrit d'Abraham le Juif, reçu le don d'interpréter les secrets d'Hermès ? André Breton écrivait : « Je demande qu'on veuille bien observer que les recherches surréalistes présentent, avec les recherches alchimiques, une remarquable analogie de but : la pierre philosophale n'est rien autre que ce qui devait permettre à l'imagination de l'homme de prendre sur toutes choses une revanche éclatante ».

Mise en œuvre de la Tradition hermétique, l'alchimie a fasciné bien des poètes, car les poètes sont à leur manière des chercheurs d'or — infatigables malgré l'échec définitif. Curieux du mystère de l'être, épris d'unité, refusant la mort, ce qu'ils attendent de leur traitement, rituel et singulier, de la parole n'est certes pas sans rapport avec ce qui s'élaborait dans l'athanor — le rêve d'un or qui ne meure pas (a-thanor).

Le surréalisme rencontre une tradition, mais il lui donne une vigueur et certainement aussi une signification nouvelles. Même si André Breton, toujours veillant à ne pas se laisser entraîner à des rêveries spiritualistes ou para-religieuses, a dû condamner les spéculations de certains de ses adeptes, il reste que c'est souvent à travers son influence que l'Œuvre se poursuit chez les poètes hermétistes et alchimistes contemporains.

VERS LA RÉVÉLATION PRIMITIVE

Robert MARTEAU

Un chemin, passant par la blanchisserie, conduit à Delphes. Quelque chose se passe « au centre du Pacifique ». On traverse la forêt de Brocéliande. Ce chemin était un labyrinthe.

Il est question des Argiens, des sardiniers, des nénuphars. Isis parle. Un plâtrier boit un coup de blanc. On reconnaît un fragment d'Héraclite. « De la condensation du feu / La mer fut créée ». Plus d'un rituel sera compulsé. La légende de Léda n'est sans doute pas sans rapport avec la Pentecôte.

Peintres et poètes, intellectuels, paysans, Apôtres s'efforcent de déchiffrer le monde, par l'intermédiaire ou non des grands Textes.

On ne sait pas trop finalement ce qui est transmis, ce qui n'est pas transmis. Il semble que l'Esprit-Saint descende sur ce monde obscur. Mais il faudrait sans doute être bien versé dans l'hermétisme et l'herméneutisme pour tenter de décoder les messages dont Robert Marteau[1] aime à s'inspirer. Le poète des *Travaux sur la terre* ne prétend d'ailleurs pas avoir atteint cette « révélation primitive » que son langage voudrait retrouver. Par cet échec il reste près de nous.

Faut-il préciser qu'il l'est aussi par sa recherche ! Qu'on soit engagé ou non dans les voies de l'ésotérisme, on ne peut rester insensible à la beauté de ces poèmes. Si nous n'étions marqués d'étoiles, visités par « le dieu caché », saurions-nous reconnaître la dignité des plus humbles tâches, (« avec une poignée d'orties la gardeuse d'oies récure le chaudron »), donner un sens profond à notre volonté de transformer le monde (« un fagot de seringa flambe au milieu de la plaine où les journaliers chargent les charrettes ») ?

Telle notation presque réaliste, qui pourrait faire penser au Francis Jammes des *Géorgiques chrétiennes,* dépasse la littéralité prosaïque pour devenir un aspect de l'énigme.

Si le poème est aventure spirituelle, il ne va pas de l'esprit à l'esprit, mais des choses à l'esprit, et de l'esprit aux choses. C'est ainsi que Robert Marteau retrouve la Charente. Et c'est bien ainsi que nous aimons les poètes.

On sera moins facilement convaincu par certaines recherches d'écriture. Au centre du recueil *Travaux sur la terre,* les sonnets sembleront à beaucoup bien tarabiscotés. Fallait-il s'astreindre à don-

1. Né à Villiers-en-Bois (Deux-Sèvres) en 1925. *Seuil de l'aubier* (Debresse, Les Cahiers de la Revue Neuve, s.d.). *Royaumes* (Seuil, 1962). *Ode* n° 8 (Ed. du Syrinx, 1965). *Travaux sur la terre* (Seuil, 1966). *Sibylles* (Paris, Galanis, 1971).

ner l'apparence d'un poème à forme fixe pour en dissimuler à ce point les contours à force de variations prosodiques, d'images multipliées, de complications grammaticales ? Tel sonnet serait à citer :

Pennes, voilures, arc : vois mes armes louées,
Les mêmes que donna Philoctète pour Troie.
Sainte ville ! autrement que par le chiffre trois,
Le cheval et les traits, vos enceintes nouées

Au céleste pignon, et toujours secouées
Par d'amoureux éclairs, n'eussent avec les toits,
Les lits, sombré. Un feu d'amour armait vos doigts,
Filles-nuages, dieux aux cuirasses trouées

Qui la plumeuse plaine arpentant semaient lis
Sur les plaies, — œillets (...)

(Travaux sur la terre)

Peut-être, en jouant librement de ces artifices, Robert Marteau a-t-il voulu innover, sur le plan de la forme, sans rompre avec les recherches d'anciens poètes encore un peu méconnus, comme Jean de la Ceppède ou Jean de Sponde. Ce serait encore un moyen d'instaurer une vérité au sein d'une Tradition.

HERMÈS SURRÉALISTE

Elie-Charles FLAMAND

Si l'on n'est pas initié — et à quoi, se demandera-t-on, faudrait-il l'être exactement ? — on aura bien du mal à discerner quelques points de repère dans l'œuvre — en relation avec quel grand œuvre ? — d'Elie-Charles Flamand[2].

La référence à Hermès (Trismégiste) mettra cependant sur la voie.

2. Né à Lyon en 1928. *A un oiseau de houille perché sur la plus haute branche du feu* (Henneuse, 1957). *Amphisbène*, livre objet réalisé avec P.A. GETTE (H.C., 1966). *La Lune feuillée* (Belfond, 1968).
Essai — *Erotique de l'alchimie* (Belfond, 1970).

Sur l'aigre filet de musique montant des abîmes
De la nuit soudain dénouée
S'épanouit un jardin ciel inversé
Où dans la corolle de l'étoile smaragdine
Celle d'Hermès

l'auteur voit

bouillonner à découvert l'écume lumineuse
Qui fait s'irradier parfois le verre épais et terni
De toute chose sommeillant au monde

(*La Lune feuillée*)

Il n'est pas nécessaire d'être amplement renseigné pour être frappé par l'éclat particulier de cette étoile, même si l'on a recours au dictionnaire pour le percevoir à travers le raffinement du vocabulaire. « Smaragdine » se dit de la couleur de l'émeraude. En grec le mot « smaragdos » était courant, mais il est permis de penser qu'il reçoit ici son prestige d'avoir figuré dans les poèmes orphiques des *Lithiques*. Elie-Charles Flamand aime faire briller dans l'obscurité de ses pages quelques pierres précieuses : le diamant, l'opale... Quant à l'émeraude, si l'on se souvient d'avoir lu quelque part que, selon — justement — la Table d'Emeraude d'Hermès Trismégiste, « Ce qui est en bas est comme ce qui est en haut et ce qui est en haut est comme ce qui est en bas pour faire les miracles d'une seule chose », on y découvrira quelques lueurs capables de guider un temps le profane dans ce jardin qui, ciel *inversé*, réunit et confond en effet le haut et le bas.

Il faudrait être très averti de toutes ces choses pour pénétrer les arcanes d'une telle poésie. Mais, comme le remarque André Pieyre de Mandiargues dans la préface qu'il a écrite pour *la Lune feuillée*, même si on les considère « de façon volontairement restrictive, les poèmes de Flamand ont une puissance de charme et de suggestion » à peu près incomparable. Pour sa part, Pieyre de Mandiargues ne peut les comparer qu'aux « gravures qui illustrent les merveilleux traités des anciens alchimistes et qui déploient une fantasmagorie surréaliste avant la lettre ».

Elie-Charles Flamand, qui avait collaboré aux revues surréalistes, a été exclu du groupe en 1959 pour s'être trop engagé dans les voies qu'explore René Guénon (et qu'André Breton croisa plus d'une fois). Pourtant l'ésotérisme de sa démarche ne paraît pas inconciliable avec les formes d'imagination et de langage propres aux surréalistes. N'a-t-il pas dédié son œuvre

à un oiseau de houille
perché
sur la plus haute branche
du feu ?

TRANSMUTATIONS
Claire LEJEUNE

Faut-il encore se souvenir d'Héraclite et relire ce qui reste des poèmes d'Empédocle ? Si l'on veut comprendre Claire Lejeune[3], ce ne sera pas inutile.

La Gangue et le feu paraît d'abord un livre bien obscur. Et pourtant la Vérité y crépite de toutes parts. C'est un brasier de révélations. Une pluie de paroles en même temps — « Air est idée, parole est pluie ». On nous affirme que la parole a été dérobée « aux lèvres mêmes de Jupiter » ! Les éléments se séparent, se télescopent, se conjoignent. Quelle ardeur, dans le monde, à conquérir l'existence ; dans le poème, à cribler d'étoiles notre silence ! Quel enthousiasme à proclamer des certitudes compromises !

Relevons quelques pépites : « Au commencement était la nuit et la nuit s'aima tant qu'elle enfanta le soleil », « Le soleil au premier matin du monde luisait tout humide encore de nuit. Lorsqu'il y eut de l'être au monde, le temps se fit mesure du feu. La flamme progressait »..., « il se connut en sa nature divine ...Dans la lumière de l'instant... il comprit tout d'un seul regard », « Je surprends Dieu par-dessus son épaule... J'ai vu ». On sort assez confusément ébloui de cette lecture, mais il faut reconnaître que ce poète surprend par sa façon, très sensible dans l'écriture, de dominer « la race paisible des femmes ».

Il faut décidément revenir à Empédocle. Celui-ci écrit : « Je fus, pendant un temps, garçon et fille, arbre et oiseau, et poisson muet dans la mer ». Et l'on peut lire, chez Claire Lejeune : « Je suis la terre », « Je suis racine, je suis arbre », « Je suis fille de la mer ». Ce qui n'empêche pas Claire Lejeune d'affirmer qu'en elle « le dieu mâle » s'est éveillé. Le philosophe d'Agrigente nous aidera encore à comprendre l'intervention de la Haine et de l'Amour dans le monde, le tohu-bohu des éléments désunis, rassemblés, et l'Un, et la Vie, etc.

---

3. Née à Havré (Hainaut, Belgique) en 1926. *La Gangue et le feu* (Bibliothèque Phantomas, 1963). *Le Pourpre* (Le Cormier, 1966). *La Geste* (José Corti, 1966). *Mobile* à destination de Prague en Bohême, parti d'Havré en Hainaut le 26 août 1968. *Le Dernier Testament* (Rencontre, 1969). *Elle* (Bruxelles, Le Cormier, 1969). *Mémoire de rien* (id., 1972).

Il nous enseignera aussi la naissance de l'homme. « Maintenant, comment le feu en se dégageant produisit la race des hommes et des femmes aux pleurs abondants, écoute-le ». Ainsi parlait Empédocle. Et en effet Claire Lejeune professe bien que « De la pointe de la flamme enfin naquit l'homme ».

Ne contestons pas le génie d'Empédocle ! Avouons cependant qu'il est bien difficile de suivre Claire Lejeune dans sa démarche. Cela ne nous retiendra pas de lui reconnaître, dans une telle aventure, un *tempérament* robuste.

En ses meilleurs moments, elle justifie la remarque de Descartes : « Il y a en nous des semences de science, comme en un silex des semences de feu ; les philosophes les extraient par raison ; les poètes les arrachent par imagination : elles brillent alors davantage ». Claire Lejeune frotte ses silex les uns contre les autres. « Combien de silex pour une étincelle ? » demande-t-elle. Et combien d'étincelles, ajouterons-nous, pour réussir un feu ? Et combien de feux pour transformer la nuit, profondément ?

Cette ténacité dans la lutte contre les ténèbres fait de *la Gangue et le feu* un livre de haute signification humaine. N'y cherchons pas un système du monde (à l'ère scientifique, qui s'y laisserait prendre ?) mais plutôt l'expression d'une volonté de délivrance. Claire Lejeune s'enfonce à dessein dans la nuit, mais non pour s'y maintenir. Dans l'épaisseur du monde, au creux d'elle-même, elle cherche intensément la lumière.

Très érudite (elle anime les *Cahiers Internationaux de Symbolisme*)[3bis], Claire Lejeune se rattache à la tradition des poètes alchimistes. Son œuvre, dans le secret des nuits, obéit à un rituel. Il s'agit de distiller les essences. Elle dit aussi : de distiller le sang. C'est d'elle-même qu'elle entend extraire la Vérité. Qu'elle se souvienne d'anciennes légendes et d'anciens textes n'enlève rien au style personnel de sa recherche.

Claire Lejeune porte en elle un soleil endormi, et elle sait que le chemin du jour passe par la nuit intérieure. Ainsi les premiers chrétiens cherchaient-ils Dieu dans les catacombes. Il faut rentrer en soi, et rejeter le monde en quelque sorte, pour retrouver l'Etre, dans la lumière de la transfiguration.

Seule, sans doute, une femme pouvait nous faire entrevoir d'une façon si émouvante l'immense clarté que préserve la nuit. Pour que l'enfant voie le jour, il a fallu le porter longtemps dans l'obscurité. Pour celle qui sera mère, cette nuit est la plus radieuse épreuve. Femme, et poète, Claire Lejeune n'hésite pas à gorger d'ombre son

3bis. *Cahiers Internationaux de Symbolisme* (Mons, Belgique). Vingt et un numéros parus entre 1962 et 1972.

langage. C'était le seul moyen de rendre aux mots — si pauvres souvent, elle le répète, si indigents — leur véritable lumière et leur fécondité.

Encore une fois, la chair aura sauvé l'esprit... Mais il sera extrêmement difficile à la plupart des lecteurs de s'élever jusqu'au point où Claire Lejeune semble parvenir. « La poésie nous est *ordinaire* lorsque venus à bout des vertus théologales, nous sommes capables de vivre sans solennité l'existence quotidienne des dieux ». Et l'on pourrait citer, dans *le Dernier Testament* de Claire Lejeune, nombre de propositions plus étonnantes encore...

L'INTELLIGENCE HIÉRATIQUE

Pierre TORREILLES

« Comment parler de ce recueil ? » Cette question, formulée au dos d'un livre de Pierre Torreilles[4], ne paraît à vrai dire guère engageante. Si l'on ne peut en parler, pensera-t-on, c'est sans doute qu'il n'y a rien à en dire, et s'il n'y a rien à en dire, c'est peut-être que cela ne dit rien. Pour peu qu'on ait déjà tenté de lire les précédents recueils, on comprendra l'extrême prudence du commentateur.

Solve et coagula évoquait une « Citadelle de haut mutisme », et précisait dès la deuxième page que « l'Ecriture est Demeure, geste pur du Silence ». Une citation de Pythagore nous invitait à distinguer la « parole simple », ou « verbe qui exprime », la « parole hiéroglyphique », ou « verbe qui cache », la « parole symbolique » ou « verbe qui signifie », et à voir « dans la science parfaite de ces trois degrés », correspondant aux « trois notions divines » et aux « trois régions intelligibles », « toute l'intelligence hiératique ». Pierre Torreilles, découvrant « Involution, Métamorphose, en chaque aspect de la matière » professait : « L'art est moins un métier qu'une transmutation sans limite du Logos ». On était conduit par le « cheminement obscur des glyphes » à d'énigmatiques aphorismes : « la lumière dans l'eau coagule la pierre ; tes mains ici s'inquiètent, altérées de mémoire et recueillent le Don d'un Mot perdu ».

Corps dispersé d'Orphée distribuait en épigraphes quelques pensées de Jacob Boehme, et *Répons* proposait au lecteur la méditation

4. Né à Aimargues (Gard) en 1921. *Noces d'Ea et Nin-Ki* (chez l'auteur, 1950). *Solve et coagula* (G.L.M., 1953). *L'Arrière-pays clos* (G.L.M., 1961). *Corps dispersé d'Orphée* (A la Baconnière, 1963). *Répons* (G.L.M., 1963). *Mesure de la terre* (G.L.M., 1966). *Voir* (Seuil, 1968). *Le désert croît* (Seuil, 1971). *Errantes graminées* (G.L.M., 1971).

d'une formule d'Alcméon de Crotone. On restait assez perplexe devant la qualité (parfois un peu valéryenne et même précieuse) d'une poésie d'apparence aussi impénétrable.

(...) *Inaltérable courbe en l'échancrure de la mer, pur présage arraché à l'index de midi, Temps juste, Espace juste, au cœur de l'immobile et du mobile, es-tu le lieu vers lequel se déroule ou dans lequel s'enroule le commentaire pur ? Comme l'écho d'un long été, flamme fraîche de nos pénombres, parfaite est la lumière au cœur de l'ombre et la flûte au cœur du cyprès. Ronde est cette âme devinée sous les dehors carrés du monde, mais toujours, inlassablement, le seul propos de ses atours. Dans le silence détaché sous la doloire de midi, voici la grande jarre rose* (...)

(Corps dispersé d'Orphée)

Par comparaison avec les recueils précédents, *Voir* — ce *Voir* dont l'éditeur et peut-être l'auteur ne savent trop que dire — paraîtra presque transparent. Cela ne tient pas seulement à une plus grande maîtrise du verbe. Si plus de lumière se fait jour à travers le poème (la lumière, paradoxalement, erre aussi dans les ténèbres), l'impression de relative clarté ainsi ressentie devient encore plus malaisée à traduire que l'impression d'obscurité (qu'on pourrait attribuer à un excès de lumière offensant des yeux mal préparés). S'il est si difficile de parler de ce recueil, c'est que le poète a voulu « dans l'apaisement laisser se dérouler le murmure des choses », exprimer leur confidence par un rythme juste, sans prétendre y parvenir (les choses ne livrant pas si facilement leur secret), et qu'il ne peut approcher la vérité de l'être qu'en disposant, par sa parole même, à une compréhension en profondeur du silence.

(...) *L'ange repose ici l'ouvrage bleu des lampes.*
Comme une messe, avant la nuit,
rassemble les parois du jour,
s'élève le poème et ses mots
transparents de silence.
Il se méprend celui qui croit nommer.
La vérité sort de l'abîme ! (...)

(Voir)

André GUIMBRETIÈRE

Ne désirant rien tant que de passer « la porte mystique » et d'atteindre le grand Un, reconnaissant dans la conscience de Dieu « l'œuf semé au cœur de l'être », André Guimbretière[5] interprète les signes — « Car les signes sont là pour ceux qui les déchiffrent » —, cherche à retrouver la vérité profonde qu'expriment les symboles, à pénétrer les arcanes. Il est guidé par une connaissance approfondie de l'Inde où il a longuement séjourné, en spécialiste. Il peut s'inspirer de la mythologie hindoue sans cesser de voir dans le Christ le chemin et la Vie, et tout en retenant l'enseignement de Lao-Tseu, en même temps que la substance des Traditions en apparence les plus diverses. Cette pratique de ce qu'on pourrait appeler un ésotérisme universel s'accompagne chez lui d'une grande confiance dans les pouvoirs que les poètes tiendraient de leur « lignage » — et qu'ils délaissent trop souvent, selon lui, au bénéfice de « bagatelles » à la petite semaine.

Pierre ESPERBÉ

La méditation des symboles de la Tradition ne doit pas être considérée a priori comme le prétexte d'un refuge hors du temps.

(...) *la traîne de leur manteau balaye les vieilles arcades*
Autour d'eux ils ont de vieux buffets
de vieilles tables à tous usages et d'archaïques bougeoirs
— chacun très beau n'en doutons pas —
mais qui n'ont plus de sources dans leur sol (...)

(*Narthex*)

Pierre Esperbé[5 bis] voit monter vers le soleil, source de vie, guide de la pensée, une humanité qui vient du fond des âges. C'est le peuple même qui s'avance, tel qu'il est, tel qu'il aspire à être, et qui gravit la

---

5. Né à Paris en 1923. *Sans tambour ni trompette* (Regain, 1949). *Soleils dieux amers* (Caractères, 1953). *Concerto pour chanson et poésie* (Delfica, 1955). *Le Passager de l'aube* (Oswald, 1960). *Aurore première* (André Silvaire, 1963).

5bis. Né à Paris en 1924. *Faux-jour* (H.C., Paris, 1965). *Narthex* (Honfleur, Oswald, 1972).

Pierre ESPERBÉ anime avec Philippe CHARZAY la revue *Epylia* (Paris). Première série : n° 1, mai 1966 ; n° 9, décembre 1967. Deuxième série : n° 10, printemps 1972 ; n° 11, 1972.

pente vers le Temple, s'arrêtant pour méditer aux principales étapes du parcours.

La poésie de Pierre Esperbé ne dissimule pas son aspect ésotérique. Elle tend à rattacher l'homme au cosmos. Mais c'est aussi une poésie de « l'homme ordinaire », qui modèle et tente de parfaire son idéal. Poésie mystique si l'on veut, à condition de préciser qu'il s'agit d'une mystique de l'homme.

« L'homme cathédrale en flèche vers sa propre lumière » : c'est ainsi que Pierre Esperbé laisse définir sa propre recherche.

Marie-Claire BANCQUART

Craignant presque de déranger le silence, méditative et rêveuse, réservée et confiante dans son approche du mystère quotidien comme dans sa pratique du poème (« Ecrire à l'orée du langage »), Marie-Claire Banquart[5ter] se souvient-elle d'anciens pouvoirs, de secrets fabuleux ? S'approche-t-elle de l'essentiel, guidée par sa sensibilité aux êtres (« Il a un beau regard vers le dedans / Qui ne voit rien n'a rien à voir dans ses paroles »), son amour du savoir, son sens aigu — ô savant Apollinaire ! — de la Perfection et de l'Aventure ?

CUISINE ET L'AMOUREUSE

Emince le quotidien
Moule sa patience à l'humilité des heures
Réduit sans fin vers le tacite et vers l'obscur ?

— N'y croyez pas
L'éclatante se rit des jours

Cuisine en mage
Frôle sans arrêt le futur

Cassant un œuf
Ouvre la perfection aux aventures
Pelant un fruit
Livre sa couleur à toutes les floraisons du soleil
Viande elle tient le clandestin royaume d'effraction
Vin la vigne et l'arable

Maîtresse doublement
Par les philtres servis aux deux pentes du jour

(*Proche*)

5ter. Née à Aubin (Aveyron) en 1932. *Mais* (Jean Vodaine, 1969). *Projets alternés* (Rougerie, 1972). *Proche* (Saint-Germain-des-Prés, 1972).
Essai — *Paris des surréalistes* (Seghers, 1972).

ANGÈLE VANNIER

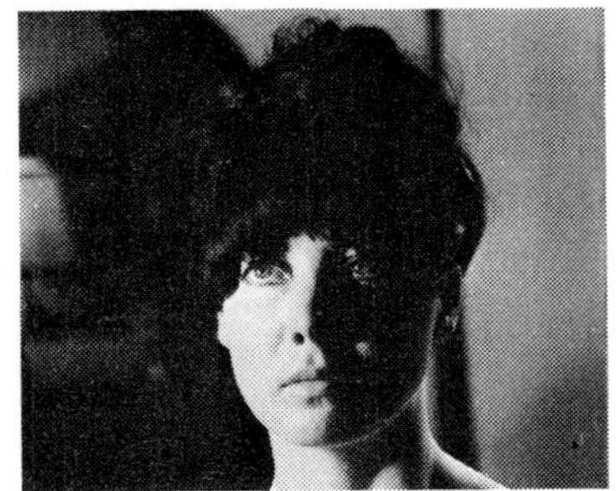

YVONNE CAROUTCH

ANNIE SALAGER

MARIE-FRANÇOISE PRAGER

ROGER KOWALSKI, JEAN L'ANSELME et **GABRIELLE MARQUET** lors d'une signature à la Librairie Saint-Germain-des-Prés.

THIERI FOULC et un veau sur les pentes de la Mahouna, près de Guelma (Algérie), en 1967.

JACQUES IZOARD

JEAN JOUBERT

JEAN-PAUL GUIBBERT

ELIE-CHARLES FLAMAND

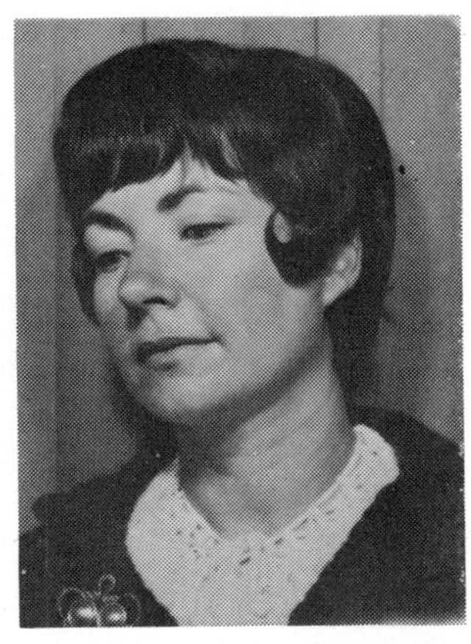

MARIE-CLAIRE BANCQUART

CLAIRE LEJEUNE

ROBERT MARTEAU

PIERRE TORREILLES

JEAN-JACQUES KEROUREDAN

ALAIN MERCIER

LILIANE ATLAN, dite GALIL

JACQUES CHARPIER

CHRISTIANE BURUCOA

FRANÇOIS-NOEL SIMONEAU

JEAN-LOUIS DEPIERRIS

ANDRÉ DOMS

PIERRE DALLE NOGARE

MARC PIETRI

LORAND GASPAR

SIMONNE JACQUEMARD

FRÉDÉRIC JACQUES TEMPLE

CHRISTIAN HUBIN

L'AMOUR AU PLUS SECRET

Jean-Paul GUIBBERT

Alyscamps... On pense tout de suite à Arles et au merveilleux petit poème de P.-J. Toulet. Mais c'est aussi le titre d'un livre de Jean-Paul Guibbert[6], qui avait précédemment appris, en de courts poèmes, à célébrer la Grèce.

Alyscamps... Par cette allée de mémoire où les arbres même nous parlent de la mort, un disciple d'Eros vient déposer sur l'idéal tombeau de ses désirs l'hommage d'une pensée, fidèle ou infidèle, qui peut encore brûler la pierre.

(...) *Ces veines de ta cuisse sont une tache fine,*
Comme une fleur fanée dont le pétale ancien
Serait posé ainsi sur la cuisse très rose,
En la pose de pierre que tu avais alors
Et que tu gardes encor sous l'ombre du tombeau.

(Alyscamps)

Prolongeant cette voie, Jean-Paul Guibbert suit amoureusement dans les veines du langage la trace d'une vie qui cherche à rejoindre les âges, à s'exprimer mortelle, infinie, belle par-dessus tout.

(...) *J'aimerai éternellement une forme*
sortie à peine de l'enfance,
(au mont fendu).

Ma sœur, les deux épées
jumelles au fourreau
(Yuan yang kien)

L'aine de paix, l'infante (je
veux dire).
L'aube du sein, alors, pour le
parfaire (...)

---

6. Né à Béziers en 1942. *Le Second Cercle* (Montpellier, Les Cahiers de la Licorne, 1963). *Veines* (Cahiers de la Licorne, 1964). *Journal* suivi de *l'Asphodèle* (id., 1964). *Haut Lieu du cœur* (LEO, 1964). *Celle qui veille* (id., 1965). *Arc* (Cahiers de la Licorne, 1966). *Alyscamps* (Mercure de France, 1966). *Jardins* (LEO, 1966). *Mémoire* et *Travaux pour une mémoire* (Bernard Astruc, 1967). *OE* (Fata Morgana, 1968). *13 poèmes d'un âge cœur* (Atelier Graphique, 1969). *Verticale rose et soie rayée* (LEO, 1970). *L'amour demeure dans ses ombres* (Atelier Graphique, 1971). *L'Adieu,* sous le pseudonyme de Giovanni di Paolo Senese (id., ibid.).
A participé à la création et à l'animation de la petite maison d'édition L.E.O. (Les Editions O, Montpellier) à partir de 1965.

Hors les blondes à satisfaire
Et toi ma pure Calomnie,
Le Geste doux de rejeter.

Aussi jetée pour satisfaire,
A tes pieds ce chantre incertain
(socle aussi à déposer).

Calomnie dans les plis rejointe,
Le chantre pur de tradition
(je baise).

(Verticale rose et soie rayée)

L'intelligence la plus aiguë se plaît, chez Jean-Paul Guibbert, à préciser le tracé du désir, à prendre racine avec lui dans les profondeurs pour retrouver les réseaux souterrains qui aspirent à rejoindre les chemins du jour. Cette descente aux enfers conduit à une ascèse. Un certain hiératisme accompagne ici l'accomplissement des rites. Béatrice est nommée. Son parcours ne croise-t-il pas ceux d'Eurydice, de Déméter et de Coré ? L'amour, au plus secret, cherche toujours une révélation.

René BARBIER

Dieu ou Golem ? Sans prétendre recréer l'atmosphère du roman de Gustav Meyrink, René Barbier[7], dans un monde voué aux artifices, aux machinations, interroge des signes malaisément discernables.

Un jour Golem rencontra Dieu
Dans le feu trouble d'un miroir

Celui-ci se brisa
On cherche le coupable

Car jamais plus on ne saura
Qui est Golem et
Qui est Dieu

(Golem)

7. Né en 1939. *Golem* (Millas-Martin, 1970).

A la recherche d'une issue, d'un centre dans le noir d'où l'on pourrait se diriger vers l'essentiel, René Barbier s'appuie sur la tradition ésotérique pour tenter de rejoindre ce pays inaccessible qui révélerait en même temps l'origine et le but.

Elle descendit de très haut, la Forme. D'un pays tourmenté bien au-delà du noir. Il nous fallut longtemps pour nous apercevoir de nos joues creuses bientôt vides ; de nos membres géants et frêles, peu à peu invisibles.

Elle assiégea notre cerveau. Le multiplia en surface, en profondeur. Le dédoubla comme la corolle d'une amanite printanière.

Puis de l'outremer au noir, et du noir au plus pur, nous suivîmes la Forme sur l'hyperbole, vers son pays : notre pays !

(Le Pont de l'Epée, n° 44-45)

LE CREUX DU ZÉRO

Thieri FOULC

Qui aura déjà prêté attention aux *17 sonnets écrasiâstiques + 1 Sonnet alchimique* de Thieri Foulc[8] ? Alain Mercier sans doute, bon guide en la matière[9]. Mais à part lui ? Il faut déjà trouver le livre, tiré à cent soixante dix-huit exemplaires sans indication claire d'éditeur. Et si on le trouve, l'ayant ou non cherché, quel sort lui réserver ?

A première vue, ce sont des sonnets désinvoltes — de quelqu'un qui a lu Lautréamont, Rimbaud (familièrement appelé le Rimbe), Jarry, et qui cherche à (s') étonner avec des mots, des cocasseries, des inconvenances. De l'humour, certes. Ainsi dans ce « sonnet mangé par l'auteur pour son goûter le 24 juillet 1966 après J.-C. », sonnet dont il ne reste que des miettes (quelques mots ici et là, un seul vers en entier), et qui est suivi de la mention : « L'ayant goûté, l'auteur décida qu'il n'était pas bon ». Des drôleries d'écriture, du genre « gueule de boua », ou « Lala le bas-fouilleur ». Quelques énormités aussi, en apparence plus proches de la scatologie que de l'alchimie.

8. Né à Paris en 1943. *Vingt Ecrits* (Collegium Pataphysicum, 1968). *17 Sonnets écrasiâstiques plus 1 sonnet alchimique avec 17 plus 1 compositions par l'auteur* (Paris, H.C., 1969). *L'Œil* (Au Bon Pantagruéliste, 1970). *Whâââh* (Temps Mêlés, 1972).

9. *Le Magazine littéraire,* n° 47 (*Où en est la poésie française ?*), décembre 1970.

Et puis à la fin d'un sonnet qu'on serait tenté de dire innommable (bien qu'il ait pour titre *Agnus Dei*), une allusion au « désert monothéiste » et ce beau vers :

J'attends toujours de voir si quelque chose existe.

Et puis, et puis surtout, ce poème *O* qu'on peut considérer comme une des récompenses de la recherche en poésie.

Cela paraît d'abord très fantaisiste :

Je dis : rien n'est plus beau que le creux du zéro,
ni l'œil d'une amoureuse abrutie sous ses larmes,
ni la gueule des armes,
ni l'espace entre les 2-bosses d'un chameau.

Mais lisons attentivement les tercets :

Depuis un an déjà j'ai quitté mes amis,
mes parents et Paris
grouillants de sentiments trop bons dont j'étais las.

Car j'avais peu à peu déchiffré une voix
qui, du centre de moi,
affirmait : je suis Dieu, donc je n'existe pas.

Et demandons à un spécialiste de la tradition kabbalique de nous éclairer :

« Dieu peut être considéré en soi ou dans sa signification. En soi, avant toute manifestation, Dieu est un être indéfini, vague, invisible, inaccessible, sans attribution précise, semblable à une mer sans rivages, à un abîme sans fond, à un fluide sans consistance, incapable d'être connu à un titre quelconque, par suite d'être représenté soit par une image, soit par un nom, soit par une lettre ou même par un point. Le moins imparfait des termes qu'on puisse employer, c'est le *Sans fin*, l'*Indéfini* ou EN SOPH, qui n'a pas de limite, ou AYIN, le Non-Existant, le Non-Etre »[10]. A ces termes, nous tenterons d'ajouter le zéro...

Le burlesque de l'écriture n'était-il pas un moyen, parmi d'autres, de protéger une vérité dont l'accès suppose, de toutes façons, franchies un certain nombre d'étapes ?

---

10. J. BOUCHER, *la Symbolique maçonnique* (Paris, Dervy, 1948).

Les quatre-vingt-quinze sonnets qui composent le recueil *Whâââh* ne paraîtront pas moins « écrasiâstiques ». On y retrouvera, sous la fantaisie bien étudiée du drapé, un même goût des propositions désinvoltes ou incongrues, un même ton de confidence un peu désabusée. Mais on cherchera aussi à déchiffrer des allusions plus ou moins ésotériques, quitte à se perdre en conjectures comme cet ecclésiastique intrigué en plein désert (qu'allait-il prêcher là ?) par un vague dessin sur un bout de tôle.

(...) *Et monsieur le curé se gratouille le crâne :*
— Est-ce un œil, un soleil, que l'artiste a voulu
représenter ici, un symbole, un arcane ?

A quoi peut-ce servir en ce recoin perdu ?
Est-ce un signe laissé pour quelque caravane ?
Ou la preuve que Dieu, partout, est répandu ?

(Whâââh)

Chez Thieri Foulc, le « labeur alchimique », avec son jeu d'images masquant d'autres images (le lion forçant la lionne, ne serait-ce pas le Soufre et le Mercure, qui eux-mêmes... ?) semble favoriser le développement d'une intuition centrale — ou, si l'on veut d'une obsession originelle : l'idée d'un retour au non-être, l'obsession du vide par lequel la mort ferait en quelque sorte retrouver la naissance.

J'ai grandi comme un trou tourné vers mon dedans (...)

Autre œuvre à citer :

Michel BERTRAND, *Hermès, la messe rouge*, ill. Françoise CHAILLET (Pauvert éd., 1968).

CHAPITRE V

POÉSIE COSMIQUE

Rêveurs en quête du pourquoi, les poètes n'ont pas fini de chercher en eux-mêmes, sur terre et sous le ciel, le secret du Monde. Remontant le cours du Temps vers l'origine inaccessible, ils se portent aussi vers un futur sans horizon. Du grain de sable à toutes les poussières de soleil jetées dans l'univers, ils voudraient parcourir les espaces infinis à la vitesse de la lumière — ou du langage. Beaucoup auront été tentés de dire, après René Char : « Si nous habitons un éclair, il est le cœur de l'éternel ».

POUSSIÈRES ET SOLEIL

Frédéric Jacques TEMPLE

La poésie de Frédéric Jacques Temple[1] est animée d'une vie puissante caractérisée par d'amples mouvements, qui se renforcent ou se contrarient par des élargissements du détail à l'ensemble, du proche au lointain, mais aussi par des réductions d'univers, par une tension et une densité, une double manifestation de l'énergie : expansion et concentration.

Cela se voit aussi bien dans les *Petites Phrases pour Pollenska* — « L'infini d'un rossignol dans l'âme des citrons », « L'humble poussière, pollen solaire sur mon front », « Les mille et une nuits d'une grenade ouverte » — que dans *Via Air Mail,* qui relie d'un trait l'Amérique à la vieille Europe, la civilisation d'Abraham Lincoln à celle d'Agamemnon, les momies aux gratte-ciel, survole les mondes et s'enfonce dans la nuit des temps pour mieux se fondre à la vie même.

Un vol d'oiseaux sur les plaines d'Europe
Telle est la blanche migration d'hiver.
J'allume un feu doux à mes doigts
Comme autrefois dans les cabanes
Sous la mince lune des bois.

Je vois, j'écris, les flammes tracent
Pour toi des mots qui vont sur l'eau,
Des mots salés du Sud dans les sables des Rois
Avec leur prisme blond, leur éclat de raisin,
Leur signe d'or de la droite romaine,
Leurs stigmates
O New-York
Du masque de Mycènes (...)

(Les Œufs de sel)

---

1. Né à Montpellier en 1921. *Seul à bord* (Offenburg, Franz Burda, 1945). *Sur mon cheval* (Charlot, 1946). *Fog-Horn* (Paris, les Cahiers de la Revue Neuve, s.d. [194[illegible]] ; rééd. Santa Barbara, The Capricorn Press, 1971). *L'Oiseau-Rhume* (La Murène, 1950). *Cartes postales* (Santa Barbara, U.S.A., Noel Young Press, 1964). *L'Hiver* (La Murène, 1967). *Fleurs du silence* (Henry Fagne, 1968). *Les Œufs de sel* (Chambelland, 1969).
F.J. Temple a dirigé *Prospectus* (Montpellier). N° 1 : juin 1953. N° 9 : septembre 1954. Animateur de *Fénix* (Montpellier) du n° 1 (janvier 1966) au n° 5 (avril 1968). A partir du n° 6, *Fénix* paraît sous la responsabilité d'Odette de MARQUEZ (N° 16 : avril 1972).

Cet univers, éclairé par un soleil « qui se balance au gré de tous les vents » et qui « pond ses œufs de sel » sur notre chair blessée, où la lune, « pour les noces de l'amour », conduit un « cortège de jonquilles », où la mer, où la sève s'élancent — désir cherchant à s'épanouir —, où les orages pénètrent dans nos rêves, où la musique monte dans les branches, mais où les pierres gardent leur secret, où des chambres d'ombre sont creusées dans les falaises, est étrangement veillé par les figures du sacré que la mémoire dispose au croisement des chemins, et là aussi où il n'y a plus de chemin : Bouddha, Rois Mages, « sphinge étoilée ».

Aimant très charnellement le monde, mais assailli de questions lancinantes, qui le poussent au-delà (ou le retiennent en-deçà) de lui-même, le poète trouve sans doute dans son langage la seule conciliation possible de ces forces (intérieures ou cosmiques) contradictoires.

(...) *Amour me perce amour me ressuscite*
Une flèche un phénix nouveau palpite

Mon sang au lac mêle son doux soleil
Semeur d'aurore en ton calme sommeil

Amour est-il au cœur des ossuaires
L'éternité dans le temps d'un éclair.

(*Fleurs du silence*)

DÉRIVE AU ZÉNITH
Simonne JACQUEMARD

« Il faut de patientes manœuvres pour l'établissement d'une assise, d'un angle de vue d'où les choses ne soient plus antinomiques et pour que l'apparente dualité : dedans-dehors, moi-l'autre, l'infiniment petit et l'infiniment grand, la substance et l'idée qui la précéda, qui ardemment l'enveloppe, la vie-la mort, redevienne comme l'endroit et l'envers d'une même et somptueuse étoffe qu'on ne se lasse pas en détail de contempler. » C'est ainsi que Simonne Jacquemard[2] présente son livre *Dérive au Zénith*.

Les choses les plus éloignées se trouvent en effet rapprochées, dans l'espace et le temps. Le ciel, contre l'œil, est « comme un œil

2. Née à Paris en 1924. *Comme des mers sans rivales* (Paris, Jacques Haumont, 1947). *Dérive au zénith* (Seuil, 1965).

grand ouvert ». Le mot « orbite » s'employant aussi bien en astronomie qu'en anatomie, l'œil devient, dans un autre poème, une planète, et il est dit de cette « planète-œil » qu'elle est « tombée comme météorite dans le visage ». Le terme de « météorite » rend plus étroit encore le lien entre ce qui se passe sur notre globe terrestre et l'immensité cosmique. Dans le temps, les hautes époques de l'histoire — Ramsès, Delphes, la Grande Muraille de Chine — sont convoquées à la célébration d'un mystère auquel l'homme éclairé d'aujourd'hui, redoutant l'effacement brutal des civilisations, participera avec une particulière attention aux symboles initiaux. L'instant sera vécu comme une approche de l'éternité — « pour le temps d'un bâillement ou d'une année-lumière » ?

La vision de Simonne Jacquemard évoque le souci surréaliste de surmonter les contradictions les plus dramatiques de l'existence humaine, et rappelle encore la dialectique héraclitéenne des antagonismes... Ainsi dans ce poème où la terre, « métamorphosée par le déroulement à l'envers de millions de vies », fertilisée par les morts, dont les cellules, analogues à des systèmes solaires dispersés, continuent à « échauffer le schiste et la glaise », prépare « le couronnement et les fanfares de la naissance ».

La nostalgie de « l'immensité perdue » inspire à Simonne Jacquemard une poésie qui allie le robuste instinct de la vie à l'éclat de la pierre et donne envie de croire — dans un climat de pensée panthéiste — à la résurrection.

DE LA BOUCHE DES PYTHIES

Jacques CHARPIER

Jacques Charpier[3], « à l'orée du printemps » de son œuvre, cherchait dans ses poèmes à dire « l'âpre croissance du quotidien vers l'éternel ». *Paysage du salut* contenait en germe les principaux thèmes. La beauté du monde, la solitude et la fragilité humaines invitaient, par la ferveur poétique, au dépassement des apparences.

On pouvait remarquer avec quel art Jacques Charpier, à l'occasion, mêlait intimement sa culture à son expérience personnelle. « Les étables ne fournissaient plus la paille d'espoir », c'est évidemment un souvenir de Verlaine (« L'espoir luit comme un brin de paille dans l'étable »), mais c'est du Verlaine que le poète s'est assimilé avant d'en

3. Né à Avignon en 1926. *Paysage du salut* (Fontaine, 1946). *Mythologie du vent* (Ed. du Dragon, 1955). *Le Fer et le laurier* (Seghers, 1956). *Les Deux Aurores* (Seghers, 1959).

laisser se transformer en lui la tonalité : « Le temps de mourir, disais-tu. Les étables ne fournissaient plus la paille d'espoir. L'avant-garde des oiseaux se mutilait dans le calme des meules ».

Dans *Mythologie du vent,* Jacques Charpier chante d'abord sa propre terre et l'air même qu'il respire. Il aime évoquer la Durance, les Alpilles, le bois de Lourmarin. Il désigne l'églantier, la lavande et le thym, les oliviers, les figuiers et les vignes. Parti d'Avignon (et de René Char), il sent l'appel des plus lointaines sources de lumière. La plage est toute pénétrée de l'odeur des térébinthes. Il nomme le vent, la lune, le soleil, la « cendre des étoiles », les comètes. Tout lui est mystérieux : le chant de l'oiseau, la rumeur marine, les plantes sauvages et les villages traversés. Ce qui l'étonne surtout, c'est « l'énigmatique assemblée des choses ». L'inquiétude métaphysique, chez Jacques Charpier, s'accompagne du sentiment de la beauté, de la noblesse de ce qui est. L'anémone devient ainsi l'« infante des garrigues » et le poète, remontant le cours des générations, peut parler de la « dynastie des vieux murs ». En célébrant la beauté secrète d'un lieu, il découvre ce qu'il y a de sacré dans la nature et dans l'histoire. Il marie « pays natal et temps inaccessible ». Si nous avons toutes raisons de penser que l'absolu et l'origine de l'être nous sont inconnaissables, la parole du poète nous invite à dépasser nos limites :

Prophétie de l'aède aux confins des rosiers
Ce poignard (d'où venu ?) a figé le serpent du savoir dans son nid
de vertiges,
Hors la vie et les fiefs de puissance !
Nous avons suspendu sa dépouille à nos portes,
Nous nous levons avec le jour pour saisir à sa source le grand discours
sauvage du soleil,
Nous sommes nus comme le marbre et comme l'eau,
comme le feu et comme l'air,
Nous sommes un seul Homme investi des puissances du tout.
La beauté prend pour nous les accents d'une aride fontaine
Et monte en un cri clair dans les hauteurs du jour.
Il n'est ici de vocation contraire à notre fin terrestre
Il n'est ici propos ni geste qui soit encore empreint des vapeurs
du chaos,
Et toute forme vient à la rencontre du présent,
Et l'homme prête à l'homme serment d'allégeance.

Nous sommes infiniment proches de la bouche des Pythies !

(*Mythologie du vent*)

Avec *Mythologie du vent,* et plus encore peut-être avec les œuvres postérieures, le dynamisme de l'inspiration repousse les limites de l'environnement spatio-temporel. Voici Cordoue, le Guadalquivir, les terres d'Arabie, la Malaisie. Depuis l'enfance en route avec le vent, le poète voudrait saluer toutes les étoiles et chanter l'« odyssée de la lune ». Habitant la terre et logé dans le monde (le ciel est un « géant coquillage »), il rêve, par la parole, d'embrasser l'univers. Le soleil couchant lui fait voir un ogre qui étreint « pour la nuit son amante infidèle ». Dans le temps (et l'espace encore), voici Koubilaï, petit-fils de Gengis-Khan, et les Croisés, et les Centaures, et les Cyclopes, l'apôtre Paul, la Grèce, l'époque magdalénienne. A la quête du Graal, hanté par le royaume de Thulé, cherchant dans les mystères de la Grèce ou dans le Talmud, ou dans quelques vestiges de la religion phénicienne, une ouverture sur l'être vrai, l'homme a le cœur « pesant d'histoire humaine » (et cela ne l'empêche pas de consulter l'horloge de l'usine). Un poète n'a jamais fini d'interroger le monde et les hommes — à défaut de pouvoir interroger Dieu lui-même.

Il y a une volonté cosmique dans la poésie de Jacques Charpier, et aussi une richesse de langage, une ampleur dans le verset, qui font penser à Saint-John Perse[4] et même à Paul Claudel — mais à un Paul Claudel plus grec que chrétien, plus philosophe que croyant, plus ésotérique, plus intelligent aussi. Mais si l'art de l'écrivain atteint une forme de perfection et donne en même temps le sentiment d'une grande puissance sur le monde, il faut bien répéter que les questions qu'il pose demeureront sans réponse. Irréversiblement, les dieux sont morts. La terre reste « obscure en plein midi » et « L'homme, pour lui-même, n'est rien qu'un nocturne miroir ».

LES RÈGNES CONJUGUÉS

Christiane BURUCOA

Sur un mode parfois assez proche de la romance, les premiers poèmes de Christiane Burucoa[5] exprimaient, en même temps qu'un sentiment diffus de la nature, une interrogation inquiète sur l'aventure du moi et la destinée humaine.

---

4. Jacques CHARPIER a consacré une étude à Saint-John Perse (Gallimard, 1965). On lui doit aussi des essais sur *Paul Valéry* (Seghers, 1956) et *Charles d'Orléans* (Seghers, 1958).

5. Née à Millau en 1909. *Miroirs* (H.C., 1948). *Infrarimes* (Compagnie bibliophilique du Bout du monde, 1948). *Antarès* (id., 1950). *L'Héritier* (La Presse à Bras, 1953). *Antée* (Cahiers de Rochefort, 1953). *L'Œil* (La Presse à Bras, 1957). *L'Ombre et la proie* (Cahiers de Rochefort, 1958). *Artizarra* (Ed. Maury, 1962). *Astrolabe* (Ed. du Beffroi, 1965). *Altitudes* (Biarritz, L'Oiseau d'Écume, 1970).

Quand je serai morte
Pauvre homme
Dis-moi
Si la nuit me reconnaîtra ?

Quand je serai morte
Et froide sous la terre
Pauvre homme
Dis-moi si la lune luira ? (...)

(Infrarimes)

Dans une forme équilibrée qui se rapproche sans asservissement des grandes traditions de la prosodie française, les thèmes de Christiane Burucoa se sont approfondis.

Si la lune luit sur ma tombe
Elle vous dira mon secret,
Sans le connaître, je succombe
Comme palombe en ses filets.

Lorsque la terre fraternelle
Aura lavé l'ombre des pas
Que la somme des jours révèle
La lune peut-être saura.

Pour moi, enfouie aux racines
De mes deux mains, de mes deux yeux
Je suis à moi-même orpheline,
Cendre, désapprise du feu.

Glaise que le jour agglomère
Sans achever de la pétrir
Pour mieux la mouler au suaire
Et de ses formes l'accomplir.

La lune, en cette forme éteinte,
De mes gestes et de mes mots,
Alors pourra mouler l'empreinte
Pour le masque du mémento.

(L'Ombre et la proie)

Avec en elle le souci permanent du temps, inquiète de l'origine et de la fin, curieuse de l'évolution, sensible aux amples mouvements de l'univers, émue par une empreinte, une trace, une concrétion, Christiane Burucoa se promène le long de la rive sous les étoiles, descend dans les grottes préhistoriques, médite longuement devant les horizons, donnant à ses poèmes la profondeur de champ, la densité d'expression, le rythme qui conviennent aux grands rêves cosmiques.

Immergé aux jardins d'un cratère d'eau calme
Que ne labourent plus les remous des courants
Le coquillage en sa matrice de calcaire
S'habille et se nourrit de semences marines.

Arche d'alliance où se conjuguent les règnes
Dont le vieux monde a cru sa substance étayée
A chaque enroulement, elle revêt sa forme
Et vit de se construire en se pétrifiant (...)

Du sujet à l'objet, de la vie à la pierre
La nuit du minéral absorbe le vivant
Son squelette exilé des viviers de la mer
Se dissout en l'éternité du sédiment.

Le lent mûrissement de la fin qui le hante
Pose les arcanes de son prochain non être
Sa présence n'est qu'aliment de son absence
Jour après jour, sa perfection devient sa mort.

(Astrolabe)

Hantée par le « mouvement des mondes » et le « tournoiement des aires sidérales », émue aussi par un grain de sable ou par l'immensité du désert, par la mer ou le fleuve, l'étang, la source, l'oasis, veillant dans les ténèbres, écoutant le murmure des choses, Christiane Burucoa aura su découvrir dans la parole toujours à naître du poème le lien qui réunit l'espace humain à l'espace infini.

(...) *Par la ferveur des cieux éveillé de tes songes*
Ta liberté suivra l'adhésion de tes yeux
Qui s'émerveilleront du diamant d'une étoile
Inscrite comme un signe aux papyrus des eaux.

(Astrolabe)

COMME UN CHEMIN DE PIERRES

Jean-Louis DEPIERRIS

C'est bien de cette terre que naissent les poèmes de Jean-Louis Depierris[6].

On reconnaît la côte yougoslave, cet « arc-en-ciel des îles » qui « incurve l'horizon », les remparts de Dubrovnik. Ces rapides allusions géographiques, historiques, situent le cadre de vie (Depierris est professeur en Yougoslavie) mais surtout elles donnent, si allusivement que ce soit, le sentiment profond de la condition humaine par rapport aux dimensions de l'espace et du temps. L'étendue de la mer vient se mêler, à nos portes, à l'environnement immédiat, l'infini se met à réfléchir en nous.

Jean-Louis Depierris aime contempler les horizons, rêver devant le large, mais il est très attaché à la terre. Il trouve en Dubrovnik-Ragusi des « chemins de ronde » très propices à l'enroulement des songes sur eux-mêmes. Toute falaise — il citera aussi les falaises de Douvres — paraît le fasciner, comme coupure abrupte entre deux éléments, limite au bord d'un illimité. Il fait le tour des remparts et des rêves, attiré par les gouffres, les vastes étendues, cherchant à donner au poème toute la densité désirée.

La tension des poèmes vient de cette « ardeur contenue » ; l'essor de l'imagination reste contrôlé par un grand souci de concision du langage.

Jean-Louis Depierris est sensible au mouvement de la vie, qu'il semble discerner de préférence dans de petits végétaux — les sphaignes, la christe-marine (sorte de fenouil de mer), la bruyère. Mais il aime surtout tailler dans de beaux blocs de matière terrestre, sonder, extraire du sol des fragments minéraux.

Gypse, craie, silex, basalte, les poèmes que Jean-Louis Depierris rapporte de ses investigations deviennent une occasion permanente d'interroger le monde, de se concentrer sur soi, d'interroger encore. Les poèmes sont comme des pierres le long du chemin, et chaque poème est aussi en lui-même comme un chemin de pierres :

Mais le désert à peine a desserré les vents
Que craquent de partout les pierres du poème (...)

---

6. Né à Pau en 1931. *Analogies* (H.C., 1952). *L'Esprit de la terre* (La Tour de Feu, 1955). *Naufragé du bestiaire* (La Tour de Feu, 1957). *Ce crissement de faux* (Les Nouveaux Cahiers de Jeunesse, 1960). *Ragusi* (Le Pont de l'Epée, 1960). *Fer de lance*, conjointement avec *Matière habitée*, d'André DOMS (Chambelland, 1965). *Quand le mauve se plisse* (Seghers, 1969).

Et le poème est encore ce qui permet, comme l'arme primitive, de s'attaquer au mystère du monde : « le poème est fer de lance », « il faut avec le fer rompre la veine de la pierre ».

Les différents thèmes — l'infini, la nuit, le miroir, le minéral, le minerai, le temps — se rassemblent chez Depierris en images d'une particulière concentration :

(...) *L'incendie froid de l'ombre a désherbé le temps*

Car si la coupe est miroitante
Des minerais de nuit révélés par le fer

Le poète s'enferre à des pans de miroir.

Mais si le poème, par sa qualité, donne une remarquable impression de plénitude, il n'en exprime pas moins la sensation, ou la crainte, du vide universel, car

(...) *le ciel du poème*
c'est l'attrait du désert.

(Quand le mauve se plisse)

LA MATIÈRE HABITÉE

André DOMS

André Doms[7] a prouvé, en alignant par exemple les cent soixante-treize alexandrins du *Chant de Léna,* sa puissance d'imagination, et aussi sa maîtrise du rythme et sa faculté d'imposer un ordre aux suggestions de la conscience obscure.

(...) *Voici que me revient ton visage indicible*
femme, dans la nuit blanche où tu fis ma naissance ;
voici que de nouveau la grande peur me crible
de ses images où la mort dissout tout l'être ;
voici, ô seul soleil, qu'on revoit ton carnage
sur la terre mouillée que ta force pénètre,

---

7. Né à Bruxelles en 1932. *Poèmes des anges* (Bruxelles, Ed. du Lion, 1953). *Chant de Léna* (tiré à part de *Marginales,* nº 76, 1961). *L'Ombre la sentinelle* (Chambelland, 1963). *Matière habitée* (Chambelland, 1965). *Cantate pour le vif des temps* (Fagne, 1971).

sur les mousses où luit un scarabée d'orage,
soleil dont le regard m'aura partout jugé,
danseur entre les têtes souples des manguiers (...)

Dans *Matière habitée,* André Doms préfère la densité à l'abondance, et paraît se méfier d'une rhétorique illusoire ; il avance pierre à pierre les mots du poème, redoutant d'emprunter ouvertement la grande voie cosmique mais se déplaçant le jour « entre glaise et soleil », cherchant aussi dans le silence du poème à extraire le « métal des nuits ».

Maintenant j'aimerais m'accepter sans réserves, suivre le mot plus net et mon orbite vraie. Mais qu'il y a long de l'écorce au cœur, et que de maladresse à vivre ! Brûlé le fil du voyage intérieur ! J'ai beau tutoyer le soleil : que sait-il de mon geste ? Il taille des éclats aux masses de granit.

QUI EST JE ?

Pierre DALLE NOGARE

Les premiers poèmes de Pierre Dalle Nogare[8] ne sont nullement hermétiques. *Cellules* évoque des souvenirs d'enfance, des scènes de la vie ordinaire, Romainville ou ailleurs, un retour de permission, la guerre d'Algérie. C'est de la vie saisie sur le vif, avec ses ombres et ses lueurs, son mystère émouvant.

Dans *l'Autre Hier*, le poète explore des zones plus secrètes de la conscience et du monde. Attiré par les profondeurs de la nuit, les confidences du silence, il « traite avec l'obscur le miracle des paroles ». Le lointain l'appelle et en même temps il cherche à retenir le souvenir de ce qui passe. Tout se rassemble dans l'instant.

Malgré un goût prononcé pour certains effets rimbaldiens, on voit naître dans *l'Autre Hier* une forme personnelle assez vigoureuse :

---

8. Né à Paris en 1934. *Nerfs* (Regain, 1954). *Cellules* (Gallimard, 1957). *L'Autre Hier* (Gallimard, 1962). *Hauts-Fonds* (Flammarion, 1967). *Corps imaginaire* (Flammarion, 1969). *Motrice* (Fata Morgana, 1970). *Déméter* (Flammarion, 1972). *Mémoire d'autre* (Flammarion, 1972).

Guerrière déliant le jour,
quoi !
la lumière s'automne
d'unité par-delà l'arbre,
je crie saison béante !

L'espace en cendre se parfait au vent,
l'étroite transparence des événements
me fait toucher la vérité,
bon !

Je dispose ce jour écumant (...)

De quelle vérité s'approche-t-on ? Ou, pour employer une syntaxe que peut-être Pierre Dalle Nogare ne désavouerait pas : de quelle vérité s'approche je. Et qui est *je* ?

Après *Hauts-Fonds* où l'homme minéralisé, être érigé vers déjà son non-être, affronte l'Astre et l'Univers, *Corps imaginaire* pose au lecteur qui aura pu surmonter l'obstacle d'une insistante et confuse densité plus d'un problème d'interprétation.

Je semble se chercher, dès la première page, à travers l'évolution des êtres vivants, à partir de la matière élémentaire :

Engendré d'humide
Au profond de la craie
J'ai fomenté le crapaud
Et le crabe.
D'une larve de mouche
Des semences
Ont jadis conservé mon espèce.
Je nais Demain devant la bactérie
Pour surgir
Végétal dans la boue (...)

Je, dans ce condensé de Lucrèce et de Bergson, se dédouble à la fin du poème 3 :

(...) *Que je sois symbole*
Sur Midi
Dans l'air blanc
Pour me subi.
Et renaître deux Dalle Nogare.

Si bien que « *Je* » peut s'interroger et se répondre, parlant toujours — « Je traduis la mi-parole » — comme quelqu'un qui aurait été « Initié par l'oracle ». Ce « Je », pour autant, n'oublie pas d'être homme, entre autres avatars, et de faire l'amour (au chapitre troisième), mais savamment (ou demi-savamment), à l'ésotérique.

(...) *Sans âge sur Toi*
Au fond de la durée
Je déborde le Temps
Où la nuit enjambe
La salive et le poil :
J'aspire des vertiges
Et m'entre sur ta Face.

En conclusion « Je » cède la place à « Il », « Nous », pour revenir à « Me » et « Je ». On risque de s'y perdre : « Il Infinit » (avec un *t*, du verbe infinir), les « Je » — mais les « Je » de qui ?

IL
Infinit mes Je
A se dire IL,
Et mue ma connaissance
En refus.

(Corps imaginaire)

A méditer. Ou comme disait, plutôt élogieusement, Alain Bosquet dans une note de *Combat* sur *Corps imaginaire* : « A suivre »...

LE MAL DE TERRE
GALIL

Liliane Atlan — Galil —[9] a beau proclamer « Que la nature est douce et belle et rationnelle », d'une rationalité qui n'a plus besoin de Dieu pour s'établir

---

9. Née à Montpellier en 1922. — Sous le nom de GALIL :
Les Mains coupeuses de mémoire (Oswald, 1962). *Le Maître-Mur* (Action poétique, 1964).
— Sous le nom de Liliane ATLAN :
Lapsus (Seuil, 1971).
— Liliane ATLAN a écrit plusieurs œuvres pour le théâtre. *Monsieur Fugue ou le Mal de terre*, créé à Saint-Etienne, a été repris au T.N.P. (Seuil, 1967).

— Je le dis à voix basse
Dieu à la nuque raide
Dieu assassin de mon enfance
Je t'ai bâti comme une enceinte
Comme un épouvantail pour les oiseaux de mer

Le Mal de terre) —

ses poèmes traduisent surtout une vive émotion devant l'ampleur de la nature, le flux et le reflux des univers, les passions de la fourmilière humaine, les « marées hautes de l'histoire ». La foi en un monde uni n'efface pas un certain effroi à la pensée de ce qui viendra tout submerger.

(...) *Morte je vous dirai la maison de mer noire*
Où nous rôdons lents et carbonifères
Qui douterait de nos dérives lentes et quotidiennes
A vivre nous avions tous le mal de terre
L'amour ô quelle étrange quête
La nuit montant comme une mer

La joie c'est de danser par-dessus les abîmes (...)

(Le Mal de terre)

Comme si la parole cherchait à combler un manque essentiel, Liliane Atlan adopte un ton prophétique dans un monde où « nul prophète n'a jamais dans aucune vallée réveillé d'ossements ». Elle retrouve les accents de l'Apocalypse pour exprimer son interrogation sur l'origine des univers, son étonnement devant le surgissement de l'être et les désastres, et les ténèbres, et la lumière. Son matérialisme et ses inquiétudes quant au sens de l'histoire pourraient retenir quelques élans :

Le lyrisme est agaçant
on n'a plus devant soi aucune éternité.

Mais un certain lyrisme se mêle néanmoins à ses visions où l'onirisme le dispute à la lucidité. Tandis que tarde la destruction totale, le plaisir du poème se renouvelle.

SOL INUTILE

Lorand GASPAR

Lorand Gaspar[9bis] voudrait « explorer la face claire de la nuit », d'une nuit qu'il dit ailleurs « mangée à blanc ». Il sait que l'homme ne peut parvenir à la connaissance de l'Absolu et que personne ne connaîtra jamais « le destin des couleurs en l'absence des yeux ». Mais il ne cesse pour autant d'interroger le monde dans sa dureté, son silence, son épaisseur. Il cherche une vie dans la pierre, une mélodie dans l'opacité, des divinités dans le quartz. Les poèmes de Lorand Garpar, écrits en Jordanie aux portes du désert, semblent remonter à l'origine d'un clair-obscur universel. Ils brillent d'un éclat non encore identifié dans notre poésie.

(...) *vous ressentirez tout au plus une faible lumière de corail*
à certaines heures de la nuit
que vous prendrez pour des capillaires dans vos yeux
ou du chrysobéryl des mines de l'Oural.

(Le Quatrième Etat de la matière)

La poésie de Lorand Gaspar — qui, hantée par le minéral, n'échappe pas toujours à une certaine dureté rhétorique — exprime parfois une humanité très proche, où l'imagination mythique accepte une part de tendresse.

Quand les voix posent des filets brillants sur l'eau,
Quand les hommes lourds de soleil rentrent vers le port (...)
des corps de femmes et des yeux
font un village de fenêtres,
noirs et bleus.

(Idem)

Avec *Sol absolu*, l'obsession du désert s'accroît encore chez ce poète, auteur par ailleurs d'une *histoire de la Palestine* (Maspéro, 1968). Le pays élu fait vibrer quelle doublure, enfouie, de l'âme ?

« Pays inutile » ? « Terres stériles » ? Déserts de Judée, déserts entre l'Egypte et la Terre Promise, il les sillonne tous. Ici, « sur un milliard de graines produites sur 4 000 mètres carrés, seulement un million ou deux arriveront à la saison pluvieuse ». La plante se défend,

---

9bis. Né en Hongrie en 1925. A vécu longtemps à Jérusalem. *Le Quatrième Etat de la matière* (Flammarion, 1966). *Gisements* (Flammarion, 1968). *Sol ab.olu* (Gallimard, 1972).

se couvre d'épines, s'enfonce dans le sol, « emmagasine de l'eau ». L'animal, pour durer, utilise même le sommeil. Le « hibou fouisseur » peut subsister « une saison entière sans boire ». Une « vingtaine d'espèces de poissons vivent dans le désert », égaillés dans « des trous d'eau cachés ». Bilan précis, inquiet. Arc-boutant ses poèmes avec des citations des Prophètes, de géographes et historiens de l'Antiquité, du Moyen Age arabe, compulsant aussi ses propres carnets de pérégrin, Lorand Gaspar recense le désert — ce lieu nul. Il y découvre la chance de « sa liberté », c'est-à-dire une « absence de besoins » :

(...) *Renoncer*
se priver pour avoir son mouvement à la
mesure de l'espace.
Renoncer à tout ce qui peut lier, entraver
alourdir la charge des chameaux.
On vit dans la démesure
avec des petits moyens
sans moyens presque
dans la lumière à fendre l'œil
en se plaçant au centre de soi-même
serrant l'horizon entre ses paupières
dans l'espace à s'y perdre,
levant avant l'aube son camp.
Apreté, dépouillement, économie —
sur ce fond abstrait
un verre d'eau fraîche
une tasse de café
une femme (...)
Etre présent à l'abandon, à l'absence
être chez soi dans le vide
parent du silex et du grès (...)

(*Sol absolu*)

Le « bruissement de la divinité » n'est pas loin. Lorand Gaspar se méfie toutefois des assurances définitives. Il tourne un moment autour de Yahvé — ce dieu qui signifie « abondance », qu'il a rejoint d'abord par l'Histoire Sainte, et dont il ignore la définition plus précise. Où est ce dieu ? Partout :

sur toutes les pistes où tu menas
tes troupeaux de doutes et d'espoirs (...).

En cherchant, il veut vivre, ayant dépouillé le vieil homme, et « brisé la chair » — loin des cités et de leurs apparences — dans ce désert où le paysage, réduit à l'essentiel, l'autorise à « rêver d'une genèse ». Il sait en tout cas que « Notre soif a la mesure du sable et de l'attente ». Epousant tous les méandres d'un *sol absolu* — « espace d'un cri / entouré d'espace de rien » — sa quête quasi mystique n'est possible qu'ici, « dans un monde étrange d'apesanteur », où il fait bon

habiter nulle part nul temps
rompre les contours du lieu
briser le lien entre le sang et ses abris
écarter le compas de la durée
cesser d'être un point de coordonnées (...)

(Sol absolu)

François-Noël SIMONEAU

François-Noël Simoneau[10] a cherché dans la nature, non sans inquiétude, une ouverture sur le rêve, l'amour, la connaissance, — la chance d'une profonde évasion cosmique.

Mauves les pluies ont chaviré sur la ville !
A toutes jambes je me suis enfui vers les herbes
J'ai précipité mon corps dans les sentiers de fougères
et lancé mes yeux à la poursuite des licornes !

Mille mains me sont nées desquelles je ne parviens plus
tant elles caressent la chair des fruits mouillés
à composer l'anémone d'un astre un brasier de garance
pourtant lu dans les feuilles aux brûlures du vent.

(Echec au silence)

Le songe « s'est blotti sans joie dans un repli d'absence ». La folie se déchaîne — en Angola, au Vietnam. Quel poème assainirait tout ce qu'il y a d'insalubre dans le monde ? Quelle image pourrait sauver l'humanité du désastre ? François-Noël Simoneau semble prêt à

10. Né à Paris en 1941. *Eclipse* (1959). *Cet autre sabbat* (Chambelland, 1963). *Echec au silence* (Chambelland, 1967). *Cilices* (Oswald, 1968). *Les Mains* (Club du Poème, 1972).

renouveler les sombres prophéties de Jules Laforgue dans *le Sang de la terre*.

La terre est loin sous les sables loin sous la ferraille
loin sous les pierres sous le bétail sous les hommes loin
loin sous les chairs sous les crânes sous les paumes
loin sous les vers. La terre est loin sous le silence (...)

(Cilices)

Mais, dans « ce perpétuel mouvement du silence à l'horreur du cri » que la terre lui enseigne et qu'il ne cesse de ressentir en lui-même, le poète saura trouver une vigueur nouvelle.

Trop sûres pour être calmes ces mains
de tout amour Lève en elles une graine
que refuse la terre Violence de l'épi
ailleurs monté que de la tourbe labourée

(Les Mains)

AUX HORIZONS DE L'ESPACE ET DU TEMPS

Marc PIÉTRI

Comme la pensée selon Taine, la poésie de Marc Piétri[11] ressemble à un « polypier d'images ». Dans son premier livre, si pertinemment intitulé *Madrépores,* le poète procède par associations d'idées, dont les ramifications successives forment des îlots, des récifs, — un paysage insolite, foisonnant, étrangement ordonné cependant, en profondeur comme en surface.

Naturellement, c'est tel que le fond de la mer, sous les projecteurs
d'un bathyscaphe alimenté par une puissante batterie électrique et
dont les silos sont emplis de grenaille de fonte.
Indubitablement, rien n'est plus beau qu'un tigre tenant disloqué dans
sa gueule un paon aux rémiges broyées.
Quelle nuit de noces semble là se parodier !
Quel repas de firmament, on en conviendra ! (...)

(Madrépores)

---

11. Né à Marseille en 1936. *Madrépores* (Poche-Club, 1965). *Histoires du relief* (Grasset, 1969).

Ces plongées bien préparées dans les profondeurs inconscientes, avec tous les moyens techniques d'exploration et de sauvetage dont on dispose aujourd'hui, étonneront moins que les grandes pages de Lautréamont, de Rimbaud, d'André Breton. Mais on se laissera facilement conduire, au cours de ce voyage, de métamorphose en métamorphose, poussé par le souffle du poème.

L'éditeur Pierre Belfond a été bien avisé de publier dans une collection de poche, pour la première fois dans l'histoire de l'édition française, un poème d'un auteur presque inconnu.

La même expansion vitale caractérise *Histoires du relief,* la même imagination fertile, bigarrée, qui trouve sa structure dans la prolifération de l'idée. Marc Piétri y développe un réseau d'images qui s'étend, de proche en proche, aux horizons de l'espace et du temps. Mais l'homme reste au centre.

L'AFFIRMATION SAUVAGE DU MONDE

Christian HUBIN

On pourrait scolairement discuter cette opinion de Christian Hubin[12], énoncée « en marge du poème » : « Le poème n'est jamais que le fragment d'un monologue à peine interrompu, et non l'un de ces petits objets d'art méprisables que l'on garde sous verre, entre un bibelot d'anthologie et un chromo de la pensée lyrique ». Mais, en lisant *Le chant décapite la nuit* ou *Terre ultime*, on comprend que Christian Hubin ait exprimé ce jugement sur le poème-objet d'art. Il ne peut s'arrêter aux limites de l'objet. Il ne supporte rien de fixe. Tout en lui et pour lui est mouvement : le monde et l'homme, et leurs rapports — toujours tendus, coupants, au bord de la rupture.

Une aube de rasoirs aiguise les fenêtres
La peau lentement se déchire
Crissement de nerfs où s'affûtent
Les bruits de pierres la rosée (...)

---

12. Né à Marchin (Belgique) en 1941. *Orphéon* (Bruxelles, Lettres 55, 1962). *Epitomé* (id., 1962). *Musique* (Liège, Laffineur éd., 1963). *Etudes pour les deux mains* (Liège, Ray Graf éd., 1964). *Soleils de nuit* (Liège, Marche Romane, 1964). *Messe pour une fin du monde* (Le Thyrse, 1965). *Prélude à une apocalypse* (Toulouse, Encres vives, 1966). *Le chant décapite la nuit* (Fagne, 1968). *Terre ultime* (Fagne, 1970). *Traverse-pierre* (Paris, Plein Chant, n° 6, 1972). *En marge du poème* (Vodaine, 1972).
A fondé la revue *Carbone*. Première série : Liège, cinq numéros de 1960 à 1962. Deuxième série : Charleroi, quatre numéros de 1964 à 1966.

Dans un monde emporté par le tourbillon de la matière, le poète, poussière lui-même, fait éclater la parole en fusées, cherchant à « proférer le monde » dans une flambée de mots, un crépitement d'images bientôt pulvérisées — en attendant que les détonateurs se retournent contre lui-même. Et pourtant, Christian Hubin rêve au « pur poème de silence » en gestation dans l'univers, et s'il va toujours plus loin, plus haut, plus profond, s'il se propulse sur tous les chemins de l'aventure cosmique, c'est vers quelque clarté indéfinissable en même temps que vers la nuit ouverte.

Nous mâchons notre éternité
Sous l'œil fixe des fontaines.

Là où le monde recommence, le poème aussi reprend, toujours en expansion.

(...) *Ivre de mains ivre de mots*
Je me battrai à coups de dents à coups
De nerfs à coups de verbe
Jusqu'à extirper au poème
Son affirmation sauvage du monde
Son rêve-muscle sa stridence
Et cet amour de vivre à peine pressenti
Que déjà quelque chose s'arrache de nous
Lyrique palpitant de la fureur brève du signe
Comme la main dans l'air impossible à saisir (...)

(Le chant décapite la nuit)

Autres œuvres à citer :

Lorenzo PESTELLI, *Le Long Eté*, 2 vol. (Lausanne, Cahiers de la Renaissance Vaudoise, 1968 et 1971).
Louis SIMON, *Multiples* (Orphée, 1964).
Frédérick TRISTAN, *L'Arbre à pain* (Avignon, Les Hommes sans Epaules, 1954).

CHAPITRE VI

POÉSIE MYSTIQUE

Les poètes qui, prospectant le monde par les voies de l'irrationnel, osent nommer Dieu ce qui se cache derrière les mots, les choses, les poèmes, ne vont-ils pas au-delà de leurs propres possibilités de poètes ? N'affirment-ils pas un savoir qui dépasse les limites de leur art ? C'est ce que pense Ferdinand Alquié, qui écrit dans sa *Philosophie du surréalisme* que « toute poésie est athée dans son principe ». Cela ne signifie pas — le philosophe le précise très nettement — « que tout poète soit athée, ni que l'athéisme soit vrai, ni même que cet inconnu, cet Etre que toute poésie et tout art désignent ne soit pas Dieu ». Mais le poète s'égarerait en prenant des positions théoriques qui ne sont pas de son ressort en tant que poète.

Certains des poètes que nous citons ne nous permettraient que trop aisément de confirmer le bien-fondé de ces remarques. Quoi de plus étonnant que la certitude d'un Pierre Oster ? Mais il faut remarquer que l'expression juste de la foi n'est jamais dans un *je sais* mais dans un *je crois*.

Quand l'apôtre Paul arriva à Corinthe, il lut sur un autel l'inscription : « Au Dieu inconnu ». Et le Dieu qu'il annonçait par la médiation du Christ — « image visible de l'invisible » — n'était autre que ce Dieu-là. « Ne pas Te voir c'est Te voir Ta présence m'aveugle », a écrit Pierre Emmanuel. Le Dieu des poètes, et des croyants, ne se révèle-t-il que par son absence ?

LA BIBLE AU CŒUR

Jean GROSJEAN

L'œuvre de Jean Grosjean[1] force l'admiration. C'est le mont Sinaï de la poésie française contemporaine. Jean Grosjean a traduit de l'hébreu les Prophètes (Amos, Osée, Isaïe, Jérémie, Ezéchiel), du grec les poètes tragiques (Eschyle, Sophocle), de l'anglais *le Marchand de Venise* de Shakespeare. Cette fréquentation des sommets situe un écrivain.

Les traductions de Jean Grosjean ont parfois été préférées à son œuvre propre de poète. Réaction de lecteurs doctes qui ne supportent, ou ne feignent de supporter, les grands vents que s'il est bien attesté qu'ils viennent de l'histoire, porteurs d'une culture qu'il serait indécent de rejeter. La poésie de Jean Grosjean s'est nourrie de la Bible et de Claudel. Le même souffle anime son *Apocalypse* et les pages sacrées. Les Ecritures, traduites par le poète Jean Grosjean, retrouvent une force, un mouvement, que la langue française, trop analytique et trop abstraite, rendait mal dans les versions traditionnelles. On ne peut vraiment séparer, chez Jean Grosjean, l'œuvre du traducteur et celle du poète. Elles s'interpénètrent.

Ceci est traduit d'Isaïe (XLVII) :

Descends t'asseoir dans la poussière, ô Babylone.
Viens t'accroupir sur le sol, fille détrônée.
Tu ne seras plus nommée « la tendre, l'exquise ».
Prends la meule, broie le grain et dénoue ton voile.
Relève pour passer l'eau ta robe à tes cuisses
Et qu'on voie ta nudité. C'est là ma vengeance (...)

(Les Prophètes)

---

1. Né à Paris en 1912. *Terre du temps* (Gallimard, 1946). *Hypostases* (id., 1950). *Le Livre du Juste* (id., 1952). *Fils de l'Homme* (id., 1954). *Majestés et passants* (id., 1956). *Austrasie* (id., 1960). *Apocalypse* (id., 1962). *Hiver* (id., 1964). *Elégies* (id., 1967). *La Gloire* précédé de *Apocalypse, Hiver* et *Elégies* (Poésie/Gallimard, 1969). *La Nuit de Saül* (Albeuve, Suisse, Ed. Castella, 1970).
Depuis le mois d'avril 1968, Jean GROSJEAN partage avec Dominique AURY le Secrétariat Général de La *Nouvelle Revue Française*, dont Marcel ARLAND est le rédacteur en chef. (Nouvelle série : N° 1, janvier 1953. N° 240, décembre 1972).
Traductions — *Les Prophètes,* traduit de l'hébreu (Gallimard, 1955). *Le Marchand de Venise* (Œuvres complètes de Shakespeare, Club Français du Livre, 1956). *Tragiques grecs,* Eschyle et Sophocle (Bibliothèque de la Pléiade, Gallimard, 1967).

Et voici un extrait d'un poème de Jean Grosjean :

Femme, ton profil aigu de pâle Persane
Découpe le dos des ténèbres qui s'évadent.
Tes yeux sont un ciel dont l'aurore peint ta joue.
La nuit fuit au val de tes seins. Tes cheveux nouent
Les vagues des mers. Le soleil met sur ta bouche
Le sceau brûlant de son doigt. Ta paupière bouge
Comme en l'avril des forêts l'aile du ramier.
L'abeille du jour sur ton iris est posée (...)

(Fils de l'Homme)

On pourrait multiplier à l'infini les exemples. La poésie de Jean Grosjean rend un son biblique... mais c'est celui de la Bible traduite par Jean Grosjean. Un son humain aussi :

(...) *Au rivage de l'étang de mon œil, mes cils*
Sont des frêles méditations de joncs en lignes
Dont l'ombre fine filtre ma stupéfaction.
Ce monde neuf est désert jusqu'à l'horizon
Et bée sur ton hégire énorme. Suis-je né,
Non pour vivre, ô Dieu, mais pour te voir t'absenter ?
Serai-je toujours tourmenté par le remords
D'être un jour sorti de toi comme un poisson mort
Dont la gueule ouverte et l'œil rond vont sur les eaux
A la face du ciel ? (...)

(Fils de l'Homme)

Dans sa chute, Adam voit Dieu s'absenter. Ne traduit-il pas en cela notre propre situation ?

Jean Grosjean exprime le caractère sacré de l'univers. Il écoute la parole du vent dans les arbres, il communie avec tout, il nomme «l'herbe azyme », il sait à qui s'adresse l'ovation des branches. Sa pensée se met en mouvement avec ce qui bouge et vit dans la nature, avec les nuages qui « courent sur les arbres », avec le soleil qui caracole « entre les charretées de betteraves », avec les buses qui s'envolent des buissons. Il réunit, dans une image exacte, la terre au ciel, le détail à l'ensemble : « Le croissant descend dans l'abreuvoir à la rencontre du croissant qui monte sur la forêt ». Il fait dire à Dieu même :

J'ai été fou au comble de l'été de me jeter ainsi hors de moi, tombant du plus obscur haut-mal en écumant de nébuleuses, roulant bleu et pâmé sur le duvet des pêches, écrasé de vin parmi les lièvres en fuite.

La mystique de Jean Grosjean ne doit pas être confondue avec une théologie dogmatique. Il est imprégné des Ecritures, qu'il traduit, qu'il cite, dont il s'inspire (où il puise son propre souffle). Mais il ne lui échappe nullement que Dieu dort dans les textes, qu'il reste prisonnier des notions qui le trahissent. Jean Grosjean ne veut pas d'un Dieu de tout repos. Son Dieu sort de lui-même et ne peut être qu'en étant « hors de soi » (ce qui éclairerait un peu, avec l'appui discret de Hegel, le mystère de l'incarnation). Comment, de plus, se fier entièrement à une parole humaine, fût-elle de poète ? Dieu même ne peut s'exprimer sans se briser. Le langage s'épuise à « dire au dieu qui parle que ce dieu n'est que dit ». Jean Grosjean y insiste : « Si tout le dieu se perd en langage et si le langage ne ment pas, le langage ne dit qu'un dieu qui se perd ».

RÉINVENTION DU SACRÉ

Jean-Claude RENARD

Jean-Claude Renard[2] avait pu faire penser à Patrice de la Tour du Pin par sa nostalgie des légendes. Mais il paraissait plus visiblement appliqué à façonner des strophes à peu près régulières. Telle était la manière de *Métamorphose du Monde* :

Où les retrouverais-je, où sont les princes blancs
les princes des pays de feuilles et de pluies
que moi, que nul d'ici, que nul d'ailleurs n'oublie,
les princes anciens dont l'amour est poignant ?

Je ne sais plus le nom qu'ils avaient pris pour moi,
femme verte, sang roux et corps ensorcelé,
et les mots dont mon cœur est encore désolé
tous les mots émouvants qui meurent dans le froid (...)

---

2. Né à Toulon en 1922. *Juan* (Paris, M. Didier, 1945). *Cantiques pour des pays perdus* (Laffont, 1947 — Points et Contrepoints, 1957). *Haute-Mer* (Points et Contrepoints, 1950). *Métamorphose du monde* (Points et Contrepoints, 1951 et 1963). *Fable* (Seghers, 1952). *Père, voici que l'homme* (Seuil, 1955). *En une seule vigne* (Seuil, 1959). *Incantation des eaux* (Points et Contrepoints, 1961). *Incantation du temps* (Seuil, 1962). *La Terre du Sacre* (Seuil, 1966). *La Braise et la rivière* (Seuil, 1969).
Notes sur la poésie (Seuil, 1970).
Consulter : André ALTER, *Jean-Claude Renard* (Seghers, coll. « Poètes d'aujourd'hui », 1966).

On restait sensible au charme un peu fané de certains vers :

J'ai versé sur le feu le sang des grands oiseaux,
j'ai cherché les pays pareils à ma mémoire
et j'ai brûlé mon sang avec des plantes noires
- j'ai brûlé mon amour jusqu'au matin glacé...

Jean-Claude Renard se montrait soucieux de retrouver, par le verbe poétique, les paradis oubliés.

Mais il était porté à l'abus des reprises :

Les sorciers m'ont redit quels étaient leurs secrets
quelle était la lumière épaisse de leur chair,
ils m'ont dit les secrets qu'on a chargés d'enfer,
les grands secrets perdus qu'ils avaient inventés.

Il affectionnait le commentaire alambiqué :

Je meurs ici de n'être dans le mort
que le malheur de celui que je suis,
mourant ailleurs de n'être que le corps
de celui-là que je suis dans l'esprit.

La poésie de Jean-Claude Renard a gardé assez longtemps quelque chose d'apologétique, d'insistant, de rugueux. Le but était de reconnaître « le grand pays de Dieu, le Corps parfait du Christ ». Mais il arrivait que le commentaire de « l'unique Parole » nous laissât plus sensibles à la qualité et aux accrocs de la rhétorique qu'à la perfection du divin.

Père, voici que l'homme... Cela devait faire près de quatre mille alexandrins, disposés en strophes : des quatrains bien carrés, aux rimes croisées (faut-il y voir un symbole ?), s'ordonnant en périodes éloquentes. L'abondance des répétitions — de thèmes, de mots, de sonorités —, l'emploi systématique des formules consacrées, un certain ton dogmatique (ou ressenti comme tel) rendaient fort difficile l'accès de ce poème. On avait l'impression de moudre du Péguy.

En revanche, quel admirable livre que *la Terre du sacre !* C'est beau comme une messe solennelle quand on n'a pas été à la messe depuis longtemps. Le lecteur agnostique ou athée risque de faire des contresens, de s'enchanter d'images qu'il prive de certaines significations symboliques, de déchristianiser le poème :

J'ai préparé des poissons et des pains
Dont la présence émerveille les choses...

En trichant un peu, en glissant sur le commentaire (« Qui les mange, en moi change et se métamorphose »), on participe à un rite auquel on n'est pas très sûr d'être convié ; mais on ne peut certainement pas rester indifférent à cette sanctification du monde.

O Verbe dans la Femme ! O Femme dans le Dieu
Comme l'offrande en lui du seigle universel !

Dans l'état d'ignorance où nous nous trouvons, Jean-Claude Renard nous fait davantage aimer la profusion de la nature et nous aide à en pressentir l'unité. L'ample mouvement du poème évoque comme une lente procession, sous le soleil, de tous les êtres, de toutes les choses de la création. Les versets de Jean-Claude Renard, écho des grandes liturgies, ne donneront pas seulement aux croyants le sentiment de l'incorruptible.

La Braise et la rivière est sans doute un poème d'inspiration chrétienne, mais le sentiment du sacré s'est à ce point élargi qu'on pourrait croire en de nombreuses pages à une célébration du culte du Grand Tout, et d'autre part l'interrogation philosophique est si aiguë que la foi, sans être vraiment menacée, paraît se confondre avec la conscience de l'énigme. Jean-Claude Renard, en un récit d'abord obscur mais annoté de poèmes, et qui s'éclaire peu à peu, cherche à remonter le cours du temps jusqu'à l'origine de l'être et de la parole et retrouve aussi chez les Noirs d'Afrique les rites profonds qui exaltent le dieu.

Le dieu reste caché, mais la poésie de Jean-Claude Renard ouvre une des voies, initiatiques au sens le plus fort, qui peuvent conduire à sa rencontre.

Les premiers livres de ce poète paraîtront bien insistants aux lecteurs qui auront aimé — comme on le souhaite ! — *la Braise et la rivière* ou *la Terre du sacre*. Il faut pourtant suivre attentivement cette évolution si l'on veut vraiment comprendre la portée des poèmes de la maturité. Jean-Claude Renard, considérant la pratique de l'écriture comme une ascèse, n'a cessé d'approfondir à la fois son expérience religieuse et son expérience poétique. Ces deux démarches, quand on dépasse la conception d'une poésie cherchant simplement à traduire la foi, peuvent paraître aller dans des directions différentes, bien qu'elles aient en commun d'aller au-delà de la logique rationnelle. Mais si la poésie cherche sa vérité en elle-même, elle n'en est pas moins susceptible de rejoindre, par une sorte d'osmose, une autre Vérité. Aussi Jean-Claude Renard peut-il écrire, dans ses remarquables *Notes sur la poésie* : « Le poète croyant devra (...) ne parler d'une certaine manière de sa foi qu'en laissant le langage poétique en parler lui-même et de lui-même comme par une réinvention du sacré à l'intérieur de sa propre parole. Ce sera peut-être le meilleur moyen pour ce langage d'être et de rester poésie tout en attestant et en communiquant une expérience authentique du mystère religieux ».

L'ANNONCE DE LA PÂQUE
Emmanuel EYDOUX

On ne lira pas Emmanuel Eydoux[3] comme on lirait la plupart des poètes — qui cherchent à faire passer entre les mots des courants inattendus.

Certes, pour toute la part de sa vie dont il peut faire libre usage (il a été longtemps « courtier en marchandises » avant de devenir « professeur de civilisation biblique »), Emmanuel Eydoux a choisi de rejoindre la fraternelle communauté des poètes : il reste quelques heures par jour — ou par nuit — où l'on peut être enfin soi-même, avec les autres. Mais ce temps durement préservé, Emmanuel Eydoux ne veut pas le consacrer à l'élaboration et à l'illustration d'un nouvel art poétique. Il sait trop, pensant notamment aux persécutions raciales et à la misère des pays sous-développés, dans quel mépris l'homme est si souvent tenu, pour accepter de se taire ou de parler d'on ne sait quoi, pour le simple plaisir.

Emmanuel Eydoux, dans ses longues chroniques en vers — ou plutôt en versets — de *la Tour de Feu,* dénonce les offenses faites à l'homme partout dans le monde, salue ses amis de la Tour, les camarades de la « vie la plus secrète et la plus précieuse », rappelle ardemment les préceptes d'une éthique fondée sur la foi en l'homme. Il s'inspire toujours des grandes prophéties bibliques, émaillant volontiers son propos de citations de l'Ecriture, se réclame du grand message d'Israël dans lequel il voit pour tous les hommes, au-delà de tous les déserts du cœur et de l'espace, l'annonce de la Pâque si longtemps attendue.

La pensée, indéfiniment reprise et martelée, fait penser à un Péguy moins imagé, volontairement plus prosaïque, mais la simplicité sérieuse de la recherche, la générosité du verbe, l'esprit de paix qui

---

3. Né à Marseille en 1913. Principaux titres : *Le Chant de l'exil* (H.C. 1945 ; rééd. Cahiers du Rhône, 1947). *Abraham l'Hébreu et Samuel le voyant* (A la Baconnière, 1948). *Premières litanies* (Le Cercle du Livre, 1952). *Un jeune de Marseille* (Cahiers du Sud, 1955). *Litanie des deux orphelins* (La Tour de Feu, 1953). *Le Chant de la plus haute tour I -Jules Mougin* (La Tour de Feu, 1955). *Première Qacida* (Caractères, 1957). *Le Chant de la plus haute tour II -Jarnac* (La Tour de Feu, 1958). *Elégies inachevées* (Marseille, Leconte, 1959). *Sept litanies* (H.C. 1968). *La Grande Litanie* (La Tour de Feu, 1969). *Introduction à l'histoire de notre civilisation*, quatre brochures (H.C., 1969, 1970).

progresse alors que « de grands feux » continuent de brûler « sur toutes les collines du monde » expriment une évidence morale qu'un poète a bien le droit, finalement, de revendiquer.

Prenant toujours, dans les occupations quotidiennes et les déplacements, le temps de la méditation, cherchant dans l'expérience de la vie comme dans l'histoire et les grands Livres à pénétrer le sens des pérégrinations humaines, Emmanuel Eydoux est poussé par son amour de la terre et des hommes et par ce qu'il appelle « la poésie de Dieu » à une sorte de lyrisme œcuménique dont nous ne pouvons douter qu'il retienne l'attention.

(...) Cet été-là, je montais tous les mercredis à Paris (...)

Comme j'avais cheminé les chemins de cet autre désert
qui a été pour le cœur d'Israël
le cœur des hommes et des peuples de l'exil,

J'ai cheminé les chemins de la Galilée, de la Décapole,
de la Samarie et de la Judée,
au temps du procurateur Ponce-Pilate,
je me suis assis dans les synagogues de Chorazin,
de Bethsaida, de Kfar-Nahoum,
jusqu'à ce que j'aie acquis la certitude
que Jésus était un homme d'Israël
— le figuier est mon témoin —
et que son enseignement est un enseignement d'Israël
— le sermon sur la montagne est mon témoin —

C'est pourquoi maintenant encore
— alors que tant d'années se sont enfuies —
lorsque je reprends parfois un train de nuit,

Alors que tous dorment autour de moi
alors que mon corps s'est assoupi
alors que mes yeux se sont appesantis

Je sais que mon âme veille et parcourt
les chemins de Moïse, notre maître, l'homme de Dieu,
les chemins de Jésus et les chemins de Mahomet,
les chemins du Bouddha et les chemins de Socrate,

Tous ces chemins qui ont été sur la face périssable de l'espace
et qui sont désormais sur la face éternelle du temps.

(Premières litanies)

Bruno DUROCHER

D'origine polonaise, Bruno Durocher[4], de son vrai nom Kaminski, a passé près de six ans dans un camp de concentration nazi avant de venir en France en 1945. Ce qu'il a à dire ne s'accommode pas des limites habituelles du vers ou du poème. La révolte, le sens de la souffrance, la volonté de vaincre s'expriment en de grandes pages où le récit, la confidence, la méditation sur le temps, l'univers, l'histoire, le destin se fondent en une prose nombreuse, distribuée en versets, où passe le souffle des Prophètes d'Israël.

LE PARADIS PERDU

Marie-Jeanne DURRY

L'œuvre poétique de Marie-Jeanne Durry[5] paraît dominée par le mythe du Paradis perdu. Son premier livre (de poésie, car de magistrales études critiques, sur Chateaubriand en particulier, ont été publiées antérieurement) porte pour titre *le Huitième Jour*. Ce *Huitième Jour,* qui suit le jour où le Créateur s'est reposé, est, selon la formule de Jacques Madaule, « le premier jour de l'histoire humaine » ; il commence quand Adam et Eve ont été chassés du Paradis terrestre. Marie-Jeanne Durry a longuement laissé mûrir en elle cette méditation

---

4. Né à Cracovie en 1919. *Chemin de couleurs* (Seghers, 1949). *Carrousel épouvantable,* textes poétiques (Chemin des hommes, 1950). *Morceaux de terre* (H.C., 1951). *La Forme du jour* (H.C., 1951). *La Foire de Don Quichotte,* prose poétique (Caractères, 1952). *A l'image de l'homme* (Caractères, 1956). *Combattre le temps* (Caractères, 1969). *Effacement du cercle* (Caractères, 1972). A publié, « traduit » par lui, un poème volontairement anonyme : *Chant d'un Juif* (Caractères, 1954) et *Yehuda Halevi* (Caractères, 1969).
Bruno DUROCHER a fondé avec Jean FOLLAIN, André FRÉNAUD et Jean TARDIEU la revue *Caractères* (Paris) en 1950, l'a dirigée jusqu'en 1958. Il a animé (avec Alain BOSQUET) la revue *Planètes* : deux numéros en 1955. Après une interruption, la revue *Caractères* a commencé une nouvelle carrière. N° 1 : 1957. N° 11-12 ; 1972. Pas de n° 13. N° 14 : septembre 1972.

5. Née à Paris. *Le Huitième Jour* (Corti, 1949, 1967). *La Cloison courbe* (Seghers, 1949). *Effacé* (Seghers, 1955). *Soleils de sable* (Seghers, 1958). *Mon ombre* (Seghers, 1962). *Eden* (Seghers, 1970). *Lignes de vie* (Saint-Germain-des-Prés, 1972).
A consulter : *Marie-Jeanne Durry* par Jacques MADAULE (Seghers, *Poètes d'aujourd'hui*, 1966).
Marie-Jeanne DURRY a fondé en 1972 la revue *Création* (Paris). N° I : 4e trim. 1971. N° III : décembre 1972.

poétique, ce chant d'amour alterné d'Adam et d'Eve ; elle a repris en 1941 le poème ébauché en 1929, poussant le nombre des alexandrins jusqu'à cinq cent soixante-quatorze.

(...) Condamnés sans forfait par un sort sans appel,
Je ne blasphème pas, je dis à l'Eternel :
Que ta volonté soit ! mais ceux que tu bannis
Dans leur jeune splendeur tu les avais bénis.

Ceux qui doivent peiner jusqu'à la fin des temps,
Ceux qui de poudre nés retourneront en poudre,
Ils ne conçoivent pas dans leur cœur impuissant
Quelle est la faute en eux que rien ne peut absoudre (...)

Oui ces êtres déchus, ces pécheurs innocents,
Qui souffrent en mourant, qui souffrent en naissant,
Ils s'enracineront dans leur destin mortel,
Ils trouveront un goût au pain, au vin, au sel (...)

Ils aimeront un bout de champ, un coin de pré,
Le misérable arpent qu'ils auront labouré,
Un arbre aux rameaux noirs dans le soir qui s'éteint,
Et l'horizon furtif qui se courbe au matin (...)

Le livre le plus récent de Marie-Jeanne Durry — poème radiophonique en cinq actes — s'intitule *Eden,* titre auquel l'auteur avait déjà pensé, un moment, pour *le Huitième Jour*. C'est une évocation de l'aventure humaine, individuelle et collective, où s'affirme le vœu suprême de « Toujours renaître jusqu'au dernier jour », où l'amour refuse d'abdiquer. Ainsi, quand le moment est venu pour « le dernier homme » de « pleurer sur la dernière femme », sa « clameur » reste un « chant » : « le poème de l'amour qui traverse les âges, même s'il se perd parmi l'espace avec le vide bruit du vent ».

Entre *le Huitième Jour* et *Eden :*
— *la Cloison courbe,* celle d'un ciel qui se referme sur l'homme.

Ce grand ciel qui descend pour coller à la terre
Où s'arrêtent les yeux, courbe, cette cloison...

— *Effacé*. Rien sans doute ne résiste mieux au temps qu'un beau souvenir d'amour (« L'Homme et la femme Dans le soleil »), mais les amants, « dans la dernière solitude », seront, « l'un dans l'autre effacés », puisque tout est poussière.

J'ai mesuré le temps
Avec mes pas de sable.

— *Soleils de sable*. « L'âme mortelle » éprouve sa ferveur, sa faiblesse, en divers paysages dont la prose du poème aide à fixer le souvenir émouvant.

— *Mon ombre*. Le poète, l'âge venant, pense encore à

Des paroles pierre et flamme
Qui feraient un trou dans la nuit

mais sent aussi que la magie des mots s'est usée :

Je ne sais plus que me parler
Avec des mots de tous les jours (...)

Je remâche la litanie
Où se défont l'âme et le corps
Il n'est plus de chant ni d'images
Si près des morts.

C'est le moment de mieux entendre, dans la nuit qui pour chacun de nous se prépare, le bruit discret de la vie qui succède à la vie.

L'herbe des soirs pousse en silence,
C'est la nuit qu'on entend les bruits,
Celui de la plante qui lève
Et les craquements de l'écorce.

Cette œuvre enseigne, en définitive, à

Toujours renaître jusqu'au dernier jour.

LE VERBE UNIVERSEL

Jean LAUGIER

Jean Laugier[6] a voulu faire de l'amour humain et de l'amour divin la trame de ses poèmes.

Il cherche à traduire la volonté de Dieu :

(...) *Table des galaxies, aurore où l'herbe mise*
Pour l'infini labeur des pures libertés,
Connaissons-nous la foi de l'homme qui divise
L'esclavage d'orgueil des justes puretés ?
Le monde est en suspens... et c'est là où Dieu vise :
L'offrande de chacun qui se doit d'exister (...)

Comme pour mieux se montrer digne du « verbe universel », le poète, sans toutefois s'interdire le vers libre, adopte volontiers un système prosodique qui a fait ses preuves. Ses strophes d'alexandrins sont rimées ou fortement assonancées. Il arrive que le choix des rimes marque peu d'originalité (ombre, nombre et décombre, dans la même strophe) ; que certaines tournures ne semblent là que pour aider le vers à tourner rond (« Nous les vîmes serpents dessus la terre inerte »). Le lecteur agnostique sera sans doute assez déconcerté par l'assurance dont le poète fait preuve jusque dans la construction du poème. La certitude et l'angoisse semblent coulées dans le même moule.

Fantômes de ma chair, quel grand soleil vous manque
Si ton amour s'absente un seul jour de mes bras,
Mille regards m'agitent sous profils de hanches
Et je ne trouve point la lumière où se change
Ce panique appétit de douceur d'être en toi.

Et je suis ce mendiant qui vitre une fenêtre (...)

---

6. Né à Saïgon en 1924. *Le Désossé* (Caractères, 1949). *La Huitième Couleur* (Debresse, 1952). *L'Espace muet* (Seghers, 1956). *Les Bogues* (Gallimard, 1960). *L'Autre Versant* (Caractères, 1970).

VERS LA MYSTIQUE PRIMITIVE

Gilbert LAMIREAU

(...) *Ton âme est là dans l'air que je respire*
Dans la menthe sauvage écrasée sous la fille
Dans la leçon que je fais à ma classe (...)

Instituteur dans un village comme le fut son ami René Guy Cadou, Gilbert Lamireau[7] saluait ainsi, en 1951, dans sa revue *Signes du Temps*[8] le grand poète qui venait de disparaître et il fut ainsi de ceux qui contribuèrent à perpétuer parmi nous sa mémoire. Mais c'est à une autre immortalité surtout qu'il pensait.

Gilbert Lamireau s'est dit catholique « mal-pensant », condamnant aussi vigoureusement la bondieuserie que le matérialisme et ne marquant guère d'estime à la confrérie des poètes catholiques. Loin des caricatures commerciales de la religion, il a voulu « retrouver la mystique primitive où l'homme rencontrait Dieu sur les routes de la chair et de l'esprit ». Y a-t-il réussi ? Gilbert Lamireau conclut ainsi un long poème mystique :

Ah ! laissez-moi sculpter la glaise du poème !
Redonnez-moi mes clefs, mes mots lune et soleil,
Redonnez-moi le front de ma mère au réveil,
Laissez-moi m'embarquer sur une autre trirème !

Solitaire, j'attends que la Mort me forlance,
Et la chair de mes fils est mon prolongement,
Et le sang du poème est mon achèvement,
Ah ! laissez-moi rêver des rondes de l'enfance !

Me voici revenu dans l'ombre de ma chambre,
Aux tempes de la nuit, j'entends battre le temps,
L'hiver a recréé mes roses de Décembre
Et ma Dame d'Amour égrène ses printemps...

*

---

7. Né à Mazières-en-Gâtine (Deux-Sèvres) en 1924. *L'Amer Azur* (Duguesclin, 1948). *Le Cœur d'autrui* (Duguesclin, 1949). *Visage de solitude* (La Tour de Feu, 1950). *Condamné à vivre* (Signes du Temps, 1950). *Traduit du sang* (Rougerie, 1951). *La Clef de voûte* (Seghers, 1952). *Le Principe et la fin* (Malines, C.E.L.F., 1955). *Que votre règne arrive* (C.E.L.F., 1959). *Mémoire de la nuit* (Rougerie, 1966).
Propos d'un mal-pensant (Signes du Temps, 1952).
8. *Signes du Temps* (Saint-Jouin-de-Marnes, Deux-Sèvres). Nº 1: 1950. Nº 7-8 ; 1951. Gilbert LAMIREAU a animé, avec Yves COSSON, la revue *Le Sextant* (Nantes). Un seul numéro, en 1952.

J'ose m'inscrire en faux contre les lendemains
O Mort qui t'en viendras, neige des ellébores !

Et les anges de Dieu me laveront les mains
Aux fontaines du ciel où saignent les aurores...

(Mémoire de la nuit)

UNE FOI RUSTIQUE

Charles LE QUINTREC

Catholique et breton — on se retiendra d'ajouter *toujours* par crainte d'être injuste en parodiant le cantique — : telle pourrait être la devise de Charles Le Quintrec[9].

Catholique, il se dit « simple soldat de Jésus-Christ » et on le sent prêt à « combattre les faux dieux ». Sans violence, certes, mais non sans rudesse. Il n'ose plus trop aimer les guerriers de la légende, sachant que saint François leur reproche de vouloir « Entrer au ciel par le trou d'une épée ». Il préfère imaginer un saint Julien l'Hospitalier souriant « d'amour dans les arbres » ou Dieu lui-même souriant lui aussi « sous les basses branches ». Mais il proclame sa foi avec tant d'insistance, il se montre si joyeux d'appartenir au peuple des baptisés que, même s'il cherche à aimer ses « frères humains », on se demande si tous ces païens, athées, agnostiques ne sont pas pour lui des hommes un peu diminués. Il est troublant que Dieu, selon Le Quintrec, regarde ces hommes-là « comme une marchandise ».

Le catholicisme de Le Quintrec est des plus rustiques. Peu d'écrivains aujourd'hui, aussi bien parmi les croyants, feraient l'éloge de « la sainte ignorance des inspirés » et prétendraient ne trouver rien dans les livres que « le vent de la lande » n'ait déjà « annoncé ».

Séparé des « arbres de naguère », Le Quintrec reste fidèle aux paysages de son enfance, à ce qu'ils évoquent pour lui d'ancestrale sagesse. Cet attachement à la « terre des terroirs » donne à l'œuvre du poète, et du romancier, un indéniable caractère d'authenticité. Si les « blés d'or » n'évoquent plus aujourd'hui (la disco de papa !) qu'une

---

9. Né à Plescop (Morbihan) en 1926. *La Lampe du corps* (Paris, Vent Debout, 1949). *Maldonne* (Le Cheval d'Ecume, 1951). *Les Temps obscurs* (Debresse, 1953). *Les Noces de la terre* (Grasset, 1957). *La Lampe du corps* (Albin Michel, 1962). *Stances du verbe amour* (Albin Michel, 1966). *La Marche des arbres* (Albin Michel, 1970).
Consulter : Antony LHERITIER, *Charles Le Quintrec*, essai, suivi de *les Grands Habits,* poèmes (Subervie, 1968) ; Robert LORHO, *Charles Le Quintrec* (Seghers, coll. « Poètes d'aujourd'hui », 1971).

romance désuète, on restera sensible à toute cette vie du bocage que le poète « lève » sous ses pas d'homme familier des layons, des halliers, des gagnages. Le Quintrec est à l'affût des lapereaux, il semble participer aux battues pour cerner le renard — le goupil —, pour faire du chevreuil, dont on admire les dagues, ou du cerf avec ses andouillers, l'ornement d'un poème. Il utilise le furet, déloge la taupe et le campagnol — mais leur donne sa bénédiction. Il entend dans la haie le chant du loriot, reconnaît le pinson, l'effarvate, le « mauvis des genêts ». Il salue les platanes, les érables, pousse par les abers (terme celtique) jusqu'à la mer, participe à la « messe des Océans ».

Chez Le Quintrec, l'amour du pays et l'amour du Christ ne sont pas séparables.

Le cercle d'une croix au milieu de la lande
C'est toujours ton chemin, Seigneur, que je veux prendre (...)

(Stances du verbe amour)

C'est cette étroite union de la foi religieuse et de l'amour du pays natal — un pays où il a pu confondre « la parousie avec la montée des genêts dans le ciel » — qui fait la force — un peu têtue — de la poésie de Charles Le Quintrec, et qui lui donne aussi l'intensité du recueillement :

Par le Verbe et le Sang les étoiles s'émeuvent
De mes mots paysans
La pluie les fait briller en moi comme une preuve
Quand je me tais longtemps.

(Stances du verbe amour)

UNE ÉTERNITÉ À JAMAIS NEUVE

Gérard MURAIL

Gérard Murail[10] est avant tout un poète chrétien. Son œuvre est l'expression de sa foi :

---

10. Né à Paris en 1925. *Saison des pluies* (Jouve éd., 1945). *Le Clown égaré* (Les Amis d'Astrée, 1951). *Portulan* (Mercure de France, 1957). *Psaumes des jours et des heures* (C.E.L.F., 1957). *Psaumes et poèmes* (Les Cahiers de Rochefort, s.d., [1959]). *Les Temps frais-Noces* (Haute Voix, 1967). *L'Arbre à sels* (Paris, Cahiers de Malte, 1967). *Un trésor pour quelqu'un* (L'Espace intérieur, 1968). *Œil* (M.C.I., 1969). *Poèmes du quotidien* (Librairie Saint-Germain-des-Prés, 1971).
Lorris dans la forêt, essai (Les cahiers à Haute Voix, 1960).

Pour la saison définitive de l'amour
Je crois au corps qui ressuscite
Au sang qui court en nouveaux bonds aux formes vives
Et reconstruites sur la mort (...)

Il a écrit en hommage à Notre-Dame de Lourdes des poèmes en forme de prière, où les images s'enroulent autour du support principal de la phrase comme feraient, dans la statuaire et la peinture religieuses, des feuillages, des fleurs, autour d'une colonnette ou d'une madone :

Je vous salue Marie effeuilleuse des faces
autour du Sacrement que vous portez rose blanche
entre toutes les mères mais au feu d'une rosace
le verbe inscrit en vous à la chair communie
dans la corbeille de vos hanches
le pain multipliable est béni.

On lui doit encore nombre de psaumes : pour les jours de la semaine, pour les heures canoniales — de matines et laudes à vêpres et complies en comptant bien prime, tierce, sexte et none —, pour le petit jour, pour l'Assomption, pour l'An neuf. Comme au portail des cathédrales, le thème de la Révélation s'inscrit dans le contexte d'un savoir traditionnel. Gérard Murail, nourri de connaissances ésotériques et alchimiques, a su fondre en effet ces influences diverses dans l'unité de son credo, avec, de plus, un sentiment très sûr du concours que le travail du vers (en particulier dans la disposition des rimes intérieures) peut apporter à l'élaboration d'une harmonie.

(...) Puis vienne octobre tous ses fruits dans la balance
Passent les fleurs et leur promesse et que novembre
Passe réduit sous le silence de l'opprobre
Le scorpion blesse en profondeur l'amour en chambre.

Passent les traits du sagittaire à l'horizon
L'arc se détend mais tel qui passe s'éternise
Dans la maison de notre père pour passer
A table mise et à la place qui l'attend.

(Psaumes et poèmes)

Gérard Murail se sait isolé. Il est vrai que ses plus beaux poèmes ne sont pas d'un accès facile. Des livres comme *Portulan* et *les Temps frais* risquent fort de déconcerter un lecteur insuffisamment préparé. Il semble nécessaire, si l'on tente de s'approcher de la vérité de l'œuvre, de procéder par étapes. Même si l'on juge poétiquement moins réussis, moins denses, les poèmes les plus explicitement catholiques, c'est pourtant par ceux-là qu'il sera bon de commencer : pour s'habituer à la vision de Gérard Murail, et aussi à son style, à sa syntaxe, là où la pensée — même si l'on n'y adhère pas — reste reconnaissable du fait d'une commune ascendance judéo-chrétienne. Puis on découvrira dans l'évocation de la nature l'occasion d'une méditation sur la valeur symbolique des images. On apprendra peu à peu à discerner les thèmes ésotériques et à y reconnaître la contribution qu'ils peuvent apporter au déchiffrement de l'énigme. En chemin on n'oubliera pas que pour être croyant — et voyant — Gérard Murail n'en est pas moins poète et qu'il se laisse guider parfois par de simples suggestions verbales, comme dans ce petit poème où l'humour ne manque pas de piquant :

Le silex existe exprès
Dans la craie
Et la craie craque quand on croque
L'œuf à la coque.

(*L'Arbre à sels*)

Et même, si l'on éprouve encore de trop grandes difficultés à accompagner Gérard Murail dans sa quête du Graal, on aimera du moins reconnaître la beauté, si étrangement éclairante, du parcours :

La passion à sa soif s'abreuve
Dans un cristal stable en forme de poing
Remonté de si loin
Que l'arrière-pays commence à la parole
Toute chose ayant fait ses preuves
Sans ombre s'y suspend un vol
D'éternité à jamais neuve.

(*Les Temps frais*)

Gérard Murail a-t-il voulu permettre aux plus démunis de s'avancer vers la Vérité ? Il nous offre, si nous lisons les journaux avec un certain entraînement, de voir *POINTER A L'HORIZON LE DOMAINE SUPRÊME*. Par des collages inspirés d'une technique surréaliste, en assemblant les titres d'une façon cependant moins gratuite que ne le souhaitait André Breton, Gérard Murail prend pour « matériau poétique » le quotidien, fait remonter « de la nuit des temps » les grandes images à travers lesquelles les hommes de partout, de toujours, tentent de « saisir un peu de l'Incompréhensible, un peu de l'Inconnaissable » (*Poèmes du quotidien*).

DAMNATION ET RÉDEMPTION

André MARISSEL

Damnation et rédemption sont les deux pôles de la poésie d'André Marissel[11].

Hanté par l'absence et le mal, poursuivi par la crainte de l'abandon, il redoute, pour lui-même et pour l'humanité, l'éloignement définitif de la grâce. Un abîme se creuse en lui. Son contact avec le monde le séduit et l'irrite. Son corps est à l'enfer, mordu, griffé, comme harcelé de picotements maléfiques. Marissel évoque parfois avec insistance des sensations désagréables, épidermiques ou viscérales. Cette poésie ne cherche pas à mettre à l'aise. Elle exprime l'angoisse de chaque jour : « S'endormir, s'endormir, Simulacre de la Mort, Ma tentative de mourir Est quotidienne »... Et le poète n'est pas moins sensible à la souffrance des autres qu'à la sienne propre : « Je viens du monde et le monde est en croix ».

Comme pour mieux partager le calvaire de tous les hommes, André Marissel semble accepter de s'enfoncer dans l'abîme de l'inquiétude, unissant intimement à sa recherche presque désespérée du Christ une douloureuse ascèse poétique.

L'autre extrémité de ce chemin creusé dans les ténèbres, où se rencontrent caillots de sang et astres dispersés, c'est la Résurrection et la mort de la Mort.

Entre ces deux pôles : le pain et les balles, le blasphème et l'amour, l'amitié offerte et recueillie ; la trahison toujours redoutée, l'espoir tenace malgré tout — « l'envoûtement perpétuel » et « le paradis en enfer ».

« Je m'élance et je m'enlise », écrit André Marissel en un vers qui caractérise parfaitement sa démarche. C'est cette « difficulté d'être » et cette aspiration qu'expriment profondément, chez Marissel, les nombreuses images qui se rattachent au thème de l'Arbre. Marissel ac-

---

11. Né à Laon en 1928. *Le Feu aux poudres* (La Tour de Feu, 1951). *Arbre sans fruit* (iô-Paragraphes, 1953). *Meurtre du Christ* (Cahiers de Rochefort, 1953). *Savoir où vivre* (iô-Paragraphes, 1953). *Le Poète responsable* (Unimuse, 1954). *L'Homme et l'abîme* (Paragraphes, 1957). *Les Moissons de l'orage* (Millas-Martin, 1960). *L'Arbre de l'avenir* (Subervie, 1961). *L'Envoûtement perpétuel* (Chambelland, 1962). *Nouvelle parabole* (Paragraphes, Millas-Martin, 1963). *Cicatrices* (Éditions Universitaires, 1966). *Choix de poèmes* [I] (Millas-Martin, 1969). *Sauvé des eaux — Choix de poèmes II* (Millas-Martin, 1971). *Chants pour Varsovie et autres poèmes* (Impréfor, s.d. [1971]).

Consulter : Serge BRINDEAU, *Affinités* — Reverdy, Cadou, Marissel — (Les Paragraphes littéraires de Paris, 1962) ; Carlo FRANÇOIS, *Poésie d'André Marissel* (The French Review, novembre 1965).

cueille volontiers des souvenirs bibliques, mais on ne saurait nier chez lui la spontanéité de l'image. Le poète peut penser à l'arbre du bien et du mal, au térébinthe auquel Absalon resta suspendu, il ne cesse pas pour autant de rêver l'arbre, de s'élancer avec lui ou de se laisser abattre. En poésie, l'arbre s'humanise (« Un arbre jure entre ses dents ») et l'homme se fait arbre (« Notre vie prend racine »). Si Marissel se sent parfois privé de racine, s'il se dit « arbre sans fruit », « semblable aux arbres calcinés », il n'oublie pas que « verte est la tresse des haies, verte l'écorce », il voudrait « sourdre avec la sève », « croître avec le cèdre, Etre savane ou steppe ». On comprend l'homme à l'arbre dont il rêve…

Marissel est parfois allé jusqu'au bord du désespoir. *L'Homme et l'abîme* contient des cris déchirants : « Je ne suis plus rien, pas même une larme, Une traînée de sanglots sur les falaises qui s'effondrent ». Mais quelque chose — l'amour, le sentiment aussi d'un devoir à accomplir — lui ordonne de se reprendre :

Nos terreurs s'entrouvrent comme des forêts
O femmes lourdes (…)
Et vos souffles nous vengent de la vie.

Le poète de *Meurtre du Christ,* de *l'Homme et l'abîme,* des *Moissons de l'orage* saura aussi, le temps venu, écrire *Cicatrices.*

Le poète y garde « mémoire d'un arbre enseveli ». *Un* arbre ? Mais le verger « fut décimé » ! L'image d'un palmier exprime encore l'inéluctable.

Le mal est physiquement ressenti, toujours, et, dans l'insomnie, l'inquiétude trace son cardiogramme. Et ce n'est pas seulement le corps qui est « mal protégé ». La solitude, la crainte du vide, la distance entre l'idéal affectif et le niveau réel des relations avec autrui… Il ne serait pas bien difficile d'énumérer les éléments psychologiques du drame qui se joue.

On notera surtout le désaccord entre une vérité toujours fuyante et l'apparence, entre un Paradis entrevu et l'enfer souvent vécu, entre le « ciel » et les « décombres », entre le parfait langage et les mots d'un poème… Tout se passe comme si l'humanité subissait le poids d'une Faute, peut-être irréparable. Le mal est métaphysique. L'île, où l'on voudrait se réfugier, est « flagellé(e) d'écume », « les troupeaux s'enlisent », et les greniers paraissent interdits.

Cependant, plus peut-être que dans les recueils antérieurs, dans *Cicatrices* « l'arbre espère ». Ses feuilles évoquent la tendresse. Il refuse le destin du bois mort. Il supplie, mais il protège. Au destin, nous opposons la liberté ; à la condamnation, la grâce. Nos plaies « imitent les nids » dans les branches.

Il reste que la cicatrisation irrite, en même temps qu'elle apaise. La situation humaine est ambiguë. Comme l'écorce de l'arbre est « caressée par l'ombre et le givre », « les mots (...) blessés reprennent vie » — mais le gel est « au bord du poème ».

Ce n'est pas par souci de renouveler la forme de ses poèmes, ou de déformer la poésie — en s'inspirant plus ou moins des modes actuelles —, qu'André Marissel en vient à mêler aux textes de sa facture habituelle des « poèmes discontinus ». Cela répond, sans doute, chez lui, au sentiment que toute pensée n'aboutit pas, que les mots n'ont pour ainsi dire pas le courage d'aller jusqu'au bout, mais que les mots viennent et que les pensées veillent, et qu'il faut tout accueillir, qu'il faut rester à l'affût de soi-même et du monde.

En approfondissant son expérience humaine et poétique, André Marissel est devenu, semble-t-il, moins pessimiste qu'il ne le fut. Si le conflit entre la cime et les racines n'est pas résolu, si les thèmes de l'élan et de l'enlisement restent profondément associés, la volonté d'exorciser le mal se montre mieux assurée. Au « Je m'élance et je m'enlise » de naguère, se substitue le « Je me hais je me pardonne » d'aujourd'hui.

Mais les plaies, demain, ne se rouvriront-elles pas ? André Marissel, en tout cas, semble bien décidé à contrôler davantage un penchant narcissique qui a marqué une partie de son œuvre. S'il est vrai qu'il a toujours vu dans la souffrance individuelle une occasion de participer à la souffrance des hommes et d'assumer sa part de la Passion du Christ, l'aspect très personnel qu'a pu prendre dans certains de ses poèmes l'expression de la douleur l'irrite un peu. Cela dit, il ne renie rien. En présentant lui-même un *Choix* de ses poèmes, il tient à marquer les étapes d'une évolution, il affirme sa résolution de dépasser sa « période pathétique ».

S'étant aperçu qu'il redoutait moins, pour lui-même, sa propre mort qu'il n'eût pu croire, André Marissel a senti le moment venu de se libérer d'un excès de complaisance à l'égard d'un *moi* toujours si *haïssable*.

Une nouvelle lecture de l'œuvre poétique d'André Marissel, dans la perspective ouverte par le *Choix de poèmes,* donne aux images de naguère une force plus grande encore.

Les débris du soleil déracinent ma vie...

Comme il est fort ce vers où semblent s'imbriquer quelques-uns des principaux thèmes du poète et où s'exprime peut-être, dans la réalité de la déroute individuelle, le sens profond de cette « diaspora » à laquelle il a souvent pensé mais qui va hanter de plus en plus son esprit. Un voyage en Pologne, la visite des « lieux saints » que seront désormais pour lui Auschwitz, Treblinka, auront assurément exercé une influence déterminante sur la poésie d'André Marissel.

Moïse pain bénit de la Bible je te loue
D'avoir fait de ton angoisse un ex-voto jusqu'au dernier jour
Jour du jugement des pères, des mères, des sages et des fous
Je te loue et, depuis l'aube de ma naissance
Jusqu'à la ténèbre qui m'envoûte
Déjà, poème risque-tout et poème-à-l'écoute,
Poème de la Vie, poème virulent
Poème de la Mort lente

O Moïse Poème des six millions de morts
qui se tiennent debout
dans ta parole et dans ton silence

(Sauvé des eaux)

Sur la ligne de crête, le poète responsable et le poète mystique se rejoignent, dans la fidélité à la Volonté du Dieu inconnu.

Raoul BÉCOUSSE

L'œuvre de Raoul Bécousse[12] est une longue méditation, d'apparence calme et sereine, qui s'exprime en poèmes d'une composition rigoureuse, et qui prend pour thèmes principaux l'aspiration à l'amour dans un monde partout meurtri, le désir d'une réponse à l'interrogation humaine sur la destinée, la difficile progression de l'âme vers un Dieu par qui « tout est grâce ». Nous luttons contre la cruauté, nous cherchons sans fin le chiffre qui permettrait de résoudre l'énigme ; nous redoutons, après avoir chanté la joie, le proche hiver. Mais, la connaissance ne dût-elle nous apporter qu'une « vaine joie », nous ne saurions renoncer à apaiser notre soif d'absolu. Même si « toutes les sources sont salées », nous continuons, au fond de nous-mêmes, d'es-

12. Né à Saint-Jean-des-Vignes (Saône-et-Loire) en 1920. *Septembre m'a comblé* (Lyon, Brun et Passot, 1947). *Anti-Pâques ou l'Escalier contradictoire* (id., 1951). *Elégies du vieux couvent* (Le Puy, Cahiers du Nouvel Humanisme, 1952). *Vous porterez des anges lourds* (Chantier du Temps, Subervie, 1954). *La parole est aux collines* (Subervie, 1957). *Chemins de terre* (Subervie, 1959). *Pour saluer la joie* (Subervie, 1961). *Bréviaire des ténèbres* (Subervie, 1963). *Poèmes captifs* (Chambelland, 1964). *Odes polygames* (Subervie, 1965). *Un arbre dans l'oreille* suivi de *Microcosme* (Subervie, 1968). *La nuit n'est plus si froide* (Rougerie, 1972).

pérer, car nous ne serons jamais guéris du chant ; nous essaierons toujours — même dans les moments d'accablement — de discerner une Présence dans les « harmoniques de l'hiver ». Les poèmes de Raoul Bécousse nous retiennent particulièrement par la façon dont l'inquiétude spirituelle s'y joint à un attachement très sensible aux choses de la terre.

VERS LA SAISON FROIDE

Anne PERRIER

Toutes choses parfois s'endorment dans mon cœur
Et me deviennent si légères
Qu'à peine on les croirait encor vivantes (...)

(Pour un vitrail)

Avec parfois la nostalgie du printemps, de l'été, Anne Perrier[13] s'avance avec une tendre résignation vers la saison froide, comme si écrire des poèmes c'était se préparer à mourir.

Tout est consenti
Je m'abandonne à l'oubli
Au silence à la nudité
Rivières laissez-moi passer...

(Le Petit Pré)

De courts poèmes, dont les rimes semblent chercher, dans un rythme libre, à faire glisser le temps dans l'éternité — la « désirable Éternité » —, expriment à la fois l'amour de la vie et le consentement progressif, avec des sursauts d'inquiétude, au silence de la mort.

Le soir vient doucement.

(...) *c'était folie*
De vouloir éterniser
La danse et la saison fleurie

(Le Petit Pré)

---

13. Née à Lausanne en 1922. *Selon la nuit* (Lausanne, Les Amis du Livre, 1952). *Pour un vitrail* (Seghers, 1955). *Le Voyage* (La Baconnière, 1958). *Le Petit Pré* (Payot/Lausanne, 1960). *Le Temps est mort* (Payot/Lausanne, 1967). *Lettres perdues* (Payot/Lausanne, 1971).

« Verte » cependant reste la « pensée de Dieu », verte l'éternité. Toutes les couleurs de la vie seront-elles préservées, — jusqu'à « Cette lourde fleur jaune La solitude » ? Il est bien difficile, malgré tout, d'être prêt pour la mort.

Robert-Lucien GEERAERT

Robert-Lucien Geeraert[14], directeur des éditions Unimuse, est un poète épris de clarté, débordant de générosité. Sans ignorer la souffrance entretenue dans le monde, en Inde par exemple, il s'attache à dire et chanter le bonheur avec une sorte de piété radieuse. Ne craignant pas de prendre aussi bien pour thèmes les travaux de la terre que la Passion du Christ, il reconnaît partout le caractère sacré de la nature créée par Dieu pour le bonheur des hommes. Souvent coloré, direct, son langage est toujours accessible. Des poèmes pour enfants prennent naturellement place dans l'œuvre de R.-L. Geeraert. Ce poète est considéré par Pierre Emmanuel, comme un des « plus vrais ».

LES BELLES HEURES DE Liliane WOUTERS

Liliane Wouters[15] aime la poésie du Moyen Age et de la Renaissance. Elle l'a montré en traduisant en français les anciens poètes flamands[16]. Cela se sent aussi dans son œuvre poétique propre, à la fois par l'inspiration, le ton, le choix des formes prosodiques.

---

14. Né à Roubaix en 1925, de nationalité belge. *Le Ciel entre les doigts* (Unimuse, 1954). *Le Fruit du monde* (Unimuse, 1955). *Le Tombeau de la douleur* (Unimuse, 1957). *Les Orgues de midi* (Unimuse, 1958). *Les Sueurs de la joie* (Unimuse, 1959). *La Corde à danser* (Unimuse, 1960). *Les Printemps morts* — anthologie 1950-1960 (Unimuse, 1961). *Au nom du Père* (C.E.L.F., 1961). *Poèmes choisis* (L'Audiothèque, 1962). *Notre-Dame de vie* (C.E.L.F., 1964). *Chemin de Croix* (Unimuse, 1965). *A la claire maison* (Unimuse, 1966). *Table rase* (Unimuse, 1968). *Pierre précieuse, l'Opéra des parapluies* (Unimuse, 1970). *Le Huguenot brûlé* (Unimuse, 1972).
15. Née à Ixelles (Belgique) en 1930. *Le Grand Tournoi* (Ed. des Artistes, s.d.). *La Marche forcée* (coll. de la Tarasque, George Houyoux éd., 1954). *Le Bois sec* (Gallimard, 1960). *Le Gel* (Seghers, 1966).
16. *Les Belles Heures de Flandre* (Seghers, 1961).

La foi en Dieu (ou le regret d'y croire si difficilement dans le monde d'aujourd'hui ?) s'accompagne d'une mythologie où l'archange Lucifer, le diable, les anges gardiens peuplent un ciel naïvement peint. Cette imagerie plus ou moins pieuse est complétée par un décor de cornues et d'éprouvettes, l'Alchimie évoquant aussi la quête d'une vérité jamais atteinte. Les légendes (Yseult), les allusions historiques (Alexandre de Macédoine) concourent à cette impression d'une inquiétude spirituelle bien ancrée dans le passé de l'humanité mais devenue peut-être aussi l'objet d'une certaine complaisance. Le ton vieille chanson du poème n'est sans doute pas sans charme, mais il est assez gênant d'entendre tant parler, dans *la Marche forcée,* de Dieu, du Christ, de la Vierge, et de découvrir une forme d'amour assez recroquevillée sur elle-même.

La langue a plus de fermeté dans *le Gel.* Le vers est aussi plus nerveux ; il ne s'écarte guère, en apparence, des découpages traditionnels, mais il a des prolongements, par ondes concentriques ou ricochets, qui fixent l'attention et peuvent provoquer la rêverie — mieux peut-être que tels lieux communs teintés d'anachronisme cherchant à se transmuer en éclairs mystiques.

Diamant de l'âme, feu
solitaire, taille lente
du carbone qui se veut
soleil, l'étoile filante
jalouse ton bloc (...)

nul ne trouvera son signe
inscrit dans ton eau. Jamais
terrestre objet ne fut digne
de te frôler. Or, je sens
ta présence, me traverse
ton éclat. Oui, je pressens
l'alluvial trésor, l'inverse
paysage qu'un cristal
multiplie. Ah ! je devine
l'indomptable, l'œil frontal
ouvert aux clartés divines.

L'UNIQUE CERTITUDE

Pierre OSTER

Pierre Oster[17], quand il a écrit de quatre à sept poèmes, publie un livre. Régulièrement. Ce sont d'assez longs poèmes, simplement numérotés, comme des sonates ou des symphonies. *Premier Poème, Deuxième Poème*, etc. ce sont les titres. En 1970, l'édition étant en décalage de deux ans sur l'écriture, on est arrivé au *Vingt-Septième Poème*.

Au début, l'alexandrin domine :

Cavalerie de l'or ! Cavalerie du temps !
Toute cavalerie entend battre la mer
Et la forêt mouillée (cavalerie !) l'entend.

(Grande forêt mouillée entends battre la mer,
Grande forêt, entends !)

Cavalerie de l'or. Cavalerie du temps.
(O forêt d'eau et d'or !)

Grande forêt mouillée entends battre la mer (...)

(*Premier Poème*)

Mais déjà le vers cherche à s'élargir :

(...) *Dans le jardin génésiaque, et quand chacun renaît à l'intime épopée,*
Prenant pour guide le cri de l'aigle qui passe en lumière l'épée,
Je m'avance vers vous, premiers trésors humides, roses du premier jour d'Eté !

(*Quatrième Poème*)

Il n'est pas surprenant que le *Cinquième Poème* soit dédié à la mémoire de Paul Claudel. Pierre Oster hésite encore entre l'alexandrin et le verset, entre la strophe à rimes croisées et les suites de rimes plates. Du point de vue de l'étude du rythme, une comparaison entre *Solitude de la lumière* et un livre comme *Corona benignitatis anni Dei* ne manquerait pas d'intérêt.

---

17. Né à Nogent-sur-Marne en 1933. *Le Champ de mai* suivi de *Notes d'un poète* (Gallimard, 1955). *Solitude de la lumière* suivi de *Prétéritions* (Gallimard, 1957). *Un Nom toujours nouveau* (Gallimard, 1960). *La Grande Année* (Gallimard, 1964). *Les dieux* (Gallimard, 1970).

Peu à peu l'orientation prosodique se confirme. Pierre Oster choisit les rimes suivies. Mais il semble craindre, encore un temps, de laisser son vers dépasser trop souvent la marge de droite.

Etincelant Secret ! Solitude de la Lumière !
Solitude du Vent qui conquiert et qui erre !
Solitude de Celui qui chante dans mon vers !
Solitude du Verbe, enfermant, transperçant le
Secret Univers !
Rives pures, taisez le fleuve où je murmure,
Le fleuve tait ma nuit la plus pure (...)

(*Onzième Poème* in *Solitude de la lumière*)

Avec *Un Nom toujours nouveau*, Pierre Oster a trouvé son propre souffle, sa respiration de croisière :

(...) *J'attends. La Nuit m'emplit. Ah ! J'attends que partout l'Espace*
s'accomplisse !
J'attends le oh ! sur l'Océan, le oh ! du marin qui hisse
Une voile enfin comparable à la voile qui fut d'abord !
J'attends comme un vaisseau sans écoutille et sans sabord (...)

(*Douzième Poème*)

La Grande Année garde le rythme, et la rime (ou du moins l'assonance). *Les dieux* ne maintiennent que le rythme.

Ainsi le jour paisible à mes pieds se prépare et se nuance.
Une même ferveur enfantine, un même amour, un même nom
M'incline à découvrir entre les lourdes racines d'un saule
Toute une étroite grotte à l'abri du soleil et des eaux !
Le nid que je préfère est comblé par les feuilles qui tombent (...)

(*Vingt et unième Poème*)

En même temps que l'expression trouve sa juste mesure, la pensée devient plus accessible. Ce n'est pas qu'elle ait jamais été impénétrable. Mais on restait confondu par l'assurance avec laquelle Pierre Oster nous assenait les vérités de sa foi. Ses deux premiers livres étaient accompagnés d'aphorismes sans réplique. Nous apprenions que le monde est la parole éternelle de Dieu et qu'il s'agit pour le poète de s'efforcer de la reproduire. Nous étions invités à suivre la démarche du poète à la lumière de « cette unique certitude » de l'« Unité des êtres dans l'Un universellement unifiant ». Dans les poèmes, on se heurtait partout à des majuscules : l'Eté, l'Etre, le Jour, la Nuit, le Temps, la Paix, la Pierre de raison, la Pierre épanouie, le nom du Père, le Visage, l'Absence, la Mort, le Vent, l'Orage, la Parole, l'Epée. Il fallait bien cela pour projeter une Lumière suffisante « sur le Secret substantiel de l'Univers ». Tant de révélations, à chaque ligne accumulées... A n'y pas croire !

A partir de son troisième livre, Pierre Oster a supprimé ses notes et maximes et il a commencé à se dégager des grandes idées abstraites. En lisant *Un nom toujours nouveau,* on se perd encore un peu dans la Nuit, l'Essence, le Secret. La Parole demeure indivise. Les sources, nées de l'Espace et de la Loi, bavardent encore un peu, plus théologico-métaphysiciennes que nature. Mais il semble, si l'Unité reste assez fortement proclamée, que le Sacré parfois s'éparpille. La Poésie redescend sur la terre, qui redevient le chemin du Royaume.

Quand il écrit les poèmes qui seront réunis dans *Les dieux* (avec un petit d), Pierre Oster n'est pas moins confiant qu'il ne l'était dans l'unité du monde, la suprématie du Logos. Sa foi est renforcée.

Dès que la voix du coq retentit sur la plaine équitable,
J'accède à la parole et je marche de pair avec les éléments (...)

(Vingt-deuxième Poème)

L'univers de nouveau m'apparaît... L'univers de nouveau rime avec le langage (...)
Je dis. Je vois. Je nais... Je suis sûr de l'essence divine.

(Vingt-septième Poème)

Le lecteur, moins assuré peut-être à ce niveau, reconnaîtra mieux du moins, son propre univers — traduit dans un haut mais non inaccessible langage.

Rien ne m'est étranger dès que j'ai côtoyé la majesté des bois.

NOMBRES

Jacqueline FRÉDÉRIC FRIÉ

Ce qui frappe d'abord à la lecture des poèmes de Jacqueline Frédéric Frié[18], c'est l'importance énorme qu'y prend la recherche

18. Née à Agen. *Si peu de temps* (Gallimard, 1957). *Nuit noire* (Mercure de France, 1962). *Les Eaux d'en bas,* poème précédé de *Nuit noire* (Seghers, 1966).

formelle. On se trouve avant tout en présence d'un art de la strophe.

Dans le premier recueil, *Si peu de temps*, est expérimentée une grande variété de combinaisons rythmiques. Ici la strophe est composée de vers de 10, 8, 12, 6, 12, 6 syllabes ; là de vers de 10, 10, 10, 12, 8, 10 ; ailleurs, de vers de 12, 10, 12, 6, 6,12 ; etc. Le système des rimes obéit au même souci de diversité : a b b a b a ; a a b b c c ; a b a b b ; a b b a a a ; etc.

Nuit noire renforce la difficulté. Le premier poème contient neuf strophes de neuf vers (12 a, 8 a, 6 b, 10 c, 8 c, 10 b, 8 d, 8 d, 10 b) ; le deuxième poème, huit strophes de huit vers ; le troisième (intitulé *Nombres*), sept strophes de sept vers ; le quatrième, évidemment six strophes de six ; et ainsi de suite jusqu'au huitième — deux trophes de deux vers — et au neuvième, qui ne contient plus qu'un vers.

Haute virtuosité, qui masque un peu, au début, tant la prouesse technique est évidente, ce que le poème semble chercher à dire. Cependant on ne peut rester insensible à l'inquiétude spirituelle qui se dessine à travers les désirs et les spasmes charnels — ni à la beauté du mouvement qui la porte.

(...) *Pas plus loin ! Pas*
Cette chair ! La charnière
Du monde pend, le ciel en bas,
Des hauteurs sans lisière !
Le vieux vertige
Dans le creux
Des lombes douloureux
A frémir les oblige

Tant que l'humeur
Des astres, circulante,
Forcera les passes du cœur,
Que la pleine détente
De sa rafale
Blessera,
Et que s'effeuillera
La rose cardinale.

Dans *Les Eaux d'en bas,* le système prosodique s'est stabilisé. Les vingt poèmes obéissent à la même facture : on a vingt fois la formule 7 a, 13 b, 13 b, 7 a, 13 c, 13 c, 7 a, 13 d, 13 d, 7 a, 13 e, 13 e, 7 a (treize vers où domine le vers de treize syllabes !). A chaque poème, ou plutôt à chaque strophe du poème que constitue l'ensemble, correspond une citation biblique : Ps. 69,2 ; Os. 12,2 ; etc. La poésie évolue très savamment, mais non sans un réel retentissement sensuel, vers l'Eternité, la Parousie.

LE MYTHE DE JONAS
Jean-Paul de DADELSEN

De son vivant, Jean-Paul de Dadelsen[19] a publié peu de poèmes. Une vie très active et le soin qu'il apportait à la mise au point de ses manuscrits l'avaient tenu éloigné des éditeurs de poésie. Quelques amis le connaissaient comme poète. Albert Camus, avec qui Dadelsen avait collaboré à *Combat* comme correspondant à l'étranger, fit paraître à la N.R.F. *Bach en automne*. C'était en novembre 1955. Quelques poèmes prirent place en 1956 dans les *Cahiers des saisons,* puis en 1957 dans *Preuves*. Dadelsen fut emporté à quarante-quatre ans par un cancer du cerveau sans avoir eu le temps de mettre en ordre son œuvre poétique. Albert Camus, Jacques Brenner — qui place Dadelsen « sur le même plan que Claudel et que Saint-John Perse » —, Henri Thomas — qui insiste sur le caractère inclassable de cette œuvre de génie —, François Duchêne préparèrent une édition posthume — *Jonas* — dont l'importance n'allait pas tarder à être reconnue, malgré les réticences, au début, de quelques critiques professionnels.

La grande préoccupation de Jean-Paul de Dadelsen est le mystère divin de l'être. Mais qu'on n'imagine pas quelque mystique sombrement élancé, jaloux de sa maigreur.

Ce poète a pleinement aimé la vie. Il restait attaché à une enfance alsacienne à laquelle il cherchait à restituer, malgré la fuite du temps, ses belles couleurs. Il était très sensible au détail de la vie courante. Il aimait raconter, même tristes, des histoires, plaisanter, commenter. Surtout, il n'avait rien du cabotin. Le Christ, note-t-il, ne l'était pas ! On eût pu dire de sa poésie qu'elle s'élevait naturellement vers Dieu, mais elle y descendait aussi bien, Dieu pouvant être partout pressenti. Il ne supportait pas qu'on évitât de se risquer, dans l'exploration poétique, au-dessous d'un certain niveau, généralement fixé à la hauteur du nombril.

Ce qu'on est convenu d'appeler l'œuvre de chair est d'abord un plaisir, une joie, et c'est quelque chose — bien compris et bien accompli — de sacré. Un passage de *Bach en automne* le dit admirablement :

---

19. Né à Strasbourg en 1913. Mort à Zurich en 1957. *Jonas* (Gallimard, 1962).

(...) *Le rude Luther donna son avis sur ce point. Jacob désira Rachel*
Deux fois sept années. L'homme, afin de perpétuer sa vigueur
Et la longue impatience de sa lignée, les confie à cette compagne, complice
De la terre, et comme elle savante, sournoise, habitée d'eaux infatigables,
Gorgée d'acides plus durables que nous. Rien ne survit seul. En des méandres
Incalculables le corps de Rachel prépare la Pâque de notre espèce.
Tout n'est pas raisonnable (...)

Et ceci encore, qui est d'une belle robustesse, et d'une grande humanité :

(...) *Jonas, sa mère étant infirme et ancienne, après une vie modeste,*
« povrette et ancienne », sa mère lui dit,
timidement et d'une façon oblique,
comme si elle parlait à tante Emma ou cousine Elise,
sa mère, obliquement, lui laissa entendre
que la nuit où elle le conçut elle avait eu un vrai plaisir
ce qui dans nos pays dans ces temps-là n'arrivait après tout
pas si souvent.
Jonas, sa mère étant ancienne et fragile, avancée vers l'autre
rive du fleuve, sa mère lui fit entendre
qu'elle avait eu, à le faire, beaucoup de joie.
Et Jonas, de ce jour, bénit sa mère,
Jonas bénit sa mère
dans son cœur et ses couilles et ses poumons, ses reins,
Jonas bénit sa mère de toute véhémence de
ce corps qu'elle lui avait fait avec joie (...)

Bach en automne, Jonas : ces deux poèmes constituent les sommets de l'œuvre de Dadelsen. Le premier est une méditation, où le vers atteint l'ampleur du verset, sur le cheminement de l'humanité vers ce Dieu dont « le très saint Nom » demeure « indéchiffrable ». Quant à Jonas, c'est encore la destinée humaine, exprimée cette fois dans le développement d'une image léguée par le passé biblique, et qui aurait pu paraître bien usée si Dadelsen n'avait su la revivifier jusqu'à donner au mythe une nouvelle puissance.

Gaston Bachelard[20], à côté de profondes rêveries, a signalé les pauvretés qu'avait pu inspirer parfois, même chez Melville, « cette

20. Gaston BACHELARD, *La Terre et les rêveries du repos* (Corti, 1948).

puérile image » de « Jonas dans le ventre de la baleine ». Arrive-t-il à Jean-Paul de Dadelsen de céder à une imagination plus formelle que matérielle ? Peut-être quand il voit dans l'amour de soi — cause d'aveuglement selon Pascal, d'« emmerdement » pour parler comme le poète — « une baleine de vanité, une baudruche de vent ». Mais le moi a pu se sentir si bien au chaud, si bien protégé, dans la « baleine personnelle », que l'image ne devient un peu formelle que par accident — et le mouvement du poème, sa vie intérieure font oublier quelques poussées de rhétorique.

Nous avons beau, comme Jonas, être « sevrés » depuis longtemps de la « baleine maternelle » — remarquons à quel point le vocabulaire onirique de Dadelsen confirme la remarque de Bachelard selon laquelle le « complexe de Jonas » serait « un cas particulier du complexe de sevrage » —, nous comprenons sans effort, sans l'intermédiaire de formulations extérieures, ces images de l'impossible retour à la mère. Rejeté par la « baleine maternelle », Jonas a été happé par la « baleine-guerre ». Là encore, le développement laisse déborder la pensée claire, explicative : « la baleine, c'est la société, et ses tabous, et sa vanité, et son ignorance ». Mais pourquoi le poète ne méditerait-il pas sur de fortes images ? L'important est de ne pas les détruire, et la conviction du propos ne fait ici que les renforcer. Le poète, comme le souhaitait Bachelard, prend son rêve au sérieux. Il ne nous fait pas *voir* dans la guerre, de l'extérieur, une baleine (cette image visuelle ne tiendrait pas), il nous fait descendre dans le ventre du monstrueux animal, dans les ténèbres :

La baleine, dit Jonas, c'est la guerre et son black-out.
La baleine, c'est la ville et ses puits profonds et ses casernes
La baleine, c'est la campagne et son enlisement dans la terre (...)

La « baleine maternelle » et la « baleine-guerre » sont elles-mêmes englouties dans la baleine cosmique. Rejetés d'une baleine à l'autre, nous nous débattons au sein d'un monde où nous restons égarés.

Il m'importe peu
Si l'univers a forme d'œuf ou de
boomerang. Notre pays à nous, c'est
ce maigre rivage où nous voici jetés,
notre voyage à nous, c'est
le voyage dans la baleine.

Jean-Paul de Dadelsen, si fortement engagé dans le rêve de Jonas, a cependant paru redouter une interprétation purement psychanalytique de son poème — celle que donnerait, comme il dit assez drôlement, le « Dr. Schmalz » (quelque chose comme un Dr. Saindoux) « de Vienne ». « Mais oui, Docteur. On connaît aussi », lance Dadelsen. Bien sûr, depuis Freud…

Si l'aventure de Jonas est profondément vécue sur le mode onirique, elle a aussi un grand retentissement métaphysique.

O lassitude et secret désir d'enfin se perdre pour de bon
Dans les ténèbres internes de quelque baleine définitive.

Ces « ténèbres internes » rappellent les « méandres incalculables » du corps de Rachel. La dissolution dans le néant ne pouvant être réellement pensée, elle est vécue dans l'imaginaire (puisque nous vivons toujours l'idée de notre mort) comme un retour au sein maternel — un sein maternel qui aurait dans la nuit les dimensions de l'univers.

L'image de Jonas ne nous quittera plus. La plus dure à supporter est peut-être celle-ci, qui ne cesse d'interroger dans un vide imparfait :

(…) *celui qui vit dans l'entre-deux*
celui qui n'aime assez ni son Moi ni son Dieu
celui qui a été craché des ténèbres de la baleine personnelle
sur un rivage vide où il n'a pas su parler à Dieu
celui-là, que fera-t-il ?

Se préparant à mourir, Dadelsen écrivait encore des poèmes comme on tient un journal :

(…) *ce qu'est la poésie,*
qui le sait, le sait vraiment ? (…)

Va te coucher et essaie dans ton sommeil
d'être

Gérard BAYO

Gérard Bayo[21] disait si facilement « mon Dieu », « ô mon Dieu » qu'un athée, un agnostique avaient bien du mal à le suivre. Dans ses

---

21. Né à Cenon (Gironde) en 1936. *Nostalgies pour Paradis* (Millas-Martin, 1956). *L'Attente inconnue* (Les Nouveaux Cahiers de Jeunesse, 1961). *Le Pain de vie* (Chambelland, 1962). *Ibah Doulen* (H.C., s.l.n.d.). *Némésis* (H.C., 1967). *Les Pommiers de Gardelegen* (Chambelland, 1971).

premiers poèmes, il semblait tenir avant tout à confesser une foi pourtant « plus précise que nos paroles ». Plus peut-être que par « la malédiction du péché » ou l'annonce de la Résurrection, on était touché par l'aveu d'une certaine pauvreté, d'une certaine privation : « A la brûlure de ta bouche j'ai su que l'hiver avait été long ».

Avec *Némésis* et *les Pommiers de Gardelegen* (Pierre Emmanuel a aimé le caractère énigmatique et « déchiffrable » de ces recueils), l'inspiration du poète semble rejoindre avec plus de rigueur le sens profond des oracles. Connaissant l'enthousiasme, mais instruit des crimes contre l'homme, Gérard Bayo a pu confronter « les plans des sanctuaires de Delphes et de Buchenwald » ; sa parole porte la trace de nos contradictions.

Comme avant la fête, quand
même les enfants prêtent la main. Les fenêtres
noires
les veines coupées. Rapt
assourdissant. Mur avec ses yeux
crevés et noirs,
insondables, et le feu a déjà commencé
mange sans bruit. Déflagration d'oracle,
les trop lourds oiseaux
dans l'équilibre frappé de stupeur
n'avancent plus. Des brèches un écho
des caves la rumeur tranquille de la mer.
Le papier peint des chambres suspendues.

Clair, au fond de l'œil, un feu de misère.

(*Les Pommiers de Gardelegen*)

Geneviève MALLARMÉ

Les trois cahiers de poésie réunis par Geneviève Mallarmé[22] sous le titre *Ecorce détachée* portent trace de la méditation dont elle s'accompagne en chemin. Sentiment de solitude, aspiration au bonheur dans le dépassement de soi, préparation au renoncement s'y expriment avec une lucidité qui ne sacrifie pas l'émotion mais la fait s'élever vers les régions où l'esprit voudrait se plaire. Le germe « déchire sa terre », la plante « prend appui » avant de « s'épanouir ». Serge Lifar a dit un jour : « danser, c'est ma façon de prier ». Geneviève Mallarmé, qui, dans ses interprétations chorégraphiques, faisait « affleurer jusqu'à la

22. *Ecorce détachée* (Oswald, 1967).

peau, jusqu'au bout des doigts, la dimension, le frémissement, d'un monde intérieur » (Andrée Chédid), retrouve dans ses meilleurs poèmes l'exaltation — à la fois physique et spirituelle — de la danse.

Et la joie se pavanait entre mes émotions
En arrivant ce fut mon âme le dialogue s'engagea
Puis mes pieds nus sur la caresse rude
Puis mes mains frôlèrent un volume qui avait ton dessin
Puis mes cuisses rebelles une violence qui voulait se souder
Et je marchais marchais demoiselle
Puis je fus nouvelle
Mes pieds ne posant plus
Mes mains n'enserrant plus
Mes cuisses allaient éternelles
Mon être eut un air de fête
Je devins belle
Je devins tienne
Je devins toi-même
Je devins certaine
Le jardin était un silence et le ciel
Le ciel lui aussi souriait.

UN CHRÉTIEN CONTESTATAIRE
Henry ROUGIER

Henry Rougier[23] aime faire entendre avec le nom du Christ une harmonique féminine.

Christelle atteindrons-nous ce qui ne peut s'atteindre
Car toute poésie n'est que vitrail offert
A la lance du jour et nous croyons y peindre
Ce que Dieu sans résoudre éloigne à bras ouverts (...)

Fille du rapt au long des rues
Par Jésus-Christ je te salue

Et par la Croix battant des ailes
Je te salue au nom d'icelle (...)

(*Haute chair*)

23. Né à Paris en 1925. *L'Or et la paille* (Jean Grassin, 1960). *Houle impaire* (Millas-Martin, 1962). *Haute chair* (Les Nouveaux Cahiers de Jeunesse, 1969). *Plain-feu* (Caractères, s.d., [1969]). *Sentiers* (Caractères, 1970). *Liturgie de l'attente* (id., 1972).

Il se dit écœuré par l'odeur de l'encens et il lui arrive d'imaginer que « le coq du néant Bat des ailes » (et peut-être de l'aile !) « Sur le clocher conservateur De la paroisse ».

Conservateur, Henry Rougier ne l'est certes pas. On l'a vu cependant très attaché aux formes traditionnelles de l'expression poétique. Il a pratiqué l'alexandrin et l'octosyllabe et s'est attardé aux rimes avec gourmandise. Sa recherche, toujours méditative, a pris appui sur des schémas d'écriture éprouvés. Il s'est exercé (au sens spirituel et artisanal à la fois du terme) à des « *Père voici que l'homme* »... Il a voulu donner aux thèmes du mystère divin et de la « Femme-Cosmos » une prosodie rigoureuse, soutenant la générosité des images de telle sorte « que la fusion chair-esprit s'accomplisse dans un enchantement sensoriel ».

Puis l'expression s'est resserrée, tendant (réminiscence ? le mot figure bien dans *Plain-feu*) à une « *sérénité crispée* ». Les poèmes de ce livre, écrits un peu avant mai 1968, semblent appeler l'événement :

Un drapeau rouge
Un drapeau noir
La voile
est blanche

Images et symboles bien dignes d'accompagner cet aphorisme dans lequel se reconnaît la plus haute aspiration du poète :

Ni révolte ni révolution mais insurrection de l'esprit...

UNE FEUILLE DE L'ARBRE UNANIME

Claire LAFFAY

Cherchant à embrasser l'univers, les mondes anciens et les mondes nouveaux, le « plus jamais » et le « pas encore », éprise à la fois de l'ordre qui peut se lire et de l'infinie diversité du réel, aimant la dure matière et la lumière des étoiles et, par-dessus tout, la prolifération de la vie, chantant l'arbre ou l'insecte, décrivant ce qu'elle voit, s'appuyant sur de riches nomenclatures pour mieux saisir les multiples formes de la vie, et comme pour en mieux apprécier, jusque dans les détails, la minutieuse et sublime organisation, puisant à la racine même de son être la vigueur d'une inspiration qui la pousse à développer toutes les ramifications de l'âme, élevant naturellement sa prière vers un Dieu « caché » mais « partout présent », Claire Laffay[24] a écrit des poèmes d'une force, d'une ampleur, d'une rigueur de langage qui pourraient faire penser à un Saint-John Perse mystique et qui lui ont valu l'admiration de René Char.

FÉLINE EN TOUT LE CIEL. La Grande Mère, la déesse féline, s'éveille ; le monde se crée, la vie va naître, avancer jusqu'à nous. Ecoute le premier ciel. Ecoute la rumeur : nous tous ensemble. Un chant s'élève : parmi les lois et le hasard, la vie, inexplicable ! Sentir les êtres obscurs, intimement, être parcelle du monde, une étincelle du grand brasillement, une feuille de l'arbre unanime. Aimer le monde, aimer la mort. Ce n'est que moi qui meurs : survit Cybèle au corps de fauve et couronnée de tours.

Cette méditation, qui constitue le début de la Table des matières des *Chants pour Cybèle*, donne une idée des préoccupations de Claire Laffay, et la lecture du livre ne peut que confirmer l'impression d'une force poétique assez peu commune.

Mort lumineuse ! L'amour n'est-il
Ce bel espace en marche vers les morts :
Arbre immobile, estuaire des âmes,
Gerbe du jour où je chante unanime ! (...)

L'amour est d'aller par les branches fécondes
Vers le Haut Vivant complice de l'azur
Plus grand que son ombre, et de ma mort, nourri.

(Chants pour Cybèle)

---

24. Née à Condom (Gers) en 1914. *Cette arche de péril* (Châtenay-Malabry, éd. Lefort, 1961). *Essai de géographie poétique* (Debresse, 1964). *Imaginaires* (Strophes, 1966). *Pour tous vivants* (Debresse, 1966). *Dédales* (Ed. Saint-Germain-des-Prés, 1968). *Chants pour Cybèle* (Uzès, Actuelles-Formes et Langages, 1970). *L'Oiseau l'Archange* (id., 1972).

Frank HOLDEN

Les herbes, les arbres, les fleurs chantent la gloire de Dieu. Le poète, lui, s'approche avec modestie de l'autel. Frank Holden [25] n'est pas sûr, pour bien prier, d'avoir trouvé les mots qui disent plus que les mots. Il doute d'être digne de la parole. Mais quand celle-ci, dans la méditation, a pris la forme qui répond à sa foi, il voudrait convier tous ses amis — tous les fidèles — à l'offrande du poème, pour partager cette bonne nouvelle parmi les hommes — et c'est l'autel, alors, qui, par notre faute, risque de n'être plus digne du poème.

A quoi bon un cœur
A grandeur de basilique
Si d'autres n'entendent pas
Carillonner la naissance d'un poème
Que l'on peine à supporter seul
On a beau l'offrir
Mais où trouver l'autel non profané
Pour que liturgie rite et rythme
Plaisent au Poème et donnent
A la douleur la douceur d'un agneau

(Au pàs des arbres)

VERS L'INVISIBLE

Un poète peut-il, avec les seules ressources humaines qui sont les siennes, atteindre le pays de Vérité auquel tant d'âmes religieuses, d'esprits insatisfaits, ont aspiré ?

L'érudition cistercienne de Marie-Magdeleine Davy[26], à qui l'on doit notamment une thèse sur Guillaume de Saint-Thierry, voudrait préparer à cet « éternel solstice où — selon une parole de Bernard de Clairvaux bien digne d'être citée en épigraphe d'une œuvre poétique — le jour n'a plus de déclin ».

---

25. Né à Manchester, Angleterre, en 1922. *Fraternités secrètes* (Millas-Martin, 1967). *Au pas des arbres* (Millas-Martin, 1969). *Saignées* (Millas-Martin, 1971).
26. *La Terre face au soleil* (La Baconnière, 1965).

(...) Dans le silence de midi tout devient signe,
Déchiffrement, lecture, émerveillement.
La lumière n'éblouit pas mon regard
Car elle est devenue ma patrie.

(La Terre face au soleil)

Mais un Jean Bancal[27], même quand il nous enseigne que « le chemin des hommes » passe par Dieu, avoue son « angoisse de la lumière ». Si la forme paraît sûre d'elle-même — c'est en des alexandrins de bonne facture que le poète enchâsse les images de saint Jean, et la rime entend se montrer aussi fidèle qu'une épouse chrétienne —, la foi qui s'exprime demeure plus inquiète. Rien de très nouveau sans doute sur « les pistes du langage ». Mais la seule nouveauté importante, pour Jean Bancal, serait de s'habituer dès maintenant au « jour invisible ».

Claude Ardent[28], elle aussi, voudrait « saisir ce qui n'est qu'invisible ». Un soleil en elle triomphe des ténèbres de l'affliction et de l'anxiété. Le poème aide l'âme à se délivrer. Il monte à travers l'aube vers la source de toute lumière. Il permet, malgré la hantise du vide et de la fin, d'appréhender cette origine sans quoi rien ne serait — ni le poème. Tout se passe, à la lecture de *Cet antérieur présent*, comme si nous étions allégés par avance de notre futur passé. Mais comment, même pour une âme musicienne, ne pas craindre la retombée de l'élan, quand on sait qu'on restera toujours « au bord de l'indicible » ?

(...) L'évidence ricane et danse
torche noire niant l'esprit qui la conçoit
Ce qui veut affleurer germe étouffé
hors vie et n'accède à ciel libre
qu'informulé désir d'être autre et ne pouvoir

Il aspire et ne fait qu'expirer

(Cet antérieur présent)

---

27. Né à Paris en 1926. *L'Arbre de vie* (André Silvaire, 1960). *Le Chemin des hommes* (André Silvaire, 1962). *Apocalypse* (tiré à part de *Recherches et débats*, n° 43, s.d. [1963], Fayard). *L'Epreuve du feu* (Seghers, 1968).
28. *Du val en Beauce* (Hautefeuille — Caractères, 1958). *Fait de soleil* (André Silvaire, 1964). *Les Yeux baignés de vert* (Profils poétiques des pays latins, 1965). *Au val du ciel* (coll. Creuset, Traces-Magazine, 1969). *Cet antérieur présent* (Ed. Saint-Germain-des-Prés, 1969). *Entre* (Uzès, Formes et Langages, 1972).

Dieu est « presque absent de ma vie », reconnaît Giani Esposito[29], dont la voix souvent grave s'élève aussi comme une prière pour remercier « l'invisible substance que l'univers illimité secrète ».

L'esprit le sait
ce qui est invisible
n'est pas étrange aux yeux de ceux qui veillent (...)

(Vingt-deux instants)

Autre œuvre à citer :

Anne-Marie KEGELS, *Chants de la sourde joie* (Lyon, Armand Henneuse, 1955).

29. Né à Bruxelles en 1930. *Vingt-deux instants*, suivi de *Omphalos* (Librairie Saint-Germain-des-Prés, 1970). *Le Tisseur de voiles* (Reims, Ed. Maison de la Culture André Malraux, 1971). *En cette fête du combat* (Saint-Germain-des-Prés, 1972).

JEAN GROSJEAN

JEAN-PAUL DE DADELSEN

JEAN-CLAUDE RENARD

EMMANUEL EYDOUX

PIERRE OSTER

GILBERT LAMIREAU
(par lui-même)

MARIE-JEANNE DURRY

GÉRARD MURAIL

ANDRÉ MARISSEL

CHARLES LE QUINTREC

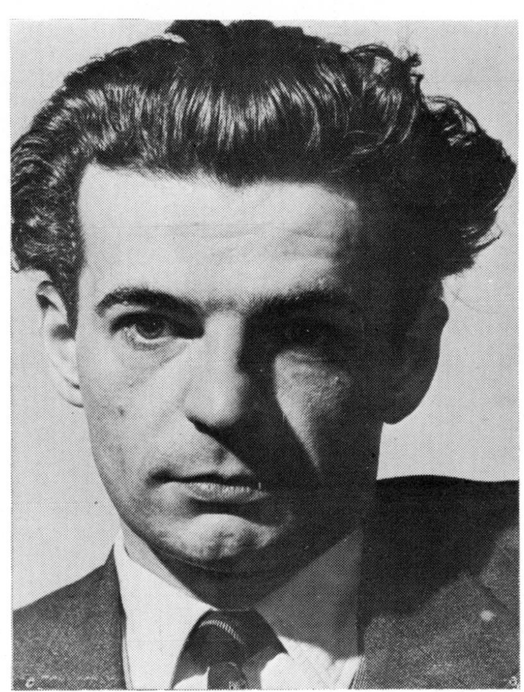

YVES BONNEFOY

BERNARD NOËL

ANDRÉ DU BOUCHET

MAURICE BOURG

JEAN LAUDE

GEORGES PERROS

JEAN-CLAUDE IBERT

CHAPITRE VII

POÉSIE PHILOSOPHIQUE

Tout poète contient un philosophe, écrivait Victor Hugo à Baudelaire. Mais on voit bien que l'admiration de Hugo allait d'abord à ce « frisson nouveau » que *les Fleurs du mal* faisaient « passer dans l'art ». Qu'en est-il en effet de la philosophie des poèmes ? Où est-elle ? Dans l'idée ? dans les mots ? derrière les mots ? Dans la chair ou dans l'esprit du poème, ou dans leur intime fusion ? Et que vaut-elle ? Dans quelle mesure peut-elle intéresser les philosophes ? On est aussi amené à se demander si le climat philosophique, qui paraît si apprécié de certains poètes, n'est pas assez mal supporté par beaucoup d'autres. Quant aux lecteurs, leurs goûts en la matière sont également très divers. Ne croyons pas trop vite qu'il s'en trouve peu aujourd'hui pour demander qu'on leur explique ce que le texte veut prouver, ou pour suspecter le poète d'avoir cédé à l'idéologie de la classe dominante, ou pour approuver un producteur de textes d'avoir porté au sein même du langage la contestation de cette idéologie. D'autres lecteurs éprouvent au contraire une impression très défavorable quand ils se trouvent devant des remarques qui leur paraîtraient peut-être fort pertinentes en tant que commentaire du poème mais dont ils regrettent qu'on les leur présente comme le poème lui-même.

Entre poésie et philosophie, les rapports ne sont pas faciles à tirer au clair. Certes on ne saurait oublier l'admirable contribution apportée par des philosophes comme Martin Heidegger, Gaston Bachelard, Ferdinand Alquié, Yvon Belaval, Mikel Dufrenne, à l'intelligence du poème, et par-là même à la connaissance de l'homme. Mais il faut bien constater que, malgré une sorte de fascination réciproque, philosophes et poètes sont loin de toujours se comprendre.

Souvent les poètes, même parmi les plus portés à la recherche de l'Absolu, les plus tourmentés — comme Artaud — par la « titillation insistante de l'être », veillent à ne pas laisser pénétrer trop profondément les arcanes de leur langage, de leurs rêves, de leurs désirs. Inversement les philosophes, même quand ils les comprennent parfaitement, ont la volonté de se tenir en alerte devant les intuitions ou les approximations des poètes. Absence de méthode véritable, caractère « inutilisable » pour autrui de « *l'Expérience intérieure* », incohérence de la pensée, flou de la terminologie, « mauvaise foi passionnelle », vaine tentative d'une « évasion impossible », tels sont — on s'en souvient — les griefs que Jean-Paul Sartre adressait à Georges Bataille, « nouveau mystique », tout en lui reconnaissant une « éloquence souvent magnifique »[1].

Les poètes se défendent contre des accusations qui pourtant ne laisseront pas de paraître judicieuses aux lecteurs soucieux de ne jamais accorder confiance aux auteurs sur leur simple parole. Antonin Artaud prend volontiers à partie la pensée — « une marâtre qui n'a pas toujours existé » ! Georges Bataille[2] déclare tout net que « la réflexion philosophique trahit ». Pourquoi trahit-elle ? Parce que — pourrait-on dire — elle déserte, et nous invite à déserter, la réalité globalement vécue de l'expérience. Parce que, par sa méthode même, elle est *réflexion* sur cette expérience et que la réflexion porte inévitablement sur du passé, du mort. Georges Bataille saisit bien la valeur que pourrait avoir l'interrogation philosophique, mais il reproche aux philosophes de ne poser leurs questions qu'une fois « apaisés » et comme dans le reflux du désir.

Si quelque malentendu demeure, dans bien des cas, entre philosophes et poètes, n'est-ce pas précisément parce que les voies empruntées par les uns et les autres ne se recoupent qu'occasionnellement — si même il n'est pas dans leur nature de ne pouvoir se rejoindre qu'à l'infini ?

Poésie et philosophie, selon Heidegger, sont comme deux montagnes opposées d'où l'on parle de la même chose. Qu'il lise Kant ou Hölderlin, c'est bien de cette « même chose » que s'inquiète Heidegger. Dans la poésie aussi l'Etre et le Temps sont en question. Mais, parmi tous les chemins qui ne mènent nulle part, ne peut-on espérer en trouver un qui puisse faire se rejoindre métaphysique et poésie ? Ce souci d'unité, au moins d'unité dans la recherche, le philosophe Heidegger a tenu à l'exprimer dans le langage des poètes, avec leur rythme propre[3].

1. Jean-Paul SARTRE. *Situations I* (Gallimard, 1947).
2. Georges BATAILLE, *Histoire de rats*, in *la Haine de la poésie* (Editions de Minuit, 1947).
3. HEIDEGGER, *Pensivement (Gedachtes)*, in *l'Herne*, n° spécial René Char, 1971. Poèmes traduits de l'allemand par Jean BEAUFRET et François FEDIER.

(...) *Zeigt sich ein Pfad, der ein Zusammengehören des Dichtens und des Denkens führt?*
(Un sentier s'ouvre-t-il ici, qui mènerait à une commune présence du poème et de la pensée ?)

Et il est vrai que quelques poèmes de Heidegger nous touchent en tant que poèmes par cette alliance du son et du sens que recherchait Valéry.

> — *Wie weit?*
> *Erst wenn sie steht, die Uhr*
> *im Pendelschlag des Hin und Her,*
> *hörst du : sie geht und ging und geht*
> *nicht mehr.*
>
> (Quelle ampleur ?
> Ce n'est que lorsqu'elle cesse de battre, l'horloge,
> le va et vient du pendule,
> que tu entends : elle va, elle allait et
> ne va plus.)

Mais il faut bien avouer que le plus souvent la pensée l'emporte sur l'atmosphère poétique. Combien plus convaincante l'image sonore de la pendule que ce commentaire trop explicite :

> *Chemins,*
> *Chemins de la pensée ; ils vont d'eux-mêmes,*
> *ils s'échappent. Quand donc amorcent-ils à nouveau le tournant,*
> *dégageant la vue sur quoi ?*

Multiples chemins vers une même vérité ? Rappelons-nous le texte des *Olympiques* de Descartes : les poètes « arrachent par imagination » des vérités que les philosophes « extraient par raison ». Relisons également cette pensée de Gaston Bachelard, qui complète l'affirmation cartésienne en accordant à quelques philosophes de ces étincelles qu'on voit plus souvent jaillir chez les poètes : « Quand les métaphysiciens parlent bref, ils peuvent atteindre à la vérité immédiate, à une vérité qui s'userait par les preuves »[4].

Philosophie et poésie peuvent-elles vraiment cheminer ensemble ? Cette question, dont l'importance est de plus en plus nettement reconnue par ceux qui cherchent, dans les deux directions, est-elle plus

---

4. Gaston BACHELARD, *la Poétique de l'espace* (P.U.F., 1957), chapitre X, *la Phénoménologie du rond*.

proche de recevoir une réponse positive qu'au temps où Bachelard, constatant que la synthèse tant souhaitée n'était pas encore possible, avouait en pleine Sorbonne avec sa modestie pittoresque : « Je suis un philosophe en voie de segmentation... » ? Les poètes d'aujourd'hui apporteront-ils aux philosophes des éléments de réponse — ou bien faudra-t-il dire encore, pour parler comme Heidegger, que la question reste une question ? Ces poètes, il faut les lire.

I

« L'ACTE ET LE LIEU DE LA POÉSIE »

LA POSSESSION DE L'ÊTRE

Yves BONNEFOY

(...) *Je ne me souviens plus une femme roulait sur le cratère des volcans*
Les dernières fumées emportent ses amants parcourus de fleuves
Nous partirons demain en Tasmanie c'est la dernière province de l'automne
Les chèvres noires brûleront brûleront comme ces trains que j'abandonne
Je ne me souviens plus l'huilier de la terre se brise je marche dans le spasme des saisons (...)

Ces vers ont été publiés en 1946, dans un dépliant d'inspiration surréaliste, *La Révolution la Nuit*, et ils sont signés Yves Bonnefoy[5]. Autour de cet inconnu de vingt-trois ans s'étaient groupés Claude Tarnaud, Eliane Catoni, Iaroslav Serpan. La petite équipe, fidèle au meilleur surréalisme, se réclamait de Marx et de Lautréamont, se bouchait le nez sur l'œuvre de Claudel, dénonçait le conformisme

5. Né à Tours en 1923. *Traité du pianiste* (La Révolution la Nuit, 1946). *Du mouvement et de l'immobilité de Douve* (Mercure de France, 1953). *Hier régnant désert* (Mercure de France, 1958). *Pierre écrite*, ill. UBAC (Galerie Maeght, 1959 ; rééd. Mercure de France, 1964). *Anti-Platon* (Galerie Maeght, 1962). *Une ombre respirante* (Mercure de France, 1963). *Du mouvement et de l'immobilité de Douve* suivi de *Hier régnant désert* [accompagné de *Anti-Platon, les Tombeaux de Ravenne, l'Acte et le lieu de la poésie, Dévotion*] (Poésie/Gallimard, 1970).
L'Arrière-pays (Skira, coll. « Les Sentiers de la création », 1972).

Parmi les essais d'Yves Bonnefoy — L'*Improbable* (Mercure de France, 1959). *La Seconde Simplicité* (Mercure de France, 1961). *Arthur Rimbaud* (Seuil, 1961). *Un rêve fait à Mantoue* (Mercure de France, 1967). *Rome, 1630* (Flammarion, 1970).

Traductions de Shakespeare au Club Français du Livre et au Mercure de France.
Consulter : Jean-Pierre RICHARD, *Onze études sur la poésie moderne* (Seuil, 1964).

d'Aragon, épargnait Paul Eluard. N'était pas de moins bon augure cette déclaration d'Yves Bonnefoy : « Toute dogmatique est un assassinat. Tout métaphysicien un détrousseur de cadavres ».

L'Anti-Platon, qui date de la même époque, exprime la même méfiance à l'égard des « parfaites Idées ». Mais si Bonnefoy rejette, comme on le verra très nettement dans sa grande méditation sur *les tombeaux de Ravenne,* les « vieilles métaphysiques », il n'en est pas moins philosophe.

La poésie moderne s'est séparée des dieux, et c'est à la rencontre de ce monde où nous vivons, le monde sensible, que s'aventure le poète. Yves Bonnefoy, cherchant à définir « l'acte et le lieu de la poésie », ne désire rien tant que de savoir où il va. Il refuse d'être dupe du charme des poèmes, sans cependant cesser d'y succomber. Et pour ne pas être trompé par la poésie, il faut bien tenter de savoir ce qu'elle est. Mais le savoir, ici, est surtout négatif. On peut reconnaître que la poésie n'habite plus « la maison de l'idée », mais où donc, aujourd'hui, trouve-t-elle sa demeure ? La poésie exprime l'espoir tenace d'atteindre un lieu qui serait le « vrai lieu », où nous cesserions d'être en désaccord avec nous-mêmes et qui serait pourtant « de ce monde ». Mais de ce lieu, se souvenant peut-être du « Point sublime » d'André Breton, Yves Bonnefoy doit bien écrire aussi « qu'il n'existe pas, qu'il n'est que le mirage, sur l'horizon temporel, des heures de notre mort ». C'est chez lui une préoccupation tout à fait centrale : « Je ne doute point qu'existe, quelque part et à mon usage, cette demeure, ce seuil de la possession de l'être. Mais que de vies se dépensent à ne savoir pas le trouver ».

La poésie d'Yves Bonnefoy apparaît d'abord comme une méditation de la mort, où il importe avant tout de « nommer ce qui se perd » et comme la recherche d'une permanence dans ce qui passe — mais vraiment *dans* ce qui passe et non pas dans les concepts désincarnés dont Paul Valéry a eu la faiblesse (selon Bonnefoy) de se satisfaire. Cette permanence, n'est-ce pas finalement de la parole, fluide, impérissable, du poète, qu'il sera le moins déraisonnable de l'attendre ?

Du mouvement et de l'immobilité de Douve... c'est un beau titre, et assurément un beau livre. On est tout de suite séduit par le cérémonial de la parole, par le ton hiératique de ce chant consacré à la célébration de Douve — l'indéfinissable Douve si bien nommée, si étrangement présente et qu'on ne peut saisir.

La construction thématique, l'entrelacement des images, le rythme même du poème, guident le lecteur par des chemins obcurs, mais éclairés de place en place, vers un domaine étendu où l'on se laissera volontiers persuader qu'on eût pu reconnaître la résidence de la vérité. On reviendra sans doute sur ses pas, non seulement pour se laisser porter de nouveau par le courant, mais encore pour interroger une lumière à la fin largement répandue, mais dont on reste un moment à se demander ce qu'elle révèle — hors de son propre éclat.

Il arrive souvent, avec Yves Bonnefoy, qu'on soit tenté de se reporter à ses essais pour s'assurer qu'on ne s'égare pas trop dans l'interprétation de ses poèmes... et à ses poèmes pour préciser le sens de ses essais.

Œuvre de haute culture et de forme presque classique, la poésie d'Yves Bonnefoy plaît sans instruire trop vite. Le vers a bien quelque chose d'un peu didactique, parfois :

Je ne suis que parole intentée à l'absence,
L'absence détruira tout mon ressassement
Oui, c'est bientôt fini de n'être que parole,
Et c'est tâche fatale et vain couronnement.

Et l'on reconnaît la leçon des grands maîtres. Dès l'épigraphe, le lecteur est invité, par une citation de Hegel, à inaugurer une dialectique de la vie et de la mort. Quant au titre lui-même, il renvoie évidemment au célèbre fragment d'Héraclite : « Nous descendons et ne descendons pas dans le fleuve, nous sommes et ne sommes pas ». Mais le jeu des références philosophiques et littéraires est si complexe, si savant, si dominé, si artistement exploité aussi, qu'on garde toujours la liberté de rêver.

Oui, l'on sait qu'à chaque instant Douve naît et meurt ; que tout change et que quelque chose demeure ; que « de la multiplicité des choses provient l'Un » (Héraclite) — ce qui peut se dire aussi : « Etre défait que l'être invincible rassemble » (Bonnefoy). La mort naissant de la vie et la vie de la mort (Héraclite dit : « Les immortels sont mortels et les mortels immortels : ils échangent mutuellement la vie et la mort »), il était tentant pour un poète de faire renaître une fois de plus, de ses propres cendres, le Phénix.

Mais qui est Douve, et qui (ou quoi) le Phénix ? Douve, naturellement, conduit au château, où l'on passera devant l'orangerie, où l'on retrouvera la Salamandre... Cependant Douve est femme, par son visage et tout son corps, dans l'étendue. Et Douve est notre vie, notre mort. Et Douve est poésie. Si Bonnefoy croit pouvoir reprocher à Valéry un manque d'« ambition poétique », il n'oublie certes pas que le poème peut recevoir plusieurs sens, et sur ce point il doit beaucoup à l'auteur de *Charmes*.

Ne cherchons donc pas à épuiser les significations possibles d'un livre comme *Du Mouvement et de l'immobilité de Douve*. Laissons-nous encore une fois conduire par la parole du poète :

(...) *Village de braise, à chaque instant je te vois naître,*
Douve,

A chaque instant mourir (...)

Gestes de Douve, gestes déjà plus lents, gestes noirs (...)

Je nommerai désert ce château que tu fus,
Nuit cette voix, absence ton visage,
Et quand tu tomberas dans la terre stérile
Je nommerai néant l'éclair qui t'a porté.

Mourir est un pays que tu aimais (...)

Tu as pris une lampe et tu ouvres la porte,
Que faire d'une lampe, il pleut, le jour se lève.

Yves Bonnefoy, dans *Hier régnant désert*, est revenu sur ses propres questions, son propre cheminement, tentant d'aller plus loin — vers l'origine et le but. La voix est restée belle, persuasive :

(...) *Hier régnant désert, j'étais feuille sauvage*
Et libre de mourir,
Mais le temps mûrissait, plainte noire des combes,
La blessure de l'eau dans les pierres du jour.

Il faut bien reconnaître cependant que tout n'est pas si éclairant, dans les inévitables ténèbres de la route qui passe pourtant par Delphes. L'énigme s'est faite énigme à elle-même, à l'infini, jusqu'à décourager les plus fidèles pèlerins.

(...) *D'où vient l'Œdipe qui passe ?*
Cependant il a gagné.
Une sagesse immobile
Devant lui a succombé.

Le Sphinx qui se tait demeure
Dans le sable de l'Idée.
Le Sphinx qui parle se déforme
A l'informe Œdipe livré.

Mais il n'est pas étonnant qu'on ait eu du mal à suivre Yves Bonnefoy dans toutes les sinuosités du chemin parcouru. Lui-même assure, avec une grande honnêteté, que son livre *Hier régnant désert* lui est devenu « obscur et, en quelques points, presque étranger » ; de sorte que, « pour le comprendre », il a dû le remanier et l'abréger.

Poète de l'eau, de l'air et du feu, Yves Bonnefoy ne voudrait-il finalement retenir que ce qui peut s'écrire sur la pierre ?

Il me semble, ce soir,
Que le ciel étoilé, s'élargissant,
Se rapproche de nous ; et que la nuit,
Derrière tant de feu, est moins obscure.

Et le feuillage aussi brille sous le feuillage,
Le vert, et l'orangé des fruits mûrs, s'est accru,
Lampe d'un ange proche ; (...)

Il me semble, ce soir,
Que nous sommes entrés dans le jardin, dont l'ange
A refermé les portes sans retour.

(Pierre écrite)

S'approche-t-on du lieu pur ? Le poète, toujours poussé par le « désir de l'éternel », et par la nostalgie de l'Un, poursuit son pèlerinage vers l'inaccessible.

« L'arrière-pays », auquel les passants de ce monde continueront toujours de se référer, ne se trouve au bout de nulle route. Yves Bonnefoy sait bien que cet arrière-pays, comme il y insiste dans l'essai qui porte ce titre, « n'existe pas ». Et pourtant, un poète comme lui ne renoncera pas entièrement à le situer — en quelle zone où le cheminement philosophique, dégagé des principes trop stricts de la raison, puisse s'égarer et se plaire ?

Le rêve d'un « ailleurs » restera toujours insatisfait. Même si l'imagination d'un autre monde garde un sens, il faut bien admettre que cet autre monde ne saurait être appréhendé hors d'ici. Pour Bonnefoy, le chemin qui conduit à cet *ailleurs-ici*, chemin qui passe par l'art grec, l'art italien, l'art baroque, et qui passe aussi par la poésie — en particulier, disons-le, par la poésie de Bonnefoy — fait le tour de la terre.

(...) *Le jour vint* (...) *où, la hantise se dissipant, l'art italien m'apparut dans sa vérité, qui contenait, un de ses moments, « ma folie », mais affrontée, dépassée parfois. Et le baroque bientôt, le baroque romain, se leva avec dans ses mains le mystère, cette fois en pleine lumière, du lieu d'existence assumé. En vérité, c'est Rome qui prépara, autant que l'espace grec, cette matinée à Venise. L'un proposait de subordonner le lieu humain et la demeure même des dieux à la courbe, seule absolue, de la terre. Et quant à l'architecture berninienne, elle acheva soudain de me dire que* l'être du lieu, *notre tout, se forge à partir du rien, grâce à un acte de foi, qui est comme un rêve que l'on a tant vécu, et si simplement, qu'il en est comme incarné* (...)

(L'Arrière-pays)

L'acte de foi du poète, c'est toute son œuvre. Gardons-nous de ne considérer celle-ci que fragmentairement, étape par étape. Le paysage conquis s'offre comme un ensemble indissociable.

De l'aveu même d'Yves Bonnefoy, *Du mouvement et de l'immobilité de Douve, Hier régnant désert, Pierre écrite, Dans le leurre du seuil*[5 bis] constituent quatre moments d'un « ouvrage unique ». La cohérence d'une œuvre, n'est-ce pas en définitive la fin la plus haute que puisse réellement tenter d'atteindre un poète guidé, dans sa recherche incessante, par le souci de l'Unité perdue ?

ABSOLU VOYAGEUR
Jean LAUDE

La poésie de Jean Laude[6] est née du spectacle de désolation provoqué par la guerre :

Les villes sont désertes, les jours pervertis. Le spectre de la louve rase les murs en ruines.
L'espoir remis en cause, il n'est question que de lichens et de feu sombre, où habiter.

Mais si l'œuvre de mort est partout visible, si l'on est tenté de céder au désespoir, le goût de vivre reprend le dessus et c'est un peu oublier la mort, déjà, que de la nommer :

On se fait pierre et, parfois, les pierres chantent.

Vivre n'est pas facile. Il faut lutter comme luttent ces hommes qui, dans le Zuydersee, gagnent peu à peu leur territoire sur la mer. Mais n'espérons pas une moralité trop facilement réconfortante. Si l'image dure de la pierre ne s'oppose pas au rêve d'une certaine légèreté, l'idée d'une victoire remportée sur les éléments se retourne contre elle-même :

La plaine est lente à conquérir : un peu d'eau mélangée au soleil.
Flux et reflux sur les sables, nous sommes envahis du dedans.

5bis. *Dans le leurre du seuil* a été publié dans *l'Ephémère*, n° 11 (1970) et n° 19/20 (1972).
6. Né à Dunkerque en 1922. *Entre deux morts* (G.L.M., 1947). *Le Grand Passage*, ill. Yves TANGUY (Ed. du Dragon, 1954). *Les Saisons et la mer* (Seuil, 1959). *Les Plages de Thulé* (Seuil, 1964). *Diana Trivia*, ill. César DOMELA (Paris, Brunidor, 1972).
Prose — *Le Mur bleu* (Mercure de France, 1965). *Sur le chemin du retour*, ill. Yves MAIROT (Club du Poème, 1967). *Ormes* (*Sur le chemin du retour*- II), ill. Raoul UBAC (Club du Poème, 1972). *Discours inaugural*, ill. SOULAGES (Montpellier, Fata Morgana, 1972).

Cette ambiance n'empêche cependant pas d'espérer que soit un jour réparé le mal fait à l'homme.

Je parle d'un pays, pas à pas, qui cesse d'être une île. Je parle d'un pays, pas à pas, qui s'étend. L'eau froide encore menace. Mais la bonté se lève aux bras de la patience et garde l'entrée du radoub.

Telle était l'orientation poétique de Jean Laude dans *le Grand Passage*. Dans *les Saisons et la mer*, on retrouve la même inquiétude, mais la pensée se fait plus exigeante encore. Le livre est construit en quatre parties qui évoquent tour à tour le lever du soleil, le Zénith, le déclin du jour, la nuit. Une haute écriture, au long des pages, interroge la mort. La poésie de Jean Laude prend parfois dans ces textes un tour un peu dogmatique.

Brisé le cours de la fontaine
Rompu continûment le mouvement de l'eau

n'est une fois de plus qu'un commentaire, très fidèle, d'Héraclite et le lecteur n'apprend pas grand-chose en lisant que les jours se suivent mais ne se ressemblent pas :

Un jour après ce jour, nul n'est semblable à l'autre.

Quand triomphe midi — « Solstice du regard posé sur toute chose » —, la leçon de Parménide reste présente à l'esprit et Paul Valéry n'est pas non plus oublié. Le thème d'Ariane et celui d'Yseut venant s'entrelacer à la méditation du poète, l'ensemble du livre donne l'impression d'une culture quelque peu dominatrice. Non pas que Jean Laude cherche à en imposer au lecteur. On dirait plutôt qu'il laisse recouvrir sa voix la plus intime par celle du lecteur exercé qu'il est aussi, et qui commente.

Tant d'intelligence, de savoir et d'art pour aboutir à cette vision d'un monde qui s'éloigne et se durcit dans l'illusoire ?

Je parle d'un pays qui affronte le feu
Le soleil a blanchi son armature.
Et il fait froid en cette aridité.
Je parle d'un pays dont l'éblouissement
Fait surgir sur la pierre un mirage de glace
Et la douce chaleur intime nous parvient
Au-delà de ce songe où nous nous renions.
Je parle d'un pays d'exil, insaisissable.

On est un peu déçu par le pessimisme — et la rhétorique — de cette aventure spirituelle. Mais, le livre clos — Iseut morte, enfermée dans son double de pierre —, on peut encore penser que le soleil de nouveau se lèvera, que l'avril n'est pas épuisé, que les saisons se succèdent. Le mouvement que Jean Laude imprime à ses poèmes aidera du moins à le croire. Si telle conclusion (« Tu tiens le lieu, c'est d'un accomplissement ») paraît un peu doctrinalement proposée au lecteur, il y a dans le cheminement qui conduit jusque-là une manière d'avancer en méditant — de s'arrêter, de se reprendre et de poursuivre — qui donne le sentiment qu'on n'en aura jamais fini avec les interrogations d'un poète :

Le ciel s'approfondit jusqu'à cet arbre
Où, contredit, l'espace se résume.

(La barque glisse par les herbes qui l'entravent.
La barque qui glissait a délaissé ses rames.)

Absolu voyageur (...)

Ce passage est très significatif de la manière d'écrire — de vivre, de penser, de Jean Laude. *Les Plages de Thulé,* qui reprennent et prolongent les poèmes du *Grand Passage*, nous renforcent dans ce sentiment.

Le titre suggère l'idée d'une pensée qui toujours tente de se porter aux confins du monde et n'y peut parvenir, sinon peut-être en songe.

A tout jamais et maintenant, me voici embarqué
vers une terre inaccessible et proche.

Le chemin est aride. C'est toujours celui de l'exil. Le poète, cherchant à atteindre, à l'horizon, la « lumière dorée », interroge les ténèbres et s'interroge sur lui-même. Qui est-il ? Où va-t-il ? Et quelle est cette terre qu'il habite et qu'il fuit, dont il croit reconnaître les limites et qui pourtant n'a pas de limites ? Le poète veut décrire le chemin ; mais si tout chemin, tout canal, échappait par nature au langage qui cherche à le situer ? De qui vient finalement, à quoi renvoie la parole du poète ? Et comment renouer tous les fils pour dessiner, de poème en poème, une parole intelligible — et pour qui ? (Ce problème du sens et de la destination du langage sera repris dans un beau récit poétique : *Sur le chemin du retour*.)

Jean Laude ne dissimule pas ses préoccupations philosophiques. La poésie est pour lui expérience et réflexion sur l'expérience. Il cite Empédocle : « Mais sous la terre, il est un chemin d'effroi, profond, fangeux ; il mène mieux que tout autre à l'empire charmeur d'Aphrodite, aux mille offrandes » ; et *les Plages de Thulé* développent justement cette pensée. Cependant la composition même du poème — où la rigueur de l'articulation n'exclut pas les fluctuations de la ligne mélodique — permet au poète d'aller et venir en ses pensées tout en progressant, lucide et incertain, vers l'idée qui le guide ; elle permet aussi au lecteur d'oublier — ne serait-ce que temporairement — Empédocle, et de suivre Jean Laude.

VERS LA PAGE BLANCHE

André du BOUCHET

L'œuvre d'André du Bouchet[7] peut déconcerter par cette atmosphère raréfiée qui entoure de fragiles et précieuses images ; elle peut séduire aussi par la densité de ces paroles suspendues dans le vide. Elle peut émouvoir. On dirait que du Bouchet ne juge dignes d'être sauvées que ces quelques lignes maintenues dans la page blanche. N'a-t-il pas extrait de l'océan hugolien un recueil minuscule de citations sublimes ? Une telle exigence à l'égard de la poésie paraît répondre à un sentiment tragique de l'existence autant qu'à des critères de raffinement et de préciosité littéraires.

A y regarder de plus près, la poésie d'André du Bouchet paraît très savante, très concertée. Plus qu'Yves Bonnefoy, du Bouchet dissimule ses sources. Une notation comme celle-ci, tirée de *Dans la chaleur vacante,* met cependant sur la voie : « Tout fuit à travers l'eau immobile ». Nous n'avons pas de mal à reconnaître ici, une nouvelle fois, l'influence de la formule héraclitéenne.

Mais ce n'est là que le thème le plus voyant. Comme l'a montré Jean Paris dans son *Anthologie de la poésie nouvelle*, André du Bouchet réduit toute la richesse du monde à une opposition entre deux éléments : la terre et l'air. La lecture du recueil *Dans la chaleur vacante* confirme cette impression. La terre, labourée et féconde,

---

7. Né à Paris en 1924. *Air* (Jean Aubier, 1951 ; rééd. modifiée avec ill. TAPIÈS, Maeght, 1971). *Sans couvercle* (G.L.M., 1953). *Au deuxième étage* (G.L.M., 1956). *Cette surface,* ill. TAL COAT (PAB, 1956). *Sol de la montagne*, ill. Dora MAAR (Paris, Jean Hughes, 1956). *Le Moteur blanc* (G.L.M., 1956). *Dans la chaleur vacante*, ill. Jean HÉLION (PAB, 1959) ; rééd. Mercure de France, 1961). *Ajournement* (Iliazd, 1960). *Sur le pas,* ill. TAL COAT (Maeght, 1960). *La Lumière de la lame,* ill. MIRO (Maeght, 1962). *L'Avril*, ill. Gr. L. Roux (Paris, Hao, 1963). *L'Inhabité,* ill. GIACOMETTI (Jean Hughes, 1967). *Où le soleil* (Mercure de France, 1968). *Qui n'est pas tourné vers nous* (Mercure de France, 1972).
Traductions de HÖLDERLIN (*Poèmes,* Mercure de France, 1963) et de Paul CELAN (*Strettes*, Mercure de France, 1971).

Cofondateur avec Gaëtan PICON, Yves BONNEFOY, Jacques DUPIN et Louis-René des FORÊTS de la revue *L'Éphémère* (Paris. N° I : 1er trimestre 1967 ; N° 19/20 : été 1972).
Consulter : Jean-Pierre RICHARD, *Onze études* ; Philippe JACCOTTET, l'*Entretien des Muses*.

porte des fruits. Elle laisse entrevoir, très rarement il est vrai, une image heureuse : « tout à coup un arbre rit ». Mais l'air, de différentes façons, exerce son hostilité. Tantôt l'arbre est pris dans le froid, tantôt il est embrasé par l'inépuisable feu. Aussi la terre est-elle toujours menacée. Elle est aride, elle se dilue. Et si la terre malgré tout demeure stable, le souffle nous dénude. Ainsi, chez Héraclite, tout ce qui est, tout ce qui est maintenu à l'être résulte du conflit équilibré des contraires ; qu'une force l'emporte sur l'autre, et c'est le risque de corruption, de mort : le soleil doit rester dans les limites de sa course pour que soit évitée la destruction universelle par le feu. Du Bouchet semble commenter : « Ce qui demeure après le feu, ce sont les pierres disqualifiées ».

Tout s'écoule. « Le froid devient chaud, le chaud froid, l'humide devient sec et le sec humide » (Héraclite) ; « le froid de l'été passe » (du Bouchet). Mais au sein du multiple et du changeant, il y a l'Un, le permanent ; et le feu « toujours vivant » (Héraclite) est au centre. « Je me dissipe sans renoncer à mon feu » (du Bouchet) — un feu qui reprend toujours.

Du Bouchet reconnaît que c'est sans sortir de sa chambre (on serait tenté de dire : de sa bibliothèque) qu'il avance péniblement « dans la chaleur vacante »... Le poème ainsi progresse, en s'effritant, vers la page blanche, en même temps que le monde se dissout. Mais l'image et l'absence d'image restent au service de l'idée.

Dans un air aussi raréfié, si loin de la terre — par décision d'écriture — que même le soleil risque dé disparaître, c'est tout de même plaisir de relever, de temps à autre, une note plus humaine :

(...) *Ma femme,*
debout derrière le mur,
enlève un à un
les linges du couchant,
et les entasse sur son bras
libre.

Sur cette route qui ne mène à aucune maison,
je disparais jusqu'au soleil.

Le pays explique
la laine de la route
tire

et s'enflamme.

(Où le soleil)

L'OBSCURE DÉLIVRANCE

Jacques DUPIN

Gravir : ce titre pourrait faire penser à l'Allégorie de la Caverne : le chemin est rude qui, au sortir de l'obscurité, doit finalement permettre de hiérarchiser toutes les ombres par rapport au Soleil. Il s'agit bien dans la poésie de Jacques Dupin[8] d'une ascension, d'une ascèse. Mais si le poète est épris de lumière, l'homme ne peut oublier sa part de balbutiements et de chimères. La poésie de Jacques Dupin se meut dans le « cortège des apparences », à la recherche du réel. *Le réel,* c'est le titre d'un poème, dont la prétention philosophique n'est ainsi nullement dissimulée (pas plus qu'elle ne l'est dans tels autres titres : *Parole, L'oubli de soi, La lumière n'est pas conçue*). Le poète restera insatisfait. Il s'interroge sur sa propre parole, son écriture est « tendue Au-dessus d'un abîme approximatif », et les moments d'intuition poétique sont suivis de nouvelles questions : « Ce que je vois et ce que je tais m'épouvante. Ce dont je parle et que j'ignore, me délivre. Ne me délivre pas ».

En vers ou en prose, les poèmes de Jacques Dupin, dans *Gravir*, séduisent et intriguent par leur densité. Mais le ton gnomique (« Je suis le moment d'oubli qui fonde la mémoire ») donne souvent l'impression que l'image — si l'on peut parler d'image — est provoquée par la pensée. L'influence d'Héraclite et de Parménide se fait cruellement ressentir. « Dans la connaissance du fleuve la pile de pont l'emporte sur la barque ». On pourrait, à l'occasion, citer Bergson : *la Pensée et le mouvant*... C'est un concentré d'images philosophiques, mais est-ce une image vivante ? Oui, sans doute : un esprit cultivé n'est pas forcément un esprit mort. Mais la pensée est si prégnante que l'image ne peut vivre que d'une vie larvaire. On dirait qu'elle cherche à s'épuiser dans le sens tout en maintenant autour d'elle la zone d'ombre nécessaire.

---

8. Né à Privas en 1927. *Cendrier du voyage* (G.L.M., 1950). *Art poétique*, ill. GIACOMETTI (Alès, PAB, 1956). *Les Brisants* (G.L.M., 1958). *L'Epervier* (G.L.M., 1960). *Saccades*, ill. MIRÓ (Galerie Maeght, 1962). *Textes pour une approche* (G.L.M., 1963). *Gravir* (Gallimard, 1963). *Le Corps clairvoyant*, ill. HADJA (Maeght, 1965). *La Nuit grandissante*, ill. TAPIES (Saint-Grall, ERK Press, 1968). *L'Embrasure* (Gallimard, 1969). *L'Embrasure* précédé de *Gravir* (Poésie/Gallimard, 1971). *Proximité du murmure* (Maeght, 1971).
Traduction de poèmes de GHIKA, *La Soif du jonc*, ill. Jacques VILLON (Paris, Cahiers d'Art, 1948).

La parole mal équarrie mais assaillante
Brusquement se soulève
Et troue l'air assombri par un vol compact
De chimères

Le tirant d'obscurité du poème
Redresse la route effacée.

Quelle suffisance chez le « penseur » ! Quelle pauvreté d'image chez le poète !

Dans *l'Embrasure*, six ans après *Gravir*, Jacques Dupin se montre, dans la forme, un peu moins sententieux.

On retrouve les mêmes thèmes, celui de la parole et de « la nuit grandissante » ; mais, sans perdre de sa concision, le poème paraît moins sec. C'est peut-être que, par un art plus élaboré, les notations concrètes sont mieux fondues à la pensée. A tel point, d'ailleurs, qu'on est parfois gêné de sentir la volonté d'équilibre qui préside à la naissance des images. Les genévriers surgis à l'occasion d'un songe, alors qu'il vient d'être question de « la compréhension de la lumière — et de son brisement » ne seraient-ils pas là pour l'agrément, un peu comme des plantes vertes qu'on apporterait pour quelque savant colloque — ou soliloque — philosophique ? Ici et là pourtant la parole, selon une suggestion du poète, paraît fraîche comme l'herbe — d'autant plus fraîche que l'herbe est rare malgré tout.

La langue du poète, en rapport avec « les dialectes de l'abîme », ne peut échapper à des effets qui n'auraient pas déplu à la petite cour de Trissotin.

La source où nous baignions nos yeux
S'aigrissait au lieu de tarir.

J'en porte la balafre,
Le miroitement qui désarçonne.

Depuis qu'en elle toute fleur
T'opprime, lumière, hermétique lumière (...)

L'acte d'écrire ne cesse de poser des problèmes — philosophiques, et non seulement de style. Jacques Dupin est plus à l'aise pour évoquer ces problèmes dans une série de courts textes en prose au milieu du recueil. Dans ses « Moraines » — et ce sont bien comme des pierres sur un glacier — il s'interroge sur les conditions de lisibilité et aussi sur l'illisibilité du poème : « Tout écrit n'est lisible qu'à l'extérieur de cette frontière en dents de scie à laquelle il s'adosse, — et se déchire ».

La situation du lecteur n'est donc guère confortable, et par *l'Embrasure* que pratique dans les mots Jacques Dupin on n'y voit guère plus clair que par la *brèche* ouverte par Garelli. C'est à qui dira le mieux, poussé par une mode mais aussi — reconnaissons-le — par un souci de probité intellectuelle, l'insuffisance et la nécessité de son langage. Parmi les poètes qui ont tenté, à leurs risques et périls, de traverser l'obscurité, Jacques Dupin n'est pas le moins habile à susciter et à retenir l'attention de lecteurs épris d'une écriture à la René Char.

Des colonnes d'odeurs sauvages
Me hissent jusqu'à toi,
langue rocheuse révélée
Sous la transparence d'un lac de cratère.

Fronde rivale, liens errants
Une vie antérieure
Impatiente comme la houle,
Se presse et grandit contre moi

Et, goutte à goutte, injecte son venin
Aux feuillets d'un livre qui s'assombrit
Pour être mieux lu par la flamme (...)

Quel dommage que Jacques Dupin ne se laisse pas plus volontiers aller au naturel de l'émotion, à la simplicité de l'image

— Pour une seule gorgée d'eau
Retenue par le roc —

(et qu'il nous impose, même dans les meilleurs moments, un commentaire si appuyé sur la « parole déchiquetée ») !

L'OUBLI PARLE
Robert ROVINI

Obscure, la poésie de Robert Rovini[9] a pu susciter des comparaisons avec Novalis, Hölderlin, Georg Trakl.

L'œuvre se dessine sur fond d'absence. Quelle puissance mystérieuse symbolise, dans *Elémentaire*, cette figure de rêve qui n'est jamais nommée ?

Je ne la connais pas
Elle a couvert tous les miroirs
Elle délie mon sort
Quand elle a bien appris
la lumière et l'oubli
et l'atroce perfection de mon amour
elle s'en va de moi
comme un acte qui tombe (...)

Le premier recueil de Robert Rovini laissait percer quelques thèmes essentiels : univers de la peine (la *mauvaise étoile*), apparence et réalité du moi, hantise de la mort. Le sentiment de l'absurde s'y exprimait avec force.

(...) *vivre*
et marcher dans la nuit
et ramasser la nuit pour la jeter plus loin
et la retraverser comme on change d'oubli (...)

La vérité du poème restait à découvrir mais, à d'étranges négatifs, la lumière se laissait entrevoir.

---

9. Né à Nice en 1925. Mort en 1968. *Elémentaire* (Seghers, 1951). *Durée du cœur* (Millas-Martin, 1954). *Nombre d'autres* (Seghers, 1954). *Poèmes* (Seghers, 1964). *Voix sans mots* (Dedalus, 1968).
Hölderlin, en collaboration avec Rudolf LEONHARD (Seghers, coll. « Poètes d'aujourd'hui », 1953). *Georg Trakl* (Seghers, coll. « Poètes d'aujourd'hui », 1964).

La femme est restée nue dans l'homme
et à la place nue qu'elle découpe en lui
il fait brûler des mots des herbes arrachées
aux chemins il fait brûler ses chances
pour encenser le vide et le bonheur qu'elle a
dans les villes plus vieilles qu'un souvenir de lui
d'être comme une nuit dans le jour de ses gestes
d'être l'heure de vivre au midi des absences
d'être de tous les mots le mot qu'il n'a pas dit (...)

De grandes images laissaient en nous leur empreinte définitive :

une fougère noire éclaire nos squelettes.

On savait dès ce premier recueil que le langage est en relation avec la mort.

(...) *Elle écrit sur la mort*
la dérive des mots (...)

Ce rapport devait se préciser dans les poèmes en prose qui allaient suivre.

Ainsi se taise l'essentiel, qui n'existe pas mieux que le néant. Ce qui compte et fait nombre, c'est l'intervalle éblouissant, le creux pesant du monde, ce qui importe. Autre chose est l'absence qui rien n'engendre, pas même les discours dont le vide se drape après l'enfance aux contes inachevés, lacune en vérité presque parfaite et chaude. Vivre est l'appel de ce vide aux formes souples, la fenêtre ouverte sur les statues qui s'en vont. Par la mort aussi on entre et sort, les demeures de l'homme sont comme faites pour les vents. Et sa bouche, seuil bizarre des souffles.

Parler est naturellement conforme aux creux de son objet, fluente intimité, seule logique. Pour l'épouser, le langage voudrait se détruire, mais ne le peut. Si quelque chose existe, c'est imitée par le langage qui la tue, et voilà ce cadavre. Un rien, dit-on, mais tout rien ressuscite à l'entour des paroles bloquées dans l'erreur (...) C'est ça, dit l'homme à son squelette froid, ornons de peu de mots l'inexistence blême.

Rien sans doute ne prépare mieux à la lecture des derniers *Poèmes* de Rovini, les plus riches, les plus secrets, que celle de son œuvre antécédente : *Elémentaire* et *Nombre d'autres*.

La difficulté des *Poèmes* ne se dissimule pas. Rovini n'a-t-il pas tenu à intituler *Poèmes pythiques* la première partie de son livre ?

Cependant le souvenir des thèmes déjà rencontrés nous guide à travers ces grandes pages, où l'exigence de pensée, le haut langage, le sûr emploi du vers, notamment du décasyllabe, pourraient faire penser à Valéry, à un Valéry plus attiré par cette *morne moitié* du soleil ou de l'âme — qui ne renvoie pas la lumière.

L'oubli parle :

(...) *Voyez-vous ces lumières là-bas, un peu plus loin, ces éclats*
D'un cristal écrasé, ou est-ce seulement vos yeux qui tremblent là,
A cause de ce jour noir sans doute,
De cette porte soudain fermée et dont on ne voit qu'un côté,
L'autre ayant basculé dans l'absence
Comme un pan de ce mur qui était une vie
Si tendre et si friable que le vent dans son rire en dispersa les heures,
Ce grand vent bleu partout qui ne sait pas se taire
Et court dans les jardins comme une folle obscène,
Les doigts gantés de gris et les dents en avant (...)

Le thème de l'absence est plus profondément creusé. L'ombre est l'ombre d'une ombre et l'on descend dans l'ombre davantage. L'étoile même est le plus « noir du noir ». Dans cette « descente obscure » où la parole semble aspirée par le vide, « éclate la beauté de n'être rien ». Mais cet éclat ambigu du néant révèle peut-être aussi, « plus clair que la clarté », quelque chose de l'être.

(...) *Le revenant qui tombe dans sa mort,*
Cette naissance est celle qu'il cherchait,
Comme la rose au bout de la saison
Dresse un ciel d'or dans sa corolle absente.

Sur les degrés inusables de l'âge
Si tu descends quelqu'un va remonter
Et rien ne dure et rien jamais ne meurt.
L'amour, ô fleurs, est l'éternelle rose (...)

UN LIEU OÙ RESPIRER, SAVOIR
Charles MOUCHET

L'air du Jura à inspiré à Charles Mouchet[10] de courts poèmes qui parlent à mi-voix du pays natal et dont l'écho se prolonge au-delà des limites géographiques.

HIVER

La lampe,
les troncs froids,
le Jura bleu et blanc

et sous le ciel une branche brûle.
Nous les hommes
dans une nuit de forêt

nous sentons le soleil
mêlé de gouttes noires
fleurir

comme le soir un bouquet
chante
sur la fenêtre aimée.

(Dix-sept poèmes écrits à la craie)

Hors de chez lui, à Prague, en Tunisie où il retrouve le souffle d'un peuple dans la façon dont « respire à peine l'ombre ténue des oliviers », en Algérie («Je sais un mot : liberté, comme une cigogne à contre-jour au bout du toit, ténébreuse, belle. De quelles tortures nais-tu, beauté, fraîche liberté ? Silence ; tu te recourbes aujourd'hui hors du sang effilée et montes et te déplies comme une cigogne »), partout Charles Mouchet interroge et comprend l'intimité du paysage où l'homme, tout en attestant sa fidélité au passé, s'avance vers l'avenir attendu.

---

10. Né à Genève en 1920. *Le Mot poésie* (Genève, Jeune Poésie, 1953). *Dix-sept poèmes écrits à la craie* (Jeune Poésie, 1955). *Débris* (Jeune Poésie, 1958). *Morte ou vive* (Oswald, 1969, et L'Aire, Coopérative Rencontre, 1969).
Poésie, anthologie (Genève, Jeune Poésie, 1967).
A dirigé à Genève le groupe « Jeune Poésie » : 1952-1967.

Deux préoccupations essentielles s'entrecroisent dans cette œuvre : une méditation sur *le Mot poésie* (« Morte ou vive. Poésie. Qui es-tu ? ») ; la quête, dans l'attention aux lieux habités par l'homme, d'une terre vraiment habitable (« Les assises. J'erre, je cherche un lieu où respirer, savoir. Il y a une clé perdue pour entrouvrir la porte sur le feu dans les eaux. Je cherche. Je nomme poésie cette recherche longue de mots, d'être »).

Cette démarche où la pensée naît de la simple réalité, où la recherche métaphysique de l'être s'articule à la vie de tous les jours, où la parole la plus haute s'élève progressivement de la voix des quartiers avant de redescendre parmi les hommes, conduit tout naturellement de la prose au vers et du vers à la prose.

avant de fuir par les dédales, l'ombre, le glas. On va ; pont de l'Ile, quai de la Poste, quai de la Coulouvrenière, pont Sous-Terre.
Voici le saule, chevelure, pleine eau lunaire.

Offrir
ton corps pur et vivant
à l'homme assassiné.

Par les yeux lents du Rhône nous voyons, comprenons.
Quartiers de la Jonction, l'eau va vers l'arche en flamme.
Au pied ici de cette usine où le remous tient des feuilles, des racines, des poissons (ventre clair, claquement) monte une image

homme et sang
air
cassé
poésie
terre
dans un feu d'eau
dérivée
jusqu'à la bouche
basse
belle

(*Morte ou vive*)

UNE PHILOSOPHIE SURROMANTIQUE

Jean-Claude IBERT

Avant tout préoccupé par le problème de la « fusion de la pensée et du langage », Jean-Claude Ibert[10bis] voit dans le poème le mouvement par lequel s'effectue « le passage du conceptuel au verbal » ; mais il faut souligner que le conceptuel n'exclut nullement le sentiment, qui est pensé dans l'acte d'écrire. Le poète, créateur du « surromantisme », se propose d'« exprimer le maximum d'idées et de sentiments avec le minimum de mots ».

Pourquoi *surromantisme* ? Sans doute parce que le romantisme a d'abord été l'exaltation du moi, alors que devant la menace d'une guerre atomique, c'est l'humanité elle-même qu'il faut élever à une hauteur spirituelle qui donne enfin « un sens à la vie et à la mort » (à moins d'accepter la destruction universelle). L'individu isolé, retiré de la vie, ne répond pas à l'idée que le poète se fait de l'homme : « celui-ci commence au couple et à l'engendré ».

Née de l'inquiétude de l'époque sur l'avenir de l'homme, la poésie de Jean-Claude Ibert pose de nombreuses questions et rattache toutes ces questions à une interrogation fondamentale : « Le Surromantisme absorbe toutes les formes d'expression qui rendent compte des états de conscience nés de la mobilité de la pensée quand celle-ci, au contact du réel ou de l'imaginaire, remet tout en question jusqu'à sa propre existence »[10ter].

Dix ans après Hiroshima, il est bien naturel de se demander :

tant d'enfants conçus pour les offrir à la mort
est-ce vengeance ou folie d'une espèce aveugle ?

Plus étrangement brûlante apparaît cette image interrogative :

sous les robes des pucelles baisées par le vent
s'allumera-t-il le brûle-parfum des sexes ?

Plus abstraite, plus ésotérique, cette énigme :

la géométrie planifiant les fours à fatigue,
est-ce la sagesse dans l'orgie minérale ?

10bis. Né à Paris en 1928. *Portes ouvertes* (Caractères, coll. Chemin des hommes, 1951). *Le Péril de vivre* (Seghers, 1951). *L'Espace d'une main* (Seghers, 1952). *Le Saut de l'ange* (Ed. de Minuit, 1957).
10ter. *Jalons*, Bruxelles, n° 11, 1957.

Toutes ces questions se rejoignent :

Et cette interrogation de la tige à la fleur,
de la pluie aux nuages, du prêtre à l'autel,
de la cascade aux rochers, de la moelle au cerveau,
du paysan à la terre, de l'ancre aux abysses,
d'une étoile filante au regard d'un veilleur,
toi, mémorable, tu l'assumes qui te prépares,
poumons en symphonie clapets grands ouverts
à percer l'antique tonneau de la mémoire
où vieillit le sang d'une race inachevée.

On pourra trouver un peu didactique le ton de cette poésie du doute philosophique qui jette ses traits d'ombre et de lumière à travers le monde, un peu bruyante ou insistante parfois, l'orchestration dont s'enveloppe la ligne mélodique. Il est vrai que cette ligne, comparable au saut de l'ange, extrêmement pure dans son élan vers le bas, provoque chez le poète un vertige de pensées, donnant naissance à tout un réseau d'images qui vont relier entre eux les éléments du cosmos — comme le plongeur s'élance de la terre ferme pour traverser l'air et pénétrer dans l'eau vivifiante. La tentation qu'on éprouve, au risque de quelque emphase, de rêver tout haut sur les symboles de Jean-Claude Ibert justifierait s'il en était besoin cette sorte de pesanteur de l'expression sans laquelle il ne serait pas non plus de *saut de l'ange.*

UNE MÉTAPHYSIQUE BAROQUE

Jean-Pierre ATTAL

Jean-Pierre Attal[11] aime les clowns et les poètes anglais.

Comme essayiste, il se montre d'une érudition et d'un sérieux à toute épreuve. Il sait tout sur les poètes métaphysiques. John Donne en particulier n'a plus de secret pour lui. En France, sa prédilection va à Maurice Scève. Chez Scève comme chez Donne, il étudie particulièrement l'image « métaphysique », toujours « liée à une énigme » dont la source est un « étonnement profond devant l'existence » et dont la réponse est « une nouvelle question qui s'offre dans une surprenante image ».

---

11. Né à Tunis en 1931. *Avant-propos*, poèmes (René Debresse, 1950). *Il y avait trois clowns* (Seghers, 1951). *Nathias* (Seghers, 1952). *Vie et aventures des cinq chevaliers des usines carrées*, poème épique (René Debresse, 1953). *Odes* (Seghers, 1956). *Maurice Scève* (Seghers, 1963). *L'Image « métaphysique »* (Gallimard, 1969).

Comme poète, Jean-Pierre Attal n'oublie pas son savoir, mais il en joue avec une virtuosité amusée. Son *Ode au Jour, à la Nuit et aux Saisons* est dédiée, en toute naturelle confraternité, à Maurice Scève. Comme l'*Ode à l'Hiver,* les odes *Carthage 54* et *la Guerre et la Paix* sont précédées d'un Argument. L'*Ode à l'Hiver* est accompagnée de notes en bas de page, comme si l'auteur, par habitude universitaire, s'était mis en devoir d'établir l'édition critique de ses propres œuvres. Certaines de ces notes ont un intérêt — si l'on peut dire — biographique (« L'auteur se souvient d'une très belle journée de Printemps qui l'avait trouvé assis, en compagnie de son Amour, dans le petit jardin public de Sèvres-Babylone ») ; d'autres apportent les éclaircissements historiques qui paraissent nécessaires à l'intelligence du poème, proposent des rapprochements de textes, invitent à des exercices de littérature comparée. Le commentateur, imperturbable, met sur le même plan ce que tout amateur de poésie sait par cœur (« Et j'ai deux fois vainqueur retraversé la Manche » est, nous confirme-t-on, une « parodie d'un vers de Gérard de Nerval ») et ce qu'il est encore permis d'ignorer (par exemple : que telle ode — *Ars poetica* — « est composée en strophes spenseriennes », c'est-à-dire de huit vers, décasyllabiques en principe — mais l'auteur a pris des libertés —, suivis d'un alexandrin, le tout rimé en a b a b b c b c c).

L'humour n'est jamais absent de ces vers étudiés.

(...) *Et j'ai deux fois vainqueur retraversé la Manche*
Pelotant dans le train une fille en chaleur
O voyage et hauteur de l'âme hors de ses manches
Dans un bar j'ai parlé politique et bonheur
La présence du Dieu et l'absence des cœurs
Le respect à la Reine à la fin des séances
En Angleterre il faut mettre sa montre à l'heure
Car le soleil s'y couche avec beaucoup d'avance
Et s'y lève en retard sur les côtes de France (...)

Le caractère magistral des arguments et notes contraste très fortement avec la fantaisie pince-sans-rire du texte. Mais s'il convient de déguster ces notes *cum grano salis,* en revanche il sera bon de rechercher, sous le maquillage, le vrai visage du clown, la parole profonde du poème.

Les poètes « métaphysiques » — selon Jean-Pierre Attal — savaient, par des effets de surprise, « rendre saisissable l'insaisissable », exprimer le sacré sur un ton familier, s'approcher, par des images neuves, de l'éternité.

L'éternité un œuf que ma parole couve

dit le poète Jean-Pierre Attal...

QUI SUIS-JE QUAND JE PARLE ?
Bernard NOËL

Bernard Noël[12] interroge gravement son silence créateur. En poésie, il se tait près de dix ans. Que signifie cette absence ? Quelques mots demeurent dans un paysage plat, jalons sur un chemin qui peut conduire aussi à la connaissance de soi. Ces mots si raréfiés finissent par composer un visage. On ne s'oublie pas si facilement... Détruisons le langage ! Cette velléité ne supprime pas le désir de s'entendre former des paroles. Que celles-ci du moins restent dépourvues de signification, pure « matière phonétique » ! Mais le sens revient. Chassez le naturel... Bernard Noël constate alors que le langage est « inévitable ». L'interrogation sur le « qui suis-je ? » des mots paraît possible à partir du moment où l'on admet que le *je* est devenu mot lui-même. Question qui revient d'ailleurs — si ingénieux et subtil que soit le détour — au « qui suis-je ? » fondamental. Or je suis « Une chose affamée de parole, et pour finir, absolument au pouvoir de la parole ». Le « Qui serais-je si j'étais silencieux ? » revient à un « Qui suis-je quand je parle ? »

A résumer ainsi les pages d'introduction à *la Face de silence,* on se demande si ce n'est pas encore beaucoup de bruit pour presque rien. Mais ce presque rien, si « la mort qui nous lèche / est seule bouche du savoir », a peut-être beaucoup à nous dire — beaucoup qu'il vaut mieux taire.

« Qui suis-je quand je parle ? » Cette question reste au centre des préoccupations de Bernard Noël. Elle est explicitement posée dans *Une messe blanche.* Ce long et beau poème en prose pourrait être considéré à première lecture comme une œuvre surréaliste. L'automatisme psychique y est volontairement pratiqué :

(...) *Vénus est morte. A cet instant, il faut dire n'importe quoi, et Vénus, ou il pleut, ou je vous salue, rouvre à l'instant la voie pourvu qu'on laisse aller les mots, qui ne demandent qu'à fuser* (...)

Certaines images prestigieuses, et la pensée profonde d'André Breton resurgissent dans le texte de Bernard Noël :

---

12. Né à Sainte-Geneviève-sur-Argence, Aveyron, en 1930. *Les Yeux chimères* (Caractères, 1955). *Extraits du corps* (Éd. de Minuit, 1958). *La face de silence* (Flammarion, 1967). *A vif enfin la nuit* (Fata Morgana, 1968 ; rééd. in *Poésie 1*, N° 17, juillet 1971). *La Peau et les mots* (Flammarion, 1972).
Récits poétiques — *Le Château de Cène* (sous le pseudonyme d'Urbain d'ORLAC, ill. François LUNVEN, Fata Morgana, 1969 ; rééd. revue et corrigée, Pauvert, 1971). *Une messe blanche* (Fata Morgana, 1970). *Souvenirs du pâle* (id., 1971).
Essai — *Le Lieu des signes* (Pauvert, 1971).

(...) *Je ne veux pas savoir quelle ombre gèle au pied des chênes quand la lune est pensive ; je cherche seulement la chatte à tête de rosée ou le pont des fantômes* (...)

(...) *Maintenant, tu n'es pas morte, et je ne suis pas mort, et nous ne savons toujours pas si la mort est l'explosante-fixe et le poème enfin complet* (...)

La qualité même de l'écriture, comme un feu dominé qui brûlerait encore sur le point d'atteindre, immobile, sa perfection, n'est pas sans rappeler la manière du Maître.

Cependant, le thème principal du poème fera peut-être aussi penser au Valéry de *la Jeune Parque* et même de *Monsieur Teste*. Le moi se dédouble, cherchant à se connaître.

(...) *A défaut de durer, nous avons appris à faire durer, car notre but n'est pas dans l'assouvissement, mais plutôt dans la faim de la fin. Cela, nous n'en disposons qu'en le jouant puisqu'il faut pour se voir, être un autre et soi-même* (...)

Le Moi déclare à son double féminin :

(...) *Je voudrais combler ton sexe, ou passer au travers tout entier pour tomber dans la fin qui ne finirait pas. Je voudrais mourir à ne pas mourir, me voir nous voir nous anéantir* (...)

Les allusions philosophiques, un peu comme chez Valéry, semblent corriger la sensualité souvent très forte de l'image. On reconnaîtra dans ce passage l'influence de Bergson :

(...) *Blanche sur laquelle je me mire pour diminuer l'épaisseur de mon ombre, les mots qui viennent sont sans suite, et cependant chargés de plus de sens que je n'en puis saisir : c'est le manège ouvert où les verbes clignotent, et cette espèce de vertige entre les yeux, juste à l'endroit le plus opaque, et qui devient voyant. Il faut d'ailleurs que le sens aille plus vite que les mots pour qu'ils n'entravent pas le flux qui nous emporte ; alors pythie au sommet de nous-même, et proférant ce que le naturel ne saurait voir ni dire — comme s'il n'y avait plus le tain de la conscience-outil entre ce que nous pensons et ce qui s'anime dans nos bouches, mais le seul regard au creux duquel la vie bourgeonne et se connaît parlante* (...)

Ailleurs l'« être-là » de la « femelle étendue » (ou de la « page blanche ») sent nettement son « *Dasein* ».

Automatisme ? Sans doute, d'une certaine façon. Mais au service d'une idée conductrice (« il faut que les mots nous fassent assister à nous-même ») et toujours contrôlée. Il est vrai que chez André Breton lui-même…

LES MOTS RATENT L'ÊTRE
Roger GIROUX

Si l'œuvre poétique de Roger Giroux[13] reste peu abondante, ce n'est pas qu'il ait personnellement peu de chose à dire. Il pourrait facilement développer le thème qu'il énonce, l'enrichir de reprises, d'analyses un tant soit peu imagées. Son expérience serait assez importante pour justifier un approfondissement de l'intuition centrale qui a suscité les brefs et rares poèmes recueillis dans *l'Arbre le temps*. Mais Roger Giroux a sans doute craint de fausser cette expérience même en abusant de la parole pour l'évoquer. Car précisément, dans ces textes, c'est la parole même du poète qui est en question.

Est-ce parce que la guerre a détruit le langage, comme le suggère Jean Paris[14] ? Cette interprétation paraît trop générale, bien que l'on puisse aisément comprendre le discrédit porté, après tant de crimes, sur toute forme de verbalisme. On a trop menti aux hommes pour que les plus avisés d'entre eux ne se tiennent pas désormais sur leurs gardes. Mais il semble bien qu'il s'agisse de tout autre chose que de la falsification des propagandes dans la formule de Roger Giroux : « Toute bouche est mensongère, si ce n'est un baiser ». L'allusion aux « mots blessés » pourrait faire penser à la guerre, et aussi l'expression de « monde inavouable », mais Roger Giroux se dit « à l'orée du mensonge » quand il tente de décrire un paysage dominé par un arbre. Il attend en effet que l'arbre parle (que dire de ce qui n'a aucunement, même sourde, la parole ?) et l'arbre naturellement ne dit rien… Le poète accueille des images proches, les mots se mettant à revêtir d'autres significations que leur signification initiale — d'ailleurs inadéquate.

Pour le poète, le mensonge de la parole, de l'écriture, n'est pas essentiellement social. Il risque, c'est vrai, de tromper celui qui passe

13. Né à Lyon en 1925. *Retrouver la parole* (Ed. Falaize, 1957). *L'Arbre le temps* (Mercure de France, 1964).
14. Jean PARIS, *Anthologie de la poésie nouvelle*, p. 21.

dans ce monde désert où les lèvres ne sont de personne ; il a des chances aussi d'égarer quelque lecteur en des rêveries où les choses (les mots qui paraissent les désigner) ne servent plus que de prétexte. Mais c'est surtout par rapport au monde objectif que la parole du poète peut être qualifiée de mensonge, car « rien n'est jamais dit ». Le poète se meut étrangement dans un espace où l'arbre n'est pas l'arbre, où les visages sont absence.

Roger Giroux voudrait bien cependant, comme Francis Ponge, décrire le bois de pins, mais le pin est « caché dans le pin », il « est caché dans l'arbre ». Et « qu'est cela qui s'échappe, infiniment, en un délire de forêts, de navires, de poèmes ? »

Le tourment de Roger Giroux reste de dire — de dire quoi ?

Toute œuvre est étrangère, toute parole absente,
Et le poème rit et me défie de vivre
Ce désir d'un espace où le temps serait nul
Et c'est don du néant, ce pouvoir de nommer.

Les mots n'expriment que des apparences, ils ne répondent pas à une véritable présence, ils manquent l'objet, ils passent à côté de la vie, de la vérité. Ils sont comme morts sitôt que nés (le poème « consume les mots qui donneraient la vie ») ; ils nous laissent en désaccord avec le monde et avec nous-mêmes. Aussi le poète hésite-t-il à garder sur le papier ce qui lui vient à l'esprit, n'en retenant peut-être quelques traces que pour témoigner de la relativité, de la vanité même de son savoir. Faut-il vraiment dire « dérisoire » le parfum que laisse derrière elle la parole consumée du poète ?

Oui, si l'on pense à l'échec du désir de connaître. Mais il est séduisant, parfois, de s'attarder devant un reste, oublié là, de paysage.

Visage de nul bruit : la mouette, le bouleau,
Les convoitises dans le ciel et, plus haut,
Entre les arbres et la musique,
De grands lacs bleus d'incertitude.

UNE BRETAGNE MÉTAPHYSIQUE

Georges PERROS

Les *Poèmes bleus* (comme les flots, comme les filets) de Georges Perros[15] expriment manifestement un grand amour de la Bretagne. Mais « j'aimerais qu'on ne s'y trompe pas », précise l'auteur : la Bretagne « est simplement le nom que je donne à certaines de mes obsessions, tout à fait absurdes ». Ecoutons le poète :

(...) *Il y a un proverbe breton*
Qui dit que la poésie est plus forte
Que les trois choses les plus fortes
Le mal le feu et la tempête
Et c'est bien la poésie
Qui s'est enfoncée jusqu'à la garde
Dans la gorge de la Bretagne
De la baie du Mont Saint Michel
A Locmariaquer
Mais qu'est-ce que la poésie
Le proverbe ne le dit pas

Mais Georges Perros a une idée — profonde — sur ce qu'elle est :

Elle n'est peut-être
Que ce qui ne s'oublie pas

Il prolonge un mot célèbre « Je ne cherche pas, je trouve », — je trouve quoi ?

Le poète est celui-là qui ne cherche pas mais trouve
Par haute fidélité
A ce qui n'existe pas
Comme l'homme existe et s'en va

Et il ajoute, rejoignant ce qu'il appelle l'« anecdote » de sa « quête » :

---

15. Né à Paris en 1923. Habite Douarnenez. *Poèmes bleus* (Gallimard, 1962). *Une vie ordinaire*, roman poème (Gallimard, 1967).
Papiers collés, notes (Gallimard, 1960).
Georges PERROS fait partie, avec Bernard NOËL et Paul ROUX, directeur, du comité de la revue *La Traverse* (Paris). N° 1 : juin 1969. N° 4 : printemps 1971.

Qu'elle nous soit présente, la Bretagne
Dans ses humeurs, ses élans, son mystère,
Son mystère surtout
Approchons-nous-en doucement
Laissons-nous faire et défaire
Par cette magie enfantine
Qui vient des mots tout simplement (...)

Ces mots sont « durs comme le granit ». Les questions de tous les jours, comme les questions de toute une vie, de toute éternité, se posent simplement, essentiellement, quand on pénètre dans les terres. Georges Perros se fait Breton cent pour cent.

A tel point que si l'on me demandait
Comment est fait l'intérieur de mon corps
Je déplierais absurdement
La carte de la Bretagne.

(*Poèmes bleus*)

Mais l'important n'est pas d'être Breton, c'est d'être, et — pour être — de s'intégrer absolument au paysage, de se mêler aux choses, de s'assimiler à cette terre, où que ce soit (mais il faut bien que ce soit quelque part, nous n'avons rien à faire « hors de ce monde »). Etre Breton, ici, c'est être poète — c'est habiter sur cette terre poétiquement, diraient Hölderlin et Heidegger. Aussi ne ferons-nous aucune difficulté pour reconnaître, dans cette poésie-là, notre patrie.

LA LUMIÈRE CACHÉE

Maurice BOURG

La recherche de l'Etre, caché sous les apparences fuyantes, est au centre des préoccupations de Maurice Bourg[16], qui aime citer — comme nombre de nos contemporains — Héraclite d'Ephèse et

---

16. Né à Fontenailles (Seine-et-Marne) en 1918. *Mirlitons* (Janus-Oswald, 1956). *Maturité* (Profils Poétiques des Pays Latins, 1961). *Figure de proue* (Profils Poétiques, 1961). *Pour une minéralogie* (Chambelland, 1968). *Tardoire* (Ed. Saint-Germain-des-Prés, 1971). *Jeu de Francheval* (Millas-Martin, 1971).
Directeur-fondateur de la revue *1492* (Paris) qu'il animait avec Maurice CURY. N° 1 : 1962. N° 6 : 1964.

Hölderlin, et s'inspire aussi de Heidegger. Par des chemins difficiles et obscurs, il a le souci d'atteindre à une Parole que puisse justement traverser cette lumière de l'Etre à laquelle il aspire, à une parole — celle du poème — qui fasse oublier, pour ainsi dire, qu'elle est un langage.

Quelques fumerolles couleur de feu, des falaises transparentes à
force de gel
le silence
Un silence froid et net comme celui des neiges
aucun souffle
mais une lumière qui parle sans paroles.

(Pour une minéralogie)

La poésie de Maurice Bourg développe parfois, dans *Tardoire* par exemple, un symbolisme un peu systématique, mais les thèmes principaux puisent la force, la justesse de leurs images, dans le vécu d'une expérience profondément authentique.

La transparence du langage : ce pourrait n'être qu'une expression, devenue banale, de philosophe. Mais si, pour Maurice Bourg,

tout devient roche
rien que roche
même l'aube frémissante,

si son « chant s'est éveillé en » un « cristal de roche », ce n'est pas par simple artifice de style, c'est qu'il poursuit vraiment « l'image fugitive que le cristal reflète par les beaux soirs d'été ». D'où lui est venu ce désir ? Dans le poème, il dit : « je ne sais plus pourquoi ». Mais si on l'interroge, il avoue, évoquant son enfance ardennaise (et la Meuse et l'Ardenne sont citées dans ses vers) : « Lorsque, pour la première fois, au lycée Arago, on nous avait fait passer un cristal de quartz, cela a été véritablement pour moi une découverte, une passion, et je n'ai eu de cesse de m'en procurer un. Cette transparence, j'ai voulu en quelque sorte la transférer dans le poème lui-même et dans mes vers ». Il faut lire la nette description du quartz et l'étude de ses propriétés psychiques, dans le *Jeu de Francheval* !

Quant à la Tardoire, qui donne son nom au recueil le plus élaboré de Maurice Bourg, c'est bien le nom d'une rivière de Charente (comme la Sorgue de René Char est bien la Sorgue). C'est en écoutant le murmure des eaux, alors qu'il passait des vacances à La Rochefoucauld, que le poète s'est définitivement converti à la religion de l'Etre.

PIERRE GARNIER

MICHEL DEGUY

GEORGES BADIN

GEORGES JEAN

JACQUES GARELLI

GÉRARD ENGELBACH

JEAN PACHE

OLIVIER PERRELET

GIL JOUANARD

JEAN-PIERRE ATTAL

DENIS ROCHE

JEAN-PIERRE FAYE

JEAN TODRANI

MARCELIN PLEYNET

JACQUES ROUBAUD

HENRI PONCET

JEAN-PIERRE VERHEGGEN

JEAN-LUC STEINMETZ

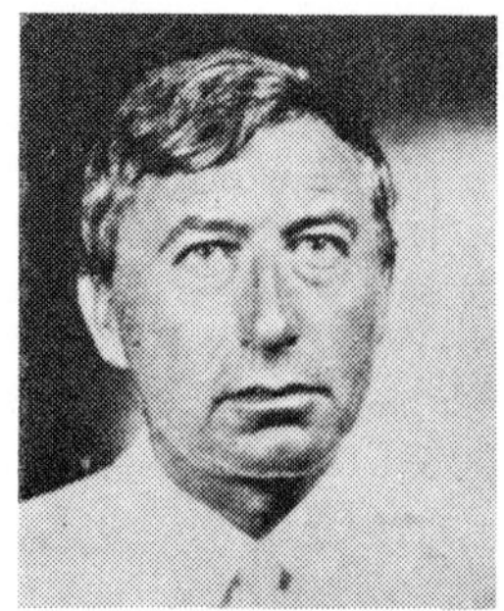

C. MOUCHET

MICHEL COSEM

LIONEL RAY

MICHEL VACHEY

Les deux voix sans raison qui galopent
les deux voix que la Tardoire effleure
l'une est plus frêle qu'un jour de lune
l'autre frémit comme un soir d'été (...)

(Tardoire)

Ecoutons cette « voix limpide », cette voix de cristal. La philosophie se lit ici dans la lumière du vécu, stable et fluide à la fois, comme si le poème ou la roche fixait un rêve — une pensée — de l'eau qui coule et de la vie qui passe.

Joie minérale

à la fois une et multiple
figée sur un instant
aussi long qu'un fleuve

(Jeu de Francheval)

Max ALHAU

Entre soleil et nuit, cherchant trace dans les fougères d'un passé révolu, Max Alhau[17] se remémore des vérités éprouvées ; il sait que la mort est au bout du chemin, que la lumière est passagère, qu'il ne sert à rien de vouloir prolonger les étés. Il imagine pourtant qu'il force les portes, qu'il pénètre à l'intérieur des arbres, qu'il s'évade avec le vent à la surface de la mer. Il s'avance dans les couloirs du poème, vers un au-delà toujours rêvé de la parole.

(...) *Lentement une cigale ranimait le jour. Tu demeurais soudée au sable et à la mer. Un oiseau se perdait dans son vol. On n'en finirait pas de traduire le monde.*

(Le temps circule)

---

17. Né à Paris en 1936. *Sur des rives abruptes* (Oswald, 1961). *Mémoire du sable* (Millas-Martin, 1962). *Le Jour comme un ressac* (Les Cahiers du Pont de l'Epée, 1964). *Atteinte du songe* (Chambelland, 1965). *Le Pays le plus haut* (Chambelland, 1967). *Le temps circule* (Subervie, 1969). *Itinéraire* (Club du Poème, 1972). *Itinéraire à trois pronoms* (Chambelland, 1972).

Anne TEYSSIÉRAS

Qui parle ? A qui s'adresse cette voix, à quel être lointain, insaisissable ? Est-ce à l'invisible source de toute lumière, à la source de l'ombre ? Le poète semble en quête d'une forme vide, d'une absence qui l'éclaire depuis un lieu non situé, d'une présence vivifiante et mortelle, et qu'il n'ose approcher. Brisé par le temps qui morcelle tout, il garde la nostalgie de l'unité perdue. Les couleurs multiples lui donnent le souci de retrouver la « lumière blanche » qui manque au prisme et sans laquelle l'irisation du prisme ne serait pas. Les larmes divisent, elles aussi, la lumière. Comment sauver ce qui importe, devant tout ce qui manque ? Cause de l'inquiétude humaine, l'absence — l'absence essentielle, l'absence de l'être — est aussi à l'origine de la tension de l'âme. Le poète, dans la pénombre et l'ambiguïté de la parole, gravit les degrés qui peut-être conduisent à la lumière captive. Il craint la chute, à peine dite la naissance.

La lumière que recèle la poésie d'Anne Teyssiéras[18] — poésie sobre d'images, mais efficace dans le choix des symboles — ne se laisse pas facilement décrypter.

LA PENSÉE PREND FEUILLE

Gérard ENGELBACH

C'est au-devant de l'Etre encore, mais avec l'Etre déjà, que s'avance la poésie de Gérard Engelbach[19]. L'Etre, souvent nommé, n'est pas, ne peut pas être là. Où serait-il d'ailleurs, dans ce voyage ? Par des chemins de terre ou d'eau, l'homme se déplace et l'Etre qu'il recherche, dont il parle, se déplace avec lui. Comment le saisir, le retenir quand on ne cesse d'interroger, dans ce monde où tout bouge, où la rivière coule, où peut s'entendre « le brasillement des sources », où les fossés murmurent, où « le vent tourne » ? L'Etre chemine… « Nous maintiendrons », dit le poète, mais ce sera à la manière d'un ruisseau qui taille sa route ou d'une « avoine folle et pressée par le

---

18. Née à Nantes en 1935. *Epervier ma solitude* (Rougerie, 1966). *Fragments pour une captive* (Rougerie, 1969). *Cinq étapes pour une attente* (Rougerie, 1971).
19. Né à Paris en 1930. *Poèmes* (Mercure de France, 1967). *L'Incendie* (Mercure de France, 1971). *Laser* (id., 1972).

vent ». Aller vers l'Etre, c'est se mouvoir dans la pensée de l'Etre et l'on peut dire que ce qui « s'est noué » dans cette démarche, c'est bien un « combat dans l'Etre ». Faut-il dire, finalement, que l'être est, ou que l'être n'est pas ? Sans doute n'est-il pas, puisqu'il est question de lui donner vie. Mais sans doute est-il aussi déjà, d'une certaine façon, car comment donner vie à ce qui ne serait pas ? Et si l'on donne vie à l'Etre, quel « devient » donc son statut d'être ? Comment appeler Etre ce qui change et cesse par là-même d'être (ceci ou cela) ?

La pensée humaine n'en a pas fini avec l'Etre et le Non-Etre, avec Héraclite et Parménide, et Hegel. Poétiquement, Gérard Engelbach s'inscrit dans la descendance spirituelle de René Char. Il dédie des poèmes à André du Bouchet et à Michel Deguy. Mais il n'a rien de sentencieux. Sa méditation sur l'Etre et sur le langage ne le sépare pas des conditions naturelles de l'existence humaine. Gérard Engelbach, dont le nom fait rêver — annonçant l'ange et longeant le ruisseau —, se souvient de son enfance et des arbres du canal ; il tient à rappeler dans un poème ses racines alsaciennes. Sa philosophie est toute pénétrée d'impressions vécues : marrons qui claquent dans l'automne, « cascades, palissades », et ce joli « papillon d'aube, la rosée ». Il vit avec l'arbre et le fleuve ; sa pensée se plaît réellement à longer le rivage, elle prend feuille comme le bois, elle s'exprime — en prenant à Nietzsche le meilleur — en un « gai langage » qui se meut avec aisance « parmi les cimes ». La Parole se mêle réellement aux choses pour chercher l'Etre et l'Etre lui-même habite dans les choses, dont le poème clarifie le murmure. Comme il fait bon s'arrêter parfois sous les « frondaisons de l'être » et — là — d'écouter la voix d'un poète !

Je te parlerai des saisons qui demeurent...

Gil JOUANARD

Gil Jouanard[20] cite Parménide et dédie à René Char sa *Banlieue d'Aerea*. Il réussit à n'être pas indigne de ces deux grands modèles. D'une formule, il fait soudain se lever le soleil qui éclaire tout son langage.

Le poème est l'ombre du poème.

---

20. Né à Avignon en 1937. *Banlieue d'Aerea* (Action Poétique, Oswald, 1969). *Diaclases* (Oswald, 1970). *Poèmes hercyniens* (Oswald, 1972).

Habitué au « versant solaire » comme au « versant lunaire » de la pensée, il ne peut s'en tenir à la distinction habituelle du réel et de l'imaginaire, et il lui suffit d'une image forte pour que tout soit remis en question…

Le hibou rêve à midi.

Autres œuvres à citer :

Claude ESTEBAN, *Croyant nommer,* ill. Jean BAZAINE (éd. Galanis, 1971).
Serge MEURANT, *Le Sentiment étranger* (Cercle Culturel et Artisanal de Bonaguil, 1970) ; *Au bord d'un air obscur* (Bruxelles, Fagne, 1971).

II
L'ÉNIGME DE LA PAROLE

L'INSAISISSABLE ET LE LIVRE
Pierre GARNIER

Certaines recherches de Pierre Garnier[21] paraîtront à première vue plus formelles. Mais même le théoricien du spatialisme qu'il est devenu[22] refuse de considérer la poésie comme un « jeu d'esthète » et précise qu'il est toujours en quête d'une morale. En cela il se montre fidèle à ses premières préoccupations. N'écrivait-il pas, en 1952 : « un poème est mort tant qu'il ne chante pas dans le cœur des hommes » ?

Poésie et morale se conciliaient naguère, chez Pierre Garnier, dans une forme presque classique — « La haine se dissout dans les eaux du langage ». On se laissait porter par la fluidité du vers, le bonheur de l'image.

Je sais que de tes bras tomberont des soleils
Qui combleront mes pas — je serai cette pierre
Qui bouge lentement dans la gorge des sources
Et ton corps coulera sur moi.

(Après nous le soleil)

---

21. Né à Amiens en 1928. *Vive-cœur* (Tour de Feu, 1950). *Souche d'aubes* (Tour de Feu, 1951). *Faire-part* (Escales, 1952). *Un arbre sort de l'aube* (chez l'auteur, 1952). *Après nous le soleil* (Les Cahiers de Rochefort, 1952). *Quatre poèmes pour Ilse* (Ressac, 1953). *Les Armes de la terre* (Les Lettres, 1954). *Les Veilleurs* (Les Amis de Rochefort, 1955). *La nuit est prisonnière des étoiles* (Les Lettres, 1958). *Seconde Géographie* (Gallimard, 1959). *Sept poèmes extraits d'Ithaque* (Les Amis de Rochefort, 1959). *Les Synthèses* (André Silvaire, 1961). *Picardie*, coupes poétiques (Amiens, Eklitra, 1967). *Perpetuum mobile* (Gallimard, 1968).
Traductions de Goethe, Heine, Novalis, Nietzsche, Gottfried Benn.
22. Voir chapitre XVI.

Les Armes de la Terre, qui succédaient à six plaquettes, se souvenaient parfois de Paul Eluard. « Belles de nuit belles de pluies belles de vie » : comment n'aurait-on pas reconnu les *Gertrude Hoffmann Girls* ? La poésie de Pierre Garnier plaisait par la mélodie souple du vers, et par une atmosphère de bonté, de tendresse humaine. Nous nous laissions porter à la superficie d'un rêve. Oiseaux et femmes nues composaient un paysage où l'on eût aimé, délicieusement, se perdre.

Des *Armes de la terre* aux *Synthèses,* en passant par *Seconde Géographie,* fallait-il craindre une rupture d'équilibre entre la forme et l'idée — au bénéfice de l'idée ? Pierre Garnier s'inquiétait à la fois du temps vécu par tous et de l'éternité. Il s'efforçait d'établir un lien entre la philosophie et l'histoire, entre la culture et la vie. Ses poèmes, qui finissaient par prendre des allures de sonnets, avaient un ton un peu dogmatique bien qu'on n'y enseignât rien d'autre que l'attrait, la suprématie de « l'insaisissable » :

Les veilleurs ne voyagent pas : ils brûlent
Sans clarté dans le jour de Dieu.
Le poète se consume dans la flamme du saint :
A qui vécut dans le désert les mots ne disent plus rien.

Celui qui touche l'Eternel ne mange plus.
Qui sauvera le poète plein de faim ? Entre le Verbe
Et le roc aucune architecture ne peut résister : la plus belle
Cathédrale bâtie à Nazareth serait pulvérisée.

Les poèmes sont mains non-jointes qui tâtonnent.
Sans eux c'est la jungle, maître et esclave, brûlure.
Dieu, bénis ces mains : elles te lient aux pauvres frères —

Bénis ces mains, emporte-les, coupées qu'elles sont,
Avec ces saints pour que mon âme tôt plongée
Dans l'absence éternelle ne se dissolve pas.

(Les Synthèses)

L'Idée du moins gardait le souvenir de la beauté sensible. Une pensée d'homme s'éveillait avec les feuilles neuves et le soleil adolescent ; elle cheminait des forêts obscures vers la mer. Mais on sait que l'infini n'est jamais compris. Et c'est sans doute cet échec du langage qui a conduit Pierre Garnier sur d'autres voies.

Là cesse le livre.
Le Langage n'a plus assez d'eau.

(Les Synthèses)

L'ACTE D'ÉCRIRE

Michel DEGUY

Les *Poèmes de la Presqu'île* évoquent la Bretagne. Dans la géographie littéraire, ils rappellent aussi le titre de René Char : *la Parole en archipel.* Mais Char ne monte pas en chaire pour proférer le poème. Il ne file pas la métaphore, n'étire pas la pensée. Si la poésie rejoint la pensée présocratique, elle s'est lavée par avance, dans la rivière, des impuretés de la parole. Comme les disciples de Char paraissent universitaires, bien souvent, à côté de lui !

Avec Michel Deguy[23], il est bien difficile d'échapper aux écoles. Les réminiscences doivent beaucoup aux anthologies. Ainsi « La mer allée avec le vent » se souvient à coup sûr du soleil de Rimbaud ; la « presqu'île aux joues de vent » n'est pas sans rappeler l'hugolien « pâtre promontoire au chapeau de nuées »[24]. Michel Deguy n'oublie cependant pas (comme Descartes le lui rappellerait) qu'il a été enfant avant que d'être homme et c'est ce qui donne cet accent de sincérité à ses évocations bretonnes. Mais c'est un homme adulte qui revoit la Bretagne et « l'homme est philosophique ». Si bien que l'Enclos de Rhuys, l'île du golfe, les femmes d'Ouessant s'estompent très vite pour laisser place au discours du penseur. Ainsi Michel Deguy évoque un cimetière breton : (...) « Ici l'océan même a cessé, qui divisait toujours en deux le cercle de la vue. La croix barre les troncs ; tout est bâti en pierres de chapelle. La Bretagne redouble, couleur de schiste. » Pourquoi faut-il que le professeur de khagne reprenne si vite le dessus ? « Espace et temps non disjoints, en œuvre, et pris sur le fait : la poésie, empirisme perçant, capte le tempo du monde, preuve irréfutable ».

Pour Deguy, la démarche poétique ne peut se séparer de ce « questionnement ». S'il lui arrive de retrouver une certaine familiarité

---

23. Né à Draveil (Essonne) en 1930. *Les Meurtrières* (Oswald, 1959). *Fragments du Cadastre* (Gallimard, 1960). *Poèmes de la Presqu'île* (id., 1962). *Biefs* (id., 1964). *Ouï-dire* (id., 1966). *Histoire des rechutes* (Promesse, 1968). *Figurations,* poèmes, propositions, études (Gallimard, 1969).
Actes (Gallimard, 1966).
Michel DEGUY a collaboré à la traduction de *Approche de Hölderlin* de Martin HEIDEGGER (Gallimard, 1962).
Il a animé la *Revue de poésie* (Paris). Sept numéros. d'avril 1964 à mars 1971.
24. Les auteurs de *Poésie pour vivre* (1964) n'avaient sans doute pas tort de critiquer certains poèmes de Michel Deguy. Ils citaient *Comme un passager de voilier* dans le texte publié par *la Nouvelle Revue Française* (n° 118, 1er octobre 1962). Ils ne pouvaient connaître alors les très profonds remaniements apportés par Michel Deguy à toute la suite dont ce texte était extrait. Une étude comparée de *Très ailleurs très près* (*La N.R.F.*, n° 118, 1962) et de *Biefs* (1964) ne manquerait pas d'intérêt.

de ton, il lui faut, séance tenante, faire jouer les réflexes du savoir. Ainsi, dans *Biefs,* venant de noter, très simplement : « J'ai connu un vieux couple qui se déchirait », il se met en devoir d'analyser cette situation avec un vocabulaire un peu moins banal : ce vieux couple, qui interroge le passé, pratique l'anamnèse ! Il y a naturellement aussi du Freud sous roche. Et que dire de tel poème truffé de citations latines (pour le grec, le professeur fournit en note la traduction) ?

Michel Deguy voit surtout dans le poème l'occasion d'une réflexion sur l'acte d'écrire un poème. On dirait qu'il s'ingénie à parodier son style professionnel — ou le style de ses élèves. Ainsi quand il use de certains tours, comme de ce « posé que » qui, à un certain niveau, fleurit dans les dissertations philosophiques : « Posé que la colère de Chénier était surtout un prétexte au génie de la langue »... Ou encore : « O le premier qui vit et posa que la lune neigeait », dans un poème où l'on préfère de beaucoup : « La pluie poussait doucement la rivière »...

En fait, Michel Deguy, par la conception du poème qui est la sienne, cherche à réactiver toutes les tournures de la langue (des figures les plus éprouvées de la poésie à certains tics universitaires de formulation).

Il importe, non seulement pour comprendre la démarche de Michel Deguy mais pour tenter de suivre tout un courant de la poésie contemporaine, de lire *Actes*. C'est un essai assez touffu et déconcertant parfois de maniérisme. Mais il faut reconnaître que ce que Deguy cherche à atteindre n'est pas quelque chose de facile à énoncer. D'où sans doute le cheminement assez labyrinthique de l'ouvrage (comme aussi de *Figurations,* qui approfondira l'étude des principaux thèmes de recherche).

Actes ? De naissances ! précisait la bande publicitaire. Mais on ne nous cache pas, à l'intérieur, ce que la pensée, si élaborée qu'elle soit en fait ici et là, peut garder, en maint chapitre, d'embryonnaire — à un stade évidemment très élevé de l'évolution. On reconnaîtra, dans le dédale des citations, ébauches, esquisses de commentaires et fragments de poèmes, quelques lignes de force.

La poésie ne cherche pas à faire reconnaître des objets d'usage courant, ni à renvoyer par le jeu des allégories à quelque pensée abstraite, préalablement mise au point. Elle ne prétend pas rivaliser avec les sciences ni avec les techniques. Elle ne vise pas non plus à atteindre la vérité par les voies de la dialectique. Cela dit, elle ne constitue pas non plus un simple divertissement.

Il y a lieu de prendre au sérieux la poésie. C'est ce que fait Michel Deguy, philosophe et poète, en s'inspirant de Heidegger pour étudier la poésie dans son rapport avec l'être. Le philosophe s'efforce d'élucider ce que le poète ressent — car si nous ne ressentions pas d'abord une émotion, le poème n'aurait rien à nous apprendre. Ce qui nous émeut, c'est le langage du poète, le sentiment qu'il est question dans ce langage de l'être même. Mais ce n'est pas en grammairien ou en linguiste qu'on étudiera chez un poète les figures du langage ; ce serait laisser échapper la poésie et ne saisir que de l'inerte. C'est aux poètes qu'il appartient d'explorer le langage des poètes. Nous avons oublié la naissance du langage, ou plutôt — Babéliens — des langages. Il s'agit pour le poète de retrouver à l'origine les figures, les tropes selon lesquels nous nous exprimons, afin de faire apparaître ce que le poème précisément (ou imprécisément !) doit avoir à dire. Sans doute le poème ne dit-il rien qui soit déjà explicité — il est appelé par un vide. Mais ce vide aspire, avec mon langage, mon être même. Et c'est cela finalement que, par ses figures, le poème révèle : ma figure, ce qui n'est certes pas... la tête qu'on me connaît, mais bien plutôt la « configuration secrète » de mon — de notre — existence.

Pourquoi tant d'émotion devant l'image
Et si froide froideur devant la chair et l'os
La femme aux hanches de carafe est pareille à
l'amphore qu'elle porte
Un seul pourtant et sans passion caresse l'anse couperosée
de ses coudes

(*Biefs*)

Ne nous plaignons pas qu'un poète soit aussi un philosophe — ou qu'un philosophe soit aussi un poète ! Mais regrettons tout de même un certain pédantisme. Pourquoi Michel Deguy paraît-il si souvent nous faire la leçon ? Il est pourtant bien placé pour savoir qu'il ne sait, pas grand-chose et c'est dans cet aveu — où l'on ne peut plus dissocier le poète du philosophe — qu'il nous touche le plus :

La tristesse des hommes est telle que le savoir est
comme un vent qui ne peut sonder l'eau noire d'un étang.

(*Biefs*)

Notre lecture de Michel Deguy fut certainement sans complaisance ! Nous n'en serons que plus à l'aise pour donner un exemple de ce que nous aimons. Ici, dans ce lieu calme, un philosophe s'accomplissant devient poète du langage.

Au point qu'implique le poème
Mire je t'attends partout
— quand je prends soin de mon amour
Il se moque de moi —

Les hortensias préfèrent la maison
— Je lui décris la vie avec exactitude —
Les arbres autour imitent le grenier (...)

Rotule d'arbre et du reflet
Ici s'amincit la vie faite
De nuage de sable et d'eau
Un couloir brille où l'aquarelle
Suffit à porter le bateau Ici
Galerie comme une main s'achève
Ou quelque extrémité d'encre trace
De gauche à droite ici
Condensé, alcôve, le signe de la terre

Ressource du mariage
C'est le visible
Aveuglément choisi

(*Figurations*)

UNE BRÈCHE AU SEIN DU LANGAGE

Jacques GARELLI

Garelli[25], c'est écrit. Calculé, mis en page. Les vers sont distribués avec art. Les blancs sont à leur place. La prose poétique ne répudie pas le paragraphe. Rien, dans la disposition de l'écriture, n'évoquerait le raté d'un moteur.

L'écriture nette, très dominée, même dans l'interrogation et l'exclamation, ne risque pas de heurter le lecteur. Mais elle piquera sa curiosité : la rigueur formelle (dans une variété très étudiée) laisse apparaître ici et là quelque chose qui nous concerne étrangement — venu du monde ou de nous-mêmes ? ou de nous-mêmes par le monde ?

25. Né à Belgrade en 1931. *Brèche* (Mercure de France, 1966). *Les Dépossessions*, suivi de *Prendre appui* (Mercure de France, 1968). *Lieux précaires*, suivi de *La Pluie belliqueuse du souviendras* (Mercure de France, 1972).
Essai — *La Gravitation poétique* (Mercure de France, 1966).

Ainsi je revendique ce mal
Je me détruis je me défais
Je me tue à cet ouvrage
Libre
Jusqu'au tréfonds de ma vision

Dès lors, le vent m'épelle
Je suis la mer cette encre noire
Hydre ou mollusque selon l'œil
Immortel je fume (...)

On a l'impression que le poète a quelque chose à dire, et qu'il rejette au fur et à mesure ce qu'il dit comme étranger à son propos. Celui qui est en train d'écrire, difficilement, le poème, ou qui le lit dans un livre édité par le *Mercure de France,* ne serait-il pas à la fois happé et tenu à l'écart par le poème qui se fait ?

Comme tous les poètes, Jacques Garelli a la « Passion des signes », et il le proclame — c'est le titre d'un de ses poèmes. Il ne cache pas que le langage est au centre de ses préoccupations. La même année que le recueil de poèmes *Brèche,* il publie un essai, très fouillé, *la Gravitation poétique,* où l'on peut lire en conclusion : « Nul message dans la voix du poète, nulle force implacable de démonstration. Mais au sein du langage, l'irruption sauvage d'une brèche d'où coule l'inépuisable hémorragie des mots truqués, tronqués, auxquels la sagesse humaine cherche obstinément à conférer un sens ! »

La conclusion de l'essai éclaire le titre du recueil. Mais l'intérêt même qu'on porte à *la Gravitation poétique* amène à souligner les limites — ce n'est pas un reproche — de *Brèche.*

Le poète ne cherche pas à traduire avec des mots une réalité muette. Il ne s'agit ni de copier ou de refléter le monde ni de révéler un arrière-monde. Le poète n'est pas quelqu'un qui voit mieux ou plus loin que les autres. Les images ne symbolisent aucune réalité objective préalablement constituée. Baudelaire, Rimbaud l'ont pressenti : le langage non logique de la poésie manifeste l'être au monde du poète, d'une façon qui annonce Heidegger et Merleau-Ponty. « Pour le poète, être au monde, c'est en deçà de la pensée logique, se projeter dans la nature matérielle du langage et par le rythme, la sonorité et cette tension orientée qui se situe en deçà du sens logique des mots, constituer un poème matériel qui révèle la présence sourde et opaque des choses par l'effort même de sa constitution. »

Qu'on lise maintenant les poèmes. On sent tellement, derrière *Brèche,* la pensée élaborée de *la Gravitation* qu'on se donne très difficilement l'illusion du préréflexif ou de l'antéprédicatif...

Si Jacques Garelli a raison de se méfier des érudits et critiques de poésie qui ne sont ni philosophes, ni linguistes, ni poètes, on sent trop dans ses propres poèmes qu'il est aussi, et fort savamment, un philosophe du langage.

Par le poème, Garelli veut créer. « Le poème fonde ». Quoi ? S'il le savait exactement, il ne serait pas poète. Alors, il lutte contre l'usure des mots, les vagues associations d'idées, les routines syntaxiques. Il travaille, corrige, cherche à donner de l'élan. Il guette en même temps la naissance des significations. Il arrive qu'il ne voie rien venir, ou que ce qui surgit disparaisse aussitôt :

« J'avoue : blessé à l'aile, j'enrage. J'aime du requin, la course et le plongeon. Ainsi périt le monstre. A mort. Soleil, mon sceptre aveugle et mon poison ».

Ainsi le poème « ne conduit à rien, sauf peut-être à lui-même ». C'est dit d'une façon plus ramassée dans *Brèche* que dans *la Gravitation.* Mais c'est toujours la même thèse, ainsi formulée dans l'ouvrage théorique : le poème est une « entreprise ontologique et se confond avec l'effort de sa constitution (...) Il est l'expression sonore de l'autoconstitution du sens ». Et encore : « Ne conduisant aux choses que par le mouvement qui le conduit à se dévoiler lui-même, il est ce qui fait voir parce qu'il sait se faire voir ! » On pourrait dire de Jacques Garelli ce que René Char dit d'Héraclite : il « doue de mouvement le langage en le faisant servir à sa propre consommation ».

La parole appelle la parole ; elle assimile ce qui n'est pas elle ; elle absorbe le paysage, elle vide le monde et le poème. Mais elle invente, elle crée ; elle est un vide qui se meut, et par quoi l'homme avance. Ces thèmes de réflexion, clairement énoncés dans *Prendre appui,* intéressent également le poète et son lecteur. Ils irritent parfois. On se laisserait presque aller à dire que le poète se gargarise — ô Narcisse ! se *gargarellise* — de sa propre parole. « *Loquor !* » répète-t-il comme pourrait faire un latiniste débutant. « *Je parle* » serait en effet moins sonore... On est tenté de murmurer quelque réplique ironique quand on lit : « Certes, bruire dans le vide, c'est bien cela se taire ». Mais on peut savoir gré à Jacques Garelli d'avoir su dire aussi, très simplement, certaines évidences qui sans doute n'attendaient que leur formulation : « L'unité du monde est telle que le lecteur s'oriente entre les mots d'un poème comme le marcheur circule entre les arbres d'une forêt »...

LA PAGE A LIEU
Georges BADIN

Plus de soixante-dix ans après que fut lancé le plus beau coup de dés de toute l'histoire de la poésie, si l'on pense à ces pages enfin élevées — selon Valéry — « à la puissance du ciel étoilé », il est difficile de ne pas montrer quelque réserve devant les effets typographiques de Georges Badin[26] : vers brefs constellant la page blanche ou balancement d'une page à l'autre, naufrage des mots rattrapé juste à temps. Il faudrait avoir de bien grandes choses à dire — et bien nouvelles — pour tenter de nouveau le sort et jouer le sien, poétiquement, dans une si haute aventure. Mais s'il se révèle que — même appelant plus de blanc qu'elle n'a pu consommer — « la page a lieu », on sera contraint d'objecter que presque RIEN n'avait eu lieu jusqu'ici QUE LE LIEU, et que si *presque* il est permis de dire (« excepté — peut-être », justement, « une constellation »), on le doit, aussi, à l'invention de Mallarmé.

Titre Pluriel Sujets, reprenant le thème esquissé dans *Traces*

> *(eux-mêmes mots*
> *c'est une lecture pour une fois*
> *et toujours affrontés*
> *les entendre sauve*
> *la sécheresse aidant*
> *la parole où venir),*

reste un livre très significatif de la tendance à s'interroger perpétuellement, quand on fait un poème, sur l'acte de parler ou d'écrire. Il est partout question du texte, des mots, de la phrase, de la page, du parchemin, de la parole et du silence. La réflexion sur le langage n'est pas coupée de ce qu'on cherche à évoquer — sans qu'il soit très facile de discerner s'il s'agit des apparences, de la réalité, ou de l'idée qu'on se fait de celle-là : allez donc déchiffrer « le mot à mot du ciel » !

Si la démarche philosophique qui sous-tend le poème vise à répondre à des questions qu'on ne saurait reprocher à un écrivain de se poser, le souci de la réussite poétique invite les auteurs préoccupés par cette recherche à estomper ce que la pensée pourrait avoir de trop net, dans un domaine où il est déjà bien difficile de voir clair, si bien

26. Né en 1941 dans les Pyrénées-Orientales. *Traces* (Mercure de France, 1966). *Places* (Gaston Puel, 1968). *Désinences ocres*, accompagné de *Soleil ton ombre*, de Martine SAILLARD (Paris, Education et Vie Sociale, 1969). *Titre Pluriel Sujets* (Mercure de France, 1970).

que la pensée laisse souvent à désirer sans que la poésie soit tout à fait exempte d'un didactisme sous-jacent.

Le sentiment d'un échec, même brillant, de la poésie, dans cette voie déjà très fréquentée, contribue peut-être à imposer à l'esprit de Georges Badin, l'idée de dislocation. Cela expliquerait que la présentation mallarméenne du poème, servant de support à une démarche qui paraît accompagner celle de Dupin ou de Garelli, finit par évoquer l'univers éclaté d'André du Bouchet.

André DALMAS

En de rares et courts poèmes, André Dalmas[27] invite son lecteur à une « traversée de l'anonyme » où se découvre peu à peu « un monde d'une extrême fluidité », où l'on parle à l'Epouse aussi bien qu'à l'Oiseau, où l'on surprend des réponses à « des questions qui n'étaient pas encore posées », où un curieux dialogue s'ébauche (avec quel auteur, et de quel lieu ?) dans une « absence d'entretien » qui n'est pas sans charme, bien qu'elle débouche naturellement sur la solitude.

(...) *La porte s'ouvre la porte se referme*
En ce lieu sans porte ni seuil

Le visage de l'homme est seul

(*Le Vin pur*)

LANGAGE À LA FENÊTRE

Jean PACHE

Les saisons, le langage... Jean Pache[28] dit la joie du poème retrouvé, l'attente obscure, l'apparition du sens, la tristesse du petit

27. Né à La Grand-Combe en 1914. *Ballasts* (Seghers, 1948). *Le Vin pur* (Seghers, 1951). André DALMAS dirige la revue *Le Nouveau Commerce*. Premier cahier : printemps 1963. Cahier 23 : automne 1972.

28. Né à Lausanne en 1933. *Les Fenêtres simultanées* (Lausanne, Aux Miroirs Partagés, 1955). *Poèmes de l'autre* (Gallimard, 1960). *Analogies*, poèmes 1958-61 (La Baconnière, 1966). *Repères*, poèmes 1962-66 (L'Aire, Coopérative Rencontre, 1969). *Rituel*, poèmes 1966-1969 (L'Aire, Rencontre, 1971).

jour... La poésie lui vole son temps — qu'il continue de donner à la poésie.

La nature est discrètement présente dans cette œuvre orientée vers le secret toujours fuyant des choses :

tout un rituel de collines de pampres encore doux
d'allées cavalières à l'orée des forêts.

(*Rituel*)

Le poète s'interroge sur son propre langage, s'interroge sur ce que révèle ce poème qui se fait — et qui défait, ou se défait, en même temps qu'il se fait. Mais il reste à sa fenêtre et c'est en rêvant sur ce qui s'offre à son regard, sur les images qui lui viennent, qu'il pense les problèmes posés par l'écriture :

Langage fuite de lézards sur le mur de vigne
— l'introuvable.

(*Rituel*)

Dans le rituel de la contemplation silencieuse s'effectue un perpétuel va-et-vient entre le monde et l'homme qui cherche à atteindre le cœur de l'être.

Olivier PERRELET

Olivier Perrelet[29] parle. Il parle de l'élémentaire, de ce qui anime le visible, d'un secret qui se cache à la fois dans la rumeur des choses et dans le cœur des mots — secret qui nous unirait au monde. Il parle d'un langage, de son langage d'homme et de poète, qui aime rêver, contempler, et qui voudrait aussi, renouvelant à l'occasion les rites initiatiques, remonter à l'origine des mots, à l'origine de l'être, accorder la parole du poète à la parole divine dont le monde est pénétré.

Parler, c'est aussi écouter. Olivier Perrelet est à l'écoute — à l'écoute du vent, de l'herbe, d'une « voix » qui « se détache du saule ». Et la voix qu'il entend, la sienne, à quel voyage l'invite-t-elle, « en deçà du courant » ?

Le monde est neuf, à la naissance du langage...

---

29. Né à Genève en 1944. *Crise de rêves* (Genève, Ed. de l'Ecritoire, 1964). *L'Ame instantanée* (Genève, chez l'auteur et Georg, 1965). *Terre novale* (Mercure de France, 1969).
Prose — *Aphrosyne ou l'Autre Rivage*, roman (Mercure de France, 1967). *Les Petites Filles criminelles*, contes (id., 1967). *L'Issue du miroir*, suivi de *Le Lierre*, récits (id., 1968). *Le Dieu mouvant* (id., 1970).

DANS L'ARGILEUX OBSCUR des mots
dans la rosée des syllabes,
dans les joncs secs des consonnes
je cherche —

« Sonde
sonde l'argile ! » (...)
quel soc quel songe
me donnera ce que je cherche,
quel éclairage ?

Attendre attendre
aux jachères du silence.

(*Terre novale*)

PAROLE AU PIÈGE
Georges JEAN

Auteur d'une étude qui constitue une initiation à la poésie, Georges Jean[30], poète, s'intéresse avant tout aux « mots de tous les jours », qui sont pour lui la parole vivante, la « parole pour vivre ». Le professeur a fort bien analysé les multiples ressources de l'expression poétique, mais c'est avec beaucoup de simplicité que Georges Jean évoque la naissance des mots, l'émergence du poème, la glaciation du langage, qu'il rend sensibles les rapports entre la nature et la parole humaine. Il sait, d'un trait de plume, rattacher l'homme à ses origines. Ainsi quand il note qu'à Montréal « *On parle un français de rocher* ». Il sait aussi se mettre à l'écoute des éléments et dire l'environnement nocturne de la parole.

Derrière ces murs le monde
Algues dans des mains de lait

---

30. Né à Besançon en 1920. *Les Mots entre eux* (Seghers, 1969). *Parole au piège* (Millas-Martin, 1971). *Les Mots de passe* (Club du Poème, 1972). *Pour nommer* ou *Les Mots perdus* (Saint-Germain-des-Prés, 1972).
La Poésie (Seuil, 1966).

Des crimes au ras du sol
Et dès que je pénètre au cœur des fleuves
La nuit se replie sur le poème

(Parole au piège)

Autres œuvres à citer :

Louise HERLIN, *Commune mesure* (Ed. L'Age d'Hommes, 1971).
Claude KOTTELANNE, *Comment dire ce peu* (La fenêtre Ardente, 1967).
Alain MORIN, *l'Ecriture lumière* (Formes et Langages, 1971).

III

POÉSIE ET IDÉOLOGIE

1 — Tel Quel

Contrastant avec l'aspect artisanal de la plupart des revues de poésie, dites « petites revues », le premier numéro de *Tel Quel*[31] au printemps de 1960, se présentait comme une « vraie revue », soutenue par une grande maison d'édition, le Seuil. C'était se mettre d'emblée (pour le prestige escompté) au niveau de *la Nouvelle Revue Française* ou du *Mercure de France*. Les connaisseurs, à l'affût des avant-gardes, pressentaient que quelque chose allait se passer dans le monde des belles-lettres. Ce n'est pas que la *Déclaration* qui ouvrait le livre constituât un manifeste incendiaire auquel on eût véritablement envie de se chauffer et qui fût même de nature à éclairer très vivement. Soutenus par Jean Cayrol qui animait déjà, depuis 1956, la collection *Ecrire* — destinée aux premières œuvres et où Marcelin Pleynet, alors marchand forain, avait publié des poèmes en demi-teintes —, les fondateurs de *Tel Quel* (Boisrouvray, Jacques Coudol, Jean-Edern Hallier, Jean-René Huguenin, Renaud Matignon, Philippe Sollers, Jean Thibeaudeau)[32] ne se montraient satisfaits ni de la pensée ambiante, en particulier morale et politique, ni de la trop sourde réaction de la littérature à la médiocrité de cette pensée, mais ne dévoilaient pas nettement leurs batteries, préférant sans doute se ravitailler en munitions. Ils étaient prêts, en attendant, à se laisser accuser d'éclectisme. Cependant on commençait à s'interroger sur « les conditions de la création littéraire » et « l'acte même d'écrire ». Un beau poème de Francis Ponge, *La Figue (sèche),* mettait en quelques mots, de main de maître, toute la poésie en question :

Pour ne savoir pas trop ce qu'est la poésie (nos rapports avec elle sont incertains),
Cette figue sèche, en revanche (...)

---

31. *Tel Quel*. Premier numéro : printemps 1960. N° 52 : décembre 1972.
32. En 1972, le Comité de *Tel Quel* comprend : Jean-Louis BAUDRY, Marc DEVADE, Julia KRISTEVA, Marcelin PLEYNET, Jacqueline RISSET, Denis ROCHE, Pierre ROTTENBERG, Philippe SOLLERS.

Ce qu'est la poésie, pour la mettre « à la plus haute place de l'esprit », il importait d'abord de le savoir. Il était admis au départ qu'on prendrait le mot *poésie* « dans son sens large » et il était clair, ainsi, qu'on ne s'arrêterait plus à la distinction des genres.

Très vite, la revue allait en venir à l'étude approfondie du langage en général. L'acte de dire, ou d'écrire, devenait le centre de toutes les préoccupations. Il fallait réduire la poésie proprement dite à la portion congrue afin de laisser la meilleure place à la réflexion sur la poésie. Les poèmes — car on publierait tout de même de ces textes à propos desquels on se proposait de théoriser à l'infini — devaient eux-mêmes apporter une contribution à la recherche. Avant tout il convient de s'interroger sur les rapports du signifiant et du signifié. Les poètes de *Tel Quel* semblent vouloir abondamment illustrer la remarque de René Char — d'après Héraclite — sur la consommation du langage par lui-même.

Marcelin Pleynet professe que « l'écriture ne dit que ce qu'elle montre sur la page et ne renvoie à rien d'autre qu'à l'écriture ». Le mot *thé* n'a jamais remplacé une tasse de thé, en effet. Jean-Louis Baudry, ayant écrit que les rues « se croisent », corrige aussitôt : c'est « seulement le mot rue qui les parcourt ». Ecrire, quand on y pense, n'est pas rien. On verra la plume de Jacques Henric en éprouver des « soubresauts ».

Pour mieux contester la littérature, et pour aider les poètes dans cette tâche, on fait appel aux linguistes. *Tel Quel* publie des inédits — à tout seigneur tout honneur — de Ferdinand de Saussure, des études de Roman Jakobson, de Roland Barthes. On attire l'attention sur les travaux, âprement discutés par les spécialistes, de Julia Kristeva.

D'autres sciences humaines sont mises à contribution, en particulier la psychanalyse. C'est ainsi que Jacques Derrida traite de *Freud et la scène de l'écriture*.

Tel Quel a eu un temps pour sous-titre : *Linguistique/Psychanalyse/Littérature* et s'est arrêté à la mention plus générale, plus théorique, plus ambitieuse : *Science/Littérature*.

Politiquement, la revue, dans une note du n° 37 (printemps 1969) qui l'engageait tout entière, a marqué son « soutien à la ligne du parti de la classe ouvrière que ne saurait recouvrir le bariolage pseudo-révolutionnaire de ceux qui acceptent de se glisser sous le sigle de partis sociaux-démocrates, *unifiés*, par exemple, on se demande par quoi ? »

Tel Quel ne se contente pas d'attirer les poètes qui se réclament ouvertement du marxisme (tout ce qui est marxiste est nôtre, puisque le marxisme, comme nous, explique tout) ; il lui faut encore annexer au marxisme et donc à *Tel Quel* (ou à *Tel Quel* et donc au marxisme), tout poète qui par sa difficulté donnera du poids à l'entreprise en en rendant plus épineuse la contestation. Mallarmé avec nous ?

Non moins marxiste cependant, et non moins communiste que Philippe Sollers (et non moins linguiste !), Georges Mounin considère ce qui se fait à *Tel Quel* comme pur verbalisme. Les poètes qu'il aime, outre René Char, restent Jean Perret, Gabriel Cousin, Georges-L. Godeau, Pierre Della Faille, André Libérati, Jean Malrieu, Gaston Puel, Jean Breton, Guy Bellay, Pierre Tilman. Claude Roy dénonce, lui-aussi, la « jargonite aiguë », la « dysenterie sémiologique » de Philippe Sollers — et surtout l'« absolutite totalisante » dont il observe à *Tel Quel* les symptômes.

Un dogmatisme confus : c'est l'impression que laissent finalement les textes de *Tel Quel*. Le lecteur sera souvent tenté d'avouer, comme font d'ailleurs les collaborateurs de *Tel Quel* au cours de leurs entretiens : « je ne suis pas sûr d'avoir très bien compris ». A moins qu'on ne préfère cette variante, assez subtile, de Michel Foucault : « Votre question, à la fois je la comprends mais je ne sais pas de quel lieu vous la posez »...

Il faut ajouter que la pensée de *Tel Quel,* très effervescente, est impossible à fixer. A peine a-t-on cru en discerner les grandes lignes qu'elle fuit vers d'autres horizons. Voici que le « Mouvement de juin 1971 », inspiré par Philippe Sollers et Marcelin Pleynet, dénonce au sein de *Tel Quel,* avec un sens très acéré de l'autocritique, les erreurs d'appréciation qui furent celles de la revue à l'égard du « dogmatico-révisionnisme français ». On ne salue plus LE parti de la classe ouvrière, accusé maintenant de « faire le jeu de la bourgeoisie ». On se réclame en revanche de la « révolution culturelle prolétarienne chinoise ». On entend par là permettre à « l'avant-garde réelle d'aujourd'hui » d'« inventer ses propres voies et son nouveau spécifique en s'appuyant sur les leçons de l'élément révolutionnaire principal de son temps historique »[33].

Depuis 1967, la crise était ouverte. Elle se précise. Jean Ricardou dénonce les « étranges privilèges » dont jouiraient « les deux permanents appointés » de *Tel Quel*. Il claque la porte le 15 novembre 1971 en condamnant une polémique dont certains aspects lui paraissent « un peu trop fébriles, outranciers, fantasmagoriques ».

33. *Tel Quel*. N° 47 (1971).

LA POÉSIE EST INADMISSIBLE

Denis ROCHE

Les livres de Denis Roche[34] sont illisibles. C'est ce qui fait leur intérêt. Ils restent d'ailleurs agréables à feuilleter ; une mise en pages soigneuse attire le regard. Les allusions érotiques, habilement disséminées, ne déplaisent à personne. On cherche les meilleurs passages... Certaines formules ont une allure relativement sérieuse et pourraient donner à penser (« la poésie est une question de collimateur »), d'autres sont franchement cocasses (« ton cul bien Droit fait vers moi quelques périphrases (inutiles aujourd'hui) en forme de tire-bouchon »). Des citations savantes agrémentent le texte, en font une sorte de catalogue culturel vaguement délirant. C'est plus amusant que *l'Imitation de Jésus-Christ !* L'ennui, c'est que l'ensemble ne supporte pas la lecture.

— L'ennui ? Mais *il faut* que ce soit insupportable ! C'est l'effet recherché. Réfléchissez !

(Denis Roche semble attendre le lecteur — enfin : celui qui essaie de lire — au tournant d'un de ses vers. Il guette l'amateur mécontent.)

— Mais, ça ne veut vraiment rien dire ! Et les vers, les mots eux-mêmes sont coupés n'importe comment !

En déclarant sa chambre elle pénètre avec brus-
Querie un royaume sifflotant non champêtre

Quand même ! Quand même !

— Quoi, quand même ? Vous en êtes encore à croire que la poésie veut dire quelque chose ? qu'elle *représente* quelque chose ?

(Ici Denis Roche marque un point facilement. Le lecteur ne va pas soutenir ouvertement un point de vue si rétrograde.)

— Mais ce Q majuscule par exemple au beau milieu de *brus-Querie...*

— Au beau milieu du mot peut-être, mais au début du vers. Vous n'avez pas remarqué que la poésie — celle dont, sûrement, vous vous délectez — met des majuscules à tous ses débuts de vers ? Et chez moi, ça ne vous plaît pas ? Ça vous dérange ? Mais j'espère bien. C'est fait pour ça !

Vos majuscules, celles de Valéry par exemple, vous les trouvez sans doute naturelles ? Les miennes ne sont pas plus arbitraires ! Ce

34. Né à Paris en 1937. *Récits complets* (« Tel Quel », Seuil, 1963). *Les Idées centésimales de Miss Elanize* (« Tel Quel », Seuil, 1964). *Eros énergumène* (« Tel Quel », Seuil, 1968). *Le Mécrit* (« Tel Quel », Seuil, 1972).

que je veux vous faire découvrir, c'est que la poésie est une affaire de convention. J'y insiste. C'est une de mes grandes idées : « la poésie est une convention *(de genre)* à l'intérieur d'une convention *(de communication)* ».

(Ici, nous supposons que le lecteur, commençant à prendre conscience de son aliénation, se tait.)

Vous n'aimez pas ce que j'écris ? Moi non plus. Au moins c'est ce que j'écris... Croyez-vous que ça m'amuse beaucoup d'écrire un poème ? Pas longtemps en tout cas, je l'ai dit à René Lacôte. Tenez, dans mes *Récits complets,* page 71 et suivantes, je marque le temps qu'il m'a fallu. J'écris à toute allure, vous savez. Ces poèmes-là, j'en ai écrit (si on peut appeler ça écrire) quatre le 3 février 1961. Entre onze heures et midi, j'en avais déjà trois. A midi et demie ma journée était faite. Le 7 février, j'en ai abattu six. Ça m'a tout de même pris une heure et demie. On ne croirait pas.

Je ne me relis jamais, sauf pour corriger les fautes d'orthographe sur les épreuves. A cause de la clientèle.

Essayez maintenant de lire un de mes poèmes :

—grément de la sensation devient ce qu'il avait
Toujours été des prêtres guéris de musique la vertu
La plus humiliante courant secrètement dans les po-
Ches minuscules et les abris qui sont autant d'abreu-
Voirs quel bel apport de soulagement (...)

(Récits complets)

Vous voyez bien. Ce n'est pas possible.

(Le lecteur commence à prendre au sérieux Denis Roche, et il va bientôt écrire dans T X T.)

Seulement, si je dis que cette poésie est insupportable (nous sommes bien d'accord), j'ajoute, moi, que *toute* poésie est insupportable. Je l'ai fait mettre sur la bande d'*Eros énergumène : La poésie est inadmissible*. C'était clair. Pourtant mes amis de *Promesse* m'ont demandé des précisions. Guy Scarpetta voulait savoir s'il y avait des exceptions. J'ai répondu d'un mot, d'un seul : *Non.*

— Ce n'est peut-être pas si évident.

— De toute façon, ça fait réfléchir. Au début surtout mes poèmes ressemblaient à des poèmes. Je faisais semblant. On se prend au jeu. Par chance, ça ne dure pas. J'en profite pour dénoncer. J'écris des poèmes pour faire comprendre à quoi la poésie conduit, et sur quoi elle s'appuie. Mon entreprise est politique. La poésie fait partie de l'idéologie des classes dominantes.

— Tiens ! Depuis quand ?

— Il vaudrait mieux demander : jusqu'à quand ? La société voulait bien de la poésie, mais pas de n'importe quelle poésie. Pas de la subversive. Pas de la dadaïste. Mais elle ne pouvait pas s'y opposer. Alors, elle a récupéré la poésie. Vive Dada, mais Dada en conserve. Surtout, que rien ne bouge, que rien n'avance.

(Le lecteur ose à peine faire remarquer à Denis Roche que la bourgeoisie va pouvoir récupérer assez vite sa propre manière et fabriquer ainsi ses anticorps. Denis Roche développe son argumentation en toute tranquillité.)

La société est conservatrice. Elle conserve la Poésie. C'est pourquoi j'appuie très fort dans le sens de ce qu'elle attend. Vérifiez. Sous les titres de mes livres, j'ai bien mis le mot « Poèmes », exactement comme si c'étaient des poèmes. Je souligne la convention pour la faire apparaître comme convention, pour en provoquer le rejet. C'est pourquoi je mets des majuscules au début des vers, mais en m'arrangeant pour les rendre inadmissibles — ce qu'elles sont en effet —, en dérangeant les habitudes de lecture. Je veux détruire — déconstruire — la poésie. Je sais comment c'est fait. Je donne plusieurs sens. Vous qui aimez Valéry, vous serez content. Mais je fais tourner la multiplicité de sens au dérisoire. *Miscellanées* est un mot qui désigne des choses mêlées — ragoût, spectacles variés, mélanges littéraires et scientifiques. Les Anglais aiment ce mot-là. D'où *les Idées centésimales de Miss Elanize*...

— Excellent titre.

— En effet. Et l'intérieur est assez extraordinaire :

« Au secours ô absurde rêveuse, goule du
Romantisme, plantes gémissantes et démonstratives »
(ta) gorge se balance (   )
Sans être, le ton de sa voix devient, (le devenir),
Grandissant, arrêté en lui-même le très léger mou-
Vement de bascule (...)

Dans *Eros énergumène,* je vais plus loin. Je me sers de la colle et des ciseaux. Je pratique le *cut up* presque aussi bien que William S. Burroughs. Je mets des caches ici et là. Ce faisant, je décode, je décode énormément. A la longue, la société bourgeoise ne s'en relèvera pas.

— Espérons-le...

François CHAMPARNAUD

« Je fais ce qu'*on appelle* des poèmes. Des amateurs de poésie, des apprentis-poètes, des critiques de poésie, des collectionneurs de poésie, des congrès de poètes, des revues de poètes, des clubs de poètes, les aiment, les apprennent, les critiquent, les collectionnent, les font lire à voix haute, les publient, les font chanter, etc. » François Champarnaud[35], qui cite ce texte de Denis Roche (*Promesse*, nº 22), commente aussi ces « poèmes » et les imite.

Comme Denis Roche dans *Eros énergumène,* il fait précéder son premier recueil d'une notice sur la poésie. Trois poèmes, de dix-sept vers chacun (ou, comme il dit pour plus d'impact, « de calibre 17 »), portent *Eros* dans leur titre, le poème étant la scène « où se joue le drame de la pulsion érotique ». Les citations, à l'intérieur du poème, foisonnent, le stylisticien Marcel Cressot voisinant avec le poète E. E. Cummings. Ces citations ont pour objet : soit de réactiver les textes, soit de les tourner en dérision, et de contribuer ainsi à la destruction de la culture bourgeoise. Mais cette stratégie est-elle bien efficace ? Parodier Ronsard, dans la culture bourgeoise qui est en effet la nôtre, reste un plaisir d'intellectuels auquel nombre d'ouvriers, d'artisans, de commerçants (et d'intellectuels !) seraient bien empêchés de prendre part :

> (...) *Vous serez le panier plein*
> *de fraises vermeilles (sans compter la T.V.A.)*
> *Bon ! Venez cracher sur la bibliothèque*
> *Où le buste de l'immortel André Theuriet...*

La philosophie politique de François Champarnaud ne vaut pas *Ce charmant théâtre de verdure,* assez long et curieux poème qui clôt le recueil sur un festival d'érudition goguenarde, d'allusions-flashes au monde actuel, de sensations épidermiques, avec un rien de dévergondé à la Rimbaud.

> (...) *« De sa litière souillée de sang noir et d'or vers la lune*
> *Elle aiguise une de ses cornes à l'arbre enthousiaste du grief » (1940)*
> *Tu étends ta jambe en travers de mes espérances*
> *Philosophiques mon Dieu le projet je tombe à genoux sur les étincelles*
> *Brillamment repeintes à l'occasion de l'inauguration du Pool*
> *Charbon-Acier tu t'ouvres à moi quand je me promène avec*
> *L'homme d'affaires : 2 millions à 2 millions 5 l'hectare*
> *Fureur dans tes yeux ou retrait de ta capitale jeunesse*
> *« plus le croissant s'épanouit » (...)*
>
> *(27 poèmes calibrés)*

35. *27 poèmes calibrés* (Caractères, s.d., [1969]). *Onze citations trop vivement tirées hors du lit pour les gamines* (Hyères, Jeune Poésie, 1972). *Poésie Tumulus aboli* (Millas-Martin, 1972).

L'AUTEUR ET LE LECTEUR / SÉPARÉS

Marcelin PLEYNET

C'est encore à une méditation sur les relations établies par le langage entre le poète et la réalité que semble nous inviter Marcelin Pleynet[36].

La question, dans *Paysages en deux,* est de savoir si le paysage exprimé est le paysage réel ou une illusion de paysage. Le poète est seul. Il décrit. Mais que décrit-il et que signifie son écriture ? Il se passe des choses pendant qu'on écrit. Etrangères au projet initial d'écrire, elles n'en projettent pas moins leur ombre sur la page. « *Prononcer* » n'est pas simple...

Marcelin Pleynet a bien vu que méditer après coup sur la signification du poème ne suffit pas, que la philosophie du poème gagne à devenir philosophie du poème en train de s'écrire. Mais ne risque-t-on pas, dans le souci de saisir le poème sur le vif, de l'empêcher de naître ; et dans la recherche de la plénitude, de creuser en soi le vide, de réfléchir sur le vide ? Peut-être fallait-il passer par là pour mieux répondre à la question : qu'est-ce que l'homme ? Mais on peut redouter que le propos de Marcelin Pleynet reste intermédiaire entre le poétique et le philosophique. La poésie à naître est à chaque instant chassée par la réflexion sur la poésie qui va naître ; et par là-même la réflexion risque de manquer son objet.

On est gêné, à la lecture de *Paysages en deux,* par des allusions un peu pédantes. L'usage du latin semble vouloir, comme chez Michel Deguy, souligner le sérieux de la pensée : *Historia Argumentum Fabulaque*. Dire dans le titre d'un poème que « la damnation est dans l'être » paraîtrait déjà très éloquent. Mais comment ne serait-on pas ébloui par *Verdamnüss ist im Wesen ?*

Marcelin Pleynet ne manque pas d'indiquer ses maîtres à penser, en exergue (*présence de Nicolas Flamel, présence de René Char*) ou dans le texte : Hölderlin, Freud. Héraclite n'est pas oublié, comme en témoigne ce passage :

> *Une rivière et le regard abîmé*
> *« jamais dans la même eau »*
> *Les feuilles immobiles*
> *(Parlant de vous ne parlons pas)*

---

36. Né à Lyon en 1933. *Provisoires amants des nègres* (Seuil, 1962). *Paysages en deux* suivi de *les Lignes de la prose* (Seuil, coll. « Tel Quel », 1963). *Comme* (id., 1965).
Textes : *La poésie doit avoir pour but...* suivi de *Notes marginales critiques* dans l'ouvrage collectif *Théorie d'ensemble* (« *Tel Quel* », Seuil, 1968).
Voir aussi *Les Poètes de Tel Quel*, anthologie — FAYE, PLEYNET, ROCHE (Turin, Einaudi, 1968).

J'avoue que la lecture d'un autre livre de Marcelin Pleynet m'a diverti. Faut-il y voir un pastiche de Pleynet par lui-même ? Mon commentaire de *Comme* devrait alors être considéré comme un pastiche au second degré. J'espère cependant qu'il ne donnera pas une idée trop inexacte de la pensée et du style de l'auteur.

Le livre de Marcelin Pleynet pourrait en effet se signaler par la présence d'un auteur et d'un lecteur séparés par un mur d'incompréhension réciproque et justifiant tour à tour (on pourrait dire *en même temps*) l'absence de commentaire ou le commentaire des absents (le lecteur lisant/ne lisant pas ce que je pense n'écrirait pas ce que je dis ou l'écrivant ne dirait pas ce que je pense/ne pense pas).

« Les lecteurs avertis ne sont pas des lecteurs ignorants ».

Je relis le début de cette étude *comme* (?) Pleynet relit sa première page. De gauche à droite et de bas en haut en supposant chez le lecteur — le long de ce mur avec sa lanterne — un désir soudain d'éclaircissement. Le mur qui n'est pas là reste en travers de la page (j'ouvre la fenêtre il ferme la porte). Les mots que je relis ont pris la déviation. Le lecteur s'engage (peut-être) dans un sens interdit en désespoir de sens unique. Ce n'est plus le mur. Ou c'est le même mur à une autre place. Mais comment une chose peut-elle changer de place ? Si notre mur bouge c'est qu'il ne tient pas en place et s'il tient en place c'est qu'il ne bouge pas ! Je relis le début de mon étude *comme* (??) Pleynet relit ses deux premières pages. (Le lecteur vient de sortir par la porte d'entrée.) J'observe aussitôt que le mur s'est encore déplacé (il ne faut pas qu'une porte (une fenêtre) soit ouverte ou fermée). Le courant d'air ne court plus : s'il courait ce ne serait plus *un* courant d'air. Je ne relis pas ce que j'ai écrit mais ce que j'ai dit en écrivant que je l'avais écrit. J'ai oublié je m'en souviens rappelez-vous tel quel etc. sujet verbe complément tabatière (   )[37]

Pour la troisième fois *belle marquise* je relis le début de mon étude : sans plaisir excessif essayant de comprendre si les mots de mon étude renvoient aux mots de cette étude ou à la poésie (la prose) de Marcelin Pleynet.

Ce que Pleynet écrit ne pèse guère plus lourd que le rapport de rien à peu de chose. Il y a des moments où le dépouillement du style trouble la pureté de ce qu'il exprime.

« Les lecteurs avertis ne sont pas des lecteurs ignorants. » Dans le jeu des citations sans références ils rendront aux présocratiques et au Platon du *Parménide* ou du Sophiste ce qui est/ce qui n'est pas à

37. Si la parenthèse est ici (et maintenant) dégagée du contexte, le contenu en a été scrupuleusement respecté (cf. *Comme*, p. 30). Est-il besoin de souligner l'importance de cette citation ? Toute glose risquerait d'en fausser la signification et d'en réduire la portée.

Platon et aux présocratiques.

Tout ce que Pleynet écrit est admirable (ailleurs).

quand le soleil se couche c'est qu'il fait nuit la nuit se lève je crains bien — parole ma parole (la vôtre ?) ma prose mon poème (le sien ?) mon étude répétée sauf la première fois — d'être peu convaincant. « Il ne l'est pas et il le sait ».

Le critique rencontre le poète et son lecteur au pied du mur laissant dans l'ombre ce qui n'est pas éclairé dans l'attente en somme d'une illumination possible près d'une lanterne qui s'éteint.

Jacques HENRIC

(...) aucun reproche, tout est tellement simple, j'ai dit que la nuit fut chaude et bruyante, qu'il y eut un grand silence vers le matin mais j'ai omis de noter le souffle tiède, une brise chargée des pénétrantes odeurs de pins (...)

simple
vraiment
mais
difficile à te coucher noir sur blanc, si tu savais les soubresauts de ma plume, par ailleurs le papier n'est pas de première qualité et elle s'y ébat sans réelle aisance (...)

la page du livre un jour entier (aurore, crépuscule) soulevée par un vent chaud, prête à tourner et retombant,
Y voir fatalité, S.V.P.
en son centre une typographie inhabituelle,
quelques
(savoir ménager des blancs) (des plages) ai ׀rappelé׀ leurs vertus
donc (bien sûr, il faudrait recommencer depuis la première ligne, tout et perpétuellement) (...)

Ce texte n'est pas extrait (d'un poème) (d'une prose) (d'un récit) de Marcelin Pleynet, mais (d'un récit) (d'une prose) (d'un poème) de Jacques Henric[38]. Il a paru dans *Tel Quel,* le seul endroit où pût paraître nécessaire sa présence. Il montre au moins que l'influence de Marcelin Pleynet ne doit pas être tenue pour négligeable.

---

38. Né à Paris en 1939. *Archées*, roman (« Tel Quel », Seuil, 1970).

Pierre ROTTENBERG

(...) étendu dans le froid — le carnet (à portée de la main) — il s'agit de noter (ce qui a à être noté) — ;

ne plus pouvoir bouger (paralysie) — les mots passent (à intervalles égaux) — le vivant est distingué de la marche — de l'action — de la parole (du caractère plein — massif — rapide des mots notés) ;

ce qui agresse — ce fond noir (non linguistique) obtient son extension (décisive) ;

l'encre noire sur le vert des feuilles — (un sommeil si étendu qu'il écrit le livre) — (des péripéties brillantes — l'irruption de la blancheur (la page) (...)

Cette fois, c'est de Pierre Rottenberg[39], toujours dans ce numéro 30 de l'été 1967. Et Pierre Rottenberg n'est pas un des auteurs les moins remarqués de *Tel Quel*. Il est entré au comité de rédaction. Comme Pleynet, de Lautréamont, ou Jean-Louis Baudry, de Rimbaud, il se présente comme un spécialiste de Mallarmé : lisant *Igitur*, il s'efforce, non sans obscurité ni mérite, d'en écarter les « interprétations idéalistes », voyant dans la *glace* — une glace, on s'en souvient peut-être, « horriblement nulle » — « le véritable miroir de l'histoire ». Ainsi Igitur s'exercerait, difficilement en ce dix-neuvième siècle, à la pratique (et même à la théorie) matérialiste.

Jean-Louis BAUDRY

Aurons-nous plus de chance avec Jean-Louis Baudry[40] ? Il est toujours question d'écrire et de lire. Dans *Passage* (*Tel Quel*, n° 21), le narrateur travaille à un récit. Il s'agit de décrire un couple, un peu comme on tournerait une séquence : couple marchant dans le jardin. A quoi bon chercher une situation moins conventionnelle ? L'important n'est pas dans l'objet du dire, mais dans l'acte de dire. Dès lors, il

39. Né à Dammartin-en-Goële (Seine-et-Marne) en 1938. *Le Livre partagé* (« Tel Quel », Seuil, 1966).
40. Né à Paris en 1930. A publié plusieurs « romans ». *Le Pressentiment* (Seuil, 1962). *Les Images* («Tel Quel », Seuil, 1963). *Personnes* (id., 1967). *La Création* (id., 1970).

ne s'agit plus seulement de décrire le couple, mais aussi de noter ce qui, mentalement, se superpose à son apparition. Il importe aussi de s'interroger — c'est de rigueur — sur la signification du signifiant…

Ils marchent dans le jardin, sortent, remontant l'étroite allée, faisant claquer la porte de fer. Rues. Rues anonymes, toutes semblables, qui se croisent. Ou seulement le mot rue qui les parcourt. Renversement des rapports habituels.

Attendre pour savoir ce qu'ils ont dit. Recopier les phrases que je pourrai leur attribuer (paroles dispersées, rues, conversations, théâtre. J'écoute. De cette masse de mots, innocente d'abord puisque j'en suis absent, je persiste à vouloir extraire une définition exemplaire. Mais une rumeur persistante recouvre la seule voix importante). Non pas choisir, mais attendre qu'à partir de celles-là d'autres articulations, d'autres groupements se forment, des associations imprévues qui m'apprennent une pensée.

Heureusement des livres s'entassent sur ma table. Si j'en prends un au hasard (…)

Etc.

Claude MINIÈRE

Dans la ligne de *Tel Quel,* Claude Minière[41] use avec une relative modération de procédés d'écriture empruntés à Denis Roche, parsème ses textes de citations ou de pseudo-citations, d'allusions au discours, à la grammaire, aux idées, au sexe, à l'économie politique, sans pécher par la moindre émotion.

parlant au milieu des marins antérieurs
Essais en quatre points dans sa nudité de
Chalumeau à compteurs pour une manière de
Faire cette manœuvre avec un succès certain :

Le canal des…
informations prétendues, pièges
Impossible de compter en pieds
cubes même traversés par cette assemblée (…)

41. Né en 1938. *L'Application des lectrices aux champs* (Seuil, 1968).

2 — Remous autour de *Tel Quel*

LA LUTTE DES TEXTES

Jean TODRANI

Les proses de *Tête noire,* sans qu'on sache d'abord trop pourquoi — c'est ce qui fait leur charme et leur force —, se lisent aisément, sans interruption de l'invisible fil conducteur. Jean Todrani[42], plus d'un quart de siècle après *Poisson soluble,* réussit à rendre l'imagination du lecteur complice de la sienne. Les images sont de la meilleure veine surréaliste. Citons en exemple : « une voix avec des aigrettes d'aluminium ». Des vérités se font jour au détour d'une phrase, inattendues, et — à un certain niveau de pensée — définitives : « sans la musique les architectures s'écrouleraient ». L'onirisme (« Je ne connais de cheval que nocturne ») débouche sur une connaissance lucide de soi et sur une vision du monde où les choses ne se sont détournées de leur mode habituel d'apparition que pour mieux s'unir, dans le secret de leur être, au mouvement qui les joint — et nous à elles. Peut-on rêver pratique plus féconde de l'écriture automatique : « les idées me viennent comme le lait monte aux femmes » ? Jean Todrani connaît, comme André Breton, les limites de la pénétration surréaliste du grand secret. Il sait que « la plus belle des religions (...) ne sera jamais révélée ». Mais, venant de loin, et condamné à l'échec, il va aussi loin que possible à la rencontre de tout ce qu'il rêve de posséder, d'habiter :

Je partage ma damnation comme un melon captif de sa forme et de ses graines, comme la terre captive de ses continents, je partage mon temps en descendant loin du soleil par les plantes prisonnières au cœur libre des pierres, au sud de la mer.

C'est cet approfondissement de l'être par la parole en liberté que le poète poursuit dans ses livres ultérieurs.

---

42. Né à Marseille en 1922. *Tête noire* (G.L.M., 1952). *Orpailleurs qui cherchez* (G.L.M., 1952). *Ici est ailleurs* (G.L.M., 1954). *Le plus clair du temps* (G.L.M., 1958). *Mandragore* (Cahiers du Sud, 1960). *Le Livre des visites* (G.L.M., 1961). *14 poèmes en 1 acte* (Action poétique, 1962). *Je parle de l'obscur* (La Fenêtre Ardente, 1963). Neuf *poèmes d'amour* (G.P., 1966). *Cano* (Oswald, 1967).

(...) *Il faut laisser la voie lactée*
s'engouffrer dans les places publiques
tandis que chante la blonde fontaine (...)
(Ici est ailleurs)

Mais s'il se laisse guider par son propre langage, s'il ne paraît intervenir que par les artifices d'une rhétorique assez discrète, en utilisant les schémas directeurs de la phrase pour soutenir de nouveaux élans, Jean Todrani garde toujours l'esprit en éveil, inquiet de la réponse que le poème apporte — ou ne peut apporter — à son interrogation fondamentale. Il prend conscience du pouvoir limité de la parole :

Regarde, nos mots familiers
funambulent désespérément
dans leur prison de salive (...)
(Ici est ailleurs)

Progressant « Sur la route énigmatique Du Point du Jour », le poète parle, il « parle de l'obscur ». Les poèmes, d'une densité qui ne serait pas indigne de René Char, sont eux-mêmes énigmatiques. Le langage, qui se dénature dans la vie quotidienne, « naît par le poème » : « Il n'est de verbe que poétique », et « Aux termes du poème rien, jamais, ne peut être substitué ».

Si Jean Todrani a été un des animateurs d'*Action poétique*, il n'a jamais accepté la double imposture qualifiée de réalisme socialiste[43]. Il n'hésite pas à prendre parti, par exemple contre la guerre d'Algérie, mais comme poète il est essentiellement préoccupé des rapports entre l'être et le langage. Aussi ne faut-il pas trop s'étonner de le retrouver, en compagnie de Gérard Arseguel, Joseph Guglielmi, Jean-Jacques Viton, à la revue *Manteia*[44] où les propos sur le dire, la réflexion sur l'écriture, sur la réalisation du texte sont de rigueur, la « lutte des textes » participant à la lutte des classes.

Jean Todrani, dans ces recherches abstraites, garde le sens de l'image et même de la phrase, malgré les discontinuités apparentes. Il se soucie de pouvoir être lu. On pourra remarquer, par rapport à certaines outrances, la relative pondération du directeur de la revue. On regrettera, cependant, un certain pédantisme : « adam et sexe coeunt solitaires », — ce *coeunt,* pluriel de *coït*, n'est-il pas culturel en diable ? Et cela dans un texte intitulé, pour le plaisir des germanistes,

43. Cf. article de Jean TODRANI : A propos d'« Un réalisme sans rivage », essai de Roger GARAUDY (*Action poétique*, n° 24, juin 1964).
44. *Manteïa* (Marseille). Quinze livraisons entre 1967 et septembre 1972.

Liebesverlust, bien qu'il semble qu'on marche en pleine « forêt péruvienne » !

Honnêtement, il convient de présenter (pour ne pas conclure) un échantillon de la nouvelle manière de Jean Todrani :

(...) *ce qui s'écrit et ce qui va s'écrire ce peut être la voluptueuse construction symétrique (verbe) d'un corps ou bien une télécriture où le cercle se formera sous l'épidermique sphère de polyédriques périodes. cent nuits harmonieusement. toutes cassures. (sur nos reliefs orphiques ce verbe toisant qui renaît de ses hachures). battu. ensorcelé. rompu. jusqu'à ce que tombe la pelisse. dedans après dans l'entremêlement des muscles et des nervures. s'en tirer par la bestialité. agir-conjuguer.*

VERS L'ABOLITION DES FORMES
Joseph GUGLIELMI

Au temps de ses débuts à *Action poétique*, Joseph — alors dit Jo — Guglielmi[45] affirmait naïvement ses convictions politiques. S'il cherchait à entrer dans la foulée de Blaise Cendrars (« Le Pacific-Express traverse les strophes »), s'il se souvenait aussi d'Apollinaire, assurant par ailleurs les surréalistes de sa considération, c'était en matérialiste convaincu.

(...) *Tu peux dire que tu ne crois plus au Christ* (...)

D'ailleurs les astronautes montent aux cieux bien mieux que lui
Gagarine et Titov
Ce sont eux qui détiennent le record du monde
Pour la hauteur et pour la durée
La prière n'est plus qu'un arbre sans feuilles (...)

Aujourd'hui, il semble se donner beaucoup de mal pour écrire n'importe quoi, pourvu que ce soit, en plusieurs langues ou en français, rigoureusement dépourvu de signification.

(...) *IL* tremble-*filasse ou électeur devant la simple photographie (calculated nonsense) of the male animal « (expliquée par B, A, BA) » vêtu de soie et l'oubli qui est l'envers de la figure du côté du Loth féminin.*

45. *Ville ouverte* (Action Poétique, 1958). *Au jour le jour* (Action Poétique, 1962). *Aube*, in *Poésie-Ecrire* (Seuil, 1968).

Sur l'étendue abstraite plus haut la foule change de forme plus loin contre le rempart-bègue dans la presse : « achever l'abolition des formes... » Simul as his cock flipped out. l'esprit. sup. (...)

Jean-Jacques VITON

Jean-Jacques Viton[46] disait, à *Action poétique*, « la haine des fusils ». A *Manteia,* il réussit, comme les camarades, à être « absolument inénarrable ». Dans *Passage défaisant le retour* il est question d'une lecture en diagonale, ou plutôt de la diagonale de la lecture, et toujours des *signes,* y compris de ponctuation, et de la façon (narcissisme un peu maniaque !) dont le poignet progresse « contre la ligne » (d'écriture).

(...) *alors sur la gauche de la page*
impossible d'y rester
ni lettre ni ton aucun signe
et comme va trop vite (mais pas cela)
où se dirait le sang
canalisé sans chute permise (même vertical)
et semblable à tout ce qui se dit
n'importe où (...)

N'importe où, mais surtout à *Tel Quel, Promesse, Manteia* !

Christian LIMOUSIN

A *Manteia*, on écrit encore ceci qu'on a l'impression d'avoir lu en mille endroits et qui est signé cette fois Christian Limousin[47] :

(...) *transformé par l'écriture le lieu n'en transforme pas moins le texte / / le lieu porte son propre commentaire : ce qui s'écrit à travers lui (elle) est déporté emporté de l'axe strict du lieu : ce qui s'écrit tourne autour du lieu / le texte est autant de lieu (x) où nous passons : il peut avoir pour nom (parfois) « sexe »*

(*Manteia*, IX - X, 1970)

46. Né à Marseille en 1933. *Au bord des yeux* (Action Poétique, s.d.).
47. Né à Lyon en 1948. *Eclats / Fragments / Lambeaux* (Encres Vives, s.d. [1970]).

LE DÉLIT DE LA MÉTHODE ET DU DISCOURS

Jean RISTAT

Pastichant la facture et certains tours des *Méditations métaphysiques* de Descartes, Jean Ristat[48] s'est mis à révoquer en doute les renseignements bio-bibliographiques que jusqu'alors, s'agissant d'un auteur aussi classique que Boileau-Despréaux, il croyait fermement établis. Puis il a découvert — c'est son *cogito* — que Boileau, c'était lui. Mais ce n'était qu'un début — le début d'une « autobiographie onirique » assez plaisante pouvant se présenter aussi comme une « fiction critique dont la rigueur ou la gravité n'excluent jamais l'humour ». Nous nous demandons s'il ne vaudrait pas mieux dire : critique onirique (ou onirisme critique) dont l'humour n'exclut jamais la rigueur ou la gravité. Mais comment trancher ? De toute façon, Jean Ristat n'a pas tort de reprendre pour le compte de la littérature le fameux jugement de Bertrand Russell sur les mathématiques : « la littérature est une science où l'on ne sait pas de quoi on parle ni si ce qu'on dit est vrai ». Au lecteur de se faire une opinion, ou plusieurs opinions successives : « *Lecteur, il ne faudra pas t'étonner de ce que le centre de ce livre* — Du coup d'état en littérature — *soit partout et nulle part. Tu devras me relire avec attention. Selon le point de vue où tu décideras de l'aborder, le centre t'en apparaîtra différent. Ainsi je te dirai que prose ou vers, ce n'est jamais qu'une perspective en trompe l'œil.* » Il y a évidemment plusieurs grilles de lecture. On peut s'intéresser aux rêves cachés de M. Despréaux (« *Nous avons été ensemble voir M. Despréaux qui nous a retenus à dîner, nous avons demeuré avec lui jusqu'à la nuit, puis fermant sa porte et cédant au sommeil en sa chambre à peine a-t-il éteint la lumière qu'il bascule et fait une chute de trois cent trente cinq mètres en considérant la verticale du lieu c'est pourquoi il n'est jamais visible après le coucher du soleil* »), aux déambulations d'Isis à la recherche des membres dispersés d'Osiris, au surgissement de Marat — et de Charlotte Corday — dans ces promenades à travers les coulisses de la conscience *(« elle remet la plume dans l'encrier. La plume devenue couteau et dont la lame brille, renvoie des éclairs comme la foudre bleue. Soleil, tu es entré dans la poitrine de Marat, plus dur que le bec de l'oiseau. Soleil, tu fais ton nid dans le cœur de Marat »).* On peut aussi apprécier cette complicité dans la parodie en prose ou en vers qui fait que Jean Ristat se montre également à l'aise dans l'imitation des

---

48. Né à Argent-sur-Sauldre (Cher) en 1943. *Le Lit de Nicolas Boileau et de Jules Verne* (Plon, « L'Inédit », 10/18, 1965). *Du coup d'état en littérature suivi d'exemples tirés de la Bible et des auteurs anciens* (Gallimard, 1970).

anciens ou dans celle des modernes. Peut-être encore découvrira-t-on dans ces ouvrages — qui se présentent comme des pseudo-essais — des remarques dignes d'un essayiste authentique, assez proche au fond, par les questions qu'il se pose, d'un Paulhan ou d'un Maurice Blanchot : « Aujourd'hui je ne rêverai plus de la « poésie-connaissance ». Je ne ressusciterai pas le poète, comme guide des peuples en péril. Sa poésie n'est connaissance de rien. Les poètes, littéralement et dans tous les sens, ne savent pas et n'ont pas à savoir ce qu'ils disent. Mais qu'on y prenne garde ! Je ne dirai pas non plus que le poète est un inspiré. J'irai jusqu'à prétendre que le langage, pour lui, ne fait pas de problème. Je préférerai dire : la poésie est le langage se faisant problème ».

Jean Ristat veut-il, avec humour, apporter sa pierre à l'entreprise de déconstruction qui a cherché à se consolider autour de *Tel Quel* ? « Une stratégie générale de la déconstruction », c'est bien la formule de Jacques Derrida. Et Jean Ristat, dans un numéro des *Lettres françaises*[49] consacré à l'éloge de l'écriture derridienne de la « dissémination » — écriture tendant à déjouer d'avance toute tentative de donner sens au discours —, semble chercher à déconsidérer l'acquis culturel à la manière d'un potache assez doué qui aurait lu Platon, ce qu'il faut pour bien apprécier *la Pharmacie de Platon* de Jacques Derrida, longuement citée en exergue, et qui aurait lu aussi Denis Roche.

> (...) *Ou bien tremble-t-il à l'imminence du jour*
> *Lorsque s'annonce la surprenante visi*
> *Te le soleil tape et platon a ou*
> *Blié son ombrelle l'autre n'a pas repris la*
> *Parole la sentence du grand dieu fut lai*
> *Ssée sans réponse* (...)

LA PAROLE EN MIETTES

Michel VACHEY

> *Arbre lointain*
> *dans son ombre*
> *et plus loin qu'elle*
> *dans des pierres tenaces*
> *arbre oubli de l'arbre*

---

49. *Les Lettres françaises*, n° 1429, 29 mars-4 avril 1972.

et cherchant ses arbres
comme si le soleil fouissait
comme si la terre
lançait hors d'elle ses racines

arbre rapide
à travers la forêt des pierres vivantes
arbre transparent
aux racines plus proches de l'ongle

mâchefer herbe à soleil
nos dos incrustés de sable

(Galaad en miettes)

Le sourcilleux auteur de *Fascines* et de *Galaad en miettes* nous permettra-t-il de préférer les poèmes de cette veine à ceux qui ont suivi ?

Il y avait quelque chose d'émouvant, de *mouvant* en tout cas, dans cette poussée d'images, qui — pouvant passer pour plus surréalistes les unes que les autres — risquaient à première lecture de paraître fort disparates, mais qui étaient retenues ensemble non seulement par de subtiles combinaisons de sonorités, mais surtout par l'unité de préoccupation, la profonde inquiétude qui en suscitait l'apparition, le développement, le retentissement. Dans *Fascines,* au désir de « vivre parmi les oiseaux », à la sève, aux « jardins au soleil » s'opposaient les « enfantements abjects », la nuit « bloquée aux plafonds », la mort inscrite dans les arbres, la « fleur irrespirable » envahissant l'espace. Michel Vachey[50], contre l'effritement, les infiltrations, l'effondrement cosmique, dressait le barrage de ses poèmes. Et il ne dépendait nullement de la qualité des poèmes que ce barrage fût ou non efficace. *Galaad en miettes* paraissait renforcer encore la tension du poème : c'est un monde qui se défait, un éboulement d'images fortes, avec des appels, des passerelles jetées entre les abîmes, une vie qui partout cherche à se frayer un passage, avec aussi cette splendeur minérale — « l'étincelant silence des géodes » — qui donne peut-être au poème sa plus étrange profondeur.

Avec *Amulettes maigres,* l'univers se décompose. Les mots, que le blanc de la page finira par ronger, tentent encore de s'organiser par bouts de phrases, mais le résultat n'éloigne pas tout à fait l'impression

---

50. Né à Villeneuve-sur-Yonne en 1939. *La Chute d'un cil* (LEO, 1965). *Fascines* (La Licorne, 1966). *Galaad en miettes* (Chambelland, 1967). *Algèbre de boules* (LEO, 1969). *Scène d'Ob* (Bibl. Phantomas, 1969). *Amulettes maigres* (Oswald, 1970). *Coulure /ligne* (Mercure de France, 1970). *Portrait de la France* (Encres vives, 1971). *Thot au logis* (Colombes, Génération, 1971). *Caviardages* (Génération, 1972).

d'épaves qu'on aurait rassemblées là pour on ne sait quelle désolante exposition.

Dans *Scène d'Ob,* il ne reste pratiquement plus rien. L'expression « bruit du pouce » suffit à meubler toute une page. Sur une autre on peut lire en haut : « brindilles au hublot » ; en bas : « pille » — à la ligne : « la neige déterrée » ; c'est tout. Quelquefois les mots sont imprimés en lettres capitales, sans que cela leur donne plus de poids. *Scène d'Ob*... Est-ce la pauvreté de Job, privé même de son initiale et réduit, pour se faire entendre, à une vague et ridicule émission de voix ? Il n'en faut pas beaucoup plus cependant pour satisfaire André Pieyre de Mandiargues. Celui-ci remarque assez drôlement que Michel Vachey a forcé les mots « à côtoyer sans fin le bord ennuyeux des significations, sans jamais toucher le rivage morose de l'expression ». On ne parle pas plus ingénieusement pour ne rien dire. Il reste que la présence de ce *presque rien* fait problème. Le poète, séduit par le vide, ne fait que se défendre contre les significations illusoires.

Coulure/ligne ne semble sauvé du vide que par l'agilité de la typographie, et de l'arbitraire ou de l'absurde que par le plus arbitraire et le plus absurde. La même formule est utilisée d'un bout à l'autre : sur la page de gauche les mots coulent en italique, disposés assez joliment en vers libres, avec espace variable entre la marge et la première lettre du vers. Sur la partie inférieure de la page de droite, un condensé du même texte, en lettres capitales. Au service de quoi cette persévérance ? Les mots se suivent, et souvent se ressemblent, sans autre raison apparente que d'entretenir le non-sens permanent, de cultiver l'art de la chute — mais sans toucher le fond, ce qui obligerait à se taire. Demeure, pour peupler ce vertige, le rêve d'un beau Livre.

RÉVOLUTION ET PHÉNOMÈNES D'ÉCRITURE

Jean-Luc STEINMETZ

Jean-Luc Steinmetz[51], aujourd'hui plus attentif au langage pour lui-même, reconnaît qu'il fut très attaché d'abord au monde tel qu'on le perçoit ordinairement. Même s'il rêvait parfois, il évoquait volontiers, dans *le Clair et le lointain*, les choses familières. On allait un peu à l'aventure, mais par des routes, des sentiers reconnus.

---

51. Né à Tours en 1940. *Le Clair et le lointain* (Oswald, 1966). *L'Echo traversé* (Chambelland, 1968). *h-il-e,* bilingue, en collaboration avec Renate KÜHN (Fagne, 1970).
Sur la position de J.-L. Steinmetz par rapport à *Tel Quel,* voir : *Action poétique,* n° 41-42 (1969), et la mise au point parue dans *Promesse,* n° 27 (1969).

Des routes connaissent le soir
sans l'atteindre jamais (...)

Sans doute le poète ne prétendait-il pas traduire la réalité. Steinmetz sait que le monde est muet et que le poème ne peut le *dire*. Mais à propos de ce décor muet il tissait un réseau de paroles vivantes. Chargé de sensations et d'images, le poème semblait chercher à compenser l'inévitable échec de nos aspirations.

(...) *Il y a des amours*
qui ne seront plus jamais les nôtres,
des ruines étrangères
aux voyages de la neige.

La porte se ferme.
Tes mains brûlent contre mon front,
mais ton corps dilué
tremble sous les douves épaisses (...)

L'interrogation sur le langage accompagnait discrètement le poème.

Dans la vallée nos voix
n'avaient que leur timbre visible (...)

Le langage nous revint
lorsque nous accueillit la lampe,
et son iris d'acétylène triste.

(Le Clair et le lointain)

Dans le deuxième livre de Steinmetz, *l'Echo traversé,* « la parole coutumière » reste « chauffée de feu paysan ». Le poète nomme avec un évident plaisir l'eau, l'arbre ou le bouvreuil. Mais l'accent est déjà mis davantage sur les questions que suscite le monde (« méditation de la gelée » ou « pensée des algues »), sur l'apparition et l'effacement des choses, le rôle de l'instant dans l'appréhension de l'être — ou du vide.

Le passage du temps
devient l'unique chemin.

Circulaire, le langage
sur un abîme indifférent.
Puis
quelques souffrances.

L'arbre penche et se reprend.
L'eau répand le désir et l'emporte.
Un léger bruit comme une amère étincelle.

Sans rupture, Jean-Luc Steinmetz est amené, au-delà de *l'Echo traversé,* à s'attacher à la « valeur propre » du « mot qui advient », à traquer le « langage en formation ». Par son souci philosophique, il se rapproche de Jacques Garelli, mais sa parole est plus chaude.

Il faut ajouter que, pour Jean-Luc Steinmetz, le poète en transformant le langage exerce un travail, qu'ainsi (dans une perspective marxiste) il transforme la nature et l'homme, apportant sa contribution aux tâches qu'il faut accomplir. Steinmetz trouvera-t-il à *Tel Quel,* par la jonction des « champs : linguistique, social, sexuel » une solution au problème de l'écriture révolutionnaire ? Ses derniers poèmes semblent malheureusement de pénibles applications des théories et pratiques à la mode.

Les amants sont des phénomènes d'écriture. Semence : l'encre aux festons. Il y faut lire les traces d'une sexualité qui se développe plus fougueuse dans les consonnes. La ponctuation donne le rythme, etc.

Tout étant finalement « phénomène d'écriture », l'écriture devient tout. Nul trait de plume n'est insignifiant. Le *lapsus calami* trahit une métaphysique.

Nommons « lecture » la portée du sexe à l'écrin v / paginal. Sic ! Il ne faudrait sans doute pas exagérer la portée de ces jeux de grand rhétoriqueur. Amusant tout de même ce mélange de mallarméisme et de rime à la Banville, façon 1970 :

Considérable nom des arbres
à peine, à peine vus — ils sont
quoi si je me tourne érables ?

Alors, une robe, l'effort du temps
suivi par brins,
minces faines.

Le bois claircit / / coupes claires,
-eras / / bl

Dans ce futur tremble tout l'air.
La plaine, le sillon, leurs mêmes feux
très enterrés le savent.

Le sable.

(h - il - e)

Christian PRIGENT

Les poèmes de Christian Prigent[52] avaient du punch. Mais *Tel Quel* est passé par là. Avec Jean-Luc Steinmetz, Prigent anime la jeune revue T X T[53], qui s'est choisi pour maîtres Derrida, Julia Kristeva et Jacques Henric. Il ne s'agit de rien moins que de liquider l'idéologie bourgeoise selon la méthode de Denis Roche. Non-sens généralisé, mots tronçonnés, itinéraires de lecture fléchés, cut-up, citations de Kristeva, pointes de piment pour incitations érotico-intellectuelles. Rien n'y manque — sinon ce que nous appelons encore poésie et que Christian Prigent classe parmi « les vieux mythes idéalistes »[54].

Gérard DUCHÊNE

Gérard Duchêne [55] — qui animait avec Gervais-Bernard Jassaud la revue *Génération*[56] — pétrit la même farine apparemment pour dégoûter la bourgeoisie de ce pain-là :

Monter ou descendre
creuser ou scalper de l'étrave
là-nous sommes
indéfinis dans le temps et l'espace
en réalité — joints — immobiles
tendus équitablement entre les douves de mastication
et la sirène de contact
la goutte tombe…
couler
(se) laisser choir
récupérés dans le geste — écrire.

---

52. Né à Saint-Brieuc en 1945. *La Belle Journée* (Chambelland, 1969). *La Femme dans la neige, et autres textes* (Génération, 1970).
53. TXT (Rennes). N° 1 : hiver 1969. N° 3/4 : printemps 1971. N° 5 : été 1972.
54. Chronique de poésie de Christian PRIGENT dans le n° 105 de *la Tour de Feu* (mars 1970). Pertinente réponse de Pierre BOUJUT.
55. Né à Lille en 1944. *Décantées* (chez l'auteur, 1969). *Pierres à chair* (Fagne, 1970). *Façades culbutantes* (Génération, 1971).
56. *Génération* a voulu être un lieu de confrontation des poètes nés entre 1944 et 1952. La pratique textuelle y était destinée à une recherche des « présupposés théoriques ». N° 1 : s.d. [novembre 1969]. N° 3/4 : s.d. [été 1970].

On est parfois étonné. Tant de complications d'écriture pour aboutir à une remarque aussi banale que celle-ci :

la poésie ne se définit pas c'est pourquoi
elle donne prise à l'approximation
(*Pierres à chair*)

Cependant l'effort du poète

— *aider les choses*
à devenir miennes
par absorption —

reste attachant, même s'il paraît douteux qu'on puisse « récupérer » *les syllabes moulées*

dans
la
chose

(ou qu'elles y soient moulées). Il arrive que des poètes, qui se voudraient armés jusqu'aux dents de linguistique, enjambent avec une remarquable souplesse des difficultés signalées depuis bien longtemps. Chez Platon par exemple, dans le *Cratyle*...

Jeanpyer POELS

Allions-nous « négliger que la verticalité au monde est successive au gré des bourreaux de l'imprécis » ou que « l'Etre décliné aux remèdes du révélant oubli, perdu en la postérieure mémoire, s'anormalise en froid sur chair et cardiacités primitives » ? Jeanpyer Poels[57] nous permettrait de combler cette lacune.

Dans ses poèmes, non sans talent, et tout en ayant l'air d'entrevoir quelque chose sur l'Etre avec une majuscule, il s'ingénie, à l'intérieur de phrases de construction apparemment logique, à rendre impossible entre les mots le passage d'un courant sur lequel on puisse brancher la moindre lampe.

Dans la revue *Quaternaire*[58] — qu'il dirige, qui a rendu hom-

57. Né en 1940. *Prisme primitif* (Oswald, 1967). *Génésique* (Oswald, 1968). *Tension* (Quaternaire, 1968). *Un accueil d'horizon* (Fagne, 1970). *Proie cardinale* (Oswald, 1971).
58. *Quaternaire* (Lille). N° 1 : 1965. N° 7 : automne 1970.

mage à Paul Eluard, à Tristan Tzara et publié des textes de Jacques Garelli, de Jean-Luc Steinmetz, de Michel Vachey, de Jean-Pierre Verheggen, de Dominique Tron —, Jeanpyer Poels déclare que « le poème part communicable ». Il ne dit pas aussi clairement comment il arrive.

La nervure auburn de l'histoire
forligne grésillent encore un
ou deux méandres
et les couleurs d'apocope
redresseront l'insecte
favorable (...)

(Un accueil d'horizon)

SEXE / SKAÏ / COCA-COLA

Jean-Pierre VERHEGGEN

« Ils me la mansardent, microsquent, la maraudent, l'éprouvettent, tripent, trapent, tarabustent, trapent-trapent, ils me la basiquent, la précipitent, la guettent-apens « — C'est pour demain ! — » pimpam, ma cervelle,

ma cervelle ! Ceuss' des grands labos. »

La Grande Mitraque de Jean-Pierre Verheggen[59] pourrait faire penser au *Grand Combat* d'Henri Michaux : « Il l'emparouille et l'endosque contre terre, Il le rague et le roupète jusqu'à son drôle ; Il le pratèle et le libucque et lui barufle les ouillais »...

Mais Michaux rédige, respecte la syntaxe, prend son temps (« Enfin il l'écorcobalisse. L'autre hésite, s'espudrine, se défaisse, se torse et se ruine. C'en sera bientôt fini de lui »).

Verheggen démarre plus sec. Il ne rêve pas au tournant de la phrase. Des phrases, d'ailleurs, il n'en fait pas. N'aime pas ça. Fonce. Salut. Bonjour. Musique. Et hue ! En moins lié, bien sûr.

Les mots sont rudement choqués, secoués, Millas-Martin en plus nerveux. Paru en juin 68. Style du temps. Poésie d'une génération élevée dans le mitraillage publicitaire, le flash à répétitions, le matraquage. Sexe, skaï, coca-cola. Il y a là un côté pop'art, qui ne pouvait qu'enchanter Jean l'Anselme. Et c'est très proche aussi de ce que Miguel appelle le baroque moderne.

---

59. Né à Gembloux (Namur) en 1942. *La Grande Mitraque* (Fagne, 1968).

CONVERSATION

« — Un : la bobine est mélo
Un : Elle mange comme Deux Orphelines
Un : Le plancher est un perroquet géant, pistache !
Un : Chocolat !
Un : Chocolat ! — »

Oscar, Soixante-dix, prétend que « — C'est le Rêve !
le Rêve !
le Rêve ! — »
l'induit, la pigne qui fait coco bavard, c'est le LIT !
« — Oh, Oh, Oh — »
l'allumage, c'est l'Aventure qu'a sa Bague-A-L'Envers
« — Oh là ! — »
Fantoches, cerne qu'a ses vide-poches bouffis de cartes, c'est

Lulu-Qu'on-n'a-pas-eu
Lulu-Qu'on-n'a-pas-eu !

les Vieux, qui bouffent de l'huile comme
des Licornes...

(*Quaternaire*, n° 6, 1968)

AUTRES RECHERCHES POUR UNE ÉCRITURE MATÉRIALISTE

Animateur de la revue *Encres vives*[60] fondée par lui en 1960, Michel Cosem[61] — avec ses amis André Brouquier[62], Marie-France

60. *Encres vives.* Revue fondée en 1960 par Michel COSEM. N° 68 (printemps-été 1970) : « faire de la langue un travail ». Textes théoriques de COSEM/DUAULT/LE SIDANER/textes pratiques de COSEM/DUAULT/LE SIDANER/MARY/MOUROT/DUGUÉ/TIXIER.
Actes des rencontres « Encres Vives » 1970 : dossier de soixante pages. N° 70-71 (hiver 1971) : « Le sens aboli, tout reste à faire ». N° 72 : été 1972. N° 73 : automne-hiver 1972.
61. Né à Toulouse en 1939. *Structures* (Encres Vives, 1963). *Manifestations* (Encres Vives, 1964). *Joie publique* (H.C., 1966). *Le Temps des sèves* (Encres Vives, 1967). *Le Givre et la raison* (Encres Vives, 1969). *Brebis antiques* (Encres Vives, 1969). *Etres et feux* (Encres Vives, 1970). *Aile la messagère* (Encres Vives, 1970). *Chute de neige et de signe* (id., 1971). *Fruits et oiseaux des magies,* 1 et 2 (id., 1972).
Anthologie de la jeune poésie européenne (Association Générale des Etudiants de Toulouse, 1963).
A fondé avec un groupe d'enseignants *Les Cahiers de poèmes* (Saint-Girons, Ariège). Huit numéros entre 1969 et 1972.
62. Né à Toulon en 1945. *A bout de bras* (Encres Vives, 1964). *Les Sources du désert* (Encres Vives, 1965).

Subra[63], Jean-Marie Le Sidaner — a d'abord donné ses préférences à une poésie « directe » et « spontanée », tirée de la vie même, ce qui n'était pas rejeter une certaine obscurité intérieure ainsi qu'en témoigne l'attention portée aux poèmes de Dominique Nauze[64].

Dix ans après sa fondation, la revue (n° 68) se réfère à Julia Kristeva. Alain Duault[65] cite en outre Derrida, Roland Barthes ; plus (en l'espace de quatre lignes) Freud, Lacan, Marx, Althusser, Lénine, Mao Tsé-Toung ; plus Sade, Bataille et Guyotat, à cause de *Bordel Boucherie* ; plus Jacques Henric, etc. Il s'agit, selon Alain Duault, d'« aboutir à une nouvelle pratique textuelle », en relation avec la psychanalyse, la linguistique, la sémiologie et le matérialisme historique ; une telle pratique textuelle, ainsi éclairée par les sciences de l'homme, pouvant déboucher « sur une écriture matérialiste » déjà liée dans son processus à « l'action révolutionnaire en cours ». Dans la pratique textuelle d'Alain Duault, tout ce qui est théoriquement annoncé cherche à prendre place dans une débauche d'images dominée, façon Guyotat, par une obsession sexuelle renforcée, constamment attisée afin peut-être de permettre au poème de « tenir » le plus loin possible.

Les revues *Tel Quel, Promesse, Manteia* semblent fournir leurs modèles d'écriture à d'autres jeunes poètes d'*Encres vives* : Michel Dugué[66], Olivier Mary[67], Michel Mourot[68].

Quant à Michel Cosem, qui n'oublie pas de faire allusion, en toute simplicité, aux idées-forces du moment (« l'éclosion réelle des paroles / te précédant dans la germination »), il s'abuserait sans doute s'il croyait contribuer beaucoup par sa poésie même au grand bouleversement que, comme théoricien, il proclame. Mais ses poèmes n'ont pas toujours besoin de hâtives spéculations sur *Mythe / Logos / Aliénation* pour se défendre :

---

63. Née à Toulouse. *Saisons* (Millas-Martin, 1961). *Soifs* (La Salamandre, 1961). *Lettres anciennes* (Debresse, 1962). *La Ville* (Encres Vives, 1964). *Soleils de poche* (Chambelland, 1964). *Agenda* (Encres Vives, 1967). *La Féerie* (Encres Vives, s.d. [1970]). *Pays* (Encres Vives, 1970). *Le Fond de l'air* (Encres Vives, 1971).

64. *Sésame aboli* (Encres Vives, 1963). *Et glo et glu* (Encres Vives, 1964). *Epiploon* (Encres Vives, 1965). *Clown à Walla-Walla* (Le Toucan, 1966).

65. Né à Paris en 1949. *Prosoésie* (Oswald, 1967). *Soif de soifs* (Encres Vives, 1968). *Ressources* (Encres Vives, s.d. [1969]). *La Mort blanche* (Encres Vives, 1970). *Tresses* (Encres Vives, 1971). *Rêve/Mort*, en collaboration avec Hélène MOZER (Encres Vives, 1972). *Tuerie* (Génération, 1972).

66. Né à Vannes en 1946. *Terre vigilante* (Encres Vives, 1968). *Métatraca* (Encres Vives, 1970).

67. Né à Albi en 1944. *A poing de sable* (Encres Vives, 1966). *Villages interdits* (Encres Vives, 1969).

68. Né en 1948. *Marée* (Encres Vives, 1965). *A l'épreuve des Pierres* (Poésie des limites et Limites de la poésie, 1965).

quelques plaintes poussées autour de l'univers Une nuit comme
une autre qui s'engourdit en vraie nuit où
le monde est monde
où l'arbre parle de la mer
où la douceur est friable enclose dans la terre
où les flammes humides pleuvent dans les mousses
en un lointain hiver plus profond que mémoire
un langage tenu dans le givre du temps et le grand
silence bleu des enfants.

Jean-Marie Le Sidaner[69], considérant que beaucoup de gens « en ont marre et de la vie, du langage, et de ce qu'il en résulte depuis longtemps : le poème », affirmant que le poète doit avoir « d'abord un rôle destructif » et que « la création consiste à apporter les fissures essentielles aux actuelles structures de notre société »[70], en arrive, dans la nouvelle esthétique d'*Encres vives*, à de telles désarticulations :

des cités radieuses où je — étant trop faibles
sous des rapports — sous des vous des faux
m'aventurent
velours
courages — les réserves —
mal enfermées (...)

Mais ce n'est rien en comparaison de L/A D/I/S/L/O/-C/A/T/I/O/N à laquelle Jean-Marie Le Sidaner parvient en mêlant à sa propre anti-littérature à bâtons rompus des citations de Francis Ponge, d'Empédocle, d'Antonin Artaud et du Dr Lacan, appelé à donner les premiers soins[71].

Michel BILLEY

Saisir au vol la trace d'une aile immobile, fixer l'instant qui n'aura jamais lieu, accrocher la lumière à la nuit du langage — telle semblait, dans *les Hasards de la poursuite*, le désir profond de Michel Billey[72].

---

69. Né à Reims en 1947. *Soleils des voix* (Encres Vives, 1965). *Justice immanente* (id., 1966). *Environs* (id., 1969). *La Dislocation* (id., 1971). *Lexique les Mains* (id., 1972).
70. in *Quaternaire*, n° 6.
71. Voir *Génération*, n° 3-4 (1970).
72. Né à Dijon en 1940. *Résurgences* (Regain, 1963). *Les Hasards de la poursuite* (Encres Vives, 1966). *Neti, neti* (Millas-Martin, 1970). *Si l'on ne refait pas le reste* (Millas-Martin, 1972).

Mais à force de poursuivre l'impensable, la pensée finit par se cantonner dans l'imitation de son absence... Place nette ! *Neti, neti*... Les poèmes, ici, semblent emprunter à *Tel Quel* leur pseudo-sérieux de parenthèses et de guillemets, leurs allusions au langage. Ils sont accompagnés de notes — trois par pages — en forme de pensées dont on peut se demander si elles sont destinées à faire illusion mais qui, comme exercices de style, sont assez réussies. On se perd en conjectures devant de telles remarques : « Ce n'est plus l'existence du vide même représenté(e) qui est cernée par les creux, mais une idée participée par plusieurs destructions qui sont aussi par rapport à elle comme autant d'exemples incompatibles de son incarnation » ! Reste alors à interroger le poème, qui, précédant le silence et répondant au silence, ne peut jamais se taire tout à fait.

(l'espace n'est pas de l'espace)
les roses remontent sans être ni rêve
« l'oubli se laisse ramener à une nécessité unique d'aimer »
(visible) et rends fracasse
mais tu seras toujours liquidité fracassée
de voir surgir la fin à laquelle la parole te gagne

(Neti, neti)

Post-scriptum. — Relisant Michel Billey dans la sympathie que méritent les poètes, nous nous sommes ouvert à lui de nos perplexités. Michel Billey se situe dans la lignée des « abstracteurs de quintessence ». Il reconnaît « n'être point parvenu au bout de (ses) peines ». Il n'aurait en effet pu réaliser que les deux premières phases de l'élaboration du *lapis*. Dans la troisième phase de l'Œuvre traditionnel, le poète a échoué, faute peut-être d'avoir reçu le *donum dei*. Mais la poursuite de l'œuvre poétique permettra-t-elle au poète de trouver « au plus profond du Soi intemporel en lequel chacun de nous est immergé », ce don de Dieu qui demeure le souci de sa quête ?

Henri PONCET

D'Henri Poncet[73], les poèmes de *l'Oiseleur* plaisaient par un ton vif, des images colorées, une douceur. Il y avait, bien sûr, des facilités,

73. Né à Nantua (Ain) en 1937. *Préludes*, poèmes d'adolescence (chez l'auteur, 1956)). *Si nous tenons tant au plaisir* (Millas-Martin, 1957). *L'Oiseleur* (Chambelland, 1960). *Nuits et autres soleils* (Le Pont de l'Epée, 1962). *Je rêve le réel*, choix de poèmes (La Corde, 1964). *Calendrier* (Genève, H.C., 1954). *L'Epreuve du printemps* (La Corde, 1965). *Proses de l'oiseau-navire* (Actuels, 1967).

un abus du génitif, des réminiscences (quand Rimbaud écrit : « Sur la pente du talus (...) à gauche (...) derrière l'arête de droite », Henri Poncet reprend en écho : « à droite (...) au centre (...) à gauche du paysage ». Mais *l'Oiseleur* était l'œuvre d'un jeune poète. Œuvre fragile mais non sans grâce. Qui n'aurait aimé dire à sa place « les femmes au poil d'écureuil » ou écrire ce beau poème, *Présence ?*

Marie-Hélène est belle

mais il l'aime tant
qu'il ne l'a jamais vue vraiment

il sait qu'elle est près de lui
quand change
la couleur des gens et des choses

(L'Oiseleur)

L'Epreuve du printemps a peut-être un peu déçu. Cela tenait sans doute à la maladresse des reprises, à des tics d'écriture (« ô frères », « ô chevelures », « ô tendresse », etc), à de frustes images (« mes lèvres qui brûlent »).

Pourtant cette poésie, développant une tendance que marquaient déjà *Nuits et autres soleils,* touchait par l'univers familier qu'elle permettait de reconnaître, qu'elle ennoblissait. La « couronne du gaz », l'« avoine soleil orange » : il y a là une façon de « parler aux choses » qui les humanise sans leur ôter leur individualité, leur étrangeté.

Le si beau soir d'été (...)
quittera-t-il jamais son orgueil de glaïeul
pour se faire proche comme dans la cuisine les casseroles ?

Nous avons besoin aussi d'une poésie qui accepte d'entrer chez nous en toute simplicité.

Mais il semble bien qu'Henri Poncet ait eu un peu honte d'une telle innocence. Aussi sa poésie a-t-elle dû prendre, du côté de *Tel Quel,* des leçons de maintien. Dans ses *Eléments provisoires d'autobiographie,* Henri Poncet multiplie les parenthèses (ouvertes et refer-

---

Henri PONCET a dirigé, aux côtés de Robert ALATEINTE, la revue (d'abord ronéotée) *La Corde d'airain,* devenue *La Corde* (quatorze numéros de 1962 à 1965) et les éditions *La Corde* avant de se situer dans la lignée de *Tel Quel* avec la revue *Actuels,* fondée avec Alain DEGANGE, à l'Atelier de la Grange Sarrasine (Beyriat, Bellegarde — N° 1 : 1966 ; n° 8 : janvier 1969).

mées sur une lettre, un mot, parfois rien), les guillemets, les artifices typographiques. Il se met à l'école de Marcelin Pleynet :

(...) (il entre
COMME une petite erreur de joie
toute, par cet écart / le bleu
s'habille de feuilles et de voix)
où vous ne sortez pas d'une douleur : « je ne peux
l'empêcher de me déchirer, de me secouer, de
m'assiéger », dans une lente marée de plumes, et d'herbes
/ *dont il transparaît (le désir) : « je me penche » (...)*

(*Actuels*, n° 8, janvier 1969)

Lionel RAY

Il n'est pas jusqu'au sage Robert Lorho qui ne se laisse gagner par l'écriture textuelle. La volonté de rupture avec son ancienne manière, délicatement musicale, est si nette que pour « retrouver par la désarticulation complète du discours un état poétique du langage où les mots eux-mêmes en état de rêve constituent la seule réalité », il change de nom et signe désormais Lionel Ray[74].

(...) *quand moi poète des questions originelles je vais comme un chien léchant le feu lapant un rêve rouge où il y a le soleil l'obscure amitié des répons le fleuve Gœthe l'équilibre du Greco il y a entre mes lèvres de quoi un champ de maïs pour l'escalade de l'enthousiaste tourbillon*

arête ce bord extrême entre masque et visage le signifié des textes comme trajet d'allégorie (...)

(Lettre ouverte à Aragon)

74. *Les Métamorphoses du biographe* suivi de *la Parole possible* (Gallimard, 1971). *Lettre ouverte à Aragon sur le bon usage de la réalité* (Les Editeurs Français Réunis, 1971).
Pour l'œuvre antérieure, signée Robert LORHO, voir p. 292.

3 — *Change*

Change[75] eut au départ, en 1968, les mêmes collaborateurs principaux que *Tel Quel*. Le titre de la collection rappelle le grand espoir surréaliste : changer la vie, transformer le monde. Il va dans le sens de la pensée marxiste. « L'activité de l'homme qui s'est fait un tableau objectif du monde — disait Lénine — *change* la réalité ».

Comme *Tel Quel, Change* est animé par une équipe, par un groupe — mais il fait plus engagé de dire — comme disent Jean-Pierre Faye, Jean-Claude Montel, Jean Paris, Léon Robel, Maurice Roche, Jacques Roubaud — un *collectif* (permanent).

Le travail du groupe (pardon, du *collectif* !) doit permettre le développement d'une réflexion théorique sur l'apport révolutionnaire de la pensée mathématique, de la linguistique (notamment de la linguistique transformationnelle de Chomsky), de la philosophie marxiste de l'histoire, de l'anthropologie.

Les études publiées par la revue *Change* exigent sans doute du lecteur un haut niveau de culture et une attention très soutenue, mais on ne peut pas dire qu'elles cherchent systématiquement à décourager les lecteurs préparés — comme on est tenté de le faire pour nombre d'études de *Tel Quel*.

Les poètes de *Change* ont semblé parfois sacrifier aux habitudes contractées chez Philippe Sollers. Ainsi Maurice Roche écrivant entre guillemets que « l'ignorance ne s'apprend pas », ponctuant *à* tort *et à* travers, coupant les mots, esca tant des sy bes, tirant des traits droits (ou ondulés : sans autre raison apparente que de *rappel d'une énigme de taille* Visions… mirages…
e e e
risque à courir, le danger de ne pas comprendre[76].

Ainsi Jean-Pierre Faye : dispose
ses deux points et parfois
: : les redouble épinglés
jour sur nuit nuit sur jour
gardant le blanc pour l'
essentiel navire sur l'estuaire

Mais, même si certaines systématisations peuvent irriter, on sent chez Maurice Roche[76bis] (des hiéroglyphes à l'électro-encéphalogramme),

---

75. *Change* (Editions du Seuil). Premier numéro en octobre 1968. La formule du collectif a eu neuf numéros jusqu'en 1971. Une nouvelle série commence avec le n° 10 (Editions Seghers-Laffont). N° 13 : décembre 1972.
76. Voir *Change 1*, p. 113.
76bis. Né à Clermont-Ferrand en 1925. A composé la musique des *Epiphanies* de Henri PICHETTE. Auteur de *Compact*, roman (« Tel Quel », Seuil, 1966) ; *Circus* (Compact II) (« Tel Quel », Seuil, 1972). *Codex (1)*, roman (Colombes, Gĕnération, 1972).

chez Jean-Pierre Faye (à l'occasion des blocs typographiques qu'il découpe, fortement dessinés, dans le poème), chez Jacques Roubaud également, un très profond amour des signes, qu'il ne faudrait pas confondre avec le souci vaguement intellectuel d'une originalité à bon compte.

La réflexion théorique et la pratique du poème ont conduit les poètes de *Change* à condamner catégoriquement l'évolution de *Tel Quel*. La lecture attentive d'André Breton, d'Antonin Artaud, de Georges Bataille, d'autre part la remise en question d'une politique jugée aventureuse rendaient inévitable cette séparation.

Au structuralisme des années 50, au caractère fixiste présenté par les recherches inspirées de la méthode de Bloomfield, à l'étude privilégiée des structures de surface que laissent apparaître les textes, à la superstition telquelliste du « textuel », Jean-Pierre Faye et ses amis de *Change* entendent de plus en plus nettement opposer, à la lumière notamment des travaux de Noam Chomsky, la mise au jour des « processus génératifs sous-jacents » qui déterminent les structures elles-mêmes ; ils veulent révéler la créativité de la langue (invention lexicale, déformation syntaxique, « change analogique » de Chomsky).

Ce projet s'accorde au refus d'une politique en zigzag, à la volonté d'une ferme direction révolutionnaire.

« Tant va la langue humaine, narrant et décrivant les choses, qu'en chemin elle les change »[77]...

STRUCTURE ET TECHNIQUE DU JEU DE GO

Jacques ROUBAUD

On n'aurait peut-être pas découvert aussi vite les poèmes de Jacques Roubaud[78] si celui-ci n'avait eu l'ingéniosité de donner pour titre à son livre le symbole mathématique de l'appartenance : $\in$, et s'il n'avait mis beaucoup d'art à disposer ses poèmes d'une façon telle qu'on pût se croire autorisé à parler de structuralisme. De la structure et des ensembles, quelle aubaine ! D'autant que se mêlait à l'affaire un peu d'exotisme extrême-oriental. Allait-on se mettre à jouer au jeu de go comme on jouait à des jeux d'allumettes après le film de Resnais et de Robbe-Grillet : *l'Année dernière à Marienbad ?*

★

77. *Manifestation du Collectif Change* in *Change 10*. Voir aussi *Change 13*, pp. 200-221.
78. Né à Caluire (Rhône) en 1932. *Voyage du soir* (Seghers, 1952). $\in$ Gallimard, 1967). *Mono no aware*, le Sentiment des choses (Gallimard, 1970). *Renga*, en collaboration avec Octavio Paz, Edoardo SANGUINETTI et Charles TOMLINSON (Gallimard, 1971).

On peut voir dans la structure même de l'œuvre un mélange d'humour et de sérieux — une algèbre et une métaphysique de l'activité ludique. Après tout, cette progression des poèmes par points noirs et blancs alternativement hasardés ne rappelle-t-elle pas la manière dont tant de générations ont meublé tant d'heures de mathématiques (avant que celles-ci fussent devenues « modernes ») ? Il est vrai que la poésie, repensée à la lumière de la linguistique générale et des structures algébriques, c'est plus difficile que de jouer à la marelle, même dans la forme supérieure et japonaise de ce jeu.

Craignons cependant que des lecteurs n'abandonnent trop vite la partie. Je vois bien qu'un poème répond à un poème, ou le complète, et que mon sort se joue pendant que je crois jouer. Je vois bien aussi que tout poème appartient à un ensemble, et que la moindre image a ses implications, et que celles-ci ont à leur tour les leurs, etc. (« L'enchaînement des causes liées les unes avec les autres va loin », disait Leibniz). Mais faut-il s'arrêter à ce mode d'emploi, à ces tables, à cette bibliographie ? On n'a pas toujours su en faire un bon usage, et le pire contresens serait sans doute de prendre à la lettre ce qui appelle toujours une lecture « autre ».

Que penser de la disposition des 361 textes en cinq paragraphes et de la constitution de chaque paragraphe ? Examiner la charpente d'un sonnet de sonnets, chacun des « quatrains » étant constitué de quatre sonnets et les deux « tercets » de trois sonnets chacun, peut apporter des satisfactions à l'intelligence abstraite comme à l'intelligence artisanale ; cet examen permettrait aussi d'apporter une contribution intéressante au problème des rapports entre la forme et l'idée. Il serait absurde de nier que de savantes recherches formelles ont pu servir de support, en art et en poésie même, à une très féconde imagination créatrice. Qui donc contesterait les Pyramides, la Cathédrale de Bourges, *la Divine Comédie* ou la *Sonate en si mineur* de Liszt ?

Mais il ne faudrait pas confondre la « vie des formes », chère à Focillon, et une pensée purement formelle dégagée de la vie. La structure des sonnets de sonnets est recouverte, chez Jacques Roubaud, par une telle accumulation d'images baroques, à l'oreille elle disparaît si parfaitement sous la prose, qu'il n'est pas facile de reconnaître à cette structure en elle-même une réelle efficacité poétique.

Jacques Roubaud cependant est assez savant pour se plaire à certaines ruses de l'intelligence : s'il risque de se trouver en difficulté, non tant du fait de ses propres limites que de celles de l'esprit humain, il semble vouloir mettre les lecteurs perspicaces de son côté. En annonçant un *sonnet de sonnets* à trois tercets dont il ne donne que les « deux premiers quatrains » (quelle différence alors avec un sonnet de sonnets à deux tercets ?), il invite ceux qui sont restés attentifs jusqu'à la fin à s'interroger sur le sens du projet. On se demandera peut-être alors si un des précurseurs de Jacques Roubaud, à côté de Bourbaki et de Gongora, ne serait pas Georges Fourest avec les « pseudo-sonnets » de sa *Négresse blonde*...

★

Une fois consolés de la fragilité des structures apparemment les plus solides, nous pourrons fort souvent prendre un très grand plaisir à la lecture des poèmes, pris séparément.

église des pins   des grillons   bancs de l'anis
quand je dormais coulait bas la lune attenante
je vois toutes les buées où j'écrivais du doigt
au carreau, je veux que ce soit janvier, jaunissent
des yeux rosés de la lumière lancinante
les murs de craie et les jardins cillant de froid

je saluais les tempes minces de la montagne
une crête de neige tendait ses antennes
fraîcheur invisible remuée en fontaines
j'étais en Paradis, ah, j'étais en Cocagne
seule, l'eau, l'incertaine...

Jacques Roubaud est un mathématicien, et cependant qu'aime-t-il profondément dire, en poésie ? Dans cette partie absurde, en dépit du recours à la plus haute logique, qu'il entend jouer contre le destin, il semble bien que ce soit le bonheur simple auquel aspirent les hommes qui se souviennent de leur enfance, et qui luttent.

(...) *Je marchais par les moissons*
Le fleuve des blés courbés
Sous les îles de prairie
Brûlait de ne plus mûrir.

Je parlais avec des hommes
Tenant le soc ou la faux
Les mains dures de serrer
La sueur à la chemise

Nous parlions de la saison
De la fête du village
Des chevaux qui s'enfumaient
Les mouches sur le poitrail (...)

Je parlais avec des vieilles
Vigoureuses comme ceps
Sur les marches de leur porte
C'était midi au soleil

Une affiche sur le mur
De la vieille église sèche
Témoignait que le village
Tenait la paix dans sa flèche

(Voyage du soir)

Il y a plus de richesse et d'art dans ce que dans la plaquette d'où ces vers sont extraits. Mais n'est-ce pas la même sensibilité secrète et fine qui s'y exprime en profondeur ?

un jardin à Moret

ils mirent de l'herbe têtue sous les cerises des rosiers des
tessons sur les murs ils s'arrêtèrent devant les peupliers sous
leurs feuillages cotonneux et agités où l'on parle à la rivière
sans souffle ils mirent des printemps pas des années : du gravier
et des tables de bois peint des volets et les oiseaux d'équilibre

et pourtant quelque chose se perdit qui n'alterne pas comme les roses
blanches sur le mur comme l'herbe froissée et défroissée
quelque chose qui s'échange dans la jeunesse au bout des paroles
nocturnes entre les verres glacés et les rires

un jardin (...)

On peut dire en japonais l'émotion nostalgique (*aware*) découverte dans les choses, les objets (*mono*). C'est ce qu'explique Jacques Roubaud d'après *Hisamatsu Sen'ichi*.

En adaptant des poèmes japonais antérieurs au milieu du XIVe siècle, en leur faisant subir les transformations nécessaires à leur naturalisation, Jacques Roubaud revient au jardin secret qu'éloignent les apparences, à la source inépuisable que nulle science ne tarit.

de plus en plus je regrette les lieux
que j'ai traversés comme je vous envie
vagues qui revenez toujours !

(Mono no aware)

DANS LE VISAGE ON VOIT SURTOUT LA BOUCHE

Jean-Pierre FAYE

Jean-Pierre Faye[79] sait parfaitement de quoi il parle quand il affronte les problèmes linguistiques et philosophiques de l'écriture. S'il a reproché à Sartre d'avoir mal compris les nouveaux écrivains en les accusant d'avoir enfermé la littérature dans le domaine des « mots renvoyant aux mots », s'il a parlé même à ce propos de « mauvaise foi » , c'était sans doute pour tenter de justifier plusieurs fournées, à *Tel Quel*, de meringues philosophiques, mais enfin, pour sa part il ne se nourrissait pas de ces meringues-là. Les mots renvoient-ils aux choses, le signifié étant l'objet, la chaise par exemple, comme le veut Sartre ? Ou bien au concept, *chaise* ne désignant pas cette chaise sur laquelle je suis assis, mais l'idée de la chaise ? Jean-Pierre Faye, dans la descendance de Saussure, peut en discuter avec Sartre sans paraître battu d'avance.

Et la poésie dans tout cela ? Elle est inséparable, pour Jean-Pierre Faye, de cette interrogation philosophique. Un livre de poèmes comme *Couleurs pliées*, qui peut paraître d'abord très difficile à déchiffrer, s'éclairera peu à peu si on se prépare à cette forme de poésie par la méditation d'un essai comme le *Récit hunique*[80].

Couleurs pliées se compose de trois parties. Dans la première, *Droit de suite,* il est question de crêtes de montagnes, de pentes, d'un « chemin qui n'a qu'un côté », du corps humain, d'armes, de sang, de trains et de rafles, de lumière, de pansements, de musique et d'eau. Le texte est loin d'être sans rapport avec un drame historiquement vécu, mais il est clair — si quelque chose l'est dans ce livre — que ce n'est pas là le thème essentiel. Il s'agit avant tout de la voix humaine et du silence, de ce qui s'exprime (d'où cela vient ? et comment ? à quoi cela conduit-il ?), de ce qui reste contenu. Dans le visage on voit surtout la bouche. Elle paraît parfois tuméfiée. Le réseau des significations est si dense, si complexe, qu'on pourrait s'y perdre ou du moins s'y trouver mal à l'aise, d'autant que les allusions organiques, cénesthésiques, abondent. On est troublé autant qu'intrigué. On relit. Une signification se fait jour. Etrange *sensation*, gênante, presque insupportable — révélatrice de quoi, en nous et dans le monde ?

---

79. Né à Paris en 1925, *Fleuve renversé* (G.L.M., 1960). *Couleurs pliées* (Gallimard, 1965). Textes poétiques dans *Change* (1, 1968 ; 6, 1970 ; 8, 1971).
80. *Tel Quel,* n° 27, automne 1966.

ce qu'il a réservé
se répand, ce qu'il a tu
se dit par les jambes et les bras
ce qui n'était pas visible
pèse et se voit
prend un goût de bouche
forcée, un goût d'aisselle et d'arbre
ce qui était voix
est bouche et salive
ce qui n'était rien
est devenu

Il est impossible d'extraire toute la richesse de ces poèmes. Mais il faut au moins souligner la vigueur et la densité du vers, ainsi que le choc produit par cette poésie qui, prenant pour thème l'expression elle-même, réussit à éviter la froideur des analyses, à ne pas doubler seulement la réflexion philosophique, mais à lui apporter une nouvelle matière, indispensable. Le poème exprime chez Jean-Pierre Faye ce dont la réflexion sur l'expression ne peut rendre compte qu'abstraitement dans une étude philosophique tenue à une certaine rigueur : elle fait éprouver ce qu'il y a de viscéral dans la pensée humaine, et l'émotion gagne le paysage avec lequel nous sommes en rapport — par notre silence comme par nos paroles.

Dans la deuxième partie, Jean-Pierre Faye fait varier la mise en pages, la disposition du poème dans l'espace du livre ouvert ; les mots se rejoignent, bien qu'à première vue, ils paraissent séparés par quelque pliure ; le blanc, sans parler, ne se tait déjà plus. Il semble qu'on pénètre de plus en plus dans le mystère, les replis de la langue ; ainsi la perception d'un arbre s'enrichit quand le regard écarte le fouillis de feuilles et de couleurs qui cachait le fourmillement secret de la vie. Mais qu'est-ce donc, au fond, qui se découvre ? Qu'y a-t-il, entre les mots et les choses, qui toujours se déplace ?

La troisième partie, *le Dessin inlassable*, ne peut effectuer la synthèse, si ce n'est celle des questions :

Cris ou paroles interrompus
les voix d'enfants et de femmes
et le dessin inlassable
qui accroche et contourne
les formes, coupe l'arbre dans l'air
et presse le vert et le jaune, sépare et mêle
la couleur, et plante
tout un peuple pour nourrir le paysage

mâcher tout autour les feuilles, respirer
le fumier et l'herbe coupée ou le goût
de caillou dans le vin
se tenir mélangé
mâchant et taillant, et démêlant les lignes

(Couleurs pliées)

CHAPITRE VIII

LA NATURE MENACÉE?

L'homme, qui pense le monde et s'interroge sur lui-même, n'oubliera pas quelle image du monde lui fut d'abord donnée, quels entretiens il eut spontanément avec les choses.

Quand il regarde un arbre, un homme retourne aux sources. Il enfonce ses racines dans la terre ancestrale, y puisant de nouvelles forces. Des branches lui poussent, des feuilles le couronnent. Il écoute la mélodie de ses propres oiseaux. S'il attend que le soir l'enveloppe, il se souvient aussi de son enfance. Il se recueille dans le miroir des eaux qui coulent.

Les jardins, les forêts, la campagne semblent se laisser lire à livre ouvert. Le cycle des saisons ordonne les pensées comme il règle les travaux. Il inquiète, il rassure. La permanence de la nature s'accorde bien au passage de l'homme.

D'autres poètes mêlent davantage leurs rêves au paysage, échangent avec l'univers de plus profondes ou de plus hautes pensées, donnent plus d'ampleur à leur vision du monde, se portent toujours au-delà de l'horizon ou des astres visibles ; d'autres encore désignent et nomment plus volontiers l'Etre qui justifierait les chemins parcourus. Le goût de l'essentiel s'exprime ici plus simplement. La phrase respire. On aime en tout le *naturel*. Il semble aussi qu'on redoute de dépasser les forces humaines. On sait la tâche qu'il est possible d'accomplir le temps d'une journée.

Ce respect des réalités de la terre, cette réserve de la parole paraîtront à d'aucuns vertus bien surannées. Le bocage pourra sembler anachronique à ce tournant de l'ère industrielle. La poésie de la nature, plus peut-être que toute autre, pourra passer pour l'expression d'une idéologie condamnée.

Il arrive pourtant que l'aube élargisse encore son chemin dans la brume.

UN PAYSAN DU RÉEL

Pierre MATHIAS

En captivité même, Pierre Mathias[1] pouvait se réchauffer en imagination aux grands feux de son enfance.

(...) *J'entends les coups rythmés, familiers, de la cognée de mon père*

Et les coups des bûcherons, ses voisins, qui lui répondent. Un nuage qui se déchire, c'est un arbre

Qui tombe. Et voici le chantier jonché de cadavres d'arbres ; au milieu, les entrailles fumantes du feu.

Au bout de son diable, mon père porte un tas d'épines qu'il pose sur les braises vives.

La flamme se recueille, prend son élan et d'un seul coup de mâchoire

Avec un rugissement, avale toute la bouchée dont les vipères sifflent de colère.

Cette flamme, toute la nuit, je la verrai dans mes rêves.

Une pomme de terre, qui méditait sous la cendre, éclate (...)

(*Mon royaume est de ce monde*)

Un homme qui peut se souvenir ainsi, rêver ainsi, garde en lui de bien grandes ressources contre l'adversité. Mais qui se souviendra demain de ce qui fut à ce point essentiel ? Un historien, lisant déjà au déclin de ses courbes la disparition de la paysannerie, pourrait nous faire redouter l'éloignement définitif de ces rêves de braise et de cendre. Mais un poète sait bien que les feux allumés dans l'enfance de l'humanité furent trop puissants pour que les civilisations adultes puissent jamais se dispenser de recourir, pour l'entretien des songes, à de si hautes flammes, à des bûchers si crépitants.

La nature, ou pour mieux dire la campagne, quand elle est

---

1. Né à Pavant (Aisne) en 1907. *Liberté des nuages* (Iles de Lérins, 1947). *Concerto pour vent et rivière* (La Presse à bras de Monteiro, 1950). *Faire danser les pierres* (Les Lettres, 1953). *Petite Guirlande des oiseaux* (La Tour de Feu, 1956). *Le Magicien* (Seghers, 1960). *Mon royaume est de ce monde* (Seghers, 1963). *Fables du lion Chansons du rat* (Oswald, 1968).

parcourue par un « paysan du réel », comme Mathias se nomme lui-même, n'invite pas seulement à se rattacher au passé, elle force à se projeter dans l'avenir, livrant à tous les sens les manifestations intimes de la vie. Pour le chasseur, « le cri d'une hase blessée » devient « le râle d'une amante qui défaille ». Le mycologue reconnaît dans les amanites et les « cèpes pourrissants » une « odeur de fille négligée », et le simple promeneur restera longtemps imprégné de « l'odeur d'amour si forte des feuilles de peuplier ». L'homme vit en relation étroite avec sa terre natale. Il en épouse les pulsations. Il est, comme elle, traversé de forces vives.

La rivière, dans mes veines, c'est un sang rafraîchi.

La paix revenue, Pierre Mathias est resté fidèle, avec son goût de la liberté, à des rêves fortement enracinés dans l'expérience personnelle et ancestrale. Les poèmes sont souvent d'allure plus légère que ce *Concerto pour vent et rivière* de l'Oflag IV D. Pierre Mathias a pu faire « danser les pierres » comme pour un quatorze juillet des arbres et des fleurs, tresser des guirlandes d'oiseaux. Il a éprouvé tant de bonheur à composer des hymnes aux merisiers, aux abeilles, aux hirondelles, aux mésanges de Pavant que le printemps s'est mis à déborder sur toutes les saisons.

La poésie enjambe mon poème
Comme se lève une àurore de mai.

(*Le Magicien*)

Pierre Mathias, jardinier, professeur, poète, s'est découvert magicien. Il l'est en effet : il sait comment s'y prendre pour rendre merveilleux le monde aux yeux de ceux qui n'ont pas renoncé à le regarder d'abord tel qu'il se présente. Pas de carrosse pour qui mépriserait la citrouille.

Il y a du François d'Assise en ce magicien qui parle aux oiseaux et porte aux humbles la bonne nouvelle de l'amour. Mais cet amour reste solidement terrestre. Il peut se dire en prose à l'occasion. *Mon royaume est de ce monde*...

Magicien, Pierre Mathias se défend d'être un illusionniste. Il cultive une sagesse qui, sur cette boucle de la Marne, convient fort bien au paysage. On ne lui en fera pas accroire. A quelques lieues de Château-Thierry, il écrit des *Fables* pour *le Monde* et *le Canard enchaîné*. Il met aussi au point une *Flore* qui bientôt ne sera plus guère portative et qui constituera — aquarelles et poèmes — une somme précieuse à consulter.

Philippe JONES

La simplicité peut être profonde ; et belle, mystérieuse même, la transparence. Pourtant les premiers livres de Philippe Jones[2] ont peu de chances de retenir longuement les amoureux de poésie. Il semble que le poème, à peine achevée la lecture, ait déjà dit tout ce qu'il pouvait dire. *Amour et autres visages* laisse davantage errer la rêverie. Les meilleurs poèmes du recueil — ceux des séries *Arbres* et *Insectes* — ont été repris, accompagnés à cette occasion de *Marines* et d'*Oiseaux*, dans *Quatre domaines visités*. C'est délicat, joli. Cela fait un peu tasse japonaise. Le trait ne manque pas de finesse, ni l'évocation d'élégance. L'ingéniosité fait parfois penser, un peu, à Jules Renard. Il arrive aussi que le paysage du poème s'éclaire soudain et que la fragilité de la vie s'y découvre sous un jour émouvant :

LES CYPRÈS

Une barque de sauvetage, pour ceux que la vie a noyés, traîne dans le sillage de chaque ville. Et le cimetière s'endort sur l'alignement de ses croix. Des cyprès y montent la garde, rames dressées, flambeaux drapés de crêpe, et boivent à longs traits les flaques d'eau du souvenir.

Lucienne DESNOUES

Lucienne Desnoues[3] chante régulièrement, d'une voix gracile, les menues émotions d'une femme qui aime rêver à son enfance, soigner le décor de sa vie, tenir agréablement son intérieur. Elle évoque en se jouant le « lointain cyprès », arbre voué aux cimetières mais que la rime rend « si près » et qui peut fort bien embellir la façade bien exposée d'une maison neuve si on a pris soin de se rendre à temps chez le pépiniériste. Lucienne Desnoues aime la nature, les arbres, les fruits, les légumes. Elle parle avec abondance de son goût pour les nourritures frugales, préférant à la « fraise au chambertin » l'olive et

---

2. Né à Bruxelles en 1924. *Le Voyageur de la nuit* (Bruxelles, Ed. de la Maison du Poète, 1947). *Grand Largue* (id., 1949). *Seul un arbre* (Lib. Les Lettres, 1952). *Amour et autres visages* (Les Lettres, 1956). *Quatre domaines visités* (Bruxelles, L'Atelier du Livre, 1958). *Graver au vif* (Rencontre, 1971). *Jaillir saisir* (Bruxelles, Le Cormier, 1971).
Essais — *Du Réalisme au Surréalisme* (Bruxelles, Lacontie, 1969). *Magritte, poète visible* (id., 1972).

3. Née à Saint-Gratien (Val-d'Oise) en 1921. *Jardin délivré* (Ed. Raisons d'Être, 1947). *Les Racines* (Ed. Raisons d'Être, 1952). *La Fraîche* (Gallimard, 1959). *Les Ors* (Seghers, 1966). *La Plume d'oie* (Bruxelles, Jacques Antoine, 1971).

l'oignon — ou « Le fromage sans parure, L'eau de source et le quignon ». Dans un poème qui n'est pas sans rappeler un peu Ronsard, partant, avec son secrétaire Amadis Jamyn, à la cueillette de la salade — boursette, pâquerette, pimprenelle —, elle va, délicatement, chercher des pissenlits.

J'aime à décoller au couteau
L'âcre pissenlit qui s'incruste
Dans les prés reverdis trop tôt.

Je vais, balançant mon panier,
Sous de grands ciels que tarabustent
Les bourrasques de février.

Combien, sous le taïaut des nues.
Sans cor, sans meute et sans cheval,
Me plaît cette chasse menue ! (...)

A L'ÉCOUTE DES SOURCES

Gilles FOURNEL

Le premier numéro de *Sources*[4], en 1955, s'ouvrait sur un poème de René Guy Cadou ; Gilles Fournel[5] y annonçait, tournée vers l'ouest, une poésie vivante et fraternelle. Dans *Les barreaux ne sont pas si larges*, l'influence de Paul Eluard était aussi facilement reconnaissable que celle de Cadou, l'une et l'autre un peu diluées. Les poèmes de Gilles Fournel ont de la fraîcheur et de la nonchalance, mais il vaut mieux citer ce poème de la maturité (il n'a rien de végétal mais ce n'est qu'à partir de certaines... sources qu'on a chance d'atteindre de telles intuitions) :

Une femme a poussé la porte
la glace est entrée avec elle
dans l'auberge du nord

---

4. *Sources*. Première série (Dourdain, près de Vitré, Ille-et-Vilaine) : huit livraisons de décembre 1955 à avril 1958. Deuxième série (Boisgervilly, Ille-et-Vilaine) : n° 1, décembre 1958 ; n° 2, mars 1959.
5. Né à Redon en 1931. *Au fil des jours* (Seghers, 1953). *Les barreaux ne sont pas si larges* (Millas-Martin, 1955). *Sources* (Cahiers de Rochefort, 1956). *Pour une enfant sauvage* (Sources, s.d. [1957]). *Poèmes de l'amour heureux* (Orphéon, 1957). *Rencontres* (CELF, 1958). *Poèmes pour L.* (Sources, 1960). *La Nuit blanche* (Sources, 1964). *La 99e Auberge* (Rougerie, 1968). *L'Analyse des mots* (Rougerie, 1971).

Elle ne s'est pas assise
Elle nous a regardés
Elle a crié son absence
L'alcool s'est congelé dans les verres
Elle a dit où était sa maison
puis elle est passée
au-delà.

(*La 99*^e^ *Auberge*)

Joseph ROUFFANCHE

Aux mêmes *Sources* que Gilles Fournel va puiser Joseph Rouffanche[6] : Cadou, Eluard répondent si bien à leur amour de l'homme et de la nature ! Rouffanche ajouterait : Charles d'Orléans, Gérard de Nerval, Verlaine, Garcia Lorca. Ce qui fait pour lui la qualité du poème, c'est son pouvoir magique, sa valeur d'incantation.

Il aime la musique du vers, les retours de sonorités, les reprises, les variations. Il se plaît au jeu des syllabes. Dans incantation, il y a chant.

PENSÉE D'AMOUR EST VÉNÉNEUSE

qui en aime une sans défaut
dans les fontaines son image
frissonne au souffle des roseaux
au cri des oiseaux de passage

un vent d'hiver jette aux étoiles
les chatons clairs des noisetiers
au tronc rugueux des chênes sages
feuilles d'automne sont restées

pensée d'amour est vénéneuse
tentation de mal-aimé
jeunesse enfuie sans amoureuse
cède à l'appeau du monde entier

(*La Violette le serpent*)

---

6. Né à Bujaleuf (Haute-Vienne) en 1922. *Les Rives blanches* (La Revue Neuve, Debresse, 1951). *Le Marteau lourd* (Seghers, 1954). *La Violette le serpent* (Millas-Martin, 1955). *Deuil et luxe du cœur* (Rougerie, 1956). *Elégies limousines* (Millas-Martin, 1958). *L'Araigne d'or* (La Tour de Feu, 1959). *Dans la boule de gui* (Grassin, 1962). *La Vie sans couronne* (Rougerie, 1965).

Le charme de la mélodie — lié à l'entrelacement des images qu'on aimerait retenir, et qui bougent, comme les eaux de la rivière ou les feuilles des arbres, et qui passent, comme les saisons —, Joseph Rouffanche voudrait s'y laisser prendre assez pour endormir le temps.

Ce qui reste du jour, ce qui demeure — vivant encore — du passé, de quelle façon pouvoir, par son travail ou ses poèmes, mettre un peu d'âme dans les choses, voilà ce qui importe avant tout à Joseph Rouffanche.

A hauteur du premier étage,
bu le dernier éclat d'angélique du jour,
qu'on est bien dans la blancheur des draps
et la rousseur de la tête du lit
où s'est sculptée la simplicité de la vie (...)

(Le Pont de l'Epée, n° 37/38)

Claude VAILLANT

Claude Vaillant[7] a dédié des poèmes à Jean Bouhier, à Luc Bérimont, à Gilles Fournel. Venu vers l'ouest, attiré par le souvenir de Rochefort et par *Sources*, il a cherché avant tout à s'accorder « au rythme des saisons ». Ce projet répondait mieux à ses tendances profondes que sa tentative de poésie militante, sur le thème de l'Union Locale des Syndicats ou de la libération d'Henri Martin. A l'aube, dans la ferveur de l'azur proclamé, ou quand la nuit commence à craquer, que quelque intime désarroi rend les « chemins impraticables », il parle en homme qui a lié son destin à la couleur du ciel, au bruissement des eaux, à ce qui germe, bourgeonne, à ce qui s'épuise, à ce qui meurt, à ce qui refleurit. La rumeur de ses poèmes nous accompagne, discrète et rassurante malgré tout.

---

7. Né à Ronchin-lez-Lille en 1924. *Les Saisons de l'amour* (H.C., 1949). *Tracts* (Seghers, 1951). *Tam-tam du sang* (Seghers, 1953). *D'amour et d'amitié* (Cahiers de Rochefort, 1954). *Le Même Trésor* (in Cahiers de l'Orphéon n° 5, 1957). *La nuit craque* (La Tour de Feu, 1961). *Racines* (Promesse, 1963). *Seule la rumeur* (Rougerie, 1966). *La Sève et le sang* (Rougerie, 1968). *Soleil castré* (Rougerie, 1971). *Seconde Naissance* (Subervie, 1972).

LITURGIES DE LA TERRE
Alain BOUCHEZ

Un ample mouvement, une haute écriture associée à tous les bruissements du monde, c'était, en 1954, *le Chant des pierres* d'Alain Bouchez[8]. Par la parole, mais au-delà de la parole, quelque chose allait naître, comme un nouvel âge après les âges révolus ; beau songe d'un poète jeune, inscrit — mouvant encore — dans la solennité des grandes pages.

Le Poème pour Colombe, qu'on peut lire dans *Prières pour l'instant,* devait tenir les promesses de cette voix. Autant qu'un poème d'amour, c'est un hymne au jour, à la nuit confondus, un hymne qui se souvient peut-être de Saint-John Perse, et où passe certainement le frisson du sacré.

(...) *Voilà que des feux naissent de montagne en montagne vers les quatre horizons,*
Et que s'élèvent de la vallée des rois, les premières liturgies sur les marbres du soir.
O Colombe,
A genoux pour connaître ces grands ravissements !
Tel celui qui criait la face contre terre sous l'orage montant,
A genoux !
Et la soif le tenaille dans l'attente de l'aube,
Et le songe se dévêt sur les marches du temple (...)

(*Prières pour l'instant*)

Aussi ferme, l'écriture paraît encore plus resserrée dans les autres poèmes de *Prières pour l'instant.*

La lumière traverse le visage des pierres
Le soir est une promesse
Mais nulle voix
Pour percer le visage des morts

---

8. Né à Lille en 1934. *Le Chant des pierres* (Millas-Martin, 1954). *Prières pour l'instant* (Chambelland, 1968). *Cassandre* (Subervie, 1972).
Alain BOUCHEZ a fondé, avec Didier ELIOT, la revue *Parallèles* (Lille et Roubaix). Quatre numéros ronéotés, s.d. [1952-1954], le n° 4 marquant la fusion avec la revue de Philippe DURAND, *Mors aux dents* (Brest). Le n° 5 et dernier de *Parallèles* (spécial Frédérick Tristan) est paru en janvier 1956.

La vie nous éloigne tristement de nos songes. Les mots qui portaient notre espoir deviennent souvent opaques. Autrefois tout paraissait si simple. Il suffisait d'aimer :

Nous allumions des lampes
Sur le silence des mares.

Ah ! comme on voudrait rêver encore de se faire « complice d'un grand lit de neige » ! Mais si le temps passe et si tout homme se fatigue, il reste des livres à relire, à découvrir, et dont la poésie éclaire encore le silence des lendemains.

Fernand ROLLAND

Pour Fernand Rolland[9], le site peut présenter des apparences très modestes : « Un petit bois en trompe-l'œil se donne des airs de forêt ». Dans *le Cœur photographe,* le règne végétal est souvent traité en miniature. Voici la mousse, l'herbe fine, les lèvres d'une rose étrangère. Le bestiaire ? Ce sont des fourmis, des agneaux sublunaires, un grillon, des coquillages et même « l'écriture chevelue des protozoaires ».

Attentif au « balbutiement interminable des végétaux », aux craquements des meubles — et ces craquements sont « pleins de bêtes étonnantes » —, au « langage pierreux des chemins », à la « géométrie du silence », Fernand Rolland l'est aussi aux « clameurs sourdes que sonne la conque pulmonaire ». Entre la nature et le voyageur si facilement retenu par « l'ornière des passions humaines », un accord peu à peu s'établit, mais toujours menacé de quelque dissonance, car les plantes sont « voraces », l'amour est « sans limites ».

La poésie de Fernand Rolland se soumet d'elle-même au contrôle du commun langage : « la campagne s'identifie rigoureusement au parler des revendeurs ». D'humaines vérités se font jour sur les marchés : « le temps pèse dans les cabas vides »...

Depuis 1962, Fernand Rolland « présente une nouvelle sculpture qui s'efforce à recréer les formes à partir de vieux outils, de ferrailles usées qu'il soude avec l'« aide du charron de Fontenoy ». Fontenoy-en-Puisaye : c'est, à quelques kilomètres près, le pays natal de Colette.

9. Né à Auxerre en 1920. *Le Plus et le moins* (Fontenoy-en-Puisaye, H.C., 1953). *L'Etrave de chair* (id., 1954). *Feu de solitude* (Paris, Caractères, 1956). *Sommeil à babord* (Paris, Ed. Sic, 1957). *Bois de lit* (Fontenoy-en-Puisaye, Ed. de la Vieille Tour, 1960). *Un coup pour rien* (id., ibid.) *Le Cœur photographe* (Millas-Martin, 1963). *Les Matins nus* (Ed. de la Vieille Tour, 1972).

Jean-Vincent VERDONNET

A lire Jean-Vincent Verdonnet[10], un peu comme on relirait Jean Follain, on imagine dans le blanc de la page ces rares détails de la journée quand il arrive, dans l'étendue de la campagne, qu'on se retrouve soi, parmi tout l'essentiel. Alors on se met à penser à ceux qui vinrent là autrefois, à ceux qui vont venir, on comprend mieux les gestes familiers. Et — tandis que se « défont lentement les vies » — on rêve, un instant, d'éternité. Les bruits, les odeurs chuchotent à l'âme des choses si graves qu'il faut toute la discrétion et toute la complicité du poème pour oser les redire à peu près.

RESPIRER L'ESPACE

Roland BRACHETTO

Vous est-il arrivé de respirer l'espace ?

C'est arrivé, en tout cas, à Roland Brachetto[11]. L'appel du large s'était fait sentir très tôt chez ce compatriote de Blaise Cendrars, porté de tout son désir vers les riches périples révélateurs de la bigarrure et des frémissements de l'univers.

(...) ô les ajours inconnus que me prépare un soleil
dans cette ivresse de cathédrale qu'on baigne de
lumière après quatre siècles de ténèbres
jamais les ors n'ont été si végétaux
ils sont des fruits ils sont des miels ils sont paysages
d'amour pur et trempé de lune fraîche
ils sont des chevaux disparus dans les lignes de leur
course bleue
ils sont des vecteurs de mélodies intimes tues à force
d'intense éveil
ils sont des bois d'orgue multicellulaires
résonnant en silence de tuyaux en tuyaux de cavités
en cavités
l'inaudible ardeur de leur vie propre (...)

(Poèmes pour une oisiveté d'hermine)

---

10. Né à Bossey (Haute-Savoie) en 1923. *Attente du jour* (Les Cahiers du Nouvel Humanisme, 1951). *Noël avec les morts réconciliés* (Cahiers de Rochefort, 1952). *Album d'avril* (Ed. Hautebise, 1966). *Le temps de vivre* (Club du Poème, 1967). *Lanterne sourde* suivi de *Rompre les berges* (Uzès, Formes et Langages, 1971). *Cairn* (id., 1972).

11. Né en 1927 à Belfort. De nationalité suisse, il vit à Bienne. *Poèmes pour une oisiveté d'hermine* (Seghers, 1953). *La Folie arlequine* (Genève, Jeune Poésie, 1957). *Ce silence dans moi* (Genève, Jeune Poésie, 1962). *Poèmes tunisiens* (Mercure de France, 1966).

En cours de route, Roland Brachetto a discipliné son ardeur, affermi son langage, approfondi son expérience humaine.

Et d'abord il s'est soumis à l'épreuve du réel. Ainsi lorsqu'il évoque le port ou la banlieue de Tunis, la chaleur, la soif, et la faim, la misère. Il y a de la rudesse, une forte impression de *vérité physique* dans des notations telles que :

Des lames de vent coupent la chaleur

ou :

Le village quadrille le soleil
damier de soufre et de salpêtre

Les images-forces prennent appui, pour s'élancer, sur un paysage obsédant qui leur donne une nouvelle vigueur.

Issu d'un grand geste du sable
lancinant le bleu cheval
au grand galop fait s'envoler
les blancs oiseaux de l'étendue (...)...

Surtout les sentiments les plus profonds, relatifs à la vie, à l'être, au destin font corps avec la terre étrangère dont séduisait le pittoresque, et dont l'âme même a fini par s'imprégner.

(...) *A peine sous le vent se penche l'herbe*
être n'est pas plus difficile
que ployer quand le vent vient de la mer
et qu'il pénètre en nous sans heurt
et que flottent les brindilles de la clarté
et que vous êtes chauds comme un mouton couché
ô jardins d'été calcinant oubli

(Poèmes tunisiens)

Julien DUNILAC

Julien Dunilac[12] veille au bord du temps, désireux, dans son attention intimiste à la vie de la nature, de saisir un peu de l'essence des choses et de se mieux connaître, au-delà des apparences de la séparation et de l'éloignement.

---

12. *La Vue courte* (Seghers, 1952). *La Part du feu* (Debresse, 1954). *Corps et biens* (Caractères, 1957). *Passager clandestin* (La Baconnière, 1962). *Futur mémorable* (La Baconnière, 1970).

(...) Arbre, je ne sais que te contempler
à perte de vue
espérant sans oser le formuler
recueillir une certitude
tombée de ton silence.
(Futur mémorable)

Pierre VASSEUR-DECROIX

Il y a quelque chose d'inimitable dans les meilleurs poèmes, surtout dans les poèmes en prose, de Pierre Vasseur-Decroix[13]. On a l'impression que tout y est parfaitement limpide.

Le poème se découvre comme un beau paysage : peupliers ou bord de mer. Une musique passe à travers les mots, colore de sa tendresse la vie de tous les jours. Elle fait si bien corps avec ce qui se dit qu'on pourrait croire à la beauté de ce qui va périr. Vasseur-Decroix dessine des visages avec des souvenirs de nuages et de feuilles, jusqu'à reconnaître la jeunesse du monde à la lumière d'un regard élu entre tous. D'un mot il arrête une vague, d'une phrase il prolonge la présence du soleil sur la plage ; il fixe les reflets du temps. La mort paraît apprivoisée. On respire mieux quand on suit le flux et le reflux, quand on voyage avec l'eau lustrale, quand on vit avec l'arbre. Avec l'arbre et la mer...

UN PETIT GOÛT D'ÉTERNITÉ
Robert LORHO

Avant de se métamorphoser en Lionel Ray, Robert Lorho[14] aima rêver, éveillé, un peu à distance des choses, mais à peine, comme pour ne pas déranger un ordre essentiel, aussi parce que le monde nous

---

13. Né à Spire en 1924. *Ma vie en moi qui est la tienne* (Albi, 1947). *Maison de paille* (Tunis, Ed., Périples, 1951). *Tunique* (Le Sextant-Signes du Temps, 1952). *La Chevelure de Bérénice* (Monteiro, 1954). *Un ciel de rigueur*, poèmes 1945-1954 (Caractères, 1955). *Seize poèmes de ma joie* (Marche du Valois, 1957). *L'Air et le goudron* (Marche du Valois, 1958). *L'Arbre et la mer,* choix de poèmes 1945-1960 (Crépy-en-Valois, 1961). *Une flamme de neige* (Ed. du Centre Culturel de la Ville de Vendôme, 1969). Etc.

14. Né à Mantes-la-Ville en 1935. *Les Chemins du soleil* (Debresse, 1955). *Si l'ombre cède* (Gallimard, 1959). *Légendaire* (Cahier de la Revue *Dire,* Jean Vodaine, 1964). *Légendaire* (Seghers, 1965).
Lionel Ray : chap. VII, III, 2.

parle de nous-mêmes, et qu'il faut s'approcher avec prudence de ce reflet, de cet écho de l'âme.

La distance est celle qu'établit (que cherche à vaincre) la mémoire. Elle me tient à l'écart du miroir — le miroir qu'Orphée, légendaire, traversait. Cruelle distance que celle qui me sépare de l'enfance, et d'Eurydice… Parfois l'on dit qu'on a « franchi tous les miroirs » ou encore que la distance est franchie :

> (…) *La distance est franchie. Rappelez-vous ces plaines,*
> *ces routes, ces brouillards, ces grandes pages d'herbe*
> *et ce désir de neige au fond de l'âme. Enfance,*
> *l'île au loin qui s'éloigne, et la lampe brisée,*
> *l'oubli, ses nœuds d'écume avec l'or et l'acier.*
> *J'ai habité le mot silence* (…)
>
> *mais l'enfance était morte au milieu des orties*

Quand la distance est franchie, la nostalgie demeure. Robert Lorho, familier de toute grande poésie, a éprouvé cette insatisfaction profonde du désir de coïncider avec le monde et avec soi, de s'accorder à la nature et à sa propre nature. Mais il a parfois donné à cette souffrance paisible une expression heureuse. Evoquant « Eurydice, dame du plus haut miroir », ne lui est-il pas arrivé de définir ainsi la poésie :

> *l'espace entre la rose et le regard ?*

La poésie de Robert Lorho, riche d'images et de rythmes, a gardé mémoire d'autres chants. Elle se souvient peut-être ici d'Eluard (« Elle était bleue comme un miroir »), ailleurs à la fois de Ronsard et de Valéry :

> *Quand serez sans regard*
> *rose mon désir*
> *quand serez sans mémoire*
> *nuit lente à mourir*
> *quand serez vaporeuse*
> *ô chair sans retour*
> *quand serez soleilleuse*
> *vigne mon amour* (…)

Elle s'enchante, malgré les limites de notre condition, du pouvoir de la parole. Elle cherche à toucher « le ciel » — parfois obscur — « de l'âme ». Elle laisse « un petit goût d'éternité ».

Catherine PAYSAN

Le petit village d'Aulaines près de Bonnétable — oh ! il n'a pas la prétention de rivaliser avec le Carnac de Guillevic, et ce n'est pas non plus Canisy malgré la sympathie de Jean Follain — aura dû sa modeste mais, d'une certaine façon, claironnante entrée dans l'histoire de la poésie française (« La trompette d'or c'est mon signe » !) à Catherine Paysan[15], amie des chèvres, des licornes, de la rosée, des fortes racines :

(...) *Je dis Aulaines : D'un seul coup*
La porte s'ouvre, je vois tout.

(...) *Je porte ce village en moi*
Je m'en nourris jusqu'à l'écorce
Mes cheveux y puisent leur force
Je sens que je marche plus droit.

LES BANALES MERVEILLES

Gabrielle MARQUET

Gabrielle Marquet[16], comme d'autres autour de leur chambre, se plaît à voyager dans sa cuisine. Elle y collectionne les épices et elle sait que même un pot à confitures peut devenir vitrail : « il suffit / d'y planter une rose ».

Gabrielle Marquet aime les « quotidiennes », les « banales merveilles ». Le bonheur d'être au monde s'exprime chez elle en miniatures : en ses courts poèmes, que d'humbles animaux, de plantes modestes ! C'est comme si elle cherchait à se rassurer devant l'étendue. L'assimilation poétique s'exerce au bénéfice de l'objet petit, familier — apaisant : le ciel devient un édredon, et le soleil une orange...

Il faut dire aussi que de grandes questions peuvent se poser dans l'exercice ordinaire de la vie.

---

15. Née à Aulaines (Sarthe). *Ecrit pour l'âme des cavaliers* (Debresse, 1956). *La Pacifique* (Seghers, 1957). *La Musique du feu* — comprenant les deux titres précédents (Denoël, 1967).
16. Née à Nantes. *La Pelote à épingles* (Gallimard, 1958). *Les oiseaux font bouger le ciel* (Gallimard, 1961). *Le Bonheur d'être* (Millas-Martin, 1965).

LE CHOU ROUGE

Je n'ai rien vu de plus beau cet été
qu'un chou rouge.
Tranché par le milieu
net et dur comme un caillou
il prit des teintes vineuses sous la lame.

L'enchantement de ses friselures
les durs méandres de ses entrailles bleues
m'attendrirent plus peut-être
que le dallage calculé du cœur de tournesol.

Chou qui croque et qui pique
et colore l'huile et la langue
essaierais-tu de me mener
d'un saut de puceron vers l'Infini ?

(*Le Bonheur d'être*)

Léna LECLERCQ

Léna Leclercq[17] exprime la mélancolie des départs, la hantise du temps qui passe, la brièveté des amours, la beauté des arbres et des fleurs. Elle aime l'image nette, le vers souple, fluide, harmonieux. Elle abuse peut-être des procédés qui ont fait leurs preuves (« la neige rose neigée des pommiers » ou « les neiges neigées au front mort des montagnes »). Ses rimes (*voile-étoiles, bonheur-cœur* dans le même sonnet) concourent parfois à donner l'impression d'un charme un peu désuet. Mais il y a aussi chez Léna Leclercq, une sensibilité forte qui n'est pas sans valeur.

(...) *Comme avant*
le soleil va coucher là-bas derrière les chênes,
le village s'endort sur l'herbe
en rond comme une bête
comme avant.
Celle qui est restée ferme les volets verts
quand elle me parle ce sont des mots qui bougent
voilà tout

---

17. *Pomme endormie* (L'Arbalète, 1958). *Poèmes insoumis* (L'Arbalète, 1960). *La rose est nue* (Jean Hugues, 1961). *Midi le trèfle blanc* (G.L.M., 1968).

ses gestes ne sont pas des pluies d'or, voilà tout
et nous dormons ensemble
comme des morts au fond d'un puits.
(Pomme endormie)

INTERROGER LA TERRE
Georges DRANO

La générosité d'un Paul Eluard, les attaches terriennes d'un René Guy Cadou, caractérisaient, dans leur lyrisme un peu glissant, les premières œuvres de Georges Drano[18]

Tu es la première sur ma route
Et je suis porté vers Toi sans effort
Par les rêves et les saisons
Tu es derrière toutes les fenêtres allumées
Où je cherche ma chance de pain et de chaleur (...)

Le poète de *la Terre plusieurs fois reconnue* aime suivre des « chemins ligneux ». Ecartant les « branches basses », il s'égare « dans la lenteur des sous-bois », attentif aux craquements, aux manifestations cachées de la vie animale ou végétale ; dans les champs, il escompte la richesse des moissons ; il passe aussi par « les cours où sont parqués les géraniums », par les jardins. Il va et vient, et revient sur ses pas ; il se met à l'affût, comme un chasseur ; il repart, décidé à explorer son domaine, en communauté d'intention avec ceux qui ensemencent, qui chassent, qui récoltent. Il est du côté de ceux qui protègent leur terre, et se battent pour elle. Mais la terre, elle-même, se laissera-t-elle pénétrer ?

(...) *Tu voudrais obtenir d'elle comme un échange de bons rapports et l'approcher dans sa légende ;*

Mais elle presse sa boue contre ta chair et les obstacles qu'elle a dressés ne t'aideront pas à franchir tes limites.

Face à l'immense sollicitude des prairies, tu resteras calé dans ta peureuse condition.

Georges Drano interroge la terre, et c'est l'homme qui se révèle une fois de plus dans la vivante ambiguïté des réponses.

---

18. Né à Redon en 1936. *Le Pain des oiseaux* (Sources, 1959). *Grandeur nature* in *Anthologie 7 Poètes de l'ouest* (Sources, 1961). *Visage premier* (Rougerie, 1963). *Parcours* (Rougerie, 1967). *La Hache* (Rougerie, 1968). *La Terre plusieurs fois reconnue* (in *Poésie*, coll. *Ecrire*, Seuil, 1968). *Inscriptions* (H.C., 1971). *Eclats* (Rougerie, 1972).

CE PAYS OÙ LE CIEL VIENT DE LA MER

Jean-Claude VALIN

La poésie de Jean-Claude Valin[19], garde un goût d'écorce. Homme de l'ouest, ce qui n'est nullement incompatible avec le sens de l'universel, il est attaché à son pays, au langage que lui ont enseigné les poètes — René Guy Cadou en particulier, à qui il consacrait en 1961 le deuxième numéro de sa revue *Promesse*[20].

J'habite un pays où le ciel est plus vaste que la terre
De très peu, de quelques oiseaux seulement, plus
vaste,
De quelques nuages ramant encore le vent de mer.
J'habite une terre et c'est toute la terre toujours
recommencée
Et je la recommence aussi, laboureur avec mes mots
gercés,
Avec le soc du sang. Et jamais ne se rouille
Ici le cœur. Au dernier jour une racine
Le brise, net. J'habite encore
Ce pays où le ciel vient de la mer et où
La terre ne sait pas où vont ses arbres fous
Qui ne sont ni tout à fait des âmes ni tout à fait des
corps

(*Singulier pluriel*)

Jean-Claude Valin tient peut-être de Max Jacob le goût de certaines drôleries verbales, en plus rustique. Cette forme d'humour accompagne une inquiétude amère, un sentiment de la solitude et de la vanité de tout (« Je t'aime avec l'énormité de notre mort »), un refus des croyances consolatrices. Mais c'est quand il voyage parmi les arbres, ou que l'arbre avec lui voyage « au pays de la parole », qu'il nous atteint le plus profondément.

(...) *S'en vont au lavou les femmes fidèles*
Vêtues de gris pâle toujours en demi-deuil
De l'amour déçu et des parents qui meurent

---

19. Né dans les Deux-Sèvres, en 1934. *Entre Phénix et cendres* (Chambelland, 1961). *Poèmes pour hache* (Promesse, 1961). *Au grand arbre de l'âge* (Promesse, 1963). *Arrhes poétiques* (Chambelland, 1967). *Singulier pluriel* (Millas-Martin, 1968).

20. *Promesse* (Barret-Barbezieux et Lamérac-Charente, puis Poitiers). Première série : seize numéros de 1961 à 1966. L'évolution de *Promesse* se dessine à partir du n° 17 (printemps 1967), sous l'impulsion de Jacques KERNO et de Jean-Louis HOUDEBINE. N° 33 : automne 1972.

Elles ne disent rien de leurs désirs mais elles sont fières
Car ce sont elles encore qu'on viole ici parmi les prés
Quand sur le tard — et pourquoi attardées ? —
Un arbre se met à marcher tout seul
La solitude c'est vite dit ou ça n'en finit plus
Jamais de s'écouler entre les mains qui frottent mal (...)

(Arrhes poétiques)

Daniel REYNAUD

Jean-Claude Valin n'a pas cherché à fonder une école de Rochefort à Lamérac dans les Deux-Sèvres. Mais un groupe de poètes s'est amicalement formé autour de lui. Le plus proche de ces poètes est sans doute Daniel Reynaud[21], à qui J.-C. Valin a dédié ce *Bonheur de Barbezieux* :

Par des ruisseaux nommés le Trèfle, le Beau, le Né
tu as tissé des chevelures à tes années
près des tempes d'un ciel qui ne peut se faner (...)

(Singulier pluriel)

Daniel Reynaud écrit « en toute simplicité » (c'est le titre du poème) des choses essentielles :

Sur la verveine du ciel
Un village coule ses
Longues vertèbres de tuiles

Quelques chats et des nuisibles
Vivent de tous ses secrets
La vie passe
Le temps fait
Son travail de mouche à miel

Et malgré le cimetière
Mal cousu parmi les vignes
Sur les humains sur les pierres
C'est comme l'éternité
Qui se lève et qui fait signe

(Feu à volonté)

21. Né à Barbezieux (Charente) en 1936. *Le cœur vendangé* (Tour de Feu, 1958). *Le Braconnier de soi-même* (Tour du Feu, 1960). *Feu à volonté* (Promesse, 1962).

Georges BONNET

Georges Bonnet[22], qui appartient à la génération de Cadou, est descendu lui aussi dans son jardin, et il a construit son « village de paroles », un village qui résiste aux changements de saison, qui n'apporte rien de très nouveau, mais qu'on redécouvre comme la grâce d'un matin calme.

Jean MAZEAUFROID

Beaucoup plus jeune, Jean Mazeaufroid[23], qui doit aimer Virgile et Paul Eluard, fait chanter dans les bois le mot *Révolution*.

Jean-Louis HOUDEBINE

« Pour (se) rendre confiance », Jean-Louis Houdebine[24] a suivi « le chemin creux des sources, des fontaines » ; il s'est roulé « dans une religion d'herbes et de feuilles tombées ». Il a tout renié depuis en passant à la « critique de l'idéologie poétique »[24bis].

Jean RIVET

Une certaine manière de fixer dans le temps les visages, les gestes quotidiens, les objets d'usage courant, c'est ce qui touche encore chez Jean Rivet[25], malgré quelques aphorismes plats (« c'est le fait de l'humain », « la vie est résurgence »). Jean Rivet, dans l'art difficile du poème en prose, dit des choses importantes, mais il les dit après Jean Follain. Retenons au moins, dans un monde qu'enlaidit la folie des hommes, l'« inoubliable odeur », l'odeur « brève mais éternelle » des tilleuls.

---

22. Né à Pons (Charente-Maritime) en 1919. *La Tête en ses jardins* (Promesse, 1965).
23. Né à Limoges en 1943. *Etoiles dans l'arsenal* (Chambelland, 1964). *Ça flambe* (La Corde, 1965).
24. Né en 1934.
24bis. Collaboration à *la Nouvelle Critique, Critique, Promesse, Tel Quel, Bulletin du mouvement de juin 1971*...
25. Né à Dreux en 1933. *Toi, vous que j'aime* (H.C., 1958). *A cœur ouvert* (H.C., 1960). *Poèmes d'Habère-Lullin* (La Tour de Feu, 1961). *Parfois l'horizon* (Chambelland, 1962). *Survie de l'hiver* (Chambelland, 1963). *La Récolte noire* (Gaston Puel, 1965).

Jean LE MAUVE

La couverture en faux bois de son premier recueil, imprimé « sur papier fabriqué spécialement à la main au Moulin du Verger », exprimait bien le choix résolu qu'à dix-huit ans Jean Le Mauve[26] avait fait d'un « retour chez les arbres ». Ne plus rester enfermé entre ses « quatre murs », tout abandonner, hormis quelques copains, et marcher libre dans les fougères, ce fut sans doute le rêve de plus d'un garçon de cet âge. Mais le rêve de Jean Le Mauve garde encore la couleur des feuilles et de l'écorce.

Henri CHEYRON

A travers les *Branchages* d'Henri Cheyron[27], presque rien ne se passe. L'hiver sommeille. Même quand le vent souffle, le poète mesure ses pas, tout au secret de ses rêves, de sa tendresse. Conscient de sa fragilité, il apprécie l'immobilité — quand ce n'est pas l'absence — du regard. Il s'émeut de « la minceur des feuilles », des « tiges tellement minces de la vie », de « la mort mince » — encore — « et précise » de l'herbe. Les petits arbres surtout lui sont fraternels.

Henri Cheyron aime l'« hiver blanc », les « forêts de givre », mais aussi « le crépitement parfumé du thym », les « tourbillons de juin ». Si l'horizon reste borné, les champs limités, la « minutie » du paysage — champignons, « mousses compliquées » — inspire à un homme discret plus d'une leçon de sagesse, de confiance. « Nous ne vivons pas sans limites »...

Bernard MAZO

La nature est encore la grande inspiratrice de Bernard Mazo[28]. C'est elle qu'il interroge pour mieux se souvenir de ce qu'il fut, pour tenter de mieux comprendre son destin. « Le vent parfois dévoile des secrets que toute une vie ne suffirait à élucider »... Mais la nostalgie d'une enfance protégée n'empêche nullement de reconnaître l'éventua-

---

26. *Les Quatre Murs* (Groupe de Libre Création, Benet, Vendée, 1963). *La Route sans tête* (Plein chant, 1972).
Avec Paul KERUEL et GEE ICE, Jean LE MAUVE a animé *l'Arbre*. N° 1 : juillet-août 1962. N° 4-5 : deuxième trimestre 1963. Deuxième série (Dammard, Aisne) : trois numéros en 1972.
27. Né en Gironde en 1923. *Messages* (Manosque, *in* Les Cahiers de l'Artisan, 1957). *Branchanges* (Chambelland, 1963). *Nous ne vivons pas sans limites* (Subervie, 1967).
28. Né à Paris en 1939. *Passage du silence* (Rougerie, 1964). *La Chaleur durable* (Rougerie, 1968). *Mouvante mémoire* (Rougerie, 1970).

lité des périls. Il faut se résigner à voir la nature et l'homme comme ils sont.

(...) *J'ai grandi à mon insu parmi les représentations trompeuses de l'univers. La cruauté des pierres ne m'apparaissait que par éclairs : je lui préférais la sourde complicité des saisons.*

Un jour, bascula cette contrée où nulle aspérité jamais n'avait provoqué la plus quelconque blessure. Dès lors sans attache, je dérivai dans l'effroi grandissant, convaincu de l'évidente inutilité de tout acte de révolte.

(Mouvante mémoire)

Ovide MARCHAND

Il faut écrire comme on pense tout naturellement
sans se pressurer le cerveau

En formulant ce précepte, Ovide Marchand[29] définit bien sa propre manière. Il dit ce qu'il a envie de dire, qu'il aime son pays de trèfle et de luzerne, parcouru de rivières, battu par les averses comme celui de Cadou, qu'il aime sa femme, qu'il aime Dieu au fond, qu'il est un « sentimental incorrigible », que la vie n'est pas si simple, mais que les bistrots de campagne ont du bon, qu'il vaut mieux fréquenter les artisans des hameaux que les bourgeois de la ville, mais que cela n'empêche pas de se sentir solidaire des hommes des buildings... Ne cherchons pas là une philosophie hautement élaborée. Celui qui « renierait la civilisation pour le bleu des campanules » n'a pas cette ambition.

LA TERRE, LE LANGAGE

James SACRÉ

Avant d'aller vivre aux Etats-Unis, dans le Massachusetts, comme professeur (mais, heureusement, cela se sent si peu), James Sacré[30] a d'abord été un homme de l'ouest, de cet « ouest-terre de poésie » que célébraient Jean-Claude Valin et Daniel Reynaud dans les débuts de la revue *Promesse*.

---

29. Né à Bourges en 1933. *L'Encre rouge* (chez l'auteur, 1964). *Un chemin de terre* (Chambelland, 1969).

30. Né à Cougou, Saint-Hilaire des Loges (Vendée) en 1939. *Relation* (Les Nouveaux Cahiers de Jeunesse, 1965). *La Femme et le violoncelle* (Promesse, 1966). *Graminées* (in *Poésie*, coll. *Ecrire*, Seuil, 1968). *La Transparence du pronom Elle* (Chambelland, 1970). *Cœur élégie rouge* (Seuil, 1972).

On ne s'étonnera pas d'apprendre que James Sacré a passé son enfance à la ferme, ou que, comme Cadou, il a été instituteur.

Le cœur est resté longtemps près des fermes au ras des sueurs de juments, des hangars baroques, des herbes et des mouvements avec les animaux et les hommes.

(*Graminées*)

Aux « herbes de printemps », aux « coupes de seigle » qui « tremblent dans la lumière », aux « roses de juillet », à l'« arbre automne », Sacré James (c'est ainsi qu'il signait son premier recueil) est resté fidèle. Tout le porte à aimer profondément la franchise du langage :

(...) *Tu parles. T'ai-je dit que j'aime les gens qui parlent, sans hâte et sans mots inutiles, autant que ceux qui chantent.*

Tu parles. La colline penche sa prairie, sans hâte, vers la chanson de la rivière.

Tu parles et quand tu as fini tu te tais.

Le silence soleil dans les herbes de rivières.

(*Relation*)

Des couleurs, des émotions, des visages, ont été engrangés dans la mémoire. On se souvient — c'est lié à des scènes précises — « d'avoir traversé l'étable avec ces grandes céréales qui encombraient les jambes »...

Il est bon, quand on peut craindre que le détail de la vie n'ait plus le même retentissement, de retrouver, si nettes, les impressions qui furent, qui demeurent, familières.

(...) *Je me souviens d'une chanson à dire pour faire une musique avec un nœud de paille coupé dans sa longueur. Et tout un paysage paysan est debout parmi les cloisons claires de la mémoire.*

Il fallait trancher juste et très mince une languette dans la tige en entaillant sur le nœud — les couteaux des fermiers tranchent toujours très précisément et sans effort.

On ne peut maintenant que penser à cette chanson vieille et savoir qu'elle existait.

(*Graminées*)

Il faudra peut-être se défaire de bien des habitudes de lecture pour retrouver la portée de ces poèmes de James Sacré, leur prolongement. La terre s'éloigne de nous, qui sommes pourtant si terrestres, et même si terriens...

Tout cet automne serré contre nous, tout ce temps serré

mon amour, tout cela serré dans la mémoire, les enfances minces la remembrance loin des arbres. Mon amour nous sommes là tellement perdus dans la pluie droite, tellement loin des pays d'autrefois.

Je me souviens des bêtes dans leur fatigue, couchées très loin des fermes dans les herbes.

(*La Transparence du pronom Elle*)

Le souvenir des jardins (« Le jardin brille, ouvert, l'espace est dans sa fleur »), des prairies (« Poème enfin parfait : guéri dans la prairie. J'y entre pour apprendre un ancien paradis »), l'attachement sentimental au village, à la terre des jeux enfantins, des lourds travaux, guident encore le poète dans son âge mûr, lui donnent l'audace de rester simple dans sa démarche poétique, même quand il cultive l'alexandrin — des alexandrins qu'il lui arrive d'aligner comme des fleurs en pot pour l'agrément un peu triste des jours.

Un grand cheval emporte un pays, le village
(C'est au printemps, un arbre a grimpé son branchage
Au ciel) ; je le regarde : espace et grand passage...
Mais rien, que le vent, rien, le bleu du paysage.
Où bondir ? je ramasse un trèfle, des fourrages ;
Ras de terre écorché, escargots, tussilages,
Un cheval maigre y traîne un précaire attelage.
Où le printemps, les foins ? où paraît quel visage ?
Un arbre fait quel signe où rougit le village ?
Je le regarde au loin, printemps fleuri, feuillages,
Taupinière et chardons, le soleil, cheval sage...
Mais rien, que le vent, rien, que l'espoir d'un village.

(*Toit dans l'ombre (ou lampe) et le temps*)
(N.R.F., n° 219, mars 1971)

Sait-on encore bien aujourd'hui ce que c'est que le plantain, la renouée, un brabant ? James Sacré remonte les chemins de sa mémoire, revoit les peupliers, la sueur des chevaux, l'enfance, la maison. Il redécouvre « une façon naïve de ramasser le monde (et son pays) dans ses mains ». Il sait où bat le cœur de son langage. Et c'est peut-être ce qui fait de James Sacré un poète de la nature si attachant : cette aisance à lier au paysage, à travers l'espace et le temps, le sens profond de la parole.

(...) *Un chien battu par ma corde quand je gardais les vaches me prévient que je montre le noir du poème.*

(*Cœur élégie rouge*)

UN TEXTE DE GIVRE

Jean-Pierre BURGART

Faut-il craindre que ne se mallarméise un peu trop la poésie de Jean-Pierre Burgart[31] ? Certaines notations, le style parfois un peu contourné de *Failles* (« m'éprouvant obscur je deviens la pensée fragile et décisive de la lumière », ou « Ce qui s'énonce moi s'abolit dans la noirceur sauvage dont je ne suis que l'écume hasardeuse ») pourraient nous faire partager les inquiétudes de Serge Fauchereau à cet égard, alors que nous étions encore sous le charme d'*Ombres* — recueil à l'occasion duquel Marc Alyn parlait du plaisir aigu de la découverte.

Je me retrouve dans la fraîcheur des prés, sur une route où s'étend déjà l'ombre apaisée de l'autre versant, avec l'odeur des foins et des touffes de lavande ; mais au-dessus de la vallée flambe un léger nuage, dans le rayonnement du soleil caché ; les cimes qui m'ont aveuglé demeurent dans la clarté blanche d'une autre journée sans vie et sans repos. Pourtant, dans les abreuvoirs s'écoule, avec les derniers reflets du jour, l'eau des montagnes, sauvage comme à sa source inconnue ; elle a franchi l'opacité des forêts, comme la lueur qu'on découvre prise au ciel des montagnes dans les yeux brûlés d'un voyageur. La simplicité des jours d'été, lisses et semblables, qui se prolongent au fond des nuits transparentes, apparaît nouvelle et familière sous la douceur du retour (...)

(Ombres)

La nature est là. Voici la rivière et les arbres — peupliers, marronniers —, l'étang, la plage, la falaise. Et comme elle est tentante, la saveur acide des groseilles ! Le poète parle d'une campagne tranquille et vraie. Même si le lac, dans le lointain, paraît « irréel », on pourrait presque le situer, « scintillant au pied des Alpes ». Ce monde est habitable, habité. Les champs sont labourés. Des platanes agrémentent la place. Il y a des boutiques, des cafés. On entend le « chant aigre de la scierie près du torrent ».

Jean-Pierre Burgart aime par-dessus tout les « adorables variations du jour ». Les éclairages changent selon l'heure, la saison, le temps qu'il fait. On se souvient des beaux instants. On attend une éclaircie.

---

31. *Ombres* (Mercure de France, 1965). *Failles* (Mercure de France, 1969).
L'article de Marc ALYN est paru dans *Le Figaro littéraire* (cf. *La Nouvelle Poésie française*, pp. 175-176) ; celui de Serge FAUCHEREAU dans *la Quinzaine littéraire* du 1er janvier 1970.

On se fait plus léger avec l'aube, on rêve, en plein midi, d'éternité. Le soir descend ; on se dispose au plus calme sommeil.

Vin d'orage, vin de foudre ruisselant sur les feuillages assombris ; la pluie luisante chargée d'électricité ; éclats de l'orage vertical.

La terre délavée des chemins, les pierres des champs effrités sous l'averse glissaient dans les ravines ouvertes, vers les ruisseaux grossis.

Et moi, je revenais par les prés spongieux et tièdes, tandis que dans les rumeurs de l'orage qui s'éloignait se préparait la sérénité d'un soir.

(Ombres)

Ce que symbolise la nature, ou plutôt ce qu'elle dit, semble souvent fort clair. L'auteur ne qualifie-t-il pas la campagne de « lisible » — et lisible dans ses détails ? Il est vrai que c'est à l'occasion d'une belle matinée. Mais il ne faut pas se fier à cette transparence ambiguë :

(...) *sur la terre où tout est déjà nocturne, impénétrable, la rivière court sans que rien l'arrête, neigeuse, comme un reflet du ciel inexprimable où la nuit lentement s'épanche, où les étoiles épellent une phrase immense, évidente, illisible, et c'est un seul texte de givre où je scintille* (...)

(Ombres)

Contemplation, recueillement : un amour profond de la nature permet à Jean-Pierre Burgart de poser simplement, et comme avec le cœur, les questions que l'esprit philosophique lui suggère.

Aux premiers soirs d'été, dans la fraîcheur trouble que laisse en sombrant le jour dévasté, les ténèbres béantes des fenêtres interrogent tendrement la nuit tombante où des voix se rapprochent et semblent se répondre (...)

(Ombres)

Il est possible que le mouvement d'intériorisation qui conduit du spectacle émouvant de la nature à l'interrogation sur soi, ait entraîné l'auteur d'*Ombres* et de *Failles* à quelques raffinements de culture contrastant avec l'objet même qui a provoqué la démarche initiale — mais la nature, éclairée par l'esprit, ne cesse d'exercer son attrait. Et l'on peut s'attendre, en toute poésie authentique, à de telles oscillations.

Marc ROMBAUT

C'est au cours d'un séjour en Guinée, à Conakry, que Marc Rombaut[32] a écrit les poèmes du *Festin* et de *la Jetée*. On pourra reconnaître le pays : terres rouges, étendue de la plaine, palmiers mordorés, « fleuve de boue inerte et silencieux », odeur fauve des nuits, moiteur de l'air. « Aujourd'hui encore, une pluie grasse me crache dessus ». Le climat de ces poèmes — celui dans lequel ils sont nés — fait ressentir la lourdeur, la vanité peut-être, de la tâche qu'entreprend, après tant d'autres, leur auteur. Les mots paraissent bien précaires, les signes que la main trace sur la feuille déjà « lettres mortes ». Le langage n'est-il pas impuissant à crier la révolte contre les limites de la connaissance ? Et même s'il y parvenait, serions-nous moins angoissés dans ce monde où les dieux morts (morts de ne pouvoir nous satisfaire) ne guident plus notre route ? L'amour, même désemparé, reste alors la meilleure force contre l'épaisseur du monde. La nuit tropicale parfois s'éclaire : « lumière de nuit caressant le balancement des arbres ». L'expérience africaine — « En des lieux sévères où la magie des rites s'accorde au rythme du monde » — aura été, pour Marc Rombaut, celle d'une réconciliation difficile, mais non plus impossible, avec les choses et le temps.

Il y a aussi chez Marc Rombaut un voyage intérieur où alternent la confiance et l'angoisse. « Nous voguons en nous-mêmes comme des voyageurs en transhumance, broutant un jour la rosée, un autre le chardon. »

UN ORDRE PARFAIT ?
Denise BORIAS

Dans *l'Amandier,* Denise Borias[33] se rappelait (selon sa propre analyse) l'enfance, le « monde heureux et clos du jardin », l'« arrachement douloureux » à cette « enfance », le passage « de la famille, du jardin, au village », avec la « découverte de la vie communautaire », dans le travail ainsi qu'à la maison, « l'arrachement au village », les

32. Né à Gand (Belgique) en 1939. *Ambiguïtés* (L'Information poétique, 1964). *Failles* (L'Information poétique, 1966). *Le Festin* (Chambelland, 1968). *La Jetée et autres solitudes* (Chambelland, 1969). *Le Regard sauvage* suivi de *l'Absence des mots* (Ed. Saint-Germain-des-Prés, 1972).

33. Née à Clermont-Ferrand en 1936. *L'Amandier ou le Travail poétique* (Oswald, 1967). *Natures vives* (Chambelland, 1971).

« heurts » avec « la ville hostile » ; elle revoyait alors « l'extase » du « premier amour », relatait l'effet que produit l'amour « sur la vision des choses », exprimait « la poésie des choses de la ville » ; puis elle revivait, « après l'arrachement au premier amour », une « série de voyages », l'« alternance de l'ivresse » et du « désespoir », la « naissance de la poésie » ; après une évocation du « charme de Paris sans doute mort », elle revenait à la « ronde des saisons », marquait son « réaccord avec le monde naturel, senti comme un ordre parfait », non sans accompagner le sentiment de l'« unité personnelle retrouvée » de questions sur le sens de la vie et le devoir de l'homme.

L'imaginaire, avec discrétion, se mêlait à la précision du détail amoureusement observé ; un certain humour corrigeait l'attachement au réel, reliait autrement qu'à l'accoutumée les éléments de la perception ; l'élan lyrique (Denise Borias distingue le « lyrisme révolté » et le « lyrisme extasié ») se laissait contenir par le barrage du style « narratif et descriptif » avant de préciser la double orientation de son mouvement et de conduire à une tension « dramatique » entre l'apaisement et l'inquiétude.

En faisant suivre son poème d'une véritable explication de texte en deux parties (Plan, Mouvement), Denise Borias prenait le risque de paraître un peu pédante... Elle sort indemne de cette aventure intellectuelle, tant la vie du poème, sa dialectique propre, semble épouser le cheminement de la vie même... Ici les chemins de la pensée sont aussi des chemins de terre.

Denise Borias a donné le « raccourci » de *l'Amandier,* et « naturellement », une « Analyse du raccourci » : « Il y a le même plan, le même mouvement que dans *l'Amandier* mais l'agencement des images a été changé, le rythme est très accéléré ».

Je dessine une fleur sur l'écorce de l'amandier. Le vent m'arrache comme un petit arbre ; au jardin, je semble un trou.

Il fait chaud dans les rues en pente, et le buisson porte ses baies, jusqu'à la rivière. La route, à laquelle on ne pensait plus, agite ses grelots, vers la table de bois. L'eau de la fontaine est pesante et glacée.

Le village se casse à la route nationale. La loi ne l'interdit pas ; rue du Beffroi, les amoureux attendent le bus. L'amandier s'annule sous les lunes successives. Je me cogne à mon manteau.

Tu m'as hissé sur le chemin (...)

Beau poème, et qui reçoit sa lumière de tout ce qui le porte. Il faut entendre la voix de Denise Borias. Tout de même, on pense un peu à la méthode de Francis Ponge — ce qui prouve, après tout, que celle-ci n'est pas si mauvaise... Dans *Natures vives*, Denise Borias évoque les plantes, fleurs, fruits, légumes, avec une densité d'expression que pouvait annoncer le « travail poétique » de *l'Amandier*. Une attention gourmande révèle l'homme, et son inquiétude, autant que ce qu'il touche. Telle évocation de *la Fraise* laisse un arrière-goût particulier.

De belle mine et lourdement vallonnée, opéra-bouffe !
Assaillie d'une grêle menue, inscrite en alvéoles mats sur le brillant du costume, pour un jeu de piques toujours débonnaire.
Le jardin s'allume sous l'arrosoir.
Quand on la tient, elle enseigne qu'elle fond dès l'abord de ses hanches ; et l'on entre, avec un peu de terre...

(Natures vives)

Pierre-Bérenger BISCAYE

Après la surabondance d'images un peu tumultueuse des *Glaciers mauves du paradis*, Pierre-Bérenger Biscaye[34] montrait avec le dessin délicat de ses *Jeunes feuilles* qu'il était capable de discipliner son imagination et de consentir à une réelle économie de moyens. Mais le goût du jeu de mots rendait encore un peu bavardes ces *Aquarelles*. Avec *Cérigo*, échantillon d'une importante série de poèmes écrits en Tunisie, Pierre-Bérenger Biscaye tient sans retard les promesses de son enthousiasme juvénile.

Conflagration des arbres
sans les ombres à midi
délaissées. Le vertige pur
se mêle au vin secret des
pierres. Des algues glissent
le long des statues ébréchées.
La lumière se regarde exister
dans le bleu de la vague...
Le visage de la veille confond
la page blanche et l'odyssée...

(Cerigo)

34. Né à Rodez en 1944. *Les Glaciers mauves du Paradis* (Oswald, 1966). *Aquarelles les jeunes feuilles* (Ed. Mic Berthe, 1968). *Cérigo* (Encres Vives, 1970). *Nuit de basalte* (Club du Poème, 1971).

Claire Sara ROUX

Par des chemins d'ombre, au risque de « Fuir de poème en poème Jusqu'au désert du sens », Claire Sara Roux[35] s'avance vers de mystérieuses clartés.

Noir sous les nuages
Nu sous les feuilles
Seul dans l'espace
Autour de la maison basse
Cet arbre inconnu
Ne serait plus
Qu'un tronc perdu
Dans la forêt de la nuit
Si la lampe du seuil
Ne l'appelait doucement
Par son nom de tilleul (...)

(*A l'arbre blanc*)

ÉVOLUTION DE PROMESSE

L'arbre nommé, c'est l'homme qui se lève. Avec son langage. Avec sa préoccupation du sens et du temps. Avec son inquiétude et sa volonté. L'homme toujours prêt à la remise en question. Ainsi la poésie la plus végétale peut-elle conduire à une critique de la poésie et de l'idéologie. L'évolution de la revue *Promesse* le montre assez nettement.

Depuis 1967, *Promesse* a, en effet, bien changé. Le comité de rédaction s'est d'abord élargi. On a cherché à défendre un certain éclectisme. Puis l'influence de *Tel Quel* l'a emporté. On a publié des poèmes de Michel Deguy, de Marcelin Pleynet, de Denis Roche. A la fin de 1968, la direction de la revue explique qu'il faut désormais porter toute son attention à l'idéologie, « terrain d'une offensive bourgeoise permanente ». Cette façon de voir pourra surprendre. On en vient à se demander pourquoi ladite bourgeoisie, si elle a vraiment intérêt à soutenir une certaine conception de la poésie, ne dépense pas un peu plus d'argent pour la diffuser. Cette question serait sans doute

35. *A l'arbre blanc* (Rougerie, 1968).

trop naïve pour troubler les commentateurs de Marcelin Pleynet, Althusser, Derrida, Julia Kristeva.

Les sciences contemporaines mettent-elles en danger l'idéologie bourgeoise ? La bourgeoisie défend la poésie — « la problématique du sujet » — contre l'objectivité scientifique ! La bourgeoisie valorise la métaphore, l'image. Elle neutralise l'érotisme pour le rattacher « à l'idéologie chrétienne sous sa forme amour ». Elle bénit le poète, sorte d'officiant qui parle comme un Dieu. Autrement dit, la poésie est l'opium du peuple !

En 1970, Christian Prigent, Jean-Luc Steinmetz, Jean-Pierre Verheggen, essayant de situer les revues TXT et *Génération,* estiment que *Promesse,* comme *Manteia,* suit une ligne analogue à la leur, mais « peut-être plus étroitement calquée sur celle de *Tel Quel*[36] ».

En janvier 1971, la revue *Promesse* elle-même fait le point, dans le texte « Jalons » : elle confirme sa collaboration avec le groupe *Tel Quel,* cherchant avant tout à « servir au mieux la cause générale d'une révolution démocratique et socialiste, dans sa préparation actuelle comme dans sa victoire future ». L'activité de *Promesse* dans ce sens « s'inscrit dans le mouvement d'une subversion-transformation du champ idéologique dont dépendait la revue depuis ses premières publications » ; elle marque « une rupture très nette par rapport à la plupart des textes « poétiques » auparavant publiés » dans la revue ; elle tend à déborder de toutes parts le domaine dit « poétique », et même à dissoudre ce « petit secteur » de l'idéologie dominante.

Autres œuvres à citer :

Charles BOURGEOIS, *le Bel Amusement* (Chambelland, 1970) ; *En court métrage* [1972].
Jean IGÉ, *Harnais* (Millas-Martin, 1972).
Gisèle LOMBARD-MAUROY, *Terres de hêtres* (Gallimard, 1960).
André MALARTRE, *Argile, Fougère et Sang* (iô-Paragraphes, 1953).

36. *Génération,* nos 3-4, p. 76.

CHAPITRE IX

L'HOMME AU TRAVAIL

Les poètes n'ont pas forcément « horreur de tous les métiers ». La plupart ne partageraient pas le mépris de Rimbaud pour la « main à charrue », ni pour la « main à plume ». Beaucoup entendent se ranger du côté des travailleurs.

Mais il s'agit là d'une conviction morale. En fait, il faut bien reconnaître que la poésie contourne volontiers, comme autant d'obstacles à ses meilleures aspirations, les secteurs pourtant les moins contestés de la vie active. Qui s'en étonnerait ?

La condition ouvrière suscite plus le désir de « changer la vie » — et d'abord les « conditions de vie » ! — qu'elle n'inspire de poèmes. Le « travail en miettes » de nos sociétés industrielles ne doit-il pas être situé aux antipodes de ce que les poètes voudraient rejoindre, dans leur nostalgie de l'unité, de l'harmonie ? Il est plus naturel aux poètes de chanter l'espoir au combat qu'un travail sans âme.

Peut-être les terribles déconvenues de l'histoire expliquent-elles ces distances. Il faudrait remonter à la fin du siècle dernier pour retrouver une telle vision, que nous persisterons à croire prophétique :

> (...) *Seul, quand au bout de la semaine, au soir*
> *La nuit se laisse en ses ténèbres choir,*
> *L'âpre effort s'interrompt, mais demeure en arrêt,*
> *Comme un marteau sur une enclume,*
> *Et l'ombre, au loin, parmi les carrefours, paraît*
> *De la brume d'or qui s'allume.*

Les « villes tentaculaires » ont-elles dérouté la poésie de l'horizon des travailleurs ? Sans rejeter les leçons d'une ferveur artisanale qui demeure à bien des titres exemplaire, dans un monde où elle trouve de moins en moins la possibilité de s'exercer régulièrement, il conviendra de prêter une attention toute particulière aux quelques voix qui ont tenté le rapprochement de deux réalités qu'on pourrait aussi considérer, sans trop trahir Reverdy ou André Breton, comme aussi éloignées que possible : l'usine et la poésie[1].

---

1. Voir aussi Chapitre I : *Poésie de combat* (Jean-Pierre GRAZIANI) et Chap. XIV : *Les Ressources du nouveau réalisme* (Gabriel COUSIN, Georges L. GODEAU, Pierre DELLA FAILLE).

Fernand TOURRET

Fernand Tourret — du Vigier, s'il faut dire son nom complètement[2] — n'aura pas servi pour rien dans la marine. Il pousse la nostalgie jusqu'à regretter presque le « temps de la marine en bois ». Quelle noblesse chez lui, quel sens des belles et fières traditions ! On ne s'étonne pas de son goût pour la science héraldique. Mais quelle rudesse artisanale aussi ! Homme de métier, et même de plusieurs métiers, ami de Pierre Boujut (le tonnelier, et l'auteur d'une *Célébration de la barrique*), Fernand Tourret sait fort bien ce que c'est que « courber le merrain », « bouveter le bastaing », « resserrer les douelles ». Ses poèmes sont l'œuvre d'un artisan, qui aime le travail bien fait — comme on faisait autrefois —, précis, bien ajusté, digne des vertus ancestrales. Avec eux, nous prenons place dans le temps.

Fred BOURGUIGNON

Poète de la Tour de Feu, imprimeur des poètes de la Tour, Fred Bourguignon[3] apprécie la tendre lumière de Jarnac. Il connaît les grands rythmes de la nature. Il ne cherche pas à étonner. Il n'est aucunement tourmenté par le démon de la bizarrerie. Il aime respirer à son aise, et donner à ce qu'il écrit le mouvement qui lui convient, qui correspond aux choses qu'il observe, avec lesquelles il vit, avec lesquelles il voudrait presque se confondre. Il aime aussi les mots, qu'il polit comme des pierres afin de les rendre dignes des signes qu'offre à déchiffrer la nature. C'est ainsi qu'il établit sa demeure au milieu des poèmes.

LA FATIGUE ET L'AMOUR

Jean VODAINE

(...) Aujourd'hui des rires marchent dans les rues
atteignant partout l'amour et la fatigue
dans la pluie une auto klaxonne de solitude

---

2. Né à Saint-Romain-la-Motte (Loire) en 1899. *Pariétales* (La Tour de Feu, 1960). *Théorie de la lune* (Plein Chant, n° 1, 1971). *Figurine à mettre en carafe* (Bassac, «Vers les Bouvents », 1972). *Marmonne des cœurs timides* (Dammard, Aisne, L'Arbre, 1972).

Consulter : *La Tour de Feu*, n° 108, décembre 1970.

3. Né à La Renisière, dans l'île d'Oléron, en 1925. *Disciplinaires* (La Tour de Feu, 1947). *Algues vertes* (La Tour de Feu, 1948). *Herpes* (TdF, 1949). *Les Mains sur la table* (TdF, 1950). *A la courte échelle* (TdF, 1955). *D'Amandes au feu de l'idole* (Cercle culturel de Bonaguil, 1970).

et des ouvriers passent sur les années
vers toujours la même usine
où l'on mange leur jeunesse comme du pain blanc
mais ce soir la lumière frappée en plein cœur
se divise en des milliers de poissons
qui espèrent le rivage

(Les Pauvres Heures)

Jean Vodaine[4] sait de quoi il parle quand il évoque les hauts fourneaux, les bennes, la ville noire, « le ciel vulgaire et quotidien », et par contraste « l'odeur des tilleuls », les œillets rouges, les géraniums. L'histoire et les réalités de la vie dure à gagner lui ont appris la tristesse — et la beauté pourtant — des jours. Il pense à Dieu dans ce « monde univers » dont il ignore le nom, où Dieu ne répond pas. L'amour dont il cherche en Dieu l'origine, en lui l'empreinte, il le traduit dans ses poèmes, il le fait passer dans son œuvre de graveur et de typographe où il semble s'oublier lui-même pour servir mieux la poésie de ses amis. La revue *Dire*[5] accueille Hölderlin et Gaston Chaissac, F.-J. Temple et Daniel Biga, les poètes coréens et Henry Miller et Ginsberg. Jean Vodaine s'ingénie à choisir pour chacun une mise en page originale, de nouveaux arrangements de caractères. Comme éditeur, il donne au livre une dignité, un air de fête : les lettres dansent, accompagnent le chant[6]. Les *Riches Heures* de Jean Vodaine…

Michel-François LAVAUR

Michel-François Lavaur[7] a subi, dans ses sonnets, l'influence

---

4. Né à Cighiano (Yougoslavie) en 1921. *L'Arbre retrouvé* (H.C., 1951). *Pas de pitié pour les feuilles mortes* (Vodaine, 1952). *Les Pauvres Heures* (Caractères, 1957). *Le Bon Dieu à crédit* (chez l'auteur, 1958). *Les Chants de Yutz* (chez l'auteur, 1961). *Petits agglos de mots périmés* (id., 1972). *La Fable des animaux restés seuls sur la terre* (id., ibid.).
5. *Dire*. Vingt-quatre numéros, imprimés à Basse-Yutz (Moselle), Montpellier, Sainte-Croix-de-Quintillargues (Hérault), puis de nouveau à Yutz, entre le printemps 1962 et 1971.
Jean VODAINE avait précédemment animé et imprimé les revues : *Poésie avec nous* (quatre numéros en 1949 et 1950) ; *Courrier de poésie* (huit numéros de 1950 à 1953) ; *la Tour aux puces* (huit numéros de 1958 à 1961).
6. Collections *Le Temps de dire* et *Prestige de la poésie*.
7. Né à Saint-Martin-la-Méanne (Corrèze) en 1935. *Masque et Miroir* (Traces, 1964). *Catelin chante Lavour*, disques 33 t., n°s 1 et 2 (Ed. Traces, 1968). *Argos 1* (Traces, 1969). *Onze poèmes* (Traces, 1969). *Petite geste pour un homme nu* (Traces, 1971). *Aubiat*, poèmes en occitan (limousin) avec version française de l'auteur (Traces, 1972). M.-F. LAVAUR a préfacé l'Anthologie *Poètes nantais* réunissant Paul CHAULOT, Jean LAROCHE, Alain LEBEAU, Norbert LELUBRE, Claude SERREAU, Angèle VANNIER... (Caen, Alternances, 1965).

mallarméenne — termes rares, syntaxe tortueuse, tentatives de style hiératique. Mais il ne suffit pas — remarque-t-il — que les poètes soient « conscients des exigences de leur art » ; il faut encore qu'ils le soient « de leur nature et de leur temps ». Depuis 1963, Lavaur dirige, compose, imprime la toute modeste revue *Traces*[8]. La presse qui a servi au tirage des deux mille exemplaires de *Masque et Miroir* permettait d'imprimer une page à chaque tour de manivelle... On comprend que Lavaur ait éprouvé le besoin de se libérer de l'écriture « fermée », d'« écrire selon (sa) vie » — qui est une vie de travailleur — et de « vivre selon (ses) écrits ».

Le reflet d'une veilleuse
sur l'armoire de la chambre
la sentinelle y pense
dans la nuit dangereuse

le vent froisse les feuilles
aux épines des ronces

les mains vives de l'épouse
font aussi ce bruit sauvage
sur l'évier avec la brosse

l'homme serre la crosse
et avale sa salive

(Petite geste pour un homme nu)

Jean-Louis BÉCHU

L'usine, c'est « la vie au ras de la vie » ; et pourtant Jean-Louis Béchu[9] fait naître, de l'acier, la rose — discrète et vraie — du poème.

8. *Traces* (Le Pallet, Loire-Atlantique). Cahiers trimestriels. Nº 1 : 1963. Nº 38/39/40 : 4e trimestre 1972.
M.-F. LAVAUR anime aussi *Traces-Magazine*. Cinquante-huit numéros entre 1964 et 1972.
9. Né à Fay-aux-Loges (Loiret) en 1918. *Paris la misère*. (H.C., 1950). *Notre-Dame de la Beauce* (H.C., 1951). *Neuf ballades pour un soir d'hiver*, ill. KERVENNIC (H.C., 1952). *Noces d'étain* (I.I.O., 1955). *Riviera* (I.I.O., 1960). *Poèmes cantabriques* (Orléans, Belan, 1964). *Pour la conscience du métal* (Orléans, Félix, 1964). *L'Acier la rose* (Millas-Martin, 1966).

LEÇON DE CHOSES

EMAILLERIE. *Magma brûlant, lave première ; substance et structure font la loi dans ce labyrinthe cadenassé.*

POLISSAGE. *Hémorragie de suies. L'acier inox tourne, balancé au ras des meules par des doigts gantés. Acier fait pour la main, ensemble nous sommes durs comme un menhir.*

La sueur a le goût de sueur et le ciel reste interdit.

En face, au-delà des viscères, la peau des murs a des relents d'égout, d'émeri, de fuel. On voit la vie au ras de la vie. Rigueur et servitude, jusqu'à ce que l'homme ait avoué.

Les femmes d'atelier rêvent de rétroviseur, de foin, de pinèdes, de peupliers, quand la chaîne passe et repasse, quel qu'en soit le bénéficiaire. Beaucoup sont douées pour la pauvreté, très peu pour le bonheur.

(Pour la conscience du métal)

UNE VIE À L'USINE
Gérard VOISIN

Gérard Voisin[10] fait passer son expérience d'ouvrier et de militant dans de grandes et admirables pages. Quelle puissance, quelle précision, quelle sensibilité dans le poème *Fonderie* qu'il dédie — ayant été lui-même mouleur-fondeur pendant treize ans — « aux métallos de Nantes et de Saint-Nazaire » ! Et comme on comprend à quel point les simples intellectuels risquent de passer à côté de la question — même les plus exigeants, les plus honnêtes (pensons à Simone Weil) — quand ils abordent les problèmes de la vie ouvrière. De l'extérieur on constate que l'individu (sur la chaîne ou *à* la chaîne ?) est minutieusement transformé en robot. Et de l'intérieur...

---

10. Né en 1934. *Servaline* (H.C., 1960). *Ecoute* (H.C., 1961). *Aube* (H.C., 1962). *Survie* (H.C., 1963). Le poème *Fonderie* est cité intégralement dans le n° 158 de *la Nouvelle Critique* (août-septembre 1964).

« Nous n'étions que corps », écrit Gérard Voisin. Mais quel intellectuel pur saurait éprouver, parmi les autres, avec les autres, cette aspiration presque inexprimable à un peu d'âme ? C'est dans les transitions, dans les moments de répit que ce besoin pourrait trouver le chemin de sa formulation ; mais généralement c'est le silence qui s'impose — ce silence qu'un poète, Gérard Voisin, fait parler.

La journée de travail va commencer :

(...) *Rentrés avec le rien de la journée, opprimés par la nuit comme une couverture trop lourde, il nous arrivait de respirer, de rafraîchir nos lèvres de la pluie fine d'Atlantique. Nous laissions le temps nous prendre, nous reprendre.*

(...) *Sur cette route d'usine la vie se voyait à la démarche un peu pressée, pas très à l'aise. Nous semblions si loin les uns des autres que nous apprenions à nous taire. Malgré nos souffrances nous avions peur de l'incompréhension des mots* (...)

Au cours de la journée, parfois :

(...) *Comment lever la pensée, suivre l'idée. On cherche, les images se succèdent, une prairie, une rue, la joie, l'inquiétude, c'est le lointain ou le déjà passé. Perdant la densité, on retombe au fond de la phrase attendant que tous ces jours de métal coulé nous emportent à la construction d'une autre vie.*

Le soir :

(...) *L'un fumait la pipe, un autre assis tombait, ses mains entre ses cuisses, d'autres ne disaient rien, ou nous parlions de ce qui faisait nos journées commencées et terminées souvent la nuit. Langage drôle, naïf, imparfait, d'une habitude déjà trop grande, attendant le silence né du malheur, pour soulever notre esprit mort.*

Coulant dans la fatigue, les yeux bataillent le sommeil. Le fantasmagorique mêlé de nuit et d'orangé métal, illumine les charpentes, passe sur nos cheveux, frangés de sueur, le front bombé, les traits sculptés à vif.

CHAPITRE X

LE BONHEUR EST À RÉINVENTER

Les formules de Rimbaud ont certes gardé leur vigueur. Mais, après que l'enfer eut gangrené le monde, il a bien fallu se rendre compte des limites d'une révolte, juvénile et individualiste, à laquelle l'histoire s'était chargée d'ajouter le poids de tout autres déterminations.

L'amour serait toujours « à réinventer ». Cela aussi, « on le sait ». Mais, l'humanité sortant à peine de la pire épreuve, des poètes, hommes et femmes, cherchaient à voir plus loin que les passions. Le « temps du mépris » l'avait finalement emporté sur celui de « l'amour fou ». Même dans la déroute intérieure, de plus tranquilles joies tentaient de se frayer un chemin. Paul Eluard allait ainsi s'interroger :

Le bonheur d'un enfant saurai-je le déduire
De sa poupée ou de sa balle ou du beau temps
Et le bonheur d'un homme aurai-je la vaillance
De le dire selon sa femme et ses enfants

Inséparable de l'amour, mais visant au-delà de tout paroxysme, le bonheur était à réinventer.

Serions-nous devenus, par la force des choses, plus modestes — ou plus sages — que Rimbaud ? Le compagnon de Verlaine avait « peut-être des secrets pour *changer la vie* ». Quand un poète d'après la seconde guerre mondiale parle d'une fille « toujours prête à corriger la vie », il exprime sans doute assez justement la mesure, actuellement encore, de notre espoir.

LE DOUBLE ITINÉRAIRE D'ARIANE

Marguerite GRÉPON

Plus que les hommes peut-être, les femmes ont à dire. Leur « infini servage » les a si durement marquées qu'elles se contenteraient difficilement, en poésie même, de trouver de ces « choses étranges, insondables, repoussantes, délicieuses » que Rimbaud avait annoncées. A celles qui sont le mieux en situation de le faire, il revient d'exprimer encore très clairement, tant que le « servage » en question ne sera pas définitivement oublié, l'exigence d'autonomie, la volonté d'être reconnues comme partenaires véritables de l'homme, égales à lui en dignité. LA FEMME AUSSI EST UNE PERSONNE : ce fut le titre, un peu avant la guerre, d'un numéro de la revue *Esprit,* auquel collabora Marguerite Grépon[1]. Ce pourrait être aussi la devise d'*Ariane*[2].

La collection complète de cette revue, par le choix des textes et les notes critiques, pourra constituer une bonne source de documentation sur la poésie contemporaine, et notamment — comme il se doit, mais sans ostracisme — sur l'œuvre de la femme en poésie. Cependant les Cahiers d'*Ariane* ne sont pas exclusivement consacrés à la poésie au sens technique du terme. Certes, Marguerite Grépon tient à affirmer la « présence de la poésie féminine dans la production contemporaine » (printemps 1967), elle est elle-même, en poésie, à la « recherche d'autre chose » (octobre 1969) et tente un « agrandissement de l'espace poétique » (juin 1971). Mais elle s'intéresse aussi bien à la nouvelle, au récit, au conte, au journal intime ; elle s'efforce de replacer « l'évolution de la condition féminine » dans son « contexte historique », étudie avec soin la pensée des saint-simoniens — et des saint-simoniennes. Sa préoccupation semble morale avant tout. Il est vrai que cette morale, de toutes les fibres de l'âme, appelle la poésie (ou répond à l'appel de la poésie ?). Car « la poésie est amour » ; et c'est le défaut de poésie — ou d'amour — dans le monde qui provoque le plus, chez Marguerite Grépon, la réflexion philosophique et morale. L'amour, disait saint François, n'est pas aimé...

Dans son œuvre, Marguerite Grépon a longtemps paru hésiter entre le roman *(la Voyageuse nue)*, l'essai (*Introduction à une histoire*

---

1. Née à Souillac (Lot). *Le Beau Voyage interrompu* (Monde Moderne, s.d.) *Les Toits sans chats* (Caractères). *Registre du logeur* (Janus, Oswald, 1956). *Dialogues de la nuit* (Caractères, 1957). *Les Insomniques* (Chambelland, 1972). *Médiumnité-Fardeau* (Millas-Martin, 1965). *Folle Genèse*, expérience poétique (Millas-Martin, 1968). *Poétique de la Survie,* conversation (Caractères, 1971). *Double itinéraire* (Caractères, 1971). *Anti-poèmes et paraboles à partir de l'infinitif* (Uzès, Formes et Langages, 1972).
2. *Ariane,* Cahiers culturels dirigés par Marguerite GRÉPON (Paris). N° 1 : 1953. Livraison non numérotée : 1er janvier 1973 (soixante-quatorze numéros parus à cette date).

de l'amour), le poème. Son *Registre du logeur,* préfacé par Jean Follain, se présentait comme une « histoire en forme de poésie ». Les vers, blancs ou libres, s'y voulaient « liés à l'événement, donc inséparables de l'aventure de la vie ». Les *Dialogues de la nuit,* en prose, reprennent cette même mention : « histoire en forme de poésie ». Deux récits *(la Servante poète* et *Poétique de la survie)* témoignent encore d'une recherche constante de la poésie, sans souci de discrimination des genres.

A travers l'œuvre, la pensée progresse de l'impression et du souvenir à la méditation. L'intériorisation, la réflexion conduisent à une poésie de la confidence et de l'ascèse où les vives couleurs et les parfums du monde se déplacent sans pourtant perdre de leur réalité, tant ces « poèmes » — où la lucidité pénètre jusqu'aux ombres portées — équilibrent de ferveur sensible une intellectualité toujours aux aguets. « Il me faut servir chaud les objets de l'esprit », dit Marguerite Grépon.

On aimera de telles notations, d'une sensibilité très exercée : « plus le thé est fort plus son goût est fin », ou « la cigarette a donné sa valeur au silence », ou encore « les fleurs changent d'odeur entre le matin et le soir ». Les impressions sensorielles semblent favoriser de mystérieux échanges entre l'âme et les choses. On serait tenté d'extraire des poèmes leurs plus fortes images, de s'en constituer de merveilleux bouquets, d'oublier le commentaire, de laisser le charme opérer : « Selon que les branches des arbres s'agitent à l'ombre ou au soleil, leur musicalité est différente », « Les yeux bleus ne font jamais d'ombre ». Et quand la nuit viendrait : « le cerisier en fleurs, ce squelette étoilé ».

Alors, on se souviendrait peut-être de la poésie naissante, et tout le chemin s'éclairerait.

D'une enfance et d'une adolescence qui l'ont conduite de la région de Sarlat et de Cahors vers le Haut-Tonkin et la Porte de Chine, allant et venant entre Hanoï, Hué, Saïgon, Marseille, Toulouse et son village du Lot, Marguerite Grépon a rapporté les clefs les plus secrètes d'un paradis perdu.

A Colombo
la petite fille surprise
plongeant le nez dans des écharpes
sut que la couleur bleue ne sentait pas
comme la couleur rose (...)

(Folle Genèse)

Si l'on s'irrite du glissement fréquent du poème vers la page de journal, le propos esthétique ou moral, qu'on revienne à cet éveil des sensations et des pensées. Ce qu'on lisait en *animus,* qu'on le reprenne en *anima*, pourrions-nous dire en nous servant du vocabulaire de Gaston Bachelard et d'Ania Teillard — un vocabulaire que ne désavouerait certainement pas Marguerite Grépon.

Poésie, volontiers discontinue, se révélant par éclats d'évidences, et d'autre part fil (d'Ariane ?) conducteur de la pensée, continuité d'une exigence intellectuelle et morale, la recherche de Marguerite Grépon a suivi un « double itinéraire ». Et c'est sous ce titre précisément qu'elle a donné, réservant la page de gauche à la « pensée suivie », la page de droite aux « surprises tombées du ciel », son meilleur livre.

Selon que les paupières épousent gravement ou mollement les globes qu'elles recouvrent en partie ou aux trois-quarts, on peut identifier l'écoute : poésie, musique, propos courants.

Leur arc appartient à des divinités pensantes, à des dragons, à des images de nuit. Le regard des paupières fermées dit la vérité. Au bas du versant des pommettes, leur courbe dit la qualité du silence intérieur.

(Double itinéraire)

L'INNOCENCE CONTRE LE MALHEUR

Armen TARPINIAN

La lumière s'éveille de l'exil
Où la croyaient morte certains

Armen Tarpinian[3] — on pourrait presque l'oublier à le lire, tant sa voix est claire, et fraternelle son inspiration — a connu, comme tous les hommes de son temps, la plus terrible angoisse : celle d'un monde entièrement menacé de mort. En 1946, à l'époque de *Cœur familier,* « nous revenions de loin ». Pourquoi chercher des mots plus rares ? C'était bien cela. Il fallait tout reconstruire, et il n'était pas si facile, pour un jeune poète, de découvrir le rôle profond que, dans la discrétion, un certain langage pouvait jouer.

Courageux et secrets nous voulons travailler
Pour une danse facile au milieu du soleil.

---

3. Né à Paris en 1923. D'origine arménienne. *Le Chant et l'ombre* — recueil comprenant *Cœur familier* (1946). *La Terre ouverte* (1948), *Sous l'aile du feu* (1950), *Nommer* (1951) — (L'Arche, 1953).

JAMES SACRÉ

ROLAND BRACHETTO

ALAIN BOUCHEZ

JEAN-CLAUDE VALIN

PIERRE VASSEUR-DECROIX

DENISE BORIAS

JOSEPH ROUFFANCHE

BERNARD MAZO

GILLES FOURNEL

GEORGES DRANO

JEAN-VINCENT VERDONNET

JEAN-LOUIS BÉCHU

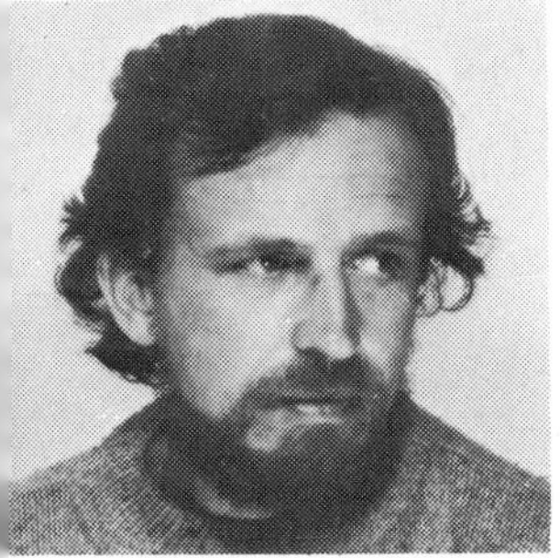

MICHEL-FRANÇOIS LAVAUR

FERNAND TOURRET

FRED BOURGUIGNON

JEAN VODAINE

DENISE JALLAIS

CHRISTIAN GALI et CHAGALL

HENRY BAUCHAU

PAUL MARI

MARGUERITE GRÉPON

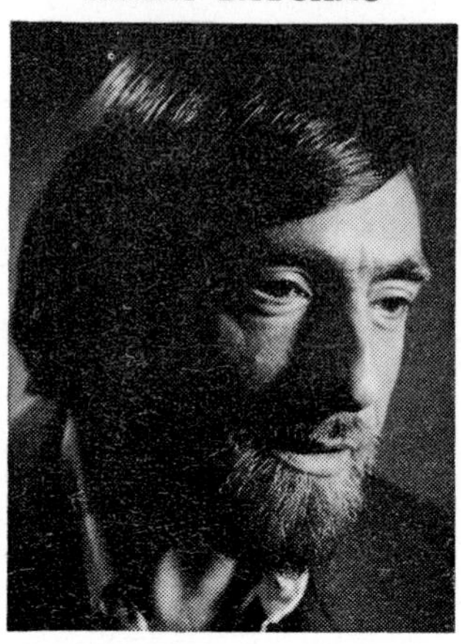
CHRISTIAN DA SILVA

ANDRÉ LAUDE

C'est très justement que, dix ans plus tard, dans son *Anthologie de la poésie nouvelle,* Jean Paris devait saluer en Tarpinian « un des premiers témoins de cette aurore » qui annonçait enfin les saisons délivrées.

Par-delà les ruines, Armen Tarpinian lutte contre le malheur avec une sorte d'innocence et de fraîcheur (même le soleil est frais, pour un poète comme lui) et il peut écrire tranquillement :

Ton cœur d'enfant pulvérisera la nuit.

Confiant dans son propre langage, malgré la difficulté reconnue de dire le vrai des choses, il va — semble-t-il, tout naturellement — à l'essentiel.

Le jour le jour est blanc comme une nuit parfaite.

Poète des transparences, du silence et de la paix, Armen Tarpinian a écrit, sans vouloir forcer l'attention, des vers d'une grande simplicité d'allure mais aussi d'une admirable densité d'expression, qui justifie la dédicace à René Char.

Ceci pourrait devenir la prière de tous les amis de la poésie, tant les vers paraissent justes, physiquement et spirituellement :

Si je me mets à genoux
Le ciel devient plus vaste

Mais on trouvera sans doute plus de profondeur encore à un vers comme celui-ci :

La pureté de l'eau est faite de silence.

Ici tout interdit le commentaire. Mais il reste permis d'ouvrir à qui ne les connaîtrait pas déjà une des voies les plus sûres de la poésie.

CORRIGER LA VIE

Christian GALI

(...) *l'enfant et l'oiseau s'en vont bras dessus bras dessous*
pour prouver à tout le monde
qu'un enfant et un oiseau
sont essentiellement comme il faut
quand ils font ce que bon leur semble (...)

C'est un air qui vient de loin. 1945. Saint-Germain-des-Prés. Christian Gali[4] avait vingt ans. Oui, tout était à redécouvrir. Moralement et poétiquement, Gali s'inspirait de Prévert. A d'autres de faire la fine bouche. Prévert, c'était l'enfance retrouvée à l'âge d'homme, à une époque où les gens raisonnables avaient tout saccagé. Peu avare de paroles et pressé d'imprimer, Gali faisait, pour commencer, l'inventaire de ses amours et de ses haines, prenait le parti des enfants, des prolétaires, des filles jolies, contre les rombières, les gens à fric, les perroquets. Il trouva même que Dieu, malgré Nietzsche, n'était pas assez mort. Ce « vieillard » en effet ne savait pas entendre « les plaintes des enfants pauvres ». Et tant pis si cela peut apparaître d'une théologie un peu courte : un bon blasphème vaut mieux qu'une mauvaise prière.

Christian Gali n'est pas le seul poète à vouloir « changer la vie ». Mais il le fait sans détours, sans complications alchimiques.

Catherine oh oui Catherine
toujours prête à corriger la vie

C'est un peu fleur bleue, mais pourquoi pas ? Les prénoms frais invitent à la cueillette. Janelle ?

Il suffisait de l'embrasser
et tout devenait agréable
la rue chantait

Arlette ? Elle

savait que nous devenions des poètes
elle en riait (...)

elle est devenue belle juste à temps.

Christian Gali doit peut-être à ses amours ensoleillées de n'avoir pas donné trop vite dans la métaphysique. L'amour lui a appris à voir

4. Né à Grenoble en 1925. *Imagerie malheureuse* (Lyon, Maison des Jeunes Ecrivains, 1945). *13 Poèmes d'amour* (id., 1946). *L'Air de loin* (Ed. Voir et dire, 1948). *Poèmes involontaires et sans vergogne* (La Tour de Feu, 1949). *Vivre vite* (La Tour de Feu, s.d.). *Pour en finir avec le mot femme* (La Tour de Feu, s.d.). *Amour astre* (La Tour de Feu, 1951). *Gala* (Signes du Temps, s.d.). *Itinéraire pour Gala* (Signes du Temps, s.d.). *Les Iles du jour* (Ed. Iles de Lérins, s.d.). *L'Emotion grandeur nature* (Ed. Iles de Lérins, s.d.). *Mémoire visuelle* (Sortilèges, s.d.). *Le Soleil quotidien*, avec des poèmes de Frédérick TRISTAN (Sortilèges, 1952). *Paroles à dieu le père* (Millas-Martin, 1952). *Musique centrale* (Millas-Martin, 1953). *Les Racines de l'eau* (Terre de Feu, 1955). *Terre Promise* (Terre de Feu, 1955). *Hectares de Paris* (Janus Oswald, 1955). *Surface d'un secret* (Parti pris, s.d.). *Morale de Carzou* (Parti pris, s.d.). *Sérénité de Manfredo Borsi* (Parler, 1964). *Recours à l'oiseau* (id., 1965). *Pouvoir distingué d'un visage*, ill. GIACOMETTI (id., 1965). *L'Age souple* (id., 1966) *Soleil des colères* (id., s.d.). *Parler sans hâte d'une espérance* (id., 1967). *Brefs de l'oiseau témoin* (H.C., s.d.).

— autrement, avec d'autres yeux. L'aisance de l'expression ne doit pas nous cacher la qualité de cette expérience. En lisant attentivement *Gala* et *Itinéraire pour Gala* (Gala, merveilleux féminin), on comprendra mieux l'itinéraire de Gali. Un homme « remarque » les « paysages préférés » de celle qu'il aime. Eclairé par le corps de la femme, délivré de la peur, il ne cherche plus à se fuir, il est « à peu près transparent » ; en même temps, il devient plus attentif à la lumière qui caresse les objets. Les amoureux ne sont pas seuls. Gala est guidée par le soleil. Les rues maintenant sont amicales. Le poète, enfin, peut dire : « les choses nous aiment ».

L'amour donne au langage sa signification poétique. Je n'en veux pour preuve que ce passage :

> (...) *les choses que je colore*
> *en éveillant les mots en toi* (...)

A partir de là se dessine chez Gali un nouveau paysage.

On pourrait penser à Paul Eluard, à Lucien Becker (« ta bouche végétale est double »), à Gaston Bachelard (*les Racines de l'eau,* quel beau titre !) Mais Christian Gali, qui avait dominé sa bonne éducation pour devenir un promeneur émerveillé, a su dépasser sa propre culture pour exprimer « la poésie sans âge des matins ». A « la liberté de la femme » est associée « la joie de l'eau », car « il existe une volonté de l'eau compatible avec la nôtre ».

Ne cherchons pas ailleurs les « sources » de Gali ; elles se trouvent là où murmure, discrète et bienfaisante, la vie élémentaire. A cette origine heureuse le poète restera fidèle quand le temps sera déjà venu de s'interroger sur le sens et l'issue du parcours :

> *Il semble que l'oiseau sans accepter la*
> *mort ne commet pas l'erreur de la croire*
> *malédiction.*
> *L'oiseau suppose que l'énigme cache*
> *une source.*
> *Il accomplit son destin de témoin bref.*
>
> *(Brefs de l'oiseau témoin)*

Puissions-nous, par la poésie, échapper à la crainte, comme « l'oiseau qui a fait de l'olivier sa cathédrale » !

L'arbre à paroles de Christian Gali nous tend ses branches, d'où s'élèvent les chants de la vie multiple[5].

---

5. Christian GALI a fondé, et animé avec Frédérick TRISTAN, la revue *Sortilèges.* N° 1 ; s.d. [1952]. Le n° 3-4 (Labastide-Rouairoux, Tarn, 1953) était consacré à Jacques Prévert. A *Sortilèges* ont succédé *Parti pris* (deux numéros, Fontaine, Isère, et Grenoble, 1956), puis *Parler* (Grenoble. N° 1 : novembre 1958. N° 19 : 1965).

LE POÈME CUEILLI COMME UN FRUIT

André LIBERATI

André Liberati[6] est né au Liban[7]. A certains traits, d'une belle finesse, on pourrait presque le croire venu de l'Extrême-Orient :

(...) *Sur la page et dans le silence, le poème est comme une branche chargée de fleurs — douce en est la neige — de fleurs et parfois de fruits* (...)

(Le Cœur secret)

Mais le ton de sa poésie rappelle un peu P.-J. Toulet (ainsi que le remarque Jean Rousselot). Poésie parfaitement acclimatée ? N'oublions pas que P.-J. Toulet gardait en lui l'image des lointains...

C'est à voix basse qu'on enchante
Sous la cendre d'hiver
Ce cœur, pareil au feu couvert,
Qui se consume et chante...

(Contrerimes)

André Liberati semble commenter : « A chanter trop haut le cœur se déchire (...) Le cœur secret de toute chose chante à voix basse ». Il est sensible à tout ce qui trouble à peine le silence. Il sait attendre le moment de cueillir, comme un fruit, le poème. Il n'aime pas l'éclat, l'emphase, mais la simple tendresse, l'éveil de l'amour, la naissance du chant.

André Liberati est aussi un poète très fraternel qui, au seuil de sa vie poétique, a voulu d'abord saluer, en même temps que « la beauté du monde », « la générosité des hommes », et leur travail. Il a gardé quelque chose du style des moralistes ; il aime les maximes — « Si quelques mots font un poème, c'est que le cœur leur a donné son battement, son charme secret » —, mais il n'est jamais froid ni hautain. Il aime les mots, qui « viennent de nos frères et retournent à nos frères ». Il célèbre avec les poètes « les noces des mots et du réel ». C'est une fête à laquelle on aimera se souvenir d'avoir été convié.

---

6. Né à Beyrouth en 1927. *Vieux Capitaine* (Editeurs Français Réunis, 1952). *Le Cœur secret* (Action Poétique, 1961). *La Mort amoureuse* (Seghers, 1965).
7. L'œuvre d'Andrée CHÉDID — qui a davantage manifesté, dans ses écrits, ses liens avec le Liban — est étudiée au Livre IV (Proche-Orient).

Mais c'est vraiment dans le dessin délicat, fragile, que s'exprime le mieux la séduisante personnalité d'André Liberati :

(...) *Le feu n'est pas éteint, un nuage dérive, le soleil est devenu pour un instant ce feu doux et voilé qui couve sous la cendre.*

(La Mort amoureuse)

Oui, P.-J. Toulet nous est revenu de Beyrouth.

LES RACINES DE L'AMOUR

Renée RIVET

Gaston Bachelard a tout de suite fait confiance à Renée Rivet[8]. En ouvrant son premier livre, il a su qu'il était en présence d'un poète. Il s'est mis à rêver, regrettant un peu d'avoir déjà publié ce qu'il avait écrit des eaux dormantes — il aurait été si bon de commenter « La chair de l'eau pénètre bien plus bas que la mort » —, envisageant de reprendre son chapitre sur la « Maison onirique », d'en faire un livre. « Quand je lis vos pages — devait-il écrire à Renée Rivet — je retrouve de très vieux souvenirs. Je me souviens des villages où j'ai vécu. Je me souviens des meubles immobiles. Je me souviens de la grande paix des choses ». Et notre philosophe rêvait encore sur ce beau vers : « Les flaques de la nuit sont pleines d'images et de bijoux fantastiques »...

Il faut un peu chercher dans l'œuvre, quand on lit moins bien que Bachelard, ce que Renée Rivet y a mis de plus profond et qui est « l'amande des images ». Luttant contre la maladie ou chantant son amour et attendant son enfant, Renée Rivet, à la lumière de sa foi, médite sur le bonheur, la destinée de l'homme, avec une simplicité de ton dont il faudrait au lecteur retrouver, ou trouver, le secret. « De la qualité du bonheur naît une morale », écrit l'auteur de *l'Amour magie blanche*.

Il se peut que Renée Rivet commente parfois un peu son âme. Mais le poète en elle trouve le meilleur chemin de la persuasion :

---

8. Née à Neuilly-sur-Seine. *Nos ombres qui cherchent* (Seghers, 1952). *Chemin des fumées* (Seghers, 1956). *Lueurs aux vitres* (Rougerie, 1958). *La Maison des quatre soleils* (Rougerie, 1961). *L'Amour magie blanche* (Rougerie, 1967). *Chants pour Lothario* (Rougerie, 1967). *Je réveillerai l'aurore* (La Grisière, 1971). *Où vibre l'écarlate* (Rougerie, 1972).

La chair est douce et forte...

Je crois à ces racines
Qui poussent de l'amour.

Partout était le vide,
Et je rôdais aveugle.

Ton corps est un bateau sauveur,
Il me donne des rives (...)

(La Maison des quatre soleils)

Marie Noël ne s'était pas trompée non plus en découvrant entre Renée Rivet et elle une « parenté intime ».

L'AMANT, L'ENFANT

Denise JALLAIS

Ce qui plaît d'abord, chez Denise Jallais[9], c'est une gentillesse un peu acide. L'oiseau est enfermé dans la cage et se plaît à la mélancolie de son chant. Denise Jallais piétine ce qu'elle aime avec une sorte de grâce. Elle doit avoir un cœur féroce et indulgent.

Parfois la confidence s'étire un peu. On craint, au détour d'un vers, de rencontrer l'ombre de Géraldy : « c'est quand même lourd à porter Un amour », si tu ne m'aimes pas comme je l'entends, je prendrai un amant, etc. Mais Denise Jallais, le plus souvent, donne la note juste. Ainsi quand elle regarde partir celui qu'elle a aimé, sans amour, sans haine, comme elle regarderait un fleuve. Elle a trouvé surtout pour annoncer l'enfant à naître, et pour parler à l'enfant mort, des mots très simples, très purs :

(...) *peut-être y a-t-il quelque part*
Un sapin pour les enfants morts (...)

Tous les visages d'enfant
Te ressemblent
Et j'ai même inventé
Ton sourire

(Les Couleurs de la mer)

---

9. Née à Saint-Nazaire en 1932. *Matin triste* (Seghers, 1952). *L'Arbre et la terre* (id., 1954). *Les Couleurs de la mer* (Seghers, 1955). *La Cage* (Seghers, 1958). *Pour mes chevaux sauvages* (Chambelland, 1966).

Fluette au départ, la voix de Denise Jallais s'est enrichie de nouvelles harmoniques, très discrètes, et qu'il faut apprendre à percevoir.

Je suis brune et légère comme une tombe
Je suis étirée dans le soir
Comme une danseuse peinte
J'ai les cheveux longs comme des muscles
Les bras libres
Le cœur duveté comme une amande
Je suis au bord d'une grande saison d'été
Juste après l'adolescence
Et tu m'attends
Pour m'emmener dans le haut pays de la mort.

(Pour mes chevaux sauvages)

Jean-Pierre ROSNAY

Jean-Pierre Rosnay[10], après les années de maquis, avait créé un mouvement qui fit quelque bruit entre le Pont Mirabeau et Saint-Germain-des-Prés — contre la peine de mort, contre la guerre, pour la jeunesse, la révolte, la poésie. Ce mouvement s'appelait le *jarrivisme*. De fait, Jean-Pierre Rosnay est bien jarrivé. Il est surtout connu pour une émission de radio et de télévision controversée parmi les amateurs : *le Club des Poètes*. Mais il serait injuste d'oublier qu'il a contribué à faire connaître quelques jeunes auteurs de talent, comme Marc Piétri, et qu'il a lui-même écrit des poèmes où passe, sur un air — parfois — de chanson, le souvenir (au moins) d'Apollinaire, d'Aragon, de Garcia Lorca, de Jacques Prévert.

(...) *J'allais aux rendez-vous manqués*
Comme d'autres vont à l'église
Un arbre un mur quelques pavés
Que voulez-vous que je vous dise

(Comme un bateau prend la mer)

---

10. Né à Lyon en 1926. *Rafales* (Paris, Jeunes Auteurs Réunis, 1950). *La Foire aux ludions* (Paris, Ed. J.A.R., 1952). *Comme un bateau prend la mer* (Gallimard, 1956). *Les Diagonales* (Gallimard, 1960).

Daniel GÉLIN

Qui a eu la chance d'entendre Daniel Gélin[11] dire des poèmes — et le disque permet à chacun de faire entrer chez lui cette voix qui peut faire briller le soleil dans les vitres — ne s'étonnera pas de découvrir chez l'interprète de tant de rôles, au théâtre et à l'écran (y compris celui de la télévision), un poète sensible et simple, toujours prêt, malgré les peines, l'anxiété, à fixer sur la page, en de « courts métrages », un reflet de ciel ou l'ombre d'une fleur, l'écho d'un chant d'oiseau. La poésie ne cherche pas à expliquer quoi que ce soit. Pleine de tendresse humaine, et parfois proche de l'humour, elle n'est peut-être pas sans rapport avec Dieu, comme le laissait entendre René Guy Cadou dans sa *Lettre à Pierre Yvernault, curé de campagne*. Daniel Gélin aime particulièrement cette page. Il s'en souvient peut-être quand il écrit ses propres poèmes.

Hélène CADOU

C'est neige et froid maintenant. Pourtant le feu reprend, l'intimité de la maison, où veille encore la lampe, charge de tendresse le silence. Hélène parle seule au règne végétal. On aimera cette voix calme[12] qui peut redire le secret de la source et la beauté du ciel. Par elle aussi, le « nom de Cadou » — comme dans les poèmes de René Guy — « Demeure un bruissement d'eau claire sur les cailloux ».

(...) *Je sais que tu m'as inventée*
Que je suis née de ton regard
Toi qui donnais lumière aux arbres
Mais depuis que tu m'as quittée
Pour un sommeil qui te dévore
Je m'applique à te redonner
Dans le nid tremblant de mes mains
Une part de jour assez douce
Pour t'obliger à vivre encore.

(Le Bonheur du jour)

---

11. Né à Angers en 1921. *Fatras* (Jacques Damase, 1950). *Dérives* (Seghers, 1965). *René Guy Cadou* dit par Daniel GÉLIN (Disques Véga, éd. Seghers, réalisation Robert J. VIDAL et Jean BRETON — *Poèmes à dire,* anthologie (Seghers, 1968).
12. Hélène CADOU, née à Guérande. *Le Bonheur du jour* (Seghers, 1956). *Cantate des nuits intérieures* (Seghers, 1958).

Jeanine MOULIN

Auteur d'études sur Christine de Pisan, Marceline Desbordes-Valmore, Gérard de Nerval, Guillaume Apollinaire, exégète capable de souligner la limite de ses propre exégèses, Jeanine Moulin[13] pratique elle-même une poésie de solide facture, qui ne cherche pas à voiler sa transparence naturelle, qui ne fuit ni le lieu commun ni les modes d'expression de la philosophie spontanée, mais qui foisonne d'images colorées, sonores, propres à charmer les lecteurs, même les plus rebelles à la sollicitation des parcs aux floraisons attendues.

> (...) *Tu saisis le présent qui se change en mémoire.*
> *Ton regard, indulgent à ma main engourdie,*
> *Rit et pleure du peu que sera ma survie.*
> *Tu vois saigner mes mots dans mes chants illusoires,*
> *Poésie, mon visage aux larmes de pluie noire.*
>
> *(La Pierre à feux)*

LA POÉSIE COMME SALUT ?

André LAUDE

Comme pour Marc Alyn, son ami d'alors, la poésie, pour André Laude[14], représente le salut. Marc Alyn exerçait à Reims la profession (comme on dit noblement) de barman, et dirigeait, à dix-sept ans, la revue *Terre de Feu*. Il publia, imprimés en vert, les poèmes d'André Laude, son aîné d'un an :

> *Cette infuse paix des feuilles*
> *Pose un bandeau sur les plaies*
> *De l'enfant des cités*
> *Mangées par le fer,*
> *Le cri rauque des bétonneuses*
> *Dans la nuit qui ne veut pas être nuit* (...)
>
> *(La Couleur végétale)*

---

13. Née à Bruxelles. *Jeux et tourments* (Bruxelles, La Maison du Poète, 1947). *Feux sans joie* (Seghers, 1957). *Rue chair et pain* (Seghers, 1961). *La Pierre à feux* (Seghers, 1968). *Les Mains nues* (Éditions Saint-Germain-des-Prés, 1971).

14. Né à Aulnay-sous-Bois en 1936. *La Couleur végétale* (Terre de Feu, s.d., [1954]). *Nomades du Soleil* (Millas-Martin, 1955). *Pétales du chant* (Les Cahiers de l'Orphéon, [1956]). *Entre le vide et l'illumination* (Nouveaux Cahiers de Jeunesse, 1960). *Dans ces ruines campe un homme blanc* (Chambelland, 1969). *Occitanie* (Oswald, 1972).

Les gaucheries de l'expression comptent peu en regard de cette sincérité. Par la suite, aidé (ou desservi) par une étourdissante mémoire, André Laude a donné des images plus travaillées, mieux fondues. C'est dans ces premiers poèmes cependant qu'on pourra découvrir une des meilleures justifications de la passion d'écrire. La poésie est ici — avec l'amour, qu'elle exalte — une source d'émerveillement dans une société qui se soucie peu d'apporter de telles émotions à ses serviteurs. Par la grâce de quelques poètes (Jean Rousselot, Serge Wellens), André Laude a connu à Aulnay-sous-Bois une telle révélation qu'il a d'abord chanté sa joie avec une générosité un peu naïve : « La terre est une cathédrale de lumière ». Il était fascinant d'exprimer ainsi son désir :

(...) *Je pénètre ton corps*
Comme un loup sa forêt natale
Attentif à la clarté végétale
De tes jambes sur la mousse

(Nomades du Soleil)

Mais les nomades continuent d'errer, guidés par un soleil inaccessible ; et André Laude devait être appelé à de tout autres aventures que celles dont il avait librement rêvé. Un des poèmes du recueil *Entre le vide et l'illumination* a été écrit à la caserne de Rueil-Malmaison et il est daté d'octobre 1956. Dur rappel à la réalité :

Hier encore j'étais cet enfant
Dont aujourd'hui je porte le deuil.

1956. Les tentatives de paix en Algérie ont échoué. La poésie de Laude se fait beaucoup plus dure. Il ne veut plus du « jeu facile des mots des astres des sources », il se refuse à la « splendeur du poème », ne voulant plus écrire « en pure perte sur du sable ». Il force sa voix pour crier sa révolte, il est un peu trop porté à croire au salut du monde par le poème, par ses poèmes, mais la démesure de la tâche entreprise ne lui échappe pas et il le dit d'une façon émouvante :

Cela fait mal de manier comme un Christ
de faubourg
les terrifiants et dérisoires oublis du langage.

(Entre le vide et l'illumination)

Parce qu'il ne veut pas avoir « un gros galet blanc à la place de la conscience », André Laude restera marqué par la guerre d'Algérie. La vision de l'atroce combat se mêle chez lui au pressentiment de la déchéance individuelle.

je ne suis pas bilingue
pourtant j'écris ma défenestration en arabe
tombé du paradis

Angoisse métaphysique et participation au drame de l'histoire engendrent des poèmes violemment imagés où les mots — venus d'un peu partout — se heurtent, se bousculent dans un assez remarquable fracas (où la rhétorique semble tour à tour activer et dominer le cataclysme).

Au milieu de ce désastre, André Laude reste fidèle à ses premières amours, poète égaré dans un monde auquel la liberté soudainement offerte de rêver l'avait mal préparé.

(...) *Et moi j'écris un poème*
ou quelque chose de ressemblant
afin de connaître ce que j'aime
afin de savoir ce que j'attends

en brûlant près des cailloux blancs
et des foins fraîchement coupés
avec dans la bouche l'âpre goût du sang
étincelant comme une épée.

(Dans ces ruines...)

LE DEVOIR, L'IMAGINATION

Jean LAURENT

La poésie de Jean Laurent[15] est harmonieuse sans être fluide. C'est une poésie qui marche, qui prend plaisir à la frappe du pied sur le sol. Une poésie où les syllabes cherchent — et trouvent — leur accord, où les consonnes se font clairement entendre. Poésie bien rythmée, bien mesurée, bien respirée.

---

15. Né au Pin-au-Haras (Orne) en 1912. *A cœur fermé* (La Tour de Feu, 1952). *Miracles-Jeux I* (TdF, 1954). *Miracles-Jeux II* (TdF, 1956). *Et pourtant elle tourne* (TdF, 1958). *Les Deux Battants de la porte* (TdF, 1959). *Poids et mesures* (TdF, 1963). *Couloirs* (TdF, 1966).
A fondé *Contrordre* (93-Bondy). N° 1 : hiver 71-72. N° 3 : juin 1972.

On y perçoit des voix profondes, des voix puissantes, des voix plus frêles. L'ocarina se mêle à la rumeur de l'océan, le murmure de la flûte à l'orgue de Barbarie, la « litanie des trépassés » au « plain-chant des vallées ».

Les images visuelles sont aussi diverses. Jean Laurent les reçoit de la nature, de l'histoire, de la légende, des songes. Il aime aussi en provoquer d'inattendues, en poète que la clarté du devoir humain ne saurait distraire des féeries de l'imagination délivrée.

Dans ces poèmes, où le langage se propose de rassembler ou de déjouer tant de forces à l'œuvre dans le monde, s'expriment une sensibilité à la détresse autant qu'à la beauté, une aspiration à « transfigurer la misère humaine », une volonté de dominer la mort, qui ne devraient pas rester sans écho.

(...) *Ah que l'air des forêts s'appesantisse*
Qu'il ait le poids des eaux et leur magie
Qu'il coule dans les muscles et sur nos têtes
Et qu'un prêtre descendu des folles religions
Accorde l'éternelle ampleur aux arbres du sommeil

Qu'importe la longueur des pistes déroulées devant nous
Et la faiblesse de notre œil
Nos genoux se seront plus d'une fois écorchés
Nous resterons hébétés de soleil
Mais le sel de notre sueur on le recueillera

(Poids et mesures)

YOURI

Youri[16] voudrait

Saluer tous les hommes en ami
toutes les femmes en complice.

Les vérités qu'il a à dire viennent du fond des âges. Mais il les dit avec une discrétion, dans l'image et le ton, qui donne valeur à ce qui passe.

(...) *Les chambres sont vides*
il nous semble pourtant qu'on nous écoute
une voix répète très vite la même phrase

16. Né à Paris en 1927. *Coïncidence*, ill. FIORINI (Paris, La Pointe du Vent, 1954). *Une voix vous cherche* (Seghers, 1964). *Vivre*, ill. P. OMCIKUS (Paris, H.C., 1964). *La Pêche aux évidences*, ill. BENANTEUR (Paris, H.C., 1972).

soleil rouge derrière les vitres
la mort nous brûle à petit feu

Dans le parc les bogues des jours vécus
se comptent par centaines
et se ressemblent toutes.

On ne s'étonnera pas que Youri ait dénoncé dans ses vers les offenses faites à l'homme, en Espagne ou ailleurs, ni que son admiration, en poésie, aille à Nazim Hikmet et à Paul Eluard. La poésie ouvre les portes.

SOLEIL DU CŒUR, SOLEIL DU TEMPS

Henry BAUCHAU

Henry Bauchau[17] a eu vingt ans en 1933. Il a gardé dans son âge mûr l'image obsédante des forces du Mal déchaînées sur le monde. Mais son attitude en face de Satan (Satanaël !) est tout à fait ambivalente. Une tendresse empreinte de forte sensualité se mêle chez lui à une exaltation de la volonté de puissance, à une célébration de l'appétit de conquête, qui donnent à certains de ses poèmes — dont la noble allure peut aussi faire penser à Saint-John Perse — un accent nietzschéen.

(...) *Nous cherchons un pays plus vaste que la faim,*
plein de signes, de voix, de meurtres dans les airs
Et de hautes cités où des saintes de pierre font un
rêve plus fort que l'écume des vins.

Une épouse qui soit plus douce qu'un poulain, le
regard aussi frais qu'un naseau frémissant
Un amour aussi pur que le fer et le sang, que la
mort dans les yeux insoumis du matin (...)

(*Géologie*)

Henry Bauchau, méditant sur le sort des « enfants martyrs » de notre siècle mais ne refusant pas de comprendre les « enfants bourreaux » que furent les « garçons d'Hitler », se fait le chantre des puissantes forces qui, du fond de l'être et de la nuit des temps, travaillent en nous pour triompher du froid et de l'absurde, fût-ce au prix du sang.

---

17. Né à Malines en 1913. *Géologie* (Gallimard, 1958). *L'Escalier bleu* (Gallimard, 1964). *La Pierre sans chagrin* (L'Aire-Rencontre, 1966). *La Dogana* (Albeuve-Suisse, Castella, 1967). *Célébration* (L'Aire-Rencontre, 1972).

(...) *Les chars de novembre roulent en vain sur la*
connaissance de la douleur
Le soleil jaillira de la fosse nocturne. Qui pourrait
arrêter la jeunesse du monde ?
Qui pourrait empêcher la colère de l'homme de faire
naître l'espoir dans le ventre des femmes ?
Avec vos plans et vos cerveaux, avec les chars lourds
de novembre, pourriez-vous interdire au soleil
De percer notre nuit pour la rendre amoureuse ?
(*Géologie*)

Mythes et légendes portent jusqu'à nos jours la marque de ce besoin en l'homme de combattre, de se dresser vers la lumière, de répondre à l'attitude du Feu. La psychologie des profondeurs éclairerait aussi la lutte d'Eros contre la Mort. Henry Bauchau s'inspire à la fois de Gengis-Khan, qui, selon Mao Tsé-Toung, « ne savait que bander son arc contre les aigles », du marquis de Sade et du Docteur Freud — à qui il doit, poète, de pouvoir pratiquer son « examen d'inconscience » et de rendre plus fécond son « mariage avec la nuit ».

Mais Henry Bauchau ne cesse de se poser des questions. Il reconnaît qu'il « aime trop l'aventure des mots qui ont du sang », et il entrevoit pour l'humanité une chance de rédemption.

(...) *On dirait que l'on cherche à se faire oublier,*
mais de qui ? On dirait que nous sommes coupables.
Peut-être existons-nous pour quelqu'un. Mais pour qui ?

Regarde, dit la voix, si quelqu'un rit là-haut ?
Si c'est le rire avant-coureur dans la montagne
l'amour va se lever comme la couleur rouge.
(*Géologie*)

Si, dans *Géologie,* Henry Bauchau cherchait également à situer le surgissement de la volonté humaine à travers l'histoire et dans « cette autre dimension du temps où nos années » ne sont que des instants de millénaires, c'est vers (ou plutôt « sur ») le temps individuel que, dans *l'Escalier bleu,* il se retourne.

Les nœuds du cœur, les nœuds de l'âge et ceux des mots
tout noués sont encore à l'ancienne demeure
où j'ai vécu parmi les chambres familières
l'amour du monde avant sa chute dans le froid (...)

Mais il est clair que la remontée vers l'enfance, vers les greniers, les arbres, les rivières conduit encore aux sources jaillissantes de la vie.

Dans ses poèmes de Venise, Henry Bauchau donne la formule qui éclaire le mieux l'ensemble de son œuvre, en explique à la fois l'ombre et l'éclat, la déchirure, l'unité :

Je vis entre deux Soleils celui du cœur et celui du temps.
(La Dogana)

LE PIÉTON DE COARAZE

Paul MARI

Paul Mari[18] vit dans la familiarité des poètes. Il interpelle Rimbaud, cite Apollinaire au passage, évoque amicalement François Villon et Tristan Corbière. Il pose sur le nom de Léonor Fini des touches de bleu, de vert, de rouge-grenat. Il entoure de mouettes celui de Suzy Solidor. Le poète se montre aussi accueillant en son œuvre que le maire de Coaraze le fut en son village (on dit que Paul Mari fut le plus jeune maire de France). Animateur, avec Jacques Lepage, des « Rencontres poétiques de Provence » (Jacques Lepage étant pour sa part responsable du très utile « Centre d'Information et de Coordination des Revues de Poésie »), Paul Mari est un solitaire très occupé. Ce n'est pas par divertissement cependant qu'il se montre si actif. Dans un monde absurde où règne le jeu, où il est si difficile de dire quelque chose de vrai, il a le souci d'autrui comme de sa propre destinée. L'impression d'inauthenticité qu'on peut ressentir devant le va-et-vient des gens dans la rue lui est très pénible et son propre *je* risque à chaque instant de se dissoudre dans cette farce. Aussi a-t-il bien besoin des autres, de ceux qui ont à dire un peu de joie comme de ceux qui expriment profondément notre misère, besoin des mots aussi, des mots quotidiens, pour essayer de vivre comme l'entendent les poètes : en fraternité avec tous, avec tout.

---

18. Né à Nice en 1930. *Illusoire* (Seghers, 1952). *Symphonia sacra* (Henri de Lescoët, 1952). *Consciences* (Seghers, 1953). *Figures de danse* (Millas-Martin, 1954). *Grotesques* (Oswald, s.d., [1955]). *Voyage en tête* (Millas-Martin, 1963). *Le Parcours du piéton* (Millas-Martin, 1964). *La Musique du tournesol* (Oswald, 1967). *Coaraze,* ill. Orlando PELAYO (Chambelland, 1967). *L'Emploi du temps,* recueil rassemblant les ouvrages précédents (Chambelland, 1969). *La vie c'est des platanes et des filles sur des chaises* (Caractères, 1972).
A créé à Nice, avec Robert ROVINI et Jacques LEPAGE, un « Club des Jeunes » (1949-1959), centre d'animation poétique qui eut un moment, dirigée par Robert ROVINI, sa revue : *Espaces* (trois numéros de 1952 à 1953).
Paul MARI a animé les « Rencontres poétiques de Provence » (1955-1970).

Porte ouverte qui ne peut l'être
Porte fermée qui ne l'est pas
Portes, portes, chansons de portes

porte de mots
porte de pêcheur à la ligne
porte perdue sans le vouloir en le voulant

je saute mes barrières, je fais semblant
j'invente les portes qui manquent
pour me croire en vie

(L'Emploi du temps)

Andrée APPERCELLE

Andrée Appercelle[19] est entrée en poésie en rêvant de thym, de serpolet, de moineaux et de canaris. Elle a voulu chanter aussi les animaux du cirque, dire des joies d'enfant qui s'éveille. Elle aime sa ville, Grenoble, où elle organise, comme le faisait Vincent Monteiro à Paris, un Salon International de Poésie, et à laquelle elle a consacré un recueil de poèmes. Il y a davantage de recherche et de profondeur dans *Au cru des mots* ; le travail du rythme, dans la série *Clownie*, y évoque mieux le sérieux du cirque dans son rapport symbolique aux lois de l'univers. On n'oubliera pas, d'autre part, l'émouvant poème qu'Andrée Appercelle écrivit, dans *l'Etoile et l'enfant,* pour une petite fille rappelée avant l'aube. Et l'on retiendra (peut-être ?) cette définition douce-amère du bonheur :

peut-être
un néon bleu
à fond de nuit
une étoile
lampadaire
avec un drôle
de courant
dans les algues poumons (...)

19. Née à Grenoble en 1925. *Fraîcheur* (Seghers, 1953). *Senteurs de mousse* (Seghers, 1954). *Mousse et chèvrefeuille* (La Tour de Feu, 1956). *Grillon mon cœur* (La Tour de Feu, 1958). *Monnaie de lune* (La Tour de Feu, 1960). *L'Etoile et l'enfant* (La Tour de Feu, 1962). *Le Cirque* (Alternances, 1963). *Poèmes* (Marc Pessin, 1964). *Ville* (id., 1965). *Félix le clown* (id., 1966). *Au cru des mots* (Oswald, 1967). *Aspect* (Oswald, 1972).

peut-être
l'immobilité
mangue intacte
sans oscillation
au goût plus orchidée
que menthe
et jamais plus
le cœur
bête dépouillée
mâchoires
serrées sur le vide

(Au cru des mots)

Jean CHAUDIER

De Rimbaud, Jean Chaudier[20] n'est pas le seul à retenir la révolte, la nostalgie des violentes couleurs, le désir de réinventer la vie. La liberté de langage qu'il voudrait se donner, la tentation de laisser l'imagination errer à la manière d'une caméra surréaliste ne réussissent pas cependant à le divertir des réalités de son temps ; sa poésie s'accepte quotidienne, comme la vie parcourue de mots et de songes. Absolument inadapté à la civilisation du mépris, il entend rejeter la « société de consommation » et même vivre « en marge de toute société », échapper au « règne de la machine destructrice des frondaisons », chercher refuge — ce monde est à devenir fou ! — dans les jardins et les prairies de l'enfance, ou « respirer sur les hauts plateaux détendus ».

Marcel MIGOZZI

Marcel Migozzi[21] dit très simplement la vie de tous les jours, si dure autrefois aux travailleurs (à ses parents par exemple), si triste encore souvent — des rêves sans prétention mais non sans profondeur.

---

20. « Né le quatre septembre mil neuf cent trente-neuf en la commune de Chambon-sur-Lignon » — Haute-Loire — (*L'Hort*, p. 50). *Canard sauvage* (Chambelland, 1966). *L'Hort* (Oswald, 1967). *Sens multiple* (Les Poètes de la Tour, 1968). *Du quotidien* (Rougerie, 1970). *Un besoin terrible de liberté* (Rougerie, 1972).

21. Né à Toulon en 1936. *Le Fond des jours* (Action Poétique, 1963). *Poèmes domestiques* (Oswald, 1969).
A fondé avec Raymond JARDIN la revue *La Cave* (Toulon) : neuf numéros de l'automne 1959 à novembre-décembre 1960.
Animateur de la revue *Chemin* (Toulon). N° 1 : juin 1965. N° 10-11 : septembre 1968.

(...) Ce matin le poème se détache de moi
J'ai tellement envie pour la dernière fois de saluer la fatigue
envie de repos d'un village enfin sous la pluie
sous le couvert de tes aisselles
quand le vent tombe derrière les cyprès

Christian da SILVA

Animateur de *Verticales 12* (12 est l'expression administrative de l'Aveyron), Christian da Silva[22] défend le « poétisme », c'est-à-dire « une manière de vivre la poésie dans le quotidien », de permettre à tous, dans le désordre créateur, libérateur, sans violence, l'accès à la beauté. Il a fait sienne dès le départ cette définition de la poésie par Aimé Césaire : une « démarche qui, par le mot, l'image, le mythe, l'amour et l'humour m'installe au cœur vivant de moi-même et du monde » ; ses premiers poèmes, d'une discrète et juste écriture, vont dans ce sens :

(...) Un phare étend son rire
loin vers nos chances
haletante langue de chien
embuée du droit espoir
de poursuivre les migrations d'images

Sueur
vitre plus heureuse en ma main vers l'ouest
les oiseaux reviendront
porteurs d'algues (...)

Autres œuvres à citer :

Guy de BOSSCHÈRE, *A l'est de Dieu* (Oswald, 1966).
Anne CHESNAIE, *Du côté de la terre* (Seghers, 1968).
Anne CREUCHET, *Comme un vent sans relâche* (éd. Chambelland, 1962).
Louis DUBOST, *Apaiser l'ombre* (Verticales 12, 1971).
Jocelyne GODARD, *Rocking-chair* (Millas-Martin, 1968).

22. Né à Decazeville en 1937. *Cendres sera mon aube* (Encres Vives, 1968). *Et pour toute semence* (Verticales 12, 1970). *Au regard des pierres* (Encres Vives, 1971). *Fêlure du jour* suivi de *Saisons irritantes* (Millas-Martin, 1972).
Verticales 12 (Decazeville). N° 1 : 2e semestre 1968. N° 3, *En forme de manifeste, le poétisme,* janvier 1970. N° 4-5, *Poétiques 70* : 2e -3e trimestres 1970. N° 11-12, *Poésie engagement,* 1er trimestre 1972. N° 13-14, *Anthologie*, 4e trimestre 1972.

CHAPITRE XI

CHEMINS PROFONDS

L'inquiétude demeure. Morcelé par le temps qui passe, les multiples facettes de l'existence, le moi voudrait se retrouver, se reprendre. L'homme vit séparé de lui-même, déçu dans son désir de rejoindre les autres. Il arrive, parfois par suite d'un choix volontaire, trop souvent du fait de la brutalité des circonstances historiques, qu'il reste éloigné de la terre qu'il aime, du pays qu'il porte en lui parce qu'il est celui de l'enfance, de la famille, ou des ancêtres dispersés. Si de jolis noms de villages chantent dans notre mémoire, souvenons-nous aussi des hommes qui sont morts dans les camps de concentration, et comprenons que, pour ceux qui leur survivent, le lieu où demeurer ne puisse plus s'appeler que *Pays l'Absence*.

L'exil n'est pas toujours ressenti d'une façon aussi tragique. Il rappelle aussi d'anciennes lueurs. Il peut fortifier le courage et comme vivifier l'amour. Mais, si nous sommes généralement si sensibles à ce que nous disent ces poètes, n'est-ce pas aussi que, comme le proclame l'un d'entre eux, « toute terre est exil », n'est-ce pas que nous avons l'absence au cœur ?

Des poètes n'ont pu supporter ce vide en eux. Ils ont voulu habiter leur propre mort. D'autres opposent aux séductions des ténèbres tous les feux de leur imagination ; Eros triomphe, lui aussi renaissant.

La mer n'a pas fini d'aller avec le soleil...

I

MIROIRS DU MOI

LABYRINTHES
Edith BOISSONNAS

Il paraissait si simple

De dire, dès qu'apparaissait quelqu'un :
« C'est un tel ! Je le reconnaîtrais entre mille
Bien qu'il ait un type assez commun »

(Paysage cruel)

Mais, chez Edith Boissonnas[1], cette facilité de la reconnaissance pose bien des problèmes : à quoi reconnaît-on quelqu'un ? Comment se reconnaître soi-même, s'assurer de sa propre identité ? D'où vient qu'il soit possible d'être tel ou tel, alors que chacun, voué à la mort, finira par se confondre avec tous les autres ? Que reste-t-il du moi ?

Ces questions, qui pourraient paraître abstraites, sont liées chez le poète à des souvenirs, des impressions : elles sont prises dans un réseau d'images obsédantes.

Les masques des morts,
Qui ont laissé leurs traits dans une feuille d'or,
Que le souffle humain eût chassée tant elle est mince,
Vont-ils parler un jour étonnés d'être encor ?
Masques de plâtre, images du silence,
Que vous gardez peu de chose d'une existence (...)

On pensera peut-être ici au masque d'Agamemnon. Ailleurs on retrouvera l'espèce de stupeur qu'a pu provoquer la rencontre, au miroir, d'un visage qu'on sait pourtant être le sien

---

1. Née à Genève. *Paysage cruel* (Gallimard, 1946). *Les Cartes* (PAB, 1950). *Demeures* (Gallimard, 1950). *Le Grand Jour* (Gallimard, 1955). *Passionné,* ill. Georges BRAQUE (PAB, 1958). *Limbe*, ill. André MASSON (PAB, 1959). *L'Embellie* (Gallimard, 1966). *Initiales* (Gallimard, 1971).

— (...) Au hasard des miroirs je ne reconnais pas
Une forme hagarde qui me dit c'était toi (...) —
(Demeures)

ou l'étonnement de ne pas entendre non plus sa voix

— Ma propre voix
Je ne la connais pas.
Quel était donc ce bruit dans la grande volière ?
Quel était donc ce pas dans notre fourmilière (...)
(Demeures)

Le souci de l'identité du moi est lié à l'angoisse devant la mort ; il est renforcé par le regret de vieillir, physiquement.

(...) *Si changer de visage*
Est un phénomène humain
(Tout en prenant de l'âge
Pouvons-nous garder nos mains ?)

Qui de nous aura la grâce
D'avoir toujours le sien ?
(Paysage cruel)

Se cherchant ou se fuyant elle-même, Edith Boissonnas se plaît à déplier des rêves où elle se voit errer dans de vastes demeures, grimpant et dégringolant les escaliers, s'égarant longuement dans de multiples pièces, longeant des corridors.

On n'entre pas sans précaution dans ce « chez soi » onirique.

Avant d'entrer dans cet édifice
Je l'avais regardé longuement.
Je savais que j'irais à l'office,
Il s'agissait donc d'être prudent (...)
(Paysage cruel)

Cette circonspection se comprend si l'on devine que cette maison sera un jour maison mortuaire, inéluctablement. Une forme d'humour peut se mêler à l'angoisse.

Monsieur Madame, Bébé Coco ce n'est pas
La peine de vivre. L'espace éberlué
Pour la seule fois qu'on est né c'est dilué.

Au bout du petit escalier trépas.
Si ce n'est pas pour tout casser pourquoi
Alors crier par les fenêtres ce fracas (...)

(*L'Embellie*)

On se perd dans la maison qu'on habite au creux des songes comme on se perd dans les labyrinthes du *moi*. Faut-il y voir une ruse de l'inconscient ? Si la mort est au bout, l'imagination, anxieuse, aime à s'égarer. C'est peut-être aussi pourquoi la phrase, aux tournures pourtant volontiers familières, portée par une versification fidèle, aux apparences négligées, se complique — surtout, semble-t-il, au fur et à mesure qu'on avance dans l'œuvre —, se baroquise, s'enroule sur elle-même, avant d'aller plus loin voir si *je* n'y est pas.

L'édifice où je vis est branlant et noirci
Tant de vieille fumée que d'extérieure nuit.
Je cherche la sortie et me trouve au grenier.
Si je veux reposer la lumière me suit.
J'ignore où est le lit que je veux regagner (...)

(*Demeures*)

Il s'agissait de prendre gîte en échappant
A la surveillance, dans un département
Des vastes magasins, à leur sixième étage (...)

Aurai-je le courage d'aller pas à pas
Dans les couloirs jusqu'à la grande rampe et là
De me glisser de marche en marche à l'aventure,
Comptant les étages, écoutant le murmure
De mes propres pas (...)

Comment pourrai-je passer sans être happé
Devant tant d'entrées vides. Je ne suis pas ivre.
Encore un circuit en me tenant à la rampe,
Lentement descendant dans le noir où ma lampe
N'est qu'une tache çà et là, un cercle blanc
Ne me révélant rien de tout ce que j'ignore,
Quand devant moi ce que je connais est un plan
Où je peux retracer mon chemin sans effort.
Néanmoins tout au fond des gouffres de silence
Quelqu'un a ri qui me recherche et sait aussi
Que je me cache (...)

(*L'Embellie*)

Jeanne BESSIÈRE

Qui ne s'est regardé
Au linge noir des véroniques sombres
Qui ne s'est tu
Pour entendre brûler son âme

(Migrations)

Jeanne Bessière[2] voudrait connaître son vrai visage. (« Ce moi perdu parfois me cherche encore »), et sans doute aussi le vrai visage de l'autre. Elle s'interroge sur l'unité du moi, l'apparence et la réalité, la fonction du langage, les chemins du destin, la réunion des possibles. L'inquiétude métaphysique s'exprime sans heurt. Comme Jeanne Bessière cherche à « Se fondre avec l'unique flux », comme elle ne redoute rien tant que la rupture du courant vital et le durcissement de l'être, le vers épouse assez facilement chez elle « la courbe lisse des eaux ».

Monique LAEDERACH

Amante ou mère, *elle* paraît avoir quelque rapport avec le limon originel. Elle est « toujours absente au moment de l'éveil ».

Il traverse la nuit, porteur de feu, à la recherche du lieu seul habitable.

Qui est-*il* ? Qui est-*elle* ? Ils cherchent à se joindre, et ce n'est que le poème, peut-être, qu'on partage. Poème obscur et beau, que l'on croit déchiffrer peu à peu en avançant, en remontant plusieurs fois à la source, mais qui résiste au souci de résoudre l'énigme. Monique Læderach[3] possède-t-elle la clef de son propre royaume ?

« Tu veux savoir mon nom le plus connu ? » demandait Ulysse au Cyclope. C'est Personne (...) Mon père et ma mère et tous mes compagnons m'ont surnommé Personne ». Monique Læderach, à la recherche d'un *moi* toujours fuyant, a longuement médité l'énigme de cette dérobade.

---

2. Née à Tournus en 1929. *Les Echos de la nuit* (Malines, C.E.L.F., 1958). *Le Silex* (Chambelland, 1962). *L'Autre Face* (Jacques Tillie, 1963). *Migrations* (Caractères, 1970). *L'Herbe patiente* (Caractères, 1972).
3. Née aux Brenets (Jura neuchâtelois) en 1938. *L'Étain la source* (L'Aire-Rencontre, 1970). *Pénélope* (id., 1971).

Mais quel visage ? Et qui se reconnaît soi-même
avec des mains étrangères ? Il suffira d'un soir.
Quelqu'un défait sur son épaule les lacets de sa
robe, dénoue sa chevelure, et se rencontre nu
devant l'épée des glaces (...)

(Pénélope)

Pierre-André BENOIT

Apprécié de quelques bibliophiles pour de rares et précieuses éditions des poètes, Pierre-André Benoit[4] pratique pour son propre compte une poésie discrète, consacrée à l'amour difficile. Il s'exprime en poèmes courts, composés de vers de deux ou trois mots en moyenne, avec le souci — l'image réduite à sa plus simple expression — de s'avancer, en écartant les branches, vers l'autre et vers lui-même, de découvrir une lumière moins trompeuse.

4. Né à Alès en 1921. *Enchantement* (H.C., 1952). *La Page tournée* (Les Hommes sans Epaules, 1954). *La Cloison* (H.C., 1954). *Chemin faisant* (José Corti, 1961). *A feu nu*, ill. UBAC (H.C., 1962). *Oreilles gardées*, ill. DUBUFFET (H.C., 1963). *Les Petites Heures de Thouzon*, ill. BRAQUE (H.C., 1964). *Le Chemin resserré* (La Fenêtre Ardente, 1966). *Annoncer l'amour* (Rougerie, 1969). *Mourir pour vivre* (Rougerie, 1971).
Pierre-André BENOIT a créé à Alès la collection « les minuscules » sous le sigle de PAB. Cent soixante-six « minuscules » édités entre 1942 et 1972.
A animé à Alès plusieurs revues. *Courrier* (Dix numéros de juillet 1947 à décembre 1948). *Les Arts en province* (cinq numéros en 1948). *Ma Revue* (dix numéros de janvier 1951 à avril 1952). *Le Peignoir de bain* (quatre numéros : 1953-1954). *La Carotide* (sept numéros : novembre 1956-septembre 1957).

II

« TOUTE TERRE EST EXIL »

CETTE PRISON DONT LES MURS SONT DES HOMMES

Adrian MIATLEV

Adrian Miatlev[5] collaborait avant la guerre, comme chroniqueur, comme poète — et quel poète ! —, à la revue *Esprit*. Une page de *l'Abominable Sollicitude* témoigne de sa fidélité à la mémoire d'Emmanuel Mounier. Mais c'est à *La Tour de Feu*[6], à partir de 1947, que Miatlev devait trouver le climat le plus favorable à l'épanouissement de ce qu'il faut bien appeler son génie. L'amitié, avec lui, ne dut pas être très facile. Mais l'absence de dogmatisme, le culte de la tolérance entretenu à travers mille polémiques internes, la verte franchise, si caractéristiques de la confrérie turrignienne, convenaient à son tempérament tourmenté, à son besoin de crier dans le désert et d'être tout de même entendu, à sa recherche solitaire et à sa passion de communiquer ce quelque chose d'essentiel qu'il pressentait, qu'il cherchait à délivrer des contradictions inextricables où il se trouvait pris.

Le recueil *Paix séparée,* au lendemain de la Libération, clame les vérités intimes que Miatlev allait approfondir — on pourrait dire aggraver — dans les textes confiés aux amis de la Tour, et aussi dans les « incohérentes pages » publiées sous le titre significatif : *le Sacrement du divorce*[7].

Né à Moscou en 1910, mort à Lausanne en 1964. *Paix séparée* (Seuil, 1945). *Ce que tout cadavre devrait savoir* (La Tour de Feu, 1948). *Ode à Garry Davis* (TdF, 1949). *Le Livre des cicatrices* (TdF, 1951). *Syllabies* (TdF, 1955). *Dieu n'est pas avec ceux qui réussissent* (TdF, 1959). *L'Abominable Sollicitude* (Tour de Feu, 1964. *Excelcismes* (Genève, Club du Poème, 1964) . Quand le dormeur s'éveille suivi de *Thanatème* (Rencontre, 1965). *Soleil de miel,* avec Pierre BOUJUT, 1966). *Poèmes inédits* (Bassac, Ed, Plein-Chant, Edmond Thomas, 1972). *Le Sens de la marche,* poèmes choisis et présentés par Edmond HUMEAU (Robert Morel, 1972).

6. *La Tour de Feu* (Jarnac) a succédé à deux autres revues également fondées par Pierre BOUJUT : *Reflets* (seize numéros de 1933 à 1936), *Regains* (six numéros de 1937 à 1939). Premier numéro de *La Tour de Feu* : été 1946. N° 90 : *Adrian Miatlev tel qu'en nous autres* (juin 1966). N° 93 : *Une Tour de Feu exemplaire* (mars 1967). N° 106 : *Adrian Miatlev nous écrit* (1970). N° 114 : *L'Humeaudière* (1972). N° 115 : *Adrian Miatlev nous écrit* (septembre 1972).

7. Gallimard, 1960.

(...) Sans réponse, ne daignant pas me défendre
Ne trouvant jamais rien pour mon excuse
J'irai par ce monde, étonné
D'être toujours si pauvre, étonné
De ces haines, de ces peurs
Qui font clore les portes, dresser barrières
Creuser abîmes, souffler lumières
Et triste aussi, d'une très ancienne tristesse
De voir que s'érige à l'infini
Cette prison dont les murs sont des hommes.

(Paix séparée)

Miatlev, si peu enclin à établir un équilibre entre les forces qui le poussent, le tirent, le sollicitent en divers sens (mais non en tous, car il sait refuser, avec véhémence même), est parfaitement maître de ses moyens d'expression. Sa force approche celle de Péguy — d'un Péguy qui ressasserait et creuserait ses doutes et non sa foi — avant d'évoluer vers la puissance d'Antonin Artaud.

Mais, quelques rapprochements qu'on soit tenté de faire — on a cité Nietzsche, Krishnamurti —, il faut reconnaître avec Pierre Boujut que « Miatlev est incurablement Miatlev ». Incurablement. Le mot est juste. Lisons le Miatlev de 1958.

En vérité, j'aime l'ivrogne qui roule dans le fossé
Vous savez, ce superbe poivrot des champs
Je l'aurai assez dit : c'est un état comme un autre
Aussi digne et valeureux que celui de prêtre ou d'éditeur
Mais je crois qu'il vaut mieux être saoul.

Et quand j'ai le plaisir de rencontrer un vrai roi
Un pur grand homme, un salopard de race
Je retrouve mon cœur, ma vie abolie
La réalité criante de toute cette lumière
Qu'on aveugla, qu'on ravala au rang de contes
Et que si cruellement
On désapprit aux enfants même.

Quel succès ! Quelle hygiène ! Quelle réussite !
Mais moi je ris de vos réformes
Comme je me gausse de vos révoltes
De tout cet inessentiel
Dont vous vous réclamez, imbécillistes (...)

Et ceci encore, un peu plus loin, qui montre bien qu'il n'y a pas que la maladie qui soit incurable (mais peut-être trouvera-t-on profondément anormale une telle lucidité en poésie) :

Et je comprends bien enfin mon vieil attachement sentimental
Pour la pierre naturelle et le bois brut :
La pierre c'est pour lapider
Le bois c'est pour gourdiner.

Dieu n'est pas avec ceux qui réussissent
Dieu n'est pas à ceux qui l'accaparent
Dieu n'est pas à ceux qui croient en lui
Augmentant ainsi son inexistence
Accroissant son absence parmi nous.

Pas plus qu'un autre je ne crois en Dieu
Parce que je fus en somme, en quelque sorte émasculé
Et maintenant j'en ai marre qu'il n'existe pas
Je l'aime, c'est mon affaire et n'allez pas
Me croire en pleine crise religieuse
C'est seulement que j'en ai marre des sorcières
Et des mensonges de Jérusalem !

(*Dieu n'est pas avec ceux qui réussissent*)

Miatlev, qui se disait « l'anti-auteur par excellence », ne se souciait guère de rassembler ses poèmes. A la Tour, ses amis veillaient. Avec Pierre Boujut, Edmond Humeau, Pierre Chabert, ils veillent encore. Leur admiration mérite d'être partagée. Quand nous donneront-ils l'édition complète des œuvres d'Andrian Miatlev ?

ÊTRE UN BARBARE

Oleg IBRAHIMOFF

Poète français d'origine russe et né en Turquie, Oleg Ibrahimoff[8] se montre attaché à ses origines.

---

8. Né à Istambul en 1926. *Banlieue* (Rougerie, 1953). *Le Cœur de la vie* (Monteiro, 1954). *Nous sommes les barbares* (Janus, Oswald, 1955). *Conquêtes de la ville* (Rougerie, 1955). *Pierre à pierre Paris* (Rougerie, 1958). *Paris l'an deux fois neuf* (Rougerie, 1959). *Le Prince Oleg* (Rougerie, 1963). *L'Egal de la terreur* (Rougerie, 1966). *Incinérer l'hiver* (Rougerie, 1967). *La Prise du pouvoir* (Métamorphoses, 1970). *Univers minuscule,* ill. F. DUFAY (H.C., 1971).

Au sang au cœur de l'Europe
je sème des oiseaux blessés à mort
les Détroits s'entrebâillent Dardanelles de miel
Sainte Sophie en exil sous la lune
embaume le monde d'encens grégorien (...)

C'est ainsi qu'un jeune poète exerçait sa voix dans *Nous sommes les Barbares*. Son prénom même le faisait rêver.

Je m'appelle Oleg
dont les biens ne sont pas de ce monde (...)

Il y a beaucoup plus de force et d'imagination dans *le Prince Oleg,* mais c'est bien le même attachement qui s'y exprime. Ce grand poème, sur un mode qui rappelle l'épopée, bien que le fond en soit essentiellement lyrique, renvoie à l'histoire de la conquête des pays slaves par les peuples venus du Nord. Oleg Ibrahimoff, parlant à la première personne, s'identifie — prince et fils de prince — à son héros : « Car je suis de la race et du sang de Rurik ». Cette projection sur un conquérant qui semble dominer le temps aussi bien que les terres par lui soumises donne à l'évocation de la terre russe vigueur et noblesse.

Mais Oleg Ibrahimoff est aussi un homme de son temps. Si le prince Oleg fait cuire la viande sous la selle de son cheval, le poète Oleg prend pitié des usagers des trains de banlieue. Il est très sensible (médecin, d'ailleurs) à la souffrance des êtres et à la solitude :

CANDIDAT

Que connais-tu pour couronner
l'angoisse

Il y a l'amour
aux mains déjà
vides

Il y a la mort
clairon éphémère

Il y a Dieu
sonne-t-il deux

Il y a ça
qui se chante

(L'Egal de la terreur)

Accueillant à des formes variées de poésie pourvu que soit respecté un minimum d'intelligibilité dans la liberté de l'imagination — la revue qu'il dirige, *Métamorphoses*[9], en témoigne heureusement —, Oleg Ibrahimoff atteint parfois une densité qui doit beaucoup à René Char :

Intuition des cyprès
Incinérer l'hiver.

Il faut être très cultivé aujourd'hui pour s'affirmer encore un peu barbare...

AVEC LE SANG DU FLAMENCO

Jacinto-Luis GUERENA

Après s'être battu pour la République espagnole, Jacinto-Luis Guerena[10] est venu en France, où il n'a pas abandonné ses raisons de vivre. Il se définit comme l'homme de deux langues, de deux cultures, de deux patries. Il aime autant Eluard et René Guy Cadou que Garcia Lorca et Antonio Machado, mais c'est quand il évoque l'Espagne, lui qui n'a pu jouir pleinement de sa jeunesse au bord du Manzanares, qu'il est le plus émouvant.

(...) *je regarde l'horizon chaque jour chaque soir*
mes yeux s'emplissent d'aube
je regarde mes yeux et c'est toi ô lune madrilène
c'est toi le miroir ô mon Espagne
toi le vin et l'œillet de la certitude

le même peuple toujours la même racine

(Mémoire du cœur)

Claire, chaleureuse, la poésie de Jacinto-Luis Guéréna est portée par un grand élan lyrique. Elle est avant tout, comme il l'a dit lui-

---

9. *Métamorphoses* (Sainte-Geneviève-des-Bois). N° I : décembre 1966. N° XIX-XX : hiver 1972-1973.
Du N° I au N° X-XI, la revue, dirigée par Oleg IBRAHIMOFF, a été éditée par René ROUGERIE.

10. Né de parents espagnols à Cañada de Gomez (Argentine) en 1916. *L'Homme, l'arbre, l'eau* (Méduse, 1946). *Ode pour la grande naissance du jour* (Méduse, 1948). *Fertilité de l'espoir* (Tour de Feu, 1950). *Mémoire du cœur* (Seghers, 1953). *Guitare pour la nuit* (Caractères, 1958). *Loin des solitudes* (Caractères, 1963). *Florilège poétique* (Blainville-sur-Mer, Manche, L'Amitié par le livre, s.d. [1970]).
A créé, dans le Béarn, la revue *Méduse*. Cinq numéros entre 1947 et 1949.

même, « une poésie d'adhésion » à la vie réelle, quotidienne, aux espoirs et aux rêves. Libre d'allure, profonde avec facilité, elle a parfois des accents rauques de flamenco.

> (...) *Combien touffu ce paysage de morsures !*
> *Combien ridé ce paysage de nostalgie !*
>
> *Sous des complaintes antiques*
> *la nuit prie le sommeil d'en finir,*
> *la nuit, pareille aux récoltes de marbre,*
> *vit avec ses jets de lune enfumée.*
>
> *O patrie de l'humble guitare !*
> *O poignard de rosée !*

(Guitare pour la nuit)

LA MAISON DU JUIF ERRANT
David SCHEINERT

D'origine polonaise, David Scheinert[11] aime la Belgique, où il a sa maison, son coin de terre, d'un amour de Juif errant qui ne peut oublier de quelles pérégrinations ce bonheur est le prix.

(...) *Eternel solitaire, Ahasvérus timide, j'ai planté mon bâton dans un petit lopin, et si mon corps se déplace dans un rêve rapide, l'esprit s'enracine comme un jeune peuplier.*

J'accroche les nuages à ma prévoyance, j'engrange les étoiles et j'amasse le miel. Brabant, tu m'emprisonnes, Brabant, tu me délivres, je te perds, te retrouve dans l'univers entier !

(Une rose pour dix épines)

Les parents de David Scheinert, victimes du racisme nazi, étaient des commerçants économes, soucieux d'assurer à leur descendance un avenir plus heureux. Après leur mort, le poète a pu acquérir « une belle maison avec des fauteuils qui endorment, des cactus qui réveillent, un chien sur le tapis, et dans les tiroirs des dettes et des chansons », mais, évoquant volontiers son enfance, il se montre fidèle à son ascendance

---

11. Né en Pologne en 1916. *La Figue sur l'ulcère* (Marginales, 1949). *Requiem au genièvre* (Seghers, 1952). *Le Chat à neuf queues* (Rixensart, H.C., 1952). *Et la lumière chanta* (Seghers, 1954). *Dans ce jardin devenu le monde* (Bruxelles, Dutilleul, 1956). *Comme je respire* (Seghers, 1960). *Sang double* (Rixensart, H.C., 1962). *Une rose pour dix épines* (Seghers, 1968).

juive ; animé, par-delà les persécutions, par le souvenir et l'attente de la « Pâque fragile », il apprécie la vie simple, le bon feu, les réconfortantes nourritures ; il se sent solidaire de tous ceux qui souffrent de la pauvreté ou de l'injustice.

Pour dire ce qu'il a à dire, David Scheinert utilise tantôt le verset, tantôt la strophe. Il se plaît à la régularité du rythme. Son goût le porte aux reprises qui donnent la force et l'élan. En vers, il marque nettement la rime. Il y a quelque chose de biblique, et aussi quelque chose de très populaire, dans sa manière de s'exprimer. La voix d'Israël, avec des familiarités et, de temps à autre, des truculences flamandes.

(...) *Je fus ventru à quarantaine*
Avec des bas, avec des hauts,
Chantant toujours à perdre haleine,
Mi-prophétique et mi-ballot (...)

(Comme je respire)

Mi-prophétique et mi-ballot : cette formule ne définit pas seulement un style de vie ou d'écriture ; elle exprime la condition même d'un Juif qui a éprouvé dans sa chair le drame de la dispersion et qui n'en continue pas moins d'annoncer, de toute sa foi, les jours à venir.

LE PAYS DE L'ATTENTE SANS FIN
Claude VIGÉE

« L'homme de l'exil ne désespère pas », a écrit Claude Vigée[12]. Pourtant, évoquant dans le même livre — *Canaan d'exil* — « les années 40 et 50 », il se revoyait alors comme un « errant désespéré ». Cette expérience de l'exil, partagée entre la fidélité à la maison d'enfance et le souci de s'accorder aux réalités présentes, Claude Vigée a commencé de la vivre dans son Alsace natale. Pratiquant deux langues, le dialecte alsacien à la maison, le français à l'école, il a pu avoir, dès l'enfance, l'intuition de cette vérité centrale :

Toute terre est exil,
Toute langue étrangère.

(Le Poème du retour)

---

12. Né à Bischwiller en 1921. *La Lutte avec l'ange* (Les Lettres, 1950). *Avent* (Les Lettres, 1951). *Aurore souterraine* (Seghers, 1952). *La Corne du Grand Pardon* (Seghers, 1954). *L'Eté indien*, suivi de *Journal de l'Eté indien* (Gallimard, 1958). *Canaan d'exil* (Seghers, 1962). *Le Poème du retour* (Mercure de France, 1962). *Le Soleil sous la mer*, ensemble de l'œuvre poétique (Flammarion, 1972).

Le bilinguisme a aidé le poète à survivre dans les vingt années qu'il a passées en Amérique ; la situation de ce professeur français en pays de langue anglaise rappelant la situation du petit Alsacien à l'école primaire, où le français — en dépit des habitudes régionales — était de rigueur. Claude Vigée reconnaît qu'il doit aux « conditions de formation verbale » qui lui furent imposées d'être devenu « un poète français ».

Frère, je suis d'ici :
tout poème s'inscrit
Dans la nuit de l'exil, sous un ciel solitaire,
Avec les souvenirs qui saignent sans un cri.

Je te rends aujourd'hui, miel amer d'une vie,
Ces mots simples, appris au collège avant-guerre :

Tout mêlés à la terre étrange, à la lumière,
Et noircis dans le bois d'automne à l'agonie,
A travers le Pays de l'attente sans fin
Ils se sont, comme moi, perdus jusqu'au matin (...)

(Canaan d'exil)

Claude Vigée s'est plu à dire le pays natal, la brume sur le Rhin, mais il a refusé en même temps la nostalgie. Il a célébré l'été indien, cet équivalent de notre été de la Saint-Martin, où le temps paraît s'immobiliser bien que l'hiver s'annonce. Cet arrêt du temps, dans la splendeur et l'unité de l'être, n'est-ce pas l'objet même de la poésie ? L'auteur de *l'Eté indien* n'a pas voulu admettre que la vraie vie fût absente. La vraie vie est ici, dans ces bouleaux sous la pluie, ces images de soleil et de neige, mais il faut la conquérir, et « le plus haut symbole est dans la réalité ».

Autre cause profonde du sentiment d'exil : le malheur du peuple d'Israël. Claude Vigée a regagné la Terre promise. Son *Poème du retour* évoque le départ « vers Canaan », « pays lumineux » où seront célébrées les « nouvelles noces d'Amnon et de Tamar », les retrouvailles de tout un peuple après la dispersion, le « jour de la guérison » après les « nuits de l'épouvante », le Tombeau du Roi David « couché dans le roc comme une harpe éteinte », Jérusalem enfin, « Lieu du monde lui-même », « cœur du poème », point de jonction où la terre et le ciel « s'abîment dans un feu de joie », où « la naissance et la mort du feu se justifient ».

Le *Poème du retour*, comme *les Indes* d'Edouard Glissant, dépasse de beaucoup l'histoire, la légende, l'épopée qui le portent.

EDMOND HUMEAU et GUY CHAMBELLAND

JEAN PÉROL

CLAUDE VIGÉE

ROLAND BUSSELEN

EDITH BOISSONNAS

ADRIAN MIATLEV

VÉRA FEYDER

FRANÇOISE HAN

PIERRE DELISLE

MICHEL DANSEL

JACINTO-LUIS GUERENA

VAHÉ GODEL

CHRISTIAN BACHELIN

OLEG IBRAHIMOFF

MICHEL et **JEAN BRETON** avec **JEAN ORIZET** *(de g. à dr.)*

JEAN-PHILIPPE SALABREUIL

GÉRALD NEVEU

JEAN-PIERRE SCHLUNEGGER

BERNARD DELVAILLE

JUDE STEFAN

SERGE WELLENS

JANINE MITAUD

JACQUES ARNOLD

PATRICE CAUDA

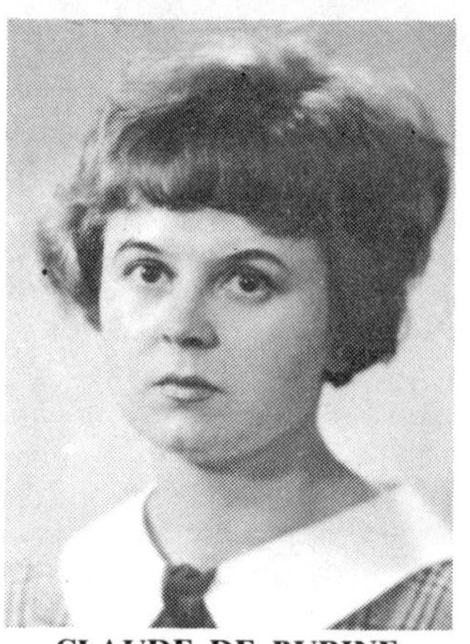
CLAUDE DE BURINE

JEAN DUBACQ

JACQUES RÉDA

MARC ALYN
DOMINIQUE TRON

PHILIPPE JACCOTTET

(...) La Judée étincelle aux portes de l'Asie.
Quand nos yeux s'éteindront, d'autres verront le monde :
Tout ira bien ainsi. Rien ne sera perdu
De la grande lumière au-dessus de la terre :
Car c'est elle qui compte, rien d'autre. Et le regard
D'un homme au petit jour sur les montagnes saintes.

VIVRE POUR QUEL PAYS ?

Véra FEYDER

Que faire d'une vie qui s'émiette ? C'est l'obsédante question que, dans presque tous ses poèmes, semble poser Véra Feyder[13]. Le paysage, bientôt, n'aura plus de forme et c'est pourtant des paysages aimés que venaient les meilleures leçons de tendresse. Véra Feyder n'est nullement insensible aux éclats de beauté qu'il reste possible encore de percevoir, ni aux plaisirs qui flattent les sens. Elle aime évoquer « un temps doux de fraises sous les langues ». Mais elle cherche plus à tromper son angoisse, à chasser les fantômes qui la hantent, qu'à atteindre un bonheur auquel elle ne peut plus croire. Dans ce « monde écartelé » où les matins même jettent l'effroi, elle se donne encore la joie fugace de « petites aurores boréales dans l'ennui ». Cela ne suffit pas, hélas ! à rénover le monde.

Un poète voudrait « récrire la vie ». Mais « les mots page contre page s'étreignent livides ». Véra Feyder a voulu croire à la grâce, à l'amour, à l'écriture. Mais comme tout lui paraît vain, au fond !

Mourir quelle vie !
Vivre pour quel pays ?

Le poème le mieux venu ne peut satisfaire l'auteur de *Pays l'absence*. S'il ne s'agissait que de la qualité d'une écriture, ce ne serait pas une question de modestie : Véra Feyder aurait bien le droit de ne pas s'estimer trop mécontente... Mais il s'agit bien de beauté formelle ! L'usage poétique de la parole ravive la conscience de ce qui manque — irrémédiablement. Et ce qui manque d'abord à Véra Feyder, c'est de pouvoir parler du jardin de son père, c'est de pouvoir chanter. « Il n'y a pas de lilas autour de mon père. Dans son jardin ne fleurissaient que d'effroyables bouquets de membres, bouches absentes, regards perforés ».

---

13. Née à Liège en 1939 ; d'origine polonaise. *Le Temps démuni* (Les Nouveaux Cahiers de Jeunesse, 1961). *Ferrer le sombre* (Rougerie, 1967). *Pays l'absence* (Millas-Martin, 1970). *Delta du doute* (Rougerie, 1971). *En gestes séparés*, livre-geste (Auvernier, Suisse, Ed. Galerie Numaga, 1972).

Véra Feyder le sait bien : « on ne meurt que de son enfance », et l'enfance fut déjà pour elle l'expérience de la mort : « Toutes les nuits sont blanches des os de mes charniers, j'ai l'âge des gisants, le climat des poussiers ».

On voudrait croire ce temps révolu. Mais tant de cruauté ne peut s'oublier. En honorant la mémoire du « petit juif » son père, Véra Feyder extrait de l'ombre et du silence une parole sans visage qui du moins survivra.

UN PROPHÈTE FRONDEUR

Michel DANSEL

J'ai grandi avec la guerre
c'est bien plus tard que j'ai appris le passé simple (...)

Michel Dansel[14] a des raisons de ne pas supporter les belles manières. Il s'évade perpétuellement d'un monde marqué par le souvenir des camps de concentration, des fours crématoires, d'un monde encore parsemé de casernes, triomphant de bêtise. Il s'évade, mais sans quitter la terre. Que le bon Dieu ne compte pas sur lui !

(...) *face à la guerre j'ai biffé le paragraphe*
des religions
marelle des enfants pauvres qui sautent pieds nus
dans un ciel de bitume aussi vrai que le bitume
de la terre
pour cela aux langues des fillettes vierges à titre
posthume
je préfère le fourreau encore tiède des putains

(Cotte de mailles)

Il largue ses amarres, par un besoin profond qui remonte à l'enfance. En effet « tout commença par un périple de guerre » — l'exode, le père sans arme, tué à Dunkerque. Par une forme de protestation contre cet « embarcadère de la mort » construit de main d'homme — comme si le destin ne suffisait pas — Michel Dansel

14. Né à Paris en 1935. *Sans amarre* (Chambelland, 1964). *Cotte de mailles* (Chambelland, 1965). *Radicatel*, photos de Ph. MOLVEAU et M. COUTURIER, préface de Max-Pol FOUCHET (Paris, H.C., 1968). *Lendemain sans encolure* (Chambelland, 1971). Animateur de la revue *Epoque 63* (Paris). Trois numéros.
Etudes sur *Jules Laforgue* (Larousse, 1966) ; *Tristan Corbière* (id., 1970).

navigue par le monde, datant ses poèmes de Stockholm ou d'Ossendrecht, accomplissant aussi « un périple intérieur bigarré d'exotisme » — notamment de sagesse extrême-orientale plus ou moins adaptée au climat de la Porte de Bagnolet.

Poète maudit, « prophète frondeur », Michel Dansel force souvent le ton, mais cet excès même exprime sa personnalité profonde :

Prophètes et charlatans président à ma destinée ; à la destinée de mes tics. Le printemps aidant je m'enferme au grand jour dans un besoin d'ivresse. De mes lèvres enflées je farde la lumière d'un pain qui ne court pas le monde. Ces généralités sont honteusement boudinées dans le désespoir.

Le soleil à deux doigts de la main me polit des lendemains globuleux comme des dos de cuillères.

(*Cotte de mailles*)

LIBERTÉ CHÉRIE...
GEORGES-ALEXANDRE

Il y aurait une étude à faire sur le français, langue d'exil. Du point de vue qui nous intéresse ici, il faut au moins signaler les poèmes de Georges-Alexandre[15].

Georges-Alexandre de Görgey est né à Budapest. Il n'avait pas quinze ans quand il a été arrêté par la Gestapo.

(...) *Une baraque à quatre lignes*
je m'en souviens
on y parlait de liberté.
Anton Matkovitch n'avait que dix-sept ans
et la tête comme une planche
Raphaël pareil à un bonze dans sa grotte
restait toujours assis dans un coin
Ribnikar reçut un colis
avec un gâteau desséché
il m'appelait le Christ, je portais une chemise
et tous les soirs nous entendions
les trains d'une proche gare[16]

---

15. Né à Budapest en 1929. Mort à Alger en 1952. *In memoriam* (poèmes recueillis par E. de Görgey et G. de Görgey. Ce recueil est ronéoté, s.d.). *Yellow Dog Blues* (Jean Vodaine éd., 1958).
Voir la revue *Chorus*, n° 7 (mars 1971).
16. Il s'agit de la gare du Sud, à Budapest.

mais nous ne sommes jamais partis
nous étions là à regarder
la tête d'Anton Matkovitch
cette planche à quatre lignes (...)

En 1947, Georges-Alexandre s'est exilé, révolté contre le stalinisme comme il l'était contre toute forme d'oppression. C'est en français que, dénonçant « la révolution trahie », il a exprimé sa passion de la liberté, que ses mots « sont devenus lumière » :

Dites aux hommes qui sont restés là-bas
Que j'habite maintenant le cadran solaire
Dressé sur une tige transparente (...)

Un long poème au moins — *Yellow Dog Blues,* écrit à Milan — devrait permettre à l'œuvre de Georges-Alexandre (« un Dadelsen non littéraire », dit Franck Venaille) de trouver enfin la place qui lui revient.

(...) *c'était un chien plus jaune que les blés*
et puis quand il est mort nous l'avons emporté
comme un horrible fruit à travers les ruelles
son oreille gauche était une truelle
son oreille droite était une cravate
et nous l'avons porté comme le corps d'un roi
jusqu'à la Seine, Mathias et moi
pour y laver ses pattes

car il était venu d'un pays inconnu
car il était venu abandonné et nu
car il était jaune comme personne avant lui
et plus malheureux que je ne le suis (...)

LE CRI DES MARINIERS
Pierre OSENAT

Pour Pierre Osenat[17], la France n'est pas à proprement parler une terre d'exil. Pourtant, la nostalgie des Antilles, où il passa son enfance, s'exprime au cœur de ses poèmes. Et, symboliquement, on

17. Né à Fécamp en 1908. *Passage des vivants* (Paris, Sources, 1962). *Chants de mer* (Lyon, Henneuse, 1965). *Chants des Antilles* (Henneuse, 1965). *Chants des iles* (Henneuse, 1968). *Chants de mer*** (Henneuse, 1968). *Poèmes choisis* (Henneuse, 1969). *Cantate à l'île de Sein* (Paris, 1970). *La Baie d'Arcachon* (Arcachon, 1970).

pourrait dire que c'est de la mer que le poète se sent exilé. « Pierre Osenat, cet enfant des îles dont la poésie atterrit en mer », dit Jacques Prévert très joliment. Influencée par une forte culture classique, la poésie de Pierre Osenat regarde vers le large, et ce n'est pas par simple jeu livresque qu'elle se souvient du « cri des mariniers ».

Le vol léger des mouches de vanille.
Astrolabe astragale astérie cénophale
Récite-moi mon île à frange de ressac
Ton poème semé du jonc des bambous pâles
C'est le moment les colibris ont mis leur frac (...)

Réserve-moi tes pétales de lune
Ton pied menu taché de mangots verts
Sois l'archet doux de la danse des plumes
Que je sois seul au fond de tes yeux pers.

On recherche un marin
Hier j'ai lu l'affiche
Bordée de tamarins
Clouée sur un fétiche.
Un voleur de soleil pagaie des remous d'eau
Un long serpent rêve d'aimer
Un enfant noir chargé de ciel et de roseaux
Invente des mots pour rimer.

(*Chants des Iles*)

ENTRE L'ARVE ET LE RHÔNE

Vahé GODEL

Ce n'est sans doute pas seulement parce qu'il est à la fois suisse et arménien que Vahé Godel[18] se sent à ce point « dispersé, écartelé » et qu'il éprouve un tel besoin de retrouver par le poème l'unité perdue. « Nous sommes tous », affirme-t-il lui-même, « plus ou moins exilés : dans le temps, dans l'espace, dans le langage », et, dans un sens, « il n'est pas de poésie sans exil ». Mais le thème de la séparation prend

18. Né à Genève en 1931. *Morsures* (Genève, Jeune Poesie, 1954). *Homme parmi les hommes* (Seghers, 1958). *Entre l'Arve et le Rhône* (Jeune Poésie, 1960). *Rouages* (Genève, H.C., 1963). *Que dire de ce corps ?* (Millas-Martin, 1966). *Signes particuliers* (Grasset, 1969). *Les Lunettes noires* (Encres Vives, 1972). *Epreuves* (Millas-Martin, 1972).
Essai — *Poètes à Genève et au-delà* (Genève, Geory, 1966).
Traduit de l'arménien : les *Poèmes* de Daniel VAROUJAN (La Corde, 1965).

chez Vahé Godel une intensité particulière du fait de la situation du poète.

L'œuvre est très contrastée. Vahé Godel aime évoquer le pays situé « entre l'Arve et le Rhône ». Il sait tracer avec délicatesse « l'orbe ténu des floraisons ». Il lui arrive de faire participer le corps de l'homme et de la femme à la beauté rassurante du paysage : « mon corps verdoie » — ce corps qui est comme le double d'un autre corps, « mûri dans la lumière » où se « reflète un heureux pays de collines arrondies ». Mais l'atmosphère du poème se ressent aussi des distorsions climatiques.

Ouvre-moi
je n'ai pour tout bagage
que ce corps dépouillé
calciné
par le froid

(Que dire de ce corps ?)

Vahé Godel, s'interrogeant sur ce qu'il peut « dire de ce corps », résume l'ambiguïté de ses impressions dans la formule : « dévorant dévoré ».

S'il se souvient des heures paisibles de l'enfance

— le pasteur découpait la mie en losanges
puis remplissait le calice de vin blanc
un retraité des postes promenait son épagneul
sous les platanes séculaires —,

(Signes particuliers)

s'il aime dire à sa manière, après Virgile et Victor Hugo, « les grands chars gémissants qui reviennent le soir »,

— Houleuse procession vers les granges béantes
voici les chars de foin glissant devant l'orage
frôlant les branches basses les fougères
et comme eux nous voici pleins de senteurs cuivrées
parmi les feuilles glissant dans leur sillage
et brûlant d'engranger nos fardeaux frémissants

(Que dire de ce corps ?) —,

il lance aussi dans le poème des meutes de « chiens en furie », annonce le « repas des fauves », découvre en lui « un arsenal d'aiguillons et de frondes », projette de déclencher des séismes dans le langage et de faire voler les parenthèses en éclats.

Son imagerie, qui pourrait parfois paraître baroque, traduit les mouvements contradictoires d'une âme partagée.

Je serai l'incendiaire
la nuit venue j'exilerai
la cochenille et l'indigo
tu seras nue
des voies d'eau s'ouvriront dans les soutes
les passereaux reflueront vers les sources
le vent jouera sur le velours
l'ancre levée tu gagneras les combles

(Que dire de ce corps ?)

Puisse la poésie de Vahé Godel garder longtemps ce goût de fruits sauvages !

Catherine TOLSTOÏ

Catherine Tolstoï[19] est née en France de parents russes, originaires du Caucase. Elle aime les légendes, les noms, les paysages proches, mais « France », qui rime avec enfance, rime aussi chez elle avec « absence ». Quoi d'étonnant si l'on pense à la situation d'une famille d'émigrés ?

L'émigré blanc des « Ames mortes »
lisait Gogol à Coulommiers.
Un chat lui passait sur l'aorte
à la saison des cerisiers.

(La Bergère et la mort)

On comprend que Catherine Tolstoï, très attachée pourtant à sa terre de naissance, ne s'y sente pas aussi « enracinée » que d'autres.

19. Née à Coulommiers en 1926. *Ce que savait la rose* (Seghers, 1966). *La Bergère et la mort* (Seghers, 1970).

(...) Je suis personne déplacée
à la racine desséchée,
bivouaquant dès la naissance
au feu de bois — peut-être en France (...)

(La Bergère et la mort)

Tout ce qui importe dans la vie prend les couleurs de l'exil :

Je bivouaquais sans feu dans un premier amour

Les enchantements de la poésie, même si de génération en génération se transmettent les formules magiques, n'empêcheront pas le temps de s'écouler, de nous chasser de là où nous sommes, où nous voudrions être.

(...) *Le flot gris de Paris roule d'autres rivières*
et le passé s'en va sous le pont Mirabeau.

(La Bergère et la mort)

Françoise HAN

Françoise Han[20] aimerait chanter la paix, et elle la chanterait bien :

Ce que vous nommez la sagesse
et qui s'assied à votre table
m'attend parfois le soir sur la borne d'un chemin

des oiseaux repus d'espace
s'accordent la paix quotidienne
le bonheur est dans la main comme un œuf parfait qui
n'a pas besoin d'éclore (...)

Mais elle se sent en exil.

(...) *j'ai toujours été loin de mes sources*
il me faut inventer ma langue et mon pays

---

20. Née à Paris en 1928. *Cité des hommes* (Seghers, 1956). *L'Espace ouvert* (Librairie Saint-Germain-des-Prés, 1970).
Anime, avec Jean-Paul CATHALA, la revue *Avant-Quart* (Chelles). N° 1 : 1966. N° 10 : deuxième trimestre 1972.

Et son pays est

survolé sans trêve
par des avions chargés de bombes

Dans ces conditions, *l'Espace ouvert* est un poème d'amour, de confiance dans les forces créatrices — l'annonce, et déjà l'esquisse, d'un chant qu'on chantera plus tard, en particulier dans un Viet-Nam pacifié.

On se bat encore, mais l'humanité gravit des degrés de lumière, et la poésie, comme les sciences, les techniques,

est en train de changer les lois de la pesanteur
le rapport des forces.

Autres œuvres à citer :

Bernard JAKOBIAK, *Je* (Rabat, Souffles, 1967) ; *Déchaîné l'enchaîné* (Tanger, 1967).

III

L'ABSENCE AU CŒUR

ABSOLU, PARODIE

Olivier LARRONDE

Il serait sans doute injuste de ne pas citer Olivier Larronde[21]. Le vers, d'allure souvent classique, mais plein de surprises verbales, n'est pas chez lui sans charme. La courbe de l'alexandrin y est amoureusement, savamment, caressée. On se plaît au déhanché de la phrase, on s'attarde au bonheur des rimes, à la plastique des images, issue — dirait-on — d'un Parnasse insolite.

Comment t'étonnes-tu de ces marques de dents :
Ton corps de fruits divers imitait l'apparence.
Admire dans tes mains, douces comme la France
Les stigmates reçus de ces arbres ardents.

(Les Barricades mystérieuses)

Olivier Larronde aimait la poésie de Mallarmé. Il lui doit un goût précieux du vocable un peu rare, des acceptions inattendues, une ligne syntaxique particulièrement reconnaissable, une tendance à l'allusion libertine, une aspiration aussi à s'élever au-dessus des apparences, comme on le voit dans cette *Pure Abstraction :*

Le toujours même sable
A ce qui sert de plage
Dans un moins-que-désert
Trempé par son rivage.

(L'Arbre à lettres)

---

21. Né à La Ciotat en 1927. Mort à Paris en 1965. *Les Barricades mystérieuses* (Gallimard, 1946 et 1948). *Rien voilà l'ordre* (Décines, Isère, Marc Barbezat, L'Arbalète, 1959 et 1961). *L'Arbre à lettres* (L'Arbalète, 1966).

Le soigneux hermétisme d'Olivier Larronde cache-t-il quelque secret ?

Mangeons du crû plus tard que l'absolu scandale
Et son huis balourde
Barde quand la moitié d'une autre moitié darde
La symphonie des sourdes

(*L'Arbre à lettres*)

Il semble que la somptuosité du verbe, où se mêlent très savamment la réminiscence et la parodie — voire la parodie de la parodie — recouvre un sentiment désespéré du vide.

LE BLUES DE TOUS LES DÉPARTS

Bernard DELVAILLE

Blues... Le premier titre de Bernard Delvaille[22] indique bien la tonalité de son œuvre poétique. Le blues, c'est ce qui accompagne aujourd'hui les rôles un peu tristes, les impressions mauvaises, les lueurs de plaisir, dans les quartiers de la ville où la solitude connaît sa plus haute densité. C'est toute la nostalgie du monde. C'est Londres, où « Thomas de Quincey Pour l'éternité attend Ann ». C'est Paris, le quai de métro où vers minuit un homme se tire une balle dans la tempe, la rue où « Comme un tigre dans la jungle Jean Genêt traîne sa solitude royale et son orgueil » ; c'est Saint-Germain-des-Prés, « le seul endroit au monde où la vie soit possible ». C'est le silence au sein du bruit et de la nuit, jour et nuit, le vide où la foule s'agite, les souvenirs auxquels on tient sans y tenir, des rêves de bonheur aussitôt rejetés, une perpétuelle évasion qui toujours, malgré le besoin d'autrui, ramène à soi dans la mélancolie des retours solitaires.

(...) *Le jour se lève sur les cargos froids et lointains.*
Tu es seul dans une chambre D'où viens-tu Pour quels départs
A chaque escale tu es seul comme on est seul à deux
au fil des rues au seuil des bars et des consignes
avec le bruit du vent sur les remparts et ce silence
accru que les autres ont creusé dans ton cœur.

(*Bételgeuse, XVI, 1971*)

---

22. Né à Bordeaux en 1931. *Blues* (Paris, Escales, 1951). *Train de vie* (Millas-Martin, 1955). *Enfance, mon amour* (Subervie, 1957). *Tout objet aimé est le centre d'un paradis* (Millas-Martin, 1958). *Désordre* (Seghers, 1967).

Blues : c'est le bleu — gris bleu, bleu nuit, bleu glycine —, c'est le noir, la fumée bleue d'une cigarette qui va s'éteindre dans la nuit, la nuit noire, les idées noires, le désespoir ou simplement l'ennui. L'ennui, Bernard Delvaille le ressent un peu à la façon d'un Baudelaire ou d'un Laforgue. Le *blues* apparaît chez lui comme la forme contemporaine du spleen. Nerveux au sens de la caractérologie, toujours prêt à fuir, par le train, le bateau ou l'avion, Narcisse aimant et redoutant son propre visage, il cherche à échapper au temps, qui passe trop vite et qui pourtant n'en finit pas de s'écouler. Comme pour se divertir de ce souci, il note avec précision les aspects changeants de l'existence ordinaire. La nostalgie demeure. En toile de fond : les « hauts faits de l'enfance ». Au-dessus de lui : « la carte de l'enfance », qu'il lui plaît encore de dessiner « sur le ciel ». Devant lui : quelques petites lumières auxquelles il sera doux, dans les instants d'abandon, de réchauffer ses mains, son corps, avant la fin.

CHUTE, ÉLANS, RUPTURES
Jean PÉROL

L'espoir et la révolte se partageaient les premiers poèmes de Jean Pérol[23]. Plus que par son engagement, cette poésie, dont l'auteur n'aime sans doute plus guère aujourd'hui la transparence, vaut encore par l'espèce de tension qui lui donne sa vigueur.

Dans *le Feu du gel,* où se retrouvent les thèmes du *Cœur de l'olivier,* Jean Pérol hésite encore entre la hantise de la solitude et le besoin de fraternité, entre l'envie de crier et le souci de retenir ses cris, entre l'appréhension du vide, la crainte de l'écroulement et les simples images du plaisir échangé. Il ne peut oublier l'horreur (qu'il fait rimer avec *führer*) des guerres de ce temps — « les rues de notre enfance ont des taches de sang » —, il redoute les forces dont l'homme dispose aujourd'hui. Il oppose à cette folie une morale éluardienne, un chant d'amour qui prolonge le lyrisme d'Apollinaire — *(Mon île au loin ma Désirade)*... « ma toute nue ma mer étale par beau temps (...) ma terre ma vallée ma futaie chaude obscure ». L'image qui paraît dominer toutes les autres est celle d'un igloo — « parois de glace et feu dedans ». Mais dans cette lutte, la flamme et

---

23. Né à Vienne (Rhône) en 1932. *Sang et raisons d'une présence* (Seghers, 1953). *Le Cœur de l'olivier* (Henneuse, 1957). *Le Feu du gel* (Henneuse, 1959). *L'Atelier* (Chambelland, 1961). *Le Point vélique* (Chambelland, 1965). *D'un pays lointain* (Tokyo, Shichôsha, 1965). *Le Cœur véhément* (Gallimard, 1968). *Ruptures* (Gallimard. 1970). *Maintenant les soleils* (Gallimard, 1972).

la chaleur triompheront-elles ? Le « manque de feu » est à l'origine de la douleur et « le froid des forêts s'infiltre dans nos corps ».

Jean Pérol aime — il adore même, comme il le dit dans *l'Atelier* — le « tournoiement solaire ». Cependant les images de la chute le poursuivent. Ici le jour, à son cou, « prend le poids d'un pavé ». Ailleurs l'homme tourmenté se voit tomber « dans le vide ». Ailleurs encore « Le jet de la fontaine retombe dans la vasque ». Jean Pérol rappelle que la poésie est pour lui gel et feu, qu'elle inquiète et qu'elle apaise. Il trouve en elle, et dans l'amour, la force de frapper du talon, de remonter à la surface, enrichi de quelques raisons de vivre, réchauffé par quelques « brûlots de ferveur ». Le poème se laisse moins aller à ronronner sa morale. Il colle davantage à l'épreuve des aspirations contrariées. L'image traduit l'ambivalence du vécu. C'est « ébloui » que le poète est projeté « dans le vide », et l'aube elle-même devient le signe de la mort.

Avec *le Point vélique,* les forces contradictoires paraissent pousser le poème sur la ligne de sa meilleure chance. Non que la sérénité soit atteinte. Il s'en faut de beaucoup. Mais l'expression se libère des trajets éprouvés. La poussée des images se fait plus forte. Le vers s'attarde parfois à d'heureuses et paisibles sonorités — « la Sologne somnole » — mais un coup de fouet vient aussitôt lui redonner de l'élan :

la Sologne somnole
les culs pingponguent sur le dos des chevaux.

Jean Pérol, toujours à la recherche de « la paix dans le sang » et de « la paix dans les nerfs », ne prétend pas brider brutalement les impulsions, mais il leur donne le champ libre ; il ne tait pas ses craintes, mais il les fait d'abord, au contraire, résonner pleinement en lui. Il ne se retient pas d'élargir aux dimensions du monde le tourbillon dans lequel il se trouve engagé. Il prend l'avion, va séjourner au Japon, où il proclame que « l'exil est un grand soulagement », qui l'arrache au destin tout tracé. Comment, à Hiroshima, ne donnerait-il pas, d'autre part, le sens le plus tragique à la tension qu'il éprouvait, dérisoire, dans sa propre chair ?

(...) *tout au bout du voyage on traverse une place*
mille taxis chuchotent sur l'asphalte mouillé
on traverse la nuit la tiédeur de la pluie
les fleurs sont des fleurs et deux amants s'embrassent
quand leur langue se tend
tous les morts sont absents

La libération du poète va-t-elle conduire au désespoir ? Développant une de ses images maîtresses, Jean Pérol écrit :

(...) J'entends le gel exorciser
toute beauté pour le bûcher.

A Tokyo, Jean Pérol publie *D'un pays lointain*, beau livre illustré d'une calligraphie du poète Kusano Shinpei, enrichi graphiquement de la traduction en japonais de onze de ses propres textes. Des poèmes ont pour titre NAMIDA : *les larmes ;* SHIROI SUNA : *sable blanc ;* SU KOSHIMO : *jamais* ; SAKURA NO HANA :*fleur de cerisier* ; NAGAREBOSHI : *l'étoile filante*... Ces proses n'empruntent guère cependant à l'imagerie exotique. Sans doute l'imagination liée à l'éros est-elle avivée par le contact avec des villes si manifestement étrangères. Sans doute le contraste des traditions opère-t-il un charme. Mais on retrouve aussi des habitudes, à l'autre bout du monde : conduire une voiture, passer la première, la seconde, la troisième. L'attention aux mouvements intimes se fait plus aiguë encore. « Chaque phrase file avec sa tête chercheuse. Le monde bouge. » Partir, se retrouver, accélérer, ralentir, « attendre un signe sur le jardin ». L'exil change la qualité de la vie, donne au poème l'occasion d'une vie plus intense, plus profonde.

Le Cœur véhément reprend les poèmes publiés à Tokyo, les complète par d'autres poèmes en prose. L'ensemble donne une impression plus nerveuse, plus tourmentée (peut-être aussi parce que l'élégance si raffinée de l'édition japonaise ne joue plus). Pérol rapporte en France l'impatience d'une plus haute existence, obstiné à lutter contre les inéluctables pesanteurs.

On peut rompre, explique Jean Pérol, « avec une politique, avec un amour, avec ceux de sa race et de son peuple, avec une écriture périmée, parfois même avec le sens à l'intérieur des mots ». On peut être rompu, brisé — séparé déjà de soi. Mais rompre, c'est rompre aussi le pain — « simple geste d'amour et de fraternité ». Le poète aime être « rompu à toutes les tentatives d'écriture ». Dans *Ruptures*, Jean Pérol semble vouloir donner la preuve de cette maîtrise, de cette virtuosité. On le voit rivaliser avec les grands Rhétoriqueurs, pratiquer l'acrostiche avec les lettres de son nom, jouer sur les mots en frisant le calembour (« oh ! pas que noir ! — Pâques noires »), introduire à la Denis Roche la barre oblique entre les mots (« oublier et respirer/sans vous/respirer »), combiner le jeu de mots et la barre de mesure (« alors que — Ah ! l'or/que !/bre-loque/loques »), cultiver sporadiquement le non-sens. Mais Jean Pérol a beau faire, chercher à nous étonner ou à s'étonner, nous retrouvons, plus émouvante de demeurer au milieu de ces brillants exercices de rupture (« Je fus mets (pour elle, pour elles) je fumais (...) je fus mais — je ne suis plus ») la double et fondamentale inquiétude du poète :

1) (...) *J'entends se resserrer le silence du gel sur les rameaux des arbres noirs* (...)

2) *Dedans, la mort tient ses permanences. Remettre le masque, remonter la flamme, attaquer le fer. Descente, contrôle : la page incandescente reste toujours à faire.*

Cette incandescence, ce profond silence à quoi se heurte et qu'exprime en même temps la poésie, nous les retrouverons, vécus, parfaitement écrits ou désécrits, au fil des jours. Ce sera *Maintenant les soleils.*

(...) *à des codes étranges les hommes nus s'accrochent.*

UN LANGAGE OÙ MOURIR

Roland BUSSELEN

L'œuvre poétique de Roland Busselen[24] est dominée par le sentiment de la solitude, la peur du vide, l'angoisse liée à l'écoulement du temps, à la menace de la mort. Un moi constamment tourmenté occupe le centre de ce désert où même les mots — auxquels le poète s'attache dans son goût surréaliste de l'image — finissent par paraître inutilisables, comme la vie elle-même. Le petit mot « je » revient toujours, et l'on se défend mal, à la lecture, d'une certaine irritation contre cette préoccupation à peu près exclusive. Un des poèmes porte cette dédicace : « à moi ».

Ah reconnu
je sais par cœur
ce que tu vas dire

(nous sommes tentés d'ajouter : nous aussi.)

je vis le langage où tu vas mourir
l'imagination où ta rage de dire
l'expression t'étouffera (...)

(Un quelqu'un)

---

24. Né à Uccle (Belgique) en 1936. *Quand les dieux visitent nos tombeaux* (Gilly, H.C., 1954). *S'il vous plaît* (Bruxelles, Éd. Dutilleul, 1956). *Moi l'exil* (Seghers, 1959). *Grand-peine* (Seghers, 1960). *Supplément d'âme* (Seghers, 1962). *Démuni que je sois* (Seghers, 1963). *Cadènes* (Seghers, 1966). *Un quelqu'un* (Seghers, 1968). *Malaïgues* (Seghers, 1970). *La Main de Samothrace* (Grasset, 1971).
Roland BUSSELEN a animé (avec Alain BOSQUET) les revues *L'VII* (Bruxelles : n° 1 : décembre 1959 ; avant-dernier et dernier numéro [34-35], mai 1970) et « B+B » (Bruxelles ; n° 1 : décembre 1970 ; n° 5 : février 1972).
A été Président des Jeunesses Littéraires de Belgique et a dirigé la revue *Jalons* (1956-1959).

Mais comment resterions-nous indifférents au poème indéfiniment repris de cette lente agonie qu'est toujours, au fond, le cours de notre vie ? Notre agacement vient peut-être de ce que nous aimerions, au risque de nous éloigner de ce qu'il y a en nous de plus authentique, penser un peu à autre chose. Nous voudrions peut-être croire, feindre de croire, à cette « parade quotidienne » dont précisément Roland Busselen dénonce la vanité.

Cette poésie nous concerne en ce qu'elle nous rend plus insupportable encore la pensée de la mort.

Elle nous touche par l'étrange vérité de ses images :

(...) *les portes de ma chambre*
font grincer le silence en crabe (...)

(Démuni que je sois)

j'ai sucé le lait des pierres
et les aiguilles ensemble font naufrage
dans ma pensée (...)

(Id.)

Aussi par son mouvement, par la netteté de ses pulsations, même quand la vie paraît se retirer.

je reviens d'un très long voyage
au-delà de la tempe éclatée
il y a longtemps que je n'ai plus rien dit
plus rien dit à personne ni à moi-même

deux oiseaux rouges et noirs
sont cloués en signe de deuil sur la porte de mon bureau (...)

(Malaïgues)

Le poète précipite parfois l'expression de son désespoir :

captif d'un froissement
je plonge
tremble sous les cônes du noir

J'erreur je ténèbre je rien du tout
python courtisan du devenir

au feu de la lune je dépose mon butin (...)

(Un quelqu'un)

Il lui arrive de manier assez brutalement l'ironie contre lui-même.

oh là !
barre-toi mon cœur
pourquoi provoquant le grand combat
à chaque geste que je fais
tu me rappelles un rythme ancien
(Un quelqu'un)

Il garde en lui une sensibilité profonde à la beauté, à la bonté. Remontons aux premières années de la vie. Nous comprendrons ce qui, dans l'existence, laisse un homme comme Roland Busselen, définitivement insatisfait :

(...) *je vois un matin*
deux matins
une éternité de matins
où je cherche mon sang d'enfant
au creux des artères de ma mère
(Démuni que je sois)

(...) *mon nom est devenu imprononçable*
que ma mère repose en paix
(Malaïgues)

Oui. En paix. Mais les poètes, les vivants, ne seront jamais en repos.

UNE SENSUALITÉ QUI NE QUITTE PAS LA MORT DES YEUX
Guy CHAMBELLAND

Nombreux certainement les poètes qui, sur la route des vacances, sont allés saluer Guy Chambelland[25] à la Bastide d'Orniol, tout en

25. Né à Dijon en 1927. *La Claire Campagne* (Aux Nouveaux Horizons, 1954 ; éd. définitive : Bougie, Talantikit, 1955). *Visage* (H.C., s.d. [1957]). *Protée* (Au chien qui fume, 1968). *Pays* (Henneuse, 1961), avec, en encart, *La Claire Campagne*, 3e édit. (sans éditeur, 1962). *L'Œil du cyclone* (Millas-Martin, 1963). *La Mort la mer* (Au Pont de l'Epée, 1966). *Limonaire de la belle amour* (Librairie Saint-Germain-des-Prés, 1967). *La Mort la mer* précédé de l'*Œil du cyclone* (Paris, Poésie-Club, 1971). *Courtoisie de la fatigue* (Chambelland, 1971).

haut de Goudargues (Gard). En pleine garrigue (mais en bas la rivière irrigue un coin de Normandie), on s'attend presque à trouver un Sage, malgré le souvenir des vives polémiques entretenues par le directeur du *Pont de l'Epée*. Près du feu de bois, qu'il fait bon évoquer la parole de Bachelard ! Le philosophe n'a-t-il pas dit, de la revue dirigée par Chambelland : « Sous le Pont de l'Epée coule une grande rivière » ?

A Goudargues même, au village, Chambelland aime signaler comme particulièrement important le fait que sur la place, le dimanche, à l'ombre des arbres — à n'en pas douter plusieurs fois centenaires —, viennent régulièrement les joueurs de boules. Relisons maintenant *l'Œil du cyclone :*

Tout de suite après-midi quand c'est dimanche
bloc d'ombre l'auberge s'ennuie
dans la chaleur où criquettent les cigales
Mais à 3 heures
les hommes du village sortent de chez eux
se mettent à jouer aux boules
sous les arbres qui remuent à peine leurs feuilles
et on entend loin leurs éclats de voix
avec le choc des boules qu'ils caressent et envoient
après avoir longtemps balancé le bras
Et dans l'auberge qui se réveille
la servante sert à boire
et son visage qui se déplace dans la fumée
parmi les hommes qui jouent aux cartes
et durcissent leurs visages dessus
est tendre inoubliablement

(L'Œil du cyclone)

Chambelland décrit les gestes des hommes avec une minutie, une complicité, qui pourraient rappeler le réalisme poétique d'un Francis Jammes corrigeant l'ample attitude du semeur hugolien. Or Chambelland ne connaissait pas encore Goudargues quand il a écrit ce poème. On nous dira qu'on joue partout aux boules. C'est vrai. Aux cartes aussi. Et précisément les joueurs de cartes du bistrot, chez notre poète, ressemblent à un Cézanne. Ils passent, de tout leur poids, dans l'éternité.

Quelque maison qu'il habite, Guy Chambelland célèbre la demeure humaine. Est-ce un remède à l'instabilité de la vie ? Le décor est situé selon les coordonnées d'une histoire et d'une géographie intimes. Le jour n'en finira pas de se prendre dans la fenêtre. Guy Chambelland aime que chaque chose soit à sa place, heureux quand « l'enfant prend place parmi les choses (...) et sans rien déranger de leur vie trop secrète se met à vivre avec elles ». La femme, l'enfant. Le chien aussi :

> *Si un chien t'aime*
> *son poil sent la paille et le lait*
> *et si tu sais l'aimer*
> *sa présence rapproche les choses*
> (*La Claire Campagne*)

Un dieu cependant nous « menace dans les astres ». On aimerait croire que quelque chose demeure, survit à tant de deuils et d'échecs. Mais que lit-on dans *l'Œil du cyclone* ? La mort en nous se développe, se fortifie. « J'écoute pousser en moi la racine de ma mort ».

Guy Chambelland, par le jeu des métamorphoses, quand les « mains se font feuilles » ou qu'il entend battre un cœur « beau comme un cheval de course », paraît dépasser le sentiment anxieux de la séparation. Mais il refuse d'être dupe : « Tout à l'heure la voix du chien était une voix d'homme. Il s'est vite repris et a aboyé ».

Dans *la Mort la mer,* le tragique s'accroît. Il percera la tendre et nostalgique musique du *Limonaire de la belle amour*. On s'habituait malgré tout, la mer au loin, à supporter le temps. Mais il faut bien reconnaître qu'on a « commencé de mourir ». La mort n'est pas seulement une image obsédante. C'est quelque chose qu'on porte déjà en soi, avec quoi il faudra désormais compter, même pour garder son maintien :

> *Quand le cœur tout d'un coup me manque, qui*
> *dois-je me faire, eau ou pierre, pour m'habiter*
> *inhabitable ? Ne suis-je qu'une vieille, ne suis-je*
> *qu'un pitre ?*
> *Poème, statue sur l'eau, — mais moi ?*
> *Comme j'avançais encore, maladroit entre chiens*
> *et roses, entre femmes et dieux, la mort me mit*
> *son bâton dans le corps.*
> *On peut me voir.*
> *Il me tient debout.*
> (*La Mort la mer*)

Déjà le moi s'effrite. J'entends à peine ma propre voix. Ce corps, voué au pourrissement, est devenu inhabitable. « Je ne suis moi qu'entre ma mort et moi ».

D'autres hommes cherchent à fuir la solitude. Une bouteille sur la table « en gros bois » du bistrot. Les regards disent assez le désir franc. Toujours la même issue. La mort « lave les verres ».

On peut aussi parler au chat, au chien. Se souvenir : les herbes la rivière, l'eau du lavoir, les jeunes femmes. Encore « les arbres dans l'air du jardin remuent leurs branches, leurs feuilles ».

Ce qui attache à l'existence se dit parfois en termes crus. La sensualité du poète ne cherche aucunement à se déguiser. Le drame est dans notre nature même, et ce n'est pas la peine de tricher là-dessus. Ainsi avouée la cause intime du désarroi, restait à en comprendre l'énigme. Et c'est peut-être ardente mort, ce regret de l'enfance, que le poète ne semble avoir osé exprimer que d'une manière tout à fait exceptionnelle (*Feu de bois,* dans *la Mort la mer*).

Cependant la bête en l'homme n'aura jamais raison de l'ange.

S'il redoute que ses mots le dispersent, Guy Chambelland n'en écrit pas moins pour se reprendre. « La neige est noire au cœur de Marie-Blanche ». Le sonnet perd ses rimes. L'humour veille, et corrige le chant. Mais la beauté, qui fut apprise et qui surgit au creux de la vague, déjoue tous les soupçons.

On a toujours affaire à un tunnel
La neige est noire au cœur de Marie-Blanche
Ô toi ô moi sais-je où je me situe
entre l'orage et l'étang qui me nouent ?

Si vous étiez certain qu'il n'y a rien
gratteriez-vous encor, la nuit, la terre ?
Et lui, répond : est-ce visage ou masque ?
mais si la nuit et la terre étaient moi...

Fleurs de mon doute, écho de quel silence
qui me projette à partir de ma mort
comme la flamme où se lèche la cendre,

fanez, je n'attends plus. Et vous
qui viendriez, caressez l'air de plumes :
c'est moi, qui est votre route effacée.

(La Mort la mer)

Courtoisie de la fatigue. Ce titre, emprunté à Voronca, marque-t-il de dérision le sentiment de l'échec des aspirations humaines ? Exprime-t-il, dans son ambiguïté, l'évolution précipitée vers l'érotisme des amours d'autrefois, le rappel d'une sorte de pureté ?

Guy Chambelland, dans ce recueil qui, à première vue, paraîtrait ressortir au genre priapique, se montre aussi peu courtois que possible — au sens ordinaire — à l'égard des femmes. Quel mépris ! Quel désir d'humilier ! Il semble que le mâle s'acharne, ici, à faire retomber systématiquement sur celles qu'il prend, la lourde faute de n'avoir pu le sasisfaire. Mais c'est aussi que ses désirs cherchent une issue où nulle posture, nul râle, nulle fête érotique, réelle ou imaginaire, ne sauraient introduire. La mort, décidément, a tout détruit. Qu'espérer ? Que croire encore ? Celle qu'on eût pu célébrer comme une déesse n'est plus que « la dernière des putes ». Mais lisons bien. La femme en général, « la femme de tous » est

la rose putassièrement mystique
du grand foutoir humain.

L'injure prend un autre sens. L'être le plus méprisé est celui qu'on voudrait le mieux aimer, dans une vie qu'on eût rêvée autre.

Il est difficile de ne pas évoquer la grande exigence humaine du fondateur de la revue *le Pont de l'Epée*[26]. On se rappelle que, dans le roman de *Lancelot*, le passage du Pont de l'Epée constituait la plus dure épreuve pour le chevalier parti délivrer la reine Guenièvre. Des années après le baptême du *Pont de l'Epée,* Guy Chambelland fait encore allusion, dans *Courtoisie de la fatigue,* à la déplorable histoire de « Perceval le silencieux ».

Pour un lecteur de Chrétien de Troyes, l'érotisme noir n'est encore, en négatif, qu'un hommage à la poésie « toujours nouvelle », à la poésie « immémorialement neuve ».

Je te salue poésie.

LA NUIT À DEMEURE ?

Albert PY

Les poèmes d'Albert Py[27], par les principaux thèmes qui en parcourent la succession, font penser à des cortèges funèbres dont on ne parviendrait pas — le voulût-on vraiment — à se désencombrer l'esprit. La révolte contre la mort rend celle-ci plus obsédante encore.

---

26. *Le Pont de l'Epée* (Dijon, puis La Bastide de Goudargues, Gard). Premier numéro en 1957. A noter en particulier les numéros spéciaux : *Jeune Poésie I* (nº 12, 1960). *Jeune Poésie II* (Nº 16, 1961). *Jeune Poésie III* (nºs 20-21, 1963). *Jeune Poésie IV* (nº 30, 1965). *Féminin pluriel* (nº 33, 1966). *Dix ans de sensibilité poétique* (nºs 37-38, 1967). Nº 49 : 1er trimestre 1973.
Etude de Jacques RANCOURT : *Poésie du quotidien au Pont de l'Epée (1966-1970)*, mémoire, Université de Paris, juin 1972.
27. Né dans le canton de Neuchâtel en 1923. *La Nuit sur la ville* (Genève, Jeune Poésie, 1956). *L'Homme rouge et son ombre cheval* (La Baconnière, 1966).

mon fils a nettoyé joyeusement
la maison
il a ouvert les fenêtres
et précipité dans l'escalier
de marche en marche
comme un éclat de rire

les grands cercueils des ancêtres
et le mien, jusqu'au trottoir
comme de vieux meubles

alors les passants ont pris chacun sa part
et comme la journée finissait
ils se sont dispersés dans la ville
et tout est rentré dans l'ordre
(La Nuit sur la ville)

L'enterrement du grand-père, traité avec un dur réalisme dans *la Nuit sur la ville*, la mort du père, l'évocation de la mère dans *l'Homme rouge et son ombre cheval* ouvrent de sombres défilés d'images où le pressentiment se mêle au souvenir, où diverses pensées s'entrelacent — le thème d'Antigone, le thème d'Orphée, celui de Perceval, l'appel à Dieu — sans que l'inspiration dominante se laisse jamais recouvrir.

Dans *la Nuit sur la ville*, la hantise de la mort suscite l'image du peloton d'exécution, fait apparaître le bourreau, dresse un échafaud, rappelle les villes bombardées, referme le « vieux camp de la peur ». Dans *l'Homme rouge*, elle rend encore présents à la mémoire les gibets, les prisons, les asiles, le bûcher.

Le poète cherche à allumer « des feux contre le froid contre la faim contre la peur » *(la Nuit)* ; il rêvera encore, pour la célébration de l'amour, d'allumer « un feu sur le sable » de la plage (*l'Homme rouge*). Mais la mort des êtres chers est trop présente à son esprit, trop présente aussi la vision qu'il a de sa propre mort, et de ce qu'il sera, mort, pour ceux qui lui survivront, pour que les « flammes noires » ne l'emportent pas, dans l'imagination, sur tout autre foyer.

Le sentiment de l'échec inéluctable fait retomber l'aspiration vers la clarté.

(...) *le bruit court dans l'armée*
que la nuit s'installe à demeure
et que nous ne pousserons plus à la mer
les folles nefs de l'espérance
(La Nuit sur la ville)

Dans *l'Homme rouge*, l'expression du désespoir se fait encore plus profonde :

Je n'osais plus au bas du dernier rêve
ouvrir les yeux sur l'aube (...)

Nous étions seuls
le dos contre la nuit haute
notre feu entre les genoux

nous n'osions plus nous regarder
ni regarder le feu
comme si le feu avait leurs faces
nous n'osions plus nous endormir
de peur d'un rendez-vous terrible
et côte à côte abandonnés
plus seuls d'être deux
nous mangions notre peur

La conscience du drame métaphysique de notre condition se fait aussi aiguë que possible :

quelle distance
entre les hommes
et quelle absence
au cœur de l'homme !

Cependant, si, d'un livre à l'autre, le ciel ne s'est guère éclairci, la pensée poétique s'est allégée de certaines notations morbides, à la Baudelaire (« avec les noirs troupeaux qui piétinent dans mon crâne ») ainsi que de diverses images inspirées par l'ange du bizarre. Il semble aussi que, malgré l'épaisseur du silence ou de la nuit, une clarté intérieure se révèle aujourd'hui davantage, préparant à la paix.

Dans une flaque d'eau
parmi les arbres, les nuages

sous une verrière, un escalier
au coin d'un quai
au fond d'une pissotière

Christ au vitrail
de la misère — claire

il y a toujours une place
pour se recroqueviller et mourir
— et pour te rencontrer
avec tes ombres douces et toute ta lumière
dans l'église du dedans.

(*L'Homme rouge et son ombre cheval*)

Christian BACHELIN

Chez Christian Bachelin[28], des thèmes populistes (bistrots, putains et clochards, accordéoniste du métro Saint-Lazare, blues, terrains vagues, brumes lointaines) s'entrecroisent avec des notations qui traduisent une nostalgie de la nature — « paysage d'oiseau », « abeille cognant sur la vitre ». Un besoin amer d'exotisme se découvre dans ces poèmes. Les « objets anonymes » y ont pourtant leur place, autant que les hommes et les femmes pris dans la foule. Certains vers évoquent, dans un goût un peu ancien, « Le cri d'une mésange au couchant de l'enfance » ou « L'odeur des foins coupés au bord du cimetière ». La pauvreté de l'existence est parfois rehaussée d'une aspiration incertaine au sacré. « Les chiens sont des apôtres égarés parmi nous ». L'échec, réel ou imaginaire, rejoint l'échec universel des tentatives humaines, qui s'exprime ici avec une sorte de délectation funèbre.

(...) *O neige tutélaire épouse de la nuit*
Garde-nous le secret de ton haleine close
Le plein jour nous fatigue et nous brise les rêves
Garde-nous la blancheur éperdue de ton marbre
Pour couvrir nos amours en mal de sépulture.

(*Neige exterminatrice*)

---

28. Né à Compiègne en 1940. *Neige exterminatrice* (Chambelland, 1967). *Le Phénix par la lucarne* (Chambelland, 1971).

Jean CHATARD

Tourment de la solitude, hantise du temps qui passe (si pressées, la vieillesse et la mort !), ces thèmes de toujours reprennent chez Jean Chatard[29] une vigueur nouvelle. Contre le désespoir, le poète proteste de toute la générosité de son inspiration, dans un grand mouvement lyrique où les forces de la nature cherchent à se joindre à l'élan du poème.

(...) *L'arbre témoignera de notre court passage sur le gué*
des saisons la pierre se taira jusqu'à l'aube
nouvelle la pierre se taira

Chaque heure est un écho inconvenant et bref

Je marche dans les pas du plus offrant de vos manguiers je
rive aux nuits quelque ouvrage essentiel où la
terre est promise et le regard donné J'habite
le chenal j'habite le gravier je navigue
toujours sur d'obscures moissons (...)

(*Le Puits de l'Ermite*, n° 18)

SAISONS, MINIATURES, MYTHOLOGIES
Jude STEFAN

Jude Stefan[30] dessine ses poèmes, les rehausse de couleurs. Il aime les lignes sinueuses, les entrelacs. S'il se rend à la ligne au milieu du mot, c'est moins sans doute pour céder à la mode et s'inspirer de Denis Roche que pour voir sur la page assez joliment dévier le trait fin du pinceau. La phrase — une suffit assez souvent, quelquefois deux ou trois, pour un poème —, l'impulsion initiale étant habilement donnée, retrouve de termes en termes par de légers ricochets, l'occasion, de nouveau, de s'élancer.

---

29. Né dans la Gironde en 1934. *Bruits d'escale* (Le Puits de l'Ermite, 1967). *Monde rouillé* (Traces, 1968).
Jean CHATARD anime la revue *Le Puits de l'Ermite* (Paris). N° 1 : mars 1965. N° 18 (spécial « animateurs ») : 1972. Le « collectif » de rédaction, en 1972, comprend entre autres : Claire FLORENTIN, Jacques FUSINA, Henri GASTAUD, Guy MALOUVIER, Jean ZIMMERMANN. N° 20 : 1er trimestre 1973.

30. Né à Pont-Audemer en 1930. *Stances* (Cahiers du Sud, 1965). *Cyprès* (Gallimard, 1967). *Libères* (Gallimard, 1970).

Progressivement a disparu le
soleil soudain comme arrive l'iné-
luctable après le temps, après l'amour
à la mort même à l'ouest une ligne
de peupliers où les nuages font
longue ombre verdâtre et jadis les
oiseaux volaient-ils déjà au ciel ? (...)

(Libères)

Miniaturiste du temps qui passe, Jude Stefan applique son art à des natures mortes, aux paysages intimes que suggèrent les saisons de la vie, à des scènes — rivales des mythologies — volontiers libertines. Ces attitudes précieuses ne font pas oublier le fond de solitude et d'angoisse sur lequel se détache le poème. Contre la mort et le temps, se nouent et se dénouent les étreintes, tandis que la poésie continue d'inventer ses figures, comme une danse toujours inachevée.

DAGADÈS

Dagadès[31] est indigné par les guerres, la pauvreté, la laideur de la vie. Mais ce n'est pas simplement l'horreur de la souffrance physique et de la mort qui le pousse à crier sa révolte ; il proteste, persuadé que c'est au reste parfaitement inutile, contre l'impossibilité de l'univers, l'absurdité sans nom d'une fureur destructrice qu'on peut voir partout à l'œuvre. Sa passion fait crépiter les images dans un ciel qui, malgré les éclaircies, la nostalgie des enfances, continue de peser parfois bien lourdement sur l'espèce.

(...) *Choisir entre périr écrasant*
et périr écrasé

Tocsins j'appelle vos trombes
grêles des stigmates sur mes lèvres forcées
pluies mon âme délavée dans la terre
que je gagne un demain de sommeil
dans le grain pétrifié de l'argile

(Alliance)

---

31. Né à Montmirail (Sarthe) en 1933. *Rupture* (chez l'auteur, 1966). *Esquilles* (chez l'auteur, 1966). *Alliance* (Traces, 1968). *Terre atteinte* (Traces, 1970).

Michel STAVAUX

Le *Cheval d'ivoire* enfourché par Michel Stavaux[32] crache le feu. Il projette partout des flammèches, des étincelles. On parlera longtemps encore de ce feu d'artifice d'images surréalisantes, à la Cocteau. Le vers bien frappé donne une structure reconnaissable à des fulgurations mal apprivoisées, discordantes.

(...) *Ma fleur d'outre-silence en la forêt du sang,*
Beau cygne Véronèse égaré dans la tour,
Le tatouage d'encre au papier peint du temps
Cueillait un soleil bleu à la rose des jours (...)

Tant pis si les anges, les cyclistes, le chiffre treize portent encore leur marque d'origine ! Il n'est pas fréquent de lire de tels vers chez un poète de quinze ans (auteur, à cet âge, déjà, de deux recueils)...

En quelques années, Michel Stavaux a eu le temps de s'imposer une discipline. Il cherche à donner plus d'unité à ses poèmes, plus de simplicité aussi. Certains critiques le regrettent. Pourtant sont fraîches encore « ces quelques roses d'incendie » qu'un poète de moins de vingt ans dédie aux marins désabusés, aux « suicidés anonymes du boulevard ».

Aussi précoce que son apparition en poésie semble s'affirmer la maturité de l'écrivain.

Cette vie tenait du pari
Et je l'avais perdue d'avance.
Tes seins nus sous la robe blanche
Donnaient aux oiseaux du pain.

A la différence qu'il ment,
Le monde semble ce que j'aime.
Qui sait pourquoi je meurs
Je n'ai plus la notion du vent (...)

Aux barreaux de l'amour encore un peu de sang
Pour me permettre d'oublier tous ces poèmes (...)

---

32. Né à Schaerbeek (Belgique) en 1948. *D'outre moi-même* (C.E.L.F., 1962). *Les Roses crucifiées* (C.E.L.F., 1963). *Cheval d'ivoire* (Gallimard, 1964). *Des cactus que la mer rejettera demain* (André De Rache, 1969). *La Promenade rue Volière* (Uzès, Formes et langages, 1970).

Mais boire encore un peu de cette poésie
Pour oublier l'amour et tes seins coupants comme la glace
Ma belle fille de nuit et d'astres
Dilués dans la vie comme du lait.

Notes pour faire une chanson mortelle,
Notes écrites à la pointe d'un couteau sur un mur.

Demain nous franchirons encore une étape (...)

(Des cactus que la mer rejettera demain)

Autres œuvres à citer :

Raymond BUSQUET, *Transhumances* (Chambelland, 1964).
Jacques CHESSEX[33], *Une voix la nuit* (Lausanne, Mermod, 1957) ; *Batailles dans l'air* (id., 1959) ; *Le Jeûne de huit nuits* (Payot/Lausanne, 1966).
Jacques CRICKILLON, *Eloge du Prince* (André de Rache, 1971).
Paule LABORIE, *la Branche sans arbre* (Saint-Germain-des-Prés, 1972).
Michel MERLEN, *les Rues de la mer* (Librairie Saint-Germain-des-Prés, 1972).
Claude NOEL, *Pour une mort nouvelle* (La grisière, 1969).
Alain RAIS, *La nuit manque de main-d'œuvre* (Oswald, 1970).
Henri RODE, *le Quatrième Soleil* (Hyères, Jeune Poésie, 1971).
Michel VAUTIER, *Val Khavenji* (Chambelland, 1972).

33. Fondateur, avec Bertil GALLAND, aux éditions des Cahiers de la Renaissance Vaudoise, de la revue *Ecriture* : sept numéros entre 1964 et 1972.

IV
LA MORT HABITÉE

EN DÉRIVE VERS L'ABSOLU
Jacques PREVEL

On ne s'approchera pas sans crainte et sans respect des grands feux sombres de Jacques Prevel[33]. A l'appel du poète la mort est venue répondre, sanctionnant l'échec d'une inutile — et d'autant plus tragique — tentative de surmonter l'incompréhensible condition humaine, l'insupportable conscience d'être de toute façon condamné.

Incapable d'accepter la cruauté du temps, Jacques Prevel était habité par sa propre mort.

Enfant je me suis étonné
De me retrouver en moi-même
D'être quelqu'un parmi les autres
Et de n'être que moi pourtant.

Plus tard je me suis rencontré
Je me suis rencontré comme quelqu'un qu'on croyait mort
Et qui revient un jour vous raconter sa vie
Et ce mort en moi-même m'a légué son passé
Je suis devenu un inconnu pour moi
Vivant à travers lui
Chargé de son message irréel et pesant (...)

(En dérive vers l'absolu)

Il s'est révolté. Il a souffert « autant qu'on peut souffrir au monde », il a « mesuré la douleur », il s'est retrouvé « sans forme humaine ». Les amis dont il a voulu suivre le dramatique exemple sont

---

33.bis Né à Paris en 1915, mort à Guéret en 1951. *Poèmes mortels* (Paris, 1945). *Poèmes pour toute mémoire* (Jacques Haumont, 1947). *De colère et de haine*, avec un poème d'Antonin ARTAUD (Paris, Ed. du Lion, 1950). *En dérive vers l'absolu*, anthologie posthume, préface de Jean ROUSSELOT (Seghers, 1952). *L'Eté tout en larmes*, album-disque, poèmes dits par Michel VITOLD (Poésie à haute voix, disques Montjoie, 1959).

morts dans les années 43-44 : Roger-Gilbert Lecomte, René Daumal, Luc Dietrich. Antonin Artaud allait entrer dans la paix quelques années plus tard. Jacques Prevel resterait un égaré dans ce « monde absent».

Parfois, dans sa chute « vertigineuse et sans grandeur », il a voulu croire que sa vie valait tout de même quelque chose, que ce monde atroce sans nous ne serait rien, que ses poèmes au moins survivraient, utilement. Mais il dut constater son échec, ne comprenant même plus la révolte qui l'avait animé :

(...) *que reste-il à jouer quand l'incendie a gagné les hauteurs de l'être*
Quand le cerveau se détache et que les yeux sont tombés
Que reste-t-il à donner quand on est le fantôme
Qui lève sa main de brouillard

(En dérive vers l'absolu)

Devant une œuvre aussi désespérée, on voudrait se garder de toute appréciation littéraire, car toute louange paraîtrait dérisoire. Mais comment ne pas regretter que l'œuvre, malgré l'effort de ses amis, soit encore un peu méconnue ?

MALGRÉ LA NUIT SI LONGUE

Jean-Pierre SCHLUNEGGER

Vers des sous-bois, des corps de femmes, un rêve de profondeurs étranges conduisait l'imagination de Jean-Pierre Schlunegger[34]. Au fil du temps il semblait se laisser guider vers des régions intemporelles, prenant plaisir à ce chemin de « lente rivière », mais pressentant (« Bientôt le masque de la mort ») la fin prochaine.

Nous avançons vers les lointains inexorables
Où l'ange de la mort s'allonge sur le sable.

Jean-Pierre Schlunegger aurait aimé croire à la jeunesse du monde, mais sa marge de liberté était trop étroite. Il était un homme

34. Né en 1925 à Vevey (canton de Vaud) . Mort en 1964. *De l'ortie à l'étoile* (Lausanne, Les Amis du Livre, 1952). *Pour songer à demain* (Genève, Jeune Poésie, 1955). *Clairière des noces* (Lausanne, Ed. d'Aujourd'hui, 1959). *La Pierre allumée* (La Baconnière, 1962). *Œuvres* (L'Aire-Rencontre, 1968).

de gauche. Il aimait l'amour, la poésie, la vie. Il avait créé la revue *Rencontre*[35]. Il était animé de l'esprit des coopératives. Il aidait les jeunes auteurs. Mais le mythe du Paradis perdu avait pris pour lui une terrible signification. C'est sans doute en souvenir de son père, dont le suicide a tant marqué son enfance, que « l'appel de la mort » lui a paru « doux comme un buisson ».

Le « chant profond » de Jean-Pierre Schlunegger n'a pas fini de nous émouvoir.

(...) *Plus vieux mais non vieilli,*
J'ai le regard de l'enfant solitaire
Qui reflète longtemps les étangs et les arbres.
Il dure à l'épreuve, le cœur,
Malgré la nuit si longue.

Mon chant profond n'est que la pluie aux tresses pâles,
Mon chant n'est qu'un murmure sans paroles,
Et l'on dirait parfois la phrase interminable
Du vent qui se disperse à travers la campagne.

(Clairière des noces)

LA GUILLOTINE INTÉRIEURE

Gérald NEVEU

L'influence du surréalisme marquait nettement les premiers poèmes de Gérald Neveu[36]. La succession des images y obéissait à d'invérifiables lois ; une vérité profonde cherchait à s'y exprimer ; on y débouchait sur d'étranges et fascinantes formules :

(...) *Ce que je suis je le dis*
Je nage un crawl impeccable
pour faire honte
aux portes
dont les concierges brûlent

---

35. La revue *Rencontre* (Lausanne) a été fondée en 1949. Dernier numéro : 1953.
36. Né à Marseille en 1921. Mort à Paris en 1960. *Cet oblique rayon* (Marseille, Presses de l'Imprimerie du Rhône, 1955). *Les 7 Commandements* (Action poétique, s.d., [1963]). *Fournaise obscure* (Oswald, 1967). *Une solitude essentielle* (Chambelland, 1972).
Gérald Neveu, un poète dans la ville, montage de textes (Marseille, Action Poétique, nº 29, 1961).

Jamais de la vie en rose-thé
en rosée coulée verte
parmi les robes aux jambes
de tonnerre

mes billets doux sont de l'anis
Voici mes journées
dont l'une a des dents de cygne

(Fournaise obscure)

Le sentiment tragique de la condition humaine se précisa très vite avec une dureté qui laissait pourtant deviner une propension aux rêveries prolongées :

Déjà le sang se levait
les hommes passaient
les forces poussaient
quand
la guillotine intérieure
sépara la nuit du jour
l'amour de la vie
et l'ombre commence
au fond des coquillages (...)

(Fournaise obscure)

Séparé de lui-même, Gérald Neveu ne l'était pas des autres. Il aimait recevoir ses amis dans cette maison du quartier Vauban, à Marseille, où un poète comme Jean Malrieu se souvient d'avoir vu se former, dans l'atmosphère du surréalisme révolutionnaire, le groupe d'*Action poétique*.

Gérald Neveu, aimant la poésie d'Eluard, voulut chanter la vie bonne à étreindre, faire dire aux mots le meilleur de son espoir. Il ne put s'empêcher de lier son inquiétude intime à la vision d'un monde transformé par l'amour et l'action fraternelle. Dans sa préface à *Cet oblique rayon,* Léon-Gabriel Gros ne l'a-t-il pas appelé « le Lorca de Marseille » ?

(...) *Je te vois à même la lumière*
Qui vole en pans coupés
A hauteur des blessures.

Et le sang coule avec confiance,
Du rêve à la réalité,
Du passé au futur.

Je te vois plus semblable à moi
Que moi-même.

Nul ne peut dire où sont allées les ombres
Quand la lumière parle.

(Fournaise obscure)

La société n'est pas faite pour de tels poètes — et cela suffirait à la condamner. Un matin de 1954, alors qu'il était malade et sans travail, il fut expulsé de son appartement avec le concours du propriétaire, de l'huissier, des policiers, du Commissaire.

Dans de telles conditions, comment le cri, le désespoir ne l'emporteraient-ils pas sur le chant ?

Si tu savais combien je meurs
et si longtemps !...
Percé d'étoiles des chiens aboient
lointains recours des meutes célestes
contre un soleil traqué

Ouvre les portes malchanceuses
qui donnent sur le vide
et que s'y engouffrent des cris réels
En quelques mots l'ombre se brise
et tu descends dans le désert
parmi les craquelures
d'un grand éclair permanent (...)

La hantise du malheur, aggravée par l'échec de l'amour, devait conduire Gérald Neveu à l'irrémédiable.

Quand la nuit fut tombée définitivement sur Gérald Neveu, non sur son œuvre, on trouva sur son lit un ultime poème :

(...) *Quelle boisson désormais pour*
noyer le soleil ?
Non ! Rien !
Tout au plus au petit jour
une hâte lasse et
— barrant le visage —
l'ancien supplice désamorcé

Le dessin était pur qui verrouillait
l'espace !

Nids blancs à fond de ciel
Mains de bois dur sans espérance
C'est midi qui se ferme
comme un objet

(*Fournaise obscure*)

Roger MILLIOT

Tourmenté par la parole des autres, éprouvée par lui comme une blessure, se méfiant de son propre langage qui n'arrive pas à percer le mur de la solitude, essayant pourtant de prendre réconfort aux bulles d'air de la pensée, Roger Milliot[36 bis] a dû pressentir son propre renoncement à tout dans de mystérieux signes terrestres.

Il lui arrivait sans doute d'envisager un « bonheur Simple à débattre » :

Le coq a chanté
En plein midi
Les toits attendent en rond (...)

Mais ce rêve d'intimité n'a pu vaincre l'idée fixe partout projetée.

La pierre passe aussi
par le froid de la mort

Le poète, dès lors, ne pensait plus qu'à l'issue. ISSUE : c'est le titre d'un poème de l'unique recueil du disparu. On est un peu gêné de dire que ces vers sont parmi les plus beaux que nous ait laissés Roger Milliot :

Les blés battent leurs cils d'air
Et le ciel est une issue
Tout en haut de juillet
L'Autan nous enlève les graines (...)

Ainsi les rêves forts traversent-ils le jour
Pour être sûrs de ne nous perdre
En cheminant sous les banalités
Ainsi les souterrains désirs
Ainsi la mort de tout temps désignée (...)

36bis. Né en 1927. Mort en 1968. *Qui* (Subervie, 1968). *Qui* (édition complète et définitive, La Couvertoirade, Aveyron, Mostra del Larzac, 1969).

Nous suit de loin dans le périple
Altière
— référence à la portée des gestes
Et clef des choix souvent difficiles (...)

(Qui)

L'ÉCHEC DES LYS

Jean-Philippe SALABREUIL

— *Oui mais l'odeur des lys ! la liberté des feuilles !*

Jean-Philippe Salabreuil[37] se souvenait de ce vers de René Guy Cadou quand il a intitulé son premier recueil *la Liberté des feuilles*. L'odeur des lys devait sans doute aussi l'aider, un temps, comme le chant de l'oiseau, à peupler de rêves la solitude, à lutter contre le sentiment de détresse qui s'était emparé de lui.

(...) *Alors il y avait l'intervalle apaisant de clarté. Ou bien dans l'entrecoupement d'ombre seule une voix radieuse qui s'élevait. Les yeux aveugles ne surent se poser dans l'arbre blanc du rêve. Et leurs ailes d'images qui glissèrent en vain le long des eaux de la beauté. Il y avait pourtant les mains développées comme des lys immenses vers l'amour* (...) *(L'Inespéré)*

Comme la prairie noyée de brumes, telle apparaissait la poésie de Salabreuil. Les méandres du poème, où l'on pouvait se perdre bien que l'obscurité du sentiment y fût percée de lueurs, traduisaient une recherche incertaine, une angoisse, provoquées par l'« émoi du temps perdu ». Jean-Philippe Salabreuil laissait attendre, au sein des ténèbres, de nouvelles preuves de l'aurore, mais il a préféré se retirer doucement d'un paysage qu'il n'avait pas cessé d'aimer.

(...) *Simulacres d'amour et nymphes vaines : soyez rompus aux glaces du prochain hiver. Je ne serai plus là mais vous n'y serez plus. Maintenant je ne prends garde qu'à peine aux pensées d'un étroit promenoir. Et la rocaille démente s'accroît. Je me retranche de ce monde vieux par les degrés d'une terrasse aux confins de brouillards.*

(L'Inespéré)

---

37. Né à Neuilly-sur-Seine en 1940. Mort en 1970. *La Liberté des feuilles* (Gallimard, 1964). *Juste retour d'abîme* (Gallimard, 1965). *L'Inespéré* (Gallimard, 1969).

V

ÉROS PHÉNIX

BUISSONS EN TÊTE

Jacques ARNOLD

Dans la *Sonate de la Marne,* dédiée à son ami Armand Lanoux, Jacques Arnold[38] se souvenait avec émotion des « odeurs montant de la rivière » de son enfance et de sa jeunesse. S'il évoquait les saules, les peupliers, les guinguettes et les « amours dans les buissons », s'il philosophait avec humour et joie sur des prétextes de pêche ou de canotage, il laissait aussi se dessiner dans la moire du poème d'assez étranges figures.

Closerie cérébrale témoigne d'une même liberté d'imagination, d'un goût renforcé de la beauté des syllabes, d'un sens très exercé de la rythmique propre à la langue française, mais avec plus de maîtrise et de rigueur dans le développement des thèmes — la poésie ne s'écrit plus au fil de l'eau. Jacques Arnold ne fait pas mystère de ce qu'il doit à Baudelaire ou au Mallarmé de *l'Après-midi d'un faune*. L'intellect se donne dans *Film de paradis,* la plus belle pièce peut-être du recueil, une fête érotique que nous souhaiterons au lecteur, en toute fraternelle complicité, de partager. Citons au moins une séquence du cinéma, intérieur et mythique, de Jacques Arnold.

(...) *Son éclipse offrait donc de crainte orné tout à l'heure*
un tour galant quand elle eut à passer dans ma chambre :
elle s'est dérobée avant pour quitter sa robe
car l'amour s'allaitant aux lois de la mise en scène
pudeur et désir n'ont jamais été plus complices.

---

38. Né à Chelles en 1912. *Cristaux de mémoire* (Ed. du Sablier, 1950). *Sonate de la Marne* (Ed. du Sablier, 1954). *L'Oiseau roi,* poème romanesque (Éd. du Sablier, 1956). *De l'âme en son mirail,* prose (Rougerie, s.d. [1961]). *Closerie cérébrale* (Rougerie, 1963). *Théodicée arachnéenne,* récit (Rougerie, 1966). *Scansion du temps* (Rougerie, 1971).

L'ingénu cache-cache auquel pour se fuir ils jouent
cérébral labyrinthe où nul détour ne m'égare
m'oblige à chercher si partout elle est consentante
et lui fait revivre en moi les secrets de son être
tel serin pleuré perdu, tel bouquet d'anémones
dont ses sens un jour ont reçu l'empreinte à jamais.

Mais la forme fille exhibant demi dévêtue
ce signe extérieur d'outre-gêne et de bon vouloir
me donne à saisir combien je sais peu de sa chair
lors même qu'enlacent nos nerfs leur foudre branchue
et mon sang tout comblé d'essence a soif d'apparence (...)

Théodicée arachnéenne se présente, par son aspect philosophique, comme un récit voltairien (« je me demande, tous comptes faits, si l'on est fondé à avoir plus confiance en la théologie des araignées qu'en celle des hommes »). Mais la vision des milliers d'araignées occupant, au lendemain de la guerre, tous les alvéoles d'une passerelle métallique sur un fleuve, est si obsédante (elle part d'ailleurs d'une observation véridique) que c'est bien encore de poésie qu'il s'agit ici.

Jean-Marie DROT

Avec un sens païen et quelque peu priapique de la joie, Jean-Marie Drot[39] célèbre, comme s'il s'agissait de rites sacrés, les « heures de la nuit ». Il n'a peur ni des mots crus ni de la précision organique de l'image. C'est aussi un moyen pour lui de protester contre la mort (la camarde) et contre le désespoir auquel l'offense faite aux hommes au nom de l'histoire aurait pu l'entraîner.

Jean-Jacques KIHM

Les meilleurs poèmes de Jean-Jacques Kihm[40] sont érotiques. L'amour y apparaît — maintes fois, il est vrai — comme une envie passagère. La personne de l'autre est un vêtement superflu dont il

39. *Soleil bel assassin* (Seghers, 1968). *La Femme-hostie ou le retour d'Antée* (Seghers, 1969). *La Longue Nuit des amants frileux* (Seghers, 1970).
40. Né en 1923. Mort en 1970. *Arabesques* (Presses du Livre Français, 1950). *Pointe sèche* (Seghers, 1954). *Clowns* (Caractères, 1954). *Eloge de l'ombre* (Seghers, 1956). *65 Poèmes d'amour* (Seghers, 1966).

convient de se débarrasser au plus vite, même si c'est avec un peu de regret ; la femme est aimée pour le plaisir qu'elle donne ou qu'elle reçoit, aussi pour l'occasion qu'elle offre, à chaque fois, de se libérer d'anciennes confidences, ou de compléter le poème. Nous sommes en plein narcissisme. Mais la fenêtre ouverte sur la nuit, le bruit du vent dans les arbres, l'air marin semblent mêler un peu de l'âme du monde aux corps unis, désunis, par les rythmes du sang.

POUR UNE TERRE MÂLE
Claude de BURINE

Claude de Burine[41] avant toute autre chose, dit l'amour, l'amour inépuisable, et l'on est heureusement surpris de voir qu'un thème aussi essentiel mais aussi fréquemment repris par les poètes puisse encore offrir, après tant de grandes œuvres, d'aussi fortes pages à découvrir.

On reconnaîtra d'emblée la fermeté de cette écriture. Le vers est court, la phrase nette, la mise en pages rigoureuse. La coupe du poème est sobre. On ne trouvera pas ici de fanfreluches. On pourrait presque parler d'une virilité du style. Et pourtant rien de plus profondément féminin.

Mieux qu'un homme, une femme peut se trouver en situation d'éprouver, de comprendre, l'ambivalence du sentiment. Sous « les gestes courtois », Claude de Burine découvre une « sauvagerie voilée » et constate :

Tu faisais l'amour
Comme on assassine.

La sensualité, d'autre part, chez un poète de cette qualité, donne au poème un retentissement particulier, du fait du caractère plus diffus de la sensualité féminine. Le corps de l'homme, la « terre mâle » semblent appelés du fond des âges.

Les cuisses de mon amour
Sont deux fougères enfouies
Deux grands oiseaux
Inscrits dans la houille
Près de lui je détache la barque
Et glisse sous les saules (...)

---

41. Née à Saint-Léger-des-Vignes (Nièvre) en 1931. *Lettres à l'enfance* (Rougerie, 1957). *La Gardienne* (Le Soleil dans la tête, 1960). *L'Allumeur de réverbères* (Rougerie, 1963). *Hanches* (Librairie Saint-Germain-des-Prés, 1969).

La voix de mon amour
Est un bois qui murmure de grives (...)

L'amour n'est pas seulement lié à la nostalgie des heures chaudes et odorantes, il a quelque chose de sacré. « Etreindre » un corps, c'est en même temps, pour Claude de Burine, le « célébrer ».

(...) *Les petits soleils se lèvent la nuit*
Pour regarder dormir ceux qu'ils aiment
Je leur dirai
Que ta bouche était mon été
Tes jambes les colonnes d'un temple
Que debout sur la rive ancienne
J'entends encore frémir ta cape d'ombre.

(*Hanches*)

En rapport avec le mystère solaire et les forces telluriques, l'amour reste menacé ; aussi prend-il naturellement « les traits de la mort ». Mais l'amour se fraie sous terre un chemin de racines, il poussera de nouveaux feuillages, de nouvelles fleurs, de nouveaux astres...

Michel RACHLINE

Les premiers poèmes de Michel Rachline[42] paraissent bien pâles en regard de *la Nuit trahie*.

La fidélité à la lignée des ancêtres juifs, marquée dans le corps par cette « blessure » qui « ne saigne jamais », la crainte encore, depuis l'enfance, des persécutions, la nostalgie de la Russie originelle, pays de neige et de pogromes, la mort de l'être le plus cher inspirent ce livre plein de l'obsession du sexe, de la violence et de l'anéantissement, où se fait jour parfois, au milieu de tant de cruautés, une tendre lumière.

En mille neuf cent quarante et six, l'avenue Paul-Doumer à Paris avait encore ses oasis. Nous y venions jouer le soir — Sur l'emplacement d'un building faisant angle rue de La Tour je vis, à la fin d'un beau jour, dans les terrains vagues d'alors, appuyé contre un mur le pantalon baissé tombant sur ses chevilles le slip tendu entre ses deux mollets, un jeune homme au poil noir, le sexe droit, les yeux fermés, les deux mains reposées sur les épaules d'une femme tandis qu'elle touchait ce sexe sa parure, et soudain s'envola du ventre de cet homme un essaim d'oiseaux blancs qui retombèrent sur son cœur, et depuis je poursuis cette énorme douceur.

42. Né à Paris en 1933. *Le Poème du sang d'amour* (Seghers, 1954). *Les Quatre Sols de mon amour* (Millas-Martin, 1958). *La Nuit trahie* (Saint-Germain-des-Prés, 1970).

LE REGARD ET LA PEAU

Jean BRETON

Partisan aujourd'hui de ce que les auteurs de *Poésie pour vivre* appellent « poésie de l'homme ordinaire », en réaction contre tant d'airs inspirés, de proclamations solennelles, et de séparatismes diversement colorés (quand ils ne sont pas tout simplement incolores), Jean Breton[43] n'oublie jamais qu'il fut d'abord... un enfant, sans doute, mais surtout un adolescent. Un adolescent comme tous les autres, révolté, aiguillonné par l'éveil des sens, violent, incertain de lui-même, un peu fou, maladroit, avec en lui, serrant parfois la gorge, une secrète tendresse qui cherche aussi à s'exprimer, à se fixer — dans la déroute, l'éclat des passions naissantes.

(...) *Enfant berné, j'avance presque en aveugle*
comme un nègre que le soleil n'a pas blanchi,
qui fuit son ombre en crabe carnivore, a honte de sa tribu,
de son accent, de ses pensées et joue son endurance
à pile ou face, ami des masques du délire (...)

(*Les Poèmes interdits*)

La révolte de l'adolescent fut si forte contre son milieu que l'adulte s'est longtemps tenu sur ses gardes en face des aînés, ne rêvant de rien moins que de détruire « tout l'héritage ». Cette agressivité se comprend ! Jean Breton n'écrit pas ses *Confessions*. L'aura cléricale de ce mot lui répugne. Il accuse ! Particulièrement, il accuse les maîtres de l'« école noire » d'avoir berné sa confiance.

Enfant, mon collège se dissimulait derrière des murs qu'on ne pouvait franchir. La solitude était la balle que nos mains en jeu

---

43. Né à Avignon en 1930. *T'aimer pour t'aimer* (P.A. Benoît, H.C., 1952). *Mission des yeux* (H.C., 1952). *A même la terre*, en collaboration avec Hubert BOUZIGES (Les Hommes sans Epaules, 1953). *Mis au pas* (Seghers, 1953). *Cinq Poèmes* (Millas-Martin, 1954). *Le Festin d'argile* (Les Cahiers de Rochefort, 1954). *Visage aveugle* (Seghers, 1955). *Les Poèmes interdits* (Le Pont de l'Epée, 1960). *Chair et soleil* (La Table Ronde, 1960). *Dire non* (Chambelland, 1964). *L'Eté des corps* (Chambelland, 1966). *La Beauté pour réponse,* (ill. GUANSE, Librairie Saint-Germain-des-Prés, 1972). *Fouetté, ill.* GUANSÉ (id., ibid.). *Je dis toujours adieu et je reste* (Librairie Saint-Germain-des-Prés, 1973). *Tomber du sang,* ill. Gilles DURIEUX (Paris, chez Personne, 1973).

Poésie pour vivre, Manifeste de l'homme ordinaire, en collaboration avec Serge BRINDEAU (La Table Ronde, 1964). *A propos de Poésie pour vivre* (interview de Jean BRETON et Serge BRINDEAU par Guy CHAMBELLAND, dans *le Pont de l'Epée*, n° 24, 1964).

échangeaient. L'humiliation, notre pain quotidien. On riait sur commande, avec un bel ensemble. Parqués, matés, mal nourris, en avant, marche ! par temps de guerre et temps de pluie. Ah, ballon rouge, souliers à semelles de bois, tabliers sombres, gardes du corps noirs, fourbes, confesseurs laids, je crache sur vos soutanes singulières. Mon âme vous a échappé. Je passais mes jours à courir, pour éviter que votre regard la contamine. Vous pensiez : il est bon de se dégourdir les jambes afin de faire une victime plus nerveuse. Dupés ! (...)

(Chair et soleil)

C'était la guerre. L'idéal vichyste environnant. La zone libre ! Le marché noir... Cependant, pour l'adolescent, l'heure viendrait aussi d'une libération plus intime.

(...) *Moi de rire, de philosopher au lieu de l'embrasser,*
au lieu de la culbuter, de lécher ses cuisses sur les
mousses sèches et les aiguilles de pin
— craquante forêt d'allumettes.
Tu t'appelais Romy, ô jambe de requin,
bouche en ciboire, sein prisonnier bruyant d'une rose (...)

(L'Eté des corps)

La révolte et la haine, les poussées érotiques, l'amour constituent chez Jean Breton[43bis] un ensemble organique d'une rare vitalité.

(...) *J'ai bâti ma vie sur toutes les étreintes*
on ne peut m'enlever maintenant mon désespoir
qui court comme un juron d'une herbe à l'autre
sans rencontrer d'obstacle (...)

(Chair et soleil)

L'expérience du service militaire, loin de le mettre au pas, renforcera son antimilitarisme (« tous les porte-galons se prennent pour Vercingétorix » !) ; l'anticléricalisme réactionnel (même la cathédrale de Strasbourg « s'insurge contre Dieu de son doigt majeur ») s'épanouira en athéisme confirmé quand il aura « expédié dans un

---

43bis. Jean BRETON a fondé la revue et les éditions *Les Hommes sans épaules* (Avignon) et les cahiers *Le Véhicule* (Paris) ; cf. note 55, p. 417.
Secrétaire de rédaction des revues franco-belges *Interfrance* (un numéro en 1955) et *Marginales* (de 1957 à 1964). Correspondant parisien, co-animateur et, une fois, co-directeur de la revue *Le Pont de l'Epée*, entre 1960 et 1970.
A lancé, en 1969, la revue *Poésie 1* et les Editions Saint-Germain-des-Prés, avec Michel BRETON et Jean ORIZET.

autre monde les délires de la foi » ; les rêveries de l'adolescence, les premiers émois sensuels partagés comme un défi au malheur, multiplieront leurs éclairs, leurs foudres ; le refus de la prudence, le mépris de l'hypocrisie ne feront que s'accentuer au point que le poète, au risque de l'anecdote, se fera un devoir de tout dire, y compris ce que souvent l'on cache, en poésie, sous de trompeuses images ou de grands sentiments. Naturellement, Jean Breton ne chasse pas l'image, et il n'exclut pas le sentiment — n'aimant que les amours de connivence. Mais il ne tait rien de ce qu'il a besoin de dire, par nécessité vitale, et l'image et le sentiment prennent dans ce contexte de franchise, dans cet élan de liberté, une valeur très vivifiante.

Souvent, avec des images qui enrichissent le désir lui-même, c'est la joie quasi barbare d'aimer :

Il ne peut menacer le ciel qu'avec son sexe.
Longtemps, l'airain y tournoie. Gloire aussi pesante qu'éphémère.
Il vise d'abord les seins, canonne à profusion leur vallée.
Aux gestes de ses yeux, elle prend audace. Leurs rires roulent dans des litières de cheveux.
Graver sur son cœur l'ombre-tige, le pourra-t-elle ? quand vibrent les onomatopées de l'enfance en clairières.
Respirer une dernière fois.

Sa gorge prépare un ring de salive.

(La Beauté pour réponse)

Il passe aisément du poème au roman érotique et s'en justifie sans fausse honte : « Quoi... le plaisir ? derrière ce que prétendent les mystiques, les médecins ou les impuissants. C'est la réponse humaine de la beauté à la mort, c'est une gifle à la joue du Possible, c'est *être chef, à deux,* pour des minutes qui écrivent la musique de l'espérance »[44].

Mais même Eros ne le ligote pas. Déjà il rebondit.

L'automne se dresse. Les herbes se tordent. « La pluie gifle » ; elle cogne à la fenêtre, elle « tape à coups de marteau sur la route ». Le vent écrase les haies ; l'orage matraque les roses. « Dans la rue voici des femmes pressées par l'amour. » Même les arbres « se hâtent sur la campagne déserte ». Le cours du temps se précipite. Les vagues nous rejettent. « Avant de s'enfuir, le soleil hisse à la hâte le pavillon fripé de l'arc-en-ciel. »

Ce dynamisme de l'image est lié au tempérament et à la hâte — curieuse — de vieillir.

44. *Les chiennes* (Soprodé-Laville, 1970).

(...) J'étais pressé.
Je voulais brûler tous mes muscles
et pousser le Temps devant moi
comme un meuble (...)
(Chair et soleil)

D'admirables images (qu'il ne faudrait pas mettre à l'écart du brasier qui les provoque), naissent de cette passion de « vivre vite » :

La lampe jette sa paille enflammée dans mes yeux.

Si la lumière, dans le soir qui tombe, apporte sa « laine chaude », c'est encore une agression déguisée.

La lampe pose sa patte sur ma peau (...)
(Chair et soleil)

Pas étonnant que Jean Breton s'en prenne à l'alexandrin ! Il lui en échappe quelques-uns, mais d'une manière générale, il n'a pas à se donner beaucoup de mal pour en écarter la routine. Sa phrase, naturellement nerveuse, ne se plie pas aux rythmes traditionnels. Il a volontiers, même, recours à la prose (ô Rimbaud !) Ou bien il congédie, d'une tournure vive, populaire, la menace d'une complaisance lyrique : un « j'ai sommeil », un « et pourtant » le rejettent dans l'existence ordinaire.

Il y a aussi chez Jean Breton une sorte de sauvage tendresse. « Ma tendresse, boule noire », a-t-il écrit dans un des poèmes dédiés à sa mère aveugle.

Mais la poursuite de la femme reste la grande affaire. L'amour n'aura pas toujours l'innocence qui éclate dans ce vers radieux :

je t'aime
parce que tu as eu vingt ans à minuit dans mes bras.

Toutefois la frustration mille fois éprouvée, l'irritation des désirs tout de même souvent inassouvis, la protestation contre les interdictions d'une société — et d'un surmoi — qui restent vigilants, ne l'empêchent pas de s'imposer, par respect pour la femme qu'il aime entre toutes, certaines limites. « Ton propre amour (femme et fils) te désoriente »... Cette tendresse, clairement nommée dans *30 minutes de conscience,* un des poèmes les plus importants de *l'Eté des corps,* répond aussi à la « tendresse qui attend sans reproche ». Son absence serait trop injuste, et Jean Breton — ses poèmes le disent très fort — aime profondément la justice sans majuscule.

Jean Breton s'échappe parfois, sans trahir, de la ville. De la campagne orléanaise qu'il a adoptée, pour se reprendre, Jean Breton revoit sa propre enfance, trie le meilleur, découpe dans le lointain de la campagne méditerranéenne « la maison de mère Origine » :

(...) *Je croyais que les choses dont on faisait le tour et qu'on pouvait blottir dans un regard étaient capables de fraternité.*

Mémoire fantasque ! je revois chaque pièce, les greniers, les trappes, les trois frères querelleurs, le cheval mort debout, la déclivité de certains champs quand nous portions les hottes (...) *J'aidais. Je suis encore sur les batteuses : mon premier jazz, ce bruit. La sueur des hommes tombait dans le vin. Je revois ma maladresse pour planter un arbuste. Aucun progrès depuis.*

Quand je suis triste, je mets la ferme de l'Etoile contre ma joue et j'entends s'arrêter de cogner le temps.

Ce poème est extrait d'un recueil dont le titre est emprunté à Vicente Huidobro : *Je dis toujours adieu et je reste.* Belle devise pour un poète, ou pour l'humanité...

Jocelyne CURTIL

La terre a besoin d'eau. La colombe cherche des miettes. L'écureuil... A quoi pense, à quoi ne pense pas, dans la forêt, l'écureuil ? Les chasseurs vont traquer leur proie. La mort veille sur les amants. Elle s'étend sur nous, se glisse en nous.

L'amour, malgré les « mauvais jours » et les « tristes années », l'amour malgré l'« amour perdu » garde encore, contre la mort même, cette force — et cette forme — de séduction qu'il présentait dans sa première saison. Jocelyne Curtil[45] nous en persuade aisément :

Je n'ai rien oublié.
Comme si c'était hier...
il y a
un peu au-dessus des colères et des humiliations
des insultes de la misère
un peu au-dessus de la mort
le haut cheval paisible
— violette à la bouche —
où nous faisions l'amour

45. *Le Soleil sous la peau* (Chambelland, 1967).

dans la transparence enfantine
du ciel
sous le figuier
qui préparait ses seins de jeune fille.

(Le Soleil sous la peau)

Gilles DURIEUX

Gilles Durieux[45 bis] ne s'est très tôt senti vivre que par l'amour. Expériences assez nombreuses : consulter les poèmes. Il attache à la liberté érotique une sorte de vertu fétichiste : seul le plaisir peut chasser la nuit (« Il fait toujours aurore / sur ton lit de bouches »). Il est sans cesse étonné de ces liesses merveilleuses où le monde par la grâce de la chair trouve d'autres couleurs. Il fouaille, au-delà de ces « corps en tessons », l'imagination de l'amante, lui faisant dire : « Bois mon âme d'ovaires et de lait » ou « Peigne-moi de ta brûlure ».

La libération sexuelle, les victoires de don Juan se ternissent parfois d'un léger mépris pour tant d'abandons (« en toi, au-dedans des marais... ») mais la naïveté, la force juvénile restent plus impératives que le doute. La proie restait toujours, alors, *brûlante nue*.

Si *A la tour Montparnasse les bateaux sont morts* reflète encore des banquets érotiques — les prénoms féminins, non sans outrecuidance, s'y égrènent —, on y découvre surtout l'aveu d'un échec. Le mâle (pour la première fois ?) découvre dans des lèvres féminines « un monastère taillé dans le froid des rocs ». Il se révolte. Il n'accepte pas que son amour lui soit renvoyé en gifle « en plein museau ». Le recueil, comme par vengeance, fait étalage de liaisons multiples qui ne lui font pas oublier le véritable amour — la Québécoise qui s'est éloignée. Le poète l'évoque, citant les grands aînés — Cendrars, Aragon, Maïakowski :

Vladimir sait-il mieux que moi
toucher ton cul et ta mémoire (...)

Enrichissant son populisme littéraire d'expressions tirées du joual, entre autres poèmes, « Crinquer le manège » est dédié à l'infidèle.

45bis. Né à Lesneven (Finistère Nord) en 1935. *Brûlante nue* (Chambelland, 1960). *A la tour Montparnasse les bateaux sont morts* (Saint-Germain-des-Prés, 1971).

A la brunante
c'est dire au crépuscule
on va se bommer
c'est dire vagabonder
avec son sang d'indien
qui me sert de baume carreauté
j'allais dire chagrin
avec cette bouche
cette souche qui dort (...)

c'est l'fun à mort
on s'amuse beaucoup

je ne dérougis pas
je suis comme le temps

crisse
je ne suis pas coque-l'œil (...)

je travaille à bas prix dans ta langue
je jobbe
je magasine tes jouissances rose naname rose bonbon (...)

je placote et bavarde
et l'on rira de moi
crisse
que ton blizzard
que ta poudrerie
explose
comme noix du brésil
ou pacane sous soleils

si notre amour n'est plus que pitoune
n'est plus qu'un bois flotté
tu le voulus
pour vacher et paresser (...)

merci pour ta claque par la suce
pour ta gifle en plein museau.

Colette GIBELIN

(...) Ne me dis pas que le temps passe.
Le temps n'existe que dans ces déchirures du brouillard,
ces trouées de plaisir.
Après ? Il n'y a pas d'après (...)

Colette Gibelin[45 ter] refuse les illusions de la durée.

(...) Je n'organise ni n'espère. Je vis dans la rosée, effacée à peine née, je vis dans la craie défaite sous l'acide, dans le cri qui ne parvient pas à l'oreille. Ici (...)

Elle recherche « au singulier » la plénitude des sens (« Je n'ai plus de refuge contre le plaisir » ou : « J'ai besoin de caresses, et je n'ai pas besoin d'amour »). Elle provoque le « miracle » de l'instant. Eros l'irrigue.

(...) Tu me caresses.
D'un seul battement de ma joie, je traverse toutes les vitres (...)

Elle note le détail lent de sa satisfaction, jusqu'à l'orgasme :

(...) Vendanges d'améthystes et d'aigues-marines
Quelque chose éclate, peut-être l'aube,
Cruelle et triomphante
Quelque chose, vivace,
Me cherche,
M'impulse d'un sang neuf,
Tendrement,
Comme une branche de mélèze.
Des fleurs s'ouvrent en explosions rouges et noires,
En jets de sperme
Qui invente ici une vie sans entraves,
Un amour délié
Je rêve (...)

45ter. Née au Maroc en 1936. Vit en France depuis 1967. *Mémoires sans visages* (Chambelland, 1967). *De quel cri traversée* (Au Pont de l'Epée, 1968). *Le Paroxysme seul* (Chambelland, 1972).

Amour-épiderme ? Amour-instant ? Peut-être. Mais la jouissance, dans les limites que l'amante semble s'imposer, éclate et se détruit dans la nature comme un feu qui porterait en lui-même sa récompense.

(...) Je parcours tes rivières.
Je suis un rêve de pluie autour de ton sexe.
Je te libère du refus, du goudron,
De l'eau glacée des nénuphars.

Nous atteignons ce point fragile où rien ne se perpétue, où l'être glisse d'éclair en éclair vers des embrasements amnésiques.

(Le Paroxysme seul)

Autres œuvres à citer :

Michel ALVÈS, *Des lois naturelles* (Jean-Jacques Pauvert, 1972).
Michel-Ed. BERTRAND, *Nos cris vraiment nus* (Librairie Saint-Germain-des-Prés, 1971).
Marie-Christine BRIÈRE, *Un contre-sépulcre* (Chambelland, 1968).
Toussaint CORTICCHIATO, *Les Amants et la mer* (La Grisière, 1970).
Gérard MOURGUE, *Amour de Béatrice* (Seghers, 1966) ; *Nouvel amour de Béatrice* (Seghers, 1970).

VI

LE TEMPS L'ÉTERNITÉ

UN HABITANT DU HAUT PAYS

Pierre GABRIEL

Rien de tapageur dans les poèmes que Pierre Gabriel[46], depuis le printemps 1967, choisit en l'honneur des saisons, compose (à la main), imprime lui-même sur de belles feuilles blanches et réunit dans ses « Cahiers de poésie »[47].

En ce *Haut Pays* se rencontrent naturellement Louis Guillaume et Gaston Puel, Jean Follain et Léopold Sédar Senghor, Luc Bérimont, Raoul Bécousse, Jean Laroche, Robert Sabatier, Roger Kowalski et Jean Rousselot, Robert Delahaye, Oleg Ibrahimoff, Jude Stefan. Ces poètes-là habitent parmi nous. Ils parlent le même langage, ne mettant pas leur point d'honneur à n'être pas entendus. Le village, avec eux, n'est jamais oublié (le village, l'endroit où l'on peut se comprendre). Mais il est, au pays, des hauteurs secrètes où les poètes ont accès.

Pierre Gabriel lui-même est un des habitants — un des passants — les plus attachants de cette région où il invite à le rejoindre. Ce qu'il dit cherche moins à paraître nouveau qu'à mettre à jour une vérité essentielle à l'homme. « J'écoutais le déclin des sources. La nuit tombée, le feu profond demeurait sans réponse ».

Pierre Gabriel, en ses poèmes, entretient ce feu profond.

L'enfance, la jeunesse, la campagne ont beau, chaque jour un peu plus, mourir en nous, la voix du poète invite au recueillement, et c'est le sens même de la vie qui se dessine dans une solitude où la parole chante sans nuire au silence, soucieuse, on dirait, de tout englober et de ne rien déranger.

---

46. Né à Bordeaux en 1926. *Saisons de notre amour* (E.I.L., 1948). *Ce visage* (Delfica, 1956). *Les Voix perdues* (Subervie, 1958). *Haut Pays* (C.E.L.F., 1958). *Le Sablier* (Subervie, 1962). *Tel immuable été* (La Presse à Poèmes, 1963). *Chant de noces* (La Presse à Poèmes, 1965). *Seule Mémoire* (Subervie, 1965). *L'Amour de toi* (La Fenêtre Ardente, 1967). *La Vie sauve* (Rougerie, 1970). *Signes* (Club du Poème, s.d., [1971]. *La Main de bronze* (Chambelland, 1972).

47. La revue *Haut Pays* est imprimée par Pierre GABRIEL dans sa distillerie de Condom (Gers). N° 1 : printemps 1967 ; n° 2 : hiver 1967-1968 ; n° 3 : automne 1968 ; n° 4 : automne 1969 ; n° 8 : hiver 1971-1972.

Une voix lente bouge en moi,
Une parole qui va naître,
Et c'est la mienne à chaque fois
Que je suis seul à reconnaître.

Je sais les mots qu'elle va dire,
Le goût du sel, le sable nu,
La mer tranquille et le sourire
De tous les morts que j'ai connus.

Je l'écoute et je me souviens,
J'étais cet enfant solitaire.
Mais cette voix ne m'apprend rien
Si je suis seul sur cette terre.

Comment puis-je rester fidèle
A cette image que j'aimais
Quand mes mots tracent autour d'elle
Un feu qui va la consumer ?
J'avance à l'ombre de ma mort,
Mon enfance a peine à me suivre.
Qui va m'attendre à l'autre bord
Si je suis seul à me survivre ?

(*Les Voix perdues*)

SOLEIL DE BLÉ

Janine MITAUD

La mort est la préoccupation constante de Janine Mitaud[48]. Mais également ce qu'elle appelle la non-mort.

Rappelons-nous ce poème écrit en juin 1944 :

(...) O, Camarade !
On vise entre tes épaules couleur de sable...
Une trace de joie éclaire encor tes lèvres...
De ce sourire éternisé même la guerre
N'a pu priver leur mort courageuse et légère

48. Née à Mareuil-sur-Belle (Dordogne) en 1921. *Hâte de vivre* (Seghers, 1949). *Bras étendus* (Monteiro, 1951). *Silence fabuleux* (Signes du Temps, 1951). *Rêverie* (Monteiro, 1953). *Le Poète Paul Eluard est mort* (Monteiro, 1953). *Départs* (Seghers, 1953). *Les Armes fulgurantes* (Rougerie, 1955). *Soleil de blé* (Rougerie, 1958). *Le Futur et le fruit* (Seghers, 1960). *Le Visage* (Rougerie, 1961). *L'Echange des colères* (Rougerie, 1965). *La Porte de la terre* (Rougerie, 1969). *La Parole naturelle* (Métamorphoses, 1971).

Et cet autre, un an et demi plus tard :

(...) *Je ne veux pas verser de larmes ;*
On pleure, on est aveugle ;
Il vaut mieux voir plus clair
Malgré le souvenir de ton sourire absent.
La lumière du sang n'abolit pas l'amour.
Le soleil des charniers doit mûrir des bourgeons.

(Hâte de vivre)

Confiance dans la vie, amour de la lumière et du soleil — la « dure lumière », le « grand soleil » —, volonté de surmonter les défaites, de lutter contre le froid qui menace de s'installer définitivement parmi les hommes, désir de céder à la poussée des « Printemps séculaires » : ces thèmes dominaient la première plaquette de Janine Mitaud. Cette force, en nous, d'aimer jusqu'à la mort, jusqu'au sacrifice, ne peut disparaître tout à fait. « Les hommes groupent leur soleil ». Un poète a le droit de réunir, dans l'imaginaire comme dans le réel, les forces qui permettent à l'espèce de persévérer.

Il s'agit d'atteindre la mort
Par les plus fabuleuses routes.

(Hâte de vivre)

L'œuvre poétique de Janine Mitaud restera éclairée par ce grand feu. L'amour sera récompensé par la naissance de l'enfant comme le « travail secret » à l'œuvre dans la graine couronne enfin les épis. « *Soleil de blé* ». Il est possible de croire au bonheur de la terre.

Bien qu'elle ressente en elle « l'appétit profond des hivers », Janine Mitaud trouve dans les meilleures saisons l'occasion de sa délivrance. Accordée aux paysages familiers, aux vastes étendues de la Beauce ou de l'océan, éprise des beaux et chauds paysages de vacances, en Espagne, en Afrique du Nord, inquiète cependant de ce qui doit advenir, elle cherche partout la « signification du monde », l'identité de ce qu'elle fut et de ce qu'elle est, une ouverture, dans le temps même, sur l'éternité.

Que deviendrai-je morte (...)

demande-t-elle.

Serons-nous graine et sang
Régénérés ensemble

Royalement promis
A la même rouge récolte

(L'Echange des colères)

On pourrait penser à Paul Valéry : « Le don de vivre a passé dans les fleurs ». Par sa méthode, Janine Mitaud suggère d'autres rapprochements. Elle reconnaît, dans une page de *la Porte de la terre,* que tel vers lui est donné dans son sommeil. Mais, ajoute-t-elle, en cela très proche encore de l'auteur de *Charmes,* « à la spontanéité de la première image incontrôlée doivent répondre la sincérité mais aussi l'élaboration de la suite ». On observera cependant que Janine Mitaud se montre très accueillante à l'égard de ce qui naît « du terreau obscur des rêves, des souvenirs, des lectures, des musiques entendues, de désirs tus ou indicibles ». Elle tente de déchiffrer ce qui, en elle, n'est pas intelligible, elle ne s'en défie pas à l'excès. Entre l'image venue d'on ne sait où et le moment de la composition du poème, elle laisse s'opérer une aventure intérieure qui échappe assez largement à son contrôle.

L'œuvre de Janine Mitaud est une œuvre d'équilibre. Elle concilie rêve et raison, magie et sagesse, condition temporelle et souci d'éternité — la marche humaine et le vol de l'oiseau. Avec une attention particulière à ce qui laisse trace dans le ciel. Comme le dit René Char, parlant de Janine Mitaud : « l'oiseau vole infiniment plus que l'homme ne marche »...

Bernard JOURDAN

C'est en captivité, ou dans les semaines qui ont suivi sa libération, que Bernard Jourdan[48 bis] a écrit les poèmes de *Midi à mes portes.* Ce titre, à lui seul, pourrait traduire la vigueur solaire de sa confiance en la vie, malgré toutes les menaces.

A la fin des journées jalonnées de pain d'orge
au levain puéril des quatre vérités
la lune quelquefois s'assied entre deux branches
jeton doré paie le passage de la nuit

48bis. Né à Ollioules (Var) en 1918. *La Parole en l'air* (1949). *Petit bestiaire* (1950). *Midi à mes portes* (Seghers, 1951).
Bernard JOURDAN a écrit des poèmes en langue d'oc ; quelques-uns de ceux-ci ont été publiés dans *l'Armana prouvençau.*

Je ne veux plus de ces livres d'images
dont je connais les légendes par cœur (...)

Je veux le sommeil noir comme un corbeau
le sommeil sans un pli comme chemise neuve

Camarades l'étoile a des reflets de nacre
c'est l'étoile de mer qui marche au fond des eaux
et que la vague apporte aux lisières des criques

Il y a quelque part dans la main d'un enfant
un œuf : c'est la saison prochaine
dormez le coq qui vous réveillera
annonce des soleils frais comme des oranges

(Midi à mes portes)

Bernard Jourdan, auteur de trois romans et d'une étude sur Louise Labbé, n'a pas publié de recueil entre 1951 et 1972. Mais il n'a pas renoncé à la poésie.

Eternel est le ressac pas d'écume perdue
les mots sont là, galets infatigables
sable ? je vous l'accorde
qui récuserait le sable ? (...)

(Inédit)

Ce langage est celui qui exprime le plus justement à la fois le sentiment de l'échéance inévitable et celui, même un peu nostalgique, d'une foi qui demeure.

Je ne vous accorde ni la neige sale
ni la cendre mouillée de l'aube
vous, (menteries !) qui prétendez reconnaître ma voix
et mon pas et jusqu'au bruit de ma charrette.

Qu'importe ! Jamais seul. Les morts nous aiment
comme le boulanger aime sa fournée
et l'araignée son arentelle.

Jamais seul. Nos morts nous regardent
charge légère, fardeau qu'on ne pose jamais.

L'hiver change de camp et de gonfaloniers
Pleurant tous deux un seau descend l'autre remonte (...)

(Inédit)

Gilbert SOCARD

Les sources — « l'eau des sources perdues » —, les oiseaux — comme mots pour les dire, « oiseaux désemparés », mais « très loin dans la mémoire un oiseau vole encore » —, les feuilles et les nuages aident Gilbert Socard[49], aideront ses lecteurs, à traverser la nuit comme en un songe lent qui, peut-être, l'heure venue, adoucira le jour.

un vol d'oiseaux fuyant l'ombre et le froid
cherche toujours les hauts chemins des transhumances

(Complicité de la nuit)

Déjà, s'il se fait tard, il est bon de remonter avec Gilbert Socard le cours du temps. Ce nom d'étoile, Bételgeuse, chante encore. Même si l'étoile est « perdue dans la nuit », son « rayon de lumière » chemine dans l'ombre, éclaire d'un tendre reflet celui qui voudrait retrouver son visage — et le visage de l'amour — dans les miroirs anciens. La mort est là, fidèle aussi, et souvent l'on croit ne saisir que la nuit — « ô Neige noire des nuits d'absence » ! Mais, tout de même, les soleils auront éclairé la route...

VERS LA MONTAGNE UNIQUE

Pierre DELISLE

Pierre Delisle[50] s'est voulu « homme des bois ». Il aime les forêts, les montagnes d'Auvergne. On n'entend pas parler de lui dans les réunions littéraires. Il a publié ses poèmes dans les *Cahiers du Sud*, où Gabriel Audisio et Jean Tortel notamment ont reconnu l'originalité de sa voix. Il ne s'est pas davantage inquiété de sa réussite ; sa préoccupation majeure est tout autre.

Qu'est-ce que le poème ? L'angoisse de se sentir présent dans la parole.

---

49. Né à Troyes en 1908. *Fidèle au monde* (Signes du temps, 1951). *Pays perdus* (H.C., 1952). *Visages des hommes* (Cahiers de Rochefort, 1953). *Chansons pour Bételgeuse* (Rodez, Frontons, 1955). *Royaumes* (Tour de Feu, 1956). *Silence de la pierre* (Les Cahiers de l'Orphéon, 1957). *L'Oiseau menteur* (Subervie, 1959). *Complicité de la nuit* (Rougerie, 1966). *Méridiens des regards* (Rougerie, 1968). *Travaux souterrains* (Rougerie, 1970). *Rêver à voix haute* (Rougerie, 1972).

50. Né à Sauxillanges, Puy-de-Dôme, en 1908. *Forêt* (Cahiers du Sud, 1954). *Dialogues pour la nuit* (id., 1959). *Le Songe et le portrait* (id., 1962 [date couverture ; en fait, 1961]). *Les Mots et les ombres* (Oswald, 1970).

Le poète ? Celui qui parle à mi-voix de la mort
Avec mille détours
Utilisant tantôt la rose tantôt le vin
Et d'autres fois cette montagne de silence
Que le bûcheron mange avec le pain.
Le poète a besoin d'un grand souci d'humilité
Les choses commencent avant lui dans le temps et vont
plus loin que lui
L'eau la pierre et le jasmin.

Comme il a pu voir loin en se tenant au plus près des choses de la terre, Pierre Delisle a trouvé dans la réalité très charnelle de l'amour une tentation vécue d'éternité, l'occasion d'une insistante interrogation, sans la possibilité pour l'âme ni le corps d'atteindre Dieu.

Mais laissons Pierre Delisle présenter le paysage qu'il laisse « devant » lui, devant nous, devant d'autres qui vont maintenant le parcourir :

Le poème est achevé et c'est maintenant qu'il commence.
Je le vois enfin, pays vaste dur piétiné. Je peux
Montrer du doigt ses plaines ses ravins sa montagne et ses villages.
Les versets s'étirent parallèles et moutonnants comme les raies d'un beau labour.
Çà et là se dresse l'arbre d'une image dont le feuillage habite à la fois l'ombre et la lumière la vérité et le mensonge.
A l'horizon brille la montagne unique, le mot Dieu,
La montagne plus haute que le temps et de ses pentes tombent parfois sur les maisons
Des oiseaux de braise qui perceront de lueurs le sommeil des dormeurs (...)

(*Les Mots et les ombres*)

Serge MICHENAUD

Le temps qui ronge l'homme : c'est un des thèmes centraux de la poésie de Serge Michenaud[50 bis].

50bis. Né à Machecoul (Loire-Atlantique) en 1923. *Défense des bien-aimées* (Saint-Jouin-de-Marnes, Signes du Temps, 1951). *Les Enfants de la terre* (id., 1953). *Les Grandes Complaintes* (Rodez, chantier du Temps, 1954). *Scorpion-Orphée* (Chambelland, 1971). *Lieu et marges de la parole* (id., 1972). *Les Marges* (Méry-sur-Oise, RmqS, 1972).

Le temps de qui, de quoi, de quelle chose
Extérieure à celle qui se plaint ?
Le sexe alors ouvre comme une rose
Et le hasard prend le nom du destin (...)

(*Scorpion-Orphée*)

Le temps, l'éternité...

(...) *Mon doux royaume sur la terre*
Etait un corps de bien-aimée
Mais quelles sont les bien-aimées

Sur qui le temps,
Le temps et peut-être l'éternité
Clapotent doucement ? (...)

(*Lieu et marges de la parole*)

Ces deux thèmes du temps et de l'éternité s'entrelacent avec ceux de la parole et du silence. Du silence (faut-il penser à Valéry ?) Serge Michenaud a fait la longue expérience ; et de la parole, il connaît l'art et les détours. Sa poésie, sévère et secrète, aime se parer de rigueur et d'images se souvenant des grands mythes. Plus peut-être que les quatre-vingt-dix-neuf huitains décasyllabiques, suivis d'un vers unique (constituant le centième poème) de *Scorpion-Orphée*, nous touche l'allure intellectuellement plus buissonnière — mais dans une tonalité non moins grave — de *Lieu et marges de la parole*.

Le temps ne tourne point sur pivots d'âme
Et quel mort à l'avant pourrait se repentir
Pour les âges que l'on descend sous les collines
A la lanterne
C'est ce que crient de jeunes femmes à tue-tête
Elles s'en vont à pied par la grand-route
Et une lune au large sein de paysanne

★

La plus jeune dérive seule en somnambule
Hurlant comme une chienne aux enfants morts l'été.

★

Mes enfants morts en fin d'été
Ont bu frais le lait des collines (...)

(*Lieu et marges de la parole*)

LE PAYS INTROUVABLE
Patrice CAUDA

Avec Patrice Cauda[51], que nous soyons ou non sollicités par telle protestation radieuse, nous voici pris dans ce réseau de notes simples, d'images nettes où la détresse, non sans séduction, nous retient. Quelle amertume à voir ainsi le monde s'effriter, le soleil éparpillé dans la rue !

Cauda se défend de (ou contre ?) tout préjugé théologique. Il ne connaît pas l'auteur de la malédiction qu'il éprouve.

Pour lui, la honte est liée au souvenir d'une mère pauvre, qui fut mal aimée. Un paradis perdu parle encore d'innocence. Mais comment aborder au rivage qui s'éloigne ? Dans nos songes se dessine un « pays introuvable ». Nous cherchons à nous maintenir en équilibre sur l'abîme, dans le pressentiment du naufrage.

La nuit recouvre le monde et déjà elle s'est installée en nous : une « infatigable obscurité » nous dévore. Reste tout ce désert à traverser, où l'amour est si « lourd à porter ». Le silence « resserre ses mailles ». La vie se retire. Cette inquiétude devant le monde en lambeaux s'accompagne d'une singulière perception du temps qui ne semble maintenir une certaine continuité que pour faire plus tragiquement ressentir la dispersion des instants.

L'horloge mâche les minutes
Et l'heure doucement s'écoule en débris.

Alors la vie se dévide, machinale. Dans la cité, on pourrait écouter la « musique des respirations terrestres » ; mais les murs, coupés à angle droit, rappellent la blessure intime. Cependant les fenêtres de cette ville restent « tournées vers le soleil », le poète chemine vers son « aurore intérieure ». Guidé par le bonheur entrevu dans l'enfance, il voudrait enchanter ses jours « d'inventions secrètes », reconstituer le soleil. Il n'en garde pas moins l'impression d'être condamné « sans appel » : « Ma vie est l'explication d'une mort ». A la tentation du vide, le poète ne se lassera pas d'opposer l'exaltation du feu. Feu de la tendresse, « brûlure au ventre », « brûlant cratère »

51. Né à Arles en 1925. *Pour une terre interdite* (René Debresse, 1952). *L'Epi et la nuit* (Debresse, 1953). *Domaine inachevé* (Les Hommes sans Epaules, 1954). *Poèmes pour R.* (Le Véhicule, 1955). *L'heure poursuit* (PAB, 1957). *Le Péché radieux* (Chambelland, 1961). *Mesure du cri* (Millas-Martin, 1961). *Par des chemins inventés* (Chambelland, 1962). *Domaine vert* (PAB, 1962). *Elle dort* (PAB, 1962). *Peut-être*, ill. Kumi SUGAÏ (PAB, 1964). *Ville étrangère* (Chambelland, 1964).
Consulter : Serge BRINDEAU, *Patrice Cauda* (*Le Pont de l'Epée*, 35-36, 1967).

d'une bouche offerte, l'amour apporte avec lui « l'ardente musique de l'oubli ». Un phare appelle les navires. Appel du large, désir de rentrer au port ? Le thème est ambigu. Mais l'essentiel est que la vie reprenne.

Comme Patrice Cauda sait évoquer les commencements d'existence : l'eau qui jaillit de la fontaine, l'aube « intacte » !

Les herbes venaient boire un sang vert
qu'elles transmettaient à toute la campagne
par un chant silencieux de louange
qui remontait sa fête dans les branches

Un blé germe dans le regard de l'être aimé…

Soucieux de l'origine — il ne faut pas rester « sans question Devant une graine » —, Patrice Cauda rêve, pour rejoindre son « île natale », d'un lieu où le « temps n'a plus de prise ».

Mais que trouve-t-on à la limite, et où situer la limite ?

Dépouillé de tout
Voici que je retrouve le caillou de ma naissance.

Le « pur secret » de Cauda, son « secret absolu », reste à dire parce qu'il reste à découvrir, et ainsi il ne sera jamais dit. Mais le sens de l'énigme est figuré, curieusement, à la source, par cette pierre immobile. Vérité d'un poète dont la parole, porteuse de sable et de promesses, éclate dans le vide pour redire indéfiniment le mystère de la vie.

Est-ce bien « l'obscure défaite » dont parle le poète ?

Mon histoire se voulait des pages trop belles
Dans un pays qui prend source au néant.

En tout cas la réussite poétique est incontestable.

LA PAUVRETÉ ET L'INQUIÉTUDE

Serge WELLENS

Serge Wellens[52] se défie avant tout, comme poète, de l'abondance verbale. Et ce n'est pas seulement par souci d'art qu'il se montre à ce point concis. Dans la solitude, ce grand divertissement sonore auquel on peut, à d'autres moments se plaire, n'aurait plus guère de sens. Qu'on cherche donc ailleurs les « forêts de mots », les « moissons d'images ». Ici la terre où germe le « poème natal » est « ingrate et nue ». Les poèmes de Serge Wellens ne sont jamais forcés. Quel serait le pouvoir d'une profusion d'apparences ? Mieux vaut approfondir le paysage qu'on aime.

Certes on ne prendra pas le poète à la lettre quand il se dit « inculte et pauvre ». Il a beaucoup lu. Il possède son métier. Il sait assembler les syllabes. Mais il sait aussi, non pas — à la manière du philosophe — qu'il ne sait rien (car les poètes savent quelque chose), mais que ce qu'il sait n'est pas tout. En cela consiste sa pauvreté, et, si l'on veut, son inculture. Une terre inculte est une terre qui n'a pas encore produit ce qu'on attend d'elle, et de soi.

Heureuse pauvreté : même s'il n'y avait plus rien de précis à attendre, les hommes continueraient d'espérer. A « vivre au ras du sol », là « où s'apaise la grandiloquence des vents », c'est une sagesse qu'on acquiert ; ainsi les fougères demeurent « à l'affût d'une pluie imprévisible ».

Mais l'inquiétude humaine sera-t-elle jamais dissipée ? Il faudrait boire à la source. La pluie évoque encore « la voix des fontaines ». Mais l'eau se fait rare et le secret de sa signification originelle est peut-être perdu.

Que murmurait la voix de la source ? Le nom des fontaines reste intraduisible.

En retournant au paysage presque nu des garrigues, en interrogeant un bois sec en promesse de fruit, en épiant le chuchotement des eaux, Serge Wellens exprime une vérité toujours cachée, toujours entrevue : l'homme est un être en proie au divin. On n'est jamais sûr que Dieu parle, et l'on peut dire pourtant que *Les dieux existent*. Il y aura toujours des hommes pour mettre Dieu à mort et le ressusciter.

---

52. Né à Aulnay-sous-Bois en 1927. *J'écris pour te donner de mes nouvelles* (Cahiers de Rochefort, 1952). *A la mémoire des vivants* (Cahiers de Rochefort, 1955). *Marguerite ma seule aurore* (Cahiers de l'Orphéon, 1957). *Mon pays de tristes merveilles* (C.E.L.F., 1961). *Les dieux existent* (Millas-Martin, 1965). *Méduses* (Millas-Martin, 1967). *Santé des Ruines* (Saint-Germain-des-Prés, 1972).
Présentation et choix de poèmes de RUTEBEUF (Poésie 1, Librairie Saint-Germain-des-Prés, 1969).

ET DIEU ?

A présent
il nous donne bien de l'inquiétude
il dort mal
il rêve fort
il se retourne
et l'on entend le monde
craquer de tous ses ressorts

Est-il malade de vermine
de solitude
on dirait qu'il parle mais quoi
Va-t-il se réveiller encore une fois
et faudra-t-il encore une fois
le mettre à mort ?

(Les dieux existent)

Serge Wellens ne remonte pas à l'origine par la voie de la pensée pure. Il parle de l'aurore et de la femme qu'il aime, du boulanger, des bûcherons, aussi de la paille et du ciment. Il n'efface pas la sensation, craignant toujours de s'élever trop vite de la parole au Verbe. Son langage apprivoise tranquillement le temps : « C'était un jour qui ne vieillira pas ». Ce poète discret est un praticien de la poésie éternelle.

Précaire éternité cependant. Serge Wellens demeure inquiet. Le dénuement du langage répond au sentiment profond de la misère de l'homme. On ne s'étonnera pas, à lire *Méduses*, que Serge Wellens ait tant aimé Rutebeuf. *La pauvreté Rutebeuf*... Vient un moment, passé l'aurore, où il faut reconnaître que la poésie n'a pas autant changé la vie qu'on l'eût souhaité.

C'est peut-être une mélancolie de l'encre, quelque inavouable érosion, quelque vérole secrète.

Mais c'est peut-être la pluie qui a contaminé la terre. Les racines pourrissent, le cœur moisit. Le langage a perdu son éclat.

(Méduses)

Serait-ce « au cœur de rien », la poésie représente une échappée. Sur le « chemin de la dépossession », comme l'arbre elle donne toujours « une ombre d'un grand prix ».

L'OBSCUR EST UN SOUFFLE
Philippe JACCOTTET

Chez Philippe Jaccottet[53], le besoin d'écrire des poèmes est lié dès le départ au mouvement qui conduit l'homme, irrésistiblement, vers la mort.

Sois tranquille, cela viendra ! Tu te rapproches,
tu brûles ! Car le mot qui sera à la fin
du poème, plus que le premier sera proche
de ta mort, qui ne s'arrête pas en chemin (...)

(L'Effraie)

On vieillit chaque jour et il serait vain de chercher à retenir le temps : « on ne peut qu'avancer ». Le poète, autant qu'un autre homme, est démuni devant les pièges du destin.

(...) *J'accepte moi aussi de croire qu'il fait doux,*
que je suis chez moi, que la journée sera bonne.
Il y a juste, au pied du lit, cette araignée
(à cause du jardin), je ne l'ai pas assez
piétinée, on dirait qu'elle travaille encore
au piège qui attend mon fragile fantôme...

(L'Effraie)

Philippe Jaccottet aime les jardins, les prairies, la montagne, les heures du jour et les saisons. Il contemple la neige ou regarde scintiller la rivière. Il aime, interroge, en quête d'une parole qui peut-être cherche à se faire entendre de l'homme, même obscure. Mais il craint aussi qu'à notre appel aucune voix ne réponde. Le poète écoute le chant du « bouvreuil obstiné, seul appel qui ne cesse pas, comme le

53. Né à Moudon (Canton de Vaud) en 1925. *Requiem* (Lausanne, Mermod, 1947). *L'Effraie et autres poésies* (Gallimard, 1953). *La Promenade sous les arbres*, proses poétiques (Lausanne, Mermod, 1957 et 1961). *L'Ignorant*, poèmes 1952-1956 (Gallimard, 1958). *La Semaison*, carnets 1954-1962 (Payot, Lausanne, 1963). *Airs*, poèmes 1961-1964 (Gallimard, 1967). *Leçons* (Payot, 1969). *Poésie 1946-1967* (Poésie/Gallimard, 1971). *La Semaison*, carnets 1954-1967 (Gallimard, 1971).
Critique : *L'Entretien des Muses* (Gallimard, 1968). *Paysages avec figures absentes* (Gallimard, 1970).
Consulter : Jean-Pierre RICHARD, *Onze études sur la poésie moderne* (Seuil, 1964).

lierre », mais il se demande quel en est le sens. Il note avec bonheur le chant du coucou. Mais son œuvre, où la beauté du jour ne parvient pas à dissiper les inquiétudes de la nuit, reste placée sous le signe de l'effraie, cet oiseau qui — Buffon le rapporte — passait pour le « messager de la mort ».

Se reconnaissant ignorant, mais priant « entre la nuit et le jour », prenant des « notes pour le petit jour », Philippe Jaccottet a voulu comprendre la nuit même.

La nuit n'est pas ce que l'on croit, revers du feu,
chute du jour et négation de la lumière,
mais subterfuge fait pour nous ouvrir les yeux
sur ce qui reste irrévélé tant qu'on l'éclaire (...)

(L'Ignorant)

Mais ce n'est pas du poète lui-même — Philippe Jaccottet reconnaît que son langage est « peu certain » — qu'il faut attendre directement quelque révélation. Le poète souvent se tait. Il se recueille pour mieux discerner une voix qui monte. « Un mot de trop » et « le monde merveilleux » tomberait en ruine ! Il s'agit de faire bon usage de la parole poétique — parole toute pénétrée de silence —, et de tenter l'approche du secret.

Cette disposition d'esprit devait favoriser la rencontre d'un homme et d'un paysage. En 1953, au moment où il se marie, Philippe Jaccottet, né en Suisse, s'installe à Grignan, dans la Drôme. Ce fut tout de suite une impression de paradis, analysée plus tard dans *Paysages avec figures absentes* : « Une impression d'exaltation, de perfection, de lumière », un sentiment aussi, très méditerranéen, très grec, de la mesure. L'homme porte en lui le tourment de l'infini, mais il reconnaît ses limites ; d'un autre point de vue, s'il passe, il se rattache aussi à ceux qui sont passés, à l'humanité tout entière. C'est ainsi que le poète a retrouvé, « par moment », une patrie : un « lieu » qui lui « ouvrait la magique profondeur du Temps ». Sans dogmatisme, Philippe Jaccottet découvre une ouverture sur le sacré, il voit dans la poésie comme un émanation de « l'immémoriale haleine divine ». Mais s'il aime la Grèce, qu'il n'a d'ailleurs pas vue, il ne se prend jamais pour la Pythie. Il a le souci, rare chez les poètes, de ne pas se laisser emporter par des mots excessifs, ou impropres, ou comportant d'autres harmoniques que celles qu'il désire suggérer. Il ne veut pas rêver trop facilement ni se livrer à des rapprochements insolites qui risquent d'égarer l'imagination hors de l'essentiel. Une poésie trop savante, trop intellectuelle, n'est pas non plus son fait, car il refuse de s'engager « dans le labyrinthe cérébral d'où l'on ne ressort jamais que mutilé ». Il s'agit avant tout d'approfondir une expérience, et d'aller plus loin dans la voie de la connaissance à partir de cette expérience fondamentale. « La tâche poétique serait donc moins, ici, d'établir un rapport entre deux objets, comme pour le faire au-dessus d'eux scintiller, que de creuser un seul objet, ou un nœud d'objets, dans le sens où ils semblent nous attirer, nous entraîner ». Ainsi Philippe Jaccottet tente-t-il de déchiffrer dans la nature qui l'entoure, qu'il a choisie, les signes énigmatiques des formes vivantes, des multiples couleurs, de la lumière changeante.

Réduit à l'essentiel, voici ce paysage : de « longues étendues couvertes de buissons et d'air (...) et qui s'achèvent très loin en vapeurs bleues ».

Depuis qu'il séjourne à Grignan, c'est à lire et inscrire des *Paroles dans l'air* que travaille avant tout le poète.

Dans l'air de plus en plus clair
scintille encore cette larme
ou faible flamme dans du verre
quand du sommeil des montagnes
monte une vapeur dorée (...)

(Airs)

Le poète attend qu'un souffle se lève, il guette « une aigrette rose à l'horizon », écoute de « faibles rumeurs », scrute le vol des martinets, note le « moment orageux du jour » et « la foudre d'août », cherche à retenir des « images plus fugaces que le passage du vent ». L'air le porte aux limites.

La parfaite douceur est figurée au loin
à la limite entre les montagnes et l'air (...)

La distance le déchire en même temps qu'il se rapproche, un instant, de l'Etre.

Là où la terre s'achève
levée au plus près de l'air
(dans la lumière où le rêve
invisible de Dieu erre)...

L'air vibre et l'âme bouge. « Le poème nous ramène » toujours « à une question métaphysique », une question qui ne trouve jamais sa réponse — toute réponse appelant de nouvelles questions. C'est ce qui fait écrire à Philippe Jaccottet,

en vers :

Une douceur pareille à celle de la lumière
quand le soleil, descendant vers l'ouest, la fait plus longue et plus
dorée,
un souffle de douceur donné aux choses proches
par compassion de leur prochaine chute,
une douceur défiant la grossièreté de l'ennemi,
une ferme patience dans le temps torturant,
le don de la douceur à toute face condamnée
inépuisablement, par inépuisable réponse (...)

et en prose :

C'est le Tout-Autre que l'on cherche à saisir. Comment expliquer qu'on le cherche et ne le trouve pas, mais qu'on le cherche encore ? L'illimité est le souffle qui nous anime. L'obscur est un souffle ; Dieu est un souffle. On ne peut s'en emparer. La poésie est la parole que ce souffle alimente et porte, d'où son pouvoir sur nous.

(*La Semaison*)

D'où le pouvoir de la poésie de Philippe Jaccottet, une poésie qui ne cherche pas à se bercer de son propre rythme, et qui se laisse de moins en moins divertir par l'image rassurante, une poésie qui retient les *leçons* de la vie, mais refuse pourtant de s'arrêter à la mort trop prévisible et, hélas, trop visible.

Autrefois
moi l'effrayé, l'ignorant, vivant à peine,
me couvrant d'images les yeux,
j'ai prétendu guider mourants et morts.

Moi, poète abrité,
épargné, souffrant à peine,
j'osais tracer des routes dans le gouffre.

A présent, lampe soufflée,
main plus errante, tremblante,
je recommence lentement dans l'air.

(*Leçons*)

Lithographie originale de Juan MIRO pour illustrer *Juste derrière le sifflet des trains,* poèmes d'Emmanuèle RIVA (Librairie Saint-Germain-des-Prés, 1969 ; photo Claude TISSEYRE, droits réservés).

Le tour de la colline
par le cellier l'église
les campanules

Une famille de fourmis
Prise au piège des branches

Le perron sur la Marne
En souvenir d'un autre continent

Une double page de *Les Algues la nuit*, poèmes de Serge BRINDEAU, collage d'Henri GOETZ (« Le Livre Unique », Saint-Germain-des-Prés, 1971 ; collection Lilly Library, Indiana University ; photo Claude TISSEYRE, droits réservés).

Une des treize aquarelles originales de Léon ZACK pour commenter *L'Image méconnaissable* de Pierre DALLE NOGARE (« Le Livre Unique », Saint-Germain-des-Prés, 1972 ; photo Claude TISSEYRE, droits réservés).

L'ÉPHÉMÈRE CLARTÉ

Jacques RÉDA

Ceux d'entre nous qui ont le goût de l'éternel
Passent aussi,
Se rappelant une cuisine de province
Dans le temps de Noël,
L'odeur du lait qui chauffe et les cris des enfants
Assis sous la lueur des petites bougies.

(Amen)

Ce poème, un des plus beaux de Jacques Réda[54], nous le connaissions déjà dans sa première version vers 1955. C'était au temps des *Hommes sans Epaules* et Jean Breton l'avait fait enregistrer sur un disque hors commerce[55]. Pour l'édition Gallimard de 1968, le texte a été remanié. Mais une étude des variantes ne fera que mieux ressortir les constantes de cette poésie, en montrant l'approfondissement des thèmes fondamentaux. Un seul changement à signaler dans les six premiers vers. Autrefois, les enfants étaient assis « dans la clarté » des petites bougies. « Sous la lueur » évite peut-être un rappel baudelairien (« Ah ! que le monde est grand à la clarté des lampes ! ») mais surtout évoque mieux la distance que cherchent à vaincre le désir et l'obliquité du regard (Roger Munier soulignera l'importance du thème de l'oblique dans la poésie de Jacques Réda).

Jacques Réda avait écrit ensuite :

Ils cherchent la cime du temps
Sur les vertigineuses pentes
Mais le sourire d'une aïeule les ramène
Vers la maison qu'on a vendue
Avec ses hauts portraits de soldats à moustache
Et les tiroirs emplis de lettres où s'effacent
Les traces d'un bonheur obscur ;

---

54. Né à Lunéville en 1929. *Les Inconvénients du métier* (Seghers, 1952). *All Stars* (René Debresse, s.d., [1953]). *Cendres chaudes* (Les Lettres, 1955). *Laboureur du silence* (Cahiers de Rochefort, 1955). *Amen* (Gallimard, 1968). *Récitatif* (Gallimard, 1970).
A consulter : Roger MUNIER, *le Parcours oblique* (in *Critique* n° 269, octobre 1969) ; Vahé GODEL, *les « intermittences » de Jacques Réda* (in *Courrier du Centre International d'Etudes Poétiques,* n° 77, 1970).

55. La revue *Les Hommes sans Epaules* a été fondée à Avignon, par Jean BRETON et Hubert BOUZIGES, en 1953. Elle a eu, de 1953 à 1956, neuf numéros. Parallèlement à la revue, citons les collections *Le Véhicule* et *Les Hommes sans Epaules,* ainsi que deux disques hors commerce. Le poème de Jacques Réda, dit par l'auteur, figure sur le disque n° 1.

ce qui devient :

Ils cherchent la cime du temps, les dangereuses pentes,
Mais reviennent la nuit dans la maison qu'on a vendue
Avec ses tiroirs pleins de lettres où s'effacent
Les traces du bonheur obscur.

Le poète a gardé sa fidélité aux choses simples, aux détails de l'existence, mais il a voulu éviter l'effet de surcharge et en parlant *du* bonheur plutôt que d'*un* bonheur obscur, il donne au vers une portée plus générale, moins « sociale » et plus métaphysique. Notons, au lieu de deux octosyllabes, l'apparition d'un de ces beaux vers de quatorze syllabes qu'affectionnera particulièrement Jacques Réda :

Ils cherchent la cime du temps, les dangereuses pentes.

Ensuite, quelques vers ont disparu de la version définitive :

Chaque jour leur parole un peu plus transparente
Comme l'ombre d'une aile effleure de plus près
Les meubles familiers qui traversent les heures
Au fond d'une mémoire opaque

Ils tendaient, par l'image et le rythme, à banaliser le sentiment.

Mais ils passent aussi,
Connaissant bien le goût des larmes
Et la chaleur des corps qu'ils n'embrasseront plus,
Comme tous ceux qui meurent sans rien dire,
Ayant vécu
Dans cette fraternelle et fatale clarté
Qui bouge sur nos fronts entre deux masses d'ombre.

La principale modification consiste à corriger cette « fraternelle et fatale clarté » un peu emphatique, en une « éphémère clarté » plus simple de ton, et plus juste par rapport à cette phénoménologie du temps qui passe, que le poète constitue peu à peu — avant de se retirer du temps.

Car ils passent aussi,
Connaissant bien le goût des larmes
Et la chaleur des corps qu'ils n'embrasseront plus,
Comme tous ceux qui partent sans rien dire,

(« Partir » dit, bien mieux que « mourir », qu'on fut présent, et même qu'on est encore là, d'une certaine manière, pour un temps, et marque mieux le passage, l'effacement progressif.)

Ayant vécu
Dans cette éphémère clarté qui bouge sur nos fronts
Entre deux masses d'ombre.

L'œuvre poétique de Jacques Réda présente une grande unité. Les préoccupations essentielles se groupent autour du thème du temps, un temps perdu qu'on ne retrouve que pour en redouter, en éprouver déjà, l'inévitable disparition. L'enfance est morte, que pourtant on n'a pas oubliée tout à fait, avec ses lueurs intermittentes, sa chaleur disparue. Non seulement le passé n'est plus réellement habité (ainsi, les jardins sont « tombés en déshérence »), mais, même quand la mémoire du cœur le fait revivre, le décor où l'on a vécu porte la marque, plus sensible dans le souvenir, du vieillissement. « Déjà les pauvres maisons semblaient détachées de la vie ». Dans ses poèmes, dont l'atmosphère n'est pas sans rappeler les élégies de Charles Guérin, Jacques Réda se penche sur ce que l'auteur du *Cœur solitaire* appelait « la cendre des choses ». Mais que reste-t-il de ce qui fut ? Le moi lui-même devient inaccessible à la quête du moi.

(...) *A cette heure malgré tant de déboires, tant d'années,*
Je me retrouve aussi crédule et tendre sous l'écorce
Que celui qui m'accompagna, ce double juvénile
Dont je ne sais s'il fut mon père ou mon enfant, ce mort
Que je ne comprends plus, avec sa pelle à sable, avec
Sa bicyclette neuve, et son brassard blanc, son orgueil
Tranquille de vivant qui de jour en jour s'atténue
Entre les pages de l'album pour ne nous laisser plus
Que le goût d'une réciproque et lugubre imposture (...)
(Récitatif)

Décidément, il faut bien reconnaître que « la fête est finie ». Mais les paysages, dans l'attente de l'automne et le pressentiment de la mort, gardent un charme, qu'il convient de dire « à mots couverts ». Jacques Réda comprend le cri et peut exprimer la révolte, même assez durement. Mais c'est dans le murmure que s'exprime par prédilection sa poésie. Celle-ci tient de la confidence : « Il nous reste un moment ce matin pour causer à voix basse ». Elle semble correspondre au murmure même de la nature

— Ce vent grave qui nous ressemble et parle notre langue
Où chante à mi-voix un désastre —

et des choses créées par l'homme pour la domestiquer

— Toujours ce ciel scellé sur la cour vide, et le murmure
Du robinet de cuivre au fond de la buanderie.

Il serait curieux d'étudier sous ce rapport — cri et silence — les réactions, ferventes et subtiles, du poète à la musique de jazz. Rendant compte dans *Jazz magazine* du Festival d'Antibes 1953, Jacques Réda n'écrivait-il pas, à propos du pianiste Dollar Brand : il « crée une musique non tant neuve que belle par sa puissance, son étrangeté dépourvue d'artifice, et le pouvoir qu'elle a de cerner des îlots de silence entre lesquels s'élève une espèce de sobre et sombre incantation » ? La même année, Réda réunissait en une plaquette les poèmes de *All Stars*. Charlie Parker, c'était « l'oiseau magique » qui « chante avec des rasoirs de nacre dans la gorge » ; Armstrong, « la trompette d'avant le déluge ». Duke Ellington, « dans le creux de l'oreille » faisait tenir « les collisions sidérales ». Mais Miles Davis charmait « les bulles des sources », parlait « à l'oreille du cresson », apprenait « des chansons aux doux héliotropes » ; cet Orphée de l'ombre « avait une trompette de mousse et de ruisseau »...

Ayant, comme chacun, traversé les passions humaines, comprenant bien que les « fils du ciel » tendent toujours vers une « Terre Promise » qu'ils ne peuvent atteindre, Jacques Réda, dirait-on, s'efforce de déranger le moins possible cet « ordre simple » que tant d'autres ont déjà profané. A mi-voix, il dit la solitude qu'il n'accepte pas sans amertume, mais qu'il accepte néanmoins, sachant, dans le silence, qu'il se trouve « doucement en chemin vers le plus-personne ». Plus personne : il faut quitter la terre, et le ciel est vide comme la coque échouée d'un navire. Tout penche. Même le vide « fait pente ». Nous qui dansions « sur la pente éternelle de la prairie » !

Le corps cependant, à défaut de l'âme, garde « désir d'éternité ». C'est lui, mortel, qui nous attache aux éphémères clartés qui dans l'enfance — issue du néant, vouée au néant — passèrent sur notre front « entre deux masses d'ombre »... Aux amis du silence, il restera donné d'entendre cette voix qui s'échappe :

(...) *déjà ce n'est presque plus moi qui parle, qui vous appelle*
du fond d'une exténuation dont vous n'avez aucune idée,
et n'ayant pour vous que ces mots qui sont ma dernière
enveloppe en train de se dissoudre (...)

(*Récitatif*)

DES RÊVES POUR L'HIVER

MOREAU DU MANS

Moreau du Mans[56] écrit souvent à l'imparfait. Mais que reste-t-il de l'enfance ? Que reste-t-il des légendes ?

Pierrot revient. La Belle dort au bois. Arlequin n'est pas loin, ni Tristan. Le poète, trouvère ou troubadour, veille encore au secret des grimoires. Il rêve d'un manoir, ou du moins d'une chaumière. Il remonte le cours du temps : naguère, les mondes surannés, les crimes de Néron, la lumière de la Grèce. Il aime les chansons d'autrefois, les comptines, les cantilènes. Il lui plaît de composer un rondeau, d'improviser sur un thème populaire. S'il peut abandonner le vers régulier, il se sépare difficilement de la rime. C'est nécessité chez lui, fidélité de sentimental à ce qui fut. Le vers n'est jamais une formule morte, non pas seulement parce que la rime réussit à éviter la banalité (rigoloir-bon vouloir, poignard-blizzard, genette et route nette), mais surtout parce que la souplesse prosodique rend sensible une inquiétude du temps.

Moreau du Mans redoute la fin des légendes. La banlieue l'effraie et les villages perdent leur ancienne beauté. Il voudrait retrouver dans les bribes du passé un appel, un élan — Amour, fraternité, chaleur humaine. Il sait qu'« un astre court dans les buissons de la parole », que le soleil est dans la bouche des poètes.

Nos souvenirs sont déjà vieux. Le temps jadis, c'est le printemps perdu. Les bons, les mauvais jours… « L'existence fichue » ! Comment s'y retrouver ? Les poètes ne sont pas toujours gais, même s'ils chantent. Ils se voient, ils voient leurs frères, prisonniers des villes noires, happés par les usines, volés par les mercantis, trompés (« encornifiés ») par les politiques, précipités dans les guerres.

Moreau du Mans (son presque pseudonyme le dit assez) reste fidèle à lui-même, à son pays natal. Mais s'il rêve, c'est en attente du futur. « On avait bien besoin de rêves pour l'hiver ». Il y aura encore des peines à éprouver, des coups à subir. Il faut des chants et des refrains, de bons poèmes pour s'y préparer. Allons ! on ira boire « un coup de ciel aux étangs »…

---

56. Né à La Flèche, en 1924. *Maquillages, pour un astre mort* (Seghers, 1953). *La Fleur et le couteau* (La Tour de Feu, 1965).

LES ABEILLES DU FUTUR

Jean-Jacques CELLY

Jean-Jacques Celly[57], en des vers bien rythmés, harmonieux, aussi éloignés de la « poésie de grosse consommation » que d'un « intellectualisme forcené », a pris pour thèmes la fidélité à l'enfance, la crainte de vieillir, la révolte contre la misère et la guerre, la compréhension entre les hommes, l'amour de la nature et de la paix. *Le Dialogue des sourds* abonde en images simples et fortes, tempérées d'humour, accompagnées aussi des adages, poétiquement rajeunis, de la sagesse.

Avec *Prélude, Choral* (en attente de *Fugue*), la forme, toujours musicale comme les titres le suggèrent, gagne en rigueur, en densité, l'inspiration devient plus profondément humaine, plus religieuse — le sentiment du sacré donnant aux choses de la vie une autre dimension.

(...) Dieu sera parmi nous comme un sable qui coule,
Comme un feu qui se couche à l'approche des pluies.

La maison sera pure, il fera sur la terre
Un temps à mettre au monde
Un poulain transparent.

Et nous écouterons les abeilles futures
Inventer en dormant la trame du soleil.

(Choral)

LE SOUCI D'UN CHANT QUI NE MEURE PAS

Marc ALYN

A dix-sept ans, Marc Alyn[58] publiait ses premiers recueils. Puis il lançait une publication au titre rouge, « Terre de feu »[59], « pour faire

57. Né à Marseille en 1934. *Fête foraine* (Seghers, 1953). *Fanfare* (Ed. de Minuit, 1956). *L'Etendard de pierre* (Monte-Carlo, Poètes de notre temps, 1965). *Le Dialogue des sourds* (Genève, Poésie Vivante, 1966). *Prélude* (Ed. Universitaires, 1967). *Choral* (Ed. Universitaires, 1969).
Consulter : *Cahiers franco-anglais,* n° 4-5 (Genève, Poésie Vivante, s.d., [1968]).
58. Né à Reims en 1937. *Le Chemin de la parole* (Millas-Martin, 1954). *Demain l'amour* (Le Véhicule, 1954). *Rien que vivre* (Cahiers de Rochefort, 1954). *Liberté de voir* (Terre de Feu, 1956). *Le Temps des autres* (Seghers, 1957). *Cruels divertissements* (Seghers, 1957). *Brûler le feu* (Seghers, 1959). *Délébiles* (Ides et Calendes, 1962). *Nuit majeure* (Flammarion, 1968). *Infini au-delà* (Flammarion, 1972).
59. *Terre de Feu* (Reims) : quatre numéros (1954-1955).

jaillir un peu de clarté ». Soutenu par Jean Bouhier et Pierre Garnier, il dénonçait la triste « poésie nationale » qui sévissait alors avec Louis Aragon et, « malheureusement », Guillevic. Marc Alyn se sentait beaucoup plus proche de René Guy Cadou et de ce que l'on appelait l'école de Rochefort.

A vingt ans, il recevait le prix Max Jacob, consécration déjà d'une œuvre... de jeunesse, sans doute, mais peu commune.

C'est avec l'âme des voiles blanches qu'on a fait les cahiers
où de mystérieux enfants tracent des signes
en tirant un peu la langue
comme pour sucer le jour (...)

(*Demain l'amour*)

Je ne veux pas brûler dans l'oubli, mais renaître
L'insulte aux lèvres et la caresse aux doigts,
Renaître pour briller aux promontoires de l'être
Naufrageur de moi-même jusqu'au désarroi.

(*Le Temps des autres*)

Il faut lire ces premiers recueils, si on les trouve encore. Citons, au hasard : « Je dis le monde avec le monde pour encrier », « Ma tour d'ivoire c'est la rue », « Ma liberté c'est ma chanson »... Et ceci, qui serait insupportable chez un théoricien mais qui vibre encore de la joie de découvrir un monde à chaque poème : « Chaque jour j'écris le premier mot de mon langage ».

Il y avait, bien sûr, des longueurs ; elles étaient le support du miracle. Il faut beaucoup de pluie et de soleil pour un filet d'eau fraîche. Des réminiscences, on en trouverait sans doute aussi. Le mouvement les efface.

Ce qui gêne un peu, aujourd'hui, à la lecture — et qu'on ne remarquait pas —, c'est une certaine prétention littéraire, dénoncée par ailleurs. « Ma chanson qui demain fleurira au jour de chaque lèvre » : on voudrait ne voir là qu'une confiance, bien compréhensible, dans le pouvoir du chant. Mais Marc Alyn insiste. Il veut que sa voix « s'incruste » en nos mémoires. Du moins ne dissimule-t-il pas ses sentiments : sans mes poèmes — dit-il à celle qu'il aime —, « tu ne serais rien qu'une femme comme les autres ».

Hanté par l'idée que le temps nous rattrape, Marc Alyn a dit « très vite Ce qui doit être dit », sans trop se surveiller, en mêlant une certaine complaisance narcissique à la fraternité proclamée. Cependant son impatience n'était pas seulement celle d'un jeune loup. Il a cherché à s'étonner et à nous étonner, mais il a dit surtout son étonnement profond devant la vie. Marc Alyn a-t-il voulu rivaliser avec les poèmes en prose de Marcel Béalu ? L'obsession de la gloire — « quand mon nom sera comme une étoile scintillante dans la mémoire des hommes » ! — a conduit le jeune poète à parfaire sa forme, à resserrer l'expression, à varier la construction de la phrase, à prendre ses distances, à ménager ses effets.

Dans ses *Cruels divertissements*, Marc Alyn demandait à « la littérature » de l'aider à supporter par un « cérémonial des sens » la « vie épouvantable ». Cette « littérature du frisson », volontiers érotique, avait malgré tout quelque chose d'un peu froid, d'un peu fier, qui ne s'accordait pas sans difficulté au goût du « chant sauvage ». Et l'auteur reconnaissait finalement la vanité du somptueux, de l'irritant spectacle de mots qu'il venait de se donner. Quand viendra la mort, à « l'instant de l'orgueil raboté », qu'importera le soin de l'écriture ? Si Marc Alyn fut si pressé d'atteindre à la perfection du style, cette hâte n'était sans doute pas sans rapport avec le sentiment du caractère tragique de notre condition.

Un Dieu sans fin détisse maille à maille
La foule des morts où germent les mots

écrit-il à l'époque de *Délébiles*.

Marc Alyn, en travaillant le vers jusqu'à la préciosité, en approfondissant les problèmes posés par le langage, a accepté (presque trop vite) de perdre quelque chose de son charme et de sa spontanéité.

Nuit majeure débute ainsi :

Des abysses du temps, las d'odysser, je te lamente
Mystère reflué — vers quel large ? — loin des rivages
Et je médite ton refus de nous qui pourchassons,
Amputés de la Nuit, le son souillé de nos syllabes
Sans souffle par les années torrides du siècle vingt.

La poésie serait-elle devenue avec l'âge (trente ans !) l'art d'exprimer du ton le plus alambiqué possible un tourment de pensées provoqué avec ruse ? Marc Alyn développe cette idée que la nuit recule dans le monde, gagnée par la lumière artificielle, la conquête de l'espace et le développement des sciences humaines. Or la nuit, selon Marc Alyn, était féconde, créatrice. En un combat légendaire et confus, on voit plus loin le Minotaure, dans l'obscurité du labyrinthe, combattu par Thésée, qui, n'aimant pas les zones d'ombre, se détruirait lui-même.

Il me semble
Que le dédale a cessé de s'accroître
Et même diminue.
Quelque chose de blanchâtre
Lentement chemine à ma rencontre.

Le blanc mord de plus en plus sur le poème. A l'épaisseur calculée du début succède la soigneuse mise en pages de quelques vers préservés (miraculeusement, ce n'est pas sûr) de la blancheur envahissante.

LA POÉSIE EST UN VOYAGE
Jean DUBACQ

Jean Dubacq[60] se méfie avant tout des idées et des phrases toutes faites. Les idéologies lui paraissent suspectes. Il a le goût du concret. Dans le même sens, il préfère la femme sans écorce à l'amour platonique. S'il faut appeler classique ce qui est sain, Jean Dubacq est un classique de tempérament — avec parfois une pointe de préciosité dans l'écriture.

La grande affaire, pour lui, c'est le temps. Il a des souvenirs à sauver, des émois à revivre, des « centièmes de seconde d'éternité » à conquérir. Embarqué, lâché dans la vie, ne disposant que d'une liberté constamment menacée, il sait trop la fragilité du poème pour ne pas le vouloir « inexpugnable ». Mais c'est toujours au sein de la durée que l'homme s'efforce de dominer le temps ; et s'il est vrai que la poésie se conquiert sur la prose, il faut encore apprendre à aimer la prose si l'on ne veut pas retomber trop brutalement sur ses pieds. Faut-il rappeler que le poète du *Cœur ébouillanté* et de *l'Homme physique*, l'animateur de la revue *iô*[60bis] est aussi le romancier qui a écrit *Le temps est un voyage ?*

Jean Dubacq n'entend pas séparer la poésie de la vie quotidienne. Il aime nommer tout ce qui fait « partie du monde », l'autobus et le cloître, l'automne et les trains de banlieue. Sous nos yeux, le réel se

---

60. Né à Choisy-le-Roi en 1923. *Le Cœur ébouillanté,* sous le pseudonyme de Jean CIMEZE (Millas-Martin, 1958). *L'Homme physique* (Millas-Martin, 1966). *Guillevic* (Ed. de la Tête de Feuilles, 1972).

60bis. La revue *iô* a été fondée à Domfront (Orne) par André MALARTRE. N° 1 : mars-avril 1951. N° 13, *Mystère solaire,* présenté par André MIGUEL : janvier 1954. N° 16 : octobre 1954.
José MILLAS-MARTIN dirigeait la deuxième série. N°s 17-18 : 1956. N° 21 : 1958.
Jean DUBACQ a dirigé la troisième série. N° 1 : 1964. N°s 16-17 : 1968.

métamorphose doucement. La poésie se glisse dans le récit et le récit lui-même devient une aventure de la poésie. L'anecdote s'élargit en vision. Quels que soient nos déchirements, nous avons en nous le pouvoir de nous mêler au temps qui passe, « d'affûter l'avenir », sans congédier le passé — le passé qui se mêle au présent, comme à la conscience s'unit le paysage. Le poète se plaît à mélanger la couleur des regards et la couleur du temps. L'automne nous « jaunit les yeux » et c'est en nous que « la neige passe des nuits blanches »...

Le langage établit la communication entre les choses et l'homme, tend à fixer le fugitif, à rappeler ce qui n'est plus. Il permet à celui qui passe de se maintenir, de se reprendre. Aussi les démêlés du poète avec le temps le conduisent-ils à donner à la phrase un tour aussi heureux que possible, à enjoliver l'image, dont il attend qu'elle exerce un charme un peu magique, comme un parfum bien mesuré.

Ne nous faisons pas d'illusions cependant sur la solidité de nos « passerelles de bonheur ». Ce ne sont peut-être, justement, que passerelles de mots. Jean Dubacq est un homme de chez nous. Pas un prophète ! Il sait que les visages se rapprochent, que les enfants et les amants prennent la nuit pour le jour et l'inverse aussi bien. Mais il sait, pour aimer « en connaisseur » (comme on dirait d'un gourmet) la prose et la poésie, tout ce qu'il entre d'artifice dans les écrits les plus sincères. Il doit voir dans la poésie une sorte de luxe — qu'il ne rejette nullement mais qui est tellement surajouté, tellement illusoire. La sagesse est alors pour lui de savoir parler aussi « la belle prose des pauvres ».

Le poète, « joueur de mots », se divertit de ses regrets en tirant de la phrase un plaisir moins fugitif — qui retient avec lui le souvenir des plaisirs et des peines. Finalement la poésie est-elle bien utile ? Elle n'est rien sans la prose — et la prose menace de l'emporter.

Dis Jean est-ce bien un poème
toutes ces façons d'être ?

Gourmand de sensations et d'images, on croit écrire dans sa vie un grand poème de soleil et d'arbres, et d'amour. Mais on se heurte à toutes les parois de la solitude, on ne sort pas de soi.

La solitude est l'intérieur d'un parallélépipède rectangle
agencé avec des lampes et des cadres,
un lit où un côté du corps reste froid faute d'un autre
corps dont le ventre se reconnaît sous les doigts,
un poste de radio où s'éclairent des noms de villes et des numéros,
et une table où l'on écrit que la solitude est l'intérieur
d'un parallélépipède rectangle agencé avec des lampes

et des cadres
et un lit sans femme,
un poste de radio où s'éclairent des noms de villes
et une table où l'on écrit que la solitude est l'intérieur
d'un parallélépipède rectangle
agencé avec des lampes et des cadres, un lit sans femme
et la radio qui s'éclaire
une table où l'on écrit que la solitude est l'intérieur
d'un parallélépipède rectangle
agencé avec des lampes, des cadres, un lit, la radio
et une table où l'on écrit
sans fin
que la solitude est l'intérieur d'un parallélépipède.

(*L'Homme physique*)

Alain LAMBERT

Alain Lambert[60 ter], qui a choisi, musicien, de vivre dans un pays d'azur et de soleil, revient toujours par prédilection à l'enfance bretonne. L'univers émergeant des embruns lui inspire une poésie intimiste et chaude où les visages voudraient encore survivre à la mémoire. La netteté de la langue aide à fixer une atmosphère.

Le noir et le minium
L'enfance à galvauder
autour du sémaphore
Les cours de ferme où croulent les canots
Tout ce qui t'annonçait
Les montées de salive
au pied des prunelliers
La tête renversée
sous les pluies du revif

Toi embellie survenue

(*Iles vigiles*)

60ter. Né à Toulon en 1931. *Tu me fais chaud* (Millas-Martin, 1969). *Iles vigiles* (id., 1972).

Bernard VARGAFTIG

Pour dire la fuite du temps, Bernard Vargaftig[61] écarte tout romantisme. Il se voit — déjà — vieilli ; il attend les vacances ; il compte, professeur, les minutes de son « heure » de classe. En vidant les tiroirs, il évoque le passé. Dans le courant des occupations quotidiennes, au travail ou dans sa famille, en faisant les achats dans les magasins, en écoutant la radio, il pense aux difficultés de la vie, à l'usure des choses, des mots, des gestes, aux luttes qu'il faut poursuivre.

Avec précaution, Bernard Vargaftig exprime un sentiment profond du rapport entre l'homme et le monde.

Nous vivons d'un jour à l'autre
Mais nous ne bougeons pas
Nos gestes sont posés
Comme des housses sur les choses

(*La Véraison*)

Joseph Paul SCHNEIDER

Joseph Paul Schneider[62] aime se mouvoir

Dans les paradis perdus ou retrouvés
De l'inconsistante éternité (...)

Son pays de prédilection semble un pays de lisières, de marges incertaines, où, caressant la pierre, la terre, le sable, les mots, il rêve d'espace reconstruit, de temps prolongé.

Veillant avec le temps qui lentement meurt en lui, il s'établit avec prudence dans l'être, cherchant par la simplicité de la parole à dégager du donné une magie essentielle.

---

61. Né à Nancy en 1934. *Chez moi partout* (Oswald, 1966). *La Véraison* (Gallimard, 1967).
62. Né en 1940 à Marmoutier, Alsace. *Entre l'arbre et l'écorce* (Grassin, 1965). *Les Bruits du jour* (Fagne, 1969). *Les Gouffres de l'aube* (Fagne, 1971).

TON IMAGE

La palette de couleurs
Chante et vibre
Dans la lumière ivre
L'absence de pesanteur

Les vagues meurent
Où se noient les couleurs
La mer et le soleil
Sans bruit se mêlent

Il n'y a personne
Sur les mortelles plages
Où seul je frissonne
Sur de hauts rivages

Est-ce encore ton image
O Roi de l'obscur
Qui trouble de son passage
Ma douloureuse lecture ?

(*Les Bruits du jour*)

Françoise DELCARTE

Retenir les heures perdues. Attendre… quoi, et pourquoi ? Sans pouvoir dominer le temps, qui déjà « s'est ensablé », l'organiser au mieux dans cette solitude à la mort promise. Rassembler les fleurs fragiles d'un bouquet d'images. Se déplacer parmi les choses avec un horizon de plages et des mots simples, plus justes d'être prononcés à mi-voix. « Permettre à ce qui meurt D'être demain le temps ». C'est l'œuvre jusqu'à présent de Françoise Delcarte[63]. Et dans le sable un dessin n'est jamais achevé.

63. Née en Belgique en 1936. *Infinitif* (Seghers, 1967). *Sables* (Seghers, 1969).

SILENCIEUSE ENTRAVE AU TEMPS

Jean ORIZET

Avec Jean Orizet[64], amateur de magie blanche et d'alchimies délicates, les choses changent doucement de forme, les minutes comptent, les saisons se prolongent. Un chemin s'ouvre dans le noir, où passe la beauté — exposée, protégée.

Grise et blanche
une froide alchimie nocturne
brise l'instant

Au matin
c'est le couperet du soleil
qui tranche

Une pie cherche de l'or
sous le givre
de la branche

(Miroir oblique)

Jean Orizet aime vivre avec les heures du jour, la couleur des saisons. Son attachement à la terre le prépare à situer la présence des hommes dans la progression des âges.

Novembre oublie ses grappes sur la terre prête
au sommeil.
Bonne la vendange et clair le vin.
Chaque soir, l'homme caresse le flanc de
ses doux monstres à la richesse murmurante.
— L'hiver — pense-t-il — serait simple à franchir
s'il ne semait, de calcaire en silex,
les claquements de sa patiente dislocation.
Et chaque matin, parce que des millions d'années
lui ont peut-être enseigné la prudence,

---

64. Né à Marseille en 1937. *Errance* (Ed. de la Grisière, 1962). *L'Horloge de vie* (Chambelland, 1966 ; 2e éd., Librairie Saint-Germain-des-Prés, 1972). *Tu te transformes en tout* (La Grisière, s.d., [1968]). *Miroir oblique* (Librairie Saint-Germain-des-Prés, 1969 et 1972). *Silencieuse entrave au temps* (Librairie Saint-Germain-des-Prés, 1972). *La Nouvelle Poésie comique*, anthologie (Poésie 1, nº 22, février 1972).
A lancé, en 1969, la revue *Poésie 1* et les Editions Saint-Germain-des-Prés, avec Jean et Michel BRETON.

l'homme attend que la brume se lève
avant de s'empoigner avec le jour.

(Silencieuse entrave au temps)

L'amour même est conscience sensuelle du temps.

A tes yeux de surprise matinale
je veux m'étonner le premier

A tes lèvres de verveine
je veux boire encore ce rire ailé de gazelle

A tes cheveux de poivre blond
je veux renouveler ma soif

A ton ventre de jeune pêche
je veux attendre l'été mûrissant

Oreille contre cœur
Merveille pour merveille.

(Tu te transformes en tout)

Le poète ne hausse jamais le ton. Il rêve sans doute d'un espace « humanisé », mais il sait aussi la modeste place qui revient à l'homme dans le monde.

Sur la prunelle des saisons
le vent s'éloigne vers les collines embuées.
Je ne suis que l'apprenti
d'un paysage qui sait tout.

(Silencieuse entrave au temps)

Max PONS

Le temps, l'éternité, l'inquiétude et les rêves des hommes se lisent aussi dans la pierre. Apaisante leçon (peut-être) que la patience d'un Max Pons[65], au château de Bonaguil, nous aide à découvrir.

La pierre déplace
L'espace
Qui admet d'être occupé
Le gîte se fait
Demeure

La durée s'offre à l'homme
Qui habite son rêve

(Calcaire)

Autres œuvres à citer :

Albert FABRE, *La lumière est nommée* (Grasset, 1968) ; *Mesure de l'âme* (Saint-Germain-des-Prés, 1971).
André HENRY, *le Règne du cheval* (Fontenoy-en-Puisaye, Ed. de la Vieille Tour, 1965) ; *Murs d'enfance* (Paris, Plein Chant, 1971).
Raymond MIRANDE, *l'Apparence et le feu* (Bordeaux, Les Nouveaux Cahiers de Jeunesse, 1961).
Maurice REGNAUT, *66-67* (Action Poétique, Oswald, 1970) ; *Ternaires* (Oswald, 1971).
Jean-Pierre SPILMONT, *Lisière* (Rougerie, 1970).

65. Né à Condat-Fumel (Lot-et-Garonne) en 1927. *Calcaire* (Rougerie, 1970).
Max PONS anime la revue *La Barbacane* (Saint-Front-sur-Lémance, Lot-et-Garonne). N° 1 : 1963. N° 13-14 : décembre 1972.

CHAPITRE XII

NOSTALGIE, ORGUE, ACCORDÉON, TAMBOURIN...

Sont-ils moins profonds, les chemins qui descendent à la rivière, quand un air de manège, de fête foraine, de bal musette, accompagne les souvenirs ?

Pierre Mac Orlan aimait « le fifre français de Paul Fort, le limonaire de Jacques Prévert, l'accordéon d'André Hardellet », et aussi « l'harmonica des anonymes ».

Comme d'autres formes de poésie, cette musique voudrait dire ce que les mots ne savent, ou ne peuvent, exprimer. Elle vient du temps passé et elle exprime le présent. Elle évoque aussi bien les guerres, les amours. On l'aime dans la solitude, au milieu même de la foule. C'est une voix discrète et fraternelle, et qui craint d'abuser.

On parlera peut-être d'un certain populisme. Mais cette réserve, assez proche de l'humour, ou cette tendre impertinence ont aussi leur noblesse.

Derrière l'orgue de Barbarie, « le pauvre », qui empoignait Laforgue « aux entrailles », nous pourrons aussi reconnaître l'orgue qui charma la Licorne.

ÉPINAL INTÉRIEUR

Armand LANOUX

Armand Lanoux[1] ne croit pas « à une poésie hors des jours, des heures, des instants, ni hors des lieux ». Ce goût du circonstancié vient-il de ce que l'auteur de *la Tulipe orageuse* et des *Images d'Epinal*, mais aussi du *Commandant Watrin* (Prix Interallié), de *Quand la mer se retire* (Prix Goncourt) n'est pas (ne serait pas ?) « un vrai poète » mais avant tout un romancier ? C'est Armand Lanoux lui-même qui pose la question.

On pourrait répondre que Lanoux est un poète du vrai, un poète qui dit vrai au sens le plus ordinaire du terme. C'est vrai : c'est arrivé. C'est arrivé dans la grande histoire : la Commune, le Mort-Homme, Oradour, Katyn, Hiroshima, l'Indochine, l'Algérie. C'est arrivé aussi dans la toute petite histoire, l'individuelle, l'intime. Et ces deux histoires vont ensemble, s'écoulent ensemble comme la Marne de l'enfance, la Marne facile des guinguettes, et la Marne malheureusement héroïque.

Sur ses souvenirs, Armand Lanoux met un peu de musique. Un petit air d'orgue limonaire, lui qui sut, au val de Loire, entendre la Licorne —« Lorelei liseron la rose et l'eau » — jouer *de l'orgue dans le jardin*, l'aide à supporter l'amertume des jours enfuis. Il met aussi des couleurs, pour raviver le passé. Il aime, sans vouloir se laisser abuser par elles, qui furent si trompeuses, les images d'Epinal, — et il a aussi, comme il disait dans la *Chanson du faible espoir pour finir en beauté*, son « Epinal intérieur ».

Armand Lanoux ne manque ni de verve ni de fantaisie, ni d'humour. Il raconte et il blague, il invente des manières de légende qui se fondent très facilement à ce qu'il y a de plus sûrement « historique » dans le récit. Il ne tient même pas du tout à chanter juste. Il préfère chantonner vrai. Armand Lanoux est un authentique poète populaire :

---

1. Né à Paris en 1913. *Colporteur* (Seghers, 1953). *La Licorne joue de l'orgue dans le jardin* (Seghers, 1954). *Le Photographe délirant* (Seghers, 1956). *La Tulipe orageuse* [recueil reprenant les trois titres précédents, avec des inédits] (Seghers, 1959). *Les Images d'Epinal* (Grasset, 1969).

Souviens-toi souviens-t'en
souviens-t'en souviens-toi
ne te souviens que de moi
dans l'herbier du temps.
Viens Metje la blonde
nous sommes seuls au monde
et le destin
orgue de foire
orgue à bouteille
orgue à tiroirs
rémoule sans fin
comme une petite gare
à onze heures du soir
le rouleau perforé de notre histoire (...)

(*Le Photographe délirant*)

L'AMOUR, CERISE

René FALLET

Ne comptons pas sur René Fallet[2] pour nous apporter des révélations métaphysiques.

Ce n'est pas qu'il soit insensible à un certain manque :

Il y a sur la Seine une péniche triste
Et qui n'en finit plus de passer sous le pont
Des Arts et le Pont-Neuf. Mon Dieu, si Dieu existe
En cette ville, rien de rien ne lui répond.

Mais, comme justement rien ne répond à cette grande question, il préfère en poser d'autres, plus anodines, plus plaisantes — du moins au début, car l'histoire ne finira peut-être pas aussi bien.

(...) *Comment fais-tu l'amour, Cerise,*
Mais le vrai, celui qui te monte
Au ciel et te souffle sa brise
Et te réchauffe et te fait honte ?

---

2. Né à Villeneuve-Saint-Georges en 1927. *Carroll's* (Seghers, 1951). *Testament* (Seghers, 1952). *Un bout de marbre* (Roubaix, Risques, 1955). *A la fraîche* (Seghers, 1959). *Dix-neuf poèmes pour Cerise* (Denoël, 1969).

Le fais-tu nue dans les moissons
Pour que nul ne voie au passage
Ta récolte de cheveux blonds
Ta peau de blé sous les nuages ? (...)

(Dix-neuf poèmes pour Cerise)

A côté du rouge, René Fallet met du vert, parfois acide. Il a des images pulpeuses, ou frétillantes, et il rime bien, car il aime faire glisser, danser, la voix sur les couleurs. Mais il lui arrive de proférer des incongruités, car il est aussi mal embouché que son vieux copain Brassens.

(...) *Sainte Vierge, prends tes pilules,*
Je ne veux plus te voir enceinte
D'un tas de Bon Dieu ridicules
Moins charitables qu'une absinthe (...)

(Dix-neuf poèmes pour Cerise)

DE LA ROMANCE À L'INVISIBLE
André HARDELLET

André Hardellet[3] aime les chansons-poèmes de Pierre Mac Orlan. Il a lui-même écrit les paroles du *Bal chez Temporel* — « ce petit bal mal famé » qui pourrait aussi rappeler la tendre nostalgie d'un Francis Carco :

Si tu reviens jamais danser
Chez Temporel, un jour ou l'autre (...)

(La Cité montgol)

3. Né à Vincennes en 1911. *La Cité montgol* (Seghers, 1952). *Le Luisant et la Sorgue* (Seghers, 1954). *Sommeils* (Seghers, 1960). *Les Chasseurs* (Pauvert, 1966).

André Hardellet s'accompagne à l'accordéon pour — « Des quais de Grenelle à ceux de Bercy » — pousser la romance de Paris-sur-Seine. Au bord de la Marne, il fait facilement fleurir le jasmin à la gorge des filles. Mais il aime aussi Gérard de Nerval et il lui arrive de superposer au paysage réel un autre paysage, imaginaire sans doute, invisible à la plupart. Le poète est ainsi un Voyeur, dans un sens que la foule ne soupçonne pas.

Robert VIGNEAU

A vingt ans, Robert Vigneau[4] alliait au romantisme rimbaldien des « Soleils désirés » un sens très populaire des réalités, parfois heureuses, de l'existence. Il ne craignait pas, parmi les chaudes couleurs provençales, d'évoquer « l'omnibus des congés payés ». Chantant « le réveil dans la paille neuve » et « la route dure des matins calmes », il ne pouvait supporter le repos. « A Tarascon passe le Rhône comme un chef-d'œuvre ennuyeux »...

Le jeune poète de *l'Ange et l'accordéon* était parti du bon pied sur les chemins de l'aventure. Le « drôle de personnage » que Robert Vigneau met en scène dans *Il* entend bien voyager, lui aussi, déménager la poussière.

« Ses chaussures bien ferrées marquent dans le chemin ». Gueuler, boire, aller loin : telle pourrait être la devise de ce jubilant un peu sauvage, au cœur tendre. Mais voyager, c'est quitter sa demeure : il se heurte aux émotions, aux souvenirs, aux pressentiments que chacun rencontre, et, s'il « titube tout à coup », ce n'est pas tellement à cause des barriques, c'est que le temps ne fait pas très bon ménage avec l'éternité. *Il* — Robert Vigneau — nous parle de nous, de la vie laborieuse et inquiète, et de l'humaine « barbaque », avec une sorte d'humour sanguin, saignant, qui ne dissimule ni le sérieux ni l'étrangeté de l'existence.

4. Né à Saint-Laurent-du-Var en 1933. *L'Ange et l'accordéon* (Seghers, 1953). *Seize planches d'anatomie* (La Chandelle verte, 1958). *Il* (Chambelland, 1963).

L'ÉMOTION DU LANGAGE PARLÉ

Guy THOMAS

Ah, dépaver la rue Piron
Pour y semer mes perce-neige
Je m'en vais triste dans Dijon
Poète atroce et sacrilège.

La revue *Le Pont de l'Epée* venait de naître, à Dijon précisément, et c'est Guy Chambelland qui découvrit l'auteur de ces vers. Dans une ville que l'humour de Xavier Forneret aurait dû déranger davantage, Guy Thomas[5] dénonçait le bourgeois et aspirait, selon ses propres termes, à « une révolution poétique radicale ». La poésie, en effet, étouffe dans un monde étriqué et Guy Thomas ne veut pas se laisser « dijonniser ». Il faut libérer la parole, favoriser l'éclosion d'un monde « où il serait permis de tout dire », d'un monde « où la poésie ne mourrait pas de faim ».

Guy Thomas aime la liberté, même quand elle est mal portée. Il est anti-sabre et anti-goupillon, très violemment, anti-capitaliste et anti-stalinien. Il chante Rita-la-Blanche et les mauvais garçons. Un air d'accordéon a pour lui des amertumes de beaujolais. Sa poésie est orale, cousine germaine de la goualante. Il y passe un souvenir de Bruant, un air de Léo Ferré, une ombre de Brassens. C'est rythmé, rimé, comme du Rutebeuf (pourquoi pas ?) ou du François Villon. On découvrira chez Guy Thomas un Laforgue anarcho donnant dans la complainte. Lui-même reconnaît sa dette à l'égard de Céline. La grande invention dont fut si fier l'auteur du *Voyage*, l'émotion du langage parlé dans le langage écrit, il y a de cela (« gna dça ») chez Guy Thomas. « Gna aussi » du Queneau, dans la manière d'orthographier « zyeuter » ou les « zérudits ». « Et pi » du Jehan Rictus...

Au-delà des affinités langagières, il y a (oui, cette fois : il y a) encore chez Guy Thomas une profonde tendresse qui continue la tradition de la poésie populaire.

(...) *Que l'Ami soit là pour parler l'azur*
une langue aussi qui nous va très bien
sans le mot police et le mot clôture
la langue au futur pour partir au moins

---

5. Né à Ensival (Belgique) en 1934. *Vers boiteux pour un aveugle* (Chambelland, 1969).

qu'il y ait la femme avant la culbute
non pas la rombière ou le cotillon
qu'il y ait la femme avant qu'on cambute
nos ricanements contre un édredon !

Ah qu'il vienne au moins le temps des cerises
avant de claquer sur nos tambourins
et que nous puissions boucler nos valises
avec du ciel bleu dans nos traversins !

(Vers boiteux pour un aveugle)

Autres œuvres à citer :

Jacques CAIZERGUES, *Persiennes* (Rougerie, 1969) ; *Parmi eux* (Rougerie, 1971).
Jean DESMEUZES, *Préludes et chansons florilège* (1954-1966 Blainville-sur-Mer, Manche, L'Amitié par le Livre, s.d.).

CHAPITRE XIII

LES RISQUES DE L'HUMOUR

Humour noir, humour jaune — comme le rire, ou les amours —, humour tirant sur le violet, humour bleu nuit (d'une qualité assez rare), humour saumon, indigo, crevette, humour de Max Jacob, humour rouge sang — le sang noircit aussi — de Jacques Prévert.

Ailleurs, il pleut. Les mots en suspension dans l'atmosphère, les mots du dictionnaire, dispersent l'angoisse et la joie incertaine, les menaces du temps qui passe, les soleils artificiels, les nuages officiels, l'ennui fidèle — difficile à tromper.

C'est un arc-en-ciel de sentiments mêlés, aux franges indéfinies, que la poésie d'humour laisse apercevoir quand la lumière, l'eau, le regard — et le cœur — y consentent.

Faut-il en dire beaucoup plus ? Les voix parlent, diverses, corrigées, cachant leur gravité. Ce n'est peut-être pas le lieu de souligner ce qui peut les unir. On rêve de présenter l'humour en blanc.

BISON RAVI AIME LA VIE

Boris VIAN

Le nom de Boris Vian[1] a été assez longtemps associé au succès de *J'irai cracher sur vos tombes*. Dans les années 46-48, le pseudo-traducteur du prétendu Vernon Sullivan s'est acquis par ce livre, ainsi que par trois autres titres (*Les morts ont tous la même peau, Et on tuera tous les affreux, Elles se rendent pas compte*) des droits à la reconnaissance des Editions du Scorpion en même temps qu'une solide réputation d'auteur à la fois médiocre et scandaleux. A la même époque, si *Vercoquin et le plancton* retenait l'attention des initiés de Saint-Germain-des-Prés (où Vian était connu comme trompettiste), *l'Ecume des jours* et *l'Automne à Pékin* n'intéressaient presque personne. Au théâtre, *l'Equarrissage pour tous* n'obtenait pas plus de succès. A trente-trois ans, avec *l'Arrache-cœur*, Boris Vian faisait sa dernière grande tentative littéraire. Devant l'échec, il n'insista pas. Ses jours étaient comptés. Il gaspilla ses multiples dons avec beaucoup de talent, cultivant à plaisir un sens très aigu du dérisoire. Finalement, cette vie et cette mort devaient plaire.

Boris Vian fut plus connu pour ses chansons que pour ses romans et son théâtre. *La Java des bombes atomiques, Ne vous mariez pas les filles, Faut rigoler* (ou *le Mambo des Gaulois*), *le Déserteur* (qui eut la bonne fortune d'être interdit sur les ondes) constituent dans leur genre, d'indéniables réussites. Mais on mêle trop facilement aujourd'hui *Poèmes et chansons* — comme le fait Jean Clouzet, à la suite d'une étude au demeurant remarquable. On risque fort ainsi d'entretenir une confusion à laquelle l'œuvre de Boris Vian n'a rien à gagner. *L'Ecume des jours* bénéficie maintenant d'une large audience. On peut souhaiter que cette réparation posthume ne s'accompagne pas d'un injuste rapprochement de textes de nature et de portée très différentes.

Que Boris Vian — son anagramme donnait *Bison ravi* — ait été, comme le dit Jean Clouzet, « un être aussi intrinsèquement poétique », n'a pas peu contribué au succès de certaines assimilations hasardeuses. Il s'en faut de peu que Boris Vian ne soit devenu le poète du XXe siècle. Contre les *fans* — ils sont légion — il faut maintenir que ni *le Déserteur*, ni *le Politique*, ni *le Prisonnier* — pour émou-

---

1. « Né natif de Ville-d'Avray, Seine-et-Oise » (*Conversation avec un adjudant* in *Textes et chansons*). 1920-1959. *Barnum's digest* (Aux deux Menteurs, 1948). *Cantilènes en gelée* (Rougerie, 1950 ; et 10/18, 1970). *Je voudrais pas crever* (Pauvert, 1962). *Textes et chansons* (Julliard, 1966 ; et 10/18, 1969).
Consulter : *Boris Vian* par Jean CLOUZET (Seghers, « Poètes d'aujourd'hui », 1966) ; l'étude de Jacques BENS pour la réédition de *l'Ecume des jours* (10/18, 1963) ; *les Vies parallèles de Boris Vian*, par Noël ARNAUD (10/18, 1970).

vante qu'en soit l'inspiration — ne sont réellement en rapport avec la poésie.

L'œuvre poétique proprement dite est assez mince. Le meilleur est contenu dans la plaquette posthume : *Je voudrais pas crever*. Boris Vian y exprime simplement son amour de la vie :

Pourquoi que je vis
Parce que c'est joli,

sa manière, insolite et sans prétention, d'imaginer un univers essentiel dont il sait d'ailleurs qu'il ne le satisferait pas :

Je veux une vie en forme d'arête
Sur une assiette bleue
Je veux une vie en forme de chose
Au fond d'un machin tout seul
Je veux une vie en forme de sable dans des mains,

son rêve d'une vie meilleure pour tous, moins rude surtout :

Je voudrais pas mourir
Sans qu'on ait inventé
Les roses éternelles
La journée de deux heures
La mer à la montagne
La montagne à la mer,

son angoisse de la mort :

Je mourrai d'un cancer de la colonne vertébrale (...)

Il joue parfois avec les mots :

(...) *Il y aurait deux cents poissons*
Depuis le croûsque au ramusson
De la libelle au pépamule
De l'orphie au rara curule
Et de l'avoile au canisson (...)

Mais il n'insiste pas. Il n'a pas envie de bien travailler son poème. Il n'y croit pas assez. Il a horreur de se prendre au sérieux. Pourtant Boris Vian connaît admirablement l'art de rendre vie au langage. Jacques Bens et Jean Clouzet l'ont bien montré. Dans ses romans, il crée un univers en prenant à la lettre des expressions courantes, en modifiant l'orthographe des mots. Mais Boris Vian, qui ne fut pas pour rien membre et satrape du Collège de Pataphysique, ne pouvait se dire poète, s'avouer poète, se reconnaître génial. L'auteur de *l'Ecume des jours* se sentait profondément démuni :

(...) *J'ai pas le plus petit sujet*
J'ai plus que les mots les plus plats
Tous les mots cons tous les mollets
J'ai plus que me moi le la les
J'ai plus que du dont qui quoi qu'est-ce
Qu'est, elle et lui, qu'eux nous vous ni
Comment voulez-vous que je fasse
Un poème avec ces mots-là ?
Eh ben tant pis j'en ferai pas.

Tant pis aussi pour ceux qui attendent en conclusion une formule lapidaire. Quand on parle de Boris Vian, on n'a pas envie de conclure.

LE NOIR ET LE BRILLANT

Gabriel DHEUR

Gabriel Dheur[2] a aimé ces « tableaux des primitifs où le peintre a représenté tout ce qui lui passait par la tête paysages minuscules objets imprévus dans l'ivresse d'exprimer quelque chose ». Il s'était fait un art de déclencher au bon moment le mécanisme de son cinéma intérieur et de laisser le film se dérouler, quitte peut-être à supprimer au moment du montage quelques séquences, à juxtaposer pour l'effet des bouts de pellicule trop espacés. Il écrivait ainsi, généralement sans ponctuation, des poèmes en prose où les objets et les scènes de la vie quotidienne, replacés dans un paysage onirique, accompagnés de réflexions diverses qui eussent paru banales dans un autre contexte, prenaient une tournure insolite, mystérieuse, sans que soit rompu l'équilibre entre l'imaginaire et le réel. « Les choses du monde sont ambiguës on ne sait jamais si elles sont avec nous ou contre nous ». Si bien que le poète, parfois menacé par un « ange noir » qui le poursuit

2. Né à Paris en 1906, mort à Paris en 1965. *Pseudopoèmes* (Seuil, 1948). *Vrai et usage de vrai* (Seghers, 1957). *Strophes* (Seghers, 1958). *Le Monde transparent* (Seghers, 1959). *D'une presqu'île* (Seghers, 1960).

de ses flèches, voit revenir à son côté l'« ange brillant » qui le rassure — non sans ironie. Partagé entre la hantise de la mort — l'attente de « l'échéance » — et la « splendeur du jour qu'on nomme aujourd'hui », Gabriel Dheur a trouvé dans l'humour discret de ses poèmes (où l'influence de Max Jacob est perceptible) une chance de durer qui devait lui paraître aussi dérisoire que séduisante.

Comment peut-on rester dans un monde aussi bête
comment peut-on choisir l'heure de s'en aller
comment peut-on savoir si on est un poète
Si on n'en est pas un comment s'en consoler (...)

(D'une presqu'île)

En prose ou en vers, Gabriel Dheur était un poète. Ses lecteurs le savent et ce n'est une consolation pour personne...

LA MORT À LA BLAGUE
André FRÉDÉRIQUE

André Frédérique[3] préférait de beaucoup les « vers très ordinaires », les « vers amis », ces « bons copains de la langue et des lèvres » aux alexandrins « alignés en longs paragraphes », et défilant comme des régiments, vers qu'il qualifiait de vers « emmerdants ».

On le lit un peu comme on regarderait passer non les fanfares mais les trains, des trains d'images bariolées, insolites à plaisir, volontiers irrévérencieuses.

La locomotive noire du Vatican
a mis sa robe bleue de vitesse
et chaussé ses pantoufles de bruit (...)

les prêtres du Brésil
portent leur fusil

les curés espagnols
dansent la vuelta del riñones
dans le couloir

3. Né à Nanterre en 1915. S'est suicidé en 1957. *Histoires blanches* (Gallimard, 1946). *Aigremorts* (G.L.M., 1947). *Poésie sournoise* (Seghers, 1957).

les petits curés belges
discutent d'un point de whist
le clergé allemand fume des cigares
à la moelle de bœuf (...)

Sœur Sainte Marie de la Mer
nage dans la félicité
comme la bienheureuse Alacoque

Des moines nettoient
la banquette si le pape
venait
la loco moto colo lotive bougonne[4]
l'introïbo en magyar (...)

(*Aigremorts*)

Il serait difficile de ne pas citer, pour la comparaison, les noms de Jacques Prévert, de Max Jacob, de Raymond Queneau. André Frédérique se plaisait à esquisser des inventaires un peu cocasses, à mettre les mots en désordre pour les remarier, à provoquer d'étranges naissances :

Un homme de terre et une femme de feu
font un enfant de porcelaine...

Mais quelque chose de plus profond sans doute fait penser à la tournure d'esprit d'un Jules Laforgue. André Frédérique, par ses notations aiguës en marge de la vie quotidienne, semble chercher à tromper l'ennui d'une vie qui ne le satisfait pas. Emu par la banalité de la vie courante — « Dans le métro les gens sont tristes derrière leurs lunettes » —, il voudrait modifier cette impression de lassitude. C'est ainsi qu'il retient les détails qui le divertissent, qu'il leur apporte les correctifs de l'imagination.

Les feux du surréalisme se reflètent en lueurs singulières dans les moments successifs de la vie quotidienne :

(...) *Voici la tarte aux yeux de chat*
qui s'allument quand on la coupe
et la neige au phosphore
qui brûle entre deux bouquets (...)

(*Aigremorts*)

4. Cf. R. QUENEAU : « la co la como la motive » (*Trains dans la banlieue ouest*, in *l'Instant fatal*, 1946).

Mais il appartient bien à la même famille spirituelle que Laforgue, ce poète qui fait sortir de la bouche du Crucifié ce soupir : « Ah ! être Christ dans la lune ! »

Cette sorte d'humour ne vient pas d'une âme futile. André Frédérique semblait prendre la mort à la blague, comme dans cette *Chanson de bal* de *Poésie sournoise* où l'on voit « deux ou trois charmants petits pédérastes » mettre « plus d'entrain » dans un enterrement « que douze sacristains dans un bal d'enfants ». André Frédérique était hanté par la mort et, avec l'air de s'amuser, il la mettait au centre d'images parfois insupportables

(...) *l'orthopédiste aux dents d'alcool*
qui crachait des fleurs de néant (...)

(Poésie sournoise)

Dans quelle nuit a-t-il voulu rejoindre « le soleil noir qui dort ? »

ON VA MANGER DE LA BALEINE
René de OBALDIA

René de Obaldia[5] n'avait aucune raison de se priver dans ses poèmes d'accumuler les trouvailles de langage dont regorgent ses romans et son théâtre.

En jouant sur les mots, les expressions courantes, le poète fait naître une image inattendue ; à partir de cela, il invente un « récit-éclair ». Ces *richesses naturelles* étaient contenues dans la langue de tous les jours. Il suffisait de les extraire, de les dégager de leur gangue.

Cœur de laitue ? Cette jeune femme a un cœur de laitue, *est* un cœur de laitue. Oublions un instant la femme.

Comment ce quinquagénaire, d'un commerce si aimable, si paisible, osa-t-il porter la main sur une laitue ?

Quelques heures après l'acte, il se pendit. Sous ses pieds gisait la laitue méconnaissable (...)

Obaldia peut bien nous révéler maintenant que la laitue était

---

5. Né à Hong-Kong d'une mère française et d'un père panaméen, en 1918. *Midi* (La Pipe en Ecume, 1949). *Les Richesses naturelles,* récits-éclairs (Julliard, 1952 ; rééd. Grasset, 1970). *Innocentines*, poèmes (Grasset, 1969).

« danseuse étoile ». Nous avons cru à l'image, et « danseuse étoile » nous relance de nouveau sur les pistes de l'imaginaire (nous sourirons à temps) :

(...) *une salade peut passer toute une nuit à regarder une étoile sans rougir.*

Cette fantaisie, l'obsession du sang et du sexe n'empêchent pas René de Obaldia d'avoir des choses graves à dire (à paraître ne pas dire). La page où il rêve d'une *rue Obaldia*, en demande le chemin à un agent, se franchit, se tourne, avant de la découvrir et de se reconnaître, témoigne bien de son inquiétude profonde.

(...) *Ne croyez pas à une belle rue, large, bordée de luxueuses maisons, où chaque locataire se promène, un pot de géraniums entre les bras. Non. C'est une rue étroite, avec ses immeubles lépreux, ses petites boutiques, ses bistrots, ses marchandes de quatre-saisons, ses hôtels pathétiques ; les frites y sont célestes, comme partout ailleurs.*

Il y pleut souvent. Quelques marins caressent les murs de leurs mains rudes. Sur les trottoirs, des filles nues se promènent, d'une intolérable beauté. Mais telle est leur pureté, que leurs corps ne soulèvent que des problèmes métaphysiques... Des assassins implorent la charité. Il m'arrive de me mettre à genoux devant eux, et de me confesser.

Quelle misère dans ma rue ! Ces vieillards tremblent ; ils ont gâché leur vie et se penchent avec elle sur des détritus.

Parfois, un cheval jaillit d'une poubelle et chante une rengaine qui date du déluge. Ou bien, c'est quelque enfant qui, dans un coin obscur, se cache pour grandir.

Des amoureux s'entretuent avec ferveur. Quelle détresse ! Ni amis, ni ennemis. Dans ma rue, je suis seul.

Ma mort s'y tient tout au bout, et j'attends de connaître son visage pour lui imposer celui de mon Dieu.

(Les Richesses naturelles)

Quant aux *Innocentines,* elles ne sont que relativement innocentes : voir (s'il est permis de s'exprimer ainsi) *les Cuisses de Colette*... Mais le style des chansons et comptines permet au poète de s'amuser comme un enfant à emboîter les unes dans les autres, grâce aux rimes et aux divers modes de l'attraction des syllabes, des réalités souvent disparates. « Y en a des choses qui existent » (ou qui ont existé, ou qui pourraient exister, ou qui existent autrement) ! Et toutes ces choses se rencontrent dans les poèmes de René de Obaldia. Elles ont l'air de bien s'entendre, de ne pas trop s'étonner d'être ensemble. Les mohicans sont là, avec Blériot et son biplan ; et les champs de guimauve avec les souris chauves. Une fois qu'on a trouvé l'air, il semble qu'on puisse mettre dessus n'importe quelles paroles, pour le plaisir du jeu...

Charlotte
Fait de la compote.

Bertrand
Suce des harengs.

Cunégonde
Se teint en blonde.

Epaminondas
Cire ses godasses.

Thérèse
Souffle sur la braise (...)

Il ne faudrait pas croire pourtant que tout est simple pour l'enfant, à l'âge des comptines. Certaines des questions qu'il se pose sont déjà sans réponse, comme celles, apparemment plus graves, qu'il se posera plus tard :

Mon petit frère a un zizi
Mais moi, Zaza,
Je n'en ai pas (...)

Pourquoi ?

D'autres poèmes évoquent encore, à un autre niveau, le sentiment de frustration : un enfant s'inquiète de voir sur l'écran tant de gens aimer sa mère, actrice de cinéma. « A force, ce n'est plus maman » ! Et l'enfant n'a plus qu'à « pleurer Sous les draps Pour que le monde entier ne (l') entende pas ».

Dans un de ses *Essais radiophoniques*[6], René de Obaldia a imaginé la « prière qui monte aux lèvres d'un jeune homme croyant, volant en avion à huit mille mètres d'altitude » :

---

6. Cf. Marcel et Daniel SAUVAGE, *Anthologie des poètes de l'ORTF* (Denoël, 1969).

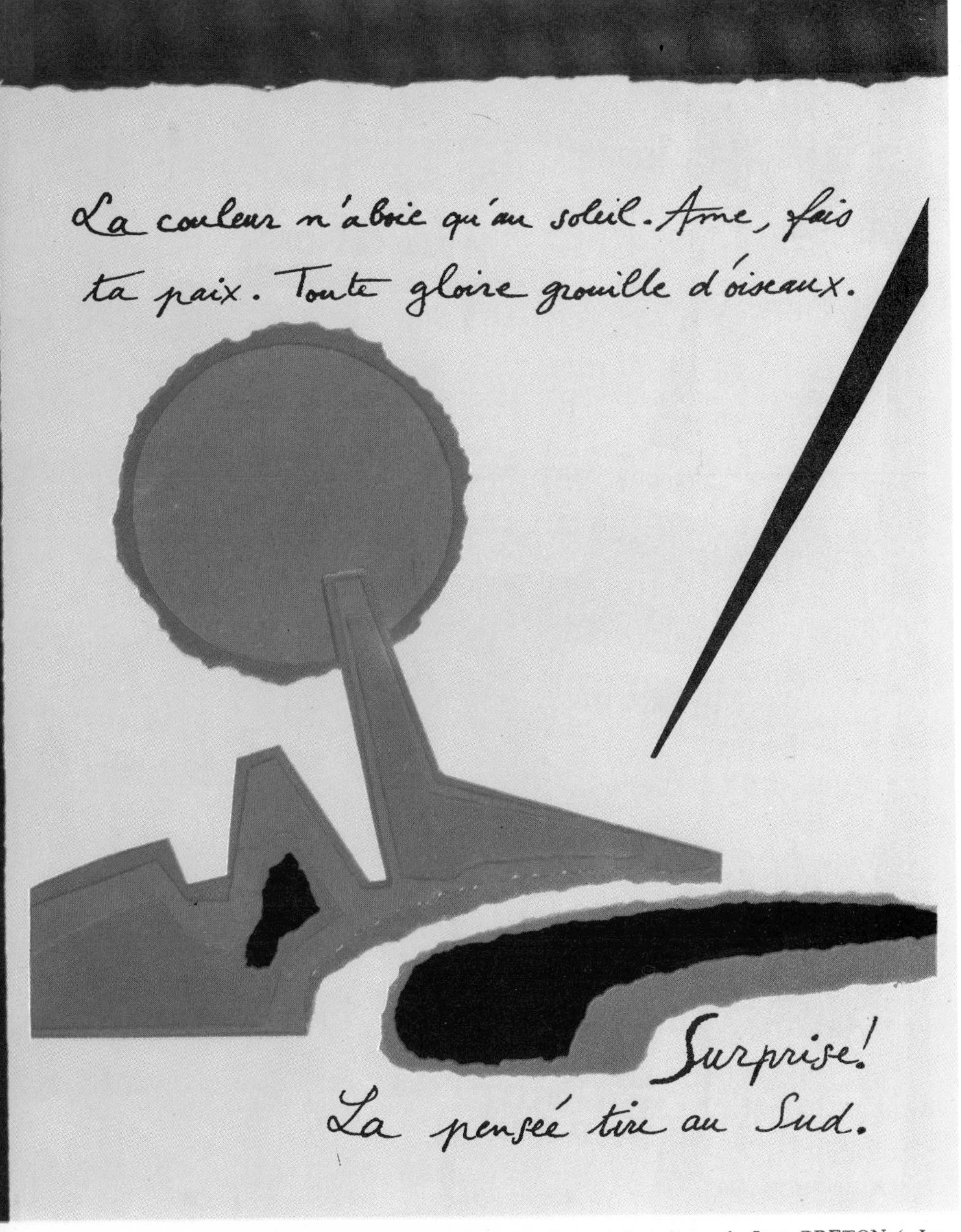

La couleur n'aboie qu'au soleil. Ame, fais ta paix. Toute gloire grouille d'oiseaux.
Surprise!
La pensée tire au Sud.

Papier collé d'Antoni GUANSÉ dans *La couleur n'aboie qu'au soleil,* poèmes de Jean BRETON (« Le Livre Unique », Saint-Germain-des-Prés, 1971 ; collection Lilly Library, Indiana University ; photo Claude TISSEYRE, droits réservés).

Quelques revues francophones de poésie ou de réflexion sur la poésie (Photo Claude TISSEYRE).

Les principales collections de poésie de langue française (Photo Claude TISSEYRE).

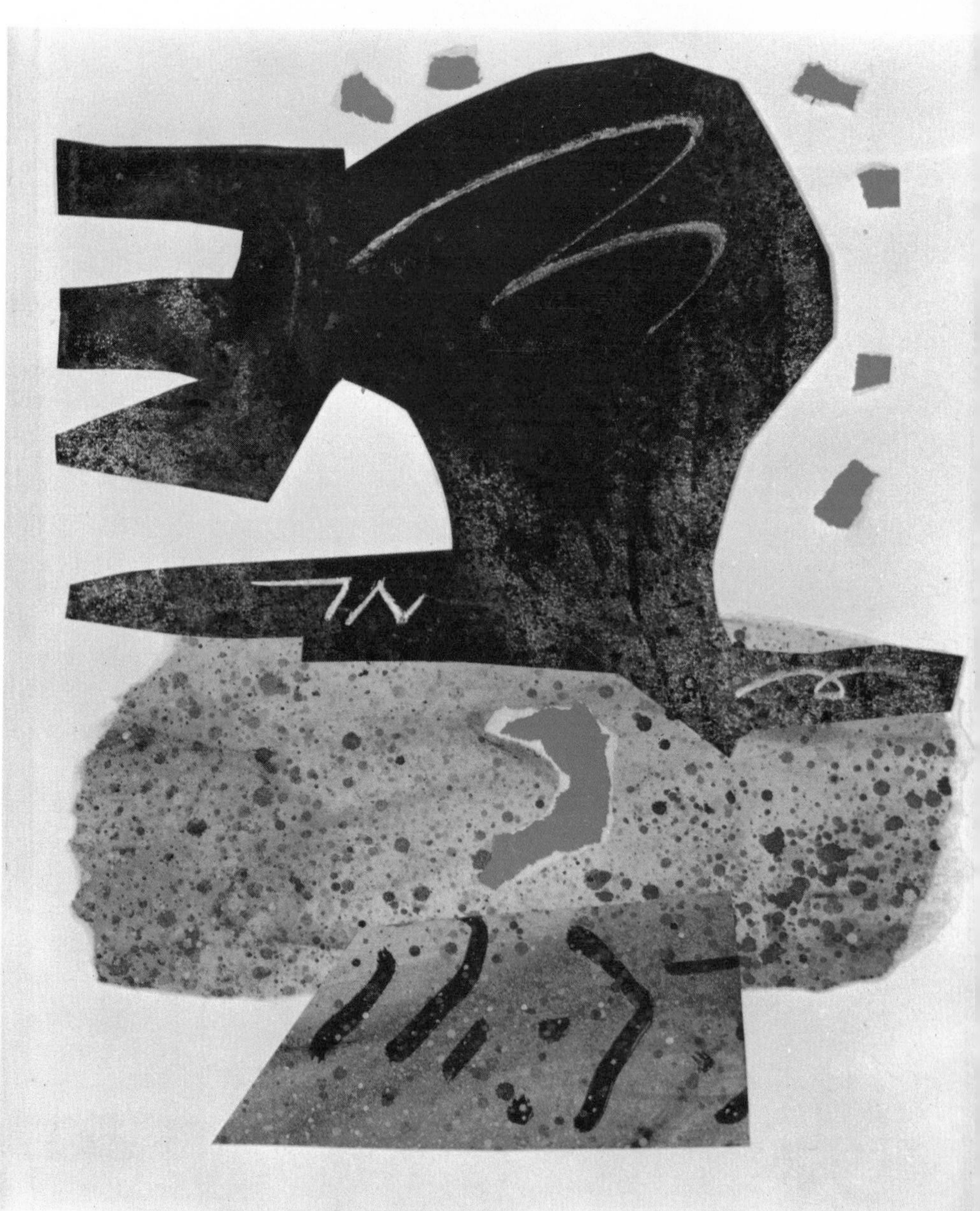

Couverture-collage de Max PAPART pour *Terre assaillie,* poèmes de Jean ORIZET (« Le Livre Unique », Ed. Saint-Germain-des-Prés, 1972 ; collection Lilly Library, Bloomington, U.S.A. ; photo Claude TISSEYRE, droits réservés).

(...) Je cherche le désert et je cherche la manne.
O Seigneur où es-tu
Stupide amant je pleure
Un autre ciel en moi qui saigne infiniment.
Je pleure je suis nu
Sur la croix de l'azur et du temps suspendu.

Le divertissement, parfois tragique, que pourrait constituer la vie moderne, avec ses avions, ses automobiles, ses transistors, ses bombes antimoustiques, ne suffit pas à combler le manque essentiel. Mieux vaut y trouver l'occasion de sourire — du mal lui-même et des remèdes :

Ouiquenne ! Ouiquenne !
On va manger de la baleine !

En appelant à la rime des mots inattendus, en faussant volontairement le sens d'expressions usuelles pour provoquer de nouvelles images (« Le col du fémur Est dur à traverser »), en ne refusant pas le calembour comme soutien de la création poétique (« sur les bords du Saint-Laurent Il haranguait les harengs »), en mêlant à son propre langage diverses expressions populaires (« Faut drôlement être fortiche », « Ça représente du boulot ») qui renforcent la crédibilité du poème, René de Obaldia joue avec le grand « puzzle de l'univers » à défaut d'en découvrir le pourquoi.

PERTURBATIONS SÉMANTIQUES

Théodore KOENIG

Théodore Koenig[7] se plaît à des déformations et combinaisons sémantiques qui soutiennent son besoin d'inventer des images insolites,

---

7. Né à Liège en 1922. *Décanté* (Montréal, Ed. Erta, 1950). *Le Poème mobile*, en collaboration avec Roland GIGUERE (Montréal, Ed. Erta, 1950). *Clefs neuves* (Ed. Erta, 1950). *Acrocités antiques,* reportage moyen âge (Henneuse, 1954). *Le Jardin zoologique écrit en mer* (Ed. Erta, 1954). *La Langue d'Eole* (Temps Mêlés, 1955). *Les Pains d'Asopies* (George Houyoux, La Nef de Paris, 1955). *Secsa* (Collège de Pataphysique, 1956). *Dix manières dans l'art de considérer la vache* (Bibl. Phantomas, 1959). *Feronie* (Henneuse, 1960). *Mirabilia* (Henneuse, 1960). *Journal d'un jour* (Bruxelles, Acoustic' Phantomas Museum, 1961). *Antimonies* (H.C., 1964). *Par les mains du réveil* (Milan, Giorgio Upiglio, 1966). *Etats d'imagination* ou *la Littérature en pan de chemise* (Bibl. Phantomas, 1966). *Fortuitemeng* (Daily Bul, 1968). *Poèmes restreints et proses concises* (Phantomas, 1969). *Elle dort* (Milan, Ed. Multiplo, 1970).

cocasses. Il ajoute volontiers des lettres, en particulier des r (« les chaires truméfiées »), en supprime parfois (« Faut se laisser mouir mais ne pas avrouer »), procède à des interversions (« tedourable tajrique et solitaire »), escamote ou redouble des syllabes (« vigouneuse et sistante magie », « Sonsonge au Grand Anebert »), provoque par ces procédés d'étranges apparitions, celles, par exemple, des « Paparamécies » ou de l'« hydromerle ». Il est à son aise dans la parodie des incroyables, qui peut se combiner en outre assez bien à une imitation du parler des Antilles. Toussaint Louverture décrit à Bonaparte, dans une lettre « autogaphe », le charme des îles :

(...) *Chocolats cus*
citouilles vèdoyantes
succulentes cactacées
phénoménables cucubitacées
Plus gosses que ballons Montgolfiez !
Des p'tites femmes,
des nounous & des fleùs,
canne à suc hum et musique :
bijoux mathématiques !

Et l'éloquente conte-posopopée
du ouge-goge qui s'envole
& oucoule : pas d'appeau ni de glu ;
le vaudou est toujou debout (...)

(Secsa)

Ne croyons pas trop Théodore Koenig, bon écolier du Collège de Pataphysique et animateur de la revue *Phantomas*[8], quand il déclare (nº 78/82, 16ᵉ année, décembre 1968, p. 254), en tête d'un article sur Jean Paulhan : « A sa manière la Belgique est une contrée triste ».

8. *Phantomas* (Bruxelles). Fondateurs : Marcel HAVRENNE (1912-1957), Théodore KOENIG, J. NOIRET. Directeurs : Théodore KOENIG, Joseph NOIRET, Marcel et Gabriel PIQUERAY. Nº 1 : 1953. Nº 113/114 : juin 1972.

LE TEMPS DES KHONGRES

Louis FOUCHER

Saluons Anna de Hore ! Il fut satisfaisant qu'elle épousât, pour la complémentarité des euphonies, Monsieur le Consul de Xante. Ainsi l'a voulu Louis Foucher[9], dans la tradition de la chanson populaire et de la poésie fantaisiste, avec une invention verbale, un bonheur de rythme et d'images, une drôlerie qui cachent l'émotion devant les jeux, les joies, les peines de l'amour, de la vie.

(...) *Monsieur le Consul de Xante*
Joue aux dés à la bretelle
A Kuisné Kouté Rouya

Des femmes font plumes molles
Et des joueurs d'osselets
Frottent des ronds de guitares (...)

La poésie de Louis Foucher s'inspire volontiers des refrains, des rondes, des comptines ; elle aime se donner une allure gaillarde, parfois un peu satirique (« le Jésuite de Braquemort ») ; elle a aussi des moments de tendresse — « Je caresserai ta nuque Comme on repeint un bateau » ; elle est vagabonde, aventureuse, cocasse, fragile et pourtant haute en couleurs, humaine en diable. Verveine et Marjolaine, les jolis mots des vieux livres d'images, Peau d'Ange, Fleur de Nave, les plus récentes inventions langagières, M'sieu et Ma'm Tatou-Poyou, Obidouloufne feront pas oublier (au temps du « démon Dollar », des « villes vénéneuses », des « usines giclantes de bombes et de pustules »), les dures questions qu'un homme du siècle vingt est tout de même bien contraint de se poser.

Dans la *Carmagnole des Khongres,* poème dramatique écrit en un mois à la demande du Centre Dramatique du Nord, Louis Foucher a voulu associer « étroitement, pour le meilleur et pour le pire, Théâtre, Information et Poésie ». Il y dénonce en clair tout ce qui plaît aux Khongres (qui tiennent khongrès, qui ont même leurs khongrégations, et qui se khongratulent !), tout ce que les khongres de tout poil organisent dans le monde : la discorde, la guerre, la famine, la bêtise.

La dernière œuvre de Louis Foucher — pochade d'un admirateur de Brecht et de Jarry — est un acte de foi dans la jeunesse du monde.

---

9. Né à Saint-Maurice de Gourdans (Ain) en 1909. Mort à Paris en 1970. *Anna de Hore* (Seghers, 1955). *Eponine et le puma* (Seghers, 1961). *Argyne et les Gypaètes* (Seghers, 1967). *Carmagnole des Khongres* (Seghers, 1969).

Roland BACRI

On s'en voudrait de ne pas au moins mentionner Roland Bacri[10], « le Petit Poète » du *Canard enchaîné*. Sa poésie n'a rien de bien mystérieux : jeux de mots, calembours, parodies, un humour de chansonnier libertaire. Ce n'est pas plus compliqué que ça, mais c'est bien sympathique.

« Devinez ce que je vous apporte ?
Je vous le donne en sang... »

C'était un homme
Un de ces hommes
Comme vous
Ou moi
Qui sortent les premiers
De l'Ecole du feu
Avec un trou à la tempe
Et rien d'autre à signaler
Sur le reste du front (...)

Un peu de poudre
Du rouge aux lèvres...
Ce qui s'appelle
Mourir
En beauté

(Cité dans Elan poétique au service de la paix, *n° XVI, 1958).*

Marcel RIOUTORD

Marcel Rioutord[11] n'a pas le jeu de mots cocardier. Il ne donne pas dans le calembour mystique. Si avec lui le Bon Dieu, le Pape, la France ne passent pas un mauvais quart d'heure, c'est qu'il n'aime pas ennuyer le monde si longtemps. Il a lu Prévert et il écrit, lui aussi, dans *le Canard enchaîné*.

---

10. Né à Alger en 1926. *Le Petit Poète* (La Canardothèque, 1956). *Refus d'obtempérer* (Pauvert, 1957). *Le Guide de Colombey* (La Jeune Parque, 1962). *Opticon, suivi de Classiques transis* (Julliard, 1964). *Et alors ? Et oilà*, roman poétique (Le Roman du Mois, 1968 ; rééd. Balland, 1971). *Le Roro* (Denoël, 1969). *Les 32 Impositions* (Pauvert, 1971). *Colère du temps* (Denoël, 1971). *Le Petit Lèttré illustré* (Balland, 1972).
11. *Le Stand de tir* (Seghers, 1951).

ART BRUT AU BOCAGE

Gaston CHAISSAC

L'Art brut ne serait pas facile à définir. Gaston Chaissac[12], qui était si fier de le pratiquer, ne manquait certainement pas de bon sens, ni de finesse. Jean Paulhan l'appréciait. On a publié ses lettres chez Gallimard. Ses remarques, souvent amusées, sont d'une pertinence que bien des universitaires, habitués à la prose des diplômables ou diplômés, seraient surpris de découvrir chez un petit cordonnier vendéen. Ceci, par exemple, serait-il indigne de la réflexion d'un philosophe : « C'est certainement plus dans la nature de l'homme d'être valet de ferme que valet de chambre » ? L'art suppose toujours un artifice. Il n'est jamais naturel absolument. Gaston Chaissac compose ses tableaux, choisit les matériaux de ses sculptures, invente, met en valeur, rêve de fixer par la photographie ce qui serait trop friable. Il échafaude une manière de théorie esthétique. En considérant les ordures comme des « éléments picturaux de premier ordre », en prenant les empreintes d'épluchures ou de vaisselle cassée, en assemblant de vieilles souches, il vise à un certain effet, il poursuit aussi un idéal moral. S'il est amené à reprocher à la civilisation d'être « une des principales causes de la mort du côté enfantin de l'homme », c'est qu'il se rappelle qu'« il faut ressembler à un enfant pour entrer dans le royaume des cieux » ; c'est aussi qu'il se situe délibérément, par fidélité à sa classe sociale, du côté des humbles, des humiliés. L'art brut, tel que le conçoit Gaston Chaissac, est l'expression d'une conscience lucide et d'une ferme volonté de faire reconnaître en ce monde injuste la dignité de la personne.

Il y a plus de lettres — notamment à Jean l'Anselme, qui s'en souviendra — que de poèmes dans le recueil *Hippobosque au bocage*. Mais, plus ou moins naïvement, tout y est poésie.

(...) *Ma ferme est jolie — mon cheval nerveux — galope la prairie — sous un ciel moutonneux.*

Mais mon bas de laine — se remplit tout doux — ça n'est pas merveille — mais le cidre est doux.

Et la terre m'appelle — pour se faire aimer — je me donne à elle — pour l'éternité.

---

12. Né à Avallon. Mort en Vendée, 1910-1965. *Hippobosque au bocage* (Gallimard, 1951). *Très amicalement vôtre* (Daily-Bul, s.d.).

TANT PIS SI VOUS N'AIMEZ PAS LE COCHON !

Jean L'ANSELME

Jean l'Anselme[13] a toujours joué à ne pas se prendre au sérieux. Dans les *Poèmes à la sourieuse rose*, il cherchait à retrouver l'inspiration naturelle de l'enfant. Il réussissait à merveille à en donner le sentiment. Ces poèmes, dédiés à Jean Dubuffet, il les avait écrits (et pensés !) de la main gauche :

j'écris de ma main gauche
la plus gauche des deux
parce que ma main gauche
ne sait pas ce que sait
ma main droite et que
ma main droite en avait
assez d'aller aux écoles

Cet artifice dans la façon de tenir son porte-plume (un porte-plume, tout un monde...) modifie le débit du courant de conscience, redonne une importance au moindre mot qu'on vient d'écrire, fait qu'on s'y attarde, qu'on le fait sien, qu'on en jouit. L'importance du mot... (Ce commentaire — impossible de le dissimuler ! — est écrit de la main droite, que la gauche ne peut oublier tout à fait). En réalité, le mot, décanté, désintellectualisé (même si c'est par une ruse d'intellectuel), n'est pas cultivé pour lui-même. Il n'est certes pas non plus la simple expression d'un concept. Par l'émotion qu'il provoque, il nous remet en contact avec les choses, il nous relance dans la vie.

on se mariera avec la nature
on se mariera avec un verre d'eau
on se mariera avec une pièce cuisine
et 2 chaises
on a pas d'argent

---

13. Né à Longueau en 1919. *A la peine de vie* (Genève, Lec, Ed. contemporaines, 1947). *Le Tambour de ville* (id., 1947). *Poèmes à la sourieuse rose* (id., 1947). *Passion* (Presse à Bras, 1948). *Un jour Noé* (Ed. Contemporaines, 1948). *L'Arme à gauche* (La Tour de Feu, 1948). *La Danse macabre* (Rougerie, 1950). *Cahier d'histoires naturelles* (Seghers, 1950). *Chansons à hurler sur les toits* (chez l'auteur, 1950). *Le Chemin de croix* (Le Chemin des hommes, 1951). *Le Chemin de lune* (Seghers, 1952). *Il fera beau demain* (Caractères, 1953). *Clés de cadenas de la poésie* (Rougerie, 1953). *L'Enfant triste*, poèmes choisis (Seghers, 1955). *Au bout du quai* (Rougerie, 1959). *Le Grand Film* (Cahiers de Rochefort, 1959). *Du vers dépoli au vers cathédrale* (Rougerie, 1962). *Très cher Onésime Dupan de Limouse* (Rougerie, 1966). *Le Caleçon à travers les âges* (Dire, 1966). *Mémoires inachevés du général Duconneau* (Rougerie, 1969).
Consulter : André MARISSEL, *Un enfant triste : Jean l'Anselme* (Oran, Simoun, 1955).

et un morceau de pain d'épices
parce que je l'aime bien
et il viendra beaucoup d'ouvriers
au mariage
parce que je les aime bien
et il viendra beaucoup de pauvres
plein les marches de l'église
avec qu'une main
qu'une jambe
parce que je les aime bien
et il y aura pas de général
parce que je les aime pas
mais le bon dieu viendra
si ça lui plaît

Comme elle se souvient de l'enfance pour exprimer des sentiments d'homme, la poésie de Jean l'Anselme emprunte volontiers aux tournures populaires le soutien de son inspiration fraternelle :

ils s'aimaient que leurs bras n'en pouvaient plus de s'accrocher
et agrippaient des rêves comme des algues saoules d'ivresse

Le pléonasme, ici création propre de l'auteur, garde une manière de naïveté comme ailleurs le semi-jeu de mots sur la mer — où va le fleuve et qui devient maternelle :

CONGÉS PAYÉS

moi dit la cathédrale je voudrais être coureur à pied pour pouvoir [lâcher mes béquilles
moi dit le pont je voudrais être suspendu pour pouvoir sauter à la [corde
moi dit l'imagination je voudrais être riche pour pouvoir emmener [l'anselme en vacances
moi dit la seine je voudrais être mer pour avoir des enfants qui jouent [avec le sable

(Il fera beau demain)

Encore au temps de *l'Enfant triste*, André Marissel savait gré à Jean l'Anselme de ne pas glisser de calembours dans une poésie où il décelait l'influence de Prévert. L'Anselme s'est bien rattrapé depuis.

Toujours fidèle à la leçon de Dubuffet — cité en exergue pour cette remarque : « Je suis toujours à la limite du dégueulasse, de l'infâme, du barbouillage et du petit miracle » — , *Au bout du quai* est dédié à « Camember, Sapeur et sans reproche » ! La suite de l'œuvre est pleine de telles joyeusetés. Jean l'Anselme proteste contre le bon usage (qui doit cacher de la méchanceté), la routine, la belle poésie bien faite. Pour trouver les mots qui conviennent, à lui l'Anselme, il lui faut une forme « cochonnée » — ce qui ne veut pas dire médiocre. « Moi je suis partisan de l'Art pour l'Art », précise-t-il, « tant pis si vous n'aimez pas le cochon ».

Le résultat ne manque généralement pas de saveur. Ce poète, qui aime se sentir libre de l'encolure et qui se soucie fort peu que son style ait de la tenue au sens mondain du terme, ne recule pas devant certaines incongruités. Mais, comme son goût du calembour énorme, c'est un moyen pour lui de retrouver, sous l'apprêt de la bonne éducation, une franchise humaine qui le rapproche de ce qu'il aime. Dans les situations les plus cocasses imaginées par lui, ou reproduites d'après nature, il laisse paraître une sensibilité pleine de tendresse et de fraîcheur. Jean l'Anselme aime les ouvriers, les paysans, et il voudrait bien parler comme eux, mais en restant un peu poète, un peu enfant. Il y réussit, c'est déjà dit. Avec lui, on revient toujours au pays.

AVEC LES MOYENS DU BORD

José MILLAS-MARTIN

Diverses soirées poétiques ont assuré à José Millas-Martin[14] une réputation, assez flatteuse mais un peu superficielle, d'amuseur. Certains de ses textes, interprétés par des comédiens ménageant bien leurs effets, mettent aisément en joie le public.

PROSPECTUS

Savez-vous pourquoi vous voyez très peu de femmes à vendre d'occasion par les hommes bien qu'il y en ait plus de 5 000 000 en fonctionnement en France ?
Parce que les femmes même les plus anciennes rendent de très grands services aux hommes et qu'aucune autre machine ne peut les remplacer avantageusement

---

14. Né à Tandil (Argentine) en 1921. *Recto-verso* (Chambelland, 1961). *Matières premières* (Millas-Martin, coll. iô, 1967).

José MILLAS-MARTIN, éditeur de poésie, a fondé les cahiers de *Paragraphes* : trois numéros en 1951 ; le n° 4/5, en 1952, était consacré à l'Ecole de Rochefort. Il a dirigé la revue *iô* de 1956 à 1958 et a continué à l'éditer jusqu'en 1968. Puis il a lancé la revue *Périmètre*. N° 1 : 1970. N° 5 : 3e trimestre 1972.

Parce que leur fabrication est robuste et que l'entretien assuré par vous les rend inusables De nombreux hommes se servent encore avec satisfaction de leur femme achetée il y a quarante ans.
Demandez un essai sans engagement
(Matières premières)

Mettant un mot à la place d'un autre (excepté les mots *homme* et *femme,* disposés comme ils sont, presque tout dans ce texte pourrait servir à vendre n'importe quelle machine, à laver par exemple), Millas-Martin détourne vers l'effet comique un des procédés éprouvés de la poésie. Mais il serait injuste de ne retenir que cet aspect de l'œuvre de Millas-Martin, si peu négligeable que soit d'ailleurs cette joyeuse façon de prendre, sur les itinéraires souvent parcourus, les déviations recommandées ou non.

Millas-Martin ne se défie pas seulement de l'éloquence des camelots. S'il redoute en général les machineries de la parole, c'est que toute une rhétorique associe la phrase bien tournée, bien balancée, à de funèbres évocations : éloge du défunt, amour de la patrie, etc. Les salauds ! Et les proverbes à tout faire… Ces messieurs, en quelques mots, savent remettre les poètes à leur place. Une deux. Nez moyen. « Signe particulier moyen ». Il y a des phrases pour la mort. Il y a aussi la mort sans phrase. On a vite fait de définir un homme, de l'étiqueter, de l'expédier. D'être ainsi « Inventorié Répertorié Tatoué par les paroles Capitonné de phrases », ça donne à réfléchir sur la sémantique !

Comme il faut bien, malgré tout, se défendre avec les moyens du bord, Millas-Martin rassemble des mots entendus ou lus ici et là, des bribes de phrases — café, radio, journal, coin de rue — ; il prend les images qui lui viennent, note des réflexions à l'état brut ; il expérimente des accouplements de mots en imprimeur qui connaît la poésie du métier. Il n'aime pas s'embarrasser d'articles et de termes de liaison. Par ces télescopages, il donne une impression de vie menacée, oppressée, bousculée, réussissant encore à provoquer, avec une rigueur insolite, de ces rapprochements, entre réalités tenues à l'écart l'une de l'autre, que les poètes affectionnent, même quand ils feignent de ne vouloir pas être dupes de leurs propres artifices.

ETANG DU BOUCHOT

L'étang parenthèse Canards sauvages Chien rageur à droite Haie d'aubépines Trois chèvres mangent casse-croûte à toute heure Peupliers apprivoisent oiseaux Enfant cueille renoncule sauvage Grenouilles vertes éjaculent cris râpeux Araignées en pédalo Roseaux étang Charrette comme ça Refuge à pêcheur
(Matières premières)

Millas-Martin n'aime pas « les formes », les formalités, mais il a le goût de la forme. Et la forme, comme le notait Jean Dubacq dans la préface de *Recto-verso*, « est déjà sentiment ». La poésie de Millas-Martin justifie pleinement cette remarque. Elle entend confirmer à sa manière la leçon de Mallarmé : c'est avec des mots (ici de la tribu, non du Littré) qu'on fait de la poésie, pas avec des idées. Avec des mots, mais aussi avec sa chair et son sang, sa respiration. Le poème intitulé *Asthme,* un des plus émouvants qu'ait écrits Millas-Martin, donne le tempo personnel du poète :

ASTHME

Ça commence par insomnie Gestes courts Economie physique Augmente éphédrine Absorbe caféine Triples Nul Déboîte seringue Arme Empli cage sérum Pique pleine viande Crise Sérum Zéro Alors Très simple Chambre + soi = Respirer C'est tout Univers aboli Tout Meubles Divan Tête vide Ventre idem Humains et objets ennemis Laisser souffrir Solitude Crever Seul Luttes Aspirer Peu Expirer Expirer Expirer Cœur à 140 Poitrine en pierre Aspirer Expirer Expirer Expirer Deux mains A plat sur cuisses Bras tendus Sueurs Corps s'essore Respirer Tenir Nerfs Dominer Froidement Lucidement Ricaner Pas lâcher Respirer Piqûre morphine Ventouses scarifiées Crise se détend Equilibre respiratoire. L'univers redevient normal C'est élémentaire au fond de respirer

(Recto-verso)

Il y a des raisons vitales, chez certains poètes, de court-circuiter le langage.

TOUT N'EST PAS DRÔLE

Pierre CHALEIX

« Qui est Pierre Chaleix » ?[15] Vous vous le demandez, sans doute, par les temps qui courent. Lui aussi. Mais enfin :

---

15. Né à Paris en 1905. *Vivre et dire* (Seghers, 1952). *Savoir où l'on va* (La Tour de Feu, 1957). *Les Mots-maîtres* (La Tour de Feu, 1963).

monsieur Chaleix ? il voyage il voyage
il pense à vous et il vous veut du bien.

Il travaille. Il a une femme et des enfants. Des amis, à la Tour de Feu, qui racontent des blagues. Il fait parfois son Max Jacob, en passant. Il trouve que tout n'est pas drôle. Il pense à la mort. Il a beaucoup d'humour.

VIVENT LES CIMETIÈRES

Les rues dans les cimetières
qu'on appelle parisiens
sont toutes pareilles.

Tous les arbres se ressemblent
les maisons aussi.

Ah c'est vrai
il n'y a pas de maisons
ou bien elles sont sous terre.

Les morts eux se ressemblent
au bout d'un certain temps.

Il fait bon se promener
dans un cimetière.

Avec un peu de soleil
ça fait comme la campagne
en mieux ordonné
en plus propre.

On a ses idées bien en place.

La mort vous y laisse tranquille
elle est en ville à son travail.

Moi c'est dans les cimetières
que je sens que la vie
continue.

(Savoir où l'on va)

Roger PILLAUDIN

Roger Pillaudin[16] n'a pas l'air de prendre la poésie au sérieux. Ça lui fait tout drôle d'écrire « des vers comme Alfred de Musset », d'écrire le poème qu'il s'est promis d'écrire, qu'il faut écrire quand on est jeune — mais on ne l'est plus, déjà ; autant sourire, même si c'est un peu jaune, jeunesse !

Roger Pillaudin lit les canards, il sait ce qui se passe, il a de la culture et de l'éphéméride. Il s'exerce à des acrobaties de chansonnier, plaisantant le capitaine, jouant sur les lettres de l'alphabet, rimant drôlement (« Icare » avec « au fond des mares », « corbillard » avec « Fragonard »), bissant les syllabes (« au milieu du dédé au milieu du désert »), soignant le leitmotiv (jeunesse ! jeunesse...), s'attendrissant très furtivement, se reprenant par un jeu de mots, une image en pirouette.

A la manière des montmartrois, il chine ses confrères — en l'occurrence les poètes. Et il faut bien avouer que c'est très réussi :

Mallarmé dans son lit sentit monter
la fièvre
cachet sur cachet avala
et saisissant un thermomètre écrivit
... un coup de dés Seghers jamais
n'abolira le hasard...
(puis il raya Seghers)

(*La Belle Jeunesse*)

En d'autres passages, on peut voir que les poèmes de *la Belle Jeunesse* ont été écrits au temps de la guerre d'Algérie. Roger Pillaudin s'empresse de rire...

JE FAIS QUELQUEFOIS DES SOTTISES

Jacques BENS

On imaginerait difficilement des *chansons d'amour* écrites — et

16. Né à Moulins en 1927. *Poèmes de la main gauche* (Seghers, 1954). *La Belle Jeunesse* (Caractères, 1957).
Nombreuses œuvres radiophoniques — *Ruisselle,* musique de Maurice JARRE (1955). *Loin de Rueil,* d'après le roman de Raymond QUENEAU (T.N.P.-Jean VILAR, 1961). *Il faut rêver dit Lénine*. Spectacle musical (O.R.T.F.-Festival d'Avignon, 1972). *Jean Cocteau tourne son dernier film* (La Table Ronde, 1960).

chantées ? — par Jacques Bens[17]. Ce n'est pas le même mot qu'il faut mettre au pluriel. Tout était poésie dans « les » *Amours* de Ronsard — l'unique, l'indéfinissable poésie… Mais *poésie d'amours*, comme cela paraîtrait présomptueux ! A cause de ce « s » à la fin du mot le plus avantageux ? Un peu...

oh je me vante je me vante
je n'ai jamais vécu tout ça
les amours que j'ai pu connaître
se comptent toutes sur un doigt(…)

Mais c'est surtout « poésie » qui donnerait dans l'excessif. « Chanson », plus modeste en apparence, suggère malgré tout, au singulier, l'unité profonde (pourquoi pas même l'unicité ?) de ce qui est rêvé, ou vécu. *Chanson d'amours*…

Jacques Bens redoute par-dessus tout de hausser le ton, de mentir, et de se mentir aussi à soi-même, entraîné par le charme de l'imaginaire, les séductions verbales, et finalement par complaisance à soi. Que faut-il croire des confidences d'un poète ? Tout est vrai, sans doute, à un niveau variable d'ajustement à l'existence.

Auteur d'une étude sur Raymond Queneau — à qui il a dédié sa *Chanson vécue* —, Jacques Bens aime jouer sur les mots, sur l'orthographe. Il accepte le calembour énorme et littéraire : « Ah bens et rage ! ». Les inventions verbales du genre « grotisdicule » ou « philosaugrenuphique » le ravissent. Il écrit : « le dimanche au cafédéspor », le « chéqueur étincelant » du barman (shaker ne serait que snob, chéqueur fait incontestablement plus riche) ; s'il vante « les charmes du striptize », il donne au mot une allure plus aguichante que dans sa version originale.

L'inspiration se fait volontiers parodique, mais d'une façon moins appuyée que chez Georges Fourest :

(…) *J'ai nagé si longtemps au milieu des murènes,*
Des homards cauteleux et des poulpes géants (…)

On est loin, semble-t-il, de « la grotte où nage la sirène », de *la Chanson du Mal-Aimé* (« des hymnes d'esclave aux murènes ») et des *Chants de Maldoror*. On se souvient d'avoir lu qu'un jour Gérard de

---

17. Né à Cadolive (Bouches-du-Rhône) en 1931. *Chanson d'amours* (La Chandelle verte, 1958). *Chanson vécue* (Gallimard, 1958). *41 sonnets irrationnels* (Gallimard, 1965). *Le Retour aux pays* (Gallimard, 1968). *Petites prophéties populaires* (Dedalus, 1969).
Jacques BENS a animé avec Michel-Ed. BERTRAND la revue *La Chandelle verte* (Cannes). N° 1 : janvier-février 1956. N° 30 : novembre-décembre 1959.

Nerval promena un homard au bout d'une ficelle... Mais la parodie est très proche, au fond, de la complicité, comme dans ce souvenir de Baudelaire :

Nous aurons des tombeaux remplis d'odeurs funestes.

Cette poésie, simple d'aspect comme une prose familière, n'ignore rien des ressources de la prosodie, qu'elle dissimule cependant ; les strophes d'octosyllabes, dans *Chanson d'amours* et *Chanson vécue,* évitent soigneusement la rime toujours attendue, comme si, d'une démarche sûre, elles s'interdisaient de retomber sur leurs pieds.

il y a comprends-tu des choses
inscrites au fond de mes yeux
je ne peux les voir dans les vitres
mais je les devine parfois

comme le fruit tombe de l'arbre
comme tremble le peuplier
je fais quelquefois des sottises
que je condamne tristement (...)

Dans les *41 sonnets irrationnels*, Jacques Bens n'est pas loin, bien souvent, de succomber au chant. Mais s'il retrouve, comme il dit, « une grande tradition de la poésie française » en calculant soigneusement la disposition des rimes, en respectant même l'alternance des rimes de sexe opposé, il ne le fait pas sans malice. Les sonnets ont quatorze vers, comme il se doit ; leur originalité est d'être construits sur le modèle du nombre π: trois vers pour la première « strophe », un pour la deuxième, quatre pour la troisième, encore un pour la quatrième, et cinq pour la dernière — ce qui donne bien 3, 1415... Il faut accorder à Jacques Bens que cela « ne manque pas d'harmonie ».

Le Retour au pays s'avoue « poème », et même en douze chants, brefs il est vrai. Le thème est éternel : *Heureux qui comme Ulysse,* et *Lorsque le pélican*... Par Gien, la Sologne, Vichy, la Lozère, le Pont du Gard, le héros rejoint sa garrigue natale et la côte d'Azur, évoquant des souvenirs d'enfance, méditant — pour un peu, lamartinien —, sur la vie, la mort, jouant avec les rimes et les mots (Banville, à la rime, doublant Queneau), afin de ne pas trop paraître s'émouvoir...

SÉRIEUX JUSQU'À LA FANTAISIE

Claude Michel CLUNY

Claude Michel Cluny[18] ne peut oublier sa culture, mais il semble chercher à n'en laisser paraître, dans ses poèmes, que quelques traits qu'il corrige à sa façon. Il ne lui déplaît pas de retoucher un vers célèbre — « De la musique avant toute chose, pas de cri, pas d'enfant », « la Grèce est chauve, hélas ! elle a lu tous les livres » — ou de présenter ainsi la Tapisserie de la Dame à la Licorne (ainsi ce ne sera pas la pièce la moins curieuse du Musée de Cluny) :

(...) *Et toi, Licorne hypocrite et charmante, le ciel est plein du feu de tes quatre pattes ! Et si le vent, d'imprudence, lève un voile de nuit, ne voit-on, parmi ce doux tapis de fleurs plaintives, la Dame, lascive, faire l'amour avec ton front !*

Le lecteur de *Désordres* retrouvera avec plaisir des paysages classiques, Tolède, « la grand-place de Sienne », la fontaine de Delphes, mais aussi librement traités, avec autant de sympathie, de familiarité, que tel poème connu. On sera peut-être surpris de faire escale aux Iles Gonorrhées, sur le chemin de Cythère ou d'Heraclion.

Claude Michel Cluny, qui intitule un de ses poèmes *Tombeau de Matorel,* a très bien attrapé la manière de Max Jacob. Ainsi dans *la Cantatrice*, évocation pittoresque et tendre — choubertienne ! — d'un récital en province, un soir de juin.

La fantaisie n'exclut pas le sérieux — elle tend à le rendre acceptable. Le poète pourrait déplorer, lui aussi, la fuite du temps ; il a fallu dire adieu à l'adolescence. Cette élégance, qui consiste à savoir prendre congé de soi, est encore une forme de l'humour.

Dans un deuxième recueil, sans renoncer à un persiflage de grand seigneur, voire (rarement il est vrai) à une sorte de flirt avec l'hénaurmité (cf. le poème *Campagne militaire*), Claude Michel Cluny se livre plus franchement aux pièges ensoleillés d'Eros, en même temps que, par l'écriture même, il s'approche davantage de la présence de la mort.

« Beau comme le dernier rire écrit sur la terre avec les lettres de ma mort... » A cette gravité, conduit aussi l'humour.

---

18. Né près de Charleville en 1930. *Désordres* (Gallimard, 1964). *La Mort sur l'épaule* (Rencontre, 1971).
Anthologie — *La Poésie française d'humour* (Poésie 1, n° 13, août 1971).

UN DORMEUR À L'AFFÛT

Paul VINCENSINI

Il ne faut pas manquer d'humour, quand on s'appelle Vincensini[19], et qu'on est d'origine corse, pour intituler une suite de courts poèmes : *le Dormeur professionnel*.

Pour dormir à l'envers
Il faut retourner ses poches
Et s'allonger sous un chêne
Comme une chèvre
L'arbre vous aspire assez fort
S'il vous aime assez bien
Et vous vous retrouvez plaqué dans les feuilles
En milliers d'effigies dissemblables
Absolument fidèles

Un poète qui sait dormir ainsi (on peut bien dire : profondément) et qui peut parcourir si aisément les divers étages du rêve et de la rêverie, aurait quelque droit de prétendre à de belles envolées. Paul Vincensini préfère l'expression dense, dans laquelle il renferme ce qu'il y a de plus important dans son expérience poétique (« Il y a des sommeils qui vous aident à dormir. Un sommeil de chèvre est plus sûr qu'un sommeil de pomme ») ; ou bien la tournure ironique, voire burlesque, qui retient l'émotion dans des limites décentes (comme en ces vers qui font la joie de Guy Chambelland : « Cette cul de buée (Sur cette fumier de vitre) M'empêche de voir ces grands cons d'arbres ») ; ou bien encore il invite, par une sage précaution, à ne pas confondre le réel et l'imaginaire, — et ici on sera heureux de citer en bonne place un des petits chefs-d'œuvres de la poésie universelle !

MOI DANS L'ARBRE

T'es fou
Tire pas
C'est pas des corbeaux
C'est mes souliers

Je dors parfois dans les arbres

(Le Point mort)

Non, ne tirez pas sur les poètes ! Lisez-les…

---

19. Né à Bessans (Savoie) en 1930. *Des paniers pour les sourds* (Seghers, 1953). *La Jambe qui chante* (Temps Mêlés, 1965). *D'herbe noire* (Chambelland, 1965). *Le Point mort* (Chambelland, 1969). *Peut-être* (Club du Poème, s.d., [1971]).

Alfonso JIMENEZ

Des « choses bizarres », Alfonso Jimenez[20] irait, si c'était possible, jusqu'à Véga, et — s'il le fallait — jusqu'à l'Etoile Polaire pour en découvrir. Alors il en invente, apportant son grain de sel dans les auberges du cosmos, parfaitement conscient au demeurant de la modestie de ses moyens dans le grand cirque du Père Eternel. Sa fantaisie, teintée de métaphysique, s'amuse de ce qui, dans l'insolite des conduites humaines, paraît correspondre à l'étrangeté profonde de l'univers. « J'admets tout de la part d'Alfred, mais pourquoi faut-il qu'il soit si singulier » ?

SATIRE ET TENDRESSE

Philippe CROCQ

« L'image du bonheur Va Dans les champs et les bois Chantant Et aboyant A cloche-pied. » Cela devait plaire à Paul Fort — et lui a plu. La « petite philosophie » que Philippe Crocq[21], dans son *Jugement dernier*, dressait contre les morsures de la vie et de la société, pouvait toucher le lecteur par une gentillesse empreinte de fantaisie. La plaisanterie s'y présentait sous une forme atténuée, la satire émoussée de tendresse, le drame camouflé sous un sourire. *Monsieur Sage* raconte des histoires qu'on peut croire à demi. Une bonne rêve de pendules, de bracelets-montres ; on lui offre un cadran solaire ; elle met au monde un enfant-sablier. Dans *La Nuit fantastique* de Marcel Lherbier, un monsieur au tic-tac facile expliquait (aux erreurs de mémoire près) : « Mon père était une horloge Henri II, ma mère une pendulette Louis XV... C'est héréditaire ! » Philippe Crocq garde le souvenir des meilleures facéties : « Dans ces bouteilles de Vittel, Savoir si c'est Bobo, Savoir si c'est Bebel ». Dans cette auto, devant cet hôtel, Max Jacob n'a jamais su non plus si c'était Toto, si c'était Totel... Philippe Crocq va jusqu'à mêler à son poème tel refrain de moine paillard, alcooliquement sacrilège.

---

20. Né à Madrid en 1933. *Poèmes* (La Chandelle Verte, 1957). *Le Vagabond* (Toulouse, Centre d'Art National Français, 1957). *Les Marcassins de l'Alaska* (Chambelland, 1967). *Véga* (Chambelland, 1970).
21. Né à Paris en 1933. *Le Jugement dernier* (Ed. Richelieu, 1955). *Monsieur Sage* (Chambelland, 1963). *Novembre sur terre* (Chambelland, 1966).
Un récit : *les Yeux cernés* (La Table Ronde, 1962).
Philippe CROCQ a animé, avec Alain TORTA et Luc BOLTANSKI, la revue *Le chien de Pique* (Courbevoie). N° 1 : s.d. [1959]. N° 3/4 : 2e semestre 1960.

Mais faut-il lui reprocher toutes ces réminiscences ? Chacun de nous a bien assez de mal, déjà, à se situer personnellement dans le monde :

J'ai cherché dans les autres un peu de moi-même.
Ils n'ont pas voulu comprendre,
Trop occupés
Autour de leurs parapluies multicolores
A se chercher eux-mêmes (...)

L'humour de Philippe Crocq sait « fabriquer » de la vie avec la moindre chimère.

LA BONNE CUISINE

En été, prendre une jeune fille, la déposer dans le tronc creux d'un arbre, bien tasser (avec les lèvres de préférence), tapisser de billets doux, de lettres d'amour, de propos hardis et tendres, bien fermer, faire en sorte qu'aucune trace de vos pas ne subsiste, imiter même les petons du lapin, tromper l'ennemi, brouiller les pistes, égarer l'attention...

Lorsque l'hiver viendra, démoulez avec précaution à l'abri des regards indiscrets et servez sur canapé cette provision de tendresse que vous aurez eu la sagesse de mettre de côté.

Sage et nue, vous aurez alors cette princesse que vos frères en vain, aux terrasses des cafés, lorsque la bise est venue... que vos frères, en vain, courtisent en se gelant le cul.

(Novembre sur terre)

TOMBÉS DE HAUT, PARLONS BAS
Roland DUBILLARD

Ce qui plaît d'abord dans la poésie de Roland Dubillard[22] : la simplicité du ton, si éloignée d'une certaine mode. Voici un poète qui ose parler, s'adresser à quelqu'un, un poète qui a l'élégance de faire oublier qu'il écrit. Il ne contemple pas le bout de sa plume. S'il plaisante, c'est à mi-voix, presque en *a parte*, avec quelque chose d'un peu triste au fond, que tous ne percevront peut-être pas tout de suite, mais il ne le fait pas pour sa seule délectation ; au moment de sourire, il ne se plante pas devant la glace. Trop subtil au théâtre pour aimer

22. Né en 1933. *Je dirai que je suis tombé* (Gallimard, 1966).

le cabotinage, il attend, mieux que de simples répliques, une connivence, et comme une atmosphère de sympathie où les êtres s'uniraient par leurs nuances.

La vie ordinaire prend soudain du relief. Des détails s'éclairent ; on ne se rappelait pas qu'ils fussent si familiers, et cela fait une bien curieuse impression. On appuie sur un bouton, la lampe s'allume dans l'escalier, on est un peu surpris de se retrouver chez soi. Les choses prennent consistance, comme renforcées les unes par les autres. Bien découpées, parfaitement distinctes, nommées sans détour, elles entretiennent néanmoins entre elles d'étranges rapports.

Le poète tente de se faire une place dans cet univers dont il ressent durement l'opacité. C'est lui que l'ombre va reprendre. Il cherche à se protéger avec les moyens qui sont les siens.

L'ironie, atténuée, distrait du drame. Roland Dubillard a le sens de la caricature, mais il n'en abuse pas.

Il y a des dames trop larges
pour habiter Paris.

D'un trait il dessine une silhouette :

Il y en a d'assises
à cause de leur jupe.

Il tourne en blagues les menus désagréments de la vie :

Est-ce pour épargner au ciel
la vue du sommet de ton crâne,
que tu portes ce grand chapeau ?

Il sait retourner, sans plaisir excessif, l'ironie contre lui-même, se défiant des attitudes spectaculaires et des facilités poétiques :

Où êtes-vous ? mes lis ? mes roses ?
Pour votre propre mort, on a fait de vous des couronnes.
J'ai vu noyées mes renoncules
dans l'eau rapide de leur ridicule.

Certes, il ne veut pas se donner l'air de comprendre si vite la nature. Bien au contraire, en jouant un peu sur les mots, il en exprime très bien le mystère. Qu'est-ce donc que cela qui est, si manifestement ? Qu'est-ce qui passe à travers l'être, qu'est-ce qui prend forme dans ce qui vit ?

Est-ce l'oiseau qui chante
ou le chant qui s'emplume
pour connaître le goût des graines ?

Roland Dubillard déteste les surenchères métaphysiques :

N'augmente pas du choix des poses
le poids des choses.

La vanité lui en apparaîtrait aussitôt, s'il est vrai qu'« on ne tient jamais que des tenailles »... Il éprouve profondément ce « poids des choses » — ce « poids du monde inéluctable », dirait Jean Follain —, mais il ne l'avoue qu'avec une sorte de pudeur, au détour d'une image, d'une petite aventure verbale. Il est dur de parler crûment de la mort. On corrigera la phrase, on pensera qu'on n'aura plus jamais mal à la tête, qu'on n'aura plus besoin de prendre des cachets :

C'est vrai qu'il faut mourir :
un jour, à force de migraines,
dans le tiroir, le tube d'aspirine est vide.

Il est plus difficile encore de dire la grandeur de l'homme malgré tout. C'est bien à Jean Follain — un Jean Follain plus détaché — que Roland Dubillard fait penser quand il évoque les épiciers qui vont avec leur camionnette distribuer « la bouteille et la boîte de sel » :

Ils ont une cloche à l'avant.
On ouvre large devant eux les grilles
comme à l'arrivée d'une église.

L'homme est sacré, dans la personne de l'épicier autant que dans celle du poète.

Je dirai que je suis tombé ? Oui, bien sûr, et que la terre est basse, et que ce n'est pas drôle tous les jours, et que la prose n'est pas la poésie, et quoi encore ? Mais je peux me relever. Platon le savait, et les prophètes, et tous les grands poètes. N'insistons pas. Tombés de haut, parlons bas, semble nous conseiller Roland Dubillard...

Autre œuvre à citer :

Serge BAUDOT, *Les Enfants de la planète* (Librairie Saint-Germain-des-Prés, 1971).

CHAPITRE XIV

LES RESSOURCES DU NOUVEAU RÉALISME

Rien ne pourrait paraître plus opposé à la poésie que l'idée qu'on se fait généralement du réalisme. Et pourtant, rappelle Michel Butor[1], « dans surréalisme il y a réalisme » ! D'après Robbe-Grillet, si le terme de *réalisme* conserve encore de quoi choquer, c'est peut-être qu'on l'associe au *vérisme,* qu'on l'associe au culte du « petit détail qui fait *vrai* ». Ce qui intéresse Robbe-Grillet, « ce serait davantage, au contraire, le petit détail qui fait *faux* » et qui, ainsi mis en évidence, révèle soudain le monde à côté duquel on passe. Et cette révélation a quelque chose de très surprenant, « car rien n'est plus fantastique, en définitive, que la précision »[2].

Ce « réalisme nouveau » dont parle Robbe-Grillet, qui tient compte, selon Michel Butor, non seulement des « choses telles qu'elles sont » mais aussi des « rêves tels qu'ils sont », ce réalisme-là avait de quoi tenter les poètes. Il rejoint, chez un Gabriel Cousin, un Georges L. Godeau, le souci de faire surgir la poésie — la vérité — du quotidien. Il dispose des projecteurs entre lesquels la caméra mentale d'Yves Martin saura se mouvoir avec aisance. Chez d'autres poètes, comme à la revue *Chorus,* l'influence du nouveau roman se conjugue naturellement à l'attrait du pop-art.

Verrons-nous, à partir de ce nouveau réalisme, se développer de nouveaux mythes ? Qui aura lu Pierre della Faille n'en doutera certainement pas.

1. Michel BUTOR, *Essais sur le roman* (Gallimard/idées, 1969).
2. Alain ROBBE-GRILLET, *Pour un nouveau roman* (Les Editions de Minuit, 1963 — Gallimard/idées. 1963).

I

POÉSIE
DU DESCRIPTIF ET DU NARRATIF

DES CATALOGUES D'IMAGES

Michel BUTOR

Michel Butor[3] a écrit beaucoup de poèmes avant de devenir romancier. Ce n'est pas du tout par sécheresse d'âme qu'il a pris la voie d'un « nouveau réalisme ». L'auteur de *l'Emploi du Temps,* de *la Modification,* de *Degrés* ne pouvait atteindre qu'une apparence d'objectivité. Il exprimait sa propre sensibilité au monde dans lequel il vit, il sollicitait aussi la complicité du lecteur. Celui-ci entrait dans le jeu des notations précises, multipliées, pour se débattre dans un complexe espace-temps où finalement sa liberté même et son bonheur étaient en question. Dans ses *Essais sur le roman,* Michel Butor a bien montré quelle importance il donne à la poésie dans le roman, mieux encore : quelle importance poétique il donne au roman, tel qu'il le conçoit, dans son ensemble (car la poésie n'est pas le simple enjolivement de quelques passages privilégiés). En cela, sans cesser d'admirer profondément André Breton, Michel Butor ne pouvait accepter la célèbre critique par laquelle le grand poète, dans son premier *Manifeste*, renvoyait assez superbement Dostoïevski à ses descriptions. Une recherche aussi approfondie des rapports entre la poésie et le roman, une telle volonté de faire du roman une entreprise poétique en elle-même, devaient conduire Michel Butor à abandonner la poésie, comme genre déterminé, pendant les grandes années de sa création romanesque (en gros, de 1950 à 1960).

André Breton reprochait à Dostoïevski une « superposition d'images de catalogue »[4]. Or, précisément, Michel Butor a un faible

---

3. Né à Mons-en-Barœul (Nord) en 1926. *Le Génie du lieu* (Grasset, 1958). *Mobile,* (Gallimard, 1962). *Réseau aérien* (Gallimard, 1962). *Description de San Marco* (Gallimard, 1963). *Illustrations* (Gallimard, 1964). *6 810 000 litres d'eau par seconde* (Gallimard, 1965). *Paysage de répons* suivi de *Dialogues des règnes* (Albeuve — Suisse —, Castella 1968). *La Banlieue de l'aube à l'aurore* suivi de *Mouvements browniens* (Fata Morgana, 1968). *Illustrations II* (Gallimard, 1969). *La Rose des vents* (Gallimard, 1970). *Dialogue avec 33 Variations de Ludwig van Beethoven sur une valse de Diabelli* (Gallimard, 1971). *Où — Le Génie du lieu, 2* (Gallimard, 1971). *Travaux d'approche* (Poésie/Gallimard, 1972).
Consulter : *l'Arc,* n° 39 (4e trimestre 1969).

4. André BRETON, *Manifeste du surréalisme* (rééd. Gallimard/idées, 1971).

pour de telles images. Après en avoir rempli ses romans avec une expressive minutie, il s'est remis au poème selon les perspectives qu'il venait d'ouvrir, ayant « de plus en plus envie d'organiser des images, des sons, avec les mots », et de moins en moins envie sans doute de raconter quelque chose.

Mobile présente l'Amérique Etat par Etat. La convention de l'ordre alphabétique en vaut une autre, puisque tout se ressemble. Les mêmes mots, les mêmes images se retrouvent d'un Etat à l'autre. Ainsi dans les mobiles de Calder : les éléments bougent sans que l'armature soit transformée. Des artifices de mise en pages et de typographie rappellent les procédés insistants de la publicité. Michel Butor puise dans divers registres — l'histoire, la nature — les motifs de ses compositions et de ses collages. Il emprunte beaucoup aux catalogues des grands magasins. Raymond Jean, le romancier des *Ruines de New York*, trouve très ressemblant ce portrait des Etats-Unis[5].

Réseau aérien émiette des conversations, des indications de vol, des images touristiques à propos de deux voyages simultanément accomplis autour de la terre dans deux directions différentes.

Description de San Marco relève de la même esthétique. Michel Butor s'y plaît à composer un dallage d'inscriptions latines et de versets de la Bible, une mosaïque de notations diverses. L'ensemble finit par correspondre à Saint-Marc par une impression de fouillis, de richesse, d'éclat. On saute beaucoup de pages en visitant Saint-Marc...

Illustrations regroupe des poèmes suggérés par des œuvres graphiques, ces œuvres ne figurant pas dans l'édition des poèmes. Aux images qui l'ont ému, Michel Butor substitue, comme à propos de San Marco, un « livre d'images ». L'Amérique, Venise, les eaux-fortes d'Enrique Zanartu paraissaient ainsi destinées à aboutir, selon la suggestion mallarméenne, à un Livre. Mais il faut reconnaître que les chapitres de ce grand Livre paraissent un peu ennuyeux.

6 810 000 litres d'eau par seconde mêle aux chutes du Niagara des précisions savantes et des citations-commentaires de Chateaubriand.

Paysage de répons laisse imaginer « un parc, une fête » où évoluent des personnages d'une grande préciosité — Romanesque, Tendre, Vivace, Rustique, Noble —, parmi les arbres et les instruments de musique. Entrent des cuisinières, des chasseurs, des « invités lointains », des pêcheurs. On invoque Boréal, Australe, Levantin, Occidentale, de nouveau Boréal, encore Australe, etc., et on recommence. Alors entrent les échansons. Puis on joue, semble-t-il, à *Belle Marquise* :

---

5. Raymond JEAN, *l'Amérique immobile*, in *Les Cahiers du Sud*, n° 367, 1962.

Autour d'une immense volière... l'eau... les dames échangent leurs châles... l'eau très claire... dans la grotte aux miroirs à la lueur d'une veilleuse... l'eau très claire bat... une jeune poitrine... très claire bat silencieusement... qui se soulève... bat silencieusement les marches... dans le sommeil... silencieusement les marches du port réservé (...)

Tendresse, Roman rêveur, Sinuosité orientale sont encore de la partie. A la fin, les ténèbres envahissent « tout le théâtre ». Il était temps. On commençait à sommeiller.

La Rose des vents cherche à compléter les rêveries de Charles Fourier. Celui-ci n'avait décrit que les neuf premières périodes de l'humanité. Michel Butor, du préambule au postambule, passe en revue les trente-deux périodes annoncées. Il y aurait sans doute plus de mérite que de profit à lire attentivement cette cosmogonie d'un humour glacial (« Certes, Pallas 2 a accédé au rang de planète de second degré, avec un cortège de 7 menus satellites lors du passage du *tourbillon* de 133 à 404 » etc.), mais, comme souvent chez Butor, on peut prendre un relatif plaisir à feuilleter le livre, et à s'arrêter à quelques trouvailles mineures typographiquement mises en évidence.

LE RENOUVEAU DU POÈME NARRATIF

Robert CHAMPIGNY

Auteur d'essais sur *le Genre romanesque, le Genre poétique, le Genre dramatique,* et aussi d'un essai *Pour une esthétique de l'essai*, Robert Champigny[6] se montre aussi préoccupé d'ontologie que de stylistique et de sémantique. Les notes dont il aime accompagner ses poèmes témoignent de son souci de découvrir à travers les divers modes d'expression, dans le travail effectué sur les matériaux fournis par la langue, une vérité métaphysique.

Dans *Monde*, il partait de la structure traditionnelle du sonnet, mais la transformait profondément, en gardant les deux quatrains (sans d'ailleurs s'astreindre à conserver les mêmes rimes de l'un à l'autre) et en faisant éclater les tercets qu'il distribuait en trois distiques. L'effet

6. Né à Châtellerault en 1922. *Dépôt* (Seghers, 1952). *L'Intermonde* (Seghers, 1953). *Brûler* (Seghers, 1955). *Prose et poésie* (Seghers, 1957). *Monde* (Seghers, 1960). *La Piste* (Monaco, 1964). *Horizon*, poèmes et notes (Poètes de notre temps, 1969). *La Mission la Demeure la Roue*. (Librairie Saint-Germain-des-Prés, 1969). *Les Passes* (Lib. Saint-Germain-des-Prés, 1972).

produit restait assez étrange. L'alexandrin piétinait et l'unité du poème apparaissait difficilement. Mais, si la réalisation est imparfaite, le projet de l'auteur reste digne d'intérêt : il s'agissait de « rendre symétrique le cadre du sonnet », de traduire à la fois « l'idée de la flèche, de l'élan » et « celle du cercle, du retour ». Ainsi l'exécution du poème ne devait pas suggérer « un simple mouvement linéaire, mais le développement d'un champ à plusieurs dimensions ».

C'est à ces dimensions multiples que le lecteur sera naturellement amené à s'intéresser s'il a l'heureuse idée de se procurer un exemplaire de *la Mission la Demeure la Roue*. Ces trois poèmes sont présentés comme des épopées, bien que leurs héros soient des hommes très ordinaires (que Lucien exerce la profession de tueur à gages ne l'empêche pas de faire sa journée selon les instructions reçues, d'avoir des souvenirs et des sentiments, comme tout le monde). Par « épopée », l'auteur entend « poème narratif ».

Nous savons que Robert Champigny, « dans le remue-ménage des années 50 », s'est interrogé sur les perspectives poétiques ouvertes par le nouveau roman, mais laissées par celui-ci inexplorées. Comme nous lui demandions des éclaircissements sur ce point, Robert Champigny nous a confié : « La narration cohérente était rejetée au profit du dialogue et de la rumination, alors que je voyais au contraire la poésie s'appliquer sur un canevas de récit franc, animer un jeu de lieux et de moments, non de simples images ». Et Robert Champigny précisait : « L'idée étant de faire jouer lieux et moments, le personnage doit être à la base un mobile ».

De nouveaux essais, notamment une curieuse *Ontologie du narratif*[7], nuancent encore la pensée philosophique de l'auteur, en relation avec son étude des modes d'expression. On comprend mieux pourquoi on ne fait pas si facilement le tour de poèmes dont la lecture ne paraît pourtant pas présenter, au premier abord, de grandes difficultés. Le récit, tout en notations brèves, précises, presque ponctuelles, a l'allure nette de la prose. Mais on passe d'un monde à l'autre, du monde du personnage à celui du lecteur. Cette histoire n'est pas la mienne ; elle ne tombe pas dans mes propres coordonnées spatio-temporelles ; et pourtant elle exprime quelque chose qui me concerne : d'une certaine façon, je prends part à ce qui est raconté — que j'interprète, à quoi je donne un sens —, et cela, poétiquement, retentit plus ou moins profondément en moi. Les personnages eux-mêmes se meuvent sur divers plans, leur histoire est comme réverbérée d'un chapitre à l'autre du récit, et même d'un récit à l'autre, par fragments, avec des variantes.

---

7. Librairie Saint-Germain-des-Prés, 1972.

Chaque Laurent dans chaque monde
croise le car, fait ses stations, appelle Mounette,
revient à l'aube vers la demeure.
La brume se tord sur le ponceau, elle est percée
selon la forme d'un enfant.

Comme s'ils se commandaient l'un l'autre,
ils prennent la route du nord et cherchent leur viatique
au jardin de la somnambule.
Ils assemblent chacun des cartes identiques :
ils ne sont libres ni contraints.

Tous les Laurent et les Mounette
font le triage, reprennent les fils, brûlent des épaves,
échangent des images saintes.
Sans savoir, sans comprendre, ils composent à l'envers
le convoi toujours en partance.

Des Laurent je compose un monde,
et leurs doubles s'en vont aux jardins d'autres mondes.
En dehors d'eux je ne suis rien ;
au-delà d'eux je ne sais rien des autres mondes.
Je suis leur forme et leur foyer.

Au lecteur de se perdre à son tour dans ce jeu de miroirs, ou de se retrouver au foyer de toutes les images…

II

AU JOUR LE JOUR

L'ORDINAIRE AMOUR

Gabriel COUSIN

Gabriel Cousin[8] se montre assez avare d'images. Il dit son amour — *l'ordinaire amour* — sans forcer le ton, en décrivant le monde qui s'ordonne autour du couple et de l'enfant. Il ne rejette pas l'anecdote (« Nous étions partis en vélo… Nous avions choisi les bords de la Marne »), mais il n'en retient que l'essentiel.

Il est très précis quand il faut l'être. Il a fait ses classes à l'usine. Il connaît le travail de l'ajusteur. Il sait quelles qualités on attend d'un rapport de contrôle. Il a appris à voir, à ne pas se payer de mots.

Le souci d'objectivité pourrait paraître inconciliable avec la vocation du poète. Nous nous sommes familiarisés avec tant d'impropriétés, de décalages de sens, de rapprochements insolites… Mais il faut bien avouer que cette pure poésie, que nous aimons, s'insère de plus en plus difficilement dans nos activités quotidiennes. Ainsi l'approfondissement de l'expérience poétique tend à l'harmonie, à la cohésion de l'être, mais accroît le sentiment d'insatisfaction devant… les nécessités de la vie. Il appartenait dès lors aux poètes de chercher à combler ce fossé. Dans ce sens, *l'Ordinaire Amour* venait à point.

L'homme au travail, sans faillir à sa tâche, retrouve en lui l'être de désir — espoir et inquiétude : « Finesse des bagues de contrôle ajustées doucement comme des sexes neufs. Roseau des pointes à tracer… Le tampon luisant passe sur l'alésage comme dans un sexe usé ». Transition modeste, toute naturelle (importante en cela), entre le métal et le feu intime. C'est ainsi qu'on se dégage de la prose sans trahir.

---

8. Né dans le Perche en 1918. *La Vie ouvrière* (Seghers, 1950). *Cartes postales de la paix* (Ed. Mouvement de la Paix, [1953]). *Images de la femme* (Ed. U.F.F. de Grenoble, 1954). *Fragments de l'Ordinaire Amour* (Aix-en-Provence, Ed. S. David, 1955). *L'Ordinaire Amour* (Gallimard, 1958). *Nommer la peur,* avec la collaboration de Jean PERRET (Oswald, 1967). *Au milieu du fleuve* (Librairie Saint-Germain-des-Prés, 1972).
Grenoble face aux Jeux, textes poétiques accompagnant un album de photographies (Saint-Laurent-du-Pont, Isère, Ed. Marc Pessin, 1968). *Alchimie des villes,* éléments pour un oratorio, sérigraphies et couverture en tôle émaillée pliée de Marc PESSIN (Saint-Laurent-du-Pont, 1972).

Le poète ne veut plus s'évader n'importe où, selon le rêve baudelairien, « pourvu que ce soit hors de ce monde ». Mieux vaut en effet tenter d'introduire la poésie dans *ce* monde. Des mots très simples peuvent nous y aider. Eluard s'interrogeait : « le bonheur d'un homme », saurai-je le dire « selon sa femme et ses enfants » ? En quelques mots, Gabriel Cousin dit le bonheur de la conception : « Entre nous se faisait place la vie minuscule et nous sûmes ensemble qu'il était temps de se préparer ». Par la médiation de l'enfant, « la vie reprend ». Nous connaîtrons aussi « l'apaisement de toute chose rangée, de chaque enfant lavé, du jardin entretenu ». Conquérir le bonheur sans perdre le sens du mystère, c'est à cette pratique de la poésie que nous invite Gabriel Cousin. La grâce deviendra perceptible.

Gabriel Cousin connaît aussi la prose de la ville. Les bureaux, l'usine, les feux des carrefours, l'enchevêtrement des insectes humains. Il est tenté par l'objectivité. On ne voit pas des âmes, mais des corps. Lui-même, dans la ville, est un blouson de cuir. Mais la ville respire aussi. L'oxygène prend goût. Poussée d'amour. Fièvre des Jeux. Neige et manège, sexe, ténèbres. Un corps de femme, au cinéma, n'est plus que l'ombre d'un objet ; mais c'est pourtant la plage ou le pain frais... Quelques pas en avant de la prose, la poésie de Gabriel Cousin exprime ainsi notre droit à la ville (encore méconnu) — notre droit à la vie.

AU NIVEAU LE PLUS HUMBLE

Georges L. GODEAU

Georges L. Godeau[9] ne publierait certainement plus le *Soliloque bachique* qu'il confiait, en 1955, au *Cadran lunaire*, la revue d'Henri Simon Faure :

Mon brillant homonyme fut un ami d'Auguste.
Moi qui ne suis qu'un rustre
Je ne puis aspirer à telle protection
N'ayant pour qualité que celle d'absorption (...)

9. Né à Villiers-en-Plaine (Deux-Sèvres) en 1921. *Javelines* (H.C., 1953). *Rictus* (Quo vadis, 1954). *Myriella* (Les Héliades, 1956). *Vent de rien* (Le Pain du Pauvre, 1958). *Les Mots difficiles* (Gallimard, 1962). *Les Foules prodigieuses* (Chambelland, 1970). Georges L. GODEAU a animé la revue ronéotée *Le Pain du Pauvre* (Magné, Deux-Sèvres). Huit numéros en 1957 et 1958.

On ne donnerait guère plus cher des poèmes qu'il publiait encore en avril 1958 dans sa propre revue ronéotypée, *le Pain du Pauvre*.

Le pain est l'ami de l'homme sur son seuil
Qui donne pour la joie (...)

Le rappel de ces textes n'a pour objet que de permettre d'apprécier le chemin parcouru. Dans la livraison suivante du *Pain du Pauvre,* Georges L. Godeau saluait la parution, chez Gallimard, de *l'Ordinaire Amour* de Gabriel Cousin. Déjà il avait été ému par la qualité humaine des poèmes de Pierre Albert-Birot, de Pierre Boujut, de Jean l'Anselme, de Pierre della Faille. Il allait maintenant découvrir, pour son propre compte, l'expression simple qui tire sa force de ce qu'elle retient.

Quatre ans après *l'Ordinaire Amour* de Gabriel Cousin, Georges L. Godeau publie *les Mots difficiles*. Ce livre cherche, lui aussi, à témoigner pour ceux qui travaillent, et à le faire « dans leur langue ». « Parler pour », c'est essayer de « se mettre à la place de ». Dans *les Mots difficiles,* Georges L. Godeau dit « je » pour s'identifier au soudeur, à l'ingénieur, à l'ouvrier zingueur.

L'insertion de la poésie dans le réel n'est pas aussi sensible que chez Gabriel Cousin. Une lecture un peu rapide pourrait faire croire qu'il s'agit de pure prose. Mais, au niveau le plus humble, Georges L. Godeau fait appel à quelque chose — à cet on ne sait quoi qui transfigurerait tout et que nous appelons poésie. Il est vrai que ce doit être particulièrement beau — pour un terrassier qui d'habitude n'a pas le loisir ni le goût, trop fatigué, de contempler le couchant — « un soir qui tombe ». On dit habituellement que « la nuit tombe » ou que « le soir descend ». Mais pour un travailleur, le soir qui tombe, c'est d'abord une « journée » qui se termine.

Il est aussi difficile de dégager des *Foules prodigieuses* ce qui fait la qualité poétique de ce recueil de courtes proses où sont évoqués, comme en autant de cartes postales, de photos, d'instantanés, les métiers, les vacances, les voyages (Palma de Majorque, le Maroc, Moscou, la Chine). Le style est sec — il ne mouille pas l'œil. Les mots n'ont généralement pas l'air de dire autre chose que ce qu'ils disent. Ils ne sont pas là pour faire des phrases. Ni pour tourner autour de la question. Veut-on se souvenir de ce qu'on a mangé ce matin-là ? C'est « Thé citron, chocolat, des gâteaux aux amandes ». A noter cependant que « les confitures sont bleues ». Cela va beaucoup moins loin que Paul Eluard : « La terre est bleue comme une orange ». Mais c'est comestible ; et cette impression de touriste un peu naïf débarqué dans un palace fait apparaître une lueur de poésie, de sympathie, dans le regard sans illusion qu'un homme modeste peut porter sur un milieu qu'au fond de lui-même il n'aime pas, qu'il juge tout à fait conventionnel. On dirait que toute l'âme du monde s'est réfugiée dans la soucoupe.

LE MATIN

Thé citron, chocolat, des gâteaux aux amandes. Les confitures sont bleues. Pain beurre est mal porté.

Le garçon qui prend la commande est à droite comme l'anse des tasses, le manche des cuillers.

Les couteaux sont d'équerre.

Dociles, nous fontionnons dans le sens de la marche. Tête vide, ventre plein.

Supprimons le bleu (bleu céleste ? bleu myrtille ?) des confitures, il n'y a plus de poésie. C'est pourquoi il était important de relever ce détail. Cette simple notation éclaire tout.

Rien de très séduisant non plus en apparence, du point de vue poétique, dans l'idée de décrire le ramassage du goémon au bord de la mer. Mais il suffit que le hasard de la phrase mêle les « algues » aux « touristes » de passage pour qu'une des constantes de la poésie soit retrouvée : le glissement du végétal à l'homme s'opère d'une façon plus « moderne », moins préparée que chez Ronsard, mais non sans analogie profonde avec la manière du grand Renaissant (« *Mignonne*, allons voir si la *rose* »...)

LE RAMONEUR DE LA PLAGE

S'il est noir, c'est qu'il cuit au soleil toute la journée. Il porte à l'épaule un râteau, sur les hanches une courte pioche.

Il ramasse le goémon, charge sa brouette qu'il pousse sans vice et sans haine entre les chaises.

Il gagne pour boire et manger. Tant qu'il y aura des algues et des touristes.

Ne passons pas à côté de cette poésie, comme d'autres circulent parmi le peuple, sans rien remarquer. La vérité se cache souvent sous d'humbles apparences.

L'ŒIL CAMÉRA

Yves MARTIN

Le Partisan d'Yves Martin[10] se présente comme un récit en vers irréguliers. Il ne s'y passe rien d'extraordinaire. Un jeune homme quitte son pays natal en autocar. Il se rend à Paris pour la première fois. Sans doute compte-t-il poursuivre ses études : à un moment il ouvre une littérature française, il sait aussi un peu de franglais. A l'occasion, il évoque Baudelaire, Van Lerberghe, Saint-Pol Roux. Il va au Louvre. Il a mis une cravate, mais il se défie des grands mots ; il dit : « l'Expo Delacroix ». Cultivé, mais pas fier... Il court un peu les filles. Il écrit à ses parents. Des images du pays lui trottent dans la tête. Il les confronte à ses impressions parisiennes. Un jour, il retourne à Soulac, dans la Gironde. Ce sont les vacances. Cette fois, il a pris le train. Guillaumette l'attend.

Rien que de fort prosaïque en apparence. On a pu faire allusion à François Coppée : les critiques n'ont pas toujours le temps de bien lire. Il faut reconnaître que, prises séparément, les notations paraîtraient souvent banales

— Le chauffeur vint, un gars trapu
Dont j'ignorais le nom — il n'habitait pas le village —
Il essaya une manette, passa un chiffon —

et que la phrase est parfois assez rudement rabotée

— Aucune exigence si ce n'est
Ces vers écrits en force
Et ces copeaux : Poésie.

Mais Yves Martin, s'inspirant des techniques cinématographiques, soigne le découpage et le montage de son film intérieur (bien mieux que les images elles-mêmes).

A lire Yves Martin, l'œil se transforme en caméra :

(...) *Canadian Bar*
Des mômes à la redresse
Le cristal d'un disque
Le cri de la télé.

---

10. Né à Villeurbanne en 1936. *Le Partisan* (Chambelland, 1964). *Biographies* (Chambelland, 1966). *Poèmes courts suivis d'un long* (Chambelland, 1969). *Le Marcheur* (id., 1972).

Teddy sert, empoche
Moustaches sudistes
Peut-être fils d'un planteur
Des américains fous (...)

(*Biographies*)

Il pleut. On prend un demi. La caissière est appétissante. Déjà l'automne. Maison d'enfance. Bavarder avec une femme. Sauter dans un taxi. Partout des couples. Envie d'un bouquin. Les arbres sont « beaux comme des incendies ». Juke-box. Gare du Nord. La poésie d'Yves Martin est un cinéma permanent; mais on ne passe pas deux fois le même film. On entre quand on veut, on revient quand on veut. C'est aussi divertissant, aussi triste. On est toujours seul, après tout, dans une salle de cinéma, dans la rue, sur l'écran, à écrire, à se regarder vivre, à s'avancer, à s'effacer.

On pense, dans le noir, à cette vérité qui s'est glissée dans la succession des images, entre les lignes du poème :

Adieu les belles choses, la faim, la misère.
Les planques, les chambres malhabiles.
J'ai chanté, n'ai pas chanté. Je m'y perds.
Il y a si peu de mots vivants.

Adieu, force, révolte
J'ai tenu le coup. Je n'ai pas donné le secret
J'ouvre grand mes fenêtres
Le vent, la pluie ne se calmeront jamais.

(*Poèmes courts suivis d'un long*)

III

POÉSIE POP

La revue CHORUS

La nouvelle série de la revue *Chorus*[11] débute fin 68. Comme la première, elle est animée par Franck Venaille, que la déception liée à l'expérience d'*Action Poétique* conduit à rompre avec la politique militante, mais qui tient à garder la possibilité de témoigner d'une certaine sensibilité, d'une certaine manière de réagir à ce monde d'après la guerre d'Algérie auquel une génération a tant de mal à s'adapter.

Franck Venaille aime très peu de poètes. Il se sent très proche de Pierre Tilman, de Daniel Biga, de Guy Bellay. Il a de la sympathie pour les beatnicks américains, en France pour Ben, en qui il voit un précurseur de Biga. Parmi les aînés, il apprécie quelques-uns des poètes du « groupe Mounin » : Pierre della Faille, Georges L. Godeau.

Le domaine qui l'intéresse et qui requiert avant tout l'attention de ses amis, c'est la vie quotidienne, non pas à l'état brut, mais déjà interprétée par la presse, l'art, la publicité. Que serait d'ailleurs une expérience humaine dans laquelle le langage — avec tout ce que cela comporte de ramifications sociales — n'interviendrait pas ? « Depuis le développement de la pensée linguistique — nous déclare Franck Venaille —, il n'est plus possible d'écrire comme avant ». Franck Venaille et ses amis cherchent à déchiffrer les mots de tous les jours, à découvrir ce qu'il y a de profond derrière les affiches, les slogans, les gadgets, les messages de la publicité. Ils sont concernés par les problèmes du langage. Très significative à cet égard la reproduction, dans le premier numéro de la nouvelle série, de la préface du livre de Georges Mounin sur *la Communication poétique,* préface intitulée *De la lecture à la linguistique*. Mais ils entendent poursuivre leurs recherches à partir du choc produit par la vie ordinaire. C'est ce qui explique l'intérêt qu'ils portent à des peintres comme Peter Klasen, Jean-Pierre le Boul'ch, Monory. En cela ils s'éloignent très nettement de leurs amis d'*Action Poétique*, chez qui la réflexion théorique est de plus en plus exigeante — mais parfois au détriment de l'émotion et de la sensibilité.

---

11. Première série, ronéotée : cinq numéros, de 1962 à 1963.
Deuxième série, imprimée : nº 1, décembre 1968 ; nº 2, avril 1969 ; nº 3, septembre 1969 ; nº 4, avril 1970 ; nº 5-6, septembre 1970 ; nº 8/9, septembre 1972.

COMMUNISTE ET DÉSESPÉRÉ

Franck VENAILLE

Franck Venaille[12] ressent presque constamment une sorte de lassitude qui s'apparente au *spleen* de Baudelaire, à l'ennui de Laforgue. « Pourri, pourri de tristesse » : c'est à Laforgue qu'il demande l'épigraphe de *Papiers d'identité*. Se complaît-il dans ses pénibles états d'âme ? Il se peut : « A toute ta santé toujours j'ai préféré le vaccin de l'angoisse l'herbe du désespoir ». Mais, si le désespoir ou, comme il dit encore, la non-espérance semblent d'une certaine manière le protéger de maux plus redoutables encore, c'est que les différentes formes de la souffrance intime le rattachent à lui-même, à sa « jeunesse triste », à son enfance de « petit garçon pauvre », dans un monde qui facilite, pour peu qu'on y soit déjà porté, la dispersion.

Franck Venaille aime errer, plus ou moins désœuvré, dans la ville, séduit par cette société de consommation qu'il condamne mais qui offre un décor changeant à son besoin d'émotions variées, divertissantes. Parfois il se dit « quelque peu malade d'avoir trop marché dans les rues de la ville ». Mais ce solitaire qui aime les films d'Antonioni et la musique de jazz — « la rugosité de Coltrane » — se trouve comme chez lui, c'est-à-dire assez mal à l'aise, dans le courant de la vie urbaine. Il lui paraît bien un peu dérisoire de croire encore à la Révolution — lui qui a vendu *l'Huma* et se veut encore communiste, quitte à préciser : « communiste et désespéré » — et de chercher son salut de chaque jour dans les menues occasions de dérailler d'une vie déjà « si peu exemplaire ». Mais il se sent « définitivement blessé », et il ne craint pas d'agrandir un peu la blessure, comme s'il avait besoin d'en passer par là pour se donner un sens, une justification. Assez lucide pour prendre ses distances à l'égard de ses propres aventures, il trouve dans ce recul une nouvelle forme de la séparation — plus consentie maintenant que dans l'enfance, mais toujours douloureuse.

Ses amours sont furtives, trompeuses, médiocres. Les filles se consomment vite, comme des articles publicitaires. Bottes, « nylon engageant », soutiens-gorge comme sur les affiches, à dégrafer. Mais celle-ci ne lui laisse « même pas le temps de désirer ses jambes » ; et celle-là, tout de suite, « rabat le rideau de fer sur son plaisir » à elle, n'offrant à son amant « qu'un corps à porter au rouge » : après

---

12. Né à Paris en 1936. *Journal de bord* (Oswald, 1961). *Journal de bord* (Action poétique, 1962). *Papiers d'identité* (Oswald, 1966). *L'Apprenti foudroyé* (Oswald, 1969). *Pourquoi tu pleures, dis, pourquoi tu pleures ? Parce que le ciel est bleu. Parce que le ciel est bleu* (Oswald, 1972).

l'amour « elle le quittera plaquant deux baisers fraternels sur ses joues grises. Il retrouvera la rue Glacé. Un peu plus solitaire. La pluie empêchera les passants du dimanche de se retourner sur lui ».

L'appel de Franck Venaille pouvait-il être entendu, son désir satisfait ? Au fond, dit-il, « à toutes nous demandions d'être un instant notre mère », car « je crois bien » — précise-t-il — « que l'on voudrait même retourner dans le ventre de sa mère ».

Ce rêve impossible du retour à la mère est renforcé chez Franck Venaille par le refus de s'identifier au père. On voit bien que l'érotisme aussi, avec ses tristes fêtes, a besoin d'un « supplément d'âme ». A défaut, il reste à dépasser un peu, en imagination, la stricte réalité :

la chambre ressemble alors à une soute de cargo traversé par des mouettes…

Et la poésie pessimiste et nerveuse de Franck Venaille soudain s'éclaire, secrètement.

POÉSIE S.O.S.
Pierre TILMAN

Pierre Tilman[13] est « attentif au bruit des carrefours ». Il habite une ville aux « façades de verre et de métal ». C'est un homme de notre temps — mal résolu à oublier le jeune homme qu'il fut. Il lit les petites annonces, désappointé par ce monde du fric, jette un coup d'œil au compteur, va au cinéma, le regrette un peu — toujours le napalm —, marche dans les rues, poèmes en tête, regarde les vitrines, les filles, surprend de monotones conversations.

Un peu romantique. Son Musset ? Ginsberg ! Il ne croit pas à grand-chose ; il entretient un désespoir fidèle.

(…) *je traverse les déserts en jouant du saxophone*
ou plutôt je laisse tomber mes doigts dessus
déjà à moitié suicidé (…)

---

13. Né à Salernes, Var, en 1944. *Espace étranglé*, ill. Max PAPART et Jean-Pierre LE BOUL'CH (Paris, H.C., 1967). *La Flûte de Marcus* (Chambelland, 1968). *L'esclavage n'a pas été aboli* (Chambelland, 1970). *Scénario* (Paris, H.C., 1971). *Hôpital Silence*, ill. Jean-Pierre RAYNAUD (Paris, H.C., 1972).
Pierre TILMAN est aussi l'auteur d'œuvres de « poésie visuelle » : boîtes de poèmes, objets en matière plastique, tissu ou bois, rubans, sérigraphies, multiples.

Et pourtant, il tient à la vie, engagé dans l'existence par les pulsations du désir, attiré par ce qui bouge, irrite les nerfs, pousse l'émotion. Il se sent solidaire de ses frères, de sa génération, de l'humanité, sans illusions, sans enthousiasme, comme ça. L'œuvre de Pierre Tilman s'ouvrait, avec les premiers vers d'*Espace étranglé,* sur un appel au secours :

je parle pour l'enfant perdu dans la mollesse
fond de teint velouté à tuméfier
bon pour les avalanches les S.O.S.

Sur quoi débouchera-t-elle ?

(...) *Maintenant on distingue une troupe qui se déplace. A leur harnachement de gestes et de paroles on reconnaît les hommes. Ils s'avancent à travers les racines mortes et les racines vivantes. On les croirait indifférents réglés par une ordonnance rigoureuse pourtant chacun vibre à l'intérieur selon ses propres croyances. Chacun hésite entre le piétinement et la glissade le long des pentes élastiques. Leurs femmes au sexe lourd les énervent par des regards continus. Sans ce vent qui souffle à ras de terre de plus en plus aigu peut-être entendrait-on l'un d'eux préciser le terme du voyage ou supplier : on ne déchire tout de même pas pour rien non c'est impossible. Peut-être verrait-on l'un d'eux fixer son bras tendu vers quelque chose au loin. Mais le vent les disperse. La troupe se resserre. Et passe sous le ciel blanc.*

(La Flûte de Marcus)

UNE ÉCOLE DE NICE ?

Faut-il parler d'une Ecole de Nice[14] ? Le plus remarquable, actuellement, des écrivains niçois, Jean-Marie Le Clézio, n'accepterait pas la formule. Mais quelque chose pourtant s'est passé au pied du Mont Boron. Des peintres ont tenu à s'y démarquer à la fois de Paris, de New York — et (faut-il le préciser ?) de Nice. Citons Yves Klein, Martial Raysse, Arman. Ben Vautier a voulu faire de sa boutique de brocanteur un « Centre de Recherche » en relation avec le monde entier. Il a tenté, assez vainement, d'intéresser Nice à son « Théâtre

14. Sur l'« École de Nice », voir *Identités* (Directeur : Marcel ALOCCO ; rédacteur en chef : Jean-Pierre CHARLES), n° 11-12 (été-automne 1965). Le premier numéro a paru en juin 1962. N° 13-14 : hiver-printemps 1966.

Total ». Il se considère comme le « créateur de l'Ecole de Nice », s'il faut entendre par là « la branche niçoise de la grande Ecole de Klein qui se situe dans toute l'Europe ». Mais après la période 1959-1962, l'Ecole de Nice, en peinture, s'est, selon lui, restreinte à une conception trop étroite de l'art. En revanche, il parle d'une « nouvelle Ecole de Nice » qui pourrait regrouper Daniel Biga, Le Clézio, Marcel Alocco.

Bien qu'il ne soit pas ennemi d'une certaine forme de provocation, il condamne, avec l'appui de Le Clézio et de Jean-Jacques Lebel (grand connaisseur en matière de happenings) les pitreries pénibles de Pierre Pinoncelli (Attentat — culturel ! — contre André Malraux, sur qui, le 4 février 1969, Pinoncelli projette de la peinture au pistolet, manifestation « A bas le pain » à Bordeaux et à Nice, Carnaval Pinoncelli à l'occasion du Carnaval de Nice 1970, etc.)[15].

Marcel ALOCCO

Marcel Alocco[16] qualifie de roman son livre *Au présent dans le texte,* mais le sous-titre

Nous voici possédant la tornade comme
une femme un peu folle jamais venue au
rendez-vous de son amant

dit assez que ce roman est écrit par un familier de l'expression poétique.

Du roman, ce poème a surtout l'épaisseur : cent soixante pages d'écriture serrée, à raison de vingt-cinq vers environ par page, imprimés dans le sens de la plus grande largeur. L'auteur se réfère dans le texte au nouveau roman, précisément au *Vent* de Claude Simon, qui lui a « tellement plu ». S'il ne raconte pas une histoire (quel romancier s'estimant digne de ce nom oserait le faire aujourd'hui ?) il fait allusion à des choses qui se produisent, en quantité, aux intersections de l'histoire (la guerre d'Algérie) et de l'aventure individuelle. Il rend compte du bruissement de la vie. Il essaie de rattacher les fils, ou — comme il dit — les bouts de ficelle, de quelques destinées humaines. Il mêle des notations objectives au long dévidage du monologue inté-

---

15. *Pinoncelli à Sigma 5 avec « l'école de Nice »* **(Saint-Etienne, Imprimerie Lithographique, 1970. Deux mille exemplaires numérotés).**
16. Né à Nice en 1937. *Poèmes adolescents* **(Millas-Martin, 1959).** *Au présent dans le texte* **(Oswald, 1969).**

rieur et profite de l'occasion pour donner à la va-vite son sentiment sur un peu tout. Il résulte de cette accumulation de détails — détails de faits ou de pensées — une curieuse impression de vie qui cherche à s'exprimer — ou d'expression qui cherche à vivre.

On peut se demander ce qu'on perdrait en sautant telle ou telle page ou en mélangeant de temps en temps l'ordre des feuillets. Ou bien faut-il se résoudre à feuilleter les poèmes comme on fait des magazines ? Le langage, et l'homme même, sont ici en question. Et ce n'est sans doute pas de gaieté de cœur que Marcel Alocco court le risque de ne jamais achever son poème.

BEN VAUTIER, dit BEN

Ben s'est attaqué à tous les domaines de l'expression artistique : littérature, arts plastiques, théâtre, musique, cinéma. Il est, selon Daniel Biga, « une des personnalités les plus vivantes et les plus authentiques du monde artistique du geste et du comportement. Le premier à organiser des « happenings » — et des « events » FLUXUS — en France et en Europe. Un des précurseurs de l'art conceptuel. Le premier à s'exprimer par l'envoi postal ». A noter les deux idées-forces de Ben, c'est le poète Biga qui les souligne : «L'Important, c'est le nouveau » ; et « Changer l'Ego pour changer l'art et la vie ».

On ne va pas faire une thèse sur Ben[17]. Pas encore ! Et puis il se chargera bien de la faire lui-même. A force de crier qu'il est un génie, un superman, et même en y mettant beaucoup de causticité et de surenchère, il finira bien par forcer l'attention.

Ben est Dieu. En plus il est marié, il habite Nice. Il lit les journaux. La poésie l'ennuie. Il aime les calligrammes d'Apollinaire, et aussi ce qu'écrit Ginsberg — mais « les beatnicks c'est de la connerie », il faut faire mieux, il faut faire Ben. Car Ben veut être quelqu'un, et il le dit — et c'est ce qu'il a de plus important à dire. Alors il dit n'importe quoi, bille en tête, sa jalousie, son ambition, ce qu'il y a dans le journal, à la télé, ce qu'il aime, ce qu'il n'aime pas, pour être différent, pour être. Il écrit, il écrit, écrit, et il fait photographier en très gros sa signature. Il parle aussi de son sexe, et de celui des autres. Ça va ensemble. Ça charrie de tout la poésie de Ben. La vie aussi.

---

17. Né à Naples en 1935, de nationalité suisse, de langue et de mère anglaises. A publié des poèmes dans *Identités, Chorus, Dire* ou dans des revues qu'il édite lui-même (*O, Tout, Art Total, Ben doute de tout*, etc.). Nombreuses expositions.

Jean-Pierre CHARLES

Le Niçois Jean-Pierre Charles[17bis] annonce-t-il un nouveau dadaïsme ? Les paris sont ouverts.

> (…) *il cheval renâcle il cheval sue*
> *crache de l'eau*
> *un cheval n'importe*
> *lequel cheval*
> *casse des cris casse les cailloux d'eau*
>
> *tout ça parce qu'il cheval s'est trouvé là*
> *au moment de la*
> *belle inondation tu sauras*
> *on aura*
> *cheval û*
> *de tellement grands yeux tandis qu'*
>
> *un cheval renâcle un cheval sue*
> *crache de l'eau*
> *on cheval n'importe*
> *lequil cheval*
> *cricasse d'eau*
>
> (in *Identités*)

Daniel BIGA

Un bariolage un peu triste, un kaléidoscope d'observations, de confidences, de citations — propos entendus, poésie de publicité, graffiti —, en français mais aussi en anglais, en allemand, en italien. Une révolte fatiguée contre tout ce qui radote un peu trop dans le monde. Une certaine application à vivre, même dérisoirement, malgré la vacuité de l'existence quotidienne. C'est la poésie de Daniel Biga[18]. Il y a là des coups de gueule, une agressivité de pacifiste, des

---

17bis. Né en Tunisie en 1942.

18. Né à Saint-Sylvestre, près de Nice, en 1948. *Oiseaux mohicans,* livre-disque (Librairie Saint-Germain-des-Prés, 1970). *Kilroy was here* (Librairie Saint-Germain-des-Prés, 1972).

grossièretés apparentes, qui font un peu penser à Allen Ginsberg et aux poètes de la *Beat Generation*. Mais Biga est moins prédicant, moins mystique, moins grégaire. Redoutant l'ennui par-dessus tout, il se donne, dans la solitude, et comme à fleur de peau, le plaisir du poème. La poésie de Daniel Biga : un narcissisme du 20e siècle ?

Kilroy was here accentue le débraillé de l'inspiration. Tous les sujets sont bons : la chambrée des « quillards », la « sieste du chômeur », une lettre à son grand-père, un scénario de science-fiction, un avis de recherche, un pastiche de Heredia, un déballage de faits divers. Même s'il ne veut pas être « le centre du monde », c'est toujours Biga qui mène le poème, avec ses soucis au jour le jour, son émotion devant « les femmes qu'il aime toutes », de brusques — et rares — bouffées de tendresse ou d'optimisme. Il persiste dans son hostilité à une société qui présente :

> (...) *Le visage réel de la force brutale*
> *le visage réel de la propriété la plus privée* (...)

Biga, en proie au social, est toujours en proie à lui-même, refusant de se laisser enfermer dans son identité, et pourtant ramené sans cesse aux limites trop souvent constatées.

> *anarchiste dérisoire sans doute irrécupérable bisexuel non déclaré*
> *je vis dans une mansarde sans eau ni gazon, dans mes rêves*
> *je pète dans les bureaux des V.I.P. des bombes qui n'explosent*
> *jamais Je vis de peu caché et pas content inquiet*
> *de comment sera ma mort et ma vie d'ici-là*

Il s'exalte dans une dénonciation tous azimuts (« V comme Vietnam V comme voiture »), non sans se moquer de son côté redresseur de torts.

> (...) *Comment voulez-vous envisager clairement la situation ?*
> et faire l'analyse objective d'une situation concrète
> *tu parles ! Pédale et circule Virgule* (...)

La distorsion entre les contraintes imposées par notre monde et les besoins, les rêves humains, incitent le poète à s'interroger, sans illusions mais avec peut-être encore un peu d'espoir, sur les perspectives d'une société qui saurait dépasser ses contradictions ainsi que les conflits propres à l'individu.

> (...) — *mais là encore et toujours*
> *qu'aurait proposé une société marxiste psychanalysée ?*

ADOLESCENCE AUJOURD'HUI
Dominique TRON

Dominique Tron[19] ne tire plus la langue pour écrire. Il a bientôt quinze ans quand ses *Stéréophonies* sortent des presses des éditions Seghers. Il vient tout juste d'entrer en première au lycée Saint-Charles de Marseille.

Ces poèmes, Dominique Tron les compose dès le début de l'adolescence. L'enfance toute proche est spontanément évoquée. Les noms d'Agadir, de Casablanca, de Marseille jalonnent ses souvenirs. Il parle du jeu de billes, et des cow-boys à l'âge où l'on peut découvrir Rimbaud et Maldoror.

Un adolescent — par opposition au titre de Mauriac : un adolescent d'aujourd'hui. Dominique Tron décrit ce qu'il découvre par le hublot de l'avion, il rêve et il écrit sur fond de rock'n roll et de negro spirituals, des photos de pin-up accrochées aux murs de sa chambre. Nous sommes bien à l'ère du bikini et de l'électrophone. Ce ne sont plus les hortensias mais les réfrigérateurs qui sont bleus. Les filles, on les rencontre tout naturellement à la piscine. On boit du pschitt orange et du pschitt citron. Et si l'on fume, c'est Fontenoy, « la cigarette de l'homme moderne ». Il est trop tôt pour condamner les sociétés de consommation, mais il n'est pas trop tard pour barioler ses poèmes de leurs slogans.

Un adolescent d'aujourd'hui, Dominique Tron l'est encore (gardons le présent — la poésie ne vieillit pas) par les influences littéraires qu'il reçoit. Il sait utiliser, suivant les suggestions d'Apollinaire et des grands magazines, les ressources de la typographie. Il présente en même temps plusieurs voix. Il ne se soucie pas trop du sens et s'enchante des jeux lettristes, citant (sans doute d'après le *Panorama* de Jean Rousselot) la *Danse de lutin* de François Dufrêne (« Dolce dolce. Yaâse folce, Dolce, dolce, Yoli, deline »), placardant à côté du pylône d'un téléphérique, dans « le murmure d'un baiser » ou d'un sourire, cette strophe ingénieuse :

Phonographongola
catageot dlavotage
album casinogond
adaman catagui

---

19. Né à Bin el Ouidane (Maroc) le 11 décembre 1950. *Stéréophonies* (Seghers, 1965). *Kamikaze Galapagos* (Seghers, 1967). *La souffrance est inutile* (Seghers, 1968). *D'épuisement en épuisement jusqu'à l'aurore, Elisabeth,* oratorio autobiographique suivi de *Boucles de feu,* mystère (Seghers, 1968).
De la Science-fiction c'est nous, à l'interprétation des corps (Eric Losfeld, 1972).

Il répète « allumette allumette » (mots bien rangés dans la boîte), ou « métro métro » (mots qu'il lance sur quatre lignes comme quatre rames de quatre voitures chacune). Nul doute que l'idée ne vienne d'Aragon : « persiennes persiennes » ! C'est aussi à la manière de ce poète que Dominique Tron fait tourner le moulin à rimes. Quant aux images, elles doivent beaucoup à ce que nous ont enseigné de plus précieux les poètes du vingtième siècle. Depuis André Breton il y avait « une machine à coudre dans la craie de l'école ». Grâce à Dominique Tron, « dans la machine à laver il y a une grande romance ».

Mais cet adolescent d'aujourd'hui est surtout un adolescent de toujours. Il aime que sa propre voix lui rapporte en écho le nom de ce qu'il aime. Il cherche dans sa nostalgie à dessiner son futur. Il donne forme aux désirs qui viennent d'éclore. Cet érotisme verdoyant — « mets la plus belle palme de palmier entre tes seins » — promet aux premiers poèmes de Dominique Tron une longue et heureuse jeunesse. Ici l'adolescent ne s'astreint pas à la poésie quand il n'en a pas vraiment envie (cet effort ne sera que trop visible dans *Kamikaze Galapagos*). Il est poète, tout simplement parce qu'il veut exister. Cette naissance de l'homme, dans l'écriture, force l'attention. On saura gré à Elsa Triolet d'avoir reconnu la qualité essentielle des poèmes du tout jeune auteur qui sollicitait d'elle une préface : « ce qui me touchait le plus dans ses vers était l'expression de son âge à cet âge même »...

IV

MYTHES POUR LES RÉALITÉS D'AUJOURD'HUI

Pierre DELLA FAILLE

Pierre della Faille[20] cherche à se placer au point de vue de l'autre, à se faire autre. « Je est »... ingénieur nucléaire, employé derrière son guichet, chauffeur de poids lourd. Si bien que, quand le poète dit *je*, même sans précision d'état civil ou de profession, on n'est jamais tout à fait sûr que ce soit pour son propre compte. Inversement, quand Pierre della Faille écrit *il*, c'est sa propre personnalité, autant que celle de l'autre, qui s'exprime.

Un poète se tient rarement dans les limites du réalisme. Certes, on sert aux routiers « le steak-maison, plein de moutarde, avec un seau de pommes et du rouge à ras-bord ». Pierre della Faille, rejetant le vague à l'âme comme anachronique, attache beaucoup d'importance à la précision du langage. Mais si l'émotion, le plus souvent, reste étroitement liée à une impression physique (« la couture de ton bas qui déraille »), l'imagination à partir de là s'élance, se donne libre cours : — « Car j'ai le droit d'affirmer sans preuves une émotion de vitre à l'affût d'un merle transparent ». Et même, Pierre della Faille aimera, sans système cependant, sans glissement de l'invention au procédé, donner à l'image, d'entrée de jeu, la force d'un fait brut, avant de livrer le détail concret qui a pu provoquer l'inspiration.

---

20. Né à Anvers en 1906. *Regarde l'eau noire* (Bruxelles, La Cigale, 1953). *Migrations* (Caractères, 1955). *Sa Majesté l'Ecorché* (Caractères, 1956). *Volturno* (La Tour de Feu, 1958). *L'Homme inhabitable* (Grenoble, Parler, s.d. [1961] — 2e éd., augmentée, La Fenêtre Ardente, 1961). *Autopsie de Sodome* (La Fenêtre Ardente, 1964). *Le Grand Alleluia* (La Fenêtre Ardente, 1966). *Mise à feu* (Robert Morel, 1968). *Les Grands de l'Obscur* (G. Puel, le Bouquet, 1970). *L'Homme glacial* (Jean-Luc Vernal, 1970). *Requiem pour un ordinateur* (Robert Morel, 1971).
A consulter : Jean-Luc VERNAL, *A l'est des Pharisiens*, une interview de Pierre della Faille (Bruxelles, J.-L. Vernal éd., 1970).

RIRE JAUNE

J'exerce un droit de regard sur les voitures qui transportent les morts, et j'interdis aux chevaux de regarder en arrière.

J'exerce aussi un droit de regard sur les guenons sans poils autour des yeux. Elles sont mes compagnes modestes, et elles ne se retournent pas sur les femmes que je salue par centaines.

Pourquoi se retourner si, à mes heures de loisir, je vends des rétroviseurs, seulement des rétroviseurs tronqués, qui donnent un air idiot à tous ceux qu'on dépasse.

(L'Homme inhabitable)

Pierre della Faille, à qui on demandait de se définir, a répondu : « Un homme parmi d'autres, qui essaye de formuler ce que tout le monde sent ». Mais comprendre un poète, c'est toujours dépasser les significations habituellement retenues. Dans ses poèmes, où même les apparences de la prose traduisent l'attachement à la vie quotidienne, Pierre della Faille s'interroge sur ce qui se passe derrière ou devant la vitre, au fond d'un miroir qui parfois se trouble et se voile. Le merle blanc n'eût été qu'un négatif. Quelle pauvreté ! Et qu'aurions-nous pu faire d'un tel négatif ? Le ranger dans les classeurs d'un esprit mort ? Non, le merle à l'affût duquel nous restons — car nous ne le verrons jamais, si nette que soit rêvée la vitre (et d'ailleurs nous ne serons jamais une vitre) —, ce merle n'est ni blanc ni noir, il est bien (s'il est) transparent. Relisons :

L'APAISÉE

Car j'ai le droit d'affirmer sans preuves une émotion de vitre à l'affût d'un merle transparent

la couture de ton bas qui déraille où ta jambe, enfin déraisonnable, avoue

nos yeux renversés pleins de ville et de coquillage

ta couronne d'écume.

(L'Homme inhabitable)

Si Pierre della Faille part du réel quotidien et le retrouve partout, éclairé par une imagination à laquelle il donne libre cours, il a aussi le sens de l'actualité des grands mythes et ce sens donne à ses poèmes en prose, que certains lecteurs ont pu trouver un peu baroques, une dimension que leur cadre restreint ne paraissait pas appeler au départ. Un goût de la formule éclatante, hérité peut-être de René Char, rehaussait des poèmes déjà fortement imagés, mais on se laissait facilement prendre, à la lecture, à la séduction du détail. Au fur et à mesure qu'on avance dans l'œuvre, et que celle-ci s'approfondit, on saisit mieux la portée des principaux thèmes qui s'y dessinent. Notamment, on voit se préciser le personnage de Gold Archibald, autrement dit le « Grand Ordinateur », l'« Empereur des Robots », l'ennemi public n° 1. Pierre della Faille en fait un portrait qui devrait inspirer le dégoût, et il adopte, pour chanter les exploits dont nous menace son héros, un ton prophétique qui fera penser parfois à Nietzsche :

Ma face est un brasier qui dévore et mon pouvoir une soif. Qu'un joaillier taille des flammes dans mes plus beaux diamants. Heureux Celui qui voit les hommes excités pour le massacre et la conquête. Je suis Gold Archibald et voici mon décret :

Que les hommes marchent en rangs et montent à l'assaut des citadelles ! Qu'ils reculent les bornes de ma puissance et qu'on empile les morts dans mes fourgons, pour qu'ils deviennent le fumier de mes jardins ! Heureux celui dont le corps donnera naissance à une orchidée rare (...)

Je suis Gold Archibald et ma guerre est sans fin.

(*L'Homme glacial*)

On comprend mieux, à la lecture de *l'Homme glacial* ou de *Requiem pour un ordinateur,* ce que le qualificatif de baroque pourrait avoir d'injuste, s'agissant de la poésie de Pierre della Faille. A moins de le définir à la manière du poète lui-même (dans ses entretiens avec Jean-Luc Vernal). Le baroque devient alors une forme de la générosité. Il se manifeste dans la profusion. Pour le poète, il consiste à utiliser tout ce qui peut passer par la tête. Le baroque traduit ainsi l'ensemble des pulsions. Il renverse les interdits aliénants. En ce sens il est « à la pointe de l'érotisme, non tel que le conçoivent les puritains, mais tel que le définit Freud et, après lui, Marcuse ». La poésie baroque, ainsi comprise, s'engage au service de l'homme. Elle est l'occasion d'un défoulement. Elle tend vers l'orgasme et la joie. Son autre nom est liberté.

CHAPITRE XV

DE LA MÉTAMORPHOSE TRANSPARENTE AU BAROQUE MODERNE

La nécessité, pour être clair, de distribuer un livre en chapitres ne doit pas faire perdre de vue le mouvement de la vie.

Ne confondons pas histoire littéraire et entomologie. C'est beau, une bibliothèque d'insectes, mais ce n'est pas ce que nous avons voulu faire !

La thématique d'un poète est souvent fort complexe. Il se trouve aussi que l'inspiration se partage, chez un même auteur, entre des voies apparemment divergentes. Il importait, afin de nuancer l'impression que pourrait laisser la succession des chapitres, d'en donner au moins un exemple. Celui d'André Miguel nous a paru particulièrement significatif à cet égard.

André MIGUEL

Un poète qui entrait « sous les chênes avec le désir de frotter (ses) paumes aux courbures », tel fut longtemps, pour nous, André Miguel[1]. Comme Francis Ponge le parti pris des choses, le poète d'*Onoo* avait le parti pris des plantes.

Plutôt que de *donner à voir* par des rapprochements de mots inattendus, André Miguel nous *apprenait* à voir. Il fallait, pour cela, lutter contre cette « simplification pratique » de la réalité qui appauvrit notre perception, comme l'a montré Bergson, en même temps qu'elle nous dispose à l'action. Il fallait aussi se délivrer d'un certain préjugé hiérarchique qui double les classifications, scientifiques ou scolaires, d'une sorte de projection, sur la nature, de la distinction établie entre les classes sociales. Comme s'il existait en soi des espèces nobles et des espèces vulgaires ! André Miguel, attiré par tous les végétaux, parlait de l'amandier, mais aussi de l'artichaut, de la tomate, avec un beau mépris pour le préjugé du mot poétique.

L'éducation des sens ne vaudrait-elle pas le dérèglement des sens ? Il est important de découvrir que « Notre corps branchu voyage ». C'est en apprenant à voir, à toucher, à goûter, que le poète est devenu, mieux qu'un être inspiré, le « visité somptueux de la nuit » — et du jour.

A propos d'André Miguel, Bachelard parlait d'une « révolution copernicienne à la mesure de la moindre chose ». On pourrait dire en effet que la connaissance poétique ne cherche plus ici à se régler sur le sujet mais sur l'objet. Cependant c'est toujours l'homme qui prend parti, comme Sartre le rappelait à propos de Ponge. C'est par l'imagination du poète que la chèvre se transforme soudain en « eau capiteuse ». Revanche du sujet ? Poétiquement en tout cas, c'est une réussite.

Les poivrons déjà jaunes gémissaient
Moi miraculeux j'arrive
C'est le silence sourd sournois

---

1. Né à Ransart (Belgique) en 1920. *Orphée et les Argonautes* (Nice, Le Capricorne, 1949). *Pays Noir* (Gilly, Marches Latines, 1949). *Tournesol,* lithographies de VARGA (Cagnes-sur-Mer, chez l'artiste, 1951). *Infus amour* (Marches Latines, 1952). *Onoo* (Domfront, Orne, iô, 1954). *Toisons* (Gallimard, 1959). *Fables de nuit* (Oswald, 1966). *Temps pyramidal* (Fagne, 1967). *Fleuve-forêt* (Fagne, 1968). *Boule androgyne* (Librairie Saint-Germain-des-Prés, 1972).
André MIGUEL a animé la revue *Interfrance* (Malines-Paris). Un seul numéro : été 1955.
Il a fait partie avec André MALARTRE, Serge BRINDEAU, Pierre GARNIER, André MARISSEL, du comité de la revue *iô* (1re série).

Les lecteurs d'*Onoo,* de *Toisons,* auront eu du mal à reconnaître André Miguel dans *Fables de nuit.* L'apologue paraît d'abord assez fortement parodique. S'agirait-il d'un André Miguel travesti ? La cocasserie, parfois tragique, de ces *Fables* inviterait à le penser.

Dans un court manifeste, André Miguel a pris position « contre l'hermétisme et pour un antagonisme poétique, pour une anti-poésie, pour une poétique de la contradiction »[2]. Cela éclaire la nuit des *Fables,* chez un poète qui célébrait autrefois le « mystère solaire ». En effet, « la tour d'ivoire du langage-langage, la retraite dans les solitudes d'innocence herbagère et potagère ne répondent pas à ce torrent d'Or Rouge et de Verbe feu et sang qui traverse en tous sens notre temps ».

Certes, André Miguel ne s'est jamais réfugié dans l'abstrait ou l'inconsistant. Mais il a dû craindre qu'un certain goût — disons : virgilien — de la nature ne l'éloigne des conditions actuelles de l'expérience humaine.

Alors que la « méditation critique » tendait à séparer de la réalité le « verbe purement idéel » cher aux mallarméisants, une véritable « poétique de la contradiction » permettrait de retrouver la « tension », si féconde chez René Char, « entre le monde et la parole ».

« Nous assistons — déclare André Miguel — à la déliquescence de l'hermétisme, comme il y eut la déliquescence du symbolisme et celle du surréalisme ». Mieux vaut, dans la voie ouverte par Apollinaire, se heurter à la « brutalité du monde », à la « brûlante contingence ». C'est ainsi, en acceptant de « vivre la contradiction actuelle », que le poète aura une chance de rencontrer, au-delà du « dérisoire », le « merveilleux ».

Cependant, avec *Temps pyramidal,* André Miguel a paru revenir, sinon à sa première manière, du moins à sa première source d'inspiration.

(...) *Je touche une pierre froide de la maison*
Un resserrement se fait en moi
L'eau glacée d'un étang se renfle
Du corps d'une bête sans nom

Nous sommes un silence qui éclate en crinières
En élancements d'insectes en alacrités de feuilles

Et *Boule androgyne*, le grand livre de la maturité, justifiera pleinement la patiente recherche entreprise avec *Onoo*. Ici, comme en un

2. 4 pages, s.l.n.d. [1967].

paysage sereinement contemplé, se retrouvent, au plus haut point de perfection : le plaisir à la nature, l'harmonie — spirituelle et subtilement charnelle — de la communication amoureuse, le respect du langage associé au sens du plus profond mystère.

L'étang est au bas du regard
Les cèdres et les pins parlent en mots durs
Des tournesols gravissent une colline
La brume repose sur les lointains
Une vigne rouge étreint un rocher

Tu t'endors dans mon épaule
Tu t'infiltres en mon corps
Les forêts se fondent à l'infini
Une pommeraie est pleine d'énigmes rousses

(Boule androgyne)

Dans la préface de *Temps pyramidal*. André Miguel examine l'alternance, dans sa poésie, de deux courants qui semblent contradictoires. Le premier courant est celui de « la métamorphose transparente » ; il correspond à une recherche « d'unité », de « communion amoureuse ». C'est celui qui traverse *Onoo, Toisons, Temps pyramidal*. On le retrouve dans *Fleuve-forêt*. Le second courant *(Orphée et les Argonautes, Fables de nuit)* explore le « multiple », s'aventure dans l'actualité et « l'inconscient collectif ». C'est le courant du baroque moderne. Par ce besoin d'explorer et d'assumer le monde dans lequel, tant bien que mal, nous vivons, s'explique encore la collaboration d'André Miguel à la revue bruxelloise *Aménophis*[3], qui attire l'attention par son allure à la fois op' et pop'art, son humour très moderne et la qualité farfelue de sa typographie.

André Miguel accepte dans son œuvre l'alternance des deux courants — « métamorphose transparente » et « baroque moderne » — mais sans s'y résigner. Il désire en trouver la synthèse. S'il est vrai que toute pensée progresse par le Non, il faut bien reconnaître que la poésie se nourrit de contradictions, elle aussi.

3. *Aménophis* (Bruxelles). Ce « périodique trimestriel sous bandelette », animé par André MORLAIN, présente de nombreuses illustrations et « affiches » de José GOEMAERE. Quatorze numéros d'octobre 1968 à décembre 1972.

CHAPITRE XVI

LE DÉPASSEMENT DU VOCABULAIRE

La poésie est d'abord un langage autre. Un poète vise beaucoup moins à acquérir de nouvelles connaissances, ou même à exprimer avec plus de finesse des sentiments déjà éprouvés, qu'à inventer sa propre parole ; c'est à travers cette aventure qu'il espérera peut-être, par surcroît, entrevoir quelque chose d'essentiel — et d'essentiellement indicible. Aussi ne songe-t-on guère, quand on aime la poésie, à reprocher aux poètes leurs innovations dans le domaine de l'expression, leurs audaces verbales, leurs recherches formelles.

Encore faut-il qu'on reconnaisse un langage ! Le poème, c'est vrai, est tout le contraire d'un message chiffré. Les mots ne renvoient pas à des mots bien déterminés qui désigneraient, eux, des réalités précises ou des concepts nettement délimités. Mais on attend généralement que le poète se serve de mots, qu'on pourra toujours détourner de leur sens, à plaisir, précisément parce qu'ils ont un sens, ou du sens.

Sans doute craint-on aussi, devant l'offense faite aux mots, qu'il soit porté atteinte, d'une certaine manière, au sacré ; et, en même temps, que se ferment des chemins où l'éventualité persistait, pour la parole, de déboucher sur la lumière. « Car le mot, c'est le Verbe, et le Verbe, c'est Dieu », disait Victor Hugo. Car les mots, auxquels Mallarmé voulait « donner un sens plus pur », le poète voudrait les faire remonter aux sources du réel. Car ils étaient peut-être, ces mots, comme en préparation déjà, dans le travail de la Nature elle-même. « O nature, alphabet des grandes lettres d'ombre »[1]...

Mais ce qui, en poésie, nous attache au langage, nous aidera peut-être aussi à comprendre différentes tentatives de dépassement, voire de destruction, du vocabulaire et de la syntaxe. Plus nous lisons les poètes, plus il nous paraît difficile d'établir, comme on l'a si souvent fait, des coupures dans l'évolution de la poésie. Rompre avec les mots, ne serait-ce pas encore, avec plus ou moins de bonheur, s'inscrire dans la tradition des chercheurs d'absolu ? Aller à contre-courant vers le

1. Victor HUGO, *A propos d'Horace*, dans *les Contemplations.*

langage originel, n'est-ce pas rencontrer l'absence de langage ou le balbutiement ?

Nous souhaitons tout de même que les poètes tentés par cette aventure, où des tendances nihilistes se mêlent à une certaine « nostalgie de l'être », n'oublient pas trop longtemps de revenir vers nous.

LE LANGAGE PARALLOÏDRE

André MARTEL

André Martel[2] avait écrit et publié à Toulon une demi-douzaine de recueils de facture traditionnelle. Un jour, en 1949, à cinquante-six ans, il a fait autre chose, sans idée préconçue. C'était le *Poéteupote*.

Par le paralloïdre des çorfes,
Bralançant les réticences des tamériaux,
Les cimentectes ont babellisé les lapincags,
Les génieurs ont travelardé les honts, septlieu-
botté les valles, herculaugiacé les vafles ;
Les caméniciens ont gancémané des chimanes à
transfonter les tras, à subondir les nars,
à picarifier les nieux.
Moi, j'ai fabré un dynoème,
Avec une blange
Et un yoncrai (...)

Secrétaire des séances, jusqu'alors très écouté, de l'Académie toulonnaise, André Martel entrait soudain, de lui-même, dans une aventure à laquelle rien ne semblait le préparer, tout étonné de ce qui lui était venu sous la plume. Il fit lire en grand secret ses nouveaux poèmes à un écrivain parisien de passage à Toulon, Maurice Chapelan. Celui-ci en parla à Jean Paulhan, qui fit un signe au peintre

2. André Martel, né à Toulon en 1893. *Le Paralloïdre des çorfes* (Debresse, 1951). *La Djingine du Théophélès*, ill. Jean DUBUFFET (Saint-Maurice d'Etelan, coll. « L'Air du Temps », 1954). *Abstaral* (Toulon, « Ritme », 1954). *Gorgomar* (illustré par Olive TAMARI, Vincennes, Le Paralloïdre, 1962). *Le Mirivis des Naturgies* (illustré par Jean DUBUFFET, édition lithographique, H.C., 1963 ; reproduction en phototypie, édition du Collège de Pataphysique, 1963 ; édition typographique contenant un commentaire (Le Paralloïdre, 1963). *Initiation au paralloïdre* (in *Bizarre*, 1er trimestre 1964). *Cantode du Lobélisque* (Daily-Bul, 1969).
La Fontaine n'est pas un imbécile (Paris, Le Soleil dans la tête, 1960).

Jean Dubuffet, lequel devait un peu plus tard illustrer *le Mirivis des Naturgies.* Entièrement écrit dans la veine du *Poéteupote,* le recueil *le Paralloïdre des çorfes* retint l'attention d'Albert Dauzat. Celui-ci dans un article du *Monde* (1er août 1951) parla en effet du « *langage paralloïdre* à la mode d'André Martel ». L'expression plut au poète. Il la garda.

Charles Bruneau a été amené lui aussi à s'intéresser aux créations lexicales d'André Martel. Il en a traité dans *Vie et langage* (1952). Etienne Souriau a fait allusion aux recherches de Martel dans la *Revue d'esthétique* (janvier-mars 1965). On a parlé de notre poète dans la revue *Bizarre,* mais aussi dans les *Annales médico-psychologiques* (Masson édit., janvier 1963) où le Professeur Jaroslav Stuchlick, de Prague, a étudié les « néomorphismes dans la langue dite poétique ». Robert Escarpit, dans une nouvelle de son *Fabricant de nuages*, présente André Martel avec une gentillesse amusée.

Qu'est-ce donc que le langage paralloïdre ? Un langage parallèle, un langage à côté du langage usuel, mais de forme *(oïde)* plus rugueuse sans doute *(r),* et ne laissant pas d'inquiéter par son caractère tentaculaire *(hydre).* Cette explication fut donnée par André Martel au Centre International d'Etudes Esthétiques devant Michel Eristov Gengis-Khan et en présence de Jacques-G. Krafft. Le Martélandre, « papapafol du paralloïdre », donne lui-même aux circonstances de ces déclarations la précision d'un acte notarié, comme pour s'assurer la propriété de sa découverte.

Le principe pourtant n'est pas entièrement nouveau. En citant en épigraphe de son *Paralloïdre* un passage de *la Traversée du miroir* de Lewis Carroll, André Martel révèle une des origines de cette aventure du langage : « La question est de savoir, dit Alice, si vous pouvez faire que les mots signifient tant de choses différentes ». Le langage du Paralloïdre n'est évidemment pas sans rapport avec celui de *la Chasse au snark.* On se rappelle aussi les *Mots-Déluges* d'Eugène Jolas, parus aux éditions des *Cahiers libres* en 1933 : « Trente fois sur la métisserie ressassez votre mouvrageade. Le malleul a resoin d'un atuit ».

Si André Martel reste discret sur ses précurseurs, il explique volontiers en revanche sa technique de création verbale.

Quelquefois, il déforme les mots comme ferait un enfant un peu simple. C'est par ce procédé de « nigaudisation », comme il dit, qu'il écrit « viénez » à la place de « venez ».

Il aime les abréviations orthographiques : « é » pour « et », « è » pour « est ».

Il pratique divers types d'agglutination. « *La terre* » devient l'*ater.* Par « bloconyme », il entend l'assemblage de plusieurs mots en un seul par simple juxtaposition : « ohahoh ! » ou « ardifeu » (feu hardi). Mais c'est surtout, semble-t-il, à l'« autosoude » qu'il tient le plus.

Deux mots sont reliés par un élément qui leur est commun, et les infrasens se mettent à graviter autour du sens principal. Ainsi *incantation* et *cantate* se retrouvent dans *Incantate, azur* et *ciel* dans *aziel* (par assimilation du *z* et du *c*).

La langue française n'est sans doute pas si usée que ne le croit André Martel, et le paralloïdre ne donnerait d'ailleurs pas cette impression de perpétuelle récréation (re-création) sans la permanence de la langue. Mais on ne saurait nier les ressources poétiques de ces inventions verbales, grâce auxquelles chaque terme du poème offre une multiplicité de sens. Si, dans *le Paralloïdre des çorfes,* la pensée directrice paraît malgré tout un peu pauvre, il y a quelque chose de plus étrange dans *Gorgomar* et dans *le Mirivis des Naturgies*.

Gorgomar est un monstre de la mer qui pourrait faire penser aux gorgones — et à Maldoror. Le poème, admirablement illustré par Olive Tamari, mais pratiquement introuvable, tiré à cinquante exemplaires, se présente comme une sorte d'épopée féroce et tendre. Il faudrait pouvoir lire dans une édition courante le récit des amours de Gorgomar. Le poulpe construit pour celle qu'il aime — et qu'il ne mange pas — un château, un donjon dans l'eau. L'épousée, prise dans un filet de pêcheur, va mourir, et il ne peut la ramener à la vie. Il édifie pour elle un tombeau de perles, de corail et de rochers. Puis on assiste à l'insurrection des sardines qui réclament à manger, soutenues par les oursins. A la fin, le mangeur est mangé...

Le Mirivis des Naturgies ? Pour expliciter ce titre, remarque André Martel, il faudrait dix mots au lieu de quatre : « le miroir (mir) merveilleux (mirifique) du visage (vis) des Surgies de la nature ». Citons au moins cette évocation des temps immémoriaux.

ANTÉLOPICUS

Engravé au primaschiste des écroules,
Geyse dans les fabules remémores,
Paléo, paléo Antélopicus des Milmilaires !

Qual fiérallant vecta cottécaille !
Vigorance de ta têtangule en fonçaflèche !
Frémillance d'orguille àton nervocodal !
Tes pharazieux enfascinaient les maragrouilles.
Des myrielles d'animaculs s'emproissaient dans ta magnétise.
Cétètoi la majœuvre de la Créate,
Paléo, paléo Antélopicus des Milmilaires !

T'avais la certe de tiendrentoi la réalise de la Perfecte Absole.
Teussavaipas qu'en succède àton existe, la chaînatisse de l'Evolucosme

s'encaminerait danleu mieuzencor du plusavant.
Povéra vanite dun monstruosus, empireur des océaniques en hun peutitemps queucèrien dans les géosoraires !

Ejordhui, tè plucune traçure d'ombrune dans l'éternabsence !
Paléo, paléo Antélopicus des Milmilaires !

UN CODE POUR CHANGER
Jean-Clarence LAMBERT

Jean-Clarence Lambert[3] n'est nullement un iconoclaste. En collaboration avec Roger Caillois, il a rassemblé les pièces les plus rares de la poésie du monde entier depuis les origines, et ce *Trésor de la Poésie Universelle,* ainsi que des « transcriptions poétiques » du suédois, témoignent assez, entre autres ouvrages, du caractère extrêmement sérieux et désintéressé de ses recherches. Jean-Clarence Lambert a d'autre part prouvé, dans *Dépaysage,* à quelle qualité de lyrisme il pouvait atteindre. Mais, comme il s'en explique dans *Code* (Thèse pour une poésie ouverte), il a senti la nécessité de réagir contre cet « usage traditionnel » qui limite la liberté de l'esprit en l'astreignant au respect de l'ordre grammatical. Dès 1953 avec le *Syllabaire,* puis en 1959 avec *Délie* (poèmes publiés ultra-confidentiellement en 1960 sous le titre d'*Aléa* et repris dans *Code*), il a fait ses premières brèches dans ce que Pierre Schaeffer appelle « le mur d'enceinte de la poésie qui nous entoure comme une citadelle ».

---

3. Né à Paris en 1930. *Fables choisies* (René Debresse, 1948). *Nue et le chant,* ill. Robert LAPOUJADE (Debresse, 1953). *Dépaysage* (Falaize, 1959). *La Fin de la ressemblance*, ill. Giani BERTINI (Pise, H.C., 1959). *Theatrum Sanitatis*, ill. Achille PERILLI (Rome, Ed. Grafica, 1960). *Aléa*, ill. Kumi SUGAI (PAB, 1962). *La Belle Noiseuse* (Le Club du Poème, 1962). *Jardin errant* (Milan, Arturo Schwartz, 1963). *Le Voir-Dit* (Ed. de Beaune, 1963). *Code* (Le Soleil Noir, 1967). *Un rêve collectif*, précédé de *Diverses activités scéniques* (Georges Fall, Bibliopus, 1968). *Blason de l'Ardèche* (Club du Poème, 1972).
Poète, traducteur des poètes suédois et mexicains, critique d'art, fondateur de la collection *Le Musée de Poche* et de la revue *Opus international,* Jean-Clarence LAMBERT entend ne pas limiter la poésie au livre et la faire éclater dans la mise en pages, le théâtre, la peinture, etc. Parmi ses nombreux livres objets, citons : *Elle c'est-à-dire l'autre,* ill. CORNEILLE (Falaize, 1957) ; *Maragenèse,* avec Rodolfo KRASNO (chez l'artiste, 1969).
Trésor de la Poésie Universelle, en collaboration avec Roger CAILLOIS (Gallimard, 1958).

Consulter : *Compagnons de route, l'œuvre poétique de J.-C. Lambert, illustrée par des artistes contemporains* (Saint-Etienne, catalogue Musée d'Art et d'Industrie, juillet-septembre 1972).

(...) *Aurore eau rare eau reine*
abîme ébène
ultime alterne
dieudive duel de loin déclive : l'aile !
L'aléa.

Le plaisir qu'il a pris occasionnellement à voir germer des mots nouveaux « au détour d'une strophe » a conduit J.-C. Lambert à la pratique systématique d'une « poésie ouverte », d'une poésie « opérationnelle », — d'une « poésie expérimentale », qui ne se limitera pas au livre mais s'étendra à d'autres activités que la création poétique au sens étroit du terme, notamment aux « activités scéniques ».

Expérimentale, cette poésie part d'une observation : celle, nous venons de le voir, d'un plaisir éprouvé. Pour comprendre une telle démarche, il est indispensable d'éprouver d'abord soi-même, ce plaisir. Si je lis : « 1. La réalité 2. Laréalité, larréalité 3. Lar Eal Ité (...) 6. L'art est alité » etc., je risque, avec mes vieilles (et même moins vieilles) habitudes de lecture, ou bien de trouver que ces jeux de mots ne valent pas tripette, ou bien que, depuis Jean-Pierre Brisset (et André Breton), ils n'ont plus tellement de quoi surprendre. Je risque de m'irriter de ces prétendues nouveautés, de cette soi-disant avant-garde, bref, de fermer le livre, de *me* fermer. Mais si je me mets à essayer, je découvre — étonné, pourquoi le dissimuler ? — que l'éther nie T, — ou que lait ternit thé, suivant le niveau de préoccupations auquel je me situe. Scie ! Tue ! Si tu... C'est contagieux. Et voici justement qu'on m'apporte le plus beau, le plus vaste, le plus doucement éclairé des paysages : l'univers Lune-Hiver (au printemps : l'uni vert).

A partir de tels coups de sonde — « c'est peut-être enfin la poésie faite par tous (les lecteurs) » écrivait Gérard Durozoi dans *Combat*, le 21 mars 1968 — on rouvrira le livre de Jean-Clarence Lambert et, après peut-être encore quelques expériences errantes, on décidera de le lire méthodiquement. Car il s'agit bien d'une méthode d'écriture et de lecture, c'est-à-dire d'une méthode pour apprendre à être — à être un homme, bien entendu. On pourra consulter Heidegger, Sartre, Jakobson ! Ce livre, ce sont les travaux pratiques de la philosophie contemporaine... On découvrira en soi, par la pratique, que changer le langage, c'est changer l'homme, et comme l'homme n'est pas au point, on se dit que, décidément, il faut lire et faire lire *Code*.

Jean-Clarence Lambert est lui-même guidé dans sa recherche par l'exemple des peintres — Kandinsky, Vasarely —, des musiciens — Stravinsky, Pierre Schaeffer, Pierre Boulez —, et naturellement des poètes. Ici la liste serait longue, mais il faut au moins nommer Mallarmé, Tristan Tzara, les dadaïstes germaniques — Raoul Hausmann, Kurt Schwiters, les futuristes italiens (Marinetti) et russes (Khlebnikov, Maïakovski), les Anglais et Américains Ezra Pound, James Joyce, Gertrude Stein, E.E. Cummings. Existe-t-il (que Claude Mauriac nous passe ce mot) des chaires d'alittérature comparée ? Ce serait indispensable à l'établissement de ce que Jean-Clarence Lambert appelle une « généalogie de la poésie ouverte », et s'il est vrai que l'éclatement du langage est une des caractéristiques fondamentales de notre temps, ce serait aussi un moyen de comprendre les hommes d'aujourd'hui, un moyen d'avancer vers l'avenir en tâtonnant un peu moins. Ce n'est pas le poète de *Code* qui invitera à s'écarter des chemins de la lucidité, mais il faut savoir que l'entrée du chemin n'est pas toujours très bien indiquée et que les éclairages habituels ne feraient que nous dérouter davantage.

On trouvera, citée dans *Code*, cette pensée du cybernéticien Norbert Wiener : « Plus le message est probable, moins il fournit d'information. Les clichés et les lieux communs, par exemple, éclairent moins que les poèmes ». Rien ne justifie mieux la méthode poétique de Jean-Clarence Lambert.

Voulez-vous savoir ? *Ou bien voulez-vous* avoir falloir lavoir y voir ?

Voulez-vous penser ? *Ou bien voulez-vous* passer pisser pousser ?

Voulez-vous ramper ? *Ou bien voulez-vous* tremper lamper en paix ?

Voulez-vous manger *Ou bien voulez-vous* changer langer ranger ?

(Code)

Ou bien ? Ou bien ? Ou bien ?

LE LETTRISME

Isidore ISOU Maurice LEMAÎTRE

Ava nelo evi nilou !

Je voulais dire naturellement : « A bas les mots et vive Isou »[4]. Mais je ne doute pas que ce tour exprime mieux l'attrait qu'exerce sur moi la poésie lettriste. On m'excusera donc, pour plus de sincérité encore, de poursuivre :

(HYMNE À ISOU)

Ava nelo evi nilou
Isou paner oler isou
Hero Manarossi Langi
Vorelli poroggi
Mnorellor foresti

Irrsi ! Irrsi ! Niouc
Halisti Miridoul
IRRSI !

---

4. Né à Botoşani (Roumanie) en 1925. (Entre autres ouvrages) — *Appendices à une dictature lettriste* (Paris, Ed. Lettristes, 1946). *Introduction à une nouvelle poésie et à une nouvelle musique* (Gallimard, 1947). *Réflexions sur M. André Breton* (Ed. Lettristes, 1948). *Les Créations du Lettrisme* (1968-1972, in *Lettrisme*, n° 1). *Défense de l'art contre les réactionnaires contemporains* (in *Lettrisme*, n° 4, 1972). *Précisions sur ma poésie et moi, suivies de Dix poèmes magnifiques* (Aux Escaliers de Lausanne, s.d. [1950]). *Quelques anciens manifestes lettristes et esthapeiristes* (Centre de Créativité, 1967). *Fondements pour la transformation intégrale du théâtre*, tome I (Bordas, 1953) ; tome II (CICK, 1970). *Les Champs de force de la peinture lettriste* (Ed. Altmann-Isou, 1964). *Ballets ciselants* (Ed. Altmann-Isou, 1964). *Introduction au Cours des créateurs* (in *Lettrisme*, 1967). *Les Manifestes du soulèvement de la jeunesse* (Centre de Créativité, 1967). *Manifeste pour une nouvelle psychopathologie et une nouvelle psychothérapie* (in *Lettrisme*, 1971). *La Création divine, la transformation récente de l'Eglise catholique et la révélation messaniaque isouienne* (Ô, n° A, 1965). Consulter : *Isou ou Introduction a une biographie créatrice*, par Maurice LEMAÎTRE (Paris, Le Cheval marin, 1954). *Dialogue Isou-Lemaître sur des problèmes d'éthique et d'organisation* (Ed. Lemaître, 1964).
Isidore ISOU a dirigé à Paris (avec Maurice LEMAÎTRE) *La Revue lettriste et hypergraphique* : un numéro en 1959. Il a animé *Arguments lettristes* : un numéro en 1964.

Sur le mouvement lettriste, consulter aussi : *Bulletin de la Recherche lettriste*, revue créée par Roberto ALTMANN, Roland SABATIER et Jacques SPACAGNA (trente-trois numéros de 1965 à 1972) ; la *Revue Psi*, animée par Roland SABATIER (quatre numéros de 1964 à 1972), la *Revue littéraire lettriste*, directeur Alain SATIÉ, tirage limité avec illustrations (vingt numéros de 1970 à 1972) ; *Ligne créatrice*, directrice Jacqueline TARKIELTAUB (sept numéros de 1971 à 1972).

Evonou amartou
Aparsi metarsa
Vivizou natiro
Elargo marizi

Manata Sapissou
Ratinou — Zou !

La forme est encore imparfaite[5] et je ne prétends pas atteindre d'emblée la maîtrise. J'avoue que je suis bien loin d'avoir rendu à Isidore Isou un hommage aussi considérable que celui qu'il a lui-même rendu à Dante, et dont je citerai, à titre d'exemple la première page.

MARBRE POUR DANTE

Enfer
Taratznpâpm Taratznpâpm Taratznpâpm
Haaa Haaa
Taratznpâpm Taratznpâpm Taratznpâpm
Haaa

Bis

gn gn yougadagora
nn nn falcafahara
tn tn janjossotora
vn vn vouffafahara
vouffafahara
vouffafahara
hâtzâ râtzâ âpâtâ râtzâ
âptâm âptâm âpâtâm tzâtzâ
âptâm âptâm âpâtâm tzâtzâ
âptâm âptâm âpâtâm tzâtzâ
âtzâ âtzâ
âtzâ âtzâ (...)

(Je regrette vraiment de ne pouvoir tout reproduire, car l'évocation du Purgatoire — *Imdâmne dâng / dâmne dâng / dâmne giaou giaou* — et du Paradis — *Jambaléée ! / gnéfléiofâh o lephâ / Jagahéée / Jéoufhâ vahééé / médiveuse* — n'est pas moins à la hauteur des circonstances évoquées.)

5. On voit par là que je ne suis pas de la maison. Un véritable disciple professerait, s'il était l'auteur d'un tel *Hymne*, qu'on n'a jamais rien écrit de plus beau sur Isou.

Si balbutiante que soit encore ma première esquisse lettriste, j'avoue que j'y ai pris un plaisir très vif et qui ne me paraît pas sans rapport avec celui que me procurent d'autres aventures plus conventionnellement qualifiées de poétiques. A qui serait tenté de rejeter en bloc de pareilles tentatives, il faut conseiller de faire l'expérience. On s'apercevra que toutes les combinaisons ne se valent pas, on corrigera — dans l'absence de sens — jusqu'à tirer du poème le maximum de ses possibilités.

Au départ, je me suis inspiré de l'exemple d'Isou expliquant que tel vers (inexactement cité d'ailleurs) de Mallarmé

Fuir, ah fuir là-bas où les oiseaux sont ivres

pouvait devenir, une fois débarrassé de ses images :

Foulfi, ah, foulfir hava hava où doandégo onquivre.

Certes je préfère Mallarmé, surtout dans sa forme authentique :

Fuir ! là-bas fuir ! Je sens que des oiseaux sont ivres...

Mais si l'on part d'une platitude quelconque, vaguement rimée, assonancée, rythmée, qu'on aura bâclée en une minute ou deux et qu'on prend cet abominable brouillon comme support d'un travail de la matière sonore dans le sens de l'expressivité, on verra le poème apparaître, tellement émouvant de beauté... par rapport à la médiocrité initiale.

Quiconque aura écrit au moins un poème lettriste (même en croyant se livrer à un pastiche) comprendra l'espèce de fascination qu'exerce cette technique de création poétique. On n'est jamais arrêté par la banalité ou le manque de retentissement des concepts. Cette expérience du poème est encore une expérience de la liberté.

Cependant, si l'on n'a pas à craindre l'image fanée ou l'idée courte, on pourrait redouter de se laisser enfermer très vite dans la routine des associations de lettres éprouvées. C'est pourquoi l'on comprend qu'Isidore Isou, Maurice Lemaître et leurs amis aient pris soin de répertorier les lettres des différentes langues, de noter aussi distinctement que possible les sons des différentes voyelles et consonnes, françaises et étrangères, créant de nouvelles lettres (traduites par des nombres) pour exprimer des bruits de bouche variés — de l'aspiration(1) au sifflement (19), au vomissement(57) et à la voix de tête(58), en passant par le gargarisme(9), le pètement(15) et le rot (50).

Se servant d'une « gamme » très sérieusement établie, les poètes lettristes, en même temps qu'ils apportent une contribution non négligeable à l'étude des moyens d'expression phonétiques, se prémunissent contre le risque de monotonie.

Ils se montrent également soucieux de varier le rythme et le ton, notant, comme le montre Maurice Lemaître dans son *Sistem de Notasion pour les lettries,* « la durée absolue ou relative des lettres, des silences et des forces d'émission ».

Les poèmes lettristes, c'est vrai, ne sont pas toujours, dans leur présentation typographique, d'un aspect très engageant. La notation des sifflements et claquements de langue, celle des pauses, celle encore (comme dans *la Guerre*[5 bis]) des diverses voix (basse, baryton, ténor) qui composent la symphonie, constituent un obstacle au plaisir de lire. Mais nos lettristes rappelleraient que la difficulté d'une partition n'enlève rien à la beauté d'une œuvre musicale. N'oublions pas que ces poèmes sont destinés à être dits, exécutés, entendus. Peut-être cette *Villanelle* de Maurice Lemaître[6] sur un thème d'Aristophane, dans laquelle on pourrait voir quelque chose comme l'*Au clair de la lune* de la poésie lettriste, éveillera-t-elle des vocations d'interprètes (elle le mériterait) :

VILLANELLE A L'OISEAU

(Pour regarder la feuille à l'envers)

é poy é poy é poyèl
goli goli goli gô
kyussoik kyussoièl

lollé bolli bolli bèl
dlandéri dlandérigô
é poy é poy é poyèl
kyassoièl oièl
sülloi éboigô
kyussoik kyussoièl

kliyô kliyô kliyô zèl
zoli zoli zoli kô
époy époy époyèl
slassoi slassoièl
cumay sürsorigô
kyussoik kyussoièl

5bis. *La guerre,* première symphonie lettrique, in *Introduction à une nouvelle poésie et à une nouvelle musique* (*op. cit.*).
6. Voir bibliographie, p. 512.

C'est un peu grêle, imitatif, mais il faut avouer que ce n'est pas non plus sans charme. Une page d'anthologie qui en vaut bien d'autres ! Quelle que soit la valeur musicale de tels vers, on pourrait se demander cependant pourquoi les poètes lettristes renoncent systématiquement à d'autres moyens d'expression poétiques. Jean Royère définissait la poésie par les retours de sonorités et les décalages de sens. Il semble que les poètes lettristes aient raffiné comme à plaisir sur les aspects les plus formels de l'école musiciste. S'ils ne disent plus, comme Jean Royère, que « la poésie est création verbale, rien de plus », c'est que le mot, selon eux, n'a plus rien à dire. Mais comment les croire ?

On relève chez les poètes lettristes un souci évident de prendre place dans l'histoire de la poésie, de se situer dans une évolution esthétique, un goût très prononcé pour la justification théorique, appuyé sur une connaissance très riche de la poésie qui les a précédés et qu'ils ne renient aucunement, ainsi qu'une volonté forcenée d'affirmer leur totale originalité.

D'une part la culture et le besoin d'argumenter invitent à se trouver des précurseurs, d'Aristophane :

Epopopoï popoï,
popopopoï popoï…
Trioto, trioto, totobrix…
Kikkabaü kikkabaü
Torotoro — torolililix !

(Chœur des *Oiseaux*),

à Victor Hugo :

Mirlababi surlababo
Mirliton ribon ribette
Surlababi mirlababo
Mirliton ribon ribo

(Les Misérables),

en passant par les auteurs anonymes des comptines de notre enfance :

Am stram gram
Pic et pic et colégram
Bour et bour et ratatam
Am stram gram
Pic !

D'autre part, l'ambition de réaliser l'invention absolue conduit, avec une grande violence polémique, à nier les influences subies. On lisait dans la revue *Ur (Cahiers pour un dictat culturel,* directeur Maurice Bismuth-Lemaître !) : « Personne avant Isou n'a écrit de poème lettrique. Ni le javanais de Ghil, ni le langage Zaoum de Khlebnikov (ce mot de langage !...) ni le « degré 4 » de Marinetti, ni les mots-porte-manteaux de Lewis Carroll, ni les mots nouveaux d'Artaud ne peuvent être retenus comme des composés de lettres ayant chacune une valeur en soi »[7]. En 1967, Maurice Lemaître, dans *le Lettrisme devant dada,* souligne les titres de gloire qu'Isou lui-même se reconnaît (avoir été le premier à consacrer un ouvrage théorique à la pure poésie phonétique, le premier à la cultiver pour elle-même, le premier à y croire, etc.) Il entreprend de démontrer, références à l'appui, que le « Zaoum » de Khlebnikov, de Kroutchenykh, de Maïakovski disloque la syntaxe mais augmente le vocabulaire, bien loin de le détruire, et que les rares poèmes à lettres qu'on croit trouver aujourd'hui chez Khlebnikov ne prennent signification que par Isou et Lemaître. Les lettristes ne doutent pas qu'ils soient les seuls à pouvoir marquer les limites d'un mouvement qu'ils seraient les seuls aussi à comprendre. Maurice Lemaître veut encore démontrer que Dada n'est pas, à la lettre, le précurseur d'Isou. Il y a bien quelques lettres pures ici et là, mais entourées de tant de mots !

Faut-il affirmer comme le fait Jean Rousselot dans *Mort ou survie du langage ?* qu'« Isidore Isou et ses amis ont eu, en vérité, des milliers de prédécesseurs », continuer, avec Noël Arnaud, à allonger la liste des « petits précurseurs » du lettrisme ? Ou se laisser impressionner par le ton polémique d'Isou et Lemaître et leur ardeur à se mettre en avant ? Si, avant eux, les textes d'apparence lettriste avant la lettre sont pris dans un contexte de mots, il faut bien reconnaître aussi que nos poètes n'hésitent pas à orienter, par des moyens traditionnels, l'imagination des lecteurs ou auditeurs. Les titres, souvent fort expressifs, le montrent assez clairement. Ainsi, chez Isou : *Lances rompues pour la dame gothique* ou *Rituel somptueux pour la sélection des espèces* (« guianne ! liquidanne liquidanne barre »...) Ainsi, chez Lemaître, la *Villanelle* citée plus haut, ou le *Combat d'Herpès et du Tripan bleu.* De plus, le mot n'est pas toujours absent des poèmes proprement dits :

(...) *Cathédraal dagallall*
fal. Galaline
Linne. Sialéline
fal, coatégoal

---

7. *Ur,* n° 1, décembre 1950, p. 12.

touff — toxine !
touff — toxine !
Glatigall, nontygall, plamigall
plamigall

(Isou)

Il arrive même qu'on puisse le regretter :

Sin Fès étrué kü né BU chelèvré SIN
Non BRI. etc.

(Lemaître)

On aimerait mieux que le poème, ici, n'ait rigoureusement aucun sens.

Une chose nous gêne encore chez les lettristes. C'est le décalage entre leur prétention révolutionnaire et le caractère ambigu de leurs positions politiques. Sur quoi débouchent la force agressive et la révolte qu'exprimait un film comme le *Traité de bave et d'éternité* d'Isidore Isou, ou la reconnaissance de Maurice Lemaître à l'égard de Tristan Tzara ? Le « mouvement lettriste » cherche à se prolonger dans le « front de la jeunesse » puis le « soulèvement de la jeunesse » et à étendre son action « dans les domaines de l'enseignement, de la monnaie et de la banque, de la planification ». Isidore Isou a écrit un *Traité d'Economie nucléaire,* une *Théorie nucléaire de la Monnaie et de la Banque,* etc. Avec le mélange d'humour et de mégalomanie qui caractérise nos deux auteurs, Maurice Lemaître présente Isou comme « l'un des plus grands économistes de tous les temps ». Maurice Lemaître, candidat, réputé fantaisiste, aux élections législatives en mars 1967, se félicite que son mouvement ait été le premier à réclamer la démocratisation de l'enseignement par la diminution des années d'études, le but de l'enseignement étant, selon lui, de permettre l'accès le plus rapide possible aux postes les mieux rémunérés. « La poésie étant un *luxe* » — déclare Isou, qui n'hésite pas à faire l'éloge du *fric* — « devrait être (...) l'œuvre des gens luxueux ».

Isou est émouvant quand il évoque les cris des « Juifs égorgés » et compose, dans un art à lui, cette prière :

chema israélle barouh adonaî
israelle Kidischanou
israelle barouh mitzwotaî
wetziwanou... wetziwanou... wetziwanou...

Pourquoi faut-il qu'il soit repris par une certaine dureté conservatrice, cachée sous les apparences de la révolte, et par un certain formalisme ?

---

6. Maurice LEMAITRE, né à Paris en 1926. Entre autres œuvres :

DIVERS — *Le Film est déjà commencé ?* (cinéma : production Lemaître, 1951 ; en livre : Ed. André Bonne, 1952). *La Plastique Lettriste et Hypergraphique* (Caractères, 1956). *Carnets d'un Fanatique*, tracts, lettres, documents du mouvement lettriste de 1950 à 1961, 2 tomes (Centre de Créativité, 1960-1962). *La Danse et le Mime ciselants* (Jean Grassin, 1960). *Le Temps des Assis* (Jean Grassin, 1963). *Canailles*, automonographie supertemporelle, œuvres plastiques de 1950 à 1968, 2 tomes (Centre de Créativité, 1964-1968). *Le Théâtre dadaïste et surréaliste* (Centre de Créativité, 1964). *Au-delà du déclic*, album de photos lettristes (Centre de Créativité, 1965). *Le Boudoir de la Philosophie*, adaptation théâtrale lettriste d'après le Marquis de Sade (Centre de Créativité, 1965). *Chorées surprenantes*, ballets lettristes (Centre de Créativité, 1965). *Kréach ou le Phare de l'Homme-Colombe*, théâtre (Centre de Créativité, 1966). *L'Amour en français*, sketch (Centre de Créativité, 1966). *Le Théâtre expressionniste allemand* (Centre de Créativité, 1966). *Entrée libre ou de Gaulle et le sexe* (Centre de Créativité, 1967). *Le Lettrisme devant dada et les nécrophages de dada* (Centre de Créativité, 1967). *Le Théâtre futuriste italien et russe* (Centre de Créativité, 1967). *Les Aventures d'El Momo*, bande dessinée (Centre de Créativité, 1968). *L'Ascension du Phénix M.B.*, théâtre (Centre de Créativité, 1969). *14 + n pièces de théâtre* (Centre de Créativité, 1970). *Le Lettrisme dans le roman et les arts plastiques*, devant le pop-art et la bande dessinée (Centre de Créativité, 1970). *Note sur votre bonheur* (Centre de Créativité, 1971). *La Psychokladologie*, une nouvelle psychopathologie et une nouvelle psychothérapie (Centre de Créativité, 1971). *Les Existentialistes*, roman à faire, 2 tomes (Centre de Créativité, 1971-1972). *Le Ballet du Cerveau* (Centre de Créativité, 1972). *Toujours à l'avant-garde de l'avant-garde jusqu'au Paradis et au-delà* (Centre de Créativité, 1972).

POÉSIE-MUSIQUE — *Bilan lettriste* (Richard-Masse, 1952). *Qu'est-ce que le lettrisme ?* (Fischbacher, 1953). *Œuvres poétiques et musicales lettristes, hypergraphiques, infinitésimales*, œuvres de 1950 à 1965 (Centre de Créativité, 1965). *Concert Lemaître* (in *Lettrisme*, n° 6, sept.-oct. 1965). *Meeting* (Lettrisme, n° 11, juil. 1970). *Deux poèmes qui viennent du cœur* (in *Lettrisme*, n° 15, oct.-nov. 1970). *Poèmes et Musique lettristes*, trois microsillons 45 t. (in *Lettrisme* n° 24, août 1971). *N'importe quelle œuvre lettriste* (in *La Revue Musicale*, n° 282-283, 1972). *La Lettre et le Silence*, poèmes 1950-1965, disque 33 t. Saravah, SH 10 027, 1972).

Principales revues lettristes publiées à Paris par Maurice LEMAÎTRE, et où l'on trouve poèmes, manifestes, interventions, écrits divers :
— *Ur*. Première série : trois numéros de 1950 à 1953. Deuxième série : sept numéros de 1963 à 1967, tous H.C. et illustrés par vingt-cinq artistes lettristes.
— *Poésie nouvelle*, dirigée par Maurice LEMAÎTRE et Marcel BEURET. Dix-sept numéros de 1957 à 1962.
— *Front de la jeunesse*. Première série : un numéro en 1950. Deuxième série : douze numéros de 1955 à 1956. Troisième série : onze numéros de 1965 à 1970. Quatrième série : trois numéros parus en juin 1972.
— *La Lettre*. Première série : dix-huit numéros de 1962 à 1964. Deuxième série : dix-huit numéros de 1966 à 1968.
— *Lettrisme*. Première série : quatorze numéros de 1964 à 1967. Deuxième série : un numéro en 1968. Troisième série : vingt-huit numéros, de 1969 à 1971.

LA MÉTAPOÉSIE
ÁLTAGÕR

Áltagõr[8] tient à distinguer très nettement, du lettrisme d'Isou, sa propre métapoésie.

Entre les deux auteurs, la paix n'a jamais été conclue. Isou professe qu'« Il y a entre Isou et Áltagõr le même rapport qu'entre Racine et... Ferdinand Lop ». Áltagõr réplique : « La Métapoésie est au Lettrisme ce que la musique de Bach (...) est à un boumboum de brasserie »[9].

Isou rappelle qu'il est l'inventeur de la formule, arguant du fait qu'Áltagõr n'a « presque rien publié », suggérant que celui-ci n'a pas établi avec franchise la chronologie de ses recherches. Áltagõr est bien obligé de reconnaître à Isou, qui a publié un gros livre sur la question, chez Gallimard, dès 1947, que celui-ci a eu le mérite d'« agiter la sauce ». Mais Áltagõr ajoute que le livre d'Isou ne prouve vraiment pas grand-chose, sinon que les mots sont composés de lettres, ce qu'on savait déjà.

La prétendue métapoésie d'Áltagõr, affirme Isou, n'est que du sous-lettrisme. « Le lettrisme — rétorque Áltagõr — n'est qu'un dada simpliste, un pseudo-primitivisme, un bruitage vocal à cadences mécaniques extrêmement pauvres, sinon un affreux amalgame de bruits mâchonnés, gargouillés, crachotés et nasillés, aux antipodes d'un langage musical pur, un misérable embryon de métapoésie ».

Áltagõr touche peut-être juste quand il voit dans les œuvres lettristes l'application d'une théorie fondée sur une étude de l'évolution de la poésie plutôt que l'expression d'un besoin organique profond. S'il est vrai que « les faux artistes travaillent dans la complication du simple, autrement dit dans l'arbitraire, alors que les vrais artistes travaillent dans la simplification optima du complexe, autrement dit dans le nécessaire », on comprendra qu'Áltagõr ait des raisons de se défendre contre l'impérialisme esthétique d'Isidore Isou.

Áltagõr insiste lui-même, dans les « arguments » qu'il adresse aux « maffias » de l'édition, de la presse, de la radio, sur l'énormité, la variété, la valeur anti-aliénante de son œuvre.

Son « poème perpétuel », *Simonia,* constitue un manuscrit de sept cents pages environ ! Les fragments qu'il réussit à faire connaître sont d'une étrange, d'une inquiétante beauté. Le poète « à la recherche des mutants » (Simonia, Talomnis, Manasfyr, Ilodis, Magarog),

8. Né à Joeuf en 1915.
9. *La Tour de Feu,* n°s 73 et 74.

marche dans la ville, s'enfonce dans la forêt lorraine de son enfance, oppose à l'Occident (« fin de l'histoire humaine ») les dieux barbares, parle de la guerre et de l'anti-cosmos, débusque l'absurde de ses fourrés, évoque la puanteur projetée sur le monde par les hauts fourneaux, avance encore dans les interminables galeries de la mine — où il a travaillé —, traverse le brouillard, l'anarchie qui gagne l'univers, la folie de la « planète-usine », la « décadence la plus ahurissante de l'histoire ». Il presse Simonia d'exister, Simonia « corps félin, cheveux fauves, front suréminent, sinueux profil, sourire à peine esquissé, marqué d'ironie et de spiritualité transhumaine », Simonia qu'il aime comme la Vérité, réellement existante et jamais entrevue.

Simonia représente l'aspect le plus classique — le côté Joachim Gasquet — de l'œuvre d'Áltagõr. Il a intégré à son poème des « symphonies parlées », et, par un superbe dépassement, s'est élevé jusqu'à la métapoésie. On peut citer — choisi par Altagõr lui-même — ce fragment d'un *Discours absolu* qui, dans la version intégrale, ne comporte pas moins de cent pages et réclame environ six heures d'audition !

— Sunx itogmire esinorsinx ibagtour
ondroé stone alfahar anbrïogté sinove adropyr séléhéré sidove ondéristol gahunr itorké sumnès adrilove andrioptal skadyr andrioptaïle silénorsije olbor iménéhé stahile itarlo stée adrigour silcésorg atmije ibalonnké statove érïalubdar siménerghée toïtoïr
stradène aène astradène astradène élïorsix Tow kalidour...[10] *—*
Sunx itogmire ésinorsinx ibagtour
onéor galire a ékatéralosné
Eborika nostyr ilomé(...)

Il faut ajouter qu'Áltagõr a composé diverses « musiques plectrophoniques » jusqu'à atteindre la « musique plectrophonique Oméga ». « Après cette mutation finale, il n'y aura plus d'art *progressiste possible* ». Nous sommes arrivés à la « fin radicale des temps esthétiques ». Le règne du « cybernanthrope immortel, explorateur de l'univers et successeur de l'homme en son évolution » va pouvoir commencer.

10. Nous sautons ici deux lignes qui ne nous ont pas paru absolument nécessaires à l'intelligence du texte.

LA NOUVELLE POÉSIE PHONÉTIQUE

Henri CHOPIN

Gil J Wolman a participé au même mouvement qu'Isidore Isou et Maurice Lemaître. Il a été le premier à aller nettement plus loin que l'un et l'autre. Dans *Ur,* en 1950, alors qu'Isou argumentait longuement en faveur d'une « représentation plastique nouvelle » évidemment fondée sur la lettre, en trois pages Gil J Wolman préparait un nouvel attentat contre le langage. Isou avait détruit le mot. Wolman, annonçant un « pneumisme structurel », allait faire sauter la lettre.

François Dufrêne, à cette époque, n'en est encore qu'à perfectionner le système de notation isouien. Il ajoute douze nouveaux signes (de I à XII) à ceux d'Isou (de 1 à 19). Parmi les nouvelles possibilités : la « déglutition bruyante en bouche close » et la « déglutition bruyante en bouche ouverte ». Deux ans plus tard, en 1952, Dufrêne suit Wolman dans sa volonté de dépasser le lettrisme. En 1961, Gil J Wolman et François Dufrêne sont rejoints par Jean-Louis Brau.

D'autres recherches expérimentales, plus poussées dans le sens d'une exploitation artistique des techniques nouvelles, sont poursuivies par le Français Bernard Heidsieck[11], l'Américain (vivant surtout à Paris et Tanger) Brion Gysin, le Belge d'expression néerlandaise Paul de Vree. Ces poètes veulent être les premiers à utiliser le magnétophone comme moyen d'invention poétique.

Quant à Henri Chopin[12], qui, partageant en cela le sort de François Dufrêne, sera traité par Maurice Lemaître de « salaud » et d'« escroc du lettrisme »[13], il entend constituer à lui tout seul un troisième groupe[14]. C'est en 1955, dit-il, qu'il commence à inventorier les possibilités offertes par le magnétophone pour la « récupération des moments sonores et buccaux ». En 1957, publiés à *la Tour de Feu* ou dans la revue *Poésie nouvelle,* ses poèmes marquent surtout le souci de mettre en place des blocs de paroles bien rythmées. En 1958, le premier numéro de *Cinquième Saison*[15] fait allusion aux « essais

---

11. Né à Paris en 1928. *Sitôt dit* (Seghers, 1955). Entre autres œuvres : *Poème Partition : Exorcisme,* in revue *PSY,* 1962 ; repris in *L'Humidité* (Modène, Italie), janvier 1972. Voir aussi discographie, p. 517.
12. Né à Paris en 1922. *Signes* (TdF, 1957). *Chants de nuit* (id., ibid). *Présence* (in *Poésie Nouvelle,* n° 1, 1957). *L'Arriviste* (Hautefeuille, 1958). Voir discographie.
13. Maurice LEMAITRE, *Le Lettrisme devant dada,* p. 52.
14. Revue *Ou,* n° 33 (1967).
15. *Cinquième Saison, Revue de poésie évolutive.* Fondateur : Raymond SYTE. N° 1 : printemps 1958. N° 3 (direction : Henri CHOPIN) : décembre 1958. N° 19 : Paris, 1963. *Ou Cinquième Saison.* Revue-disque (première anthologie au monde de poésie électronique, selon H. CHOPIN). N° 20/21: 1964. Voir discographie, note 18. N° 40/41: mars 1972.

intrépides » d'Henri Chopin, le principal animateur de la revue, et marque la volonté de brusquer l'évolution de la poésie sans que soit reniée pour autant la poésie d'aînés tels que Paul Gilson, Jean Rousselot ou Paul Chaulot. Rétrospectivement, on peut retrouver dans les vers de Chopin un témoignage des préoccupations qui conduiront aux audio-poèmes : *Vibrespace* (1963), *la Fusée interplanétaire* (1963), *l'Energie du Sommeil* (1965). Mais en 1958, si l'on sent bien qu'un changement est en train de s'opérer, on ne peut guère discerner vers quoi s'oriente la transition.

(...) *L'horloge est morte*
Sans Verbe
Sang
Seul à reconnaître

je griserai
les sons
mes organes
rire génésique
du siècle fatigué

le fulgurant
est immobile
Le bougeant étonne

L'éteignoir diurne, paru dans *Poésie Nouvelle,* malgré les *u* prolongés de *chuuut,* dans un dialogue entre promeneurs, passant et haut-parleur, n'était guère plus éclairant en ce sens...

En 1959, toujours dans *Cinquième Saison* (n° 6), Henri Chopin donne un « Poème-Concret » de douze pages écrit pour une voix grave d'homme et une voix grave de femme alternées, avec martèlement du mot « peur ». La dette à l'égard d'Arthur Pétronio[16] explicitement reconnue, Henri Chopin trouve sans doute un peu vieillottes les œuvres verbophonistes, mais il accorde une grande valeur à la réflexion théorique qui les inspire. Ne sont pas davantage dissimulées les influences d'Isou-Lemaître, de René Ghil, ni celle de Schönberg — qui, dans son *Pierrot lunaire*, donne les indications nécessaires au respect de la diction qu'il a voulue, allant jusqu'à noter des chuchotements.

Dans les années suivantes, Henri Chopin précise le caractère « évolutif » de sa revue. Il fait l'éloge de Michel Seuphor, dont il a publié le poème *palpe-moi SOLEIL* et dont il découvre l'œuvre[17] dans

16. *La Verbophonie* (Cavaillon, H.C., 1955).
17. Voir, en particulier, Michel SEUPHOR, *la Vocation des mots* (Lausanne, Ed. Hanc, 1966).

l'enthousiasme. Michel Seuphor n'a-t-il pas été l'ami de Mondrian ? Entre 1927 et 1930, ne récitait-il pas dans les réunions littéraires des poèmes (« hollowighe hollowighe chutt channg (1 temps) hollowighe hollowighe ») qu'il qualifiait de « musique verbale » ?

En 1962, Henri Chopin croit pouvoir annoncer la naissance de cet « art nouveau » que préparaient déjà Kandinsky et Morgenstern (avec sa poésie phonétique), dès 1905.

En 1964, la revue, pour son numéro double 20/21, change de titre. *OU cinquième saison* se présente maintenant comme une revue-coffret contenant un disque anthologique[18]. Il est évidemment impossible de citer ces poèmes, qui ne sont pas composés pour le livre. Mais il n'est pas interdit de se servir de la parole pour tenter de traduire quelques impressions d'écoute.

Dans *Crirythme 67,* après dix ans de recherches, François Dufrêne fait entendre sur fond de cris ou pleurs les efforts de quelqu'un qui essaie, du fond de la gorge, de proférer quelque son et qui ne parvient pas à s'exprimer, — soit que l'en empêche accident ou maladie, soit que la parole ne soit pas encore apparue sur la terre et qu'il faille remonter aux origines de l'homme, soit encore qu'il n'existe presque plus rien après le grand cataclysme. Un souffle qui pourrait venir de la mer, accompagné de crépitements, vient recouvrir cette ébauche ou ce qui reste de voix.

Gil J Wolman travaille aussi dans l'angoisse avec un *mégapneume* au souffle court d'un effet très pénible à supporter. Exprimer en les amplifiant les anomalies du rythme respiratoire produit à coup sûr une gêne chez l'auditeur. Mais il s'agit plutôt d'une étude, ici, que d'un poème.

Il y a plus d'invention chez Bernard Heidsieck. Le *Poème-partition D4 P (Art poétique)* est riche de résonances. Deux textes y sont superposés. Le premier — le poète lui-même l'explique dans un long et riche commentaire[19] — a été improvisé et enregistré dans les crayères de Reims : c'est un « dialogue embryonnaire » que multiplie l'écho « dans la nuit de kilomètres de couloirs ». La voix semble se perdre — en perdant sens — dans la nuit du labyrinthe. Le deuxième texte, fait de bribes de paroles encore — mais les mots, et des bouts de

18. *1964,* n° *20/21* : Œuvres de Bernard HEIDSIECK (*Poème-partition* D4P, 1962) ; Brion GYSIN (1960) ; Henri CHOPIN (Vibrespace, 1963). *1965,* n° *23/24* : François DUFRENE (1958, 1964) ; Mimmo ROTELLA (1949-1963) ; HEIDSIECK (1961, 1962) ; Brion GYSIN (1960) ; Henri CHOPIN (*l'Energie du sommeil,* 1965). *1966, n° 26/27* : Raoul HAUSMANN (1918-1946) ; B. HEIDSIECK (1965-1966) ; H. CHOPIN (1962-1963) — *n° 28/29* : F. DUFRENE (1966) ; Paul de VREE (1948-1964) ; H. CHOPIN (*Sol Air,* 1961). *1967, n° 30/31* : H. CHOPIN (*le Corps,* 1966). *1968,* n° 33 : Gil WOLMAN (1967) ; B. HEIDSIECK (*Quel âge avez-vous ?* 1966) ; F. DUFRENE (1967) ; H. CHOPIN (*le Ventre de Bertini,* 1967).

19. *Cinquième saison,* n° 18 (1963).

phrases, restent reconnaissables — est prononcé d'une voix étudiée de récitant, d'une façon beaucoup plus calme. On distingue : « nourri noyé dans le souffle »... « se propulse »... « qu'importe et qu'en sais-je »... Bernard Heidsieck dépasse de beaucoup le niveau du simple exercice de laboratoire. Il tire parti des ressources modernes de l'expression mais ne tombe pas dans le système et ne rejette pas la parole. Il a le sens du contrepoint poétique, et l'humour se mêle chez lui à la gravité. Le *Poème-partition D4 P* donne vraiment l'impression d'une difficile épreuve souterraine où la parole est menacée mais s'efforce de survivre, de revenir au jour.

Dans un enregistrement plus récent, Bernard Heidsieck évoque une impression d'enfance — *Une poule sur un mur* —, y glisse comme par un lapsus son obsession des problèmes relatifs au langage (« Une poule sur un mur qui pérore du pain dur ») et fait brusquement suivre ce thème d'une batterie de questions du type « vous plaisez-vous à l'usine et pourquoi » — questions (d'inspiration paternaliste) et réponses (diverses) se chevauchant et se superposant. A la fin, comme en écho à la ritournelle du début : « Et puis Et puis — quel âge avez-vous ? Et puis voilà, voilà tout ».

Bernard Heidsieck est un poète. Mais qu'y a-t-il de commun entre ses compositions et celles d'Henri Chopin ? Seulement l'usage du magnétophone ?

Henri Chopin, en variant les vitesses d'enregistrement, en superposant souffles et bruits de bouche variés — de succion par exemple — obtient des effets curieux : travail d'une scierie, pépiements et chants d'oiseaux, arrivées de trains, ronflements de moteurs d'avions, sirènes de paquebots, vibrations métalliques diverses, avec accélération du mouvement, et entrée successive, un peu comme à l'orchestre, de différentes parties. Le tout donne une impression de modernité, de richesse dans l'invention, de rigueur dans l'agencement des thèmes. Mais la poésie peut-elle durablement se priver de la parole ?

Il faut avouer qu'il n'est pas commode de distinguer la poésie d'Henri Chopin de certaines formes de la musique concrète. Ilse Garnier[20] voit dans le « parler », par opposition au chant, le « résultat de processus compliqués auxquels prennent part le cerveau » (mais le chanteur se sert aussi de son cerveau), « les poumons, le souffle, les organes vocaux, les vibrations, les articulations, les voyelles » (pas de voyelles pour les chanteurs ?), « la cavité buccale, langue, palais, dents, les consonnes » (pauvres chanteurs dépossédés !)... Cela ne convainc qu'à moitié. Aussi Henri Chopin a-t-il raison d'avancer que les arts nouveaux attendent une terminologie nouvelle, et de souligner que la

20. *Les Lettres, Poésie Nouvelle*, n° 32, 2e trimestre 1964.

distinction entre les arts — poésie, musique, peinture, sculpture — n'est plus adaptée à ce qui se passe dans tous les domaines de l'expression[21].

Henri Chopin considère comme approximative l'appellation de « poésie phonétique » qui n'a eu de valeur qu'au moment où les dadaïstes Raoul Hausmann et Hugo Ball l'employaient, vers 1918. Il préfère pour sa part les termes de « poésie sonore » ou, mieux encore, de « sound poetry ».

La musique concrète, nous déclare Henri Chopin, n'est qu'une « intelligence bruitiste et souvent métallique », tandis que la poésie sonore, avec ses œuvres « proférées de bouche », constitue une « projection viscérale, physique, vivante ». De plus, la musique concrète serait en retard, historiquement, sur la poésie phonétique. Enfin le souffle, qui constitue le principe même de la poésie sonore, est « esprit et mouvement », ce qui nous conduirait bien plus loin et bien plus haut, selon Henri Chopin, qu'une musique concrète, d'ailleurs abandonnée aujourd'hui par Pierre Schaeffer aussi bien que par Pierre Henry.

La ligne de démarcation entre les genres ayant été souvent piétinée, il serait vain, sans doute, de s'attarder à la tracer très méticuleusement de nouveau. Il paraît plus légitime de se demander si ces formes d'art ne tendent pas à la destruction du langage comme le craint Jean Rousselot, argumentation solide à l'appui, dans un livre intitulé précisément : *Mort ou survie du langage ?*[22] Heureusement les après-lettristes, Henri Chopin en particulier, n'ont pas le dogmatisme, l'entêtement, d'Isidore Isou et de Maurice Lemaître. Pour Chopin, le lettrisme n'aura été qu'un jalon. S'en tenir à la lettre, c'est s'imposer une limitation. Chopin ne réclame nullement l'abolition du mot, il affirme seulement l'insuffisance de ce qu'il appelle l'« alphabétisme ».

Si l'on pense à la fois à la qualité technique et « musicale » des audiopoèmes d'Henri Chopin et au traitement que fait de la parole un Bernard Heidsieck, on est amené à attendre la naissance de grandes œuvres. Les premiers disques de la revue *Ou* constituent les incunables de nos futures bibliothèques sonores de poésie (au sens le plus large possible). Henri Chopin proclame sa foi en l'art, un art qui doit s'adresser à l'homme réel de ce temps (non plus à un homme seul), et qui doit l'aider à « vivre », à « respirer ».

---

21. Voir *Identités,* « revue littéraire », n°s 11-12 (1965).
22. Sodi (Bruxelles, 1969).

LE SPATIALISME

Pierre GARNIER

Quand on déchiffre le célèbre poème *Il pleut,* de Guillaume Apollinaire, on se retrouve enfant, le nez à la vitre, on suit la goutte d'eau, on recommence le voyage ; on éprouve des sentiments d'adulte qui se rattachent à l'enfance : *il pleut* des voix de femmes. On se souvient et on attend ; on redécouvre, enrichis, le mystère, la beauté du monde.

La pluie, chez Henri Chopin Cuvée 57, paraît à côté de cela, bien stylisée, bien pauvre ; mais cet exercice est suivi de quelques autres, dont on parlera.

p p p
l l l
u u u
i i i
e e e
q
u
i
t
o
m
b
e
s
u
r

la ville
qui grisaille la ville
qui change la ville
qui tombe sur la ville[23]

Cherchant, comme il le dit, l'union de son langage, Henri Chopin a poursuivi parallèlement des études de rythmes sonores et des recherches de présentation graphique.

23. *Présence* in *Poésie Nouvelle,* n° 1 (1957), p. 16.

Pierre Garnier[24] commençait à se plaindre de l'insuffisance du langage par rapport à son besoin d'expression. Il attacha une grande importance aux travaux d'Henri Chopin, se réjouissant de ce que, en un siècle, on ait assisté à la « destruction successive de la strophe, du vers, des mots, des lettres au profit du souffle et du rythme ». En 1963, année où il prend la direction de la revue *les Lettres,* il écrit ses poèmes spatiaux. Ici, les lettres du mot SOLEIL sont éparpillées, minuscules, dans la page. Ailleurs on trouve, en majuscules cette fois :

SOLOEILSOLAILESOLEILSOLOEILSOLAILESOL
EILSOLEILSOLEILSOLEILSOLEILSOLEILISOL
etc.

Une autre page, pour la variété, est occupée de quelques mots simples de diverses langues usuelles, indéfiniment répétés en caractères gras

blest orange amer südwind greeceandazur orange heart
amer parfum soleil diafane kennst du connais tu blest
orange jamais immer tunnel duandyou black orange blest

etc.

Ailleurs encore les mots, sur quelques lignes, sont disposés en deux colonnes. Ou bien, déportés par quelque *clinamen,* les atomes-lettres barrent obliquement la page et, lus verticalement (ou presque) comme des enseignes lumineuses, composent les mêmes expressions simples qui pourraient paraître cosmopolites mais invitent l'imagination à remonter à la formation du cosmos.

Il serait vraiment injuste de voir dans cette disposition des mots et des lettres dans l'espace un simple effet décoratif, d'ailleurs réussi.

---

24. *Manifeste pour une poésie nouvelle visuelle et phonique* (Les Lettres, n° 29, 1963). *Deuxième manifeste* (in Les Lettres, n° 30, 1963). *Poèmes mécaniques,* avec Ilse GARNIER (André Silvaire, 1965). *Prototypes, textes pour une architecture* (id.). *Poèmes franco-japonais,* avec Seiichi NIIKUNI (Coll. Spatialiste, A. Silvaire, 1966). *Othon III-Jeanne d'Arc,* structures historiques, avec Ilse GARNIER (Coll. Spatialiste, A. Silvaire, 1967). *Minipoèmes,* textes concrets pour enfants (Milan, Edizioni di cultura contemporanea, 1967). *Six odes concrètes à la Picardie* (Stuttgart, Ed. Hansjörg Mayer, « Futura 18 », 1967). *Ozieux* (*Oiseaux*), poèmes spatialistes en dialecte picard (Amiens, Ed. Eklitra, 1967). *Esquisses palatines* en collaboration avec Ilse GARNIER (André Silvaire, 1971). Disque : 8e *Poèmes phonétiques sur le Spatialisme,* en collaboration avec Ilse GARNIER et Seiichi NIIKUNI (Tokyo, Columbia records, 1971).
Spatialisme et Poésie concrète (Gallimard, 1968). La revue *Les Lettres,* fondée en 1945 par André SILVAIRE, a pris une nouvelle orientation en 1963. Pierre GARNIER en a fait la *Revue du Spatialisme.*

Sans être très neuf (Pierre Garnier en fait honnêtement l'historique), cet art typographique n'est nullement indigne d'intérêt. Mais on demande autre chose à la poésie qu'un bel album à feuilleter. Le poème aux minuscules déversées évoque en quelques signes une poussière infinie de soleils, un champ de gravitation, un crépitement de particules, un univers en expansion. La justification théorique tentée par Pierre Garnier tourne autour de telles intuitions. Mais le poète veut peut-être trop prouver : « la langue-matière ne saurait décrire. L'arbre ne décrit pas le jardin. Par contre elle est apte à « signaler », c'est-à-dire à osciller, et à inscrire un fait qui se présente en n'importe quel point de l'univers, qui donc ébranle celui-ci et la langue. La langue et l'univers croient [il faut sans doute lire : croissent] et diminuent ensemble ».

Le tableau que dresse Pierre Garnier pour comparer le spatialisme au surréalisme ne laisse pas de surprendre. On lit :

« Surréalisme	Spatialisme
Etre	Paraître
Inconscient	Matière
Ecriture automatique	Information esthétique et cosmique
....	....
Le merveilleux. Le fantastique	L'univers tel qu'il est. »

On se demande bien comment le spatialisme (ou quelque autre formule) pourrait atteindre la réalité même du monde, étant œuvre humaine. D'autre part, si le spatialisme est censé exprimer « l'univers tel qu'il *est* », comment comprendre qu'il se range du côté du *paraître* alors que le surréalisme se rangerait du côté de l'*être* ? La théorie semble ici très flottante. Il est préférable de la prendre elle-même pour un poème :

« Qu'est-ce que l'orange ? une multitude de parfums, d'odeurs, une figure rayonnante de signes, une géographie, une histoire, des millénaires de soleil, d'amertume. C'est un dessin graphique, un émetteur d'ondes, un récepteur, un O, un soleil, un empire amer et doux.

Ainsi la langue. Elle n'est pas linéaire comme le montrent les livres. Elle est rugueuse, elle est circulaire, elle fait des tourbillons (...) »

Les critiques amicalement formulées par Jean Rousselot, dans *Mort ou survie du langage,* à l'égard de certaines affirmations de Pierre Garnier, sont des plus pertinentes, Mais le poète des *Armes de la terre* et de *Synthèses* se retrouve sous le théoricien rêveur du spatialisme. Après ses investigations errantes dans le cosmos et la linguistique, il réapparaît, à la fois plus riche et plus sobre, dans *Perpetuum mobile*. Fallait-il ce détour pour revenir à une densité d'expression à la Guillevic ? On nous assure dans le prière d'insérer que « ce nouveau livre de poèmes de Pierre Garnier montre l'influence du spatialisme sur sa poésie ». On se demande comment on faisait, avant le spatialisme, pour écrire de bons poèmes courts, bien mis en pages. L'influence des théories après-lettristes et spatialistes paraît plus fortement, ou plus lourdement, s'exercer sur un poème comme celuici :

Un e *muet :*
la mer.

En français, cela peut s'admettre un instant : l'e muet constitue, comme disait l'abbé Dangeau, « une des plus grandes beautés de notre langue ». Mais la mer est-elle française ?

Pierre Garnier est autrement inspiré quand il écrit :

Le lombric glisse dans la terre —
mince colonne
dont plus tard on fit le Parthénon.

Tout ce chemin dans le temps, cette évolution, cette obscure, inconsciente progression vers la beauté maintenue dans la lumière, il fallait, pour dire cela, un poète accompli, mais la perfection du poème passe par une vérité balbutiante. Le lecteur qui aura suivi cette aventure de la poésie et qui aura pu craindre, partageant les inquiétudes de Jean Rousselot, un triomphe du nihilisme, ne manquera pas de lire les derniers poèmes de Pierre Garnier. Alors il pourra dire :

Je crois à la résurrection du langage.

LIVRE II

QUÉBEC

par Jacques RANCOURT

AVERTISSEMENT AU LECTEUR

Cet ouvrage, on le sait, s'adresse aux lecteurs de tous les pays d'expression française. Comme la poésie québécoise demeure relativement peu connue, deux priorités s'imposaient : donner une vue générale de la poésie du Québec ; expliquer par l'intérieur la démarche des principaux poètes.

A la première priorité, j'ai consacré deux chapitres d'ordre général. La poésie y est d'abord située dans le contexte historique, politique et social du Québec ; suit immédiatement une description évolutive de la poésie, situant brièvement une trentaine d'auteurs ; les uns, significatifs surtout par leur rôle dans « l'histoire » de la poésie québécoise, sont regroupés selon ce critère ; d'autres, reliés de plus près aux thèmes qu'ils ont privilégiés, seront abordés en fonction de ces thèmes. Un second chapitre portera sur un phénomène qui revêt au Québec une importance particulière : la poésie orale, vue sous le rapport de ses racines populaires et de son implication dans la vie socio-politique.

La seconde priorité m'a amené à choisir dix auteurs représentatifs des divers cheminements de la poésie québécoise depuis 1945. Rappelons qu'un des principes appliqués à l'ensemble du présent ouvrage exigeait — pour fin évidente d'efficacité — que seuls les auteurs n'ayant pas publié de recueils de poèmes avant 1945 fassent l'objet de chapitres particuliers. On m'a demandé, cependant, d'effectuer une incursion chez les « aînés » dans l'introduction : ainsi ai-je pu, brièvement, situer Saint-Denys Garneau, Anne Hébert, Alain Grandbois et quelques autres. Cette rétrospective était, je crois, nécessaire à la compréhension de la poésie québécoise, intimement liée à ses sources historiques et littéraires.

Il n'a pas été possible, enfin, de retenir les noms de tous les poètes qui auraient pu prétendre à une note ou à une étude particulières : je me suis limité volontairement à un nombre restreint d'analyses, essayant plutôt d'« approfondir » les œuvres choisies.

Au-delà des possibilités et des restrictions de la méthode que je viens de définir — et des circonstances matérielles de temps, d'espace... — j'ai voulu familiariser le lecteur avec les couloirs de la poésie québécoise, lui donner le goût de prolonger par lui-même cette introduction que je lui propose.

CHAPITRE I

A LA RECHERCHE DE L'ÊTRE PROFOND

DE LA NOUVELLE-FRANCE AU QUÉBEC

En 1760, la Nouvelle-France tombait aux mains des Anglais. Coupés de la « mère-patrie », occupée à des guerres européennes, quelque 60 000 colons français devaient prêter serment d'allégeance à la Couronne d'Angleterre. A brève ou longue échéance, une seule perspective leur semblait possible : l'assimilation au vainqueur.

Mais, à défaut d'une victoire officielle, ils imaginèrent la « revanche des berceaux » : accélérer la croissance démographique, de façon à imposer la prédominance française sur leur territoire. De la sorte, ils pourraient garantir leur survie, tant aux points de vue politique que linguistique et religieux.

C'est cet idéal que reprenait plus tard Louis Hémon dans *Maria Chapdelaine,* que Félix-Antoine Savard[1] citait dans *Menaud maître-draveur* en 1937 :

Nous avions apporté dans nos poitrines le cœur des hommes de notre pays, vaillant et vif, aussi prompt à la pitié qu'au rire, le cœur le plus humain de tous les cœurs humains : il n'a pas changé. Nous avons marqué un plan du continent nouveau, de Gaspé à Montréal, de Saint-Jean d'Iberville à l'Ungava, en disant : Ici toutes les choses que nous avons apportées avec nous, notre culte, notre langue, nos vertus et jusqu'à nos faiblesses deviennent des choses sacrées, intangibles et qui devront demeurer jusqu'à la fin.

Autour de nous des étrangers sont venus, qu'il nous plaît d'appeler des barbares ! ils ont pris presque tout le pouvoir ; ils ont acquis presque tout l'argent ; mais au pays de Québec, rien n'a changé (...)

Rien ne changera, parce que nous sommes un témoignage. De nous-mêmes et de nos destinées, nous n'avons compris clairement que

---

1. Né à Québec en 1896. *Menaud maître-draveur,* roman (Québec, 1937 ; rééd. Montréal, Fides, « Poche », 1969). *Symphonie du Misereor,* poèmes (Ed. de l'Université d'Ottawa, coll. « Voix vivantes », 1968).

ce devoir-là : persister et nous maintenir... Et nous nous sommes maintenus, peut-être afin que dans plusieurs siècles encore le monde se tourne vers nous et dise :

« Ces gens sont d'une race qui ne sait pas mourir ».

Cette persistance allait permettre de développer plusieurs traditions. Et, parmi elles, le « folklore ». Dans une société assez tranquille, la joie de vivre, comme les déboires, privilégiaient les chansons, contes et légendes folkloriques, comme moyens d'expression : « Durant les longs soirs d'hiver surtout, les villageois et les *habitants* se rassemblaient pour entendre leurs conteurs favoris redire les aventures merveilleuses, héroïques ou romanesques, des héros fabuleux d'autrefois. Le coureur-des-bois, le bûcheron à l'emploi des compagnies, le mendiant, l'idiot errant et le commerçant de bestiaux étaient souvent précédés en maints lieux de leur réputation de conteur, et on ne manquait pas de se réunir à l'occasion de leur passage périodique. On aimait même particulièrement à entendre le répertoire un peu renouvelé de ces nomades, qui prenaient d'ailleurs leur rôle comme une mission »[2].

Le poète et chanteur Gilles Vigneault perpétue cette tradition de contes où il est question d'hommes et de bêtes dans une nature immense, de femmes, de vie quotidienne, comme de longs voyages ; le tout enveloppé d'un mystère que la pudeur du conteur et celle de l'auditeur se gardent bien de percer :

Le livre que j'ai lu, je n'en sais point l'auteur
Le livre que j'ai lu n'est pas chez le libraire
Je n'en sais point le titre et fus mauvais lecteur
Et si vous le trouvez il faut parfois se taire (...)

Page vingt, page trente, un vol de corbijoux
Traverse tout le livre et s'abat sur les plaines
Pour manger des bleuets qui poussent n'importe où
Je n'en ai pas mangé depuis cinq cents semaines
A la page centième il pleut sur l'île aux foins
A la suivante un homme en marche dans la neige
Pour changer de saison il marche un peu plus loin
Mais la trace du loup est perdue et le piège

Ne ferme pas trop tôt le livre
Les fleurs n'ont pas fini de vivre (...)

(Tam ti delam)

2. Marius BARBEAU, *Contes populaires canadiens*, in *The Journal of Américain Folk-Lore* (New York, Ed. Franz Boas, mars 1916).

L'univers épique recréé par Vigneault[3], feutré par l'hésitation voulue, l'archaïsme et une certaine préciosité, correspond à la bonne santé moitié réelle, moitié mythique, du Québécois traditionnel.

Cette « bonne santé », toutefois, s'est heurtée, avec le temps, à des entraves de plus en plus nombreuses. Né dans la ferveur, l'idéal de résistance à l'étranger se transforma imperceptiblement. L'unanimité fit place à l'homogénéité. L'Eglise conservait les pouvoirs qu'elle avait acquis dans la France d'avant la Révolution. La religion, imprégnée de jansénisme, se durcissait en code restrictif. Le Canada français, bref, se repliait sur soi ; l'unité sociale première — après la famille — était la paroisse. Deux grandes règles régissaient cette société : soumission à l'Eglise et idéal de vie agricole.

On laissait ainsi l'initiative de l'industrie et du commerce aux Canadiens-Anglais. Les Canadiens-Français devaient se satisfaire, eux, des postes subalternes : « peuple de porteurs d'eau », disait-on. Pendant ce temps, coupée de la littérature française, une littérature nationale s'élaborait péniblement : longtemps, on dut la définir comme une « somme des œuvres littéraires », sans égard à des critères qualitatifs. La « préhistoire » nécessaire de la poésie a donné des œuvres naïves, mais significatives, telles, au dix-neuvième siècle, celles de Joseph-Olivier Crémazie et de Louis Fréchette, et, au tournant du vingtième siècle, celle du symboliste Emile Nelligan, le meilleur poète sans doute jusqu'alors.

Mais la « Nouvelle-France » commencerait bientôt à s'ébranler, tant « poétiquement » que socialement, grâce à l'urbanisation et à l'industrialisation.

En 1937, un « poète populaire », Emile Coderre[4], au pseudonyme de Jean Narrache, prend conscience de la misère de ses contemporains :

(...) *Lui, pens' que d'main faudra d'l'ouvrage*
Pour payer l'grôceur pis l'loyer (...)
... *Elle, a s'voit encore en famille,*
Dans la misère à pus finir (...)

---

3. Né à Natashquan en 1928. *Etraves* (Québec, Ed. de l'Arc, 1959 ; rééd. 1963). *Balises* (Ed. de l'Arc, 1964). *Avec les vieux mots* (Ed. de l'Arc, 1965). *Pour une soirée de chansons* (Ed. de l'Arc, 1965). *Quand les bateaux s'en vont* (Ed. de l'Arc, 1965). *Les Gens de mon pays* (Ed. de l'Arc, 1967). *Tam ti delam* (Ed. de l'Arc, 1967). *Ce que je dis c'est en passant* (Ottawa, s.é., 1970). *Les Dicts du voyageur sédentaire* (Yverdon, Suisse, Ed. des Egraz, 1970). *Exergues* (Nouvelles Ed. de l'Arc, 1971).

4. Né à Montréal en 1893. Principaux recueils. — *Quand j'parl'tout seul,* « Jean NARRACHE » (Montréal, Ed. Albert Lévesque 1937). *J'parle tout seul quand Jean Narrache* (Montréal, Ed. de l'Homme, 1961). *Jean Narrache chez le diable* (M., Ed. de l'Homme, 1963).

Y s'aim'nt toujours, mais sans se l'dire ;
Y s'ront comm'ça jusqu'à leur mort,
Comme un'pair' de vieux ch'vaux qui tire
Toujours att'lée dans l'mêm'brancard[5]

(Quand j'parl'tout seul)

Reflet sociologique d'une époque, plutôt que création poétique soutenue, cette œuvre nous met en présence de l'accablement et de la résignation d'un peuple, pose le problème de l'empêchement de la parole. Trop conditionné encore par la pression sociale, l'auteur ne peut utiliser le langage qu'à l'intérieur du système convenu : se plaindre, mais non se révolter (cela peut expliquer, en partie, une certaine complaisance mélodramatique de son écriture). Il en arrive, frustré, à tourner en dérision sa propre plainte.

(...) *J'ai l'cœur trop gros, j'étouff de m'taire !*
J'voudrais parler, j'voudrais parler !
Dir' que y'a personn' su' la terre
Pour me comprendre et m'consoler ! (...)

A quoi ça sert c'te kyrielle ?
J's'rais mieux d'aller pleurer chez nous,
Les pieds su' la bavett' du poêle,
Pleurer tout fin seul, pauvre fou !

(Quand j'parl'tout seul)

A la même époque, Saint-Denys Garneau[6] vit une quête poétique plus austère : il veut saisir, définir son destin. Mais un passé collectif de soumission entrave encore les possibilités d'expression et même d'existence du « moi personnel » : « Nous venions de loin à la conscience — explique le sociologue Fernand Dumont. Nous avions l'habitude d'exprimer davantage nos croyances que nos sentiments. Nous écrivions à distance de notre être profond, et nous vivions de même »[7].

---

5. On retrouvera chez Gaston MIRON la même sensation pénible de l'effort : « J'avance en poésie comme un cheval de trait ».
6. Né à Montréal (1912-1943). *Regards et jeux dans l'espace* (Montréal, s.é., 1937). *Poésies complètes* (M. Ed. Fides, « Coll du Nénuphar », 1949). *Saint-Denys Garneau* (Fides, coll. « Classiques Canadiens », 1956). *Poèmes choisis — Saint-Denys Garneau* (Fides, coll. « Bibliothèque canadienne-française », 1970). *Saint-Denys Garneau, Œuvres,* édition critique par Jacques Brault et Benoît Lacroix (Les Presses de l'Université de Montréal, 1970).
7. Cf. Pierre de GRANDPRE, *Histoire de la Littérature Française du Québec,* T. 3 (Montréal, Beauchemin, 1969, p. 21).
— Né en 1927, à Montmorency, près de Québec, Fernand DUMONT a publié deux recueils de poèmes : *L'Ange du matin,* (Montréal, Editions de Malte, 1952). *Parler de septembre* (M., Hexagone. 1970).

Pour conquérir sa lucidité, Saint-Denys Garneau s'en prend à cette pression des autres qui l'empêche d'être lui-même. (On n'est pas loin de Giguère, qui écrira plus tard : « Grande main qui nous cloue au sol ».)

C'est eux qui m'ont tué
Sont tombés sur mon dos avec leurs armes, m'ont tué
Sont tombés sur mon cœur avec leur haine, m'ont tué
Sont tombés sur mes nerfs avec leurs cris, m'ont tué (...)[8]

L'œuvre poétique de Saint-Denys Garneau est surtout un journal de bord, où il a compilé ses réflexions sur lui-même et sur autrui, sur la vie parmi les siens. Elle traduit en général une impossibilité de vivre, qu'elle constate, et contre laquelle elle se révolte, mais sans arriver à la renverser :

(...) *On a la vie devant soi comme un boulet lourd aux talons*
Le vent dans le dos nous écrase le front contre l'air

On se perd pas à pas
On perd ses pas un à un
On se perd dans ses pas
Ce qui s'appelle des pas perdus (...)[8]

Saint-Denys Garneau a mené une recherche désespérée, qui devait le conduire à une mort prématurée à l'âge de trente et un ans, cinq ans après qu'il se fut réfugié dans la solitude. Anne Hébert explique son effondrement par les « forces obscures » qui dominaient le pays et les consciences : « Cet enfant qui joue à bâtir l'univers observe de tout près le déroulement des saisons. Il sait qu'en ce paysage menacé par l'eau et la forêt, toute œuvre à faire l'est contre d'étranges forces obscures. La moindre tentative de possession, d'accomplissement, ne semble-t-elle pas vouée d'avance à quelque douloureux échec ? Ne nous a-t-on pas enseigné que la vraie vie était absente et qu'il s'agissait d'être au monde comme n'y étant point »[9].

Malgré son *échec* personnel, Saint-Denys Garneau avait ouvert la voie aux thèmes essentiels de la poésie québécoise : la mort et l'appel à la vie, le pays, l'amour.

Anne Hébert[10] et Alain Grandbois, ses successeurs immédiats[10 bis].

---

8. *Poèmes retrouvés*, in *Œuvres*, op. cit.
9. Anne HÉBERT, in René LACOTE, *Anne Hébert* (Seghers, Coll., « Poètes d'aujourd'hui », 1969).
10. Née à Sainte-Catherine de Portneuf, près de Québec, en 1916. *Les Songes en équilibre* (Montréal, Ed. de l'Arbre, 1942). *Le Tombeau des rois* (Québec, Institut Littéraire du Québec, 1953). *Poèmes* (Paris, Seuil, 1960).
10bis. Un autre poète, à cette époque, Rina Lasnier, écrivait une poésie largement

ont repris le thème de la mort. La première, avant de pousser des cris de révolte, a longtemps vécu sous le joug de la mort. Ses images de chute nous y ramènent presque infailliblement.

Rouler dans des ravins de fatigue
Sans fin
Sans reprendre haleine
Prise dans ses cheveux
Comme dans des bouquets de fièvre
Le cœur à découvert
Tout nu dans son cou
Agrafé comme un oiseau fou (...)
(Le Tombeau des rois)

En 1944, dans *les Iles de la nuit,* Alain Grandbois[11] sera le premier poète québécois à « tuer » la mort, à lui substituer la vie :

(...) *Nos songes enfin ne nous auront pas menti*
Les chaînes d'antan ont porté plus haut le vol de l'archange déchiré
O Mort pour nous jusqu'à ton ombre même est morte en chemin

Nous t'avons tuée avec la pourpre même de notre cœur

Ah tu ne nous atteindras jamais plus (...)

Avec la parution des *Iles de la nuit* et la fin de la seconde guerre mondiale, la poésie québécoise entre dans une nouvelle étape. Le groupe des « automatistes » se forme, connaît le surréalisme, prépare des bouleversements en peinture, en poésie, et dans les « idées sociales ».

---

imprégnée d'atmosphère religieuse ambiguë. Elle est devenue, depuis, poète de l'intériorité, une des voix les mieux accomplies de la poésie québécoise.
Née en 1915 à Saint-Grégoire d'Iberville. *Images et proses* (Saint-Jean, Ed. du Richelieu, 1941). *Madones canadiennes* (Montréal, Beauchemin, 1944). *Le Chant de la montée* (M., Beauchemin, 1947). *Escales* (Trois-Rivières, Ed. du Bien Public, 1950). *Présence de l'absence* (M., Hexagone, 1956 ; rééd. 1963). *Mémoire sans jours* (Montréal, Ed. de l'Atelier, 1960 ; rééd. 1963). *Miroirs* (M., l'Atelier, 1960). *Les Gisants* (M., l'Atelier, 1963). *Rina Lasnier*, présentation et choix de textes par Jean Marcel (M., Fides, coll. Classiques canadiens, 1964). *La part du feu*, présentation et choix de textes par Guy Robert (Montréal, Ed. du Songe, coll. « Poésie du Québec », 1970). *La Salle des rêves* (M., H.M.H., coll. « Sur parole », 1971). *Poèmes* (Montréal, Fides, coll. du Nénuphar, 1972).

11. Né à Saint-Casimir (à l'est de Québec) en 1900. *Poèmes* (Hankéou, Chine, 1934). *Les Iles de la nuit* (Montréal, Ed. Parizeau, 1944). *Rivages de l'homme* (Québec, s.é., 1948). *L'Etoile pourpre* (M., Ed. de l'Hexagone, 1957). *Alain Grandbois*, recueil préparé par Jacques Brault (Montréal, Fides, Coll. « Classiques canadiens », 1958). *Poèmes : les Iles de la nuit, Rivages de l'homme, l'Etoile pourpre* (Hexagone, 1963 ; rééd. 1970). *Poèmes,* édition de luxe (Fides, 1969).

Paul-Marie Lapointe[12] publie en 1948 *le Vierge incendié*. Il a assimilé les influences surréalistes, la détermination positive de Grandbois. Il y ajoute sa révolte devant la léthargie de ses contemporains. Avec lui, le poème s'écarte davantage du journal de bord : la recréation confère au poème plus d'indépendance, une force d'impact « autonome », et développe dans plusieurs sens la réalité sous-jacente :

(...) *nous devancions l'urne et le je*
de chape   orgie des candélabres de viol
maintenant les tripes d'hier
le boyau de passer inaperçu
mais le vertical du crâne de crâne
plus personne n'ose ne croire
l'existence dort dans les plumes
et le plus béat s'assure ton sexe
boule de fille   fille de boule
mains croisées dans les cuisses d'orge

(*Le Vierge incendié*)

L'année 1948 est aussi, et surtout, celle du *Refus Global*[13], manifeste des « automatistes », rédigé par Paul-Emile Borduas, et signé par quatorze peintres et par le poète Claude Gauvreau. *Refus Global,* dans une révolte radicale, remettait en cause deux siècles de civilisation au Canada français, l'« omniprésence » du catholicisme, le repliement sur soi des Canadiens-Français, l'attachement au passé, l'étouffement progressif de la vie.

Un petit peuple serré de près aux soutanes restées les seules dépositaires de la foi, du savoir, de la vérité et de la richesse nationale. Tenu à l'écart de l'évolution universelle de la pensée pleine de risques et de dangers, éduqué sans mauvaise volonté, mais sans contrôle dans le faux jugement des grands faits de l'histoire quand l'ignorance complète est impraticable.

Petit peuple issu d'une colonie janséniste, isolé, vaincu, sans défense contre l'invasion de toutes les congrégations de France et de Navarre, en mal de perpétuer en ces lieux bénis de la peur (c'est-le-

---

12. Né en 1929 à Saint-Félicien (au Lac Saint-Jean). *Le Vierge Incendié* (Montréal, Mithra-Mythe, 1948). *Choix de poèmes. Arbres* (M. Ed. de l'Hexagone, coll. « Les Matinaux », 1960). *Pour les âmes* (Hexagone, 1964). *Le Réel absolu*, poèmes 1948-1965 (Hexagone. 1971).

13. *Refus Global* (Montréal, Ed. Mithra-Mythe, 1948 ; rééd. in *Borduas et les automatistes, Montréal, 1947-1955*. Musée d'art contemporain, coll. « Catalogue des musées d'État du Québec », 1971).

commencement-de-la-sagesse !) le prestige et les bénéfices du catholicisme malmené en Europe. Héritières de l'autorité papale, mécanique, sans réplique, grands maîtres des méthodes obscurantistes, nos maisons d'enseignement ont dès lors les moyens d'organiser en monopole le règne de la mémoire exploiteuse, de la raison immobile, de l'intention néfaste (...)

A « l'immobilisme » dénoncé, *Refus Global* voulait substituer la liberté de parole, de pensée, d'action, de création. Contre le conformisme, il exigeait la « responsabilité » entière.

La honte du servage sans espoir fait place à la fierté d'une liberté possible à conquérir de haute lutte. Au diable le goupillon et la tuque ! Mille fois ils extorquèrent ce qu'ils donnèrent jadis (...)

PLACE A LA MAGIE ! PLACE AUX MYSTÈRES OBJECTIFS !
PLACE A L'AMOUR !
PLACE AUX NÉCESSITÉS ! (...)

Nos passions façonnent spontanément, imprévisiblement, nécessairement le futur.
Le passé dut être accepté avec la naissance, il ne saurait être sacré. Nous sommes toujours quittes envers lui[14].

Depuis *les Iles de la nuit, le Vierge incendié* et *Refus Global*, la poésie québécoise a évolué dans le sens de la conquête de la vie, qu'elle se soit exprimée dans la poésie du pays, de l'amour, ou de l'adhésion directe à la vie. Il est difficile de tracer une courbe évolutive de ce changement. Car, d'une part, il s'est produit plus ou moins rapidement, plus ou moins profondément selon chacun. D'autre part, la parution de *Refus Global* n'a pas, loin de là, provoqué un bouleversement immédiat de la société : celle-ci ne s'est dépouillée que lentement — plus vite après 1960 — de ses vieilles entraves. Aussi, tous les poètes ont-ils plus ou moins connu leur « période Saint-Denys Garneau ».

Regroupons-les donc, pour éclairer quand même leur évolution, selon leurs thématiques, sans perdre de vue que, si chacun d'entre eux s'est davantage identifié à tel thème ou telle préoccupation, il ne s'y est pas limité.

---

14. Faut-il rappeler la « devise » du Canada français : « Je me souviens » ?

ADHÉSION FORTE À LA VIE, AU PAYS

Dans l'adhésion à la vie, nous retrouvons ensemble Olivier Marchand, Paul-Marie Lapointe et Michel Van Schendel.

Olivier Marchand[15] dans une étreinte virile et sobre de la réalité, croit en celle-ci, et veut la plier, s'il le faut, à sa foi :

parler
parler tout haut
avec la véhémence d'un racheté
revenir à soi comme une bouée
croire à la justesse des choses
dans notre dos
et mêler à ses larmes l'espérance (...)

(*Crier que je vis*)

Paul-Marie Lapointe, tout en maintenant sa révolte contre l'étouffement de la vie, adhère au pays concret. Il en prend possession en le nommant. Chaque mot, isolé, est constat et joie d'existence.

(...) *j'écris arbre*
arbre pour l'arbre

bouleau merisier jaune et ondé bouleau flexible acajou sucré
bouleau merisier odorant rouge bouleau rameau de couleuvre
feuille-engrenage vidé bouleau cambrioleur à feuilles de peuplier
passe les bras dans les cages du temps captant l'oiseau captant le vent

bouleau à l'écorce fendant l'eau des fleuves (...)

(*Choix de poèmes. Arbres*)

Chez Michel Van Schendel[16] le choix du pays, de la lutte pour la vie du pays, vient d'un long mûrissement. Français émigré à Montréal à l'âge de treize ans, il est « juif » : « juif » au sens où l'est un étranger dans un pays autre que le sien ; « juif » au sens où l'est, dit-il, le Québécois lui-même, dans une « Amérique étrangère ». Il revendique donc ce double dépouillement pour le transformer en « faim », sûre d'être assouvie.

---

15. Né à Montréal en 1928. *Deux sangs*, avec Gaston MIRON (Montréal, Hexagone, 1953). *Crier que je vis* (Hexagone, coll. « Les Matinaux », 1958). *Silex 2* (Montréal, Ed. Atys, 1960).

16. Né à Asnières (France) en 1929. *Poèmes de l'Amérique étrangère* (Montréal, Hexagone, coll. « Les Matinaux », 1958). *Variations sur la pierre* (Hexagone, 1964).

(...) *J'ai faim nous avons faim nous sommes la poussière*
Au temps de venaison les bêtes de la nuit parties en chasse
J'ai faim vous avez faim vous êtes
L'obscur le blanc le nègre-blanc le juif la déjection
Québec un oiseau bleu québec aux étoiles de lin
O demeure ô marais peuple rauque asile roux (...)
Les pierres chantent dans nos mains comme des épouses
J'ai faim nous avons faim nous sommes très avides
Des loups-cerviers rôdent au bord de la muraille
Je frappe à la troisième porte peuple d'emprunt
Et la porte se brise
Poussière bel oiseau nous te prenons au poing

(Variations sur la pierre)

INQUIÉTUDE, HÉSITATION

Si la poésie d'Olivier Marchand, Paul-Marie Lapointe et Michel Van Schendel se caractérise par sa fermeté, celle d'Alain Horic, Gilles Hénault, Jean-Guy Pilon, Yves Préfontaine, Jacques Brault, traduit davantage l'hésitation, l'inquiétude.

Alain Horic[17], pour trouver l'« essence ivre et libre », veut s'élever hors du réel, après en avoir recherché la consistance et trouvé les blessures ; l'inquiétude, chez ce poète, s'efface presque, devant le désir d'évasion.

je me suis fendu
de long en large
sans rien trouver de solide (...)

quitter ce plateau angulaire des vertèbres
aux pointes et cicatrices agressives

franchir le col des nuages
et rouler dans la ouate
mon vertige insondable.

(Blessure au flanc du ciel)

17. Né en 1929 en Croatie. *L'aube assassinée* (Montréal, Ed. Erta, 1957). *Blessure au flanc du ciel* (M., Hexagone, coll. « Les Matinaux », 1962). *Par détresse et tendresse*, poèmes 1953-1965 (Hexagone, 1971). *Les Coqs égorgés* (id., 1972).

Gilles Hénault[18] réclame davantage l'effort, la colère, pour permettre à l'homme de reprendre le dessus sur lui-même. Mais, comme Saint-Denys Garneau, il arrive mal à chasser l'idée de fatalité. Son expression adopte néanmoins un rythme pressant qui, malgré quelques tournures plus lourdes, marque le pas vers la vie, fût-ce par la voie de la violence :

Et moi, paysan, homme des chemins de boue au bord des villes
Marche derrière les bœufs dans l'humus aux senteurs d'ancêtres
Frappe le sol, paysan, frappe le sol
Bêche et rien, ni l'or
Ne croîtront dans le sol aride où j'ai vu quelque soir
L'homme que je fus me suivre et m'épier
Mais les détours l'ont étranglé
Et les rancœurs sont poignardées
Et les villes flambent au cœur des marionnettes invisibles.

(*Sémaphore*)

Alors que Gilles Hénault appelle la révolte et se heurte à la fatalité, Jean-Guy Pilon entame sa démarche dans la réserve. Son inquiétude tient davantage de la stratégie : aussi le langage du poème en prose, qui permet de se distancier du « sujet », le sert-il bien.

(...) *Comment réussir à dompter les espaces et les saisons, la forêt et le froid ? Comment y reconnaître mon visage ?*

Ce pays n'a pas de maîtresse : il s'est improvisé. Tout pourrait y naître ; tout peut y mourir.

(*Recours au pays*)

Moins patient, Yves Préfontaine[19] inscrit ses engagements, ses revirements, dans une poursuite d'absolu. Une large partie de sa poésie est liée au thème du pays. Nerveux, exaspéré ou avide, Préfontaine entremêle la sentence et l'élan poétique. Il tend à surcharger ses images, comme pour hâter le redressement du pays. Sa description du pays « malade » le maintient néanmoins dans l'inquiétude, sinon dans l'hésitation.

---

18. Né à Saint-Majorique (Drummond) en 1920. *Théâtre en plein air*, poésie et prose (Montréal, *Les Cahiers de la file indienne*, 1946). *Totems* (Montréal, Ed. Erta, 1953). *Voyage au pays de mémoire*, poésie et prose (Erta, 1960). *Sémaphore. Voyage au pays de mémoire* (Montréal, Hexagone, 1962). *Signaux pour les voyants*, poèmes 1941-1962 (id., 1972).

19. Né à Montréal en 1937. *Boréal* (Montréal, Ed. d'Orphée, 1957 ; rééd. M., Ed. Estérel, 1967). *Les Temples effondrés* (Ed. d'Orphée, 1957). *L'Antre du poème* (Trois-Rivières, Ed. du Bien Public, 1960). *Pays sans parole* (M., Hexagone, 1967). *Débâcle — à l'Orée des travaux* (Hexagone, 1970).

(...) *Une neige de fatigue étrangle avec douceur le pays que j'habite.*
Et je persiste en des fumées
Et je m'acharne à parler.
Et la blessure n'a point d'écho (...)
J'habite un cri qui n'en peut plus de heurter,
de cogner, d'abattre ces parois de crachats et de masques (...)
(Pays sans parole)

Jacques Brault[20] a lui aussi consacré plusieurs poèmes au pays. C'est à l'intérieur de ce thème qu'il déploie le plus son lyrisme, depuis le désespoir jusqu'à la foi totale. Tentant à la fois de définir son pays et de le pousser vers sa naissance, il oscille entre une éloquence naïve et une langue poétique drue, à l'image du « pays à pétrir ».

(...) *Il n'a pas de nom ce pays que j'affirme et renie au long de mes [jours*
mon pays scalpé de sa jeunesse
mon pays né dans l'orphelinat de la neige (...)
Voici l'heure où le temps feutre ses pas
Voici l'heure où personne ne va mourir
Sous la crue de l'aube une main à la taille fine des ajoncs
Il paraît
Sanglant
Et plus nu que le bœuf écorché
Le soleil de la toundra
Il regarde le blanc corps ovale des mares sous la neige (...)
Voici qu'un peuple apprend à se mettre debout,
Debout et tourné vers la magie du pôle   debout entre trois océans

(Mémoire)

POÉSIE DU PAYS

De Saint-Denys Garneau à Jacques Brault, les poètes québécois ont tenté, ou réussi, un rapprochement avec la vie, un rejet de la mort. La plupart d'entre eux ont abordé le « thème du pays ». Mais quelques-uns s'y sont identifiés plus radicalement, au point de pouvoir en parler comme d'un autre moi. Gaston Miron, Paul Chamberland, Michèle Lalonde, ont produit des œuvres qui les situent au cœur de ce courant.

20. Né à Montréal en 1933. *Trinôme* (Montréal, Ed. J. Molinet, 1957). *Mémoire* (M., Ed. Déom, 1965 ; rééd. Grasset, 1968). *Suite fraternelle* (Ed. de l'Université d'Ottawa, coll. « Voix vivantes », 1969). *La Poésie ce matin* (Grasset, 1971).

Mais il faut rappeler que, pour choisir de contribuer à l'édification du pays par la poésie, il a fallu passer par des phases d'hésitation et de révolte. Celle-ci s'est surtout affirmée dans *Refus global,* et dans les œuvres de Paul-Marie Lapointe et Roland Giguère.

Giguère a été l'un des premiers à inviter à la colère, à substituer le thème du feu[21] à celui de l'eau. Il a été l'un des premiers à croire au pouvoir des forces libératrices. Dégagé de l'inquiétude, il veut confier son sort aux forces occultes (symboles du feu) sans se réserver, en cas d'échec, une « sortie de secours ». Au contraire, croit-il à l'action purificatrice du feu.

> (...) *la perle noire décidera du jour à venir*
> *rondeur des heures ou instants de douleur*
> *le tigre entrera de plain-pied dans la réalité*
> *le tigre ou le serpent sacré*
> *toutes griffes dehors ou le venin purifié*
> *pour un retour aux transparences premières*
> *(L'Age de la parole)*

Paul Chamberland[22], dans *Terre Québec,* a repris l'image du feu pour en faire naître la violence révolutionnaire. L'exacerbation des images réclame la puissance omniprésente du feu.

> *Les millions d'oiseaux rageurs traversent mon crâne millions d'ailes à battre dans mon sang le rappel des matins soldats*
> *où vivre épousera la mort transgressée*
> *millions de pas de frères déjà franchissent mes vertèbres et c'est moi cloué vif sur la crête des nuits buveuses du sang natal*
> *vibrent leurs pas dans mes neurones je suis atteint je luis je suis le veilleur et la lampe* (...)

La poésie de Michèle Lalonde[23] est l'un des meilleurs exemples de poésie « orale » engagée. Maniant à la fois l'image poétique et la phrase-choc, Michèle Lalonde écrit une langue qui nécessite, pour sa pleine réalisation, l'intervention de la voix, du souffle, des intonations. Le poème *Speak White*[24], éphémère par son sujet et ses intentions,

---

21. Cf. Pierre CHATILLON, *la Naissance du feu dans la jeune poésie du Québec*, in *la Poésie canadienne-française,* « Archives des Lettres canadiennes », tome 4 (Montréal, Ed. Fides, 1969), pp. 255-284.
22. Né à Longueuil (banlieue de Montréal), en 1939. *Genèses* (Montréal, Cahiers de l'A.G.E.U.M., 1962). *Terre Québec* (M., Ed. Déom, 1964). *L'afficheur hurle* (M., Ed. Parti Pris, 1965). *L'Inavouable* (Parti Pris, 1968). *Eclats de la pierre noire d'où rejaillit ma vie* (Montréal, Ed. Danielle Laliberté, 1972).
23. Née à Montréal en 1937. *Songe de la fiancée détruite* (Montréal, Ed. d'Orphée, 1958). *Geôles* (Ed. d'Orphée, 1959). *Terre des hommes* (Montréal, Ed. du jour, 1967).
24. Paru dans la revue *Ellipse* (Université de Sherbrooke, Faculté des Arts, nº 3, printemps 1970).

illustre bien les revendications dont veut se charger la « poésie parlée ».

(...) *Ah !*
Speak white
big deal
mais pour vous dire
l'éternité d'un jour de grève
pour raconter
une vie de peuple-concierge
mais pour rentrer chez nous le soir
à l'heure où le soleil s'en vient crever au-dessus des ruelles
mais pour vous dire oui que le soleil se couche aussi
chaque jour de nos vies à l'est de vos empires
Rien ne vaut une langue à jurons
notre parlure pas très propre
tachée de cambouis et d'huile (...)

Speak white
tell us again about Freedom and Democracy
Nous savons que liberté est un mot noir
comme la misère est nègre
et comme le sang se mêle à la poussière des rues d'Alger ou de Little Rock (...)

Derrière la poésie du pays, derrière ses doutes, ses revendications, ses espoirs, on retrouve Gaston Miron. C'est lui qui, dans ses récitals de poèmes, dans son engagement socio-politique, dans son écriture même, a lancé la poésie du pays sur la voie de l'engagement, de la construction. Se méfiant des tournures oratoires, il cherche, plus profondément, à définir l'identité du pays, à lui donner un langage poétique qui saisisse cette identité. Il dialogue avec le Québec, l'accuse et l'épouse (« ma terre amère ma terre amande »), réclamant son appui et l'exhortant à aller de l'avant.

Compagnon des Amériques
mon Québec ma terre amère ma terre amande
ma patrie d'haleine dans la touffe des vents
j'ai de toi la difficile et poignante présence
avec une large blessure d'espace au front
au-delà d'une vivante agonie de roseaux au visage (...)

mais cargue-moi en toi pays, cargue-moi
et marche au rompt le cœur de tes écorces tendres (...)

mais chante plus haut l'amour en moi, chante
je me ferai passion de ta face
je me ferai porteur des germes de ton espérance
veilleur, guetteur, coureur, haleur de ton avènement (...)

(*L'homme rapaillé*)

UNE CERTAINE DÉCEPTION

La poésie engagée — on le voit par nombre de citations qui précèdent — a créé au Québec une ferveur à la base du renouvellement et de la maturation de la poésie « tout court ». Elle n'a pas provoqué, toutefois, que des mouvements de joie. Pour définir son identité, et, surtout, choisir son orientation, elle a dû soumettre le pays à une dure auto-critique. Il lui a fallu, pour conquérir sa liberté, balayer certains héritages, en particulier ceux que dénonçait *Refus Global*.

Certains poètes, tels Gatien Lapointe, Gilbert Langevin, Luc Perrier, au sortir de cette introspection collective, ont surtout conservé une impression de destruction douloureuse et, parfois, inutile... du passé.

Gatien Lapointe[25], après avoir participé à la poésie « du pays », en particulier par son épique *Ode au Saint-Laurent,* constate un certain échec : non celui même de la poésie du pays, mais celui du poète, que cette thématique n'a retenu que partiellement.

Cœur apatride et seul
Braise vive dans mon poing (...)

Je n'ai rien appris,
Je n'ai rien compris que cet arbre
Qui s'agrippe à la terre

Et qui dit NON.

(*Le Premier Mot*)

---

25. Né à Sainte-Justine de Dorchester en 1931. *Jour malaisé* (Montréal, s.é., 1953). *Otages de la joie* (M., Ed. de Muy, 1955). *Le Temps premier — Lumière du monde* (Paris, Ed. Grassin, 1962). *Ode au Saint-Laurent,* précédée de *J'appartiens à la terre* (M., Ed. du Jour, 1963). *Le Premier* (Ed. du Jour, 1967 ; rééd. 1970).

Gilbert Langevin[26] s'en prend directement, lui, à la destruction de l'enfance. Pris entre son identité québécoise, encore en voie de définition, et ses sources françaises, il hésite, nostalgique, devant un avenir incertain.

est-il repos plus mortel qu'un désir aux mains coupées
entre Montréal et Paris
dire que j'en suis là pour un rien pour en rire
mais qu'est-ce que ça donne cette flétrissure
cette curiosité cette connivence avec le vide
l'enfance détruite et les yeux fuyards
insaisissable comme un silence
suis-je autre chose qu'une source de regrets mal ensevelis
dans le tohu-bohu des siècles moins qu'un arbrisseau
ô ma peuplade immobile comme un meuble quelconque
tu voulais voguer sur des roses
dans tes veines et les miennes le suicide se reflète
(Noctuaire)

Déçu, lui aussi, Luc Perrier[27] essaie de reconstruire son enfance. Il y retrouve un bonheur, naïf, certes, mais qu'il voudrait conserver. Son style, léger et sans encombres, correspond bien à la clarté qu'il voit dans le passé comme dans le futur :

Nous avons tout abandonné sur-le-champ
sans nous enquérir de la perle précieuse (...)

pourtant nous sommes nés de la lumière
de l'évangile des temps heureux
nous sommes nés avec le printemps
à la fonte des neiges au premier lilas
nous sommes nés un soir après l'école
Reste à vivre en haut lieu d'espérance
comme l'arbre recommence à tout âge
sa mélodie de feuilles de grand air
reste à répondre avec des yeux d'avenir
d'un pays plus édifiant que toute parole
(Du temps que j'aime)

26. Né à La Dorée (au lac Saint-Jean) en 1938. *A la gueule du jour* (Montréal, Ed. Atys, 1959). *Symptômes* (Atys, 1963). *Un peu plus d'ombre au dos de la falaise* (Montréal, Estérel, 1966). *Noctuaire* (Estérel, 1967). *Pour une aube* (Estérel, 1967). *Origines,* reprise des cinq recueils précédents (M., Ed. du Jour, 1971). *Stress* (Ed. du Jour, 1971). *Ouvrir le feu* (Ed. du Jour, 1971).

27. Né à l'Ile d'Orléans en 1931. *Des jours et des jours* (Montréal, Hexagone, 1954). *Du temps que j'aime* (Hexagone, 1963).

Que l'on considère la déception de ces trois derniers poètes, ou la difficulté qu'éprouvent les poètes « engagés » à écrire une poésie « du pays » aussi naturelle — aussi dépourvue de rhétorique — que leur poésie plus personnelle, dans les deux cas, on doit conclure qu'il n'y a jamais — ou presque — adéquation complète entre la façon dont un auteur traite le thème du pays et cet auteur lui-même. Jacques Brault[28] a étudié cette distance, entre le moi et le pays, chez Miron : on pourrait étendre ces considérations aux poètes du pays en général : « L'homme agonique n'a d'existence nulle part et s'il est agressé jusqu'en son intérieur, ce n'est pas uniquement parce qu'il participe d'une collectivité qui subit l'agression. Le mal règne sur la fausse unité de la conscience malheureuse et l'on n'y échappe pas par une dialectique aberrante qui rejette le dedans au-dehors pour se donner une intimité de rechange (...) Le poète sent tout cela et l'exprime avec des accents qui ne trompent pas » (...)

Ajoutons, comme l'explique ailleurs Jacques Brault, que, si la poésie du pays a pris autant d'importance, c'est qu'à la base, il y a beaucoup plus qu'une « intimité de rechange » à se donner. C'est que les poètes du pays se sentent privément et solidairement concernés par le sort de la collectivité... plus : responsables.

POÈTES DE L'AMOUR

Nous avons parlé jusqu'à maintenant d'adhésion complète ou mitigée à la vie, au pays. Tous les poètes cités ont aussi écrit sur l'amour. Mais comme quelques-uns en ont fait leur thème plus spécifique, c'est d'eux que nous nous entretiendrons ici : Fernand Ouellette, Suzanne Paradis, Jean Royer, Pierre Morency.

Pour Fernand Ouellette, Jean Royer, Pierre Morency, comme pour la plupart des poètes québécois, la femme est médiatrice de bonheur. Mais, bien sûr, de différentes façons, selon chacun.

Fernand Ouellette voit dans la femme, dans l'amour, l'élévation. Autant le contact physique déséquilibre d'abord, autant il élève le couple uni à la plénitude. Les images dures de Fernand Ouellette traduisent cette brutalité souffrante, puis se laissent remplacer par une poésie de pur envol.

---

28. Cf. Jacques BRAULT, *Miron le magnifique* in *Conférences J.-A. de Sève* (« Littérature canadienne-française », Les Presses de l'Université de Montréal, 1969).

CATHERINE TOLSTOÏ et **ARMAND LANOUX**

RENÉ FALLET

ANDRÉ HARDELLET

GUY THOMAS

PAUL VINCENSINI

L'équipe de la revue *Phantomas*. De gauche à droite : **MARCEL PIQUERAY, THÉODORE KOENIG, GABRIEL PIQUERAY, JOSEPH NOIRET** (septembre 1969).

BORIS VIAN
RENÉ DE OBALDIA
JEAN L'ANSELME
GASTON CHAISSAC
GABRIEL DHEUR
JACQUES BENS
CLAUDE MICHEL CLUNY
ROLAND DUBILLARD

MICHEL BUTOR

ROBERT CHAMPIGNY

YVES MARTIN

GABRIEL COUSIN

DANIEL BIGA

PIERRE TILMAN

PIERRE DELLA FAILLE
et **ANDRÉ MIGUEL**

FRANCK VENAILLE

ISIDORE ISOU (à droite)
et **MAURICE LEMAITRE**

JEAN-CLARENCE LAMBERT
(dessin de **PIERRE ALECHINSKY**)

ALTAGOR

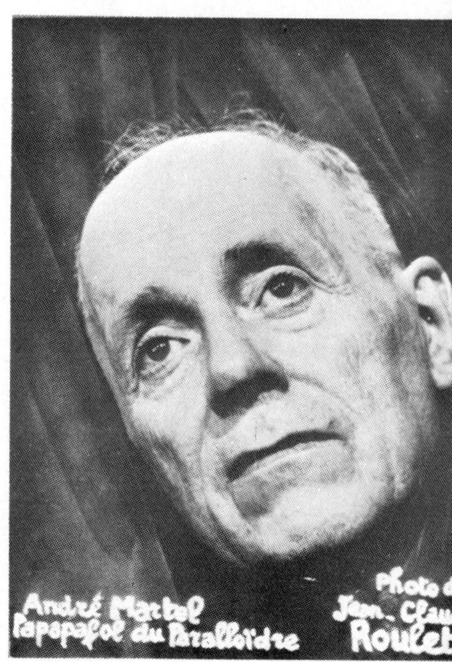

ANDRÉ MARTEL

◀ **HENRI CHOPIN**

Quand je t'ai dénudée en déchirant
ton masque en arrachant tes linges,
le jour m'a fait nuit (...)

J'appuyai mon front sur ton sein de grand calme.
Une lumière de lys nous gela le sang.
Et doucement, ô vertige,
nous entrâmes dans le pressoir du soleil.

(Dans le sombre)

Chez Jean Royer[29], la femme représente surtout la quiétude, un oasis où le rêve devient permis, où les contraintes perdent pied. Un halo de tendresse préserve la sérénité et l'intimité du couple.

(...) *Tu te perds au sommet d'un Chagall de misaine*
Et retrouves la fleur dans les eaux du violon

Femme de l'océan
Figure de musique
Geste d'alentour
Et Parole sous la tendresse des mains

Tu m'apprends les rivages des amants libres d'aimer
Tu m'apprends le langage des sources délaissées

Et j'abolis les cages
Et j'oublie les chevaux morts.

(Nos corps habitables)

Pierre Morency marque davantage la présence constante de l'homme et de la femme l'un à l'autre. Bien que s'exprimant par images souvent surréalistes, il observe surtout le côté quotidien, vécu, de l'amour. S'il recherche avec la même tendresse que Ouellette ou Royer l'union du couple, Morency resitue celui-ci sans rupture dans le monde extérieur : plus qu'un refuge, l'amour lui est un apprentissage de la vie.

(...) *Peux-tu encore te rappeler*
Tu étais mon eau de rajeunie
Nous trompions la courbe dure des pendules

29. Né à Saint-Charles de Bellechasse en 1938. *A patience d'aimer* (Québec, Ed. de l'Aile, 1966). *Nos corps habitables* (Québec, Ed. de l'Arc, 1969).

Nous marchions l'un dans l'autre
En prenant soin d'épargner les oiseaux
Qui se logeaient petits dans nos cervelles (...)

Et par toi j'apprenais
A me faire un visage pour vivre avec les miens (...)
(*Poèmes de la vie déliée*)

Avec Suzanne Paradis se dégage de l'amour une représentation plus complexe. La femme se donne à l'homme parce qu'elle a besoin de lui ; mais elle a autant besoin de sa faiblesse que de sa force. Car l'homme représente, à ses yeux, une menace latente, et constante, pour l'intimité de la femme. Cette tension provoque une alternance entre l'affirmation catégorique et le recours à la douceur.

La prière du temps, je l'adresse
à l'homme du soleil et du peu
au dieu de pâle amour au seul dieu

qui dans son dénuement m'intéresse (...)

Ce fol dieu à lier d'ombre étrange
je lui donne la soif avant l'eau
et la vie avant la chair et l'os
lui seul dans mon lieu noir me dérange (...)
(*La Malebête*)

L'HOMME QUOTIDIEN

Pendant que la poésie québécoise a tenté de renverser l'histoire en ramenant la mort au-dessus de la vie, elle a dû investir dans cet effort la majeure partie de ses énergies. Aussi la vie quotidienne a-t-elle été reléguée au second plan de ses préoccupations. Quelques poètes, comme Gérald Godin et Michel Beaulieu, dirigent néanmoins leur attention sur cette portion du réel.

Gérald Godin[30] décrit en « langue verte, populaire et quelquefois française » sa vie, celle de ses concitoyens. On découvre dans son écriture une joie de vivre, de parler librement avec ses jurons, et une

30. Né en 1938. *Chansons très naïves* (Trois-Rivières, Ed. du Bien Public, 1960). *Poèmes et cantos* (Bien Public, 1962). *Nouveaux Poèmes* (Bien Public, 1964). *Les Cantouques* (Montréal, Ed. Parti Pris, 1966).

révolte contre le rétrécissement de la vie. Son lyrisme simple, sans déguisements, s'adresse directement au lecteur.

Par Saint-Titiphore du branlebas
et la taverne du coin
par la draffe d'air et celles qu'on boit
par les bécosses et les chiens sales
par le cantouque d'en haut d'La Tuque
la barre à clous la faulx rouillée
mets un doigt dans ton nez
jusqu'à la fin des temps

tout est prégnant tout est enceint
le lundi est gris
l'autobus est plein
et mon mal est souverain (...)

chaque matin sa tragédie recommence
il se lève tout de même
et reçoit la gifle du jour
il sera parti que la coda de sa chanson
flottera encore dans l'air esclavage
dernier cadeau d'un voyageur
à jamais muet

(*Les Cantouques*)

Dans sa description du vécu, Michel Beaulieu[31] veut, pour sa part, entrer à l'intérieur de « l'homme quotidien ». Peu intéressé par les effets faciles du « pris sur le vif », il essaie de rendre compte de la réalité, de la recoudre et de la comprendre en laissant l'esprit suivre son cours normal de réflexions. Quelques constatations, imbriquées dans le texte, confèrent à celui-ci une structure mobile et vivante.

(...) *bientôt le premier café de la journée*
tu allonges le pas, les mains vides mais gantées
la première cigarette déjà fumée en te rasant
le bonjour de Mireille, langue contre langue, quelle peste
elle te pèse de plus en plus, tu te le répètes
pourtant pas les premiers jours
elle résistait pour la forme et le désir s'éveillait
ses jambes si douces

---

31. Né à Montréal en 1941. *Pour chanter dans les chaînes* (Montréal, Ed. La Québécoise 1964). *Trois,* avec Nicole BROSSARD et Micheline DEJORDY (M., Presses de l'A.E.G.E.U.M., 1965). *Le Pain quotidien* (M., Estérel, 1965). *Apatride* (id., 1966). *Mère* (id., 1966). *Erosions* (Estérel, 1967). *Charmes de la fureur* (M., Ed. du Jour, 1970).

la langue si moelleuse et si vive
si loin si loin
nous nous aimerons jusqu'à la fin des temps mon amour
elle te répétait la formule jour après jour et le
croyait peut-être
après tout pourquoi pas
mais comment savoir
il neigera bientôt, quelques semaines, un mois tout au plus (...)[32]

Avec *36 petites choses pour la 51*, Alexis Lefrançois[33] a lui aussi intégré le quotidien à son écriture : il y laisse ses réflexions de passager d'autobus se promener entre la vie, la mort, le piéton, la gloire, Lulu, la culture... Un ton vif et simple, un goût de l'insolite, permettent à chaque élément de l'énumération de se singulariser. Aidé par l'humour, Lefrançois s'attendrit sans s'appesantir : à quelques exceptions près, il sait tirer le meilleur d'un style « spontané » tout en évitant le lyrisme à bon marché. Il est, en moins désespéré, proche parent des jeunes poètes français Jean-Claude Valin et Daniel Biga.

ô dites vous qui savez
l'astrophysique la gymnastique et les comics
vous les longs nez pointus
les mandarins les mandarines
les gros malins et les sublimes
vieux de la montagne dites (...)
est-ce qu'elle se souviendra ma petite âme
de tout s'qui fut tu-
tile et doux lulu
que j'aimions tant
et qui m'aima pareil
et que j'vivai z'avec(...)
mon papa ma maman pis les fil'
les fil' menues dans l'autobue
qu'on déshabil' et caetera
pis ceci pis cela
la chlorophylle et puis j'en passe
et des meilleures
dont les patates et les cantates
jésus que ma joie demeure (...)

32. *La femme qui marche, Schéma numéro 4*, in *La Barre du Jour* (Montréal, nº 29, été 1971).
33. Né en 1943. *Calcaires* (Saint-Lambert, Ed. du Noroît, 1971). *36 petites choses pour la 51* (Ed. du Noroît, 1971).

LE VOYAGE INTERIEUR

Le poète ne rejoint souvent le monde que grâce à de nombreux périples en lui-même. La distinction ne compte alors plus, entre le « dedans » et le « dehors » : la poésie se meut comme somnambule, cherchant à occuper tout l'espace du moi ou à se glisser dans les lieux cachés du monde extérieur afin d'en surprendre le sens. Parmi les aînés, Anne Hébert et surtout Rina Lasnier ont poursuivi leur œuvre dans cette demi-obscurité ; Gaston Miron aussi, quand, halluciné lucide, il se perd dans sa double absence (« Et plus tard dans cette rue où je m'égare / éparpillé dans mes gestes et brouillé dans mon être / tombant et me soulevant dans l'âme »).

Juan Garcia[34] ne parvient guère non plus à établir la coïncidence avec lui-même ou avec le monde ambiant. La cristallisation du moi est liée étrangement à un combat perpétuel du moi contre lui-même, combat où celui-ci se déloge de ses propres retranchements. Comme la vie — « fragment du château qui fut bref » —, le vrai *moi* est ailleurs... Espagnol, né à Casablanca et émigré à Montréal à l'âge de douze ans, Juan Garcia ajoute cet autre exil à la difficulté de s'incarner dans son corps et dans un milieu quelconque. Sa poésie exorcise ces contradictions, tantôt en les poussant à leur extrême limite, tantôt en essayant de se frayer un chemin protégé entre la vie et la mort, entre la lumière et le sang.

On pourrait effectuer plusieurs rapprochements entre Garcia et Miron : sensibilité et thématique, formation des images, ampleur et transparence du vers...

(...) *Reviens la foudre seule a compris notre vœu*
la terre est un fragment du château qui fut bref
et par un grand profil de matin sur le sol
l'ombre se fait précise autour de ma tranchée
car je suis seul et je combats debout
à force d'avoir fait des statues de mes jambes

Maintenant je ne marche qu'à demi dans ma vie
j'ai les pieds joints de ceux qui se regardent
et sans arrêt mon sang me fait défaut
pourtant cette campagne est truffée de couleurs
les mêmes longues filles y lèvent leur jupon

34. Né à Casablanca en 1945. *Alchimie du corps* (Montréal, Hexagone, 1967). *Corps de gloire* (Les Presses de l'Université de Montréal, coll. « Prix de la revue Etudes Françaises », 1971).

et gaspillent plus tard leur fortune de fleurs
toujours les mêmes vieux se clouent sur le soleil
et la marée de l'herbe se meut encore à point (...)

La nuit comme le jour nous font place déjà
dans le temps les objets quittent leur promontoire
la magie lève ses toiles autour de nous
et même si la flamme doit finir dans la cire
le monde mal éteint nous invite à le suivre

(*Corps de gloire*)

Guy Gervais[35] a également, depuis *le Froid et le fer* (1957), engagé un exigeant dialogue entre le moi et le monde. Il a d'abord expérimenté un verbe dépouillé, presque sec, puis un verbe plus élaboré, mais souvent obscur. Il en est venu, par la suite, à plus de musicalité *(Chant I-II)* : c'est celle-ci, semble-t-il, qui lui a donné meilleure prise sur le « dedans » et le « dehors », et qui a assuré une continuité entre les deux. Dans le *Jardin des siècles*[36], cette continuité paraît acquise. On ne peut parler pour autant de sérénité : Guy Gervais *force* une régression biologique complète avant de libérer une nouvelle naissance. Le symbolisme psychanalytique est à peine camouflé, mais la recherche est tellement radicale qu'elle atteint en même temps une dimension métaphysique quasi insupportable. Peu de poètes réussissent un voyage intérieur-extérieur aussi total.

Les fleuves s'arrêtent, et soudain se jettent dans les bras de la mer
les fruits retournent vers le germe à travers la sève
l'oiseau s'enferme dans la forme silencieuse de la chaleur blanche
que deviendrai-je où descendre en ce jour qui se fuit
le monde se retourne comme une écorce, révulsés mes yeux plongent
[*vers l'abîme*
l'envers de la chair retient son souffle telle une nuit sans lune
Quitter les cellules du corps vers quelle liberté conquise
la délivrance précipitée sur l'homme saisit l'humanité dans son cri
je sens encore ses doigts inaltérables sur mon épiderme oublié

au premier jour l'effritement de la naissance découvre ses racines
la fleur hâte vers le parfum ses ailes largement étendues sur l'azur

---

35. Né à Montréal en 1937. *Le Froid et le fer* (Montréal, Ed. de la Cascade, 1957). *Thermidor* (M., Ed. de l'Alicante, 1958). *Chant I-II* (M., Orphée, 1966). *Poésie I* (M., Parti Pris, 1969).
36. Recueil inédit.

et l'oiseau se soutient d'une note invariable entre ciel et terre (...)
Délivrance prends aussi ma paume pour descendre au fond des inconnus
je sens toute la terre hérissée sur ses herbes par tous ses yeux de pierre
les cellules roulent, larges fleuves écumants comme des générations
entre les noirs et les blancs, les rouges et les jaunes, tous de poussière
[et de sang
O verge d'oiseau, lys du souvenir, mâle quelle passion d'être
engendrait ce siècle en une femme ouverte jusqu'aux profondeurs de l'âge
d'où sortiront des armées de races, des continents de temps
cristallisés par le destin de découvrir Pourquoi

D'autres poètes enfin, par la nature et l'orientation de leurs recherches, échappent aux regroupements que nous avons effectués jusqu'ici. C'est le cas de Claude Gauvreau, Raoul Duguay, Claude Péloquin, et Nicole Brossard, auxquels sont consacrés, plus loin, des chapitres particuliers.

UNE « JEUNE » MATURITÉ

En vingt-cinq ans, la poésie québécoise a conquis sa maturité. Ses préoccupations, polarisées et alimentées par le thème du pays, se sont diversifiées. Elle a commencé à rendre consciente et à définir une sensibilité nord-américaine et française. On ne peut désormais plus la dissocier de l'évolution du Québec. Car, en cherchant à parvenir à la conscience, à exprimer le « moi profond » des poètes, elle est *devenue* québécoise. Elle n'a plus à se préoccuper — globalement, j'entends — de parler du pays, pour lui appartenir. Elle lui appartient dès qu'elle parle, ni plus ni moins que la poésie française ou africaine appartiennent à la France ou à l'Afrique. Je n'ai pas l'intention ici de départager les « très bons, bons, et moins bons poètes ». La poésie québécoise existe, mène plus loin sa jeune maturité. Avec Raoul Duguay, ou avec Hubert Aquin et Jacques Ferron dans le roman, ou avec Robert Charlebois dans la chanson, entre autres, la littérature québécoise tend à s'universaliser tout en réassumant son « bagage » culturel et en s'ouvrant sur les apports étrangers. En Amérique du Nord, on parle beaucoup de « nouvelle culture ». Les poètes et artistes québécois peuvent maintenant y contribuer, puisqu'ils ont l'extrême chance de se retrouver, aujourd'hui, plus jeunes qu'ils ne l'ont jamais été.

CHAPITRE II

POÉSIE ORALE : LA VOLUPTÉ, LA NÉCESSITÉ DE DIRE

Un panorama de la poésie québécoise ne saurait taire le phénomène d'« oralité » actuel. Il est utile d'en saisir les causes et les manifestations, comme d'en connaître les grandes lignes : proximité de la poésie et de la chanson, cheminement de la poésie orale à Québec et à Montréal.

Pour situer l'atmosphère, notons d'abord qu'au Québec aucune cloison étanche n'isole la chanson de la poésie. Dans un monde où cette dernière, sauf rares exceptions, n'est vraiment née que depuis vingt-cinq ans, chacun a toujours cueilli sa poésie au hasard de ses rencontres. Ce n'est que depuis très peu d'années que les manuels scolaires ont commencé à parler de Miron, de Paul-Marie Lapointe et des autres.

L'éducation traditionnelle offrait deux voies : l'étude des premiers écrivains canadiens-français, et celle des auteurs français. N'étant satisfait ni d'une littérature qui ne le renvoyait souvent qu'au plus vieux de lui-même, ni de l'autre, qu'il admirait intellectuellement, mais dans laquelle il ne se reconnaissait toujours que par analogie — ne pouvant s'imaginer l'univers de Villon ou de Mallarmé qu'à travers les illustrations de ses livres de classes — le Québécois a gardé de cette formation, quand elle lui a été donnée, une âme peu littéraire.

Sa poésie, il l'a trouvée dans le folklore ou dans les chansons scoutes, chez Félix Leclerc, Gilles Vigneault, comme chez Trénet, Brel, Ferré. Ce n'est pas un hasard si Leclerc a longtemps porté le nom de « père de la poésie québécoise ».

Au moment où le manuel scolaire s'ouvre aux poètes, romanciers et dramaturges nationaux, le jeune Québécois continue à réclamer son bien poétique à la chanson, qu'elle soit de Robert Charlebois, des groupes « pop », ou des chanteurs et interprètes français et québécois.

Aussi « l'orthodoxie » ne trouve-t-elle que peu d'adeptes : le même récital de poésie, comme ce fut souvent le cas, peut rassembler dans la fraternité des Pilon, Miron, Chamberland, Lalonde, auprès des « poètes-chansonniers » Vigneault et Dor, de l'interprète Pauline Julien. Raoul Duguay surgit parmi eux avec son groupe musical, l'Infonie.

Dans ce même esprit, on a vu Claude Péloquin écrire des textes pour Robert Charlebois, ce dernier collaborer avec Gilles Vigneault. Et l'on pourrait multiplier ces exemples.

Si les poètes se tiennent soigneusement à l'écart de la « chansonnette », on voit bien d'autre part qu'ils refusent le seul univers du livre. En disant leur poésie en public, nombre d'entre eux entendent porter directement à leur pays, dans la dénonciation, comme dans la célébration, une parole[1] libérée et libérante.

Dans la ville de Québec, cette présence s'est marquée, autour de 1970, par les récitals du groupe « Poètes sur parole », composé principalement de Jacques Garneau, Pierre Morency, Suzanne Paradis, Louis Royer, et de leur animateur Jean Royer.

Ce groupe, à qui l'on doit la revue *Inédits,* semble s'être maintenu par amitié et acte de poésie commun plutôt qu'en fonction d'un message unanime à livrer. Chez Jean Royer, dans une poésie simple et riche d'invitation à l'amour, ou chez Suzanne Paradis, dans l'exaltation de la vie et la lutte contre la solitude, le verbe garde une forme littéraire écrite. Chez Jacques Garneau et Louis Royer, le langage s'élabore davantage en fonction d'un auditeur à atteindre ; refusant tous deux le lyrisme comme le politique, ils choisissent, malgré tout, de faire œuvre de poésie. Engagés dans un refus de la société, ils percutent une parole qui a avantage à passer par l'émotion de la voix : Louis Royer s'en est rendu compte qui, dans une sorte de suicide du poète, a entrepris de développer ses thèmes dans la chanson.

Pierre Morency, enfin, dans une recherche toute personnelle d'amour, écrit peut-être, parmi eux, le plus spontanément selon le mode parlé. Coupée et haletante, sa phrase rompt avec la rythmique classique pour adopter celle d'une respiration nerveuse. Doué en outre d'une faculté rare de « rendre » son poème, il appartient, sans concessions à la réthorique, aux « poètes sur parole ».

Si le groupe « Poètes sur parole » a surtout voulu assurer une présence réelle de la poésie à Québec, c'est plutôt un sentiment d'urgence qui, ces dernières années, a rassemblé devant le public des poètes montréalais.

---

1. Le mot « parole » est pris, ici, dans le sens de parole « prononcée ». Il ne saurait être question de minimiser pour autant la parole « écrite » qui l'engendre.

La ville de Québec demeure, malgré ses conflits internes, la « vieille capitale ». Peu touchée jusqu'à maintenant par les problèmes linguistiques, à cause de sa très grande majorité francophone, elle offre l'image, apparemment, d'une ville sans problème. Aussi les animateurs sociaux et partis politiques de gauche éprouvent-ils de sérieuses difficultés à s'y implanter.

Montréal est confrontée à des difficultés plus aiguës. Le développement rapide de la société nord-américaine s'y est exprimé par l'édification d'une cité moderne et prestigieuse ; mais la prospérité s'est implantée de façon inégale. Aux buildings ultramodernes s'opposent les taudis des quartiers ouvriers comme Saint-Henri. La conscience de ces inégalités débouche nécessairement sur une conscience de classes.

Ce problème, apparemment de seule implication sociale, se confond souvent avec celui de la dualité linguistique. Bien que les francophones demeurent majoritaires à Montréal, les Anglo-Saxons, canadiens-anglais ou américains, y possèdent la grande partie de l'industrie et du commerce. Certains d'entre eux tendent à y imposer leur langue, tant au niveau quotidien de l'affichage qu'aux niveaux du traitement des affaires ou du travail des ouvriers. N'en donnons qu'un exemple, celui de quelques centaines d'ouvriers de la General Motors, francophones, qui se mirent en grève pour travailler dans leur propre langue, dans une usine où ils étaient très fortement majoritaires, mais où le personnel de direction était anglophone : malgré l'intervention du premier ministre du Québec, Robert Bourrassa, la firme maintint son règlement de travail en anglais.

De là à ce que quelques-uns ou plusieurs songent aux pressions possibles du pouvoir monétaire sur le pouvoir politique, il n'y a qu'un pas. Plusieurs l'ont franchi déjà, qu'ils se soient exprimés par des écrits dans des revues ou ailleurs, par voie de revendication syndicale, par le Parti Québécois (parti politique proposant l'indépendance du Québec et l'instauration d'un nouveau « modèle social »), ou par le terrorisme, comme le F.L.Q. (Front de Libération du Québec).

A plusieurs reprises, des poètes montréalais sont intervenus sur la place publique pour dénoncer des injustices : ce fut le cas en 1968 quand s'organisa le groupe de « Poèmes et Chants de la Résistance », créé pour recueillir des fonds afin de défendre Pierre Vallières et Charles Gagnon, militants du F.L.Q., détenus depuis longtemps en prison sans procès. Ce groupe, commençant ses récitals à Montréal, entreprit une tournée à travers la province de Québec.

Il resurgit[1bis] en 1970, lors de « l'affaire » des enlèvements, par le

1bis. *Poèmes et Chants de la résistance-2,* deux disques (Montréal-Toronto, Transworld, RE-604).

F.L.Q., de l'attaché commercial britannique James Cross, et du ministre québécois Pierre Laporte. La « crise d'octobre » a, en quelque sorte, cristallisé des confrontations existant, à plus basse échelle, dans la vie quotidienne du Québec. Un résumé de ces événements permettra au lecteur de comprendre le foisonnement de la poésie « du pays », la présence « sur scène » de cette poésie.

Ayant kidnappé James Cross, une cellule du F.L.Q. exigeait essentiellement, des gouvernements fédéral et provincial, la mise en liberté de prisonniers « politiques », une forte rançon, des sauf-conduits pour tous vers Cuba, et la publication d'un manifeste. Devant la lenteur des négociations, d'autres partisans « felquistes » s'emparèrent de Pierre Laporte. Le gouvernement canadien décida d'accepter la diffusion du manifeste du F.L.Q. sur le réseau national de télévision et dans les journaux. A partir de ce moment, l'opinion publique, pour reprendre les mots d'un ministre fédéral, « se détériora ». Plusieurs groupements sociaux, unanimes à condamner la violence du F.L.Q., commencèrent à entériner le contenu du manifeste : 1) relevé, faits à l'appui, de la discrimination subie par le Québécois francophone en milieu de travail ; 2) dénonciation de l'influence exercée par la « haute finance anglo-saxonne » sur le gouvernement libéral de Robert Bourrassa ; 3) dénonciation de la « répression » employée contre Vallières et Gagnon ; 4) dénonciation de la campagne d'intimidation exercée sur le peuple québécois aux élections d'avril 1970[2].

Ce manifeste émut donc l'opinion publique ; dans des collèges et universités, dans des milieux syndicaux, on votait en faveur des thèses du F.L.Q., tout en rejetant ses méthodes. C'est ainsi qu'au Centre Paul Sauvé, à Montréal, des milliers de personnes réunies le même soir donnèrent leur adhésion aux thèses du F.L.Q. Le premier ministre du Canada, Pierre-Eliott Trudeau, imposa alors la « loi des mesures de guerre », ordonnant la censure, commandant le déploiement des forces policières et de l'armée canadienne, permettant la perquisition et l'arrestation, sans mandat. Le premier ministre Trudeau « s'inquiétait » d'une « insurrection appréhendée ».

Quelques heures plus tard, une cellule du F.L.Q. ripostait par « l'exécution politique » du ministre Pierre Laporte.

La vague d'arrestations avait déjà commencé. Des leaders du mouvement d'approbation au manifeste du F.L.Q., le syndicaliste

---

2. Des firmes anglo-saxonnes menaçaient de retirer leurs capitaux du Québec en cas d'avènement au pouvoir du Parti Québécois, et allèrent jusqu'à annoncer, quelques jours avant les élections, qu'elles avaient transféré leurs titres de valeurs en Ontario dans des camions blindés de la Brink's. — L'élection allait se solder par une victoire massive du Parti Libéral, alors que le Parti Québécois devait se contenter, avec vingt-quatre pour cent des votes, de sept sièges sur cent huit !

Michel Chartrand, les poètes Gaston Miron, Michel Garneau et Gérald Godin, la chanteuse Pauline Julien, furent incarcérés. Des centaines d'autres connurent ce sort, intellectuels de gauche, animateurs sociaux, militants du Parti Québécois, etc.

Par la suite, James Cross allait être libéré, et ses ravisseurs, exilés ; la « loi d'urgence » (devenue « Loi Turner ») demeurerait en vigueur jusqu'à la fin d'avril 1971.

Quelles conclusions tirer de ces événements ? Parmi des centaines de personnes incarcérées, une cinquantaine seulement, quelques semaines plus tard, le demeuraient ; la majorité de ces dernières durent ensuite être libérées, les autorités ne trouvant aucun délit dont les ensuite être libérées, aucun délit n'étant relevé contre elles.

Mais derrière le retour à la réalité quotidienne, après la levée des mesures de guerre, certains, et parmi eux des poètes, ont senti que l'avenir même du Québec était compromis. Ces événements auront certainement infléchi l'évolution actuelle et future du Québec, en mettant à nu, et en exacerbant, des forces antagonistes correspondant, à un moment précis, aux tensions profondes de la société québecoise. Tensions qui se redéfinissent chaque jour, à la lumière de nouveaux événements. Sur le vif, Jean-Guy Pilon définissait sa position :

(...) *Comme beaucoup d'autres, j'ai été horrifié de l'attitude du gouvernement dans l'affaire Laporte. Horrifié de voir que la raison d'Etat, dans un pays qui n'a jamais été déchiré par les guerres, puisse s'étaler avec autant de superbe et d'inhumanité. Horrifié aussi de voir qu'un geste aussi déplorable (l'assassinat) allait compromettre tout un long travail d'enracinement et de persuasion et au surplus que cet assassinat, dont les gouvernements sont complices, allait être la merveilleuse occasion souhaitée et recherchée par le premier ministre du Canada pour lancer sa meute contre les hommes libres. Il n'attendait que cela. C'est lui le seul gagnant.*

(...) *On ne lutte pas facilement contre le nationalisme modéré. Mais voici que l'occasion s'est présentée pour lui d'amener le grand public et particulièrement le reste du Canada à associer nationalisme québécois et extrémisme ; de plus, en sacrifiant la vie d'un otage, de rendre ce nationalisme répugnant. Il a gagné.*

Mais pour un temps seulement, car on ne méprise pas sans mesure le cœur et la fierté de l'homme. Quelques individus sont restés debout, d'autres ont pu relever la tête après les premiers outrages et, malgré l'état de guerre, ont su rappeler que la liberté devait continuer d'être et que la dignité, même momentanément perdue, devait nous être redonnée.

Mais de quel droit l'écrivain peut-il encore parler ? Qui sommes-nous ? Quel sens cela peut-il avoir que de protester, de réclamer, de tenter de sauver ce qui avait été construit ? Ou ce qui reste après la débâcle ?

Qu'est-ce que ça signifie maintenant écrire des poèmes, comment peut-on écrire des poèmes, et pour quoi faire ?[3] (...)

On comprend aisément, après la « crise d'octobre », pourquoi des poètes comme Gaston Miron, Paul Chamberland, Jean-Guy Pilon, Raoul Duguay, Michèle Lalonde, Michel Garneau, Gérard Godin, et beaucoup d'autres, tiennent à demeurer « sur la place publique » et à confier à leur poésie le rôle souvent ingrat d'éveilleur de consciences dans la construction d'un pays qui appartienne vraiment au peuple québécois.

Un contexte historique pressant avait déjà amené plusieurs poètes à faire intervenir leurs écrits plus directement dans des récitals publics. On aurait tort toutefois de n'expliquer que de cette façon les récitals de poésie.

Car le poème répond aussi à un besoin de célébrer par la prise de parole. Un film de Jean-Claude Labrecque et Jean-Pierre Massé, *Nuit de poésie*[4], fait bien ressortir cet aspect de fête. Fête dans le public enthousiaste jusqu'à la fin, fête aussi dans la parole drue mais libérante d'un Claude Gauvreau, dans le discours décontracté d'un Claude Péloquin, comme dans l'euphorie contrôlée d'un Raoul Duguay.

Que la recherche verbale intransigeante de Gauvreau ou d'un autre puisse côtoyer l'engagement politique de Chamberland ou la recherche à la fois langagière et sociale d'un Duguay, qu'entre ces poètes interviennent des chansons de Vigneault, Georges Dor ou Pauline Julien, bref, tous ces éléments, rassemblés sur une même scène, démontrent bien la détermination des poètes québécois de continuer à privilégier « l'oralité » comme un des canaux essentiels de diffusion de la poésie.

3. Revue *Liberté* (Montréal), n° 71-72, septembre-décembre 1970.
4. Film tourné au Théâtre Gésu, à Montréal, la nuit du 27 au 28 mars 1970 (Office National du Film).

CHAPITRE III

DIX POÈTES QUÉBÉCOIS

POÉSIE EXPLORÉENNE

Claude GAUVREAU

Claude Gauvreau[1] est né poétiquement dans le groupe des automatistes. Comme Borduas, il a tenté de mener plus loin l'expérience surréaliste. Et il a gardé jusqu'à sa mort l'incorruptibilité du temps de *Refus Global*.

Dans ses *Lettres à un fantôme*, Gauvreau a défini la différence qu'il voyait entre le surréalisme (qu'il nomme « automatisme psychique ») et l'« automatisme surrationnel » (qui deviendra, chez lui, « poésie exploréenne »).

Ainsi reprenait-il le surréalisme où Breton l'avait conduit : refusant toute régression par rapport à l'écriture surréaliste, il entendait la continuer, mais en allant « plus creux » :

(...) *L'automatisme psychique, pour moi, c'est ceci : Une tentative d'écrire dans un relâchement volontaire aussi complet que possible. On tente d'obtenir un état de neutralité émotive aussi complet que possible. Il s'agit donc d'inscrire le déroulement habituel, quotidien, des associations de pensée subconscientes. Un effort d'impassibilité, d'oubli, de distraction logique, est donc exigé.*

L'automatisme psychique est une expérience passionnante, vous

1. Né à Montréal (1925-1971). *Les Entrailles,* trois extraits, in *Refus Global* (Montréal, Mithra-Mythe, 1948). *Sur fil métamorphose* (M., Ed. Erta, 1956). *Brochuges* (M., Ed. de feu-Antonin, 1957).

N.B. Qu'une large partie de son œuvre soit restée longtemps inédite, n'entame en rien l'importance de Gauvreau. Les Editions Parti-Pris, à Montréal, ont annoncé la publication, en 1973, des « Œuvres créatrices complètes de Claude Gauvreau ».

pouvez m'en croire. Cependant, je crois personnellement que, vu précisément l'état de « sommeil » émotif, les seuls éléments qui peuvent venir à la surface sont les éléments les plus superficiels, bientôt assez communs — qui engendrent une certaine sorte de monotonie (...)

Pour aller plus creux dans l'inconscient, pour dynamiter certaines barrières apparemment infranchissables, il faut précisément toute la commotion du volcan émotif.

Sans aucune sorte d'idée ou de méthode préconçues, permettre l'accroissement d'une forte émotion qui vienne ébranler et affoler toutes les murailles de la cervelle, et alors, inscrire successivement tout le chaînon un qui viendra se dérouler en reptile ininterrompu (jusqu'au sentiment de plénitude), voilà le moyen de mettre au jour des cavernes et des replis que le ronron de l'inconscient superficiel ne permet pas de soupçonner. Tel est l'automatisme surrationnel[2].

Dès les premiers écrits de Gauvreau, avant même son attachement pour Tzara et Artaud, on sent la charge du « volcan émotif ». L'instinct commande l'écriture et projette des images, distinctes au niveau rationnel, mais concourantes au niveau émotif.

Les satrapes me poursuivent comme un jaune
dans une rigole abrupte
Dans une corne de bélier.
Le sang me bouscule dans le temps oublié
une pleine galoche de sang.
La rivière naine comme un corps de nouille
et de quenouilles. Je suis poursuivi,
je suis un homme poursuivi, pour-
suivi un homme, un poursuivi,
poursuite poursuivie, un homme
poursuivi.
Je cours, couleur rouge, loin des bras qui
me cherchent, qui m'attendent.
Les bras qui me veulent.
Rigoles de sang sur les tempes, chair de femme
dépecée, chair d'homme flétrie.
Je suis un criminel imminent (...)

(Au cœur des quenouilles, in *Refus Global)*

---

2. *Lettre à un fantôme,* parue dans le numéro spécial (n° 17-18-19-20) de la revue *La Barre du Jour : les Automatistes* (Montréal, 1969).

En choisissant de mettre en branle, sans interdit, le volcan émotif, Gauvreau assumait le risque de l'expression totale. Dire le moi, dès lors, déborde le champ habituellement permis du lyrisme : la poésie instinctive, livrée à elle-même, entraîne dans son courant les cris de l'inconscient, la rage contre les tabous, les désirs illicites, l'angoisse sous toutes ses formes. L'érotisme est omniprésent : il stagne sous chaque mot, fuse de partout. L'auteur ne peut plus contrôler le mouvement qu'il suscite : il peut seulement tenter de lui donner vocabulaire adéquat.

Une note de cul roussi éclate au cœur de la fanfare
cherchant ses osselets putasses qui coulent une vie douce
au cou du nègre du Benghor un vieux sursaute
sous la piqûre du zzzzzzzzzzz
désarmées désânées
des femmes au duvet chromé
cherchent un prêtre qui leur a promis l'apostolat.
c'est dans ce décor de fauvettes et de guimauves qu'il
fut pendu un jour
qui fut son dernier jour.
des ânes vendus par des curés soulevaient sa tête où
s'écorchaient des poils de couleuvres et des
écailles de gousseuses.
pipi par terre poppi panté pupi pantin.
c'est dans ce décor de rasoirs et de cure-dents qu'il
fit pipi au pied de l'échafaud (...)[3]

L'« automatisme surrationnel » amène, chez Gauvreau, l'« image exploréenne ».

(...) *Plus le besoin d'expression étendue se fera sentir, plus la poésie sera contrainte de se servir d'éléments génériques agissant comme commun dénominateur à des multitudes de mots — et c'est précisément l'élément commun à chacun de ces mots, élément jusqu'alors n'ayant jamais eu d'existence autonome, qui sera exprimé totalement, et dans ses relations avec d'autres éléments également substantiels et épurés* (...)[4]

Cet « élément commun », ce sera la syllabe, ultime moyen de traduire une sensation en son centre, débarrassée de tous ses parasites :

3. Poème *Grégor Alkador Solidor,* in *les Automatistes,* op. cit.
4. *Lettre à un fantôme,* idem.

Rien de plus logique : Les états singuliers doivent être traduits par des éléments singuliers (...)

Des bribes de mots abstraits connus, modelés dans une intrépide sarabande inconsciente, produisent l'image exploréenne.

On parle d'image exploréenne lorsque les éléments constitutifs des nouveaux éléments singuliers ne sont plus immédiatement décelables, par une opération analytique (...)[5]

Comme on le verra dans l'exemple suivant[6], la poésie se blottit dans les syllabes pour livrer la sensation pure[7] ; quelques phrases-charnières structurent le déroulement du poème.

Cassiligsein
Boire avec la bouche le téton à ïambes prolifiques
Epi gousslmi
La narration du traître se meurt dans un accent de pénombre verte

Hochj gudtra
gouzelmie golonel wouiaf gonorrhée
Pardon
poire
pizulc
pozdessie
églinde murmate
Le destin de la chauve-souris se crucifie dans le vampire ressuscité
Ommmohia merveille

L'instinct brut coïncide avec une apparente abstraction. Par le développement des sons, les interférences qu'ils tendent à exercer les uns sur les autres, par la suppression des liens syntaxiques, par la valeur absolue conférée à chaque syllabe, à chaque mot ou à chaque phrase, la poésie de Gauvreau crée un état de sensibilité permanent.

Elle est avant tout l'œuvre solitaire et « exploréenne » d'un écrivain attaché à se dire dans une totale nudité. Gauvreau a inventé un vocabulaire et des images pour décrire cette nudité, parfois boueuse, parfois angélique. Il nous a laissé une des œuvres poétiques les plus riches et les plus originales écrites au Québec après 1945.

---

5. Idem.
6. In revue *Métamorphoses* (Limoges, deuxième trimestre 1969, numéro IX).
7. Gauvreau toutefois se dissocie des lettristes européens pour qui, dit-il, « la poésie doit résider (et elle le peut, bien sûr) exclusivement dans une image rythmique régularisée » (*Lettre à un fantôme*).

LANGAGE DE L'IDENTITÉ QUÉBÉCOISE

Gaston MIRON

Gaston Miron[8] se situe au cœur de la poésie québécoise[9], tant par sa fonction d'animateur que par son engagement politico-social et son expérience poétique propre.

En 1953, il publiait *Deux Sangs*, avec Olivier Marchand. C'était le début des Editions de l'Hexagone[9]. Outre ces deux auteurs, le groupe comprenait Gilles Carle, Hélène Pilotte, Louis Portugais, Jean-Claude Rinfret. D'autres s'y joignent bientôt : Paul-Marie Lapointe, Michèle Lalonde, Fernand Ouellette, Luc Perrier, Jean-Guy Pilon, Yves Préfontaine, Michel Van Schendel. Jusqu'à aujourd'hui, c'est Miron qui dirigera, presque sans arrêt, cette maison d'édition.

L'objectif du départ se situait au niveau du *primum vivere*. Il n'y avait pas de littérature canadienne-française ou québécoise, il fallait en créer une au plus vite. La situation ne permettait guère un partage trop rigoureux du bon grain et de l'ivraie ; d'abord fallait-il qu'ils existent : « Chaque recueil que nous publiions à l'Hexagone constituait — dans la perspective d'une constitution d'une littérature nationale — une affirmation de soi de plus. Il fallait lancer dans la bataille le poids de la création. En publiant le plus d'œuvres de création possible. Libérer un peuple, c'est d'abord et aussi libérer sa faculté de création, pour qu'il se dote lui-même de l'instrumentation »[10].

En 1959, Miron s'associe à Jean-Guy Pilon pour lancer la revue *Liberté*, dont Pilon assumera la direction. *Liberté* constituait une suite logique au mouvement lancé par l'Hexagone : publication de poètes et prosateurs, études critiques, engagement dans l'éveil de la littérature comme dans l'éveil de la conscience nationale.

Si Miron a joué un rôle prépondérant au niveau de l'animation, il a également présidé à l'instauration d'une thématique fondamentale de la poésie québécoise, celle de l'engagement, tant au niveau idéologique qu'à celui de la pratique.

---

8. Né à Sainte-Agathe-des-Monts en 1928. *Deux Sangs,* avec Olivier MARCHAND (Montréal, Hexagone, 1953). *L'Homme rapaillé* (Presses de l'Université de Montréal, coll. « Prix de la Revue *Etudes Françaises* », 1970).
N.B. — Miron a publié deux recueils, dont le second reprend des poèmes du premier. Il a publié dans plusieurs journaux et revues, participé à de nombreux récitals. Comme il remanie continuellement ses textes, en garde inédites de longues parties, *l'Homme rapaillé* constitue la seule « somme mironienne » actuellement utilisable. C'est donc de *l'Homme rapaillé* que seront tirées les citations de poèmes de cette étude.

9. Cf. Jean-Louis MAJOR, *l'Hexagone, une aventure en poésie québécoise*, in *la Poésie canadienne-française,* « Archives des Lettres canadiennes », tome IV (Montréal, Ed. Fides, 1969), pp. 175-203.

10. *Témoignage Gaston Miron,* interview par Jean ROYER, in *Livres et auteurs québécois 1970* (Montréal, Ed. Jumonville, 1971).

J'ai essayé, avec d'autres, de fonder une thématique et une problématique nationales. J'ai essayé d'agir notre littérature, dans le sens d'une démarche d'orientation et vers une prise de conscience générale des conditions de la littérature et d'une littérature donnée. J'ai engagé ma propre écriture dans la libération du peuple québécois.

Mon travail textuel est de l'anthro-poème. Je me suis pris moi-même pour cobaye. M'identifiant au grand nombre, vivant sa situation et sa condition, allant jusqu'à m'identifier à l'aliénation collective et projetant mon drame personnel dans le drame collectif et étendant celui-ci aux dimensions du monde[11].

Miron a voulu associer et même « identifier » sa poésie au sort collectif. Il n'y a pas toujours adéquation entre lui et le pays, Miron demeurant un poète personnel à la fois en-deçà et au-delà d'un dénominateur commun. Il n'empêche que son écriture rejoint ou suscite les thèmes majeurs de notre poésie : femme, pays, difficulté de vivre, assumation du destin personnel et collectif. Son mode d'écrire, de plus, constitue une cristallisation du langage québécois quotidien.

Parlant de la femme, Miron, comme Ouellette, Pilon, Giguère..., la voit comme médiatrice du bonheur, dispensatrice d'une nouvelle naissance qui tirerait l'homme de sa condition d'humilié et de malheureux. Elle seule peut « sur la terre » conférer une pureté qui semble l'apanage d'un autre monde.

(...) *j'irai te chercher nous vivrons sur la terre*
la détresse n'est pas incurable qui fait de moi
une épave de dérision, un ballon d'indécence
un pitre aux larmes d'étincelles et de lésions profondes
frappe l'air et le feu de mes soifs
coule-moi dans tes mains de ciel de soie
la tête la première pour ne plus revenir
si ce n'est pour remonter debout à ton flanc
nouveau venu de l'amour du monde
constelle-moi de ton corps de voie lactée
même si j'ai fait de ma vie dans un plongeon
une sorte de marais, une espèce de rage noire
si je fus cabotin, concasseur de désespoir
j'ai quand même idée farouche
de t'aimer pour ta pureté
de t'aimer pour une tendresse que je n'ai pas connue

(*L'Homme rapaillé*)

---

11. id.

Si la femme se récuse, c'est l'effondrement de l'homme qu'elle provoque : il est rejeté à lui-même, avec une moitié-vie qui ne lui laisse plus que la force de souffrir.

je marche à toi
je titube à toi
je meurs de toi jusqu'à la complète anémie
lentement je m'affale tout au long de ma hampe
je marche à toi, je titube à toi (...)

je n'ai plus de visage pour l'amour
je n'ai plus de visage pour rien de rien
parfois je m'assois par pitié de moi (...)

Mais que l'accord amoureux semble s'accomplir, et la joie fuse totale, sans ordre, multipliant ses images, avec émerveillement d'enfant et vigueur d'homme.

tu es mon amour
ma clameur mon bramement
tu es mon amour ma ceinture fléchée d'univers
ma danse carrée des quatre coins d'horizon
le rouet des écheveaux de mon espoir
tu es ma réconciliation batailleuse
mon murmure de jours à mes cils d'abeille
mon eau bleue de fenêtre
dans les hauts vols de buildings
mon amour
de fontaines de haies de ronds-points de fleurs (...)

Si l'homme, sans la femme, est aliéné, demi-vivant, il l'est aussi devant le pays faible, incapable de lui conférer la consistance qui manque à sa vie. Comme beaucoup de poètes québécois, et à leur tête, Miron s'inquiète du sort du pays aliéné. Loin de s'en dissocier, il s'identifie profondément à celui-ci, en parlant comme d'un autre soi-même.

(...) *démuni, il ne connaît qu'un espoir de terrain vague*
qu'un froid de jonc parlant avec le froid de ses os
le malaise de la rouille, l'à-vif, les nerfs, le nu
dans son large dos pâle les coups de couteaux cuits
il vous regarde, exploité, du fond de ses carrières
et par à travers les tunnels de son absence, un jour
n'en pouvant plus y perd à jamais la mémoire d'homme (...)

Parmi les siens, pour témoigner de leur détresse, il lance aussi un appel à la marche collective, annonce la victoire définitive. C'est ce cri que proféreront Ouellette, Chamberland, Préfontaine, et autres, chacun à sa manière.

(...) *nous te ferons, Terre de Québec*
lit des résurrections
et des mille fulgurances de nos métamorphoses
de nos levains où lève le futur
de nos volontés sans concessions
les hommes entendront battre ton pouls dans l'histoire
c'est nous ondulant dans l'automne d'octobre
c'est le bruit roux de chevreuils dans la lumière
l'avenir dégagé
l'avenir engagé

Derrière l'angoisse due à l'absence de la femme et au pays aliéné, et sans les nier, on trouve chez Miron une difficulté de vivre « tout court ». Encore une fois, on revient à la lutte du moi dédoublé, en quête d'unification. De Saint-Denys Garneau, Anne Hébert, à Gatien Lapointe ou Suzanne Paradis, se poursuit un semblable empêchement du moi à éclore. Miron, ici, derrière le « mal amour », rejoint en profondeur le moi non fixé, pris de vertige dans son propre corps.

(...) *Et plus tard dans cette rue où je m'égare*
éparpillé dans mes gestes et brouillé dans mon être
tombant et me soulevant dans l'âme
toute la pluie se rassemble sur mes épaules
la tristesse du monde luit très lasse et très basse
mais toi tristesse des hautes flammes dans mes genoux
tu me ravages comme les tourmentes des forêts rageuses
et parfois je me traîne et parfois je rafale (...)

Par-delà l'angoisse toujours possible de l'homme, Miron pose un acte de foi dans le destin individuel et collectif. Il s'identifie une fois encore au réveil de la poésie québécoise ; plus, le suscite. Il se réconcilie avec lui-même et avec son peuple. A même le désaccord, « beau désaccord », il forcera l'arrivée d'une nouvelle naissance.

(...) *salut beau désaccord ma vie qui divise le monde*
tous les liserons des désirs fleurissent dans mon sang
tourne-vents
nos regards les ailes mortes vont battre de nouveau (...)

suivez-moi tous ceux qui oscillent à l'ancre des soirs
levons nos visages de terre cuite de cuir repoussé frappés
de sol de travaux

nous avançons nous avançons le front comme un delta
aérés dans nos yeux de mansarde

« Good bye farewell ! »
quand nous reviendrons nous aurons à dos la victoire
et à force d'avoir pris en haine toutes les servitudes
nous serons devenus des bêtes féroces de l'espoir.

Au cœur de la poésie québécoise par son rôle d'animateur et par sa thématique, Miron s'y retrouve aussi par son maniement du langage : il cristallise poétiquement le parler québécois quotidien.

Mais donnons d'abord quelques points de repère sur ce parler. Omettons les anglicismes, afin de voir ses éléments les plus spécifiques à l'intérieur de la francité.

Une première caractéristique tient dans la « non-terminaison de l'énoncé »[12]. Dans la conversation courante, on a tendance à laisser nos phrases en suspens : un geste, une mimique, un regard ou encore l'allongement de la dernière syllabe prononcée font entendre à l'auditeur que la suite, implicite, n'a pas à être exprimée ; ou encore — selon le ton, le geste — qu'il est inutile d'aligner des mots pour terminer grammaticalement une phrase dont l'issue demeure, du point de vue du sens, douteuse ou inconnue.

Cette habitude de réduction se renforce par l'usage fréquent d'interjections, expressions toutes faites, sacres (jurons), qui se substituent à l'énoncé détaillé pour en fournir un abrégé synonymique.

Des recherches en cours à l'Université Laval (Québec) décrivent des comportements analogues du côté de la phonétique : Conrad Ouellon, du Département de Linguistique de cette Université, résume ainsi ces comportements : « La structure rythmique, mélodique de notre phrase est différente de la phrase française. La phrase d'ici est plus monotone : il y a une différence de fréquence moindre entre la note la plus haute et la plus basse d'une phrase québécoise. De plus, l'accent tonique est moins marqué au Québec. D'où une impression de monotonie. Le Québécois semble aussi parler plus lentement. Au point de vue intensité, il paraît parler toujours avec la même « force », alors qu'un Français fait alterner davantage tons forts et tons faibles ».

---

12. Cf. Conférence de Michel Van SCHENDEL, *le Discours poétique/Métaphore* et *aphasie* (Quatrième Colloque du Centre Culturel Canadien, Paris, 14 mars 1972).

On voit que le parler québécois est loin d'épuiser les ressources de la langue française et de la voix. A la limite de la réduction, il devient même, pour Miron, un signe d'irréalité : comment se sentir réel dans un système linguistique qui semble vous échapper de plus en plus ?

Dans les lointains de ma rencontre des hommes
le cœur serré comme les maisons d'Europe
avec les maigres mots frileux de mes héritages
avec la pauvreté natale de ma pensée rocheuse

j'avance en poésie comme un cheval de trait
tel celui-là de jadis dans les labours de fond
qui avait l'oreille dressée à se saisir réel
les frais matins d'été dans les mondes brumeux

On a souvent dit que le parler québécois n'était qu'un français appauvri. Les observations données plus haut sembleraient le démontrer. Mais c'est mal poser la question que de vouloir évaluer qualitativement deux parlers, l'un par rapport à l'autre, selon des critères quantitatifs. Le Français qui, du jour au lendemain, maintiendrait sa conversation dans les limites de la conversation québécoise, serait effectivement un « Français appauvri ». Car il n'aurait pas du même coup assimilé la sensibilité qui sous-tend le parler québécois. L'inverse serait d'ailleurs aussi vrai, pour peu que l'un ou l'autre puisse se réaliser...

En fait, si nous excluons le « joual », constitué le plus souvent d'anglicismes, et qui trouve plus ou moins ses équivalents argotiques dans d'autres langues, nous nous apercevons que le parler québécois est un langage différent à l'intérieur de la langue française.

En désarticulant la phrase, l'écourtant, lui substituant des expressions brèves, en limitant ses inflexions vocales et la rapidité du débit, le franco-québécois choisit au moins deux voies. La première consiste à conquérir son expressivité en « ramassant le sens » dans un matériau minimal. La deuxième, à mener à l'intérieur du langage une lutte contre le langage, en raison de la difficulté d'extérioriser des nuances à travers un matériau restreint.

Miron conserve et mène à leurs « conséquences » poétiques, selon son optique personnelle, ces particularités du franco-québécois. Pour lui, « ramasser le sens » dans un minimum de matériaux, c'est s'ériger au centre du sens, au cœur de l'identité québécoise, trouver un langage poétique qui lui soit conforme.

Regardons un passage du poème *l'Homme agonique*. Le mode de « fabrication » des images s'apparente à celui du surréalisme. Mais à l'inverse de celui-ci, dont les images veulent partir d'un centre inconscient ou préconscient, pour prendre éventuellement des directions très dissemblables, Miron dirige ses images vers un centre dont il veut créer ou identifier la substance[13]. Chaque vers cherche à « porter » au maximum, à trouver une nouvelle formulation au précédent. Toute digression est chassée a priori. Deux tournures de condensation du sens dominent le tout : la métaphore, présente partout, et la phrase nominale — prolongement poétique de la proposition laissée inachevée (« mon rire en volées de grelots... »)

> (...) *Et je m'écris sous la loi d'émeute*
> *je veux saigner sur vous par toute l'affection*
> *j'écris, j'écris, à faire un fou de moi*
> *à me faire le fou du roi de chacun*
> *volontaire aux enchères de la dérision*
> *mon rire en volées de grelots par vos têtes*
> *en chavirées de pluie dans vos jambes*
>
> *Mais je ne peux me déprendre du conglomérat*
> *je suis le rouge-gorge de la forge*
> *le mégot de survie, l'homme agonique.*

Par le biais des études et conclusions de Jakobson sur l'aphasie, Michel Van Schendel aboutit à établir une continuité entre la « non-terminaison de l'énoncé » dans le langage courant, et son équivalent elliptique en poésie : la métaphore. Celle-ci, ajoute-t-il, se condense encore dans la « sur-métaphorisation ».

Examinons, à titre d'exemple, le vers suivant : « puis le cri de l'engoulevent vient s'abattre dans ta gorge ». La simple comparaison nous donnerait à peu près cette image : « ton cri comme un cri d'engoulevent s'échappe de ta gorge ». La métaphore première à son tour donnerait : « ton cri d'engoulevent s'échappe de ta gorge ». Mais Miron resserre encore l'image. Ce n'est plus « ton cri », c'est « le cri de l'engoulevent ». La première partie de la comparaison est supprimée, on lui substitue directement le nouveau venu métaphorique. Et celui-ci commande désormais toute la proposition, assaillant le « toi » qui lui avait donné naissance : « vient s'abattre dans la gorge ».

On pourrait soumettre à pareil examen des vers comme les suivants, et tirer des conclusions semblables de l'exacerbation des métaphores[14].

---

13. Voir l'excellente étude de Georges-André VACHON : *Miron ou l'Invention de la substance,* in *l'Homme rapaillé,* pp. 133-149.

14. Bien que la métaphorisation soit un phénomène universel en poésie, elle semble jouer, dans la poésie québécoise, un rôle particulier. Celui de moteur drainant vers lui les

j'ai du chiendent d'achigan plein l'âme ;

ou : *je me hurle dans mes harnais ;*

ou encore : *je marche avec un cœur de patte saignante.*

Nous arrivons ainsi à une lutte du langage contre lui-même ; le franco-québécois pose déjà le défi de l'expression totale à travers une utilisation limitée de la langue française. La poésie concrétise ce défi. Il ne s'agit pas de recherche intellectuelle sur les possibilités du langage. Rappelons-nous les vers de Miron :

j'avance en poésie comme un cheval de trait
tel celui-là de jadis dans les labours de fond
qui avait l'oreille dressée à se saisir réel
les frais matins d'été dans les mondes brumeux.

Deux éléments fondamentaux : l'effort, le désir de cerner sa réalité, qui se conjuguent, par exemple, dans le poème *la Marche à l'amour*. Les mots y sont des poids en mouvement, qui se définissent l'un l'autre par la résistance qu'ils s'opposent dans la lutte. Le corps de la femme se fait tour à tour « de pruche... fraîche chaleur de cigale... terre meuble de l'amour... tiges pêle-mêle ». L'homme roule en elle les rivières du Québec « saguenays... outaouais ». Le cri se matérialise en « longues flammèches » et assaut brutal de l'engoulevent. L'atmosphère elle-même acquiert une consistance de « lumière incendiée ». Poème d'efforts et de lutte, certes, mais d'ivresse aussi par la sensation absolue de réalité que nous confère ce monde intensément physique :

(...) *j'aime*
que j'aime
que tu t'avances
ma ravie
frileuse aux pieds nus sur les frimas
par ce temps doucement entêté de perce-neige

---

autres éléments : autant le « mauvais » que le très bon poète semblent, en quelque sorte, aspirés, a priori, par une exigence de métaphorisation et de sur-métaphorisation. Le jaillissement, la tension du poème en dépendent. Dans la poésie française, la métaphore, délaissée ou très employée, selon l'*individualité* de l'auteur, semble demeurer un moyen stylistique parmi d'autres, réclamé quand le contexte lui-même l'exige. Elle paraît enfin s'y organiser d'une façon moins systématique, allant des limites de la simple comparaison à la densité sur-métaphorique, mais, le plus souvent, à son aise entre les deux.

sur ces grèves où l'été
pleuvent en longues flammèches les cris des pluviers
harmonica du monde lorsque tu passes et cèdes
ton corps tiède de pruche à mes bras pagayeurs
lorsque nous gisons fleurant la lumière incendiée
et qu'en tangage de moisson ourlée de brises
je me déploie sur ta fraîche chaleur de cigale
je roule en toi
tous les saguenays d'eau noire de ma vie
je fais naître en toi
les frénésies de frayères au fond du cœur d'outaouais
puis le cri de l'engoulevent vient s'abattre dans ta gorge
terre meuble de l'amour ton corps
se soulève en tiges pêle-mêle (...)

Il resterait beaucoup à dire sur le langage de Miron, entre autres sur l'intégration dans sa poésie de mots québécois, d'éléments de la nature québécoise. Georges-André Vachon a déjà constaté à ce sujet : « Et si nous les reconnaissons [ces mots, ces éléments] (...) c'est parce que Miron, au lieu d'en faire des curiosités, des sujets d'observation directe, les asservit au mécanisme de l'universelle métaphore poétique »[15].

Bref, par son langage également, Miron se situe au cœur de la poésie québécoise. Non pas qu'il en épuise les possibilités. Mais, avec un tempérament — un style — personnel, c'est lui, sans doute, qui a donné aux siens le langage poétique le plus poussé qui traduise à la fois leur façon de sentir et de s'exprimer. Poète de langue rigoureusement française, il apporte à celle-ci un langage poétique nouveau, issu d'une façon de vivre, d'une façon de parler, qui, elles aussi, sont en chemin de définition.

Au-delà, Miron demeure un poète que ne recouvre pas totalement l'identité nationale, qui ne s'y fond pas non plus entièrement. L'un et l'autre se fécondent, doutent parfois, mais croient toujours, ne serait-ce que par « une onde perceptible ».

(...) *cette vision me devance : un homme de néant*
silence, avec déjà mon corps de grange vide, avec
une âme pareillement lointaine et maintenue minimale
par la meute vacante de l'aliénation, d'où parfois
d'un fin fond inconnu arrive une onde perceptible (...)

---

15. *Miron ou l'Invention de la substance* (op. cit.).

AU CENTRE DU FEU
Roland GIGUÈRE

Chez Roland Giguère[16], le problème de la difficulté d'être, commun aux poètes de sa génération, se pose en termes de violence : celle que l'on subit, celle de la riposte.

Contrairement à plusieurs poètes de l'Hexagone et à ses prédécesseurs, Giguère n'entame pas une lutte contre le moi. Il ne distingue pas un moi intérieur cherchant à se manifester, et un autre moi, extérieur, qui l'emprisonnerait. Pour lui, le « moi » est, tout simplement. C'est plutôt à des menaces étrangères à lui-même que l'homme devra se mesurer.

De là, Giguère créera sa propre esthétique de la violence, haute et impétueuse parce qu'il demeure conscient de son état primitif d'être libre.

Ses premiers poèmes, parfois emphatiques, témoignent, à même cette emphase, de sa certitude de voir un jour triompher la liberté.

Grande main qui pèse sur nous
grande main qui nous aplatit contre terre
grande main qui nous brise les ailes
Grande main de plomb chaud
Grande main de fer rouge (...)

mais viendront les panaris
panaris
panaris
la grande main qui nous cloue au sol
finira par pourrir
les jointures éclateront comme des verres de cristal
les ongles tomberont

la grande main pourrira
et nous pourrons nous lever pour aller ailleurs.

(*L'Age de la parole*)

---

16. Né à Montréal en 1929. *Faire naître* (Montréal, Erta, 1949). *Trois pas* (Erta, 1950). *Le Poème mobile*, en collaboration avec Théodore KOENIG (id., ibid.). *Les Nuits abat-jour* (Erta, 1950). *Yeux fixes* (Erta, 1951). *Midi perdu* (Erta, 1951). *Images apprivoisées* (Erta, 1953). *Les Armes blanches* (Erta, 1954). *Le défaut des ruines est d'avoir des habitants* (Erta, 1957). *Adorable femme des neiges* (Erta, 1959). *L'Age de la parole*, poèmes 1949-1960, textes déjà publiés et textes inédits (Montréal, Hexagone, 1965). *Pouvoir du noir* (Ministère des Affaires Culturelles, Musée d'Art contemporain, 1966). *Naturellement* (Erta, 1968).
N.B. — Tous ces recueils, sauf *l'Age de la parole*, contiennent des illustrations, le plus souvent de Roland Giguère.

Giguère n'a rien d'un mythomane. La main du bourreau existe. Par exemple dans l'acharnement d'un peuple à vivre de souvenirs, dans l'entreprise de pillage à laquelle se livrent quelques individus pendant la confusion générale, dans l'inertie d'une collectivité qui se laisse glisser vers sa propre mort.

(...) il était midi sur tous les visages
lumineux cadran des mirages
et couchés sur le rivage
nous rêvions encore de nos rêves éteints (...)
on ne savait où donner la tête
plusieurs la donnaient au premier venu
d'autres la donnaient au lit du fleuve
les magiciens travaillaient jour et nuit
à en faire disparaître des centaines (...)
nous étions au départ de la vie
elle partait
et nous la regardions partir lui souhaitant bonne chance
bon voyage
bon voyage

LA VIE S'EN ALLAIT

(Midi perdu)

L'auteur n'entrevoit pas pour le moment de vengeance éclatante comme celle qu'il réservait à la main du bourreau. Il va plutôt tenter d'éviter le naufrage, un peu à la façon de Jean-Guy Pilon, grâce à une éthique et une esthétique de la « patience ».

Il faudra dérouler les rails de la patience
prendre le jour par la main et lui montrer le chemin
qui mène aux hommes chancelants sur les bords de la nuit

(L'Age de la parole)

Malgré cette patience, Roland Giguère ne se satisfera jamais de rêver à un bonheur paradisiaque et calme, romantique : s'il l'évoque, il retient à peine son ironie, pressé plutôt de remuer enfin ciel et terre.

(...) *L'amour avec tous ses anneaux apparaît sur un trapèze volant réduisant le vide à une vallée aimable où le sommeil vient errer, la tête abandonnée à la nuit* (...)

Et combien de jours à vivre en plaine?
Le volcan se retourne dans sa lave et patiente.
(Le défaut des ruines est d'avoir des habitants)

Il reste à faire le saut, à passer à l'offensive. Giguère le fait avec gravité. Il sent la fin d'une résistance et connaît le vertige d'un départ vers l'inconnu : il dévore la tête du serpent, c'est-à-dire devient occulte, source, à son tour, de venin, de feu. Il s'arrête un moment, perplexe :

(...) *le silex dans le roc patiente*
et nous n'avons plus de mots
pour nommer ces soleils sanglants

on mangera demain la tête du serpent
le dard et le venin avalés
quel chant nouveau viendra nous charmer ?
(L'Age de la parole)

En aucun temps, Giguère n'accepte le bond arrière. Il faut marcher devant soi. Le poète s'apostrophe, comme il apostrophe tous les siens, pour les inviter à une marche déterminée.

(...) *On ne revient pas sur ses pas. Depuis longtemps l'herbe foulée s'est fanée, le sentier s'est écroulé derrière. Les barreaux de l'échelle qui ont supporté notre poids n'ont pu résister plus longtemps.*
Toute retraite coupée
En avant.
Marche (...)
(Yeux fixes)

La violence subie a été avalée avec la tête du serpent. Giguère sème le feu, met tout à vif pour une purification supérieure :

Le temps est venu de passer par le feu
doubler la flamme à l'instant fatal
pour n'avoir des châteaux que l'essentiel
(L'Age de la parole)

Cet assainissement par réduction à « l'essentiel », Giguère le réclamait dans un de ses premiers poèmes, significatif, même par son emphase : l'inertie collective, sa soif de liberté, le projetaient « au centre du feu », maître d'une puissance qu'aucune main de bourreau ne saurait plus contenir.

(...) Bientôt le volcan sonnera midi et je serai dans sa bouche crachant moi-même le feu et la lave qui envahiront des milliers de villages squelettiques où vivent des êtres éteints (...) Je serai au centre du feu, explosant comme une grenade, projetant partout le sang avalé depuis vingt années, le sang qui depuis vingt ans va du cœur à l'extrémité des doigts et revient sur ses pas, chaque fois plus exténué, plus pâle et plus découragé de ne pouvoir aller plus loin (...)

(Yeux fixes)

*

L'esthétique de Roland Giguère se développe à partir du thème du feu, partagé sans rupture entre la violence et la lumière.

La violence engendre ses lois propres, trouve le verbe adéquat. Elle se donne un lexique, crie la force abattue sur l'individu ou « exultant » de lui, suscite l'image novatrice, révolutionnaire ; elle scande des mots d'ordre.

Il serait intéressant d'établir un lexique de tous les synonymes utilisés par Giguère pour décrire d'une part l'oppression, d'autre part la violence positive, celle du feu. Les images d'oppression se ramènent presque toutes à « la main du bourreau », c'est-à-dire à une menace qui plane au-dessus de l'homme et s'abat sur lui brutalement : « oiseau de proie... le vorace... rapace... corbeau... ogre », etc. Dans la mesure où cette menace réussit effectivement à l'écraser, se crée un vocabulaire de la morbidité, que Giguère emprunte au monde inanimé : « la cendre... la lune... l'eau glauque... le sable... la boue... ».

Mais c'est au domaine de la violence libératrice du feu que l'imagination suscite le déferlement des synonymes. Les uns s'y rapportent directement : « brasier... éclair... volcan... éruption... lave » ; les autres reproduisent le caractère dévorant du feu, tantôt impétueux, incisif, cruel, tantôt occulte, mais toujours — sauf le « feu fou » que Giguère dénonce — purificateur : « fleuve... marée rouge... raz-de-marée... trombe... tornade... ouragan... fouet d'acier... tigre... couleuvre... sang... perle noire... ».

Ce vocabulaire fait irruption dans le poème. Pour décrire le « bourreau », il s'intègre dans un rythme dur, massif, dans des images brutales. Reprenons par exemple quelques vers de *La main du bourreau finit toujours par pourrir*. Notons les répétitions de mots, l'insistance des sons à marquer l'accablement :

(...) grande main qui nous aplatit contre terre
grande main qui nous brise les ailes
grande main de plomb chaud
grande main de fer rouge (...)

(L'Age de la parole)

On aura remarqué ici l'aspect négatif du feu (plomb chaud, fer rouge), prisonnier de la matière, destiné à la terre ; la même force négative se retrouve chez les rapaces qui planent en scrutant la terre, infidèles à leur destin d'envol, et s'y rabattent continuellement.

Aussi la réplique au bourreau se dresse-t-elle en termes d'éclatement : la matière — c'est sa punition — pourrira, et les ongles, trahison du cristal, « tomberont ».

> (...) *La grande main qui nous cloue au sol*
> *finira par pourrir*
> *les jointures éclateront comme des verres de cristal*
> *les ongles tomberont* (...)

Bref, le vent souffle dans le poème. Sa vitalité crée des images neuves, à la taille de cette poésie :

> *le cœur bat comme une porte*
> *que plus rien ne retient sur ses gonds*

Ailleurs, fraîche et nue, l'image renoue avec l'instinct primitif. Semblable aux Iroquois qui dévoraient, dit-on, le cœur des missionnaires pour acquérir leur courage, Giguère veut « manger la tête du serpent » pour s'en approprier la force, le venin.

La violence enfin recourt à la sobriété, au dépouillement des châteaux purifiés par le feu. Le ton devient ascétique, humble mais ferme, comme l'illustre ce découpage de *Yeux fixes* :

> *Toujours ainsi.*
> *Toujours de suite.*
>
> *Continuer. Continuellement* (...)
>
> *La vérité toute la vérité rien que la vérité.*
> *Dites je le jure.*
> *Je le jure.*
> *Bien* (...)
>
> *Et tout continue. Continuellement.*
>
> (*Yeux fixes*)

Le deuxième axe de la poésie de Giguère est plus discret. On le suit à travers des poèmes courts, qui trouvent leur expression centrale dans *Adorable femme des neiges*. Cette forme de poésie éloigne la violence pour laisser place à la tendresse.

La cloison n'étant pas étanche, comme l'a montré Bachelard, entre le feu et la lumière, c'est précisément cette cloison que franchit Giguère. Le feu ne se subtilise-t-il pas en « orée… astres légers... visage de nuage ovale… corps d'étoile polaire… halo… ».

Le poème oscille aux limites de l'air et du feu. Il doit cet adoucissement, d'une part au besoin de tendresse engendré par le vertige trop violent du feu, et, d'autre part à l'essence privilégiée de la femme.

C'est par son rayonnement, et non par mouvement de destruction, que celle-ci élimine les obstacles :

à la lisière de ta flamme
se consument les lourds fagots d'hier

(Adorable femme des neiges)

Si l'homme devait « dévorer la tête du serpent » pour devenir feu, elle règne, elle, au-delà du feu.

la main haute sur les orages
le ciel sur tes épaules se repose

(Idem)

Hissé auprès d'elle, l'homme, avec elle, domine désormais toute menace possible.

(...) *il n'y a plus d'opaque*
il n'y a plus d'ornière
et les fléaux passent
bien au-dessous de notre ciel.

(Idem)

L'*Adorable femme des neiges* atteint ainsi l'infini, inaccessible à toute matière corruptible.

Giguère se hisse au niveau le plus subtil de l'onirisme du feu et de l'air, à la sensation d'éternité, où le vol et la lumière se rejoignent dans le corps de la femme devenu étoile polaire.

C'est la merveille à ma porte
que ton corps d'étoile polaire sur mes rivages

(Idem)

Elle ne brûle pas, elle brille et donne une nouvelle chaleur mêlée de vertige, ouvrant sur l'infini.

BORDUAS

GASTON MIRON

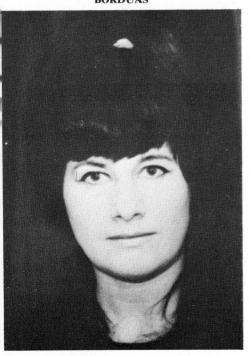

SUZANNE PARADIS

RAOUL DUGUAY

PIERRE MORENCY

JEAN-GUY PILON

FERNAND OUELLETTE

NICOLE BROSSARD

CLAUDE PÉLOQUIN

CLAUDE GAUVREAU

JACQUES BRAULT

ALEXIS LEFRANÇOIS

ROLAND GIGUÈRE

GATIEN LAPOINTE

MICHEL VAN SCHENDEL

Les mouvements de ton corps
sont les marées qui m'emportent
loin loin d'ici (...)

en amont des rivières qui portent
mes désirs d'amour à bon port
tu t'inscris
lumineuse de tous feux
ravissante et ravie

ma caravelle suit la courbe de ta vie.

(Idem)

Sociale ou individuelle, cette poésie privilégie l'onirisme comme moyen de connaissance, d'expression, de dépassement. Egalement peintre et graveur, Giguère associe naturellement à la « rêverie du feu » une multiplicité d'images visuelles, de contrastes vifs, et, au-delà, des jeux plus délicats d'ombre et de lumière. Qu'il le fasse comme peintre ou poète importe peu ! Il crée un univers dense de tendresse et de force. Il a contribué à introduire dans la poésie québécoise un sens viril de la révolte, à en établir les assises esthétiques.

Et il mène sa démarche plus haut vers la lumière.

COMME EAU RETENUE

Jean-Guy PILON

L'eau retenue ne roule jamais en torrents : on endigue son mouvement, on le contient. Mais si elle est « retenue », c'est que d'abord elle coule. Ainsi Jean-Guy Pilon[17] élabore-t-il sa poésie, trouvant son bien entre la lutte et la contemplation, jamais totalement satisfait de l'une ou de l'autre.

A travers l'amour comme à travers la construction du pays, il cherchera à atteindre une quiétude au-delà du mouvement. En poésie,

---

17. Né en 1930 à Saint-Polycarpe, près de Montréal. *La Fiancée du matin* (Montréal, Ed. Amicitia, 1953). *Les Cloîtres de l'été* (Hexagone, 1954, réédition 1964). *L'Homme et le jour* (Hexagone, 1957). *La Mouette et le large* (Hexagone, 1960). *Recours au pays* (Hexagone, 1961). *Pour saluer une ville* (Paris-Montréal, Seghers et H.M.H., 1963). *Comme eau retenue*, reprise des cinq recueils précédents (Hexagone, 1969). *Saisons pour la continuelle* (Seghers, 1969). *Silences pour une souveraine* (Presses de l'Université d'Ottawa, 1972).

cette attitude entraîne chez lui le refus de s'arrêter à la seule beauté esthétique et de s'engager dans une révolte ou une recherche qui compromettraient le mouvement lent mais confiant de l'eau retenue.

Fidèle à une façon d'écrire de ses prédécesseurs et maîtres René Char et Alain Grandbois, Jean-Guy Pilon privilégie la poésie réflexive : l'idée (plus morale que proprement intellectuelle), le sens du devoir, l'appel au dépassement, l'apologie de valeurs éternelles (l'enfance, l'amour, la grandeur de l'effort) — tous ces éléments, bref, assumés par la pensée, définissent le cœur et le sens de son œuvre.

Surtout dans ses premiers écrits, il a laissé basculer, à l'occasion, la « poésie réflexive » du côté de la « réflexion poétique » ; dès lors, le vers et l'image, trop subordonnés à l'idée, la réduisent à l'axiome, au détriment de leur puissance évocatrice.

Le mouvement principal de Jean-Guy Pilon demeure néanmoins celui de la poésie réflexive, où « réflexive » évoque autant la poursuite de l'absolu que le souci d'auto-critique : cette dialectique lui apparaît d'ailleurs comme une nécessité, dès *les Cloîtres de l'été*.

Il avoue d'abord une expérience d'échec, pour avoir cru en une vie de parfaite liberté.

> (...) *J'ai refusé le lent acheminement*
> *De la poussière*
> *Pour traverser les jours comme un nageur*
>
> *Ô lendemain*
> *C'est le seul désir de mes bras impatients*
> *Ô cendre de cristal lourde de rester*
> *Ô cloître* (...)

La désolation cède bientôt la place à une adhésion nouvelle à la vie, voulue plus réaliste, affirmée avec une vigoureuse confiance.

> (...) *Mais j'entendrai ces mélodies promises*
> *Je passerai ce seuil interdit*
> *Pour dresser contre le ciel reconquis*
> *L'acte nu de ma persistance*
> *Pour élever à bout de souffle*
> *L'offrande lourde du pèlerin*
> *Rouge veine de vie*
> *Dans le sanctuaire du cloître oublié*
>
> (*Les Cloîtres de l'été*)

En même temps que ces vers annoncent une lutte exigeante, ils révèlent surtout le désir intense d'avoir enfin atteint l'apogée. L'auteur se projette dans le futur (« J'entendrai… je passerai »). S'il y a griserie, elle ne provient pas de la lutte elle-même, envisagée comme une étape nécessaire mais dure (« persistance… à bout de souffle… l'offrande lourde »), mais de la certitude de la victoire. L'homme est « pèlerin », il ne trouvera son bonheur qu'au terme de son parcours, dans le « sanctuaire » du cloître. Il entreprend donc sa marche, avec la femme et le pays. Féconde au sens le plus large du terme, porteuse de pureté originelle, la femme aura mission d'engendrer pour l'homme un univers capable de le combler.

(…) *Va nue sur la pierre et le sable sur l'été*
Donne à la mer un baiser de tout ton corps
Pour que la très pure aurore naisse de la vague
Et s'élève jusqu'à mes impatientes lèvres
Va nue sur mes mains qui te supplient

(*Les Cloîtres de l'été*)

Médiatrice du bonheur, elle unit également l'homme au pays :

(…) *Si je ne croyais plus en toi je ne croirais plus au pays*
J'aurais déserté la légende assourdie des fleuves
J'aurais saboté les plus hautes tours
Pour cacher mon mal et ma honte (…)

(*La Mouette et le large*)

Nous reparlerons plus loin de la femme à propos de contemplation ou de célébration. Car le lien entre l'homme et sa compagne, en ce qui concerne la montée au bonheur, ne véhicule guère de contradictions. Il n'en va pas de même dans la relation de l'homme au pays : l'accord doit attendre un long cheminement à travers l'hésitation, l'impatience et le mûrissement d'un choix. Et le pays, par son immensité, soulève autant l'inquiétude que l'admiration.

(…) *Qui suis-je donc pour affronter pareilles étendues, pour comprendre cent mille lacs, soixante-quinze fleuves, dix chaînes de montagnes, trois océans, le pôle nord et le soleil qui ne se couche jamais sur mon pays* (…)

(*Recours au pays*)

Donner corps à un pays informe, c'est une tâche lourde, propre à susciter le doute ; or celui-ci se renforce devant la pénurie des bras constructeurs. Jean-Guy Pilon, malgré sa détermination foncière, s'impatiente et fustige la tiédeur : s'il doit y avoir un jour levée droite du pays, elle n'éclora point par génération spontanée.

(...) Nous sommes au point mort
De la désertion tragique
Nous attendons la parole de délivrance
Sans aider la porte à tourner sur ses gonds (...)
(L'Homme et le jour)

Dans sa révolte contre la désertion, Pilon revient souvent au thème de la neige. Avec un vocabulaire sobre et ferme, il en exprime la dimension tragique.

Ouvrons une parenthèse. Les Québécois ne sont pas et ne seront jamais des Esquimaux. Ils sont, à l'origine, des Français surpris en terre sauvage par la neige — presque six mois par année. Ils ont certes appris à tirer profit de la neige : promenades en raquettes, glissades en traîneaux et à ski, pratique du hockey et, plus récemment, invention de la moto-neige. L'hiver, par le jeu, est « fête ». Sa luminosité, sur un autre plan, inspire l'élévation, la joie mystique. Quand Fernand Ouellette cherche une force capable de ressusciter le pays, c'est à la neige qu'il fait appel, ou, plus exactement, à la femme transfigurée en neige.

(...) *Nos femmes les plus tendres*
entreront en état de neige,
les fabuleuses ranimant le fleuve
oh ! lentement contre leurs lèvres (...)
(Le Soleil sous la mort)

En marge de cet enivrement, l'hiver quotidien impose ses servitudes. Pour les supporter, les Québécois se sont construit des maisons chaudes, ils ont revêtu des vêtements épais, fabriqué des charrues (chasse-neige) : ils ont tâché de vivre, en un sens, comme si la neige n'existait pas.

L'attitude des Beaucerons[18], devant la débâcle, illustre avec vigueur l'exaspération devant l'insistance du froid. Jusqu'à ces dernières années, avant la construction de barrages assez puissants pour contenir les eaux et les glaces, la rivière Chaudière débordait à chaque printemps, inondant les caves et rez-de-chaussées des maisons situées sur ses bords. Pendant quelques semaines, les villageois ne parlaient que « débâcle », et, le jour venu, sortaient les meubles des maisons envahies. Tandis que l'eau roulait, puis dormait dans les caves, les Beaucerons se réunissaient dans les foyers plus éloignés de la Chaudière pour chanter, boire et danser ! Après le reflux des eaux, ils regagnaient leurs domiciles. Et s'entêtaient à construire leurs habitations aux abords de la rivière. Car le triomphe du soleil sur les glaces, faisant oublier les dégâts, soulevait l'euphorie collective.

18. Habitants de la Beauce, région située au Sud-Ouest de Québec.

Mais, parlant d'hiver, il faut s'entendre sur le sens des mots. Je me souviens d'un avion Montréal-Paris. A l'aéroport de Dorval, le décollage avait dû être retardé de quatre heures : une tempête recouvrait avec obstination les pistes de trois pieds de neige. Sept heures après le départ, l'avion atterrissait sur Orly, où une neige « mondaine » tombait faiblement, fondait au contact du sol. Au même moment, mon poste de radio annonçait : « Une tempête de neige déferle sur Paris ».

Inutile d'insister sur les divergences de vocabulaire ! Retenons seulement que si l'hiver du Québec sème d'abord la joie avec sa première neige, à la suite d'un mois de ciel gris, son prolongement jusqu'en mars ou avril finit par écraser. C'est ce poids que Jean-Guy Pilon a exprimé. La longue résistance d'un peuple à l'étranger, pour assurer sa survie, incluait la résistance à la neige, subie, à court ou à long terme, comme une intruse. A résister trop longtemps, on oublie le sens du geste inventif, on remet à plus tard, toujours plus tard, la vie, « l'homme ».

(...) *Pétris comme des pains d'ennui et d'attente, les enfants écorchent déjà leur cœur humide sur cette froide terre à petit destin, oubliée entre les pôles, cherchant à lire une boussole affolée.*

La parole ardente est couverte de vents. Poids et plomb.
L'homme cherche le visage de l'homme. Le silence est fait de froid.

(*Saisons pour la continuelle*)

Hésitante et impatiente, la poésie de Pilon se resource à même l'espoir de pénétrer un jour au « sanctuaire du cloître oublié ».

(...) *Mais je reste parce que mon sang est d'ici*
Mais j'attends parce que je sais
Que le jour succède au sommeil
Mais j'espère parce que c'est ma seule vie

(*La Mouette et le large*)

L'option de bâtir un pays remplace peu à peu les tourments ressentis devant la lourdeur de la tâche. Chaque vers marque une étape, accumulant la force et l'amour, la naïveté, nécessaires à l'entreprise collective.

Construire une maison
Qui soit un pays
Tous ensemble

Avec nos mains
Pour marquer la fin de l'exil

Dire le nom de ce pays
L'apprendre amoureusement
À tous les enfants
Avec leurs premiers mots
Répéter le nom du pays (...)
(Pour saluer une ville)

Six ans après *Pour saluer une ville,* Pilon publie *Saisons pour la continuelle*. Mû à la fois par l'évolution sociale rapide et par sa propre prise de conscience[19], il veut effectuer le passage de l'exhortation à l'action. Son écriture en rend témoignage :

(...) *Nous défendons une terre. Nous créons maintenant un futur. Nous commençons à vivre notre profond amour.*

Nos rêves anciens de libre rivière, à multiples visages d'enfant ou de femme aimée, nos rêves jadis obscènes de matins lumineux faits pour nos bras. Nos cœurs sont pour aujourd'hui et demain.

Oui, pour aujourd'hui et demain.

(Saisons pour la continuelle)

Jean-Guy Pilon consacre donc une partie de son œuvre à cerner l'identité du pays, et à tenter de lui insuffler vie. S'il ne rejoint pas le vertige du drame mironien ou la révolte totale de Chamberland, il affirme néanmoins un entêtement à élever la vie. Son verbe tient d'une volonté de juste milieu qui refuse la tiédeur : position, il va sans dire, inconfortable, où la poésie dialogue avec l'esprit critique ; s'il risque d'être à l'occasion plus intellectuel que poète, il crée d'autre part une poésie simple, souvent dense, qui se cueille au fil des mots.

Une autre tendance, aussi profonde que celle de la lutte de l'homme avec la vie et pour le pays, parcourt l'œuvre de Pilon : celle de la célébration, de la poésie « en fête ». Il explique lui-même l'importance de cette autre dimension :

« Depuis peu, je viens d'entrer en poésie comme on entre en

19. Dans la revue *Europe* (*Littérature du Québec*, février-mars 1969), Jean-Guy PILON précise ses vues sur le Canada et le Québec : « Le Canada, ce n'est pas un pays, c'est un continent » (...) Le Québec, seule province francophone, est « la seule aussi au Canada qui doive se plier au bilinguisme pour satisfaire sa minorité. Dans ces étendues de l'Ouest du Canada anglo-saxon, je sens en moi la différence : je suis ailleurs. Je ressens à quel point il est vrai de dire que le Québec est une entité en lui-même, avec sa culture, sa langue, sa manière de vivre ».

pleine vie. Je n'avais pas encore tout assumé de mon existence, de ses rivières divisées et de ses forêts. Je commence maintenant à savoir, à comprendre, à vouloir.

« Je veux être en poésie lucide et heureux. Car elle est fête, et je veux que toutes les heures de la vie soient fête.

« Fête pour le geste, fête de la parole, fête de tendresse et de patience, fête »[20].

Ce chant de célébration exalte la vie simple, pleine, et surtout, à l'origine et à la fin de tout, la femme.

Tu es la terre et l'eau
Tu es continuité de la terre
Et permanence de l'eau
Le souffle d'or t'irise

Né de toi
Je retourne à toi
Comblé de la vie que je cueille
Dans l'eau où je m'enfonce
Chaque vague roule de tes reins
Me projette sur ton rivage
M'arrache de la terre
Et me fait de nouveau m'y briser (...)

Car tu es terre et eau
Plus haute que toute terre
Plus charnelle que toute eau

(*Saisons pour la continuelle*)

Dans *Pour saluer une ville,* Pilon célébrait Grenade, Paris, Montréal, New York, Copenhague... Dans *Saisons pour la continuelle*, la parole a dépassé le mouvement analytique pour tenter de sceller une harmonie universelle à travers la splendeur, partout, de l'automne.

D'un côté de la mer, c'est vendanges incessantes, ici c'est explosion précaire : toutes les veines de cette terre remontent à la crête des arbres. Les jours et les nuits s'alourdissent des amours lentes, impudiques et bonnes (...)

L'automne, pour Jean-Guy Pilon, c'est, enfin venue, la saison mûre, l'aboutissement des luttes, l'entrée sereine au « sanctuaire du cloître oublié ».

---

20. In Guy ROBERT, *Poésie actuelle* (Montréal, Librairie Déom, 1970).

(...) Mais parce qu'il y eut, au plus obscur de froide saison, au point mort de deux années, la chance de la rencontrée, toutes les saisons formeront cercle et sein, et en dépit des soleils trop souvent étrangers et absents, nous serons notre maison. Nous nous sommes trouvés.

Viens.

(Saisons pour la continuelle)

Jean-Guy Pilon, le sanctuaire atteint, nous convie à un deuxième départ. La construction de soi cède le pas à l'expansion. Cette nouvelle démarche se déroulera fort probablement, aussi, « comme eau retenue », le poète étant déterminé à contenir la volupté comme la colère à l'intérieur de la sérénité.

MONTÉE MYSTIQUE DES CORPS

Fernand OUELLETTE

De tous les poètes québécois, Fernand Ouellette[21] est peut-être celui qui poursuit le plus naturellement une recherche mystique. Son écriture verticale tente de réconcilier l'homme quotidien avec la béatitude. Où Giguère et Chamberland réclament un soleil dévorant, il dessine un « soleil qui monte ». Où l'amour veut se confondre à l'érotisme, Ouellette appelle la chair à l'élévation perpétuelle : « Ta pure extase est passeport des étoiles ».

Car l'homme originel, pour lui, connaissait la béatitude. *Ces anges de sang*, premier recueil du poète, s'ouvre sur une vision édénique : le bonheur y apparaît comme une sereine flottaison cosmique, quasi immobile, légèrement ascendante.

(...) *Au creux clair de nos yeux*
c'est l'amitié dormante d'un couchant prince
c'est le bain des étoiles
dans nos jardins marins
c'est le jet frais de nos rêves
dans la tiède chevelure aux sons purs de soleils
qui montent (...)

(Ces anges de sang)

---

21. Né à Montréal en 1930. *Ces anges de sang* (Montréal, Hexagone, 1955). *Séquences de l'aile* (Hexagone, 1958). *Le soleil sous la mort* (Hexagone, 1965). *Dans le sombre* (Hexagone, 1967). *Poésie* 1953-1971 (Hexagone, 1972).
Dans *Poésie,* Fernand OUELLETTE a soumis ses poèmes à des transformations souvent radicales. Les citations de la présente étude sont néanmoins tirées des éditions antérieures à *Poésie*.

L'homme, hélas, n'a pu, dans son incarnation terrestre, conserver sa grandeur extatique : Ouellette évoque à ce sujet le mythe de la chute de l'ange (sans la faute). L'ange, c'est peut-être le poète, c'est, en tout cas, un messager d'amour désireux de soulager la souffrance et, éventuellement, de convier l'homme à une nouvelle élévation.

> (...) *Il est venu au lac de nuit*
> *comme une loque d'étoile sur la coque des épaves,*
> *il est venu*
> *cet ange des faims limpides*
> *offrir son feu au chant des mains*
> *aux yeux des plaies semer ses aubes.*

(Ces anges de sang)

Malgré l'espoir annoncé par l'ange, Ouellette ne saute pas à l'idéalisme. Au contraire, il se livre à la colère devant la soumission de l'homme à son sort, son installation horizontale.

(...) *Les voici leurs dieux gantés de dividendes, leurs bras de soie battant des boulons, battant des mesures de corbeau au blanc des tempes hautes.*

Dernière édition de l'homme ! Le miracle s'amincit aux rouleaux des rotatives.

(Séquences de l'aile)

Après une critique, effrayée, du roulis de la civilisation urbaine, Ouellette publie un troisième recueil, *le Soleil sous la mort*, plus doux, plus soucieux de comprendre la réalité par l'intérieur.

Comme plusieurs de ses amis de l'Hexagone, il porte son attention sur le pays. Il relève dans le passé collectif une austérité asséchante, fermant à l'homme le dépassement de soi par l'amour.

> (...) *Devant la superbe à paroles rouges,*
> *nous chantions le dur cantique du sel,*
> *sel à ronger le désir de voir, à nourrir*
> *la honte du noir sillage*
> *de l'amour,*
> *la démence du charnel !* (...)

(Le Soleil sous la mort)

L'examen attentif du passé amène Ouellette à redécouvrir son guide essentiel : la verticale. Il exprime alors la remontée de la vie dans cette gigantesque image du fleuve dressé sur le pays :

(...) Longtemps
la verticale a germé dans l'argile.

Puis le fleuve se tint debout
comme un long mâle feu
se refuse au silence des gisants (...)

(Le Soleil sous la mort)

Le thème du pays appelle enfin celui de la femme : c'est d'elle, transfigurée par l'enfantement, qu'il recevra la vie.

(...) *Nos femmes les plus tendres*
entreront en état de neige
les fabuleuses ranimant le fleuve
oh ! lentement contre leurs lèvres (...)

(Idem)

Cette perspective de résurrection du pays amène Ouellette à renchérir sur le cri de Borduas : « Nous sommes toujours quittes envers le passé ».

Vers nous venons
avec des étoiles aux mains comme des grenades.
Terrassons notre mémoire !

(Idem)

Si Ouellette écrit sur la vie de ses contemporains et sur la vie en général, il trouve dans l'amour son univers de prédilection. Ainsi qu'on l'a vu dans le récit de la destitution de l'ange (« venu au lac de nuit »), Ouellette ne lie celle-ci à aucune notion de culpabilité, de « faute originelle ». Aussi la sexualité, comme l'homme tout entier, conserve-t-elle sa pureté première, sans besoin d'idéalisation. Cela nous vaudra quelques-unes des plus belles pages d'amour de la poésie québécoise : la chair, même lourde, demeure la voie privilégiée vers la transcendance.

Sans rupture ni déchirure
tout le blanc passe
par le sombre des membres

(Idem)

Dans la relation amoureuse, l'homme, force mâle « obscure », s'allège dans son mouvement vers la femme.

(...) Sous elle j'étais son humus son nourricier obscur,
le musicien de ses nervures.
D'or de vert et de transparence je la sevrais.
Ma vie en elle montait jusqu'à son regard

(*Dans le sombre*)

Mais l'extase elle-même, la transcendance, c'est celle de la femme, immobile et saturée de présence cosmique.

(...) Prodige d'un corps ! pour la fête des membres les
seins s'enflent d'espace.

Dense d'attente, ceinturé de soleils son ventre
s'éveille au récit du monde

(*Séquences de l'aile*)

A la limite de la montée mystique des corps, le poète parvient à la contemplation. L'univers de béatitude du début est retrouvé, quasi immobile, légèrement ascendant et, s'il se peut, augmenté en plénitude.

Très sacré fascine le regard ton pubis
comme de grandes orgues silencieuses,
une forêt montant vers la montagne lisse.

(*Dans le sombre*)

Après cet arrêt dans l'éternité, pourtant, la vie changeante reprend ses droits. Si, pour Ouellette, le corps est seul vrai canal vers l'absolu, il ne faut pas oublier qu'il n'est en ce sens que canal. D'où la nostalgie de l'auteur devant l'impossibilité de se maintenir en état de constante élévation.

Je voudrais être léger et pur à l'épaule
pour te tirer du temps
où tu luttes avec tes reins et ta langue

(*Idem*)

A l'insuffisance du corps comme tremplin, s'ajoute la nécessité en quelque sorte de le lacérer pour qu'il puisse s'élever : à l'antipode de l'extase, il faut passer par la profanation d'un corps qu'on veut aimer.

S'agit-il de noces ? quand je dévore
les fleurs de la blessure qui donna naissance.

Je t'adore avec des morsures dans le rose
et des dérives sur les lombes très accomplis
très chargés d'irradiance (...)

(Idem)

Inquiet sur sa propre aptitude à dépasser la chair, il convie la femme, « passeport des étoiles », à ne pas rester accrochée en elle-même :

(...) *Le tonnerre seul de mon sexe total,*
divisant ta vie qui croît en dévorant,
t'ouvrirait le sein à la sonorité du soleil.
Mais trop humaine tu te soumets à la ronde
des membres
autour de ton noyau (...)

(Idem)

Néanmoins, malgré ces difficultés, l'appel mystique demeure le même, et, plus douloureusement encore, le seul.

Si je ne suis déjà divin en t'étreignant,
je ne serai soleil après ma mort.
Si notre corps n'accède à la fusion vive,
nous ne vivrons le regard découvrant l'immortel (...)

(Idem)

Poésie difficile que cette poésie, vouée à entretenir une dialectique où ni les obstacles ni l'espoir ne veulent lâcher prise. Entre le rêve et l'aveu, Ouellette s'écarte de la versification classique comme des coquetteries langagières : il a entrepris de recréer au-delà, par son écriture, un univers de béatitude qui soit beau, et qui soit vrai.

DE L'ENFANCE À L'ÂGE ADULTE

Suzanne PARADIS

L'écriture de Suzanne Paradis[22] évolue entre l'ivresse de vivre et la tentation du désespoir. Peu de poètes déploient autant qu'elle des images d'abondance — il n'est pas sans intérêt de constater qu'en douze ans elle a publié neuf recueils de poèmes, quatre romans, un essai et un recueil de nouvelles — ; mais sa générosité répond à une révolte et l'appelle. Elle l'avoue dans son recueil *Pour voir les plectrophanes naître :* l'enfance lui a échappé, laissant un vide à combler à même le futur.

> (...) *Mais j'ai connu la plus profonde des profondes morts*
> *je n'ai pas vécu d'enfance*
> *ma mémoire charnelle flageole d'heures enténébrées*
> *à toute lumière étrangères*
> *Je suis née à l'extrémité glaciale du premier jardin*
> *étalé derrière moi*
> *déjà fermé*
> *déjà fané*
>
> *Qu'importe*
> *je reprends sur demain ce temps qui m'était dû*

Mais le goût de l'enfance persiste, d'autant plus fort peut-être qu'on vous en a frustré : c'est l'image de la ballerine écarlate, qu'elle presse de partir avant son inclusion dans le monde adulte... dont il vaudra mieux perdre jusqu'au moindre souvenir.

> (...) *Fuis, fuis, danseuse écarlate*
> *aussi loin que tu le peux*
> *le jour pâle et l'heure plate*
> *sont allongés sur les feux* (...)
>
> *Tu es devenue trop sage*
> *et pourtant n'as pas vieilli*
> *ballerine de passage*
> *oublie-nous dans ton pays*
>
> *(La Malebête)*

---

22. Née à Beaumont (près de Québec) en 1936. *Les Enfants continuels* (Beaumont, s.é., 1959). *A temps le bonheur* (Québec, s.é., 1960). *La Chasse aux autres* (Trois-Rivières, Ed. du Bien Public, 1961). *La Malebête* (Québec, Librairie Garneau, 1962 ; réédition 1968). *Pour les enfants des morts* (Garneau, 1964 ; réédition 1968). *Le Visage offensé* (Garneau, 1966). *L'Œuvre de pierre* (Garneau, 1968). *Pour voir les plectrophanes naître* (Garneau, 1970). *Il y eut un matin* (Garneau, 1972).

Au-delà du réflexe de fuite, s'élève une autre aspiration, plus revendicatrice et plus radicale, celle d'envahir le monde par l'enfance. C'est la condamnation, à la fois, du passé malade du pays, et de la mort inhérente à l'âge adulte, que prononce Suzanne Paradis, dans son recueil *Pour les enfants des morts*. Le poème suivant, extrait de ce recueil, affirme bien par son titre le renversement recherché : *les Enfants de l'aube*.

(...) *Aux bouches du temps leur souffle a creusé*
l'abîme d'une chanson de victoire
avec un peu d'or et de réséda
ils viendront combler la fosse commune
le cercueil géant où vos cendres luisent,
d'un rire d'oiseau combler le passé
le fossé géant où meurt votre histoire
que les échos plats ne répètent plus (...)

Si l'auteur évoque la fuite ou la révolte, c'est que l'enfance ne peut pas passer à l'âge adulte ; à la limite de la contradiction, elle se resserre sur vous, prison à laquelle vous vous raccrochez, puisqu'on n'accepte de la laisser grandir qu'après l'avoir soigneusement désamorcée :

(...) *Pour qu'elle devienne homme et d'autre argile*
des vents luxeront sa racine d'os
rompront dans son sang sa veine fragile.
L'enfance a des yeux d'aveugle docile
mais les avenirs lui montrent le dos.

(La Malebête)

Rassemblant tant bien que mal ses rêves de petite fille et sa féminité, Suzanne Paradis les emporte avec elle pour adoucir et, d'ailleurs, altérer, le passage à l'état adulte. Dans le poème *les Fiançailles,* elle glisse sous la « violence des bagues » pour conserver dans l'amour sa « veine fragile » ; en contrepartie du bris de son intimité, elle se donne à la toute-puissance de l'homme.

(...) *à la violence des bagues*
j'oppose ma douceur d'anneau
la forme penchée de mon nom
et la sveltesse de mes robes (...)

L'homme m'attirera dans l'anse
me montera comme une barque

gai passeur doux passeur de songes
échangeant mes clefs de silence
contre son murmure géant (...)

(*La Malebête*)

Tout comme elle détourne la violence des fiançailles, elle esquive celle du mariage et de la maternité, dans leur aspect d'institutions sociales : de la fillette à l'épouse, à la mère, elle veut ouvrir un passage sans rupture : la ligne du sang. Elle accepte alors de « souffrir », pour participer à un destin plus haut, auquel elle convie toutes ses semblables par un long poème épique, généreux et ivre de son propre élan, *les Eves*.

(...) *Sèchent sur le fer les rouilles amères*
et le feu tardif dans le nid des âtres
nos sangs ont promis que nous serions mères
du même grand jour baisons l'aube ensemble (...)

Et tant vaut souffrir la perle est dans l'huître
l'arbre dans l'écorce et racine en terre,
mais nous sommes nées épouses des hommes
la vie est en nous perle arbre et racine (...)

nous monterons sur toutes les collines
car nos sangs ont dit nous sommes complices.

(*La Malebête*)

Animée par l'idéal de répondre à son sang, la femme devient, dit-elle, « offertoire ». A son pays d'hivers durs et de lourdeur de vivre, elle offre baume et miel pour permettre enfin à l'homme d'acquérir ce « murmure géant » dont elle avait rêvé.

(...) *Mon pays accroupi aux limites des fleuves*
dans les froids et les fers et la rouille du temps
une fleur a fleuri que j'offre à ton haleine.

J'ai rêvé de te rendre l'ordre et l'abondance
des sources et le miel des fruits mûrs mais surtout
la caresse émouvante du bonheur des hommes (...)

(*La Malebête*)

Pour l'homme particulier, elle se fait don, et don encore, afin qu'il acquière enfin son statut de roi, lavé de ses anciennes blessures.

(...) Je donne la montagne à l'homme
je lui rends la force de boire
la paix du puits inépuisable
Qu'il y conduise ses troupeaux
qu'il y gave le bœuf, le loup et la biche
Je relève de mes mains sûres
le pauvre mort qu'il a été
les pauvres moissons qu'il a faites
avec l'eau noire des fossés
et la défaite de ses arbres
ceux qui restent droits, ceux qu'il a coupés

Qu'il n'éprouve plus de panique
il est le dieu aux mains liquides
quand il entend bêler l'étable (...)
(Pour les enfants des morts)

A ouvrir son univers clos d'enfance à l'homme au « murmure géant », Suzanne Paradis se rend compte bientôt de son entrée dans le monde adulte. Mais l'homme ne dégage pas toujours la puissance rêvée ; non plus protecteur de la femme, il réclame d'elle : elle se retrouve soudain compromise dans ses rouages à lui. Et en ressent un sentiment double d'anxiété et d'acceptation.

(...) L'homme et le pain fêtent des fiançailles
d'éternelle faim,
un anneau de chair sanctifie leurs noces
de sang et de grain (...)

Mais je redoute sa hargne de loup
le vent des automnes interminables
quand sa misère se met à table (...)

J'ai pris devant nous et devant les hommes
ma part de son orge
pour croire à ses jeux de bête de somme
à ses cris de gorge (...)
(La Malebête)

Le doute, lentement, érode la structure perméable de l'homme.

Je vis certaines journées comme si j'étais lasse
comme si mon repos n'était plus en toi
(Pour voir les plectrophanes naître)

Longtemps désireuse de mener son enfance fleurir auprès de l'homme tout-puissant — du « père » — la femme geint secrètement devant la difficulté de concilier l'enfance et l'amour adulte.

Qui a dit que je ne pleure jamais ?
Je pleure du côté de l'ombre
pour que tu ne me voies pas
(*Idem*)

Cette vague insatisfaction, toujours présente ou sous-jacente, révèle l'autre versant de la poésie de Suzanne Paradis : celui de la révolte. L'auteur nous le suggère, comme une presque maladie, trop liée avec l'amour pour rompre avec lui.

(...) *J'écris à l'arbre affamé*
à l'œuf ouvert en silence
aux yeux de la vigilance
j'écris je n'écris qu'aimer.

Parfois je dirais départ
profil d'abandon qui joue
la mer fuit sur quatre proues
amours, voix de nulle part (...)

Souvent je dirais la faim
j'écris pourtant l'offre fraîche
de pain de vigne et de pêches
fontaine et joies des jardins (...)
(*La Malebête*)

Pourtant, elle a besoin de soulager son insatisfaction : la prolongation du silence durcit ses peines en haine.

(...) *J'épuise entre mes dents*
le poème de haine
impossible à écrire
qui se tait et qui geint
comme une boisson blanche.

(*Pour les enfants des morts*)

Soudain éclate l'accusation : le silence, le silence des autres ; avoir suivi les autres, avoir épousé leur monde pour ne récolter que silence ; et, par surcroît, s'être tue encore pour les épargner.

(...) *Vous ne rendiez pas la paix à mes songes*
j'ai marché dans vos pas sans vous parler
ni plus vous attendre
et tant partageant vos silences
que le silence étouffait sous moi
le cri fou de moi
que je n'ai tant retenu que pour vous (...)

(Pour les enfants des morts)

Déjà dans *la Malebête* (1963), Suzanne Paradis menaçait de brandir le feu, de le répandre partout, prise de vertige elle-même par l'appétit destructeur de son rêve.

J'allume l'incendie des quatre coins du monde
des horizons tordus régneront sur mes villes
dans ses abattis noirs séchera la forêt
seuls les noyés seront sauvés
et les pluies baiseront la grande plaie des rives (...)

Je suis la fille en feu l'éclatante bougie
qu'un geste maladroit renverse sur le monde
j'allume l'incendie qui dévore mon ombre...
Derrière moi l'éclipse blanche du soleil
brûle avec la douceur d'une étoffe

(La Malebête)

Il lui faut poursuivre afin de se concilier le bonheur. L'idée de départ, d'abord suggérée à la ballerine comme seul moyen de prolonger l'enfance, revient hanter l'auteur : le moindre pont, le moindre quai, l'eau, devrions-nous dire, suggère la liberté, l'abondance sereine qu'elle n'a pas réussi à instaurer vraiment dans son monde adulte.

(...) *je sais mille ou deux villes riant dans les quais*
et fleuries alentour par des mains jardinières
des chevaux quotidiens y distribuent le lait
les femmes y seront mères
et les hommes géants plus forts que leur colère (...)

(Pour les enfants des morts)

Enfin, les accès de violence et le besoin de partir ouvrent sur une réalité plus intime, plus pressante : la soif de libération du moi. Comme beaucoup de poètes québécois, Suzanne Paradis somme la vie,- sa vie, d'éclater au grand jour.

(...) Je redescendrai dans la terre
creuser le puits des eaux d'ivresse
et peindre mes joues en secret.
Je veux effacer chaque ligne
du squelette de l'avenir
en me crachant dans les deux mains,
je veux ouvrir comme œuf cet arbre
où la nuit me tient en cercueil
le bois cédant sous ma colère (...)

(La Malebête)

L'appel à l'éclatement dépasse la brisure de l'écorce. Il débouche, conforme à la démarche de ce poète, sur l'abondance, l'ivresse de la vie enfin vécue à ses « seuls risques ».

Courir le risque et savourer le chaud délire
de vivre heureux, courir la mort à ses talons
en emportant les moments creux les luttes larges
comme une main ses doigts ouverts aux quatre ciels (...)

courir bien ivre et pourtant sain jusqu'au noyau
de chair à vif où l'amour dore son seul fruit
je dis courir et c'est voler qu'il faudrait dire
tant vive est l'aube où mon pays rode ses plages (...)

C'est mon amour qui mord la terre et qui pourra
pétrir la terre où ma racine s'engloutit
et retourner ma face nue contre le jour
pour l'éclatant défi de vivre à mes seuls risques (...)

(Pour les enfants des morts)

A la fin de *Pour voir les plectrophanes naître*, Suzanne Paradis élève une supplique à l'homme, en qui elle accepte de voir encore le géant, le conquérant des mers. Ni départ ni amour ne suffisent isolément. L'auteur tente la conciliation des deux afin de trouver, un jour peut-être, ce type de vie mi-sauvage mi-féerique où... « des chevaux quotidiens (...) distribuent le lait ».

Mais lève-toi et recommence
je te suis pas à pas petite ombre indigente (...)

Nous passions Lève-toi et pars
toutes les routes ont pris le carrefour
les ponts jaillissent de la complicité des fleuves

en amont de l'amour
passe je te suis je te crois

Il est impossible de dénouer en conclusion la poésie de Suzanne Paradis. Son écriture demeure tendue, chaude de féerie, d'amour et de colère. La fièvre s'empare du vers lui-même, classique ou non selon le contexte, mais regorgeant toujours d'un désir de mordre à la vie ; désir qu'elle projette sans cesse, en souhaitant qu'il s'accomplisse au plus tôt.

JAZZ POUR TOULMONDE
Raoul DUGUAY

Raoul Duguay[23] agit en poésie en explorateur tendre et avide. Il veut tout connaître, tout dire. Il s'arrête à la condition de l'homme quotidien autant qu'à celle de l'homme universel. Multipliant les récitals avec le groupe musical « jazz-pop » l'Infonie, il explore les interpénétrations de la parole et de la musique, les possibilités de la voix et du cri, du spectacle audio-visuel. A partir des réalités historiques et politiques du Québec, des recherches actuelles en poésie, linguistique, sociologie et arts, il tente de créer une parole nouvelle toujours plus large, mais toujours voisine de la réalité.

Un premier texte, écrit « à l'oreille », sans complaisance, nous le situe d'emblée dans le quotidien. Il y décrit la pollution du son, vécue au niveau de la rue et de la maison familiale[24]. Les images poétiques puisent leur force dans la spontanéité, l'accumulation et l'oppression qu'elles exercent finalement sur nous. Le monde malsain jaillit directement de la vue du « père qui casse des bouteilles de bière sur les murs », de la sonorité agressive.

Le langage lui-même — nous sommes bien loin, semble-t-il, de l'expérience lettriste — s'exprime dans sa plus simple nudité : celle de la conversation du Québécois « au naturel ». Par-delà l'effet de surprise de cette écriture et ses difficultés de lecture, c'est la parole qui est transcrite telle qu'elle naît : elle apparaît à la fois vulnérable et

---

23. Né à Val d'Or en 1939. *Ruts* (Montréal, Editions Estérel, 1966). *Or le cycle du sang dure donc* (Estérel, 1967). *Manifeste de l'Infonie* (Montréal, Ed. du Jour, 1970). *LAPOKALIPSO* (Ed. du Jour, 1971).
24. Beaucoup d'artistes québécois expriment dans un langage populaire semblable à celui-ci cette hallucination trop réelle de la vie d'une rue, d'une maison, d'une usine qui vous assaillent. C'est le cas, en particulier, du dramaturge Michel TREMBLAY (*Les Belles-Sœurs, En pièces détachées*...).

exaspérée, bloquée en tout cas dans une situation que la traduction « en bon français » ne peut que trahir, remplissant les fissures et apaisant la brutalité de la phrase sonore. On n'aura qu'à comparer ce texte avec, à la suite, la transposition proposée.

cépa rienk lapolusiondlèr kalamèn lavesit alakanpagngngn.
céla polusionduson.tuvouélafanfarrkisanviinlà.défoisakri
pluforkedékriordevannn. yékouttt touttttouttttouttt anmèmtan
ségeunlà : létranziztor lépékuphifi lézenréjistermanotématik
le66posdetv. pipandanstetanlà yennainôtkipiochàgrankoudmas
sulpiéno. ivonmêmeharchédéchaudronpidépoubel. pilàlagangn
demotorariv komdéflotttdedjetàkoursss. pilébraîllagdlamarmâilll
pilékridlabelmér.pitonpérkikasssdébouteildebiérsémur.pilgranpé
kitapdupiépikicrachpartou. piidizekikonprennntoutttoutttouttt
cégeunlà.cépapossibdêtosibouché.ientanderiinkantonleupal.
siipeuvtisâcréleukanoplusakran onwatilawèr la pa !
(LAPOKALIPSÔ)

(C'est pas rien que la pollution de l'air qui amène la visite à la campagne
c'est la pollution du son. tu vois la fanfare qui s'en vient là des fois ça crie
plus fort que des criards de vannes. ils écoutent tout tout tout en même temps
ces gens-là : les transistors les pick-up Hi-Fi les enregistrements automatiques
les 66 postes de T.V. puis pendant ce temps-là il y en a un autre qui pioche à grands coups de masse
sur le piano ils vont même chercher des chaudrons puis des poubelles, puis là la « gang »
de motards arrive comme des flottes de « jets » à la course. puis les braillages de la marmaille
puis les cris de la belle-mère. puis ton père qui casse des bouteilles de bière sur les murs. puis le grand-père
qui tape du pied puis qui crache partout. puis ils disent qu'ils comprennent tout tout tout
ces gens-là. c'est pas possible d'être aussi bouché. ils entendent rien quand on leur parle.
s'ils peuvent — y sacrer leur camp au plus sacrant on va-t-y l'avoir la paix.)

De la pollution du son à la recherche de la femme, Duguay passe à une phrase plus sereine, où le mot retrouve ses vêtements habituels. Ce qui l'intéresse, cette fois, c'est la tension vers l'autre, la joie de l'union désirée mais aussi son incertitude. Il construit donc son poème suivant un bonheur haletant, qui s'improvise et doute de soi. Le tempo du jazz créera cette atmosphère double.

(...) *la*
fréquence de ton visage autour de mes
meubles m'enlèvera cette
vaste vision de l'évidence du
vide ton
visage improvisera mon
temps de vivre je
jetterai toutes autres mémoires à mes pieds à partir de
toi par le
crescendo de ton pas dans le corridor de ma caboche par mon
bras tentacule sur ton épaule et comme
licou de bonheur autour de ta
gorge et de ta nuque j'inventerai dans
l'arc-en-ciel du baiser la
couleur et le verbe symphonique et peut-être
réinventerai dieu puisque
l'amour
précède la mort
d'un pas peut-être

(Ruts)

La célébration par le jazz trouve son apogée chez Duguay dans l'érotisme. L'homme célèbre et conquiert la femme par ses caresses. Duguay hésite entre le bonheur en arrêt (« la joie du feu ») et la gestuelle rythmique. C'est une poésie nerveuse, ivre, tendue, où l'homme, pour s'assurer de la femme, devra triompher de Dieu luimême :

(...) *l'aimé l'aimant la lèche là où là où là où les*
lisses eaux se condensent sirupeuses d'arôme là où là
où plus tard muscles et nerfs en ce plus grand
pore de son corps couronnent et pressent la
tige carnée dure et droite qui
traverse l'argile rose jusqu'à la fleur du
cri (la joie du feu) voici la lampée qui se love et se
loge à petits coups de lamelles (...)

or l'aimée la belle trop pleine pleine de
sang blanc le
change en chair blanche (le vin vif en
pain) car il est dit que toute femme peut

(avant que l'ange ne l'appelle) nourrir le
Christ le vrai celui qu'un homme sème avec sa
verge avec son verbe et celui qui apprivoise la
Colombe (mais ici les colombes sont
rouges) car le cycle du sang dure donc donc donc
(Or le cycle du sang dure donc)

En arrière-plan des oppressions extérieures et de sa quête de la femme, Duguay appelle une délivrance, une sortie de l'enfant encore enfoui dans l'enfant. Ce thème resurgit partout dans son œuvre. Lorsqu'il lie sa naissance à celle du Québec, la parole se resserre. Le vers, suppliant, se régularise en treize syllabes. Le rythme revêt un moule. Duguay crie, cette fois, par la sobriété et l'insistance de sa complainte :

(...) *Je veux rassembler tous les quartiers de mon enfance*
Je veux rentrer dans l'œuf de Colomb comme un oiseau
Je suis enceinte de mon corps et n'ai point de père
Je suis le cours du fleuve et mon histoire m'assoiffe
Un jour quelqu'un me donne une langue qui m'assaille
Un jour sur la mappemonde je calque mon corps
Je veux rentrer dans ma maison par la grande entrance
Je veux que de mon sein sourde la vie en ruisseau
Je suis l'ombre du feu la cendre la lumière
Je suis une mère et me taire abreuve ma soif
siaçnarf reimerp ud enneivuos em ej euq li-tuaf

(LAPOKALIPSÔ)

Le lecteur aura-t-il lu le dernier vers à rebours ? Pour Duguay, qui écrit son nom « raoul luoar yaugud duguay », il faut tourner la réalité à l'envers pour la comprendre. C'est ce qu'il propose dans son *Discours politique de monsieur Toulmonde* : un recommencement du « KEBEK » depuis le début. Refaire son histoire avec l'Amour, que l'Amour soit le passeport de ce pays. Cette fois, Duguay s'adresse à tous directement, plus en messager qu'en explorateur. Il est remarquable de voir, même dans ces discours pour consommation immédiate, la recherche attentive de Duguay : l'accumulation des images d'absolu (« Du Gazon Mur A Mur ») à partir d'éléments de la vie quotidienne, le découpage typographique, et, en plus, un sens de l'humour qui dédramatise le problème du KEBEK. Cette forme de poésie, par sa contenance, appartient plutôt à l'oralité. L'extrait suivant, même éloquent, ne peut rendre compte des créations vocales auxquelles se livre Duguay dans ses récitals :

(...) *IL Y A Les Missionnaires De La Bêtise. Coupez-Leur L'Electri Cité, Ils Retourneront A La Tribu. Il Faut, A Un Moment Donné, C'Est-A-Dire, ToulTemps, Faire Le Point Sur Touttt. Metrre Du Gazon Mur A Mur. Arroser Le Bosquet Sur La Table Fleurie. Eriger Une Mu Raille De Rosiers Autour De Sa Maison-KEBEK. Que Personne N'Entre En Ce pays Sans Tenir Dans Sa Main, Une Poignée De Terre Noire, Féconde Et Volatile Où Fleurir L'Amour.A la Porte D'Entrée: Courber Un Arc De Triomphe. En Forme D'Arc-En-Ciel. Cueillir La Pluie A Droite.Acueillir Le Soleil A Gauche.Remettre Une Carte Du* KEBEK A TOULMONDE.Se Promener TOULMONDE dans La *Ville Tentaculaire.En Petites Culottes Courtes Ou Tout Nus TOULMONDE.Ecouter Les Grillons A La Vitesse Métronomique 99 3/3.Vivre.*

(LAPOKALIPSÔ)

Comme on le voit dans ce dernier exemple, plus Duguay se rapproche d'un monde de sérénité, plus son texte s'organise en moments absolus, brefs, sans rapport entre eux sinon qu'ils agissent dans un même sens vertical.

Très loin de la parole désarticulée de son texte sur la pollution du son, il engendre, pour la noce des mots, une parole qui a besoin d'être belle et ample. La parole monte, en gerbes parallèles, presque sous forme de proverbes. Lisons un poème extrait d'*Un chemin de la joie*.

ô

ainsi la parole alluma le silence
un chant passait de bouche à bouche
et son son sentait le sang du soleil
une tête universelle assise dans le souffle
un cœur cosmique debout dans le rythme
et l'âme ouverte ainsi qu'une fleur
qu'as-tu cueilli au cœur de l'éternel instant

l'éternelle une fleur qui poussait dans la conscience
j'étais sans âge et le silence m'animait
sa couleur s'enracinait dans l'arc-en-ciel blanc

le cosmos tenait dans une poussière de lumière
celui qui sème la conscience est mangé de joie

c'est le silence qui insémine la parole d'air.

(LAPOKALIPSÔ)

L'avant-dernier vers de ce poème résume en quelque sorte les deux ressorts de la poésie de Duguay : son rôle de semeur de conscience et l'apothéose de la parole. Entre les deux il cède parfois à une rhétorique plus facile. Mais il demeure un poète multi-directionnel, inventif, soucieux de créer des liens entre tous ordres de réalités. C'est déjà beaucoup !

VÉRITÉ DE LA POITRINE

Pierre MORENCY

Auteur de poèmes pour diffusion radiophonique, dramaturge, poète itinérant, et poète tout simplement, Pierre Morency[25] convie l'écriture à une communion « extravertie » avec le monde. Il se refuse, à la fois, à l'introspection et à la projection de ses troubles intérieurs sur l'univers ambiant.

(...) *je ne m'arrête ordinairement pas à considérer les rêves mouvants du fleuve, le fleuve me coule dans le dos c'est assez le fleuve me descend en plein milieu du ventre entre les pectoraux et c'est assez ne pensez-vous pas que cela suffit d'avoir un fleuve aussi long sur les bras dans le dos on n'a pas le goût avec une telle présence en plein dos de réfléchir sur les rêves des glaces dormant sur le Saint-Laurent qui charrie l'image de Québec possédée de son corps étranger.*

(Poèmes de la froide merveille de vivre)

Vouloir piéger ses rêves à soi ou s'attarder à ceux du fleuve revient pour lui au même : c'est filtrer, par le moi, le regard sur lui-même et celui sur le réel. Il tentera plutôt une perception sans détour : descendre dans sa poitrine, réseau central de la sensation et de la sensibilité. De là, le poème devra, avec un regard neuf, approfondir la sensation et, celle-ci, le mener directement à son objet.

---

25. Né à Québec en 1942. *Poèmes de la froide merveille de vivre* (Québec, Editions de l'Arc, 1967). *Poèmes de la vie déliée* (Ed. de l'Arc, 1968). *Au nord constamment de l'amour,* suivi de *Poèmes de la froide merveille de vivre* (Ed. de l'Arc. 1970). *Les Appels anonymes,* poème-affiche, précédé de *Comment j'écris mes poèmes* (Québec, Jean Royer, éd., 1971).

(...) *Moi c'est dans ma poitrine que j'écris*
Mais c'est un bien dur métier
Que de travailler assis entre le cœur et le ventre
Les gens vous trouvent un visage de linge
Sans savoir que vous portez pour eux
Tout le poids de vos yeux dans des couloirs nouveaux

(Poèmes de la vie déliée)

Sentir, connaître, s'adresse d'abord à la femme. C'est par elle que le poète est appelé avant même qu'il ne décide de la rejoindre.

(...) *J'aimerais ne savoir qu'un seul mot*
Il brûlerait clair dans ma bouche
Et vous le sauriez enfin
Comment c'est une femme
Qui déborde dans les veines d'un homme

(Poèmes de la froide merveille de vivre)

La communication s'établit, dès lors, par couches successives. L'amour emprunte la voie de la découverte et de l'approfondissement, suivi par le mouvement incantatoire du verbe. L'échange des corps n'a rien d'une montée nerveuse ou pressée : assis dans sa poitrine, Morency est tout attentif à l'autre. La parole demeure simple et quotidienne, elle ne recrée pas, elle regarde.

(...) *Nous étions tous les deux dans l'armoire à gestes*
Nous nous percions le ventre pour décanter la brume
La peur jaillissait avec les eaux de l'amour
Lumière se répandait sur moi comme un drapeau molli
Elle semait ses mains partout elle semait ses yeux
Depuis vingt ans qu'elle habitait dans une famille à frousses
Une famille à cris
Jamais un homme n'avait couché nu sur sa bouche
Jamais un homme n'avait marché dans ses lèvres

Elle chantait
Toute en eau d'apprendre la vie dans une armoire à gestes
Seule avec moi dans un grand coffre à baisers
Le pouls de ma maison cognait dans ses jambes données
Lumière s'entrouvrait jusque dans sa poitrine
Et nous nous traversions comme des radeaux de fonte (...)

(Poèmes de la vie déliée)

Pour Morency, l'amour n'est pas, toutefois, une recette magique. Portant « tout le poids de leurs yeux dans des couloirs nouveaux, » l'amour et le poème doivent se créer un perpétuel dépassement. L'habitude dessèche : la femme, heureusement, s'en écarte, et l'homme devra, pour mériter encore d'être heureux avec elle, consentir à se renouveler, à redécouvrir toujours l'autre.

à peine prise la femme dans la toile de l'amour
dans les filets du rite
qu'elle se dresse comme un geyser aux mains libres
qu'elle a soif d'eau franche et qu'elle fuit

resté seul face au miroir
l'homme est convié au recommencement du feu
pourvu qu'il plonge
dans le remous d'être chercheur encore de la femme (...)

(Au nord constamment de l'amour)

Si l'habitude dessèche, c'est qu'elle fige le réel et, ce faisant, le dépouille de son sens. Morency éprouvera la même crainte devant l'engagement à long terme, qu'il soit exigence de rationalisation ou entêtement à bâtir un pays : on finit, conclut-il, par mutiler en soi la faculté d'aimer avec plénitude.

(...) *A trop donner du cœur pour la paix des crânes*
A trop donner du cœur pour la ponte du pays
A trop donner du cœur comme on donne de la tête

Nous ne savons plus mourir dans un baiser coulant
Mal-aimants des sofas des peaux claires qui bruissent
Nous ne savons plus fuser dans le foyer des bras
Les femmes se brésillent ou se noient dans nos corps

(Poèmes de la vie déliée)

Morency constate qu'à l'autre extrême aussi, celui de la passivité, l'homme se détériore. Chacun réduit à ses petites habitudes, la vie se perd.

(...) *Les petites balades en petite voiture*
Ya plus que des filets de route après la poudrerie
Ya que les faîtes du paysage
Il manque un étage au pays

Les soirées sont courtes
A dix heures on a du sable dans les yeux
Le ventre n'en a pas gros à vendre
Santé grêle homme frêle   on gèle maudit
La vie s'en va   ça part du coin des côtes
Puis ça se rétrécit dans la cervelle
La mémoire débande juste
Avant la coulée des souvenirs
(*Poèmes de la froide merveille de vivre*)

Devant la fuite de la vie, Morency affirme plus fort encore sa détermination d'écrire dans sa poitrine, de réapprendre à chaque instant le monde, et d'y inscrire ses gestes libres.

ils ne mettront pas la hache dans ma mémoire
ils ne casseront pas le soleil violent de mon cri
jamais ils ne piégeront la grande bête d'être libre qui s'emporte au fond de moi
ils ne perceront pas mes coffres de merveilles.
(*Au nord constamment de l'amour*)

Pour libérer enfin l'émotion que chacun refoule en soi, il propose dorénavant, en contrepoids à toutes les formes de violence, la seule vérité dorénavant crédible, la vérité de la poitrine.

(...) *Trop de têtes encore ont péri dans les tordeurs*
trop de têtes ont fendu sous le poing du vacarme
trop de têtes ont flambé dans les fourneaux
des milliers d'yeux d'enfants ont roulé sur les pelouses (...)

au nord constamment de mon amour
et pour elle et pour eux hachant partout le mépris
je propose à notre vie
un pacte avec la vérité de la poitrine
(*Au nord constamment de l'amour*)

Vérité de la poitrine : langage d'une sensibilité doublée de discernement. Cette poésie touche par sa tendresse profonde, son expression riche et souple. Dans un style oral ou écrit, par ses appels à l'imagination ou au sens du concret, Morency nous communique ce dernier sans complaisance.

Cette discrétion attentive lui permet de retrouver la consistance première de la femme, trop souvent masquée par les clichés poétiques.

Agé d'une trentaine d'années, Morency pourra sans doute mener plus avant sa démarche d'apprivoisement du monde.

IMPULSION COSMIQUE
Claude PÉLOQUIN

La poésie de Claude Péloquin[26] débute à partir d'un « mal », mal d'être soi, mal d'être au monde. Ses premiers poèmes essaient attentivement de décrire ce mal, à travers une phrase simple, déjà empreinte de surréalisme, et attirée par l'abstraction.

Malaise aux pores du monde
Viol susurrant des fibres même (...)
Un mal de toutes les gares
Un mal au sang d'être rouge
Marasme de limaces tout autour
Ai mal au froid même d'une neige
Qui se meurt goutte à goutte
Mal d'un mal qui s'apprend
Mal dont on fend
Jusqu'au complexe d'être divin
Quelque chose d'une omniprésence
Un mal d'être.

(*Les Essais rouges*)

Péloquin fait un inventaire systématique de lui-même, examinant toutes les « pièces » du corps. Son langage devient plus syncopé, refusant un « beau lyrisme » pour apaiser son « malaise ». Le sens lui-même culbute sur des interruptions sans rapport apparent avec le contexte. Le nom devenu verbe, le néologisme, le contraste (« chacalité humaine ») tentent de substituer une autre réalité à celle qui est perçue.

Les yeux moins yeux
Nez Doukhobors
Coin joue luminaire
Le coccyx est un fond de cou
Sol major Eroica Bee
Cheveux cerne-Temps

---

26. Né à Montréal en 1942. *Jéricho* (Longueuil, Publications Alouette, 1963). Les Essais *rouges* (Longueuil, Publications Alouette, 1964). *Les Mondes assujettis* (Montréal, coll. Métropolitaine, 1965). *Manifeste subsiste* (M., s.é., 1965). *Calorifère* (M., s.é., 1965). *Manifeste infra suivi des émissions parallèles* (M., Hexagone, 1967). *Pyrotechnies* (M., s.é., 1968). *Pour la grandeur de l'homme* (M., s.é., 1969). *Le repas est servi,* proses et quelques poèmes (M., s.é., 1970).

Par la pointe d'un menton tempe qui n'a pas révolvoré
Ça n'a pas l'épaule Beethoven
Ni l'arrière-réflexe éclaté
Mais sûrement un nez qui nez
Jusqu'aux « nours » qui m'ont tellement fait rire tout petit
J'ai ridé ce front mien en jouant aux billes
Parce qu'il fallait vaincre perdre et pleurer
C'était ma guerre
Combien guerrent et n'ont plus la larme pour pleurer
Pour crier aux chimpanzés de se fâcher
D'avoir une chacalité humaine Eroica
(Lili Marlène sifflé)
Revenir à ce qui n'existe plus (...)

(Les Mondes assujettis)

« Revenir à ce qui n'existe plus » : Péloquin évoque brièvement la nostalgie d'un passé, d'une enfance plus sereine. Désormais, il s'engage à transformer le monde, à fuir, à se réjouir... Ce sera toujours la même démarche, celle de l'enfance et de ses droits au rêve.

J'ailleurs
J'acier
Je caïman
Et je pieds Nickelés encore.

(Les Essais rouges)

Le poète rassemble bientôt tous ses éléments, ses angoisses, ses indifférences et ses désirs, dans *Calorifère*. Mais cette fois, il les a assimilés et les dirige, presque avec euphorie, vers « une sorte d'internationale électrique ». Le « marasme des limaces » autour du sang fait place aux « mini-motos dans la boîte crânienne ». Le « mal au sang d'être rouge » est rappelé, indirectement, par la « peur de la betterave à la porte » ; mais la fusion finale dans le soleil efface ce mal. C'est, plutôt qu'à une force vive comme celle du sang, à l'immobilisme, que Péloquin s'en prend maintenant : aux « vendeurs de timbres... dialogues avec le café... pommiers incubateurs ». La femme elle-même, dans la poésie de Péloquin, représente une attache à la mort, un empêchement d'aller plus loin (« la règle de deux »). Son langage rappelle, par sa précipitation, son improvisation, sa chaleur, la « commotion du volcan émotif » dont parle Gauvreau. Mais la poésie de Gauvreau est plus imbriquée dans la sensualité, alors que Péloquin tend davantage vers l'abstrait.

(...) *J'ai des mini-motos dans la boîte crânienne*
Arbalètes misogynes autour de ma couche cervicale (...)
Main d'homme sur talon femelle Mur ricaneur...
Je fis alors se lever l'astre
Par peur de la betterave à la porte
Impregnibislitement.. Horrorté..
Ils m'ont toujours attristé les vendeurs de timbres..
J'ai eu de longs dialogues avec le café ton lobe
Les pommiers incubateurs et la règle de deux,
Avec l'extase sifflante et ses postes affiliés
Aime parce que je partir...
Le film se désouffle... Cailloux génétiques maintenant (...)
Baisogrammes cliniques mythifiant les œils Gondolfo (...)
Enceints de cymbales écorchées à l'avance...
Dans le soleil hors soleil Edge soleil
Je déchiffrai : une sorte d'internationale électrique là-bas...
(Calorifère)

La tendance de Péloquin vers l'abstraction, son désir de réinstaurer les droits du rêve, sa volonté d'enfoncer les limites humaines, ont fait de lui un poète des « extra-terrestres ». Quelques-uns de ses poèmes tentent de rendre compte de la dimension cosmique de l'homme.

(...) *Lumière faite*
Flottement plein

Magasins ouverts d'Energie
Regard fixe
Pensée droite
Pas oblique *Pas méandrique*
Pas de désir variant
Cri en angle droit

Sons glacés imperturbablement beaux (...)

Infinie densité à finir dans *La Densité Summique*

Auto-fonte du Temps incolore *monoplan*

Un Grand Ménage final

L'Air est pluriel

(Le repas est servi)

La magie des « sons glacés imperturbablement beaux » nous rapproche de la sensualité blanche de Nicole Brossard.

VERS UNE NEUTRALISATION DU LANGAGE

Nicole BROSSARD

Nicole Brossard[27] est animatrice de *la Barre du jour,* revue consacrée à la publication et à l'étude critique de la poésie québécoise « d'avant-garde ». Sans nier l'importance historique et littéraire qu'a prise la poésie « politique » au Québec ces dernières années, elle tient à en circonscrire les limites, et, personnellement, à passer à une recherche nouvelle : « Alors que sur le terrain poético-politique tout semblait avoir été dit — et nous n'avions pas envie de devenir des répétiteurs impuissants — par ceux qui assumaient (par les tripes) l'angoisse et la révolte des Québécois, nous qui la partagions avons choisi de faire porter notre travail sur le langage. Pendant que d'autres renchérissaient sur notre situation alarmante, nous cherchions à combattre à l'intérieur de ses frontières une sémantique qui, à coup sûr, faisait le jeu culturel de ceux contre lesquels les « politiques » se battaient »[28].

Nicole Brossard a donc entrepris de travailler sur le langage. Non pas tellement de le désarticuler pour piéger des associations de mots ou d'images insolites. Sa démarche consiste plutôt à retourner le langage à l'envers, à amener à la lumière ses couloirs secrets, ses mensonges, ses euphémismes, tout comme ses évidences premières : tout mettre sur un même plan. Il y a là un refus de la « réalité » telle qu'on la perçoit habituellement. Face à une seconde réalité, transitoire, informe, se développe un sentiment d'insécurité, hésitant entre la peur devant l'objet défait (« cette nuit dévore comme un mot ») et la volonté, même agressive, de poursuivre sa démarche.

> (...) *comment lier l'actuel désir et le calme*
> *cette nuit dévore comme un mot*
> *personne à l'abri tous en surface*
> *superficiels et vagues parfaitement tous*
>
> *(Suite logique)*

Les mécanismes « démontés » convergent ensuite vers un lieu où

---

27. Née à Montréal en 1943. *Aube à la saison in Trois* (Montréal, Presses de l'A.G.E.U.M., 1965). *Mordre en sa chair* (Montréal, Estérel, 1966). *L'écho beau* (Estérel, 1968). *Suite logique* (M., Hexagone, 1970). *Le Centre blanc* (M., Ed. d'Orphée, 1970).
28. *Document Miron,* numéro spécial de *la Barre du jour* (Montréal, octobre 1970. nº 26). Ce texte est signé par Nicole BROSSARD et Roger SOUBLIERE. — *Document Miron* a été publié pendant l'incarcération de Gaston MIRON, sous la « loi des mesures de guerre ».

se figer, qui est presque la mort. Le langage, par son égalité, paraît celui de l'indifférence ; pourtant un rythme l'anime, le tire avec insistance vers le « centre blanc ».

On peut imaginer qu'après une dissection du réel et du langage, Nicole Brossard va en entreprendre une reconstruction personnelle. Mais, compte tenu de son orientation voisine de celle de *Tel Quel,* il semble surtout qu'elle n'effectuera de réunification que dans une poésie *autre* — inédite — qui se situerait au-delà de la transgression du langage.

tout se neutralise et s'éclaire se vide de
tout sens tout la mort souffle blanc silence
de mémoire silence silence silence la mémoire
tout dans un seul souffle le dernier centre
où tout se peut enfin concentrer centre
blanc sans surface le temps le temps ne
transforme rien désormais le temps durcit
blanc.

(Le Centre blanc)

PRINCIPAUX OUVRAGES SUR LA POÉSIE QUÉBÉCOISE CONTEMPORAINE

I

ÉTUDES

La poésie canadienne-française : « Archives des Lettres Canadiennes », tome IV (publication du Centre de recherches de littérature canadienne-française de l'Université d'Ottawa, Montréal, Ed. Fides, 1969).
Cet ouvrage contient des analyses historiques de la poésie, des écrits théoriques de 41 poètes et un ou deux poèmes de chacun ; on y trouve en outre une chronologie et des bibliographies très élaborées.

Pierre de GRANDPRÉ : *Histoire de la littérature française du Québec*, tome III *(de 1945 à nos jours) — La poésie* (Montréal, Librairie Beauchemin, 1969).

Gilles MARCOTTE, *Le Temps des poètes* (Montréal, Ed. H.M.H., 1969).

Axel MAUGEY, *Poésie et société au Québec 1937-1970* (Les Presses de l'Université Laval, coll. Vie des lettres canadiennes, 1972).

Revue *Europe, Littérature du Québec* (Paris, février-mars 1969). Numéro dirigé par Jean-Guy PILON. On y trouve d'excellentes études sur la poésie, le roman, le théâtre, la chanson, le cinéma et les arts québécois, en plus d'un choix de proses et de poèmes.

Livres et auteurs québécois, revue critique annuelle (Montréal, Ed. Jumonville).

II

CHOIX DE TEXTES

Guy ROBERT, *Littérature du Québec — Poésie actuelle* (Montréal, Librairie Déom : 1970).
Ce volume contient des écrits théoriques de 26 poètes et des choix de poèmes.

Alain BOSQUET, *Poésie du Québec* (Montréal, H.M.H. — Paris, Seghers, 1962 ; rééd. 1966 et 1968 ; paru en 1962 et 1966 sous le titre : *la Poésie canadienne contemporaine de langue française*).

Jean-Guy PILON, *Poèmes 70* et *Poèmes 71* (Montréal, Hexagone, 1970 et 1971).

III

PRINCIPALES REVUES PUBLIANT RÉGULIÈREMENT DES POÈMES

La Barre du Jour (1965)
(Printemps 1972 : numéro 34).
665, rue Crevier,
Montréal 379, P.Q.

Liberté (1959)
(Décembre 1972 : numéro 84)
case postale 88,
station Notre-Dame-de-Grâce,
Montréal 260, P.Q.

Ecrits du Canada français (1954)
(Premier trimestre 1972 : numéro 34)
380 ouest, rue Craig,
Montréal 126, P.Q.

Les Herbes rouges (1968)
(Décembre 1972 : numéro 7)
case postale 81,
station E,
Montréal, P.Q.

Ellipse (1969)
(1972 : numéro 10)
Faculté des Arts,
Université de Sherbrooke, P.Q.

Poésie (1966)
(Automne 1971 : volume 6, numéro 4)
La Société des poètes canadiens-français,
1817 rue des Intendants,
Québec 3, P.Q.

Co-incidences, (1971)
(Avril 1972 cinquième numéro, volume 2, N° 2)
Faculté des Arts,
Université d'Ottawa, Ontario.

Nord (1971)
(Hiver 1972 : numéro 2)
Editions de l'Hôte,
case postale 423,
Sillery, P.Q.

Parti Pris (1963-1968)
Editions Parti Pris,
case postale 149,
station N,
Montréal 129, P.Q.

(Mars 1968 : volume 5, numéro 6. — Cette revue, comme *Liberté,* a joué un rôle important dans l'évolution des idées au Québec, durant les « années soixante ». Voir le numéro 31-32 de *la Barre du Jour,* hiver 1972, consacré à *Parti Pris*).

IV

PRINCIPALES MAISONS D'ÉDITION DE POÉSIE

Nouvelles Editions de l'Arc,	210 ouest, Crémazie Montréal, P.Q.
Editions du Bien Public,	1563 rue Royale, Trois-Rivières, P.Q.
Editions Claude Hurtubise-H.M.H.	380 ouest, rue Craig Montréal 126, P.Q.
Editions Cosmos,	case postale 1175 Sherbrooke, P.Q.
Editions Fides,	245 est, boulevard Dorchester, Montréal 129, P.Q.
Editions des Forges,	2095 rue Sylvain Trois-Rivières, P.Q.
Editions de l'Hexagone,	1247 Saint-Denis, Montréal 129, P.Q.
Editions du Jour,	1651 Saint-Denis, Montréal 129, P.Q.
Editions du Noroît,	case postale 244 Saint-Lambert, Co-Chambly, P.Q.
Editions Parti Pris,	case postale 149, station N, Montréal 129, P.Q.
Editions Pro-Con,	665, rue Crevier, Montréal 379, P.Q.
Librairie Beauchemin,	450 avenue Beaumont, Montréal 303, P.Q.
Librairie Déom, Editions Atys et Editions d'Orphée,	1247 Saint-Denis, Montréal 129, P.Q.
Librairie Garneau,	47, rue Buade, Québec 4, P.Q.

LIVRE III

MAGHREB

par Jean DÉJEUX

POUR UNE POÉSIE MAGHRÉBINE

En 1943 paraissait dans *Fontaine* à Alger un beau texte de Jean Amrouche : « Pour une poésie africaine ». L'auteur des *Chants berbères de Kabylie* y décrivait le drame des poètes africains et maghrébins d'expression française. Il voyait juste et ces lignes n'ont rien perdu de leur actualité :

Les écrivains autochtones s'expriment soit avec une extrême maladresse, soit en usant d'une rhétorique formelle qui est le contraire de l'art. Leurs œuvres tiennent bien plus du pastiche que de la création originale (...) *Ils vont tout naturellement au facile Musset, aux premiers recueils de Hugo, à Leconte de Lisle. La poésie spécifiquement française, Villon, Ronsard, Racine, La Fontaine, Nerval, Baudelaire et leurs descendants, leur échappe. Et ils revêtent des lieux communs de formes empruntées, d'oripeaux mal cousus, qui donnent à leurs compositions l'apparence de caricatures enfantines, mais dépourvues de la fraîcheur de l'enfance. Souvent le mauvais goût le dispute à l'ignorance de la langue, de l'esprit et des moyens de la poésie* (...) *La poésie est le langage de l'être total* (...) *Le drame que vivent nos écrivains africains de langue française, du fait de la dissemblance irréductible de deux langages dont aucun ne peut les exprimer pleinement, se transporte sur le plan de la création poétique. Les langues autochtones s'accordent avec tout ce que l'Africain d'aujourd'hui porte en lui-même à son insu, les voix de la terre, du ciel, et les voix mortes qui commandent depuis l'au-delà. Le français met à leur disposition toutes ses ressources mais tout le charnel et tout le spirituel de la langue lui demeurant dans une grande mesure étrangers, l'Africain ne peut guère user de la langue française que comme d'un outil purement intellectuel* (...) *On n'abordera à l'île solitaire, à l'étoile qui som-*

meille au cœur du continent africain, ni par le jeu de la pensée analytique, ni par les simulacres de la poésie descriptive. C'est par une tout autre démarche de l'esprit qu'on peut espérer y parvenir. Il faut sentir l'Afrique vivre au fond de soi, la porter comme la mère porte son enfant.

Drame de la langue, du langage et de la sensibilité maghrébine faite d'illuminations, de fulgurations subites, de luxuriance charnelle et d'émotions sensuelles, c'est ce qu'a bien senti Amrouche et c'est ce que nous constatons depuis la naissance de cette poésie maghrébine d'expression française, issue des sociétés du terroir et non de la société européenne établie pour un temps sur ces rivages du Sud, mis à part l'un ou l'autre poète (comme Jean Sénac et Anna Greki) qui ont opté pour la nationalité algérienne.

C'est en 1917 que paraît le premier recueil, *Contes et poèmes d'Islam,* de Salem El Koubi, suivi par quelques autres de plusieurs auteurs, tous maladroits et plutôt médiocres, sauf le pionnier Jean Amrouche avec *Cendres* et *Etoile secrète* en 1934 et 1937.

La littérature maghrébine d'expression française resurgit avec qualité autour des années 50. Alger, surtout, connut durant la seconde guerre mondiale en particulier, et immédiatement après elle, une vie littéraire intense, se manifestant entre autres par la parution de revues comme *Fontaine*[1], *L'Arche*[2], *Afrique*[3], *Soleil*[4], *Terrasses*[5], *Simoun*[6], *Forge*[7] qui consacrait, par exemple, une de ses livraisons en 1947 à « la jeune poésie nord-africaine ». En 1944 avait été publié un recueil d'Aït Atmann, *La prison est pour les hommes,* qui demeure bien pénible à lire tant est grande sa médiocrité. Kateb Yacine se faisait éditer en 1946 à l'imprimerie du *Réveil Bônois* après son départ de Sétif « avec son grand chagrin au cœur à cause de Nedjma » ; mais son premier recueil, *Soliloques* n'était certes pas encore de la grande poésie. Nous entrions cependant alors dans une ère féconde pour le Maghreb, trop peut-être même, car le pire va souvent se mêler au meilleur dans cette poésie d'expression française. Les constatations d'Amrouche, encore une fois, s'avèrent exactes et sans cesse actuelles.

La guerre d'Algérie, par exemple, n'a pas toujours suscité de grandes œuvres, c'est le moins qu'on puisse dire. On a copié, pastiché,

1. *Fontaine* prit la suite à Alger de la revue *Mythra,* créée en 1939 par Charles AUTRAND (deux numéros). *Fontaine*, directeur Max-Pol FOUCHET, N° 1 : 1939. N° 63 : Paris, janvier 1948.
2. *L'Arche*. N° 1 : 1944. N° 25 : mars 1947.
3. *Afrique*. N° 1 : avril 1924. N° 273 : 1960.
4. *Soleil*. N° 1 : janvier 1950. N° 7 : février 1952.
5. *Terrasses*. Un seul numéro : juin 1953.
6. *Simoun*. N° 1 : 1952. N° 32 : 1961.
7. *Forge*. N° 1 : décembre 1946. N° 5-6 : novembre 1947.

démarqué Aragon, Char, Desnos ou Eluard. L'influence de la poésie de la Résistance française sur les poètes algériens pendant la guerre de libération se comprend certes fort bien, mais reconnaissons et avouons que de nombreux poèmes étaient faibles et grandiloquents, fastidieux et lassants, à côté d'autres bien sûr extrêmement beaux et « percutants », authentiquement surgis du chant profond de la terre natale en gestation. Depuis 1945 jusqu'à nos jours, nous rencontrons donc des écrivains qui se disent poètes et qui font des vers en imitant Musset ou le « pompiérisme » de quelque Déroulède sur des thèmes « patriotiques » usés, et des vrais poètes qui essaient actuellement de se resourcer, de se battre avec eux-mêmes et avec la langue française pour exprimer tout le meilleur d'eux-mêmes et de leur peuple : le malaise de leur corps et de leur mémoire, de leurs sens et de leur psychisme traumatisé par la guerre, la misère du sous-développement matériel, le poids des injustices, les difficultés éprouvées pour créer, expérimenter, une nouvelle manière d'être au monde dans leurs pays en pleine renaissance.

Nous avions essayé autrefois d'analyser rapidement les thèmes de la poésie de la résistance algérienne, sans du reste les épuiser, dans notre ouvrage sur *la Poésie algérienne de 1830 à nos jours* (Paris, 1963). Une constellation de cinq thèmes principaux était discernable : les ancêtres, la patrie, la liberté, le peuple bon, l'homme nouveau. Comme l'écrivait Henri Kréa, ces poètes entendaient posséder « le gai savoir », celui de la « victoire de l'homme d'un siècle nouveau ». « Nous sommes les porteurs de joie », écrivait Kréa. Ces poètes, en effet, chantaient — avec combien de vigueur, de flamme, d'exaspération vibrante dans le malheur et de vérité dans le corps à corps avec « l'événement » —, la dignité de l'homme, la revendication d'une patrie, la réconciliation de l'homme avec lui-même, la renaissance de l'homme algérien :

Il s'appelle Algérien
C'est mon nom
mon prénom
c'est ma carte d'identité

(Hocine Bouzaher, *Des Voix dans la Casbah*)

Ce courant politique continue alors que la guerre est terminée depuis des années. On exploite « un nationalisme anachronique », selon l'expression de Mostefa Lacheraf. « Aujourd'hui — écrit le même essayiste et poète, très au fait de la culture de son pays — le folklore et l'exploitation abusive de l'héroïsme guerrier sont devenus les deux mamelles de certains pays du Maghreb » (*Souffles*, n° 13-14, 1969).

Fort heureusement, ce courant abâtardi — qui compte, notons-le, quand même quelques belles envolées sur la lutte palestinienne — n'est pas le seul actuellement. D'autres thèmes que ceux de la guerre, d'ailleurs, ont toujours eu droit de cité dans une belle tradition maghrébine : l'amour d'abord, l'estime des petits et des humbles, la femme (jusqu'à un certain point), la nostalgie de la mère, de la terre natale. Mais si le drame est bien celui de l'expression de la sensibilité maghrébine à travers le français, comme le montrait Amrouche, l'autre problème crucial aujourd'hui est aussi celui du renouvellement de la thématique. Des objectifs nouveaux pointent toutefois à l'horizon chez les jeunes poètes surtout : les pauvres et les opprimés partout où ils se trouvent, les inégalités sociales, la liberté, la « nouvelle vague », le désir fou de vivre, les filles, l'amour. Cette jeune poésie ne semble pas oublier pour autant « le devoir de violence ».

CHAPITRE I

ALGÉRIE

Des trois pays du Maghreb, l'Algérie est la mieux représentée en quantité et en qualité dans cette poésie d'expression française, du fait des cent trente-deux ans de colonisation. L'indépendance a suscité aussi beaucoup de nouveaux « auteurs », qui se veulent poètes. Il est quand même parfois difficile de discerner ce qui a de la valeur et ce qui en a moins. Cependant, avant de nous arrêter davantage à quelques ténors et figures de proue, mentionnons quelques noms que nous pensons pouvoir retenir parmi ceux qui ont déjà publié quelques recueils[1].

Il faut d'abord citer à part un ancien, Jean Amrouche[2], le pionnier passionné dont l'œuvre date d'avant 1945. Malgré ce recul dans le temps, il n'est pas possible de taire son nom, d'autant plus du reste que, dès le début de la guerre de libération algérienne, Amrouche, poète en quête de son identité, s'était engagé dans la lutte par la polémique dans les journaux français. Il retrouvait du même coup son souffle poétique, après une longue période de silence dans ce domaine :

(...) *Aux Algériens on a tout pris*
la patrie avec le nom
le langage avec les divines sentences
de sagesse qui règlent la marche de l'homme
depuis le berceau
jusqu'à la tombe
la terre avec les blés les sources avec les jardins
le pain de bouche et le pain de l'âme
l'honneur
la grâce de vivre comme enfant de Dieu frère des hommes
sous le soleil dans le vent la pluie la neige (...)

---

1. Parmi les anthologies, signalons spécialement celle de J. LÉVI-VALENSI et J.E. BENCHEIKH, *Diwân algérien,* la poésie algérienne d'expression française de 1945 à 1965. Etude critique et choix de textes (Alger, S.N.E.D., 1967).
2. Né en 1906 à Ighil Ali, en Petite Kabylie, mort à Paris en 1962. *Cendres,* poèmes 1928-1934 (Tunis, Mirages, 1934). *Etoile secrète* (Tunis, Mirages, coll. « Les Cahiers de Barbarie », 1937). *Chants berbères de Kabylie,* recueil de chants kabyles traduits, précédé d'une introduction (Tunis, Monomotapa, 1939 ; rééd. Paris, Charlot, coll. « Poésie et théâtre », 1947).

Nous voulons la patrie de nos pères
la langue de nos pères
la mélodie de nos songes et de nos chants
sur nos berceaux et sur nos tombes.

Nous ne voulons plus errer en exil
dans le présent sans mémoire et sans avenir

Ici et maintenant
nous voulons
libres à jamais sous le soleil dans le vent
la pluie et la neige
notre patrie : l'Algérie.[3]

Combattant sur tous les fronts, Jean Amrouche faisait servir la poésie à la libération de son pays, revendiquant les valeurs ancestrales, la culture du terroir, la langue maternelle, la dignité de l'homme enfin recouvrée dans la liberté fondamentale pour chacun, quels que soient ses moyens, son hérédité, son milieu…

Ismaïl Aït Djafer[4] avait écrit d'un trait de plume sa *Complainte* vengeresse :

Un peuple de mendiants
Voilà ce que c'est
Charlemagne
Voilà pourquoi j'ai beaucoup de peine (…)

Le poème était dédié « à ceux qui n'ont jamais eu faim ». Sa lecture nous prend aux entrailles : on ne peut s'en dispenser en arguant du fait des outrances de langage. La parole poétique est ici un glaive qui pénètre jusqu'à la moelle des nantis. Malek Alloula[5] fait partie, lui, de la génération contemporaine. Il a beaucoup à dire et à crier. Son intériorisation de la réalité maghrébine s'exprime « dans les vertus arides du langage ». Sa démarche est très personnelle, mais comme les autres jeunes il a entrepris, lui aussi, de remonter jusqu'à la « lointaine mémoire », de porter « un regard toujours plus souterrain qui sonde l'exil métallique ».

---

3. *Le Combat algérien* , dans *Espoir et Parole*, poèmes algériens recueillis par Denise BARRAT (Seghers, 1963).
4. Né en 1929. *Complainte des mendiants arabes de la Casbah et de la petite Yasmina tuée par son père* (Alger, J.U.D.M.A., 1953 et Paris, Oswald, 1960).
5. Né en 1938. *Villes* (Rabat, coll. « Atlantes », 1969).

Nous avancions alors
une grande absence au cœur
yeux décillés pour une lumière trop crue
Au-delà de toute blessure
quelle lame fourrageait
pour être si sûre de la brèche
Une goutte de folie y perle
Il est du tranchant d'être frontière
d'une terre au silence partagé[6]

Djamal Amrani[7] chante surtout et toujours les souvenirs brutaux et traumatisants de la guerre et de la torture. Son œuvre est une action de combat politique. Il salue « le peuple (qui) a ouvert l'horizon » et « la liberté (qui) crépite sur nos villes ». Le poète semble toujours avancer douloureusement à travers la nuit, « les nuits coloniales » qui l'ont marqué et il paraît avoir du mal à se libérer de ces thèmes de guerre.

Ici où tout criait malheur violence famine
Ici où sourdement le sang se vérifiait et la peine se gagnait (...)

O ! larmes grises lentes à refroidir
O ! patience incurvée jusqu'au feu sacré.

(*Soleil de notre nuit*)

Aussi loin que mes regards..., cependant, s'illumine de thèmes nouveaux : le goût de vivre, l'amour.

Un jeune, Hamou Belhalfaoui[8], a l'étoffe d'un vrai poète. Il chante la liberté, la terre ardente, la ville et l'homme nouveau, mais encore « Notre-Dame de la haine » ! Il « s'est longtemps cherché en se déformant », se cognant « aux murs de (s)oi-même ». Il a soif de quelque chose d'autre...

Nous nous envolerons vers une terre torride
Sans laisser d'adresse
Vers un pays neuf
Vers un pays où les femmes vont nues

---

6. *Petite anthologie de la jeune poésie algérienne* (1964-1969), présentée par Jean SENAC (Alger, Centre culturel français, 1969).
7. Né en 1935 à Sour-Al-Ghozlane (Titteri). *Chant pour le Premier Novembre* (Paris, éd. ABM, 1964). *Soleil de notre nuit* (Subervie, 1964). *Bivouac des certitudes* (Alger, S.N.E.D., 1968). *Aussi loin que mes regards se portent...* (id. 1972).
8. Né en 1944. *Soleil vertical* (Oran, Impr. Belkacem, 1964). *Terre ardente*, fragments d'un recueil inédit, in *Poésie 1*, n° 14 (1971).

Que l'amour n'effarouche ni n'exténue
Et dont les yeux brûlent comme des soleils
Terre ardente !

(Terre ardente)

Rachid Boudjedra[9] surgit maintenant dans la littérature algérienne comme un iconoclaste extrêmement violent. Un seul recueil de poèmes cependant, mais aux thèmes variés : l'auteur entend démystifier, secouer, ne plus rêver... Il a beaucoup à expliquer, lui aussi. Précisément dans son poème « A vrai dire » :

S'il y avait la mer à Paris
J'aurais aimé Paris
S'il y avait des comités de gestion à Madrid
Je serais revenu à Madrid
Mais à Alger
Il y a la mer qui décuple les vagues
Et les comités de gestion qui monopolisent les justices.

Mourad Bourboune[10] est à la recherche d'un homme nouveau. Un « éclatement pluriel » s'est produit. Un monde s'est écroulé. « La liberté commence avec le dernier homme libéré ». Pour cela le « muezzin » clame — ou bégaie encore plutôt dans le roman de l'auteur — un message exigeant et déconcertant ; beaucoup ne sont pas encore prêts à l'entendre et à le comprendre. Le pèlerinage du poète se veut du reste un « pèlerinage païen » :

Ce fut en avril
Sur la cyclique fidélité du blé naissant
Le Muezzin pointe extrême du Minaret
Bégaya sa sourate tissée de l'ancien Verbe (...)

Ce pur à l'intelligence simple succomba dans l'épreuve
Avril les Blés, le Verbe Premier l'Eau
Comme au Commencement

Il savait
Qu'au delta des Rivières la Mer venait boire

Je porte témoignage d'une Mort inutile
Poème d'une nuit que les ténèbres assistent
Avant le jour la Vérité bégayée (...)

9. Né en 1941. *Pour ne plus rêver* (Alger, Editions Nationales Algériennes, 1965).
10. Né à Aïn Beida en 1938. *Le Pèlerinage païen* (Paris-Alger, Rhumbs, Cahiers du monde intérieur, 1964). *Le Muezzin bègue*, ill. Abdallah BENANTEUR (Paris, H.C., 1970).
Le Muezzin, roman (Bourgois, 1968).

Au commencement
Etait l'aigle futur
dans la peau d'un reptile
Au commencement
Une motte d'argile sans souffle aux narines
appelée à créer Dieu
Au commencement
l'homme : tout lui fut donné
Mais cette triste engeance n'eut besoin
que du reste.

(Le Pèlerinage païen)

Laadi Flici[11] à côté de sujets divers où l'amour est présent, affirme avec certitude le droit des opprimés partout où ils subissent les injustices de l'impérialisme. Son poème *les Ghettos et la violence,* en particulier, en témoigne très nettement :

L'eau est noire comme la peau est noire, le soleil
le pain sont noirs, le jasmin est noir, le jazz est noir
les larmes sont noires. Et c'est dur d'être un Noir
aux Etats-Unis. C'est dur quand on a les cheveux crépus
dans la main. C'est dur quand on a la peau noire
dans la main. C'est dur de rester un homme debout
Sous le règne du tout-puissant dollar.
Repose-toi Sam, hier tu as craché tes poumons toute la nuit
Tu as toussé toute la nuit. Repose-toi Sam (...)

Tu sais Sam, l'heure est à la violence. Et nous les aurons.
Fanon, Malcolm X, Guevara. Nous détruirons tout. Tout
Nous ravagerons tout. Nous raserons tout. Tout.
Reste debout Sam. C'est le droit à la violence
C'est l'avènement du pouvoir noir. Le pouvoir noir (...)

(La Démesure et le Royaume)

Quant à Boualem Khalfa[12], ses deux recueils s'imposent tant par leur esprit de combativité que par leurs qualités de cœur : pour un révolutionnaire, « faire la révolution, c'est d'abord remporter chaque jour une victoire sur lui-même ».

Mostefa Lacheraf[13] avait publié autrefois en traduction les

11. Né en 1937. *La Passion humaine* (Les Paragraphes littéraires, 1959). *La Démesure et le Royaume* (Alger, S.N.E.D., 1969).
12. Né en 1923. *Certitudes* (Paris, Le Club des Amis du Livre progressiste, 1961). *Cœur à Corps* (Alger, 1969).
13. Né en 1918. *Terre mystique* a paru dans *Départs* (Béziers, Sodiep, 1952).

Chansons des jeunes filles arabes[14]. Ses propres poèmes sont dispersés ça et là. Nous ne pouvons nous empêcher de citer quelques vers de *Terre mystique*, qui dénotent une grande intériorité et des dons très sensibles de contemplation :

Je partirai
au-delà des frontières où s'arrête la vie des hommes !
La terre de Dieu, nue et chaude m'appelle de loin !
Eternelle vierge, fermée à l'eau du Ciel
Stérile par amour, comme la jeune abbesse
qui s'offre à Dieu, la Terre mystique
s'aime dans son âpreté sans fruits !
O don sans pareil que d'autres disent ingrat !
Le cœur des nomades s'allume pour toi
plus que le soleil même (...)

Que d'autres terres attendent les saisons
et leur stérile domination
qu'elles épient les signes changeants de la nue
et les vents féconds et le fluide automnal
et les tiédeurs laborieuses du printemps !
En toi fructifie la Parole
et l'infini des siècles est la saison unique.

Djamal Moknachi[15] pense, lui aussi, que « le poète doit être le Muezzin des jours gris et des joies, la chanson ou le cri de révolte ». Poèmes de combat politique là encore. Disons que les poèmes de ce genre, sont, chez beaucoup d'auteurs, souvent laborieux, lassants à cause de leurs nombreuses répétitions et, avouons-le, trop faciles à aligner...

A côté de ces noms, beaucoup d'autres seraient à citer, car ils reviennent souvent dans des revues. Et on peut bien dire que parmi ceux-ci certains dépassent en qualité les poètes qui ont eu la possibilité de se faire éditer. Avoir pu faire imprimer un ou deux recueils n'est pas forcément une garantie de qualité ni d'authenticité poétique ! Mentionnons par exemple, et sans juger : Noureddine Aba, Messaour Boulanouar, Hocine Bouzaher, Mohammed Haddadi, Kaddour M'Hamsadji, Ahmed Aroua, Mourad Abdelmalek, Bouzid Kouza, Danièle Amrane, Himoud Brahimi, Hassan Chebli, Nadia Guendouz, Ghaouti Faraoun, Tewfik Farès, Mustapha Toumi, Malika O'Lahsen,

14. Seghers, 1953.
15. Né en 1938. *Les Hivers se moissonnent* (Subervie, 1964). *Poussière de Soleil* (Subervie, 1967).

Sahah Guemriche, Ahmed Boulahfa, Saïd Meziane, Hamid Tibouchi, etc.[16].

Il faudrait être très critique et passer au crible bien des œuvres présentées comme poétiques. Pour citer Assia Djebar, disons avec elle qu'il s'agit alors souvent « d'un poème panégyrique qui prend la pose, jusqu'au sincère qui devient raide » ; « le pathétique (lui-même) semble pompier ». On a affaire dans ces cas à une poésie dite nationale engoncée dans un habit de cérémonie et gênée aux entournures, pour reprendre les termes de la même romancière algérienne. Que de naïvetés et de caricatures, en effet, de plagiats de nos plus mauvais poètes français ! Toutefois, la poésie de la résistance, même si elle manifeste trop de maladresses dans l'expression, reste comme un témoin d'une souffrance très cruelle, comme un cri à entendre. Les violences verbales sont parfois outrancières, mais comment se contenir quand les pauvres et les petits sont méprisés et quand l'homme est bafoué ? Peu parmi ces poètes sont en fait d'authentiques créateurs. Ce qu'ils ont à dire demeure parfois trop didactique, descriptif et laborieux. Témoins pour la plupart d'une époque récente, ces poètes ont cependant voulu faire leur entrée dans les lettres en criant leur espérance, en « disant » l'événement, c'est-à-dire les massacres, les révoltes, les combattants et les morts, avec une sensibilité d'écorchés vifs — cela se comprend bien.

Quelques auteurs émergent, chacun avec son accent particulier, son émotion évocatrice d'un itinéraire personnel. Tous, en tout cas, se veulent « frères » ; ils revendiquent un « humanisme fraternel », ne s'isolant pas (mis à part quelques cas presque maladifs), mais se voulant au milieu de leur peuple pour chanter les espoirs, les traditions, les racines ancestrales et la joie de vivre. « Nous te ferons un monde humain » disait Anna Greki. Les meilleurs parmi ces poètes entendent précisément construire, par le verbe exalté et enthousiaste ou par des mots plus impatients d'une réalité espérée au cours de la guerre, une Algérie nouvelle, parce qu'ils croient avec raison que le poète a un rôle social à jouer.

16. Parmi les œuvres principales — Noureddine ABA, *La Toussaint des énigmes* (Présence africaine, 1963). Ahmed AZEGGAGH, *Chacun son métier* (Alger, S.N.E.D., 1966). Messaour BOULANOUAR, *La Meilleure force* (Ed. du Scorpion, 1963). Hocine BOUZAHER, poèmes dans *Des Voix dans la Casbah,* théâtre (Maspéro, 1960). Assia DJEBAR, *Poèmes pour l'Algérie heureuse* (Alger, S.N.E.D., 1969). Mohammed HADDADI, *L'Accent grave,* sous le pseudonyme de Djim LAFORGE (Regain, 1954) ; *Il faut le jour* (La Tour de Feu, 1961). Kaddour M'HAMSADJI, *Oui Algérie* (Subervie, 1965). Ghaouti FARAOUN, *Pour une danaïde* (Grenoble, Syllepses, 1970). Ahmed BOULAHFA, *Les Apatrides* (Ed. Saint-Germain-des-Prés, 1972). Saad TICEMLAL, *Vers un jour meilleur* (La Grisière, 1971). Nabile FARÈS, *Le Chant d'Akli* (Oswald, 1971). Saïd MEZIANE, *Nuits d'espoir* (Subervie, 1972). Hamid TIBOUCHI (poèmes in *Alif,* n° 2).

CHAPITRE II

TUNISIE

La Tunisie compte un nombre beaucoup moins grand de poètes d'expression française. La littérature en arabe s'impose dans ce pays. Autrefois cependant, des auteurs ont publié quelques œuvres dans des revues littéraires : Salah Ettri, Mustapha Kourda, Ahmed Chergui, par exemple. Depuis 1945, un petit groupe ne désespère pas et croit toujours à la poésie par le biais de la langue française ; certains composent en même temps en arabe.

Badreddine El-Abbassi[1], mort en 1966, a écrit quelques plaquettes où la grisaille de l'exil s'exprime souvent et où l'apatride a voulu laisser parler son cœur douloureux, sans se soucier de perfection formelle. M'Hamed Ferid Ghazi [2], tôt disparu lui aussi (en 1962), promettait pourtant une œuvre poétique authentique, à côté de travaux universitaires remarqués. Un spécialiste de la linguistique, Salah Garmadi[3], publie en 1970 un beau recueil. L'inspiration en est parfois lyrique, parfois sociale. Présenté avec qualité et goût, cet ouvrage fait honneur à son auteur, qui aime la mer, l'amour, « l'homme qui chante » et « le vin sonore (qui) adhère à notre lumière ».

Bleu des sons diurnes mort de nos gestes
soleil en fête violant la sieste
vagues d'écume clarté fidèle
vagues à l'âme nourrie de ciel
vagues et l'argile est en péril
vagues nues fécondant nos nombrils
musique fluide aux arêtes imprécises
décors obliques aux briques indécises
transe des veux-tu dans nos corps
danse des trente-sept oui encore
chœurs antiques moyen âge en transport

(Avec ou sans)

---

1. *Poèmes en gris* (Tunis, H. Mzali, 1957). *Hantise poétique* (Tunis, La Presse, 1958). *Les Yeux fermés* (Liège, Ed. Européennes « Emergences », 1959). *L'Apatride* (1960). *Transparence* (1965). *Rosace-Stéréo-poésie* (1967).
2. *Night, poésie nouvelle* (Tunis, Le Nord, 1949).
3. *Avec ou sans* et *Allahma Alhayya* (en arabe : « Chair vive ») ; dans le même recueil poèmes différents en français et en arabe. (Tunis, C.E.R.E.S. productions, 1970).

Ahmed Hamouda[4] paraît surtout nostalgique de l'enfance, de la terre natale et de l'innocence primordiale. Abdelmajid Tlatli[5] a pleuré « sur les cendres de Carthage », sur les cimes et les grèves. Il est allé non pas cracher sur les tombes mais prier, et son émotion esthétique ne manque pas de qualités. Ridha Zili[6] enfin a tenté des rythmes sur des thèmes divers mais ses poèmes tournent un peu court.

D'autres noms seraient à citer comme ceux de Mohammed Aziza, Samir Ayadi, Salah Ghileb, Moncef-Tayeb Brahim[7], Sokrat Gorjani, Mohammed Jamoussi, Tijani Zalila, Malika Ben Redjeb, Moncef Ghachem, Khaled Chaâbouni, Mehdi Missaoui, Azz-Eddine Derradji[7 bis], etc.

La guerre n'a pas été en Tunisie, du moins pour les poètes d'expression française, un thème important ou même simplement exploité. Les auteurs sont plus intimistes et plus sereins. Leur ton n'en est pas moins vrai, malgré « les simulacres de la poésie descriptive », selon les termes de Jean Amrouche.

Celui-ci avait écrit une ardente poésie à la « Tunisie de la Grâce », « jeune femme en proue sur la mer ». Amrouche y louait la noblesse de cette terre.

A d'autres terres des hommes
Lucifer et l'Esprit violent
Prométhée avec le fer et le feu dans son poing (...)

A toi la mesure du cœur
Le rire expirant en sourire perdu
et la distance intérieure où l'esprit
se retrempe en sa source d'enfance[8].

Des revues tentèrent, hier, à partir de Tunis, de multiplier entre poètes, romanciers, essayistes, ces « points de correspondances du monde » qui apportent à chaque solitude créatrice la présence et l'exemple d'autrui. Ainsi la revue *Correspondances*[9] se félicitait-elle, en 1954, qu'un grand journal parisien saluât « les poètes canadiens d'ex-

---

4. *La Terre maternelle* (Oswald, 1968). *Joues d'aurore* (Tunis, A.T.P.R., 1970).
5. *Sur les cendres de Carthage* (St-Etienne, La Pensée française, 1952). *Sur les cimes et les grèves. J'irai prier sur vos tombes. Dans les familles des amours africaines.*
6. *Ifrikiya, ma pensée* (Oswald, 1967).
7. *Les Amours vertes* (Millas-Martin, 1967).
7bis. *Plainte nocturne* (Douar-Chott, préface datée de Tunis, 4-12-1958). *Roses noires* (s.l.n.d.).
8. *Etudes méditerranéennes,* n° 9, mai 1961.
9. *Correspondances*, Tunis, revue animée par André BLANCHARD et Claude BENADY. Comité : Abdallah MANAI, Jacques MURACIOLE, puis Mahmoud ASLAN, Charik BEN FREDJ et Abdelaliz KACEM. N° 1 : novembre-décembre 1953. Dernier numéro : n° 23-24, 1er trimestre 1959.

pression française », ce qui montrait que l'on commençait à « s'apercevoir qu'il y a des écrivains français dignes de ce nom à cinq mille kilomètres du clocher de Saint-Germain-des-Prés ». Animée par Claude Bénady, le poète du *Dégel des sources*, de *Hors de jeu, les morts* et de *Recommencer l'amour*, la revue *Périples* [10] fut un trait d'union entre de nombreux rivages.

Aujourd'hui, la relève est magnifiquement assurée par *Alif*, « revue culturelle ouverte à tous ceux qui vivent l'expérience du tiers monde, à tous ceux qui croient à l'importance de l'effort culturel dans la montée de ce tiers monde » ; ouverte aussi à tous ceux qui pensent avec Fanon que « la lutte nationale est l'ensemble des efforts faits par un peuple sur le plan de la pensée pour décrire, justifier et chanter l'action à travers laquelle le peuple s'est constitué et maintenu. La culture nationale, dans les pays sous-développés, doit se situer au centre même de la lutte ». Dans cette revue tournée vers un Maghreb en plein essor, comment ne pas saluer le poème d'ouverture ? Il est signé Moncef Ghachem. Cri de veilleur attentif, certes, mais surtout dénonciation des abus, des injustices :

(...) *j'écris avec cent milliards de balles à tirer*
dans la cervelle des bobards les jambes des voleurs
la couronne des bavards la bourse des guerriers
le calcul des imbéciles sur l'échelle des grandeurs (...)

avec la faim avec le foutre avec la fureur
avec la flamme avec la rocaille avec l'arbre
avec la racaille avec les haillons avec la sueur
avec les chants percés de sang le mewall le sabre (...)

avec le danger la menace l'audace la souffrance
les bungalows les bidonvilles les bulldozers les erreurs
les astuces les sarcasmes les ténèbres les absences
les routines les fatras le cafard et la peur (...)

avec les cireurs regards jaunes les chômeurs babouches fichues
ceux qui dorment dans le froid ceux qui rôdent dans les gares
les sans-abri les sans-espoir les sans-amis
le sang-bouilli le sang-cendré le sang-trimard (...)

Colère qui refuse de se couper du « dossier » du réel :

---

10. N° 1 (Tunis) : 1948. Dernier numéro, 1952.

j'écris avec mes aimées mes veuves mes meurtrières
celles que je déshabillais celles qui m'habillaient
de lumières celles qui pleurèrent celles qui m'emmenèrent
avec l'aube dans leur chambre pour m'embrasser et me serrer (...)

avec le baroud les bombes les plastics les rafales
l'or le pétrole le sahara les trafics
la frime le kidnapping les capitulations les rafles
la cruauté la stérilité les narcotiques (...)

j'écris et le langage s'émeut et le roc s'enflamme
et la lumière éventre les déserts arides (...)

Plongée aussi vers la sécurité d'un moi récupéré dans la prise de possession sensuelle de la patrie.

mon pays des plus pauvres que soi des soleils des plages
ma terre parsemée de courages de cris de victoires
d'oliveraies, de palmeraies ma face de deggaz de mage
de labeurs d'éclairs de fureurs de cratères

o mère que je m'endorme que je m'étende en toi
que mon corps de palmes pourpres te couvre o sainte
ma joie mon joug ma force ma jeunesse ma foi
ma mère serre-moi prends-moi loin du labyrinthe

j'écris avec la tyrannie des misères
j'écris avec mes processions de poète errant
j'écris avec les jachères sèches de la terre
j'écris et la colère gronde dans mon cœur transparent.

(*Alif*, n° 1, décembre 1971)

CHAPITRE III

MAROC

Evoquer le Maroc, c'est tout de suite penser à la revue contemporaine *Souffles*[1], animée par Abdellatif Laâbi. L'équipe de jeunes poètes marocains rejoint celle des Algériens. Abdellatif Laâbi[2] déverse son itinéraire avec impétuosité : « Je crie — ma race monte » ! Il a en vue des procédés nouveaux pour faire éclater les humanismes d'antan. Sa dynamite éclate et dérange les anciens nantis et les imitateurs de François Coppée. Son recueil est « un cri organique appelé à relâcher l'histoire de l'homme opprimé ». Comme chez les jeunes poètes algériens, c'est avec tous ses muscles, ses viscères, son histoire, sa race que Laâbi veut secouer le vieux monde dérapant dans sa fange et appeler les révolutions nouvelles.

Mahjoubi Aherdan[3] cherche une présentation originale pour ses courts poèmes, qui nous paraissent parfois bien faibles. Mohammed-Aziz Lahbabi[4] est certainement plus « classique », d'une veine plus conventionnelle aussi. Le poète a chanté les misères quand il le fallait : il entend maintenant parler aussi d'amour, ce qui est tout de même à apprécier. Zaghloul Morsy[5] semble influencé par Valéry. Son beau recueil intériorise des problèmes humains fondamentaux. Le poète cherche l'unité déchirée par les frontières, les guerres et les malentendus :

Ton songe quêtera l'oiseau dépossédé
Mais tu n'invoqueras qu'un astre écartelé.
Je sentirai, muet, ton souffle dans l'exode
Quand les neiges de suie en viendront à faillir
Sur mon fleuve profond rescapé des suicides,
Immuable veilleur que tourmentait l'appel
D'un fabuleux pays obscur d'être innommé.

---

1. *Souffles* (Rabat). N° 1 : 1er trimestre 1966. N° 22 : décembre 1971.
2. Né en 1942 à Fès. *Race* (Rabat, coll. « Atlantes », 1967). *L'Œil et la nuit*, itinéraire (Casablanca, Ed. Souffles, coll. « Atlantes », 1969.
La Poésie palestinienne de combat, anthologie (Oswald, 1970).
3. *Cela reste cela* (Grasset, 1968).
4. Né en 1922. *Les Chants d'espérance* (Le Puy, Cahiers du Nouvel Humanisme, 1952). *Misères et lumières* (Oswald, 1958). *Ma voix à la recherche de sa voie* (Seghers, 1968).
Florilège poétique arabe et berbère, anthologie (L'Amitié par le livre, 1964).
5. Né en 1933 à Marrakech. *D'un soleil réticent* (Grasset, 1969).

Plus tard alors, bien plus tard
Pourrai-je encor réapprendre le soleil ?

(D'un soleil réticent)

El-Mostefa Nissaboury[6] est à la recherche d'une « plus haute mémoire ». Comme Laâbi, le poète emprunte des voies inédites. Il travaille à une œuvre surgie du tréfonds de l'homme en pleine gestation. « Tout un azur à soulever » : c'est, au cœur d'une génération qui n'a pas dit son dernier mot, la tâche que réclame Nissaboury.

Ce pourrait être quelque saignée que l'on pratique afin
d'être préservé des marches à travers l'aride
quelque arbre à merveilles
quelque sang à moitié fou
quelque sang de désertion

Mentionnons quelques autres noms de ce courant d'expression française : Tahar Ben Jelloun[7], Tahar Zary, Nordin Saïl, Hamid el-Houadri, Mounir Chahdi, Abdelkader Lagtaa, Ahmed Janati, Abdel-Majid Mansouri, Mohamed Loakira, Ali Khamar, etc. Une nouvelle génération déferle, impertinente et impétueuse, aux qualités certaines et aux paroles nouvelles, sortant des sentiers battus et vieillis. Comme les jeunes Algériens, les jeunes Marocains frôlent sans doute parfois le délire verbal et peuvent tomber de ce point de vue-là dans une certaine facilité. Ils sont peut-être aussi obscurs, hermétiques même, car ils remontent loin dans le temps de leur mémoire ; ils veulent secouer un passé dont ils sont exténués. Ils cherchent à sortir de la caverne ancestrale. Leur œil, comme celui de Laâbi, est « mémorisant »[8]. « Qui sommes-nous ? » se demandent-ils, comme beaucoup d'autres avant eux. Ils restent en tout cas attentifs aux appels de l'homme nouveau :

« Creuse frère. Entends le grésillement des racines. Ouvre l'œil au sabotage universel »[9].

Les « mémoires ont été décapitées ». *L'Horizon est d'argile*[10] donne pour titre à son recueil Mohamed Loakira. Il faut toujours remonter plus haut pour se retrouver et se récupérer, mais en même temps lutter pour sortir de la nuit.

---

6. Né en 1943. *Plus haute mémoire* (Rabat, *Souffles,* coll. « Atlantes », 1968).
7. Né en 1944 à Fès. *Hommes sous linceul de silence* (Casablanca, *Souffles,* coll. « Atlantes », 1971). *Cicatrices du soleil* (Paris, Maspéro, 1972).
8. *L'Œil et la nuit.*
9. Id.
10. Oswald, 1971.

Selon Abdellatif Laâbi dans sa préface, la démarche de Mohamed Loakira semble « se singulariser par une simplicité agressive, par un calme vigoureux qui ne s'étale momentanément que pour éclater à la fin du poème en messages comme tirés à bout portant ».

Brûle les textes
Envahis les déserts
D'une mer quasi-rouge
Mine l'atmosphère
L'air pue la révolte
Et le palmier
Donne un fruit précoce.

(L'horizon est d'argile)

Romancier, professeur, essayiste et sociologue, Abdelkébir Khatibi a analysé, au-delà de « la contradiction » de l'emploi d'une langue non nationale, la tentative des poètes marocains : vouloir introduire dans le français « un mouvement syntaxique personnel (parfois inspiré de l'arabe dialectal), mouvement lui-même submergé par une inflation lexicale : mots rares, mots inventés de toutes pièces, mots traduits littéralement de l'arabe dialectal. Cette inflation donne aux textes une architecture semblable à celle des petites mosquées baroques qui se soutiennent par le défi dans les bidonvilles casablancais. Piller le dictionnaire de l'Autre, n'est-ce pas s'approprier son imaginaire ? D'où la violence de cette poésie ». Après avoir dénoncé un certain colonialisme culturel, Khatibi précise : « L'originalité de ces poètes provient de ce qu'ils tentent de briser la syntaxe de la langue française, de rendre celle-ci étrangère à elle-même, tout en introduisant dans ce mouvement critique une parole proprement politique. Et entre ces deux mouvements se glisse un jeu incantatoire qui rappelle fort bien son origine sacrale : le Coran. On a affaire à une espèce de Dieu dévoyé qui écrit en versets *fanoniens* »[11].

Poète aussi, Khatibi[12], dans un grand « mouvement lyrique », fait face à la seule énigme, ce qu'il nomme « ma question à l'être ». Le problème des origines, à travers de multiples métamorphoses ou jeux, semble encore plus profond et plus secret, pour lui, que celui du sang bafoué (« Mais de quoi s'agit-il, ô temps envaginé ? ») Il sait aussi la nécessité de l'onirisme, il s'adonne aux drogues rimbaldiennes, allant parfois jusqu'à « la paralysie des signes ». Comme le Phénix, le poète renaît de ses sommeils, de ses absences, voire de sa « cruauté échevelée », dans l'espérance d'un nouveau matin. Il y a chez Khatibi un

11. *Témoignage*, in *Le Monde* (17 décembre 1971).
12. Né en 1938 à El Gadida.

humour qui nous gifle. Si le poète algérien Youcef Sebti intitule un poème *la Soleil*, il intitule, lui, le sien, *le mer*.

Douce, à l'origine, toute eau.
Coupables de trop de bonheur, mer et origine se séparèrent.
La mer par orgueil pécha. D'élan en élan, elle voulut couvrir le monde entier.
Dieu la fit avaler par un moustique (sic), petit moustique qui n'en recracha qu'une moitié — toute salée.
Les vagues les unes les autres montant descendant murmurant indéfiniment :
Les limites ! Les limites !
Gloire au Seigneur adoré !

(Bagatelles)[13]

Tahar Ben Jelloun[14], qui se méfie des « sacs de boniments », fait d'abord un inventaire objectif, et négatif (parce que l'histoire est « en haillons ») de ce à quoi son pays ressemble. Avec une verve vengeresse, qu'on dirait parfois nourrie de dada, il se moque du marché « prêt-à-porter » touristique au Maroc (connaît-il, sur le même sujet, les poèmes-flashes de Georges-L. Godeau ?). Plusieurs poèmes de *Cicatrices du soleil* ont la force satirique de « la planète des singes » :

Courez-y, c'est un pays à consommer tout de suite
Il est à la portée de votre plaisir
Ah ! quel beau pays le Maroc ! (...)

Arrachez un peu de soleil de notre sous-développement (...)

Attention aux BICOTS
  ils sont voleurs et puants
  ils peuvent vous arracher votre cervelle
  la calciner et vous l'offrir sur tablettes de terre muette ;
(écoutez plutôt une autre voix) :
le club maméditerranée est *votre salut*
Ambiance française garantie, exigée, remboursée
Montez sur des dromadaires
  votre vertige sera à l'image de votre faim tournante
  votre bouche s'ouvrira pour apostiller chute et pleurs (...)

(Cicatrices du soleil)

---

13. *Les Lettres nouvelles*, Paris, n° 5, novembre 1971.
14. Consulter : J.P. PERONCEL-HUGOZ : *Un Nouveau Poète Marocain, Tahar Ben Jelloun* (in *L'Afrique Littéraire et artistique*, Paris, n° 22, mars 1972).

C'est que le poète se met au monde dans une ivresse colorée, fiévreuse, de dénonciations, un haut délire verbal, une richesse d'images totalement découpées dans la chair du pays natal célébré jusqu'à l'adulation. En même temps, la mémoire crache un grand nombre de souvenirs nauséabonds :

festival du ventre ouvert lapidé peau noire et hommes
bleus foire de la mémoire inondée exhibée charme la terre
enceinte et qui tremble (...)

Des textes en prose font irruption dans les poèmes de Ben Jelloun, de nombreux vers sillonnent ses récits, ou ses fables, comme celle, allégorique, des *Chameaux*. Une sorte de soliloque hirsute, une voix « barbare » et inspirée, un sens du témoignage précis : il construit avec tout cela son « récit-diwân ». Notons aussi le déchirement fondamental devant le langage dans ce qu'il nous révèle de l'être obscur en nous — attitude qu'il partage avec la plupart des poètes révélés par les revues *Souffles* et *Intégral*.

comment parler dans un corps sans le trahir
comment habiter le vent d'un souffle sans vivre l'imposture (...)

Ben Jelloun doit reconnaître, comme Rimbaud, que nous passons à côté de la « vraie vie », même si nous essayons de « tout dire » (« Ce que je crée c'est tout ce qui me fait défaut »). Et quel poète refuserait d'approuver cet appel :

(...) *A nous le pain et la terre.*
Nous réinventerons le soleil sur carte perforée
par la liberté.

(Cicatrices du soleil)

Une sélection plus serrée de neuf noms parmi les meilleurs de ces poètes maghrébins peut être retenue. Nous les étudions ci-dessous en les classant chronologiquement, c'est-à-dire selon l'ordre de la date de parution de leur premier recueil de poèmes : Kateb Yacine, Jean Sénac, Henri Kréa, Malek Haddad, Mohammed Dib, Nordine Tidafi, Anna Greki, Bachir Hadj-Ali pour l'Algérie, Mohammed Khair-Eddine pour le Maroc.

CHAPITRE IV

NEUF POÈTES MAGHRÉBINS

LA RECHERCHE DE L'ÉTOILE AMNÉSIQUE

KATEB YACINE

C'est en 1946 que Kateb Yacine[1] fait paraître à Bône son recueil de poèmes *Soliloques*. En 1948, les éditions En-Nahdha d'Alger annonçaient la publication de *Poèmes de l'Algérie opprimée,* mais on attendit en vain. Entre-temps, Kateb s'était amusé à envoyer à la revue *Forge* (n° 3, 1947) quelques poèmes sur « sa vie rassemblée en poussière », aspirée au seuil de chaque auberge neuve :

Bonjour, bonjour à tous
Bonjour mes vieux copains ;
Je vous reviens avec ma gueule
De paladin solitaire,
Et je sais que ce soir
Monteront des chants infernaux

Le voici sanglant « avec des meurtrissures dans (s)on cœur en rictus », avec ses horizons lourds et ses « vieilles vaches de chimères » :

1. Yacine KATEB, dit Kateb YACINE. Né en 1929 à Constantine. *Soliloques* (Bône, Impr. *du Réveil bônois,* 1946). *Nedjma* (Seuil, 1956). *Le Cercle des représailles* (Seuil, 1959). *Le Polygone étoilé* (Seuil, 1966). *L'homme aux sandales de caoutchouc,* théâtre (Seuil, 1970). *Nedjma* n'est pas ce qu'on appelle un roman et *le Cadavre encerclé* (dans *le Cercle*) est anti-théâtre au possible, dit Kateb. A noter cependant un long poème, *le Vautour*, dans *le Cercle*, et de très nombreux autres, dispersés dans les périodiques ; mais tout est poème chez l'auteur, ou à peu près.
Consulter : Jacqueline ARNAUD, *Kateb ou la Corde tranchée* (Les Lettres Nouvelles, mars-avril 1967). Cf. Jean DEJEUX, *Kateb Yacine ou l'Eternel Retour,* in *La Littérature maghrébine d'expression française* (Alger, C.C.F., 1970, fasc. II).

Ainsi fleurit l'espoir
En mon jardin pourri !
— Ridicule tortue,
J'ai ouvert le bec,
Pour tomber sur des ronces.
Bonjour mes poèmes sans raison

C'étaient les débuts de notre auteur. Depuis lors, il s'est expliqué bien souvent sur la poésie. « L'explosion poétique est au centre de tout », dit-il. Kateb est avant tout poète, souvent obscur, perturbateur et déroutant. Il faudrait reprendre à son sujet les expressions de Rimbaud dans sa *Lettre du Voyant*. Influencé par Baudelaire et Rimbaud (dans son théâtre, par Eschyle et Sophocle), le poète voit au-delà de la ligne d'horizon ou dans les profondeurs du passé, *in illo tempore*. Il en revient avec des cristallisations et des lumières transfigurant la banalité quotidienne. D'autres fois, il est gêné pour exprimer l'ineffable et des analogies insolites. On lui reproche alors d'être obscur. « Si vous voulez aller jusqu'au bout de ce que vous dites, répond Kateb, vous êtes à un certain moment abstrait, obscur ». Ou encore : « Si j'avais écrit des choses simples, je n'aurais jamais écrit ce qu'il y a de profond en moi ». Ailleurs : « Une grande partie de mon travail est inconscient ». En voulant renouer avec une sorte d'harmonie primordiale, comme Jean Amrouche, le poète remonte le cours du temps, se réenracinant dans les origines, y puisant ses mythes, y retrouvant les sources vives des énergies poétiques (emmagasinées déjà lors de son séjour de trois mois en prison, en 1945, à quinze ans et demi, comme il le dit lui-même), participant à sa propre durée intérieure psychologique et à celle, collective, de son pays. Le poète est à la recherche du temps perdu :

Le temps a retrouvé son rythme sanguinaire
Son galop, sa fureur
Le temps, ce long mensonge
Le temps, ce Temps qui tue
Le temps qui jusqu'ici nous tuait en silence (...)

Le temps, c'était notre ignorance.

Kateb poursuit une étoile : Nedjma, qui est la cousine germaine, mariée à un Autre, et qui devient au second degré l'Algérie, et, plus profondément encore, la mère. Il s'agit toujours d'une « femme sauvage », errante, au sang obscur, femme fatale ou suprême nourriture terrestre, sur-moi féminin terrible, parfois devenant par avatar la marâtre colonialiste qu'on part conquérir dans l'émigration : France, maîtresse cajoleuse, fille publique ! Un soleil féminin éclaire tout le paysage katébien. Sa « chaleur est hostile » : il faut sans cesse lui sacrifier comme à la déesse de la Guerre. Ce « hiéroglyphe solaire » paraît ici bien inquiétant, comme chez Van Gogh, si l'on peut se permettre la comparaison. Le « viol solaire » semble alors comme une flambée démentielle d'où l'on retombe calciné. Plus il s'en rapproche, plus le « voleur de feu » éprouve « l'invivable consomption du zénith » (Kateb) et les « fils du soleil » ont souvent ici un goût de cendre entre les dents. Comme Empédocle, en voulant ravir le feu, on s'y jette et on s'y brûle ; en y cherchant protection, en désirant y retrouver « l'état primitif des fils du soleil » (Rimbaud), on s'y consume également. La révolte contre la divinité captatrice ou, au contraire, le désir de s'unir à elle, équivalent en fait à l'autodestruction, peut-être même à l'autopunition.

« L'explosion poétique » déconcerte sans doute parfois mais elle révèle aussi beaucoup de talent, de sensibilité et d'intuition dans la captation du monde ambiant. Elle est, en quelque sorte, « l'irruption d'un vécu à l'état brut, total, expression organique d'une existence non-séparée », dans la mesure où l'auteur fait corps, pour ainsi dire, dans ses « états de grâce », avec les harmonies du cosmos, du vert paradis des amours enfantines et des énergies préservées au fond de la caverne ancestrale. Comme l'écrit Abdellatif Laâbi, l'artiste est alors « un bloc irradiant, enraciné, de la réalité, volcan éruptif ». La création de Kateb, brillante mais souvent obscure, comprend des registres variés composés de récits autobiographiques, de reportages pris sur le vif, de prose journalistique souvent humoristique, de paraboles difficiles à déchiffrer, de poèmes clairs en vers libres et d'autres énigmatiques à lire sur deux colonnes à la fois. Tout cela est entraîné dans un flot d'images fortes, colorées, contrastées et fulgurantes, dans un style abondant, aux ellipses brutales, avec des flashes et des gros plans, avec des ruptures de tons et de rythmes. On a parfois l'impression d'un kaléidoscope ou d'un monde jeté en vrac dans la fièvre de la bousculade, à l'instar de la vie de Kateb.

Le poète ne cherche pas à tranquilliser. Il explose : son pays est en guerre, l'ennemi est là, mais les « frères ennemis » sont eux aussi partout. Le vrai poète, dit Kateb, est au sein de la perturbation « l'éternel perturbateur ».

Pareil au scorpion
Toute colère dehors
J'avance avec le feu du jour
Et le premier esclave que je rencontre
Je le remplis de ma violence[2]

2. *Etudes méditerranéennes*, n° 1, été 1957.

L'auteur passe du roman au théâtre, du monologue au poème construit. « La mémoire n'a pas de succession chronologique », dit-il, et Kateb replonge constamment dans le passé, intercalant des flashes sur ce passé entre les bribes du présent. Dans son œuvre, presque toujours transfigurée par la fièvre de l'émotion poétique, la réalité imaginée, la réalité rêvée, la réalité vécue, comme la réalité observée, sont amalgamées et saisies dans une vision globale, unifiée par cette idée obsédante du poète qui est de « renouer avec Nedjma ».

En souvenir de celle qui me donna le jour
La rose noire de l'hôpital
Où Frantz Fanon reçut son étoile
En plein front
La rose noire de l'hôpital
La rose qui descendit de son rosier
Et prit la fuite (...)

Venait-elle dans cette chambre ?
Elle venait.
Amante disputée
Musicienne consolatrice
Coiffée au terme de son sillage
Du casque intimidant de la déesse guerrière
Elle fut la femme voilée de la terrasse
L'inconnue de la clinique
La libertine ramenée au Nador
La fausse barmaid au milieu des Pieds-Noirs
L'introuvable amnésique de l'île des lotophages
Et la mauresque mise aux enchères
A coups de feu
En un rapide et turbulent
Et diabolique palabre algéro-corse
Et la fleur de poussière dans l'ombre du fondouk
Enfin la femme sauvage sacrifiant son fils unique
Et le regardant jouer du couteau
Sauvage ?
Oui (...)

(*La Rose de Blida*)[3]

En toile de fond à la « femme sauvage », la création mythique des Ancêtres s'impose à nous avec Keblout, l'ancêtre aux moustaches terribles, la trique à la main, ridicule même mais cruel, le Vautour talonnant les descendants, redoublant de férocité.

3. *Les Lettres françaises*, 7-13 février 1963.

Nous les ancêtres, nous qui vivons au passé
Nous la plus forte des multitudes
Notre nombre s'accroît sans cesse
Et nous attendons du renfort
Pour peser d'un poids subtil sur la planète
Et lui dicter nos lois
Nous, Comité central des Ancêtres
Nous sommes parfois tentés de parler à la terre
De dire à nos enfants : courage

(Le Cercle des représailles)

Mais Nedjma, la femme sauvage, connaît le douloureux destin de ces enfants-là de la « génération sacrifiée » du 8 mai 1945.

(...) *Pouvait-elle*
Sillon déjà tracé
Ne pas pleurer à fleur de peau
La saison des semailles ?
Même à sa déchirure de rocaille
Pouvait-elle ignorer comment se perdent les torrents
Chassés des sources de l'enfance
Prisonniers de leur dangereuse surabondante origine
Sans amours ni travaux ?

Fontaine de sang, de lait et de larmes, elle savait d'instinct, elle, comment ils étaient nés, comment ils étaient tombés sur la terre et comment ils retomberaient, venus à la brutale conscience, sans parachute, éclatés comme des bombes, brûlés l'un contre l'autre, refroidis dans la cendre du bûcher natal, sans flamme ni chaleur, expatriés (...)

(La Rose de Blida)

Dans le climat de répression qui a suivi la manifestation nationaliste de Sétif, le 8 mai 1945 (il y eut des milliers de morts), l'emprisonnement de Kateb Yacine a rendu folle sa propre mère. *Rose de Blida* : douloureux symbole ! En faisant retrouver la mémoire à « l'étoile amnésique », des ardeurs se rallument, le sang reprend racine loin dans l'amont de l'histoire. Le verbe poétique libère l'écrivain et fonde en même temps la nation. Tout se passe comme si on assistait à la levée de l'amnésie au cours d'une psychothérapie, à la suppression des défenses qui protégeaient les noyaux conflictuels individuels et collectifs. Autrement dit, nous pourrions reconnaître ici une illustration de la fonction cathartique de l'art. Dans cette exploration du passé et dans cet éternel retour aux « sources de l'enfance », le « Temps est retrouvé » et le poète opère « la réaffirmation d'un inconscient mutilé », selon l'expression de Jacques Berque à propos de la guerre d'Algérie.

Maintenant le torrent est à sec et le poète, relisant son œuvre, se rappelle

Un air immémorable
Du temps de ces dragons
A la langue de feu
Veillant sur une vierge
Au rire chargé de perles
Comme s'il dormait sous un torrent[4]

Il garde encore, d'ailleurs, très vivaces et très mordants, et « la langue de feu » et « le rire chargé de perles ».

Son chant profond ne l'empêche cependant pas d'entendre la mélodie des Sirènes lointaines et il n'est pas prêt d'oublier les horizons nouveaux dont il s'est enivré. Mais une fois dissipée la fumée des « herbes de l'oubli », demeurent les « chers visages de l'enfance » et le cordon ombilical qui n'est jamais rompu.

LE SOLEIL SOUS LES ARMES

Jean SÉNAC

Poèmes de Jean Sénac[5] paraissait en 1954 avec un avant-propos de René Char, mais dès 1945 l'auteur avait publié de nombreuses poésies dans des périodiques divers. Du reste, nous trouvons le nom de Jean Sénac au comité de rédaction de la revue *Soleil* et à la direction de la revue *Terrasses*. Depuis lors, l'auteur n'a pas cessé d'animer, de susciter et d'encourager les vocations poétiques et actuel-

4. *Flash-T.N.A.* (Alger), n° 1, janvier 1967.
5. Né en 1926 à Béni Saf (Oran). *Poèmes* (Gallimard, 1954). *Matinale de mon peuple* (Subervie, 1961). *Le Torrent de Baïn* (Die, Relâche, 1962). *Poésie. Diwân du môle* (Paris, 1962). *La Rose et l'ortie* (Paris-Alger, « Cahiers du monde intérieur », Rhumbs, 1964). *Citoyens de beauté* (Subervie, 1967). *Avant-Corps*, précédé de *Poèmes iliaques* et suivi de *Diwân du Noûn* (Gallimard, 1968). *Les Désordres* (Librairie Saint-Germain-des-Prés, 1972).
Le Soleil sous les armes, « Eléments d'une poésie de la résistance algérienne » (Subervie, 1957).
Anthologie de la nouvelle poésie algérienne (Poésie 1, n° 14, 1971).
Consulter : Jean DEJEUX, *Jean Sénac ou le Soleil fraternel*, conférence (Université de Sherbrooke, Québec, 1972).

lement surtout de mettre en pleine lumière une pléiade de jeunes poètes algériens qui, sans lui seraient peut-être pour longtemps restés dans l'ombre faute de révélateur.

René Char avait reconnu en Sénac un poète de grande qualité puisqu'il écrivait l'avant-propos de son premier recueil. Celui-ci, en effet, bien que déjà ancien, contenait en puissance ou explicitées les vertus que nous remarquerons à travers les recueils plus récents : un corps à corps avec la parole, la recherche d'un « corpoème » ou d'un « Corps Total » (chair et esprit). Ces préoccupations sont mises au service de l'Algérie, de l'Algérie souffrante durant la guerre comme de l'Algérie construisant son développement, s'organisant fraternellement dans les comités de gestion et ayant une soif ardente de s'épanouir dans le soleil.

Sénac est saisi par « le dur besoin d'aimer la terre » et c'est pour cela qu'il recherche spécialement les « mots fruitiers », un sensualisme méditerranéen et un goût de vivre qui ne supprime pas pour autant la souffrance et les épines. Tout chez Sénac est engagé dans le réel de son pays, dans l'épaisseur charnelle de cette terre et de ces hommes d'Algérie.

Tout ici est suant de sève
son corps têtu comme ses mots
sa voix charnue comme son rêve
son cœur tendu entre deux eaux

(Poèmes)

Plus encore que chez d'autres poètes algériens, la poésie est chez lui sur tous les fronts. Quand il écrit *Avant-Corps,* il ne se détache pas pour autant du combat politique : le poète a lutté par son verbe pour l'indépendance de l'Algérie, comme il a brandi encore haut les fusils des Vietnamiens en guerre ou des Cubains bâtissant un monde nouveau. S'il dialogue avec Walt Whitman, il n'en est pas moins à l'écoute du Tiers Monde, prêt à s'insurger partout où l'homme est bafoué. Glorification de l'homme sur cette terre, combat pour l'exaltation des sens et de tout ce qui fait la beauté de l'homme qui vit, Sénac est tout entier dans ses poèmes plongés en pleine pâte humaine.

Influencé parfois par Char ou Eluard, Jean Sénac trouve cependant une voie personnelle et son univers est bien algérien. Il n'est pas jusqu'au mot Dieu qui, ici, ne rende un son particulier, si l'on peut dire : « Dieu connaît le sang des choses ». Et si le poète mêle ainsi le Créateur à ses propres expériences charnelles, c'est que pour lui l'Homme est inséparable de « sa légende irréfragable : Dieu ».

Je dirai Seigneur
et tu bougeras dans ma chair
Tout doucement d'abord
comme un nouveau-né qui approche
puis avec la violence des arbres déchaînés.

(*Poèmes*)

Le poète a été au premier rang pour chanter la révolution algérienne. *Matinale de mon peuple* comme *Citoyens de beauté* sont deux beaux recueils au service des combattants du maquis, des opprimés, des petits et des humbles, des camarades torturés et de ceux qui sont tombés. Dans *le Soleil sous les armes,* Sénac citait d'ailleurs cette parole terrible de Léon Bloy : « Qui donc parlera pour les muets, les opprimés et les faibles, si ceux-là se taisent qui furent investis de la parole ? » Il a valorisé les nombreux poèmes de la résistance : « Que ce soit en arabe, en kabyle, en français, une même gorge mitraillée, pas même cicatrisée, inlassablement module la peine, l'acharnement, l'espérance têtue »[6]. Lui-même dans *Matinale de mon peuple* :

Camarades français,
camarades fidèles au vrai visage de la France,
si j'élève la voix au milieu de vos fêtes,
c'est parce qu'ensemble nous souffrons
grande injustice
et douleur
et misère,
si j'ose élever la voix tandis que mes frères tombent,
c'est pour vous transmettre le relais de leur Espérance,
cette petite flûte de nos montagnes
où la liberté s'engouffre,
s'unit au souffle de l'homme
et chante !

Je parle pour que chacun connaisse mon pays,
Je parle pour tous les jeunes du monde,
et je leur dis : Regardez-la, il faut l'aimer notre mère,
Cette Algérie droite et frappée dans le soleil.

Il faudrait s'arrêter à chaque page de cette *Matinale*, « documents lyriques au fronton d'une lutte », instruments de combat, où les thèmes sont ceux des militants, de la patrie, du peuple, de l'homme

6. *Le Soleil sous les armes*, p. 23.

nouveau, digne et libre. Mais Mostefa Lacheraf qui préface le recueil retrouve là aussi et avec raison, « la sensualité méditerranéenne, comme chez Garcia Lorca, la vie irrésistible, largement répandue (...) sensualisme qui, non content de s'exprimer à fleur de peau, à fleur de bouche, nous restitue une grande part de l'esthétique algérienne populaire, les vieux thèmes de la tapisserie maghrébine ».

Autre « sorte d'inventaire algérien » où « le soleil lui-même est franc comme le poing », cet autre livre éclatant : *Citoyens de beauté*. Les sujets s'élargissent, s'universalisent et Sénac annonce déjà sa volonté de creuser d'autres sillons que ceux de la guerre : la construction du pays, entre autres, l'exploration de lui-même, de sa propre durée intérieure, l'expérience de la souffrance personnelle, les incompréhensions mais là aussi la joie de vivre :

Et maintenant nous chanterons l'amour
Car il n'y a pas de Révolution sans Amour,
Il n'y a pas de matin sans sourire.
La beauté sur nos lèvres est un fruit continu.
Elle a ce goût précis des oursins que l'on cueille à l'aube
Et qu'on déguste alors que l'Oursin d'Or s'arrache aux
brumes et sur les vagues module son chant.
Car tout est chant — hormis la mort !
Je t'aime !
Il faut chanter, Révolution, le corps sans fin renouvelé de la Femme,
La main de l'Ami.
Le galbe comme une écriture sur l'espace
De toutes ces passantes et de tous ces passants
Qui donnent à notre marche sa vraie lumière,
A notre cœur son élan (...)
O vous, frères et sœurs, citoyens de beauté, entrez dans le Poème !

Jean Sénac n'a pas peur des images nouvelles. Par elles, il cherche à signifier tel geste fraternel observé dans la rue, telle expérience qui élève l'homme du peuple, tel fait qui « édifie » celui qui en est témoin. Ainsi :

Oui, n'aie pas peur, dis-leur
Que tu es belle comme un comité de gestion
Comme une coopérative agricole
Comme une mine nationalisée.
Osons, ô mon amour, parer de fleurs nouvelles
Le corps du poème nouveau !

Les incompréhensions ne manquent pourtant pas mais notre poète les transcende. Dans *Chant funèbre pour un gaouri,* il écrit d'un seul jet en réponse aux sectaires :

Si l'homme nouveau n'invente pas un vocabulaire à la
mesure de sa conscience
Que s'écroule l'homme nouveau.
Si la conscience de l'homme nouveau reste une salle de
jeux où s'affrontent les crapuleries
Que périsse l'homme nouveau.
Si le socialisme est une pommade lénifiante sous laquelle
demeurent les plaies
Qu'éclate le socialisme.
Si l'homme nouveau n'invente pas un langage nouveau,
S'il pourvoit le malheur de constantes misères,
Qu'il périsse, lui, son langage, sa nouveauté,
Que le feu les ravage !
De l'essence, camarades, de l'essence !
Adieu
Frères

Et nous aurions pu nous aimer (...)

(Citoyens de beauté)

Avant-Corps — il faut y revenir — révèle quand même avant tout la volonté d'une libération plus profonde et plus personnelle que celle de la libération politique. Dans la préface, Sénac s'explique : « Si le poème plaque en nous les fragiles extases d'Onan, il ne prend sa voix que transmis. Ecrire, c'est toujours répondre à quelqu'un quand bien même ce quelqu'un serait le jumeau noir en nous qui se cache et nous persécute, exigeant de notre vigilance de perpétuelles mutations (...) Le langage est l'instrument le plus inouï d'exploration et de connaissance du temps (...) Le poète est condamné à tout dire, à avouer le monde, depuis le fœtus où tout fut gravé. Mais transcrire, c'est aussi déchiffrer, ordonner le message et lui restituer son feu (...) Cette aventure iliaque, cet avant-corps ne sont que des prolégomènes vers un verbe réconcilié, une chair heureuse, le Corps total. Toute vie est hermétique, toute vie est ouverte. Ici, j'ai raconté un moment de mon parcours vers le gué de la quarantaine ». Tout dire ? Comme Jean Genét et comme Walt Withman. Le gué ? Et nous voici luttant avec l'ange comme Jacob blessé lui aussi à la hanche. Bref, il s'agit toujours d'un combat pour la possession de libertés nouvelles, de rivages nouveaux. Prise de la parole et prise du corps !

Cette prise du corps non comme une bataille
Mais comme si la mer s'engouffrait dans l'entaille
Où l'âme scintillait de girelle et d'oursin.
Et ce rêve arrondi : mon poème ou ton sein ?
Je ne sais plus. Le verbe au remblai des bavards
Est ce silence aigu de la chair en son dard.
Les murs eux-mêmes sont ce livre où tu m'inventes
Tandis qu'entre nos bras mille planètes ventent.
Je t'aime et je voudrais que les mots soient précis
Comme ta peau à l'heure où l'univers dit oui.

Recherche de l'autre et recherche de soi-même dans l'autre, découverte d'une connaissance nouvelle dans le corps à corps :

Comment pourrait-il y avoir une place pour toi
Dans ce cœur
Puisque tu es ce cœur ?
Comment lui donnerais-tu son rythme sa couleur
Puisque tu es sa substance ?
Comment pourrais-tu être présent
Puisque tu es présence ?

Le « vaisseau » est au bord du rivage prêt à voguer vers le large au grand soleil mais pour, en fin de compte, retrouver la terre et sa saveur charnelle :

Nous réintégrerons la terre par le mythe
Nous dénouerons les mots afin que le poème
Sur l'étendue du corps étende sa fraîcheur.
J'appellerai au fond de ta gorge les pilotes
Barbaresques et les princesses de l'Amirauté.
Comme ce collier à ton cou qui parfume la ville
Peut-être demain le poème (...)
Nous réintégrerons le soleil par le mythe.

Chez Jean Sénac, l'Ange est tantôt l'Exterminateur pour un combat politique libérateur, tantôt l'Eros ensoleillé qui brûle celui qui en tente l'approche enivrante. De l'étreinte ensanglantée surgit l'Homme victorieux.

AU NOM D'UN PEUPLE MASSACRÉ

Henri KRÉA

C'est sous le signe de la guerre de libération que débute la poésie d'Henri Kréa[7]. La « liberté première » éclate au « grand jour ». Le poète déchiffre la longue « leçon des ténèbres », car « la Révolution et la Poésie sont une seule et même chose ». Bref, « le séisme » déferle de tous côtés et Kréa se veut présent à l'avant-scène de l'histoire, comme sa patrie. Une grande partie de son œuvre chante avant tout le peuple algérien. En faveur de celui-ci, Henri Kréa a énormément publié, peut-être trop, car il y a parfois certaines facilités dans ses poèmes. Le plus fécond des poètes algériens, son verbe est au service de l'action immédiate, du moins pendant la guerre de libération.

Je parle au nom d'un peuple massacré.

Ceux qui détiennent la parole doivent précisément parler au nom des muets, des torturés et des morts :

(...) *Si les poètes se taisent*
qui dira tout ça.

Avec Kréa, il s'agit « d'une parole dure, où chaque vers vibre droit comme une flèche nécessaire. De la colère, mais pas de jactance, du souffle, mais pas d'éloquence, de la générosité, mais pas de larmoiement » (Claude Roy). « Nous sommes les porteurs de joie », s'écrie le poète, rejoignant les *iferrahen* de la montagne kabyle. Il entend faire corps avec son peuple, solidaire des siens dans le malheur et refusant l'esthétisme individualiste :

Oui peuple immense
Je me suis lourdement trompé
En me croyant seul au monde

(Le Séisme)

Avec le peuple algérien, le poète est « exact à l'heure de l'Histoire ». Son lyrisme se donne généreusement.

---

7. Né en 1933 à Alger. (Œuvres principales) : *Longue durée* (Oswald, 1955). *Grand Jour* (Florence, Spartacus, 1956). *Liberté première* (Oswald, 1957). *La Révolution et la Poésie sont une seule et même chose*, préface de Jean AMROUCHE (Oswald, 1957 ; éd. augmentée, Oswald, 1959). *Thermes* (Oswald, 1958). *Le Séisme* (Oswald, 1958), théâtre. *Poésie intemporelle* (Club du Poème, 1961). *La Conjuration des égaux* (Présence africaine, 1964). *Inconnues* (Paris, La Poésie, 1965). *Diluviennes* (Ed. Universitaires, 1966). *Poèmes en forme de vertige,* auto-anthologie contenant des plaquettes déjà publiées à tirage limité (Seghers, 1967).

Peuple bon
Peuple assassiné
Ils ont voulu
Avoir raison de ta faiblesse
Qu'ils prenaient pour
Du renoncement
Alors qu'ils se trompaient
Certainement
Puisque cette faiblesse avait pour nom
Bonté.

(Liberté première)

Pour présenter *La Révolution et la Poésie sont une seule et même chose,* Jean Amrouche a écrit une préface *(Rhapsodie sur le seuil)* dans laquelle il déclare : « Lecteur, frère, ami, ne cherche pas ici le déploiement des jours et des nuits de l'été en sa force, les beaux accords des nostalgies conjurées, ni le chassé-croisé des connivences cachées : tu n'entendras pas d'emblée le chant. Poème avant le chant, poème au-delà du chant, poème à chant suspendu pour le dire du jour premier qu'érige le mascaret d'un printemps de colère ». Colère, en effet, du poète pour chanter Jugurtha l'immortel, Ben M'Hidi sacrifié, l'homme algérien humilié.

Je ne veux pas d'un monde ancien
D'une planète battant haut le pavillon du crime

« Au-dessus de tout ce qui souille » : le peuple. Il surnage après chaque tempête et résiste à la poussée des siècles :

Mon peuple est solide comme un immense plan d'eau
Il me montre le droit chemin
Je lui sais gré de sa bonté
Je le regarde comme un être infini
Qui me tient lieu de père
Moi qui fus orphelin avant que de naître
Dans ma cité infirme.

(La Révolution et la Poésie...)

Comme chez les autres poètes algériens — et aussi chez les romanciers — nous retrouvons ici cette volonté de solidarité avec tout le peuple. En celui-ci est le salut ; s'en séparer c'est se perdre et se dépersonnaliser. La marginalité et l'errance ne permettent pas de comprendre les siens et de communier à leurs souffrances et à leurs espoirs :

Nous ne sommes pas solitaires.

Nous rencontrons aussi chez Kréa cet amour pour la grande ville, la capitale, Alger, mais encore pour Blida, les bourgs et les bourgades qui possèdent leur poésie et leur charme, leurs héros et leurs martyrs. « Alger la rouge » :

Ma capitale
Alger éclaboussée
Par la mitraille centenaire
Qui te décime sans te tuer
Ma capitale criblée par tous ces fantômes
En tenue de campagne
Qu'ils ont rasée (...)

(La Conjuration des égaux)

Cependant, Henri Kréa n'entend pas s'enfermer dans une poésie de guerre. Le poète le dit explicitement dans *La Révolution et la Poésie sont une seule et même chose :* « Maintenant que le sommeil est rompu comme le pain de toute Révolution, il s'agit de découvrir la vie, de libérer l'amour, de faire le feu de la misère des hommes ». C'est pourquoi, dans de très nombreuses plaquettes, il tente de creuser des voies nouvelles et de découvrir des thèmes nouveaux, sans tomber dans le sentimentalisme mais en ouvrant largement ses sens et son cœur au vertige. Ses *Poèmes en forme de vertige* nous entraînent des « nuages de Magellan » et de « la Croix du Sud » au « Ravin de la femme sauvage » et jusqu'à la mère, ou la mer :

Invinciblement la mer et son attraction sur l'homme
Ce tropisme bouleversant qui le dirige vers la matrice première
En l'incontestable détachement qu'elle suggère qu'elle envie
Et le rire profond qui la fait prendre parfois pour une bonne vivante
Aussitôt dit et de quelque manière qu'on l'appréhende
Le drame souverain et sa procession vers la nuit des grands fonds
Là triomphe ma torpeur et je jubile intérieurement

(Poèmes en forme de vertige)

Certes, tout n'est pas de la meilleure veine dans ce recueil. Le poète doit toujours lutter avec les mots pour évoquer ses souvenirs, faire resurgir tel visage aimé, avancer vers l'inconnu du mystère humain. L'homme blessé par la guerre et le mépris cherche à se réconcilier avec lui-même, à refaire l'unité perdue. Mais « quel tumulte » toujours en lui-même !

Je vis à ton seul souvenir
Les jours ne bourdonnent plus
Dans la ruche de la douleur
Mes rêves sont ressemblants
Partout la lumière
Se dépose sur les objets que tu vois
Je ne sais plus si je suis
Un autre moi-même
Un étranger que je découvre

Ce matin est heureux
Comme un fleuve tranquille
Qui s'égare dans le désert
Repu de mourir enfin
La surprise au bout du crépuscule
Je balbutie à ton approche
J'en ris aussitôt
Dans la soif de dissoudre le vertige

(Poèmes en forme de vertige)

Kateb poursuivait Nedjma. De même, une « Femme première » hante-t-elle ici encore la multitude des rêveries du poète : « créatrice d'images insurrectionnelles, promotrice d'embuscades salutaires ». Dans la guerre et dans la paix, une certaine « femme sauvage » sera chantée pour « libérer l'amour ».

LE MALHEUR EN DANGER

Malek HADDAH

L'année même où était publié le « roman » de Kateb, *Nedjma*, en 1956, paraissait *Le Malheur en danger* de Malek Haddad[8]. C'était son premier recueil de poèmes. Haddad s'est expliqué ensuite assez souvent sur le drame des écrivains algériens d'expression française : drame

---

8. Né en 1927 à Constantine. *Le Malheur en danger* (La Nef de Paris, 1956). *Ecoute et je t'appelle,* précédé d'un essai : *Les Zéros tournent en rond* (Maspéro, 1961).

venant de la langue principalement. Ce sont des « bâtards », affirme-t-il, rejoignant d'ailleurs un thème que d'autres ont mis en lumière dans leurs romans. Lui-même, donc, écrit que la langue française est son exil. Il ne fait pas pour autant le procès de la langue française, mais il a décidé de se taire : « Le silence n'est pas un suicide... Je crois aux positions extrêmes. J'ai décidé de me taire, je n'éprouve aucun regret, ni aucune amertume à poser mon stylo ». Naturellement, l'ensemble des écrivains algériens ne pense pas ainsi. On peut même dire que cette position de Malek Haddad lui est très personnelle.

Quoi qu'il en soit, durant la guerre d'Algérie, le poète a été « secoué par l'Histoire », selon son expression. Il va donc chanter la révolution mais il dit encore que dans le stylo du poète il y aura toujours « une goutte de merveille » : paroles dures « accouchées aux fers » comme l'Histoire, mais encore plaintes nostalgiques, chants d'amour et prières.

Malek Haddad pense au malheur de sa patrie humiliée, à ses « copains », à la misère, à son enfance et à sa mère. Ses poèmes sont agréables à lire. On sent quand même parfois en eux l'influence d'Aragon ou d'Eluard. Notons encore les nombreux jeux de mots et certaines jongleries faciles. On a parlé du reste à son sujet du « goût de l'acrobatie verbale ». Ce n'est pas faux. Retenons néanmoins une poésie généreuse aux larges résonances, aux sonorités qui touchent et dont la musicalité est réelle.

Nous allons inventer d'autres calendriers
Nous coulerons des mots dans les cercueils de nos amis
Nous essuierons nos larmes dans de pauvres suaires
Et nous dirons à nos enfants mille fois orphelins
Vous ferez des enfants qui connaîtront leurs pères
Et qui diront
Un homme est ma patrie

Interrogeant son passé et son identité, le poète en constate la « bâtardise ». Il avance au milieu d'une longue nuit où tout est faux, ambigu et inauthentique.

Oh mon Dieu cette nuit tant de nuit dans mes yeux
Maman se dit Ya Ma et moi je dis ma mère
J'ai perdu mon burnous mon fusil mon stylo
Et je porte un prénom plus faux que mes façons
O mon Dieu cette nuit mais à quoi bon siffler
Peur tu as peur peur tu as peur peur tu as peur
Car un homme te suit comme un miroir atroce
Tes copains à l'école et les rues les rigoles

Mais puisque je vous dis que je suis un Français
Voyez donc mes habits mon accent ma maison
Moi qui fais d'une race une profession
Et qui dis Tunisien pour parler d'un marchand
Moi qui sais que le juif est un mauvais soldat
Indigène ? Allons donc ma sœur n'a pas de voile
Au lycée, n'ai-je pas tous les prix de français
De français de français de français... en français
Oh mon Dieu cette nuit tant de nuit dans mes yeux.

(Le Malheur en danger)

Le poète évoque la légende de son pays, celle ancienne des grands ancêtres et celle qui se crée chaque jour au gré des combats et de la mort de ses « copains ».

Chez nous le mot Patrie a un goût de légende
Ma main a caressé le cœur des oliviers
Le manche de la hache est début d'épopée
Et j'ai vu mon grand-père au nom du Mokrani
Poser son chapelet pour voir passer des aigles
Chez nous le mot Patrie a un goût de colère (...)

(Idem)

Ses amis qui sont tombés, le poète les retrouve « en achetant un journal » : « Ils étaient mille jours et dix ans de moi-même ».

Ils vont dans la légende
Et la légende ouvre ses bras
Et ils sont devenus une âme et ma patrie
Je ne verrai jamais mon copain le mineur
Son sourire éclairait son regard d'amertume
Mon copain le boucher et l'autre l'instituteur
Et je m'excuse
D'être vivant
Je suis plus orphelin qu'une nuit sans la lune
Ils vont dans la Légende
Et la légende ouvre ses bras (...)

C'est toujours « les copains », sa longue litanie, que Malek Haddad chante dans *Ecoute et je t'appelle* :

Nous étions quelques-uns à parler de Patrie
Sans formules rouillées dans les journaux bavards

Nous étions quelques-uns à parler d'Algérie
Sans verser des sanglots sur d'avides buvards

Quelques-uns de vingt ans pour qui la capitale
Se trouvait du côté où se font les chansons
Quelques-uns à savoir la peine-capitale
Suspendue quelque part au-dessus de nos fronts

Nous étions quelques-uns à prévoir que l'orage
S'il se faisait sans nous serait démesuré
Nous étions quelques-uns à crever les nuages
Nous étions quelques-uns soleils prématurés

Nous étions quelques-uns à douter des paroles
De ceux-là qui craignaient que le soleil soit roi[9]
Nous sommes quelques-uns chantant les choses folles
Parmi les champs de tir des chansons hors-la-loi.

Ce recueil ne renferme pas que des poésies de combat politique immédiat. Malek Haddad laisse parler son cœur comme « un continent qui rêve à la dérive ». Il est « de garde à l'entrée des chimères », « autour de ses idées » :

Le soir je suis de garde auprès des langues mortes
Des mots que je savais lorsque j'étais berger
Et je n'ai pas menti si je dis qu'à ma porte
C'est d'abord celui-là qui est venu frapper.

(Ecoute et je t'appelle)

Le berger a cependant lu Aragon et n'a pas hésité à s'en inspirer.

Le fait même de rire est musique insolite
Le soir je ne vais plus vers le Quartier-Latin
Retrouver Baudelaire en achetant des frites
Et attendre au Pont-Neuf se lever le matin

La prison bleue qui pleure aux sanglots de sirène
Les pêcheurs de minuit ces mains levées au mur
Je n'ai plus rendez-vous le soir avec Verlaine
Paris n'est plus Paris on rafle à Réaumur.

---

9. Dans une précédente version : *Nous étions quelques-uns à savoir les paroles / De ceux-là qui parlaient beaucoup plus mal que nous.*

D'aucuns parleront peut-être de sentimentalisme mais nous ne pensons pas que Malek Haddad s'y adonne tellement, même si parfois, en effet, il le frôle. D'une façon générale, sa poésie, rythmée et cadencée, est harmonieuse. Le poète aime la musique, la familiarité des mots et la simplicité du langage. Il est très sensible : l'événement tend à s'exprimer aussitôt en un poème de prière ou de souffrance contenue mais pourtant très aiguë.

Je suis venu vous voir mon Dieu
Moi l'herbe misérable
Laissez-moi croire encore à la vertu du vent
Je suis venu dans la nuit blanche des aveugles
Je suis venu dans la nuit rose de mon cœur
Laissez-moi croire encore à la vertu des mots.

Car je n'ai que des mots pour gravir la lumière
Des mots pour partager l'amour avec mes frères
Je suis venu vous affirmer
Je découvre aujourd'hui ce qu'un arbre sait bien
Ce qu'un caillou sait bien
Ce qu'enfant je savais.

La littérature algérienne d'expression française a été pour Haddad « une revanche sur la nuit et sur l'absurde ». Même si des auteurs comme lui font partie d'« une génération de transition », il n'en reste pas moins qu'ils ont été les témoins d'une époque et d'un peuple en lutte. De ce point de vue-là, du reste, Malek Haddad, malgré son désir de se taire une fois la guerre d'Algérie terminée, est sorti soudain de son silence — et avec quelle verve et quelle envolée ! — lors de l'affrontement sanglant entre Arabes et Israéliens en 1967. « Je suis chez moi en Palestine », donnait-il comme titre à son poème paru dans le quotidien constantinois *An-Nasr* (3 juin 1967) :

Ne croyez pas surtout, surtout n'allez pas croire
Que j'oublie Nuremberg et que j'oublie Dachau
Mais là je suis chez moi dans ma mémoire
Dans ce Moyen-Orient où l'intrus est de trop

Ne croyez pas surtout, surtout n'allez pas croire
Que j'oublie Varsovie devenant Polonaise
Ni les trains qui drainaient la mort au crématoire
Mes frères par millions hurlant dans la fournaise

Ne croyez pas surtout, surtout n'allez pas croire

Que j'appelle à la haine en saluant nos tanks
Je n'oublierai jamais dans la Nuit le Brouillard
Le regard angoissé de ma sœur Anne Frank

Mais là je suis chez moi, chez moi en Palestine
Et l'insulte est chez moi. C'est le même Corbeau
Qui insultait mon ciel hier à Constantine
Et narguait nos amours et narguait nos tombeaux (...)

L'EXIL INTÉRIEUR

Mohammed DIB

« Je suis essentiellement poète et c'est de la poésie que je suis venu au roman, non l'inverse », disait lui-même Mohammed Dib[10] en 1961. Il est, en effet, toujours demeuré poète, même quand il écrit des romans. Certains personnages de ceux-ci sont poètes, des chants jalonnent les récits réalistes des quatre premiers romans. Une ambiance poétique sous-tend, en tout cas, les autres romans dans lesquels l'auteur fait œuvre d'invention littéraire en se servant de l'imagination poétique, du rêve et de l'allégorie. Son premier recueil, *Ombre gardienne,* paraît en 1961. Des thèmes sont repris dans ce recueil : ils étaient déjà présents, plus ou moins accentués, dans les récits et allégories : celui du sang, de l'amour, de la communion avec la nature, de l'étoile, du feu mais aussi des eaux. Remarquons en passant que l'auteur disait être venu au roman par la romancière anglaise Virginia Woolf, dont il aimait *la Promenade au phare* et *les Vagues*. Il est certain que les rêveries sur les quais, auprès des fleuves, sur les rives sauvages et mélancoliques, devant la mer et auprès des vagues, reviennent avec insistance dans *Ombre gardienne* et dans certains de ses romans. Pour développer une interprétation originale de Mohammed Dib, nous pensons qu'il serait sans doute fructueux de s'inspirer des travaux de Gaston Bachelard sur l'imagination de la matière. Les images, chez Dib, éclosent, en effet, au niveau de la sensation, mais elles sont porteuses de signification en profondeur. Nous pensons que l'eau, en particulier, est ici l'eau féminine et maternelle, symbole de la femme, de la femme-mère d'abord.

---

10. Né en 1920 à Tlemcen. *Ombre gardienne* (Gallimard, 1961). *Formulaires* (Seuil, 1970).
Voir : Jean DEJEUX, *Mohammed Dib ou l'Exil intérieur,* in *La Littérature maghrébine d'expression française* (Alger, C.C.F., 1970, fasc. II).

Aragon préfaçait *Ombre gardienne*. Il s'arrêtait entre autres à ce fameux drame du langage. « C'est bien là sans doute un aspect essentiel de ce drame algérien, sur quoi tant de gens de chez nous se prononcent avec une certaine légèreté, qu'à l'heure de l'expression la plus haute, ceux-là mêmes qui sont la fidélité à leur peuple aient pour langage, pour atteindre à ce qui échappe à l'analyse, pour exprimer l'incernable ce français, ce clavecin bien tempéré, cet instrument des bords de Loire, ce parler qui est aussi celui des soldats dans la nuit, le vocabulaire du ratissage, le commentaire de la torture et de la faim ».

Deux grands thèmes donnent le ton dans *Ombre gardienne :* la Mère-Algérie et l'exil surtout. Ils rejoignent du reste les obsessions sous-jacentes aux romans : la patrie, la femme-mère-Algérie, une certaine dépossession de soi et la marche à l'étoile. Dans un sens, Dib chante des idées (et même des images) chères à Jean Amrouche : la terre-mère, « la mer, sein du monde », l'étoile secrète, le pays innocent d'où l'on a été arraché.

L'Algérie est comme une terre charnelle. Si déjà l'on peut trouver une « mystique participante du terroir et de l'homme » chez le romancier Mouloud Feraoun, on sent encore mieux sans doute chez Dib, à côté de la mystique du peuple, cette chaleur maternelle de la terre aux « herbes odorantes », à la « menthe nouvelle », « fille de la lavande ».

Moi qui parle, Algérie,
Peut-être ne suis-je
Que la plus banale de tes femmes
Mais ma voix ne s'arrêtera pas
De héler plaines et montagnes ;

Je descends de l'Aurès,
Ouvrez vos portes
Epouses fraternelles,
Donnez-moi de l'eau fraîche,
Du miel et du pain d'orge ;

Je suis venue vous voir,
Vous apporter le bonheur,
A vous et vos enfants ;
Que vos petits nouveau-nés
Grandissent,
Que votre blé pousse,
Que votre pain lève aussi
Et que rien ne vous fasse défaut,
Le bonheur soit avec vous.

(*Ombre gardienne*)

Notre poète cherche son étoile, « sirène de sang qui dort ». Il ouvre sa fenêtre au chant du monde. Les éléments qui accompagnent l'étoile se retrouvent dans les derniers romans de l'auteur : « le sang opaque », le goût de cendre, le soleil et les flammes, la pluie et les eaux, le brouillard et la brume, le sombre oiseau perpétuant un souvenir de mer. « L'enfant mélancolique » de *Qui se souvient de la mer*[11] rêve dans « le sommeil de son propre corps » ou erre à la poursuite de son étoile. Dans sa nuit, « l'enfant aveugle pleurait » :

En plein jour — soudain
Il semble qu'il fasse nuit.
Je rêve qu'une ombre m'embrasse
Et la vie me revient légère.

Puis — soudain — je me réveille.
Mais seule voltige autour de moi
L'abeille aux ailes éblouissantes

Elle décrit lentement des cercles
Au-dessus d'une masse de jonquilles,
Et la lumière agrandit le silence

(Ombre gardienne)

La grisaille et la nuit disparues, ce sont de nouveau le jaune d'or (jonquille et tulipe de feu), le soleil, la lumière et les flammes qui resplendissent, bref cette terrible et troublante lumière solaire si présente chez Kateb et chez Van Gogh et qui inciterait à suivre Bachelard dans sa psychanalyse du feu ou Jung dans sa détermination diverse de l'*anima*. Il y a parfois de curieux rapprochements à faire entre Dib et Kateb, avec leurs plongées dans l'inconscient. Des images, la métaphore obsédante du soleil, par exemple, paraissent s'imposer comme des Sirènes, fascinantes et enchanteresses, mais ensorcelantes et captatrices.

L'exil, dépaysement géographique et expérience de la marginalité, est le deuxième thème important du recueil. « Je viens d'ailleurs », dit le poète. Dans sa « brume hivernale », il fait l'expérience de la solitude comme Jean Amrouche qui traduisait dans les *Chants berbères* :

J'ai versé tant de pleurs et vous n'avez pas pleuré...
J'ai compris : je vous suis étranger.

Nazim Hikmet disait de son côté : « C'est un dur métier que

11. Roman (Seuil, 1962).

l'exil » ! Pour Mohammed Dib, il s'agirait d'un exil « essentiellement intérieur, un peu comme *l'Albatros* de Baudelaire ». Le poète marche le long des quais brumeux, « humides à faire mourir », séduit par leur poésie pourtant, et amoureux de la « lumière de soie », « à la fois rêve ardent et pensée essentielle ».

Soirs tendres de Paris, que vous m'êtes amers ;
Pour l'exilé, Paris obscur c'est un enfer,
Quand le ciel gros et rose au-dessus de la Seine
Se repose en tremblant tout son cœur crie et saigne.

Quel étranger ici ne se sent pas chez lui ?
Mais ça vous prend ainsi dès que tombe la nuit.
Sa place, on ne l'a pas dans cette ville immense,
Croit-on ; c'est le mauvais rêve qui recommence

(Ombre gardienne)

Il cherche le repos et « implore le regard des étoiles tranquilles ». Il « avance dans la nuit creuse des réverbères ». Jusqu'à l'aube on entendra ses pas. Odeurs, bruits, lumières, tout un univers de quais, de gréments, de poissons, de sirènes, d'oiseaux, de docks, d'usines, le monde des grands ports du Nord noyés dans la brume, telle est la toile de fond, aux notations visuelles extrêmement fortes, sur laquelle Dib laisse courir sa sensibilité endolorie et son émotion poétique.

Je rôde, le cœur vide et comme aux abois,
Un navire qui part hurle au loin sous la brume ;
Je tourne dans la ville où les usines fument,
Je cherche obstinément à me rappeler, quoi ?

(Ombre gardienne)

Pas plus que Jean Amrouche ou Malek Haddad, Mohammed Dib n'a oublié les poètes de choix qui l'ont inspiré ou dont il s'est rapproché : Baudelaire, Apollinaire, Saint-John Perse, Aragon. En outre, le poète semble avoir un peu dévoilé de son paysage intérieur ou peut-être encore un certain souvenir affectif inconscient et lointain : ne serait-ce pas, par exemple, cet « enfant mélancolique » de *Qui se souvient de la mer* ? Mais ne suffit-il pas aussi d'un ciel de Paris pour libérer l'homme « en proie à sa folie » et le réconcilier avec la vie ?

Le second recueil de Dib, *Formulaires,* dénote beaucoup d'intériorisation, ce que nous pressentions déjà tant à travers ses romans que dans *Ombre gardienne*. Pour Alain Bosquet, Dib se révélait dans son premier recueil « un poète élégiaque traditionnel ». « *Formulaires*, poursuit-il, accentue encore cette tendance et nous permet de découvrir un poète capable de donner à chaque sentiment, à chaque appréhension des êtres et des choses une délicatesse nuancée (…) Mohammed Dib confère aux vicissitudes de l'amour un relief grave et pur ». Dans « l'Illusion sauvage » :

Que tu reconduises ce vœu
Jusqu'à la sincérité de sa naissance
d'où transfigurée tu reviens
ou traduises la similitude des ombres

la parole restituée au torrent
tes flancs s'effaçant dans l'amour
et la tour lactée du ciel virant
dans l'étroite longueur de vivre

combustion en avance sur le matin
l'éphémère n'a pas ta mobilité.

(Formulaires)

Le quotidien est bien présent dans cette poésie de Dib. Simplement le poète nous le restitue transfiguré dans une contemplation méditative. Dans « Dormante unité » :

la table la familiarité du pain
la parole approchée des choses
la tranquille résolution du jour
et enchâssé dans un crépi de feu
l'amour envisageant la patience
énigme de ce calme prolongé

l'aube d'une fureur blanche
la folle grenure de ton ventre
et toison roulant les membres
dans sa massive fraîcheur
la vague consentante de la mort.

(Formulaires)

La guerre étant finie depuis longtemps, Mohammed Dib entend faire œuvre de créateur, c'est-à-dire qu'il n'a plus besoin d'une littérature de combat pour épauler les frères des maquis. « J'ai été Africain quand il fallait l'être », a-t-il déclaré un jour. Nous voyons bien, en effet, sa progression et son souci de tenter des prospections nouvelles, prenant du recul par rapport aux événements, empruntant un itinéraire d'intériorité pour « épeler le regard ». « A chaque cri plus âpre » :

sans parole dans ton visage
sans parole la route qui s'amasse
sans parole l'avalanche d'éternité

sans rémission le soleil scellé
entre deux alouettes qui hésitent
sur ce bonheur aux limites de l'absence

(Formulaires)

Dans ce second recueil, comme dans le précédent, peut-être percevons-nous encore une certaine inquiétude ou « incomplétude ». Le soleil éclaire de tous les côtés : « soleil émergeant sans cesse du bleu de l'être », « lumière qui se refuse sans cesser d'être autour de moi, traçant un cercle de peur, d'ombre, de silence ».

j'ai vu la détresse
obscure insurgée
qui brûle tes yeux

Depuis 1959, année où Dib est venu s'installer en France, une vie intérieure plus active a commencé pour lui. Plus il avance, plus le poète approfondit le mystère même de la vie, celui de l'homme sur cette terre, celui de la femme et celui de l'amour.

L'ARBRE-PEUPLE

Nordine TIDAFI

Nordine Tidafi[12] célèbre surtout la Révolution algérienne. Sa poésie est d'une grande ampleur, forte et fière, aux accents d'épopée même parfois. « L'Homme vit du Témoignage », dit-il. Notre poète va donc « dire », « nommer » sans se lasser : les villes, régions, fleuves de son pays ressuscité.

Déjà dans le *Chant des rescapés* du 8 mai 1945, Tidafi invoque les noms prestigieux ou cachés, avant tout le nom même d'Algérie :

---

12. Né en 1929 à Hadjout (ex-Marengo). *Le Toujours de la Patrie* (Tunis, Oswald-S.N.E.D., 1962).

Algérie, fille de toutes les syllabes rebelles !
explique-moi ce droit aveugle, cette haine apprivoisée
explique-moi donc ce mal universel
explique-moi notre malheur de vivre, notre malheur d'exister
apprends-moi à haïr (...)

Vers toi, fille du Chamal
Je viens des rescapés, étonnés de survivre
Je viens de leurs matins fraternels fouler le laurier-rose, les rancunes
Pour te dire debout ! la victoire t'appelle et la vengeance et la vie.

Un peu comme les poètes antiques de l'ante-Islam, c'est en « nommant » ou en vitupérant le nom que Nordine Tidafi entend conjurer et exorciser le mal ou créer la victoire et la renaissance, comme si les mots produisaient ce qu'ils signifient. Par là, il n'est pas sans rejoindre une attitude sémitique et orientale bien connue. « Je nomme ici le traître à ma patrie irritée ». Comme chez Bouzaher, l'Algérien peut se nommer lui-même, une fois dignité et liberté recouvrées : « Nommé, fraternel, il nomme, il chante ». Sa vision englobe tout l'univers algérien, villes et campagnes, petits, humbles ruraux et citadins, bref le « peuple » là encore, comme chez Henri Kréa et Mohammed Dib, par exemple. Dans « la patrie totale » :

De mon Algérie
Ils établirent les prisons plus hautes
que les écoles.
Ils ont souillé les racines nocturnes
du Peuple,
l'Arbre grave
de la Berbérie reculée
Ils ont nié le Feu Vital, notre Drapeau
Ils ont exilé les joies humbles de nos chaumières
lentes au retour du maïs (...)

Peuple, en toi tout commence
ils ont écrit leur présence de larmes
de tous les âges : humiliation générale,
incrustée comme un sel
qui reste à chasser de nos veines (...)

Sur le chemin né de la colère et de l'amande douce
Mon peuple en haillons, debout dans ses droits
organise son Refus,
chuchotant le Futur, de gorge en gorge

parmi le vieux couteau,
le feu qui se partage (...)

Sur chaque fusil se dit la Patrie
éclairant de sang
nos nuits ennemies

Fils solitaires des Chotts, Chaouias précis
Peuple haut, de premier sang,
riche de martyrs,
l'Arbre-Peuple,
Soleil du Territoire m'appelant
au jour multiple, à l'heure des criques, du Drapeau et des murmures.

« La liberté avec tous ses orages
vaut mieux que le calme plat
de la servitude »[13]

Dans les poésies de Tidafi passent toutes les richesses de la Terre natale, ses symboles, ses souffrances, ses vertus. On touche comme du doigt un peuple entier qui se soulève, qui monte de tous les sentiers vers la lumière, comptant ses malheurs passés et traçant avec courage le sillon du futur. « Tout malheur me concerne », dit le poète. Ce sont surtout les permanences de la terre algérienne qui sont chantées et parfois aussi des types de héros ou tel *chahid*.

LA MÈRE

« Je vous dis, moi, mère du Combattant :
Ils plantèrent le mépris ;
le jour fut malheur ;
l'arbre, le doigt noir.

Le mal habita les forêts ;
le vent, frère des nuits,
dit les céréales stériles.

Alors mon fils quitta la honte

Ils convertirent le sel,
l'Homme cacha sa peau :
angoisse des branches !

---

13. *Entretiens*, février 1957, numéro spécial « Algérie ».

Alors mon fils reconnut le chemin

Ils justifièrent les taudis,
les cœurs obscurcis :
réveil des larmes (...)

Ils élevèrent le doute, le traître,
l'outrage, la faim et les cellules :
pieuvre de toutes les mers !

Ils rencontrèrent le Peuple,
colère des profondeurs lucides :
sang unanime sur les hauteurs !

Alors mon fils s'appela sacrifice

(Le Toujours de la Patrie)

L'influence d'Eluard ou de Saint-John Perse se manifeste çà et là, semble-t-il, dans certaines réminiscences. Cependant l'œuvre de Tidafi rend un son personnel et original, très vibrant du combat algérien, lyrique et parfaitement enraciné dans le terroir. Henri Kréa, qui préface le recueil, écrit : « Un de nos amis, poète américain, me confiait que ces poèmes auraient pu être rédigés par Saint-Just. Je ne vois pas meilleure définition de l'œuvre et de la personnalité de Nordine Tidafi, poète de la Révolution algérienne, poète irréductible ».

La fin du recueil contient un long et beau poème : *Soleil à ma terre*. Le témoin « dit » la paix sur les villes et les campagnes, les hommes de toutes les classes sociales et de toutes les catégories ; il proclame leurs vertus et leurs certitudes :

Paix au Douar Kimmel, premier enfant de la Révolution
Paix au saboteur, près du soir, solitaire en son acte.
Paix au gavroche surgi du bivouac derrière son signal de cailloux.
Paix aux embuscades échevelées à coups de sang prodigue et de terre rouge.
Paix sur Miliana la douce pleurant Ali-la-Pointe et Maillot rejoints dans la fraternité des sillons.
Paix sur la jeunesse d'Akli, abîmée au carrefour du Chenoua.
Paix sur Yveton nommé à l'aube sale des polygones.
Paix sur Mustafa du littoral, emporté dans une odeur de prairie de printemps.
Ils sont la main unanime sur les maquis réunis.

Alger des larmes dans ton port vite contenues.
Alger de la croix et des menottes, des bottes et des paras.
Alger du même Alger, des haines officielles.
Alger d'hier, capitale du mépris.
Algérie des fusillés face à la mer qui les vit naître.
Algérie des juges aux yeux rétrécis par la honte.
Algérie des bourreaux jurant de s'éblouir.
Algérie du plus difficile d'être Algérien que colon.

Ils sont l'insomnie vitale allaitant les nuits adverses (...)

Ecris ALGERIE du jour immense :
Ils sont la nuit irréfutable aux haines, plus hauts que les livres.
Ils sont l'avenir commencé, fusil-peuple revenu des feuillages.
Ils sont les racines nocturnes, colère du territoire.
Ils sont la nation précipitée, couleur de miel noir.
Ils sont le refus nu au malheur d'obéir.
Ils sont l'histoire réveillée, signifiée jusqu'à eux (...)

Ils sont le peuple large au retour des crosses.
Ils sont poudre et chanson de ma première patrie.
Ils sont drapeau réparti dans l'héritage furieux de l'aurore (...)

(*Le Toujours de la Patrie*)

AIMER AVEC LA RAGE AU CŒUR

Anna GREKI

Mostefa Lacheraf écrit dans la préface au premier recueil d'Anna Greki[14] : « Poésie du souvenir, mais non de la nostalgie doucereuse, de la tendresse forte et saine, de la colère qui stimule, telle nous apparaît l'œuvre de cette jeune femme qui a connu la torture, la prison et reste cependant vibrante d'amitié, d'espoir ». Cette femme était d'origine française, née à Batna, et d'aucuns lui refusaient le titre d'Algérienne alors qu'elle avait combattu et opté pour l'Algérie. « On nous dénie notre qualité même, écrivait-elle. Mais enfin les principales « voix » de notre révolution se sont fait entendre en français plus

14. Née en 1931, de son vrai nom Colette Anna Grégoire, épouse Melki, morte en janvier 1966. *Algérie, capitale Alger* (Tunis, Oswald-S.N.E.D., 1963). *Temps forts* (Présence africaine, 1966).
Consulter : *Hommage à Anna Greki* (Alger, Union des Ecrivains algériens, SNED, 1966).

qu'en arabe. Il s'agit là de textes écrits. Le français charriait aussi avec lui une tradition idéologique révolutionnaire et s'est trouvé apte à exprimer la réalité d'un pays en pleine révolution. Dans le même temps, la langue littéraire arabe, dont l'enseignement avait été le plus souvent formel, figée dans une tradition et une religiosité anciennes, n'a pas formé des esprits suffisamment souples pour épouser la réalité du moment ».

Cette réalité, Anna Greki l'a expérimentée dans tout son être, esprit et corps torturés. Dans son œuvre tout est vrai, charnellement situé et daté. Le poète vit à chaque instant son « dire », ardemment, avec la ferveur de la jeunesse engagée dans une cause qui renouvelle l'Homme.

Je transcris avec des mots ce qui se dit sans parole.

Anna Greki est solidaire de tout le peuple algérien dans sa misère et son malheur. Ni marginalité ni esthétisme bourgeois :

Nous sommes le commun des mortels, toi et moi.

Dans la liberté ou en prison, il lui faut s'exprimer :

Le droit à la parole est un droit fraternel.

Cette parole est dure quand elle « dit » la Révolution :

Je ne sais plus aimer qu'avec la rage au cœur
C'est ma manière d'avoir du cœur à revendre
C'est ma manière d'avoir raison des douleurs
C'est ma manière de faire flamber les cendres
A force de coups de cœur à force de rage
La seule façon loyale qui me ménage
Une route réfléchie au bord du naufrage
Avec son pesant d'or de joie et de détresse
Ces lèvres de ta bouche ma double richesse.

(Algérie, capitale Alger)

Son enfance a été marquée par des amitiés fraternelles au cœur des Aurès, à Menaâ :

Mon enfance et les délices
Naquirent là
A Menaâ — Commune mixte Arris

Et mes passions après vingt ans
Sont le fruit de leurs prédilections
Du temps où les oiseaux tombés des nids
Tombaient aussi des mains de Nedjaï
Jusqu'au fond de mes yeux chaouïa.
Frileux comme un iris
Mon ami Nedjaï
Nu sous sa gandoura bleue
Courait dans le soir en camaïeu
Glissant sur les scorpions gris
De l'Oued El Abdi

(Algérie, capitale Alger)

Son expérience fut celle de cette fraternité et de l'amour, puis du combat algérien, prison et tortures. Nombreux parmi ses poèmes, ceux qui ont été écrits en prison et dans les camps. Disparue brusquement le 6 janvier 1966, elle aurait pu continuer à creuser une voie pleine de fougue en même temps que de tendresse dans ce courant algérien d'expression française. La vie quotidienne d'aujourd'hui en aurait été par elle illuminée. « C'est le privilège splendide des poètes que de savoir parer de rythme la prose des jours et exalter l'action des prestiges de la parole, insérant ainsi la même profonde humanité dans le geste d'un jour et dans la formule de toujours ». Mouloud Mammeri, le romancier du quotidien, n'a pas tort en écrivant cela d'Anna Greki.

Que dire d'elle encore, sinon comme l'écrit Jamel-Eddine Bencheikh dans l'*Hommage à Anna Greki*, qu'elle « a voulu poétiser le monde. Ce faisant, elle s'est donnée à lui pour le prendre, entièrement, orgueilleusement. Et c'est ce don d'elle-même qui me semble caractériser essentiellement sa poésie : « J'ai besoin de ce monde à la chair vulnérable », écrit-elle, car le réinventer par et pour les autres fut le sens donné à son poème. Cette fidélité à l'univers des hommes est la seule clef qui nous permette de pénétrer son œuvre, de respecter la véritable signification de ses thèmes et de son langage ». Fidélité à sa terre, à la lutte de l'Algérie, à l'avenir entrevu :

L'avenir est pour demain
L'avenir est pour bientôt

Le soleil de nos mains prend un éclat farouche
dans la colère nue qui nous monte à la bouche
La multiple mémoire mûrit à l'avenir
Cette mémoire douce à la dent. En prison
être libre prend le sens unique de nos

amours l'amour la voix précise de ces luttes
illimitées qui nous ont jetées là, debout
sur le charnier des oliviers et des hommes.
La cruauté de notre vie sera comprise et justifiée.

(Algérie, capitale Alger)

Cette fidélité dans le combat avait un sens : celui de la libération, bien sûr, celui de la construction d'un monde humain.

Nous voilà séparés du plus cher de nous-mêmes
Par des murs saccageurs dans un temps plein d'espace
Où chaque jour vieillit plus vite qu'une année (...)

Nous qui avons au cœur un désir plus perçant
Que les palmiers aigus du Sahara dément
Le malheur n'a pas pu reléguer nos regards
Aux bornes du présent
Nous enseignons l'espoir
Corrosif nos munitions notre pain blanc (...)

Et quand montera le matin vert
Pâturage délirant de reconnaissance
Leurs bouches apaisées à notre bonne foi
Parleront de torrents plus violents que leur voix
Avec des mots brûleurs de ciel
Avec des mots traceurs de routes

Qui font du bonheur une question de patience
Qui font du bonheur une question de confiance

Nous te ferons un monde humain.

Chez tous les poètes de la résistance algérienne, se retrouve cette volonté farouche de refaire l'Homme. « Dieu a créé l'homme dans sa forme la plus parfaite » *(fî ah'sani taqwîm)*, dit le Coran. C'est pour cette prestance à recouvrer que l'Algérien luttait et qu'Anna Greki aimait « avec la rage au cœur ».

Son second recueil, *Temps forts,* a été publié après sa mort. Les thèmes en sont divers, mais il s'ouvre par un poème national : « Juillet 1962 ».

Il a jailli tout entier lui-même de sa bouche
Cet amour fort vibrant comme l'air surchauffé
Tout entier de sa propre bouche à ras du cœur

Hors de la matrice énorme de la guerre
Tu nais dans un soleil de cris et de mains nues
Prodiguant des Juillets moissonneurs et debout

Nos morts qui t'ont rêvée se comptent par milliers
Un seul aurait suffi pour que je me rappelle
Le tracé des chemins qui mènent au bonheur (...)

Chaque homme a droit de vie sur qui lui tient à cœur
Tu fais partie du monde humilié des vivants
Le peuple qui te tient aura raison de toi

Le ciel indépendant ne parle qu'au futur
Il nous reste à présent l'énergie de l'espoir
Je t'aime Liberté comme j'aime mon fils.

Pendant quatre ans d'indépendance, Anna Greki a eu le temps de voir la naissance du monde nouveau :

On alphabétise on reboise
Les arbres poussent comme des alphabètes
Alger diffuse des slogans
Dans la splendeur des moissons.

Mais dans ce même poème intitulé « Rue Mourad-Didouche » :

Ah ! être mort pour la patrie
Ne plus avoir à ne pas savoir vivre...

Peut-être est-il plus facile parfois de mourir que de vivre ? En tout cas, durant ce court espace de temps que le poète a passé parmi nous, il a voulu donner un sens à sa vie :

Et je veux peser de tout mon poids sur la terre
Pesante jusqu'à tant qu'on m'y laisse pour mort

(*Algérie, capitale...*)

Le chant restera inachevé. « Un miroir s'est brisé et nous tentons en vain d'en recueillir les mille éclats », écrit d'Anna Greki une de ses amies, Claudine Lacascade. Son souvenir, toutefois, demeure parmi les *temps forts* de la poésie algérienne.

NOUS N'AVONS PAS DE HAINE

Bachir HADJ ALI

Bachir Hadj Ali[15] est connu comme théoricien de la culture algérienne et comme musicologue. Ses études sont pertinentes, pleines d'intérêt aussi pour l'histoire. Cependant les poèmes de Bachir Hadj Ali nous paraissent assez singuliers dans le courant algérien : ils sont en effet très proches de la langue arabe. L'auteur ne démarque pas les poètes de la Résistance française, il se veut au contraire fidèle non seulement à l'histoire de son pays, cela va de soi, mais encore aux expressions traditionnelles dans lesquelles la vie, les souffrances, les joies, les amours de son peuple se sont manifestées.

Il s'agit bien chez notre auteur d'un bilinguisme authentique et sain que certains jeunes poètes auraient sans doute tendance à suivre pour renouveler des formes anciennes trop usées. Parfois Hadj Ali traduit directement de l'arabe ou du kabyle ; d'autres fois, il juxtapose textes arabes et textes français, en transcription latine ou en caractères arabes :

Pincer sur une guitare
Khaït laoutar[16] *et chasser l'ennui*
C'est facile mes frères
Utiliser sur le métier
Khaït men smaâ[17] *et rêver de pluie*
C'est facile mes frères

Trancher au boussaadi[18]
Khaït el ghorb[19] *et tuer la nuit*
C'est facile mes frères

Mais dire
La plainte du cèdre déraciné
Mais taire
Les mille souffrances de la chair
Quand les tenailles arrachent l'ongle
Ce n'est pas facile mes frères.

(Chants pour le onze décembre)

---

15. Né en 1920 à Alger. *Chants pour le onze décembre* (Alger, édition clandestine, 1961 ; réédition Paris, La Nouvelle Critique, 1963). *Chants pour les nuits de septembre,* dans *l'Arbitraire* (Ed. de Minuit, 1966, in fine, pp. 67-85). *Que la joie demeure* (Oswald, 1970).
16. Cordes d'instruments à musique.
17. Fil du ciel (averse).
18. Long couteau.
19. Fil du crépuscule.

Le poète, par ces moyens divers, montre qu'il veut rattacher son œuvre à une histoire et à une culture. En 1961, un an avant l'indépendance de l'Algérie, il écrivait « 5 juillet » :

Parce qu'ils ont gardé les clefs transparentes de ma ville
Parce qu'ils ont dissipé son avoir, insulté son élégance
Parce qu'ils ont ignoré son savoir et le chant de ses arceaux
Parce qu'ils ont scié son minaret aux chevilles, enseveli ses sanglots
(...)
Ils se sont cru les maîtres de ses collines, de sa brise turquoise et de ses îlots
Mais il a suffi qu'au même rythme les lucarnes respirent par les patios
Mais il a suffi qu'à l'aube naissante les ruelles se vident sur les terrasses
Pour qu'ils se réveillent étrangers perdus dans ma ville hostile
Occupants désoccupés avec leur rage, leur bave et leurs chiens casqués

(Chants pour le onze décembre)

La vision du passé remonte naturellement encore beaucoup plus loin dans l'amont de l'histoire. Baba Aroudj, par exemple, qui libère en 1516 les îlots d'Alger occupés par les Espagnols, est chanté en une longue complainte. Des noms bien connus de la littérature arabe classique reviennent ici et là ponctuer le poème « aroubi »[20] : Abou Nuwas, Ibn Zaïdoun, Leila et son Medjnoun, Wallada. Dans « Naissance » *(Que la joie demeure)*, ce sont les noms de Tacfarinas, Toffaïl, Hamidou ou Tachfin à Zallaqa. On pourrait dire que tout le Maghreb, ainsi que l'Andalousie, sont réintégrés dans une culture poétique authentiquement nationale.

« L'Histoire accouche aux fers », écrivait Malek Haddad dans la préface au *Malheur en danger*. Chez Hadj Ali pareillement, mais chez lui aussi : calmement, sans haine, avec une foi irréductible dans la qualité du cœur humain.

Je jure sur la certitude du jour happée par la nuit transfigurée par l'aurore
Je jure sur les vagues déchaînées de mes tourments
Je jure sur la colère qui embellit nos femmes
Je jure sur l'amitié vécue les amours différées
Je jure sur la haine et la foi qui entretiennent la flamme
Que nous n'avons pas de haine contre le peuple français

(Chants pour le onze décembre)

---

20. Nom de l'une des multiples formes de la musique légère, venant de l'influence en Algérie de la musique andalouse.

Les *Chants pour les nuits de septembre* semblent organisés comme une nouba de musique classique andalouse. Nous y retrouvons la *touchiat,* l'*istîkhbar,* le *m'sedar,* l'*ikhlass.*

En prison, Bachir Hadj Ali écrit des poèmes de la qualité de *Achouaq (Cantique)* :

Mère, père, si je vous dis que des fées noires
Encerclent mon cercueil vert
Croyez-moi
Mère, père, si je vous dis que le feu sillonne mon corps
Par reptations irrégulières
Croyez-moi
Père, mère, si je vous dis qu'au bord des larmes
Vos cantiques me bercent
Croyez-moi
Mère, père, si je vous dis que dans ma tête
Chante la voix du muezzin
Croyez-moi encore
Mère, père, si je vous dis que les bourreaux bouche bée
Demeurent impuissants
Croyez-moi toujours.

Une certaine mélodie se remarque souvent dans les pages de Bachir Hadj Ali. Le poète est musicologue. Sa langue est simple, mais rythmée, exprimant non seulement une histoire personnelle ou collective mais encore des harmonies profondes, des souffles qui nous emportent au loin, une densité humaine très algérienne en même temps qu'universelle.

Que la joie demeure est un beau recueil dédié à sa femme et à toutes les épouses dans le cas de celle-ci. En épigraphe, l'auteur a placé des vers de l'émir Abdelkader et quelques paroles de Karl Marx. Un lexique, bien nécessaire, termine le volume, indiquant la signification de nombreux termes arabes ou de noms historiques qui parsèment les poésies. Bachir Hadj Ali, encore une fois, se présente à nous comme un authentique poète de son pays, donnant une dimension universelle ou actualisant pour le lecteur d'aujourd'hui, étranger ou algérien, un tréfonds national. Les réalités algériennes sont à ce point présentes que le poète se prend à rêver :

Je rêve de fiancées délivrées des transactions secrètes
Je rêve de couples harmonieusement accordés
Je rêve d'hommes équilibrés en présence de la femme
Je rêve de femmes à l'aise en présence de l'homme

Ces *Rêves en désordre* ne sont pas arbitraires ; ils se rapportent à des faits et comportements bien actuels. Un jour viendra où des réalités nouvelles seront plus palpables. « Ce jour-là »,

Lequel sera vainqueur humilié
Lequel sera grand dans la défaite
Dans quel pays sur quelles frontières
Ce vent hurlera-t-il
Déchiré par la lance la plus haute ?
Il soufflera sur cet enfer imaginaire
Mais ici la foule meurt de faim
Et les riches de pain
Qui triomphera ce jour-là
Des gens de la ligne droite ?
Seront-ils incirconcis
Nus des pieds à la tête
Exclus des cercueils plombés ?
Seront-ils accueillis par une lame indienne
Rougie de sang pour plaire
Qui triomphera de ce jeu barbare
Avec ses menaces et ses promesses vaines
Qui triomphera de la terreur
Et des puissances anonymes ?

(*Que la joie demeure*)

« La joie demeure » par-dessus toutes les misères et les malheurs, les prisons, les lettres qui tardent à venir, les visites interdites ou le soleil noir de la mélancolie. Une foi inébranlable dans l'homme demeure. Bachir Hadj Ali, le plus ancré des poètes algériens dans le terroir originel, apparaît comme un poète sans haine, digne, calme et sûr, malgré les vicissitudes de son itinéraire personnel.

O ma terre, ma transparente, clin d'œil du jour
Par les soirs qui attendent attendent et s'en vont
Champ clos sur un chant et chant sur un feu dévorant
Dans cette enceinte où seules les larmes sont libres
Des hommes jeunes creusent un lit pour la rivière de miel

(« Hölderlin », *Que la joie demeure*)

LE SANG EN PROCÈS
Mohammed KHAIR-EDDINE

« Poète des séismes », a-t-on écrit de Mohammed Khair-Eddine[21]. Il donne en effet l'impression d'être un jeune homme en colère. *Moi, l'aigre,* titre-t-il un de ses ouvrages, mi-théâtre, mi-monologue ! Il a lu Mallarmé, Rimbaud, Beckett et a étudié Sophocle, Lautréamont et d'autres, mais il veut être avant tout lui-même : « Je cherche à créer quelque chose de tout à fait nouveau (...) Je voudrais forger un langage neuf ayant ressenti comme un déchirement ». A seize ans, *La Vigie marocaine* publie ses premiers textes. Entouré de jeunes « enfants terribles » comme lui, Khair-Eddine fait paraître à Casablanca un manifeste : *Poésie-toute*. De là est née une petite revue qui a disparu. Notre poète avait été révélé à lui-même par un auteur français, Henri Pouzol, et avec ses jeunes amis, Bernard Jakobiak, S. Franco, Nissaboury et Matougui, il entendait bien faire des ravages dans les vieilles scléroses littéraires. Depuis lors, en effet, il a parcouru du chemin...

Il écrit en français, parce que, comme beaucoup d'autres, il considère cette langue comme un bon outil de travail. Il veut, d'une façon générale, « remettre tout en question : la politique, la famille, les Ancêtres, le Sang (...) Il faut renier les Ancêtres pour construire le futur (...) Je n'hésite pas à faire le procès de mon « Sang » car il n'arrive pas à se dépêtrer de lui-même, à se transformer ».

On pourrait dire que chez Khair-Eddine tout est poésie, ce que nous appelons « roman » comme ce que nous considérons comme du « théâtre » ou ce que nous qualifions de « monologue ». Mais nous sommes encore en deçà de la réalité :« Pour moi, il n'y a pas de romans, pas de poèmes maintenant. Il y a l'écriture ». A partir de là, il s'agit d'entrer dans le jeu, ce qui n'est pas toujours de tout repos. Autant avouer que la poésie de Khair-Eddine est quelque peu hermétique.

En tout cas, il nous apparaît qu'elle est d'abord « réquisitoire » :

Quand le poème sera repu du miel blanc des tarentules
et de l'albumen d'un mauvais astre
explosant sans espoir sous le coke de mes diètes
quand les berbères d'après toute fantasia
jetteront leurs calebasses au néant des carabines

---

21. Né en 1942 à Casablanca. *Nausée noire* (Londres, Siècle à mains, 1964). *Faune détériorée* (Encres vives, 1966). *Agadir* (Seuil, 1967). *Corps négatif*, suivi de *Histoire d'un Bon Dieu* (Seuil, 1968). *Soleil arachnide* (Seuil, 1969). *Moi, l'aigre* (Seuil, 1970).

un complot d'aigles ourdi par le chiffre vrai
de reconnaissance et de joie
signera ma fièvre humide comme l'avril
laiteux de l'amande et du torrent (...)

je te couche
petit monde des nostalgies
sur le regard naufrageur des morts
encore valides
qui lisent au chapitre des crimes crapuleux
le réquisitoire des arachnides
(*Soleil arachnide*)

Le poète se débat avec ses problèmes et on a souvent l'impression qu'il n'en sort pas. Peut-être n'arrive-t-il pas à mûrir, à franchir le seuil de l'âge adulte. Ne disait-il pas au cours d'une interview : « Je suis très solitaire, je vis de moi-même et sur moi-même ». C'est le drame — et l'impasse même — de beaucoup de jeunes poètes qui, presque maladifs, traînent comme un boulet Ancêtres, Sang, mère, enfance, passé... et qui n'arrivent pas à « être eux-mêmes ». « Qui sommes-nous » ?

« Je me suis longtemps cherché en me déformant », écrivait le jeune Algérien Hamou Belhalfaoui dans *Soleil vertical*.

J'ai connu la souffrance et les chimères de la vie
Des années sont passées
Sans savoir qui je suis

épinglait près d'une de ses toiles l'Algérien Hamid Abdoun lors de l'exposition « Aouchem I » en mars 1967 à Alger.

Le surmoi solaire est vraiment trop « arachnide » (Khair-Eddine, Boudjedra). Il faut le secouer, s'en débarrasser et faire table rase. Le poète se livre donc à quelques exercices de haute voltige verbale, il forge des mots nouveaux, terrorise la langue française, crie, martèle ses vers ou les dégorge et nous les livre tout ruisselants de sang, d'humeurs, d'odeurs... Pourvu qu'on ait l'ivresse... !

Le lyrisme est souvent déferlant, il est parfois obscur, mais il faut comprendre ce besoin de « mutinerie », cette « nausée noire », cette impatience devant « le refus d'inhumer » d'un monde qui n'en finit plus de mourir. « Rois, présidents, pachas de toutes sortes, fakirs et autres tragédiens tombent à chaque mot sous la poussée de la vérité révolutionnaire dont *Soleil arachnide* inclassable réinstaure la vertu », lit-on au dos de ce livre.

Donc ma mère recevait des coups de bâton
sur les fesses la tête le vagin geignait son nom savait
sa dentition corrobore mes excuses
papa le monstre millionnaire merci de t'avoir si peu
connu

(« Manifeste », *Soleil arachnide*)

La révolte contre le père passe, ici comme ailleurs et comme chez beaucoup d'autres, par l'érotisme et le haschisch, par le saccage quasi gratuit. Pas de modèles paternels, de même chez Kateb et pour « la génération sacrifiée » du 8 mai 1945, de même chez Driss Chraïbi et chez combien de poètes maghrébins ! Ou des modèles paternels trop peu exemplaires ! Le conflit est donc permanent.

Le dernier mot n'existe pas. La dynamite du premier mot suffit.
Hommes mes barils de poudre ; hommes immunisés contre l'homme ;
homme qui n'as plus le temps de douter ;
homme qui lapes tes crachats et ne boites pas à l'envers ;
homme regard perdu ;
quand la poésie eut atteint le plus vert du délire et que le
désert eut rendu son eau à cet ininterrompu mal qui
t'animait
André Breton
quand l'homme eut soufflé la vraie lampe d'Aladin
quand Ali Baba eut plastiqué le néant
quand Jésus eut fini de dévorer sa croix
quand Mohammed eut roulé suffisamment d'argent
pour casser toutes les pipes
l'œil me fit face
Je vends ma mort.
Je suis blessé au tronc
— pommier
vieille cuirasse
à n'interdire ni à Eve ni Adam
mais au silence atomique qui me stipule
aux millions d'hardes de peaux que je porterai
au florilège du monde brûlé
Mais pourquoi se massacrer pour ne sauver qu'un mot
vidé par les termites une maison qui s'écroule dès qu'on y entre

Je salue ce cheval tombé du plus haut pic
André Breton
D'où jaillit la poésie comme une fée
Poésie ma morgue ma sérénité et mon naufrage.

(« Refus d'inhumer », *Soleil arachnide*)

VOIES NOUVELLES

Les guerres de libération contre l'étranger sont terminées au Maghreb. Les poètes n'oublient pas cependant que sous d'autres cieux l'homme continue à être humilié et traîné en dérision, torturé et massacré. La revue *Souffles*, par exemple, se veut de plus en plus « engagée » sur le terrain de ce nouveau combat tout en poursuivant la recherche de voies nouvelles en poésie.

En Algérie comme au Maroc, ces voies nouvelles se dessinent déjà, nous l'avons vu. Cette jeune poésie est engagée dans un processus de rupture avec le passé sacralisé, tout en se voulant orale et en communion vivante avec la tradition orale ; elle est violente et conçue comme une désintoxication, un corps à corps libérateur avec la parole ; elle est recherche d'identité et réappropriation de soi, du corps, de la mémoire et du monde « en faisant éclater la culture occidentale intériorisée » ou les contraintes pesantes : elle terrorise la langue française et elle se veut « critique permanente de l'imagination répressive », ainsi que l'exprime Abdelkébir Khatibi. Nous pensons qu'elle est également besoin de défoulement musculaire et viscéral, autocritique contestataire à usage interne, au cœur même d'un Maghreb indépendant.

Le lyrisme de ces jeunes poètes est indéniable. Il éclate, déferle, submerge les vieilles mesures alexandrines, les vieux auteurs qui ont « écrit des vers » et qui ont cru ainsi être poètes... Cette poésie est aussi bien enracinée dans le terroir profond que dans l'univers méditerranéen, dans la chair violentée que dans les esprits hantés par des mondes nouveaux à faire surgir, dans les sens exaspérés que dans la volonté de faire voler en éclats les antiques bienséances, convenances bourgeoises et langages châtiés. Le verbe y est dru, cru ; on appelle un chat un chat.

Le problème est de trouver un éditeur. Il faut donc saluer l'effort des revues. La revue *Souffles*, au Maroc, s'est voulue de plus en plus « engagée » sur le terrain de ce nouveau combat : elle en est devenue même une publication d'action politique. Son directeur n'y fait plus paraître que quelques poèmes, réservant de plus en plus à une nouvelle revue en arabe, *Anfas*[1], poèmes et textes littéraires. Mais de nouvelles revues ont vu le jour, promettant beaucoup : *Alif*[2], en Tunisie, et *Intégral*[3] au Maroc. Les premières livraisons s'imposent par la qualité de leur présentation et par leur souci de rechercher des voies nouvelles. Quant à la revue *Promesses* d'Alger, on attend d'elle un second souffle. Saluons enfin le constant effort de Jean Sénac, lançant à Alger les poètes de la nouvelle génération[4].

Nous avons déjà nommé plusieurs de ces jeunes poètes. Parmi les Marocains : Abdellatif Laâbi, Tahar Ben Jelloun, El Mostefa Nissaboury, Matougui, Mohammed Khair-Eddine, Abdelkader Lagtaa, Hamid el Houadri, Abdelaziz Mansouri, Mohammed Fatha, etc. Parmi les Tunisiens, Mohammed Aziza, Samir Ayadi, Wahid Khadraoui, Mehdi Missaoui, Moncef Ghachem, creusent le même sillon courageux. En Algérie, ce sont Rachid Bey, Abdel Hamid Laghouati, Youcef Sebti, Djamal Imaziten, Boualem Abdoun, Ahmed Benkamla, Hamid Tibouchi, Hamid Skif, Djamal Kharchi, Hamid Nacer-Khodja, Hocine Tandjaoui, Ahmed Khachaii, Gui Touati, Mohammed-Ismaïl Abdoun, sans parler d'autres jeunes qui n'ont pas perdu l'usage de la parole : Hamou Belhalfaoui, Rachid Boudjedra, Malek Alloula, A. Azeggagh, etc.

La plupart n'ont malheureusement pas encore pu faire paraître leurs recueils. Ces jeunes poètes refusent, en effet, de se laisser mutiler par quelque censure : ils veulent dire crûment ce qu'ils pensent être le sens exact de leur combat.

Précisons, enfin, que si des générations littéraires peuvent se distinguer au Maghreb, en Algérie et au Maroc principalement, des poètes nés bien avant ces jeunes n'ont pas hésité soit à se renouveler, soit à exploiter et à faire éclater au grand jour des virtualités qui étaient déjà présentes dans leurs premiers recueils. Nous pensons à Jean Sénac en particulier. La vraie poésie ne relève pas de l'âge du poète. D'aucuns, hélas ! parmi les jeunes, dans certaine revue, continuent en effet à faire paraître de « bons » poèmes, qui sont de la « littérature » mais certainement pas de la poésie !

« Revenus de l'horreur, les jeunes poètes ne pourraient-ils que déboucher sur une espérance flouée ? », interroge Jean Sénac. La question mérite d'être posée. Cette authentique poésie renoue avec le vieux fond populaire, tant par son ironie salutaire et par ses images mordantes et incandescentes que par son sursaut contre la pudibonderie et « les castrateurs de tous rangs » ! Elle est véhémente, provo-

1. *Anfas* (Rabat). N° 1 : mai 1971.
2. *Alif* (Tunis). N° 1 : décembre 1971. N° 2 : juin 1972. Rédacteurs : Jacqueline DAOUD, Lorand GASPAR.
3. *Intégral* (Casablanca). Animateurs : BEN JELLOUN, NISSABOURY, KHATIBI. N° 1 : octobre 1971. N° 2 : mars 1972.
4. POESIE 1, n° 14 (Librairie Saint-Germain-des-Prés, 1971).

cante, cri total et parfois presque dément. « Il faut que tu désarmes les caméléons », écrit Abdel Hamid Laghouati !

Ces jeunes poètes retrouvent une vague de fond méditerranéenne, un soleil brutal et un cri guttural, pour proclamer bien haut par-dessus les paresseuses méridiennes le mot essentiel dit par l'un d'entre eux, Mohammed Mebkhout :

Où trouver le mot
où trouver la voix
où trouver le courage
où trouver le lieu ?
pour te dire
je t'aime.

BIBLIOGRAPHIE : MAGHREB

I

Anthologies

Werner PLUM : *Algerische Dichtung der Gegenwart*, Nürnberg, Glock und Luntz, 1959, 151 p.

Rino DAL SASSO : *Poeti e narratori d'Algeria*, Roma, Riuniti, « Enciclopedia tascabile » n° 49, 1962, 286 p.

XXX : *Aspects de la poésie algérienne* (avant 1830 et de 1830 à nos jours), Paris, U.N.E.F., Groupe de Lettres modernes, avril 1962, 117 p. ronéo.

François BONDY : *Das Sandkorn und andere Erzählungen aus Nordafrika*, Zurich, Diogènes, 1962, 282 p.

Denise BARRAT : *Espoir et Parole*, poèmes algériens recueillis par D.B., dessins d'Abdallah Benanteur, Paris, Seghers, 1963, 253 p.

Jacqueline ARNAUD, Jean DÉJEUX, Abdelkébir KHATIBI, Arlette ROTH : *Anthologie des Ecrivains maghrébins d'expression française*, sous la direction d'Albert MEMMI, Paris, Présence africaine, 1964 ; 2e édit. 1965, 300 p.

C.P.M. : *Anthologie maghrébine*, Paris, Hachette, 1965, 192 p.

Mohamed Aziz LAHBABI : *Florilège poétique arabe et berbère*, Blainville-sur-mer, L'Amitié par le livre, s.d. [1954], 116 p. ; nouv. édit. augmentée à paraître à la S.N.E.D., Alger.

XXX : *Les Poètes d'Algérie*, Moscou, édit. du Progrès, 1965, 88 p. (en russe).

Walter MAURO : *Poeti algerini*, Parma, Guanda, coll. « Piccole Fenice », n° 34, 1966, 170 p.

Jamal-Eddine BENCHEIKH et Jacqueline LÉVI-VALENSI : *Diwân algérien — La Poésie algérienne d'expression française de 1945 à 1965*, étude critique et choix de textes, Alger, S.N.E.D., 1967, 225 p.

Jean SÉNAC : *Poésie algérienne*, Alger, Centre culturel français, 14 mars 1969, 43 p. ronéo.

Jean SÉNAC : *Petite anthologie de la jeune poésie algérienne* (1964-1969), Alger, Centre culturel français, 25 mars 1969, 50 p.

Mustapha TOUMI : *Pour l'Afrique*, textes algériens réunis et présentés par M.T., Alger, S.N.E.D., 1969, 250 p.

XXX : *Political Spider — Anthology of stories from Black Orpheus*, edit. by Ulli Beier, London, Heineman, « African writers », n° 58, 1969.

Léo ORTZEN : *North African writing*, London, Heineman, 1970, 144 p.

XXX : *Eclatez l'aube*, Alger, édit. universitaires, 1970, 220 p.

Yves BICAL, Pierre ROCHETTE et Catherine SIMON : *Un jeune Algérien s'interroge*, étude et anthologie, Bruxelles, Les Jeunesses Poétiques, 1970, 54 p.

Jean SÉNAC : *Anthologie de la nouvelle poésie algérienne*, Paris, Librairie Saint-Germain-des-Prés, « Poésie 1 » n° 14, 1971, 128 p.

II

Etudes

[Jean DÉJEUX] : *La Poésie algérienne de 1830 à nos jours — approches socio-historiques*, sous la direction d'Albert MEMMI, Paris/La Haye, Mouton, Sorbonne, Ecole pratique des Hautes Etudes, 1963, 92 p.

J.-E. BENCHEIKH, et J. LÉVI-VALENSI : *Diwân algérien* (cité *supra*).

Jean DÉJEUX : *La Littérature maghrébine d'expression française*, Alger, Centre culturel français, 1970, 355 p. (en trois fascicules). Rééd. revue, corrigée et augmentée de quatre auteurs, à paraître au Québec (C.E.L.E.F., Faculté des Arts, Université de Sherbrooke).

III

Bibliographie

Jean DÉJEUX : *Bibliographie méthodique et critique de la littérature algérienne d'expression française*, 1945-1970, suivie de la Bibliographie succincte des littératures tunisienne et marocaine, in *Revue de l'Occident musulman et de la Méditerranée* (Aix-en-Provence, L.A.P.E.M.O., Université de Provence), n° 10, 2e sem. 1971, 210 p.

LIVRE IV

PROCHE-ORIENT

par Serge BRINDEAU

Fallait-il regrouper en un chapitre particulier les poètes du Proche-Orient ? Nous avons beaucoup hésité avant de prendre cette décision. Il est en effet permis de se demander si la poésie française du Proche-Orient présente une spécificité telle qu'elle justifie une étude à part.

Au Liban, si la langue courante est l'arabe, on pratique aussi, volontiers, l'anglais ou le français. « A la différence du Suisse ou du Belge, le Libanais est bilingue par goût plutôt que par nécessité », remarque Andrée Chédid[1]. L'enseignement français, religieux ou laïque, est très développé, et ceux qui ont adopté notre langue se félicitent de la parler « comme en France ». Bien que la littérature d'expression française ne se soit étendue au Liban qu'à partir de 1910, elle semble portée, par la tradition des liens historiques et humains, à s'intégrer harmonieusement à notre propre littérature.

Cependant les thèmes qui reviennent comme leitmotive chez ces poètes, et la qualité propre de leur écriture, invitent à les regrouper autour de semblables phosphorescences.

Relisons Georges Schehadé[2].

Le pays, dans les songes, est présent. Il a pénétré l'âme dès l'enfance. Nous sommes en Orient : « la jeune fille qui vient de la mer (...) porte dans ses cheveux les roses d'Alexandrie » ; le rêve d'une amante, endormie par « toutes les raisons de la Mésopotamie », évoque « une sinécure persane », la nuit royale embaumée de jasmins, « les origines du monde » — un jardin des délices où se conjugueraient les réminiscences juives, chrétiennes, musulmanes. Georges Schehadé connaît « la grande Bible des pierres ». Il aime se promener, tranquille, dans les « jardins des Ecritures », peupler d'oiseaux et d'anges ses poèmes. Dans cette région du monde, les étoiles parlent encore des Rois mages. La Galilée s'éloigne dans le temps et l'homme reste avec sa solitude, mais un fonds de religiosité imprègne l'âme du poète.

1. Andrée CHÉDID, *Liban* (Editions du Seuil, coll. « Petite Planète », 1969).

2. Né à Alexandrie en 1910. *Poésies* (G.L.M., 1938). *Poésies II* (G.L.M., 1948). *Poésies III* (G.L.M., 1949). *L'Ecolier Sultan* (G.L.M., 1950). *Les Poésies* (Gallimard, 1952). *Si tu rencontres un ramier* (L'Arche, 1951). *Les Poésies*, contenant *Poésies I, Poésies II, Poésies III, Si tu rencontres un ramier, Portrait de Jules* et *Récit de l'an Zéro* (Poésie/Gallimard, 1969).

Dans ce pays, « l'angoisse est un peu d'air », la rosée de la mer est brûlante, éternelle la tristesse des sources. Entre la mer et le désert, rien n'est sacré peut-être comme l'eau des montagnes, des fleuves, des fontaines. Andrée Chédid nous rappelle que Beyrouth vient d'un mot cananéen-phénicien qui signifie « puits ». Et Georges Schehadé peut écrire : « Notre désir est triste comme la mort des eaux ». Il peut encore — car « celui qui rêve se mélange à l'air » — projeter dans le ciel sa hantise d'une soif d'eau pure et fraîche insatisfaite et parler des « fontaines sans eau de la lune ». Cependant, il est dans la montagne « des granges pleines de douceur », et le Liban offre sa profusion de couleurs, de fleurs et de fruits. Sans doute Georges Schehadé n'ignore-t-il pas qu'il y a « une grande misère dans les villages » ; mais si l'étoile — en un symbole qui n'a peut-être pas seulement une signification spirituelle — appelle l'image d'une « étincelle de faim », il est vrai aussi qu'elle apparaît « dans un nuage de grande transparence », et que « la lune est un cristal de bonheur ».

L'alliance du bonheur et du cristal, nous la retrouverons chez Marwan Hoss. Comme nous retrouverons les oiseaux chez Nadia Tuéni (qui rêve de « partir très lentement sur la pointe des ailes ») ou chez Vénus Khoury (« les arbres qui pleuvent tous leurs oiseaux de terre » — si bien « de terre » qu'ils deviennent en un poème, en cela très libanais, « oiseaux bilingues »). Comme nous retrouverons encore, chez un Antoine Mechawar, le sens profond des eaux. Et, chez tous les poètes, ce mélange de spiritualité et de sensualité, de clarté, de « transparence » et de chaude réalité terrestre, de parole très dense et de souplesse onirique, où s'expriment avec bonheur et paix les diverses richesses humaines dont une grande civilisation se constitue.

Proche-Orient : « terre de poésie », dit Andrée Chédid[3]. Terre « vouée au poème », constate Salah Stétié[4]. Mais gardons-nous d'interpréter cette vocation dans un sens folklorique ! A trop vouloir justifier le « traitement à part » que réclame finalement la poésie libanaise et proche-orientale de langue française, nous risquons d'insister à l'excès sur ce qui, vu d'ici, pourra paraître, de notre fait, quelque peu teinté d'exotisme. Même la poésie de Georges Schehadé — que nous ne prétendons pas « présenter » et qui échappe à notre étude en raison des limites chronologiques que nous avons dû nous imposer, mais à laquelle il reste évidemment indispensable de se référer —, nous voyons bien que les allusions retenues en traduisent fort mal le mystérieux éclat, le profond scintillement. Comme Aimé Césaire, comme Malcolm de Chazal, Georges Schehadé appartient définitivement, par la poésie

3. Andrée CHÉDID, *op. cit.*, p. 155.
4. Salah STÉTIÉ, *Les Porteurs de feu* (Gallimard, 1972).

française, à la littérature universelle, au même titre — et au même rang — que Maurice Scève, Charles Baudelaire ou Gérard de Nerval.

Terre de poésie, terre vouée au poème... Un poète du Proche-Orient, s'il s'exprime dans notre langue, ne manquera pas d'évoquer encore ces « Liban de rêve »[5] par lesquels Arthur Rimbaud pouvait aussi « changer la vie ».

Si natifs de France que nous puissions être, notre situation humaine n'est pas si simple, notre langage si univoque, que nous ne sachions entendre en un double sens — littéral et symbolique — le « double-pays » d'Andrée Chédid. Il n'est pas non plus nécessaire d'être géographiquement adossé au désert pour comprendre, avec Nadia Tuéni, que les hommes les plus séparés en apparence demeurent solidaires par le « même arrière-pays ». Cherchant à définir, au-delà du Liban légendaire, « à la charnière de l'Histoire et de l'éternité », ce « lieu pauvre » où prend naissance la poésie, Salah Stétié, avec sa personnalité et sa culture propres, semble croiser les difficiles chemins où Yves Bonnefoy recherche les indices d'une réfraction de l'être.

Cette « terre de poésie », avouons donc qu'elle ne nous est pas si étrangère.

Cela dit, il reste que c'est en partant, chacun, de notre « lieu propre » que nous cheminons vers l'universel. Et certains lieux ne laisseront pas, dans cette quête, de nous paraître privilégiés.

La Méditerranée représentait pour Maurice Barrès le « mystère en pleine lumière ». La tradition de la poésie arabe, à laquelle se rattachent et que renouvellent profondément des poètes comme Adonis ou Mohammed Maghout, développe — Salah Stétié nous le rappelle encore — un sens très fort de l'ambiguïté où l'énigme s'approfondit et se creuse dans la définition même de l'énigme (ne doit-on pas aux Arabes l'invention du blason ?) Sens méditerranéen de la mesure et du mystère, sentiment arabe de l'ambiguïté, voilà peut-être ce que ces poètes nous apportent de plus précieux. La poésie française ne perdra rien à les situer dans leur lumière originelle.

5. Arthur RIMBAUD, *Villes I*, in *Les Illuminations*.

AUX ORIGINES, A LA LISIÈRE
Andrée CHÉDID

Pour le jeune homme épris
Des grenades pour parements

Pour la fille égarée
Une langue de mésange

Pour la veuve
L'écorce d'un tremble

La cerise du loriot
Pour ta prunelle mon enfant

Pour le poète
La soif

(Textes pour la terre aimée)

Andrée Chédid [6] pose des questions. Ces questions sont relatives aux sources premières, aux ancêtres, à la vie, à la mort, à la route suivie, à la lumière, aux ombres du chemin, à ce qui s'efface et à ce qui demeure, aux liens entre le langage, l'imaginaire et le réel. Mais — elle le dit très nettement dans un petit livre de notes sur la poésie [7] —, Andrée Chédid considère que « rien n'est plus contraire au poème que les idées », et elle fuit le style philosophique aussi bien que les jongleries verbales ou l'expression tapageuse des émotions, des sentiments.

Pour Andrée Chédid, vivre en poésie, « c'est se garder à la lisière de l'apparent et du réel, sachant qu'on ne pourra jamais réconcilier, ni circonscrire ». Dès lors, à quoi bon forcer le ton ? La poésie d'Andrée Chédid est inquiète et fluide.

Je cherche le lieu fidèle, la trame,
Le secret des secrets à senteur d'océan,
Le matin insensé où les ruisseaux foisonnent,
La lueur rebelle et la fleur du temps (...)

(Seul, le visage)

---

6. Née au Caire. Egyptienne, d'origine libanaise, naturalisée française. *Textes pour une figure* (Pré aux clercs, 1949). *Textes pour un poème* (G.L.M., 1950). *Textes pour le vivant* (G.L.M., 1953). *Textes pour la terre aimée* (G.L.M., 1955). *Terre regardée* (G.L.M., 1957). *Seul, le visage* (G.L.M., 1960). *Lubies* (G.L.M., 1962). *Double-Pays* (G.L.M.. 1965). *Contre-Chant* (Flammarion, 1968). *Visage premier* (Flammarion, 1972). Poèmes en anglais : *On the trails of my fancy* (Le Caire, Ed. Horus, 1943).
7. *Terre et poésie* (G.L.M., 1956).

Elle sait être profonde aussi, avec discrétion « La naissance autant que la mort préoccupent Andrée Chédid. Mais peut-être ces deux mots désignent-ils une même chose », a noté Yves Berger (*La N.R.F.*, *n*° 96, 1960).

Dans *Contre-Chant,* puis dans *Visage premier,* l'interrogation se précise.

Ignorer l'aujourd'hui,
arpenter l'éternel, est-ce vivre ?

Les réponses se font plus abstraites :

Plus de maintenant
Plus d'avec

Mais la poésie d'Andrée Chédid reste généralement simple, presque transparente. Une poésie à lire comme le poète écoute : « A petit feu ».

L'ÉGAL DU GRAND ASTRE

Fouad Gabriel NAFFAH

Il y a quelque chose de précieux dans *la Description de l'homme, du cadre et de la lyre,* un ton, une manière de dire, de conduire l'image vers la formule à méditer, un art aussi, dans le travail de l'alexandrin, de faire servir les formes connues à l'expression de pensées mystérieuses, un chatoiement de paroles que cherche à dominer — pourquoi ? — l'unité formelle de poèmes presque tous composés de dix-sept vers.

L'amour du Liban s'unit à des thèmes si bien entrelacés qu'on se demande d'abord comment pénétrer dans cette obscure forêt de cèdres et de roses.

L'auteur cependant, par un « Eloge au bord de (s)on œuvre », nous indique lui-même les meilleurs sentiers, en attirant notre attention sur « les grands moyens physiologiques voués à l'action, au mouvement et au support ». Les poèmes multiplient les allusions aux pieds, genoux, bras, épaules. Fouad Gabriel Naffah [8], en effet, dans son

---

8. Né à Beyrouth en 1925. *La Description de l'homme, du cadre et de la lyre* (Beyrouth, 1957 ; réédition Mercure de France, 1963). *L'Esprit-Dieu et les Biens de l'azote* (Beyrouth, 1966).
Consulter : *Fouad Gabriel Naffah au cœur du cercle*, in *Les Porteurs de feu*, par Salah STÉTIÉ (*op. cit.*).

rêve d'une humanité s'avançant vers les hauteurs, s'intéresse à « tout ce qui porte ». C'est ainsi que les jambes deviennent les deux colonnes du temple que l'homme aurait voulu construire. L'essor des oiseaux, la colombe qui s'envole du perchoir ont une valeur symbolique du même ordre. Le rêve du cerf-volant, les premiers aéroplanes, nos modernes avions marquent encore que l'homme « ne courbe pas la tête », que la foi le soulève — malgré la séduction toujours menaçante des biens purement terrestres. De telle sorte qu'il n'est pas interdit de « prévoir l'ange à l'horizon de l'homme ».

Ce que nous rapporte Fouad Gabriel Naffah est avant tout le sens d'une « conversion ». Il avait dû se contenter d'une explication matérialiste et mécaniste :

Au début j'étais athée comme un clair de lune.

Mais il a compris la difficulté de tout expliquer par « une simple accumulation de biens par hasard et c'est fini ». Comment comprendre en effet que « Maman matière » ait pu mettre bas la raison ? « J'étais athée », raconte donc le poète,

(...) *Lorsque m'étant levé du bon pied un matin*
Je fus surpris et presque sidéré
De trouver le soleil presque dans mon lit
Et de me trouver l'égal du grand astre
Au point de passer soleil comme lui (...)

Alors, « la foi en l'homme et Saint-Esprit » a succédé au doute.

Cette conversion à une philosophie spiritualiste et finaliste va de pair avec une démarche plus difficile à suivre et qui est de nature ésotérique. Certains passages, comme lorsqu'il est fait allusion aux « transmutations de chauffe », ne peuvent être compris qu'en relation avec la recherche des alchimistes.

Mais si l'on veut goûter pleinement le plaisir du poème, mieux vaudra sans doute se laisser saisir par une fantasmagorie de l'image qui réunit, comme en un philtre, les sortilèges les plus subtils, les plus rares, d'un art et d'un savoir où se mêlent intimement les différents courants d'une civilisation du rêve.

Les deux amants d'hier dorment en bonne terre
Leurs quatre pieds plantés dans un jardin de pommes
Pour nourrir en été les oiseaux du village
Et fournir de l'ombrage aux vagabonds du ciel
Leurs bras laissés dans l'air au jeu des tourterelles

Et leur voix et leur souffle ajoutés à la mer (...)
Leur jeunesse est partie aux œuvres du printemps
L'appareil lacrymal aux yeux bleus de l'automne
Et l'éclat de la neige aux doigts noirs de l'hiver (...)
Tous les moyens d'amour de luxe et de tendresse
Leur manquent dans la tombe ou le nouveau berceau
Excepté leurs beaux yeux qui rallumés dans l'ombre
Sont quatre chandeliers tout ravagés de pleurs

(La Description de l'homme, du cadre et de la lyre)

La profondeur, toute nervalienne, de l'inspiration, n'exclut pas chez Fouad Gabriel Naffah un certain humour précieux, qui invite aux étapes d'un itinéraire magique — menacé pourtant par les figures tragiques de l'absence.

L'oreille descendue aux Pays-Bas des rimes
Et la bouche montée aux cimes de Norvège
La plaine dépassée en vain cherchent l'oubli
L'altitude en Norvège aiguise les rochers
Et la pointe des seins de neige en fers de lance (...)
Chaque fleur de Hollande aide à fermer les yeux
Mais dès que le parfum soucieux se repose
Dans l'aboutissement d'un effort en corolle
Le désir le remet hélas en mouvement
Adieu froid de Norvège et fleurs des Pays-Bas
Mon destin libanais m'attend dans la Béka
Quand le rouge rappelle un souvenir d'orage
Quand le blanc dit le fard mensonger d'un visage
Quand le bleu pleure un ciel fermé sitôt ouvert
Un pur oubli fleurit la plaine des yeux verts

(La Description de l'homme, du cadre et de la lyre)

En même temps que se précise la critique de la « théorie classique » (matérialiste) du Monde, la recherche de l'Amitié, de l'Absolu, doublée du souci — par une ascèse — de « parfaire l'homme », se poursuit dans l'*Esprit-Dieu et les Biens de l'azote*. Titre incompréhensible si l'on ignore que dans la tradition alchimiste l'azote désigne « le commencement et la fin ». *A* étant la première lettre, le commencement, et Zoth la dernière lettre, la fin, l'azoth ou azote, c'est — si l'on veut — le monde de A à Z, ou l'alpha et l'oméga...

Laurice SCHEHADÉ

C'est aux frissons de ses propres émois que Laurice Schehadé[9] — la sœur du grand Schehadé — fait d'abord appel. L'enfance, le souvenir d'« une adolescence éblouie de félicité simple », la présence d'un paysage, d'un amour, d'une inquiétude, forment l'écran de ses rêveries, de ses brèves méditations.

Elle préfère l'intuition et l'esquisse à l'insistance de la pensée, même dans l'imaginaire. Le souci du temps qui passe (« Les années marchent à pas de rengaine, sans halte ni soucis ») lui fait rechercher dans une certaine solitude et un certain silence, une timide éternité.

Il y a chez Laurice Schehadé une grâce qui ne doit pas faire oublier la gravité cachée parfois sous le sourire.

Sur les chemins de poésie, le paysage même (mais de quel pays profond vient cette Libanaise ?) semble essayer de s'effacer comme pour nous préparer à l'absence de tout. Nous consolerons-nous, passants que nous sommes, des séduisants mensonges de la terre ?

Oasis maigres d'eau, palmiers implorants, étoiles en solitude, nuits couvertes de lune. Je vous ai dans le sang, moi qui ne suis de nulle part (...)

(Du ruisseau de l'aube)

UNE FONTAINE DANS LE SOLEIL
Nadia TUÉNI

De grands soleils tournaient sur les hautes pages de Nadia Tuéni[10]. Les oiseaux dont la mort est si redoutée, si redoutable aussi pour une âme de poète, portent à travers tout le ciel l'éclat de leurs couleurs, le feu de nos passions. Même le « ciel froid » de Nijni-Novgorod est « tout incendié d'oiseaux ». Autrefois les oiseaux pouvaient « atteler des soleils » et il est possible encore de rêver l'« incendie d'un oiseau aux banlieues des soleils ». Les oiseaux, ici « lynchés »,

9. Née à Beyrouth. *Le Temps est un voleur d'images* (G.L.M., 1952). *La Fille royale et blanche* (id., 1953). *Fleurs de charbon* (id., 1955). *Portes disparues* (id., 1956). *Jardins d'orangers amers* (id., 1959). *Le Batelier du vent* (id., 1961). *J'ai donné au silence ta voix* (id., 1962). *Du ruisseau de l'aube* (id., 1966). *Le Livre d'Anne* (id., 1966).

10. Née à Beyrouth en 1935. *Les Textes blonds* (Beyrouth, Ed. An-Nahar, 1963). *L'Age d'écume* (Seghers, 1966). *Juin et les mécréantes* (Seghers, 1968). *Poèmes pour une histoire* (Seghers, 1972).

là « morts plusieurs fois », ailleurs encore « en fusion », ou brûlés dans le noir, ont parcouru les mers et le temps, le monde entier. Qu'adviendra-t-il de ces « oiseaux qui sentaient la terre » ?

Nadia Tuéni écrit ses poèmes dans un pays où la nature impose de célébrer la mer et le soleil, les jardins, et le sable, le sable du désert, « le sable qui s'écaille et découvre le sable ». Les couleurs font un brasier : « ciel jais », ivoire, bougainvillées ; les « murs du désert » sont « tendus de bleu qui parle », et la mer écoute « aux beffrois de corail sonner les ouragans ». L'air torride — « un sous-bois de chaleur » ! — suscite des images de feu (braises enlaçant la couronne d'épines, embrasement des horizons, « chemins de cendre »), des images solaires, des images d'apocalypse.

Là-bas revient une plage sans portes
tes bracelets de nuit comptent les ossements d'un soleil
éreinté
il a vécu le ciel
et les oiseaux de mer ont décidé d'en rire
parce que les canons ont des gestes de vent
elles sont femmes vos guerres jusque dans l'herbe morte
dans la cendre de dieu qui tenait une plume
les soleils de midi ont dévêtu la mer (...)

(*L'Age d'écume*)

Chez ce poète des marées, des ouragans, des naufrages, des galaxies, il arrive pourtant que la mer soit un jardin, ou « un long ramier ». Nadia Tuéni aime les herbiers, les écrins, les camaïeux, la grâce d'un sourire. Habituée aux chimères, elle se laisserait prendre encore au « mirage des pluies », rêvant de pureté, de fraîcheur dans la fournaise même :

(...) *les batailles elles font plus de nuit*
qu'un essaim de corbeaux en l'air
ô noir qui brûle les oiseaux de la terre humide
dis-toi bien ces montagnes ont une herbe cachée dans les
plis de leur aine
et que l'eau blessée par les îles
au milieu du soleil dépose une fontaine.

(*L'Age d'écume*)

Un fonds de religiosité, malgré l'indifférence d'un dieu « cloisonné », semble guider Nadia Tuéni. Et, dans ce monde de violence où le Christ « n'est jamais ressuscité », elle cherche encore en quelque dieu la source de tant d'ardeur, comme ces chameliers qui traversent les étendues de sable « pour mieux trouver des lacs où dieu se fait voyage ». C'est ainsi encore qu'il faut interpréter le passage des oiseaux :

(...) *la toute petite fille est une bougainvillée*
du pays où les oiseaux ont un chant d'église
profond comme les voûtes d'un monastère en cuivre martelé (...)

Comprenant ainsi en profondeur un pays contrasté, Nadia Tuéni a ressenti avec une particulière acuité la tourmente historique du Moyen-Orient. Le déclenchement de la guerre des Six Jours, le 5 juin 1967, lui a inspiré un long poème en dix « chapitres » (pour ne pas dire *chants,* ou pour se rapprocher davantage des Ecritures ?), où une sorte de fantastique surréaliste laisse assez clairement apparaître les préoccupations essentielles de l'auteur.

O vous mes quatre amours...

Fille elle-même d'un père druze et d'une mère française, mariée à un chrétien orthodoxe, Nadia Tuéni (née Nadia Mohammed Ali Hamadé) invoque tout au long de *Juin et les mécréantes* quatre femmes dans lesquelles elle peut aisément se projeter : Tidimir la Chrétienne, Sabba la Musulmane, Dâhoun la Juive, Sioun la Druze.

(...) *O Sioun, Tidimir, Sabba, et Dâhoun interdite,*
tous ces hommes avant moi ils ont peut-être eu tort.
Sont-ils devenus Dieu par raisonnement ?
Ils ont tué la pierre, l'oiseau, la mer,
sont-ils devenus Dieu à cause de la fleur ?
Des jardins ont poussé dans leurs yeux ; la vie
n'est-elle pas autre chose ?

La taille chaude et le bras dur, l'enfant est au désert
ce que l'eau est aux plantes.

Restez. Ne bougez pas.
Le ciel et le soleil ensemble dessinent vos visages en
fonction de la pluie, de l'été qui nous associe à la guerre.

Restez.
Pour raison de grandeur les ruines restent ruines,
blanches

parce que le blanc est couleur de folie,
et qu'en vous je devine la terre,
rouges
parce que le rouge est couleur de la nuit, couleur de
triangles où s'affrontent nos races,
jaunes
parce que le jaune déchire le soleil pour en faire parfums, qui
sont noirs, verts, bleus, selon que l'œil tourne.
O que la vérité est menteuse,
car l'infini de l'eau est démenti par le sable.
Tout n'est si beau que parce que tout va mourir,
dans un instant...

(Juin et les mécréantes)

Il faut lire Nadia Tuéni. Elle sait ce que tant d'autres — et beaucoup parmi les politiques — semblent vouloir ignorer : que Tidimir, Sabba, Dâhoun et Sioun ont le « même arrière-pays ».

LES OLIVIERS, LE SANG

Vénus KHOURY

Dans les premiers poèmes de Vénus Khoury[11], l'inspiration catholique, généreuse, semblait un peu diserte ; le décor de figuiers, d'oliviers, de palmiers, de dunes et de sable mouillé s'ouvrait peut-être un peu trop facilement à l'interprétation symbolique.

Les guerres (au Vietnam, au Congo, aussi tout près) ont-elles ébranlé la foi de Vénus Khoury ?

S'adressant à Dieu, elle exprime sa révolte, mais sur un ton de prière encore.

Elle garde, pour parler des choses de l'amour, un vocabulaire religieux (« Mon corps pour toi revêtira le faste des cathédrales »).

Elle évoque l'exil des réfugiés dans une « patrie improvisée », elle sait aussi la rançon amère du sang.

---

11. Née à Beyrouth en 1937. *Les Visages inachevés* (Beyrouth, Imprimerie Catholique, 1966). *Terres stagnantes* (Seghers, 1968).

LIBAN-SUD

Tachetés de prières et de peur
nous plions nos seuils sous nos bras
accrochons nos maisons aux arbres les plus bas

et rampons vers le nord.
Nos morts surveilleront la récolte de nos lunes
Le sud est à qui ?

Des hommes face au soleil
vendent leurs ombres

Une femme marchande
sa plus ancienne peau
Le sud est aux autres

Le sud cet enfant vêtu de barbelés

(*Inédit*, 18-9-1972)

AUX MINUITS DE L'EAU, DE LA CHALEUR ET DU TEMPS

Antoine MECHAWAR

Dans un de ses courts métrages, *la Marche sur la terre,* le poète cinéaste Antoine Mechawar[12] fait raconter par un chœur de lézards (les lézards personnifiant, dans la symbolique arabe, la fidélité) la marche d'une femme d'aujourd'hui vers la ruine omayade d'Anjar. Au centre d'une féerie traversée d'oiseaux, les colonnades et les arcades du monument prestigieux semblent marquer la limite du monde et du temps, la frontière entre la vie et la mort, entre le jour et la nuit. Anjar, que les lézards occupent en maîtres, c'est aussi, étymologiquement, la source qui coule...

Géographiquement, la situation du Liban se laisse assez aisément reconnaître dans les poèmes d'Antoine Mechawar : notons les « végétations torrides », la « chaleur de cloporte », et même les « ruelles chaudes du sang des touristes ». Dans ce pays — où l'imagination fait surgir tout naturellement de la nuit des temps les « dromadaires des

12. Né à Beyrouth en 1936. *Les Longues Herbes de la nuit* (Beyrouth, 1965).

rois mages » —, l'« eau des lacs », la pluie que l'âme recueille au creux des palmiers épiques, le « souffle de la mer » alimentent des rêves où le néant rencontre l'éternité, où le mystère, la beauté de l'existence suscitent, tour à tour ou simultanément, d'arides et de fraîches images.

Les Longues Herbes de la nuit sont l'œuvre d'un homme qui aime se laisser prendre au mirage des songes mais qui doute et qui s'inquiète du sens profond de la mort. Antoine Mechawar parle d'une « sérénité où la mort est refoulée au fond des âges », il refuse le monde et « s'adresse à la nuit », mais il fait annoncer par une araignée bleue « la venue du Messie » et, si quelqu'un crie « Dieu n'existe pas », les bouddhas continuent de passer parmi nous, « enveloppés de mystère et de rubis ».

Alors ? Rêver, dans la nuit orientale, onirique et profonde, de s'absenter ?

Afin de ne parler guère de ces attaches qui depuis quelques jours me lient au sable du désert je vais m'étendre sur l'eau des lacs ainsi que nénuphars du Nil et converser avec le vent (...)

Mais, puisqu'il faut mourir, que la mort du moins s'inspire encore de nos rêves :

J'ai creusé ma tombe sous un nid d'hirondelles !

Samia TOUTOUNJI

Comment se dit Narcisse au féminin ? C'est ce qu'on est tenté de se demander en lisant le premier livre de Samia Toutounji[13].

Et moi et moi prêtresse de paille et d'avoine

Au service de sa féminité, à conquérir, à contempler, à protéger des offenses, l'auteur de *Multiples présences* fait jouer le charme des songes, des images. Son chant est « branche fébrile » et elle se veut pourtant « femme plénière portant métaux et pierres ». Qui sera-t-elle multiple et changeante... comme elle est ? L'amour le dira sans doute. Mais quelle image du moi, de l'autre plus intime, nous renvoient les songes de Samia Toutounji ?

---

13. Née à Beyrouth en 1939. *Multiples présences* (H.C., 1967 ; nouvelle édition : Tokyo, Peter Brogen, The Voyager's Press, 1968).

Fady NOUN

Jeune encore dans le vert de ses idées

Ainsi pourrait lui-même se présenter Fady Noun[14]. On serait tenté d'ajouter : et dans le vert de ses poèmes. Quand il publie *On dessine toujours des mots habillés*, il est encore tout près de l'âge où l'on découvre, dans l'enthousiasme, sa vocation. Je ne serai pas militaire, je ne serai pas non plus infirmier, dit-il…

Seulement quand je serai
Graine de la graine poétique
Peuple de petit peuple vrai

Je courrai jusqu'au tabernacle

Un jeune poète mystique *(Aux pieds de la vierge)*, en un temps où l'« on ne sait à quel dieu hégémonial vendre sa tête et ses yeux »…

Claire GEBEYLI

Au fond de la mer j'écarterai les planètes
Pour te voir (…)

Dans les songes éveillés de Claire Gebeyli[15], se lit une inquiétude métaphysique ou religieuse en même temps qu'une forte aspiration sensuelle. (On remarquera que Juliana Seraphim se montre également à l'aise, dans sa fidélité onirique, pour illustrer Claire Gebeyli ou Antoine Mechawar.)

(…) *Moi qui ne suis en toi que vol indélébile.*

14. Né en 1946. *On dessine toujours des mots habillés* (Beyrouth, 1969).
15. *Poésies latentes*, ill. Juliana SERAPHIM (Beyrouth, 1968).

MINARETS DE L'ABSENCE

Marwan HOSS

Ces mots que tu dis sont les restes d'un voyage
Ce train qui dort un cheval endormi
Ne laisse pas la lune dehors cette nuit (...)

(Capital amour)

Depuis l'âge de quinze ans, Marwan Hoss[16] publie des poèmes dans les revues. Nadia Tuéni a préfacé sa première plaquette en rappelant le mot de Jean Cocteau : « On ne devient pas grand ; on l'est déjà dans ses premiers vers ».

A un âge où la volubilité est si fréquente, remarque Nadia Tuéni, Marwan Hoss fait apparaître l'essentiel par sa maîtrise de la langue et surtout par un « magistral emploi des silences ».

Marwan Hoss a « rencontré sur (son) chemin les hauts minarets de l'absence » ; et tout le blanc qu'il laisse dans la page semble répondre au silence des sables et des pierres.

(...) *Des pays je compris la distance*
du silence je pris la parole (...)

(Une passion)

Si Marwan Hoss atteint aisément à une densité d'expression qui lui permet de dédier sans vanité un recueil[17] à René Char, ses vers retiennent, à l'aube de l'âge, les reflets d'une beauté qui paraîtra peut-être un peu frêle.

(...) *Nous avons vécu les mêmes paysages*
De lourdes lumières de sables brûlés
Et pour s'aimer nos deux visages
Un même matin se sont cachés.

(Capital amour)

Cette poésie, discrètement, laisse passer le jour.

Quelque part le bonheur est un peu de cristal...

(Le Tireur isolé)

---

16. Né à Beyrouth en 1948. *Une passion* (Beyrouth, 1968). *Capital amour* (Beyrouth, 1969), *Le Tireur isolé* (G.L.M., 1971).
17. *Le Tireur isolé.*

Fouad El-ETR

Comme habile et naïf à la fois, Fouad El-Etr[18] pratique une poésie qui rappelle l'art de la miniature et qui sait évoquer d'une écriture légère les séductions voilées de l'amour, dans la fragilité de l'existence.

La pluie tombée dans le vent
L'eau dans le mouvement
C'est une jeune fille et ses cheveux
La pluie l'habille la déshabille
Le vent la coiffe la décoiffe
Elle a pluie toute la nuit

Hoda ADIB

Répondant au mouvement qui la porte, qui l'emporte, Hoda Adib[19] écrit, dans une poussée d'images lyriques où le réel se mêle à l'irréel, des hymnes au vent qui passe, à la terre, à la mer, aux arbres et aux visages, à l'âme éprouvant la peur et la confiance, aux corps qui se cherchent, se délivrent, à l'amour infini. Cette générosité de l'inspiration permet d'espérer longue sève, beaux fruits.

Nouhad el SAAD

Nouhad el Saad[20] exprime sa foi et son inquiétude en images frugales qui conduisent le sentiment mystique vers les royaumes de l'enfance.

---

18. *Poèmes* dans *La Délirante*, n° 2, octobre-décembre 1967.
Fouad EL-ETR a dirigé la revue *La Délirante* (Paris). Premier numéro : juillet-septembre 1967. Dernier numéro (n° 3) : octobre-décembre 1968.
19. *Parenthèse* (H.C., s.d.). *Demi-Pause* (Beyrouth, Ed. Revue Al-Adib, 1970).
20. *Itinéraires* (Editions Saint-Germain-des-Prés, 1972).

AILLEURS, MAISON DE L'ÊTRE

Salah STÉTIÉ

Si l'on était tenté de faire glisser la poésie libanaise dans son ensemble du côté de quelque mirage oriental, on en serait certainement dissuadé par la lecture d'une grande œuvre qui vient de se révéler : celle de Salah Stétié[21].

Epris du mouvement de la vie, de la beauté des êtres, de celle de tous les feux qui scintillent sur la terre, inquiet à la pensée d'une mort qui viendra rompre tout désir, aspirant à une tranquillité d'esprit par laquelle serait maîtrisé le courant du périssable, poussé par la nostalgie d'un Eden perdu, se préparant à garder « dans la maison de l'Etre » un souvenir ému du devenir, le poète Salah Stétié s'inscrit dans une haute tradition de la poésie universelle — et, particulièrement, en France, de celle qui pourrait nous conduire de du Bellay (« Là est l'amour, là le plaisir encore... ») et de Maurice Scève à Yves Bonnefoy, en passant par Mallarmé, Valéry, Pierre-Jean Jouve.

Ce « pays de grande chasteté » que la parole du poète, s'élevant dans l'air, au-dessus de l'air peut-être, cherche à atteindre, est-ce le pays pur des Idées exemplaires, où le désir humain ne tourmente plus les corps ? Sans doute. Mais c'est aussi un peu le nôtre ! Ce pays, qui est celui de la « circoncision du cœur », où les femmes évoquent des anges aux « ailes croisées sur la poitrine », n'appartient pas à l'univers agité et cruel des passions. Mais il conserve quelque chose de tout ce que nous avons aimé.

L'eau que gardent les semi-divinités qui en protègent si précieusement l'accès, n'est pas sans rappeler l'eau fraîche qui apaisait la soif sous le soleil du temps vécu. Par sa contemplation active, le poète tend à rejoindre, un jour — un jour qui serait un nouveau jour, un nouveau « matin » —, cet espace intelligible d'où le présent serait issu. Or, cette démarche ne va pas sans ambiguïté. On voit que le poète s'attarde, malgré une aimantation spirituelle, au charme d'ici-bas. En même temps qu'il s'élève, il se laisse retenir par une pesanteur. Si son âme est guidée « au plus haut ciel » (du Bellay), il semble que son cœur rêve toujours de caresses. « Destin, je suis destin, dit l'artiste, je remonte *le long* de la chute des corps », pouvons-nous lire dans *La Mort abeille*.

La recherche — par-delà les tourments de la vie — de l'Un, de

---

21. Né en 1929 à Beyrouth. *La Nymphe des rats*, avec des gravures de R.E. GILLET (Paris, H.C., 1965). *La Mort abeille*, petits textes (Paris, L'Herne, 1972). *L'Eau froide gardée* (Gallimard, 1973).
Les Porteurs de feu et autres essais (Gallimard, 1972).

l'Immuable, du Parfait, s'exprime sur un ton de vénération de l'Etre qui approche parfois la ferveur mystique.

(...) *C'est l'autre ciel fermé comme une lampe*
Inaltérable avec dans sa verrerie
La droite immobilité d'une flamme
Dure et dorée comme l'idée de Dieu

Mais toi va ton chemin douceur sous le ciel fort (...)

(L'Eau froide gardée)

On ne regrettera cependant pas de s'attarder aux séductions miroitantes de la terre, à l'intimité des éclairages familiers. Ce que réclame l'esprit en définitive, au-delà de sa tension charnelle, ce n'est pas seulement de retenir un éclat de la beauté sensible, c'est de préserver vraiment ce qui est appelé en ce monde à disparaître. Ici, les fontaines laissent sourdre l'eau bienfaisante ; le soleil réchauffe les corps. Mais qu'adviendra-t-il de l'eau, qu'adviendra-t-il du soleil même ? L'esprit veille, sphynx inlassable.

Les quais de marbre aux fontaines de l'eau
Sont allumés d'un grand glacé désir
D'être quais de soleil éternel pour
Sauver le feu devenu noir ici (...)

(L'Eau froide gardée)

Les poèmes où Salah Stétié évoque les « derniers arbres », les dernières joies offertes aux yeux du corps, à tous les sens, ne sont pas dans cette perspective les moins émouvants. Le monde commence à se dissoudre dans l'être. Le pain n'est plus le pain mais l'idée du pain, la femme n'est plus chair, elle est « principe de la femme ». Comment, dans ces admirables « figures de l'esprit », ne garderions-nous pas le goût de l'eau qui coule ?

Dominant les apparences fluctuantes de la vie, le poète entend donner à sa parole une sorte de rigueur sacrée. Dignité du vocable, entrelacement savant des significations, rythmes oraculaires, pureté plastique de la forme, harmonie du mot et de l'image, organisation spatio-temporelle du poème, tout cela concourt au sentiment d'une paix à conquérir, d'une sérénité possible. Mais n'oublions pas que l'ascèse spirituelle suppose la présence du corps. Le poète va découvrir un lieu autre, un « arrière-pays ». Cependant, que serait ce lieu s'il restait entièrement indicible ?

Tout ce qui est dit exige la participation du corps. Tout ce qui est dit n'a pas été et, s'il n'est dit, ne sera pas. Les mots, les gestes, ont un poids et une matière. Ils sont d'abord, pour être et n'être pas, ce poids et cette matière. Ils sont le ciel craquelé, démontré par ses brusques fissures.

(La Mort abeille)

Le miracle reste toujours que ce poids des mots, dans le monde, exprime si bien le passage à ce qui n'a pas de poids et qui chante et qui rêve dans l'âme, toujours suffisamment terrestre, par la grâce — ou la mélodie — du poème.

Les pigeons, les visiteurs diurnes
De ce lieu chaste avec ses ombres pauvres
Ont décidé que le salut sera
Pour les chevaux tremblants de la lumière (...)

Mais la doublure du jour et ses liaisons
Avec les apparues les plus nocturnes
Va-t-elle sauver du flamboiement ce lieu
D'un astre en mélancolie de violon ?

DÉSERT ET PAROLE

Kamal IBRAHIM

Au commencement... on pense tout de suite qu'était le Verbe, ou peut-être l'Action.

Au commencement
Babylone mangeait le blé des astres (...)

(Babylone)

Quelle venue au monde, et quelle entrée en poésie ! Cette parole initiale passe par la bouche et la main de Kamal Ibrahim[22]. « Babylone mangeait le blé des astres » : un tel vers, dit André Pieyre de

22. Né à Lattaquié (Syrie) en 1942. *Babylone, la Vache la Mort* (Flammarion, 1967). *Celui-ci Celui-moi* (Oswald, 1971).

Mandiargues, qui a découvert Kamal Ibrahim, révélant ainsi un *révélateur,* « n'a pas fini de luire ou de tonner dans ma mémoire ».

Un jeune poète s'avance, au risque de s'égarer (mais qu'est-ce que soi ?), « à travers (un) blé d'images ». Son propre corps — si difficile à rencontrer, dont il est si malaisé de comprendre qu'il ait pu naître et dont on sait qu'il sera dispersé — est un « blé étendu », dans cet espace de nos vies où « chaque blé disparaît ». Mais autant qu'au blé qu'on fauche et qu'on moissonne, Kamal Ibrahim pense au blé qui germe et qui va s'épanouir, au retentissement dans les rêves de cette vie qui lève : « Ta beauté pousse comme un épi que je songerai beaucoup ». Aussi peut-il dire : « A chaque blé Je fortifie la terre d'un soir ». Qu'on ne croie pas cependant à un symbolisme transparent. Tout symbole profond est ambivalent ; et la graine, pensée « chauve », sera « munie » par le poète « d'un seul blé qui tue ». La naissance et la mort pourront se lire dans ce blé.

Les ruines de Babylone préfigurent peut-être les « funérailles du monde ». Il n'est rien de si prestigieux, de si solidement fondé, dans les œuvres humaines, qui ne soit menacé de destruction, et qui n'invite à imaginer l'anéantissement même. « Babylone pense la mort à chaque feuille de sa vie ». On pressent déjà, projetant au-delà ce qu'on sait du passé, que ce qui est ne sera plus, tout ce qui est étant condamné par son propre tissu temporel : « La terre est si future Que je commence à me souvenir de sa mort ». Mais il faut bien se demander comment ce qui est a pu commencer d'être ; et, dans un sens, la ville morte est (a été ou sera — aura été ?) une des « villes à venir ».

Obsédé par la mort — « La mort Et puis la mort Et puis la mort » — au point, hanté par elle, de l'invoquer comme Mallarmé l'azur — « La mort la mort la mort la mort » —, le poète l'est aussi par la vie. Des murs et des ruines, et l'étendue des sables constituent, comme chez d'autres poètes de cette région du monde, l'arrière-pays de Kamal Ibrahim ; mais la vie bouge aussi — sperme et sang —, l'esprit s'est fait un chemin dans le monde où nous sommes, où notre corps est notre folie, monde où l'eau porte aussi la lumière et que le soleil brûle.

C'est peut-être « désert ce qui m'arrive », mais une « eau fraîche », étendue sur la terre, humecte par endroits le poème. N'oublions pas que Babylone fut construite au bord de l'Euphrate. Babylone et l'Euphrate : ce qui aurait voulu s'imposer à demeure et où règne la mort, ce qui vit et qui passe. (Philosophe, Kamal Ibrahim a pu se souvenir de Pascal : « Les fleuves de Babylone coulent, et tombent et entraînent. O sainte Sion, où tout est stable et où rien ne tombe (...) Qu'on voie si ce plaisir est stable ou coulant : s'il passe, c'est un fleuve de Babylone ».)

Comme la vie surgie du désert, condamnée au désert d'où elle jaillira de nouveau avant de disparaître et de renaître encore — « Babylone Babylone (...) Le sang se souvient La vie se répète La mort devient » —, le langage par lequel « nous parlons au monde » et dans lequel le monde nous parle de nous, ce langage issu de notre corps matériel a quelque chose à nous dire de l'origine et de la fin, et du passage à l'être, à la vie, à la mort.

Désert et parole sont intimement liés à la méditation poétique de Kamal Ibrahim. On lit ainsi dans *La Vache la Mort :*

Désert de mots
Mais comme une terre parlée

et dans *Celui-ci Celui-moi :*

Si tu aimes le désert
Parle dans le Mot (...)

Parmi les ruines de Babylone, Kamal Ibrahim redécouvrait la « voyelle de l'existence » ; les rudiments du langage lui revenaient en même temps que s'éprouvait en lui, dans son dynamisme, le sens du devenir.

(...) *Je marche mes pas*
Je parle mes mots
Je tends je tends vers moi (...)

écrivait-il.

Avec *Celui-ci Celui-moi*, se précisent, dans l'imaginaire, le rapport entre le travail de la vie et de l'esprit au sein de la matière, la tendance à être, la poussée vers soi, la naissance et l'élaboration du langage. Cela ne peut s'exprimer clairement, bien entendu ; ni avec des mots bien fixés, une syntaxe classique, correcte. Et c'est le mérite de Kamal Ibrahim que d'avoir fait ressentir, par sa propre initiative de langage,

L'amorce du Mot
Dans le schisme de la matière
Avant le Temps,

d'avoir donné de cette intuition métaphysique un équivalent poétique aussi exceptionnel. Yvon Belaval a analysé dans sa *Préface* à *Celui-ci Celui-moi* la façon dont Kamal Ibrahim utilise comme verbe le substantif, invente du verbe ainsi créé un usage pronominal : « Le grand bahut de l'Etre S'automne à mourir », ou « la mort s'arrière », etc. Seraient à étudier plus particulièrement, nous semble-t-il, les diverses tournures, toutes neuves, par lesquelles, à défaut de pouvoir s'exprimer par les simples conjugaisons ordinaires, passe le mystère du « moi » : « Je me voyage réellement... On meurt quelqu'un ici... Il commence à faire peur en moi... Il se passe un homme dans la rue... Maintenant Je me vois Mais il ne fera pas moi »...

Yvon Belaval parle, à propos de Kamal Ibrahim, d'un « éclatement du sol langagier sous une poussée germinative ». N'est-ce pas cette même poussée qui suscita la grande image qu'admire tant Pieyre de Mandiargues : « Babylone mangeait le blé des astres » ?

S'interrogeant en 1944 sur la possibilité et les conditions d'un « renouveau poétique », Yvon Belaval considérait « l'alternance de périodes productrices et de périodes reproductrices »[23] et soutenait — ainsi résume-t-il aujourd'hui sa pensée — que « l'imitation simple *reproductrice* lorsqu'elle se reflète en un même milieu » devient « *productrice* dès qu'elle réfracte un modèle à travers des milieux différents ». Et l'auteur de *la Recherche de la Poésie* peut ajouter en 1971 : « Poète de je ne sais quel désert où les oasis imaginent, Kamal Ibrahim me permet d'espérer que je ne me suis pas trompé ».

BIBLIOGRAPHIE
LIBAN ET PROCHE-ORIENT

Selim ABOU : *Le Bilinguisme franco-arabe au Liban* (Presses Universitaires de France, 1962).

Andrée CHEDID : *Liban* (Seuil, coll. « Petite Planète », 1969).

Salah STETIE : *Les Porteurs de feu et autres essais* (Gallimard, coll. « Les Essais », 1972).

23. Yvon BELAVAL : *La Recherche de la poésie* (Gallimard, 1947).

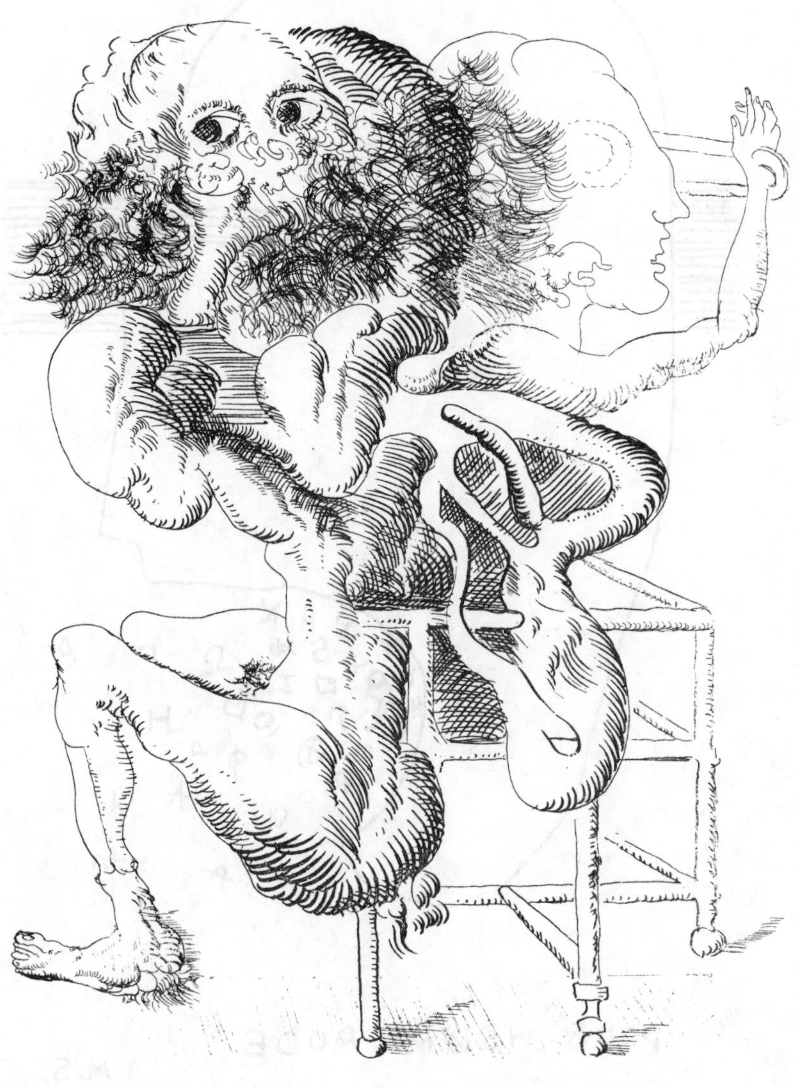

Gravure originale de LJUBA, illustrant *la Voie du cœur de verre* par Yvonne CAROUTCH (Ed. Saint-Germain-des-Prés, 1972).

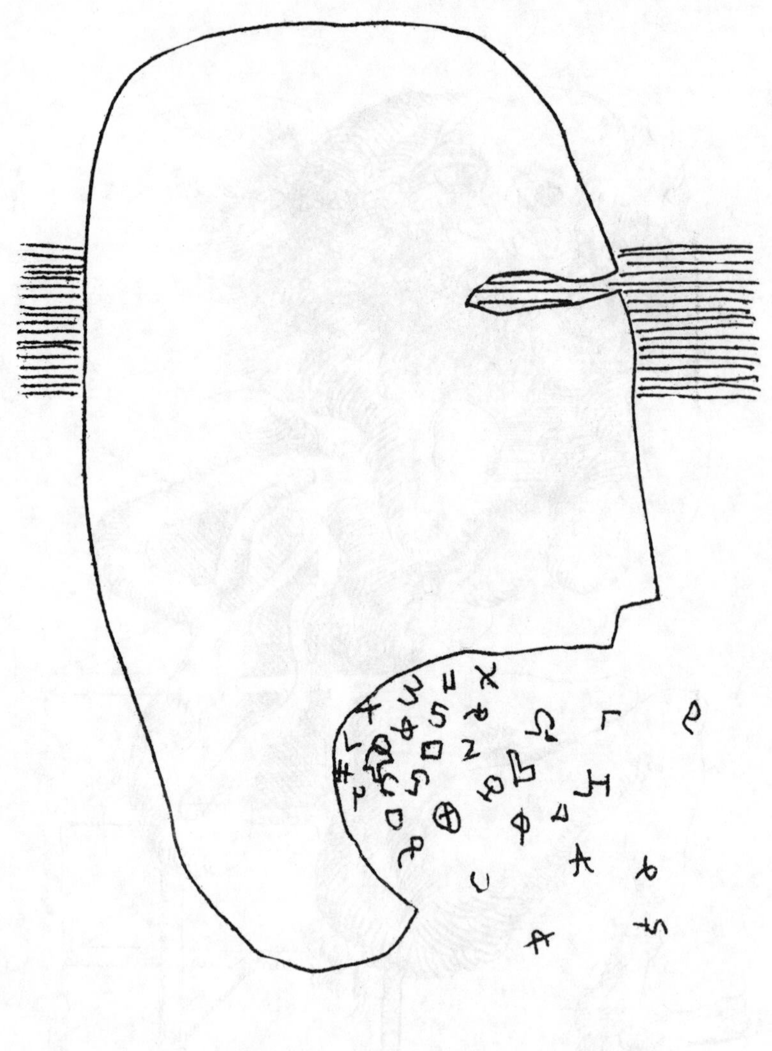

Gravure originale de Michel SEUPHOR pour illustrer *Comme bleu ou rouge foncé*, poèmes d'Henri RODE (Ed. Saint-Germain-des-Prés, 1973).

LIVRE V

AFRIQUE NOIRE ANTILLES OCÉAN INDIEN

par Edouard J. MAUNICK
et Marc ROMBAUT

PREMIÈRE PARTIE

AFRIQUE NOIRE

par Edouard J. MAUNICK

« DE L'ABSENCE A LA LUMIÈRE »

Cette partie du présent panorama est consacrée aux poètes d'Afrique, des Antilles et de l'Océan Indien écrivant en français. La plupart d'entre eux relèvent de ce qui est maintenant compris comme le domaine de la « négritude ». Les autres, sans totalement déserter cette négritude, se rapprochent beaucoup plus, par leurs thèmes, d'une poésie « générale », sans qu'on doive attribuer à ce terme des degrés inférieurs ou supérieurs de comparaison. La Poésie est toujours vaste quelle que soit la langue dans laquelle elle s'exprime. Elle est vaste quand elle touche à la recherche, à l'acceptation et à la profession d'une identité. Elle est également vaste quand elle traduit le monde visible et invisible. Quand elle permet le rêve et la vision. Vaste, ne serait-ce que pour le chant seul.

Il fallait cette mise au point afin que la contribution tout à fait à part, de l'Afrique, des Antilles et de l'Océan Indien, à la poésie de langue française, ne subît aucun cloisonnement qui risquât de l'ériger contre elle-même. De la diviser. Ce ne sont pas les origines d'un poète qui font la preuve de sa vérité ; c'est le contenu de son poème. La poursuite de la race est un élément comme l'amour, la nature et le reste. Seules importent l'ampleur du dire, l'originalité de l'écriture et la part de « folie lumineuse » qui font que la poésie se reconnaît comme telle : le moment indescriptible de création où l'homme s'abandonne à sa mission la plus haute. D'aucuns souriront à l'expression. Mais je dis *mission* comme j'aurais pu dire *devoir*. Car si le poète sait qu'il n'est pas le « surplus » de la nation ou de la société, encore moins un être à part, il doit en même temps briser en lui toute velléité d'orgueil. Dans la cité comme dans sa solitude, il n'est qu'un investi. Son pouvoir est dans l'usage de son talent.

Donc, ici, un ensemble de poètes cités sans projet d'ascendance, sans aucune spéculation. La seule condition de leur présence : ils écrivent tous en français.

Sur la « négritude », tout a été dit. Par ceux qui l'ont annoncée, par ceux qui l'ont assumée, par ceux qui l'ont combattue et attaquée et par ceux qui l'ont défendue. Il faut y ajouter les avis et les digressions de témoins extérieurs : les critiques et les anthologistes. Je dis que tout cela est bien parce que ce « mouvement », comme je l'ai qualifié ailleurs[1], n'en revêt, en son temps, que plus d'importance.

---

1. *Le Monde noir* et *Les Poètes de Madagascar,* in P. de BOISDEFFRE : *Une histoire vivante de la littérature d'aujourd'hui* (Librairie Académique Perrin, 1968).

Il faut toutefois comprendre que la « négritude » ne peut s'analyser comme un phénomène antiraciste, mais comme une nécessité de l'heure. Des millions d'hommes, absentés de l'Histoire, pire, absentés d'eux-mêmes, par le procédé le plus inhumain jamais utilisé pour posséder, avaient et ont le droit en notre siècle, de recourir à leur identité profonde, pour enfin occuper la place qui leur revenait depuis toujours. Quelques-uns, (la plupart) des poètes, ont pris à cœur cette œuvre de réhabilitation. Ils ont rassemblé des talents, mobilisé des forces vives de création. Ils ont fondé des revues, publié des livres. Après *Légitime Défense*, revue éditée par Etienne Léro[2], il y eut le « journal corporatif » de Senghor, Césaire et Damas : *L'Etudiant noir*. La première préconisait une révolution politique immédiate alors que le second voulait installer « la priorité et la primauté du culturel ». Aujourd'hui, il n'est plus question de trancher entre ces deux postulats : le temps et les événements nous ont prouvé qu'ils ne se contredisaient que dans les formes. Je veux dire par-là que Léro est mort trop tôt et que Senghor a écrit *Hosties noires,* Césaire *le Cahier d'un retour au pays natal* et Damas *Pigments* : tous, des textes de la plus haute exigence. Des réquisitoires incandescents. Faut-il, après cela, chercher encore ce que « révolution » veut enfin dire ! Je ne le crois pas. Le poème contient une charge intemporelle qui le différencie de la diatribe politique ; de là le divorce, sinon l'antagonisme, entre le poète et le tribun. Les exceptions n'existent que pour prouver la règle.

A cet effet, il faut se référer au mouvement de la « Renaissance Nègre » aux Etats-Unis avec des poètes comme Countee Cullen, James Waldon Johnson, Claude McKay, Jean Toomer, Sterling Brown et Langston Hughes. Ce mouvement, qui précéda de plus de vingt ans *Légitime Défense* et *L'Etudiant noir,* procéda de l'idée-force de William Du Bois qui provoqua en 1909, aux Etats-Unis d'Amérique, la naissance du N.A.A.C.P. (Association Nationale pour le Progrès des Gens de Couleur) que devait plus tard présider le regretté Martin Luther King Jr. Sans vouloir à tout prix établir de conjonction (les dates déjà l'empêcheraient), il serait intéressant de démontrer un jour les points d'unanimité entre *The Crisis,* revue fondée en 1910 outre-Atlantique et dirigée par William Du Bois, et les deux revues de langue française *Légitime Défense* et *L'Etudiant noir*. Une chose au moins est sûre : elles relevaient toutes d'une même promesse, d'un même sacerdoce : la promotion de l'homme noir. Et cette promotion, qu'elle se situe au début du siècle ou plus tard, vers les années 1932 et 1934, s'abreuve à une même source : l'Afrique, le lieu de la conscience de l'homme noir renaissant. Dans *The New Negro*, Arthur A. Schomburg écrira en 1925 : « Le Nègre américain doit rebâtir son passé pour

2. Né au Lamentin (Martinique) en 1909. Mort à Paris en 1939.

bâtir son avenir. Bien qu'il soit orthodoxe de penser que l'Amérique est par excellence le pays où il est inutile d'avoir un passé, ce qui est un luxe pour l'ensemble du pays devient une nécessité sociale de première importance pour le Nègre. Pour lui, une tradition de groupe doit fournir une compensation à la persécution, et l'orgueil racial un antidote contre le préjugé. L'histoire doit restaurer ce que l'esclavage a supprimé, car c'est le dommage social de l'esclavage que la génération présente doit réparer et contrebalancer »[3]. La même année, dans ce même *New Negro*, Alan Locke mettait les choses au point en matière de poésie. Replaçant le Nègre dans la culture américaine, il précisait : « Qu'est-ce que la poésie nègre ? Ce n'est certes pas simplement de la poésie écrite par des Nègres... La poésie nègre n'est pas davantage cette vieille poésie en dialecte issue d'un patois paysan et d'un ghetto de types et de sentiments limités. La poésie nègre accuse aujourd'hui de nombreuses veines, qui ont toutes en commun un seul facteur — le fait de refléter une certaine expression du sens affectif de la race ou un certain angle de la tradition et de l'expérience du groupe particulier. Dans le cas du Nègre américain, le sens de la race est plus fort que celui de la nationalité ; et sous une forme ou sous une autre, c'est là un facteur premier de la conscience du poète nègre »[4].

Quand la poésie contribue à réclamer la réparation (Schomburg) ou à bâtir une conscience de la race (Locke), elle ne s'enferme pas pour autant dans un particularisme arbitraire, ce que certains ont qualifié d'antiracisme. Le pèlerinage aux sources était capital pour l'homme noir. C'est ainsi que, sous une forme plus mouvementée, plus polémique, mais que le temps a depuis clarifiée, le Jamaïcain Marcus Garvey[5], devait prétendre à un retour carrément physique à la terre-mère, l'Afrique. Le mouvement qu'il déclencha aux Etats-Unis en 1916 se termina en catastrophe, mais le grain qu'il sema trouva ailleurs sa moisson. Langston Hughes m'a toujours affirmé que la dette des Noirs américains envers Garvey était incontestable.

Oui, l'Amérique donna le ton, et Etienne Léro l'atteste quand il écrit à propos de Claude McKay et de Langston Hughes (deux poètes de la « Renaissance Nègre »), qu'ils « nous ont apporté l'amour africain de la vie, la joie africaine de l'amour, le rêve africain de la mort... » Quant à *l'Etudiant noir,* sa quête des « valeurs de la négri-

---

3. Cité par Jean WAGNER dans *Les Poètes nègres des Etats-Unis* (Paris, Librairie Istra, 1963), le document le plus important et le plus complet publié jusqu'ici sur la poésie noire américaine, de Paul L. DUNBAR à Langston HUGHES.
4. *Ibid*.
5. Marcus Manasseh GARVEY, né à la Jamaïque en 1887, fondateur aux Etats-Unis du mouvement « Back-to-Africa ». Condamné en 1923 par la Cour fédérale à cinq ans de prison et mille dollars d'amende pour escroquerie par correspondance, son journal *Negro World* fut déclaré « dangereux pour le confort et la sécurité des Blancs ». Déporté à la Jamaïque, il mourut à Londres en 1940.

tude » ne le sépare pas du *Crisis*, au contraire. Le fondement demeure cet inventaire de l'homme nègre couvrant son histoire, ses traditions, ses civilisations et ses cultures. Non pas pour en faire un être d'aujourd'hui attardé dans hier, mais un homme d'aujourd'hui pétri d'hier. Fort et fier de son héritage. Une telle entreprise, qu'elle soit passée ou présente, ne va pas sans heurts, sans grincements de dents, sans coups de gueule et sans ruées. L'homme ne se rebâtit pas en douceur : une âme à fonder est un cataclysme, à plus forte raison une âme à retrouver. Et la gangue du colonialisme — ce malentendu par excellence — sous toutes ses formes, est épaisse et dure et résistante. C'est ainsi que certains poèmes ont l'air de frondes et de coupe-coupe. Mais, comme le dit Césaire : « nous sommes tellement impatients d'aimer... »

Autant pour la violence contre l'anonymat, contre la « chosification ». Mais dans beaucoup de pays noirs, les conditions ne sont plus les mêmes. La tâche du poète s'augmente du rôle d'organiser la vie. Continuer à geindre et à battre de faux tam-tams est inutile et grotesque. C'est Martin Luther King Jr qui me disait un jour, à Berlin, que la liberté est une chose, et autre chose l'usage de la liberté. Faute de le comprendre, de nombreux poètes noirs s'escriment à se tailler des barreaux en plein air : à mener des combats imaginaires pour attirer l'attention ou... la pitié. On ne peut que le regretter quand on pense aux Etats-Unis, à l'Afrique portugaise, à l'Afrique du Sud et à d'autres lieux où l'homme noir meurt encore pour espérer survivre enfin.

Mais, il n'y a pas que l'Afrique. Il y a également la vaste « diaspora nègre ». Les quartiers de continent et les îles de la mer. Ici, les conditions de l'insularité ajoutent au désarroi de l'homme en même temps qu'elles contribuent à lui donner de curieuses dimensions. La mer emprisonne, mais elle est aussi porte d'exil ou d'évasion. A lire les poètes de la Martinique, de la Guadeloupe, de Haïti, de Madagascar et de l'île Maurice, on découvre cette ambivalence. Je crois pour ma part, que c'est là une de nos lignes de force, nous qui sommes souvent coupés de l'immense. L'Afrique est un arbre, nous ne pouvons pas vivre sans ses racines. Mais comment respirerait l'arbre sans ses branches ?... Le monde négro-africain est un. Les lieux changent, les dimensions, pas le profond de l'homme. Ils ont tous une même perspective : vivre. La poésie est pour certains une « arme miraculeuse » qui leur permet de tailler leur chemin. Pour d'autres, elle est parole pour s'annoncer. Le lieu de rendez-vous est unique. Je devrais dire le lieu de rassemblement : parmi nous. Et avec tous les autres hommes : parmi tous. Qu'importe la source, la terre portera juste nom. L'Afrique n'est pas une terre d'en face, ni les îles. Elles sont lieu et confins de la Terre : celle où tous nous vivons, celle où tous nous mourrons, celle qui requiert toutes nos présences pour ne pas perdre l'équilibre.

Ailleurs, j'ai établi une chronologie de la poésie de la « négritude » : ses précurseurs et ses époques intermédiaires. Dans le présent livre, j'ai voulu la situer dans les différents pays où elle a cheminé et où elle chemine encore.

Il incombera au poète et critique belge Marc Rombaut de présenter la poésie propre à l'Amérique française et a l'Océan Indien. Je n'ai pas voulu le faire pour deux raisons, la première toute naturelle : il fallait laisser à un autre le soin de parler de mes propres livres, et la deuxième d'ordre pratique : j'ai entrepris depuis plusieurs années déjà, de réunir la matière pour la publication d'une anthologie exhaustive de la poésie des îles. Je n'ai pas voulu mêler le présent travail au souci que j'ai de présenter un jour, au grand public, une certaine « manière » de la poésie écrite en français à la Guadeloupe, à Haïti, à Madagascar, à Maurice, à la Réunion, à Rodrigues et à Tahiti, pour ne citer que ces pays-là...

De voir réunis ces textes, parents et différents, on dirait une sorte de palabre, de concertation à la fois secrète et publique. On dirait une première complicité avouée en français de tous les points du globe. Et si procès il y a, le jugement sera rendu, sans aucun doute, en faveur des rassemblés. Ils s'appellent tous « poètes ». Leur identité commence par là.

CAMEROUN

Okala ALENE

Si l'on interroge les quelques poèmes d'Okala Alene[1] publiés dans *Neuf Poètes Camerounais,* on découvre que dans son cas, seule la tradition justifie l'écriture :

Que verrai-je donc aujourd'hui (...)
Des saisons se succèdent
Les années passent,
Tam-tam en moi
Taak-kundum
Oyié é
Rythme nostalgique (...)

et plus loin :

Nuit affublée de melena
Hou-hou-hou-li d'hibou !
Millénaire
Sage de ma race
Fleur de prestance de la paix
C'est la nuit folklorique !...

C'est que pour Okala Alene, seul le « traditionnel » donne à voir ce que l'oralité donnait à entendre, sans interférence inutile. Et puis, l'histoire est aux ordres de la mémoire :

De tes griffes sadiques
Tu as criblé ma peau
O seben !

Rebelle
à la taille de la nuit
Mon père a abjuré ton
sceau
O seben (...)

1. Poèmes dans *Neuf poètes camerounais,* anthologie par Lilyan KESTELOOT (Yaoundé, Ed. Clé, 1971).

Révoltée
à la veillée sur l'escabelle des plaintes
Ma mère se lamentait
O seben !

Il termine cette évocation du « seben » (la cravache du milicien) par une sorte de terrible évidence :

Tu as gangrené ma
peau redoutée
De l'urticaire de l'hostie
et paralysé ma vue
O seben (...)

Ernest ALIMA

La fidélité d'Ernest Alima[2] à ses aînés Césaire, Senghor et Damas est manifeste. Du premier, il va jusqu'à emprunter un certain ton d'écriture, âpre, aux images de choc :

Hyène
Qui exhume et ressuscite
Mes usages fossilisés
Pirogue
Qui remonte le fil de l'eau
Pour me ramener là-bas
A la naissance pure de mon fleuve (...)
Plus nègre que la nuit l'immense nuit préadamite
Soufflé sans midi par nos bouches d'alligator
Dont les sables enfouiront
Le Dragon-multicéphale-invulnérable-aux-jours-jadis
Blessé à mort (...)

(Négritude)

D'autre part, chez lui, le passage est visible entre la manière bien établie d'une poétique à la française :

Le caprice des femmes
Belle fleur de chez nous
Fait le luxe des dames
En changeant de burnous (...)

2. Auteur de plusieurs recueils dont *Selams, Masques* et *Larmes de Job*.

Et quand survient le soir,
Le caprice des femmes
Avant qu'il fasse soir
Rougit et puis rend l'âme (...)

et le déchaînement plus particulier d'un poète en gestation :

Je me suicide
Ici
Comme un orphelin mégot
Dans la matrice du cendrier.
(Ouste)

Sa tête regastule
Dont j'ignore les aîtres
Où veillent des gardes-chiourme
Sous les cils ombreux des vérandas (...)
(Prison)
Mon rêve majuscule
Ejointé
Tel
Un oiseau rebelle (...)
(Désillusion)

Lire les poèmes d'Ernest Alima, c'est courir de jardins en tornades, en vue d'une « initiation » :

Dans quelle source boirai-je l'eau de patience et de virilité
Pour braver la rude épreuve de mon initiation ?...
(Binda)

Léon-Marie AYISSI

Ce poète est un conteur ou ce conteur est un poète : dans le cas de Léon-Marie Ayissi[3], on hésite à choisir l'une ou l'autre formule :

Orphelin
Je parle de toi
Bourgeon du cœur d'une femme,
Rameau que la mort a privé de la sève
Privé de la tendresse du cœur (...)

3. Poèmes dans *Neuf poètes camerounais* (Ed. Clé, 1971).

Et pareil au fantôme par sa tignasse
Pareil au fantôme par son odeur de bête fauve
Par les rides croûteuses de son corps écailleux
Une forme animale décharnée
D'au milieu des branches à travers les feuilles
Descendait sombre dans les ténèbres du soir...
(Conte : *Zanga Eyenga l'orphelin)*

Il semble que chez Léon-Marie Ayissi, la tâche la plus digne du poète soit de traduire la somme des veillées d'autrefois : ces contes où l'homme se reconnaît à sa face et à son histoire.

Francis BEBEY

Francis Bebey[4] a très peu publié de poèmes. Mais ce peu suffit pour attirer l'attention sur une musique particulière (n'oublions pas que Bebey compose pour la guitare) :

le masque d'Ife pose son front bois du temps brun (...)

Cette musique du verbe accompagne une présentation de l'homme africain sous ses traits à la fois antiques et nouveaux :

Je suis enfant de Guinée,
Je suis fils du Mali,
Je sors du Tchad ou du fond du Bénin,
Je suis enfant d'Afrique (...)
Je mets un grand boubou blanc,
Et les blancs rient de me voir
Trotter les pieds nus dans la poussière du chemin (...)
(Qui es-tu ?)

ne dessine plus de chèvres mortes
sur le mur de ma case
dessine le soleil ou la lune
ou les étoiles
toutes choses qui n'ont pas faim
ni soif

---

4. Né à Douala en 1929.
Poèmes in *Nouvelle Somme de poésie du Monde noir* (Paris, Ed. Présence Africaine, 1966). *Embarras et Cie* (Ed. Clé, 1969).

tu dessines des chèvres et tu oublies
d'ajouter quelques brins d'herbe
et un peu d'eau
et tu t'étonnes que tes pauvres bêtes
en perdent la vie en venant au monde (...)

(Embarras et Cie)

Ce faisant, Bebey opère la nécessaire symbiose sans laquelle nul ne peut prétendre habiter son siècle, d'où qu'il vienne. Il parle de Mamadi, fils de Dioubaté, le *griot* :

Je suis griot, comme l'était mon père,
Comme l'était le père de mon père
Comme le seront mes enfants
Et les enfants de mes enfants (...)
Je suis griot pour vivre comme aux temps anciens
De feux de joie et de danses rituelles (...)

(Qui es-tu ?)

De même, il parle d'avenir à l'enfant de sa lignée, d'un avenir qui prend trace dans « la farce créatrice » pour déboucher dans l'après.

Il sourd également des poèmes de Francis Bebey, un humour en tapinois comme une leçon de santé — celle de l'esprit :

Du sang rouge dans mes veines,
Cela vous suffit-il pour vous faire croire
Que je suis un homme ?
La chèvre de mon père,
Elle aussi a du sang rouge dans les veines (...)

(...) *ils n'ont rien compris*
A la farce créatrice qui donna
Du sang rouge à l'animal et à l'homme,
Mais oublia totalement de donner
Une tête d'homme à la chèvre de ton père...

(Un jour tu apprendras)

Jean-Louis DONGMO

Jean-Louis Dongmo[5] est étudiant, ce qui n'empêche pas ses poèmes de nous donner l'impression qu'il a déjà « beaucoup vécu ». Dans le poème *Prostitution*, il parle d'une fille partie pour la « cité wourienne » (Douala-Cameroun, ville située au bord du fleuve Wouri) et qui professe, là-bas, le plus vieux métier du monde :

Foulant aux pieds la sagesse ancestrale,
elle a franchi
les sacrés barbelés nuptiaux
et chevauchant la liberté
elle a gagné les rues de la cité wourienne,
où elle grossit la meute sacrilège
des femmes du marché.
Elle y vend au détail le taro conjugal
elle y vend aux enchères la cola de Dieu.
Vigilants derrière deux tessons de bouteille,
ses yeux de lynx font nuit et jour
la chasse aux braguettes friandes,
ses clients sacrilèges.
C'est la femme-fée qui a toujours seize ans...

(Prostitution)

Dans un autre poème où la femme n'est plus la prostituée mais la danseuse, il chante avec autant d'élan que le verbe le lui permet :

Danseuse, ô poétesse
Viens, ma partenaire
Viens, ô mon œuf d'arc-en-ciel
Viens m'aider à écrire
Sur le parchemin du sol
Un poème immortel (...)

Femme de Dieu, viens
Poétesse de ma race, viens
Viens à mon aide, accoucheuse habile (...)

(A la danseuse)

Mais la femme ne coupe pas Jean-Louis Dongmo de toutes les réalités. A celles-ci, il revient parfois et souhaite manger sa part des :

5. Poèmes in *Nouvelle Somme de poésie du Monde noir* (Présence Africaine, 1966). Poèmes in *Neuf poètes camerounais* (Ed. Clé, 1971).

Sauterelles de bourses d'études,
Sauterelles de grades militaires,
Sauterelles de fauteuils parlementaires,
Sauterelles de portefeuilles,
Sauterelles de ceintures violettes (...)

(Chasse aux sauterelles)

Ailleurs, bien souvent, le vers de Jean-Louis Dongmo s'époumonne et s'essouffle, mais il porte en lui assez de promesses pour dépasser ces défaillances.

Samuel-Martin ENO BELINGA

Samuel-Martin Eno Belinga[6] écrit en la circonstance de la lumière. S'il contemple les « masques nègres », ce n'est pas pour les décrire ; s'il les décrit, ce n'est pas pour les déchiffrer ; s'il les déchiffre, ce n'est pas pour les publier. Paradoxes d'un dessein de création qui s'opposent et se complètent. Son seul itinéraire va de la lumière à la lumière :

L'histoire que je raconte ne dure
Que le temps d'ouvrir les yeux dans la lumière (...)

Aussi, à la fin de son témoignage — car il ne peut porter d'autre nom que celui très haut du témoin — les masques ont doublé de mystère mais sont par ailleurs devenus familiers, de cette familiarité que seuls les poètes savent donner comme l'on donne la main pour aider à entrer, à pénétrer les arcanes d'un monde royal où éclatent beauté, sagesse et force. Cette trinité mise à nu par Eno Belinga n'est parfois accessible que par le rêve.

Je vois, dans mon rêve,
Un chemin creux qui va
Du côté du soleil levant (...)

Et toujours cette poursuite de la lumière, car c'est en son sein que le cœur a chaud, qu'il pulse justement. Sans le cœur, inutile de chercher :

---

6. Né à Ebolowa (Sud Cameroun) en 1935.
Masques nègres (Editions Clé, 1972).

Seul le cœur
De l'homme qui est parmi nous
Pénètre le secret des choses et des êtres (...)

Pour libérer le nôtre, Eno Belinga nous guide dans la clarté :

La porte d'entrée est située
Entre le lever et le coucher du soleil (...)

Voici donc la durée de notre visite, de notre permission parmi les masques et leurs célébrations diverses. Une durée proche du cycle étonnant du temps rejoignant le temps : « un chant discret... dans ces visages le pouls cosmique du monde secret... » Nous avons affaire ici à un chercheur et un musicien. Eno Belinga, en poésie, ne renie aucune de ses préoccupations. Au contraire, chez lui, elles se mêlent, s'interrogent, se répondent. Aucune dichotomie, aucun divorce : « la pensée et l'action ont la même forme ». L'émotion fait le reste : ici, elle crée :

... le cycle sur lui-même se referme mais décalé
d'un pas et tout cela recommence (...)
(...) *accroupi dans l'ombre viatique de la mort,*
(...) *attendant la délivrance.*

Le geste final du témoin souligne encore plus cette « ombre viatique de la mort » en ne la reconnaissant pas seulement dans les masques travaillés dans le bois séculaire, mais également dans les masques travaillés dans la chair des héros d'hier, ceux de la race confirmée d'ère en ère, de pays en pays : Nat Turner, Patrice Lumumba, Martin Luther King Jr... pour ne nommer que ceux-là. Et l'explication nous est donnée au dernier poème. Elle est définitive et se suffit à elle-même :

Au fil des générations
L'invincible poussée de l'effort
Exorcise les croix de bois
Toutes les croix
Toutes les fois
A la croisée des chemins où
Comme à l'arbre
La vie fut longtemps clouée.

Elolongué EPANYA YONDO

La somme totale de la poésie d'Elolongué Epanya Yondo[7], c'est le Kamerun qu'il épelle sous sa forme originelle jusque dans le nom. Son livre *Kamerun ! Kamerun !* est un réquisitoire. Il l'a écrit comme une contre-violence, pour étaler la vérité sur les événements des années 48-49. Il l'a aussi écrit au nom d'une douceur rentrée, de l'étonnement de ne pouvoir conjuguer comme il se doit le verbe aimer. *Kamerun ! Kamerun !* n'est pas un titre, mais une exclamation double, un cri de veilleur :

Souviens-toi Souviens-toi
Qu'ils ne pourront déraciner
Cette pierre de fond d'éclat noir
Mon corps ma vie le rythme
De mon espoir plein la Liberté
Qui prend salive dans ma bouche
Sel de ma succulence qui n'est que vie (...)

Elolongué Epanya Yondo ne fait l'inventaire que d'un seul héritage : son pays natal. Il a lu le *Cahier* de Césaire, cela se sent. Autour de cette richesse, il groupe tous les visages : ceux des vivants et ceux des morts. Et pour que son discours soit mieux compris et partagé, il parle parfois dans sa langue maternelle. A l'occasion, il sait jouer de l'onomatopée, ce qui donne à son poème une vérité d'enfance au vocabulaire naturel :

Ils m'ont arrêté
Parce que j'avais refusé
De payer la dîme
De l'« Indigénat »
Ngong-Ngong
Ahoya — hoya — hoya (...)
(Ngong-Ngong)

La poule qui pond : caquète
Mboka-Mboka
La poule qui pond
Mboka-Mboka (...)
(La Pondeuse)

---

7. Né à Douala en 1930.
Kamerun ! Kamerun ! (Paris, Ed. Présence Africaine, 1960).

J'entends l'écho des cognées
qui s'abattent au loin
sur des troncs d'arbres
et le hang-hang
Des bûcherons qui me brisent le cœur
en fracas de pilons (...)

(Ces sangliers)

Je suis la tortue aux neuf malices (...)

Toute la faune
De la forêt natale en émoi
Rit de moi !
Koukoutou-Bouem
Ainsi se traîne la tortue (...)

(La Tortue)

Tu avances tênki-tênki
Comme l'oiseau hypnotisé
Par le regard du serpent minute (...)

Tu avances essa ! essa !
Que tu es beau
Mon lutteur noir
Quand tu te redresses
Pour mesurer ta grandeur
A l'écroulement de l'adversaire terrassé
essa ! essa ! essa !

(Beau Lutteur noir)

On pourrait, ainsi, multiplier des exemples de cet usage des sons à la fois inventés et propres à sa langue natale.

Ce qu'il y a d'impérissable chez Epanya Yondo, c'est la « pierre de fond d'éclat noir » qui rappelle son corps — qui lui-même rappelle sa race :

Mon corps ma vie le rythme
De mon espoir plein la Liberté
Qui prend salive dans ma bouche
Sel de ma succulence (...)

(Souviens-toi)

Elolongué Epanya Yondo ne nous a rien donné à lire depuis longtemps. Trop longtemps. On aurait aimé le retrouver auscultant le présent.

Valère EPEE

Valère Epee[8] est l'auteur de ce que j'appellerai une passion selon Saint Nègre. Son poème *Transatlantic Blues* est une dramatisation du douloureux voyage des cargaisons noires d'Afrique en Amérique :

La mer
La mer de sang de sueur de crachats
Obsédant souvenir de la longue nausée
Que fut notre voyage
Nous a lavés déjà
De notre négritude
Nous a rincés déjà
De notre humanité...

Mais Valère Epee ne se contente pas de ce bilan-là. La cargaison une fois déposée devient soudain semence. La nuit débouche sur une aube difficile certes, mais assurée, parce que l'homme n'est jamais un lieu de démission :

(...) *Et souviens-toi souvent*
Qu'en dépit des faux vents
Tout ruisselet bien né mène à la profondeur (...)

Valère Epee a vécu aux Etats-Unis, cela se reconnaît à travers son poème. Il adopte la scansion du « blues », sa nostalgie aussi. Mais est-ce bien lui qui emprunte ? Ne serait-ce pas plutôt une juste restitution :

Car sous ce talon haut qui s'abstient d'écraser
Pousse un rythme nouveau
Dicté du fond des temps
Par les Tam-Tams d'antan (...)

Passion selon Saint Nègre, ai-je dit, mais jazz également. Et l'Afrique, comme une fécondité que rien, pas même le temps, ne saurait tarir...

---

8. Né à Douala en 1938.
Transatlantic Blues, version bilingue, français-anglais, en collaboration avec Samir ZOGHBY (Yaoundé, Ed. Clé, 1972).

Patrice KAYO

Patrice Kayo[9] est actuellement instituteur à Bafoussam, au Cameroun. Il se veut paysan et prononce, de poème en poème, paroles de paysan. On y retrouve sagesse et simplicité. Surtout cette grande intelligence entre l'homme et la terre.

Quand il ne passe pas en revue les chansons populaires Bamiléké, comme dans son poème *Complainte d'une femme sans enfant,* publié à Yaoundé en 1970 :

(...) *Qui me fera mère*
La vie est un désert :
Un enfant en est la seule oasis.
Je suis comme l'herbe des rocs
Pas d'ombre sur ma route (...),

(Chants populaires Bamiliké)

il nous convie à partager les secrets de l'Initiation sous la forme d'un chant :

Seul le fils unique
Est sûr de la chaise de son père
Le petit de la panthère ne craint pas la nuit
Je danse toutes les danses
Et ma mère ne mange que la chair de l'épervier (...)

(Chant de l'initié)

Désiré Essama MBIDA

Pour Désiré Essama Mbida[10], la mémoire est seule à célébrer les « dépouilles » cachées dans la terre. Il en fait un chant « épique » au rythme « jaculatoire » :

EN MÉMOIRE DE...

(...) *Ils se sont couchés pareils aux holocaustes*
Du sorcier sacrificateur,
Pour multiplier les récoltes

---

9. Né à Bandjioun en 1942. *Une Gerbe* (Yaoundé, Association des Poètes et Ecrivains Camerounais, coll. « Semences », s.d.). Poèmes in *Présence Africaine* (*Nouvelle Somme de Poésie du Monde noir*, Paris, 1966). *Hymnes et Sagesse* (Honfleur, Oswald, 1970).
10. In *Neuf poètes camerounais* (Yaoundé, Ed. Abbia-Clé, 1971).

Et raffermir les bras des guerriers d'outre-temps
Ils se sont couchés, comme jeunes et blancs agneaux,
Pour multiplier les semences des réveils (...)

Ils se sont couchés, comme biches sveltes et craintives,
Qu'enivre le giclement du venin de la vipère,
Saouls de feu, de poudre, de coups et d'injures,
Muets et taciturnes, sans plaintes, sans cris,
Pour raidir le cœur des guerriers des nouveaux temps,
Pour galvaniser le clan, ses chefs et ses grands guides
Et ne pas faiblir l'élan des grandes marches.
Et la terre cristalline de sable,
La terre compacte de latérite,
La terre glaise d'argile,
La terre puante de boue et d'ordures,
La terre imperméable et sans résonance,
La terre a tu la géante chute de mes frères ! (...)

(Fragment extrait de l'*Aube du temps nouveau*)

Charles NGANDÉ

Ce qui caractérise Charles Ngandé [11] ?
Une poésie circonstantielle :

Hommes de mon peuple
Venez tous, venez toutes
Nous allons nous tresser une même couronne
Avec la liane la plus dure de la vierge forêt
Sous le grand fromager où nous fêtions nos parentalies
Et le soir, nous danserons autour du même feu
Parce qu'ensemble, sur la tombe de l'Aïeul,
Nous aurons fait germer une grande cité (...)

(Indépendance)

Une strophe comme interrompue, des mots retaillés pour un vocabulaire plus juste :

11. Né à Doumé, en 1934.
Poèmes in *Neuf poètes camerounais* (Ed. Clé, 1971).

Nous partirons
Par-delà les cactus
Nous partirons à l'aube
Avant que se fanent les étoiles
Avant que ne rouillent les mots
Nous partirons
A travers les sentiers cernés par les quartiers gangrenés
Tam-tamer la Grande Joie (...)

(*Nous partirons*)

Un certain coup d'œil décoché en paroles d'apparence anodine mais combien efficaces :

Venez, filles de mon peuple (...)

Remontez, brisez vos parcs, femmes longtemps en jachère
Remontez sur la croupe des étoiles filantes (...)

(*Indépendance*)

Et par-dessus tout, une aisance dans le verset :

Ils chantent dans la chevelure des cascades
Ils soufflent l'arc-en-ciel sur le dos des caméléons (...)

Fanta les berce dans ses cuisses à la tombée des crépuscules (...)

(*Mes ancêtres*)

Jeanne NGO MAI

Jeanne Ngo Mai[12] écrit des poèmes sauvages sans écriture violente et se lamente sans être pour autant une pleureuse. Elle célèbre un mort : Issah, et mêle la mémoire de cet être à ses propres souvenirs. Le procédé n'est pas nouveau et l'allure de Jeanne Ngo Mai est souvent d'un autre siècle. Mais soudain tel poème éclate, force l'attention, et davantage :

Une poésie de cent lignes,
Des lignes sans interlignes
Une poésie de cent pages,

12. *Poèmes sauvages et lamentations* (Monte-Carlo, Poètes de notre temps, 1967).

Des pages sans marge.
Une poésie de cent feuilles,
Des feuilles sans seuil.
Ma poésie de mille pages,
Ma poésie sans âge (...)

Ma poésie sans tribu
Pour une ère de relaxation,
Ma poésie sans Bamiléké
Sans Bassa sans Bulu.
L'ère sans Béti, sans Haoussa et sans Foulbé (...)

(Poèmes sauvages et lamentations)

Jean-Paul NYUNAI

Voilà un poète qui hurle : « JE NE VEUX PAS MOURIR INUTILE » et le tout en lettres majuscules. Pour cela, il réveille l'Histoire, la fait tour à tour parler pour elle-même et contre elle-même :

il y a des souvenirs qu'on n'oublie pas comme
ces mots que la lèvre ne peut taire (...)

rappelle-toi
tous les chalands les chaloupes les sister-ships *les cargos*
aux genoux grincheux escaladant la mémoire du Wouki
la dorsale de Tiko et la barbe de Biafra
le cœur apoplectiquement impatient
la panse enceinte du fruit si mûr de ton labeur ingrat
et passent mes cris d'enfant au totem désarticulé
et tourbillonnent mes espérances avortons d'honnête guerrier
mille mille croix de misère qu'on porte ici de père en fils
depuis cinq cents ans et meure meure le soleil végétal
moins brûlant que le froid antarctique
le morne sans yeux et cette longue soif d'être où ta gigantesque misère extravague
de l'Histoire tout ça nul n'y peut rien changer
sordide Histoire mais bien vivante Histoire
TON HISTOIRE.

(Part cinquième)

Nyunai[13] est le plus « surréaliste » des poètes africains avec le Congolais Tchicaya U Tam'si. Il procède par une hardiesse de langage à couper le souffle. Aucune métaphore ne lui fait peur, même pas les « piments-sang » comme il se plaît à nommer l'un de ses recueils. Il n'écrit pas, il exécute :

L'humiliation
s'installe dans ma demeure on enfonce dans mon crâne
les pensers neufs de ma nouvelle consécration
Descartes les grecs les latins le saxon l'aryen Mozart
l'avion le train le bateau l'automobile la bicyclette
le rhum l'hostie la chevrotine le style la chéchia
vont viennent résident pataugent culminent
l'assomption de mon avoir incinéré
tablaturent ô ferraille ô canailles ô funérailles
sur le chemin qui les conduit au POT-AUX-ROSES
que ce carthaginois nyctalope avait entrevu
un poteau rose proclame depuis :
NAÎTRE-NÈGRE EST UN CRIME DE LÈSE-HUMANITÉ
et la notice ajoute pour l'intelligence des usagers
en conséquence, toute négrogénie, négrophilie, négromanie et
les sortes, seront punies de la peine capitale
et la notice re-ajoute : il est bien entendu que
NOUS NE VOULONS QUE LE BIEN DES NÈGRES
ô pagaille ô ferraille ô canailles ô funérailles
et les usagers qui sont aussi des hommes idoines (...)

(Part huitième)

Comme son compatriote Elolongué Epanya Yondo, il s'appuie sur l'onomatopée pour crier plus juste :

(...) *et brrrom brrroum brrrom brrroum en attendant*
le drrrin drrrin drrrin drrrin partout
zni zom zom zom ziiiiiiiiiiiiiiiiii
woup woup woup wrrrouou hiiieeeeeeeeee
du bruit (...)

Extravagance ? Gratuité ? Humeur d'écriture ?... On ne se pose plus de questions quand on avance de *Part* en *Part* (c'est ainsi que Nyunai intitule plusieurs de ses poèmes) vers une totalité drue. Quand

13. *La Nuit de ma vie* (Paris, Debresse, 1961). *Piments-Sang* (Ed. Debresse, 1963). *Chansons pour Ngo Lima* (Monte-Carlo, Poètes de notre Temps, 1964). Poèmes in *Nouvelle Somme de poésie du Monde noir* (Ed. Présence Africaine, 1966).

on accepte les bonds — et les plages — d'une poésie faite de véhémence et d'apostrophe. On dirait un harcèlement :

le bruit ma dernière chance
le bruit du plomb sur les ouvriers en grève
le bruit de la perforeuse le bruit du caterpillar contre
le pondéreux des chantiers des terrassements des soubassements
le bruit ma dernière chance (...)

Jean-Paul Nyunai, un poète qui écrit à chaque fois comme pour la dernière fois. En tout cas, un poète véritable.

René PHILOMBÉ

Certes, René Philombé[14] est plus connu pour sa prose, mais en poésie, il faut également admettre qu'il expose « le » passé avec le discernement le plus vif :

Non pas ce feu de brousse
Africain
Grignotant
Sous sa dent
Ortie chaume et sissongo
Pour les moissons
Futures
Mais le feu des crachats
Le feu des razzias
Le feu puant des crachats
Et de la mort (...)

(Sur la tombe de mon père)

Sans pousser à l'outrance, sa parole est proche du feu ; elle corrode et cautérise :

Tam-tam nègre de l'homme-chose
Tam-tam nègre de l'homme-bête
Tam-tam nègre de l'homme-homme
Tam-tam nègre de l'homme-Dieu ! (...)

(A l'aube du tam-tam)

---

14. Né à Ngaoundéré, vers 1930.
Poèmes in *Neuf poètes camerounais*, op. cit.

Philombé est vivant, il le clame dans son peuple :

Peuple vivant, monstre sans âge
Rebelle à la loi des sans-loi
dédaigneux du pavois de la tyrannie
Crachant sur les icônes des dieux mortels
de tous les tam-tams de ton gosier claquemuré.
Sanglé de feu
sanglé de glace
ton grand cœur aux épaisseurs des ténèbres
a perdu le velours des joies soporifiques
et tu ne sais plus contempler les étoiles
ni jubiler au ruissellement des aurores
ni même délirer aux épanchements du mvet [14 bis]
du mvet millénaire
miaulant des romances
sous les doigts bamboulants d'un visionnaire en extase...
(Peuple vivant, monstre sans âge)

Ce disant, il ne s'arrête pas au constat négatif, il va plus loin et termine dans le pas bien vivant de ce peuple qui

dresse des hautes murailles de colère sainte
autour des terres et des reliquaires
car ils sont hommes-plus-que-mâles (...)

François SENGAT KUO

Deux plaquettes : *Fleurs de latérite* et *Heures rouges,* signées d'un certain Francesco N'Dintsouna, avaient, dans le passé, enrichi la poésie venue du Cameroun. Elles portaient la marque d'un homme en colère, indigné, et qui rassemblait, à chaque page, son verbe, pour exiger que justice soit faite. Que l'homme africain ne soit plus le paria et la victime :

Vous voici toutes
en gerbes assemblées
fleurs de mépris
fleurs de haine
fleurs de révolte
fleurs d'Afrique
fleurs jaillies des latérites

14bis. Instrument de musique en forme de harpe chez les Fang.

pour haut dans le vent
porter vos pollens
libérateurs (...)

Ces vers se suffisent à eux-mêmes. En 1971, les deux titres depuis longtemps disparus, ont fait leur réapparition aux éditions Clé de Yaoundé, avec cette différence qu'ils ne sont plus signés Francesco N'Dintsouna, qui n'était qu'un pseudonyme, mais François Sengat Kuo[15]. Cela témoigne d'une fidélité du poète à son œuvre des premiers temps. Il lui importait alors de dire :

Mille liens me lient à mon Afrique
Mille liens me rivent à ma race
Liens ténus liens tenaces
Mille liens me lient à mon sang
Soudain ma mémoire retrouvée
Du tréfonds de ma chair
Re-suscite mes douleurs abyssales (...)

Aujourd'hui, avec *Collier de cauris,* François Sengat Kuo laisse au chant le soin de clamer. Le poème a gagné en concision, les textes ont un air de « blues » : on dirait le résultat du passage de l'auteur aux Etats-Unis, à l'O.N.U., au pays de Langston Hughes et de Paul Vesey. Mais l'Afrique de la latérite, des cauris, demeure le signe indélébile. Essentiel.

Autres poètes du Cameroun

Polycarpe BIHINA :	*La chanson de Moida* (Yaoundé, chez l'auteur, 1962).
Jérôme MBALA :	*Flocons de baobab* (Yaoundé, Imp. Saint-Paul, 1969).
NKAMGANG, alias Martin SOP :	*O toi qui ne dors! Poèmes roses, poèmes verts* (Yaoundé, Imp. Saint-Paul, 1969).
Nkam NTANE :	*Chants de la patrie,* in *Cahier dix de poésie* (extrait de la revue *Europe*, janvier 1970).
Louise-Marie POUKA M'BAGUE :	*L'Innombrable Symphonie* (Yaoundé, Imp. du Gouvernement, Le Parnasse camerounais, 1959). *Fusées* (id., 1964). *Poésie. Un mariage bicolore* (Ed. Pouka, Le Parnasse camerounais, 1970).

15. Né à Akwa-Douala en 1931.
Fleurs de latérite (Monte-Carlo, Regain, 1954). *Heures rouges* (Ed. UNEC, 1954). *Collier de cauris* (Ed. Présence Africaine, 1970). *Fleurs de latérite, Heures rouges,* rééd. (Yaoundé, Ed. Clé, 1971).

CENTRAFRIQUE

Pierre BAMBOTÉ

Pour Pierre Bamboté[16], « la poésie est dans l'histoire » : son poème sera épique. Des « chants » qui exaltent, accusent, frappent : de longs couplets comme des siècles marqués par l'horrible et la mort. Mais puisque le poète est convaincu que le temps a porté autre chose que le malheur, il exige de l'histoire qu'elle lui restitue (à lui et à tous les Africains) ce qui fut volé :

Vous voyez, je ne quémande pas, la main tendue,
ni rien, ni l'unité africaine,
nous la construirons du nord au sud et en travers,
partout, sinon l'amitié qu'il faut,
voyez, la main de l'Afrique est tendue,
voleurs de notre beau pays, nous vous rendrons
honnêtes,
car nous allons former le barrage contre le vol (...)

Pierre Bamboté admire et vénère Patrice Lumumba. Le *Chant funèbre* qu'il consacre à ce « héros d'Afrique » est sans doute le meilleur de tout ce qu'il a écrit. Nulle part ailleurs, il n'a retrouvé cette verve, cette ampleur et, en même temps, cette rigueur qui font de ce poème un des beaux textes de la littérature de la « négritude » :

---

16. Né à Bangasu, République Centrafricaine en 1932.
La Poésie est dans l'histoire (Oswald, 1960). *Chant funèbre pour un héros d'Afrique* (Tunis, Oswald, 1962). *Le Dur Avenir* (Bangui, Imp. Centrale d'Afrique, 1965). *Les deux oiseaux de l'Ubangui* (Ed. Saint-Germain-des-Prés, 1968).

L'Homme qui joue si bien de la trompette
c'est mon frère
et le nom de New Orleans étrange se couvre de la nuit
qu'éclaire sa trompette seule,
Armstrong,
Armstrong, une histoire :
les esclaves ont croulé sous les cannes et le coton,
les bateaux sous la fumée remontent le Mississipi, pleurent
les frères esclaves, des larmes
descendent encore vos poitrines,
le Noir d'Amérique descend toujours,
l'eau a descendu le Limpopo et le Nil à la mer, nous autres
remontons le courant de l'histoire,
enfants de la bonne nature et de la bonne terre,
ainsi va l'histoire
pour ceux qui naissent du sexe humain et travaillent durement
L'homme rit toujours (...)

Dans *le Dur Avenir*, Pierre Bamboté, curieusement, parle des « mots qui brillent » :

(...) *Les mots n'existent pas*
Ils rejoignent les signes
dans le zéro (...)

Cette réflexion amorce peut-être une autre remise en question : l'opportunité du verbe poétique. Mais Bamboté nous a donné trop de preuves de l'efficacité de « la simple connaissance » pour que nous l'acceptions à jamais pris au piège du pur esprit. Il saura de nouveau entonner.

CONGO

Maxime N'DEBEKA

Maxime N'Debeka[17] n'a publié qu'un seul recueil jusqu'ici : *Soleils neufs*. Avec lui, le Congo s'assure de la continuité d'une grande lignée de poètes dont la fidélité à la terre congolaise apparaît comme condition première de la création.

L'ENVIE

(*fragment*)

L'envie de chair
L'envie d'étrangler
Envie de sauvage
Envie du cannibale
Envie du coupeur de têtes
Envie du Nègre
Mon envie de toujours
Me vient à l'heure où Congo français s'éclipse
Où le griot clame Congo nègre.

Ils sont venus un soir
Un soir tout noir
Un soir sans lune
Un soir de fétiches
Un soir d'évasion
Un soir innocent
Voler et
Violer la négraille
Civiliser la nègrerie (...)

(*Soleils neufs*)

---

17. Né à Brazzaville en 1944.
Soleils neufs (Ed. Clé, 1969).

Jean-Baptiste TATI-LOUTARD

Je dois à Robert Cornevin de m'être très tôt intéressé à la poésie de Jean-Baptiste Tati-Loutard[18]. Ses *Poèmes de la mer* font le double récit du passé et de l'avenir. Le poète se contente d'être le *veilleur* de la « haute et de la basse marée de souvenirs ». Le drame négrier se situe à la crête de telle vague, et l'assurance que demain est un autre jour à la crête de telle autre. Ce jeu incessant du flux et du reflux donne aux poèmes de Jean-Baptiste Tati-Loutard comme un visage du temps lui-même. Je veux dire par là que les dates et leurs événements connaissent, à travers le poète, le plus vrai des théâtres. Par contre, j'aime moins les déclarations qui se veulent inédites ou fracassantes de ce jeune écrivain, sur la « négritude ». Il a raison de parler d'une « crise d'originalité qui sévit parmi les jeunes écrivains africains ». Il y a ceux qui puisent cette *originalité* dans une poursuite gratuite d'une certaine « négritude ». Mais il y a également ceux qui espèrent la trouver dans une opposition un peu trop systématique à la « négritude » tout court. Je ne vois pas comment un écrivain négro-africain peut assumer « un autre être au monde » que celui de sa race. Comme je ne vois pas comment un vrai poète peut nier l'Universel au nom de sa seule race. Ce sont là des querelles inutiles, bien indignes du talent de beaucoup de nos jeunes écrivains, dont Jean-Baptiste Tati-Loutard.

Les Racines congolaises, avec cette « même invocation » du Congo :

> (...) *Sans cesse étendue,*
> *Remontant les fûts des arbres qui soulèvent*
> *Les deux berges, et retentissant fort dans le cor*
> *D'une lune qui a peu de lait dans sa corne* (...),

est un livre qui va plus loin qu'une simple fidélité contemplative au pays natal. Il y a là le fondement d'un chant essentiel. Je devrais dire : le fondement du chant.

> *L'arbre n'avait comme feuillage que des ailes*
> *d'oiseaux ;*
> *J'attendais que le jour tirât sur elles*
> *Quelques balles de soleil*
> *Le coup partit et l'arbre fut un chant.*

Un chant qui prend parfois l'allure d'un monologue de sentinelle :

---

18. Né à Ngoyo, Pointe Noire, en 1939.
Poèmes de la mer (Yaoundé, Ed. Clé, 1965). *Les Racines congolaises,* précédé de *la Vie poétique* (Oswald, 1968). *L'Envers du soleil* (Oswald, 1970).

Me voici en train de veiller
La haute et basse marée de souvenirs
Qui remontent du Royaume de Loango.
Les Dynasties passent et repassent devant mes yeux :
Maloango Tati, Mani Puati, Mani Nombo…
Je me suis reconnu au passage
Et je me sens désormais calme ;
J'ai l'œil au chaud près de la Grande Ourse ;
Et cette nuit assise autour de moi
Dans le ventre des coquillages
N'est pas le buisson d'un négrier.
Silence et contemple !
Dans l'eau bleue que le vent remue
Le ciel rince les étoiles
Pour éclairer les temps nouveaux.

(*Poèmes de la mer*)

Il est à remarquer que Jean-Baptiste Tati-Loutard reste toujours orienté vers la lumière. Il est homme de beaucoup de foi et devant la mer, il exalte son désir du temps « éclaté » :

Ailleurs, la terre se défait au fil des heures fibre par fibre,
A moins qu'un volcan n'éclate parmi nous
En larmes de feu, en pluies de cendres,
Que la terre ne glisse sur ses propres pas
Ou ne s'ébroue au sortir d'un long somme.
Plus haut, là où nos soucis se mêlent aux nuages,
Et nous reviennent à grosses gouttes dans les accès d'orages,
S'alignent tous les paradis imaginaires
Où pêle-mêle se croisent les dieux
Qui régissent nos temples et nos processions.

(*L'Envers du soleil*)

TCHICAYA U TAM'SI

Dans *Epitomé,* Tchicaya U Tam'si[19] nous prévient :

---

19. Gérald FÉLIX-TCHICAYA, dit TCHICAYA U TAM'SI.
Né à Mpili en 1931.
Le Mauvais Sang (Paris, Caractères, 1955). *Feu de brousse* (Caractères, 1957). *A triche cœur* (Paris, Ed. Hautefeuille, 1958 ; rééd. Oswald, 1960). *Epitomé* (Tunis, S.N.E.D.-Oswald, 1962). *Le Ventre* (Présence Africaine, 1964). *Arc Musical,* précédé de *Epitomé* (Oswald, 1970). *Le Mauvais Sang,* suivi de *Feu de brousse et A triche cœur* (Oswald, 1970).
Légendes africaines, anthologie (Seghers, 1969).

Ne cherchez pas mon âme
ni la mer non ni mon corps
ne la contiennent (...)

C'est que l'âme du poète, si c'est par cette identification qu'on tient à le reconnaître, est partout. Elle est partout parce que sa poésie refuse la circonscription. Si « du nègre, il a les vertus... et du nègre il assume le désespoir et l'espoir mêlés, les souffrances, singulièrement : la passion, au sens ethnologique du mot » (Senghor), de l'homme d'ici et d'ailleurs, il assume tous les signes, toutes les joies et toutes les contradictions :

N'ayant pas trouvé d'hommes
sur mon horizon
j'ai joué avec mon corps
l'ardent poème de la mort
j'ai suivi mon fleuve
vers des houles froides et courantes
je me suis ouvert au monde
des algues
où grouillent des solitudes (...)

(Feu de brousse)

Tchicaya U Tam'si, sous des airs de « tricheur » — mais peut-on condamner un homme qui triche avec le cœur ? — couve un feu vivant : un feu de brousse. Et ce n'est pas pour jongler avec les titres de ses livres que j'écris ceci. Tchicaya couve un feu vivant parce qu'avec lui, l'Afrique, et plus particulièrement le Congo, ne restent pas ancrés dans leurs déchirures. Certes, il n'ignore rien de leur tragique itinéraire, rien de la folie, rien de la colère :

je sais, je sais n'en dites rien
ma cervelle c'est de la glaise
foulée pour des mots de tête
qui me braillent mes maux de tête
tête foulée de bottes
de bottes savamment cloutées
de bottes savamment pernicieuses
ma cervelle c'est de la glaise
je sais, je sais n'en dites rien
chaque fleuve va l'amble à la mer (...)

(Epitomé)

Et dans le même livre :

Et celui-là
lavera-t-il le feu qu'ils éteignent en pillant
le cœur
dont le mystère à peine élucidé
me déshabille m'écorche me crucifie
au sommaire de ma passion (...)

(*Epitomé*)

On ne peut pas ne pas frémir à l'écoute du dialogue entre le poète et le Christ. L'Evidence est là qui nous frappe à chaque propos échangé :

(...) *Christ je crache à ta joie*
Le soleil est noir de nègres qui souffrent
de Juifs morts qui quêtent le levain de leur pain

Que sais-tu de New Bell
A Durban deux mille femmes
à Pretoria deux mille femmes
à Kin aussi deux mille femmes
à Antsirabé deux mille femmes
Que sais-tu de Harlem

Le vin pèse sur mon cœur je souffre de jouir
Christ je hais tes chrétiens

Je suis vide d'amour pour aider tous tes lâches
Je crache sur ta joie
d'avoir à droite à gauche
les femmes des bourgeois
J'ai mal d'avoir bu
Ton temple a des marchands qui vendent ta croix Christ
Je vends ma négritude
cent sous le quatrain
Et vogue la galère
pour des Indes soldées (...)

(*Epitomé*)

Mais sachant tout, ayant tout subi, Tchicaya U Tam'si entre en intelligence avec la vie, pousse toutes les portes, s'accorde aux saisons diverses, surtout à celle du « cœur couronné ».

A cause de ce sang emmêlé
le refrain est lent à venir
Tant de lœss sur la langue

la langue risque de verdir
de ne donner que fiel aux germes
qui ne seront ni gemmes ni vigne
Et l'eau ne sera ni trop salée
ni trop suave dans ces lendemains (...)
je bivouaquerai en tous les cœurs
un encens pour chaque mot du refrain
à la bouche. L'arc à la bouche musical.

(Arc Musical)

Auteur de plusieurs recueils à l'écriture sans cesse plus explosive, plus juste et plus accordée à toutes ses fidélités : celles de l'Africain, celle du Congolais, mais aussi celle de l'Homme sur la terre, Tchicaya U Tam'si, dont le grand talent est partout reconnu, d'Afrique en France, d'Allemagne en Scandinavie, des Etats-Unis à tout le Tiers Monde, demeure pourtant un poète d'avenir. C'est qu'il nous a donné trop de signes de richesse créatrice et, par le poème, explicité trop bien sa démarche pour que son œuvre puisse être déclarée faite et définitive. Il est la grande voix de son continent ; sa puissance est présente et future :

Reconstruire sa main
ligne à ligne
la trouver idéale
afin qu'elle soit garante
d'une moisson d'œuvres (...)

(Arc Musical)

A cet effet, Tchicaya n'a-t-il pas certifié les vertus du « ventre », lieu de commencement et de recommencement :

Certes, il reste le ventre.
Est-ce plus souillé que chaste ?
A cause de certains bris de cœur ?
L'amour pour l'amour
est aussi désolant que le reste.
Mais l'amour pour la vie
celui qu'on donne du ventre
la terre s'en charge
Dieu merci les voyants tombent
le plus souvent sur le dos
le plus souvent les bras ouverts
le plus souvent
le ventre face au ciel !

(Le Ventre)

Autres poètes du Congo

Jean-Pierre MAKOUTA-MBOUKOU :	*L'Ame bleue* (Yaoundé, Ed. Clé, 1971).
Théophile OBENGA :	Poèmes in *Nouvelle Somme de poésie du Monde noir* (Ed. Présence Africaine, 1966).
Martial SINDA :	*Premier chant du départ* (Seghers, 1955).

CÔTE-D'IVOIRE

Joseph Miezan BOGNINI

« Faire revivre le jour », telle semble être la tâche pour laquelle Joseph Miezan Bognini[20] est venu à la poésie. Chez lui, aucune surenchère d'images ni de prouesse verbale. Sa lutte est simple : exprimer cette Afrique retrouvée en sa juste « floraison » : le mot est de lui. Comment ne pas citer en sa faveur, l'opinion liminaire de Jacques Howlett à son premier recueil (*Ce dur appel de l'espoir*) : « Par sa ferveur maîtrisée, la qualité de son chant, et cette innocence devant le langage qui donne à ses poèmes une si forte densité de signification, J.M. Bognini a sa place, une des plus rares, semble-t-il, à côté des maîtres de la poésie noire moderne, à côté des poètes du combat pour la libération de la personnalité africaine ».

HORIZONS

Il y a un homme de plus
une flamme rejetée avant le monde
il y a une grotte de plus
un cœur
une âme
une floraison
un serment brisé sur la tête des autres

il y a un champ de plus
une veine solide pour résister à la
moindre hémorragie.
Je sens mon cou mouillé d'horizons
partageant l'unique héritage
l'agonie perd ses mailles
dans le royaume de l'innocence.

Il y a un homme de plus
que personne n'ose approcher.

---

20. Né à Grand Bassam, en 1936.
Ce dur appel de l'espoir (Présence Africaine, 1960). Poèmes in *Nouvelle Somme de poésie du Monde noir* (Présence Africaine, 1966). *Horizons*, recueil inédit (1964-65).

Je passe la main tendrement
sur la terre sauvage
une branche devine déjà
la voie de la sérénité.
J'avais mes hanches
unissant en faisceau
les étreintes du monde
le soleil me pourchassait
le banc se dresse
qui fête mon absence
allaitant de surcroît
la parole donnée.

(Inédit)

Bernard DADIÉ

Si l'on ne peut dire de Bernard Dadié[21] qu'il est un poète primitif, de peur d'être mal compris, osons quand même dire qu'il est le poète *du* primitif. De tout ce qui fait la simple joie ou le difficile bonheur d'exister. Son continent a pris du temps pour se mettre « debout », mais une fois sur ses jambes, il lui faut assurer sa bonne santé. Et Bernard Dadié, par des écrits directs, sans ambages, est un des garants de cette santé. Comme tout enfant qui tient d'abord à sa famille, il dicte les liens de sa filialité en commençant par le lieu de sa naissance :

Ma Côte-d'Ivoire des ballets et des sortilèges,
des fleuves aux chutes blanches avec des arcs-en-ciel pleins de bulles,
des nénuphars, et des lentilles d'eau tout au long de leur parcours,
et des oiseaux
des oiseaux de jais
des oiseaux de braise
des oiseaux sur les rives, les cimes, les ramures,
des oiseaux bleu d'azur (...)

(Afrique debout)

Une grande fraîcheur originelle, une voix de bienvenue, voilà Bernard Dadié. Dans le même élan, avec une sorte d'insolente innocence, il s'écrie :

---

21. Né à Assinie en 1916.
Afrique debout (Seghers, 1950). *Légendes africaines* (Seghers, 1953). *La Ronde des jours* (Seghers, 1956). *Légendes et poèmes* (Seghers, 1966). *Hommes de tous les continents* (Présence Africaine, 1967).

Je vous remercie mon Dieu, de m'avoir créé Noir,
D'avoir fait de moi
La somme de toutes les douleurs,
Mis sur ma tête,
Le Monde.
J'ai la livrée du Centaure
Et je porte le Monde depuis le premier matin.

Le blanc est une couleur de circonstance
Le noir, la couleur de tous les jours
Et je porte le Monde depuis le premier soir.

Je suis content
De la forme de ma tête
Faite pour porter le Monde,
Satisfait
De la forme de mon nez
Qui doit humer tout le vent du Monde,
Heureux de la forme de mes jambes
Prêtes à courir toutes les étapes du Monde.

(*La Ronde des jours*)

La strophe est célèbre dans la littérature africaine de langue française. Qu'on n'aille surtout pas croire à quelque ambition séparatiste : Bernard Dadié accomplit « la ronde des jours » avec une somme de partage incalculable. Il est partout et avec tous. Son chant est celui des « hommes de tous les continents » :

J'étais là lorsque l'ange chassait l'ancêtre,
J'étais là lorsque les eaux mangeaient les montagnes
Encore là, lorsque Jésus réconciliait le ciel et la terre,
Toujours là, lorsque son sourire par-dessus les ravins
Nous liait au même destin.

Hommes de tous les continents
Les balles étêtent encore les roses
dans les matins du rêve.
Sorti de la nuit des fumées artificielles
Je voudrais vous chanter
Vous qui portez le ciel à bout de bras
Nous
qui nous cherchons dans le faux jour des reverbères (...)

Hommes de tous les continents
Portant le ciel à bout de bras,
Vous qui aimez entendre le rire de la femme,
Vous qui aimez regarder jouer l'enfant,
Vous qui aimez donner la main
pour former la chaîne (...)

(Hommes de tous les continents)

Eugène DERVAIN

D'Eugène Dervain[22] je sais seulement que, né Antillais, il vit en Côte-d'Ivoire. De lui, je ne connais que quatre poèmes, l'un inédit, dédié au Pasteur Martin Luther King, un autre publié dans la revue *Abbia*, à Yaoundé, et les deux textes de l'anthologie Marabout. Mais quel beau poète : beau par son verbe qui déferle avec ampleur, beau déjà à cause de ce visage rassemblé de l'homme africain dont il veut faire son propre visage ; beau enfin pour l'émotion qu'il communique. On ne peut que souhaiter une édition très prompte des poèmes d'Eugène Dervain.

J'AI REMONTÉ TRÈS HAUT

(...) *J'ai remonté très haut vers des boues très anciennes*
Etrange Mauritanie de sable traversé de sang
Mon œil échoue à la marelle des berges
Je suis devant le grand départ la longue absence
Curieux du destin de celui qui voit fuir son sang
Et se détacher de soi une part de soi qui tombe
La mort a des hauteurs de sel qu'elle-même ne mesure pas
Le sable enfermant mes bagages contient aussi mon horizon
Semblable à une pluie d'automne
J'ai tangué puis sombré
Les carcasses de jade ne bougent pas
La houle les endort et je dors en leur sein
Un poisson mord mon pouce et un autre mes dents
Nulle revendication ni plainte mais des bulles
Car la poésie est morte
Plus de refuge pour l'avenir
Et le soir ne se referme jamais plus sur les mains de l'orage (...)

(Abbia)

---

22. Voir revue *Abbia*, B.P. 1501, Yaoundé, Cameroun. N° 1 : février 1963 ; n° 25 : 1971.

Charles NOKAN

« ... Il n'y a en moi que douleur », nous confie Charles Nokan[23], et ce n'est pas pour que quiconque prenne en charge sa tristesse. Il le dit pour se regarder bien en face et écrire en conséquence. C'est, pour l'instant, la seule révolution qui lui soit permise. Ecrire donc, pour Charles Nokan, c'est se battre pour corriger les défauts du sort, pas le sien seul, mais celui de la masse en silence. Il milite pour la « suprême résurrection », celle qui fait fi des compromis et des tiédeurs. Sa violence est discrète quand elle s'exprime, mais réelle sitôt exprimée. C'est que cette violence-là s'appelle dignité. Nokan est un lutteur qui veut bien lutter, mais debout, car « le temps a labouré mon front et travaillé mes dents », déclare-t-il sans ciller. Du *Soleil noir point*, une sorte de récit lyrique, plus proche du poème qu'autre chose — à *la Voix grave d'Ophimoï*, une suite de poèmes publiés avec sa pièce *Abraha Pokou*, elle-même chant-dialogue, cet écrivain, sans casser les vitres de la publicité, nous assure d'une présence comme d'un réconfort.

(III) *Ma tête est immense.*
J'ai des yeux de crapaud.
Sur ma nuque se dresse une corne.
Cependant une magique musique émane de moi.
Quel est l'arbre qui exhale ce parfum inouï ?
Beauté noire, comment peux-tu naître d'une crapaudière ?
Comment peux-tu sourdre d'une laideur solitaire ?
Vous qui me regardez, vous croyez que
la voix de mon instrument me rachète, que
je suis fluidité, penser qui vole.
Non, il n'y a en moi que douleur (...)

(XI) *Ophimoï vient de comprendre qu'il ne*
peut être libre que parmi ses semblables,
qu'il n'y a pas de rivière sans lit.
Finis les instants de suprême isolement !
Finie l'immense solitude !
A présent sonne l'heure de la métamorphose (...)

(La Voix grave d'Ophimoï)

---

23. Né à Yamoussokro en 1936.
Le Soleil noir point, récit poétique (Présence Africaine, 1962). *La Voix grave d'Ophimoï*, poésie, précédé d'*Abraha Pokou*, théâtre (Oswald, 1970).

Jean-Baptiste TIÉMÉLÉ

Jean-Baptiste Tiémélé[24], qui vit loin de son pays natal, exorcise l'absence par la célébration secrète — et de mémoire — des rites ancestraux. Il noue son poème et le lien se nomme chanson païenne :

Le feu sacré brûle
La danse sacrée s'exécute
Le coq blanc écourté
Décrit une ronde puis
Se renverse vaincu par les dieux (...)

Statue de bois
Statue sans voix
je te remercie
de m'avoir
fait si
noir
de m'avoir ajouté
aux nuances délicates de ce monde
pour garantir l'harmonie
des couleurs d'ici-bas (...)

(Chansons païennes)

Certes, les poèmes de Tiémélé souvent n'agissent plus à cause d'une folle poursuite de la couleur locale et d'une thématique ressassée, mais il sait, par ailleurs, retrouver le vrai sentier du retour aux sources. Peut-être faut-il qu'il exploite ce filon de la création que lui-même a mis à jour :

Essence
Naissance
Sénescence
Essence

24. *Chansons païennes* (Oswald, 1969).

Autres poètes de la Côte-d'Ivoire

Kumassi BROU :	*Brakoto* (Caen, Caron et Cie, 1966).
Mamadou DIALLO :	*Tam-tam noir* (Abidjan, Ed. Africaines, 1970).
Bertin B. DOUTÉO :	*Cloches et grelots* (Nice, Ed. de la Victoire, 1953). *La maison isolée* (Monte-Carlo, Poètes de notre temps, 1963). *L'Harmonica oublié* (id., 1966).
Georges EFFIMBRA :	*Mosaïque noire* (Tanger, Ed. Marocaines et Internationales, 1961).
Anoma KANIÉ :	*Les Eaux du Comoé* (Paris, Ed. du Manoir, 1951).
Maurice KONÉ :	*La Guirlande des verbes* (Paris, Jean Grassin, 1961 ; rééd. Kraus Reprints, Nendeln, Liechtenstein, 1971). *Au bout du petit matin* (Bordeaux, Jean Germain, 1962). *Au seuil du crépuscule* (Rodez, Subervie, 1965). *Poèmes* (Abidjan, Imp. Commerciale, 1969). *Poèmes verlainiens* (Millau, Imp. Maury, 1969).
Barthélémy KOTCHY :	*Chansons africaines* (Toulouse, H.C., 1965).
Bertin N'GUESSAN-GBOHOUROU :	*A l'ombre du tam-tam* (Paris, Ed. du Scorpion, 1964).
M. THEW ADJIE :	*Chants et pleurs avant l'aurore* (Nice, Imp. de la Victoire, s.d.)

DAHOMEY

Richard DOGBEH-DAVID

Richard Dogbeh-David[25] nous avait été révélé par un mince recueil intitulé : *Les Eaux du Mono*. Mince par le volume, mais riche de promesse. Depuis, l'auteur nous a donné deux autres livres dans lesquels il développe ses qualités de conteur né. Oui, Richard Dogbeh-David est un poète qui raconte : tous ses textes se lisent comme des récits où les images et le lyrisme interviennent pour donner au texte l'ampleur du chant. D'où le poème…

Il salue, rend hommage, interroge, évoque, rappelle comme quelqu'un qui revient d'un long voyage. Et c'est précisément cela, Richard Dogbeh-David. Un voyageur. Son unique cap : la liberté.

J'ai dit, il salue :

Ekarô ô
Lagos je te salue
dans la froideur de ce matin unique
où je t'aperçus dans ton île

Ekasan ô
Lagos je te salue
dans le feu du midi déclinant

Ekalê ô
Lagos je te salue
au bout de la nuit terminale (…)

Puis, la capitale nigérienne prend peu à peu le visage de toute l'Afrique. Et l'Afrique qu'a vue et que raconte Dogbeh-David est « terre de fidélité », une « Afrique de ténacité arachnéenne », une « Afrique des abîmes », une « Afrique de tous les dieux gorgés d'huile » et qui chemine vers « le renouveau du monde ». Cette ferveur dans le salut se retrouve partout dans la poésie de Richard Dogbeh-David, quand il rend hommage à Césaire, quand il interroge

25. Né à Cotonou.
Les Eaux du Mono (Calvados, Ed. Lec-Vire, 1963) *Rives mortelles* (Cotonou, G.I.D., 1964). *Cap Liberté* (Yaoundé, Ed. Clé, 1969).
Voix d'Afrique (Paris-Strasbourg, Istra, 1963). *Voyage au pays de Lénine* (Yaoundé, Clé, 1967).

son Dahomey natal, quand il évoque ses « amis des temps jadis », les « filles de son pays » et quand il rappelle à l'aimée « notre départ pour la vie ». Il est fidèle à sa boussole :

> *Je dirai nos joies les vibrations de l'être libéré* (...)
> *Je dirai sur nos tambours rajeunis*
> *le chant de l'ineffable* (...)

Et plus loin cette invocation rassemblée :

> *A nous la liberté signe inédit*
> *surgi des revendications spirituelles de Lucifer*
> *non plus des prêtres*
> *des adorateurs d'autel*
> *mais d'authentiques fils de Satan*
> *embouteillés dans l'alcool*
> *premier degré des champs rouges*
> *rouges de soleil équatorial*
>
> *C'est la nouvelle incendiaire que nous portons*
> *aux deux-tiers du monde*
> *des quatre points cardinaux*
> *l'Afrique a saisi le premier*
> *à la douane de l'Océan Indien*
> *au Cap de Bonne-Espérance*
> *nous prenons d'assaut les repères des pères occultes*
> *à nous la liberté* (...)
>
> (*Cap Liberté*)

HOLOGOUDOU

En 1966, à la veille du Premier Festival Mondial des Arts Nègres qui allait se tenir à Dakar, j'ai reçu la livraison spéciale de *Présence Africaine* : un volume de près de 600 pages, relié, sous le titre : *Nouvelle Somme de Poésie du Monde noir*. En l'ouvrant, j'ai retrouvé beaucoup de poètes que je connaissais déjà, et fait connaissance avec d'autres que je n'avais jamais lus. Parmi ceux-ci : le Dahoméen Hologoudou[26]. Aucune indication biographique ni biblio-

---

26. Cinq poèmes : *Sexte, Laude, Vêpres, La Légende et le Mythe*, et *Liberté* in *Nouvelle Somme de poésie du Monde noir* (Ed. Présence Africaine, 1966).

graphique, aucun prénom, seulement cinq poèmes qui m'ont tenu en haleine. Aujourd'hui encore, je les relis avec le même bonheur et au bout du dernier vers, le même regret : pourquoi n'existe-t-il pas de recueil de Hologoudou ? On publie tant de choses inutiles que l'absence d'un tel poète a quelque chose de révoltant. La place que je lui donne ici n'est qu'une goutte de réparation.

près
des
murailles
qui hébergent les souffles millénaires,
je
chante
l'assomption des vierges et des martyrs,
la frénésie
des
sèves déchaînées
sous le seuil de nos printemps ;
l'hiver sans ombre ni déclin,
le brûlis des forces aux feux des forges,

0 souvenances antédiluviennes,
0 granule, trois fois sainte (...)

(*Laude*)

Hologoudou maîtrise sa langue d'expression comme seuls les vrais inventeurs savent le faire. Chaque ligne est une stance en soi, chaque strophe un univers entier, gorgée d'une vie volée au feu le plus ardent. Aucun jeu de cache-cache entre le poète et son investiture :

dire aux miens ce qu'on m'a dit de leur dire (...)

et sa quête « désespérée » tend à rééditer

le jour que nous fîmes de longues funérailles
aux choses
qu'il fallait enterrer (...)

En cela, il rejoint les grands combattants de sa race. Grands et secrets. Ceux-là qui, malgré « la pacotille de vermine et de poussière », sont convaincus de

la terre promise
cette hallucination frileuse aux confins du val (...)

Mais le plus important dans les quelques poèmes publiés de Hologoudou me paraît cette impression de sécurité qui se dégage de son dire. Avec lui, on a envie d'aller loin, très loin.

Paulin JOACHIM

Depuis son recueil *Un Nègre raconte,* publié à Paris en 1954, Paulin Joachim[27] avait comme joué au silence. Puis, soudain, treize ans après, il nous donne *Anti-Grâce*, un ensemble de poèmes qui le consacre. Le mot n'est pas trop fort. Ce n'est pas souvent que l'on rencontre une telle rigueur et une telle envergure. Il ne fallait pas moins pour

(...) *chanter le triomphe du dur désir*
de vivre
le pied posé sur l'avenir le retour du plain-chant (...)

Paulin Joachim est avant tout un fidèle de la « négritude ». Un fidèle qui n'ignore rien des rites et de l'oracle. Qui sait qu'il est lui-même fondement de sa ferveur et que sans elle, l'homme s'exile vers de fausses clartés. Devient riche de pacotille. Bavarde au lieu de dire. Bref, s'ampute du plus sacré de lui-même : son identité. Comment ne pas citer son acte de foi : « La négritude, c'est une lumière de lente cuisson d'où toutes les violences sont exclues ; c'est une pentecôte solaire qui s'enfonce dans mon passé pour y réveiller des soleils éteints ; c'est un cheval que j'enfourche, c'est aussi le but, le lendemain du colonialisme, où le nègre sera vraiment lui-même. C'est à la fois le chemin et le but ». Que tous ceux qui sont contre un tel lyrisme ferment à jamais les livres écrits par des Négro-africains. Ils ne comprendront jamais les caractéristiques d'un chant qui est chant profond, respiration cardinale :

(...) *mais parce que le temps cicatrise les blessures de l'âme*
et finit lui-même par s'humaniser
je veux élever une stèle au temps
évincé du temps et longtemps évacué de sa ronde
je réintègre le temps et j'en deviens l'aorte sacrée
et voici ma terre qui s'élargit ma terre d'ombres qui s'éveille
et se creuse inlassablement
comme un réservoir sans fin pour les âges nouveaux (...)

(*Anti-Grâce*)

27. Né à Cotonou en 1931.
Un Nègre raconte (Paris, Ed. des Poètes Réunis, 1954). *Anti-Grâce*, préface de Lamine DIAKHATÉ (Présence Africaine, 1967).

Paulin Joachim croit au temps, à ses vertus de maturation. Il ne se précipite pas à publier, recompose son poème jusqu'au dire exact. Et voici qu'il colle cette discipline à son continent. Il lui demande de savoir mûrir. Il sait qu'elle est capable d'une remontée vers la lumière où chaque poussée est définitive :

> *déjà un pied neuf poussait à la profondeur mutilée*
> *la forme intérieure mise à sac se rétablissait*
> *ma race déjà récupérait lestement son tabouret perdu* (...)
>
> *voici l'andante du reflux* (...)

On ne peut mieux aimer son pays !

Amour, voilà le mot lâché : la constante de la poésie de Paulin Joachim. Amour du pays, mais aussi amour de la Femme et souvent des deux confondus :

tu allumes dans mon sang ce sang que tu as su réinventer... ce sang que tu as sauvé de la mort (...)

Et plus loin, la confirmation encore plus explicite et flagrante de la conjonction femme-race :

(...) *Sylve ce poème que je n'écrirai plus jamais sur terre parce que tu restes la dernière plaie à mon flanc cette fête solaire que tu allumes dans mon sang ce sang que tu as su réinventer et laver de toutes les scories qui l'alourdissaient l'empêchaient de gicler de giguer sur des airs à temps illimité ce sang que tu as sauvé de la mort et ce poème qui s'est saoulé de la liqueur incendiée de tes paumes tout cela je te veux l'offrir comme la pierre ponce qui m'aura imprimé mon unité et sur laquelle j'ai fondé tout l'essentiel désormais je t'offre tout cela sylve comme l'ultime hommage du maraudeur qui ne veut pas mourir sans avoir livré le message grisant du poison des ronces car je te regarde sylve comme le cellier où germent les graines condamnées et comment oublier que c'est dans la nuit de tes étreintes que j'ai pu saluer pour la première fois le soleil au sommet d'une route que je gravissais sans succès depuis des millénaires depuis des millénaires des millénaires sans mémoire* (...) *Tu me redis la parole de l'aurore et c'est l'équinoxe tout le long de mon corps tandis que les vents du large embouchent la trompette de l'alléluia. Si tu t'en vas femme tu laisses des branches brisées dans le fourré si tu t'en vas tu emportes la mer et tu noies l'équinoxe.*

(Anti-Grâce)

Au risque de me répéter trop souvent, je dis que si un jour on établit une anthologie des poèmes d'amour écrits par des poètes noirs, il faudra, en tout premier lieu, citer largement Paulin Joachim. Mais là encore, il célèbre Sylve comme on s'allonge sur une terre qui est terre natale. N'ai-je pas déjà indiqué que ce poète n'a de vrai raison d'être que dans la fidélité ? Et puis, comment ne pas céder à sa parole « désamorcée » qui « ne fera plus de mal à personne »...

Autres poètes du Dahomey

AGBOSSAHESSOU :	*Les Haleines sauvages* (Clé, 1972).
Bazini Zakari DRAMANI :	*Le Nouveau Cri* (Bruxelles, Ed. Remarques congolaises, 1965).
Bazou GIBIRILA :	*Rencontres et passions* (Bordeaux, Ed. Jean Germain, Les Nouveaux Cahiers de Jeunesse, 1962).
Roger Aralamon HAZOUMÉ:	*Fleurs africaines* (Paris, Ed. de la Revue Moderne, 1967).
Eustache PRUDENCIO :	*Vents du lac. Poèmes I* (Cotonou, Ed. du Bénin, coll. « Balafon », 1967). *Ombres et soleils. Poèmes II* (*id.*, 1968).

GUINÉE

Keita FODEBA

Keita Fodeba[28] fut le premier à conduire une troupe de Ballets Africains à Paris. Il obéissait là à cette faim qu'il avait de faire connaître l'Afrique au monde entier. Une Afrique au visage recouvré, enfin libre d'aller à elle-même, se célébrant à travers ses traditions et ses rites. A travers ses musiques et ses rythmes. A travers ses danses.

Poète, il fouilla sa race à la recherche de ses légendes. Les ayant reconnues, il convoqua guitares, balafongs, tam-tams, flûtes et coras et leur réassigna leur fonction première : l'accompagnement du chant. Ainsi naquit « minuit » :

Minuit ! Pour le cœur sensible qui écoute et qui comprend, tout chante minuit.

Minuit ! C'est la chanson naïve et monotone de la berceuse qui endort son enfant.

Minuit ! C'est la complainte de l'amant qui, dans le calme de la nuit, implore les grâces de la belle.

Minuit ! C'est le chant mélancolique de l'oiseau dans le feuillage, la plainte désespérée du féticheur aux abois sur la rigueur des dieux, le tonnerre qui gronde dans le lointain.

Minuit ! C'est tout ce qui gémit, tout ce qui pleure, car Minuit est aussi la tragédie du Manding (...)

Troubadour au XXe siècle, griot en Afrique moderne, Keita Fodeba doit être toujours reconnu pour cette part qu'il a reconstruite de la geste africaine. Ses poèmes s'intitulent « Moisson à Faraba », « Aube africaine », « Sini-Mory » en mémoire du grand héros, « la Légende de Toubab Bailleux » — qui, d'ailleurs, appartient aussi bien à l'histoire, comme se plaît à nous le rappeler l'auteur :

« Quel Malinké oserait aujourd'hui oublier Toubab Bailleux, le Blanc qui s'était fait Noir dans le petit village de Damissa ? Le pays le renierait aussitôt, car, de jour en jour, le sacrifice de Bailleux est davantage en relief. Chaque Malinké de la région doit du fond de son

---

28. Né à Siguiri en 1921. Mort vers 1968.
Poèmes africains (Seghers, 1958). *Aube africaine* (Seghers, 1965).

cœur, célébrer Toubab Bailleux, au risque de commettre le plus grossier sacrilège et surtout d'avoir le nom mêlé à l'air des parjures et des déshérités. »

Il reste à nommer « Chansons du Djoliba », et « Noël de mon enfance », aujourd'hui mêlés à sa propre légende.

Conte SAIDOU

Conte Saidou[29] s'annonce à toute volée :

Me voilà
Je suis ici pour réformer les mœurs
Je suis ici pour inventer
La tornade suprême de l'homme futur
La poésie interminable du tam-tam
La perfection rythmée des clairs de lune
Je suis ici pour créer le bonheur.

C'est, à sa manière, la « torche » qu'il porte « au poing ». Pour assumer sa course et l'assurer, il lui faut, de temps en temps, battre le rappel des jours anciens et remuer « le silence des racines amères ». Mais également évoquer à nouveau l'honneur passé :

Au creux de la mémoire du peuple
Vibraient de grands siècles ensevelis
Aux confins du sable et du vent
Le Ghana avait étonné le monde
Et le Mali avait installé
De galop en galop
Au son des tambours d'acier
Des siècles d'honneur (...)

Il lui faut ce regard en arrière pour reprendre « le noble chemin de la rosée », pour *commencer* le siècle.

Il dit de la liberté reconquise qu'elle est un « lourd fétiche », mais rien ne semble capable de stopper son envie « de remonter et les fortunes et les cicatrices... » Sa poésie est tonique : elle guérit de la complaisance et du pitoyable. Conte Saidou est un homme qui veut faire avancer son peuple dont il demeure partie à jamais intégrante. A

---

29. Né en Guinée en 1925.
Au fil de la liberté (Paris, Présence Africaine, 1966).

toutes les enquêtes, à tous les virages, à toutes les angoisses, il répond : « je suis un homme véritable ». Il n'oubliera jamais « ces siècles de panique invétérée », mais sachant qu'il « est très loin d'avoir tout donné », il cherche l'affirmation de la vie — le pourquoi de sa course — dans l'éclat, la ferveur et la frénésie. Il dit et son dire est fou :

Pour rompre la caverne
Pour rompre la vanité
Pour rompre le silence (...)

Avec Conte Saidou, la parole reprend sa trajectoire vers les cimes.

Autres poètes de la Guinée

Sikhé CAMARA :	*Poèmes de combat et de vérité* (Oswald, 1967).
Basile KHALI :	Poème in *Nouvelle Somme de poésie du Monde noir* (Présence Africaine, 1966).
Condetto NENEKHALY-CAMARA :	*Lagunes* (La Courneuve, Académie Populaire de Littérature et de Poésie, 1956).
Alpha Ibrahim SOW :	Poèmes in *Nouvelle Somme de poésie du Monde noir* (Présence Africaine, 1966).
Sadan-Moussa TOURÉ :	*Les Premières Guinéades* (Conakry, Sily Edition, 1961). *Poèmes* in *Nouvelle Somme de poésie du Monde noir* (Présence Africaine, 1966).
Sékou TOURÉ :	*Poèmes militants, parti démocratique de Guinée* (Conakry, Imp. Patrice Lumumba, 1964).
Ray Autra Mamadou TRAORE :	*Vers la liberté* (Pékin, Librairie du Nouveau Monde, 1961).

HAUTE-VOLTA

Nacro ALIDOU

De la Haute-Volta qui a, par ailleurs, donné de grands prosateurs et chercheurs comme Nazi Boni, Joseph Ki-Zerbo et Yamba Tiendrebeogo, pour ne citer que ceux-là, nous n'avons trouvé qu'un seul poème, inédit, d'un étudiant, Nacro Alidou. Nous le donnons ici pour que ce panorama soit complet.

GREFFE DU CŒUR

Des cœurs
des cœurs noirs
apportez des cœurs noirs
dépêchez-vous
ramassez par pelletées
arrachez par brouettées
écartez donc ces poumons, coupez les cœurs
Voici qu'on nous a révélé
que les cœurs noirs ressuscitent les blancs
Vite des cœurs
ne vous gênez pas
plus ils sont vivants plus ils sont vigoureux
faisons-en provision pour nous et pour nos chiens
Merci merci Seigneur
qui nous a donné la science
et des cœurs, des cœurs noirs
Il ne faut plus qu'un blanc sommeille
les biches noires sont là, à l'orée des Kraals
chargez vos carabines
aiguisez vos poignards
Les noires gazelles sont là au bord du marigot
avec des cœurs bien frais
avec des cœurs robustes
pour rapiécer notre race qui se déchire
pour raviver notre vie qui se meurt (...)

(Inédit)

MALI

Siriman CISSOKO

Comment ne pas entrer volontiers dans le jeu de vie d'un poète qui déclare d'emblée :

J'avais goût d'un chant à senteur de terre, à saveur de savane, de steppe, de dune.
Et soudain, cette fleur de poème à mon flanc gauche, violemment.

Il s'appelle Siriman Cissoko[30] et se propose de combler l'absence des danses et des chants, de réinstaller le rythme : de son Afrique, il fait une fête. Il en fait une femme. Il l'appelle « négresse » parmi les « négresses » puisqu'elle est « tranche de lui-même ». Encore une raison de se consacrer à elle, de jeter loin de lui toute parole, toute image qui ne seraient pas à la mesure de sa gloire. Cette femme, cette terre, il ne veut pas l'aimer dans l'amer du temps révolu :

Et je récuse mes cris des îles à blues, à swings, à jazz
Et je récuse l'esclave que je fus (...)

mais dans la joie retrouvée « des tam-tams qui me battent dans le sang » :

O tulipe, tulipe que j'ai choisie d'entre les fleurs de nos grandes races d'hommes !
Je chante ton corps noir élancé, je dis ton corps fin de jeune fille, et tes yeux aux éclairs soudains
Et je crie la palme bleue de tes cils
Les lattes de tes tresses, virgules fulgurantes qui poignardent le ciel.
Et je hurle tes charmes, et tes lèvres de dattes charnues, ah ! (...)

(*Ressac de nous-mêmes*)

Ailleurs, il redit son refus du martyre :

Car trésors périssables sont, hélas, toutes choses bâties dans les pleurs, et le ciel, et le sable, et la mer (...)

---

30. Né vers 1934 à Ballandougou, Cercle de Kita, Mali.
Ressac de nous-mêmes (Présence Africaine, 1967).

et divulgue son unique projet :

Or, j'ai dessein de chanter un chant durable (...)

On a envie d'applaudir à cette mémoire que Siriman Cissoko garde du visage de cette femme-pays :

Et j'ai mémoire de ton visage couleur d'Afrique-au-Sud-du-Sahara.
Et j'ai mémoire de ton rire floconneux, de ta robe de kapok dans le vent (...)

La joie recevra une coloration sensuelle :

Jeune fille à la poitrine pleine, aux seins plus fertiles que les rives du Nil
Je t'attendrai quand, dans mes vastes vergers, les mangues exhaleront leur arôme comme des encensoirs ;
Et que le vent balancera grands éventails et présents fort subtils.
Donc, par un soir de baïram, très tôt tu viendras, beauté noire, sous ton voile blanc.
Je te recevrai parmi les chants de noces et les rhapsodies du sang.
Je serai tout vêtu de rêve, mais nulle glace dans ma case
Seulement le vert de tes yeux pour y noyer ce désir
Me ceindrai de la force des jeunes hommes, que je te ravisse plus vite, laissant au dehors les matrones impatientes.

(Ressac de nous-mêmes)

Mais ne nous y trompons pas : dans la célébration de cette fête, Cissoko donne également à la gravité la place qu'elle mérite. Il prévient la patrie et se prévient lui-même :

Oh ! si ne vient ta Sopé
Si ne vient Sinndé
Poète, ton âme malinké en quête d'amitié

Jusqu'au soir de ta vie vainement rôdera, rôdera ;
Et toutes tes louanges à la gloire de la femme
Seront blues devenues, qui s'en iront de bouche en bouche

Parmi les tristes spirituals désespérés
Et très loin, et dans le temps, là-bas.

Poète de l'amour, Siriman Cissoko est aussi poète de la vigilance. Son poème est beau. Son poème est juste.

Massa Makan DIABATE

Massa Makan Diabate[31] est davantage un griot qu'un poète si l'on accorde à ce dernier, seul, le privilège de l'écriture. Le griot raconte, il n'a pas d'écriture, mais sa parole peut être lyrique. Massa Makan Diabate, comme nous l'assure Djibril Tamsir Niane, « a pieusement recueilli auprès des Nyamakala et surtout de son oncle Kélé Manson Diabate, les chants, les récits et les contes qui ont bercé notre enfance... » Le fait est assez rare parmi les jeunes littérateurs africains, mais quand il a lieu, c'est toujours comme pour répondre à une nécessité : sauver du temps ce que le temps risque d'anéantir. Le poète se rend disponible, et dans le cas de Massa Makan Diabate, il puise dans les réserves de sa lignée :

« En effet, comme Kélé Manson, je suis de la grande famille des *Janbakate*, ceux à qui personne ne peut rien refuser et qui, partant, ne doivent rien refuser à personne ».

Janjon et autres chants populaires du Mali, de Massa Makan Diabate, appartient donc aussi bien au domaine du récit qu'à celui du poème ; c'est pourquoi nous avons cité ici cet écrivain. Voici un exemple du poète-conteur qui chante *Sara* (en malinké, ce mot signifie le paiement, ou le charme, ou est un prénom féminin, selon l'intonation) :

SARA

(...) *On chante Sara*
Seulement pour ceux
Qui n'ont qu'une parole.
On chante Sara
Pour ceux qui savent se souvenir.
Sara, c'est le charme,
Et le charme est le gage
De la parole donnée.

Difficile est l'art de la parole,
Et contraignante la parole donnée.
O gens d'hier et d'aujourd'hui,
Jeunes gens et jeunes filles,
J'atteste par Dieu
Dont Mamadou est le Prophète
Qu'il est difficile de parler ;

31. *Janjon et autres chants populaires du Mali* (Présence Africaine, 1970).

Et pourtant on ne peut jurer
Que par la parole,
Si l'on n'est pas esclave,
Mais alors pourquoi renier
La parole donnée en toute liberté ?

(Janjon et autres chants populaires du Mali)

La citation paraîtra banale au lecteur français, non au lecteur africain. Quand l'écriture n'était pas pratiquée en Afrique, les chefs ne pouvaient que « prendre langue ». D'où l'importance de « jurer par la parole ». Il y eut aussi des trahisons.

Yambo OUOLOGUEM

Yambo Ouologuem[32] est très célèbre pour son roman *Le Devoir de violence* qui lui a valu en 1968 le Prix Renaudot, célèbre pour ses « manuels pour l'Afrique » qui rappellent son statut d'enseignant, moins célèbre pour ses pamphlets dont *Lettre à la France nègre*, d'une violence un peu surannée et souvent gratuite, et pas célèbre du tout pour ses poèmes qui sont, pour la plupart, inédits. Car Yambo Ouologuem écrit aussi des poèmes qui méritent l'attention et même davantage. Son langage est insolite et ne dédaigne pas de recourir à des images parfois étonnantes :

(...) *une nuit rampée du scarabée effroyable de nuage et de pluie* (...)

(...) *A genoux devant ton corps où caille la nuit*
Le gris sale de mon ombre pécheresse dessine une croix
Et je pleure (...)

L'impossible matin dont le silence nous obsède (...)

pour ne citer qu'au hasard des poèmes qu'il a réunis sous le titre de *la Salive noire* et que j'ai eu l'occasion de lire en manuscrit. Des poèmes dont on ne sait pas trop s'ils sont d'un « saltimbanque », d'un « rêveur » ou d'un « mystique », pour emprunter les mots mêmes de Yambo Ouologuem à telle page de son recueil inédit. Un saltimbanque tantôt gouailleur, tantôt bavard, mais toujours sarcastique :

---

32. Né à Bandiagara en 1940.
La Salive noire (recueil inédit). Poèmes divers in *Nouvelle Somme de poésie du Monde Noir* (Présence Africaine, 1966).

Tu t'appelais Bimbircokak
Et tu étais bien ainsi
Tu te voulus Victor-Emile-Louis-Henri-Joseph (...)

Un rêveur au réveil parfois déchirant et qui nous déchire par le récit de sa nuit :

Des grappes d'appels
Couronnés de la face effarée d'une longue fuite
Dorent la faim d'amour
La faim des cités et d'humanité
Mais aussi cette sensation d'écrasement de plafonds
Sous le martèlement sourdant de mille grimaces chuchotées
A l'écran vomi de mon corps sans feu de repos.

Un mystique qui veut dire des « mots d'ordre qui parlent au sang des cœurs » et qui ne rechigne pas à hurler :

O la chair crue de l'âme prisonnière (...)

Bref, un poète à tout faire croire et auquel on croit sans y croire tout à fait : le phénomène Yambo Ouologuem. Mais au fond, sa poésie, ne serait-elle pas, comme il le dit lui-même :

ma langue avide versant les trésors criés d'un rien de vie (...) ?

La réponse est à l'œuvre à venir de Yambo Ouologuem.

RÉCITATION

C'est nous les fauchés
Qui taquinons les filles
Quand s'en vient la nuit
C'est nous les sonnés
Qui passons pour riches
Quand nous en vient l'envie
C'est nous les gros durs
Qui cassons tout
Quand l'ennui nous pèse
C'est nous les mordus
Qui piquons de la tête
Dans les pièges de la vie
C'est nous les jeunes

Qui défilons toujours
Des slogans en mains
C'est nous les râleurs
Qui défions le gouvernement
Quand nous poussent des ailes
C'est nous les pépés
Qui faisons la loi
Aux vieilles dentelles
C'est nous les culottes
Qui sentons les jupons
Quand grincent les lits
C'est nous les pauvres mecs
Qui crevons de faim
Et économiquement faibles
C'est nous les petits
Qui mangeons la soupe
Afin de grandir
C'est nous les motards
Qui sifflons les flics
Sur tous nos engins
C'est nous les lettrés
Qui tous demain
Parlerons démocratie
C'est nous les élites
Qui toutes demain
Aurons de l'argent en Suisse
C'est nous les rouleurs
Qui faisons du dos
A tous les gros bonnets
C'est nous les rêveurs
Qui nous prenons pour tout
Quand nous sommes un mégot
C'est nous c'est nous
Venez et jouons à la marelle.

(Inédit)

REMORDS

Lentement un doigt
Un doigt sur une lèvre
Un ongle contre une bouche

Un doigt sur une fièvre
Un ongle contre ma dent

Une tache sur une dent
Une dent d'étonnement
Une tache sur une dent
Mon doigt a saigné.

(Inédit)

Adama SEKOU

Je ne peux pas résister à la tentation de citer dans ce Panorama, un jeune poète que je ne connais pas et dont j'ai retrouvé quelques poèmes inédits dans mes classeurs. Il se nomme Adama Sekou[33] et je lis au bas de tel poème : « Extrait de *Fluxion*, encore inédit » et au bas de tel autre : « Extrait de *Raccourcis*, encore inédit ». Je conclus donc que Adama Sekou a écrit au moins deux recueils qui attendent d'être publiés. En souhaitant vivement que cela se fasse le plus rapidement possible pour lui et pour la Poésie tout entière, je propose un poème extrait de *Fluxion* :

SYNESTHÉSIES et VISIONS
du chamelier dans l'orgie
des sables. SIMOUN.

Ce sont des barges de joies
Parmi d'immenses floraisons de notes
Que l'absence
Du vert
Fait se pencher au dos de l'arène.

Ce sont de petits sentiers organiques.

Ce sont, hors de moi, or et lumière qui s'ennuient.

Puis d'énormes seins et d'énormes faims et des ébauches d'une aile en feuilles de bananes.

Et PRAM !
Des mains frappent. Le son jaillit, flamboyant.
PRAM ! PRAM !
Le cuir tendu secoue sa poussière aux mornes destinées.
Ciel comme un chat poussif sous la lune
Ecarquille deux yeux lumineux, encensoirs de drames tranquilles.
Des pics d'or et de mauve descendent, en conteurs, les couches éblouies de l'œil, qui s'exclame.
Et ce sont des chutes... douces comme un écroulement de reins. Des réveils de larmes sur des sites en rupture de mariage.
Au fond de moi

33. Né au Mali en 1942.

Ce sont : SAN, mes premiers pas, l'air vibrant d'un accent déchirant.

SAN ! ô SAN ! scintillement calme dans la fiente des mémoires déchaînées. Comme hier était belle de joies et de promesses sur l'aube claire de nos jeunesses !
Une magnifique bulle de cristal que la pointe du temps a crevée.

Au fond de moi,
comme une marée de mer morte, la vie se souvient.
Ce sont nous, les vents d'orage, et l'essaim des feuilles vivant leur premier songe
égaillé dans l'air parmi les moineaux.
PRAM ! PRAM !
Les brins d'herbe tissés en pièges toujours vides du criquet des champs.
L'or des pontes d'insectes. L'or fragile des gris « molportes » cueillis au réveil des manguiers.
Et, comme une estimation de foi, nos toits !

Mais le tam-tam, sur mon cœur, épingle des sons plus râpeux.
Un crépitement algide. La mort d'une naissance.
Et par moments (Oh ! la dure prophétie)
des ruissellements lents de serpents allument l'herbe rousse.
Ou ce sont d'autres signes comme des teignes sur chaque ouverture vers le ciel.

(Inédit)

Fily-Dabo SISSOKO

Fily-Dabo Sissoko[34] est le poète du terroir africain. Par son langage qui est resté toujours simple de livre en livre, par ses thèmes qui n'ont jamais déserté sa terre natale, son continent de naissance, par sa grande connaissance, sans cesse confirmée, des choses de sa race, il a été le « fils » par excellence et le guide aussi. Tous ses poèmes ont une « âme », et j'ai souvent pensé que ce mot, employé dans sa forme anglaise, « soul », par nos frères noirs des Etats-Unis, n'avait jamais trouvé d'aussi juste correspondance. L'âme des poèmes de Fily-Dabo Sissoko est toute la manière d'être de l'homme africain. Elle traduit son émotion mais aussi son dynamisme. Le poète dit :

---

34. Né à Horokoto en 1900. Mort à une date incertaine.
Harmakhis. Poèmes du terroir africain (Paris, Ed. de la Tour du Guet, 1955). *Poèmes de l'Afrique Noire. Feux de Brousse. Harmakhis. Fleurs et chardons* (Paris, Ed. Debresse, 1963). *Les Jeux du destin* (Paris, J. Grassin, 1970). *Au-dessus des nuages* (id., ibid.).

La mort a précédé toute vie (...)

et soudain, tout le devoir de vivre devient guerre contre la mort. Cette mort multiforme qui ne doit à aucun moment empêcher l'homme de s'asseoir dans la lumière. C'est ce qui fait que Fily-Dabo Sissoko clame son statut de poète en plein dans la vie quand il dit : « Pour moi, le poème est une plénitude » :

Ce que dénonce le regard, c'est l'âme mise à nu.

La haine se manifeste par ses loucheries de caméléon, qui font allonger les cils et pincer les lèvres.

Le regard sournois se dissimule derrière les paupières, comme la femme surprise au bain, s'enfonce jusqu'à la poitrine.

Le couard roule des yeux humectés de larmes, dans toutes les directions, n'étant sûr de rien.

Les yeux du méchant, toujours injectés de sang, tantôt, refusent le contact ; tantôt, bravent les plus hargneux.

L'honnête homme a le regard ouvert, la mine épanouie, sans masque, avec toujours, un brin de gaieté.

Le regard hypocrite rase le sol. Il lui arrive souvent, entre deux propos, de s'inonder de larmes toutes chaudes (...)

(Fleurs et chardons)

Autres poètes du Mali

Diouara Bouna BOUKARY :	Poème in *Nouvelle Somme de poésie du Monde noir* (Présence Africaine, 1966).
Ibrahima-Mamadou OUANE :	*Le Collier de coquillages* (Andrézieux, Loire, Imp. Moderne, 1958).

KATEB YACINE

MOHAMMED KHAIR-EDDINE

Jean Sénac (à droite) avec Rachid Boudjedra (Maison de la Culture de Grenoble 1970).

ANNA GREKI

ABDELLATIF LAABI
BACHIR HADJ ALI
HENRI KRÉA
(de haut en bas)

RIDHA ZILI

MALEK HADDAD

ZAGHLOUL MORSY

DJAMAL AMRANI

NADIA TUÉNI

ANDRÉE CHEDID

VÉNUS KHOURY

KAMAL IBRAHIM

MARWAN HOSS

FOUAD GABRIEL NAFFAH

SALAH STÉTIÉ

MAURITANIE

Youssouf GUEYE

Césaire parle d'un « petit matin », et Youssouf Gueye[35], après lui, parle d'un « Petit Jour » en le fixant ainsi au calendrier de l'Histoire :

Et nous voici debout dans l'étrange clarté du Petit Jour d'opale
parmi tes gros galets, rive de silence sonore au souvenir d'hier (...)

Mauritanien, Youssouf Gueye n'a rien publié en volume, seulement des poèmes dans *la Nouvelle Somme de poésie du Monde noir* aux éditions Présence Africaine. Pourtant, son langage est serré : il écrit comme un qui aurait un long métier du poème. Et il est déjà debout par la vertu du verbe qu'il contraint à dire à son gré, celui de son engagement :

Nous voici debout de toute notre taille d'homme et
marchant vers les sphères d'air pur (...)

Pour rester au niveau du verbe, celui de Youssouf Gueye se rapproche de sa terre désertique : âpre et qui demande à communier pour effacer la solitude. C'est peut-être pour cela que le poète écrit de tous les points brûlants de la race noire :

le Hottentot rivé sur les collines au Transvaal, (et mon frère
Texan rusant avec ses misères au seuil des « night clubs »),
le Bakongo d'Angola dans ses maquis de mort, (et
mon frère en Arizona imbibé de tékila), éclaboussures nauséeuses
de l'autre côté du Kalahari,
(et mon frère d'Age au seuil interdit de sa Palestine natale...)

Et la foule couchée soudainement debout, scrutant
des lueurs en Est où se meuvent des silhouettes de mercenaires,
nous aiguisons nos lances humides de rosée facile
à l'affût d'ombres descendues du ciel du côté de Bissao.
Nos lanciers d'élite à l'assaut des citadelles lointaines
derrière le Grand Gorille, le Grand Cirque se tait et regarde
les gladiateurs distingués descendre des arènes de cette Nuit
haute éclaboussée d'étoiles complices ;

---

35. Né à Kaédi (Mauritanie) en 1928.

Nous frémissons à l'unisson des heures, vers ces autres
rives de mers secouées d'orages aux senteurs lourdes
de jungles et de marécages : Smith et N'Komo, Salazar
et Roberto, Verword et Luthuli, grandes flaques de nuit dans
les clairières du Kiwu, miaulement de fusées complices de retours
de moussons de violences.

(*Le Sens du cirque*)

Assane Y. DIALLO

Assane Y. Diallo[36] est un de ces poètes que l'avenir préoccupe. Il veut lire « l'oracle divin » mais avec une idée déjà torturée de ce qu'il en va apprendre :

Oui DEMAIN
clé cruelle qui serre
à ma gorge spasmodique
le carcan du souvenir.
DEMAIN
que rappelle un feuillet maculé
de calendrier
qui distille
la lune toujours renouvelée
la Vie
seconde par seconde
année par année
dans les alambics fragiles du rêve (...)

(*Leyd'am*)

Pourtant, il détenait le « grand secret ». Il l'a perdu à force d'Histoire, à force d'événements qui ont embrouillé les pistes, remplacé les valeurs, faussé les rites. Il tente un retour aux sources à travers la danse, à travers le rythme :

Danse, homme Noir
de ta danse ancienne mystérieuse et bizarre
Danse, homme Noir
de ma sensibilité faussée
fais vibrer la minuscule corde récalcitrante
qui fausse
détraque
le rouage de toute ma nature animale (...)

(*Leyd'am*)

36. *Leyd'am* (Oswald, 1967).

Il sait qu'il est « une infime partie » de la patrie africaine, ce qui lui donne droit de réclamer « la formule ancienne/en ultime héritage », malgré la terrible confession :

J'ai fui
comme un LÂCHE
la chaleur vivante de ce corps tout Nu
et couvert
de sa houppelande de deuil (...)

(Leyd'am)

Donc, coupable, il ne cherche pas moins le retour à la vérité natale :

Je veux me confondre
et fondre
dans le caillou vulgaire du sentier broussard
dans l'eau sale de la mare en saison-des-pluies
dans l'herbe jaune qui porte le feu latent
et celle tendre
venant à peine de naître
dans le nuage de poussière rurale
dans le rugissement du lion puissant
et le cri du chacal (...)

Oui je veux être maintenant
la rançon
pour toutes les peines (...)

(Leyd'am)

La quête d'Assane Y. Diallo donne à l'interdiction des accents ivres et démesurés, c'est ce qui fait la force de son poème.

De Mauritanie également, il faut citer

BA OUMAR : *Dialogue* ou *D'une rive à l'autre* (Saint-Louis, Sénégal, IFAN, Etudes Mauritanéennes, 1966).

NIGER

LE PRINTEMPS DES GRIOTS

Il faut être reconnaissant à Gérard Ferrand, lui-même poète, d'avoir su profiter de son passage au Niger, pour réunir des poèmes de ce pays à la pointe de la francophonie. Sans l'anthologie qu'il a fait paraître[37], il nous aurait été très difficile, sinon impossible, de faire le point sur la poésie nigérienne. Nous découvrons, en tout premier lieu, Boubou **Hama** qui est, à lui seul, le trésor vivant de la littérature de son pays. Mais ici, c'est un nouveau Boubou Hama qui s'ouvre à nous. Il n'est plus mémorialiste et romancier, mais poète. Un peu à la manière de ce griot qu'il nous dépeint comme un autre lui-même :

« Le Griot, c'est ce qui reste de l'Afrique, c'est aussi ce que la colonisation a apporté chez nous de nocif et d'aberrant : les renversements de nos valeurs africaines. Comme dans le secteur économique, social et politique, le rôle de l'intellectuel est de reconvertir, son devoir, sur le terrain de la culture, de moderniser « le Griot », non pas par l'ablation qui ampute l'Afrique d'une partie de son corps moral, mais par l'exemple contagieux qui réforme, qui enrichit, à partir de la personnalité de notre continent… » Et, plus loin, s'adressant à ce « griot », Boubou Hama l'investit d'un chant bien précis et, ce faisant, s'investit lui-même :

Chante Griot,
Notre renouveau,
Notre refus,
De succomber
A la tentation flamboyante
De la pilule dorée
D'autres civilisations,
Sans cœur,
Sans âme tendre
Inhumaines
Qui, par ces côtés
Sont un poison…

(Chante Griot, au rythme du progrès)

37. *Anthologie de la poésie nigérienne,* par Gérard FERRAND (Niort, collection du Cercle International de la Pensée et des Arts Français, 1971).

Parce qu'il entre en connivence avec ce chant qu'il préconise, parce qu'il connaît l'Histoire et ses méandres, parce qu'il est intimement mêlé au devenir de son continent, le poète Boubou Hama jette le pont entre « antan » et « avenir » :

Chante antan,
Chante la vie
en avant (...)

Sourd à l'injure
matant tous les sarcasmes
La risée d'inutiles
désafricanisés,
Chante, ferme
Griot,
Bazoumana
Chante
Ma sœur
Sous le gommier
en fleurs (...)

(Chante Griot, au rythme du progrès)

Après Boubou Hama, les poètes se succèdent, tantôt rivés au quotidien, tantôt accordant leur verbe au Verbe général. Ils se nomment Johnson William **Yacoley**, Cissé **Omar**, Douramane **Souley**, Boha **Day** qui n'a que quinze ans, Boubou **Idrissa Maiga** qui narre une nuit d'angoisse sur la Sirba avec des mots du terroir, sonores et vivants :

Minuit flamboyait sur Bosseibangou, Kabou, Alfassi,
Nuit tropicale, nuit affreuse, nuit d'Afrique,
Nuit inouïe, angoisse du peuple de la Sirba.
Ici, c'était l'empire du sifflement et de la reptation :
Araignées velues, scorpions, serpents allongés, accrochés,
Suspendus, noués, dressés, glissants, monde anguleux et ondulant (...)

(Nuit d'angoisse sur la Sirba)

De son côté, Thomas **Koumako** crée un personnage de poème, Solo, à qui il donne pouvoir d'évocation et puissance de musique :

Toi que l'on a appelé par erreur Solo du diable,
Toi qui nous contes des paroles divinatoires,
Si tu pouvais nous conter les méfaits de la guerre et des conflits
Tu aurais réduit le diable à l'impuissance
Et le monde aurait vécu dans l'innocence (...)

Toi Solo aux notes sublimes,
Toi qui enchantes les esprits du monde,
Conte-leur les merveilles du silence
Et les canons cesseront de tonner au Viet-Nam, au Nigéria,
Puisqu'ils auront renoncé à l'injustice (...)

(Pour un monde meilleur)

Après lui viennent Abdou **Djerma** et Halilou Sabbo **Mahamadou**, grand apôtre de l'amour irréversible :

(...) *Puisque notre amour est l'eau fraîche qui étanche notre soif,*
Le plat substantiel qui assouvit notre faim,
Le dynamique antidote que nous opposerons stoïquement,
Aux virulentes médisances des envieux (...)

(Qu'importe)

Saidou **Alou** mérite une place à part. A trente ans, il s'accorde déjà à son temps. Il en épouse à la fois l'âpreté et la gravité. Et sur un fond de « nuit », il entonne le libre dire :

Foyers que seuls animent des vents sporadiques
Telle s'effiloche, s'use et se termine la vie.
Obscurité enveloppante,
Comme incantation de médium,
Heures toujours recommencées
Comme journées de carême,
Spasmes névrotiques de quelques possédés
Telle reviendra la nuit,
Arbitre de la dualité des esprits
Dualité elle-même
Clarté spirituelle et noirceur physique.
Source à double fond des spiritualités,
Nuit (...)

(Nuit nigérienne)

Cette liberté, il se l'arroge au nom de sa présence sur terre :

Le monde ne serait pas
Si je n'étais pas (...)

(Réveil douloureux)

D'autre part, Saidou Alou résume, à la face du monde, ce qu'il faut à tout prix récuser quand on a décidé d'« œuvrer à la genèse de ce monde nouveau » :

Nous ne voulons plus voir ce triste spectacle
De commis endettés donnant leurs derniers sous
A des griots propriétaires fonciers,
Possesseurs de taxis et de biens en tous genres
Pour qui la charité devient obligation(...)
Il nous faut ce sursaut
Sinon nous sautons tous.

(*La Foire des inutiles*)

Il faut également citer la présence, dans la poésie nigérienne, de talents comme ceux de Abdoulaye **Doua**, de Bania Mahamadou **Say**, le poète du retour à la terre natale, de Dan Moussa **Laouli** qui souhaite que « L'arbre à palabres soit vivifié et le vieillard reconsidéré », et dont la « frénésie » s'exprime ainsi :

Le soleil de feu couvert d'écailles rousses
Pointe à l'horizon un regard nonchalant.
Dressant ses épines, le hérisson lent
Pique le crépuscule enchanteur, fugace (...)

Citons encore Allahi **Oumarou**, âgé de seize ans, Ahamadou **Diado**, nommant son pays comme un bien unique, « beau pays qui chante et danse aux rythmes des tam-tams et des algaïtas », **Djibril** qui pense à son pays à travers ses hommes :

Voici les hommes : Djermas,
Haoussas, Peuls, Boudoumas,
Bouzous, Soniankés,
Sudiés, Adérankés ;
Les uns debout, poussant la hilaire,
Les autres, courbés sur la tutélaire
Terre ancestrale (...)

(*A quoi penses-tu ?*)

N'oublions pas Abboki **Mahsta**, enfin, qui pardonne tout pour ne chercher, par-delà la peau, que l'amour.

La voilà donc, cette poésie du Niger, très peu diffusée, très mal connue, mais qui n'en est pas moins une branche musclée de l'arbre « négritude ». Une branche qui ne fait que commencer son printemps.

RWANDA

Jean-Baptiste MUTABARUKA

Jean-Baptiste Mutabaruka[38] est un complice de la terre. Ses facultés s'éveillent et se confirment parmi des éléments d'herbe, d'eau et de vent. Peut-être les a-t-il héritées de son père, pasteur de grands troupeaux dans un pays où les noms de lacs suffisent à rêver d'espace et de mémoire : Kivu, Momesi, Inema, Sake, pour ne citer que ceux-là. Je dis rêver de mémoire parce que Mutabaruka est lié au Souvenir :

Souviens-toi de la douceur d'un soir (...)
de la danse de l'herbe qui plie (...)
Souviens-toi, souviens-toi de la course folle
dans les plaines sèches, brûlées par la flamme
quand ia forêt se pulvérise (...)

(*Resouvenir*)

C'est que le Rwanda est la toute première condition de ce poète. Dans son pays qui n'a pas de villages et où les habitations sont accrochées dans les collines, il se retrouve au chaud de son identité. Et quand on lui demande de se situer par rapport à la Poésie, c'est encore le Rwanda qui lui sert de référence. Il cite alors des poètes de son terroir et dit : je tiens de Munyangaju, pour la puissance de l'expression, de Rudakenesh, pour la délicatesse et la fluidité, et de Sekarama, pour tout ce qui concerne la vie[39]. On comprend alors qu'il évoque ces aînés en les appelant ses guerriers :

---

38. Né à Rwamashyongoshyo, Rwanda, en 1937.
Les Feuilles de mai. Le Chant du tambour. Poèmes in revue *Afrique*.
39. Les citations, les poèmes et les propos sont extraits de la revue *Afrique*.

(...) un chant rythmé par-delà les monts
tam-tam des plaines la harpe gronde
contre les forces obscures
un chant s'élance vigoureux
la lutte s'engage dialogue des tam-tams
rythme scande la force qui m'anime
guerriers de tous âges à vous l'appel
du chant soutenu (...)

(Tam-tam)

Jean-Baptiste Mutabaruka avoue également sa participation, aux jours de sa jeunesse, à des cérémonies religieuses secrètes. Partagé entre la tradition et le christianisme, entre l'inné et l'acquis, il ne rejette rien tout à fait. Son seul souci est d'arriver à ce point de relation où le visible et l'invisible se confondent. Son poème le propulse vers cette région qu'il hante particulièrement. Un lieu où l'homme se débat avec l'ombre :

L'ombre dans l'ombre
sur mon ombre je marche
j'ambule fantôme noir
chat gris dans l'ombre (...)

je hais les propos ombrageux
les confessions dans l'ombre
des églises sombres (...)
je me débats dans l'espace exigu
sous le poids délesté d'une ombre
la couleur de ma peau (...)

(L'ombre vacille)

L'analyse que Mutabaruka fait de cette relation possible entre le visible et l'invisible comporte certes des éléments contradictoires, mais à le lire plus pleinement, on découvre« l'affection » qu'il porte à sa quête :

J'ai frotté noir sur blanc
une flamme en a rejailli
rose, tâchée de rouge
vermeil du soleil couchant
tissée de fibres multicolores
nourrie de contrastes frappants
des mondes en conflit
multiple flamme (...)

(La Flamme)

Chez lui également, le bonheur du chant, l'abandon à une scansion natale et comme nécessaire. Il faut rappeler que Mutabaruka joue de la harpe et du tambour. Qu'il danse et qu'il chante. Homme joueur de parole, son poème devient de ce fait, rencontre du dire et du rythme. Il est poète essentiellement africain. Il est inquiet de la menace de disparition qui pèse sur ses trésors :

> (...) *Le vieil air connu des vieux*
> *La vieille marche rythmée des tambours.*
> *La parure bigarrée des danseurs flotte*
> *les drapeaux sont en berne*
> *les voix chantres se perdent*
> *dans le lointain, la distance les avale.*
>
> *(Au réveil)*

Mais le dire déjà, mais en faire le pain de son poème, n'est-ce pas un début d'exorcisme ? Mutabaruka écrit contre l'oubli. Il insiste sur le contrat passé avec la terre, il célèbre la vie : « éternelle présence de l'amitié vieille ».

SÉNÉGAL

Lamine DIAKHATÉ

Lamine Diakhaté[40], aux « grands maîtres de la mode », préfère la « simplicité africaine » ; mais il n'est pas moins pour autant, à l'avant-garde des événements, surtout quand ceux-ci touchent à l'Afrique continentale et à l'Afrique éclatée. Il est attentif, presque aux aguets :

Je suis la MÈRE GRANDE
Ma soif ces visages de soleil
Ce foyer de desseins le dessein de ma vie
Je dis le destin de ma vie (...)

Il rejoint l'homme noir partout où celui-ci danse ou trébuche, où il crie ou clame, où il monte ou meurt. De Louis Armstrong, de Duke Ellington et de Paul Robeson, il dit qu'ils sont : « des dieux étranges ». Il commente l'aventure de l'étudiant noir James Meredith[40 bis] en ces termes : « tu émerges de la foule baveuse/tes yeux foudroient les frénétiques ». Il conseille à son frère de Léopoldville d'« imposer à ceux qui te veillent/ta médecine sortie du cœur des âges ». A la brune Graaice, il déclare :

Ton geste est d'IFÉ
ta mimique de FOUMBANE
ton cimier de KOROGHO (...)

Il stigmatise le Gouverneur Wallace, évoque « l'honneur qui a pris racine à Saint-Domingue », marche avec les pèlerins de Selma à Montgomery. Bref, il est le lieu « unanime » du peuple noir dont il est fils.

Il est manifeste que Lamine Diakhaté a vécu dans l'atmosphère de Senghor : je dis bien dans son atmosphère et non sous son

---

40. Né à Louga en 1927.
La Joie d'un continent (Alès, P.A.B., 1954). *Primordiale du sixième jour* (Paris, Présence Africaine, 1963). *Temps de mémoire* (Présence Africaine, 1967).
40bis. On se rappellera l'incident survenu en Alabama, où le Gouverneur Wallace avait interdit l'accès de l'Université à l'étudiant noir James Meredith.

influence. Quoi de plus naturel qu'il partage avec l'auteur d'*Ethiopiques* et de *Chants d'ombre*, l'amour du verset qui monte et décline comme la houle. Le Sénégal est aussi pays marin. Les terres ne sont pas les seuls chemins du voyage : il y a la mer et sa cadence de mer. Brève et violente :

Le soleil est au zénith
Sa clarté double sur la terre
Les prairies vertes, vertes à éblouir les yeux
C'était au temps d'avant notre naissance (...)

Longue et rythmée :

Claire d'Alexandrie et du Péloponnèse
que de mots diaphanes doivent bruire
dans ta tête.
Mots du flux et du reflux du monde
legs des Anciens
Les syllabes y ont couleur d'écume
d'Egée et de Méditerranée (...)

Le *Temps de mémoire* de Lamine Diakhaté est aussi temps de partage. De participation à l'Histoire. Quand meurt John F. Kennedy, il accomplit le pèlerinage sur sa tombe pour lui dire :

Repose et vis dans le cœur de la NÉGRITUDE
Pour le réveil futur
L'annonce sera pour UN MONDE RÉCONCILIÉ
D'OÙ SERA BANNI L'ABSURDE (...)

Il en est de même pour tout ce qui touche à la vie de l'homme. Lamine Diakhaté est apôtre de l'Universel. Il plie son chant à cette seule discipline :

Mon désir ! un rêve
un vent fraternel violemment
sur toute la terre (...)

Et pour revenir au temps de mémoire, il déclare :

Ma main droite soutient la respiration
des arbres millénaires
Je souffle sur la sève engourdie
J'appelle SHANGO, dieu d'IFÉ

Mes muscles dans la vigueur de leurs
dix-huit hivernages
Et pourtant mon angoisse grandit
Je foudroie des hommes tendus de violence
Leur cible est un enfant de KUMASI
SHANGO, dieu d'IFÉ redonne à mon Continent
la sérénité des premiers âges
Préserve les têtes à grands desseins
Ecarte à jamais de nos terres
l'image sans âme des légions

(Temps de mémoire)

Birago DIOP

Les plus beaux poèmes de Birago Diop[41] sont cachés parmi ses *Contes* où tout s'anime d'une vie presque surréelle. Et pourtant, c'est bien là un des aspects fondés de la Vérité : celui qui s'abrite derrière les êtres, les bêtes et les choses et faute de quoi nous échappons à toute la *réalité* des êtres, des bêtes et des choses qu'il nous est donné de découvrir. Le jeu nous est imposé par l'auteur comme un exercice de santé sur la terre. Il puise de l'inconnu et de l'âge, interprète les signes pour nous convier à l'intelligence entre le vivant et l'inanimé :

Ecoute plus souvent
les choses que les êtres.
La voix du feu s'entend,
entends la voix de l'eau,
écoute dans le vent
le buisson en sanglots.
C'est le souffle des ancêtres (...)

(Souffles)

Avec cette citation, nous entrons dans l'œuvre plus exactement poétique de Birago Diop. Elle n'est pas aussi importante que son œuvre en prose, mais ne serait-ce que pour le poème « Souffles », son unique recueil *Leurres et lueurs* ne saurait manquer à tous les bilans de la poésie africaine de tous les temps :

---

41. Né à Dakar en 1906.
Les Contes d'Amadou Koumba (Présence Africaine, 1947 et 1961). *Les Nouveaux Contes d'Amadou Koumba* (Présence Africaine, 1958). *Leurres et lueurs*, poèmes 1925-1948 (Présence Africaine, 1960 et 1967).

Ceux qui sont morts ne sont jamais partis,
ils sont dans l'ombre qui s'éclaire
et dans l'ombre qui s'épaissit,
les morts ne sont pas sous la terre :
ils sont dans l'arbre qui frémit,
ils sont dans le bois qui gémit,
ils sont dans l'eau qui coule,
ils sont dans l'eau qui dort,
ils sont dans la cave, ils sont dans la foule :
les morts ne sont pas morts (...)

(*Souffles*)

Certes, Birago Diop exerce un certain classicisme de la forme, mais par ses thèmes, comme forcé par eux, il s'évade bien vite de l'établi pour écrire sous la latitude de son rythme profond : la scansion nègre.

Avec ses trois doigts rouges de sang,
de sang de chien,
de sang de taureau,
de sang de bouc,
Mère m'a touché par trois fois.
Elle a touché mon front avec son pouce,
avec l'index mon sein gauche
et mon nombril avec son majeur.
Moi j'ai tendu mes doigts rouges de sang,
de sang de chien,
de sang de taureau,
de sang de bouc (...)

(*Viatique*)

En matière de « contes », Birago Diop nous dit tenir son pouvoir d'évocation d'Amadou Koumba. Nous admettons cette allégeance qui l'honore sans toutefois rien ôter à l'instinct créateur du poète. Et quand il crée contre la mort, il assume un animisme qui bannit un peu de notre peur de partir, nous entraîne avec lui :

par-delà la mer et plus loin, plus loin encore,
par-delà la mer et plus loin, plus loin encore,
par-delà la mer et par-delà l'au-delà (...)

David DIOP

Partout où j'ai parlé de David Diop[42] ou lu ses poèmes, en France ou au Québec, aux Etats-Unis ou en Afrique, aux Antilles, en Scandinavie ou ailleurs, je n'ai rencontré, pour ce poète, que ferveur et vénération. Aux yeux de toute une génération de jeunes écrivains, il demeure un exemple : il n'a jamais caché la vérité ni joué avec elle.

Dimbokro Poulo Condor
la ronde des hyènes autour des cimetières
la terre gorgée de sang les képis qui ricanent(...)

je pense au Vietnamien couché dans la rizière
au forçat du Congo frère du lynché d'Atlanta
je pense au cheminement macabre du silence
quand passe l'aile d'acier sur les rires à peine nés (...)

(Coups de pilon)

« C'est que David Diop est une conscience ! » m'a dit, un jour, le poète sud-africain exilé à New York, William Ngotshisile... Et c'est bien vrai ! David Diop a entonné une seule note, le temps de son très bref récital : il a été tué en pleine jeunesse dans un accident d'avion, n'ayant publié qu'un seul recueil : *Coups de pilon*. Il n'a chanté que l'exigence. Sa voix avait toutes les inflexions d'une voix revendicatrice :

Voici qu'éclate plus haut que ma douleur
Plus pur que le matin où s'éveille le fauve
Le cri de cent peuples écrasant les tanières
Et mon sang d'années d'exil
Le sang qu'ils crurent tarir dans le cercueil des mots
Retrouve la ferveur qui traverse les brumes (...)
Ecoute camarade des siècles d'incendie
Une ardente clameur nègre d'Afrique aux Amériques (...)

(Coups de pilon)

Ceux qu'il a embarrassés et ceux qu'il embarrasse encore pour avoir écrit avec violence, refusent de se voiler la face, mais se voilent volontiers les yeux. Ils n'ont pas cherché, et ne cherchent toujours pas aujourd'hui, ce qui, dans les poèmes de David Diop, s'irise des couleurs de la vie et non de la mort :

---

42. Né à Bordeaux en 1927. Mort en 1960.
Coups de pilon (Paris, Présence Africaine, 1956).

Ecoute camarade des siècles d'incendie
L'ardente clameur nègre d'Afrique aux Amériques
C'est le signe de l'aurore
Le signe fraternel qui viendra nourrir le rêve des hommes (...)

David Diop n'a pas seulement écrit dans la colère immédiate, il a aussi prévu le printemps des âmes. Des âmes fortes. S'il déclare :

A vos nuits d'alcool à propagande
A vos nuits écrasées de saluts automatiques
A vos nuits de pieux silence et de sermons sans fin
Nous opposons l'hymne aux muscles bandés (...),

c'est pour « saluer l'étincelant départ ». Pour diriger les pas du peuple noir vers « la droite lumière ». David Diop est à la fois un dynamitero et un bâtisseur. S'il piétine la « civilisation » imposée et disperse « l'eau bénite sur les fronts domestiqués », c'est pour ressusciter « l'espoir » :

Hommes étrangers qui n'étiez pas des hommes
Vous saviez tous les livres vous ne saviez pas l'amour
Et les mains qui fécondent le ventre de la terre
Les racines de nos mains profondes comme la révolte
Malgré vos chants d'orgueil au milieu des charniers
Les villages désolés d'Afrique écartelée
L'espoir vivait en nous comme une citadelle
Et des mines du Souaziland à la sueur lourde des usines d'Europe
Le printemps prendra chair sous nos pas de clarté (...)

(Coups de pilon)

Il voulait contredire cette « agonie des chaînes » par « une chanson qui porte aux jardins de la vie ». Il stigmatise les « mystificateurs » pour fonder l'homme noir dans sa seule vérité d'homme.

Monstres cyniques en cigare
Véhiculés d'orgies en vols
Et baladant l'égalité dans une cage de fer
Vous prêchiez la tristesse enchaînée à la peur
Le chant mélancolique et le renoncement (...)

(Coups de pilon)

S'il donne des signes de haine, c'est que la haine est réelle autour de lui. S'il crie, c'est qu'il a le ventre écrasé sous le poids des bottes.

Il veut retrouver la joie « des pilons… de case en case déchirant les ténèbres établies pour mille ans ». S'il avait vécu, il aurait sans nul doute déchaîné la force de son verbe au service de la liberté recouvrée, mais toujours menacée ; il aurait continué à être « une conscience ». Il faut, en fin de compte, citer le poème que David Diop dédie à sa mère et qui contient « les raisons » de son réquisitoire :

Quand autour de moi surgissent les souvenirs
Souvenirs d'escales anxieuses aux bords du gouffre (…)

Quand revivent en moi les jours à la dérive
Les jours en lambeaux à goût de narcotique (…)

Alors mère je pense à toi
A tes belles paupières brûlées par les années (…)

O mère mienne et qui est celle de tous
Du nègre qu'on aveugla et qui revoit les fleurs
Ecoute écoute ta voix
Elle est ce cri traversé de violence
Elle est ce chant guidé seul par l'amour (…)

(Coups de pilon)

Malick FALL

Léopold Sédar Senghor écrit de la poésie de Malick Fall[43] qu'elle est « une poésie à hauteur d'homme » et son appréciation est plus que vérifiable. Pourtant, au départ, Malick Fall hésite, il se croit source tarie :

Je n'ai plus rien à chanter
Il ne me reste rien à danser

Mes émois mes sarcasmes d'enfant
Mes peines mes larmes refoulées
Mes lumières mes orages fulgurants
Ma hargne mes faiblesses bâillonnées
Mes angoisses mes temps forts

43. Né à Saint-Louis du Sénégal, en 1920. Il a publié un unique récueil : *Reliefs* (Présence Africaine, 1964).

Le temps de mes refus d'homme
La densité de mes retours pantelants

Vous avez tout dit poètes inspirés (...)

(Reliefs)

Peut-être est-ce pour cela qu'il intitule son recueil *Reliefs*. Mais sitôt entré dans le cercle de la parole, Malick Fall, qui vient battre le *dioundioung*[43 bis], nous ouvre aux secrets de « la case des Initiés ». Il le fait avec empressement et, selon son propre dire, avec hâte :

J'ai des hâtes sauvages
De crier pour rien
De dilater mes pores
Aux parfums de la forêt (...)

De patauger parmi les nénuphars (...)

J'ai hâte (...)
De taquiner les tabous
De vos têtes chenues (...)

J'ai des envies lubriques (...)

J'ai hâte
Le croyez-vous
De vous suffoquer d'indécence
La robe nue
La dextre virile (...)

(Reliefs)

Cette poésie, qui ressemble fort à une promesse faite contre le vide et au poète lui-même, tient à quelques vérités premières :

Dis que je m'achemine vers la mer
Tout comme les rus audacieux (...)

Dis-moi
Que je vous braque
La sagesse de mon peuple
Dis
Que je perpétue l'âme des Damels[44] (...)

43bis. Instrument de musique africain.
44. Damels : rois du Cayor, Sénégal.

Dis-moi âprement
Que mon apport est nouveau.

(Reliefs)

A cause de ces vérités-là, il veut réapprendre le « secret des chants initiatiques... le message des tam-tams », éloigner de lui la coupe remplie de « l'absinthe des appâts » afin de n'être ni « parjure », ni « renégat », afin de n'être pas « nègre que de nom ». Le long de son expérience, il ne veut être ni « gardien », ni « attaché de cabinet », ni « chauffeur », ni « planton », ni « esclave », ni « factotum », ni « garde-chiourme », ni « garçon de bureau », ni « garçon de café », encore moins « liftier » ou « concierge sommeilleux », ou « huissier chamarré », ni « facteur », ni « commis aux écritures ». Selon que ça lui chante, il est « ouvrier », selon que ça lui plaît « paysan », selon que ça nous chante « entrepreneur », selon que ça nous plaît « fermier ». Bref, il veut être tout cela qui le rapproche de l'homme simple. Il le veut tellement que le sarcasme, dans sa bouche, devient aussi une arme de libération : il exprime son intention de bâtir une cabane avec un ascenseur, des tapis de Kairouan, un salon, sept chambres, une salle à déguster le caviar, de l'eau à toutes les températures, une cuisinière électrique et un climatiseur... puis, ajoute-t-il :

Je raserai toutes les cases
Alentour
Les tombes les fétiches le mil
Et le riz
J'installerai Radio-Luxembourg
A mon pylône de paille
A côté des gris-gris
Et je te dirai
Monsieur
Prenez place
Dans le royaume détraqué
Des fous du village.

(Reliefs)

Mais, selon le découpage même de ses poèmes, il ne reste pas qu'avec lui-même. Il s'inquiète du temps par contraste :

J'oppose
Au hasard de l'humeur
Ma conviction
Aux vents contraires (...)

Ailleurs, il ne se cache pas et ne cache rien des sentiments :

Je ne sais rien de plus atroce
Que la vérité acculée au silence
Que la Justice démentie
L'Orgueil tuméfié
Et l'Amour bafoué (...)

Et pour terminer, il dit non à l'exil :

Je ne veux pas d'exil (...)

Je serais trop seul (...)

J'en oublierais
Mes lettres de noblesse (...)

Ce qu'il cherche, en fin de compte, la quête finale de Malick Fall, c'est la « communion » :

Si tu oses me dire
Que tu es un homme
Viens t'asseoir
Près de mon cœur
Tout à droite (...)

(Reliefs)

Cheik A. NDAO

La poésie de Cheik A. Ndao[45] est un vertigineux voyage abondamment marqué de noms propres. Noms de lieux, mais aussi noms d'hommes et de femmes, noms de l'Histoire et de l'amour fou de l'Afrique. Cela commence par la Fille des Celtes : « un cygne sur la mer... ». Elle permet au poète de dire sa parenté :

Dylan Thomas
Mon frère par le Verbe à Bishop Gore (...)

45. Sidi Ahmed Alioune NDAO, dit Cheik A. NDAO, né en 1933 à Bignona, Sénégal, *Kaïrée* (Grenoble, Imp. Eymond, 1964). *Mogariennes* (Paris, Présence Africaine, 1970).

et de parler de « Ystalifera où Niella a bu ma solitude... ». Puis, pêle-mêle, il cite : « les demoiselles d'Uppsala », « les vieilles dames rabougries de Singleton Park », la baie de Gowerton et à bout d'étape, cette exigence :

Je réclame toutes les femmes de mon fleuve
Djoliba (...)

Alors commence le périple dans le sens inverse, au moment où l'errant n'est riche que de « la nudité de son cœur » :

Sacrifiant à Salomon Roi des Djinns
Les étoiles filantes devinrent mes phares
Kayes je suis là
Riche de la nudité de mon cœur
Kayes ton teint de grès ocré
Ta face de soufre et de phosphore
Ma svelte Massinankée altière
Plus élancée qu'une lance
Tout l'or du Bouré mordant la chair
De tes chevilles tes poignets ton cou (...)

(*Mogariennes*)

Pour être bien dans le secret, il faudrait, avec Cheik A. Ndao, entendre le Khâsso, langue aussi feutrée que « halam au clair de lune ou la peau effleurée du tam-tam ». Il faudrait partir à Koulouba Bamako et voir ce qu'il a vu :

De Koulouba Bamako
J'ai vu ton visage rongé d'une vérole de verdure
Tes joues barbouillées de bougainvillées
Et les flamboyants se balançant à tes lobes
Sous mes pas
Les pasteurs qui confièrent le secret
A la pierre
Comme leurs frères de Tassili (...)

(*Mogariennes*)

Il faudrait, dans les yeux, avoir « les yeux de Djoliba » et réciter la mémoire des héros du continent Afrique : Samba Loabé Fâl, Albouri et Lat Dior, et, comme aux jours de l'enfance du poète, se laisser bercer par « la bleuité de Ségou » et à Sangomâr Sangalkam Sibassôr, laisser « la rumeur des teinturières dissiper (s)es cauchemars... » Il faudrait « revêtir une armure de poussière », prendre :

Mes sandales sous l'aisselle
Ebloui par le sceptre de Lamido
Dressé sur tes dômes comme des turbans (...)

Mais là encore, au dire même de Cheik A. Ndao, on ne serait « qu'au seuil » du songe et « non à la source du sang. » L'errance est longue jusqu'à Mopti, vers Séwaré (« que d'embûches sur le chemin de mon sang ») pour rejoindre d'autres jalons :

Le Fouta m'a donné l'absence
Le Badidbou la Parole
Le Saloum le mépris des lâches et des parjures (...)

et puis Bandiagara :

O Sources O Seyanes O sang

Abondance de noms pour signifier la source, se retremper dans l'avenir à force de passé, à tout prix saisir l'Afrique :

Tu n'es plus ma Sombre Reine
Aux mains de songe
Dévidant mes rêves de Neige
Tes pagnes de Ségou sur mes angoisses
Du soir
Mon sommeil sur le tapis
De tes paumes bleues d'Ispahan
De tes moignons d'Angola
Tu essuies le sang des roses de Rhodésie
La honte de tes restes d'orteils
Sous les roches du Cap (...)

(*Mogariennes*)

Brusque arrêt du voyage. Irruption d'une réalité qu'il faut aussi *voir* pour que la quête soit totale et juste.

On pourrait, ainsi, *nommer* tous les poèmes de Cheik A. Ndao, d'Europe aux Etats-Unis, d'Afrique en Afrique, remonter le Rhin, descendre le Nil, s'allonger sur les lacs, bercé par des allitérations :

Un cygne sur la mer
Toute la mer bue par ce signe
Et ne cille la Fille des Celtes (...)

★

Sous l'aisselle des mouettes
La caresse des coquillages
Liane blonde Fille de Diane (...)

★

Eparses mèches en mouvance sur le dos des marsouins (...)

★

Doigts fureteurs
Farfouillant
Furieux (...)

Puis, se réveiller à l'appel des noms de partage pour un poète : Federico Garcia Lorca, Nazim l'Anatolien, Pablo péon des Andes, Guillen Banguila ; apostropher Joe l'Américain :

Oh Joe toujours le même
Contrebandier Dérobeur Médaillé du Massacre (...)

Oh Joe
De mon unique bombe atomique
Ferais-je un oreiller pour ceux qui t'envoient
Dis-leur Joe que notre amitié
Ne se vend pas comme un quart d'heure
D'amour chez une catin (...)

(*Mogariennes*)

pour enfin, atteindre Ndar :

Ndar
Bercée d'eaux et d'aubes grises
Dans les bras de ta nourrice marine
A ton balcon de poussière séculaire
Les yeux derrière les voiliers de Verly (...)

Ndar
Ceinturée de lucioles et de miroirs brisés
S'en va ma noire Ophélie à vau-l'eau
De ses rêves de nénuphars (...)

(*Mogariennes*)

On pourrait, ainsi, *nommer* tous les poèmes de Cheik A. Ndao, A. Ndao, lui, nous offre l'accomplissement par la seule vertu de ses poèmes. C'est vers eux seuls qu'il faut se retourner pour vraiment être du voyage : disons que j'ai servi d'affiche. Il le fallait.

Lamine NIANG

« Négristique » est le mot de passe de Lamine Niang[46], un mot intérieur qui exprime plus un état qu'une discipline. On est ou on n'est pas de la « négritude », cela peut se discuter, s'établir et même, selon certains, se mesurer. Mais nègre, on subit la « négristique » évidente comme l'hydrogène dans l'eau, la clarté dans le soleil, la sueur sous l'aisselle. Senghor dit de la « négristique » de Lamine Niang qu'elle est *sa* philosophie de la Négritude. Là encore, les interprétations sont libres, mais dans tous les cas, elle est « mouvement » intérieur comme Césaire dit du nègre qu'il est « mouvement même du monde ». Son lieu est donc l'homme, sa durée, la durée de l'Histoire passée, présente et à venir. Le poète l'exprime dans la très forte matière du granit :

Et quand vient le jour
avec l'autre clarté de relais
on se remémore encore
alors que les ombres effacées
se sont transportées
dans le granit de nos carrières,
le granit
est la pierre qui garde
la tonalité des chants
avec leur pluralité d'images
pour les générations qui passent (...)

(Négristique)

Pluralité d'images, c'est-à-dire pluralité de symboles : « le caméléon » qui se balance, « la tortue » qui dort, « la sauterelle » qui s'interroge, mais aussi « la saveur de la race » et ce « delta de songes » :

---

46. Né en 1935 au Sénégal.
Négristique (Présence Africaine, 1968).

Delta de songes
la chair se contracte
et derrière le voile qui se déchire,
s'entrouvre la mer mouvante
des vraies vicissitudes
des corps en mouvement (...)

Et si le langage de Lamine Niang est examiné de près, une hardiesse se fait jour qui augmente de poème en poème, comme ce « midi dynastique », ces « larves indigestes, émanations d'osmose », ces « flammes qui phagocytent et consument les faussaires », et ces « banderilles de vérité »...

Dans d'autres poèmes, comme « Civilisation », le verset s'allonge et parle. Oui, parle :

Je connais des charniers où sont ensevelis des innocents (...)
Ma guitare chante pour l'immensité de leur sacrifice oublié (...)
Je ne connais pas leurs regrets, je ne connais pas leurs désirs, mais je connais leurs actes et leurs tombes.
Je ne connais pas leurs noms, mais je connais l'émotion qui a inclus leur mort dans ma gamme (...)

(*Négristique*)

Lamine Niang, en trois mots, crie le poids de la civilisation : « Civilisation ! Civilisation ! hélas ». Cela rappelle, certes, le mot de Gide sur Hugo, mais l'emprunt est opportun. Que peut dire d'autre un poète qui vient de s'écrier, une strophe plus tôt :

Civilisation ! ta gamme nouvelle qui se représente dans notre nouveau monde est une seconde contrefaçon (...)

Parce qu'il prend fait et cause pour l'Homme, Lamine Niang ne peut transiger d'aucune manière. Son poème n'est pas essentiel : il vise plus haut, il veut être *l'essentiel*. Et l'essentiel, c'est souvent cette part indélébile qui nous fait nous-mêmes à l'heure des plus tendres et des plus terribles face à face : l'ENFANCE.

Tam-tam maure
barque de rénovation
saules pleureurs
qui fait sourire
le nouveau rythme,
demeurez le tableau vivant

de mes visions de toujours.
Soyez comme la cloche de cuivre
qui enivre
et laisse l'Enfance limpide (...)

(Négristique)

Reste à cerner, dans la « négristique » de Lamine Niang, un certain sens du tragique, ce sentiment « du beau et triste ». Reste à cerner peut-être la MORT.

Autres poètes du Sénégal

Oumar (Mlle) BA :	Poèmes in *Nouvelle Somme de poésie du Monde noir* (Présence Africaine, 1966).
Ousmane Socé DIOP :	*Rythmes du Khalam* (Paris, Nouvelles Editions Latines, 1962).
MONTEIRO :	Poèmes in *Nouvelle Somme de poésie du Monde noir* (Présence Africaine, 1966).
Momar Betty SALL :	Poèmes in *Nouvelle Somme de poésie du Monde noir* (Présence Africaine, 1966).
Ibrahima SOURANG :	*Auréoles* (Monte-Carlo, Poètes de notre temps, 1961). *Chants du crépuscule* (idem, 1962). *Aubades* (idem, 1964).
Ibrahima SOW :	*C'est simple* (Bar-sur-Aube, Imp. Némont, 1964).
Mustapha WADE :	*Présence* (Présence Africaine, 1966).
Oumar WILLANE :	*Pasteur King (Tambour-Major de Paix)* (Debresse-Poésie, 1968). *Ce monde nu* (id., 1969).

SOMALIE

William SYAD

Pour titre de son premier recueil, William Syad[47], le « marginal » comme il se plaît à le rappeler, avait choisi un nom de vent : le Khamsine. De ce fait, il se mettait à la disposition du voyage, intégrait son nomadisme. Et parce qu'il est poète, il découvre que « l'inspiration est nomade du destin ». Je cite ici, au hasard de *Cantiques,* un recueil encore inédit de William Syad. Le livre fait partie d'une trilogie : *Cantiques, Harmoniques* et *Symphoniques* dont les deux premiers volets sont déjà terminés. Je les ai lus pour m'éloigner un peu de l'impression, à certains égards trop classique, de *Khamsine*. Et j'ai découvert un poète de l'amour de la lignée d'Omar Khayyam. Je ne le dis pas au hasard comme parfois les exégètes occidentaux, mais pour l'atmosphère, pour une sorte de douce frondaison de paroles brèves et comme confiées ·

Tu es pour
moi
cette fenêtre
ouverte
sur un autre
monde (...)
Ce revers
rouge
bleu
vert
où le gris pervers n'existe pas (...)
(Cantiques)

Oui, William Syad écrit pour la Femme, mais celle-ci fait partie d'une trilogie (encore une autre) : l'être suprême, la femme et son autre moi. Et quand j'ai relevé cette hantise du « trois », il m'a donné l'explication : chez le Somali, demain, aujourd'hui et hier forment un tout indissoluble. Syad crée dans cet héritage. Si à la Femme il prodigue ses « cantiques », c'est qu'aux belles filles d'Ethiopie, il « ne peut refuser ces morceaux d'injéras[48] » : partage donc d'une nourriture natale. Ici, la femme est aussi race et destinée. Elle est Vie. Celle qui épouse les « harmoniques », toutes les « harmoniques » :

---

47. Né à Djibouti, en 1930.
Khamsine (Paris, Présence Africaine, 1959). *Cantiques, Harmoniques* et *Symphoniques,* est une trilogie de recueils inédits, mais dont certains extraits ont paru dans des journaux de Genève et dans des revues de Mogadiscio (Somalie).
48. Injéras : fleurs africaines.

J'ai vu
sur cette mer
à la peau huileuse
où le souffle de
l'OUBLI
ne parvenait à
dérider
un instant
des yeux dans un socle
osseux
d'une force sans égale
LA MORT
je n'avais peur ni d'elle
ni de son approche
Dame la solitude
était mon angoissante
Compagne

Au loin
très loin à l'horizon
la tête d'un être
grandiose
prenait forme
ses yeux d'un rouge
orangé
dépassaient à peine
la ligne
où la terre et la mer
se rencontrent
pour alléger
le poids des CIEUX

(*Harmoniques,* recueil inédit)

En bref… mais laissons la parole à Syad lui-même :

(…) *en un mot*
Je suis à la
recherche
de l'HARMONIE
de l'Homme
du MOI
du TOI

de cet IL
pour faire
ce triangle
LE NOUS UNIVERSEL (...)

TCHAD

Joseph Brahim SEID

Si l'on se réfère aux canons exacts du poème : forme et langage, Joseph Brahim Seid[49] n'a pas sa place dans ce panorama. Mais si, au contraire, on élargit le champ jusqu'à rejoindre la chanson de geste (ici à l'africaine), jusqu'à évoquer ces veillées où récits et contes, légendes et récitations faisaient briller la tradition et l'histoire de tous leurs feux, jusqu'à laisser au merveilleux sa part bien due, jusqu'à admettre le barde (ici le griot) et lui conférer son rôle de récitant, bref, jusqu'à briser les frontières des cadres trop rigides du poème, alors Joseph Brahim Seid, parmi les poètes, n'est plus un intrus. Au contraire.

C'est dans la nuit tchadienne, sous les étoiles, qu'il allume ses chants et convoque la mémoire du réel et de l'irréel, confondant le vrai et l'inspiré.

« Au-delà de la Ville de Moundou, nom qui signifie « la paille », ce qui veut dire « bondou » en langue gambaye, à dix lieues à la ronde se trouve Doba, capitale des pays où vivent dans un concert harmonieux les M'Baye, les Gor, les Madjingaye, les Dayes, les Kabas, les Goulayes et tous les Saras du Tchad. Mais à quelques kilomètres de Doba, dans un paysage paradisiaque, vivent particulièrement les Saras Gor. Bodo est leur capitale. Une grande forêt s'y trouve. C'est là que la vie a fait sa première apparition dans le monde. Nos ancêtres dorment encore sur ce coin de terre (...).

C'était une forêt pleine dans sa force ; les arbres et les herbes suivaient d'autres herbes et d'autres étendues herbeuses. Lorsque les vents soufflaient, tout craquait, tout s'agitait, tout répandait dans la nature mille et une senteurs. La forêt de Bodo devenait alors menaçante, féconde dans sa masse et variée dans son sein (...)

(*Au Tchad sous les étoiles*)

49. Né à Fort-Lamy en 1927.
Au Tchad sous les étoiles (Présence Africaine, 1962).

Chaque décor est planté sans peur de lyrisme. Chaque dit délivre en tout premier lieu l'émotion. Joseph Brahim Seid est poète selon sa race.

TOGO

Yves-Emmanuel DOGBÉ

Quand Yves-Emmanuel Dogbé[50] dédie un poème à Léopold Sédar Senghor, et, en même temps, l'écrit en mémoire de David Diop, il se situe en pleine « négritude ». En effet, il fait partie de ce qu'on pourrait maintenant appeler les traditionnels de la « négritude ». A l'instar du griot, il se hâte de « recueillir avant la nuit, les bases, l'origine de sa race ». Il veut se « blottir dans la chaleur de la terre de ses aïeux ». Et pour saluer et reconnaître Lomé, la capitale de son Togo de naissance, il interroge et s'exclame :

Est-ce toi là-bas, Lomé
Hospitalier indiscret
Lomé des grands rois
Jadis menacés par Agokoli
Lomé des fugitifs de Nuadja
Perdus dans les buissons ardents ? Oui, oui, c'est Lomé
Le Belliqueux d'hier, le Bénin d'aujourd'hui (...)

(*Flamme blême*)

D'autre part, Yves-Emmanuel Dogbé voit en Polymnie (la Poésie), la « déesse des hauts devins ». Il l'adopte et l'adapte à son « mystère » en « plein somme étoilé ». Il veut remonter jusqu'à la naissance, jusqu'à la Grandeur. De toute évidence, il est croyant, chrétien même : « Le meilleur moment, c'est le moment de Dieu » (*Flamme blême*). Cela n'empêche pas l'angoisse : « ma vie est viol des pages », « mes années n'en sont que témoins nus... ». Le terme de « buisson ardent » revient sous sa plume et il avoue se trouver « hors du monde ». Poète mystique ? Oui et non. Sa solitude est également une marche : elle débouche dans un présent que le temps a modifié :

---

50. Né à Lomé en 1939.
Flamme blême (Paris, Editions de la Revue Moderne, 1969).

Esclaves en quittance sur un globe en hâte
Evoquez les sévices des temps jadis :
Les traites lassées, les regards rougis
Les ténèbres pesantes, l'absence effacée
Montrez au cynique fouleur
L'origine de tout homme de même limon
Et votre envie d'égal souffle de vie
Tel l'infaillible idéal du Suprême Faiseur.

(*Flamme blême*)

Du chant d'allégeance à la berceuse, de l'invocation à la confidence, du Bénin aux visages aimés : celui de la négresse, celui de l'aïeule, celui de la Femme, Yves-Emmanuel Dogbé semble encore chercher une expression qui serait à la mesure de son temps. Il est sur la bonne voie.

Autres poètes du Togo

Paul AKAKPO TYPAMM :	*Poèmes et contes d'Afrique* (Paris, Cercle de la Poésie et de la Peinture, 1958).
† Toussaint « Mensah » VIDEROT	*Courage si tu veux vivre et t'épanouir, fils de la grande Afrique* (Regain, 1960). *Pour toi nègre mon frère* (idem, ibid.).

ZAÏRE

LES VOIX DU ZAÏRE

Antoine-Roger BOLAMBA

Depuis Antoine-Roger **Bolamba**[51] qui avait publié *Esanzo* aux éditions Présence Africaine en 1955, la poésie du Zaïre (ex Congo-Léopoldville) n'a pas changé de symbole. Pourquoi l'aurait-elle fait puisque ce dernier n'est autre que la terre natale : le Congo, aujourd'hui, le Zaïre. Aucun projet ne saurait être plus vaste, aucun rêve plus rêve et aucune fidélité plus valable. Et c'est à cause de cette unanimité des poètes du Zaïre que nous n'allons pas les séparer, mais rester en leur compagnie comme en la compagnie d'un chant unique.

Emmanuel Boundzéki DONGALA

Emmanuel Boundzéki **Dongala**[52] s'empare d'une trompette bouchée pour composer un blues, une « fantaisie sous la lune » d'où émerge cette strophe animée :

J'ai grimpé jusqu'à toi par le rayon de lune
qui a filtré par le trou de ma masure de paille
Lorsque j'ai atteint l'arc souriant de ta bouche parmi les étoiles
tu es venue à moi
ouverte sous la mer de ton corps de vague ondulant sous mon corps
mon cœur battant au rythme de ton corps mouvant au rythme de ta tribu des gens de la montagne ;
ta forme d'ophidien tortillant sous la mienne
je suçais ton jus de cobra par tes lèvres écorchées
et ma fièvre montait comme si paludique (...)

(*Fantaisie sous la lune*)

---

51. Né à Boura en 1913.
Premiers Essais (Elisabethville, Ed. L'Essor du Congo, 1947). *Esanzo, Chants pour mon pays* (Paris, Présence Africaine, 1955).
52. Poèmes in *Nouvelle Somme de poésie du Monde noir* (Présence Africaine, 1966).

▲ TCHICAYA U TAM'SI

YAMBO

DESSIN DE
YAMBO OUOLOGUEM

SAMUEL-MARTIN
ENO BELINGA

VALÈRE EPÉE

ELOLONGUE
EPANYA
YONDO

SIRIMAN CISSOKO

PAULIN JOACHIM

FRANÇOIS
SENGAT-KUO

LAMINE DIAKHATÉ

PIERRE BAMBOTÉ

TATI-LOUTARD

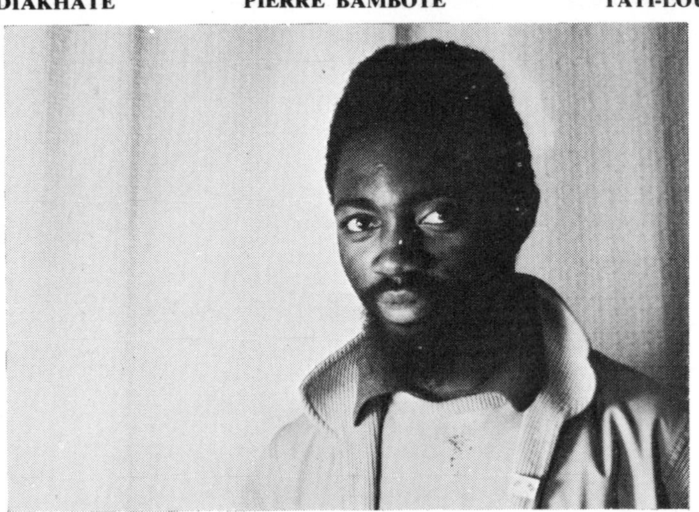
MATALA MUKADI

CHEIK A. NDAO

BIRAGO DIOP

FLAVIEN RANAIVO

DAVERTIGE

GEORGES DESPORTES

EDOUARD GLISSANT

RENÉ DEPESTRE
(portrait de Benir)

Dieudonné KADIMA-NZUJI

Cette présence à la fois Femme et Terre, nous la retrouvons parmi les poèmes du vent et de la pluie de Dieudonné **Kadima-Nzuji**[53]. Elle est aussi femme-océan :

(...) *O Femme-Océan*
Aux yeux joyaux de feu
A la gorge matrice que féconde
ma danse
virile

Au murmure de ta voix
Les ressacs debout sur le nombril des algues
Ont léché
mon visage
de nuit.

(*Les Ressacs*)

Lieu féminin où s'organise la vie de l'homme, femme seulement ou terre précise, nous apprenons à ne plus vouloir choisir. Il nous suffit de patienter avec le poète.

J'attends (...) *j'attends au bout de la nuit*
De perpétuels ahans
(...) *de la nuit*
D'amertume
D'affres de tout un peuple effaré
de brebis martyrisées (...) *éventrées*
J'attends (...)
Une pucelle sans rivale
ni souillures
Une seule peuplée de rires de larges profondeurs
Une seule (...)
L'aube verte de la danse
L'aube bénie de libation et de fraternité (...)

J'attends (...) *j'attends au bout de la nuit.*

(*Poèmes du vent et de la pluie*)

53. Né à Banzyville (Congo) en 1947.
Les Rythmes sanguins in *Anthologie des Ecrivains Congolais en hommage au Président L.-S. Senghor* (Kinshasa, SNEC, Ministère de la Culture, 1969). *Les Ressacs* (Kinshasa, Ed. Lettres Congolaises-O.N.R.D., Office National de la Recherche et du Développement, s.d. [1969]). *Préludes à la terre* (Ed. du Mont Noir, 1971). *Poèmes inédits* in *Congo-Afrique* n° 51, février 1971.

Adolphe KISHWE

Quand le lieu est habitable, quand l'homme peut y battre son rythme, se déhancher à force de désir de vivre, l'espace « rugit » et « danse ». C'est la fête de l'homme sur la terre, comme le décrit Adolphe **Kishwe**[54] :

Et soudain (...)
Je rythme de mes doigts la danse des eaux
La danse des feuilles
La marche des serpents
La danse du lit
Les cris du berceau
Les sanglots du cercueil
Voyez le scintillement des étoiles sous mes doigts
Dansez lézards de la tête
Dansez moineaux et jasez
Au rythme de mes pas (...)

Voyez j'étreins les murs de la case
Oh fesses du vent dansez pareilles aux feuilles
Voyez comme je vous tiens dans mes serres

(*L'Homme tam-tam*)

Sony LAB'OU-TANSI

Il ne faut pas chercher les livres de Sony **Lab'ou -Tsansi**[54 bis] dans les librairies, encore moins dans les bibliothèques : il n'a pratiquement rien publié jusqu'ici. Mais il a beaucoup écrit : du meilleur et du pire. Le pire, il le renie déjà. Cela s'intitulait : *Vers au Vinaigre,* il ne veut plus en entendre parler. Par ailleurs, il avoue : « Des poèmes, j'en ai tellement dans le sang, le problème, c'est comment les donner aux autres... ».

Aujourd'hui, ce qu'il offre, c'est *la Vie privée de Satan* : trente poèmes comme trente câbles de haute tension :

---

54. *L'Homme tam-tam,* poème in *Anthologie des Ecrivains Congolais en hommage au Président L.-S. Senghor* (Kinshasa, SNEC, Ministère de la Culture, 1969).
54bis. Né le 5 juin 1947 à Kimwanza, Bas-Zaïre.

Regardez eh
Là
Dans les hanches
Du pain
Quotidien
Dans les côtes
Des gratte-ciels
Regardez eh
Sur le cœur
Des petits plaisirs
Tressés à la main
Regardez eh
Dans la sueur des gins
et sur les fesses
du tabac
Les gestes ronds
Les gestes enfantins
du
cosmicide —
Regardez Harlem
Regardez Champs-Elysées
Les chiffons d'une race
Et les haillons
D'une vieille civilisation —
Je t'insulte Occident
Mais c'est toujours doucement
Que je t'insulte —
Car toi et moi
C'est comme du sang
Qui vadrouille...

(*La Vie privée de Satan*)

J'ai lu ces poèmes et trente autres réunis sous le titre « Les yeux de l'espoir », grâce à l'amicale indiscrétion de Françoise Ligier à qui Sony Lab'ou-Tansi a confié ses recueils inédits. Et cette même indiscrétion m'a permis d'apprendre que pour ce jeune poète congolais de vingt-cinq ans, l'art est « ce démon bête qui exige qu'on fasse du beau même si on devait le faire avec les boyaux d'un Dieu... » Comment ne pas s'arrêter à un tel esprit et surtout, comment refuser de transmettre ses cris et ses chants, ses missives et ses refus :

Je ne suis pas Noir
Je suis un petit fagot de forces
Un petit lingot d'espoir (...)

Je suis un doigt de lumière
Pour une terre
Qu'on n'a pas encore
Créée (...)

(*La Vie privée de Satan*)

Sony Lab'ou-Tansi considère que les « péchés capitaux sont peut-être de simples petites fautes d'orthographe d'usage ». Cela fait de lui un croyant qui allègue que « le Christ n'avait pas prévu l'histoire », en d'autres mots, les siens propres, encore une fois :

Je ne suis pas Noir
Pas un cheveu de satellite
Pas une larme de jus de soleils
Pas un nerf d'étoile filante

Je ne suis pas Noir
Pas une goutte d'urine cosmique
Ni la morve du Hasard
Ni le pain quotidien
De l'Occident
Ni vent qui passe
Ni cendre
Ni fumier
Ni Sodome
Ni Gomorrhe
Ni feu ni carbone
Ni cap
Ni promontoire
Je suis
Puisqu'enfin il faut le dire
Puisqu'enfin il faut le crier
Je suis un verre
Disons une bouteille — un litre
Du sang de Satan
Je suis la vie privée
De Judas (...)

(*La Vie privée de Satan*)

Voici donc ce témoin du Congo ou du Zaïre (peu importe, selon l'exigence du poète lui-même, pourvu qu'il soit ivre du pays natal) :

Congo ou Zaïre
Donnez-moi ces deux noms
Que je les torde comme une femme
Que je m'en salisse le front
Que je m'en salisse le sang

Congo ou Zaïre flanquez-moi ces deux rives
Que je me les frotte comme un fétiche
Qu'on me les attache au cou
Qu'on me les enfonce dans la gorge
Qu'on me les forge dans la ceinture
Qu'on me les cloue dans la chair
Comme des pointes de dix
Qu'on me les verse sur la tête
Comme un vin.

(Les Yeux de l'espoir)

Voici donc la voix inédite de Sony Lab'ou-Tansi. Elle s'élève contre

ce siècle vide comme un sacrilège (...)

ce siècle amer comme une tige
de haute trahison (...)

Elle entonne « ce siècle sauvage comme un amour... ». Bref, elle nous communique des « légendes d'argile » qui sont d'ores et déjà « sang » et « métal » :

Comment voulez-vous que j'espère
Avec mes anges tordus
Dans mon ciel de coton caraïbe
Mes prophètes de gin
Et mon espoir de canne à sucre
Planté à Cuba
Non — pitié
Laissez-moi respirer les entrailles
Du cuivre Katangais (...)

(La Vie privée de Satan)

Henri LOPES

Henri **Lopes**[55], lui, évoque le Congo-Zaïre en lui conférant la stature du héros abattu dans la nuit mais désormais lumineux :

Du côté du Katanga
On dit qu'un géant
Dans la nuit est tombé
Et l'eau qui tombe des ciels
L'eau qui tombe des fronts
L'eau qui tombe des yeux
L'eau qui coule en ondoyant
Dans le fleuve couleur de thé
Toute l'eau pleure et gémit
Dans cette nuit
Où la mort a visage de géant (...)

(*Du côté du Katanga*)

Philippe MASEGABIO

La « somme première » de Philippe **Masegabio**[56] se compte à partir de ses contradictions : il est congolais et il « subit » une autre culture que la sienne. Le drame est que cette culture est presque irréversible comme semble être également irréversible le « négatif » de l'histoire coloniale. Alors, le poète assiste à la confrontation dont il est le théâtre :

Oublier
Je veux bien oublier.
Enfermer dans le neuvième enfer
de l'Oubli, avec une trilogie animale
à la porte ou un cerbère de verrou
et qu'il ne soit plus question
d'en sortir — L'enfermer sur
quel espoir ?

---

55. Né à Léopoldville (Congo) en 1937. Poèmes in *Nouvelle Somme de poésie du Monde noir* (Présence Africaine, 1966).
56. *Somme première* (Kinshasa, Ed. Lettres Congolaises-O.N.R.D., 1970).

Snobisme Snobisme
Vogue Modernisme Actualisme
Et sept autres merveilles encore !
Et la dialectique de l'histoire se pavoise.
Et les cathédrales ne sont plus à construire.
Dans le neuvième enfer de l'Oubli
Enclaver le vieil homme nègre
et que plus jamais plus jamais
il ne soit question qu'il en sorte !
Snobisme !
Je vote donc : oui !
Je pactise avec les sauterelles
de ma vieille négroculture (...)

(Somme première)

Masegabio n'altère rien, il se débride : il est homme fâché mais qui ne refuse pas, qui ne désespère pas d'atteindre le sens vrai de l'Homme. Sa quête est elle-même contredite par l'Homme :

La Terre cependant a la face hideuse
preuve que le Mal ronge ses mailles,
et il y a l'histoire, et il y a la vie
tristes écrans de tristes expériences :
ses abcès, ses ulcères ses frissons,

ses râles de Guernica, ses austerlitz
ses charniers de Waterloo, ses corées
ses thermopyles, ses saint-barthélémy
ses holocaustes d'Hiroshima, ses zamas
ses razzias négrières et ses roncevaux

ses thymols nazis et ses lâches sinopes
viet-nams en ex-voto à quelle divinité,
ses bras levés, ses ventres ébréchés
et l'herbe rutilante de son suc iodé
tous démons tricéphales et multicornus (...)

(Somme première)

Devant ces évidences, on a envie de crier avec lui, d'accompagner sa diatribe, de l'imiter. Seulement, la poésie (et elle est seule à donner une telle permission), si elle aide à évoquer nos enfers, aide aussi à les conjurer. Philippe Masegabio, que je trouve une des plus grandes voix du Zaïre et du continent africain, ne contrefait pas la poésie. Elle est en lui la vérité qu'elle est. Et l'ayant choisie pour dire, pour tout dire, il ne nie pas la *somme* :

> *Mais quel est ce tintement*
> *qui flûte un air de paix*
> *au brasero de mon cœur ?*
> *Et c'est par mes fenêtres non closes*
> *l'envahissement de la Brise ailée*
>
> *Et je me dis qu'il faut Oublier*
> *et je me dis qu'il faut Pardonner*
> *et je me dis qu'il faut Sourire*
> *car le temps est aux* Noces
>
> *Et Prométhée*
> *Et je voudrais devenir Prométhée*
> *Dans l'édification du Monument*
> *Apporter mon unique brique*
> *l'obole de* ma-plus-value (...)
>
> *(Somme première)*

Philippe Masegabio : un poète qu'on voudrait citer à perte de pages !

Matala MUKADI

Un autre poète igné du Zaïre, c'est Matala **Mukadi**[57]. Il est porteur de foudre et de feu. Chacun de ses « réveils » s'opère dans « un nid de flammes ». Pour se présenter, il cite Césaire : « Un oiseau sans peur/Jette son cri de flamme jeune/Dans le ventre chaud de la nuit. » Faut-il expliquer que ce cri est craché de la gorge et que cette dernière est enflammée à force d'ahans. Ahans pour établir la liaison avec l'autre :

> *Sur mon front durci par les malheurs*
> *Se coagule un caillot de fureur.*
> *Je hèle la nuit, j'interroge les hommes :*
> *Qu'a fait Manzambi, buveur de poussière*
> *Mangeur de sauterelles et de grillons.*

57. Matala Mukadi TSHIAKATUMBA, dit Matala MUKADI. Né à Luiska (Congo) en 1942.
Réveil dans un nid de flammes (Seghers, 1969).

Qu'a fait Manzambi, dont les ronces
Balafraient les orteils.
Qu'a fait Manzambi qui, il y a à peine cinq ans,
Prenait la sagaie et criait « Uhuru »
Comme l'homme d'Outre-Atlantique en 1766,
Comme le sans-culotte en 1789,
Comme le moujik en 1917,
Comme l'homme de la longue marche en 1949,
Comme le « guajiro » de la Sierra Maestra en 1953,
Comme le paysan de Fouta-Djalon en 1958.
Qu'a fait Manzambi, qui malgré
Les bourrasques et les souffrances
Récusait le suicide.
Qu'a fait Manzambi, le terrassier de Bukavu,
Assassiné sur la terrasse de son destin ?

(*Réveil dans un nid de flammes*)

Ahans sur les places publiques, chez les montreurs contemporains ; ahans pour reprendre racine, pour réclamer le plus beau, le plus clair de la vie africaine — ce qu'on a paganisé objet d'art :

Tervuren rends-moi mes sculptures (...)

Tervuren rends-moi mes boucliers et carquois (...)

Tervuren rends-moi mon shongo (...)

Tervuren rends-moi ma flûte de Pan (...)

Tervuren rends-moi mes raphias (...)

Tervuren rends-moi l'handa ma croix de cuivre (...)

Tervuren rends-moi mon folklore (...)

Tervuren sans rancune je réclame mon héritage (...)

(*Réveil dans un nid de flammes*)

Ahans pour retailler la face du Kongo aux traits de sa face primordiale et boire l'eau de son eau et manger le pain de son pain :

je quête la dignité de mon vin éternel
je veux régenter ma terre

gousse d'or sandale de cuivre
nid d'uranium réceptacle d'étain (...)

Ahans de partage aussi, là-bas, très loin vers Cuzco brûlant et brillant de la mort de Javier Heraud, le poète guérillero ; ahans de partage avec Padmore, Fanon, Malcolm X, Um Nyobe, Ben Barka, Diop, Yat Sun, Van Troi, Cienfuegos, Torres ; ahans qui débordent et qui n'en peuvent plus des mièvres recettes de liberté et qui veulent un Congo-terre-promise-et-tenue. Ahans surtout d'un Congo toute l'Afrique, d'un Congo tout l'Univers pour enfin fonder l'amour :

je t'offrirai un anneau millénaire
exhumé des ruines de Zimbabwé (...)

Marie-Eugénie MPONGO

Au Zaïre, même la mort contribue à bâtir le sol plus fertile que jamais. Surtout la mort. Car après mort, il y a mémoire, célébration, comme celle de ces étudiants sacrifiés que chante Marie-Eugénie **Mpongo**[58] :

La jeunesse verte luit
Sur leurs visages blafards
Pareils aux enfants sages
Attendant le réveil
Ils dorment
Sur leurs lits de mort
Débarbouillés
Démasqués de toute chose terrestre.
On découvre
Dans le matin noir
Le vrai visage d'hommes (...)

(Lits de mort)

Valentin Y. MUDIMBÉ

Valentin Y. **Mudimbé**[59] élève sa voix « à la fin des désastres »,

58. Née à Mbandaka (Congo) en 1948.
Poèmes in *Anthologie des Ecrivains Congolais en hommage au Président L.-S. Senghor* (Kinshasa, Ministère de la Culture, 1969).
59. Né à Likasi, Katanga, en 1941.
Déchirures (Kinshasa, Éditions du Mont Noir, coll. « Objectif 80 », 1971).

mais sa mémoire ne pèse pas moins du même poids que celle de la nuit autrefois fermée. Il a beau vouloir s'oublier, ne pas parler de lui, ses déchirures demeurent flagrantes. Il lui faut les dire pour leur infliger ne serait-ce qu'un semblant d'exorcisme. Les lieux où il se retrouve sont divers, mais tous s'abolissent dans ce Congo natal qu'il hante et qui le hante. Au bout de tous les arguments contre lui-même, il ne peut retenir cette exclamation :

(...) *que je ne sois qu'un verbe, une heure éternelle...*

Il veut être « verbe » pour durer et bannir enfin tout ce qui se heurte, pêle-mêle, en lui, des souvenirs comme des « déchirures ».

Les doigts épousent la loi qui sacre et le sacré s'enrage dans l'espoir des holocaustes abandonnés à la fureur des vents. Le lien du Saint-Sépulcre et des tornades tropicales entretiendra l'opacité de l'ombre et la langueur de l'oubli. Les consciences s'engourdissent devant le voile partagé avec les pendus d'hier soir, les femmes éventrées à l'aube, les condamnés, conquérant des soleils vides.

(Déchirures)

Il n'y a pas de mystique qui puisse éponger certains déficits : la poésie de Valentin Mudimbé le prouve en voulant l'infirmer et c'est là sa priorité sur tous les alléluias faciles.

Gaby SUMAÏLI

Au plus fort de ses « rythmes d'agonie », Gaby **Sumaïli**[60] découvre son dernier recours : son pays. Il justifie ainsi son rang dans la lignée des poètes qui, comme je le disais au début, depuis Bolamba au Congo-Léopoldville d'hier jusqu'aux poètes du Zaïre d'aujourd'hui, ont fait de leur terre la matière sacrée et primordiale de leurs poèmes. Sumaïli va directement au but, il avoue tout net :

L'âme de cette terre infuse dans mon sang
Traduit en vers empreints d'un désespoir sans borne

60. Né à Kasongo (Katanga) en 1946.
Aux flancs de l'équateur, sélection A (Kinshasa, Ed. Belles-Lettres, 1966). Poèmes in *Nouvelle Somme de poésie du Monde noir* (Présence africaine, 1966). *Aux flancs de l'équateur*, sélection B (Kinshasa, Ed. Extension Universitaire de l'Université Lovanium, 1968). *Testament*, sélection C (Ed. du Mont Noir, 1971).

Les plus profonds soupirs des cœurs adolescents.
Mais qui soutiendra l'élan du Capricorne ?

L'âme de mon pays, dans sa calamité,
Cherche à travers la nuit de ses méandres mornes (...)
L'Astre qui soutiendra l'élan du Capricorne !

(Testament)

C'est bien un recouvrement de l'héritage natal qui motive la verve de ce poète. Cela se reconnaît même quand il croit pouvoir se réfugier derrière les symboles. Derrière la nature et les bêtes. Derrière les saisons et les rythmes :

Moi, Cola, quoiqu'enfin les raccourcis pullulent
Et charment comme un chœur de hiboux qui hululent
Au paradis natal

Cola, le bubalus dont le manteau trépide,
Trépigne et se maudit dans ce piège perfide,
Ces filets étrangers !

(*Rythmes d'agonie*, in *Testament*)

Etienne Tshinday LUKUMBI

Et pour terminer ce choix, qui est loin d'être exhausif, il faut citer Etienne **Tshinday Lukumbi**[61] qui dit de sa « terre des vagues et des reflux », de sa « terre de sueurs et des gaietés » qu'elle est terre d'espoirs pluriels. Il est un des rares poètes congolais qui évoquent la mer et pourtant, Tchicaya nous l'a amplement prouvé, la mer est partout dans le destin de ce pays-Kongo. Partout comme cette mer de Moanda :

Tout partout la mer, la mer et toujours la mer.
Sans souffle, sans air et sans espoir, cette mer coule sans couler.
Elle va sous les yeux de crainte et de peur vers une âme à la mer.
Elle suit le sillon non tracé de la révolte des dieux,
Elle brille dans la haine d'anéantir et d'éblouir l'être (...)

(Marche, pays des espoirs)

---

61. *Marche, pays des espoirs* (Ed. Présence Africaine, 1967).

Certains des poèmes de Tshinday Lukumbi, comme celui où il devise sur le « noir » (encore une litanie inutile), dérasent la verticale de sa voix. Mais il reste cette lancinance de l'ombilic qui nous force à oublier les faiblesses pour ne vibrer qu'au bruit du « cuivre inépuisable » et de « l'or incorruptible », encore des symboles qui convergent vers cette même fidélité si souvent exprimée dans la poésie du Zaïre.

Autres poètes du Zaïre

Théophile AYIMPAM	*Les Complaintes du Zaïre* (Kinshasa-Kalina, Ed. Belles Lettres, 1967).
Grégoire Roger BOKEME :	*Douces Rosées* (Kinshasa-Kalina, Ed. Belles Lettres, 1969).
Sébastien BONTALA	*L'Amba des ancêtres* (Kinshasa, Ed. Belles Lettres, 1967).
Aimé Théophane BULUKU :	Poèmes in *Anthologie des Ecrivains Congolais en hommage au président L.S. Senghor* (Kinshasa, Ministère de la Culture, 1969).
Philippe ELÉBÉ (dit ELÉBÉ LISEMBE) :	*Mélodie africaine* (Laon, éd. l'Etrave). *Uhuru* (Paris, Debresse, 1970). *Rythmes* (Kinshasa, Ed. du Mont Noir, 1971). *Orphée rebelle* (Paris, Ed. Saint-Germain-des-Prés, 1972).
F.M. MAYENGO :	*Mon cœur de saisons* (Kinshasa, Ed. du Mont Noir, 1971).
Oscar MONINGI :	*Complainte bantoue* (Kinshasa, Ed. Belles Lettres n° 1).
Paul MUSANGI :	*Les Réminiscences du soir* (Kinshasa, Ed. Belles Lettres, 1968).
E.F. MWEYA :	*Remous de feuilles* (Ed. du Mont Noir, 1971).
B. NGUWO :	*Chants intérieurs* (Ed. du Mont Noir, 1971).
Clémentine NZUJI :	*Murmures* (Kinshasa, O.N.R.D., 1968). *Lianes* (Kinshasa, Ed. du Mont Noir, 1971).
Adolphe VIANDA :	*Ombre sur l'équateur* (Kinshasa, Ed. Belles Lettres, 1966).
Pierre WABENO :	*Le Cycle des faits* (Kinshasa, Ed. Belles Lettres, 1966).
Edmond WITAHNKENGE :	*Les Ancêtres zaïrois* (Kinshasa, Ed. Belles Lettres, 1964).

DEUXIÈME PARTIE

ANTILLES OCÉAN INDIEN

par Marc ROMBAUT

GUADELOUPE

LA NEIGE DE LA RÉVOLTE

Gérard DELISLE

De la Guadeloupe nous parvient la grande voix révoltée de Gérard Delisle[1]. Ici, le mythe — « plain chant déroulé d'Afrique » — contraste durement avec l'observation critique de l'Occident — terre exportatrice de haine et de mépris.

En des images touffues, fougueuses, heurtées, Gérard Delisle témoigne d'un génie, d'une beauté muselés. Il nous donne à toucher et à sentir la vie quotidienne des Caraïbes, saisie par le zoom d'une caméra :

Marchandes guadeloupéennes
Leurs pieds nus ont étreint les jours les routes les
sentes les places
Marchandes de cressons
Charbons
Ecumes de mer
Leurs pieds nus ont étreint les poussières qui scient
jusqu'aux lèvres des sexes
Les halliers bouillonnants
Les boues
Les marigots
Silex
Cicatrices aux mains où mord la houe violente
Yeux mi-clos
Joie bourrue
Sous leurs riants madras patriarches damnées
Statuettes maudites (...)

(*Rhapsodie caraïbe*)

---

1. Né à Basse-Terre en 1927.
Rhapsodie caraïbe (Gallimard, 1960).

La découverte de l'Europe est celle d'un monde mécanisé, déshumanisé, où règne une volonté aveugle d'oppression. Touché dans sa raison sensible, Gérard Delisle communique le choc éprouvé :

Hommes artificiels à chalumeaux de mains
Monstres
Carapaces sous des palmiers de câbles
Tourbillons
Vols
Oves
De vastes fables jouaient
Par des sentes de lumière carburateurs tubulures
culasses avançaient
Efflorescences
Inattendues.
Automobiles (...)

(*Rhapsodie caraïbe*)

Pour lui, l'ignominie du monde capitaliste éclate en chacune de ses manifestations. La sensibilité est bradée au nom d'une intelligence supérieure. Surmontant son dégoût, le poète souhaite par un « art engagé » participer à l'édification d'une « autre humanité ».

Quand les bourgeois s'endorment et les rois et les
prêtres
Sylphides et doux penseurs se lèvent
En des caves de théâtre dansent les nuits leurs rêves
Chuchotent leurs lèvres pâles
Gesticulent
La lumière se détourne vers l'épuisante aurore accomplissant
l'espoir
Les rayons et les ombres au front des durs vitraux
s'étreignent...

(*Rhapsodie caraïbe*)

La révolte de Gérard Delisle prend ses pouvoirs dans les racines de la terre natale où naissent les grands mythes, noirs ou métis, d'où jaillit le sang du poème :

Mais d'Afrique zombis et soucougnans narguent le
chrétien
Ecoutez ô enfants plus fous que les nuages
Quel jour d'arc-en-ciel fou Porto-Ricains

Haïtiens
Cubains
Jamaïcains
Guadeloupéens unis aux continents
brisés éclateront les sept jougs
Et l'ironique victime
Peuple opprimé Lapin triomphe de Zamba chaîne du monde...

(Rhapsodie caraïbe)

Le rythme, le grand rythme nègre saisit naturellement le chant, le métamorphose en hymne de vie, de renaissance :

Misère ailée d'espoir
Genoux se déploient
Dans les feux océans les premières joies crépitent
Un immense profil d'homme sera l'image de Dieu
La fureur de ses mains roulera sur les ponts lourds
Filez nefs
Neiges croulez
Charnelles et lumineuses
Rythmées
Unies
Voix d'espoir
Echos blancs dans les morts
Gerbes
Lèvres
D'autres profils de voiles se dégagent des brumes
Houle résurrection
Foi
Lutte (...)

C'est une musique incantatoire dont l'écho se répercute sur la neige du ciel et sur la nuit du monde.

Une neige d'émeraude monte à la recherche du jour
Ses vols hantent la nuit
La changent
La purifient
Les flambeaux des ténèbres en lentes métamorphoses fuient
ECOUTE

(Rhapsodie caraïbe)

HAÏTI

SOLILOQUE ET LÉGENDE

DAVERTIGE

« La poésie ne donne pas sans recevoir. De toute façon, elle reprend sous une autre forme. Par les tripes, le sang, le suicide ». Ainsi s'exprime Davertige[2].

Si ses poèmes traduisent les préoccupations essentielles de ses compatriotes, à savoir la reconnaissance d'une spécificité haïtienne, son tempérament de révolté à la Rimbaud leur donne, avec un tour très personnel, une dimension parfois mythique. Toujours aux limites du rêve et du réel, de l'hallucination et de la perception, de la conscience révulsée et du délire névrotique, Davertige se livre au jeu dangereux — mais envoûtant — du dérèglement des sens. Il cherche, par les voies d'une déraison volontaire, un absolu. Concilier les inconciliables, démarche peut-être insensée d'un poète qui refuse la séparation des *plans* (rêve et réalité, raison et irraison, art et névrose).

« Je me croyais médium des rêves de chacun. Je m'allongeais en toutes choses et la Raison inventait son suicide », écrit-il. L'ivresse de l'inspiration poétique, assimilée à un don de voyance, tente d'approcher, par la magie du verbe, de hautes et fuyantes vérités. Retrouver un au-delà de la mémoire, se délivrer du connu, vivre la métamorphose du Regard, ces expériences constituent la matière d'une écriture qui réinvente, au moyen d'une explosion des mots et des images, une liberté, un temps *autre* où l'inspiration subjugue les données immédiates.

POUR RECONSTRUIRE LE TEMPLE-RAISON

Et jusque-là aux confins des métamorphoses le corps en lui-même s'irradiait Les azurs à pensers de pierre se tenaient par leurs mains de

---

2. Denis Villard, dit DAVERTIGE, né à Haïti en 1940.
Idem (Port-au-Prince, « Haïti Littéraire », 1962). *Idem et autres poèmes* (Seghers, 1964).

silence et d'amour Aller-retour de nos paroles sur les lampes fragiles du temps Au front de la Raison-Détruite je me suis mis là tortue mouvante dans l'ombre de son visage à répons de fantômes et les rivières s'en allaient plus solitaires que la jeunesse Pour détruire cette raison je vous donne mes mains arrachées à des lèvres de lèpre comme le nègre, sacré à la solitude des moudongs Mes yeux ces condamnés plantés en croix de caraïbéens Ombre de guano Ma face derrière la porte des merveilles où l'homme a les membres broyés d'à-coups Course mécanique des astres terrifiants autour de la gerbe de fleurs sauvages Ma folie fidèle au paysage abandonné à mes gestes grandissant avec les arbres longtemps en mausolée Le deuil dans mon cœur le langage caché des temples... La lampe s'ouvre sur la nuit et la constellation est un souvenir de jeunesse O corps spacieux plus vaste que la mémoire (...)

(Idem)

La conscience du passé vécu par l'homme de la rue se confond avec la mémoire des siècles, avec les souhaits galvaudés des hommes. C'est la solitude de chacun de nous qui nous fait identiques aux autres. Qui nous rassemble...

Et tous les siècles se nouent impassibles à l'homme des rues
Autour des rêves perdus du couple absolu
O frère Adam confondu dans la nudité d'Eve
Idem en moi pour moi et pour vous interminablement (...)
Idem idem mon passé plus fidèle qu'un chien
Idem comme les autres hommes sans testament et sans limite (...)

(Idem et autres poèmes)

Sous un soleil aimé de tous (à chacun le sien pourtant !) qui ne comprendrait cette grande image de l'amour brisé ?

Je dis ma vie en ta présence et tu la laisses faner à ton soleil
Et dans ta mare tu la laisses croupir comme une eau de démence
Ma vie vêtue de tous les deuils de la douleur (...)

Athée, Davertige a cependant étudié les mystiques. Ruysbroeck l'Admirable, par exemple. Ce n'est que pour les esprits fermés que le Christ et Marx ne sont pas complémentaires, peut-il écrire à Alain Bosquet.

Le miroir sacré sur lequel erre mon avenir
Moi cette flèche à genoux de complexité nerveuse

Brisant le cristal de toute parole absolue
Et VOUS RUYSBROECK et VOUS SWEDENBORG
Les degrés tournant autour de ma tête
Egypte à tes pieds je me suis mis sur les genoux
Loin de la fille innocente et merveilleuse
Souliou ma vie cette lumière soûle
Et vous Symphora soûle ma vie ce fruit coupé
Dont l'autre bout à sa branche perd encore sa sève
Mon testament cet insecte qui fait le tour des nuits
Mon amour mon moi perdu dans le midi
Chanson de romarin sur la carte des doigts des forêts
Et ses profils défont le rêve et les souvenirs
Qui se crispent et se croient des fantômes
Sur la tour du vertige à pieds de corail et de métamorphose (...)

Pénétrée d'influences apparemment, mais apparemment seulement, contradictoires, l'aventure poétique de Davertige fait penser à une démarche mystique qui serait vécue comme mysticité éclatée, comme envoûtement et transe et qui serait passée par le surréalisme pour déboucher sur la multiplicité des mondes parallèles :

Les yeux de fumée la rose des sens se limitent à mes révélations de flûtes brûlées
En ton absence dix mille sens parlent de toi Limite des amants illuminés
Meurent des cœurs brisés d'hommes de rhum
L'Absence crée dix mille femmes dix mille sens et tes sources la nudité des êtres retrouvés dans toute chose
Je repense le monde pour le monde
Ma bien-aimée O ma métamorphose je meurs loin de ta douce voix

Ma folie dans l'Océan de vertige Toutes les plantes se limitent sur les bourdonnements lointains d'horizons lointains mon cerf-volant
La nuit-suicide se referme sur mes vingt ans sans confiance et sans habitude
J'ai pris la corde de mon sang et de ton sang pour gravir le néant
O monde résonnant par la puissance des Trois Règnes
L'Aube montre ses doigts A son ombre d'émeraude je me suis allongé (...)

Par les voies les plus périlleuses de l'esprit et de l'imagination, la poésie de Davertige ouvre sur un inquiétant merveilleux. « Parfois, avoue-t-il, je marche vers moi-même et je me perds. »

Et dans la nuit du seuil sous les seaux vides
Une genèse difficile m'attendait sans Paix sans Paix
Dans les sédiments de sa nappe
Où s'insinuait mon dialogue ininterrompu de convalescent
Et j'écoutais sous les souvenirs de ma nudité
La femme chanter à la pointe de ma verge
Devant l'écho qui s'enfuyait
Sous ma cloison
« Mon » mort précédait mon suaire en dérive.

(Idem et autres poèmes)

UN ZOMBI DÉBRAILLÉ

René DEPESTRE

Par la violence de son souffle et la fermeté de son engagement révolutionnaire, René Depestre[3] est l'auteur d'une des œuvres marquantes de la poésie haïtienne.

Dans sa préface à *Végétation de clarté* (recueil saisi par les autorités de l'île), Aimé Césaire le définissait ainsi : « Ce qui me paraît appartenir à René Depestre le plus précieusement, c'est ce bonheur quasi-constant et presque infaillible, avec lequel il opère l'intégration de l'événement le plus actuel, le plus immédiat, dans le monde poétique le plus authentique ». Et Césaire ajoutait : « Où a-t-on pris que ce qu'il est convenu d'appeler la politique *dessèche* ? »

Ainsi dans ce poème dédié « Au camarade Staline » (car Depestre a voué un culte, qu'il ne craignait pas de reconnaître inconditionnel, aux grands hommes du Parti) :

tu es avec moi avec tous les opprimés de la terre
quand le sommeil de minuit met sa braise dans mes yeux
et que je n'ai pas fini de laver la pile de vaisselle
quand on s'essuie la main qu'on vient de me tendre en
raison de la couleur de mon épiderme (...)
Avec nous les nègres les sales négrillons le fumier de la terre
Avec nous les cireurs les balayeurs les palefreniers
les vidangeurs les saltimbanques

---

3. Né à Haïti en 1926.
Etincelles (Haïti, Imprimerie nationale, 1945). *Gerbe de sang* (Haïti, Imprimerie nationale, 1946). *Végétation de clarté* (Seghers, 1951). *Traduit du grand large* (Seghers, 1952). *Minerai noir* (Présence Africaine, 1956). *Journal d'un animal marin* (Seghers, 1964). *Un arc-en-ciel pour l'Occident chrétien* (Présence Africaine, 1967).

Avec nous les brutes à tout faire à tout décrotter
à tout rincer à tout niveler pour d'autres
Avec ceux qu'on envoie crever en première ligne chairs
à leurs canons et qu'on laisse pourrir
avec les feuilles mortes des champs de carnage (...)

(Végétation de clarté)

Césaire précisait : Depestre « est le poète de la fraîcheur, de la sève qui monte, de la vie qui s'épanouit, du fleuve de l'espoir qui irrigue le terreau du présent et le travail des hommes ».

Laissez ma joie sortir dans les rues
Avec ses mille mains tendres
Pour caresser vos jours et vos nuits
Avec ses pluies d'été, ses danses d'Afrique
Ses cris venus tout droit de la forêt
Ses bonnes tempêtes, ses arbres musiciens
Ses lances de guerrier noir
Et ses mille mains tendres dans la soie
de vos nuits au goût de jeune fille.

Ma joie est lâchée dans vos rues
Avec ses mille lions bleus
Elle a quitté son lit d'Afrique
Ma joie est un fleuve en rut.

Familles blanches gens de bien
Rentrez vos jeunes lionnes
Ma joie est contagieuse !

(Journal d'un animal marin)

Aux poèmes de la période « engagée », de la révolte explosive où il dénonçait l'aliénation néo-colonialiste haïtienne — poèmes comme *Minerai noir*, quelque peu tributaires, malgré leurs beautés, du réalisme socialiste — ont succédé des textes plus ouverts comme l'admirable *Un arc-en-ciel pour l'Occident chrétien,* poème-mystère vaudou où Depestre a noué à la valeur incantatoire de la langue française celle des grands mythes de son pays. « Nous avons une très riche mythologie qui est articulée à la religion vaudou et nous voulons faire des dieux haïtiens nos interprètes », déclare Depestre. « C'est aussi une forme de décolonisation... Retrouvons dans nos propres mythes des facteurs de mobilisation de nos peuples et de nous-mêmes pour la décolonisation intégrale de nos sociétés ».

Un arc-en-ciel frappe par la violence du ton, l'humour acerbe :

... Il y avait aussi le côté femelle, le toujours bouleversant côté féminin de la famille blanche du Sud.
La-fille-jeune-veuve-d'un-colonel-tué-quelque-part-en-Corée-où-il-défendait-contre-les-rouges-l'Occident-chrétien-
La-fille-élevée-dans-le-meilleur-collège-du-pays-et-caetera-
La-fille-déesse-de-tous-les-stades-y-compris-le-lit-avec-le-bas-ventre-le-plus-étonnamment-lyrique-de-la-création-
La-fille-à-papa-avec-une-goutte-tenace-d'inceste-dans-le-regard-à-part-cela-d'un-vert-sans-reproche
La-fille-assez-mal-vue-dans-la-sainte-famille-pour-avoir-dit-un-jour-que-la-couleur-noire-lui-jette-des-diamants-dans-les-rues-et-que-si-on-n'y-prenait-garde-elle-était-bien-capable-d'en-rapporter-un-à-la-maison-pour-fêter-la-neuve-aurore-de-ses-règles !

Il y avait aussi la mère de ce parterre violemment sudiste :
la mère, grande arborescence qui couvait dix créatures
tombées de la main droite de Dieu ! (...)

On est touché par l'extraordinaire jungle d'images, par la rapidité du rythme.

Nègre aquatique nègre-rivière
Je suis le cœur battant de l'eau
Je suis le sexe bandé de l'eau
Une pierre-tonnerre à la main
Je trempe un rameau de basilic
Dans un verre de vin blanc
Et j'asperge vos faces blêmes
J'asperge vos pâles hystéries
J'arrose la terreur qui se love en vos yeux
J'arrose les points cardinaux de vos vices
Je rampe sur le dos je traîne mon rada
Je glisse je danse chez vous mon yanvalou

Notons aussi la sensualité agressive :

Si vous voyez une couleuvre verte
Danser avec l'aînée de vos filles, c'est moi !
Si vous voyez un arc-en-ciel embrasser
Avec fureur son pubis c'est de nouveau moi !
Je change en arc-en-ciel l'aînée de vos filles !

La voici qui rampe avec mes sept couleuvres
La voici qui ondule au soleil de ma force
La voici, qui fait le tour de mes eaux douces
La voici qui baise trois fois mon Damballah
Et mon Wèdo mon Wilibo mon Willimin
Je suis vaudou-l'arc-en-ciel
Et la fille aînée d'un Juge de l'Alabama
Va perdre son bonnet blanc sur mes rivages !

Apparaît alors le mythe du zombi. Le zombi est l'homme colonisé, l'homme qui a perdu son esprit ; et dans le mythe il est dit qu'il ne faut pas donner de sel au zombi parce qu'il retrouverait alors sa conscience et son imagination :

Ecoutez monde blanc
Mon rugissement de zombi
Ecoutez mon silence de mer
O chant désolé de nos morts
Tu es mon destin mon Afrique
Mon sang versé mon cœur epique
Le pouls marin de ma parole
Mon bois-d'ébène mon corossol
Le cri des arbres morts en moi
L'écho de leur sève dans ma voix (...)

Puis remontent à la mémoire toutes les humiliations subies :

Des bouches roses babillaient sur le prix d'achat ou de vente de l'esclave ou encore sur le nombre de coups de fouets à lui donner. De jolies mains créoles, des mains merveilleuses palpaient les testicules...

Les Noirs et les Blancs avaient horreur de forniquer ensemble. Alors un jour un gros nuage immaculé fut témoin de ces scènes d'horreur. Pour remonter son cœur sensible il s'empiffra de café noir. Quand il éclata ce fut une pluie de mulâtres sur la terre...

Les *Paraboles du nouveau monde* s'achèvent sur un acte de foi en l'homme.

Avançant « à grands pas de diamant », le poète, « nègre inconnu dans la foule », annonce réconciliation et fraternité, le destin de l'espoir étant de « briller très haut / Avec l'étoile de tous les hommes ».

LA LONGUE NUIT

Anthony PHELPS

Avec Anthony Phelps[4] — marche scandée par la musique des vers déployés en rameaux — le poème prend l'allure d'un oratorio :

Mon chargement de gestes et de mots magnétiques
est de bonne mesure et fait bon poids dans la balance
et au seuil de l'été je te salue
dans l'écarlate floraison des flamboyants
Je jaillirai de toi comme la source
mon chant pur t'ouvrira le chemin de la gloire
et mon cri crèvera le tympan de ta nuit
car mon amour en pointe de silex
à jamais s'est fiché dans ton cœur d'étoile chaude
ô mon Pays que voici

(Mon pays que voici)

En nous présentant son pays (d'où il a été chassé en 1964), Anthony Phelps veut faire corps avec son poème, avec sa terre.

Route du rhum débouchant sur la femme
Route du rhum débouchant sur la nuit
et l'essence des choses
Enivre-moi liquide ambré enivre-moi (...)

Je veux descendre les pentes abruptes
feutrées d'herbes naines
piquées de pissenlits
retrouver l'eau lustrale
pour l'ablution cérémoniale
pour la piquante senteur de l'aube neuve
Je veux descendre jusqu'aux entrailles de ma Terre
pour remonter des profondeurs avec l'exemple et la leçon

(Mon pays que voici)

4. Né en 1928 à Haïti.
A été directeur, à Haïti, de la revue *Semences* (trois numéros).
Fondateur, avec les poètes DAVERTIGE, LEGAGNEUR, MORISSEAU, PHILOCTETE, du groupe « Haïti-Littéraire ». A créé, à Montréal, la Société d'édition : les disques Coumbite.
Eté (« Haïti Littéraire », 1960). *Présence* (« Haïti Littéraire », 1961). *Eclats de silence* (« Haïti Littéraire », 1962). *Points Cardinaux* (Montréal, 1965). *Poèmes* (Montréal, Disques Coumbite, 1967). *Mon pays que voici*, suivi de *les Dits du Fou-aux-Cailloux* (Oswald, 1968). *Poème de la montagne*, s.l.n.d.

Dans ce pays de palmiers, de jupes de soie, de « filles aux seins nus », soudain c'est l'irruption brutale de l'Histoire. Scénario classique et horrible de la colonisation : massacre des peuples, destruction d'une harmonie élaborée au cours des siècles. Le chant se brise. Aux Indiens exécutés succèdent les esclaves noirs venus d'Afrique. Colonisation. Décolonisation. Haïti, première République Noire (1804) ; mais l'île est reconquise par les Yankees. Litanie de la souffrance, registre des dates, comptabilité du Temps. La longue nuit commence. Délations, assassinats, tortures. Peur. Rêve muselé. Le poète, alors, épiera tous les signes.

Immobile comme un pieu enfoncé dans le sable
Je porte en moi la densité de la nuit
et des insectes font l'amour sur mes mains inutiles

Ah !... quand éclatera le bourgeon sous le poids de l'abeille
Je veux entendre le sang de ma Terre
marcher dans les caféiers aux fleurs blanches
Je veux entendre geindre le vent blessé dans les cannaies
coupantes sont les feuilles de la canne à sucre (...)

Malgré la prison, le cri ne tardera pas à jaillir « car le soleil se lève chaque jour ». Le poète « attend l'heure où piéger l'aube ». Il faudra bien en effet briser le poids du silence. La foi d'Anthony Phelps exprime la foi du peuple même. Ses mots, chant nouveau, seront le cœur d'une lumière à naître.

L'été est dépassé c'est le temps de l'espoir

Peuple de bois
je nourris un poème
de pierre et de mousse

Peuple de pierre
j'arpente un mot ancien
de lave et de lame
J'enfante un chant magique
d'écume et de feuille

Peuple de bois
Peuple de pierre
j'ai pris votre silence
pour façonner des franges de soleil (...)

(Mon pays que voici)

A Haïti, le groupe « Samba », devenu le groupe « Haïti littéraire », comprenait, autour d'Anthony Phelps, les poètes René Philoctète, Roland Morisseau, Davertige et Serge Legagneur.

René Philoctète[5] est surtout un poète de l'espoir. Il ne se plaît guère aux « vers tristes ». Son œuvre est un salut plein d'enthousiasme au monde, qu'il rêve de voir « lavé d'un déluge d'amour ». On l'a vu ensuite magnifier la femme, mais dans une vision de fraternité universelle (« Mon amour... Formons le calcaire du vaste demain des mondes »).

Dans *les Tambours du soleil*, il hausse au plan de la légende vive et rieuse la vie quotidienne, les petits métiers et les mythes de son île, appelée *Bohio*.

Roland Morisseau[5bis], pour sa part, s'est dégagé d'un pessimisme dont il tressait de souples et confidentielles élégies (« Mon cœur est triste à en mourir »). Il a su peu à peu chasser la tentation narcissique, réussissant à s'élever au chant unanime et à la dénonciation des injustices sociales.

Je t'aime pour ceux qui ne se sont pas aimés
Je t'aime pour ceux qui n'ont jamais aimé
Je t'aime pour ceux qui sont morts sans être aimés (...)

Citons encore, à Haïti, l'apport de trois autres poètes. Tantôt Francis Paul[6] s'enlise dans les bons sentiments, tantôt, plus durement, il évoque la ville de Savanette assiégée « trente jours » par les marines yankees. Le récit de la venue au monde du poète lui-même, dans les mystérieuses ou ingénues coutumes d'un vaudou christianisé, forme le plus attachant de *Nortessendre*.

Lucien Lemoine[7] laisse la rime chanter pour lui sans lourdeur, fait ses dévotions à Elsa et à Louis, a dû lire Desnos, Apollinaire, vit au présent dans un perpétuel mois de mai « au milieu de tout ce sang ». Intimisme et générosité sont ses atouts.

Quant à Jean Dieudonné Garçon[8], il se prépare à faire une

---

5. Né à Jérémie (Haïti) en 1932.
Saison des hommes (Haïti, coll. Samba, 1960). *Margha* (id., 1961). *Les Tambours du soleil* (« Haïti Littéraire », 1962). *Promesse* (id., 1962). *Et caetera* (id., 1965).
5bis. Ne à Port-au-Prince en 1933.
Cinq poèmes de reconnaissance (« Haïti littéraire », 1961). *Clef du soleil* (1962). *Germination d'espoir* (« Haïti Littéraire », 1963).
6. *Nortessendre* (Paris, Ed. Saint-Germain-des-Prés, 1971).
7. Né à Jacmel (Haïti) en 1923. *Onze et un poèmes d'amour* (Seghers, 1966).
8. Né à Cap-Haïtien (Haïti) en 1939.
Poèmes pour trois continents suivi de *Pour qui le tocsin ?* (Paris, Oswald, 1972).

« œuvre adaptée à (ses) degrés d'inspiration et aux besoins de (son) peuple ». Il dénonce méticuleusement guerres et oppressions — dont celle d'Haïti, ce « vaste hall à bourreaux » — en espérant proche « la fuite du tragique ».

Autre poète de Haïti

Jean-Claude CHARLES : *Négociations* (Oswald, 1972).

MARTINIQUE

RÉVOLTE POUR VIVRE

Georges DESPORTES

On ne s'étonnera pas que Georges Desportes[9], révolté par les malheurs de l'île, dénonce à son tour le racisme blanc.

bagasse de pieds nus la mélasse pourrit le cœur de cette île la sueur est un bourbier fétide où sont les hommes ?

coupés en deux la tête liée aux orteils (...)

Mais il y a trop à s'émerveiller, à bondir, autour de lui, pour que le poète s'enferme dans la tristesse. Son tempérament le porte à une sorte d'optimisme tragique. Le poème prend parfois l'allure d'une chanson de geste noire :

Je veux chanter ma bamboula !

Ah ! que je morde à belles dents blanches dans le pain dur de l'aurore tout barbouillé que je suis par la misère et par la crasse et que mon groin sauvage se rassasie

C'est ma faim qui m'accable c'est ma faim aussi qui me soulage je veux

cannibale féroce m'attabler farouchement à la matière du monde.

Georges Desportes a l'art de faire sentir, simplement, la présence des choses.

Le désert répondait à la neige la jungle aux
steppes le jour à la nuit
et l'ombre filait doucement par la porte de

---

9 Né à Ducos (Martinique), en 1921.
Les Marches souveraines (Seghers, 1956).

service dans un silence de chat
le poste de radio était magnifiquement timbré
sur le visage du printemps et je crois même
qu'on pouvait lire les yeux fermés le magazine
en couleurs de la nature
gratuitement sans passer par l'école buissonnière
on pouvait avec exactitude correspondre avec
les objets sans vertige
simplement en se touchant l'oreille comme
des aveugles (...)

Dans l'amour, il découvre « la paix suprême » :

et si tu es en veilleuse de lune
si ton regard perce la nuit à sa recherche
si ton sommeil est un vivier de songes
si ton silence te recueille dans le creux de sa main

Et si le vent te dévisage
si tu es comme un arbre debout
et tu étends les bras
si tu soutiens la courbe du ciel

et tes doigts font trembler la gorge des
colombes
si tu bois à la source pure
et si tu me donnes à boire dans ton
cœur

c'est que j'embrasse toute ta chair
et ton sexe et ton esprit et ton âme
la paix
la paix suprême c'est toi

toi mon amour

à l'orée du bonheur du monde
toi tu t'épaules à mon épaule
tu es mon rêve solide
cherché trouvé et gardé pour toujours

ma femme ma flamme et ma joie !

(*Les Marches souveraines*)

TERRE ET SANG

Edouard GLISSANT

L'œuvre d'Edouard Glissant[10], romancier, critique et poète, se caractérise sans doute par sa conscience révolutionnaire, mais l'engagement politique n'y fait jamais perdre de vue la préoccupation essentielle, qui est d'atteindre au-delà des multiples différences et contradictions, et ce par la rigueur du verbe, à l'unité de la beauté, « dans la force de l'esprit et la toute-puissance du cœur ».

Avec la présentation des Antilles, « champ d'îles » où se tisse une difficile réconciliation des hommes, c'est la poésie elle-même qui se présente.

Que tout ce lieu soit muet comme un poème sans vergers, ou que cet arbre hésite au bord de vous, cherchant l'oiseau de son regard sur vous brodé, la nef des arbres hauts sur la hauteur, et l'ogive tressée d'ombre pour vos ployures, — toute splendeur est-elle pas muette ? Comme un poème hésite au bord de l'eau, tâte du pied guette le gué mire le ciel dans ses brouillards sans gué, sans gué ! comme un poème de mâtures crie sa voile et ses huniers, — ainsi demeure-t-il à la frontière de vous, maraudeur d'un autre pays, une pierre à son front comme un signe d'ancienneté. Qui tarde à dire l'indicible, il s'établit dans l'aube. Celui que trouble l'opacité, celui qui devine l'enfance, il grandit dans l'assurance de sa voix, la maladresse de ses pieds, — le moindre vent le fait faillir. Que dirait-il, que vous sachiez, et quoi encore, que vous ne sachiez pas, ô immensité sur les labours ? A jamais la fibre de votre regard étranger à la fibre de son regard, à jamais (...)
(Un champ d'îles)

Il faut arracher ce peuple, cette terre, à leur martyre prolongé. Le poème naîtra de cette libération, de cette participation au « labeur du monde entier ».

Viendra le temps des capitales — où est la foule incendiée, — sinon le soleil est de neige ! Alors, forçant l'écume, j'irai par les plages où meurt le mot, soudain juste. Voyez comme la parole a perdu de ses fouailles, de ses noirceurs. Où sont les îles ? Qui amoncelle des boutures ?...
(Un champ d'îles)

---

10. Né à la Martinique, en 1928.
Un champ d'îles (Paris, Galerie du Dragon, 1953). *La Terre inquiète* (id., 1956). *Les Indes* (Falaize, 1956). *Le Sel noir* (Seuil, et Présence Africaine, 1960). *Le Sang rivé* (Présence Africaine, 1961). *Poèmes*, comprenant *Un champ d'îles, la Terre inquiète, les Indes* (Seuil, 1965).
Consulter : Jean PARIS, *Anthologie de la poésie nouvelle.*

Pays de souffrance, mais la souffrance doit précéder la joie. Si vives que soient les plaies de l'homme, celui-ci ne peut rester étranger à la beauté, car « l'écume ne connaît la douleur ni le temps ».

Par le viol sacré de la lumière imparfaite sur la lumière
à parfaire,
Par l'inconnue la douceur forçant la douceur à s'ouvrir,
Vous êtes amour qui à côté de moi passe, ô village des
profondeurs,
Mais votre eau est plus épaisse que jamais ne seront lourdes
mes feuilles.

Et que dire de l'Océan, sinon qu'il attend ?

*

Vers la chair infinie, est-ce attente brisée de la racine,
un soir de grêle ?
O ! d'être plus loin de vous que par exemple l'air n'est
loin de la racine, je n'ai plus feuille ni sève.
Mais je remonte les champs et les orages qui sont routes
du pays de connaissance,
Pures dans l'air de moi, et m'enhardissent d'oubli si vient
la grêle.

(Et que dire de l'Océan, sinon qu'il attend ?)

(La Terre inquiète)

Avec *les Indes,* l'épopée prend place dans l'œuvre d'Edouard Glissant. Ce poème de haute mer, de haut langage, évoque la grande aventure des marins de Christophe Colomb, partis avec toutes les avidités à la conquête des terres fabuleuses, leurs rêves, leurs souffrances et leur peur, la « fureur cupide et follement mystique » des combats contre les forces hostiles de la nature et des hommes, les massacres, la solitude, puis la longue histoire de la traite — « ce qu'on n'effacera jamais de la face de la mer » —, en attendant que « l'histoire future » répare sa déchirure, que « les races persécutées et les races persécutrices, au terme d'une (...) douloureuse dialectique » puissent enfin sceller « leur unité fraternelle ».

Le poème — en six chants — s'ouvre sur une vision du port en fête.

Sur Gênes va s'ouvrir le pré des cloches d'aventures.
O lyre d'airain et de vent, dans l'air lyrique de départs,
L'ancre est à jour !... Et la très douce hébétude,
Qu'on la tarisse ! au loin d'une autre salaison.

O le sel de la mer est plus propice ici que l'eau bénite de l'évêque,
Cependant que la foule fait silence ; et elle entend la suite de l'histoire (...)

(Les Indes)

L'éloquence du vers s'unit à la tension enivrante du départ.

Indes ! ce fut ainsi, par votre nom cloué sur la folie, que commença la mer (...)

La rumeur quitte la terre. Les hommes de Colomb affrontent l'infini de l'océan, le silence du ciel parfois rompu par les menaces de l'univers. Le désir de la terre est en eux toujours présent.

Loin vers l'arrière, fuir ! O paisible vacuité des bancs de pierre, que les siècles ont sacrés !
Mère ! Nacre de celles que l'automne avait chaussées, villageoises du désir !
Si tendres dans leurs jupes quand les feux de la Saint-Jean ont effacé l'attente...
L'homme recule sous la voile, il fuit le vent ; il voit l'hier, plus chaud,
Qui l'appelle, qui murmure, plus secret que cette flamme morte,
Ou que ce corps de femme où est la flamme maintenant (...)

(Les Indes)

La peur, durant trois mois, rive les regards sur l'océan. *Terre !* est le seul cri qui redonne vie. Et la terre devient sang. Car l'épopée est tragédie. Le poète veut retrouver — grâce aussi à ses images de première grandeur — les accents de l'amour brisé, bafoué par la rapine. Le Chant se ramifie : viol, massacre, génocide. Une rupture fatale est consommée. C'est le règne assassin et les mots du poète crient l'homme mutilé. Le poète accuse. Il témoigne du malheur de son peuple.

Il dit :
« Ami de rire ! Je crie ton sexe dépenné où sont les mines de métal frais.
Si belle, tu fus mon rêve, te voici ; de temple pour cacher l'étoile, il n'en est plus.
Dénoue la face de ton antre ! Dénoue le fiel de l'horizon, dénoue.
Par Pizarre et par Cortez ! Par tous les ventres de la nue ! et par l'épée !

Plus une feuille qui ne soit marquée du sceau des arquebuses !
Plus une pierre, que n'ait pesée notre balance ! C'est justice.
Et si les Indes ne sont pas de ce côté où tu te couches, que m'importe !
Inde je te dirai. Inde de l'Ouest : afin que je regagne mon rêve.

Afin que rien ici ne soit perdu, de ce songe effaré ! L'image est bonne,
et je la garde.

Maintenant, lève-toi, nous chargerons les lourds vaisseaux. »

La femme se taisait, si belle, en son éternité.

(Les Indes)

Au génocide succède le repeuplement. Les esclaves proviennent de l'Afrique. Pendant deux siècles, plus de vingt millions de Noirs remplirent les cales des négriers et repeuplèrent les Amériques. Après le pillage, l'exploitation. Indiens et Noirs menèrent des luttes violentes pour tenter de défendre et pour reconquérir leur dignité. Tant de haine et tant de mort. L'espoir demeure pourtant, sous le soleil, d'un monde répondant à la meilleure idée de l'homme.

Après la traversée, la solitude, et la colère des requins, s'ouvre bientôt un champ de terres somptueuses, de misère et d'incendies, et de sang noir précipité. Il est de la race des choses mûres de mûrir dans l'été lourd et l'encombre tumultueux. Nous avons fait un pas de terre dure, chacun s'efforce maintenant de distinguer de ce Levant son pur Couchant ; il n'est question depuis toujours que de ce cours ; ô Soleil, et toi Mer, nous connaîtrons votre métrique et votre sens !... Et que se ferme, sur ce rêve où vous voilà enclos, avec les siècles et les morts, que se ferme à jamais le Chant de mort où l'Ombre aura régné.

(Les Indes)

Qu'un grand poème appelle toujours, à différents niveaux, de multiples interprétations qui chercheront à leur tour à se fondre dans l'unité vivante de la parole créatrice, on s'en persuadera une fois de plus en lisant *les Indes* d'Edouard Glissant.

Jean Paris a bien mis en évidence, dès 1957, les divers plans du poème : le plan historique avec l'antagonisme du maître et de l'esclave, le plan social avec l'opposition entre la servitude de la femme et la virilité conquérante (analogue au conflit qui fait succomber l'Amérique sous les coups des navigateurs européens), le plan métaphysique avec le drame d'une poésie toujours méprisée des puissances du monde et toujours prête à renaître, toujours humiliée, toujours fière, rejetée dans les ténèbres où elle ne cesse d'éclairer.

Ce que Jean Paris disait de l'œuvre d'Edouard Glissant, ne convient-il pas de l'appliquer à la poésie négro-africaine en général, comme à toute grande poésie ? La plus haute fin demeure : « Unir la nuit au jour, réconcilier les hommes avec eux-mêmes ».

Charles CALIXTE

Ami d'Edouard Glissant, Charles Calixte[11] (qui s'en souvient ?) avait publié dans les années 50 ses premiers poèmes dans des revues comme *Esprit* ou *Les Lettres et les arts*.

L'éditeur Pierre Jean Oswald s'était intéressé à cette poésie. Ayant publié le recueil *Antilles à main armée*, il disait : « Les écrivains noirs ont apporté au langage poétique une violence peu commune et une humanité qui leur est propre ». Oswald appréciait dans l'œuvre de Calixte un mélange de fièvre, de fureur, d'érotisme. Vingt ans sans nouvelles du poète, nous apprenons qu'il continue toujours d'entasser des manuscrits !

Charles Calixte a le don de faire saigner le verbe avec une truculence et une intériorité quasi physiques. « Or, j'en suis à l'écriture, mais je vais à la vie » propose magnifiquement le poète. Sous sa *poigne*, les images comme frottées entre elles se déchirent, dans une gourmandise de saveurs et d'éclairs (« C'est ma joie mugissante/à poignets/lancée comme verrues d'espace »).

Charles Calixte a trop donné dans son adolescence pour nous priver de ce qu'il a mûri. Comment ne pas se souvenir de tel tonique portrait de famille :

(...) *Afrique, seul nom qui me soit vrai et cher*
Afrique, fruit juteux fécondant nos entrailles
Afrique, seule salive de ma gueule
Afrique, phallus noir du piment, mon frère riche d'aubaine (...)

(*« Viandes »*, in *Les Lettres et les arts*, 1956)

---

11. Né à la Martinique.
Antilles à main armée (Paris, Oswald, 1952).

MADAGASCAR

La réalité malgache, du point de vue de l'ethnologie, demeure assez complexe. Une partie de la population (les Hovas) provient de l'Indonésie. Mais « le fond » du peuple — Senghor s'est rallié à cette thèse de Rakoto Ratsimamanga — serait mélanésien. Il est ainsi permis de rattacher la poésie malgache au mouvement de la Négritude. Les poètes noirs de l'île sont très proches de leurs frères africains. S'ils affirment leurs différences, ils insistent aussi sur les points de convergence, sur une vocation commune et sur la volonté de concourir à la libération de l'Afrique tout entière.

Nous ne pouvons que citer, ici, Jean-Joseph Rabéarivelo[12], hova et « mélanien ». Ce poète fut peut-être le plus riche, le plus profond, mais il est situé, chronologiquement, hors des limites de cet ouvrage.

Au croisement des sangs, portant en lui les influences mélanésiennes et polynésiennes, Jacques Rabémananjara[13] apparaît comme l'un des grands poètes de la Négritude. Il fut avec Alioune Diop, Césaire et Senghor, un des animateurs les plus actifs de la revue *Présence Africaine*. Il fut aussi un des poètes malgaches les plus engagés dans l'action.

GARDIEN DU HAIN-TENY

Flavien RANAIVO

La poésie de Flavien Ranaivo[14] s'est nourrie — son imagerie, sa symbolique le montrent — du fonds traditionnel et populaire de son pays.

---

12. Né et mort à Tananarive, 1901-1937.
La Coupe de cendres (Tananarive, 1924). *Sylves* (Tananarive, 1927). *Volumes* (id., 1928). *Vientos de la Manara* (Rio de Janeiro, 1931). *Presque-Songes*, traduit du hova (Tananarive, 1934). *Traduit de la nuit* (Tunis, Mirages, 1935). *Vieilles Chansons des pays d'Imerina* (Tananarive, 1939).
13. Né à Tananarive en 1913.
L'Eventail de rêve (Madagascar). *Aux confins de la nuit* (Madagascar). *Sur les marches du soir* (Gap, 1940). *Lyre à sept cordes* (in *Anthologie* de SENGHOR, 1948). *Rites millénaires* (Seghers, 1955). *Antsa* (Présence Africaine, 1956). *Lamba* (idem). *Antidote* (Présence Africaine, 1961). *Les Ordalies* (id., 1972).
14. Né à Arivonimamo (Madagascar) en 1914.
L'Ombre et le vent (Tananarive, chez l'auteur, 1947 ; rééd. 1967). *Mes chansons de toujours* (Paris, 1955). *Le Retour au bercail* (Tananarive, 1962).
Consulter : *Flavien Ranaivo,* textes commentés par J. VALETTE (Nathan, coll. « Littérature malgache », 1968.

Elle rappelle à Senghor, qui l'a révélée, « le style des hain-teny » (chants populaires malgaches). Dans les hain-teny, « tous les mots inutiles, singulièrement les mots-outils, sont supprimés ». C'est « un style dense de « temps forts », fait d'antithèses, de parallélismes et de dissymétries, surtout d'inversions, d'ellipses et de syllepses ». Mais Senghor ajoute que le poète a assimilé la pensée et la technique françaises et que cela donne à l'œuvre de Ranaivo plus d'ampleur : la pensée, l'émotion y sont devenues « plus irradiantes ».

Sensation, réflexion, les critiques peuvent hésiter à donner la prédominance, chez Flavien Ranaivo, à l'une ou à l'autre.

Robert Mallet écrit dans sa préface au *Retour au bercail* : « Il use d'un vocabulaire très simple où quelques mots rares étonnent, et d'imageries paysannes soudain escortées de formules intellectuelles qui provoquent un contraste dont il joue savamment, preuve qu'il est plus un poète de la réflexion que de la sensation ». En fait, la sensibilité et l'intelligence s'interpénètrent dans le poème.

Que celui qui soupire après moi
pense comme le plant de riz :
ni trop long pour s'embrouiller,
ni trop court pour étouffer.

Si vous m'aimez, ohé,
voici ce que m'offrirez :
la citrouille de troisième souche
pour que j'en construise ma cabane.

Poussière du vallon creux,
le moindre vent la soulève ;
quant au peu qu'il en reste,
les eaux de pluie l'emportent (...)

(Le Retour au bercail)

ILE MAURICE

LA PROSE DE L'INVISIBLE

Malcolm de CHAZAL

Malcolm de Chazal[15], cherchant à pénétrer le « langage symbolique de la nature » et jusqu'aux « arcanes du monde surnaturel », adopte spontanément le ton des Prophètes, avec quelque chose qui fait penser à Nietzsche et à Antonin Artaud. Il qualifie lui-même de « prose hallucinée » cette « prose de l'invisible » pour laquelle, bousculant l'ordonnance habituelle du langage, il entend franchir les degrés les plus élevés de la connaissance. La poésie n'est pas « dans les mots », mais « derrière les mots », et même « entre les mots, entre les mots et les syllabes ». La forme poétique qui s'est imposée à Malcolm de Chazal — elle le commande, dit-il, plutôt qu'elle ne le dirige — n'est qu'un moyen au service de la vérité.

---

15. Né à Vacoas (Ile Maurice) en 1902.
Pensées I (Ile Maurice. Port-Louis, The General Printing and Stationery C°, 1940). *Laboratoire central de contrôle* (id., 1941). *Pensées II* (id., ibid.). *Pensées III* (id., ibid.). *Pensées IV* (id.. 1943). *Pensées V* (id.. 1944). *Pensées VI* (id., ibid.). *Pensees et sens plastique* (id., 1945). *Histoire de la pensée universelle, procès de la raison pure* (id., 1946). *Sens plastique II* (id., 1947). *Sens plastique II* (Paris, Gallimard, 1948). *La Vie filtrée* (Gallimard, 1949). *Théâtre mythique en six actes* (Port-Louis, The Almadinah Printing Press, 1950). *L'Ame de la musique* (The Mauritius Printing C°, 1950). *La Pierre philosophale* (The Almadinah Printing Press, 1950). *Iésou, théâtre mythique en six actes* (id.. ibid.). *Aggenèse,* t. I (id., 1951). *La Clef du cosmos* (The Mauritius Printing Press, 1951). *Le Rocher de Sisyphe* (The Almadinah Printing Press, id.) *Manifeste : Aggenèse ou Révélation de la nuit* (id., ibid.). *Mythologie du crève-cœur : les hommes de la pierre* (id., ibid.). *Petrusmok, mythe* (Standard Printing Establishment, 1951). *La Bible du mal* (The Almadinah Printing Press, 1952). *La Fin du monde* (id., ibid.). *La Grande Révélation* (id., ibid.). *La Science immortelle* (id., ibid.). *Le Livre de conscience* (id., ibid.). *Le Livre de principes* (id., ibid.). *Le Livre d'or* (id., ibid.). *Le Roi du monde : principas hujus mundi* (id., ibid.). *L'Evangile de l'eau* (id., ibid.). *Judas,* théâtre (Esclapon Ltd, 1953). *Judas ou la trahison du prêtre* (Popular Printing, 1953). *L'Absolu,* t. I (The Almadinah Printing Press, 1953). *Pentateuque* (id., ibid.). *Préambule à l'Absolu* (id., ibid.). *Les Désamorantes. Le Concile des poètes* (The Mauritius Printing C°, 1954). *Les Deux Infinis* (The Almadinah Printing Press, 1954). *Les dieux ou les consciences-univers* (Esclapon Ltd, 1954). *L'Espace, ou Satan : discours sur l'illusion* (Standard Printing Establishment, 1954). *Le Sens de l'Absolu* (The Almadinah Printing Press, 1956). *Sens magique* (The Almadinah Printing Press, 1957). *Appcradoxes* (id., 1958). *Les Courses à l'île Maurice* (H.C., 1960). *Poèmes* (Paris, Pauvert, 1968).

« Poésie du fond », non « de la forme », souligne-t-il. Les recueils *Sens plastique, la Vie filtrée,* ou le texte *Révélation de la nuit* se présentent comme de la prose, mais il s'agit en réalité d'une forme « qui n'a rien à voir avec toutes les formes de littérature usuelle ».

Par les « glissières », les « pentes » et les « entailles psychiques » pratiquées dans les mots, le poète cherche à déverser dans le lecteur la sensation même qui, comme poète, l'absorbe, et qui contient l'idée.

Quelle idée ? Ce n'est pas pour le « Pays des chimères » que le poète quitte le « Royaume des apparences », mais pour celui des « Réalités spirituelles ». Les créations de l'imagination poétique sont généralement illusoires, autant que les phénomènes qui constituent le monde spatio-temporel de la perception ordinaire. Ce n'est pas en elles (ni dans ce monde terrestre) qu'on trouvera ce que cherchaient déjà les poètes platoniciens — du Bellay : le repos, l'amour, « le plaisir encore », ou Baudelaire : « ordre et beauté, luxe, calme et volupté ».

Malcolm de Chazal entreprend de résoudre les antinomies qui pèsent sur notre destin. Et c'est ce qui devait si fortement émouvoir André Breton, dans sa recherche du « point sublime » où le jour et la nuit, la vie et la mort, et toutes les contradictions pourraient se fondre jusqu'à disparaître.

André Breton louait surtout Malcolm de Chazal d'avoir, le premier, parlé du paroxysme du désir — dans l'acte sexuel — comme d'un accès au monde irrévélé, et d'avoir formulé cette « proposition neuve », cette « vérité révolutionnaire » : « la volupté étant le carrefour universel des sens, de l'esprit, du cœur et de l'âme, et étant un lieu-état où mort et naissance se rencontrent à mi-chemin, et où l'homme tout entier « se recoupe » en lui-même, la volupté est pour cette raison même la plus grande source de connaissance et le plus vaste champ d'étude des rouages profonds de l'être humain ».

La naissance et la mort forment pour Malcolm de Chazal une « même expérience, à rebours l'une de l'autre ». Ainsi « vie et mort ne s'opposent pas ». Sont-elles, comme devait le préciser le poète, « les deux aspects d'une vie trinitaire — telles la vie du souffle et la mort du souffle, au sein de la vie du souffle trinitaire » ? On évitera de prendre à la lettre de telles affirmations, et on ne s'engagera pas à suivre comme raisonnements rigoureusement déductifs les apparences de démonstration dont l'auteur est coutumier. Mais on comprendra, on partagera ce désir de dépasser les apparences, les mortelles oppositions d'une vie précaire : comme la naissance et la mort, le monde des vivants et le monde des morts se rejoignent, le monde intérieur et le monde extérieur se retrouvent dans un même milieu, l'infiniment petit et l'infiniment grand (microcosme et macrocosme) s'anéantissent dans la nuit — la nuit qui est l'Absolu. Ainsi finalement, « la REVELATION DE LA NUIT est le départ essentiel pour la réconciliation de l'homme et de l'univers ».

De son île, vingt ans après *Sens plastique*, le poète a fait parvenir en France cent quatre-vingt-deux très courts poèmes qui, portés par une œuvre à la fois géniale et touffue, concentrent l'attention sur l'essentiel, comme ceux qu'il avait fait imprimer préalablement à Tananarive en 1957 sous le titre de *Sens magique*.

Le miroir
C'est le temps
Amnésique.

Citons encore au moins ceci (tout serait à retenir) :

Si la lumière
Dépassait
Sa vitesse
Elle se résumerait
A la nuit

Peut-être faut-il dire du poète ce que Malcolm de Chazal dit lui-même du sorcier :

Le sorcier
Est
A point
Quand
Il s'est
Lui-même
Ensorcelé.

(*Poèmes*)

NÈGRE DE PRÉFÉRENCE
Edouard J. MAUNICK

Ouverture à l'être, lieu de passion et d'embrasement, domaine magique où s'exerce la lente médiation entre l'homme et l'univers, ainsi se présente l'œuvre d'Edouard J. Maunick[16]. Enjambant le temps, l'écriture déborde les servitudes d'un emploi quotidien pour devenir cet « outre-langage » qui absorbe les vicissitudes de l'Histoire et les liens de la permanence.

Edouard Maunick, poète de sang mêlé, est un homme de l'exil qui revient toujours à la terre natale. Partagé, divisé jusque dans ce qu'il aime, il nomme son île : distance, cicatrice, incertitude. Mais il refusera toujours de céder au poids du malheur, aux pressions de la haine, car l'isolement — ethnique et géographique — l'a bien préparé à comprendre ce qui mérite en ce monde d'être profondément aimé.

(...) *Oui j'aime cette terre qui fut moi*
avant moi-même et qui me redeviendra sans doute
plus terre qu'avant m'ayant retrouvé,
âgé de voyages et de mots taillés dans l'étrange...

(Fusillez-moi)

Ce fut aussi une longue histoire d'amour entre le poète et le langage. Affrontement avec le monde, rupture avec la solitude, cadastrage de l'île, mise à vif du rêve. L'exil du poète est celui de la mer : immensité ouverte à tous les vents et que parcourt une infinité de visages. L'appel de la mer dénude le cœur du poète. Il prononce les mots de l'amour — plage nouvelle où demeure incrustée la promesse de l'aube.

Les liens d'amour entre le poète et sa langue se confondent avec ceux, plus concrets, de son amour pour une femme. Il accorde sa passion pour l'humanité réconciliée à sa passion pour la parole :

je t'ai choisie femme
pour parler plus haut dire la déraison des frontières
regarder mon frère

---

16. Né à l'île Maurice en 1931.
Ces oiseaux du sang (île Maurice, Regent Press, 1954). *Les Manèges de la mer* (Présence Africaine, 1964). *Mascaret ou le Livre de la mer et de la mort* (Présence Africaine, 1966). *Fusillez-moi* (Présence Africaine, 1970).
A fondé *les Cahiers de la mer Indienne* (Port-Louis) : un seul numéro (1959).

et le rencontrer dans ta chair qui ne tremble pas
pourtant voici l'aube
d'autres vont venir qui ne sauront pas lire mon nom
ce pétale hindou[16bis]
que mon père debout lance par-dessus l'âge des livres
inlassablement
je ne vois que lui il fait noir sur sa peau très noir
sa voix s'est cassée
il marche la nuit et personne ne sait sa mémoire
j'ai longtemps pensé
qu'il habitait l'heure que l'horloge était sa complice
et voici la lettre
qui le dévisage il attend sur le tranchant de l'ombre
l'ultime langage (...)
mon dernier mensonge sera le signe de vérité
c'est ainsi chez nous
ce besoin de vivre au bord des légendes de la mer (...)

(*Les Manèges de la mer*)

Parole et chant, la voix du poète énonce la distance énigmatique entre l'homme et son œuvre. L'univers s'y prête à la gravité des symboles :

je n'ai plus besoin d'hier
pour être aujourd'hui debout (...)

Au-delà du langage, des formes et des limites de l'île, il s'agit de laisser monter la puissance intérieure de la flamme, de la faire s'éclater vers les autres, vers l'universel.

J'habite la mer pour défendre le moi-pays
j'ai besoin de cette guerre
ce sont d'anciens volcans rêvant de retour
et je suis amarré à marée neutre
complice du feu et pourquoi pas en colère
s'insurgent mes mots-racines-rebelles
non pas que je condamne bourgeons et fontaines
et douceur de vivre parmi signes clairs
mais que mes entrailles ont poids de brasier (...)
je suis né en terre étroite
prise entre méridiens

16bis. Allusion au père du poète, d'origine hindoue.

plus folle qu'errance folle
et l'Ile voyage
de pointe en pointe de baie en baie
les seules distances l'unique évasion
ce sont là portes de sel sous soleil
et qui sont barrières du rêve à midi (...)

(Mascaret ou le Livre de la mer et de la mort)

Trouver le cap n'est pas facile surtout pour un homme en qui s'affrontent deux mondes, deux cultures, et qui ne cesse d'éprouver le double exil de la race et de l'insularité de son pays. La liberté, comme la lumière, est à redécouvrir.

La méditation de Maunick se heurte constamment au pourquoi du poème, plonge au fond des rêves, mais s'en méfie, extrait de l'abîme des pensées-forces, à exalter ou à détruire. La parole est littéralement l'amante qu'on enlace. Histoire d'amour — une réconciliation, une survie.

La parole restera ma seule vraie légende
celle que l'écriture accapare pour survivre
il faut qu'elle dise combien je refuse
d'inventer ce que le poème refuse
elle m'interdit d'imaginer saccage
mes rêves de soir en soir plus violente
témoigne à ma place du plus déchiré
du plus abyssal du plus grave de moi-même
parole ma certitude je me souviens
d'elle comme d'une fête sans pendule
et nous n'avons pas fini
et nous ne cesserons jamais de fiancer nos nudités
dans mes draps tu laisses un peu
de ta saison sous-marine (...)

(Fusillez-moi)

Survient le drame du Biafra. Le poète en proie à son propre mal — la difficulté d'être — crie son désespoir, son impuissance face à la folie des hommes. Sa mémoire s'élargit comme une plaie. L'Afrique saigne de toutes ses guerres.

(...) *il y avait une fois une deux trois quatre cinq*
cargaisons d'os et de chair qui avaient une âme
elles furent égarées dans les années soixante...
décalogue :

il y avait aussi six sept huit neuf dix
strates de cendres qui intriguèrent les chercheurs
elles furent identifiées au siècle des fusées lunaires…
décalogue :
sur les dix barreaux de nos mains lavées relavées
nous ne compterons plus jamais ni vingt ni cent
de ces Biafrais qui crurent en la Résurrection !…

Ce poème s'achève où commence ma vanité
les manèges de la mer tombent en ruines
dans ma peau dans ma tête dans ma voix
tournent tournent les manèges de la mort (…)

L'émotion fait que le poème se dérobe.

il était une fois mon exil
il était une fois mais laissez-moi
laissez-moi : on m'attend ailleurs qu'en moi…

(Fusillez-moi)

Edouard Maunick s'interroge :

Mais où vais-je puiser la force de me prétendre enfant du malheur quand tout le malheur du monde s'est donné rendez-vous au Nigeria ?… Et qu'est-ce qu'un blanc qui m'insulte auprès d'un noir qui fusille un autre noir ?…

Pudeur d'un homme brisé par la souffrance de ses frères et vaincu par la vanité de l'écriture. Et pourtant, qui reprocherait au poète réconcilié avec lui-même, à l'aise enfin dans sa propre peau, d'avoir parlé de son exil et de son drame personnel ? Le poème d'Edouard Maunick, où la composition musicale, l'agencement, la reprise des thèmes viennent renforcer le sentiment d'une harmonie conquise sur la douleur, n'est pas un poème qui se referme sur quelque secret égoïsme, mais un poème ouvert et franc, à vocation d'universel.

« Si l'on me demande, dites que je suis dans le symbole pour demeurer », affirme Edouard J. Maunick, qui précise : « J'ai écrit quelque part que « je suis nègre de préférence », ce n'était pas une boutade mais un aveu : une de mes possibilités de survivre dans un monde où je me hâte, chaque jour un peu plus, avec les autres et souvent poussé par eux, vers la Disparition. L'Afrique est une chance de *demeurer* et j'aime tellement la vie… »

ENTRE L'ÎLE ET PARIS
Jean FANCHETTE

(...) *Pour refaire la lumière aux sources de minuit*
il ne me suffit plus de toucher de mes lèvres la blessure du soleil
dans la chair étonnée de mon amour.
Dans mon cœur sans rumeur
les automnes sommeillent
et seul je m'en vais vers les mêmes départs
traînant dans la poussière des jeunes rêves
mes pas sans âge, sans pays, sans saison.
Ainsi jusqu'au silence,
jusqu'au bout de la nuit
des soleils plein la mémoire (...)

(Les Midis du sang)

Jean Fanchette[17] a écrit ce poème en 1954, dans son pays natal, l'île Maurice. Jean Fanchette a aimé vivre à Paris. Il y a fondé la revue *Two Cities*[18]. Mais tout nous invite à situer son œuvre dans le sillage de la poésie négro-africaine et de l'océan Indien. *Two Cities* témoigne d'un attachement, très mauricien, au bilinguisme. Jean Fanchette y a publié dans le texte des pages de Malcolm de Chazal, d'Edouard J. Maunick, de Lawrence Durrel, d'Henry Miller, d'Yves Bonnefoy, d'André du Bouchet, de Pierre Torreilles, — et aussi des poèmes de Rilke en traduction anglaise, et de Rabindranath Tagore en traduction française.

Entre Paris et son île natale, Jean Fanchette veut maintenir la force d'un soleil qu'il déclare « invincible ».

Si tourné qu'il soit vers la civilisation occidentale et les sources mêmes de celle-ci, Jean Fanchette porte avec lui, à travers le monde, un refus de la mort qui reste, en profondeur, un refus de l'exil.

Il s'allonge sur la terre noire
Et ce n'est pas mourir.

---

17. Né à Rose-Hill (île Maurice) en 1932.
Gerbes de silence (Marches de France, 1952). *Osmoses* (La Presse à Bras, 1954). *Les Midis du sang* (Debresse, 1955). *Archipels* (H.C., 1959). *Identité provisoire* (Paris, Two Cities, 1965).

18. *Two Cities,* la Revue bilingue de Paris. Premier numéro en 1959. Nº 7-8 : hiver 1961. Nº 9 : automne 1964.

Il reprend le dialogue avec la terre noire
Et la nuit des racines habituelles.

Voici que des fleuves débouchent dans son sang,
L'estuaire de nouveau promis.

(*Refus de l'instinct de mort*, in *Two Cities*, n° 6)

Et c'est bien ce refus de l'exil qu'exprime encore la méditation du poète sur le tombeau d'Agamemnon.

Alors que sur l'aire dévastée de ton exil toute fuite devenait dérisoire
Alors te fut donnée la réalité de Mycènes.

De telle sorte qu'il n'est pas impossible de découvrir un autre soleil dans le soleil qui règne sur la Grèce :

Et sur ce promontoire lavé de jeunesse
Eternellement
Tu abordes de nouveau à la réalité perdue
Tu consens Il suffit pour que s'éteignent toutes clameurs
Et que la mort te soit vassale dans le temps éternel

Voici qu'aborde le vaisseau triomphal du jour
Les tombeaux dans la lumière déchirée ont aboli la mort.

(*Le Tombeau d'Agamemnon*, in *Two Cities*, n° 9)

Autres poètes de l'île Maurice

Raymond CHASLE : *Le Corailleur des limbes* précédé de *Versos interdits* (Oswald, 1970).
Kenneth NATANIEL : *Poèmes de septembre* (île Maurice, Confluences mauriciennes, 1969).
Jean-Georges PROSPER : *Apocalypse mauricienne* (île Maurice, Croix du Sud, 1964). *Dominica* (id., 1968).

M.R.

LES RASSEMBLEURS

Les familiers de la poésie négro-africaine de langue française auront sûrement remarqué l'absence de Senghor, de Césaire et de Damas dans ce panorama. L'explication est simple : nous avions pour tâche de présenter les poètes dont les premières œuvres datent d'après 1945. Or, les trois aînés cités ont, peu ou prou, publié bien avant cette année-là. Mais ce qu'ils ont fait dans le domaine de la Négritude, leurs poèmes qui ont contribué à l'avènement d'une expression plus concernée, plus en accord avec la réalité nègre… leur part et leur participation sont indélébiles.

Comment oublier cette passion toute nocturne de Léopold-Sédar **Senghor**[1] et, en même temps, le côté lumineux du poème qu'il nous a découvert. Pour dire la somme que nous lui devons, il suffit, je crois, de lui retourner les propos qu'il confiait à une revue sur l'importance de Teilhard de Chardin : « Il allait nous permettre, en nous aidant à débroussailler la Voie africaine du Socialisme, d'apporter notre contribution à l'édification de la Civilisation de l'Universel, de nous « socialiser » sans nous dépersonnaliser ; sans rien renier des valeurs de la Négritude »… En changeant les termes, en osant parler de Voie africaine du poème, en remplaçant « nous socialiser » par « chanter », quelle juste justice !… Je ne pense qu'au poète seul, à l'auteur de *Chants d'ombre* :

Il me faut le cacher au plus intime de mes veines
L'Ancêtre à la peau d'orage sillonnée d'éclairs et de foudre
Mon animal gardien(…)
Il est mon sang fidèle qui requiert fidélité (…)

(Le Totem),

---

1. Né à Joal (Sénégal) en 1906.
Chants d'ombre (Seuil, 1945). *Hosties noires* (Seuil, 1948). *Chants pour Naëtt* (Seghers, 1949). *Ethiopiques* (Seuil, 1956). *Nocturnes* (Seuil, 1961). *Poèmes* (Seuil, 1964). *Les Elégies des alizés*, ill. CHAGALL (Seuil, 1969).

au poète indigné et grave de *Hosties noires* :

Je ne laisserai pas la parole aux ministres, et pas aux généraux
Je ne laisserai pas — non ! — les louanges de mépris vous enterrer furtivement.
Vous n'êtes pas des pauvres aux poches vides sans honneur
Mais je déchirerai les rires banania *sur tous les murs de France* (...),

à l'homme de partage au-delà de l'Atlantique, proche des Négro-Américains :

Non, vous êtes les messagers de sa merci, le souffle du Printemps après l'Hiver.
A ceux qui avaient oublié le rire — ils ne se servaient plus que d'un sourire oblique —
Qui ne connaissaient plus que la saveur salée des larmes et l'irritante odeur du sang
Vous apportez le printemps de la Paix et l'espoir au bout de l'attente
(Aux soldats négro-américains),

à l'alchimiste du verset (libre comme la respiration est libre) des *Éthiopiques* :

Je ne sais en quel temps c'était, je confonds toujours l'enfance et l'Eden
Comme je mêle la Mort et la Vie — un pont de douceur les relie (...)
(Je ne sais en quel temps c'était),

et enfin au rassembleur du feu couchant et du soir, de l'âpreté tenace et de la douceur envahissante que *Nocturnes* nous a révélé :

Comme une statue, un masque de proue penché sur l'abîme sonore
Tu chantais d'une voix d'ombre ndeïsane ! *la gloire du Champion debout.*
Les bêtes des palétuviers buvaient délices ! ton souffle liquide.
Nous revenions de Dyônewâr par les bolongs et vaguement,
Lors ton visage d'aujourd'hui sous sa patine avait la beauté noire de l'Eternel (...)
(Ton visage beauté)

Oui, je pense et nous pensons toujours à Léopold Sédar Senghor à chaque instant de la poésie africaine. Il demeure l'initiateur.

Comment oublier cette passion toute solaire d'Aimé **Césaire**[2]. Il a rallumé notre sang et donné à notre voix puissance de voix proférée. Il confiait à une journaliste à propos du *Cahier d'un retour au pays natal* : « Le *Cahier*, c'est le premier texte où j'ai commencé à me reconnaître. Je l'ai écrit comme un anti-poème. Il s'agissait pour moi d'attaquer, au niveau de la forme, la poésie traditionnelle française, d'en bousculer les structures établies... » Et voici que depuis Césaire, en poésie nègre, d'où qu'elle vienne, nous avons tous commencé à nous reconnaître. Et si nous n'écrivons pas tous des anti-poèmes, du moins nous attaquons tous, à des degrés divers, chacun à sa mesure propre et définie, les structures de la poésie écrite de tout temps, dans la langue qui est devenue notre langue d'expression. C'est que cette langue nous sert à nous mettre au monde : comment totalement emprunter les traits des autres, ceux-là qui ne seront jamais les nôtres. Car c'est encore Césaire qui nous a le mieux renseignés sur nous-mêmes :

Eia pour le Kaïlcédrat royal !
Eia pour ceux qui n'ont jamais rien inventé
pour ceux qui n'ont jamais rien exploré
pour ceux qui n'ont jamais rien dompté

mais ils s'abandonnent, saisis, à l'essence de toute chose
ignorants des surfaces mais saisis par le mouvement de toute chose
insoucieux de dompter, mais jouant le jeu du monde

et il enchaîne sur notre véritable établissement :

véritablement les fils aînés du monde
poreux à tous les souffles du monde
aire fraternelle de tous les souffles du monde
lit sans drain de tous les souffles du monde
étincelle du feu sacré du monde
chair de la chair du monde palpitant du mouvement
même du monde ! (...)

(*Cahier d'un retour au pays natal*)

Saurons-nous assez dire notre dette ? On ne paie jamais totalement son droit d'investiture. Césaire est ce droit-là. Il est au bout de

2. Né à Basse-Pointe (Martinique), en 1913.
Cahier d'un retour au pays natal (La Guadeloupe, H.C., 1939 ; rééd. Bordas, 1945 et Présence Africaine, 1956, 1971). *Les Armes miraculeuses* (Gallimard, 1946 ; rééd. Poésie Gallimard, 1970). *Soleil cou coupé* (Ed. K., 1948). *Corps perdu* (Fragrance, 1950). *Ferrements* (Seuil, 1959). *Cadastre* (Seuil, 1961).

tous nos désastres, car il accepte la tâche terrible de nous regarder à notre place, en plein dans la peau et dans l'âme. Et si dire la vérité c'est accuser, alors, il nous accuse. Et tant pis pour nous. La poésie n'est pas un lieu de complaisance. Cela aussi, Césaire l'a enseigné à tous les écrivains noirs de ce siècle :

Et il y a le maquereau nègre, l'askari nègre, et tous ces zèbres se secouent à leur manière pour faire tomber leurs zébrures en une rosée de lait frais (...)

Plus tôt, dans une strophe sans appel, le déchiffrement est encore plus fouillé :

Et voici ceux qui ne se consolent point de n'être pas faits à la ressemblance de Dieu mais du diable, ceux qui considèrent que l'on est nègre comme commis de seconde classe : en attendant mieux et avec possibilité de monter plus haut ; ceux qui battent la chamade devant soi-même, ceux qui vivent dans un cul de basse fosse de soi-même ; ceux qui se drapent de pseudomorphose fière (...)

(Cahier)

Césaire est au bout de tous nos désastres, mais il est aussi là, à l'instant de réhabilitation :

(...) *mais l'œuvre de l'homme vient seulement de commencer et il reste à l'homme à conquérir toute interdiction immobilisée aux coins de sa ferveur et aucune race ne possède le monopole de la beauté, de l'intelligence, de la force et il est place pour tous au rendez-vous de la conquête* (...)

(Cahier)

Et puis, il n'y a pas que le « petit matin » à la fois de douleur et d'accomplissement, il y a toute l'œuvre de Césaire, poèmes et théâtre, où nous avons appris à nous parer de nous-mêmes comme du seul masque susceptible de nous donner accès à la Fête. Quand un poète fournit aux siens des « armes miraculeuses », il est bon que la chose soit publiée et ne soit jamais oubliée. Césaire a *rompu* notre *mauvais sommeil*.

Enfin, avec Senghor et Césaire, comment oublier Léon-Gontran **Damas**[3], le seul des nos aînés qui nous ait révélé, en langue française,

---

3. Né à Cayenne en 1912.
Pigments (G.L.M., 1937 ; rééd. Présence Africaine, 1962). *Poèmes nègres sur des airs africains* (G.L.M., 1948). *Graffiti* (Seghers, 1952). *Black Label* (Gallimard, 1956). *Névralgies* (Présence Africaine, 1966).

la vertu incantatoire du blues. Car ce poète nègre-amérindien ne s'est pas refusé à la frénésie de Harlem certes, mais non plus à celle aussi franche des champs du Sud Profond. Influence, non ! mais parenté, mais proximité par le sang et par le destin. De *Pigments* à *Black Label,* de *Graffiti* à *Névralgies*, c'est notre long voyage jusqu'à notre réalité. C'est l'exposé de notre condition, notre terreur et notre gloire. Bref, l'assomption d'un peuple absenté. Nous avons, avec Damas, pour le paraphraser, recouvré « la coutume, les jours, la vie, la chanson, le rythme, l'effort, le sentier, l'eau, la case, la terre enfumée grise, la sagesse, les mots, les palabres, les vieux, la cadence, les mains, la mesure, les mains, les piétinements, le sol » (*Limbe*). C'est lui qui a contribué à nous rendre le sens du symbole de nos poupées noires :

Rendez-les moi mes poupées noires
que je joue avec elles
les jeux naïfs de mon instinct
resté à l'ombre de ses lois
recouvrés mon courage
mon audace
redevenu moi-même
nouveau moi-même
de ce que Hier j'étais
hier
sans complexité
hier
quand est venue l'heure du déracinement (...)

(*Limbe*)

Donc, aucune volonté d'omission : voilà cités tous les poètes de 1945 à 1972. Mais qu'on ne croie pas pour autant que le Musée de la Poésie Négro-Africaine soit d'ores et déjà fondé. La Poésie Noire est vivante : c'est là son label.

Edouard J. MAUNICK

BIBLIOGRAPHIE DU LIVRE V

I

Documents

Th. BARATTE : *Bibliographie : Auteurs africains et malgaches de langue française* (Paris, OCORA, 1968).

J. JAHN : *Die neoafrikanische Literatur* (Düsseldorf, Diederichs, 1965).

R. MERCIER : *Bibliographie africaine et malgache* in « Revue de littérature comparée » (XXXVIIe année, n° 1, 1963).

II

Ouvrages généraux d'analyse et de critique

Y. ALLARY et V.P. BOL : *Littératures et poètes noirs* (Kinshasa, Bibliothèque de l'Etoile, 1964).

Aimé CÉSAIRE : *Discours sur le colonialisme* (Paris, Présence Africaine, 1950).

E. ELIET : *Panorama de la littérature négro-africaine 1921-1962* (Présence Africaine, 1965).

Edouard GLISSANT : *Soleil de la conscience* (Paris, Falaize, 1956). *L'Intention poétique* (Seuil, 1969).

J. JAHN : *Manuel de littérature néo-africaine* (Paris, Resma, 1969). *Muntu. L'Homme africain et la culture néo-africaine* (Seuil, 1961).

Lylian KESTELOOT : *Les Ecrivains noirs de langue française : Naissance d'une littérature* (Bruxelles, Institut de Sociologie, U.L.B., 1965). *Négritude et situation coloniale* (Yaoundé, Clé, 1970).

MAKOUTA-MBOUKOU : *Introduction à la littérature noire* (Yaoundé, Ed. Clé, 1970).

Th. MELONE : *De la négritude dans la littérature négro-africaine* (Présence Africaine, 1965).

Jacques NANTET : *Panorama de la littérature noire d'expression française* (Paris, Fayard, 1972).

R. PAGEARD : *Littérature négro-africaine* (Bruxelles, Le Livre Africain, 1964).

Marc ROMBAUT : *La nouvelle poésie négro-africaine d'expression française* (Bruxelles, « Les Cahiers du CEDAF », n° 5, 1972).

Jacques RABEMANANJARA : *Témoignage malgache et colonialisme* (Présence Africaine, 1956). *Nationalisme et problèmes malgaches* (Présence Africaine, 1958).

Léopold Sédar SENGHOR : *Liberté 1 — Humanisme et Négritude* (Seuil, 1964). *Les Fondements de l'africanité* (Présence Africaine, 1967). *Liberté 2 — Nations et voies africaines du Socialisme* (Ed. du Seuil, 1971).

Jean WAGNER : *Les Poètes nègres des Etats-Unis* (Paris, Librairie Istra, 1963).

C. WAUTHIER : *L'Afrique des Africains. Inventaire de la Négritude* (Seuil, 1964).

III

Anthologies

Léon-Gontran DAMAS : *Poètes d'expression française* (Seuil, 1947).

Gérard FERRAND : *Anthologie de la poésie nigérienne* (Niort, coll. du Cercle international de la pensée et des arts français, 1971).

Langston HUGHES et C. REYGNAULT : *Anthologie africaine et malgache* (Paris, Seghers, 1962).

Lylian KESTELOOT : *Anthologie négro-africaine* (Verviers, Marabout Université, 1967). *Neuf poètes camerounais* (Yaoundé, Clé, 1971).

Maurice A. LUBIN et Carlos SAINT-LOUIS : *Panorama de la poésie haïtienne* (Port-au-Prince, Ed. Henri Deschamps, 1950).

Maurice A. LUBIN : *L'Afrique dans la poésie haïtienne* (Port-au-Prince, Ed. Panorama, 1965).

Anthologie de la jeune poésie d'Haïti, bilingue français-anglais (Hawaï, Honolulu, revue *Mele*, n° 5, janvier 1967).

Léopold Sédar SENGHOR : *Anthologie de la nouvelle poésie nègre et malgache*, précédée de *Orphée noir* par Jean-Paul SARTRE (Paris, Presses Universitaires de France, 1948 et 1969).

XXX : *Poésie vivante I Anthologie* (Kinshasa, Ed. du Mont Noir, coll. « Objectif 80 », 1972).

Présence Africaine : *Nouvelle Somme de Poésie du Monde noir* (n° 57, 1966).

IV

Quelques essais

Lamine DIAKHATÉ : *Au-delà de la Négritude* (Paris, « Le Magazine littéraire », n° 47, 1970).

Armand GUIBERT : *Léopold Sédar Senghor* (Seghers, coll. « Poètes d'aujourd'hui », 1961).

Dieudonné KADIMA-NZUJI : *Regard sur la jeune poésie congolaise de 1966 à 1970* (Kinshasa, « Afrique chrétienne », n° 46, juin 1970).

Lilyan KESTELOOT : *Aimé Césaire* (Seghers, coll. « Poètes d'aujourd'hui », 1962).

Maurice A. LUBIN : *Quelques poètes haïtiens de la jeune génération* (Miami, Floride, *Journal of inter-american studies,* Vol. VII, n° 2, avril 1965).

Edouard J. MAUNICK : *Aimé Césaire, poète noir de l'Amérique française* (in « Preuves informations », 1963). *Tchicaya U Tam'si, poètes du Congo* (in « Preuves informations », 1964).

POSTFACE
par Serge BRINDEAU

1945-1972 : plus d'un quart de siècle de poésie. Et quel foisonnement ! Pour être exhaustive, une étude de la poésie française dans cette période aurait dû porter à la fois sur les auteurs apparus depuis 1945 et sur tous ceux qui ont pu poursuivre au-delà de cette date une œuvre déjà commencée — parfois depuis peu, parfois depuis plusieurs lustres.

En poésie non plus, il n'y a pas de génération spontanée. L'air du temps, les problèmes d'une époque, le choc des personnalités, l'échange des fascinations se chevauchent, se complètent (mais peuvent aussi isoler, curieusement, une œuvre).

A suivre les vagues de la poésie dans leur seul déferlement d'après 1945, ce panorama aurait pu présenter des fonds mal éclairés.

I

AUX FRONTIÈRES DE L'ILLIMITÉ ET DE L'AVENIR

Faut-il rappeler qu'André Spire (1868-1966), l'homme pour qui le plaisir poétique est avant tout le plaisir musculaire d'une sorte de danse buccale, s'il publie en 1958 encore des *Poèmes d'hier et d'aujourd'hui,* a déjà donné des *Poèmes juifs* en 1906 et *la Cité présente* en 1903 ; que le fantaisiste Tristan Klingsor, qui rassemble le meilleur de son œuvre poétique dans le *Florilège* de 1962, dirigeait *la Vogue* (qu'avait créée Gustave Kahn) entre 1895 et 1901 ; que Pierre Albert-Birot, qui, entre 1945 et 1967, a fait éditer une dizaine de livres, parmi lesquels son énorme *Grabinoulor* complété (*le Train bleu* est posthume), avait lancé en 1916 la revue *Sic,* soufflé à son ami Apollinaire, à l'occasion des *Mamelles de Tirésias,* le terme de « drame surréaliste » et composé lui-même, dans les années qui ont suivi la guerre, une œuvre théâtrale fort insolite qu'il serait grand temps de situer à sa juste place ; qu'André Salmon *(les Etoiles dans l'encrier*, 1952 ; *Vocalises,* 1959) collaborait au *Festin d'Esope,* en 1903, avec Apollinaire et Max Jacob ; que Jean de Boschère (*Poèmes de l'obscur,* 1948 ; *Héritiers de l'abîme,* 1950) a publié son premier poème en 1909 à la *Bibliothèque de l'Occident* ; que Francis Picabia (*Choix de poèmes*, 1945) faisait scandale — André Breton l'en félicite — dès 1910 ; que Jean Cocteau (*le Chiffre sept*, 1952 ; *le Requiem*, 1962) — chez qui, aux approches de la mort, l'étoile de neige et de sang de l'adolescence, ayant accompli son cheminement, allait devenir l'étoile de mer dont il signerait les fresques de Villefranche ; qu'Edmond Fleg (*Ecoute Israël*, 1948), que Jules Romains (*Maisons*, 1953), que Pierre Jean Jouve (dix titres au moins depuis 1945) — poète secret et « difficile » dont l'audience fut aussi restreinte dans le public que profonde l'influence chez les poètes (on pourrait la suivre jusqu'au Liban, par exemple) ; que Saint-John Perse (*Vents*, 1946 ; *Amers*, 1957 ; *Chronique*, 1960), assurément l'un des plus grands poètes qui aient écrit dans notre langue, ont publié des poèmes avant la guerre de 1914 ?

Faut-il rappeler encore que Jean Arp (*Jours effeuillés*, 1966) a été l'un des inventeurs de Dada, ainsi que Georges Ribemont-Dessaignes ; que le *Manifeste de Monsieur Antipyrine* a été lu à Zurich le 14 juillet 1916, et que Tristan Tzara, aux grands livres que sont *l'Homme approximatif*, *Où boivent les loups*, *Midis gagnés* ajoutera après 1945 *la Fuite*, *le Poids du monde*, *la Face intérieure*, *Parler seul* ; que Pierre Reverdy (*le Chant des morts*, avec des lithographies de Picasso, 1948) a publié son premier livre (*Poèmes en prose*, exemplaires de tête illustrés par Juan Gris et H. Laurens) en 1915 ; qu'en décembre 1913, Paul-Eugène Grindel publiait à compte d'auteur ses *Premiers poèmes* et que *le Devoir et l'inquiétude*, sous le nom de Paul Eluard, date de 1917 ?

Il est des noms qu'on ne peut citer sans s'arrêter encore. J'ai « mal appris à parler clair », disait l'auteur de *Pouvoir tout dire* (1951). Comment le croire tout à fait quand il est si facile de faire se rejoindre, si merveilleusement féconde qu'ait été l'imprégnation surréaliste, les deux extrémités de l'œuvre ?

— Eluard 1917 (à la mémoire d'un ami tué à la guerre) :

(...) L'indépendance est aux garçons.
Nous la cherchions
Quand nous étions ensemble.

Toute la terre, l'homme souffre
Et ton sang déchire le sol !...
Ils t'ont laissé au bord d'un gouffre !

Maintenant, ils sont bien seuls.

— Eluard 1952 :

(...) *Mon cœur a subi les injures*
Du malheur et de l'injustice
Je vivais en un temps impur
Où certains faisaient leurs délices
D'oublier leurs frères leurs fils
Le hasard m'a clos dans ses murs

Mais dans ma nuit je n'ai rêvé que de l'azur.

Le nom d'André Breton nous aura souvent retenus : André Breton, que sa responsabilité de poète semble avoir poussé lui aussi, d'une certaine façon, même relative, à *parler clair*, à faire ainsi une « infraction à (ses) propres principes » pour opposer dans l'*Ode à Charles Fourier* (1947) la conquête par le socialisme de l'unité humaine à la désintégration du vieux monde ; André Breton qui, dans le « cloaque de sang, de sottise et de boue » que fut la guerre de 1914, s'était peu à peu dégagé des prestiges mallarméens (cf. *Mont-de-Piété,* 1919) pour découvrir, selon l'exemple d'Apollinaire, de nouvelles terres inconnues.

En 1918, paraissaient les premiers poèmes de Robert Goffin, poète qui s'est dit de l'autre siècle et qui, en dépit d'un goût néo-classique, retouché modern style, est bien un poète du XXe siècle, à la fois par une sensibilité très aiguë à tout ce qui bouge et par l'ampleur du regard qu'il porte sur le monde (*Phosphores chanteurs*, 1970). Assez proche par l'inspiration de celle de Robert Goffin, et non moins puissante, l'œuvre de Marcel Thiry (*Poésie,* 1957) débute, également en Belgique, en 1919. C'est l'année où Jules Supervielle (*Oublieuse mémoire*, 1949) publie ses *Poèmes de l'humour triste*.

Par le *Feu de joie* de 1920, Louis Aragon inaugurait une œuvre particulièrement abondante où il aurait à vivre intensément sa liberté et son destin en même temps qu'à épouser le mouvement de l'histoire, la mémoire intégrant ce que la volonté transforme. Ayant « conchié » l'armée et célébré *la Diane française*, ayant dénoncé « Moscou-la-gâteuse » et crié *Hourra l'Oural*, avant d'approuver les conclusions du XXe Congrès, il pourra reconnaître en 1956 dans *le Roman inachevé* qu'il s'est « trompé cent mille fois de route ». Du moins fut-ce toujours avec éclat et grande maîtrise (y compris dans un certain académisme formel) du vers et de la prose, sinon de soi.

Au début des années vingt se situent encore les premiers pas de poètes qui vont se révéler aussi différents que Marie Noël égrenant son chapelet d'images et de pensées anciennes (*les Chansons et les heures*, 1921 ; *Œuvre poétique*, 1957 ; *Chants d'arrière-saison*, 1961), Antonin Artaud cherchant à inventer de nouveaux signes pour les bûchers, le bord des précipices (*Tric trac du ciel*, 1923 ; *Van Gogh ou le Suicidé de la société*, 1947 ; *Pour en finir avec le jugement de Dieu*, 1948), Géo Norge toujours en quête de mots, de couleurs, de refrains pour être mieux avec le monde (*27 Poèmes incertains*, 1923 ; *les Râpes,* 1949 ; *les Oignons,* 1953 ; *la Langue verte,* 1954 ; *les Quatre Vérités,* 1962).

Après 1925, l'influence du mouvement surréaliste ne devrait pas éclipser à ce point l'expérience, spirituellement aussi très risquée, des poètes du *Grand Jeu*. Roger-Gilbert Lecomte est mort en 1943, jeune. René Daumal en 1944, jeune aussi ; un livre posthume, *Poésie noire, poésie blanche* (1954), rassemblera le grand œuvre dispersé. Rolland de Renéville (*les Ténèbres peintes*, 1927), toujours préoccupé, par la Métaphore, de « relier l'homme au ciel », auteur d'essais importants, sur *Rimbaud le Voyant,* sur *l'Expérience poétique*, publiera après la guerre *la Nuit, l'Esprit* (1946).

La voie suivie par Henri Michaux peut paraître à la fois plus fantaisiste et plus fantastique ; elle est toute pénétrée, elle aussi, d'inquiétude métaphysique et débouche sur une tentative assez désespérée de dévoilement du réel, au moins de cet aspect du réel (sous étrange apparence) qu'est la réalité humaine, par l'expérience systématique de diverses drogues, notamment de la mescaline (*Qui je fus,* 1927 ; *Plume,* 1938 ; *la Vie dans les plis*, 1949 ; *Misérable Miracle,* 1955 ; *l'Infini turbulent,* 1957).

Charles-Albert Cingria (*Poèmes*, 1926 ; *Bois sec, bois vert*, 1948), amoureux presque entêté de la terre sur laquelle il s'avance, promeneur inlassable, exprime — avec un humour rustique, parfois — la simplicité et le mystère des choses auxquelles il se plaît à donner une dimension onirique qui les porte, comme par surprise, aux confins du sacré.

En 1930, André de Richaud donne *la Création du monde* ; en 1954, ce sera *le Droit d'asile* (titre que le poète utilise pour la deuxième fois). Jacques Audiberti fait retentir dans *l'Empire et la trappe* (1930) la puissance d'une passion verbale qui, après *Des tonnes de semences* (1941), continuera de se manifester sans que le caractère dyonisiaque en soit jamais affecté (*Rempart,* 1953 ; *Ange aux entrailles*, 1961). *Les Moulins de la parole*... Ce titre, qui pourrait être d'Audiberti, est en réalité de Maurice Fombeure. En 1930, celui-ci annonce « un renouvellement, un rafraîchissement de la poésie » et fait paraître son premier livre : *Silences sur le toit*. Une parole, haute en couleurs, pour dire le silence ou les « humbles bruits de la vie » (*Aux créneaux de la pluie,* 1946 ; *Pendant que vous dormez,* 1953 ; *Une forêt de charme,* 1955 ; *A chat petit*, 1967)...

En 1930, René Char collabore avec Paul Eluard et André Breton à *Ralentir travaux*. Ce sera l'époque du *Tombeau des secrets*, d'*Artine*, de *L'action de la justice est éteinte*, du *Marteau sans maître* (1934) et de l'admirable *Placard pour un chemin des écoliers* (1936). Après la guerre et le maquis, René Char, toujours à la *Recherche de la base et du sommet*, s'inquiétera « de ce qui s'accomplit sur cette terre » (*Feuillets d'Hypnos,* 1946), en même temps qu'il se préoccupera, longeant la Sorgue sous le soleil ou méditant sur les *Fragments* d'Héraclite, de retrouver dans la traversée des « temps mobiles » la densité d'une « beauté sans date » et qui demeure (*le Soleil des eaux,* 1949 ; *les Matinaux,* 1950 ; *la Parole en archipel,* 1962 ; *Retour amont,* 1966).

Allant de l'angoisse au sortilège, méditant sur l'usure des mots et la blessure de l'homme, Gilbert Trolliet[1] amène son œuvre à une densité qui ne paraîtra pas indigne du voisinage de René Char (*Petite Apocalypse*, 1929 ; *Itinéraire de la mort*, 1932 ; *l'Inespéré*, 1949 ; *Laconiques*, 1966).

En 1933, un tout jeune poète suscitait beaucoup d'admiration et beaucoup d'espoir. C'était Patrice de la Tour du Pin avec sa *Quête de joie*. Avec *Une somme de poésie* (1946) — *Somme* comme chez saint Thomas d'Aquin, n'en doutons pas —, l'œuvre aura pris du poids. Elle s'augmentera encore, mystique et sombre, et traversée de lueurs, de *la Contemplation errante* (1949), du *Second Jeu* (1959), du *Petit Théâtre crépusculaire* (1963). En 1933 paraissaient aussi les premiers poèmes de Jean Follain. On aimera redécouvrir, dans quelque « *épicerie d'enfance* », à Canisy ou ailleurs, de ces grandes images simples qui feront rêver longtemps de ce monde-ci, transfiguré (*Exister,* 1947 ; *Territoires,* 1953 ; *Poèmes et prose choisis,* 1961 ; *D'après tout,* 1967).

En 1935, avec *Morsures de l'ange*, s'ouvre l'œuvre ardente et nette de Claudine Chonez (*Les portes bougent*, 1957 ; *Poèmes choisis,* 1959 ; *la Mise au monde*, 1969). René Lacôte (*Vent d'ouest*, 1942 ; *Claude*, 1943 ; *Journal d'une solitude*, 1946 ; *Où finit le désert*, 1952) avait entrouvert ses volets, encore adolescent, dès 1930.

Le surréalisme n'avait pas perdu sa puissance d'attraction, de rayonnement. Marcel Lecomte, Paul Nougé, Camille Goemans (*Œuvres*, 1970), l'ont fait pénétrer en Belgique, par voie de tracts, dès 1923. Paul Nougé — une des têtes les « plus fortes de ce temps », selon Francis Ponge, « une densité de pensée très supérieure à la plupart des surréalistes français », selon Salvador Dali — commence par *Quelques écrits et quelques dessins* en 1927, salue en 1943 le toujours lumineux, même nocturne, René Magritte, et en 1966 (un an avant sa mort)... *L'expérience continue !* En 1936, les éditions Magritte publiaient *Marie Trombone, Chapeau Buse,* puis *le Chemin perdu,* de Paul Colinet, auteur, depuis, de *la Manivelle du château* (1954), poète d'un humour profond qui, à titre posthume, fera les délices de la très

1. Gilbert TROLLIET a animé à Genève les publications *Revue de Suisse* (1951-1952) et *Présence* (N° 1 : hiver 1955-1956 ; n° 9 : printemps 1959).

pataphysique revue *Phantomas*. De 1936 datent *les Minutes insolites* de Marcel Lecomte, qui, à la fin de sa vie, cherchait encore à déchiffrer ses anciens rêves, à communiquer, présent aussi au monde « réel », avec les « figures du jardin fermé ». Louis Scutenaire poursuivra avec *Mes inscriptions* (1945), *les Vacances d'un enfant* (1947), *le Monument de la guenon* (1962), l'aventure commencée en 1937 avec *les Haches de la vie*. « Dans l'antique forêt de la métaphysique », comme aussi bien « dans la jungle du temps », vers quoi s'avance désormais l'ombre d'Achille Chavée (*Pour cause déterminée*, 1935 ; *De vie et mort naturelles*, 1965) ?

Parti du surréalisme (« DÉFENSE DE NE PAS RÊVER »), Raymond Queneau s'exercera à tous les styles — François Coppée, Boileau, Lucrèce, Ronsard en disque usé — et se constituera une philosophie érudite et désinvolte pour raconter sa propre histoire et l'histoire du monde (*Chêne et chien*, 1937 ; *Petite cosmogonie portative,* 1950).

Le surréalisme a marqué de sa meilleure étoile une Gisèle Prassinos encore toute parée de sa naissance orientale (*La Sauterelle arthritique,* 1935 ; *le Rêve,* 1947). Il a gagné le Liban pour se faire vibration de lumière — incomparable — avec les *Poésies* (1938, 1948, 1949) de Georges Schehadé. Aux Antilles, il inspirera Aimé Césaire, bien entendu, mais aussi, dans la concision, Clément Magloire-Saint-Aude (*Dialogue de mes lampes*, 1941 ; *Tabou,* 1941 ; *Parias,* 1949 ; *Ombres et reflets,* 1952 ; *Veillée,* 1956 ; *Déchu*, 1956).

Nihiliste orgiaque, athée cherchant l'extase dans le silence des mots, la déchirure de l'érotisme, Georges Bataille (*l'Anus solaire*, 1931 ; *l'Archangélique*, 1944 ; *la Haine de la poésie*, 1947 ; *l'Archangélique et autres poèmes*, posthume, 1967) s'est aventuré plus loin que les surréalistes dans certaines voies ouvertes par eux. L'érotisme encore, le culte de l'onirisme, un humour aigu rattacheront le précieux André Pieyre de Mandiargues à la même ascendance (*Dans les années sordides,* 1943 ; *le Musée noir,* 1946 ; *les Incongruités monumentales,* 1948).

Robert Ganzo (*Orénoque*, 1937 ; *Œuvre poétique,* 1956), du tremblement des eaux et de l'odeur de menthe à l'horizon qui ne se referme pas, tente d'appréhender le monde en des vers d'une réelle ampleur où la volonté de l'homme porte toujours sa marque. Déçu par les idées, Francis Ponge (*Douze petits écrits*, 1926 ; *le Parti pris des choses,* 1942 ; *le Grand Recueil*, 1961) se plaît, en donnant aux mots le coup de pouce nécessaire, à faire entrer le poème dans une espèce de familiarité avec le monde des objets, ce qui est encore une manière de se rapprocher des hommes de chaque jour, sans qui les objets, ne servant à rien, ne seraient rien.

Jean Tardieu (*Accents,* 1939 ; *Poèmes*, 1944 ; *Monsieur Mon-*

sieur, 1951 ; *Une voix sans personne*, 1954) étudie les ressources de la parole et du rythme, jouant beaucoup plus avec les mots qu'avec les choses, pour (s'il se pouvait !) maintenir un peu d'être à ce qui passe. Louise de Vilmorin (*Fiançailles pour rire,* 1939 ; *le Sable du sablier,* 1945 ; *l'Alphabet des aveux,* 1954), aima fleurir d'humour ses nostalgies.

II

PARIS A FROID, PARIS A FAIM

Rappelons-nous.

De grands poètes sont morts, victimes de cette folie du meurtre et de la destruction dont le nazisme avait décidé de recouvrir le monde. C'était l'époque du *Rendez-vous allemand* :

Saint-Pol Roux a été mis à mort
Sa fille a été suppliciée...

Max Jacob a été arraché à sa retraite de Saint-Benoît-sur-Loire, à ses méditations religieuses, à ses poèmes, à tous ses amis. *Le Paradis est une ligne de craie blanche sur le tableau noir de ma vie : les diables de 1943 l'effacent avec un chiffon graisseux.* Il est mort au camp de Drancy en 1944. Robert Desnos, sur le chemin des camps de concentration, a écrit *Sol de Compiègne* :

Craie et silex et herbe et craie et silex
Et silex et poussière et craie et silex
Herbe, herbe et silex et craie, silex et craie (...)

Il ne portera jamais, près de Bourg-la-Reine, les roses qu'il rêve encore de cueillir. Le typhus achèvera son œuvre, avant la libération du camp de Terezin, en Tchécoslovaquie. Benjamin Fondane, lui aussi, est mort en déportation. Et Jean Prévost, l'*amateur de poèmes*, est tombé dans le maquis du Vercors, contribuant par son sacrifice à rejeter l'univers de la Nuit et du Brouillard qu'un autre poète, Jean Cayrol, dut, comme tant d'hommes et de femmes, éprouver dans sa chair (*Poèmes de la Nuit et du Brouillard*, 1945). N'omettons pas l'*Anthologie des poèmes de Buchenwald*, parue en 1945.

Après l'horreur des camps de la mort, on hésite à évoquer les rigueurs de la captivité. Et pourtant cette expérience a marqué bien des poètes. Ainsi Luc Decaunes, qui, à la veille du Front Populaire, avait fondé la revue *Soutes* et qui rêvait, au cœur de l'été 36, de planter le drapeau rouge « sur les usines de béton », devait écrire, la poésie ayant changé de couleur : « Je perds le secret et le goût du langage ». André Frénaud, futur auteur de *Il n'y a pas de paradis* (1962), alors retenu prisonnier en Allemagne orientale, trouvait encore, en marge du travail imposé, le moyen de rêver et d'écrire les poèmes de son premier livre, *les Rois mages* (1943).

Le Margrave de Brandebourg m'a fait trier du sable
dans les pins
pour le cœur de la Bétonneuse
et mon sang de ciment battait jusque dans mes songes
Les grandes murailles s'éclairaient au lever du jour (...)

On sait encore ce qu'a représenté l'exode. Albert Ayguesparse[2] (*Neuf offrandes claires*, 1923 ; *Prometteur de beaux jours*, 1935 ; *la Rosée sur les mains*, 1938), désemparé puis reprenant confiance, goûtait amèrement *le Vin noir de Cahors* (sous ce titre devait paraître, en 1957, un de ses livres les plus émouvants).

Leurs chariots ancrés au milieu des rues
Les villageois riaient bien de voir descendre
De toutes les arêtes du paysage
Des grappes de fuyards aux mantes de laine (...)

Le soir venu, ces faux nomades faisaient
De grands feux de bois vert sous les cieux glacés (...)

Des poètes ont dû s'exiler. Ainsi Saint-John Perse, dès le 16 juin 1940. Cet ambassadeur de France (qui devait être déchu, sur l'ordre de Vichy, de la nationalité française !) a trouvé refuge en Angleterre, puis aux Etats-Unis. Le grand poème *Exil (Portes ouvertes sur les sables, portes ouvertes sur l'exil...)* a été écrit à Long Beach Island, dans le New-Jersey, en 1941.

(...) *Etranger, sur toutes grèves de ce monde, sans audience ni témoin, porte à l'oreille du Ponant une conque sans mémoire :*

Hôte précaire à la lisière de nos villes, tu ne franchiras point le seuil des Lloyds, où ta parole n'a point cours et ton or est sans titre...

« J'habiterai mon nom », fut ta réponse aux questionnaires du port.
Et sur les tables du changeur, tu n'as rien que de trouble à produire,
Comme ces grandes monnaies de fer exhumées par la foudre.

2. Fondateur-directeur de la revue *Marginales* (Bruxelles). N° 1 : 1945. N° 148-149 : septembre-octobre 1972.

« ... Syntaxe de l'éclair ! ô pur langage de l'exil ! Lointaine est l'autre rive où le message s'illumine (...)»

André Breton, dont les services de Vichy avaient la perspicacité de reconnaître qu'il était « la négation de l'esprit de la révolution nationale », et qui n'aurait pu en aucun cas « s'accommoder » des « nauséeuses conceptions » de l'Etat Français, a pu retrouver aux Etats-Unis, en même temps que la liberté d'expression, le bonheur. Benjamin Péret, arrêté en mai 1940 en raison de ses activités trotskystes, « libéré à la faveur de l'avance des troupes allemandes » (nous laisserons à Jean-Louis Bédouin la responsabilité de ce mot de « faveur »), dénoncé par les journaux de la collaboration, a gagné Marseille où il a retrouvé André Breton avant de s'embarquer pour le Mexique. Yvan Goll (*Jean sans terre*) a fondé aux Etats-Unis la revue *Hémisphères*. C'est à Buenos Aires, en 1941, que Jules Supervielle fit paraître ses *Poèmes de la France malheureuse*.

Je cherche au loin la France
Avec des mains avides
Je cherche dans le vide
A de grandes distances.

Je tâte de l'espace
L'ombre désespérée,
Je reconnais la place
A d'anciennes rosées (...)

A New York, un jeune poète accepte de Robert Goffin le secrétariat de rédaction de *La Voix de la France,* collabore à la revue *VVV* — que dirige André Breton —, rencontre Salvador Dali, publie *l'Image impardonnable* avec des dessins de Fernand Léger, puis *Syncopes* avec des illustrations d'André Masson, avant que de hautes responsabilités militaires ne le ramènent en France — où il publiera en 1945 *La vie est clandestine* —, via l'Irlande et l'Angleterre. On aura reconnu Alain Bosquet. Quant à André Pieyre de Mandiargues, il séjourne, *dans les années sordides,* à Monaco.

En France, quelques poètes se sont murés dans le silence. Ainsi Blaise Cendrars qui, retiré à Aix-en-Provence, n'acceptera de refaire surface qu'en 1945, avec *l'Homme foudroyé*. Ainsi encore Pierre Reverdy dans son « affreux petit village réel » de Solesmes. De 1940 à 1945, on ne le voit rien publier. Dans la *Table des Poèmes* de *Main-d'œuvre* (1913-1949), il rappellera discrètement, par un simple mot mis entre parenthèses, que si *Plein verre* a été édité en 1940, ce fut au mois de *mai*...

Toute vie, cependant, ne s'est pas arrêtée. Paul Claudel a pu voir enfin, en 1943, le triomphe à la Comédie-Française, avec Jean-Louis Barrault, de son *Soulier de Satin* (écrit en 1929). Moins glorieusement, il ne devait pas hésiter, le jour venu, à retourner son *Ode au Maréchal Pétain* pour en faire une *Ode au Général de Gaulle*. Fils de Saint Louis ! Paul Fort, Prince des Poètes depuis la mort de Léon Dierx, poursuivait chez Flammarion la publication de l'édition définitive de ses *Ballades françaises,* et trompait la misère en s'enchantant, à la radio, de ses souvenirs. Paul Valéry poursuivait son cours de Poétique. — Qu'est-ce que c'est que ce bâtiment ? lui demanda un jour un officier allemand devant le Collège de France. — C'est, répondit Valéry, une maison où la pensée est libre. A la Sorbonne, Gaston Bachelard faisait rêver les éléments et l'on savait trouver chez José Corti, rue de Médicis, ou chez Adrienne Monnier, rue de l'Odéon, les meilleurs livres. Même dans la N.R.F. de Drieu La Rochelle (Jean Paulhan s'étant absenté), on découvrait encore de grands et beaux poèmes. Fallait-il le regretter ? Jean Guehenno — il le note dans son *Journal des années noires* — aurait préféré que Valéry ne publiât pas sa *Cantate de Narcisse* dans cette N.R.F.-là, qu'il ne fît pas croire que rien n'avait changé, que tout était comme avant. Mais ni Paul Eluard ni Guillevic, dont les poèmes ont dû être bien mal compris des autorités, n'ont voulu s'abstenir. A Paris même, des livres de poésie ont continué de voir le jour. Parmi ces livres, chez Gallimard, en 1941, le *Choix de poèmes* de Paul Eluard. Admirable *Choix* où l'on pouvait lire ce vers de 1918 :

Je fis un feu, l'azur m'ayant abandonné,

et qui se refermait sur une page assez crânement intitulée

LE DROIT LE DEVOIR DE VIVRE.

Il n'y aurait rien
Pas un insecte bourdonnant
Pas une feuille frissonnante
Pas un animal léchant ou hurlant (...)

Il y aurait un homme
N'importe quel homme
Moi ou un autre
Sinon il n'y aurait rien.

Aragon publiait *le Crève-Cœur* (1941) :

Ma patrie est comme une barque
Qu'abandonnèrent ses haleurs

Et je ressemble à ce monarque
Plus malheureux que le malheur
Qui restait roi de ses douleurs (...)

Jean Cocteau, toujours mondain et généreux, donnait ses *Allégories* à Gallimard, faisait jouer *Renaud et Armide* à la Comédie-Française et travaillait à l'*Eternel Retour.* Michel Leiris rassemblait dans *Haut Mal* ses principaux poèmes. Qui condamnerait aujourd'hui ce souci de survivre ? Marcel Arland, dans la courageuse Préface de son *Anthologie de la Poésie française,* justifiait ainsi la publication de son livre en 1941 : « Le désastre est survenu, l'amertume et la pire angoisse. Mais ce livre me semble plus nécessaire encore. Voilà nos raisons d'être, d'espérer et de lutter »...

Cependant Paris ne pouvait plus, dans une France déchirée, mise en morceaux, exercer le même attrait que naguère sur les esprits libres. « En zone occupée — devait dire Luc Bérimont —, le bâillon est posé. La poésie, cette dignité de l'homme, a tout simplement disparu. » En fait, ce n'était pas aussi simple. La poésie a montré sa propre force de résistance. Mais enfin, on n'observait plus ces multiples manifestations, ce fourmillement d'activités, cette prolifération des revues sans lesquels la vie de la poésie est si gravement menacée. Le groupe de *la Main à plume* eut bien du mal, avec Jean-François Chabrun et Noël Arnaud, à témoigner dans le Paris des années 41-44, de la permanence d'un certain état d'esprit surréaliste.

Rien ne semblait prédestiner la toute petite ville de Rochefort-sur-Loire à devenir un haut lieu de la poésie française. Les amitiés qui s'y nouèrent autour du pharmacien-poète Jean Bouhier firent pourtant de Rochefort, en une période dramatique, un des paysages les plus attachants de notre histoire littéraire.

Juillet comme un beau soir dans un jardin sablé
L'auberge la fumée les quinquets de la gare
On n'a pas rétabli les deux ponts sur la Loire
Mais on a bien gardé celui de la mémoire
Et tu marches là-bas parmi les oseraies
Traînant derrière toi ton unique village (...)

René Guy Cadou est passé là. Avec lui, Michel Manoll. A quelques kilomètres de Rochefort, en un temps où, selon la parole d'Eluard, les boulangeries n'étaient plus construites de pain blanc, Luc Bérimont a écrit *la Huche à pain.* Maurice Fombeure (« l'oiseau Fombeure du Poitou », disait un critique), Yanette Delétang-Tardif, Jean Rousselot, Marcel Béalu, Louis Emié, Jean Follain, Guillevic, Edmond Humeau, Louis Guillaume ont participé aux publications de

« l'Ecole » ou des « Amis de Rochefort ». Solitaire, puisque *La solitude est partout*, Lucien Becker est salué comme un proche.

Lucien Becker Jean Rousselot Michel Manoll
Amis venus à la parole (...)

Lucien rapporte de Moselle
Ses forêts
Et l'alcool ardent de ses prunelles

De Poitiers à Vendôme
C'est Jean qui se promène au bras de son fantôme
Impossible à saisir comme les oiseaux froids

A Saint-Calais au bord du toit
Je reconnais Michel
En train de découper dans le ciel bleu des ailes (...)

Si l'on ne trouve pas ici le nom de René Guy Cadou, c'est qu'il est l'auteur du poème.

Dans la zone dite libre — si libre que la Légion pouvait s'y faire gloire d'empêcher André Gide de prononcer, à Nice, sa conférence *Découvrons Henri Michaux* —, les poètes durent aussi lutter pour faire entendre et même pour garder leur voix. Jeté en prison, à Toulouse, par la police politique, Jean Cassou fixa dans sa mémoire *Trente-trois Sonnets composés* (mentalement) *au secret*. A Lyon, René Tavernier dirigeait la revue *Confluences,* qui fut un moment interrompue sur l'ordre de Vichy. A Rodez, Denys-Paul Bouloc assurait, à la direction des *Feuillets de l'Ilot*, l'intérim de Jean Digot[3] (alors en captivité), et fondait aussi *Méridien*. Jean Ballard, à Marseille, poursuivait aux *Cahiers du Sud* l'œuvre entreprise dès 1913. Quels feux brûlèrent là, se propageant sur toutes les rives de la Méditerranée, il suffirait de quelques noms pour en faire étinceler le souvenir : Joë Bousquet, André Gaillard, René Nelli...

A Villeneuve-lès-Avignon, Pierre Seghers qui avait lancé au front la revue des *Poètes casqués,* décida dès le mois de juin 40 de « Maintenir » une revue où l'espérance pût s'exprimer. Ce fut *Poésie 40*. Puis ce furent *Poésie 41, Poésie 42*, etc. A la revue de Pierre

3. Jean DIGOT a animé à Rodez les revues *Chantier du temps* (N° 1 : octobre 1953 ; n° 8 : 1954) et *Entretiens* (N° 1 : janvier 1955 ; n° 29 : 1972).
Il avait fondé en 1938, secondé par Denys-Paul BOULOC, *Les Feuillets de l'ilot.*
Méridien (Denys-Paul BOULOC) : deux numéros en 1942.

Seghers collaborèrent, entre autres, Charles Vildrac, Audiberti, Pierre Jean Jouve, Léon-Paul Fargue, Robert Desnos, Francis Ponge, Jean Tardieu, Henri Michaux, André Frénaud, Guillevic, le si jeune Pierre Emmanuel…

A Alger, Max-Pol Fouchet a fondé en 1939 la revue *Fontaine*, elle aussi vouée à la défense de la « liberté de l'esprit », et Jean Amrouche a été l'animateur de la revue *L'Arche*.

En un temps où Paul Eluard était amené à signer Jean du Haut (c'est sous ce nom que parurent les *Sept Poèmes d'amour en guerre*), Michel Leiris Hugo Vic, Tristan Tzara (dont *Je suis partout* réclama l'arrestation) tout simplement Tristan, Robert Desnos (qu'un pseudonyme ne suffisait pas, hélas ! à protéger de la Gestapo) Valentin Guillois, Guillevic Serpières, Loys Masson Paul Vaille, André Frénaud Benjamin Phélisse, René Char (de son nom de capitaine de la Résistance) Alexandre, on ne saurait omettre de rappeler l'importance des publications clandestines. Le 14 juillet 1943, paraissait aux Editions de Minuit le premier recueil de *L'Honneur des Poètes*, un deuxième devant sortir le 1er mai 1944. En janvier-février 1943, au moment de la bataille de Stalingrad, le bulletin ronéoté des *Lettres françaises* (« fondateur : Jacques Decour, fusillé par les Allemands ») avait publié le poème *Courage* :

Paris a froid, Paris a faim
Paris ne mange plus de marrons dans la rue (…)

Et *La Main à plume* de Noël Arnaud avait déjà édité en 1942 *Poésie et vérité* où quelques-uns purent retrouver : *Liberté ! J'écris ton nom*… Ce poème, qui fut d'abord et qui demeure un poème d'amour, est devenu l'un des plus populaires de toute notre littérature. Mais que de poètes, alors, ont exprimé la même fervente aspiration ! En particulier Jean Marcenac, chez qui la poésie, orientée vers un avenir à conquérir, devait toujours rester fidèle au sens de ce combat (*le Livre des blessures,* poèmes 1939-1971). Ilarie Voronca, cherchant tranquillité dans le Midi de la France, écrivait en août 1942 (*Août 1942*, c'est le titre du poème) :

Je vous demande pardon, hommes qui combattez
Pour la liberté, vous qui tressez de vos sangs
Des fouets pour chasser l'envahisseur
Je vous demande pardon d'être à l'abri dans une ferme

Les arbres et les bêtes sont heureux en cet été
Et j'écris ce poème près d'un champ de lavande
Dont le parfum monte et emplit ma tête (…)

Vivant de votre vie, mourant de vos morts
Que ce poème soit faucon au poing du chasseur
Qu'il soit aussi pigeon voyageur portant le message
Que l'homme est libre, hommes qui combattez.

La poésie en même temps que les armes, mais au-delà de celles-ci et venant de plus loin, nous a bien, en effet, transmis le message. Cette poésie est celle de tous les temps. Car l'homme qui combat, comme l'homme qui aime, ne doute pas — les mots d'Eluard nous reviennent toujours — « de son éternité ».

Rappelons-nous encore. C'était en décembre 1944. On trouvait aux vitrines des libraires, prête à consommer, sur place ou dans la rue, comme du pain frais, une revue qu'avait créée Paul Eluard dans la clandestinité et qui s'intitulait précisément *L'Eternelle Revue*. La couverture évoquait, en quelques coups de pinceau, un cheval, un arbre vivants, inscrits dans le soleil. Et l'arbre avait l'air de tendre la main au cheval, de lui caresser la tête, ou de lui donner à manger. Et l'arbre et le cheval et le soleil étaient signés Picasso — Picasso dont le Salon d'automne permit d'admirer quatre-vingts toiles de nature à remettre à leur place, comme disait Jacques Prévert, bien des idées :

(...) *Les idées calcinées escamotées volatilisées désidéalisées*
Les idées pétrifiées devant la merveilleuse indifférence d'un monde passionné
D'un monde retrouvé
D'un monde indiscutable et inexpliqué
D'un monde sans savoir-vivre mais plein de joie de vivre
D'un monde sobre et ivre
D'un monde triste et gai
Tendre et cruel
Réel et surréel
Terrifiant et marrant
Nocturne et diurne
Solite et insolite
Beau comme tout.

Ce « monde retrouvé », ce monde « beau comme tout » — en 1945, c'était le nôtre. Un monde qui venait d'échapper au suicide, où tout était à refaire, où on avait envie de tout refaire, autrement, et mieux. Tout, c'est-à-dire aussi, bien qu'elle eût atteint depuis longtemps sa perfection, la poésie. (Et c'est finalement cette raison qui nous a fait retenir au seuil de cette étude la date de 1945.)

III

LE DOUTE ET LA FOI

La guerre, hélas ! ne se laisse pas oublier, dans un monde toujours en proie aux soubresauts de la violence. Mais la poésie, passant par toutes les épreuves, toutes les révoltes, tous les doutes, ne saurait abandonner sans se renier une forme de foi, religieuse ou non — ne serait-ce qu'une foi dans un possible bon usage de la parole humaine.

Edmond Jabès, à qui les conflits de l'histoire ont fait quitter l'Egypte, sa patrie, suit une voie étroite (« Le livre est le lieu où l'écrivain fait, au silence, le sacrifice de sa voix ») qui le conduit de Max Jacob et de Paul Eluard à la méditation sur la Kabbale. En cela, il ne cesse de faire du langage son tourment essentiel, cherchant derrière les mots, derrière le Livre, une Vérité informulable (*Je bâtis ma demeure*, 1943-1957 ; *Le Livre des Questions* : *Yaël,* 1967 : *Elya*, 1969). Luc Estang (*Au-delà de moi-même,* 1938 ; *les Béatitudes,* 1945 ; *les Quatre Eléments,* 1956 ; *D'une nuit noire et blanche,* 1962) invoque, entre mer et ciel, entre terre et soleil, le Dieu des hommes, le Dieu fait homme. Loys Masson (*Délivrez-nous du mal,* 1942 ; *les Vignes de septembre*, 1955 ; *la Dame de Pavoux*, 1965) dédie au Christ comme à celle qu'il aime les versets abondants de son ardeur à vivre, cette vendange de mots qu'il veut chargée des meilleurs sucs. Pierre Emmanuel (*Elégies*, 1940 ; *Tombeau d'Orphée*, 1941, 1944 ; *Sodome*, 1944, 1953, 1971 ; *Babel*, 1952 ; *Jacob*, 1970), souvent comparé à Agrippa d'Aubigné ou à Claudel, voire au Michel-Ange du plafond de la chapelle Sixtine, a developpé à travers la descente aux enfers du sexe et de l'histoire une symbolique fortement ramifiée où se dessine dans les ténèbres la Figure insaisissable de Dieu.

Peut-être a-t-on trop négligé l'œuvre d'Henri Ferrare, poète « à la grosse sensibilité de velours », selon le mot de son ami Max Jacob : il a donné plusieurs recueils où l'humour le dispute à un mysticisme bon enfant (*A l'encre verte*, 1926 ; *les Tourments spirituels*, 1943 ; *Poèmes religieux*, 1952).

Mériterait aussi une autre audience la méditation de Péricle Patocchi (*la Fin des songes*, 1936 ; *Colombes délivrées*, 1942 ; *Pure perte*, 1959) :

Je rayonne dans la mort
acheminée au fond du vent.

De Saint-Florent-le-Vieil où il est né, où commence son pèlerinage, au Castellet d'Oraison où il aime se retirer et d'où il date volontiers ses poèmes, Edmond Humeau (*Maintenant,* 1932 ; *l'Age des processions*, 1958 ; *le Siècle des migrants*, 1965 ; *le Tambourinaire des sources,* 1970) a gardé, avec un sentiment très terrien, très sanguin, de la beauté du monde, une passion de vivre et d'aimer — quoi qu'il en soit de nos contradictions —, une faim du Dieu caché dans les ténèbres, qui s'expriment avec une puissance de souffle, de rythme, d'images, une générosité de vocables au regard desquelles le grief d'obscurité paraîtra, somme toute, assez menu.

Nombreux sans doute ceux qui pourraient souscrire à cet aveu de René Guy Cadou : « Je crois en Dieu parce qu'il n'y a pas moyen de faire autrement » ; mais peu se seraient exprimés avec la si profonde simplicité du poète de Sainte-Reine-de-Bretagne et de Louisfert (*Brancardiers de l'aube*, 1937 ; *Hélène ou le Règne végétal*, 1952, 1953).

Paul Chaulot (*le Disque incolore,* 1936 ; *A main armée,* 1948 ; *Naissante Préhistoire,* 1963 ; *Soudaine Ecorce,* 1967) fut, nous dit André Marissel, un « athée mystique ». Aussi, dans l'élévation, l'un des poètes les plus fraternels de ce temps. Paul Chaulot nous a quittés. « Vendanges entre nous, mes hauts partenaires ! »

Vaste est le monde ; et la vie, brève. On virera d'un bord à l'autre, avec parfois, dans les accalmies, cette impression d'immobilité qui pousse vers la mort. « J'ai trop navigué sous les roches, les racines », écrivait Jean Rousselot dès ses premiers *Poèmes* (1934). Au cours d'une œuvre abondante (*Emploi du temps*, 1935 ; *Refaire la nuit*, 1943 ; *Arguments,* 1944 ; *le Sang du ciel,* 1944 ; *la Mansarde*, 1946 ; *les Moyens d'existence,* 1950 ; *Il n'y a pas d'exil,* 1954 ; *Agrégation du temps,* 1957 ; *Maille à partir,* 1961 ; *Hors d'eau,* 1968), le poète, marqué par les émerveillements mais aussi par les terribles séparations de l'enfance, laissera dans son œuvre, aussi sincère que possible, grandir « l'arbre du sang, ses mailles, ses racines ». Jean Rousselot a bien compris le Max Jacob de Saint-Benoît-sur-Loire — « Max Jacob, l'homme qui faisait penser à Dieu ». Mais c'est avec ses seules forces humaines qu'il s'avance, solide, généreux, s'affrontant — au risque d'une rhétorique qu'on lui a parfois reprochée — aux plus rudes difficultés du langage, surmontant l'exil et refusant son accord à la violence des hommes, à l'injustice du sort.

Se plaisant, dans le morne des jours, à évoquer les soleils couchants de son enfance, Lucien Becker (*Cœur de feu,* 1929 ; *Passager de la terre*, 1938), a partagé les soucis de « *l'Homme quotidien* » (1941). Eprouvant durement « *le Monde sans joie* » (1945), tourmenté de n'être « qu'une tache de terre encerclée par la mort et la nuit », il a très intimement redouté qu'il n'y eût « *Rien à vivre* » (1947) ; mais, sans illusion, il a su dire — avec quelle force et quelle vérité dans la poussée des images végétales — l'« unique réponse », l'unique « miracle » de la présence féminine (*Plein Amour*, 1954).

Guillevic (*Requiem*, 1938 ; *Terraqué*, 1942 ; *Exécutoire*, 1947 ; *Terre à bonheur*, 1952 ; *Carnac*, 1961 ; *Sphère*, 1963 ; *Avec*, 1966), comme tout homme, aura dû apprendre à « se défaire du désespoir ». Il se passe de la Providence, sans nostalgie apparente. Sa « folie est de ce monde ». Il aime la matière dont les choses sont faites — et l'homme n'est pas d'une autre étoffe. Les rocs. Les métaux (sauf l'aluminium : « ça ne vit pas l'aluminium », nous confie-t-il). Et les objets que l'homme a fabriqués : l'armoire, l'assiette. Les fleurs aussi, pas trop bavardes. Et les poèmes francs, bien découpés dans le granit des mots.

Quant à Luc Bérimont (*Domaine de la nuit,* 1940 ; *le Grand Viager,* 1954 ; *les Accrus,* 1963 ; *Un feu vivant,* 1968 ; *l'Evidence même,* 1971), s'il aime aussi la terre, c'est avec un lyrisme plus mouvementé qu'il le proclame. Ce « vanneur de mots », soumettant à son propre souffle, brassant, boulangeant les forces multiples, ne se lasse pas, dût-il ahaner à la tâche, d'« unir ce qui s'oppose », de « rassembler » — « sans répit ».

Moins tempétueuse, l'œuvre de Robert Delahaye[4] (*La terre est immobile dans ma main*, 1937, et surtout *Découverte de la nuit,* 1947) mériterait mieux qu'une mention au passage. De même, l'œuvre de Jean Digot (*Prélude poétique,* 1932 ; *Equateur de l'amour*, 1937 ; *le Feu et l'ombre*, 1952 ; *le Lieu et la formule*, 1962). On aimerait citer des poèmes de Pierre Chabert qui, après les débuts incertains de 1938, s'impose avec la sagesse de *Niveau Zéro* (1956), le bestiaire pessimiste des *Sales Bêtes* (1968) ; de Jean Mogin (*la Vigne amère*, 1943 ; *Pâtures du silence,* 1956 ; *la Belle Alliance,* 1964) ; de Toursky (*Enfances,* 1937 ; *les Armes prohibées,* 1942 ; *Christine ou la Connaissance des temps*, 1950) ; de Claude Aubert (*Paysages*, 1941 ; *l'Unique Belladone*, 1968) ; de Denys-Paul Bouloc (*Cris*, 1940 ; *Frontières irrévocables,* 1972) ; de Pierre Loubière (*Mains ouvertes,* 1963) ; de Pierre Béarn (lire au moins *Passantes,* 1964, 1966)... Jean Loisy, lui, à *Points et Contrepoints,* maintient les traditions.

Paul Gilson (*A la vie à l'amour,* 1943 ; *Poèmes,* 1950 ; *le Grand Dérangement,* 1954), hanté par son ombre et quelques autres fantômes, eût fait sourire la mort avec les jeux d'images et de souvenirs rapportés de ses voyages et de l'enfance.

La tendresse d'Edmond Dune aime retrouver — brume et soleil — les choses familières (*Révélations*, 1938 ; *Usage du temps*, 1946 ; *Corps élémentaires*, 1948 ; *Matière première*, 1950 ; *Rencontres du*

4. A Bayeux, puis à Caen, Robert DELAHAYE a dirigé la revue *Alternances* (N° 1 : novembre 1948 ; n° 71 : mai 1965) et la revue *Présence de l'Ouest* (N° 1 : mars 1968 ; n° 17 : mars 1972).

veilleur, 1955). Mais c'est dans le poème en prose qu'excelle Edmond Dune (*Brouillard*, 1956). Souvent à partir de très simples notations (« A plat ventre sur la plage, le nez enfoncé dans le sable, l'homme est couché devant la mer ») se développe un réseau d'images, mi-réelles, mi-fantastiques. Alors l'homme qui rêve se laisse porter par les vagues successives de l'imaginaire, parfois tout près des préoccupations ordinaires d'un cœur sensible, parfois très loin dans l'espace et le temps, vers la source ou vers la fin de tout.

« Demain la nuit sera parfaite », disait Alain Borne, qui, entre deux néants, s'était proposé de chanter « ce passage du noir au noir à travers la lumière », et qui mourut sur la Nationale 7 (*Cicatrices de songes*, 1939 ; *Demain la nuit sera parfaite*, 1954 ; *L'amour brûle le circuit*, 1962 ; *Vive la mort*, 1969). Et certes « l'expérience de la nuit », pratiquée par un poète comme Marcel Béalu (*Ecrit dans la ville*, 1937 ; *Mémoires de l'ombre*, 1944 ; *Journal d'un mort,* 1946 ; *D'où part le regard,* 1964), ne laissera pas de nous séduire et de nous attacher. Mais il n'est pas si facile de s'accommoder de toute cette obscurité qui enveloppe la vie. André Frénaud (*les Rois mages*, 1943 ; *Il n'y a pas de paradis,* 1962) le sait bien. Ayant à peine eu le temps de luire un peu dans le poème, la lumière — « acropole au sommet de mes songes » — s'est éboulée. Nietzsche a si bien annoncé la mort de Dieu que, pour Frénaud qui le déclare explicitement, Dieu n'a plus à mourir, n'étant pas. André Frénaud ne trouvera pas dans le poème une réponse parfaite à l'absurde ; mais il ne cessera, par une méditation dont il ne faudrait pas confondre la démarche avec celle des philosophes, de préparer la naissance d'un autre dieu qui ne sera jamais. La vraie demeure d'un poète — d'un poète comme André Frénaud, qui voudrait surtout « désensabler » la vie « du temps qui coule » —, n'est-ce pas son langage ? « Il n'est pas d'autre endroit où je veux reposer »...

L'œuvre propre de Pierre Seghers (*Bonne-Espérance*, 1939 ; *le Domaine public*, 1945 ; *Racines*, 1956 ; *Piranèse*, 1961) méritait bien de s'inscrire dans la collection des œuvres que l'éditeur a présentées. Ne vit-il pas, comme les poètes qu'il aime, « avec des mots éclatés Dont les couleurs changeantes Passent du noir au roux et du vert au violet » ? Nous reviendrons pour les couleurs ; mais nous avions projet de nous rapprocher de ce présent qui bouge aussi. Ce ne fut pas sans regrets parfois, même si ce fut toujours avec confiance, qu'allant au-devant de nouveaux poètes, nous avons poursuivi notre route. Nous savons trop bien ce qui nous retient sur ces « terres de mémoire » que sont les poèmes et dont nous parle si justement Georges-Emmanuel Clancier (*Temps des héros,* 1943 ; *le Paysan céleste,* 1944 ; *Vrai Visage,* 1953 ; *Terre de mémoire,* 1965). Hommage, même en passant, au créateur des éditions GLM — et au poète Guy Lévis Mano (*Loger la Source,* 1972).

Comme Charles Autrand[5], qui a lui-même regroupé dans *l'Inconfortable patience* (1961, 1969) les poèmes les plus significatifs, parmi ceux qu'il écrivit au long de trente années, à la fois de son expérience de la condition humaine et de sa sensibilité au drame solidairement vécu de l'histoire, nous nous attachons, au point de consentir très difficilement à ne pas nous y attarder, à tous ces textes, simples « constats » ou pages sublimes, qui « jalonnent le temps, l'interrompent, l'immobilisent enfin comme s'ils le contenaient au lieu d'être contenus par lui ».

Nos regrets se précisent quand il s'agit d'un Gaston Puel (*Horizons verrouillés*, 1944 ; *Paysage nuptial*, 1949 ; *Lustres*, 1953 ; *la Randonnée de l'éclair*, 1954 ; *D'un lien mortel*, 1962 ; *le Cinquième Château*, 1965 ; *la Lumière du jour*, 1967). Comme tous les poètes « acoquiné avec le Temps », sans cesse tourmenté par « les fragiles traces que laisse derrière elle la durée d'un homme », Gaston Puel « tente de domestiquer l'éclair », d'atteindre le lieu inaccessible où séjourneraient la lumière et l'amour. Entre les poètes à vocation philosophique, Puel est un de ceux dont l'imagination et le langage ne se laissent pas, à leur tour, « domestiquer » par une discipline qui, en attirant les poètes, leur a parfois brûlé les ailes.

Nous aurions aimé nous arrêter en Provence (*Provence noire,* 1955 ; *Provence,* 1966) avec André Verdet (qui a tracé ses premiers *Sillons,* pour les éditions des Iles-de-Lérins, en 1941). Souvenons-nous aussi de Saint-Paul-de-Vence, où Jacques Prévert, avec Marcel Carné, tournait *les Visiteurs du soir.*

(...) *André Verdet couché au pied de l'arbre qu'on appelle olivier et aussi quelquefois arbre de la paix et dont nous avons dit plus haut qu'il était utile alors que c'est indispensable qu'il aurait fallu dire* (...)

(*C'est à Saint-Paul-de-Vence,*
poèmes de Jacques Prévert et d'André Verdet, 1949)

André Verdet a connu la déportation, participé à l'*Anthologie des poèmes de Buchenwald* (Robert Laffont, 1945). Plus tard le soutiendront sa passion de la Méditerranée (sur l'écume de la mer flotte encore la cendre des dieux, nous dit-il tout naturellement), son amour de la peinture (c'est Picasso qui l'a incité à peindre, qui l'a aidé à préparer sa première exposition, et l'auteur de *l'Homme au mouton de Pablo Picasso* (1950), de *la Chèvre de Picasso* (1952) a également consacré des poèmes et des livres à Matisse, Fernand Léger, Miro,

5. Charles **AUTRAND** dirige les cahiers *L'Envers et l'Endroit* (Paris, puis Villejuif). Première série : trois numéros en 1947, 1949, 1950. Deuxième série : un seul numéro, en octobre 1953. Troisième série : n° 1, printemps 1971 ; n° 7, novembre-décembre 1972.

Braque, Fautrier, Magnelli, Atlan...). Aussi, bien entendu, sa pratique de la poésie (*Mondes et soleils*, 1954 ; *le Fruit et le noyau*, 1955 ; *Forêts*, 1961 ; *le Pays total*, 1962 ; *les Idoles*, 1965 ; *Vers une République du Soleil*, 1967). On appréciera chez lui, alliés à un sentiment tragique de la vie que l'humour même n'a pu dissimuler, un goût de l'enchantement et, jusque dans les poèmes les plus inquiets des ténèbres originelles — poèmes à vocation cosmogonique — une harmonie, une grâce qui, en notre temps, sont plus indispensables que jamais.

Les préoccupations d'Alain Bosquet (*l'Image impardonnable*, 1942 ; *A la mémoire de ma planète*, 1948 ; *Quel royaume oublié ?* 1955 ; *Quatre Testaments et autres poèmes*, 1967 ; *Notes pour un amour*, 1972) sont si exemplairement celles d'un très grand nombre de poètes que la tentation fut grande, ici encore, de dépasser les limites chronologiques arrêtées au départ. Mais c'est deux livres comme celui-ci qu'il eût fallu écrire ! Quelques thèmes essentiels devront au moins être rappelés. Le thème du rétrécissement de la planète — l'angoisse devant la menace d'apocalypse qui pèse sur le monde depuis le 6 août 1945, date de l'explosion d'Hiroshima. Le thème de la création du poète par le poème, ou le pouvoir de la parole sur celui qui l'exerce — thème où Robert Sabatier (*Premiers Poèmes*, 1942 ; *les Fêtes solaires*, 1955 ; *les Poisons délectables*, 1965) semble parfois rejoindre Alain Bosquet. Le thème du doute célébré et de la foi toujours maintenue dans le poème.

(...) *j'écrirai ce poème*
pour que dix mille marronniers
prolongent leurs vacances
pour que sur chaque toit
vienne s'asseoir une comète
j'écrirai ce poème
pour que le doute ce vieux loup
parte en exil
pour que tous les objets reprennent
leurs leçons de musique (...)

Il faut se résigner à être incomplet. Quelques-uns des poètes cités dans cette postface n'ont pas encore la place qui devrait leur revenir, mais la plupart ont fait l'objet d'études sérieuses, attentives, qui situent bien les œuvres et en favorisent heureusement l'accès[6]. Ces études, nous n'avons pas cherché à les remplacer.

S. B.

6. Dans une liste des écrivains qui poursuivent après 1945 une œuvre commencée antérieurement, devraient prendre place les grands poètes du Québec, du Maghreb, du Proche-Orient, d'Afrique Noire, des Antilles, de l'océan Indien... Ces poètes ont été cités aux livres II, III, IV, V de cet ouvrage.

BIBLIOGRAPHIE

I

Histoire de la littérature et de la poésie contemporaines

Pierre de BOISDEFFRE : *Une histoire vivante de la littérature d'aujourd'hui* (Librairie Académique Perrin, 1958). Plusieurs éditions révisées, mises à jour, augmentées. Pour la poésie, collaboration à la septième édition (1968) d'André MARISSEL et d'Edouard J. MAUNICK.

Gaëtan PICON : *Panorama de la nouvelle littérature française* (Gallimard, 1960).

Jacques BERSANI, Michel AUTRAND, Jacques LECARME, et Bruno VERCIER : *La Littérature en France depuis 1945* (Bordas, 1970).

II

Histoire de la poésie contemporaine

Léon-Gabriel GROS : *Présentation de Poètes contemporains* ([Marseille], Cahiers du Sud,1944).
Poètes contemporains deuxième série (Paris, Editions des Cahiers du Sud, 1951).

Jean ROUSSELOT : *Panorama critique des nouveaux poètes français* (Seghers, 1952).
Les Nouveaux Poètes français. Panorama critique (Seghers, 1959).
Poètes français d'aujourd'hui : Anthologie critique (Seghers, 1965).
Dictionnaire de la poésie française contemporaine (Librairie Larousse, 1968).

Marc ALYN : *La Nouvelle Poésie française* (Robert Morel éd., 1968).

III

Etudes sur des poètes contemporains

Jean-Pierre RICHARD : *Onze études sur la poésie moderne* (Aux Editions du Seuil, 1964).

Philippe JACCOTTET : *L'Entretien des Muses* (Gallimard, 1968).

André MARISSEL : *Cinq poètes* (Millas-Martin, 1966).
Poètes vivants (Millas-Martin, 1969).

Jacques CHESSEX : *Les Saintes Ecritures* (Lausanne, Bertil Galland éd., 1972).

IV

Ouvrages de portée générale pouvant permettre d'éclairer la poésie contemporaine

Gaston BACHELARD : *La Poétique de l'espace* (P.U.F., 1957).
La Poétique de la rêverie (P.U.F., 1960).

Roger CAILLOIS : *Les Impostures de la poésie* (Gallimard, 1945).

René NELLI : *Poésie ouverte, poésie fermée* (Cahiers du Sud, 1947).

Yvon BELAVAL : *La Recherche de la poésie* (Gallimard, 1947).
Poèmes d'aujourd'hui (Gallimard, 1964).

Robert SABATIER : *L'Etat princier* (Albin Michel, 1961).

Alain BOSQUET : *Verbe et vertige — Situations de la poésie* (Hachette, 1961).

Mikel DUFRENNE : *Le Poétique* (P.U.F., 1963).

Jean ONIMUS : *La Connaissance poétique* (Paris, Desclée de Brouwer, 1966).

Jean COHEN : *Structure du langage poétique* (Flammarion, 1966).

Henri MESCHONNIC : *Pour la poétique* (Gallimard, 1970).

Georges JEAN : *La Poésie* (Seuil, 1967).

Jacques GARELLI : *La Gravitation poétique* (Mercure de France 1968).

Edouard GLISSANT : *L'Intention poétique* (Seuil, 1969).

Jacques SOJCHER : *La Démarche poétique* (Rencontre, 1969).

Pierre CAMINADE : *Image et métaphore* (Bordas, 1970).

Consulter aussi la collection du *Courrier du Centre International d'Etudes Poétiques*, dirigée par Fernand VERHESEN — 1954 : n° 1 ; 1972 : N° 92 (Bruxelles, Maison Internationale de la Poésie).

V

Ouvrages relatifs à divers courants de la poésie contemporaine

Ferdinand ALQUIÉ : *Philosophie du surréalisme* (Flammarion, 1955).
Le Surréalisme, Décades du Centre Culturel International de Cerisy-la-Salle, Entretiens dirigés par F. ALQUIÉ (Mouton, 1968).

Jean-Louis BÉDOUIN : *Vingt ans de surréalisme 1939-1959* (Denoël, 1961).

Jean SCHUSTER : *Archives 57/68, Batailles pour le surréalisme* (Losfeld, 1969).

Alain JOUFFROY : *La Fin des alternances* (Gallimard, 1970).
L'Incurable Retard des mots (Pauvert, 1972).

José VOVELLE : *Le Surréalisme en Belgique* (André de Rache, 1972).

Michel DEGUY : *Actes* (Gallimard, 1966).
Figurations, Poèmes-propositions-études (Gallimard, 1969).

Roland BARTHES, Jacques DERRIDA et Michel FOUCAULT : *Théorie d'ensemble* (Seuil, 1968).

Jean BRETON et Serge BRINDEAU : *Poésie pour vivre. Manifeste de l'homme ordinaire* (La Table Ronde, 1964).

Isidore ISOU : *Introduction à une nouvelle poésie et à une nouvelle musique* (Gallimard, 1947).

Maurice LEMAÎTRE : *Qu'est-ce que le lettrisme ?* (Fischbacher, 1953).

Pierre GARNIER : *Spatialisme et poésie concrète* (Gallimard, 1968).

Jean ROUSSELOT : *Mort ou survie du langage ?* (Paris-Bruxelles, Sodi, 1969).

VI
Etudes socio-critiques

Georges MOUNIN : *Poésie et société* (P.U.F., 1962).

Jean-Paul GOURÉVITCH : *La Poésie en France* (Editions Ouvrières, 1966).

VII
Anthologies

Jean PARIS : *Anthologie de la poésie nouvelle* (Monaco, Editions du Rocher, 1957).

Pierre de BOISDEFFRE : *Une anthologie vivante de la littérature d'aujourd'hui* — tome II. *La Poésie française de Baudelaire à nos jours* (Librairie Académique Perrin, 1966).

Pierre SEGHERS : *Le Livre d'or de la poésie française*. Seconde partie : de 1940 à 1960, tomes un et deux (Marabout Université, 1969).

Jean-Louis BÉDOUIN : *La Poésie surréaliste* (Seghers, 1964, 1970).

Alain-Valéry AELBERTS et Jean-Jacques AUQUIER : *Poètes singuliers du surréalisme et autres lieux* (Christian Bourgois, Dominique de Roux, 10/18, 1971).

Pierre SEGHERS : *Poètes maudits d'aujourd'hui* 1946-1970 (Seghers, 1972).

Louis GUILLAUME et André SILVAIRE : *Poésie vivante** (Paris, Librairie Les Lettres, 1953).
*Poésie vivante*** Poèmes en prose (Les Lettres, 1954).
*Poésie vivante**** (Les Lettres, 1954).
La Jeune Poésie (Les Lettres, 1956).

Poésie présente I (Le Temps des Hommes, n° 4, septembre 1958).
Poésie présente II (Rougerie, mai 1968).
Poésie féminine des pays d'ouest (Rougerie, 1968).
Poètes des pays d'ouest (Rougerie, 1971).
Jeune Poésie. Essai d'anthologie n° 1 (Le Pont de l'Epée, n° 12, 1960).
Jeune Poésie II (Le Pont de l'Epée, n° 16, 1961).
Jeune Poésie III (Le Pont de l'Epée, n° 20-21, 1963).
Jeune Poésie IV (Le Pont de l'Epée, n° 30, 1965).
Féminin pluriel (Le Pont de l'Epée, n° 33, 1966).
Dix ans de sensibilité poétique (Le Pont de l'Epée, n° 37-38, 1967).
Panorama de la nouvelle poésie d'expression française (Tournai, Belgique, Unimuse, 1963).
Poésie. La Nouvelle Génération. Présentation de René LACÔTE (La Nouvelle Critique, n° 158, 1964).

Marcel SAUVAGE
et Daniel SAUVAGE : *Anthologie des poètes de l'O.R.T.F.* (Denoël, 1969).

Alain BOSQUET
et Pierre SEGHERS : *Les Poèmes de l'année* (Seghers, 1955, 1956, 1957, 1958, 1959, 1966, 1968, 1969, 1970, 1971).

Poésie 1 (Librairie Saint-Germain-des-Prés, éd.) :
N° 3 — *Anthologie de la nouvelle poésie française*, tome I (1969).
N° 6 — *Poésie féminine d'aujourd'hui* (1969).
N° 8 — *Anthologie de la nouvelle poésie française*, tome II (1969).
N° 12 — *La Nouvelle Poésie française, tome III* (juillet 1970).
N° 15 — *La Nouvelle Poésie française* (mai 1971).
N° 17 — *La Nouvelle Poésie française* — dix poètes du mystère évident (juillet 1971).
N° 19 — *La Nouvelle Poésie française* (septembre-octobre 1971).
N° 21 — *La Nouvelle Poésie française* (janvier 1972).
N° 22 — *La Nouvelle Poésie comique* (février 1972).
N° 26 — *La Nouvelle Poésie d'Alsace* (juillet-août 1972).
N° 27 — *La Nouvelle Poésie française de Belgique* (septembre-octobre 1972).

VIII
Poésie et littérature françaises de partout

Dr René COULET
du GARD : *Anthologie des poètes et prosateurs francophones de l'Amérique septentrionale* (U.S.A., Université du Delaware, Ed. Sphinx, Renaissance, 1970).

Le Journal des poètes (Bruxelles). N° 1 : 1re année, 1931 ; n° 10 : 42e année, 1972.
Présence francophone — n° 1 : automne 1970, n° 4 : printemps 1972 (Canada, Université de Sherbrooke).

INDEX

A

B

C

D

E

F

G

H

I

J

K

L

N

O

P

Q

R

S

T

U

V

W

Y

Z

TABLE DES MATIÈRES

LIVRE II

LIVRE III

LIVRE IV

LIVRE V

BELLAY, COUSIN, DELLA FAILLE, DODAT, FORTIN, LIBÉRATI, GODEAU, MALRIEU, PERRET, PUEL, TILMAN, WISE. **La nouvelle poésie française** : notes critiques de Georges MOUNIN. *(N° 12)*

La Poésie française d'humour : notes critiques de Claude Michel CLUNY. *(N° 13)*

SEBTI, LAGHOUATI, BEY, IMAZITEN, ABDOUN, KHARCHI, SKIF, BENKAMLA, NACER-KHODJA. **La nouvelle poésie algérienne** : notes critiques de Jean SÉNAC. *(N° 14)*

BACHELIN, BIGA, BRETON, BRINDEAU, CHAMBELLAND, DUBACQ, MARTIN, ORIZET, VALIN, VENAILLE, VINCENSINI. **La nouvelle poésie française** : notes critiques de J.-F. BOURBON. *(N° 15)*

AYGUESPARSE, BOURGEOIS, CHAVÉE, FLOUQUET, GHELDERODE, GOFFIN, HELLENS, NORGE, NOUGÉ, PÉRIER, PLISNIER, THIRY, VIVIER. **La poésie française de Belgique** : notes critiques de F. VERHESEN. *(N° 16)*

BOSQUET, CHEDID, DALLE NOGARE, DELCARTE, IZOARD, KOWALSKI, NOËL, RENARD, SABATIER, STEFAN : **dix poètes du mystère évident.** *(N° 17)*

BOSCHÈRE, COLINET, GUIETTE, LECOMTE, LIBBRECHT, LINZE, PANSAERS, PURNAL, SCUTENAIRE, SEUPHOR, VANDERCAMMEN, VAN LERBERGHE. **La poésie française de Belgique** : notes critiques d'AYGUESPARSE. *(N° 18)*

BISCAYE, CHAMPIGNY, DEPIERRIS, IBRAHIM, KEROUREDAN, MANSOUR, MERCIER, MERLEN. **La nouvelle poésie française** : notes critiques de Jean BRETON. *(N° 19)*

APOLLINAIRE, CHÉNIER, DESNOS, LACENAIRE, LE PETIT, MAROT, NERVAL, NOUVEAU, D'ORLÉANS, RIMBAUD, SARRAZIN, VERLAINE, VIAU, VILLON. **Les poètes sous les verrous** : notes critiques d'Auguste LE BRETON. *(N° 20)*

CLUNY, DELVAILLE, KHAIR-EDDINE, MARQUET, MAUNICK, MURAIL, SÉNAC. **La nouvelle poésie française** : notes critiques de J.F. BOURBON. *(N° 21)*

BACRI, BAUDOT, BOULANGER, CABROL, CAZAJOUS, CHAISSAC, CROCQ, DAC, DEVILLE, DUBILLARD, FOUCHER, FRÉDÉRIQUE, GALLISSAIRES, L'ANSELME, MEUNIER, MILLAS-MARTIN, OBALDIA, VALIN, VIAN, VINCENSINI, etc. **La nouvelle poésie comique** : notes critiques de Jean ORIZET, slogans publicitaires de Pierre DAC *(N° 22)*

BARON, DE MASSOT, SOUPAULT. **Poètes surréalistes** : notes critiques de Michel LEIRIS, Jacques LORY. *(N° 23)*

BODART, DELÈVE, DEWALHENS, ELSKAMP, FAGNE, GOEMANS, HAULOT, HAVRENNE, JANS, MOERMAN, NEUHUYS. **La poésie française de Belgique** : notes critiques d'Hubert JUIN. *(N° 24)*

Alain BORNE : présentation de Paul VINCENSINI, choix de poèmes, avec de nombreux inédits, de Lucienne COUVREUX-ROUCHÉ, notes critiques de P. SEGHERS, G.-E. CLANCIER, J.-C. IBERT et H. RODE. *(N° 25)*

BONNARDEL, GRAPPE, HEITZ, JUNG, KLÉE, REFF, REUTENAUER, SCHNEIDER, WALTER, WINTER. **La nouvelle poésie d'Alsace** : notes critiques de Maxime ALEXANDRE. *(N° 26)*

BAUWENS, BENI, CRICKILLON, DOMS, HUBIN, IZOARD, MEURANT, PUTTEMANS, ROMBAUT, VERHEGGEN, VERNAL, VOLPE. **La nouvelle poésie française de Belgique** : notes critiques d'André MIGUEL. *(N° 27)*

L'Enfant la poésie, choix de poèmes par Christian da SILVA, « Enseigner la poésie ? » par J.H. MALINEAU, préface de Georges JEAN. *(N° 28-29)*

BAILLEUL, BESSIÈRE, BOUCHEZ, DELAHAYE, DEVYNCK, GARNIER, GEERAERT, LIBBRECHT, LOOTEN, MALLET, PICAVET, RAMBOUR, ROBAKOWSKI, VAILLANT, VOITURIER. **Poètes du Nord.** *(N° 30)*

ROUSSEAU, AMIEL, DUCHOSAL, SPIESS, RAMUZ, CINGRIA, CENDRARS, MATTHEY, CRISINEL, ROUD, RENFER. **La poésie française de Suisse** : notes critiques par Vahé GODEL. *(N° 31)*

BRACHETTO, GODEL, JACCOTTET, PACHE, PERRIER, SCHLUNEGGER, TACHE. **La nouvelle poésie française de Suisse** : notes critiques de Jean-Paul SEGUIN. *(N° 32)*

Poètes contemporains

ALDEBERT Louis, **L'Envers élucidé.**

AUTRAND Charles, **Là Peine de vivre.**

« Un bourreau pour lui-même... Un règlement de comptes incessant et pathétique. » André MARISSEL (« Réforme »).

AUTRAND Charles, **One way.**

« Une langue âpre, incisive, corrosive, sans ménagement. » Robert DELAHAYE.

BANCQUART Marie-Claire, **Proche.**

« A la lisière de l'écriture et de la vie, du sang et de la terre, ce vrai poète de l'amour réussit, d'emblée, à nous émerveiller. » J.-P. SCHNEIDER (« Perspectives »).

BAUDOT Serge, **Les Enfants de la planète.**

BELMONT Georges, **L'honneur de vivre.**

BENACHER Elie, **Repères.**

BERTIN Jacques, **Impossible parler.**

BERTRAND Michel-Ed., **Nos cris vraiment nus.**

BIGA Daniel, **Kilroy was here.**

« Le plus corrosif et le plus éclatant des lyrismes depuis Cendrars. » A. BOSQUET (« Le Monde »). *« Un passeport poétique, pour la jeunesse, pour l'émerveillement, pour la révolte, pour l'innocence, pour l'exil. »* Bernard DELVAILLE (« Combat »)

BRETON Jean, **Je dis toujours adieu et je reste.**

« La poésie de Jean Breton exprime une morale profonde et généreuse où se manifestent toutes les tendances de l'individu, que le culte de la beauté transcende en une même floraison. » Guy CHAMBELLAND (« Le Pont de l'Epée »)

DE BURINE Claude, **Hanches.**

« Une sensualité ardente et profonde, une joie panique de simplement respirer, une grande fermeté d'écriture... La force et l'évidence de ses images. » (« Le Magazine littéraire »).

CAROUTCH Yvonne, **La Voie du cœur de verre.**

« Un recto tono aigu, tendu avec des modulations de coma et de brusques syncopes. » Jean GROSJEAN (La NRF).

« Elle ignore l'art de broder au petit point. Elle vit avec les marées d'astres, les plantes, la coulée volontaire des fleuves, le craquement des étés torrides... Avec elle, le mot poète ne comporte pas de féminin acceptable. » Luc BÉRIMONT.

CHAMPIGNY Robert, **La Mission, La Demeure, La Roue.**

« Un son neuf. Un novateur de la meilleure espèce : celle qui s'impose sans bruit. » Alain BOSQUET (« Le Monde »).

CHAMPIGNY Robert, **Les Passes.**

« (Une) utilisation révolutionnaire *du narratif : enfin un poète qui nous* intéresse *par ce que raconte son poème, chanson de geste du XX*[e] *siècle... »* Jean BRETON (« Poésie 1 »).

COLANIS Alice, **Droites distances.**

COUSIN Gabriel, **Au milieu du fleuve.**

« ... Je lirai désormais tout ce que je verrai de ce Poète. » Jules SUPERVIELLE.

« Vous avez toujours été, vous êtes de plus en plus un poète de l'amour. » Pierre EMMANUEL.

DURIEUX Gilles, **A la tour Montparnasse les bateaux sont morts.**

« Une chronique sentimentale. » Bernard DELVAILLE (« Combat »).

FABRE Albert, **Mesure de l'âme.**

« Une sorte de balancement constant entre le soleil et l'ombre. » (« Les Nouvelles Littéraires »).

GOLL Claire, **L'Ignifère.**
« Une si poignante intensité de sentiments et si sobrement formulés. » Jean ROUSSELOT (« Les Nouvelles Littéraires »).

GRAPPE Denise, **Crue** suivi de **Poèmes pour X.**
« Avec toute la violence dont la main et l'esprit sont capables. » PIEYRE de MANDIARGUES *(Préface).*

HAN Françoise, **L'Espace ouvert.**
« Une certaine décrispation qui n'est pas la facilité mais au contraire le signe d'une attention plus grande. » Jean GROSJEAN (« La Nouvelle Revue Française »).

JEAN Georges. **Pour nommer ou les Mots perdus.**
« Georges Jean saisit les mots « comme des racines » ... Chez ce poète, la simplicité n'est pas, comme souvent, affectation, elle est retour vers les « voix lointaines de la terre » au bout « d'un long ruban de nuit ». J.P. SCHNEIDER (« Perspectives »).

KEROUREDAN Herri Gwilherm, **Zodiaque.**
« Une poésie qui croit aux intersignes et sait les interpréter ou les ordonner selon l'humeur du guetteur, du vagabond ou de l'explorateur. » Alain MERCIER (« Horizons du Fantastique »).

KEROUREDAN Herri-Gwilherm, **Dans l'éphémère s'élance l'oiseau.**
« Il y a chez ce poète une pudeur qui cache une inquiétude douloureuse que nous devinons à travers les éclats d'un zodiaque écorché. » Joseph-Paul SCHNEIDER (« Perspectives »).

LACHGAR Lina, **Etats.**
« Un lyrisme provocateur, instinctif, animal. » (« Combat »).

LACHGAR Lina, **Eclats.**
« Une langue au grain serré, sous le signe de Rimbaud, de Char et des aînés surréalistes, pour dire la loi onirique et le règne d'Eros à l'échelle cosmique. » (« Le Magazine littéraire »).

MERLEN Michel, **Les Rues de la mer.**
« Un poète à suivre. » Jean BRETON (« Poésie 1 »).

MIEGE Denise, **Sous les pavés la plage.**
« Notre nouvelle Louise Labé. » Jean-Clarence LAMBERT.

MIGUEL André, **Boule androgyne.**
« ... Un regard qui refuse de s'habituer et de subir, un œil qui ne cesse de nettoyer, de décaper, pour surprendre l'image pure et violente. » Jacques CHESSEX (La NRF).

MOULIN Jeanine, **Les Mains nues.**
« Un livre d'heures et un sac à malices. » Jacques de DECKER (« Le Soir »).

ORIZET Jean, **L'horloge de vie.**
« Des images inattendues, des trouvailles excitantes, des raccourcis saisissants. » Gérard GUILLOT (« Le Progrès Dimanche »).

ORIZET Jean, **Miroir oblique.**
« ... Amoureux alchimiste. Un paganisme en liberté surveillée. L'amour est occasion de célébrer le monde, mesure du destin et halte inévitable aux écoutes de la parole vraie. » (« Petit Dictionnaire des Poètes », « Le Magazine littéraire »).

ORIZET Jean, **Silencieuse entrave au temps.**
« Avec une manière d'instinct, Jean Orizet ne retient que l'essentiel, « le calme des jardins intérieurs », le miracle d'être. Claire, mais d'une originalité foncière, sa poésie tranche par la nouveauté des rythmes et des images. » Albert AYGUESPARSE (« Marginales »).
« Un grand poète de la pureté dans ce qu'elle a de plus essentiel. » Jean-Luc MAXENCE (« Le Cerf-Volant »).
« ... Sourire voulu ou désinvolture désarmante ? Vagabondage ou fraîcheur qui se crie, de peur de ne pouvoir se chuchoter ? Il y a de tout cela chez Jean Orizet. » Alain BOSQUET (La NRF).

ORIZET Jean, **Les Grandes Baleines bleues.**

PLANTIER Thérèse, **C'est moi Diego.**
« Un livre de l'exaspération (qui) soulève un rire noir. Thérèse Plantier est, depuis quelques années, la plus forte *de nos poétesses. »* Jean BRETON (« Le Magazine littéraire »).

RACHLINE Michel, **La Nuit trahie.**
« Qui est Michel Rachline ? Cinquante pages absolument déchirantes, comme il y en a eu peu depuis Artaud. Un écorché vif, qui se raconte en soufre, en sang et en explosions verbales. La prose tonique d'un condamné à l'écriture. A ne pas manquer ce petit livre publié presque clandestinement. » Alain BOSQUET (« Le Monde »).

RAGUSE Jean, **Après tuer, les caresses.**

ROMBAUT Marc, **Le Regard sauvage** suivi de **l'Absence des mots.**
« Poésie intérieure, poésie de la déchirure et de la fascination. » André MIGUEL.

SALAGER Annie, **La Femme buisson.**
« Un vrai poète dont le nom doit être retenu : Annie Salager. » René LACOTE (« Les Lettres françaises »).

SÉNAC Jean, **Les Désordres.**
« Il est sans conteste, à l'heure actuelle, le plus grand poète algérien. » Jamel-Eddine BENCHEIKH (« Encyclopædia Universalis »).

WELLENS Serge, **Santé des ruines.**
« La fraternité humaine a encore un sens quand un poète comme Serge Wellens la défend, sans forfanterie ni éloquence inutile. » Alain BOSQUET (« Combat »).

Poésie pour vivre

BIGA Daniel, **Oiseaux mohicans.**
« Ironie violente, stridences, bigarrures pop... » Jean ROUSSELOT (« Les Nouvelles Littéraires »).
« Poésie à l'emporte-pièce. Toutes les désinvoltures. Sensibilité proche des beatnicks. » Serge BRINDEAU (« Petit Dictionnaire des Poètes »).
« Ce débraillé ne manque pas de force. » Alain BOSQUET (« Le Monde »).
« Un n'importe quoi (moi, qui m'enchante) qui rassemble accents de facétie, drôlerie superbe, prêt-à-porter verbal, collages et cette tendresse... à la Biga. » Jean BRETON (« Le Magazine littéraire »).

MAILLARD Claude, **Ventre amer.**
« Une sûreté inquiétante. » (« L'Express »).

QUENOUILLE Jean-Yves. **Je ne suis pas un ciel de lit.**
« Un jeune homme et les femmes. Et la femme. »

RIVA Emmanuèle, **Juste derrière le sifflet des trains.**
« ... Poésie du cœur, directe, émouvante. Chaque mot a son poids de certitude guettée par le délicieux danger du rêve. » Alain BOSQUET (« Combat »).

RODE Henri, **Comme bleu ou rouge foncé.**
Les poèmes d'un romancier.

THIECK Françoise, **Fragments.**
« Premier recueil de poèmes de l'auteur du roman « Histoire d'une Nayika ». Emerveillement devant le monde et devant l'amour. » (« Bulletin du Livre »).

Nouvelles de Poètes

AYGUESPARSE Albert, **Le Partage des jours.**
« Albert Ayguesparse ne craint pas, la sérénité gagnée, de cheminer sur les sentiers profonds où l'angoisse perce sous le charme du chant épanoui. » Alain BOSQUET.

BROCK Renée, **L'Etranger intime.**
Ce livre a obtenu le prix Victor Rossel en 1971.
« Renée Brock écrit une prose directe, charnue, à la fois drue et raffinée, et fait passer dans chacun de ses récits l'amère et inoubliable saveur de la vie. » Albert AYGUESPARSE (« Marginales »).
« L'une des meilleures représentantes du lyrisme féminin d'aujourd'hui. » Luc ESTANG (« Le Figaro »).

Poésie-Club

en coédition avec Guy Chambelland :

ALBERT-BIROT Pierre, **Le Train bleu.**
« Verve, liberté vis-à-vis de toutes les formes, apparente facilité démiurgique dissimulant une science extraordinaire des ressources et des fatalités du langage, tendresse... » Jean ROUSSELOT (« Les Nouvelles Littéraires »).

ANDAY Melih Cevdet, **Ulysse bras attachés et autres poèmes.**
« Le plus grand poète turc contemporain, à côté de Nazim Hikmet. »

CHABERT Pierre, **Les Sales Bêtes.**
« Bestiaire singulier, qui peut faire songer à Michaux, mais n'en est pas moins personnel dans le ton et l'invention. » Claude-Michel CLUNY (« Journal de l'année 69 », Larousse).

CHAMBELLAND Guy, **La Mort, la mer** précédé de **l'Œil du cyclone.**
« Chambelland fait des poèmes avec des sentiments quotidiens. Avec le contraire de la magie, il crée pourtant une magie poétique qui métamorphose le réel. » André MIGUEL (« Le Journal des Poètes »).

COCTEAU Jean, **Faire-part.**
« On sent, à travers ces poèmes, les mutations de leur auteur. Marie Laurencin, Raymond Radiguet, l'opium, les enfants terribles, Orphée, Jacques Maritain, les marins et les anges, les dieux et les fétiches passent sous nos yeux. » Gabrielle ROLIN (« Le Monde »).

HUMEAU Edmond, **Le Tambourinaire des sources.**
« Un poète difficile et méconnu. » (« Le Figaro »).

ROUSSELOT Jean, **Hors d'eau.**
« Il y a dans « Hors d'eau » quelques-unes des plus belles pages du poète. » Claude-Michel CLUNY (« Journal de l'année 69 », Larousse).

TZARA Tristan, **Où boivent les loups.**
« L'aspect massif, baroque et épique de l'inspiration violente, débordante, généreuse de Tzara. » André MARISSEL (« Esprit »).

WILDE Oscar, **Ballade de la geôle de Reading.**
« La réédition d'un chef-d'œuvre, dans une nouvelle traduction de Daniel MAUROC. »

Collection Haute

BARON Jacques, **Sept jours et quatre jeudis.**
« On retrouve dans ses nouveaux poèmes l'illogisme cher à Dada. » Pascal PIA (« Carrefour »).

ESPOSITO Giani, **Vingt-deux instants**, suivi de **Omphalos.**
« A l'instar de Sparkenbroke, Giani Esposito se révèle un poète de la transcendance. » (« La Voix des poètes »).

BRETON Jean, **La Beauté pour réponse**, avec quatre lithographies en couleurs d'Antoni GUANSÉ (édition de luxe seulement).
« Une recherche de l'absolu toute d'ardente tension. » Alain BOSQUET.

Poésie de poche

DESWARTE Bénie, **Il a suffi de se lever tôt.**

BERNARD-GILLES Mic, **Poèmexorcisme.**

INGOLD Jean François Rodolphe, **L'Aspiracœur.**

NAHON Philippe, **Hippocampes.**
Prix Jean Cocteau.

THERAME Victoria, **Transviscères express.**

Essais

ANDRÉ-CARRAZ Danièle, **L'Expérience intérieure d'Antonin Artaud.**
« Le poète surréaliste, le drogué, le malade, le surhomme ou le « fou » ? Un livre d'une stupéfiante actualité. Avec des documents inédits. »

CHAMPIGNY Robert, **Ontologie du narratif.**
« A la lumière du Nouveau Roman, et à partir d'exemples pris dans l'Ecole du Regard, une genèse historique et philosophique du souci Narratif. »

CHAMPIGNY Robert, **Humanisme et racisme humain.**

GASTAMBIDE Francis, **Nino Pino, l'homme, l'œuvre et l'universalité de l'amour.**

MIGUEL André, **L'Homme poétique.**
Un essai, suivi de vingt entretiens avec :
Alain BOSQUET, Jean BRETON et Serge BRINDEAU, Andrée CHEDID, Michel DEGUY, Pierre della FAILLE, Pierre DHAINAUT, Jean-Pierre FAYE, Jean GROSJEAN, Christian HUBIN, Alain JOUFFROY, Hubert JUIN, Jean MALRIEU, André MARISSEL, Bernard NOEL, Jean PARIS, Christian PRIGENT, Lionel RAY, Jean ROUSSELOT, Jacques SOJCHER, Fernand VERHESEN.

Anthologies

Anthologie de la poésie coréenne, choix et traduction de Peter HYUN et Hisik MINE.
Coédition avec l'UNESCO.
Des origines à 1960, la recherche d'une patrie et d'une langue.

OUARY Malek, **Poèmes et chants de Kabylie.**
« La fascination du mystérieux monde berbère. La tradition orale d'une civilisation méconnue : la peine et la joie des hommes dans leur jaillissement originel. »

Hors collection

BRETON Jean, **Fouetté.**
Edition de luxe seulement, avec trois lithographies en couleurs d'Antoni GUANSÉ.

CHAMBELLAND Guy, **Limonaire de la belle amour.**
« Je connais peu d'exemples, parmi les jeunes, d'une poésie qui poursuive ainsi sa recherche dans un sens qui procède à la fois du symbolisme et du réalisme. »
René LACÔTE (« Les Lettres françaises »).

DURRY Marie-Jeanne, *Lignes de vie.*

GOLL Yvan, **Elégies de Lackawana.**

MURAIL Gérard, **Poèmes du quotidien.**

UNDER Marie, **La Pierre ôtée du cœur.**
Coédition avec l'UNESCO.
Une grande poétesse estonienne.

Le Livre Unique

(sur commande, choix d'après nos diapositives couleurs)

série « Temps et désir »

BRETON Jean, **La couleur n'aboie qu'au soleil**, manuscrit enrichi de vingt collages ou papiers collés originaux d'Antoni GUANSÉ.

BRINDEAU Serge, **Les Algues la nuit**, manuscrit enrichi de dix collages originaux d'Henri GOETZ.

CAROUTCH Yvonne, **La Fête hermétique**, manuscrit enrichi de neuf gouaches acryliques originales par Frédéric BENRATH.

DALLE NOGARE Pierre, **L'Image méconnaissable**, manuscrit enrichi de treize aquarelles originales de Léon ZACK.

JOUBERT Jean, **Pour un chemin de clarté,** manuscrit enrichi de vingt dessins originaux en couleurs par BERTHOLLE.

MURAIL Gérard, **Moelle des miroirs**, manuscrit enrichi de onze dessins originaux plus une gravure par Armand NAKACHE.

ORIZET Jean, **Terre assaillie**, manuscrit enrichi de treize collages ou dessins originaux par Max PAPART.

Note des éditeurs

L'iconographie de cet ouvrage a été établie grâce aux archives de la Librairie Saint-Germain-des-Prés, aux fiches de poésie rédigées par Yves BRETON et à la documentation réunie et vérifiée par Jean BRETON.

Les pages d'illustration hors-texte en noir et blanc sont comptées de I à XL. Chaque planche de photographies est subdivisée de 1 à 12, au maximum (de gauche à droite et de haut en bas).

Nous remercions les poètes qui nous ont autorisés à reproduire leur portrait et certains de leurs textes.

Nous remercions également les ayants-droit, les éditeurs et les agences qui nous ont permis de publier de nombreux documents. Notons en particulier :

ACTUALITES MONDIAL-PHOTO : XXII, 8 — Ed. ALBIN MICHEL : X, 5 — P. ALLEMAND : XXII, 1 — F. ASHLEY : III, 6 — R. BASSET : V, 3 — C. BLANPIED : XX, 5 — G. BOIS : XVIII, 6 — A. BONIN : XXIV, 7 — J. BOUTON : XVI, 2 — G. BREMANS : XXXIX, 4 — H. BREUKER : VI, 4 — R. BROU : XX, 6 — M. CARRÉ : IX, 3 ; XXVI, 6 — M. CHAMPIGNY : XXVII, 2 — CHARPENTIER : XXXIV, 4 — J.C. CLARET : VIII, 11 — Ed. CLÉ : XXXVIII, 2 ; XXXVIII, 3 — H. COURBIÈRES : VIII, 2 — Ed. DAILY-BUL : XXVI, 5 — J. DENARNAUD : VI, 1 — Ed. DENOËL : XXV, 2 ; XXXV, 3 — R. DOISNEAU : XXV, 3 — ELLE : XX, 1 — H. ELWING : XX, 1 — S. EMBO : III, 2 — Studio ERPE : IV, 7 — Studio ETHEL : XXXIX, 6 — J.J. FAUSSOT : IV, 6 — A. FAYOL : XXVI, 3 — D. FIBBI : XIV, 1 — Ed. FLAMMARION : VIII, 4 ; XXI, 3 ; XXXVI, 4 — A. FLEURY : XXII, 8 — Ed. GALLIMARD : II, 1 ; IX, 1 ; IX, 4 ; XIII, 2 ; XV, 4 ; XXI, 4 ; XXIII, 3 ; XXIII, 7 ; XXIV, 7 ; XXVI, 7 ; XXVI, 8 ; XXVII, 1 ; XXXVI, 2 — GEORGES (L'ORIENT-LE JOUR) : XXXVI, 6 — Ed. GRASSET : XXVI, 2 ; XXXII, 4 — H. GRINDAT : XXIV, 8 — Hans HARTUNG : XI, 2 — M. HOGENBOOM : XXIII, 6 — J. JASMIN : XXXI, 3 — A. JONQUIERES : XXXVII, 2 — L. JOUBERT : VIII, 3 — JOURDAN : XXXIII, 3 — M. KHOELHER : XXVIII, 4 — J. LAMOTTE : XXV, 1 — C. LEIRENS : I, 7 — V. LEIRENS : III, 4 — A. LENA : XXXIII, 1 — J.P. LEPAPE : XIX, 5 — Ed. LE SOLEIL NOIR : IV, 4 — Hélène LONGLOIS : XXXII, 6 — Studio G. MARANT : XXXVIII, 5 — Ed. MERCURE DE FRANCE : XI, 3 ; XIII, 5 — MULLER : II, 2 — Ed. NATHAN : XXXIX, 7 — GINY OEDEKERK : I, 1 ; XV, 3 — Ed. P.J. OSWALD : XXXIV, 1 ; XXXIV, 2 ; XXXV, 2 ; XXXIX, 3 — A. PHELPS : XL, 2 — PHOTOME ENGLAND-SAVERNE : II, 4 — POLETTI : XXV, 2 — Ed. PRÉSENCE AFRICAINE : XXXVIII, 1 ; XXXVIII, 4 ; XXXIX, 6 — Ed. RENCONTRE : XIV, 1 ; XXIII, 5 — J. ROBERT : IX, 1 ; XXXVI, 2 — J.C. ROULET : VIII, 5 ; IX, 2 ; XXVIII, 3 — M.F. ROYET : III, 3 — J. SASSIER : XV, 4 ; XXI, 4 — Ed. SEGHERS : XL, 1 — Ed. SEUIL : VIII,1 ; IX, 3 ; XII, 2 ; XV, 1 ; XXXIII, 2 ; XL, 3 — SUD : III, 1 — Agence M.P.B. THERSIQUEL : X, 5 — TURINE : XXIX, 4 — Mme VIAN : XXVI, 1 — D. VITTET : II, 3 — YELLOW : VI, 2.

Nous tenons enfin à remercier les éditeurs et leurs auteurs qui nous ont permis de reproduire in extenso certains poèmes extraits d'œuvres sous leur copyright. Entre autres : les Cahiers de Rochefort (pour l'*Ombre et la proie* de Christiane Burucoa) ; Henry Fagne (pour *les Bruits du jour* de Joseph Paul Schneider) ; Eric Losfeld (pour *Odeurs d'amour* de Guy Cabanel) ; José Millas-Martin (pour *la Violette le Serpent* de Joseph Rouffanche) ; Pierre Jean Oswald (pour *Nommer la peur* de Jean Perret) ; Payot/Lausanne (pour *Leçons* de Philippe Jaccottet) ; les éditions du Soleil Noir (pour *la Forêt sacrilège et autres textes* de Jean-Pierre Duprey) ; Subervie (pour *les Voix perdues* de Pierre Gabriel).

La maquette de couverture est de Claude JOUAIRE et la mise en page de Michel BRETON.

De cet ouvrage,
il a été mis à part 60 exemplaires,
numérotés à la main de 1 à 60,
et ornés de trois lithographies originales
par Antoni Guansé,
le tout constituant l'édition originale.

Achevé d'imprimer le 10 mai 1973
sur les presses de Gérard & Co
à Verviers, Belgique.

Numéro d'éditeur : 800
I.S.B.N. 2-243-00008-3